DIE ZWEITE SCHÖPFUNG

 Alfried Krupp von Bohlen
und Halbach-Stiftung

Dieser Katalog wurde durch die freundliche Unterstützung
der Alfried Krupp von Bohlen und Halbach-Stiftung ermöglicht.

DIE ZWEITE SCHÖPFUNG

Bilder der industriellen Welt
vom 18. Jahrhundert bis in die Gegenwart

herausgegeben von Sabine Beneke und Hans Ottomeyer
Deutsches Historisches Museum

DIE ZWEITE SCHÖPFUNG
Bilder der industriellen Welt
vom Ende des 18. Jahrhunderts bis in die Gegenwart
Martin-Gropius-Bau
Niederkirchnerstraße 7, 10963 Berlin
31. Juli bis 21. Oktober 2002

Veranstalter:
Deutsches Historisches Museum, Berlin

Ausstellung

Leitung: Hans Ottomeyer
Ausstellungskuratorin: Sabine Beneke
Konzept und wissenschaftliche Bearbeitung: Sabine
Beneke, Barbara Segelken, Arnulf Siebeneicker
Organisation: Sabine Beneke, Barbara Segelken,
Arnulf Siebeneicker
Wissenschaftliche Mitarbeit: Margot Th. Brandlhuber,
Dominica Capozucca-Jachnow, Jörg Meißner
Datenbankbetreuung: Barbara Segelken

Abteilungsleiterin Ausstellungen: Ulrike Kretzschmar
Gestaltung: Christian Axt mit Andrea Hofmann
Licht: Michael Flegel
Graphik: Steenbrink Vormgeving
Plakat: Dorén + Köster

Konservatorische Betreuung: Martina Homolka
(Leitung/Gemälde), Friederike Beseler (Gemälde/
freie Mitarbeiterin), Michaela Brand (Buch),
Christine Göppinger (Papier), Barbara Haussmann
(Gemälde), Matthias Lang (Gemälde), Maria Przybylo
(Gemälde/ Studentin), Martin Rossbacher (Buch),
Annegret Seger (Papier)
Passepartout-Werkstatt: Malte Spohr
Leihverkehr: Edith Michelsen
Öffentlichkeitsarbeit: Angelika Wachs, Katrin Kahlefeld,
Sonja Trautmann

Katalog

Herausgeber: Sabine Beneke und Hans Ottomeyer
Deutsches Historisches Museum
Textredaktion: Sabine Beneke, Barbara Segelken,
Arnulf Siebeneicker
Bildredaktion: Jörg Meißner, Arnulf Siebeneicker
Lektorat: Wanda Löwe

Autoren der Zwischentexte und Objektkommentare:
Sabine Beneke SB
Birgit Biedermann BB
Margot Th. Brandlhuber MB
Hans-Jörg Czech HJC
Jörg Meißner JM
Manuela Obermeier MO
Rudolf Rieger RR
Barbara Segelken BS
Wendy Sheridan WS
Arnulf Siebeneicker AS

Koordination Herstellung: Gabriele Kronenberg
Graphische Gestaltung und Satz: Gini Klose, Oberhaching
Umschlag: Dorén + Köster
Gesamtherstellung: Peschke-Druck, München

© 2002 Deutsches Historisches Museum, Berlin
© 2002 Edition Minerva Hermann Farnung, Wolfratshausen

Alle Rechte, auch diejenigen der Übersetzung, der photomecha-
nischen Wiedergabe und des auszugsweisen Abdrucks vorbehalten.

Museumsausgabe
Deutsches Historisches Museum,
Unter den Linden 2,
10117 Berlin
Internet: http://www.dhm.de/publikationen
ISBN 3-86102-122-6

Buchhandelsausgabe
Edition Minerva Hermann Farnung,
Lärchenstr. 15,
82515 Wolfratshausen
ISBN 3-932353-62-5

Die Deutsche Bibliothek – CIP-Einheitsaufnahme: Ein Titel-
datensatz für diese Publikation ist bei Der Deutschen Bibliothek
erhältlich.

Abbildung auf dem Umschlag:
Thomas Hornor, *Walzwerk, Merthyr Tydfil (Rolling Mills,
Merthyr Tydfil)*, um 1817, The National Museums & Galleries of
Wales, Cardiff

Inhalt

Geleitwort

Die Ausstellung *Die zweite Schöpfung* erzählt uns die Geschichte der Industrialisierung in Bildern – vom Anfang bis in die Gegenwart.

Diese Form der Erzählung ist deshalb so lehrreich, weil die gezeigten Kunstwerke nicht nur Abbilder ihrer Zeit sind, sondern zugleich Kommentar und Deutung. Sie dokumentieren auf anschauliche Weise, wie die Industrialisierung alle Lebensbereiche erfasste. In den Arbeiten wird der durch die zunehmende Technisierung veränderte Blick des Menschen auf sich und seine neue Umwelt sichtbar. Die Bilder offenbaren die Hoffnungen, welche die Menschen an den technischen Fortschritt geknüpft haben. Sie belegen aber auch ihre Kritik gegenüber seinen Folgen.

Es sind lebendige und aktuelle Geschichten, die uns diese *Bilder der industriellen Welt* erzählen.

Ich freue mich, dass die Alfried Krupp von Bohlen und Halbach-Stiftung mit der Finanzierung des Katalogs ihren Beitrag zur Ausstellung leisten konnte.

Ich wünsche ihr viel Erfolg!

Prof. Dr. h.c. mult. Berthold Beitz
Vorsitzender des Kuratoriums der
Alfried Krupp von Bohlen
und Halbach-Stiftung

Zur Ausstellung

Europe is one large museum, where every building, every field and every river and railway contains clues to the past and present of the century concerned, provided the onlooker has the information to understand what he is looking at. Scattered across the Great Museum are the institutions which we call museum. Their main function is to help to understand the Great Museum. They justify themselves by looking outwards, not inwards.
Kenneth Hudson, 1993

Noch bevor mit der Industriellen Revolution in England das Fabrikzeitalter begann und die Überformung und Inbesitznahme der Landschaft durch intensivierten Abbau, Hochöfen und Fabrikbauten Eingang in die Malerei und Graphik fanden, faszinierte die Menschen der Bergbau und die Entwicklung produktionssteigernder oder -erleichternder Maschinen. Zahlreiche illustrierte ›Maschinen-Bücher‹ des 16. Jahrhunderts zeugen von der frühen Bedeutung des Themas. Deren Autoren sahen in der Erkenntnis und der mechanischen Anwendung der Naturgesetze eine Offenbarung der Herrlichkeit Gottes. In der Nachahmung und Vervollkommnung seiner Schöpfung wollten sie Gott zum Ruhme dienen. Mit der Befreiung von den Zwängen der Natur mit Hilfe der Maschinen sollten die Menschen dem Paradies näher gebracht werden. Die zweite – technisch-industrielle – Schöpfung des Menschen versöhnte ihn mit Gott.

Rationalismus und Empirismus lösten im 17. Jahrhundert die religiöse Bindung. Die technischen Einrichtungen des Bergbauwesens, der Textilmanufakturen, Kanonen- und Salpeterfabriken, Gießereien und anderer Gewerbezweige waren nun nicht mehr allein Gegenstand von illustrierten Monographien und lexikalischen Sammelwerken. Sie wurden zum Bildgegenstand der Malerei. Diese Intensivierung der Technikdarstellung traf im 18. Jahrhundert mit der in England einsetzenden Industriellen Revolution zusammen. Eine neue Ausformung der Technikdarstellung setzte ein. Industrie wurde nun mit einem säkularen Schöpfungsmythos verbunden, in dessen Folge sich das Verhältnis des Menschen zur Natur neu definierte. Zu den äußeren Zeichen dieser ›zweiten Schöpfung‹ gehören Feuer und Rauch, die als Signale einer neuen Ästhetik für Geschäftigkeit und Prosperität stehen, gleichzeitig aber auch die Perspektive der Vernichtung in sich tragen. Diese Entwicklung spiegelte sich in der bildenden Kunst wieder. Das Industriebild als neues, innovatives Genre mit einer modernen Ikonographie entstand auf der Grundlage von traditionellen Landschafts- und Interieurdarstellungen, die es um sein Motivrepertoire erweiterte. Die Künstler bedienten sich dabei Bildformeln, die beispielsweise durch die ›Schmiede des Vulkan‹, Darstellungen des Goldenen Zeitalters, der ›Terra‹, mit Schilderungen von Erzgewinnung und –verhüttung, eingeführt waren. Bemerkenswert bleibt, welch lange Geltung ihnen als immanente Gestaltungsprinzipien in der Industriemalerei zukommt; als Zitate tauchen sie stets wieder auf.

Industriebilder waren oftmals Auftragswerke. Mit dem unternehmerisch tätigen Bürgertum entstand im 19. Jahrhundert eine Schicht, die Leistung, Besitz und Status über die bildliche Repräsentation vermitteln wollte. Eine neue Fachmalerei, die ›Industriemalerei‹, bildete sich aus. Der Begriff, noch in den 1920er und 30er Jahren geläufig, hat in der Kunstgeschichte das 20. Jahrhundert nicht überdauert. Wohl ganz einfach aus dem Grund, weil nach Quantität und Qualität die Aufträge dazu nicht mehr ausgesprochen wurden. In dem Gefüge der Hierarchien von hoch und niedrig, zwischen wertvoll und wertlos, zwischen frei und gebunden hat die Industriemalerei keinen Platz gefunden und keine klare Zuordnung erfahren. Als Malerei rechnete sie zur freien Kunst, die in den zunehmenden Hierarchisierungstendenzen des 20. Jahrhunderts ihre Führungsrolle ausbaute; als Auftragskunst fand sie eine gegensätzliche Zuordnung zu den zweckorientierten Kunstgattungen. Die Auflösung der Rangordnung und damit das Verschwinden eines positiven Begriffs verunklärte die Wahrnehmung der Industriemalerei sowohl als auftragsgebundene Fachmalerei wie auch als *Sujet de la peinture* und trug zum Verlust an Aufmerksamkeit bei.

Erste Ausstellungen zum Industriebild fanden in Deutschland Anfang des 20. Jahrhunderts statt. Wenngleich auch retrospektiv angelegt, waren sie doch in erster Linie als Anregung für zeitgenössische Künstler gedacht, sich dem Thema zuzuwenden. Repräsentation von Staat und Industrie sowie der bürgerliche Anspruch, wesentliche zeitgenössische Themen in der Kunst widergespiegelt zu sehen, bildeten den Hintergrund. In Essen wurde 1912 zum 100-jährigen Jubiläum der Firma Krupp die erste große Gesamtschau organisiert. Beabsichtigt war, einen entsprechenden Sammlungsschwerpunkt im städtischen Museum zu etablieren und gleichzeitig die zeitgenössische Kunstproduktion zu anspruchsvollen Formulierungen des Themas zu stimulieren. Ein Blick in die kunsthistorischen Handbücher des frühen 20. Jahrhunderts verdeutlicht jedoch, daß das Thema in der Fachdisziplin nicht präsent war. So ist es wenig verwunderlich, dass nachfolgende Unternehmungen, wie die Ausstellung *Kunst und Technik* 1928 im Folkwang Museum in Essen, anlässlich einer Tagung des Vereins deutscher Ingenieure initiiert wurden. Erst Francis D. Klingenders *Art and the Industrial Revolution*, 1947 in London erschienen, bereitete einer wissenschaftlichen Betrachtung den Boden. Klingender widmete sich der Ausbildung des englischen Industriebildes in späten 18. und im 19. Jahrhundert. Unter Berücksichtigung der Graphik stellte er den Zusammenhang zwischen Technik- bzw. Industriegeschichte, Sozial- und Kulturgeschichte her, um die ›Aufgabe‹ Industriebild greifbar zu machen.

In den 70er Jahren bezog der ›neue‹ Untersuchungsgegenstand Industriekultur auch das Industriebild in Ausstellungen und Publikationen mit ein. Punktuell erweiterte und vertiefte sich das Interesse durch wissenschaftliche Arbeiten zu einzelnen Regionen und zeitlichen Abschnitten. Ausstellungen und Publikationen stellten weiterhin Material zur Verfügung. Dennoch bleibt das Industriebild ein vernachlässigter Gegenstand der Kunst- wie der Kulturgeschichte. Die eine verbucht es als Landschaft, als Stadtlandschaft, als Genrebild oder als Porträt und vernachlässigt so die Betrachtung des spezifischen Themas. Auf der anderen Seite bedeutet der Rückgriff auf das Industriebild als illustrierendes Belegstück des Industriezeitalters die Vernachlässigung seiner ästhetischen Qualität und deshalb seiner Einbettung in seine eigene kunstimmanente Geschichte.

Die Berücksichtigung beider Bereiche ist jedoch unabdingbar zum Verständnis des Industriebildes. Der enorme Einschnitt, den das Zusammenwirken von Arbeits- und Kraftmaschinen im Zuge der Industriellen Revolution bewirkte, veränderte die Wahrnehmung und die Erfahrbarkeit der Lebenswelt. Mit der Fabrik entstand der zentralisierte Großbetrieb, der den Durchbruch zur gewerblichen Massenproduktion ermöglichte. Die Zusammenballung von Unternehmen und Beschäftigten an günstigen Produktionsstandorten beförderte das Wachstum der Städte. Das Resultat dieser Veränderungen war ein dauerhaftes, sich selbst erhaltendes Wirtschaftswachstum, in dem der Markt die regulierende Instanz darstellt. Die wachsenden Industrieregionen erfuhren tief greifende landschaftliche Veränderungen, die mit nachhaltigen Verschiebungen des sozialen Gefüges einhergingen. Dieser Prozess, der sich – in Abhängigkeit von der technischen und gesellschaftlichen Entwicklung – bis in die Gegenwart hinein ständig modifiziert, wirkt nach wie vor auf die Bildwelt ein.

Die Ausstellung verfolgt deshalb zwei Linien – eine technisch-wirtschaftliche und eine ästhetische: Wann hat das Streben nach Darstellung neuer technischer und wirtschaftlicher Phänomene eine neue ikonographische und formale Bildsprache provoziert, wann nicht? Wie wird die industrielle Gegenwart der jeweiligen Zeit im Bild wahrgenommen? Der Begriff der ›zweiten Schöpfung‹ bezieht sich insofern einerseits auf das durch die Industrie veränderte Verhältnis des Menschen zur Natur, andererseits auf die Transformation von Wirklichkeit in Kunst.

Dabei kann die chronologisch breit angelegte Ausstellung keine erschöpfenden Antworten geben. Sie setzt Schwerpunkte, indem sie einzelne Regionen, einzelne zeitliche Abschnitte oder gesonderte Themen umreißt. Zudem konzentriert sie sich auf das gerahmte Bild – sei es als Staffeleibild, als Graphik oder Fotografie – und lässt künstlerische Manifestationen wie Collage, Installation, Performance oder Happening außer Acht.

Inzwischen ist die Industrie traditionellen Zuschnitts – mit den Bereichen Textil, Kohlen- und Erzbergbau, Eisen und Stahl – in hoch industrialisierten Ländern wie England, Belgien, Frankreich und Deutschland bereits seit Jahrzehnten subventionsabhängig oder wegen der Konkurrenz aus Billiglohnländern auf dem Rückzug. Immer weniger Menschen finden in diesen Branchen Arbeit. Die Datenverarbeitung und die Biotechnologie sind die neuen Leitsektoren der ›postindustriellen Gesellschaft‹. Sie bestimmen die Diskussion über die wirtschaftliche Leistungs- und Wettbewerbsfähigkeit, die Zukunftsfähigkeit der alten Industriegesellschaften. Landstriche, die sich vor allem durch die Montanindustrie zu ›Industrielandschaften‹ wandelten, werden zunehmend zu ›Naturlandschaften‹ rekultiviert. In den aufgegebenen Fabrikgebäuden entstehen Lofts, Shopping Center oder Büros für Dienstleistungsunternehmen. Stillgelegte Anlagen werden zu Museen umfunktioniert, die als Zeitzeugen die Geschichte des Industriezeitalters dokumentieren. Damit ist der Moment gekommen, den Blick zurückzulenken und in Bildern und Worten nachzuzeichnen, welchem Wandel die Vorstellungen und Wertesysteme der Industrie unterworfen waren.

Unser herzlicher Dank geht an alle Leihgeber. Durch ihr Interesse und Entgegenkommen konnte die Ausstellung verwirklicht werden. Dies gilt ganz besonders für das National Museum of Science and Industry in London, namentlich Wendy Sheridan, das uns eine Vielzahl von Leihgaben zur Verfügung stellte. Die Brüsseler Musées royaux des Beaux-Arts de Belgique, namentlich Pierre Baudson, das Musée de l'Art Wallon in Lüttich, das Musée Gadagne in Lyon, namentlich Simone Blazy, das Rheinische Industriemuseum Oberhausen, namentlich Daniel Stemmrich, haben uns kollegial unterstützt und wichtige Werke für die Ausstellung entliehen. Mit Wanda Löwe hatten wir eine kompetente und umsichtige Lektorin an unserer Seite.

Die Alfried Krupp von Bohlen und Halbach-Stiftung übernahm die Finanzierung des Katalogs. An sie und Herrn Prof. Dr. h.c. mult. Berthold Beitz, den Vorsitzenden des Kuratoriums, richtet sich unser ganz besonderer Dank.

Sabine Beneke   Hans Ottomeyer

Die Industrie als ›zweite Schöpfung‹

Klaus Herding

In der Vergegenwärtigung seiner Geschichte hat das Industriezeitalter Zukunft.[1] Vor allem der Übergang zur Großmaschinerie zwischen 1830 und 1890 erfährt aus der distanzierten Perspektive heutiger Mikro- und Nanotechnologien erneute Beachtung – Fabrikhallen werden zu Museen der Arbeit, Zechen zu Freizeitparks umgestaltet; die Industriefotografie hat die Öde, die gleichförmige Reihung, die Verlassenheit als Kennzeichen aufgegebener Industriestandorte neu entdeckt.[2] Erst jetzt also, in der postindustriellen Epoche, scheint die ›zweite Schöpfung‹, die des ›Riesen Proletariat‹, richtig gewürdigt werden zu können. Dieser ästhetische Rückblick auf den Industrialisierungsprozess folgt lange nach seiner ersten Entdeckung in der bildenden Kunst. Doch auch diese ist keineswegs gleichzeitig mit dem Prozess selbst erfolgt. Erst Jahrzehnte nach der entscheidenden Hoch-Zeit der Großmaschinerie haben deren Essentials – fassbar als Dynamik und Tempo, als Mechanisierung und Rationalisierung des Lebens – zu adäquaten künstlerischen Formen geführt: Im frühen 20. Jahrhundert, bei Eadweard Muybridge, bei Fernand Léger oder bei László Moholy-Nagy, im Futurismus oder in der Neuen Sachlichkeit bilden sich Formäquivalente heraus für das, was im Industrialisierungsprozess ein halbes Jahrhundert vorher Bürger und Arbeiter umtrieb. Auch hat sich die industrialisierte Wahrnehmung von außen nach innen entwickelt und sich zunächst im Ausstellungs-, Kauf- und Freizeitsektor artikuliert, bevor sie ins Innere des Produktionsprozesses eindrang.[3] Um diesem Umbruch auf die Spur zu kommen, wenden wir uns vor allem Frankreich zu, weil die *ästhetische* Reaktion auf die Industrialisierung (»la perception industrielle«) am stärksten in Paris eingesetzt hat.

Warum hat sich die bildende Kunst nicht spontan der Großindustrie als einem neuen Sujet zugewandt? Warum haben sich die so genannten ›Väter‹ des 20. Jahrhunderts, Paul Cézanne und Paul Gauguin, Vincent van Gogh und Georges Seurat, kaum mit Industrie befasst, sondern unter den Großen nur Adolph Menzel? Warum haben sich sogar die damals als Materialisten oder Sozialisten geltenden Maler Gustave Courbet und Jean-François Millet der Industrie nicht zugewandt, sondern Bauern und Tagelöhner, nicht aber Fabrikarbeiter gemalt? Warum hat Honoré Daumier in einer Karikatur auf die Weltausstellung von 1855 (Abb. 1) der Industrie die kalte Schulter gezeigt und den Fortschritt als eine unnütze, dem normalen Leben nur schädliche Groteske verspottet? Offenbar, weil alle diese Künstler den Aufbruch zur ›zweiten Schöpfung‹ nicht in der Industrialisierung

erkannten, sondern ihre Hoffnung auf die Befreiung von Hast und Technikgläubigkeit setzten. Der Slogan »Il faut être absolument moderne« hieß für Arthur Rimbaud 1873, so weit entfernt von Paris zu sein wie nur möglich.[4]

Sehen wir uns gar bei den Anführern des guten Tons um, bei Künstlern wie Jean-Auguste-Dominique Ingres, so treffen wir noch 1863 auf Worte wie diese: »Jetzt sollen Kunst und Industrie vermengt werden. Die Industrie – von ihr wollen wir nichts hören! Sie soll bleiben, wo sie ist und sich nicht auf den Stufen unserer Schule niederlassen, dem wahren Tempel Apolls, der allein den Künsten Griechenlands und Roms geweiht ist!«[5] Für entschiedene Trennung plädierte 1866 auch der einflussreiche Kunstkritiker Maxime Ducamp: »Überlassen wir die Geschwindigkeit der Dampfkraft getrost der Industrie und bewahren wir der Kunst die weise Langsamkeit, die sie braucht, wenn sie nicht an ihrem Untergang schuld werden soll.«[6] Grundsätzlicher noch urteilte Charles Baudelaire: »Es gibt einen Irrtum, der sehr in Mode ist, und vor dem ich mich hüten will wie vor der Hölle. Ich meine die Idee des Fortschritts. Dieses düstere Fanal, ..., diese moderne Laterne verdunkelt alle vertrauten Objekte. ... Fragt einen wackeren Franzosen, was er unter Fortschritt versteht, so wird er Euch antworten: Dampfkraft, Elektrizität und Gasbeleuchtung ... Der Ärmste ist derart amerikanisiert, ... dass er den Sinn für die feinen Unterschiede verloren hat, welche die körperliche und die seelische Welt, das Natürliche und das Übernatürliche charakterisieren.«[7] Die industrielle Welt desensibilisiert also. Sind das alles schiere Rückzugsgefechte? Keineswegs. Ingres und Courbet, Baudelaire und Ducamp, Gauguin und Rimbaud verbindet, dass sie ihr Ideal woanders suchten, in einer reinen, vergeistigten oder in einer naturhaften, ursprünglichen Welt, in einer die Gegenwart entweder aussparenden oder auf ein einfaches Leben reduzierenden Kunst. Es sei hinzugefügt, dass diese Künstler und Schriftsteller das moderne Leben nicht schlechthin ablehnten, aber in der Industrie allenfalls ein notwendiges Übel erkannten, dem kein eigener ästhetischer Wert zukomme. Zwar war eine thematische Zuwendung zur eigenen Zeit schon seit 1830 in Frankreich en vogue, aber das Wort: »Il faut être de son temps«, als ästhetische Forderung des Schriftstellers Emile Deschamps 1828 zunächst generell eingeführt, von Daumier dann auf Probleme des Kleinbürgertums angewandt, bedeutete für den engagierten Künstler nicht nur, zeitgenössische Themen aufzugreifen, sondern auch, sie in den Formen der Avantgarde zu bearbeiten. Dafür wurde das Feld *außerhalb* der Industrie bestellt.

Daher findet sich in Francis Donald Klingenders grundlegendem Buch über Kunst und Industrielle Revolution wenig zur *Form*, in der sich die Industrie künstlerisch darstellt.[8] Ähnlich enthaltsam geben sich industriegeschichtliche Kataloge – mit Recht, denn sie haben in dieser Hinsicht nicht viel zu bieten. Ein einziges Fabrikbild wird in der *Propyläen Kunstgeschichte* des 19. Jahrhunderts behandelt; allenfalls ein ›Schattenreich‹ der Kunst bildet die Industrie in Werner Hofmanns *Irdischem Paradies;* selbst in Richard Hamanns und Jost Hermands *Gründerzeit* sind Bilder dieses Genres ausgespart.[9]

1 Honoré Daumier,
Ein Drehspieß, der dazu dient, Hühnchen mit 29facher Pferdestärke zu braten (Un tournebroche, destiné à faire rôtir des poulets de la force de vingt-neuf chevaux), 1855, aus der Serie: *L'Exposition universelle*, n° 23

So kann auch Ingres' Wort nicht nur als Ausfluss einer klassizistischen Kunsttheorie gelten; vielmehr reflektiert diese Äußerung die Abwehr einer mechanischen Gleichförmigkeit, die man in der Industrie walten sah und die nicht durch Kunst nobilitiert werden sollte. Mit dem gleichen Argument wurde das ›mechanische‹ Verfahren der Fotografie als unkünstlerisch gebrandmarkt und abgewehrt.[10] Solange die industrielle Produktion als das Reich des ›Nützlichen‹ der Kunst als dem Reich des zweckfreien ›Schönen‹ gegenübergestellt wurde, konnten sich die Künstler kaum darauf einlassen, eine Brücke zu schlagen und eine der Industrialisierung adäquate Form auch nur zu suchen – andererseits reicht der Begriff des ›Nützlichen‹ kaum aus, die künstlerische Entfaltung einer spezifisch industriellen Ästhetik zu umreißen.[11] Und selbst dann bedurfte es zusätzlicher Mittel, um ein solches Sujet zu lancieren; Adolph Menzel ließ sich immerhin den mythologischen Titel *Moderne Cyklopen* gefallen, um das *Eisenwalzwerk* als modernes Historienbild zu rechtfertigen.

Die Scheu der Maler vor der Industrie

Die Abwehrhaltung fast aller Künstler gegen die Auseinandersetzung mit der Industrie bleibt dennoch erstaunlich. Man kann sich schwer vorstellen, dass der Einbruch dieser neuen Welt gar keine ästhetische Faszination ausgeübt haben soll. Tatsächlich war dies in der allerersten Phase der modernen Industrialisierung anders, weil damals, am Ende des 18. Jahrhunderts, die Konfrontation zwischen Natur und Industrie vor Augen stand, die Industrie als großartig-schauerlicher Gegensatz zur erhabenen Natur erlebt wurde, vor allem in England. Davon wird die Rede sein. Für die Abwehrhaltung, die um die Jahrhundertmitte in England, Frankreich und wenig später auch in Deutschland um sich griff, lassen sich jedoch ebenfalls gute Gründe anführen:

Die Welt der Industrie lag fern. Schon früh wurden Fabriken ausgesiedelt; als Folge bildete sich zum Beispiel die *ceinture rouge* rund um Paris. Die Industrialisierung ließ *neuralgische Zonen*, wüste und gefährliche Gebiete, zwischen Stadt und Land entstehen. Die Maler hingegen waren Stadtbürger; im städtischen Bürgertum hatten sie ihre Kundschaft. Industrie war in doppeltem Sinne im Abseits verortet; entweder lagen die großen Betriebe – auf Wasser als Antriebskraft und Transportmittel angewiesen – außerhalb der Städte, an Flüssen, oder aber innerhalb der Städte in Sperrbezirken, hier wie dort streng bewacht. In allen Industrieländern hatten Arbeiter Sonderpässe, die sie zur Disziplin anhielten;[12] Fremden wurde der Zutritt verwehrt.

Fabrikbesitzer waren allenfalls an exakten und zugleich repräsentativen Darstellungen ihrer Anlagen interessiert; viel Spielraum für künstlerischen Eigensinn gab es unter diesen Bedingungen nicht. Im Firmenjubiläumsbild beerbt der Unternehmer den Fürsten, den Tugendhelden und den Feldherrn. Der Arbeiter wird in solchen Darstellungen zwar nicht verschwiegen, doch ist er dem Patron oder Herrscher stets fraglos unterstellt. Dass staatliche Institutionen oder Fabrikbesitzer eigenwilligen Künstlern wie François Bonhomme in Frankreich oder Paul Friedrich Meyerheim in Deutschland freie Hand gaben, war selten. Üblich war vielmehr eine Mischung aus vertrauten Wahrnehmungsmustern, eine Art ›vertrauensbildender Maßnahme‹; dazu gehört auch die häufige Verbrämung großindustrieller Arbeitsbedingungen durch ein vorindustrielles Erscheinungsbild, kurz: die Reduktion von Industrie auf Handwerk. Die häufigste Allegorie in der zweiten Hälfte des 19. Jahrhunderts ist wohl der Schmied. So wird auf einem Umzugsentwurf von L. Itzel (1853) trotz der Inschrift: *Es lebe Industrie* allein das Handwerk gefeiert – ganz im Sinne der vorindustriellen Bedeutung von *industria* als Fleiß.[13] Mythisch überhöht wird dies durch eine Schmiede, in der Venus und Vulkan den Platz der Arbeitgeber einnehmen und statt der Arbeiter »Cyklopen« wirken. Auf einem Gedenkbild zur Gründung des Evangelischen Arbeitervereins in Ingolstadt ist auf dem linken Seitenflügel ein biederer Handwerksmeister zu sehen, der an einer Hobelbank steht;[14] ihm gegenüber figuriert auf dem rechten Flügel eine lorbeerbekränzte musische Gestalt, die seine Arbeit lohnen wird. Fast unbemerkt bleibt, dass eine Maschinenbaufabrik das Zentrum bildet, deren rauchender Schlot den Kirchtürmen zugesellt ist. Also eine veritable Verhüllungs- und Eingemeindungsstrategie, schwer vereinbar mit dem Aufbruchsverlangen der Avantgarde, mit der von Courbet vorgeführten Zertrümmerung der alten Allegorese und mit dem Bestreben, Störungen des herkömmlichen Zusammenlebens auch *als Störungen in der Form* zu artikulieren. Die stärkste Rückbindung an Handwerk und Mythos kennzeichnet Hans Makarts Wiener *Festzug der Textilindustrie und der Eisenbahn* von 1879 (Kunsthistorisches Museum Wien), wo mittelalterlich kostümierte Gestalten die industrielle Arbeit verdrängen.[15]

Es kommt hinzu, dass der eigentliche Heros der Industrialisierung, der Arbeiter selbst, zunächst kein Interesse an der Darstellung seiner Arbeitswelt aufbringen konnte, nicht nur wegen der miserablen Arbeitsbedingungen, sondern auch wegen des mangelhaften Organisationsgrades. Erst nach Gründung von Arbeitervereinen und Gewerkschaften (auch dann oft nur mithilfe von Versatzstücken aus klassizistischer und biedermeierlicher Ikonographie) war, in beschränktem Umfang, bildliche Arbeiterkultur möglich; diese bescheidenen Ansätze aber sahen sich wiederum mit der Schwierigkeit konfrontiert, eine volle Identifikation mit dem Arbeitsplatz zu propagieren. Kurzum: Ungeachtet der Phasenverschiebung zwischen England, Frankreich und den deutschen Staaten gilt bis weit über die Jahrhundertmitte hinaus: Für ein Interesse der Arbeiter am Industriebild fehlte es an materieller und ideeller Motivation.

Für den Künstler gab es also, von wenigen Ausnahmen abgesehen, keinen Adressaten und Abnehmer. Aus heutiger Sicht mag es verwundern, wie wenig die Arbeitgeber in der Lage waren, *corporate identity* zu schaffen, und wie wenig umgekehrt bildliche Medien, Plakate oder Einblattdrucke, die schon in Reformations- und Revolutionszeiten gute Dienste geleistet hatten, von Arbeitern zur Agitation genutzt wurden. Frühe walisische und schlesische Agitationsblätter gegen Kinderarbeit in Bergwerken wurden von philanthropischen Bürgern publiziert und können kaum als Arbeiterkultur bezeichnet werden.[16] Selbst das viel zitierte Streikbild von Robert Koehler (Kat. Nr. 79) trägt das Geschehen nicht in einer Bildform vor, welche die Situation der Streikenden entweder kritisch oder aber in mitreißender Zukunftsperspektive schildern würde. Auch von den großformatigen Arbeiterbildern, die seit den 1880er Jahren in Belgien entstanden,[17] verlässt keines den Rahmen traditioneller Pathosformeln. Die künstlerische Qualität dieser Werke liegt weniger in einer neuen Sicht der Industrie als in

der Entwicklung eines eindringlich anklagenden, mitunter pathetisch gesteigerten Arbeiterbilds. Der *Bürger* wiederum suchte den Ausgleich für die von Daumier oft karikierte Großstadthetze zunehmend in der äußeren Natur, nicht in der staubigen Industrie als einer vom Menschen geschaffenen »zweiten Natur«.[18] Zwar wurde zu Beginn, wie schon angedeutet, der Einbruch der Industrie in die Natur als großartiges Erlebnis empfunden und Hochöfen konnten, etwa bei Philippe Jacques de Loutherbourg und Abraham Pether, wie feuerspeiende Vulkane inszeniert werden, aber zur Jahrhundertmitte waren bereits ganze Landstriche von der Industrie verwüstet und wurden in der Druckgraphik auch so publiziert (Abb. 16). Nicht nur Landschaften, sondern auch alte Städte wurden von der Industrie ›aufgefressen‹ und bereits um die Mitte des 19. Jahrhunderts so dargestellt: In einer um 1855 entstandenen Ansicht der Maschinenfabrik Klett hat die Dynamik der Industrieanlage trotz einer geruhsamen Vordergrundszene das Bildfeld erobert. Schon 1850 war die Ultramarinfabrik Zeltner, aus der Vogelperspektive aufgenommen, in einem Stich erschienen; hier hat die Fabrikstadt die Nürnberger Altstadt völlig verdrängt.[19] Daher suchte man die unberührte Natur, den Strand von Êtretat oder den Wald von Fontainebleau, auch in Kunst und Literatur. Die Polemik gegen eine »littérature industrielle« trug Früchte: »Es gibt Neuromantiker, [die] behaupten, das beste Mittel zur Erneuerung sei es, die Wohltaten der Gasbeleuchtung oder der Nähmaschinen zu besingen, so dass es keiner Werbung mehr bedarf«;[20] Courbet und Millet hingegen wurden wegen ihrer ursprünglichen Landschaftsbilder als »Ärzte« der Gesellschaft angerufen.[21] Erst Armand Guillaumin oder van Gogh wagten die Industrie wieder in die Hintergründe ihrer Landschaftsbilder aufzunehmen, stießen aber auf Absatzschwierigkeiten.[22] Im Übrigen waren Industrievedute und Fabrikinterieur durch Patronat und Proletariat kodiert und daher politisch brisant. Im Frankreich des Second Empire gab es meines Wissens nur regierungsamtliche Aufträge mit industriellen Sujets, und in Preußen sah der Direktor der Nationalgalerie 1875, beim Ankauf des ersten Industriebilds, Menzels *Eisenwalzwerk*, noch alle Vorsicht geboten.[23] Man sollte diese Abwehr aber nicht nur politisch begründen. Ästhetisch boten Industrieanlagen keinerlei Anreiz; die ersten Fabrikbauten ahmten oft Schlösser oder Bauernhöfe nach – ein sozialgeschichtlich bedeutsames Anlehnungsbedürfnis; spätere schienen in ihrer Kastenform völlig kunstlos zu sein.[24]

Schließlich konnten Industrieanlagen und Maschinen zur Entlastung der Malerei in den *graphischen* Medien hinreichend dargestellt werden. Standardwerke der Technikgeschichte wie die vielbändigen Werke *Les Grandes usines de France* (1860–95) von Julien François Turgan oder *Das neue Buch der Erfindungen, Gewerbe und Industrien* (1876–80) von Julius Zöllner, Massenzeitschriften wie *The*

Illustrated London News, das Pariser Blatt *L'Illustration* oder die *Leipziger Illustrirte Zeitung* boten einen reichen Fundus an Industrieansichten. Die graphischen Medien konnten bequem für Firmenbriefköpfe oder für illustrierte Zeitschriften eingesetzt werden und damit die Ansprüche der Eigentümer befriedigen. Die druckgraphische Verklärung von Glas und Eisen half mit, die Alltagswelt der Produzenten zu verdrängen. Die rasche Entwicklung der graphischen Techniken förderte diesen Verdrängungsprozess; die hohe Auflage, die schnelle Herstellung und die Präzision waren der industriellen Fertigung andererseits besonders angemessen. Der Holzstich (Xylographie), ein ab 1770 entwickeltes Hochdruckverfahren, gab feinste Linien und Halbtöne wieder. Der Stahlstich (Siderographie), ein ab 1818 verwendetes Tiefdruckverfahren, erlaubte besonders exakte Reproduktionen in hohen Auflagen – bis zu 30 000 Exemplaren von einer Platte – herzustellen. Auch der Steindruck (Lithographie), das 1798 erfundene Flachdruckverfahren mit dem Vorzug raschester Herstellung, wurde seit den 1820er Jahren für gebrauchsgraphische Zwecke genutzt. Die Fähigkeit der Lithographie, tonige Übergänge wiederzugeben, wird uns bei der Inszenierung von Rauch und Feuer besonders beschäftigen. Oft wird die Fotografie, als Produkt des Industriezeitalters, für ein besonders angemessenes Mittel der Industriedarstellung gehalten. Dabei wird jedoch vergessen, dass die Kosten für fotografische Massenauflagen im 19. Jahrhundert

noch ungleich höher als für graphische lagen; daher wurden viele Darstellungen sogar aus der Fotografie in Stiche oder Lithos ›rückübersetzt‹.[25] Der Dokumentarwert dieser Art von Gebrauchsgraphik ist unbestritten, ein eigener Kunstwert wird ihr jedoch meist abgesprochen. Aber: Ist dieses Material wirklich nur dokumentarisch zu rezipieren? Oder bricht in dieser scheinbar so kunstlosen Graphik ein Stück neuer Wahrnehmung auf, die dann auch die hohe Kunst verändert hat, vielleicht sogar stärker als die legitimationsbedürftige Fotografie?

Illustrationsgraphik als Vorspiel von Collage und Montage

Tatsächlich hat die Visualisierung des Industrialisierungsprozesses allen guten Gründen zum Trotz Anteil an dem Wahrnehmungsumbruch, den wir als Wende zur Moderne bezeichnen. Zwar kommen einige Elemente schon im 18. Jahrhundert vor, zum Beispiel in den Illustrationen zu Diderots *Encyclopédie* (Kat. Nr. 12); aber keineswegs so signifikant und konsequent modern wie im Zeitraum der Entfesselung der Großindustrie zwischen 1830 und 1890. Da ist eine neue, durch Collage und Montage heterogener Teile gekennzeichnete Qualität am Werk, die keineswegs nur ›dokumentarisch‹ ist, sondern die Formfrage provoziert. Es sei daher zunächst gezeigt, welche Möglichkeiten das so gering geachtete Medium der Illustrationsgraphik bereitstellt; anschließend wird gefragt, worin das Industrie*gemälde* über dieses Angebot hinaus weist. Tatsächlich fallen in den graphischen Industriedarstellungen des Untersuchungszeitraums bestimmte, immer wiederkehrende Strukturmerkmale auf:

1. Viele Graphiken bestehen aus Teilstücken, die in sich selbständige Einheiten bilden. Diese kombinatorische Form ist dem Thema insofern besonders angemessen, als sie Einblick in die Verschiedenartigkeit gleichzeitig ablaufender Produktionsprozesse ermöglicht, Innen- und Außenräume, Produktionsmaschinen und Produkte getrennt und doch in einem zeigen kann. Zwei Beispiele: Die Mitgliedsurkunde der 1844 gegründeten *United Machine Workers' Association* (Abb. 2) zeigt im Mittelfeld eines dreigeschossigen Aufbaus zwei Allegorien (Gerechtigkeit und Hoffnung) zuseiten einer Planiermaschine. Auf den Statuenpostamenten sind weitere Maschinen benannt, die den Mitgliedsbereich der Gewerkschaft abstecken. Oben, beiderseits einer Victoria-Abundantia-Allegorie, sind eine Spinnmaschine und ein Drillbohrer in hochovale Kartuschen eingelassen; unten werden vier weitere Maschinen vorgeführt. Einheitliche Raumperspektiven fehlen; doch sind die Bildfelder durchaus nach gemeinsamen Prinzipien gerahmt. Die mit den Figuren eingeführte allegorische Absicht wird indes von sieben naturalistisch dargestellten Maschinen durchkreuzt. Unterschiedliche Reali-

2 *Mitgliedsurkunde der United Machine Workers' Association*, um 1850/60

Der Londoner Kristallpalast (Abb. 4) bot diese Perspektive sogar in Längs- und in Querrichtung dar. In den Fabrikinterieurs verdoppelt sich dieses Prinzip, denn hier konnte auch die Einrichtung als serielle Staffelung wahrgenommen werden. Fließbänder und Schienenwege steigerten die Tiefenwirkung; die gleichförmigen Abstände, in denen sich Zahnräder oder Spindelbänke wiederholten, riefen den Eindruck des Infinitesimalen hervor. Das Innere einer Werkhalle der Wollweberei Davin zeigt in einem Stich vor 1865 (Abb. 5) zwei Reihen von Spinnmaschinen, die den Raum-

3 W. Wollschläger, *Das Eisenwerk Zeltweg*, 1887

4 Adolphe Gusmand nach Freeman, *Blick in den Londoner Kristallpalast*, 1851

tätsebenen werden also miteinander verknüpft, wobei die Objekte den gleichen Rang wie die Figuren beanspruchen. Das Ganze lässt sich nur als Montage verstehen.[26]

Hart aneinander stoßend, werden Fabrikanlagen und Produktionsvorgänge eines Eisenwerks in W. Wollschlägers Stich von 1887 gezeigt (Abb. 3). Auf allegorische Überhöhung ist durchweg verzichtet; das Ganze soll, wie auch die Nummerierung der Teilstücke andeutet, als Ablauf gesehen werden: oben ein Eisenabstich mit der Verladung glühenden Rohmaterials aus einer Bessemerbirne, daneben ein Walzvorgang; unten wird ein Dampfhammer betätigt, daneben Außenansichten der Fabrik, deren rauchende Schlote den Stolz des Besitzers verraten. Insgesamt eine dichte Montage, in der die Figuren weiter zurückgedrängt sind; doch wird eine Verschmelzung der Einzelfelder durch unterschiedliche Distanzen und differierendes Helldunkel verhindert.

2. In vielen Graphiken fällt eine potentiell ins Unendliche reichende Aufreihung gleichartiger Elemente auf. Soweit dies die dargestellte Architektur betrifft, sind solche Anordnungen aus dem Manierismus geläufig; sie kosten den Reiz aus, den die Tiefenflucht lang gezogener Korridore und Galerien ausübt. Ein solcher Raumeindruck konnte sich auch in Produktionshallen oder Bahnhofshallen einstellen.[27]

fluchten folgend angeordnet sind und die volle Tiefe der Halle einnehmen. Die Maschinen sind in ihrer Längserstreckung ununterbrochen, somit nicht rhythmisiert, wiedergegeben. Als Gegengewicht, gleichsam zur Dekoration, sind eine Handvoll Arbeiter in unregelmäßigen Abständen eingefügt. Die in sechs Reihen angeordneten Spindeln oder

5 E. Morin nach H. Linton, *Die Wollweberei Davin*, vor 1865

die Fäden, die sich über die Bänke spannen, zahlenmäßig erfassen zu wollen, wäre unmöglich; die endlose Folge entzieht sich der Quantifizierung. Daraus resultiert eine andere Beeindruckungsqualität als beim Kristallpalast: Während dort die einzelnen Kompartimente mit ihrer Gitterstruktur eine endlose Raumerstreckung suggerieren, richtet sich die Unendlichkeitsvorstellung hier auf die Produktionsmittel oder auf die Produkte selbst. Die Infinitesimalstruktur wird somit zum Hilfsmittel für die Visualisierung zeitlich ununterbrochener, fortwährender Produktion.

6 H. Rimbault nach Philip Henry Delamotte, *Baumwollspinnerei La Foudre*, vor 1863

7 *Londoner Schnelldruckpresse*, um 1840

3. Viele Graphiken überraschen mit ihrer Präzision im Detail. Selbst Großmaschinen, die für sich schon das Prinzip industrieller Serialität verkörpern, wie die 1858 in Englandgebaute halbautomatische Spinnmaschine der Baumwollspinnerei La Foudre (Abb. 6), werden durch isolierte Wiedergabe in so gleichmäßiger Genauigkeit greifbar, dass

man solche Darstellungen als Musterbögen nutzen konnte. Zu diesem Zweck wird zum Beispiel der Hintergrund aufgehellt, wodurch in diesem Falle Licht durch das Getriebe fällt und jede einzelne Stange einen abgrenzbaren Körper bildet; diese Transparenz wird ergänzt durch ein Höchstmaß an graphischer Differenzierung mithilfe feinster Quer- und Längsschraffen.

Oft wird der Schnitt durch eine Maschine gegeben, die dann, daneben, in Schrägaufsicht, in ihren Kernelementen plastisch dargestellt wird (Abb. 7). Dabei können funktionale Einheiten zugleich als autonome ästhetische Grundformen freigelegt werden. So sind bei dieser englischen Druckmaschine aus den frühen 1840er Jahren mithilfe pathetischer Lichtführung und scharfer Konturierung die Transmissionsriemen und ineinander greifenden Zahnräder, also die Übertragungsmechanismen, überdeutlich hervorgehoben. Aber ungeachtet dieser funktionalen Offenlegung entfalten vier Kreise unterschiedlichen Durchmessers ihre Wirkung als zusammenhängende Form. Bei Léger werden dann aus solchen Grundformen Industriebilder entstehen.[28]

Den ästhetischen Freiraum, der einzelnen Gliedern bei aller technischen Präzision zugestanden wird, verdeutlicht die Darstellung einer Balancier-Dampfmaschine, die 1854 in Magdeburg gebaut wurde (Abb. 8). Die Maschine ist in einer geradezu ätherisch leichten Komposition wiedergegeben: Trotz aller Genauigkeit in spielerischer Analogie zum menschlichen Körper gehalten, bildet der gotisierende Maschinenständer ein transparentes und doch stabiles Zentrum, dessen ›Leib‹ von einem Netz dünner, nicht historisierter Stäbe umgeben ist, die als ›Greifarme‹ fungieren; die beiden äußersten kommunizieren mit Pumpe und Tretrad. Wir werden auf diese Art der Inszenierung noch bei der Riesen-Metaphorik zurückkommen.

Was diese Graphiken insgesamt auszeichnet, ist die Materialdifferenzierung durch unterschiedliche Tonwerte, der Verzicht auf anekdotisches Beiwerk, die Verbindung von Präzision und Ornament. Exakte Proportionierung durch Wahl des Augenpunkts in gleicher Höhe oder durch Schrägaufsicht, die zugleich den Blick ins innere Getriebe freigibt, lässt solche Maschinen, wie ein Uhrwerk, als autonomes Ordnungsmodell erscheinen, unberührt von Unterdrückung und Arbeitskämpfen. Schmutzarbeit, körperliche Arbeit überhaupt, scheint aus dieser Welt der Präzision verbannt zu sein: Tatsächlich stellt die Arbeitsauffassung solcher Stiche einen ästhetischen Vorgriff auf den *white-collar worker* und die Zeit der Automation dar. Gerade in der zweckgebundenen Graphik bildet sich die Autonomie der Form als paradoxes Pendant objektiver Verfügbarkeit aus. Der abstrakte Präzisionismus solcher Vorlagen hat deren Adaptation im Surrealismus begünstigt. Der visualisierte Industrialisierungsprozess begünstigt so die Vision einer ästhetischen Neuschöpfung der Welt.

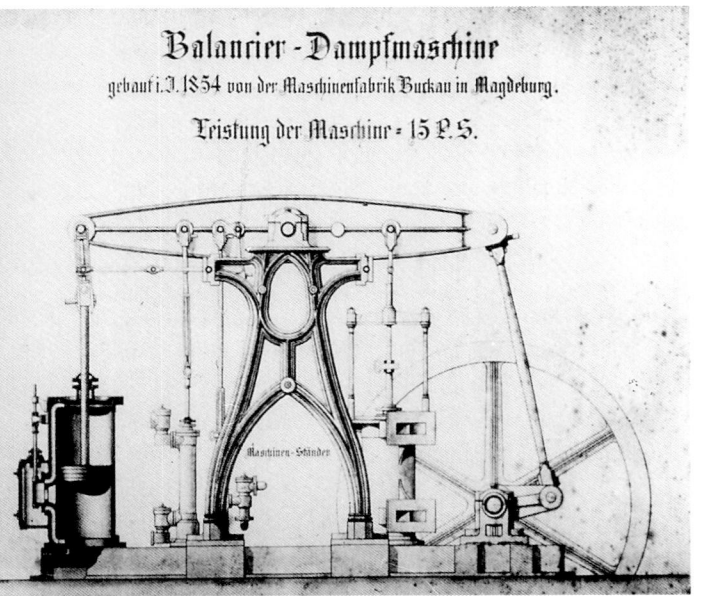

leistet als Graphiker jene Industriekritik, die er als Fotograf auszusparen pflegte. Möglicherweise sieht er auch die Wohngebiete schon bedroht, denn zwischen Wohn- und Fabrikschornsteinen unterscheidet er kaum: *Frühling auf ewig (Printemps à perpétuité)* ist die Vision einer trostlosen Kulisse benannt, die, regengrau verhangen, unverkennbar ruinöse Züge anzunehmen beginnt.[31] Der entwicklungsfähige Kern solcher Ausblicke liegt darin, dass in ihnen die Abstraktheit des Industriezeitalters in visuelle Zeichen gefasst wird – eine Dimension, die in Zeichnungen Menzels, in Bildern Constantin Meuniers und Umberto Boccionis weiter entfaltet wird.

5. Mit der Wiedergabe von Industrieanlagen und Maschinenhallen als einem ›leeren‹ Stück Wirklichkeit – ob als Sinnentleerung oder umgekehrt als Neuschöpfung, als Zeichen zeitgemäßer Nüchternheit und als *Tabula rasa* der Zukunft verstanden – ist eine weitere Tendenz verbunden: die Herauslösung eines Gegenstands aus seinem Kontext. Sie

4. Mit dem Verzicht auf anekdotische Ausschmückung von Arbeitsräumen und der ›nackten‹ Wiedergabe von Maschinen ist bereits eine weitere Eigenschaft angesprochen: die potentielle Entleerung des Bildfelds. Nur selten wird der Produktionsvorgang gezeigt, und selbst dann betreten wir ein Niemandsland. Holzstiche mit Fabrikhallen, die sich völlig kahl darbieten oder in denen die Arbeiter hinter den Maschinen verschwinden, sind häufig anzutreffen.[29] Besonders befremdlich wirkt die Entleerung des Raums in einem schlesischen Walzwerk (Abb. 9); denn die Bearbeitung des Eisenrohlings hätte, wie Menzels Beispiel zeigt, einen ergiebigen Vorwurf dargestellt. Zweifellos war der Arbeitsgroßraum, wie kahl und leer auch immer, als Gegensatz zur gedrängten Enge einer Bäckerei oder Schmiede eine ungewohnte Erfahrung und für die Stecher nicht ohne Faszination. Im Industrie- und Großstadtbild des 20. Jahrhunderts, vor allem der Neuen Sachlichkeit, wird die Wahrnehmung der leeren Fläche zur Form.

Auch Außenansichten bieten sich oft als ›leere Hülsen‹ dar; die Gießhütten in Jean-Baptiste Godins *Solutions sociales* von 1871 bestehen aus etwa 20 gleichförmig-gesichtslosen Schablonen, die aber offenbar als repräsentativ für die nüchterne Arbeitswelt galten.[30] Die Karikatur hat diesen Aspekt frühzeitig bearbeitet. In den sprechendsten Beispielen wird Industrie als leerer Widerpart zur Fülle der Natur gesehen: *Blick aufs freie Land (Site champêtre)* nennt Marcelin 1852 eine kahle Reihe von Fabrikgebäuden an der Seine (Abb. 10); da solche Kästen den Blick aufs Land verstellen, fügt Marcelin, Horaz' Begeisterung für die freie Natur persiflierend, dessen Ausruf »O rus, quando te aspiciam« hinzu. Ein Gegenbild mit einem Blick auf die durch Industrie entwertete, entleerte Silhouette von Paris, publiziert Gilbert Randon im gleichen Jahr. Nadar schließlich

schlägt sich in der Industriegraphik als Stückhaftigkeit, als willkürlicher Ausschnitt nieder. Das Verfahren, den Schritt zur Umgebung beliebig zu setzen, eine Komposition nicht mehr durch Repoussoirs oder Staffagefiguren auszugrenzen und zu rahmen, wird insbesondere der Fotografie zugeschrieben – die Hervorhebung des Ausschnitts und seine Manipulation gehört für uns zur Essenz fotografischer Regie. Aber die ersten Fotografen legten Wert auf eine bildmäßige Inszenierung. In diesem Sinne gelten zum Beispiel die Fotografien des Second Empire heute als eingehüllt »dans leur mystérieux manteau de convention«[32]. Dagegen hatte die Graphik die Ausschnitthaftigkeit – logisches Pendant der Infinitesimalstruktur – als Signum industrieller Stückproduktion längst eingeführt. Nicht mehr das Ganze, sondern nur noch das Detail wird gezeigt. So wird zum Beispiel die Nietmaschine der Firma Derosne in Grenelle (Abb. 11) in einem Ausschnitt wiedergegeben, der die minutiöse Arbeitsleistung der weit über die Blattgrenzen hinausragenden Riesenmaschine vor Augen führen soll. Stolz wird vermerkt, dass die Maschine sechs je drei Zentimeter starke Blechstücke für Lokomotivverkleidungen ausstanzt – auf einen Schlag, versteht sich. Auch der Arbeiter wird als ein Rädchen im Getriebe dargestellt, das in seiner Partialität die erahnte Wirkung des Ganzen noch steigert. Dem fügt ein Ausschnitt aus der Maschinenhalle der Pariser Weltausstellung von

1878 (Abb. 12) eine weitere Dimension hinzu: Firmenschilder sind hier im Ausschnitt gezeigt; das Schriftbild wird mitten im Wort unterbrochen. Die Form bricht sich gegenüber dem Verlangen nach repräsentativer Vollständigkeit Bahn – auch als Ausdruck der ephemeren Wahrnehmung des vorbeieilenden Besuchers; heute würde eine Fernsehkamera in einem Schwenk über die Halle ziehen. Das Flüchtige als Element des modernen Lebens, essentiell für Charles Baudelaire[33], ist mit diesem *Ausschnitt im Ausschnitt* zum ersten Mal angedeutet; es wird uns anlässlich der Malerei von Gustave Caillebotte und Edgar Degas noch beschäftigen.

Am effektivsten wurde das Ausschnittverfahren bei der Darstellung der Arbeiten am Eiffelturm angewandt. *Tour de 300 Mètres* steht über einem Holzstich von 1887, der die gerade errichteten Stützpylone des Sockelgeschosses zeigt.[34] Auch die Rollwagen, Pressen, Aufzüge (Abb. 13) sind in Ausschnitten reproduziert, welche die Anschauung des Turmes insgesamt voraussetzen und zugleich eine gewaltige Faszination nicht nur für das ineinander gefügte, funktionierende Gerüst dieser großen ›Maschine‹, sondern auch für die formbildende Verselbständigung der Teile erkennen lassen. Ästhetisch entfaltet gerade der Ausschnitt seinen Reiz: Die unendlichen Verstrebungen werden damit sinnlich fassbar und als Teil eines Baukastensystems oder Musters

11 H. Linton nach Bertrand, *Schlaghammer der Fa. Derosne & Cail in Grenelle*, vor 1865

12 *Blick in die Maschinenhalle auf der 7. Weltausstellung*, Paris 1878

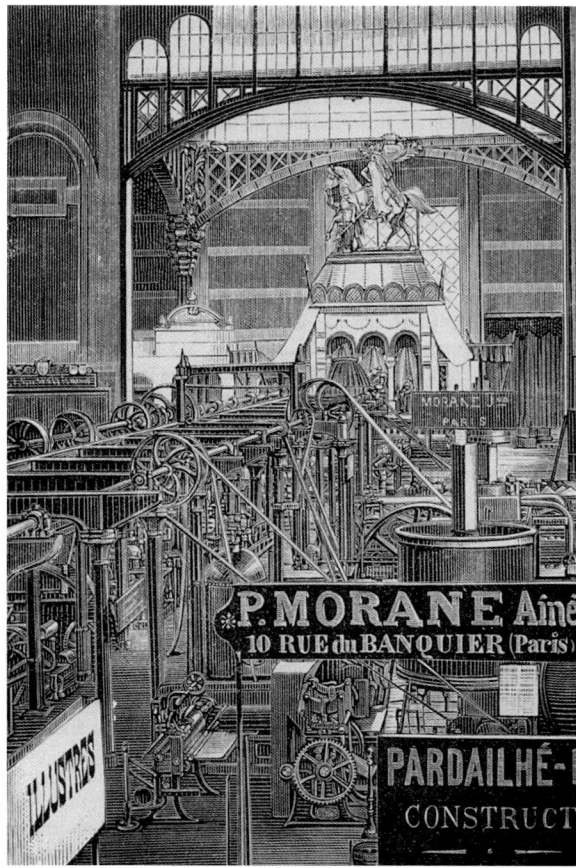

verfügbar. Es scheint, dass noch Léger in seinen *Bauarbeitern (Les constructeurs)* darauf zurückgegriffen hat.[35]

6. Die Inszenierung einer Maschine oder Konstruktion im Ausschnitt erwies sich als Imaginationsanreiz und als Instrument einer bildlichen Überzeugungsstrategie. Nah gerückt, soll der Apparat ›überwältigen‹. Wir sehen seine Grenzen nicht; er wächst sich aus. Ob positiv oder negativ gedeutet – das Bild des Riesen liegt nahe. Wir hatten bereits bei der Magdeburger Balancier-Dampfmaschine (Abb. 8) und beim Schlaghammer der Firma Derosne in Grenelle (Abb. 11) davon gesprochen. Schon der älteren Bildtradition war diese Vorstellung nicht fremd.[36] Im 19. Jahrhundert kann ein ganzes Verbundsystem von Maschinen, ja die Industrie insgesamt als Riese erfahren und dargestellt werden. Die Vielzahl an Pferdestärken, die mit der Dampfkraft verfügbar wurden, wird überall staunend vermerkt. Aber gerade in diesem Stolz über die Verfügbarkeit schwingt auch die gegenteilige Vorstellung mit, dass die Arbeiter den Maschinen zur Verfügung stehen müssten, sich ihrer ungeheuren Größe zu unterwerfen hätten, oder auch, wie bei Daumier (Abb. 1), dass solche Maschinen ganz unnütz seien. An verbaler Ungeheuer-Metaphorik fehlt es nicht; vor allem *bewegte* Maschinen wie Lokomotiven oder Roboter werden als Riesen, Mastodonten usw. bezeichnet.[37] Auch bildlich sind solche Übertragungen geläufig. Eine Vorreiterrolle nimmt die Karikatur ein, indem sie die Maschinen kurzerhand verlebendigt; als mechanisch-groteske Wesen treten sie bei George Cruikshank oder Gustave Doré auf. In der beschreibenden Graphik wird ein ähnlicher Effekt durch die schieren Größenverhältnisse in Verbindung mit Benennungen wie »Riesenschnellpresse« oder »Riesendampfmaschine« erreicht. Bekannte Beispiele sind die Dampfmaschine von Corliss, schließlich der Dampfhammer von Le Creusot, der auf der Pariser Weltausstellung 1878 vorgeführt wurde. Auch die 1867 in Paris ausgestellte Krupp-Kanone war als ›Riese‹ nicht nur konzipiert, sondern auch graphisch rezipiert worden.[38] Ist der künstlerische Anteil an diesen Stichen auch gering, so sind die Folgen für die Verrückung der Proportionen in der Kunst des 20. Jahrhunderts, bis hin zu Claes Oldenburgs Denkmal-Inversionen, nicht zu verkennen.

Die riesenhafte Größe steigert den Eindruck der Selbstwertigkeit. Wenn solche Maschinen hohe Fabrikhallen bis oben hin ausfüllten, schrumpften die Arbeiter in den graphischen Wiedergaben gleichsam automatisch zu Pygmäen, so zum Beispiel vor den Riesen-Luftpumpen von Saint-Germain (Abb. 14). Ein Kommentator im *Magazin pittoresque* von 1851 schreibt ausdrücklich: »Sie sehen diesen gewaltigen Mechanismus, im Vergleich zu dem die Größe des Menschen so gering ist und seine Kraft so unbedeutend. Insgesamt sind es vier Zylinder ...«[39] – vom ›Riesen‹ ist also nur ein Teil gezeigt. Dazu kommt die Macht der scheinbar eigenständigen Bewegung: »Alle Teile arbeiten,

die einen nur durch ihre Widerstandskraft, die anderen, indem sie mit majestätischer Langsamkeit oder mit furchterregender Geschwindigkeit den Bewegungen folgen, die ihnen der Mechaniker vorher zugewiesen hat.«[40] Die letzte Bemerkung scheint den Riesen wieder zu zähmen, bezeichnenderweise aber zeigt die Graphik davon nichts. Der Stecher ist *überwältigt* und gibt diesen Eindruck ungemindert weiter.

Die zehn Arbeiter, die *Hoe's Schnelldruckpresse* (um 1870, Abb. 15) mit ihren zehn Druckzylindern bedienen, wirken im Stich, als seien sie von dieser Maschine in den Griff genommen worden. Tatsächlich mussten solche Maschinen, die eine Zeitungsauflage von 300 000 Exemplaren in zwei Stunden ausdrucken konnten, auf das Zügigste gefüttert werden; der Bewegungsraum der Arbeiter war dabei denkbar gering; es scheint, als würden sie im nächsten Augenblick von der Maschine erfasst und eingesogen. Die künstlerische Konsequenz aus dieser Industrialisierung des Blicks hatte Daumier bereits 1855 gezogen, nicht im Produktions-, aber im Distributionsbereich: Bei ihm (Abb. 1) sind die guten Bürger so von der Bewegung des Zahnrads fasziniert, dass sie selbst, in der Abfolge der Köpfe, in eine zahnradartige Bewegung verfallen. Das meint »perception industrielle«!

7. Die Metapher von der Maschine als einem ›Riesen‹ verweist auf einen geradezu mythischen Schöpfungsprozess: Mit der Großmaschinerie entsteht ein neues Weltbild, das die bisher gültigen Proportionen im Verhältnis des Menschen zur Natur außer Kraft setzt. Zu den äußeren Zeichen dieser ›zweiten Schöpfung‹, die, obgleich vom Menschen geschaffen, ihm doch zugleich als unbeherrschbar entgegen-

tritt, gehören Feuer und Rauch. Sie sind auch die Signale einer neuen Ästhetik, in welcher Aktivität statt Beschaulichkeit gilt, Energie an die Stelle von Harmonie tritt: Die Industrielandschaft vertreibt die Naturidylle, die Fabrikstadtvedute die Altstadtsilhouette, das Eisenwalzwerk das Schmiedeinterieur. Aber die neuen Themen bleiben widerspruchsvoll an die alten gebunden. Während die Malerei aus diesem Widerspruch zu einer neuen Synthese vorstößt, deckt die Graphik die Störfaktoren auf und demonstriert die Unvereinbarkeit der neuen mit den alten ästhetischen Normen.

Licht- und Schöpfungsmetaphorik in der Graphik

Die Vision einer säkularen Neuschöpfung, die von Anfang an auch schon die Perspektive des Untergangs in sich trägt, realisiert sich seit dem späten 18. Jahrhundert in der Industrielandschaft.[41] Radikal brach schon Wilson Lowrys Stich nach George Robertson *Eisenhütte zum Gießen von Geschützen* (1788)[42] mit der Tradition einer harmonischen Landschaft: Aus halber Höhe steigen Rauchschwaden auf, industrielle Aktivität verdüstert den Himmel; Wanderer, noch darauf bedacht, einander Sehenswürdigkeiten zu weisen, reagieren mit alten Gesten auf neue Erfahrungen. Ein Konflikt zeigt sich auch in den beiden Stichen nach Henry Gastineau, welche in *South Wales in einer Reihe von*

Ansichten dieser malerischen Gegend mit ihren Städten, Schlössern, … usw. (*South Wales Illustrated in a Series of Views Comprising the Pictoresque Scenery, Towns, Castles, … etc.*) von 1829/30 aufgenommen wurden. Sie geben zwei Fabrikanlagen wieder, deren eine (Coldbrook Vale) eher idyllisch, die andere (Nant-y-glo) eher düster erscheint (Kat. Nr. 41.1–2). Ob im zweiten Blatt schon ein ›gestörtes‹ Verhältnis von Mensch, Natur und Technik zum Ausdruck kommt, ist dennoch fraglich; die Zeitgenossen haben solche Blätter unterschiedlich beurteilt.[43] Die Düsternis selbst ist ambivalent; sie kann das prometheische Pathos der ›zweiten Schöpfung‹ auch zustimmend transportieren.

Nicht selten wird auf das Genre der Nachtstücke zurückgegriffen, womit bei der Erzverhüttung zugleich das Helldunkel des Feuers, das heißt die Erhellung der Nacht durch industrielle Aktivität, inszeniert werden konnte. Anders als bei der bloßen Wiedergabe einer Industrieanlage erforderte eine solche Absicht dramaturgische Qualitäten. Wie sehr die Potenz der ›zweiten Schöpfung‹ durch malerische Effekte demonstriert werden konnte, zeigte James Sands' Stich nach Thomas Allom von 1832 (Kat. Nr. 43): Ein nächtliches Feuerpanorama nicht nur, sondern geradezu eine Höllenlandschaft.[44] Über den Vorgang ist wenig zu erfahren; desto mehr von dem gefühlsmäßigen Einbruch, den die Industrialisierung bedeutete. Im Hintergrund lodert Feuer empor; links schlagen Flammen aus einem Schornstein wie aus einem Krater; der Widerschein der Glut aus dem geöff-

14 B. R. nach P. Blanchard, *Die Luft-Pumpen von Saint-Germain*, 1845

15 *Hoe's Schnelldruckpresse*, um 1870

neten Hochofen lässt Arbeiter und Geräte aufleuchten oder im Dunkel versinken. Mit Recht wurde das Blatt den apokalyptischen Naturvisionen John Martins zur Seite gerückt – die Analogie zu Naturkatastrophen ist unübersehbar; dennoch bleibt offen, ob der Stich ein Desaster andeuten soll. Die Natur stellt nur den Rahmen für eine würdige Inszenierung der Industrie. Aber dieser Rahmen erweist sich als unzeitgemäß – ohne Kommentar ist kaum zu erkennen, dass eine moderne Eisenerzverhüttung dargestellt ist.

Gerade die Widersprüchlichkeit dieses Stichs zeigt das Problem: Es geht um die Erweiterung der Wirkungsmöglichkeiten der dokumentarischen Graphik. Dieser Absicht kam die Vorstellung vom chthonisch-prometheischen Schöpfungsprozess, vom Kampf mit dem Feuer bei der Metallverarbeitung, besonders entgegen. Stiche dieses Themas waren oft schwer zu reproduzieren, sofern der Widerschein von Feuer und Glut ›malerisch‹ bearbeitet sein sollte; sie sind daher in illustrierten Zeitschriften und Handbüchern der Zeit seltener zu finden. Dennoch waren sie als Einzelblätter weit verbreitet, so zum Beispiel die Stiche von Richard Earlom nach Joseph Wright of Derby. Gerade die graphischen Versionen zeichnen sich durch extreme Helldunkelwerte aus. Stiche wie *Die Hufschmiede (The Blacksmith's Shop)*[45] sind das Bindeglied zwischen handwerklichen und industriellen Innenansichten, und für den Vergleich der Schöpfungsmythen umso bedeutsamer, als sie den Vorgang des Schmiedens in Anlehnung an die Geburt Christi geben. Häufiger als bei anderen Themen bediente man sich für dieses Sujet der Lithographie mit ihren weicheren Tonlagen; nicht selten auch sind derartige Blätter koloriert. Oftmals aber kollidiert das Verlangen nach dramatischer Weltschöpfungs- oder Weltuntergangsinszenierung mit dem Verlangen nach Präzision. Nicht umsonst nahmen Graphiker in England, Frankreich und den deutschen Staaten – bei aller Unterschiedlichkeit der Entwicklung in den drei Ländern – fast zur gleichen Zeit Abstand von dieser malerischen Inszenierung der ›zweiten Schöpfung‹: In einer etwas steifen, handwerklichen Manier vollzieht James Sharples 1852 diesen Schritt, in Art einer nüchternen Berichterstattung Ernst Wilhelm Knippel[46], dessen Lithographie immerhin auf der Londoner Weltausstellung 1851 gezeigt wurde, und schließlich, in einer kühnen Verbindung von Lichtregie und Realismus, François Bonhommé 1867[47]. Erst bei ihm nimmt das Helldunkel *industrielle Dimensionen* an. Seine Lithographie einer Eisengießerei gibt einen Ausschnitt aus mehreren Vorgängen, die sich in Wirklichkeit in zeitlichen und räumlichen Abständen abspielen; die Kontraktion erhöht jedoch den Eindruck der Komplexität. Gezeigt werden Abstich, Verladung und Transport des Roheisens; wir blicken in einen Raum mit zwei Puddelöfen, riesigen, von Eisenträgern gehaltenen Winden und anderem mehr. Das Licht soll nicht mehr den Kampf mit den Elementen poeti-

16 W. Palmer, »*Black Country*« bei Wolverhampton, 1866

sieren, sondern dient dazu, die Vorgänge und die verwirrende Raumstruktur zu verdeutlichen. Diese Sachlichkeit macht Bonhommé (Kat. Nr. 55) zu einem Vorläufer des Industriebilds im 20. Jahrhundert.[48]

Ein zweiter Strang der Licht- und Schöpfungsmetaphorik nimmt seinen Anfang mit einer merkwürdigen Darstellung eines bekannten Walzwerks im südwalisischen Merthyr. Nicht die industrielle Arbeit als vielmehr ihre Wirkung, die neu- und fremdartige Erhellung der Welt, wird hier in einer Tuschzeichnung von Thomas Hornor um 1817 vorgeführt (Kat. Nr. 38). Wir dürfen dieses Blatt der Druckgraphik zur Seite stellen, da es, vom Autor mehrfach kopiert, Mappen beilag, die zur Publikation bestimmt waren. Im weiträumig-leeren Werkgelände liegen Zahnräder und Eisenbarren umher – ein scheinbar chaotischer Zustand. Sein Ordnungsgefüge erhält das Blatt durch den Widerschein des Lichts, das aus mehreren Quellen im Hintergrund dringt und die Schatten der Stützen und Schlote scheinwerferhaft gegen den nächtlichen Himmel wirft. Ungleich moderner als die Kompositionen von Allom/Sands, nimmt das Blatt prismatische Strukturen Lyonel Feiningers und der im 20./21. Jahrhundert üblichen *Lichtdome* vorweg.[49] Obwohl Hornor der frühen Industriebegeisterung anhing, ist bei ihm die ganze Ambivalenz von Weltauf- und Weltuntergang greifbar: »Nachts ist der Anblick der Stadt verblüffend einzigartig. Eine Vielzahl von Hochöfen und wahrhaft vulkanische Ströme lodernder Schlacke illuminieren das Tal, was zusammen mit dem unaufhörlichen Dröhnen der Gebläse ohne allzuviel Phantasie viele unserer Urängste wachzurufen scheint.«[50]

Dennoch verleihen die Strahlen dem Blatt ein Gefüge, das eine rationale Bewältigung der industriellen Aktivität zu verheißen scheint. Insofern stellt ein Holzstich von 1866 (Abb. 16), der die Industrielandschaft im »Black Country«

wie eine Ruinenszenerie wiedergibt, ein Gegenbild dar; mit Recht hat man die rauchenden Schlote vor hellem Hintergrund mit zeitgenössischen Großbrandszenerien verglichen: »Die Ruinenlandschaft des durch Feuer zerstörten Quebec gleicht in der Illustration der *London Illustrated News* (sic!) der Industrielandschaft im ›Black Country‹ ... Der Horizont wird von einem Wald rauchender Schlote eingenommen, die wie die Reste der Ruinenlandschaft aus dem trümmergleichen Land aufragen.«[51] Aber das eigentlich Neue ist, dass über die Hälfte des Blattes die Zerstörung der Natur thematisiert; der Vordergrund vor allem ist wieder in einen chaotischen Zustand *zurück*verwandelt. Damit ist die Idee von einer ›zweiten Schöpfung‹ buchstäblich am Ende. Zehn Jahre später wird sie indes wieder aufgenommen und in ein neues, positivistisches Weltbild überführt in einem seltsamen Stich von Georg Arnould (Abb. 17). Hornors Effekt ist hier zu einer gewissen Perfektion gediehen; beide ›Schöpfungen‹, Natur und Industrie, entfalten ihre je eigene Energie: Die Fabrikstadt mit über 50 rauchenden Schloten wird hinterfangen von einer Folie aus Sonnenstrahlen, die den Industrierauch nicht mehr durchdringen können. In dieser Einschwärzung am helllichten Tage kommt der Anspruch der Industrie, eine ›zweite Schöpfung‹ zu sein, *ex negativo* noch einmal zur Geltung. Aber als pessimistisches Pendant zu den frühen Weltaufgangsdarstellungen lässt sich das Blatt nicht erklären. Die Industrieanlage löst sich von Schöpfungsvorstellungen buchstäblich ab; bekräftigt wird der Stolz auf das Erreichte.

Der bei Arnould vorgetragene Leistungsaspekt möge die Notizen zu den visualisierten Wahrnehmungsumbrüchen im Zeitalter der Großindustrie abschließen. Es hat sich erwiesen, dass die Akzeptanz der industriellen ›Störung‹ – gleichviel, ob nur in Kauf genommen, kritisiert oder enthusiastisch bejaht – die graphischen Darstellungen von An-

fang an bestimmt hat und sich nicht erst in impressionistischen Gemälden manifestiert. In der *Ästhetischen Theorie* bringt Theodor W. Adorno diese Auffassung in unterschiedlichen, komplexen Formulierungen zum Ausdruck; zum Beispiel: impressionistische Gemälde seien »versetzt mit zivilisatorischen Einsprengseln«, die ihm als »Wundmale« der Natur gelten; er fordert, dass eine mit kritischen Erfahrungen durchdrungene Moderne »dem Hochindustrialismus sich gewachsen zeigen, nicht einfach ihn behandeln« müsse, stellt aber zugleich fest: »In vielen authentischen Gebilden der Moderne ist die industrielle Stoffschicht ... thematisch strikt vermieden.«[52] Ein neues kohärentes Ordnungsgefüge mit den beschriebenen negativen Implikationen, aber auch Vorgriffen auf Strukturen der Neuen Sachlichkeit, setzt sich indes erst im letzten Drittel oder gar Viertel des Jahrhunderts durch. Motor ist das Bedürfnis, Leistung darzustellen; diesem Ziel wird sogar die Verbildlichung von Schönheit geopfert. Eine Formel wie ›Leistung statt Schönheit‹ griffe indessen zu kurz. Aber mit der Aufwertung von Leistung zu einem Kompositionsfaktor bildet sich eine neue, nicht-idealistische, besser: nicht-anagogische[53] Schönheitsnorm aus. Ein solches Umdenken lässt sich nicht schon aus der motivischen Umwidmung von Natur- in Industriegewalten, von Höllenfeuer in Erzverhüttung oder von Schmiedewerkstätten in Eisengießereien erklären. Was darin zum Vorschein kommt, ist die Entflechtung von Schönheit und Harmonie. Diese Tendenz war in der Graphik, aufgrund ihrer ›Sachlichkeit‹, leichter zu realisieren als in der oft zu ›idealen‹ Kompromissen genötigten Malerei.

Industrie als Historie der Moderne

Abschließend ist nun zu fragen, was die Malerei zu diesem Wahrnehmungsumbruch beigetragen hat. Sie wird hier, in stichwortartiger Kürze, *nach* der Druckgraphik behandelt. Zwar kann diese nicht eindeutig Priorität bei der Entwicklung einer modernen, dem Industriezeitalter adäquaten Form beanspruchen. Dennoch bot die Graphik mit ihrer Tendenz zur Montage, mit Infinitesimalstruktur, Präzisionismus, Entleerung, Ausschnitthaftigkeit und der Verwandlung der Gegenstände in ein Bildmuster, mit der Störung der Proportionsgesetze, mit Helldunkel-Dramaturgie und Verwandlung beschaulicher Harmonie in geschäftige Aktivität so viel an Formveränderungspotential, dass die Malerei daraus eine Fülle von Anregungen für neue, zeitadäquate Bildformen schöpfen konnte. Es war indes kein geringes Unterfangen, die genannten Energien kompositorisch zu bündeln, industriegemäße Farben zu finden und aus dem vorhandenen Material eine Synthese zu bilden, die dem Industriebild Platz und Rang von Historie, Religion und Landschaft schaffen konnte.

17 Georg Arnould, *Das Burbacher Hüttenwerk bei Saarbrücken*, 1876

Die Hindernisse, die einer Zuwendung der Malerei zum Industrialisierungsprozess entgegenstanden, wurden einleitend benannt. Was dennoch gelang, lässt sich an wenigen Beispielen darstellen. Die Druckgraphik war an zwei Punkten an die Grenzen ihrer medialen Ausdrucksfähigkeit gestoßen, einmal bei der Wiedergabe von Atmosphäre und Emotionen, zum andern bei der Aufwertung des Industriebilds zum Historienbild der Moderne. Genau da setzt die Malerei ein.

Carl Blechens *Walzwerk Neustadt-Eberswalde* (Kat. Nr. 51) ist ganz in die Landschaft eingemeindet. Düster wird diese nicht erst durch die Fabrik – sie ist es schon vorher: Der moorige Grund, die abendlichen Schatten sorgen dafür. Diese atmosphärische Angleichung unterscheidet Blechens Bild auch von englischen Vorbildern, etwa von Henry Gastineaus *Coldbrook Vale* (Kat. Nr. 41.1): War dort der Widerspruch zwischen Naturidylle und Industrieanlage bearbeitet worden, so versucht Blechen, die Desintegration von Natur und Industrie aufzuheben und eine Vorstellung von Schönheit zu realisieren, die Landschaft und Fabrik zwar als Gegensätze respektiert, sie aber dennoch zueinander führt. Das Ergebnis könnte als Ausdruck von *Stimmung* oder *Atmosphäre* bezeichnet werden, wenn man darunter das entscheidende Surplus des Gemäldes gegenüber der Graphik versteht, nämlich die Fähigkeit, heterogene Teile einer vorgegebenen Wirklichkeit durch Formassimilation, durch Farb- und Lichtregie einander so anzunähern, dass sich ein einheitlicher Gefühlsausdruck einstellt. Diese Anmutungsqualität ist bei Blechen nicht etwa naiv, in dem Sinne, dass die Neuartigkeit der Industrie gar nicht erkannt worden wäre. Die erhaltenen Vorzeichnungen nämlich weisen ein genaues Studium der Fabrik und ihrer Produkte nach.[54] In der Endfassung werden diese Informationen (Kanonenkugeln, Eisenstangen u. a.) aber getilgt. Die atmosphärische Umhüllung erweist sich somit als eigenständige Absicht des *Malers*.

Blechens Versuch einer distanzierten Vereinnahmung der Industrie war noch an den Bezugsrahmen Landschaft gebunden. William Turners Gemälde *Regen, Dampf und Geschwindigkeit – die Große Westbahn (Rain, Steam and Speed – The Great Western Railway*, s. Abb. S. 52), ein Jahrzehnt später, 1843, entstanden, lässt den Bezugsrahmen weitgehend undefiniert. Ein Zug mit rotglühendem, offenem Heizraum im Bauch der Lokomotive rollt in leicht fallender Diagonalrichtung nach vorn, über eine gewaltige Brücke. Dieser Vorgang ist in eine gegenständlich entleerte, aber von Luftbewegungen erfüllte Atmosphäre getaucht. Durch Entgegenständlichung, ausschnitthafte Infinitesimalstruktur und sukzessive Verwischung werden zugleich Naturstimmung – Regen und Sturm – und Erlebnis der Industrie – Geschwindigkeit und Dampfkraft – eingefangen. Auch Turner amalgamiert also Technik und Natur; dennoch hebt er die Maschine, als das eigentlich Neue, besonders hervor, ohne

sich deshalb in sachgraphischer Manier auf Konstruktionsdetails einzulassen. Die Lokomotive zeigt nicht nur die stärksten Farben; sie ist Handlungsträger im Sinne eines Historienbildes. Turner versucht damit, aus seiner persönlichen Erfahrung – er hatte die Strecke als Mitreisender erlebt und sich dem Regen ausgesetzt – ein modernes Ereignisbild zu schaffen. Diese Art von Modernität greift auch den Betrachter an; Turner verwendet mit der auf ihn zielenden, vor ihm abbrechenden Bilddiagonalen eine Form, deren Richtung und wohl auch psychologische Valenz Edvard Munchs *Angst* entspricht. Dass Industrie tatsächlich in einer Art Angst-Faszination erlebt wurde, erwies bereits Hornors Äußerung (vgl. S. 20); auch bei Turner ist fraglich, ob er nur im Sinne hatte, »einen großen Beitrag des viktorianischen Zeitalters zur Dampfkraft«[55] zu malen. Konstatieren können wir aber viel mehr, nämlich dass mit der Entleerung des Bildfelds und der Fülle an Farbvaleurs als Zeichen für naturgegebene und technisch erzeugte Atmosphäre der *wissenschaftlichen* Erforschung der Natur erstmals eine *künstlerische* Analogie entgegengesetzt wird.

Schon Joseph Wright of Derbys *Experiment mit der Luftpumpe (Experiment on a Bird in the Air Pump)* von 1768 hatte wissenschaftliche Argumentation und emotionale Beteiligung bildhaft kombiniert und für diese doppelte Absicht farbliche Äquivalente entwickelt;[56] bereits dieses Gemälde »erhob mit Recht den Anspruch auf den Status eines Historienbildes«.[57] Die Bedeutung solcher Gemälde liegt nicht in der *Darstellung* von Industrie und Naturwissenschaft, sondern in der *Umsetzung* einer neuen Erfahrung in eine ihr adäquate Bildwelt.

18 Adolph Menzel, *Die Berlin-Potsdamer Bahn*, 1847 Staatliche Museen zu Berlin, Nationalgalerie

19 Eugen Napoleon Neureuther, *Allegorische Darstellung der Eisengießerei und Maschinen-Fabrik Klett & Comp.*, 1858 Historisches Archiv der MAN, Augsburg

Diese Analogiebildung ist eines der großen, noch kaum behandelten Probleme in der Malerei des 19. Jahrhunderts. Im Grunde versucht Claude Monet mit dem *Blick ins Innere des Bahnhofs Saint-Lazare: Die Linie nach Auteuil (Vue intérieure de la gare Saint-Lazare: la ligne d'Auteuil)* von 1877 (s. Abb. S. 75) dasselbe wie Turner. In seinem Falle ist dies sogar besonders klar nachzuweisen, da mehrere Fassungen vorliegen, deren erste Industrie noch ganz *motivisch* begreift: Die Glas-Eisen-Konstruktion des Bahnhofs bildet den oberen und rechtsseitigen Abschluss, das Haussmann'sche ›Nouveau Paris‹ den Hintergrund. Die Lokomotiven stoßen Dampf aus. Gaslaternen fehlen ebenso wenig wie der ›Großstadtfaktor‹ Menge. In der zweiten Fassung verschwinden die Seitenschiffe der Bahnhofshalle; statt der Menge auf den Quais sind leere Gleise gegeben. Die Transparenz und Leichtigkeit der Hallenkonstruktion, ihre spezifisch industrielle Qualität also, ist hervorgekehrt; indem der Dampf das Dach fast verschwinden lässt, erscheint es vollends entschwert. In der Pariser Endfassung schließlich sind auch die vorher schwer und dunkel gestalteten Maschinenkörper und Gleise in die atmosphärische Wirkung einbezogen: Ihre Größe, ihr Bildgewicht sind vermindert. Was die Graphik an Entleerung vorgegeben hatte, wird in Entschwerung umgedeutet.

So geringfügig sich das Wort von der *industriellen Atmosphäre* zunächst anhören mag – darin liegen wohl Größe und Grenze des gemalten Industriebilds beschlossen. Doch stellt sich diese Atmosphäre im Verkehrsbereich leichter ein als auf dem Gebiet der Produktion. Zur atmosphärischen Einbindung gehört das Phänomen der Bewegung, zumal sich deren Begriff durch die Industrialisierung verändert hat, etwa durch die Bewältigung großer Entfernungen, Reglementierung des Arbeitsablaufs durch mechanische Zeitabschnitte und die Erfahrung des raschen Vorüberziehens.

Turner, Monet oder auch Andreas Achenbach (Kat. Nr. 52) hatten Zeitstrukturen sichtbar werden lassen, indem sie das flüchtig Vorübergehende (Baudelaires »transitoire« und »fugitif«) durch künstlerische Entsprechungen charakterisierten. Dies hatte die Illustrationsgraphik kaum geleistet; je präziser sie Rotationsmaschinen, Transmissionsriemen, Fließbänder und flüchtige Erscheinungen wie Dampf und Rauch zu fixieren versuchte, desto statischer geriet ihr das Flüchtige.

Indem Turner und Monet – und in eingeschränktem Maße auch Achenbach und Menzel in seiner *Berlin-Potsdamer Bahn* (Abb. 18) – die dargestellte Zeit als Teil eines größeren Kontinuums auffassen, beschneiden sie auch den Raum. In all diesen Bildern ist der Ausschnitt scheinbar willkürlich gewählt. Trotzdem wird man weder bei Turner noch bei Monet von Beliebigkeit sprechen: ihre Kompositionen sind zentriert; selbst bei Turner werden die Energieschübe nach den Rändern hin gedämpft. Eine Beliebigkeit, die sowohl Zufälligkeit des Zeit- als auch des Raumausschnitts suggeriert, hat im Grunde erst Degas realisiert.[58] Die das *ganze* Bild durchquerende Diagonale ist eines der Mittel, die Mechanisierung des Lebens in Malerei umzusetzen; sie ist bei Degas zugleich Signatur des Lebens in der Großstadt, die fortwährend als Ausschnitt und als unabgeschlossen erlebt wird; auch der Weg zum Arbeitsplatz und der Arbeitsprozess werden bei ihm als Ausschnitt einer unendlichen Bewegung erfahren, für die eine Diagonale oft die ›symbolische Form‹ darstellt.

Obschon eine Folge der Industrialisierung, ist dieses Prinzip von Degas selbst kaum auf die Industrie angewandt worden. Dagegen hat Caillebotte, nicht zufällig am Beispiel eines industriell gefertigten Gegenstands, nämlich in seinem Gemälde *Le Pont de l'Europe* von 1876/77, das Vorübergehende – über das bloße *Motiv* des Vorübergehens hinaus – durch Tiefendiagonale und Ausschnitthaftigkeit demonstriert und überdies die Figuren der Technik kompositorisch untergeordnet. Die Brücke, als dauerhaft charakterisiert, weist auch eine feste Farbgestalt auf; die Männer dagegen sind in den ersten Fassungen, als flüchtige Passanten, in verwischten Umrissen gemalt. In der Genfer Endfassung hingegen ist die Komposition insgesamt nach dem Vorbild der Eisenverstrebungen als ein System einander kreuzender Achsen organisiert, aber die ästhetische Doppelerfahrung von der Selbstwertigkeit des neuen Materials und der Zufälligkeit der Großstadtbegegnung ist getilgt. Das zeigt, wie prekär diese neue Art der Wahrnehmung noch war.[59]

Um den industriellen Wahrnehmungsumbruch in seiner *historischen* Dimension zu erfassen, würde ein Blick auf Alfred Rethels *Porträtlandschaft mit Fabrickgebäuden* von 1834 (Kat. Nr. 56), Eugen Napoleon Neureuthers *Cramer Klettsche Maschinenbaufabrik* von 1858[60] (Abb. 19) oder François Bonhommés Zyklus *Die Metallindustrie (L'Indus-*

trie métallurgique) von 1852–59 lohnen. Wir können uns hier nur auf Bonhommé einlassen. Sein Zyklus in der früheren École Impériale des Mines in Paris umfasst zwei Komplexe zu je drei lebensgroßen Bildern, die zwar heute zerstört, bis auf eines aber in Fotografien erhalten sind.[61] Die drei ersten Bilder behandelten die Eisenherstellung in Le Creusot, die drei anderen die Zinkverarbeitung in Vieille Montagne, einer Anlage in Belgien, die von Frankreich betrieben wurde. Bonhommé greift Traditionen aus der Industriegraphik auf und kombiniert sie mit Elementen belgischer Historienmalerei. Die *Zinkwaschanlage (Laverie de calamine)* in Vieille Montagne (Abb. 20) sei als Beispiel herausgegriffen. Fasste Rethel die politisch-soziale Revolution ins Auge; zeigte Neureuther das vielteilige Innenleben des industriellen Kosmos, so setzt Bonhommé erstmals, in Form eines gewaltigen Montage-Arrangements, den Arbeiter in seine Rechte ein. Von daher gewinnt auch das Wort ›lebensgroß‹ seinen Sinn. Denn in natürlicher Größe sind auf den 1,80 Meter hohen Wandgemälden die Produzenten dargestellt, zwar nur in einem gemalten Scheinrahmen außerhalb der Arbeitsplatzveduten, aber umso eindrucksvoller das patriarchische Größenverhältnis früherer Unternehmerveduten und die geringe Größe der Arbeiter des Innenbildes umkehrend. Zugleich wird der Produktionsprozess damit im Sinne einer Kooperation umrahmt, denn neben den Arbeitern sind auch Ingenieure und, rechts unten, sogar einer der Kapitaleigner zu sehen: Ein Historienbild schon aufgrund dieser Utopie.[62] Aber die *Form* ist es, die das leistet.

Alle diese Wandbilder zeichnen sich durch drei Eigentümlichkeiten aus: Sie rollen sich von oben her, wie Plakate oder Fotografien, scheinbar von der Rückseite ab, wirken also wie vorübergehend angeheftete Alltagskunst; die Werkhallen sind in die Diagonale gerückt, sodass wir Zeugen eines gezielten zeitlichen Ausschnitts aus dem Produktionsprozess werden; schließlich übernimmt die Tafel mit der Zinkwaschanlage den Blick auf den Betrachter aus den Rahmenbildern – die Arbeiter halten inne und schauen auf, als seien sie durch den Maler zu neuem Leben erweckt. Möglicherweise ist diese ›Aufnahmetechnik‹ durch die Fotografie angeregt. Im Übrigen verzichtet Bonhommé auf mythische Wirkungen durch malerische Aktivierung des Feuers oder auch darauf, das Geschehen durch Allegorien zu nobilitieren. *Alltäglich* sollte der Zyklus vielmehr wirken.

Industrielle Wahrnehmung ist bei Bonhommé stärker entfaltet als bei Neureuther oder Rethel. Aber auch bei ihm wird die Komplexität des industriellen Produktionsprozesses noch in mehrere Teile zerlegt statt bildlich verzahnt; vor allem klaffen die Proportionen auseinander. Im Grunde war es die Quadratur des Kreises, eine Bildgattung etablieren zu wollen, die den Rang des Historienbilds erreichen, im Gegenstand sich auf der Ebene des gegenwärtigen Alltags bewegen und in der Form die außergegenständlichen Re-

flexionen der Avantgarde weitertreiben sollte. Eine *Gattung* des industriellen Historienbildes hat sich denn auch nicht herausgebildet. Aber in einem Einzelwerk, überraschenderweise in einem deutschen, ist diese Synthese weitgehend gelungen: In Menzels 1872–75 entstandenem *Eisenwalzwerk* (Abb. 21), vielleicht nur hier, ist Geschichte *auch der Form nach* Gegenwart geworden. Menzel integriert Verfahren und Sichtweisen des Historien- und des mythologischen Bildes in seine Konzeption der Moderne. Damit ist im ästhetischen Bereich die industrielle Entwicklung Englands und Frankreichs eingeholt, wie es der Entwicklung in der Gründerzeit auch in der wirtschaftlichen Realität entsprach.

Wir sehen uns in eine lichte Werkhalle des damals wohl modernsten metallverarbeitenden Großbetriebs in Europa im schlesischen Ort Königshütte versetzt. Im Zentrum der Halle ist eine Gruppe von Arbeitern mit der Verschiebung eines glühenden Eisenblocks, des so genannten Rohlings, befasst. Um sie herum zahlreiche andere Szenen, dazu Maschinen und Rohre, Feuer, Dampf und vor allem – Tageslicht. Mit dem ersten Blick nehmen wir das feurige Bildzentrum und die den Raum füllenden Arbeiter wahr. Menzel selbst hat die Szene sehr nüchtern beschrieben.[63] Aber das Bild widerspricht seiner Schilderung, es schafft eine eigene Wirklichkeit. So spielten sich nicht alle Tätigkeiten, die Menzel beschreibt, in einem einzigen Raum ab; dies ist vielmehr das Ergebnis einer gewollten Synthese. Die Kohärenz des Gemäldes überspielt die Montage und geht darin auch über Bonhommé hinaus. Wie in der Illustrationsgraphik ist der Raum zwar in voller Tiefenerstreckung und, mit den zahlreichen Eisenstangen, in *virtueller Präzision* wiedergegeben; der Raumabschluss aber ist in Dunst gehüllt. Gerade dadurch aber wirkt die Halle ›unendlicher‹ als durch die mechanische Aneinanderreihung von Maschinen in den Stichen; die Phantasie wird angeregt, die Tiefe zu

20 François Bonhommé, *Zinkwaschanlage in Vieille Montagne (Laverie de calamine)*, 1857–59 ehemals École Impériale des Mines, Paris

imaginieren. Ähnlich verhält es sich mit der Wiedergabe des Vorgangs selbst. Menzel hat Figuren und Instrumente vor Ort und in Berlin auf das Genaueste studiert und in mehr als 100 Skizzen festgehalten, die hinsichtlich ihrer positivistischen Nüchternheit den Zeichnungen von Blechen und Neureuther nahe stehen. Dieser Hang zur Präzision ist im Bild durch eine Tendenz zu Farb- und Tonabstufungen derart überlagert, dass wir die Maschinen kaum zu unterscheiden vermögen, und blickt man über die Vordergrundszene hinweg, so findet man den Raum oberhalb einer nur noch schemenhaft angedeuteten Menge von Arbeitern völlig entleert; in einigen Skizzen dominiert das leere Raumgerüst sogar.[64] Und wie bei Monet ist die Entleerung in Entschwerung überführt, wenn auch die Palette des französischen Bildes heller und dadurch luftiger ist.

Einige Maschinen und auch die ins Feuer gehaltene Zange wirken durchaus ›riesenhaft‹; da aber die Arbeiter nicht minder im großen Maßstab gezeigt sind – sie nehmen die halbe Raumhöhe ein – ist der mythische Zauber gebannt. Auf die Figur des Schmiedes greift Menzel zwar immer noch zurück; auch lässt sich nicht leugnen, dass im Zentrum Handarbeit geleistet und in betont unterschiedlichen Haltungen dargestellt wird – vom Fließbandrhythmus sind wir aber weit entfernt. Die den Schmiedebildern eigene ›Ofenwärme‹ nimmt Menzel auf und setzt ihr doch Neues entgegen; die zentrale Gruppe etwa ist vom Widerschein der Glut erleuchtet, aber im Gegenzug bricht weit hinten ein kaltes, graublaues Licht durch, das auch oben und vorn die Fläche aufhellt. Offensichtlich sehen sich Industriebild-Maler hinsichtlich der Farbgebung zu dieser Zeit mit Gegensätzen konfrontiert: Sie wollen eine vertraute, mitreißende Wirkung erzielen und zugleich der Nüchternheit des Industriealltags genügen – das verlangt kalte und warme, anheimelnde und auch schmutzige Farben.

Tätigkeit als die Schönheit des Industriezeitalters auszugeben, Aktivität anstelle von Idealität zu setzen, ist offensichtlich ein Leitgedanke des Bildes; kaum bedarf es dazu noch des Qualms, der in der Industriegraphik Dynamik suggerieren sollte.[65] Dem Fabrikalltag ist zu seinem Recht, den Arbeitern zu den ihnen gebührenden Dimensionen verholfen; auch der kleine Dirigent, der im Hintergrund so unscheinbar die Aufsicht führt, kann an dieser Bildrealität nicht rütteln. Dennoch ist das Gemälde alles andere als eindeutig; ein ›Sowohl – Als auch‹ ist in allen Details zu beobachten, überdeutlich die Bemühung um breite Akzeptanz. Daher halten sich auch Rückgriffe und Innovationen die Waage. Menzel dynamisiert nicht nur den Einzelvorgang, wie William Bell Scott in *Eisen und Kohle* (*Iron and Coal*, 1861, The Central Hall, Wallington/Northumberland) oder Paul Friedrich Meyerheim in seinem *Schmieden eines vorgewalzten Lokomotivrades* (1873, Stiftung Stadtmuseum Berlin; s. Abb. 5, S. 71) – in dem man eine Anregung für das *Eisenwalzwerk* vermutet hat[66] – sondern er bindet das Geschehen in ein umfassenderes Weltbild der Industrie ein. Mehrere Räume und Zeiten sind in seinem Historiengemälde vereinigt, ohne dass diese Integrationsleistung allerdings in flüchtige Formen umgesetzt würde wie bei Degas. Menzels andere Bildvorstellung kulminiert in der Gruppe um das Walzgerüst. In Hinsicht auf Farbe und Helldunkel enthält dieses Zentrum alle Gegensätze in sich. Aber so unterschiedlich die Arbeiter gegeben sind, so sehr bewegen sie sich in einem gemeinsamen Takt (wie die staunenden Bürger vor dem Zahnrad bei Daumier [Abb. 1]). Das Vor und Zurück dieser Kerngruppe wiederholt sich im restlichen Bildfeld; auch deuten die gewinkelten Arme eine Rotationsbewegung an, die das Schwungrad darüber in gebundener Form aufnimmt und abschließt.

Mit den Beobachtungen zur relativen Modernität des Gemäldes ist noch nichts über den Standpunkt des Künstlers gesagt.[67] Der Zeitpunkt war prekär: »Die militärischen Sonderkommandos, die zum Schutz des Unternehmereigentums eingesetzt waren, blieben zehn Jahre lang in Königshütte. Die von Menzel im *Eisenwerk* dargestellten Arbeiter arbeiteten also unter der Drohung der Bajonette.«[68] Davon sehen wir nichts. Also eine ›Sicht von oben‹? Dies könnte auch durch den Untertitel *Moderne Cyklopen* nahe gelegt werden, der eine Ansprache an die gebildeten Stände signalisiert, dem Bild allerdings erst im Museum hinzugefügt wurde.[69] »Cyklopen« hießen bekanntlich die rohen und dienstbaren Geister, die für Zeus die Blitze schmiedeten, und so argumentierte auch der Museumsdirektor, Max Jordan, wenn er bei Menzel »die grobe Arbeit im Dienste des modernen Culturlebens« dargestellt sah.[70] Ob Menzel selbst so dachte, ist durchaus ein Problem der künstlerischen Form, denn es ist eine Formfrage, wie sich Mythologie und Industrie zueinander verhalten, wo sie thematisch zu-

21 Adolph Menzel, *Das Eisenwalzwerk (Moderne Cyklopen)*, 1872–75
Staatliche Museen zu Berlin, Nationalgalerie

sammenstoßen. Bestand der Preis für die Emanzipation des Industriebildes in der Affirmation der industriellen Hierarchie? Dem widerspricht das Bild. Es klammert zwar Konflikte aus, aber es zeigt weder Kommandostrukturen noch uniforme Tätigkeiten; weder sind die Arbeiter den Maschinen unterworfen noch wird dem Fabrikanten gehuldigt. Vielmehr sehen wir einen in mehreren Szenen entfalteten Vorgang, bei dem die Spannung zwischen Kollektiv und Individuum in alltäglich-unheroischen Bewegungskomplexen verarbeitet ist – ein Kunstgriff, im Zentrum einen gruppendynamischen Verbund dominieren zu lassen, ohne dadurch die übrigen Arbeiter zu subordinieren.

Der Ausgleich zwischen einer fast anarchisch wirkenden Selbständigkeit und einer Kooperation aus eigenem Antrieb macht wohl die epochale Qualität des Bildes aus – nicht umsonst war 1878, als das *Eisenwalzwerk* in Paris ausgestellt war, dort von der »épopée de la fonderie« die Rede, womit Menzels Gemälde gemeint war.[71] Freilich, den Schritt von der Wahrnehmung der industriellen Wirklichkeit zu einer wahrhaft industriellen Wahrnehmung der Wirklichkeit hat auch Menzel noch nicht ganz gewagt. Trotzdem bleibt die Loslösung von der im Titel versprochenen Mythologie ein bedeutsamer Einschnitt. Ins Gemälde eingebracht, hätten die »Cyklopen« in schwer erträglichem Pathos die ›Basis des Fortschritts‹ bilden müssen. Vielleicht war Menzel diesem Fortschritt gegenüber so skeptisch wie Baudelaire? Wenn, ein Vierteljahrhundert später, Albert Welti die ›dienstbaren Geister‹ wieder einführte, so klafften hier, auch in der Form, Mythos und Moderne erst recht auseinander. In seiner *Fahrt ins XX. Jahrhundert* von 1899 (Abb. 22) leben die »Cyklopen« erst richtig auf. Sie tragen die Brücke, auf der ein schwankender Zug das Ufer des neuen Jahrhunderts erreicht. Welti sieht in der Industrialisierung – als deren Symbole Räder und Walzen im Triumphzug auf Schienen mitgeführt werden – eine Entfremdung von der Natur und vom Glauben: Die Unternehmer ziehen unter schwarzem Himmel dahin; sie sind dabei, Christus in den Abgrund zu stürzen. In Weltis Augen kann diese Entfremdung nur in einer Katastrophe enden, auch für die Arbeiter, denn auch sie fahren auf der cyklopischen Brücke einer finsteren Zukunft entgegen. Erst im 20. Jahrhundert werden Fortschrittsglaube und ästhetische Moderne einander, wenigstens vorübergehend, so durchdringen, dass in einer Art Euphorie, wie bei Fernand Léger oder bei Vladimir Tatlin, oder aber aus Widerstand, wie bei Frantisek Kupka[72] und bei John Heartfield, das industrielle Zeichen eine eigenständige ästhetische Wahrheit gewinnt.

22 Albert Welti, *Die Fahrt ins XX. Jahrhundert*, 1899 Kunsthaus Zürich

›zweiten Schöpfung‹ hier in ein Verhältnis zur Verwendung des Begriffes der ›zweiten Natur‹, wie er etwa bei Alfred Schmidt (Schmidt 1971) diskutiert wird, zu setzen wäre; ich gehe aber davon aus, dass die Bedeutung dieses Begriffs aus der Analyse der Bilder selbst hervorgeht.

[2] Vgl. Matz 1987; Ausst. Kat. Bochum 1994; Sachsse 1999a.

[3] Wesentlich dazu Benjamin 1982; s. a. Giedion 1948. Ergänzungen bei Türk 1990; ders. 1997. – Eine Reihe relevanter Publikationen aus den 70er und frühen 80er Jahren, der Zeit der Wiederentdeckung der Industrie unter ästhetischem Blickwinkel (einschließlich der vielen regionalen und lokalen ›Selbstversicherungen‹ der eigenen industriellen Vergangenheit), ist auch heute unentbehrlich: vgl. v. a. Ausst. Kat. Münster 1979b; Schwarz 1981; Ausst. Kat. Nürnberg 1985 sowie die Standardwerke zur Industriekultur in Nürnberg (Glaser u. a. 1980); Berlin (Boberg u. a. 1984); Hamburg (Plagemann 1984).

[4] In dem Gedicht *Une saison en enfer*; vgl. Ausst. Kat. Berlin 1986, S. 9.

[5] Urtext in: Herding 1987, S. 427.

[6] Frz. Urtext zit. nach Ausst. Kat. Paris 1973, o. S. (unter Bonnat); auch in: Herding 1987, Anm. 8.

[7] Charles Baudelaire, *Die Weltausstellung* (1855); frz. Urtext in: Baudelaire 1976, Bd. 2, S. 580.

[8] Klingender [1947] 1968.

[9] Zur Verbindung von Kulturgeschichte und Formanalyse im Bereich der Malerei vgl. Braunfels 1957; Schmücker 1930; Motz 1980; Wagner 1979; dies. 1980. Reiches Material bieten auch die folgenden Ausstellungskataloge: Ausst. Kat. Dortmund 1958; Ausst. Kat. Duisburg 1969; Ausst. Kat. Berlin 1972; Ausst. Kat. Brüssel 1975; Ausst. Kat. Le Creusot 1977; Ausst. Kat. Berlin 1979; Ausst. Kat. Recklinghausen 1980.

[10] Bis 1859 mussten die Pariser Fotografen ihre Werke im *Palais de l'Industrie* ausstellen; vgl. Ausst. Kat. Paris 1979, S. 462; hier auch Burtys Äußerung von 1859: »La photographie porte avec elle les traces indélébiles de son action mécanique.« Auf der Industrie-Weltausstellung von 1855 gab es erstmals eine eigene fotografische Abteilung, allerdings nicht innerhalb der bildenden Kunst.

[11] Vgl. u. a. Müller 1997. Meurer/Vinçon 1983 beschränken sich auf Teilaspekte.

[12] Das *Livret d'ouvrier* wurde in Frankreich 1803 eingeführt; unter der Julimonarchie wurde diese Form der Überwachung zeitweise vernachlässigt, 1854 unter Napoleon III. wieder eingeführt, erst 1890 abgeschafft.

[1] Der folgende Text ist eine stark gekürzte, gelegentlich veränderte und ergänzte Fassung meines Beitrags *Industriebild und Moderne* (Herding 1987); dort zahlreiche weitere Abbildungen und Literaturangaben. – Ich bin mir bewusst, dass der Begriff der

[13] Zur Begriffsgeschichte vgl. Maag 1986. – Abb. der Farblithographie nach Zeichnung von L. Itzel in: Glaser u. a. 1980, S. 309.

[14] Gustav Schröpler, *Gründung des Evangelischen Arbeitervereins*, 1888, Stadtarchiv, Ingolstadt.

[15] Vgl. Frodl 1974, Nr. 319/1–41.

[16] Beispiele aus den 1840er Jahren abgebildet bei Stolze/Jungblut 1969, S. 84, und bei Rühle 1930, S. 141.

[17] Vgl. den Beitrag von Hubertus Kohle im vorliegenden Katalog.

[18] Vgl. Schmidt 1971.

[19] Vgl. Herding 1987, Abb. 35, 36.

[20] Vgl. Fernand Desnoyers, *Du réalisme*, in: *L'Artiste* vom 9. Dez. 1855, S. 198f.

[21] Thoré 1870, Bd. 1, S. 93.

[22] Vgl. Thuret 1979.

[23] Vgl. wie u. die Aussagen über Bonhommé und Menzel; ergänzend Vaisse 1983.

[24] Vgl. Karl Friedrich Schinkel anlässlich der Besichtigung von Fabrikanlagen in Manchester 1826: »... ungeheure Baumassen nur von Werkmeistern ohne Architektur fürs nackteste Bedürfnis allein aus rothem Backstein aufgeführt«; dazu: Posener 1981, Zitat S. 151.

[25] Vgl. Anm. 2 sowie Herding 1987, S. 434f. und Anm. 39–47.

[26] Ähnlich verhält es sich mit der von James Sharples 1852 entworfenen Mitgliedsurkunde für britische Werkzeugmaschinenarbeiter (Klingender [1947] 1968, Abb. 110). Die Bindung dieses Blattes an traditionelle Muster ist dabei offensichtlich; vgl. dazu die Abb. in Troitzsch/Weber 1982, S. 231.

[27] Vgl. Kubinszky 1969; krönender Abschluss dort (Abb. 84) der Tempel innerhalb der Kölner Bahnsteighalle, 1894.

[28] In ähnlicher Weise werden Zufuhr, Speicherung und Übertragung von Dampfkraft einer Pumpanlage an der Rhônemündung (Abb. in Turgan, Bd. 3, 1863, S. 89) durch Schnitt und Ansicht so freigelegt, wie sie in der Neuen Sachlichkeit des 20. Jahrhunderts dann bildwürdig werden.

[29] Vgl. Herding 1987, Abb. 12, 13. Weitere Beispiele für entleerte Interieurs in Zöllner u. a., Bd. 1, 1876, S. 337; ebd., Bd. 5, 1878, S. 393.

[30] Abb. in Bollerey 1977, S. 166f. (Gesamtansicht der Anlagen).

[31] Zu allen drei Karikaturen vgl. Herding 1980.

[32] Ausst. Kat. Paris 1979, S. 464.

[33] Zu den Begriffen »transitoire« und »fugitif« als Kennzeichen des modernen Lebens vgl. Baudelaire 1976, Bd. 2, S. 695. Die Abbildung zeigt freilich nicht nur das Flüchtige, sondern zugleich dessen Fixierung in Art einer Montage. Benjamin nennt in seinem *Passagen-Werk* Antoine Wiertz den ersten, der (1855) »die Montage als agitatorische Verwertung der Photographie wenn nicht vorhergesehen, so doch gefordert hat« (Benjamin 1982, S. 49). Aber *realisiert* wurde vor jeder Fotomontage die Graphikmontage.

[34] Vgl. Birkner 1975, S. 20.

[35] Vgl. Ausst. Kat. Berlin 1980a, S. 490–499.

[36] Vgl. Metken 1975.

[37] Mehrere Nachweise ebd., S. 61f. – Auch Champfleury beschwor das Bild vom »mastodonte de fer« (in: Lacambre 1973, S. 185); weitere Belege bei Klingender [1947] 1968, S. 122.

[38] Vgl. die Abb. in Hofmann 1973, S. 183; Turgan, Bd. 2, 1869, S. 32; Bd. 6, 1867, S. 167f.; Ausst. Kat. München 1973, S. 95.

[39] *Le Magazin pittoresque* 19, 1851, S. 44f.

[40] Ebd.

[41] Diesen Aspekt betonen vor allem Klingender [1947] 1968 und Wagner 1979.

[42] Stich nach George Robertson; Wagner 1979, Abb. 53.

[43] Vgl. Wagner 1979, S. 98.

[44] Schon in William Blakes *Milton* wird Satan mit den Mächten der Industrie gleichgesetzt. Zu diesem Topos: Klingender [1947] 1968, S. 122.

[45] Klingender [1947] 1968, Abb. 33; vgl. die Abb. S. 58 im vorliegenden Katalog.

[46] So ist bei Knippel die Verkokung zu Königshütte in einer Farblithographie als nächtliches Schauspiel gegeben, vgl. Herding 1987, Abb. 28. Nicht die Industrie selbst, sondern das ungewohnte ›Naturschauspiel‹, das sie liefert, bildet das Faszinosum. Der Einzelgegenstand tritt hinter unruhigen Beleuchtungseffekten zurück.

[47] Ausst. Kat. Berlin 1981a, S. 128, Abb. 15.

[48] Vgl. dazu Herding 1987, Anm. 87.

[49] Vgl. Mittig 1979, S. 46f., Abb. 27; ders. 2001.

[50] Zit. nach Klingender [1947] 1968, S. 132 (übers. v. Verf.).

[51] Wagner 1979, S. 77f., Abb. 81.

[52] Vgl. Adorno 1970, S. 81, 107, 57 (in der Reihenfolge der Zitate). Vgl. ferner ebd., S. 76 (Häßlichkeit der von Industrie zerwühlten Landschaft) und S. 95f. (Technik als Widerpart der Kunst).

[53] Zum theologisch begründeten Begriff des Anagogischen vgl. Sedlmayr 1950, S. 102, 152.

[54] Die Zeichnungen abgebildet in Seifert/Bodenschatz/Lorenz 1998.

[55] Engl. bei Klingender [1947] 1968, S. 154.

[56] Farbabb. und Interpretation bei Busch 1986.

[57] So Slg. Kat. London 1979, S. 24.

[58] In der Visualisierung des Momentanen geht Degas sogar über die gleichzeitige Momentfotografie hinaus; vgl. Imdahl 1970.

[59] Die verschiedenen Versionen, in denen dieses Verhältnis auch unterschiedlich gewichtet wird, sind in Herding 1987, S. 459 ausführlich analysiert.

[60] Vgl. dazu Herding 1987, S. 461 mit Anm. 114–118.

[61] Vgl. Schnerb 1913; Janke/Wagner 1976. – Der Auftrag ging vom Intendanten der Schönen Künste aus und wurde in drei Abschnitten an Bonhommé vergeben (28. Sept. 1852, 6. Nov. 1854, 18. Aug. 1857). Die Originalfotografien befinden sich im Musée de L'Histoire du Fer, Nancy.

[62] Von einer solchen Aussöhnung zwischen Kapital und Arbeit träumte (von Proudhon beeinflusst) sogar Courbet, wie aus einem nach dem Scheitern der Pariser Commune geschriebenen Text hervorgeht; vgl. Herding 1984, S. 37.

[63] Vgl. Ausst. Kat. Berlin 1980b, S. 308f.; Herding 1987, S. 463f.

[64] Ausst. Kat. Berlin 1980b, S. 385, Nr. 312, 313.

[65] Vgl. Menzels Wort: »Diese Cyklopenwelt der modernen Technik ist überaus reich an Motiven. Ich meine nicht bloß das bischen Rauch«, Ausst. Kat. Paris/Washington/Berlin 1996/97, S. 288.

[66] So Ausst. Kat. Berlin 1980b, S. 309. Heute wird eher der »künstlerische Austausch« mit dem 27 Jahre Jüngeren, aber auch der Gegensatz zwischen beiden Künstlern betont; vgl. Ausst. Kat. Paris/Washington/Berlin 1996/97, S. 287f.

[67] Dazu mehr in Herding 1987, S. 466f.; Ausst. Kat. Paris/Washington/Berlin 1996/97, S. 286f.

[68] So Kaiser 1953, S. 89.

[69] Diese Wortverbindung begegnet zuerst bei Eggers 1852; als Untertitel des *Eisenwalzwerks* wurde er nachträglich von Menzel gebilligt. Vgl. Ausst. Kat. Paris/Washinton/Berlin 1996/97, S. 286f.

[70] Brief des Direktors an den Königlichen Staatsminister (Archiv der Nationalgalerie, Specialia, A. Menzel 1, Nr.169/75), zit. nach Forster-Hahn 1981, S. 123.

[71] So Duranty 1878, S. 59. – Lemonnier 1888, S. 220, sprach von den »machines humaines« in Menzels Bild.

[72] Vgl. Metken 1975, S. 60; Bertsch 1997.

Technik und Industrie in den Zeiten der Modernen

Herbert Mehrtens

Von der ›postindustriellen Gesellschaft‹ war schon in den 1970er Jahren die Rede, derzeit spricht davon kaum jemand mehr. Die ›Postmoderne‹, die spätestens seit Lyotards *Bericht*[1] von 1986 im Gespräch war, ist zwar noch in der Diskussion, aber die Aufregung hat sich gelegt. Es scheint, als brauchten wir über dieses ›Danach‹ nicht mehr zu reden, weil wir in ihm angekommen sind. In einem kleinen Essay hat Michel Serres vor kurzem geschrieben: »Eine seltsame Fähigkeit des menschlichen Körpers, sich Stück für Stück in Objekte zu verwandeln. Wir füllen die Welt mit Werkzeugen in Gestalt der Faust: Hammer oder Fäustel, des Ellbogens: Hebel oder Rolle, des Auges: Lupe oder Fernrohr, und mit zahllosen Kombinationen diverser Funktionen, die dann draußen in der Welt als solche gar nicht mehr erkennbar sind. Wir messen sie sogar in Spannen und Ellen, ohne uns zu fragen, wie diese Maschinen unserem Organismus entsprungen sind. Meines Wissens gibt es noch keine Erklärung für diesen Verlust, der nun in einem anderen Sinne zu verstehen wäre; zum Glück gleichen Mythen und Heiligenlegenden diesen Mangel der rationalen Theorie aus. Denn der Körper verliert wie eine alte, löchrige Tonne. Wie der Körper des Bischofs seinen Kopf verliert, bevor er ihn aufnimmt, so entlässt unser Körper zerstreute Glieder, die sich sogleich in technische Objekte und Substitute verwandeln. Lange bevor man die Körperfunktionen und den Organismus mit einer Maschine verglich, glichen sich die Apparate selbst dem Körper an. Dieser endlose Kreis nährt sich selbst. Als einziges Tier, dessen Körper verliert, bringt der Mensch Techniken hervor, deren Geschichte die Menschwerdung vorantreibt. Der Einbruch neuer Technologien markiert daher ein Zeitalter in dieser Geschichte der Menschwerdung.«[2] Serres schreibt über die elektronischen Technologien, und man muss die Biotechnologien hinzufügen, die sich beide in Wechselwirkung an der Leitidee der Information zu einem technischen Komplex zusammengeschlossen haben, der in der Tat ein neues Zeitalter zu eröffnen scheint. Über diese anbrechende Epoche der »Menschwerdung« wird derzeit reichlich spekuliert, eine Bezeichnung hat sie noch nicht.

Um die Wende vom 18. zum 19. Jahrhundert setzte sich langsam das Wort ›Industrie‹ durch, seinerzeit noch gleichbedeutend mit ›Gewerbefleiß‹, aber die Maschinen und die arbeitsteilige, nicht mehr rein handwerkliche Produktion waren schon mitgedacht. Die ›Industrielle Revolution‹ war im Gange, von den Historikern in der Regel auf die Zeit von der Mitte des 18. bis in die Mitte des 19. Jahrhunderts datiert. Die ›Moderne‹ ist weniger deutlich zu datieren, weil es davon in unserem Sprachgebrauch mindestens drei gibt: Die dritte, die kulturelle Moderne wird auf das späte 19. Jahrhundert datiert. Die zweite, die Moderne der »großen Erzählungen«, von der sich die Postmoderne absetzte, ist das »Projekt der Aufklärung«, das im 18. Jahrhundert entsteht. Das Wort ›Moderne‹ wird aber auch für die gesamte Neuzeit gebraucht, wie im Englischen, wo das, was wir Neuere Geschichte nennen, »modern history« heißt. Diese erste Moderne beginnt demnach mit der Renaissance.

Periodisierungen sind für Historiker unabdingbar, weil sie historische Zeiten in Sinneinheiten zusammenfassen. Und Periodisierungen geben Gelegenheit zu endlosen Debatten, wenn es um die Grenzbestimmungen geht. Wann endet das Mittelalter? Wann entsteht die Industrie? Wann beginnt die kulturelle Moderne? Die Grenzen liegen nicht sichtbar vor uns, wir müssen sie bestimmen und sagen damit, was wir für wesentlich an einer Epoche halten. Geschichte ist, mit einem Buchtitel von Theodor Lessing, die »Sinngebung des Sinnlosen«.[3] Aus dem, was in der Vergangenheit geschehen ist, kommt uns der Sinn nicht entgegen. Wir müssen ihn machen, rückwärts wie vorwärts gewandt. Industrielle Revolution und Industriegesellschaft hat es in den meisten Teilen der Welt nicht gegeben, dennoch haben diese Zuschreibungen Sinn, auch weil ›Industrialisierung‹ in der Art des 19. Jahrhunderts schon lange kein Weg der Entwicklung (auch eine problematische Sinngebung) mehr für die armen Länder der Welt ist. Und bedenkt man, dass die Industrialisierung mit der ersten Globalisierung durch Kolonialisierung einherging, ist es auch nie ein sinnvoller Weg gewesen.

Die Epochen der »Menschwerdung« sind alles andere als einheitlich und mit extremen Ungleichzeitigkeiten verbunden. Ich spreche auch lieber nicht in dieser etwas hochgreifenden Allgemeinheit davon, vor allem weil »Menschwerdung« ein wenig teleologisch klingt. Aber in ihren Verhaltensweisen, ihren Fähigkeiten, ihrer sozialen Ordnung und ihrem Selbstverständnis haben sich die Menschen historisch verändert, und sie werden sich weiter ändern. Und dabei spielen die Techniken, mit denen sie leben, eine wichtige Rolle. Es ist wohl nicht einfach so, dass epochal bedeutende Techniken wie der Buchdruck die entscheidende ›Ursache‹ historischen Wandels sind. Es muss ja auch ein Interesse daran geben, Schriftstücke und ganze Folianten in großen Mengen identischer Exemplare in die Welt zu bringen. Aber tief greifende Folgen – kulturelle, soziale, politische und wieder technische – hat das allemal, was immer Henne, was Ei war.

Was macht nun die ›industrielle Welt‹ aus? Unsere Vorstellung ist von Bildern geprägt, die vermischt eine ›Welt‹ ausmachen, die aus dem späteren 19. und dem frühen 20. Jahrhundert stammen, wie Adolph Menzels *Eisenwalzwerk* (1872–75) oder Charlie Chaplins Film *Moderne Zeiten* (1936), den Stichen von Industrieanlagen mit vielen rauchenden Schloten oder den Fotografien der Neuen Sachlichkeit. Es ist vor allem ein Bild der Zeit der vollendeten Industriellen Revolution. Der Begriff ›Revolution‹ suggeriert eine radikale Umwälzung, was richtig ist. die ein zeitliches Zentrum hat, wie einen 14. Juli oder einen Oktober, was falsch ist. Der Begriff ›Industrielle Revolution‹ ist darum einerseits gut brauchbar, andererseits problematisch. Damit ist aber auch die Frage nach Beginn und Ursachen problematisch. Wann und wie kommen die Voraussetzungen der Industrialisierung zusammen, die Maschinen und der Erfindergeist, der Kapitalismus und der ›Geist des Kapitalismus‹, die organisierte Arbeits(ver)teilung unter privatwirtschaftlicher Regie, die Bereitschaft der Fürsten oder Herrschenden, diesen Praktiken und Einstellungen Raum zu geben?

Voraussetzungen: Erste Moderne

Nehmen wir doch die andere Periodisierung, nämlich diese mehr oder minder vagen drei Modernen, zum Leitfaden, und beginnen mit dem Beginn der ›Moderne‹ in der Renaissance, dem 15. und 16. Jahrhundert. Da tritt nicht nur die »Kultur als dritte Gewalt«[4] ins historische Bild, sondern auch der Fernhandel, durch den Großunternehmen und Banken entstehen, und die Figur des Künstler-Ingenieurs. 1610 dann veröffentlicht Galileo Galilei seinen *Sidereus Nuntius*, den Sternenboten, in dem er die Jupitermonde beschreibt, die er mit dem Fernrohr gefunden hat, das er, einer Nachricht aus den Niederlanden folgend, nacherfunden hatte. Damit sind wir dann in der so genannten ›Wissenschaftlichen Revolution‹, der Entstehung des modernen Weltverhältnisses, in dem Erfinden und Entdecken und Beschreiben zu einer weltumspannenden Praxis werden, die ein Netz knüpft, das nicht nur an die Stätten der geistlichen oder weltlichen Herrschaft gebunden ist. Es hat seine Knotenpunkte auch dort, wo das Geld ist, und dort, wo die fleißigsten Briefschreiber unter den Gelehrten sitzen. Ein solcher Ort des Handels und des Geldes war die Republik von San Marco, Venedig, das seine Vormachtstellung im Mittelmeerraum schon im 13. Jahrhundert ausgebaut hatte. Hier ›erfand‹ Galileo das Fernrohr, das er, bevor er es auf den Himmel richtete, erst einmal dem Dogen als Werkzeug der Seemacht andiente. Als Techniker im Dienste der Macht verdiente er sich damit ein gutes Stück Geld, doch als Gelehrter sah und fand er seine Zukunft als Hofmathematiker

im nahen Florenz der Medici, auch eine Stadt des Geldes, das aus dem Handel kam und aus dem Gewerbe, vor allem der Tuchmacherei.

Eine alte und viel diskutierte Frage der Wissenschaftsgeschichte ist, warum die Wissenschaftliche Revolution in der okzidentalen Moderne stattfand und nicht in China, das in Hinsicht auf Wissenschaft und Technik dem Abendland im 14. Jahrhundert noch eher überlegen war. Eine Antwort darauf behauptet, dass die chinesische Politik des Machtausgleichs zwischen den drei großen Kräften, dem Staat, dem Militär und dem Handel, zu einer Begrenzung von Mobilität und Innovation führte, sodass sich der Raum nicht öffnete, die Welt und eine neue Welt zu erfinden, zu entdecken und zu beschreiben. Solche Erklärungen sind nie zureichend, aber an Leonardo und Galileo zum Beispiel sehen wir eine bemerkenswerte Mobilität, nicht nur intellektuell, sondern auch geographisch. Die politische Macht war verstreut und antagonistisch, die spirituelle Macht ebenso, zum Beispiel auch innerhalb der katholischen Kirche, wo Galileo sich eine Zeit lang der Konkurrenz der führenden Orden bedienen konnte. Bei der Mobilität der Weltentdecker und ihrem Verhältnis zu Macht mag man auch an Kolumbus denken, aber diese bekannten Namen stehen für ein sehr großes Netz von Erfindern, Entdeckern und Beschreibern, das sich gleichsam als parasitäres System an das andere, zerstreute und antagonistische von Macht und Geld binden konnte.

Macht und Geld brauchen ihre Kalküle, ihre Verfahren und ihre Symbole. Mathematiker und Astronomen, Baumeister und Ingenieure, Künstler und Literaten sind dafür die ›Experten‹. Zu dieser Zeit sind sie noch mehr oder minder Universalexperten, dabei besonders auch für die Symbolik der Macht, zu der nicht nur Kunst und Architektur gehören, sondern auch die Kunstfertigkeit der Gewerbe und das neue Wissen der Gelehrten und seine Schaustücke, die sich in den Kunst- und Wunderkammern der Herrscher ansammeln. Dahinter stecken die neuen Kalküle und Verfahren, wie das kaufmännische Rechnen mit den indisch-arabischen Ziffern und dem wundersamen Symbol für Nichts, der Null, deren langsames Eindringen nach Europa sich auf einen historischen Punkt bringen lässt im *Liber Abaci* von 1202 des reisenden Mathematikers Leonardo von Pisa, genannt Fibonacci. Die Null bezeichnet Nichts, aber sie organisiert die Zahlen, macht sie zu dem System der Quantitäten, mit dem mehr und mehr die Welt beschrieben wird, insbesondere die Welt des Handels mit den materiellen, aber ebenso ›reinen‹ Quantitäten des Geldes. 1494 stellt ein anderer Mathematiker, Luca Pacioli, in einer gelehrten Abhandlung das System der doppelten Buchführung dar, dessen Fluchtpunkt die Null ist.[5] In diesem Zeitraum, zwischen 1200 und 1500, entwickelt sich eine der Grundlagen der industriellen Welt, das System der modernen Geldwirtschaft, dessen Herkunft immer noch an den italienischen Worten wie ›Skonto‹ oder ›Lombard‹ zu erkennen ist.

Die andere neue Technik mit mathematischen Zeichen ist die Zentralperspektive als die Mathematisierung des Raums des Sehens, eine distanzierte, objektivierte ›Weltanschauung‹, die – zugleich als eine Technik der Zeichen, wie die Arithmetik – Konstruktionsgrundlage für das Darstellen und Herstellen von Welt ist. Die mathematischen Techniken sind selbstverständlich nicht alles und nicht das allein Entscheidende. Zu betonen sind aber die immateriellen Techniken, die dem Handeln, dem Wahrnehmen, dem Darstellen und der konstruktiven Phantasie nun zur Verfügung stehen. Organisation ist auch eine solche Technik. Die Großunternehmen des Handels und des Gewerbes brauchen nicht nur die Organisation des Besitzes und des Besitzwechsels, der arithmetisch dargestellt wird, und die Konstruktion von Gebäuden, Anlagen und Transportmitteln, die sich zunehmend der Geometrie bedienen, sondern auch die Organisation von Arbeitsteilung und Produktion, die erst in der dritten Moderne im späten 19. Jahrhundert mit zeichentechnischen Mitteln rekonstruiert wird. Das Verlagssystem der Tuchmacherei in Florenz ist eine solche Organisation, die sich in der Form eines Flussdiagramms darstellen lässt, einem modernen Bild der vorindustriellen Welt der Produktion, die auf viele Häuser verteilt ist, aber unter dem Dach der Gesamtorganisation und der beherrschenden Stellung des Tuchers schon ein Bild der Produktion, wie sie sich später unter dem realen Dach des einen Hauses der Manufaktur oder der Fabrik konzentriert.

Über Maschinen und die ›Elemente‹, die wir mit der Industrie assoziieren, Kohle und Eisen, habe ich noch nicht gesprochen, auch nicht über die Zunftordnungen und andere Elemente, die die Dynamik der Entwicklung der Gewerbe einschränken. Die Geschichte der Technik in der Zeit bis ins 17. Jahrhundert ist keineswegs langweilig, und das »erste Maschinenzeitalter« ist längst angebrochen, mit der Leitmaschine der Zeit, der Uhr, oder mit der Serienproduktion von Büchern.[6] Von ›Massenproduktion‹ kann man bei Münzen sprechen, einem technischen Produkt, das in der Tat massenhaft im Umlauf war. Leonardo da Vinci hat die technischen Möglichkeiten massenhafter Münzprägung schon theoretisch durchdacht, Donato Bramante führte um 1500 die Spindelpresse in die Münzerei ein, und um 1650 wurden in Paris mit Maschinen die ersten ›modernen‹ Münzen hergestellt, mit genauer Form, identischem Gewicht und geprägtem Rand.[7] Was ich hier essayistisch umreiße, ist der Versuch einer integralen Geschichte der Technik und der materiellen Produktion, in der die materielle Kultur der Dinge (wie Münzen, Uhren, Tuche, Gemälde, Gebäude), die immaterielle Kultur der Bedeutungen der Dinge (wie Dome, Fresken, Kleidung) und der Zeichen (wie Zahlen, geometrische Formen, Buchstaben)

unter der gegebenen Leitperspektive zusammenzufügen sind. Die disziplinären, isolierenden Perspektiven von Politik- oder Kunst- oder Technik- oder Wirtschaftsgeschichte sind neueren Datums, und an der frühen Neuzeit wird vielleicht am besten deutlich, wie unbefriedigend sie bleiben müssen, wenn sie sich isolieren.

Aufbruch: Zweite Moderne

Die herausragende Rolle Italiens in der europäischen Geschichte geht mit dem 16. Jahrhundert zu Ende. Galileos Werk wird in die Niederlande gebracht, von wo die Nachricht vom Fernrohr gekommen war. Neben Frankreich sind es vor allem die protestantischen Länder mit konstitutionellen, republikanischen Rechtsordnungen, Holland und England, die zum Zentrum der Entwicklung werden und in denen sich im 17. Jahrhundert die Wissenschaftliche Revolution vollendet und die Industrielle Revolution vorbereitet. Die beiden Revolutionen haben nicht wenig miteinander zu tun. Die experimentierenden Naturphilosophen erkunden die Mechanik der Welt, indem sie Instrumente und Geräte bauen und bauen lassen. James Watt und die Dampfmaschine sind sich nicht zufällig 1763 im akademischen Modellbau begegnet, und die Idee der ›Feuermaschine‹ entstammt der Wissenschaft. Die erste erfolgreiche Dampfmaschine aber stammt von einem gebildeten Eisenhändler, Thomas Newcomen, und wurde 1712 in einem Kohlenbergwerk errichtet. Insbesondere in England entwickelte sich im Laufe des 18. Jahrhunderts ein dichter kommunikativer Zusammenhang zwischen Unternehmern, technischen Praktikern und Gelehrten, und manche von ihnen spielten alle diese Rollen zugleich.

Die Moderne der Industrie also beginnt in England, die Moderne der Aufklärung jedoch in Frankreich. Die Niederlande müssen hier am Rande bleiben, weil sie ihre Stellung als führende See- und Handelsmacht seit der Mitte des 17. Jahrhunderts verlieren; im Schiffbau, im wissenschaftlichen Instrumentenbau und nicht zuletzt im Textilgewerbe waren sie zeitweise führend gewesen. Die große Zeit Englands beginnt mit der ›Glorious Revolution‹, bei welcher Gelegenheit die Engländer ihren katholischen König durch einen Import aus den Niederlanden ersetzen und dessen Recht konstitutionell eng beschränken. Dahinter standen vor allem die Interessen derer, die Land und Vermögen besaßen. Der »Geist des Kapitalismus« mag, mit Max Weber gesehen, sehr wohl protestantisch bzw. calvinistisch sein, aber er war ja auch im katholischen Italien zu erkennen, und er liegt auch in einer Verschiebung gesellschaftlicher Werte.[8] Nach dem verheerenden Bürgerkrieg in England und dem Dreißigjährigen Krieg auf dem Kontinent werden das Besitzstreben ebenso wie die Beschäftigung mit den Mechanismen der Natur und der Kunst (im alten Sinne der Fertigkeit des Herstellens von Dingen) zu Tugenden, weil sie offenbar friedfertiger sind als die christlichen Tugenden. Jedenfalls gilt das im Inneren des Landes. Zugleich sind sie wertschöpfend, und so konnte der neue König von England seine Kriege führen, ohne das Land zu ruinieren.

Die neuen Gesetze in England beförderten nachdrücklich das privatwirtschaftliche Handeln. Ein älteres Gesetz, das schon von Jakob I. erlassen wurde, ist für den ›Geist des Kapitalismus‹ von höchster Bedeutung, das Patentrecht. Zum einen wurde damit die herrscherliche Macht der Vergabe von Privilegien beschränkt, zum anderen wurde dem Geist des Erfinders praktischer Dinge ein Eigentumsrecht gegeben, das sich in Geld verwandeln ließ, wenn auch nicht immer. Die Geschichte der Watt'schen Dampfmaschine ist auch eine Geschichte der Patente. Die Dampfmaschine ist zwar das Symbol der Industrialisierung, aber es ging auch ohne die rauchenden Schlote. Bis weit ins 19. Jahrhundert hinein waren es vor allem Wassermühlen, die die Maschinen antrieben. Der wichtigste Zweig der Industrialisierung, der seinen Weg an das Wasser fand, war das Textilgewerbe, organisiert nach dem Verlagssystem wie in Florenz. Und hier lässt sich die Dynamik der maschinentechnischen Entwicklung zeigen, wie sie möglich wird, wenn das Erfinden geschätzt und geschützt wird. 1733 wurde der Erfindergeist von John Kay zwar durch ein Patent geschützt, aber von seinen Weberkollegen gar nicht geschätzt; er soll knapp der Ermordung entgangen und nach Frankreich geflohen sein.[9] Bei seinem ›Schnellschütz‹-Verfahren wurde das Schiffchen mit einem Rucken am Seil durch die Kettfäden hin und her geschossen, und der Faden brauchte nicht mehr von Hand geführt zu werden. Außerdem wurden so Webstühle für breitere Stoffe möglich. Das Verfahren setzte sich allein schon deswegen nicht rasch durch, weil die Spinnerei schon vorher den Garnbedarf der Weber kaum decken konnte. Das Spinnen ist aber eine recht komplizierte Arbeit, die erhebliche Fingerfertigkeit erfordert. Das lässt sich nicht so einfach in eine Maschine übersetzen, aber die Herausforderung wurde angenommen, und 1738 wurde das erste Patent erteilt, das zu ersten Fabriken führte, in denen Wasserkraft die Spinnmaschinen antrieb. Die Qualität des Garns ließ allerdings zu wünschen übrig, und die Society for the Encouragement of Arts and Manufactures – ein anderes Zeichen besagter Wertschätzung – setzte 1761 einen Preis für eine Maschine aus, die, von einer Person bedient, sechs Fäden spinnen können sollte. Drei Jahre später war eine Maschine fertig, die acht Fäden spann, die ›Spinning Jenny‹ (›Jenny‹ ist vermutlich von *engine* abgeleitet). Die ›Jenny‹ wurde eine Maschine der Hausindustrie, wurde auch Opfer eines Maschinensturms, aber die aufgebrachten Spinner wussten, was sie taten: Sie zerstörten nur Maschinen, die mehr als 20 Spindeln hatten. Es ging ihnen, wie den Maschinenstürmern des 19. Jahrhunderts, um eine Be-

grenzung jener Dynamik, die letztlich zu der von Karl Marx analysierten sozialen Kluft führte, die sich aus dem Privatbesitz der Produktionsmittel ergab. 100 Jahre später jedenfalls waren Spinnen und Weben eine Sache der maschinellen Produktion.

Wie gesagt, die ›Jenny‹ gehörte noch der Hausindustrie. Der nächste Schritt hieß ›Water Frame‹, 1769 patentiert, und der Name sagt schon, dass es hier in die Fabrik geht, in der die Spinnmaschinen von Wasserkraft angetrieben werden. Dann wurden ›Jenny‹ und ›Water Frame‹ zur ›Spinning Mule‹ gekreuzt, und schließlich kam 1830 der Automat, zeitgenössisch eingedeutscht: der ›Selfaktor‹. Parallel dazu entwickelte sich die Mechanisierung der Weberei und all der weiteren Tätigkeiten, die zur Herstellung von Textilien gehören. Voraussetzung einer solchen Entwicklung sind selbstverständlich auch die Rohstoffe und die Nachfrage nach den Produkten. Schon im 18. Jahrhundert entwickelte sich die Nachfrage auch mit dem Angebot und seinen fallenden Preisen. Bei den Rohstoffen setzte sich die Baumwolle durch, und dahinter, um es nur anzudeuten, stecken Weltmacht und auch die Sklaverei. In England gab es zwar Schafe, aber keine Baumwollpflanzen.

Die Maschinen, von denen gerade die Rede war, sind ›Arbeitsmaschinen‹, sie machen die Arbeit oder einen Teil davon, die vorher Menschen gemacht haben. Die Arbeitsmaschinen brauchen Bewegungsenergie, die in der Hausindustrie von Menschen und manchmal von Tieren geliefert wurde, in der Fabrik zuerst vom Wasser und dann mehr und mehr von der Kohle, mit der die Dampfmaschinen gefüttert wurden. Die ersten Dampfmaschinen von Newcomen wurden im Bergbau zur Wasserhaltung eingesetzt und waren damit gleichsam die Voraussetzung ihrer eigenen Weiterentwicklung. Eine weitere Voraussetzung dafür war die präzise Metallbearbeitung, und damit kommen zu den Kraft- und Arbeitsmaschinen seit Ende des 18. Jahrhunderts die universell einsetzbaren Werkzeugmaschinen. Wiederum war es ein Brite, Henry Maudsley, der das Kunststück vollbrachte, ohne Drehbank eine Drehbank zu bauen. Zum technischen System gehören selbstverständlich noch die Transportmittel, Straßen, Kanäle und dann der Schienenverkehr, und für dessen Lokomotiven braucht es wiederum die Werkzeugmaschinen.

Die Staaten auf dem Kontinent mussten sämtlich die Industrialisierung nachholen. Preußen und die anderen deutschen Länder hatten einen späten Start, aber dann eine rapide Entwicklung. Frankreich dagegen war in wirtschaftlicher Hinsicht ein Spät- und Langsamentwickler. Aber zugleich war Frankreich das Zentrum der Aufklärung gewesen, des anderen Beginns der zweiten Moderne. Eines der bekanntesten Produkte der Aufklärung ist die *Encyclopédie* von Diderot und d'Alembert – den Wissenschaften, den Künsten und den Gewerben gewidmet. Im zentralistischen, dirigistischen Feudalstaat war die Entfesselung einer wirtschaftlichen Dynamik wie in England kaum möglich. Umso deutlicher aber ist die nicht zuletzt antiklerikale intellektuelle Dynamik, die immer mit einem Blick auf Wissenschaft und Gewerbe verbunden ist, und mit einem Seitenblick auf die Vorgänge jenseits des Ärmelkanals. Selbstverständlich war der Rationalismus nicht nur in Frankreich zu Hause, aber an England und Frankreich im 18. Jahrhundert sieht man, wie der historische Zusammenhang der wirtschaftlichen, politischen, intellektuellen und kulturellen Entwicklung ungleichgewichtig und ungleichzeitig verteilt ist. Es ist ein Zusammenhang, der auch über den Atlantik reicht und der insgesamt die zweite Moderne ausmacht.

Diese Moderne bringt erst die Idee der Modernität in die Welt. Mit der »querelle des anciens et modernes« beginnt um 1700 eine Wendung im Verhältnis zur historischen Zeit. ›Modern‹ heißt nun nicht einfach mehr ›neu‹ – und in aller Regel schlechter als das Alte, das Klassische –, sondern das Neue wird langsam zu einem Wert an sich.[10] Die Zukunft öffnet sich und wird zum Ziel des Handelns und des Denkens. Mit dem großen Elan eines Michel Serres gesagt, geht es um eine neue Epoche der »Menschwerdung«, und diese Epoche geht mit einem neuen technischen System einher, einem höchst dynamischen System, das in das Industriezeitalter führt. Nicht die Technik treibt die Geschichte, auch nicht der Geist der Wissenschaft oder der Kunst. Es ist auch nicht der Krieg, obwohl der für das technische System und für die intellektuellen Orientierungen ganz und gar nicht unwichtig ist. Letztlich bleibt wohl nicht mehr, aber auch nicht viel weniger zu sagen, als dass alle Bereiche des Lebens in diesen Zusammenhang der großen historischen Bewegung verflochten sind, dem wir nachträglich beschreibend ›Struktur‹ geben.

Konsequenz: Dritte Moderne

Die dritte Moderne erwächst im und aus dem Zeitalter der Industrie. Sie ist vor allem als ästhetische wahrgenommen worden und hat schon im frühen 19. Jahrhundert ihre Anfänge, entfaltet sich aber ganz deutlich erst in den letzten Jahrzehnten des 19. Jahrhunderts. In der Industrie dieser Zeit finden wir die neuen, wissenschaftsbasierten Zweige der Chemie, der Optik und der Elektrotechnik. Eher im Maschinenbau finden wir auch den Beginn der Serienproduktion und der Betriebsrationalisierung. Produktiver zu sein ist nicht mehr nur Sache neuer Maschinen, sondern wird zur Frage der Organisation des Zusammenhangs von Menschen, einschließlich des Selbst, und technischen Dingen, einschließlich der Kodes und Berechnungsverfahren, in Raum und Zeit. So wie in der Serienproduktion etwa von Nähmaschinen nun standardisierte Einzelteile gefertigt werden, aus denen die Maschinen zusammengesetzt werden,

so wird auch die Arbeit der Arbeiter standardisiert und reorganisiert. Der berühmt-berüchtigte Frederick W. Taylor reorganisierte in den USA Industriebetriebe und entwickelte mit Hilfe der Stoppuhr, die sich gleichzeitig auch im Sport durchsetzte, ›wissenschaftlich‹ begründete Leistungsnormen für die Arbeiter. Sein Schüler Frank B. Gilbreth machte die Chronophotographie des Physiologen Étienne-Jules Marey und dann auch die Kinematographie zu Werkzeugen der auf Effektivierung orientierten Bewegungsanalyse in der Industriearbeit. Gilbreth trainierte auch eine Weltmeisterin im Maschineschreiben; und seine Techniken hatten ihren Einfluss auf den modernen Sport.

Die Rationalisierer rationalisieren sich in aller Regel auch selbst. Die Rationalität der Aufklärung war immer ein Appell an die Vernunft gewesen, die den aufrechten Gang in die zu gestaltende Zukunft leiten sollte. Um 1900 scheint die Vernunft einen Anker zu verlieren, den sie im Glauben an die Erkennbarkeit der Welt hatte. Das Selbst dieser Vernunft hatte sich zwar von den Klerikern distanziert, aber im Glauben an die eigene Fähigkeit, die Welt erkennen und schaffen zu können, nicht von einer Perspektive auf das Ganze der Welt, wie sie nur ein Gott haben kann. Dieses Vertrauen scheint am Ende des Jahrhunderts der Industrialisierung ins Wanken zu geraten. Die Rationalisierungsbewegung kann man auch deuten als den Versuch, die Welt durch Kalkül und Organisation wieder unter Kontrolle zu bringen. Und dafür etabliert sich eine neue Schicht von Experten, nicht nur für die Betriebsorganisation; es ist die Zeit, in der sich in der Wirtschaft die Angestellten etablieren, im Englischen stand dafür schon damals das ›Management‹, und Taylor nannte sein System ›Scientific Management‹. Das Kalkül der Rationalisierung ist erfindungsreich und rücksichtslos. In der Industrie rücksichtslos gegen die Arbeiter und auch gegen die traditionell patriarchalen Unternehmer, denen das Management die Macht abnimmt. Es schaut auch nicht nach hinten, es ist rücksichtslos gegen Traditionen. Und wie Gilbreth mit der Kamera, bedient es sich aller Techniken, die es finden und erfinden kann.

Dieser rücksichtslose Erfindungsgeist beschränkt sich nicht auf die Industrie. Um die Jahrhundertwende werden zum Beispiel so viele Kunstsprachen wie Ido oder Volapük erfunden wie zu keiner anderen Zeit. Zugleich entsteht die moderne Sprachwissenschaft. Der Industriearbeit ähnlich, wird Sprache zum technisch rationalisierbaren Objekt und zum Gegenstand der analysierenden Beobachtung. Damals wird auch das ›Gen‹ nicht gefunden, sondern erfunden als eine ›Rechnungseinheit‹ für die Vererbungsforschung. Man könnte die Erfindungen der Neuen Musik oder der bildenden Kunst daneben stellen. Nicht zufällig schreibt ein moderner Mathematiker 1905, dass die Mathematik eine »freie, schöpferische Kunst« sei, die sich wie die »moderne Kunst« weigere, »zum Publikum zu gehen und ihm gefällig zu sein«.[11] Diese Moderne ist im doppelten Sinne rücksichtslos, ruchlos und ohne Rückspiegel. Darum auch entstehen mit ihr Gegen- und Antimoderne. Da hat schon so etwas stattgefunden wie ein ›Verlust der Mitte‹; es fragt sich allerdings, ob man ihn beklagen muss. Gewerkschaften und Unternehmer zum Beispiel haben in ihrem Antagonismus ja nicht so schlecht und recht wirkungsvoll zusammengespielt, jedenfalls bis zur Zeit von Postmoderne und Neoliberalismus.

An der Betriebsrationalisierung wird vielleicht auch deutlich, warum, mit Freud gesagt, das Ich nicht mehr Herr im eigenen Haus ist. Die Rationalisierung ist das bewusste Management von Zeichen, Sachen und Menschen in ihrer gegenseitigen technischen Abhängigkeit. In der technisierten Welt der Großstädte, der Betriebe, der Medien wird deutlich, wie wenig souverän das menschliche Subjekt ist gegenüber den eigenen Produkten. Dem kann man mit Hingabe begegnen wie die Manager oder die Futuristen, mit Abwendung wie die Wandervögel oder die seltsamen Gestalten auf dem Monte Verità. Es kann auch in die Reinheitswut des Nationalsozialismus führen. All das sind Phänomene dieser Moderne. Vielleicht sind es vor allem die neuen Technologien der Wahrnehmung und Darstellung, der Kommunikation und Organisation, mit der die Menschen Fähigkeiten an ihre Produkte abgeben und dafür den Raum ihrer Möglichkeiten erweitern.

Sind wir heute im postindustriellen Zeitalter auch am Ende dieser Moderne? Die Bilder der industriellen Welt des späten 19. und frühen 20. Jahrhunderts haben etwas von der Nostalgie, mit der Dampflokomotiven verehrt werden. Man kann ihnen noch begegnen – nicht nur im Museum –, aber sie sind nicht mehr die sichtbaren Knoten in dem historischen Netz, in das wir verstrickt sind. Allzu viel verdeckend, ist vor allem die informationelle und mediale Maschinerie sichtbar geworden, in der die separierten Techniken, die alle schon früh im 20. Jahrhundert zur Hand waren, in ein weltumspannendes Etwas zusammengewachsen sind, dem der Mythos des Golem, zu dem Gustav Meyrink 1915 seinen Roman schrieb, in seinem Kern noch immer entspricht und für den die neuen Bilder schon längst in Arbeit sind. Zur technischen gehört immer auch die kulturelle und phantasmatische Produktion und damit auch Selbstschöpfung der Menschen.

[1] Lyotard 1986.

[2] Michel Serres, *Der Mensch ohne Fähigkeiten: Über die neuen Technologien und die Ökonomie des Vergessens*, in: *Süddeutsche Zeitung* vom 28. März 2002, S. 18.

[3] Lessing 1919.

[4] Chastel/Klein 1963, S. 16.

[5] Zur Null und ihrer semiotischen Verwandtschaft zum Fluchtpunkt der Zentralperspektive vgl. Rotman 1993.

[6] MacNeil 1996, S. 22.

[7] Schmidtchen 1992, S. 371–376.

[8] Vgl. Hirschmann 1977.

[9] Für die Geschichte der Textiltechnik vgl. Bohnsack 1981, hier S. 191.

[10] Zur Begriffsgeschichte der Moderne vgl. Gumbrecht 1978.

[11] Vgl. Mehrtens 1990, S. 541.

Konstruktionen und Diskurse – Das Industriebild als gesellschaftsgeschichtliche Quelle

Klaus Türk

Artefakte als Quelle

Wenn man die Frage nach dem Quellencharakter von Artefakten stellt, sollte man zunächst die nahe liegende Anschlussfrage beantworten: als ›Quelle‹ wofür? Denn das Erkenntnisinteresse bestimmt die Fragestellungen und Methoden. Man kann Industriebilder wie alle Werke der bildenden Kunst unter ganz unterschiedlichen Perspektiven betrachten und auch ihre Beziehung zur übrigen Gesellschaft lässt sich in mindestens zwei Richtungen verfolgen. So interessiert sich – etwas pointiert ausgedrückt – die Kunstwissenschaft (soweit sie überhaupt die Gesellschaft in ihre Untersuchung einbezieht) für die Gesellschaft, um Bilder zu verstehen, die historische Gesellschaftswissenschaft dagegen für Bilder, um die Gesellschaft zu verstehen.[1] In der historischen Gesellschaftswissenschaft soll nicht das Kunstwerk gedeutet werden, sondern die Verfasstheit einer bestimmten Gesellschaftsformation (unter anderem) anhand von Werken der bildenden Kunst. Dabei wird man sich keineswegs auf die so genannte ›hohe Kunst‹ beschränken können, ist doch möglicherweise die konventionalisierte ›Trivialkunst‹ in dieser Hinsicht von größerem Informationsgehalt. In jedem Falle aber gilt, dass es Bilder nur in Gesellschaften gibt. Gleiches gilt für die hier thematisierte Industrie. Diese Feststellungen sind trivial, nicht aber deren Konsequenzen. Denn es stellt sich keine geringere Aufgabe, als diese drei Phänomene – die Bilder, die Industrie und die Gesellschaft – in Beziehung zueinander zu setzen. Nur wenige Anmerkungen dazu sind im Folgenden möglich; trotzdem muss etwas weiter ausgeholt werden.

›Konstruktionismus‹ und ›Konstruktivismus‹

Seit einer Reihe von Jahren ist es in den Geistes- und Sozialwissenschaften fast eine Selbstverständlichkeit, von Annahmen auszugehen, die trotz aller Varianten im Einzelnen als ›konstruktivistisch‹ bezeichnet werden. Als gemeinsame Grundlage gilt zunächst einmal die in der Biologie schon lange bekannte Beobachtung, dass alle Lebewesen durch ihre je spezifische organische und kognitive Ausstattung eigene gattungs- sowie subjektabhängige Welten etablieren. Dies bezieht sich nicht nur auf Prozesse und Strukturen der Wahrnehmung, sondern auch auf das Verhalten, das heißt auf das Arsenal an Interventionen in die Welt (der Biologe

Jakob von Uexküll nannte dies »Merk-« bzw. »Wirkwelt«). Für Menschen scheint dieser Konstruktionismus[2] in besonders ausgeprägter Weise zu existieren, da sie nicht nur Wahrnehmungen, Handlungen und Artefakte konstruieren, sondern zur Konstruktion von Konstruktionen in der Lage sind, also zu Konstruktionen zweiter Ordnung. Da dieses Prinzip fortgesetzt werden kann, sind grundsätzlich Konstruktionen beliebig höherer Stufe möglich. Man nennt dies dann ›Reflexion‹, ›Bewusstsein‹, ›Planung‹, ›Antizipation‹, ›höherstufiges Lernen‹, ›Beobachtung zweiter (n-ter) Ordnung‹ oder dergleichen mehr.

Konstruktionen im Humanbereich kann man mindestens in dreierlei Hinsicht finden.[3] Zunächst gilt die gesellschaftliche Welt des Menschen seit der Aufklärung als von ihm selbst produziert, also weder als durch die Natur determiniert noch als von Gott gegeben. Daraus folgte historisch der gewagte (und in seiner schlichten Form unhaltbare) Schluss, dass die Menschen ihre Gesellschaft bewusst gemäß Vernunft und Plan gleichsam sozialtechnisch gestalten können. Die moderne Gesellschaft mit ihrer Industrie, ihrem Kapitalismus und der Dominanz des Prinzips rationaler Organisierung basiert im Wesentlichen auf solchen Vorstellungen.

Gegenüber und ergänzend zu diesem ›produktionistischen Konstruktivismus‹ betont der kognitive Konstruktivismus die Abhängigkeit jeder Wirklichkeitswahrnehmung von den Strukturen des jeweiligen Beobachters. Danach gibt es keine ›objektive‹, abbildhafte Wirklichkeitserkenntnis, jede Erkenntnis ist vielmehr ein konstruktiver Akt, eine Herstellung. Jede Kommunikation zwischen Menschen muss deshalb mit der Ungewissheit zurechtkommen, ob man sich versteht. Wenn sich die Wahrnehmung auf Konstruktionen von Menschen bezieht (auf gesellschaftliche Verhältnisse, Texte, Kunstwerke etc.) und nicht zum Beispiel auf die äußere Natur, ergeben sich kompliziertere Probleme daraus, dass nun Konstruktionen re- bzw. dekonstruiert werden.

Ein drittes Feld bilden die Prozesse der konstruktiven Arbeit; das heißt die Erzeugungspraktiken der gesellschaftlichen und materiellen Artefakte sowie die Erzeugungspraktiken von Erkenntnissen, Deutungen, Reflexionen etc. Es handelt sich insbesondere bei Letzteren um vielfach unterschätzte, hochkomplexe und von situativen Bedingungen abhängige Herstellungsprozesse von ›Wissen‹. Dies gilt nicht nur für den Bereich der Wissenschaft,[4] sondern auch zum Beispiel für die Produktion von Nachrichten in den Massenmedien, für religiöse Glaubenssysteme und natürlich für die Kunst. Aber auch die Erzeugung von Wissen über diese Wissensproduktion erfolgt in Arbeitsprozessen, die teils sogar institutionalisiert sind wie etwa in der Soziologie oder der Kunstwissenschaft. Die Gesellschaft insgesamt ist damit in vielfach verschachtelter und reflexiver Weise mit ihrer Selbstreproduktion beschäftigt.

Die bildende Kunst lässt sich als Element – oder gar als ein Teilsystem[5] – in diesem Prozess verstehen.

Neben der gesprochenen Sprache gehört das Bild zu den frühesten Medien menschlicher Kommunikation und nur der menschlichen, denn andere Lebewesen haben keine Bilder. Das Bild dürfte wohl von Anbeginn an nicht einfach als die Sprache verstärkendes oder sie gar substituierendes, sondern als ein Medium eingesetzt worden sein, das bezüglich seiner Gegenstände und Formen einen eigenen gesellschaftlichen Kommunikations- und Konstruktionsraum schafft, eine ›Ikonosphäre‹ – ›Bilderwelten‹ gleichsam, die zugleich stets ›Weltbilder‹ nicht nur repräsentieren, sondern mit-produzieren.

So wie bei der menschlichen Arbeit generell manifestiert sich im Bild eine Entäußerung seines Produzenten, eine Materialisation seiner individuell wie sozial geprägten Subjektivität und damit zugleich immer auch ein historisch-gesellschaftlich bestimmtes Formbildungspotential. Ein Bild ist wie jedes andere Kunstwerk auch einerseits Produkt menschlicher Arbeit und ihrer jeweiligen Bedingungen, andererseits aber kommen dem Kunstwerk gegenüber sonstigen Werken ganz eigene Qualitäten und Funktionen zu. Bildende Kunst, ob in der Gesellschaft nun als ›Kunstwerk‹ qualifiziert oder nicht, erfüllt sich nicht in einem zweckgemäßen Gebrauchswert (wie etwa eine Skizze in einer Gebrauchsanweisung), sie erschöpft sich aber auch nicht in der bloßen Repräsentation der spezifischen Weltwahrnehmungen ihres Autors. Vielmehr liegt die Funktion des Werkes, wenn es nicht allein für die Selbstreflexion seines Schöpfers hergestellt wurde, sondern für die Betrachtung durch andere – und das dürfte ja der Normalfall sein – darin, und darauf hat vor allem Niklas Luhmann für die Kunst allgemein hingewiesen,[6] eine Beobachtung ›zweiter Ordnung‹ anzuregen. Kunstbetrachtung ist stets die Beobachtung von (im Kunstwerk mitgeteilten) Beobachtungen der Welt oder auch: die Wahrnehmung von kunstmedial übermittelten Wahrnehmungen des Autors bzw. der Autorin.

Eigentlich aber, so könnte man angesichts der obigen Ausführungen einwenden, gilt dies doch für sämtliche menschliche Mitteilungen. Auch das Hören einer Nachrichtensendung ist prinzipiell nichts anderes als eine Beobachtung zweiter Ordnung. Das Besondere der Kunst liegt darin, dass sie sich in ihrem Medium selbst sowie durch ihre Präsentationsformen und -räume (Galerie, Museum, Atelier, Kunstzeitschrift etc.) explizit als originelles, besonderes, vielleicht höchst individuelles Artefaktum darstellt und der Betrachtung anbietet. Ein Kunstwerk kann dabei seine Künstlichkeit, seine Konstruiertheit mehr oder weniger zu verbergen suchen (man kann dann vielleicht von ›Naturalismus‹ sprechen) oder, im Gegenteil, die Künstlichkeit der Kunst im Kunstwerk selbst thematisieren.

Vor diesem Hintergrund kann man sagen, dass die bildende Kunst eine besondere Art von reflexivem Medium ist. Sie unterscheidet sich von anderen Reflexionsformen, etwa einem wissenschaftlichen Text oder einer politischen Rede. Werke der bildenden Kunst verwenden nicht die Formen von verbal argumentierender Begründung und Logik, nicht die von Beweis, Widerlegung und Schlussfolgerung, sondern sie bewegen sich auf der Ebene der sinnlichen Wahrnehmung,[7] und dies in mehrfacher Hinsicht. Sie stellen Wahrnehmungen in Objekten dar, die wiederum nur über die sinnliche Wahrnehmung kogniziert werden können. Werke der bildenden Kunst unterscheiden sich aber nicht nur als Kunstwerke von anderen Medien, sondern auch durch ihre Bildlichkeit. Bild und Sprache sind, wie schon vielfach untersucht, unterschiedliche Mittel der Kommunikation; sie sind sogar so unterschiedlich, dass sie bis auf ganz wenige Ausnahmen (etwa das Piktogramm) nicht ineinander übersetzbar sind.[8]

Eine noch so ausgefeilte Sprache kann zum Beispiel keine Farben kommunizieren, kein Bild vermag etwa logische Deduktionen vorzunehmen. Bilder finden auch dann, wenn sie von einem Betrachter vielleicht gar nicht ›verstanden‹ werden, eine sinnliche Resonanz, produzieren Assoziationen und Fortsetzungsbilder beim Rezipienten. Eine Sprache, die nicht verstanden wird, ist bloßer Schall, ein solcher Text bloße Druckerschwärze. Sprache besteht aus distinkten Einheiten (Wörtern), die durch grammatikalische Regeln in begrenzter Weise kombiniert werden können. Für Bilder gilt beides nicht: Weder gibt es vorab ein Inventar (analog zu einem Wörterbuch) von klar unterscheidbaren Elementen, noch existiert eine Grammatik, die syntaktische Regeln bereithielte. In einem Bild ist prinzipiell alles möglich, das Universum des Mediums und seiner Formbildungen ist in diesem Sinne ›chaotisch‹, also prinzipiell ohne präformierte Struktur. Von daher lässt sich auch nachvollziehen, dass ein Bild dann in besonderem Maße verstehbar erscheint, wenn es in seiner Wahl von Elementen und deren Zuordnung zueinander anderswo eingeübten Regeln der Wahrnehmung bzw. Kommunikation entspricht. Ein Bild gilt in diesem Falle als ›wahr‹, als ›realistisch‹ oder ›naturalistisch‹. Schwierigkeiten, die beim Bildverstehen auftauchen, sind umgekehrt nicht selten einer Differenz zwischen eingeübten Regeln und der vorfindlichen Bildsemantik geschuldet. Bilder können deshalb irritieren – und vielfach ist genau dies ja auch die Absicht ihrer Autoren bzw.

Autorinnen. Sie sind somit in der Lage, ganz andere Erfahrungen und Mitteilungen zu artikulieren als die hochgradig konventionalisierte verbale Sprache, obwohl auch deren Spektrum nicht gerade gering ist.

Trotz aller Besonderheiten, die auf die Subjektivitäten von Autor und Rezipient verweisen, ist jedes Kunstwerk aber doch ein gesellschaftliches Phänomen; dies gilt nicht nur für seine kommunikative Dimension, sondern auch für seinen Produktionszusammenhang. Kein Kunstwerk ist allein dem rein individuellen ›Genius‹ seines Schöpfers zuzurechnen, sondern immer auch hinsichtlich des gewählten Gegenstands sowie der Darstellungsmittel und -formen der jeweiligen Gesellschaft. Nur deshalb ist es übrigens auch für die Kunstgeschichte möglich, Kunstwerke ohne weitere Informationen ziemlich gut bestimmten historischen Gesellschaftsformationen zuzuordnen. Sie sind immanenter Bestandteil ihres Entstehungszusammenhanges oder noch genauer: Sie sind nicht nur Produkte, sondern auch reflexive Mitproduzenten der Gesellschaft, die über Anregungen von Wahrnehmungen zweiter Ordnung entweder Irritationen oder Affirmationen hervorbringen und auf diese Weise die Reproduktion der Gesellschaft beeinflussen. Es ist nicht verwunderlich, dass die Kunst wegen ihres besonderen Potentials zur Irritation bzw. zur Affirmation in allen herrschaftlich verfassten Gesellschaften einer strikten Kontrolle durch die politischen Eliten unterliegt. Indienstnahmen bzw. Verbote sind dann die Folgen.

Da sich die Kunst explizit als artifizielle Konstruktion der Kognition durch andere anbietet, erhebt sie eigene Geltungsansprüche bezüglich ihrer Repräsentation von Wirklichkeit. Sie erzeugt ihre ›Erkenntnis‹ allerdings nicht gemäß den methodischen Standards der Wissenschaft, sondern entweder durch Einfall und Überraschung oder aber auch durch bloße Reproduktion etablierter visuell-ikonischer Muster. Im historischen Prozess der Kunstproduktion ist beides zu beobachten: Originelle Einfälle, die zunächst überraschend wirken, werden von anderen aufgegriffen, sodass sich im Laufe der Zeit durch Imitation und Reproduktion bestimmte Muster, Stile, Strukturen gleichsam institutionalisieren, bis es zu einer neuen Invention kommt. Es entstehen

1 Gerd Arntz, *Fabrik*, 1927, aus der Serie: *Zwölf Häuser der Zeit* Galerie Glöckner, Köln

2 Gerd Arntz, *Oben und Unten*, 1931 Galerie Glöckner, Köln

3 Gerd Arntz,
Fabrikbesetzung, 1931
Galerie Glöckner, Köln

lichen Bildern, Bildfeldern, Diskursen die ›Wirklichkeit‹ – also etwa die Natur, das menschliche Subjekt oder für unseren Zusammenhang die Industrie – verschieden interpretiert wird. Ein solcher Ansatz setzte voraus, dass wir auf der einen Seite die Bildvorwürfe als objektive Fakten erkennen könnten, um dann in einem zweiten Schritt die ›Interpretation‹ dieser Gegenstände mit ihnen zu vergleichen. Auf der einen Seite gäbe es dann ›die Natur‹, ›den Menschen‹, ›die Industrie‹ und auf der anderen deren Deutungen, Wertungen etc. Ein strikter Konstruktivismus geht demgegenüber von der diskursiven Produktion der Gegenstände selbst aus. Ein Vergleich von ›Gegenstand‹ und Bild kann nur als ein Vergleich von zwei Konstruktionen verstanden werden. Eine ›Übereinstimmung‹ ist kein Indikator für Wahrheit, sondern lediglich eine Verstärkung etablierter Sichtweisen, und eine Differenz ist kein Indikator für Unwahrheit, sondern ein Angebot, das Spektrum des Wissens zu erweitern.

Dies alles gilt nun auch für die historische Betrachtung und die Nutzung von Bildern als Quellen. So können wir bei dem Industriethema nicht einfach davon ausgehen, dass wir bereits vorab über ›richtiges‹ historisches Wissen verfügen, um dann nur noch feststellen zu wollen, inwieweit die Bildproduktion diesem entspricht oder vielleicht ›Ideologie‹ im Sinne ›falschen Wissens‹ präsentiert. Es kann nicht davon ausgegangen werden, dass der Gegenstand ›Industrie‹ unabhängig von gesellschaftlichen Diskursen existiert. Vielmehr müsste versucht werden, die Entstehungs- und Wandlungsgeschichte dessen, was ›Industrie‹ jeweils genannt wird, auch anhand von Bildern zu rekonstruieren. Michel Foucault nennt diese Vorgehensweise »Genealogie« anstelle von »Archäologie«.[10] Dabei ist damit zu rechnen, dass in Diskursen gesellschaftliche Konflikte ausgetragen werden; Erzeugung und Kommunikation von ›Wissen‹ sind mit Macht besetzte und um Macht ringende Prozesse der »Wahrheitspolitik« (Foucault) einer Gesellschaft.

Das Arbeits- und Industriebild

Es liegt nun nahe, eine besondere Situation dann zu vermuten, wenn sich Künstler bzw. Künstlerinnen mit Gegenständen befassen, für die es ganz offensichtlich ist, dass sie von einer Gesellschaft selbst produziert werden. Kann eine Gesellschaft zum Beispiel bei der Darstellung von Naturgegenständen oder der Landschaft konventionellerweise davon ausgehen, dass es sich um nicht von Menschen hergestellte Bildvorwürfe handelt, so wird demgegenüber bei Städte- und Architekturbildern, der Gestaltung von Genreszenen oder Herrscherbildnissen und natürlich bei dem Thema der Arbeit, der Industrie oder der Technik ganz ohne Zweifel von Menschen selbst Erzeugtes der künstlerischen Beobachtung unterzogen. Im Unterschied zur äußeren

Bildfelder und Bildgattungen, die mit anderen Reflexions- und Deutungssystemen der Gesellschaft zu Diskursformationen verbunden sind. Ein solcher Inventions-Trivialisierungszyklus ist zum Beispiel hinsichtlich des berühmten Eisenwalzwerkgemäldes von Adolph Menzel festzustellen.

Keinesfalls sind Kunstwerke schlicht Dokumente[9] für ihre Bildgegenstände, sondern materielle Manifestationen von Beobachtungen, die in eine bestimmte Form gebracht wurden, um bestimmte Assoziationen bei den Betrachtern anzuregen.

Die Wahl der Bildgegenstände, die Struktur der Beobachtungen wie auch die realisierten Formen gehören der ›diskursiven‹ Sphäre der jeweiligen Epoche der Gesellschaftsgeschichte, also der Sphäre der gesellschaftlichen Konstruktion gesellschaftlicher Wirklichkeit an. Dies wird besonders deutlich, wenn man nicht nur einzelne Bilder betrachtet, sondern Bildfelder auszumachen und zu analysieren versucht.

Die konstruktivistische Perspektive ernst zu nehmen heißt nun aber nicht, danach zu fragen, wie in unterschied-

Natur sind vom Menschen hergestellte Sachverhalte stets Rechtfertigungszwängen unterworfen und prinzipiell kritisierbar; sie könnten immer auch anders sein und ihr Sosein fordert zur Stellungnahme heraus.

Dies gilt nun in ausgeprägter Form für solche Phänomene, die eine herausragende strukturelle Bedeutung für die gesellschaftlichen Verhältnisse insgesamt haben. Seit dem 16. Jahrhundert trifft dies für die organisierte Arbeit und die kapitalistische Industrie in wachsendem Maße zu. Die bildende Kunst, die von Beginn an die Bewusstseinsbildung bezüglich dieser Faktoren mitbestimmt, erhält damit stets einen politischen Charakter, ob dies von den Künstlerinnen bzw. Künstlern intendiert ist oder nicht.

Nun hatte allerdings das Arbeits- und Industriebild[11] in der Geschichte weder quantitativ noch qualitativ die gleiche Bedeutung wie andere gegenständliche Bildgattungen, also etwa das Landschaftsbild, das menschliche Bildnis oder das Bild mit christlicher Ikonographie. Bezüglich des Landschaftsbildes kann man durchaus die These zu begründen versuchen, dass es für weite Bevölkerungskreise auch den Blick auf die Naturlandschaft produktiv geführt hat – man denke insbesondere an die verbreitete Trivialkunst in diesem Genre. Und erst recht gilt für das christlich-religiöse Bild, dass es – da es im Unterschied zu anderen Themen keinerlei materielle Entsprechung in der Gegenstandswelt der Gesellschaft findet – für die Hervorbringung einer Wirklichkeit hochgradig relevant und geradezu konstitutiv gewesen ist. Für das Arbeits- und Industriebild wird man Vergleichbares nicht behaupten können. Es taucht auch so gut wie gar nicht im häuslichen Lebenskontext auf (bis auf Reproduktionen von Menzels *Eisenwalzwerk* und vor allem von Jean-François Millets *Ährenleserinnen*).

Gleichwohl enthält das Archiv des Verfassers immerhin bereits etwa 32 000 Bildreproduktionen zu diesem Themenbereich, wobei es sich breit gestreut vor allem für die Zeit bis etwa 1960 nahezu ausschließlich um Werke handelt, die in irgendeiner Form auch publiziert worden sind. Bilder wurden, soweit es sich um Druckgraphik handelt, vervielfältigt, sie wurden in Ausstellungen gezeigt und in Katalogen und Publikumszeitschriften, in Jubiläums- und Werbeschriften von Firmen wiedergegeben, sie hingen (und hängen z. T. noch) in Repräsentationsräumen von Unternehmen, und heute befinden sich etliche dieser Werke in Kunstmuseen (meist allerdings in den Magazinen) sowie zunehmend auch in industriegeschichtlichen Museen.

Ein nur flüchtiger Blick auf die Struktur des Bildmaterials lässt aber bereits erahnen, dass es einen Zusammenhang zwischen historisch-gesellschaftlichen Verhältnissen und der Bildproduktion in diesem Genre gibt.[12]

Mit dem Beginn der Neuzeit, der so genannten ›Moderne‹, im 16./17. Jahrhundert entsteht zugleich ein umfangreiches Korpus an Druckgraphik mit arbeitsthematischem bzw. protoindustriellem Inhalt wie zum Beispiel Illustrationen in mechanisch-technologischen Lehrbüchern sowie in Handwerkerfolgen (sog. *Ständebücher*) und Berufsdarstellungen. Diese Werke wirken an der historischen Definition des neuzeitlichen Arbeitsbegriffes mit, indem sie die Arbeit zunehmend in einen eigenen Raum stellen, Arbeit vom sonstigen Leben trennen und sie somit für Rationalisierungs-, Organisierungs- und Effektivierungsprozesse zugänglich machen. Zudem kann man anhand der Handwerkerfolge nachweisen, wie sich das Bürgertum zunehmend über produktive Arbeit als eigene Klasse von anderen absetzend bestimmt.

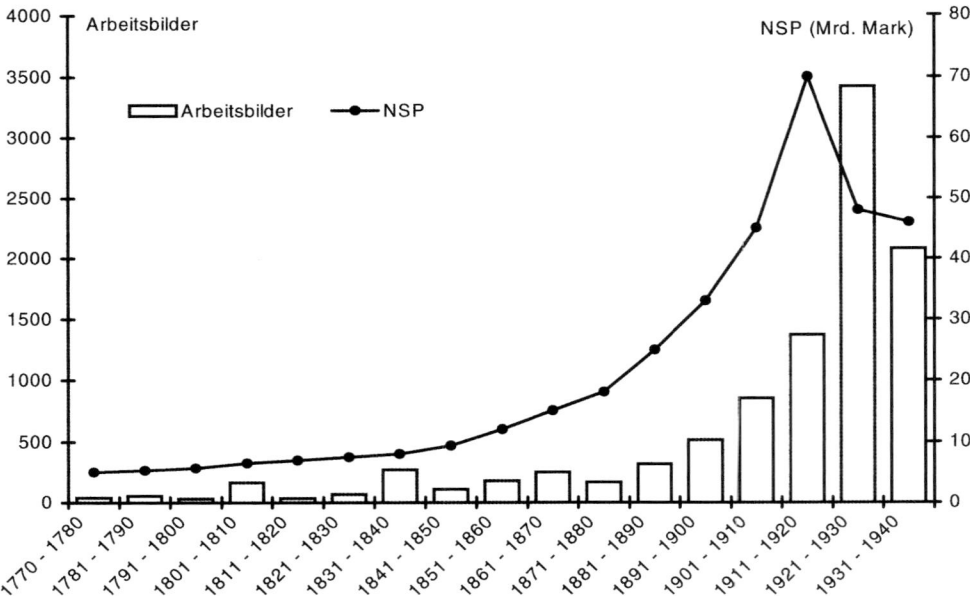

4 Anzahl der Arbeitsbilder und Nettosozialprodukt in Deutschland

In der Epoche der kapitalistischen Industrialisierung korreliert die künstlerische Bildproduktion mit dem Ausmaß des vor allem durch die kapitalistische Industrie bedingten, in Geld bewerteten Wachstums der ökonomischen Produktion (dem ›Nettosozialprodukt‹). Eine Auszählung des Bildbestandes des Archivs Bilder der Arbeit zeigt zum Beispiel für Deutschland eine verblüffende Parallelität beider Entwicklungen (Abb. 4).[13] Mit der industriellen Produktion scheint also zunächst der Bedarf an expliziter Reflexion der industriekapitalistischen ›Arbeitsgesellschaft‹ anzusteigen. An den politischen Kämpfen vor allem um die Wende vom 19. zum 20. Jahrhundert sowie in der Zwischenkriegszeit nehmen auch Künstlerinnen und Künstler mit ihren Werken teil.

Erste Kunstausstellungen zu unserem Thema fallen konsequenterweise in Deutschland in die Zeit der maximalen Bildproduktion (1912). Sie repräsentieren vor allem das sich zunehmend etablierende affirmative, ›produktionistische‹ Industriegemälde, das von den herrschenden Eliten gefördert wird. Auch in weit verbreiteten Publikumszeitschriften wie *Westermanns Monatsheften* oder *Velhagen & Klasings Monatsheften* konzentriert sich die arbeits- und industriethematische Bildreproduktion auf eine nur kleine Zeitspanne. Von 1856 bis 1960 veröffentlichte Westermann etwa 700 Werke, 85 % davon entfallen auf die Zeit von 1900 bis 1940, von 1920 bis 1940 sind es allein ca. 400 (in den 30er Jahren darunter z. B. wesentliche Teile aus dem Industrieplanprojekt von Carl Grossberg). Ähnliches gilt für die anderen Magazine.

Firmenfestschriften verwenden in der ersten Hälfte des 20. Jahrhunderts teils intensiv das eigens angefertigte künstlerische Bild; sehr häufig ergänzend zur Fotografie. Eine Auswertung eines großen Teilbestandes dieses Mediums erbrachte für diesen Zeitraum etwa 1 500 Bildnachweise. Die künstlerische Beobachtung scheint, da es sich eben um eine explizite Konstruktion handelt, stärker die von den Auftraggebern gewünschte Sicht darlegen zu können als die für dokumentarisch geltende Fotografie. In dem gleichen Zeitraum – und nur in diesem – findet man auch über Firmenfestschriften hinaus relativ umfängliche industriethematische Auftragsmalerei, zum Teil mit professionellen Spezialisierungen von Künstlern auf diesem Gebiet (wie z. B. Otto Bollhagen in Bremen).

Auffallend ist insgesamt, dass die öffentliche bzw. staatliche Förderung des Arbeits- und Industriebildes auf ganz bestimmte zeitliche bzw. gesellschaftsstrukturelle Verhältnisse begrenzt ist: für Deutschland auf die Zeit um 1900, den Nationalsozialismus und die DDR; für die USA sind es vor allem die 1930er Jahre. Für die ›realsozialistischen‹ Länder ist das Arbeitsbild insgesamt hochgradig relevant; sie definieren sich ja selbst über die vergesellschaftete Arbeit bzw. über deren unterstellte Befreiung. Geht man weiter ins

Detail und vergleicht das Bildmaterial sozialistischer Länder (vor allem das von den jeweiligen Herrschaftseliten bevorzugte) mit bestimmten Bildproduktionen kapitalistischer Länder (z. B. in Firmenfestschriften oder mit großen Teilen der US-amerikanischen Wandmalerei der 1930er Jahre), so wird man weitgehende Übereinstimmungen in Stilen und Bildaussagen finden; es existiert offenbar eine Korrespondenz der wahrheitspolitischen Strategien.

Die Karriere des Arbeits- und Industriebildes dürfte vor diesem empirischen Hintergrund weniger modischen Trends folgen als vielmehr eng mit der jeweiligen Verfassung des polit-ökonomischen Gesellschaftssystems zusammenhängen. Dieses Genre erfreut sich verstärkter öffentlicher Aufmerksamkeit in Krisen der politischen und ökonomischen Herrschaft bzw. dann, wenn besonders offenkundige Herrschaftsverhältnisse vermehrte Begründungsanstrengungen erforderlich machen. Die moderne Gesellschaft ist – gleich, ob in ihrer kapitalistischen oder sozialistischen Variante – in ihren Herrschafts-, Sozial- und Wohlfahrtsstrukturen vollkommen von dem Bereich organisierter Arbeit abhängig und damit – da Sklaverei und Feudalismus abgeschafft sind – vom Konsens oder zumindest der Konformität der arbeitenden Bevölkerung. Die sozialen Produktions- und Verteilungsstrukturen bieten deshalb stets latente und immer einmal wieder manifeste Felder von Kämpfen. Die historische Virulenz des Arbeits- und Industriebildes dürfte vor diesem Hintergrund auch als ein Indikator für den Spannungsgrad von Gesellschaftsformationen hinsichtlich ihrer Produktionsverhältnisse zu deuten sein.

[1] Die sog. »Historische Bildkunde« versucht wohl, beide Perspektiven miteinander zu verbinden. Vgl. dazu vor allem Tolkemitt/Wohlfeil 1991 sowie die dort angegebene weitere Literatur.
[2] ›Konstruk*tionismus*‹ meint das Faktum der konstruktiven Tätigkeit von Lebewesen, ›Konstruk*tivismus*‹ meint die diesbezügliche wissenschaftliche Lehre.
[3] Die verschiedenen »Spielarten des Konstruktivismus« unterscheiden sich u. a. darin, welchen dieser drei Bereiche sie vornehmlich thematisieren; vgl. dazu den kurzen Überblick bei Knorr-Cetina 1989.
[4] Vgl. dazu vor allem die sog. ›science studies‹, z. B. Latour 2000.
[5] Vgl. dazu Luhmann 1997.
[6] Ebd.
[7] Vgl. dazu nochmals Luhmann 1997.
[8] Siehe auch Boehm 1978.
[9] Vgl. zur Unterscheidung von »Dokumenten« und »Monumenten« Foucault 1990, S. 13ff.
[10] Vgl. Foucault 1977 sowie die Foucault-Analysen von Lemke 1997.
[11] Im Folgenden geht es nur um das ›gestaltete Bild‹, nicht um die Fotografie, für die nochmals besondere Bedingungen und Funktionen zu erörtern wären.
[12] Vgl. hierzu ausführlicher Türk 2000; Türk 2002.
[13] Die quantitativen Aussagen lassen sich im statistischen Sinne nicht auf ihre Repräsentativität prüfen, sie basieren allerdings auf einer nunmehr 20-jährigen Recherchepraxis.

Die mechanischen Künste und die Landschaft als Werkstatt

Hans Holländer

Werkstatt und Werkvorgang

Die ›zweite Schöpfung‹ begann lange vor der Industriellen Revolution mit der Veränderung von Landschaft und Natur durch Ackerbau und Viehzucht, mit Bewässerungsanlagen und dem Bau großer Städte. Mit welchen Mitteln gearbeitet wurde und wie wichtig sie waren, sieht man an zahlreichen Darstellungen, die seit dem späten Mittelalter immer mannigfaltiger und raumgreifender wurden. So haben in den *Planetenkinder-Landschaften*[1] alle dem Einfluss der Planeten zugeordneten menschlichen Tätigkeiten, Gewerbe und Verhaltensweisen ihren Ort. Dem Merkur sind die mit Handel und Verkehr verbundenen Arbeiten zugeordnet, dem Saturn der Ackerbau und der Bergbau, der Venus die Lustbarkeiten und Liebeskünste. Insgesamt ergeben diese Landschaften mit ihren Orten und Beschäftigungen ein Panorama der menschlichen Gesellschaft, ihrer Tugenden und Laster, ihrer nutzbringenden wie ihrer schädlichen Antriebe. Sämtliche *artes mechanicae* sind darin vertreten, oder es wird doch auf sie angespielt.[2] Diese sieben »nützlichen Künste«, die handwerklichen, waren im späten Mittelalter bereits so spezialisiert und hatten sich so sehr vermehrt, dass es kaum noch möglich war, sie wenigstens durch die geschickte Wahl von Oberbegriffen in die klassische Siebenzahl zu gliedern. Auch im System der *septem artes liberales*[3] war die Sieben zu dieser Zeit nur noch eine Konvention, weil schon die Anzahl der Fächer an den Universitäten das Schema längst gesprengt hatte.

Auffällig ist indessen, dass im Allgemeinen jedes Metier einzeln und selbst von benachbarten Berufen gesondert dargestellt wurde. In den *Planetenkinder-Landschaften* hat zwar jede Arbeit ihren Ort, aber eine Vermittlung zwischen den Arbeiten und den Orten findet nicht statt. Die späteren *Ständebücher* von Jost Amman (1568)[4] oder Christoph Weigel (1698)[5] sind lange Folgen von Einzelblättern mit erläuternden Texten (bei Amman sind es Verse von Hans Sachs). In diesen bebilderten Berufskatalogen ist ›Industrie‹ die Summe aller handwerklichen und mechanischen, auch organisatorischen Tätigkeitsfelder, aber ihre gegenseitige Abhängigkeit wird nicht gezeigt. Alle metallverarbeitenden Gewerbe setzen aber diejenigen Arbeiten voraus, die notwendig waren, das Metall zu gewinnen, zu veredeln und brauchbar zu machen für die Schmiede, vom Hufschmied bis zum Zirkelschmied. Der Schuster benötigte das Leder, das ihm der Gerber lieferte. Die neuen Drucktechniken, vom Buchdruck bis zum Kupferstich, setzten die Papierindustrie voraus und so fort. Tatsächlich war dieses System unterschiedlicher und ineinander greifender Gewerbe jedem vertraut und in den Städten mit ihren lange überdauernden Zunftordnungen rational geregelt. Doch dargestellt wurde dieser Zusammenhang auch dann nicht, wenn städtische Umgebung und weiträumige Landschaften das möglich gemacht hätten.

Gegen Ende des 16. Jahrhunderts nimmt freilich die Tendenz zu, einzelne Aspekte der Handwerke so zu bündeln, dass eine Abfolge der für ein bestimmtes Produkt erforderlichen Arbeiten ablesbar wird. Das sieht man zum Beispiel in den geräumigen, querformatigen Kupferstichen von Philipp Galle nach Stradanus (*Nova Reperta*, um 1590). So bietet der weiträumige hallenartige Bau der Buchdruckerwerkstatt Platz für alle Geräte und Arbeitsvorgänge und für die dabei tätigen Gehilfen.[6] Metierbezogen sind auch diese Blätter, aber wichtig ist, dass nun nicht nur der Meister mit seinem Gerät das Zentrum der Aufmerksamkeit bildet, sondern vielmehr der Produktionsvorgang selbst. Nach dieser Methode der Produktionsdarstellung sind auch viele der Illustrationen in den Tafelbänden der *Encyclopédie* von Diderot und d'Alembert (1762–72) konzipiert worden, die nicht nur oft auf ältere Vorbilder zurückgehen, sondern auch ihrerseits bedeutende Folgen in den Konversationslexika des 19. Jahrhunderts hatten (Abb. 1 und Kat. Nr. 12).[7]

Schwierige und spektakuläre technische Leistungen rechtfertigten eine ausführlichere Dokumentation in monographischer Darstellung. Das erste große Beispiel dieser Art ist Domenico Fontanas Bericht über Transport und Wiederaufrichtung des Obelisken auf dem Petersplatz in Rom (1599).[8] Das bedeutendste Werk dieser Art ist zweifellos Germain Boffrands Dokumentation der Entstehung des großen Reiterstandbildes Ludwigs XIV. von Girardon (1743).[9] Jede Phase des komplizierten Werkvorgangs bis zum Guss des Monuments wird mit unübertrefflicher Anschaulichkeit in großen Kupferstichen demonstriert.

In allen diesen Fällen geht es um die herausragende Leistung und um die neuartige Erfindung. Davon handeln auch die zahlreichen Maschinen-Bücher des Barock, etwa das Buch von den *Gewaltsamen Bewegungen* des Salomon de Caus (1615).[10] Diese Bücher waren nicht für Handwerker und Ingenieure, sondern in erster Linie für interessierte Laien bestimmt, also auch für potentielle Auftraggeber. Daher sind sie oft ganz didaktisch aufgebaut, sie demonstrieren die Kombinationsmöglichkeiten der Maschinenelemente bis in ihre spekulativen Steigerungsformen. Doch was

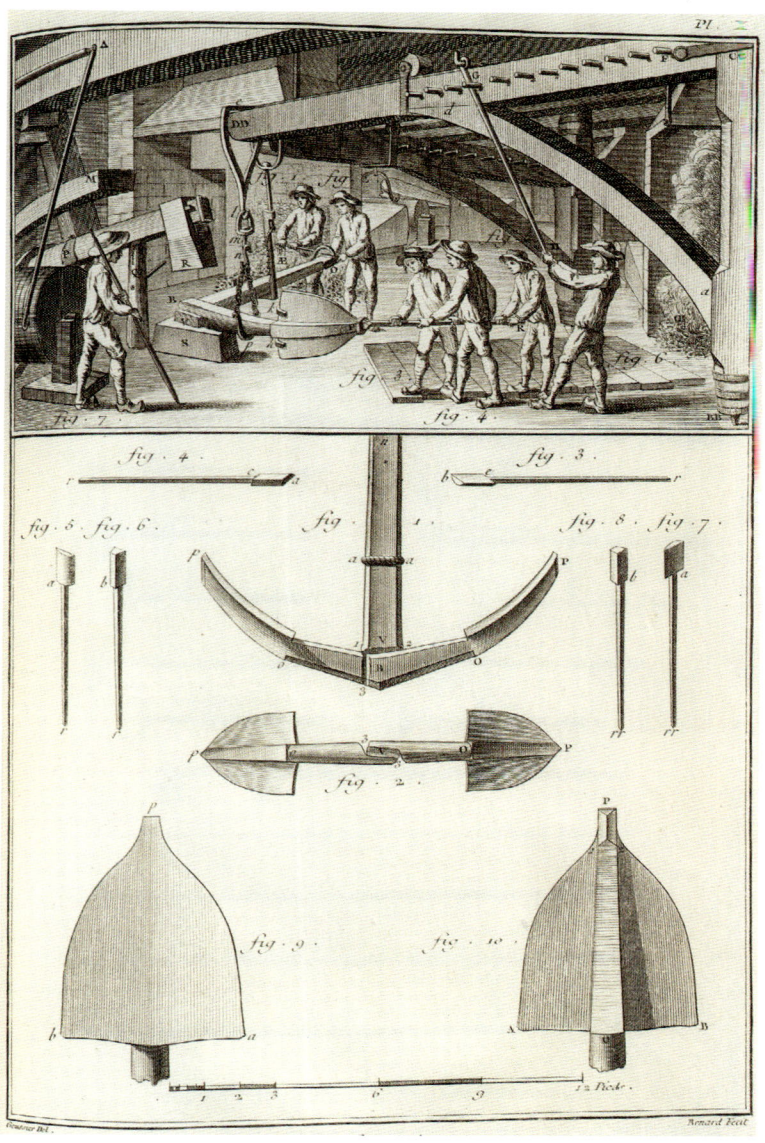

1 Robert Benard nach
Louis-Jacques Goussier,
Marine. Ankerschmiede
(*Marine. Forge des ancres*),
aus: Denis Diderot/
Jean le Rond d'Alembert,
Encyclopédie ..., Bd. 7, 1769,
Forge des ancres, 86. X

Die ›Industrielandschaft‹

Vor diesem breiten und vielgestaltigen Hintergrund sind nun
diejenigen Fälle zu betrachten, für die alles bisher Gesagte
nicht oder nur noch zum Teil zutrifft. Wenn nämlich das
Resultat der Arbeit sehr raumgreifend und landschaftsver-
ändernd ist, und das Zusammenwirken von Kenntnissen, Erfahrungen und Erfindungen auf ganz verschiedenen Gebieten erfordert, dann ist es nicht mehr möglich, die Werk-
vorgänge in der Werkstatt beisammen zu halten. Das künstlerische Problem ist dann die ›Industrielandschaft‹. Es gibt
nur zwei Themen, die diesen Bedingungen entsprechen: Der
Babylonische Turm und die Montanindustrie, also Bergbau
und Verhüttung.[11] In beiden Fällen handelt es sich um technische Aufgaben höchsten Schwierigkeitsgrades. In die Tiefe
führt der Schacht, in die Höhe der Turm, und der Aufwand
an Organisation und Kenntnissen ist vergleichbar. Die realen
und dringlichen Anforderungen des Bergbaus seit dem
späten Mittelalter mögen mit einem mythischen und in der
tiefen Vergangenheit des biblischen Berichts angesiedelten
großen Turm zunächst nichts gemeinsam haben, tatsächlich
aber überschneiden sich die Interessen am Turm und am
Bergbau an mehr als nur einer Stelle, nicht zuletzt deswegen,
weil im 16. Jahrhundert der Turm zu einem technischen Problem wird.

Offensichtlich hat das Interesse am biblischen Turmbau
im späten Mittelalter zugenommen.[12] In älteren Darstellungen kann man zwar einiges über die mittelalterlichen Werk-
vorgänge und Geräte erfahren, vor allem über die auch beim
Kathedralbau verwendeten Hebezeuge und ihre verschiedenen Typen, aber der Turm ist meist ein kleiner Torturm
und nur ein Zeichen für etwas, das viel größer zu denken ist.

Im 16. Jahrhundert ändert sich die ganze Ikonographie
des biblischen Projektes grundlegend. Jetzt richtet sich die
Aufmerksamkeit zunehmend auf die Frage, wie der Turm
denn ausgesehen habe und welche technischen Mittel für ein
Projekt dieser Art erforderlich gewesen seien. Dieser Bedeu-
tungswandel ist an den zahlreichen Darstellungen des
Babelturmes im 16. und 17. Jahrhundert recht gut abzulesen.
Im späten 15. Jahrhundert nimmt die Anzahl der Stockwerke
zu, und zugleich beginnen Überlegungen zur Realisierbar-
keit des Projekts. Bei Pieter Brueghel d. Ä. ist ganz offensichtlich, dass ihn diese Frage beschäftigt hat, denn er hat
in beiden Fassungen, der Wiener und der Rotterdamer, die
Bautechnik des Kolosseums gewählt und sich der für
›Kolossalprojekte‹ am besten geeigneten Methode bedient.[13] Als Basis wählte er bei der Wiener Fassung einen
Felsenberg, wie er sie bei seinen Alpenüberquerungen gesehen und gezeichnet hatte. Bei ihm scheitert das Projekt nicht
mehr an göttlichen Eingriffen, sondern weil die Natur der
technischen Machbarkeit Grenzen setzt, die nicht mehr
überschritten werden können. So zerfällt das Werk bereits,

damals oft nur als Gedankenspiel vollzogen wurde, konnte
später für die industrielle Praxis große Bedeutung gewinnen.
Diese Bedeutung hatte indessen bereits Georgius Agricolas
De Re Metallica Libri XII von 1556 (Kat. Nr. 8), das erste
große technologische Handbuch der Neuzeit, das von den
einzelnen Maschinen bis zum gesamten Produktionsprozess
alle Aspekte des Berg- und Hüttenwesens berücksichtigte,
und von dem noch im Zusammenhang der Bergbaudarstellungen zu reden sein wird.

Die unterschiedlichen Gattungen technischer Traktate
und metierbezogener ›Genrebilder‹, die sämtlich natürlich
Industriebilder sind und die es bis heute gibt, richten sich auf
die einzelnen Berufe, die besonderen Maschinen, und entwickeln die zweite Natur im begrenzten Umkreis der Werkstatt, des Ateliers, der Alchimistenküche oder auch der
Schmiede, die durchaus noch lange die *Schmiede des Vulkan*
sein konnte (vgl. Kat. Nr. 4).

2 Marten van Valckenborch, *Der Turmbau zu Babel*, 1595 Gemäldegalerie Alte Meister, Staatliche Kunstsammlungen Dresden

während noch weitergebaut wird. In diesem Zusammenhang ist nicht nur von Interesse, dass Brueghel Reflexionen über Technik und Natur angestellt und gemalt, sondern auch einen Zusammenhang mit dem Bergbau angedeutet hat. Der Sockelberg des Wiener Gemäldes wird nicht nur überbaut, sondern auch unterminiert: Sehr deutlich sind in der Felswand die Mundlöcher von Stollen zu sehen sowie Leute, die dort beschäftigt sind. Es geht also nicht nur in die Höhe, sondern auch in die Tiefe. Zum Berg gehört also auch für Brueghel das Bergwerk. Auf seiner Reise kann er an verschiedenen Orten Bergbaubetriebe gesehen haben, doch ist der Zusammenhang ohnehin nahe liegend: Aus der Tiefe kann gefördert werden, was für den Bau in die Höhe benötigt wurde, und zwar nicht in erster Linie Baumaterialien, sondern zum Beispiel Silber. Wer sich mit den technischen Details so umsichtig beschäftigt, wird auch an die Baukosten gedacht haben. Daher sind die Stolleneingänge im Turmfels zu Babel signifikante Details. Der Zorn Gottes kann sich auch in einer ökonomischen Krise äußern. Zur Großtechnik gehört die wirtschaftliche Kalkulation. Sie setzt ein funktionierendes Kommunikationssystem voraus. Als Jahwe beschloss, den Weiterbau zu verhindern, verhängte er die ›babylonische Sprachverwirrung‹, das heißt, er zerstörte das Kommunikationssystem und damit die Voraussetzung jeder Planung. Jedes der vielen meist kleinformatigen Turmbau-Gemälde bezieht sich auf dieses Ereignis und ist daher im Zusammenhang mit den zahlreichen Traktaten zum Thema »Ursprache der Menschheit«, »Die Sprache Adams« und den Konstruktionen neuer Universalsprachen zu sehen.[14]

3 *Bergknappen*, aus: *Wolfegger Hausbuch*, um 1475–85 Kunstsammlungen der Fürsten zu Waldburg-Wolfegg, Schloss Wolfegg

In welchem Maße das babylonische Projekt als Aufgabe industrieller Organisation verstanden wurde, ist in einem Bild von Marten van Valckenborch von 1595 zu sehen (Abb. 2). Der Turm gehört deutlich zur Brueghel-Nachfolge. Im Vordergrund zur Linken ist Bergbau und Verhüttung zu sehen. Die ganze Landschaft, in der sich dieser Turm erhebt, ist Industrielandschaft, eine Weltlandschaft, in der alle Wege und Anstrengungen zu Lande und zu Wasser zum Turm führen, um Material herbeizuschaffen. Da werden offensichtlich diejenigen Gedanken weiter ausgesponnen, die Brueghel bereits angedeutet hatte. Marten van Valckenborch hat im Übrigen mit mehreren Gemälden auch die von Herri met de Bles begründete Tradition der Landschaftsgemälde mit Bergbau in abenteuerlicher Gegend fortgesetzt.

Die neuzeitliche Geschichte der Bergbaudarstellung beginnt mit einer aquarellierten Landschaftszeichnung. Sie gehört zu einer Folge von Zeichnungen, die im *Wolfegger Hausbuch* gesammelt sind (Abb. 3). Dieses Werk wird in die Jahre 1475–85 datiert.[15] Die Künstler sind unbekannt. Die Landschaft ist ungewöhnlich. Ein bizarrer Felsenberg erhebt sich in der Bildmitte. Sein Gipfel ist überhängend, die Wege hinauf sind steil und beschwerlich. Sie führen zu mehreren Stollenmündern. Dort und auf den Wegen sind Bergleute tätig, gelegentlich gibt es dichtes Gedränge. Der Berg muss durch chaotische Geschäftigkeit schon ziemlich durchlöchert sein. Der Fels, das ›Bergwerk‹, steht in leicht gebirgiger Landschaft. Am Hang beginnt die Aufbereitung der Erze.

Dieser Zeichnung schließt sich eine Bildfolge an, in der mit erstaunlicher Präzision die Verhüttung der Erze und die dafür erforderlichen Öfen und Geräte gezeigt werden. Daher ist das Bergbaukapitel im *Hausbuch* ein bedeutendes technikgeschichtliches Dokument für das Berg- und Hüttenwesen der frühen Neuzeit. Seitdem gibt es ähnliche Traktate, die neben technischen Fragen auch das Bergrecht und medizinische Fragen behandeln. Doch übertraf Georgius Agricola mit seinem Hauptwerk *De Re Metallica* alle Vorgänger. Das reich illustrierte Buch erschien 1556, im Jahr nach dem Tode des Autors. Seine Wirkungsgeschichte reicht bis zur Mitte des 18. Jahrhunderts. Noch in den Tafeln der *Encyclopédie* von Diderot und d'Alembert sind deutliche Spuren dieses universal angelegten technologischen Lehrbuchs erkennbar.[16] Agricola war ein philologisch gebildeter Mann, und er war Arzt im sächsischen Bergbaurevier, wo er sich mit allen technischen Methoden und Problemen gründlich vertraut machte. Der Ansatz seines Buches ist in der Geschichte der Technik neuartig. Doch kannte er ähnlich disponierte architekturtheoretische Werke, und als Mediziner war ihm die neuere Literatur zur menschlichen Anatomie vertraut, vor allem das 1543 erschienene Werk *De Humani Corporis Fabrica* des Andreas Vesalius (1514/15–1564). Eines der dort bestimmenden Prinzipien ist auch in *De Re Metallica* durchgehend erkennbar: Das äußere Erscheinungsbild der Land-

schaft spielt bei ihm die für den Bergbau charakteristische Rolle, aber sie ist nur die äußere Hülle, unter der sich das befindet, was der Bergmann suchen, erkunden, begreifen und zutage fördern will. Agricola ›seziert‹ sozusagen die Erdrinde (Abb. 4). Die Sektion, der Schnitt, legt etwas Inneres frei, das von außen nicht sichtbar ist. Das begründet eine Analogie von anatomischer und bergbaulicher Darstellungsmethode. In den angeschnittenen Hohlräumen, den Schächten und Strecken sieht man wie schon in antiken Bildern die Hauer vor Ort, aber weit mehr als das. Die Illustrationen zeigen zum ersten Mal das ganze Gefüge eines Bergwerks mit seinen einander ergänzenden und ineinander greifenden Funktionen. Auch gilt die Sektion nun den Gebirgsformationen und ihrer inneren Struktur, also dem Verlauf und der Lokalisierung von Erzgängen und Lagerstätten. Die Kunst der anatomischen Darstellung zeigt sich vor allem auch bei den Maschinen, den Wasserrädern und Pumpen. Sie sind zum Teil komplizierte Einbauten tief im Inneren der Grube, quasi innere Organe. Zu ihrer Beschreibung ist wieder eine Sektion erforderlich. Also sieht man die Einzelteile – Räder, Kolben, Stangen etc. – neben der Maschine liegen, numeriert wie bei einer Bauanleitung oder einem anatomischen Kompendium. Das Bergwerk erscheint in der Folge der Bilder als großer komplizierter Organismus.

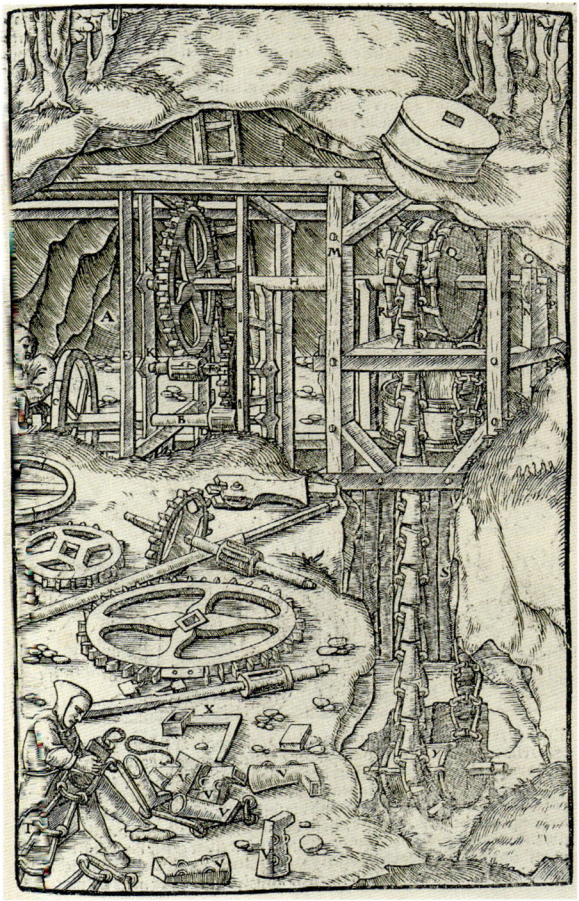

4 *Kannenkünste*, aus: Georgius Agricola, *Vom Bergwerck...* (dt. Ausgabe von *De Re Metallica*), 1557, S. 137

Panoramen des Produktionsablaufs

In den Bergbaudarstellungen des späten 15. und 16. Jahrhunderts war bereits die Absicht deutlich, den gesamten Produktionsablauf unter und über Tage zu zeigen. Das setzte die Kombination unterschiedlicher Perspektiven ebenso voraus wie die hinreichende Sachkenntnis des Malers oder Zeichners. Das *Kuttenberger Kanzionale* (um 1500)[17] zeigt mit der berühmten Titelminiatur das künstlerische Problem der Darstellung eines Bergwerks in einem einzelnen Bild und eine sehr originelle Lösung der fast unmöglichen Aufgabe (Abb. 5). Die Bildfläche fügt sich mit bogenförmiger Rahmung in das hohe Rechteck des Blattes ein. Im unteren Drittel sieht man die Bergleute unter Tage in bläulichem Gestein. Sie arbeiten sich wie die Maulwürfe in die Erzgänge hinein. Außer den Fahrten (Leitern) gibt es keinen Hinweis

darauf, wie sie ihre Orte haben aufsuchen können. Das Ganze ist wie ein Schnitt durch einen unregelmäßig durchlöcherten Berg. Das ist kein ›Grubenriss‹, sondern eine anschauliche Darstellung eines Merkmals bergmännischer Arbeit in den verzweigten und engen Erzgängen. Der Eindruck eines Wimmelbildes setzt sich nach oben fort. Der Schnitt endet unregelmäßig an der Übertagelandschaft. Ein Bach fließt durch eine grüne Wiese, und man sieht halbnackte Bergleute vor oder während der Reinigung. Eine wenig übersichtliche Zone beginnt mit einem Pferdegöpel in dem charakteristischen Gehäuse, dann folgen verschiedene Arbeitsvorgänge, die mit dem Sortieren, Verpacken und Verarbeiten des geförderten Erzes zu tun haben. Es gibt jedoch keine Hinweise auf Verhüttungsvorgänge. Weiter oben versammeln sich vornehm gekleidete Erzkäufer und Bergleute.

Der *Annaberger Bergaltar* (nach 1521) in der Stadtkirche St. Annen ist eines der bedeutendsten Werke bergbaulicher Kunst in kirchlichem Zusammenhang (Kat. Nr. 1).[18] Das Programm des spätgotischen Wandelaltars bezieht sich von den geschnitzten Figuren der Hauptansicht bis zu den Gemälden der Rückseite auf den Bergbau. In vier Bildern, der Mitteltafel, den Seitenflügeln und der Predella werden Szenen aus dem Bergbau in einer weiträumigen Überschaulandschaft mit hohem Horizont dargestellt. Arbeit ›unter Tage‹ kommt in diesem Arbeitsprogramm nicht vor, doch in der dichten Szenenfolge wird fast jeder Vorgang der Erzaufbereitung über Tage beschrieben, von der Erzwäsche über die Schmelzerei bis zur Münzprägung im rechten Seitenflügel. Das Triptychon ist das erste große, ja monumentale Gemälde einer ›Werkstätten-Landschaft‹. Ein Altargemälde, das zugleich auch der Ehre der Stadt dient, wird natürlich eine geordnete und zivilisierte Gegend zu zeigen haben, in der alles nach Regel und Maß geschieht. Solche Bergbaulandschaften gibt es bis zum Ende des 18. Jahrhunderts, wenn auch nicht sehr häufig.

Die wilde Gebirgslandschaft

Zunächst aber war ein ganz anderer Landschaftstyp viel häufiger und offensichtlich auch erfolgreicher. Ein Vorspiel war bereits im *Hausbuch* zu sehen. Dieser Spur folgen bald nicht wenige Meister der wilden Gebirgslandschaften. Dort spielt sich der Bergbau jenseits der Ästhetik des Wohlgeordneten und der gezähmten Natur ab. Die frühesten Industrielandschaften sind zugleich ›antiklassische‹ Landschaften. Sie zeigen indessen, dass sie für die Künstler und die Käufer gewisse Reize hatten, die andere Gegenden nicht oder in geringerem Maße zu bieten vermochten. Es waren »abenteuerliche Landschaften«.[19] Das könnte als ganz normal und natürlich erscheinen, weil Bergbau eben dort betrieben wurde, wo drei Bedingungen zusammenkamen: Erzführende Gebirge, Wasserkraft als Energielieferant in erreichbarer

5 Titelblatt von: *Kuttenberger Kanzionale*, um 1500 Österreichische Nationalbibliohek, Wien

6 Herri met de Bles, *Land-schaft mit Bergwerk*, um 1540
Alte Galerie des Steiermär-kischen Landesmuseums
Joanneum, Graz

Nähe – also Bäche und Flüsse – und zugängliche Verkehrs-wege, Straßen und Flüsse zum Transportieren des Rohpro-duktes nach der Verhüttung. Unerlässlich waren Wälder in der Nachbarschaft. Sie lieferten das Holz für Geräte und Grubenausbau sowie für Schmelzöfen und für die Feuer, die vor Ort zur Gesteinslockerung angezündet wurden. Für das Schmelzen bei höherer Temperatur wurde Holzkohle benötigt, die von den Köhlern im Wald bereitet wurde. Ins-gesamt haben wir damit aber auch das Repertoire für Land-schaftsbilder entlegener und abenteuerlicher Gebirgsregio-nen beisammen: Bizarre Bergformationen, dunkle Wälder, Wasserfälle und reißende Gebirgsflüsse sowie den ruhigeren Strom, der in die Tiefe des Raumes führt.

Die Reihe der frühen Landschaftsgemälde mit Berg- und Hüttenwerken beginnt mit Herri met de Bles. Diese Ta-felbilder waren für Sammler bestimmt, die an weltlichen und welthaltigen Themen interessiert waren. Um 1540 malte er mehrere Versionen einer Berg- und Hüttenlandschaft (Abb. 6).[20] Diese Landschaften verbinden Weiträumigkeit, Phan-tastik, Abenteuerlichkeit. Im Vordergrund rechts ist das Bergwerk zu sehen, links findet die Verhüttung statt. Da-zwischen ist das Erz vom Schacht zum Ofen unterwegs. Um welches Erz es sich handelt, gibt das Bild nicht zu erkennen. Der Betrieb über Tage ist als Abfolge von Arbeitsschritten ablesbar. Der Betrachter sieht, wie die Arbeiten ineinander greifen. Als wichtigste Maschine für die Energieübertragung ist stets das große Wasserrad vorhanden.

Die Bilder des Herri met de Bles waren Vorbild, An-regung und Modell für eine große Anzahl von Gemälden zu Beginn des 17. Jahrhunderts, in denen alle Merkmale weiter-entwickelt wurden: Die weiträumige Ferne, die bizarre Phantastik der Gebirgsformationen und die Nahsicht auf Berg- und Hüttenwesen. Marten und Lucas van Val-ckenborch waren wohl die wichtigsten Meister dieses be-sonderen Landschaftstyps, der das Phantastische so bruchlos mit dem Industriellen verbindet. Man verfolgt in diesen Gemälden den Weg des Erzes vom Schacht und Stollen über die Schmelzöfen bis zur Schmiede. Wenn auch niemals voll-ständig, wird doch der ganze Prozess von der Förderung bis zum transportfähigen Produkt angedeutet. In der *Phan-tastischen Flusslandschaft mit Eisenhütten* von Marten van Valckenborch (Kat. Nr. 3)[21] nimmt der Hüttenbetrieb die ganze linke Vordergrundzone ein, wo bereits die bizarren Felsformationen beginnen. Rechts gleitet der Blick in die Tiefe des Waldes. Dazwischen mäandert ein breiter Strom mit vielen Schiffen, den Transportkähnen, in die Tiefe des Raumes an Burgen und Bergen vorbei in eine dunstig ver-dämmernde Ferne.

Der Gott der Schätze der Erde war Saturn, ein viel-deutiger Planetengott, denn als *Kronos* fraß er seine Kinder und als *Chronos* war er der Gott der alles verschlingenden Zeit. In der Mitte eines Hendrik III van Cleve zuge-schriebenen Gemäldes (um 1600) sieht man auf hohem Sockel seine Statue (Kat. Nr. 2). Mit der einen Hand umklammert er ein Kind, das er zu verspeisen beabsichtigt, in der anderen trägt er die Sense des Zeitgottes. Ihm zugeordnet ist eine Felsenhöhle zur Linken. Der Berg öffnet sich zu einer weiten Halle; in deren Hintergrund lassen Bogenöffnungen erkennen, dass es noch tiefer in den Berg hineingeht. In der Halle ist eine Schmiede installiert. Runde Öffnungen im Boden sollen wohl auf Schächte verweisen, denn über dem einen Loch ist eine aus drei Balken bestehende Konstruktion angebracht, vermutlich die Andeutung eines Fördergerüsts. In der weiträumigen Landschaft des Mittelgrundes wiederholt sich diese Anordnung zweier Schächte mit Gerüst darüber. Ob es sich um Bergwerks- oder Brunnenschächte handelt, ist nicht deutlich. Offensichtlich aber führt ein Höhleneingang am rechten Bildrand in den Berg hinein. Daneben lehnt sich eine provisorische Hütte an den Hang. Leute sind überall beschäftigt, von den Männern mit Packpferden zu Füßen des Saturn bis zur vieltürmigen Stadt im Hintergrund, hinter der sich die Landschaft in weite Ferne bis zum offenen Meer erstreckt.

Die phantastischen Landschaften mit Berg- und Hüttenwerken kulminieren um 1600, etwa zur selben Zeit wie die Darstellungen babylonischer Türme. Es waren zum Teil dieselben Maler, die diese Themenbereiche wählten, die ja auch offensichtlich zusammenhängen. Obgleich das Bizarre und Abenteuerliche, auch Gefährliche der Türme und der Montanlandschaft nicht völlig verschwindet, dominiert etwa seit der Mitte des 17. Jahrhunderts die sachlich beschreibende, auch lehrhafte Berichterstattung. Charakteristisch ist die Serie von acht Montangemälden von Johann Weiss oder Johann Benedikt Werkstätter (Kat. Nr. 7.1–2).[22]

Die Inszenierung des Lichts

Gegen Ende des 18. Jahrhunderts verändert sich in den Bildern die ältere Werkstätten-Landschaft. Zugleich kommen diejenigen künstlerischen Probleme zum Vorschein, die so lange schon in den Beschreibungen des Erdinneren mit seinen Helldunkelverhältnissen präsent waren, aber nie auf die Arbeit vor Ort unter Tage bezogen wurden. Der schwedische Maler Pehr Hilleström d. Ä. (1732–1816) hat in den 80er Jahren des 18. Jahrhunderts eine Folge von 125 kleinformatigen Bildern der Kupfermine zu Falun gemalt: Szenen unter Tage und der Aufbereitung über Tage, auch Feste in den unterirdischen Hallen (vgl. Kat. Nr. 17–18).[23] Er war ein Meister der Beleuchtungseffekte und der Helldunkelmalerei und hat, wohl als erster, die artistischen Mittel der Niederländer des 17. und der Franzosen des 18. Jahrhunderts auf die Darstellung von Bergwerksarbeit angewandt. Auf seiner Studienreise nach Frankreich (1757–58) hatte er die Malerei der Watteau-Nachfolger kennengelernt, war von Boucher und Chardin beeindruckt. In Schweden galt er als der ›schwedische Chardin‹. Er wurde in seiner Hei-

mat Hofmaler und hatte viele Aufträge, malte Kulissen und Ausstattungen für Feste und Schlossdekorationen und war mit allen Tricks und Finessen der späten Rokokomalerei vertraut. Eben diese artistischen Mittel waren aber auch für die Bergbau-Darstellungen besonders geeignet, doch muss man hier noch ein Zwischenglied annehmen. Sehr deutlich sind die Bilder auch an Piranesis *Carceri* orientiert (Kat. Nr. 32), die sich als unterirdische – bei Piranesi freilich auch archäologische – Labyrinthe ohne besondere Anstrengung in Bergwerke verwandeln lassen. Dafür sorgen bei Piranesi nicht nur die Beleuchtungsverhältnisse, sondern auch das zyklopische Mauerwerk, die technischen Geräte, überwiegend Hebezeuge, und die dreidimensionale Endlosigkeit.[24]

Hilleström kannte, wie die meisten seiner Zeitgenossen, die Erfindungen Piranesis und hatte überdies noch ähnliche künstlerische Voraussetzungen. Grundform der meisten Bilder des Rokoko ist die ›Rocaille‹. Sie kann sich auf Grotten, Höhlen, Felsgeröll beziehen, auf Seeschnecken, auf komplizierte Geometrien, auf Helldunkelstrukturen, in denen irreguläre, aber künstliche Lichtquellen erleuchtete Hohlräume in das Dunkel projizieren.[25] Mit solchen Strukturen haben die Rokokomaler und auch Piranesi gearbeitet. Hilleström war einer von ihnen. Interessant ist jedoch die Übertragung dieser Künste in das Innere von Bergwerken. Da berühren sich scheinbar weit voneinander entfernte Reviere künstlerischer Aufmerksamkeit zu einer Zeit, als eine neue Epoche mit der Industriellen Revolution bereits begonnen hatte.

[1] Allgemein zum Thema Planetenkinder: Boll u. a. 1966, S. 49, 127, 145; zu den Planetenbildern des Hausbuches vgl. Ausst. Kat. Amsterdam 1985, S. 221ff. und Waldburg Wolfegg 1997.
[2] Zu den *artes mechanicae* im späten Mittelalter vgl. Bacher 2000a.
[3] Zu den *artes liberales* im späten Mittelalter vgl. Bacher 2000b.
[4] Jost Amman (1539–1591), *Eygentliche Beschreibung aller Stände auf Erden*, Frankfurt/M. 1568.
[5] Christoph Weigel (1654–1725), *Abbildung und Beschreibung der Gemein-Nützlichen Haupt=Stände ... biß auf alle Künstler und Handwerker*, Regensburg 1698.
[6] *Impressio librorum*, in: Johannes Stradanus, *Nova Reperta*, Blatt 4, Antwerpen, um 1590.
[7] Zur Geschichte der Tafelbände: Pinault 1993, S. 31, 78f.; B. Holländer 2000, S. 789.
[8] Domenico Fontana (1543–1607), *Della trasportatione dell'Obelisco Vaticano*, Rom 1599. Ndr. hrsg. von A. Carugo, Mailand 1978.
[9] Germain Boffrand (1667–1754), *Description de ce qui a été pratiqué pour fondre en bronze d'un seul jet la figure equestre de Louis XIV ...*, Paris 1743.
[10] Salomon de Caus (um 1576–1626), *Von gewaltsamen Bewegungen. Beschreibung etlicher, so wol nützlichen alß lustigen Maschiner ...*, Frankfurt/M. 1615.
[11] Vgl. zu den beiden Themen auch: H. Holländer 1999; 2000a und 2000b.
[12] Zum Babylonischen Turm vgl. Minkowski 1959, 1983 und 1991; Ausst. Kat. Bamberg 1991. Zur Bedeutung als *turris sapientiae* Klamt 1975.

[13] Pieter Brueghel d. Ä. (1525/30–1569), *Der Babylonische Turm*, 1563, Kunsthistorisches Museum Wien. Ders., *Der Babylonische Turm*, Museum Boymans-van Beuningen, Rotterdam.

[14] Dazu Borst 1957–64; Eco 1994.

[15] Dazu Waldburg Wolfegg 1997, S. 80ff.

[16] Zur Verwendung von Agricolas Illustrationen in der *Encyclopédie* (Anm. 7) vgl. B. Holländer 2000, S. 794f.

[17] Dazu Ausst. Kat. Cappenberg 1990, S. 180–184.

[18] Vgl. ebd., S. 212–215.

[19] Zur abenteuerlichen Landschaft vgl. Klapproth 1966.

[20] Bekannt sind fünf Variationen, die einander sehr ähnlich sind. Daraus kann man schließen, dass das erste dieser Gemälde weitere Bestellungen nach sich zog. Vgl. Ausst. Kat. Cappenberg 1990, S. 215–221.

[21] Vgl. Wied 1990.

[22] Vgl. dazu Ausst. Kat. Cappenberg 1990, S. 229–235.

[23] Zu Pehr Hilleström d. Ä. vgl. Rönnow 1929; Winkelmann u. a. 1958, S. 332; Wilsdorf 1987, S. 290; H. Holländer 1998, S. 111. Vgl. auch den Beitrag von Margot Th. Brandlhuber im vorliegenden Katalog.

[24] Vgl. H. Holländer 1998, S. 110ff.

[25] Zur Rocaille vgl. Bauer 1962; Vergoossen 1996, S. 109ff.

Industrie als Spektakel und Sehenswürdigkeit – Die Entstehung der Industrielandschaft in England

Sabine Krifka

Das sich kontinuierlich verändernde Gesicht Englands war seit Mitte des 18. Jahrhunderts nicht nur Gegenstand zeitgenössischer Reisebeschreibungen.[1] Vor allem die bildende Kunst reflektierte in vielfältiger Weise den grundlegenden, irreversiblen Wandel von Topographie und Gesellschaft.[2] Unmittelbaren künstlerischen Ausdruck fand die rasch fortschreitende industrielle Erschließung bis dahin ausschließlich agrarisch geprägter Landstriche in der Etablierung einer neuen Gattung – der Industrielandschaft.

Neue ästhetische Kategorien

Begünstigt wurde diese Entwicklung vor allem durch folgende Faktoren: Im 18. Jahrhundert gehörte die stilbildende *Grand Tour* nach Italien zum Pflichtrepertoire eines englischen Künstlers. Er ließ sich dort von den antiken Trümmern der römischen Campagna, den Schöpfungen Raffaels und Michelangelos oder den konstruierten Landschaften Nicolas Poussins, Claude Lorrains und Salvator Rosas zu eigenen Werken inspirieren. Die nach diesen Vorbildern geschaffenen Ideallandschaften fanden als vermeintlich unverfälschtes Souvenir des Landes, das als Verkörperung von Bildung und erlesenem Geschmack hoch geachtet war, reißenden Absatz bei englischen Sammlern und *connaisseurs*. Mit Aufkommen des bürgerlichen Reisens in der zweiten Hälfte des 18. Jahrhunderts gerieten vermehrt Monumente und Orte der eigenen sagenumwobenen Vergangenheit in das Visier von Künstlern und Literaten. Im Rahmen tradierter Bildmuster tauchten nun anstelle antiker Tempel normannische Burgen und gotische Ruinen auf; die Wasserfälle Tivolis wichen walisischen Flussmündungen oder den Ansichten des Lake District. Diese inländischen Reisen führten schließlich auch an den neuen Insignien der prosperierenden Industriemacht vorbei: Die rauchenden Schlote und das stampfende Getöse der Dampfmaschinen in den Eisen- und Bergwerken von Coalbrookdale, Shropshire und Cyfarthfa weckten – einhergehend mit einem wachsenden Nationalgefühl – dieselben Reaktionen im Betrachter wie die feuerspeienden Vulkane Italiens oder die überwältigenden Gebirgszüge der Schweizer Alpen.[3]

Das große Interesse an den oben genannten Reisezielen ist eng mit den damals viel diskutierten zeitgenössischen Kunsttheorien Edmund Burkes, Uvedale Prices und William Gilpins verknüpft. Natur erschien nur dann bildwürdig, wenn sie entweder nach Gilpins und Prices kanonisiertem Wertekatalog als »picturesque«[4] (malerisch) oder nach Burkes Kriterien der ästhetischen Inbesitznahme eines Gegenstandes als »sublime«[5] (erhaben) eingestuft werden konnte.

Für Burke löst das Erhabene die stärksten Emotionen aus, die das menschliche Gemüt zu empfinden vermag. Erhabenheit suggerieren schreckeneinflößende Dunkelheit, blendende Helle und überwältigende Größe. Leere, Einsamkeit und Schweigen erwecken das Gefühl des Erschauerns ebenso wie tosende Wasserfälle, wütende Stürme, Geschützfeuer, übermäßige Bitterkeit und unerträglicher Gestank.

Dem Erhabenen fügten Uvedale Price und der Pfarrer William Gilpin als weitere ästhetische Größe die Theorie des Malerischen hinzu. Das Malerische steht als Mittler zwischen der Schroffheit des Erhabenen und der lieblichen Gefälligkeit des Schönen. Während bei Burke das Schöne klein, glatt und geordnet ist,[6] wird das Malerische als »rauh und unordentlich«[7] beschrieben. Symmetrie, Gleichgewicht und Rechteckigkeit sind zu vermeiden, stattdessen stehen unregelmäßige Gebilde, gebrochene Umrisse, Felsen, Ruinen, der plötzliche Wechsel von Formen und unvermittelte Helldunkelkontraste als Kriterien für ein neues ästhetisches Sinnerlebnis – im krassen Gegensatz zu dem von Georges-Louis Leclerc, Comte de Buffon, formulierten radikalen Urteil »Natur sei scheußlich«[8], sofern sie nicht von Menschen kultiviert worden sei.

Von der Kulturlandschaft zur Industrielandschaft

Bevor die Theorien Burkes und Gilpins neue Akzente setzten, zeichneten sich Darstellungen der englischen Kulturlandschaft häufig durch einen erhöhten Betrachterstandort aus, der die Natur als Werk und Besitz des Menschen anzeigt, so in George Lamberts *Ansicht von Box Hill, Surrey (A View of Box Hill, Surrey)* aus dem Jahr 1733 (Abb. 1). Von einer Anhöhe aus wandert der Blick über eine weite, von sanften Hügeln durchzogene Sommerlandschaft. Fruchtbare Kornfelder wechseln sich ab mit eingehegten Weiden, während als Relikt eines überwundenen Urzustandes ein zerklüfteter Berg – jedoch bereits gezeichnet von Spuren menschlicher Bearbeitung – den Bildmittelpunkt einnimmt. Neben den Schnittern in der linken Bildhälfte künden die

Landvermesser im Vordergrund vom Anbruch einer neuen Zeit: Die Vermessung eines Geländes dient der Ortung von Bodenschätzen und vor allem dem für die Industrialisierung so bedeutenden Bau von Straßen, später auch von Schienen. Ein Naturverhältnis, in dem der Stolz über die Inbesitznahme der Natur durch den Menschen die Darstellung legitimiert, zeigt sich nach der Jahrhundertmitte in de neuen Gattung der Industrielandschaft. Die Landschafts vedute, die bis dahin den herrschaftlichen Landsitzen einschließlich riesiger Ländereien der englischen *nobility* vorbehalten war, um deren Herrschaftsanspruch und Reichtum zu dokumentieren, wird nun dazu benutzt, die Bedeutung der neuen Industrieanlagen für die wirtschaftliche Prosperität des Landes in den Vordergrund zu rücken.

Mitte der 70er Jahre des 18. Jahrhunderts malte William Williams zwei Prospekte von Coalbrookdale, die eine düster-melancholische Stimmung vermitteln (Kat. Nr. 15.1–2). Die Überblickslandschaft visualisiert den Stolz einer expandierenden Wirtschaftsmacht. In der *Nachmittagsansicht von Coalbrookdale (An Afternoon View of Coalbrookdale)* sind Angehörige des Land- bzw. Industrieadels oder angereiste Städter in Gestalt zweier elegant gekleideter Damen in Begleitung eines Herrn, der sich von einem Arbeiter gerade etwas erklären lässt, porträtiert. Kleidung und Habitus stehen in auffallendem Kontrast zu den Rußwolken und den Flammen, die aus der Tiefe des Severn-Tals emporsteigen, und verstärken das im Bild spürbare Missverhältnis zwischen Natur und Mensch. Die sich anbahnenden Dissonanzen zwischen ästhetischem Urteil und zweckmäßiger Nutzung der Natur – so konfrontiert Arthur Young Coalbrookdale als

»romantic spot« mit der sublimen »variety of horrors«[10] der dortigen Eisenwerke – erweisen sich als Indikatoren für die zunehmende Auseinandersetzung der Künstler mit dem Thema ›Industrie und Natur‹.

Industrie als Spektakel

Philippe Jacques de Loutherbourg inszenierte 1801 *Coalbrookdale bei Nacht (Coalbrookdale by Night)* (Abb. 2) als spektakuläres Ereignisbild mit auffallender Analogie zu unkontrollierbaren Naturgewalten. Die wilde Schlucht des Severn, das monotone Stampfen der Dampfmaschinen und das rotglühend geschmolzene Eisen waren geradezu prädestiniert dafür, Vergleiche mit den zu erhabenen Naturereignissen ästhetisierten Vesuvausbrüchen in Italien zu ziehen. Loutherbourgs Vorliebe für dramatische Arrangements und sein Gespür für Bewegung und emotional gefärbte Stimmungen weisen auf seine Herkunft als Bühnenmaler.

Ein Jahr nach Loutherbourgs gefeiertem Bild entsteht John Sell Cotmans Aquarell der *Eisenhütte Bedlam (Bedlam Furnaces)*.[11] Cotman stattete Coalbrookdale im Sommer 1802 gemeinsam mit dem Künstler Paul Sandby Munn einen Besuch ab. Während sich Munn in seinen vor Ort angefertigten Zeichnungen stark an Loutherbourg orientierte, verschmilzt bei Cotman die *Eisenhütte Bedlam* mit Rauchschwaden, Wolken, Bäumen, einem See und kaum noch kenntlichen Menschen zu einer diffusen malerischen Einheit. Details der Fabrikanlage lassen sich – bis auf die dominanten Schornsteine – kaum ausmachen; sie tauchen gemeinsam mit den Rußwolken in der sie umgebenden

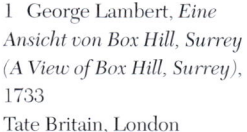

1 George Lambert, *Eine Ansicht von Box Hill, Surrey (A View of Box Hill, Surrey)*, 1733
Tate Britain, London

2 Philippe Jacques de Loutherbourg, *Coalbrookdale bei Nacht (Coalbrookdale by Night)*, 1801 National Museum of Science and Industry, London

Natur unter, werden von ihr quasi assimiliert. Es bleibt der Eindruck einer verwüsteten Landschaft, in der abgestorbene Baumstümpfe, ein brackiger Tümpel und loses Blattwerk dominieren, während sich eine einsame Gestalt am rechten Bildrand im Dickicht von Buschwerk und Nebel verliert.

Ebenfalls die Naturzerstörung thematisierend, doch nicht wie Cotman der romantischen Tradition verhaftet, stellte John Linnell 1812 eine *Ziegelei in Kensington (Brickworks in Kensington*, Abb. 3) dar. Dem Motiv der von Menschen erheblich zugerichteten Landschaft entspricht der fragmentarische Ausschnitt. Die für die Deformation der Natur verantwortliche Fabrik wird vom linken und oberen Bildrand angeschnitten und ist deshalb nur teilweise sichtbar. Nicht sie ist es wert, abgebildet zu werden, sondern die sich aus Industrialisierung und Technisierung ergebenden Konsequenzen für die Umwelt. Linnell nähert sich diesem Problem mittels eines sezierend-eingrenzenden Verfahrens: Über die Hälfte des Bildes füllt er mit vegetationsloser, übereinander getürmter toter Erde, die er zum Vordergrund hin durch einen schmutzigen Fluss und zum Mittelgrund hin durch eine Mauer und einen weit entfernten Wald abschließt. Der bildparallele Aufbau, die ungewöhnlich hohe Horizontlinie und die angeschnittenen Ränder sorgen nicht nur für radikale Ausschnitthaftigkeit, sondern erzeugen eine Monumentalisierung des Motivs.

Eine Steigerung erfährt die Darstellung der Naturzerstörung bei Henry Gastineau, dessen um 1830 entstandenes Aquarell *Eisenwerk in Nant-y-glo (Nant-y-glo Iron Works)*

(Kat. Nr. 41.2) geradezu phantastisch anmutet. Die feurigrote Dunstglocke über Fabrikgebäude, Schornsteinen und verpestetem Fluss verleiht dem walisischen Ort die unwirkliche Aura einer irdischen Hölle, in der alles Natürliche und Lebendige in Feuer, Schmutz und Gestank der qualmenden Schwefeldünste erstickt wird.

Die industrialisierte Landschaft

Joseph Wright of Derby rückt 1782/83 als erster Künstler die Fabrikarchitektur als innovativen Bildgegenstand in den Vordergrund. Obgleich bei seinem Bild *Arkwrights Baumwollspinnereien, bei Nacht (Arkwright's Cotton Mills, by Night)* (Kat. Nr. 16) der Eindruck einer perfekten Harmonisierung von Natur und Industrie vorherrscht – das lang gestreckte Fabrikgebäude passt sich perfekt in die natürlichen Gegebenheiten des Matlock Dale ein – wird das Augenmerk auf die innovative Fabrikarchitektur gelenkt. *Arkwrights Baumwollspinnereien* entpuppt sich als Prototyp für alle später entstehenden Industriebauten und wird dementsprechend inszeniert. Die Gaslampen in den Maschinensälen erleuchten die zahlreichen Fenster und verleihen dem Gebäude in der sonst unberührten, nur vom silbrigen Mondlicht[12] erhellten Landschaft eine gespenstische Lebendigkeit.

Eine in ihren Proportionen um ein Vielfaches größere Version des Arkwright'schen Fabriktypus zeigt Thomas Alloms Ansicht der *Fabrik der Messrs Swainson, Birley & Co. (The Factory of Messrs Swainson, Birley & Co.*, Kat.

Nr. 62.5). Allom konfrontierte eine riesige, nahezu die ganze Bildbreite einnehmende Textilfabrik mit der Idylle der bäuerlichen Viehwirtschaft. Seine Zeichnung liest sich wie eine Geschichte der industriellen Inbesitznahme der ehemals rein agrarisch genutzten englischen Landschaft: Den Bildvordergrund nimmt eine ursprüngliche Busch- und Wiesenlandschaft ein, durch die ein Feldweg führt. Friedlich grasende Pferde und ein Bauer, der sein Vieh in den heimatlichen Stall treibt, vervollständigen das Bild ländlicher Harmonie. Der Weg zieht sich zu einer kleinen Eisenschmiede mit rauchendem Schornstein, die an Darstellungen von George Robertson, Sandby oder Loutherbourg aus der Frühphase der Industrialisierung erinnert. Zu ihrer Rechten steht ein mehrgeschossiges Gebäude mit zahlreichen Fenstern, das in direkter Nachfolge von *Arkwrights Baumwollspinnereien* steht. Dahinter erhebt sich eine ebenfalls mehrstöckige, äußerst imposante Fabrikarchitektur, die von einem Glockenturm und zwei Schornsteinen bekrönt wird. Reminiszenzen an herrschaftliche Schlossanlagen sind unübersehbar.

William Turner malte 1816 eine Ansicht der Industriestadt *Leeds*.[13] Auf den ersten Blick scheint es, als wollte er die Vergangenheit – die bukolische Szene im Vordergrund – mit der modernen Zeit – der verrauchten Industriestadt im Tal des Aire – kontrastieren. Dass genau das Gegenteil der Fall ist, offenbart eine nähere Betrachtung: Ein Großteil der Stadt verschwindet im Rauch und Morgendunst des ansons-

ten sommerlichen Tages; nur das rote Mauerwerk der Textilfabriken und das blasse Gestein der Kirchen treten deutlich hervor. Zur Zeit Turners war jede freie Fläche Land in und um Leeds zur wirtschaftlichen Nutzung freigegeben: als Kuhweide zur Versorgung der rasch wachsenden Einwohnerzahl, als Fläche zum Trocknen der in Massen gefertigten Textilien und nicht zuletzt als potentieller Standort für weitere Fabriken und Arbeiterbehausungen.[14] Turners Ansicht ist keine Gegenüberstellung von idyllischer Ländlichkeit und lärmender Stadt, sondern das Bild einer industrialisierten Landschaft, deren unterschiedliche Nutzungsweisen er im Detail vorführt.[15]

Zur Mitte des 19. Jahrhunderts war die Industrialisierung und die mit ihr einhergehende Verstädterung so weit fortgeschritten, dass ihre negativen Konsequenzen nicht nur in Romanen oder Reisebeschreibungen, sondern mit wachsendem Nachdruck auch von Malern aufgegriffen wurden. Zwar war der Lohnarbeiter zu einem Zeitpunkt, als zahlreiche Intellektuelle und reformwillige Politiker dessen himmelschreiendes Elend anprangerten, immer noch selten Gegenstand der bildenden Kunst, die länger dem Diktat ästhetischer Normen verbunden blieb als die Literatur, allgemein wich jedoch der euphemistische Fortschrittsglaube einer spürbaren Ernüchterung. Vereinzelt gipfelte sie – wie in John Martins Illustrationen zu John Miltons *Paradise Lost* – in Endzeitstimmung und apokalyptischen Untergangsvisionen.[16]

3 John Linnell, *Ziegelei in Kensington (Brickworks in Kensington)*, 1812 Privatbesitz, Großbritannien

4 Joseph Mallord William Turner, *Regen, Dampf und Geschwindigkeit – die Große Westbahn (Rain, Steam and Speed – The Great Western Railway)*, 1843
National Gallery, London

Die vierte Dimension

Die Industrialisierung stellte nicht nur althergebrachte Produktions-, Maschinen- und Gesellschaftssysteme auf den Kopf, sondern sorgte darüber hinaus auch für eine umfassende Revolution der Wahrnehmung. Faktoren wie Geschwindigkeit, Zeit, Überwindung von Raum, drastischer und andauernder Lärm, neue Gerüche, Abhängigkeit von Maschinen, Kommunikation und Fotografie katapultierten Europa und Amerika in ein neues Zeitalter. Die freie, unbemessene, naturnahe Zeit des vorindustriellen Menschen verschwand, und es rückte die von Ernst Bloch auf den Punkt gebrachte »Gleichzeitigkeit des Ungleichzeitigen« von rasend schneller, oft zerstörerischer Industrie-Zeit und langsam verstreichender Natur-Zeit in den Vordergrund.[17] Am deutlichsten zeigte sich die moderne Dynamik am Diktat der Geschwindigkeit, die zum Maß aller Dinge wurde. Alles war der Herrschaft der Beschleunigung unterworfen: Fahrzeuge, Eisenbahnen, Schiffe, Briefe, Transporte, Reisen, Nachrichten und natürlich auch die Maschinen, die am Anfang dieser rasanten Entwicklung standen.

William Turners *Regen, Dampf und Geschwindigkeit (Rain, Steam and Speed*, Abb. 4) bildet eine Zäsur in der Beschäftigung von Künstlern mit der Darstellung von Zeit. Obwohl kein Bild der Industrie im engeren Sinne, sondern eine Hymne auf die sublimierte Naturgewalt in Form der Dampfkraft, ist es doch der eindrucksvolle Versuch, die vierte Dimension sichtbar werden zu lassen. Dies schaffte er mit der Darstellung einer mit hoher Geschwindigkeit fahrenden Eisenbahn, die er auf der Maidenhead Bridge aus einer dichten Dampf- und Regenwolke, haarscharf am Betrachter vorbei, herausschießen lässt. Den Eindruck der dahinrasenden Great Western Railway erzeugte Turner durch die Unmittelbarkeit ihres Auftauchens aus dem diffus verschleierten Zentrum des Bildes und durch die über den vorderen Bildrand hinausgehende pfeilgerade Diagonale des Bauwerks. Die schemenhaft zu erkennenden Details einer Landschaft mit Gebäuden im Hintergrund, einer älteren Brücke und winkenden Menschen stehen für die Flüchtigkeit des Moments. Dolf Sternberger hat den durch das Tempo der Maschine und der kaleidoskopartigen Zersplitterung der Welt erzeugten Blick als »panoramatisch«[18] bezeichnet. Dadurch, dass das Auge die vorbeijagenden Eindrücke nicht mehr festhalten kann, muss der Reisende, um aus dem fahrenden Zug heraus überhaupt etwas sehen zu können, seinen Blick in die Ferne richten. Was er in diesem Moment wahrnimmt, ist ein Panorama.

Bildwürdig wurden mit der fortschreitenden Industrialisierung auch ihre Folgen – Naturzerstörung, Verstädterung, Verelendung. Der technische Fortschritt veränderte diemenschliche Wahrnehmung und sorgte für ein neues Thema in der Kunst: die Darstellbarkeit von (verrinnender) Zeit. In der englischen Industrielandschaft des späten 18. und frühen 19. Jahrhunderts war bereits angelegt, was danach ikonographisch und inszenatorisch von Künstlern weiterentwickelt werden konnte.

1 Siehe die Anthologie von Trinder 1977.

2 Als Standardwerk zu Industrialisierung und Kunst gilt immer noch Klingender [1947] 1974. Vgl. darüber hinaus Wagner 1979.

3 Vgl. dazu Frindt 1999.

4 William Gilpin, *Three Essays: on Picturesque Beauty*, ..., o. O. ²1794 (Ndr. Farnborough 1972); Sir Uvedale Price, *An Essay on the Picturesque as Compared with the Sublime and Beautiful and on the Use of Studying Pictures for the Purpose of Improving Real Landscape*, London 1794.

5 Edmund Burke, *A Philosophical Enquiry into the Origin of our Ideas of the Sublime and Beautiful*, London 1757.

6 Ebd., S. 113ff.

7 Vgl. William Gilpin, *Three Essays ... to which is added a Poem, on Landscape Painting*, London 1792, S. 8.

8 Georges-Louis Leclerc, Comte de Buffon, *Von der Natur*, in: *Allgemeine und besondere Naturgeschichte*, Bd. 12, Paris 1764. Hier zit. nach Bätschmann 1989, S. 269ff.

9 »The society of Arts stimulated the quality of cartography by offering prizes for technical precision and graphic presentation. Maps were not merely illustrations of the changing economic and political landscape of Britain; they were instruments of planning, production, and regulation.« Vgl. Daniels 1993, S. 61.

10 Arthur Young, *Tours in England and Wales*, zit. nach Trinder 1977, S. 34 und S. 36.

11 Collection Hickman Bacon, Norfolk; Abb. Krifka 2000b, S. 817.

12 Dies eine Spezialität von Wright, der mit Vorliebe Licht im Sinne von wissenschaftlicher ›Erleuchtung‹ in seinem Œuvre verwendet hat. Seine Vorliebe für dramatische Lichteffekte lässt sich bis Caravaggio und Georges de la Tour zurückverfolgen. Siehe hierzu Krifka 1996.

13 Yale Center for British Art, New Haven; Abb. Krifka 2000b, S. 819. Vgl. dazu Daniels 1986.

14 Zur Entwicklung von Leeds vgl. Beresford 1980.

15 »It is a scene of concerted energy – meteorological, technological and human – harnessed to industrial expansion. The brightening sunlight, freshening breeze and rising smoke empower the scene and endow it with optimism.« Vgl. Daniels 1986, S. 12.

16 So z. B. in John Martins *Am Rande des Chaos (At the Brink of Chaos)*, 1825, in: *The Paradise Lost of Milton with illustrations, designed and engraved by John Martin*, 1827, Bd. 2, S. 121, British Museum, London.

17 Vgl. Hädecke 1993, S. 183f.

18 Sternberger 1974, S. 48.

Die Wissenschaft vom ›Eisernen Zeitalter‹ –
Léonard Defrance, Pehr Hilleström d. Ä. und Joseph Wright of Derby

Margot Th. Brandlhuber

Zwei bekannte Gattungen der Malerei – Genre und Interieur – wurden in der Epoche der frühen Industrialisierung in Europa mit neuen Inhalten gefüllt. Zu dieser Zeit waren die Förderung und Verarbeitung von Metallen, insbesondere des Eisens, zentrale Themen. Eisen schätzt man seit jeher, da es an Härte und Elastizität alle Metalle übertrifft.

In der Lehre von den Weltaltern und antiken Schöpfungsmythen bezeichneten die antiken Autoren Hesiod, Ovid und Vergil das Eiserne Zeitalter als diejenige Epoche, in der »Gerechtigkeit, heilige Sitte und Freude von der Erde entwichen«[1], und damit die Zeit, in der die Dichter selbst zu leben glaubten. Nach dem Goldenen, Silbernen und Bronzenen Zeitalter fand die Periodisierung in dieser letzten Epoche vor dem Weltende, dem Ende der Geschichte, ihren Abschluss.

Mit dem Abbau von Erzen und dem uralten Prozess der Schmelze erwachte zunehmend das Interesse an der Geschichte der Natur, die den Rohstoff bereitstellt. Im erbitterten Kampf zwischen den Theorien der Weltentstehung, zwischen Schöpfung und Evolution, entstanden im 18. Jahrhundert die moderne Mineralogie und die Geologie. Es bildeten sich in der Folge die beiden gegensätzlichen Schulen des ›Neptunismus‹ und des ›Vulkanismus‹ aus. Die »Neptunische Theorie« des sächsischen Oberbergrates Abraham Gottlob Werner (1749–1817) vertrat die Hypothese,[2] dass die Kräfte des Wassers die Felsformationen der Erdkruste verursacht hätten. Dagegen schrieb der Vulkanismus bzw. Plutonismus gemäß dem schottischen Geologen James Hutton (1726–1797)[3] die heutige Gestalt der Erde der Wirkung unterirdischer Vulkane und dem Feuer in ihrem Inneren zu. Die vor allem industrielle Produktion von Eisen legte eine Analogie zwischen Hochofen und Vulkan, zwischen künstlicher Schmelze und natürlichem Lavafluss nahe. Man wählte den Vulkan als Metapher des Eisenwerkes. Konnten Erze unter Hitze und Feuer vom Menschen bearbeitet werden, so mussten sie auch unter Einwirkung dieser Naturelemente einst ganz ähnlich entstanden sein. Der Besuch eines solchen Eisenwerkes galt als zugleich bildendes und unterhaltsames ›Spektakel‹, so wie die Besichtigung des Vesuv in Eruption oder der römischen Feuerwerke durch bürgerliche Bildungsreisende. Solche Zusammenhänge waren geläufig und wurden von zeitgenössischen Betrachtern der Industrieinterieurs in jedem Fall mitgedacht.

Belgien: Léonard Defrance

Léonard Defrance[4] (1735–1805) hatte sich 1773 nach dem traditionellen Studium in Rom und einem Aufenthalt in Südfrankreich, beide von lebhaftem Interesse an aufklärerischer Philosophie und Wissenschaft geprägt, mit Nicolas Fassin (1728–1811) eigens nach Holland begeben, um die Kleinmeister der niederländischen Genremalerei, unter anderem David Teniers, Philips Wouwerman, Adriaen Brouwer, Isaack und Adriaen van Ostade, zu studieren. Die in Frankreich wie in den habsburgischen Niederlanden beliebten Kopien und seine davon inspirierten Genrestücke konnte er erfolgreich verkaufen. Diesem Typus verschrieb er sich in der Folgezeit, wurde zu einem der besten Maler Belgiens seiner Epoche und zum Erneuerer der niederländischen Malerei des 17. Jahrhunderts. Er war ein Zeitgenosse des Ancien Régime und des Revolutionsregimes von 1789, während dessen er zur Verschleppung von Kunstwerken nach Frankreich und zur Zerstörung von Kunstwerken, vor allem der Kathedrale Saint-Lambert in Lüttich, unrühmlich beitrug.

Die Malerei des Ancien Régime bot vorwiegend einen Reflex der Geschmackskonventionen der gesellschaftlichen Führungsschichten, sie erlaubte noch keinen Einblick in das Leben der arbeitenden Mehrheit. Mit Defrance hob sich der Vorhang; er war der erste moderne Maler Lüttichs, der Sitten- und Genremalerei und dabei dem Diktum der Wahrhaftigkeit, aber auch der Schönheit, verpflichtet. Sein Werk ist von Interesse, weil er ein höchst aufmerksamer Zeuge und Kritiker der politischen Ereignisse seiner Zeit, der gesellschaftlichen Verhältnisse während der Aufklärung und der kuriosen Erscheinungen der Wissenschaft war. Die gesellschaftlichen Verhältnisse finden Niederschlag in seinen Straßen- und Marktszenen, in Schenken, Herbergen, Läden und Werkstätten, mit Seiltänzern, Straßenräubern, Kartenspielern, Familienszenen, der Welt der frühen Industrie und des Handwerks. Adel und das patrizische Bürgertum sind ausgeschlossen. Die Welt des Volkes und des Alltags im Genre, nicht das historische Ereignisbild, ist die Gattung seiner Wahl. Dabei enthält er sich einer Glorifizierung des Einfachen, wie sie bei Louis Le Nain zu finden ist, wie auch der Rührseligkeit von Jean-Baptiste Greuze und auch der Karikatur, wie sie in derberen, niederländischen Genrestücken des 17. Jahrhunderts auftaucht. Die Überhöhung des Arbeiters, wie später bei Constantin Meunier (vgl. Kat. Nr. 80–86), oder des verelendenden Proletariers sind nicht seine Absicht, auch nicht die Darstellung gesellschaftlicher Außenseiter oder Randgruppen. In der Tradition der Enzyklopädisten ist er ein Feind von Vorurteilen, aber nicht eines bestimmten Standes. Er stellt vielmehr den normal lebenden und arbeitenden Menschen in den Vordergrund und scheint erwartungsfroh, dass Arbeit und Erfindungsgeist dem Menschen Freiheit und Wohlstand zu verschaffen vermögen.

Der große Wert, den Defrance der Arbeit als Basis des Wohlstands zumisst, macht ihn nicht zum Sozialkritiker aufseiten der Ausgebeuteten, sondern zum Kritiker des Stands der Müßiggänger. Darstellungen der Besuche der Damen von Welt in den Fabriken geben ihm Gelegenheit, sich sehr subtil und mit Ironie lustig zu machen über die sachkundigen Besucherinnen in exzentrischen Roben, die sich mit ihrem Wissen brüsten, das sie aus den aufklärerischen Journalen der Enzyklopädisten bezogen. Diskutieren kann man die Frage, ob diese mit ihren hoch gestellten Besuchern überhöhten Szenen Zugeständnisse an seine herrschaftlichen Auftraggeber waren, die die Industrie als Quelle nationalen Wohlstands förderten. Zugleich war es jedoch Mode, sich mit der Neugier eines Amateurethnologen mit technischen und naturwissenschaftlichen Neuerungen zu befassen, um in den Salons zu brillieren. Fabriken zu besuchen, gehörte zum guten Ton und war anschaulicher als das trockene Studium der wissenschaftlichen Illustrationsstiche etwa in Diderots *Encyclopédie* (Kat. Nr. 12). Mit großer Beharrlichkeit widmete sich Defrance seit Ende der 1770er Jahre dieser Gattung, die bei ihm wenigstens elf verschiedene Industriezweige und 18 handwerkliche Berufe umfasst. Auch im Exil während der Revolutionszeit setzte er diese Richtung fort.

Wallonien, besonders das Gebiet um Lüttich, war Wahlheimat der Frühindustrialisierung und zugleich der Aufklärung. Letztere begünstigte den wissenschaftlichen Fortschritt, die Verbreitung einer Wissenschaftskultur, die Vorstellung, dass Wissenschaft und Technik die wirklichen Antriebskräfte des menschlichen Fortschritts sind, Werkzeuge der politischen Befreiung, des ökonomischen Fortschritts, der intellektuellen und moralischen Liberalisierung.[5] Neue Wirtschaftsmodelle mussten gefunden werden. Nach zwei Jahrhunderten warfen die Verfechter neuer ökonomischer Doktrinen dem Merkantilismus Ineffizienz und hohe Kosten durch staatliche Regulierungssysteme vor. Die europäischen Staaten gerieten fortlaufend in Konflikte, da sie sich hinter Handelsgrenzen verbarrikadierten und ihre Nachbarn als Konkurrenten betrachteten, die es auszuschalten galt. Die Gruppe der Physiokraten propagierte im Namen einer quasi göttlichen Natur allein die Landwirtschaft als eine Gewinnmöglichkeit frei von moralischem Tadel. Die folgende Generation jedoch erachtete nach Adam Smith die Arbeit selbst als Quelle des Fortschritts. Darin manifestiert sich ein emanzipierter Liberalismus, der dem Produzenten die volle Verantwortung überträgt und auf das persönliche Interesse des Einzelnen vertraut.

Fabrikanten, deren Vermögen höher wuchs als das des Souveräns, waren die neuen Männer. Sie vertrauten mehr auf das Ergebnis von Arbeit und eigener Initiative als auf Herkunft und ererbte Macht. Diese Anhäufung von Kapital vor Ort verhinderte während der Industriellen Revolution die Abhängigkeit von ausländischen Investoren. Lüttich, die Hauptstadt der gleichnamigen belgischen Provinz im Maastal, mit vielen Standortvorteilen und langer Tradition, ist auch heute noch das Zentrum eines Industriebezirks, mit nahe gelegenen Steinkohlen- und Zinklagern und einem der drei größten Flusshäfen Europas. Die Stadt erschloss schon im Mittelalter als erste auf dem Kontinent ihre Steinkohlenlager, die Grundlage der metallverarbeitenden Industrie. Im 19. Jahrhundert stieg sie früh zur bedeutenden Industriemetropole auf.

Bildwürdig machte Defrance die Arbeiter und ihre Lebens- bzw. Arbeitsbedingungen, gebunden an die aktuelle Entwicklungsstufe des technischen Fortschritts und im augenscheinlichen Kontrast zur Schicht der Unternehmer, die daraus ihren Nutzen ziehen. In den Mittelpunkt seiner Bilder stellt er häufig schwerste körperliche Arbeit, besonders in den Innenräumen der Schmieden, Gießereien und Steinkohlenbergwerke. Zu den Kompositionselementen dieser Darstellungen zählen Helldunkelkontraste durch düstere Räume, in denen funkensprühende Feuerstellen das Zentrum der Arbeit akzentuieren, aber auch wuchtige Mauermassen mit schweren Gewölben, die durch Seitenfenster effektvoll beleuchtet werden. Darüber hinaus kontrastiert er einfache Arbeiter und elegante Besucher sowie warme und kühle Farbtöne. Die Bilder der Metallverarbeitung weisen Anleihen bei der englischen Malerei um Joseph Wright of Derby auf, die er aus den damals verbreiteten Reproduktionsstichen in Mezzotinto[6] von Richard Earlom (1743–1822) kannte.

Das Gemälde *Die Steinkohlengrube (La houllière)* (Abb. 1) zeigt das Innere eines Gebäudes über dem Förderschacht eines Kohlenbergwerks. Die quadratische Öffnung des Schachts bietet keinerlei Schutz vor dem Fall in den Abgrund. Der Künstler hat den Moment dargestellt, in dem eine Tonne mit Fördermasse aus dem Untergrund auftaucht. Das Räderwerk der Fördermaschine hält an, das Pferd ruht, eine Frau und ein Mann treideln die Fördertonne auf den Boden des Bergwerks. Der Lichtstrahl lenkt die Aufmerksamkeit auf die dynamische Streckung der Körper und die dabei wirkenden Kräfte. Die Darstellung ist äußerst detailliert und bis zu den Händen der Arbeiter und den Lichtreflexen der Kettenglieder ausgeführt. Schwächen in der Figurendarstellung werden kompensiert durch die durchdachte Komposition der Architektur im Inneren des Förderturms und die verschiedenen Teile der Maschinerie in Aktion.[7]

In der von Defrance geschaffenen Serie der Besuchsdarstellungen offenbart sich ein außergewöhnliches dokumentarisches Interesse von archäologischer Präzision, das unschätzbar ist für die sozialhistorische Betrachtung einer aufgeklärten Gesellschaft von Bürgern, Handwerkern und Arbeitern am Übergang vom Ancien Régime zur Revolution. Der quasi enzyklopädische Aspekt in der Wiedergabe ist eine Quelle ersten Ranges der Technik- und Wirtschaftgeschichte, den er mit den Mitteln der Kunst, etwa durch große Farbsensualität oder das Spiel von Licht und Schatten, auch atmosphärisch zu schildern versteht. Die zeitgenössische Historienmalerei nahm unter den Gattungen der Malerei den höchsten Rang ein und war vorwiegend auf Begebenheiten der Antike ausgerichtet. Defrance wählte die Geschichte seiner unmittelbaren Gegenwart. In seinen Memoiren beschreibt er dieses Ziel: »Tout ce que nous voyons, tout ce qui nous entoure, tout ce qui nous arrive sont nos maîtres.«[8]

Die Architektur ist in seinen Industrieinterieurs von großer Wichtigkeit. Mühsam aufgeschichtete Backsteinmauern spiegeln den Charakter von Arbeit unmittelbar wider und bilden einen monotonen Fond, Ton in Ton mit dem verwaschenen Tuch der Arbeiter, aber im Kontrast zu den farbenreichen Roben der Protagonisten im Vordergrund. Die reich strukturierten Räume im diffusen Dämmerlicht eines Feuerscheins ziehen den Betrachter in die Höhle des Bildraums. Durch die Architektur schildert Defrance mit suggestiver Kraft und atmosphärischer Dichte die räumliche Enge und steigert die Eindringlichkeit der veristischen Wahrnehmung.

Nachdrücklich beruft sich Defrance am Ende seiner Memoiren auf Nicolas Boileau-Despréaux (1636–1711), den bekanntesten französischen Theoretiker seiner Zeit, der als »legislator in aestheticis« für die Aufklärung gültig blieb. Dessen *L'art poétique*[9] von 1674 bot ein Regelwerk, welches das Streben nach Wahrheit zum obersten Gebot für die Dichtung erklärte. Der kritische, sich selbst erkennende Mensch ist durch Vernunft in der Lage, die Natur nachzuahmen und in ihr die Wahrheit zu erkennen. Eine Dichtung oder ein Kunstwerk ist nur dann von hohem Rang, wenn es allgemeingültig ist und exemplarischen Charakter besitzt. Da das Wirkliche unwahrscheinlich genug ist, sind Übertreibung und Erfindung nicht notwendig. Genau diesen Anspruch auf genaueste Beobachtung, Wahrheit und Schönheit suchte Defrance in seiner Malerei zu erfüllen.

Trotz wichtiger technischer Neuerungen verlief die Arbeit mit dem Werkstoff Eisen im Wesentlichen noch so, wie sie Agricola 1556 in seinem Werk *De Re Metallica* beschrieben und illustriert hat (Kat. Nr. 8). Zwar waren der Bergbau, der Metallguss und das Schmieden bereits in der Antike auf Vasen und Trinkschalen dargestellt worden und

Hochöfen bereits seit 300 Jahren bekannt, dennoch war die Darstellung von Industrie in Gemälden des 18. Jahrhunderts selten.

Defrance besaß in den 1770er Jahren gute Beziehungen zur Obrigkeit, war er doch von François-Charles de Velbruck, dem von 1772 bis 1784 amtierenden Fürstbischof von Lüttich, zum Direktor der Académie de peinture ernannt worden. Velbruck war als aufgeklärter Regent nicht nur ein Förderer der Künste, sondern auch an der wirtschaftlichen Entwicklung seines Staates höchst interessiert, um den niederen Ständen Arbeitsplätze und Auskommen zu verschaffen. Der liberale Geistliche gehörte zu den wichtigen Auftraggebern des Malers. Die konfiszierten Güter der Jesuiten investierte er in Bildungsinstitutionen und gründete die Société d'Emulation, einen literarischen, künstlerischen und wissenschaftlichen Diskussionszirkel nach dem Modell der Pariser Akademie, aus dem sich später wichtige Anhänger der Revolution rekrutierten. Defrance war eines der führenden Mitglieder dieser Gesellschaft. Während der langen Zeit von 1777 bis 1793, in der er sich mit dem Typus des Industrieinterieurs beschäftigte, besuchte er zum Studium Werkstätten[10] und arbeitete auch für die Besitzer der großen Hammerschmieden.[11] Aus ihnen entstand eine Tradition bürgerlicher Auftraggeber, die sich bis ins 19. Jahrhundert zu den Gemälden von François Bonhommé fortführen lässt. Defrance fertigte in den Minen und Werkstätten vor Ort eine große Zahl von Figurenskizzen, mit denen er in Umrisslinien typische Bewegungen und Produktionsabläufe festhielt und die Beziehung der Arbeiter und Besucher in Figurengruppen klärte. Erst bei der Ausführung im Atelier beschäftigte er sich mit der dramaturgischen Inszenierung des Geschehens im reichen Spiel von Farbe, Licht und Schatten.[12] Seine Industriegemälde stellte er –

1 Léonard Defrance, *Die Steinkohlengrube (La houllière)*, 1778 Musée de l'Art Wallon, Lüttich

neben Genreszenen und Episoden aus der Revolutionszeit – im Pariser Salon de la Correspondance von 1786 und 1787 und im Salon révolutionnaire von 1791 und 1793 aus.[13]

Schweden: Pehr Hilleström d. Ä.

Mit Hilfe wallonischer Techniken der Metallverarbeitung bildete Schweden ein weiteres Zentrum der Industriellen Revolution, wo der Hofmaler Pehr Hilleström (1732–1816)[14] zum bedeutendsten Dokumentar der Erzgewinnung und -verarbeitung seiner Zeit wurde. Er war als Teppichwirker ausgebildet worden, hatte an der Tapisseriemanufaktur in Stockholm gearbeitet und war an der Dekoration des neuen königlichen Palastes beteiligt. In den Jahren 1757/58 aber studierte er in Paris bei François Boucher (1703–1770) und wendete sich danach zunehmend der Ölmalerei zu. Nach seiner Rückkehr adaptierte er den Stil der bürgerlichen Genreszenen Jean-Baptiste-Siméon Chardins (1699–1779). König Gustav III., der von 1771 bis 1792 regierte, ernannte den ›schwedischen Chardin‹ 1776 offiziell zum Hofmaler. In seinem Auftrag hielt Hilleström die höfischen Spiele im Stil mittelalterlicher Turniere und große Aufführungen zeitgenössischer Theaterinszenierungen fest. Daneben widmete er sich dem Porträt, bürgerlichen Genreszenen und eleganten Interieurs, in denen er das Leben am Stockholmer Hof dokumentierte.

In den durch Erzgewinnung wohlhabend gewordenen Minengebieten Schwedens entwickelte sich ein kulturell interessiertes Publikum, das Hilleström eine neue, bürgerliche Klientel verschaffte und ihm gleichzeitig erlaubte, seine offizielle Position zu bewahren. Die Industrie wurde

2 Pehr Hilleström d. Ä., *Das »Ameisenbad« im Bergwerk von Falun (Myrbadet i Falu gruva)*, nach 1781 Koppargruva och Museum, Falun

zum wichtigstem Thema seiner Malerei, seit er 1781 erstmals die berühmte Kupfermine von Falun, eine der größten und am häufigsten bereisten der Welt, besucht hatte (Abb. 2). Seine 24 bekannten Darstellungen umfassen unter anderem Eisen- und Kupferminen, Hammerschmieden, Kanonengießereien in Forsmark, die Ankerfabrik in Söderfors und die Glasfabriken von Kungsholm. Manchmal assistieren vornehme Besucher bei den spektakulären Operationen in den Gießereien. Als zentrale Lichtquelle seiner Gemälde wählte auch er den hellen Schein der Hochöfen, das Licht des glühenden Eisens und der Flammen. Diese Malerei des Lichts machte ihn in seiner Zeit berühmt; die mystisch-romantische Atmosphäre mit hartem Licht und schwarzen Schatten, die den Meistern des 17. Jahrhunderts – Caravaggio, Gerrit van Honthorst und Gottfried Schalken – folgte, wurde in weiten Kreisen gesucht. Der holländische Reisende Johan Meermann (1753–1815) besuchte im Februar 1798 in Stockholm eine Ausstellung der Kunstakademie und schrieb: »Hillerström, der sich ebenfalls einige Zeit im Auslande aufgehalten hat, kann mit Recht zu der Zahl der einsichtsvollen und angenehmen Maler gerechnet werden. Er komponiert im Kleinen historische Gegenstände und gruppirt mit Geschmack; ihm glücken nicht nur ruhige Darstellungen, sondern am meisten die Wirkungen des Lichts und Schattens beim Feuer, wie z. B. Schmiede-Werkstätten und Feuersbrünsten.«[15]

Hilleström ist mehr ein dokumentarischer Maler ›nach der Natur‹ als ein Bildregisseur dramatischer Handlung, auch wenn er Männer bei der Arbeit in packender Aktion schildert. Die Tendenz zum Realismus – »s'impatroniser du vrai«[16] – entspricht seiner charakteristischen Suche nach Wahrheit in der Darstellung. Man erkennt in der Wiedergabe von Metalloberflächen, Stoffen, Kleidern, Möbeln und weiteren Dingen den gesuchten Stilllebenmaler, der er ebenfalls war. Seine Figuren bleiben meist vom Betrachter abgewandt, zeigen nicht ihr distinguiertes Lächeln wie in zeitgenössischen Porträts, denn Hilleström geht es um das Leben in körperlicher Arbeit. Eine seltsame Faszination rührte von dieser frühindustriellen Lebenswelt her, die oft Eingang in die Schilderung europäischer Reisender[17] fand. Piranesis Unterwelt der *Carceri* (1745–61) (Kat. Nr. 32) weist Berührungspunkte mit Hilleströms Grubenbildern auf.

Der Botaniker Carl von Linné (1707–1778) sprach in seinem *Iter Dalekarlicum* in mitfühlender Weise von der Arbeit unter Tage: »Diese jämmerlichen Menschen wandelten halb nackt, und um nicht zu viel Rauch und Staub einatmen zu müssen, trugen sie ein Wolltuch vor dem Mund. Hier gab es keinen Platz für den geringsten frischen Luftstoß, der Schweiß floss an ihren Körpern wie Wasser herab.«[18] Der Historiker Jörg-Peter Findeisen beschreibt das Leben der Minenarbeiter: »Es war eine sehr eigenwillige Gesellschaft in den Bergbau- und Hüttenregionen, nahezu autark, eine be-

sondere ›Hüttenkultur‹. Meister und Arbeiter schliefen neben ihren Schmieden, versorgt durch essenbringende
Frauen, die in den Gemeinschaftsunterkünften kochten und
auf das Wochenende warteten. Zeitgenössische Quellen
dokumentieren, daß die Mehrheit der Schmiede früh alterte,
die Männer als Fünfzigjährige oft krumm und taub waren.
Sie waren ihren ›Patronen‹ ausgeliefert, die auch das Prü-
gelrecht besaßen. Stolz lebten sie dennoch, diese ›Aristo-
kraten‹ der schwedischen Bergarbeitergesellschaft. Ihre
Frauen arbeiteten in einer eigenen selbstversorgenden Viehwirtschaft. Sie webten in Heimarbeit, wurden gewöhnlich
von den Hüttenherren verlegt, die den Frauen dafür auch
den Kredit in den werkseigenen Magazinen und Kaufläden
einräumten. Tatsächlich fesselte diese Form des ›Kredit-
systems‹ durch die Hüttenpatrone die Arbeiterfamilien an
das jeweilige Unternehmen. Die Region und den Arbeitsplatz konnte nur verlassen, wer seine ›Schulden‹ bezahlt
hatte.«[19]

In Schweden gab es 1748 bereits 366 Eisenhütten, die
insgesamt 47 000 Tonnen produzierten. Eine neue Schicht
von Unternehmer-Kaufleuten verkaufte das Stangeneisen
aus den vielen kleinen Hütten des Landes an internationale
Handelshäuser. Die außergewöhnliche Qualität des schwedischen Eisens war überall bekannt, dazu heißt es im Artikel *Fer* (Eisen) der *Encyclopédie* (1756) von Diderot und
d'Alembert: »aucun pays d'Europe ne livre d'aussi grandes
quantités que la Suède et d'aussi bonne qualité, à cause de la
générosité naturelles des ses mines ou à cause du soin que
l'on met à travailler ce métal.« Das Eisen wurde per Schiff
nach England, Preußen, Holland, später auch nach Frank-

reich und Südeuropa und bis in den Nahen Osten und nach
Brasilien exportiert.

Die Kunst der Malerei erreichte in Schweden im Laufe
des 18. Jahrhunderts einen Höhepunkt, der unmittelbar mit
dem Wohlstand der Nation durch die Industrie einherging.
Dichter, Schriftsteller, Künstler und Wissenschaftler stammten häufig aus den Minenregionen Schwedens und waren
Teil des goldenen, kulturellen Zeitalters während der Re-
gentschaft Gustavs III. Es bestand eine enge Verbindung
zwischen dem König und den Bürgern. Die einflussreichen
Unternehmer in den Eisen- und Kupferhütten, den Waffen-
schmieden und ersten großen Textilmanufakturen sorgten
für die Blüte und den Wohlstand des Landes; im Gegenzug
waren sie an einem starken Königtum interessiert. Die Besuche und Bankette Gustavs III. in den Bergwerken, die in
den Gemälden Hilleströms dargestellt sind, muss man auch
vor diesem Hintergrund als bewusste ›Veröffentlichungen‹
betrachten. Der König stieg dreimal in die Kupfermine von
Falun ab, eines der wertvollsten nationalen Besitztümer.
Feierliche Illuminationen und Musik von Pergolesi begleiteten die Festmahle in der 292 Meter tief gelegenen
»Neptuns«-Galerie, die Hilleström in zwei Gemälden festgehalten hat (Abb. 3).

England: Joseph Wright of Derby

Die Zusammenhänge zwischen Kunst, Wissenschaft und den
Anfängen der Industriellen Revolution spielten in den Gemälden Joseph Wrights of Derby (1734–1797)[20] eine entscheidende Rolle. Als Porträtmaler ausgebildet, fühlte er sich
von den neuesten wissenschaftlichen und industriellen Entwicklungen seiner Gegenwart angezogen, die er in seinen
berühmtesten Gemälden, den »scientific candle-lights« fest-

3 Pehr Hilleström d. Ä.,
*Der Besuch Gustavs III. im
Bergwerk von Falun (Gustav
III:s besök vid Falu gruva
1788)*, 1788 Koppargruva och
Museum, Falun

4 Joseph Wright of Derby,
*Die Hufschmiede (The Black-
smith's Shop)*, 1771
Derby Museum and
Art Gallery

hielt. Neben Demonstrationen wissenschaftlicher Experimente malte er Schmiededarstellungen mit und ohne wasserkraftbetriebene Eisenhammer, Alchimisten und Naturphilosophen in ihren Werkstätten. Er stand der Lunar Society nahe, einer exklusiven Vereinigung, der die größten Wissenschaftler der Zeit angehörten. Sie traf sich seit den 1760er Jahren in Birmingham, ihre Mitglieder teilten idealistische Ideen über die Zukunft der Gesellschaft und förderten einen Kreis von Künstlern, zu dem auch Wright of Derby gehörte.

1771 hat Wright of Derby zwei Versionen einer Schmiedeszene[21] in einem noch vorindustriellen Stadium gemalt (Abb. 4), die von Darstellungen der moderneren mechanischen Hammerschmieden wie *Schmiede mit mechanischem Eisenhammer (An Iron Forge)*, 1772 und *Ansicht einer Hammerschmiede (The Iron Forge Viewed from Without)*[22], 1773 ergänzt wurden. Den architektonischen Hintergrund des Gemäldes *Die Hufschmiede (The Blacksmith's Shop)* bildet eine zerfallene Kirche, zu erkennen an einem Portal, über dem im Zwickel ein Engelsrelief schwebt. Die Szene ist im Ganzen von einem religiösen Unterton geprägt, der in Architektur und Beleuchtung an traditionelle Darstellungen der Anbetung Christi erinnert. Wright of Derby hat dieses Motiv verwandelt in eine Anbetung der menschlichen Arbeit, Stärke und Geschicklichkeit. Die christliche Ikonographie hat er in sein Bild übernommen und säkularisiert. Auch die Mitglieder der Lunar Society versuchten, Glaube und wissenschaftliche Erkenntnis in Übereinstimmung zu bringen. Die Darstellung der Schmiede in den Mauern einer Kirchenruine legt die Interpretation nahe, dass der wissenschaftlich-technische Fortschritt auf den Trümmern der christlichen Tradition gründet und sie ablöst.

Die Malerei des ›Eisernen Zeitalters‹

In den letzten Jahrzehnten des 18. Jahrhunderts entstand ein neues Genre der Malerei, das besonders Produktionsprozesse um die Förderung und Verarbeitung von Eisen in frühindustriellen Interieurs thematisierte. Die Verwissenschaftlichung und umfassende Auseinandersetzung mit dem Werkstoff geschah in einigen der ältesten und führenden Zentren der frühen Industrialisierung, den Regionen mit Kohlen- und Eisenvorkommen, wie den südlichen Niederlanden (Belgien), Schweden und England.

Mit naturwissenschaftlichem Blick und dem Versuch größtmöglicher Objektivität erreichten die Maler dieses ›Eisernen Zeitalters‹ zugleich ein Höchstmaß an bildhafter Gestaltung. Mit enzyklopädischer Präzision waren sie auf das vollständige Erfassen der Wirklichkeit bedacht. Das Zuschauen durch die oberen Stände bei den Produktionsprozessen kündet von der Bedeutung des Eisens als Quelle nationalen Wohlstands und der Malerei als Medium der ›Veröffentlichung‹.

1 *Conversations-Lexicon oder encyclopädisches Handwörterbuch für gebildete Stände*, Leipzig und Altenburg 1815.

2 Abraham Gottlob Werner, *Kurze Klassifikation und Beschreibung der verschiedenen Gebirgsarten*, Dresden 1787.

3 James Hutton, *Theory of the Earth, or an INVESTIGATION of the Laws observable in the Composition, Dissolution, and Restoration of Land upon the Globe*, Royal Society of Edinburgh 1788.

4 Zu diesem Künstler: Defrance 1980; Dehousse/Pacco/Pauchen 1985; Hendrick 1987, S. 239–258; Pacco-Picard 1982; Ausst. Kat. Brüssel 1985/86, S. 347–350; Ausst. Kat. Lüttich 1980, S. 15–19, 64–77.

5 Vgl. Halleueux/Bernès/Etienne 1995.

6 *Hufschmiede (The Blacksmith's Shop)* und *Hammerschmiede (The Iron Forge)*.

7 Ausst. Kat. Lüttich 1980, S. 66; Ausst. Kat. Brüssel 1985/86, S. 357.

8 Dehousse/Pacco/Pauchen 1985, S.10.

9 Boileau-Despréaux 1967; dazu Defrance: »De tous les livres qui donnent des leçons aux peintres, je n'en connais pas de plus utile que ›L'art poétique‹ de Boileau. Tous ses préceptes sont applicables à la peinture, mais déjà il faut être artiste pour en profiter«, in: ders. 1980, S. 95f.

10 Überliefert ist aus der Zeit seines Exils in Givet die Anfrage von Defrance bei Baron Antoine-Laurent de Jacquier de Rosée (1747–1825), Besitzer zweier großer Schmieden, seine Hütten zeichnen zu dürfen, siehe Pacco-Picard 1982, S. 15.

11 Im Besitz von Pierre-Joseph de Paul de Maibe (1743–1823), Eigentümer von Hammerschmieden und Mitglied der zweiten Kammer der Generalstände während der Herrschaft der habsburgischen Niederlande, befanden sich drei Gemälde des Künstlers: neben Szenen auf einem Fischmarkt und bei einem Tribunal auch *Schmiede auf einem Gehöft (L'interieur d'une ferme où l'on fond du fer)*.

12 Defrance 1980, S. 96.

13 Weitere Sujets sind namentlich nur aus Verkäufen seit Ende des 18. Jahrhunderts bekannt: *Gewehrlauffabrik (Fabrique de canons de fusil)*, *Schlosserei (Forge de serrurier)* und *Walzwerk (L'Atelier des lamineurs)*.

14 Zu diesem Künstler: Osvald 1900; Rönnow 1929; Cederblom 1927; Évrard 1955, S. 75–81.

15 Zit. nach Rönnow 1929, S. 341.

16 Cederblom 1927, S. 367.

17 Der Dramatiker Jean-François Regnard (1655–1709) in seiner *Voyage de Regnard en Flandre, en Hollande, en Danemark et en Suède* (1681): »… Unsere Führer zündeten die Fackeln an, die kaum die starke Dunkelheit dieses unterirdischen Gebietes erleuchteten. So weit das Auge reichte, sahen wir von allen Seiten nur fürchterliche Dinge, die nur mit Hilfe des schwachen Lichtes wahrzunehmen waren. … Wenn Sie sich außerdem das Getöse der Schläge und den Anblick der Schatten dieser unglücklichen Menschen, ganz nackt und schwarz wie der Teufel, vorstellen, werden Sie zugeben, dass nichts mehr der Hölle ähnelt als dieses lebhafte Bild, dieses Gemälde, das in den dunkelsten und düstersten Farben, die man sich denken kann, gemalt wurde. Wir gingen zwei Meilen unter der Erde, auf erbärmlichen Wegen, stiegen auf wackeligen Leitern hinunter, leichte Bretter überquerend, immer mit anhaltender Angst.« Zit. nach Ausst. Kat. Paris 1994, S. 154.

18 Zit. nach Ausst. Kat. Paris 1994, S. 154.

19 Findeisen 1997, S. 170.

20 Zu diesem Künstler: Nicolson 1968; Ausst. Kat. London 1990; Ausst. Kat. Derby 1997; Busch 1999/2000.

21 Erste Version gekauft von Lord Melbourne, heute Yale Center for British Art, New Haven, USA; zweite Version Derby Museum and Art Gallery, England.

22 Staatliche Eremitage, St. Petersburg.

Vom romantischen Mythos zum ersten Umweltskandal – Industrialisierung und Literaturproduktion im Deutschland des 19. Jahrhunderts

Ansgar Warner

Von den »Bergwerken der Seele« zur Industrielandschaft

»Als Karl mit seiner Olga in Amerika ankam, war schon der zweite Hochofen angesteckt, eine zweite und dritte Nagelschmiede errichtet, die Aktien waren auf das Dreifache ihres Emissionswertes gestiegen, und es bestand Aussicht, daß sie noch weiter steigen würden, wenn ... ein Gebläsewerk, das durch eine Dampfmaschine betrieben wurde, eingerichtet würde. ... Karls oder eigentlich Olgas Vermögen hatte sich bis 1806 schon verdreifacht. Er hatte sich auf seiner Besitzung ... eine prächtige Villa im italienischen Stil bauen lassen.«[1]

Unternehmer und Aktionäre, die Fabrikanlagen aus dem Boden stampfen, massiv in die Schwerindustrie investieren und dreistellige Wachstumsraten vorweisen können, das gab es zu Beginn des 19. Jahrhunderts in Deutschland weder in der Wirklichkeit noch im Roman. Das obige Zitat stammt aus Heinrich Albert Oppermanns mehrbändigem Werk *Hundert Jahre*, das die Zeit von 1770 bis 1869 umfasst und kurz nach Gründung des Kaiserreiches erschien. Die Industrialisierung hat die Gebiete des späteren Deutschen Reiches mit einiger Verspätung erreicht. Zu Beginn des 19. Jahrhunderts gab es erst eine Handvoll Dampfmaschinen zwischen Rhein und Oder – und dies spiegelt sich auch in den zentralen Erzählgattungen Roman und Novelle wieder. Die durchaus technik- bzw. fortschrittskritischen Autoren der späten Romantik schildern mit realem Hintergrund noch eine Umwelt, die von vorindustriellen Lebensverhältnissen geprägt ist. Technik und die damit verbundene wirtschaftliche Dynamik erscheint bei ihnen in personifizierter Form: als trügerische, noch im alchemistisch-magischen Zusammenhang stehende »Menschenmaschine« in E. T. A. Hoffmanns Erzählung *Der Sandmann*, als dämonischer Fernkaufmann und Seelenhändler »Holländermichel« in Volker Hauffs Märchennovelle *Das steinerne Herz*. Mary Shelleys 1816 entstandene Vision *Frankenstein or, the Modern Prometheus* (Abb. 1) hatte bereits in beispielhafter Weise offenbart, inwieweit die Zeitgenossen am Beginn des 19. Jahrhunderts vom technischen Fortschritt unmittelbare Auswirkungen auf den Menschen selbst erwarteten. Nicht nur dessen Simulier-, sondern sogar dessen Reproduzierbarkeit schien in greifbarer Nähe zu liegen. Erst im unserer Tage anbrechenden Zeitalter der Fusion von Informationswissenschaft und Life Sciences kündigen sich solche Auswirkungen tatsächlich an – was den Menschen des beginnenden 19. Jahrhunderts bevorstand, war hingegen eine auf die Außenwelt begrenzte, dort aber umfassende Umwälzung der Lebensverhältnisse. Auf den bereits stark arbeitsteiligen, teilmechanisierten Produktionsmethoden des 18. Jahrhunderts baute die Dynamik der mit fossilen Brennstoffen betriebenen Dampfmaschinentechnologie auf. Die Nutzung von Kohle als neuem Energieträger kannte zunächst keine Wachstumsgrenze. Das vorläufige Resümee von Karl Marx und Friedrich Engels im *Kommunistischen Manifest* von 1848 lautete sehr zutreffend, die »Unterjochung der Naturkräfte« habe in kurzer Zeit »massenhaftere und kolossalere Produktionskräfte« geschaffen als »alle vergangenen Generationen zusammen«.[2]

Da in Deutschland sowohl die Verstädterung als auch die Entstehung von Industriegebieten und des städtischen wie ländlichen Proletariats im Vergleich zu Großbritannien erst mit einiger Verspätung zum Tragen kamen, verlief auch die literarische Entwicklung teilweise in anderen Bahnen. So hat etwa Theodore Ziolkowski in einer Studie über die deutschen Romantiker gezeigt, wie die zeitgenössische Sicht des Bergbaus in Deutschland beeinflusst war von vergleichsweise rückständigen Fördertechniken in den deutschen Abbaugebieten. Bergwerksbesichtigungen wurden in weiten Kreisen als ein nachhaltig prägendes Bildungserlebnis angesehen. Das unterirdische Mineralreich galt als Beispiel für die Durchdringung des Organischen und Anorganischen, das heißt der Einheit von belebter und unbelebter Natur. Als Anfangsdatum der romantischen Bewegung in Deutschland wird in der Literaturgeschichtsschreibung vielfach das Jahr 1793 angesehen – zu diesem Zeitpunkt besichtigten Wilhelm Heinrich Wackenroder und Ludwig Tieck auf ihrer Pfingstwanderung die Eisenminen in Oberfranken und berichteten davon in begeisterten Briefen an ihre Eltern.[3] Das Bergwerk war den Romantikern kein »technisch-industriell bestimmtes Gelände«, sondern ein »vitaler, pulsierender Ort, in den der Mensch hinabstieg wie in seine eigene Seele«.[4] So reiht sich etwa die Bergbauthematik in Tiecks Novelle *Runenberg* ebenso nahtlos ein in die Topographie romantisch-märchenhafter Orte wie in Novalis' Roman *Heinrich von Ofterdingen*. Ermöglicht wurde diese idealisierte Sichtweise der Bergbauindustrie dadurch, dass man sich in Deutschland auch zu Beginn des 19. Jahrhunderts noch auf die eher kleinräumige Gewinnung von Edelmetallen beschränkte. Die Rückständigkeit der deutschen Zustände war es, die Friedrich Engels bewog, die Lebensumstände der arbeitenden Bevölkerung besser auf den britischen Inseln zu untersuchen: dort existierten die »proletarischen Zustände« bereits in ihrer »klassischen Form«.[5] Seine 1845 publizierte Schrift über die *Lage der arbeitenden Klasse in England* sollte die Deutschen davor warnen, dass auch die soziale Ordnung auf dem Kontinent »über kurz oder lang auf die Spitze getrieben werden muß, welche sie jenseits der Nordsee bereits erlangt hat – falls nicht beizeiten die Einsicht der Nation Maßregeln zustand bringt, die dem ganzen sozialen System eine neue Basis geben«.[6] Engels interessierte sich für die Entwicklungen in den mit großer Schnelligkeit wachsenden Städten wie London, Manchester und Dublin, aber auch für die rapiden Veränderungen in den vormals agrarisch geprägten

1 W. Chevalier nach Theodor von Holst, *Frankensteins Geschöpf (Frankenstein's Creature)*, Frontispiz von: Mary Wollstonecraft Shelley, *Frankenstein, or: The Modern Prometheus,* 1831

Regionen der Provinz. Solche minutiösen Beschreibungen der verarmten, überbevölkerten Arbeiterviertel, aber auch die unvermittelt aufeinander treffenden Gegensätze zwischen Arm und Reich in den pulsierenden Stadtzentren gingen weit über das hinaus, was die zeitgenössische deutsche Literatur ästhetisch bewältigen konnte. Heinrich Heine, der etwa zur selben Zeit die britische Metropole besuchte, rief irritiert aus: »Schickt einen Philosophen nach London, aber bei Leibe keinen Poeten!«[7] Nicht nur Heine

standen offenbar keine Wahrnehmungskategorien zur Verfügung, um das Erlebnis einer Metropole, in der industriell geprägte Randzonen fließend in die hektische Betriebsamkeit innerstädtischen Handels übergingen, in literarische Form zu bringen.[8]

»Schöne Verhältnisse erzeugen«: Aus- und Einblendung der Industrialisierung auf dem Lande

Tatsächlich war es nicht nur bis zur literarischen Darstellung der Industrialisierung, sondern auch zur Schilderung modernen großstädtischen Lebens in der deutschen Literatur noch ein weiter Weg. Fast alle Autoren verfochten zunächst ein diametral entgegengesetztes Programm: die ›Dorfgeschichte‹. Man verdrängte die gesellschaftlichen Folgen der Industrialisierung, die »Klassenfrage«, wie sie sich durch die Herausbildung der »proletarischen« Schichten am Rande der Städte stellte, und konzentrierte sich auf die Schilderung des ursprünglichen, noch nicht proletarisierten Volkes auf dem Lande. So wurden etwa Auerbachs *Schwarzwälder Dorfgeschichten,* die der Gattung auch den Namen geben sollten, bei ihrer Herausgabe im Jahr 1844 gefeiert als ein Werk, das »unmittelbar in die Mitte von Volkszuständen [führe], wo noch die stille Natur waltet, wo das Heiligtum einer naturgemäßen Entwicklung noch nicht durch die Laster der großen Welt getrübt worden« sei.[9] Dagegen wandte sich derselbe Rezensent vehement gegen Eugène Sues Schilderung der Pariser Unterschichten in den *Geheimnissen von Paris.* Sue zeichne »die untersten Klassen in der verdorbenen Hauptstadt ..., wobei er ... einen Abgrund der furchtbarsten Laster und Verbrechen den Lesern vor die Seele führe«, denn zu »den vielen Übeln, welche die demoralisierte Stadt mit sich« bringe, komme »gerade in Paris das furchtbare Mißverhältnis zwischen Armuth und Reichtum«.[10] »Schöne Verhältnisse erzeugen« könne der Autor so beim besten Willen nicht, kritisiert der Rezensent.[11] Die Konzentration der ›Dorfgeschichten‹ auf die in gesicherten Verhältnissen lebenden Hofbauern führte jedoch dazu, dass die Situation der auf dem Lande herrschenden Klassenstruktur und die daraus resultierenden Ausbeutungsverhältnisse in der Regel nicht dargestellt wurden.[12] Eine Ausnahme in der Literatur der 1830er Jahre bildet deswegen Karl Leberecht Immermanns Roman *Die Epigonen.* Dort wird ausführlich die zeitgenössische Umwandlung der Agrarin eine Industrielandschaft sichtbar gemacht, die aus den noch nach althergebrachter Weise wirtschaftenden Bauern nun entfremdete Fabrikarbeiter macht: »Fast alle Zweige dieser Art menschlicher Tätigkeit [in Fabriken] hatten sich hier im Umkreise ... abgelagert. Man mußte wirklich über den Geist des Mannes erstaunen, der in verhältnismäßig kurzer Zeit eine ganze Gegend umzuformen verstanden hatte.

Aus einfachen Landbauern waren Garnspinner, Weber, Bleicher, Messer- und Sägenschmiede, Glasbläser, Töpfer, Vergolder, ja sogar Zeichner und Maler gemacht worden.«[13] Die Proletarisierung der Bauern wird vom Betrachter – und insofern konform mit den Verfechtern der idealisierten ›Dorfgeschichten‹ – durchweg negativ gesehen: »Wie die beiden Beschäftigungen, die natürliche und die künstliche, den Menschen zuschlagen, sah Hermann in diesen Gebirgen oft im härtesten Gegensatze. Während er hinter den Pflügen Gesichter erblickte, die von Wohlsein strotzten, nahm er bei den Maschinen andere mit eingefallenen Wangen und hohlen Augen wahr ...«[14] Die alte Kultur- und Naturlandschaft erscheint dem Betrachter »entstellt und zerfetzt«. Der Wald, »welcher die Hügel bedeckte«, ist zur Gewinnung von Feuerholz bereits »fleißig gelichtet«, der Fluss, dessen Wasserkraft mehrere Fabriken antreibt, muss sich »zwischen einer Bretter- und Pfosteneinfassung fortzuleiten bequemen«. Zu dem Lärm der zahlreichen Maschinen kommt ein mit »widerlichen Gerüchen geschwängerter Dunst, welcher von den vielen Färbereien und Bleichen herrührte«.[15] Vorbild für diese frühe Industrielandschaft und ihren Schöpfer war Gottlob Nathusius (1760–1835), der bei Althaldersleben in der Nähe Magdeburgs einen ausgedehnten Industriekomplex geschaffen hatte, in dem die verschiedensten Gewerbe und Fabrikationen einander in die Hand arbeiteten. Immermanns Schilderung maschineller Produktionsstätten wurde zum Modell für die späteren Fabrikromane der 40er und 50er Jahre.

Ein bedeutender Teil von Gustav Freytags Roman *Soll und Haben* aus dem Jahr 1855 beschäftigt sich ebenfalls mit dem durch die Industrialisierung ausgelösten Umbruch auf dem Lande, wenn auch aus anderer Perspektive. Freytag schildert die Situation eines Landadligen, der sich nur schwer in der neuen Zeit behaupten kann. Baron Rothsattel, dem schließlich der Kaufmann Anton Wohlfahrt unter die Arme greifen muss, wird als »Musterbild eines adligen Rittergutsbesitzers« beschrieben, der noch »keine Geldgeschäfte« macht. Wider besseres Wissen, denn er weiß, dass es »gerade die Zeit [war], wo eine Menge von industriellen Unternehmungen aus dem Ackerboden aufschossen, wo durch hohe Schornsteine der Dampfmaschinen, durch neuentdeckte Kohlen- und Erzlager, durch neue landwirtschaftliche Kulturen große Summen erworben und noch größere Reichthümer gehofft wurden«.[16] In Immermanns *Epigonen* ist der adlige Landbesitzer, auf dessen ehemaligem Grund und Boden die neuen Fabriken errichtet wurden, längst durch den bürgerlichen Unternehmer verdrängt worden. Dieser macht aus seiner Verachtung für den Adel keinen Hehl: »... es [sei] an der Zeit, das Eigentum aus den Händen derer, welche es nicht zu benutzen verständen, in fleißigere übergehen zu lassen.«[17] Der Unternehmer herrscht über die Industrielandschaft ähnlich autokratisch wie vormals der adlige Landesherr über die Agrarlandschaft. Der bürgerliche Potentat wohnt im Schloss seines Vorgängers, richtet ein selbständiges Schulwesen ein, lässt eigenes Papiergeld drucken und wird wegen seiner wirtschaftlichen Macht von seinen Verhandlungspartnern als Territorialherrscher akzeptiert: »Man konnte sagen, daß er eine Macht darstellte. Denn nicht allein, daß seine Handelsbeziehungen über die ganze Erde griffen, auch mit den Fürsten und Regierenden war er in Verhältnisse gediehen, bei welchen er, da er mehr zu gewähren, als zu erbitten hatte, sich ziemlich auf gleichem Fuße zu ihnen halten durfte.«[18]

Damit war der deutsche Prototyp eines neuen Romanhelden geboren: der Unternehmer; und mit ihm ein neuer Handlungsort: die Fabrik. Bis sich beide Elemente endgültig in der Hochliteratur etablierten, sollte allerdings noch einige Zeit vergehen – zunächst galt es, die wachsende Sphäre der Trivialliteratur zu erobern.

»Die große Dampfmaschine ruht nicht ...«: Karl Gutzkow und der Fabrikroman

Wie langsam auch immer gesellschaftliche Wirklichkeit in die Hochliteratur seit den 30er und 40er Jahren des 19. Jahrhunderts eindrang: das Medium Buch selbst war, unabhängig vom Inhalt, längst zur Ware geworden, die industriell produziert wurde. Nicht nur die Papiermühlen, auch die Druckerpressen wurden seit den 20er Jahren des 19. Jahrhunderts zunehmend mit Dampfmaschinen betrieben. Durch die maschinelle Produktion wurde das Buch zur Massenware. Eine besondere Rolle spielten dabei die preisgünstigen Leihbibliotheken und Vorabdrucke in der Tagespresse, in Wochen- und Monatsschriften sowie speziellen »Romanzeitungen«. Es sind gerade diese von den großen Massen – im Gegensatz zu der nur von einer vergleichsweise kleinen Schicht von Gebildeten wahrgenommenen Hochliteratur – gelesenen Unterhaltungs- und Trivialromane, in die zuerst die durch die Industrialisierung verursachten gesellschaftlichen und technischen Neuerungen eindrangen.[19] Eine der wohl frühesten Schilderungen moderner, bereits mit Dampfmaschinen ausgestatteter Fabrikgebäude durch einen Autor der Hochliteratur findet sich in Karl Gutzkows Roman *Die Ritter vom Geiste* aus dem Jahr 1850: »Schwarze Wolken steigen da aus zehn turmhohen Schornsteinen, die Eisenhämmer dröhnen aus den gewaltigen Werkstätten, in den Glutöfen siedet es, der große Ventilator, womit gegen hundert Schmiedefeuer zu lichterloher Glut geblasen werden, stößt ächzende, markerschütternd klagende Töne aus und zu dieser Musik der menschlichen Arbeit und des die Materie bewältigenden Gedankens wiehern die Rosse, die die hier gebauten Locomotiven in die entferntesten Gegenden achtspännig führen, um Kunde zu geben von der Thätigkeit vereinigter Menschenhände und der gefesselten Naturkräfte.«[20] Neben der Schilderung der gebändigten Naturkräfte, die hier noch den Pferden, die die Lokomotive zu ihrem Einsatzort bringen müssen (Abb. 2), gegenübergestellt werden, zeigt sich in Gutzkows Fabrikbeschreibung bereits die Eigengesetzlichkeit der Maschinenwelt: »In den Schmelzöfen ging die Gluth die ganze Nacht nicht aus. Die langen Schornsteine durften nicht kalt werden. Die große Dampfmaschine, die das Gebläse zu den Cupolöfen der Eisengießerei trieb, ruhte nicht. In langsam feierlicher Bewegung gingen ihre Hebel und Stempel auf und abwärts und hielten jene furchtbare Kraft gleichsam in gelindem Athem, die in der Frühe um sechs Uhr wieder gewaltig ausholen und wie mit vollen Lungen die Kraft von tausend Menschen ersetzen sollte.«[21] Das Fabrikgebäude wird durch künstliches Licht beleuchtet, denn neben der Fabrik befindet sich eine »Gasanstalt, durch deren tausend unterirdische Röhren die ganze Fabrik in Winterabenden durch tausend Gasflammen erhellt war«.[22] Im Zentrum des Fabrikgeländes liegt das »Comptoir, wo die Bestellungen angenommen, die Bücher geführt, die Zahlungen geleistet werden. Durch die großen Glasfenster kann man von allen Seiten die gewaltige Anlage übersehen.« Von hier aus beherrscht der Unternehmer Willing, »von Technikern und Buchführern umgeben«, die gesamte Fabrik, die als »großes vulkanisches Reich« bezeichnet wird.[23]

2 Carl Eduard Biermann, *Ansicht von Borsig's Eisengießerei und Maschinenbauanstalt in Berlin*, 1847

Bei allem Realismus der Detaildarstellung nutzt der Autor hier die ganze Palette allegorischer und metaphorischer Mittel, um den seinerzeit noch ungewohnten Schauplatz in das Romangeschehen einzufügen. Der weitere Handlungsverlauf zeigt jedoch gleichzeitig, in welchem Maße die Romanfiguren die neuen Produktions- und Lebensbedingungen bereits als Normalität empfinden und ihre Gedanken auf die Folgen des erlebten technischen Fortschritts für die Zukunft richten.

Der Ingenieur als tragischer Held: Max Eyths Chronologie einer technischen Katastrophe

Mit dem europaweit boomenden Eisenbahnbau der 40er Jahre war die Industrialisierung in eine neue Phase eingetreten. Durch den erheblichen Bedarf an Eisen und Stahl für Fahrzeuge, Schienenwege und Brücken stieg der Abbau von Eisenerz und Kohle in den Bergbauregionen steil an. Gleichzeitig machte das wachsende Eisenbahnnetz auch Rohstoffe und Güter aus zuvor entlegenen Regionen zu günstigen Preisen und in kürzester Zeit verfügbar. Immer gewagter wurden die Konstruktionen der Ingenieure, immer komplizierter die Planungs- und Berechnungsgrundlagen von Großprojekten. Die steigenden Materialkosten für große Gebäude und Brückenbauten führten zur Notwendigkeit, durch genaue statische Berechnungen den Materialaufwand zu minimieren, ohne die Stabilität der Konstruktionen zu gefährden. In seiner Erzählung *Berufstragik* stellt der Dichter und Ingenieur Max Eyth 1898 erstmals in aller Deutlichkeit die Frage nach der Verantwortung des Ingenieurs für von technischen Schöpfungen ausgehende Risiken (Abb. 3). Vorbild für die Erzählung war die wohl größte technische Katastrophe des 19. Jahrhunderts: der Einsturz der englischen Tay-Brücke im Jahr 1880, die einen kompletten Personenzug mit in die Tiefe riss und unmittelbar danach Theodor Fontane zu seinem bekannten Gedicht *Die Brück' am Tay* inspiriert hatte. Steht bei Fontane der Triumph der Naturkräfte über den Menschen im Vordergrund, so geht Eyth darüber hinaus den durchaus menschlichen Ursachen des Versagens der Technik nach. In Anlehnung an die nach dem Unglück am Tay von einer Untersuchungskommission festgestellten, durch den Drang nach Kosteneffizienz verursachten groben Planungsfehler siegt in Eyths Erzählung das professionelle Gewissen des verantwortlichen Ingenieurs.[24] Doch allein die Natur des Großprojektes selbst stellt den Protagonisten vor immer neue Probleme: »Das Unerwartete kommt uns so oft in die Quere, und dann geht auch im gewohnten Gleise nicht immer alles, wie es sollte. Von manchem kritischen Punkte wissen wir noch so blutwenig und sollen und müssen darauf losbauen.«[25] Beim Bau der Brücke geschehen mehrere schwere Unfälle, und schließlich erweist sich der Untergrund der Bucht, durch die die Brücke führen soll, als unerwartet instabil. Der Ingenieur, den die knappen Finanzmittel zu immer weiteren Kompromissen bei den statischen Berechnungen zwingen, steht zudem vor dem praktischen Problem, dass nicht genügend Erfahrungen mit großen Bauwerken vorliegen: »Festigkeitskoeffizienten unserer heutigen Materialien, Winddruckfragen – alles ist so unsicher, daß man mit zehnfacher oder zwanzigfacher oder dreißigfacher Sicherheit rechnen kann, ohne fehlzugehen.«[26] Am Ende bricht während eines schweren Sturms der Mittelteil der Brücke zusammen und reißt einen Personenzug, in dem sich auch der Ingenieur befindet, mit sich hinab. In der Presse wird daraufhin versucht, die Ursachen der Katastrophe zu relativieren: »Das entsetzliche Unglück weise aufs Neue darauf hin, daß es Grenzen gebe, die der Mensch nicht ungestraft überschreite, daß aber der Ruf der englischen Technik von diesem tief bedauerlichen Unfall nicht ernstlich berührt werde.«[27]

Der Fortschrittsoptimismus blieb trotz solcher Rückschläge im 19. Jahrhundert ungebrochen – erst die epochale Erfahrung der Materialschlachten des Ersten Weltkriegs sollte eine grundsätzliche Technikkritik endgültig in den Mittelpunkt des Interesses einer breiten Öffentlichkeit lenken. In der Literatur war ein entsprechendes ›Krisenbewusstsein‹ für das technische Zeitalter längst vorhanden – wie sich im Folgenden zeigen wird, sogar auf dem Gebiet der ökologischen Folgen industriellen Wachstums.

»Roman eines Abwasserprozesses«: Wilhelm Raabes Blick auf Ökonomie und Ökologie

In dem bereits 1884 erschienenen Roman *Pfisters Mühle* von Wilhelm Raabe stehen die Auswirkungen der Industriellen Revolution auf Natur und Umwelt sowie auf hergebrachte Wirtschafts- und Produktionsformen im Vordergrund.[28] Am Beispiel eines Rechtsstreits zwischen dem alten Wassermühlenbesitzer Pfister und den Besitzern der modernen Zuckerfabrik Krickerode, die den Mühlbach mit Abwässern verunreinigt, stellt Raabe eindringlich dar, wie die ›neue‹ Ökonomie durch ihre aggressive Dynamik unaufhaltsam die alten Zustände aus dem Gleichgewicht bringt. Zwar wird durch die Hinzuziehung eines Sachverständigen der Verursacher der Wasserverschmutzung eindeutig festgestellt: »Und so umschritten wir den wohl zwanzig Morgen bedeckenden künstlichen Sumpf und gelangten unter der Mauer der großen Fabrik zu dem dunklen Strahl heißer, schmutziggelber Flüssigkeit, der erst den Bach zum Dampfen brachte und dann sich mit demselben über die weite Fläche verbreitete ...« Der Gutachter ergreift dabei jedoch eher Partei für den Fortschritt: »Das, was ihr in Pfisters Mühle ... laienhaft erbost, als eine Sünde und Schande, eine Satansbrühe ... bezeichnet, nenne ich ruhig und wissenschaftlich das Produkt der reduzierenden Wirkung der organischen Stoffe auf das gegebene Quantum schwefelsauren Salzes.«[29] Der Rechtsstreit gegen die Fabrik geht zwar erfolgreich aus, doch stirbt der resignierte Mühlenbesitzer kurz darauf. Die ohnehin durch zunehmende industrielle Konkurrenz ökonomisch kaum noch wettbewerbsfähige Mühle wird abgerissen, um Platz für eine weitere Fabrik zu machen.

Ebenso wie bei Max Eyths Erzählung stand auch bei *Pfisters Mühle* ein tatsächliches Geschehnis Pate – die Verschmutzung eines Wasserlaufs in der Nähe Braunschweigs. In der unmittelbaren Umgebung Wilhelm Raabes hatten die

3 Umschlag von: Max Eyth, *Hinter Pflug und Schraubstock. Skizzen aus dem Taschenbuch eines Ingenieurs*, 1899

Abwässer einer Zuckerfabrik nicht nur zu einem Fischsterben, sondern auch zu einer Algenpest geführt, die schließlich den Betrieb einer Wassermühle lahm legte. Raabe bezieht in seinem Roman allerdings keine eindeutige Position gegenüber der Industrialisierung. Resignation und Melancholie angesichts des unaufhaltsamen Endes der alten Zeit, für die Pfisters Mühle symbolisch steht und fällt, gehen einher mit der Hoffnung, dass der technische Fortschritt auch positive Aspekte besitzen möge. Raabes Romanfiguren antworten auf die neuen Verhältnisse oft schlicht durch den Rückzug ins private Idyll, wenn dies auch durch Kompromisse erkauft werden muss. Der Erbe von Pfisters Mühle hat zwar durch den Verkaufserlös sein Auskommen und zieht als Rentier nach Berlin, die traditionelle Existenzform seiner Familie jedoch lebt nur noch in der Erinnerung weiter.

Der Protagonist in Raabes etwa zur selben Zeit entstandenem Roman *Stopfkuchen* zieht sich dagegen auf einen Bauernhof zurück. Doch dessen Ländereien muss er zur Bestreitung seines Lebensunterhalts verpachten – an eine Zuckerfabrik, die Ackerflächen für den Anbau von Zuckerrüben benötigt. Widerspruchsfrei, das ist die pessimistische und auch heute noch gültige Einsicht Raabes, lässt es sich in der neuen Zeit schlicht nicht mehr leben. Auch die distanzierte Position der Nischenexistenz trägt in seiner Prosa deutlich die Spuren des durch die Auswirkungen von Technik und Kapitalwirtschaft längst im Kern beschädigten Lebens.

Als Max Eyth und Wilhelm Raabe sich in den Jahrzehnte nach der Reichsgründung in ihren Texten mit den Auswirkungen der Industriellen Revolution beschäftigten, hatte diese Deutschland bereits endgültig zu einer der mächtigsten Industrienationen in Europa umgewandelt. Für ihren Schriftstellerkollegen Heinrich Albert Oppermann war diese rasante Entwicklung bereits um 1870 Anlass gewesen, mit seinem – eingangs zitierten – Roman *Hundert Jahre* in einem breit angelegten Rückblick die wirtschaftlichen und gesellschaftlichen Veränderungen vom Ende des 18. Jahrhunderts bis unmittelbar vor der Reichsgründung nachzuvollziehen. Oppermann antwortet auf die Enttäuschung der liberalen Revolutionsideale von 1848 mit einer Vision, die im ausgesprochenen Gegensatz zu den melancholischen Rückzugs-Idyllen Wilhelm Raabes steht, aber ebenso zur ernüchternden Fusion von feudal-autoritärer Territorialherrschaft und freiem Unternehmertum der Immermann'schen *Epigonen*. Oppermann bündelt die wirkungsmächtigen Mittel industrieller Massenproduktion und Kapitalwirtschaft mit den besten Elementen fortschrittlich-demokratischer Tradition. Am Ende von *Hundert Jahre* ruft der nach 1848 in die Vereinigten Staaten emigrierte Eisenbahningenieur Theodor Hellung auswanderungswillige Deutsche zur Gründung eines neuen Gemeinwesens am Rande der Sierra Nevada auf. Die Ansiedlung ist »nach den Grundsätzen ... Freier Boden, Freie Arbeit, Freie Rede, Freie Menschen! ... begründet«.[30] Das klimatisch begünstigte »Hellungen«, welches »keinen Winter, kein Aufhören der Vegetation« kennt, garantiert ein Leben im Einklang mit der Natur, aber auch mit dem Menschen. Die auf dem Reißbrett entworfene Stadt wird mit maschinell hergestellten Fertighäusern errichtet, die man aus dem Industriezentrum Pittsburgh bezieht. Die hier vor Ort konkretisierte Utopie von Einigkeit, Freiheit und Gleichheit ist für Oppermann Teil einer umfassenderen, ja globalen Vision, die insbesondere durch die Entwicklung des Verkehrs- und Nachrichtenwesen in greifbare Nähe gerückt zu sein schien. Die Gründung des utopischen »Hellungen« fällt nicht umsonst in die Zeit des viel beachteten Lückenschlusses der Eisenbahnlinien zwischen Pazifik- und Atlantikküste, den der Autor in einer wahren Technik-Apotheose ausführlich schildert.

Heinrich Albert Oppermanns optimistische Zukunftsvision bindet die Ideale der bürgerlichen Revolution fest an den wirtschaftlichen Fortschritt. Dabei werden gesellschaftliche Umwälzungen im Rahmen des Industrialisierungsprozesses konsequent weitergedacht, wie sie erstmals 40 Jahre zuvor in Immermanns *Epigonen* in aller Deutlichkeit beschrieben worden sind. Im Bild der unaufhörlich arbeitenden Dampfmaschine, wie sie in Karl Gutzkows Prototyp des Fabrikromans erscheint, hat die Dynamik dieses Prozesses eine langfristig prägende Symbolisierung erhalten. Ihr zur Seite stand in der zeitgenössischen Literatur mit dem tat-

kräftigen Entrepreneur die Personifizierung der bürgerlichen Herrschaft, die die Grenzen der alten, ständisch geprägten Gesellschaft hinter sich gelassen hatte. Dass der Industrialisierungsprozess zwar unumkehrbar war – wie Karl Marx und Friedrich Engels bereits um die Jahrhundertmitte formuliert hatten –, die Entwicklung jedoch vom Menschen nur in unzureichendem Maße steuerbar war und unaufhörlich neue Probleme schaffen sollte, haben Schriftsteller wie Max Eyth und Wilhelm Raabe bereits in aller Deutlichkeit gesehen. Das somit bereits im 19. Jahrhundert entwickelte Krisenbewusstsein hat seitdem den zivilisatorischen Fortschritt begleitet – es scheint jedoch zumindestens fraglich, ob Schriftsteller auch im 21. Jahrhundert noch in dem Maße Position beziehen können, wie dies in der ersten Phase der Industrialisierung möglich war. Die Literatur teilt mit den anderen darstellenden Künsten in zunehmendem Maße das grundsätzliche Problem, die Auswirkungen der aktuellen technologischen Entwicklungen bildlich und begrifflich nicht mehr hinreichend fassen zu können.

[1] Oppermann 1982, IV. Buch, S. 220.
[2] Marx/Engels 1956–90, Bd. 4, S. 467.
[3] Ziolkowski 1992, S. 32.
[4] Ebd., S. 41 u. S. 47.
[5] Marx/Engels 1956–90, Bd. 2, S. 232.
[6] Ebd., Bd. 2, S. 233.
[7] Heine 1973–79, Bd. 7.1, S. 213.
[8] Stauf 1997, S. 142.
[9] *Jahrbücher der Gegenwart* 1844, S. 816, zit. nach Bucher u. a. 1976, Bd. 2, S. 152.
[10] *Jahrbücher der Gegenwart*, ebd.
[11] *Jahrbücher der Gegenwart*, ebd.
[12] Zimmermann 1975, S. 68.
[13] Immermann 1971, Bd. 2, S. 419.
[14] Ebd., Bd. 2, S. 421.
[15] Ebd., Bd. 2, S. 407.
[16] Freytag 1910, Bd. 4/5, S. 33f.
[17] Immermann 1971, Bd. 2, S. 424.
[18] Ebd., Bd. 2, S. 426.
[19] Hädecke 1993, S. 15.
[20] Gutzkow 1998, S. 1344.
[21] Ebd., S. 1345.
[22] Ebd.
[23] Ebd., S. 1345f.
[24] Segeberg 1987, S. 151.
[25] Eyth 1986, S. 375.
[26] Ebd., S. 385.
[27] Ebd., S. 434.
[28] Horst Denkler hat zu Recht darauf hingewiesen, *Pfisters Mühle* sei, anders als es viele Interpreten sehen wollten, weitaus mehr als ein »Roman der Abwasserbiologie« oder eines »Abwasserprozesses«. Raabe selbst gibt durch den Erzähler in *Pfisters Mühle* einen größeren Deutungsspielraum vor: es gehe um den »Übergang der deutschen Nation aus einem Bauernvolk in einen Industriestaat«. Denkler 1988, S. 82 sowie Raabe 1951–94, Bd. 16, S. 114.
[29] Raabe 1951–94, Bd. 16, S. 100.
[30] Oppermann 1982, Bd. 3, S. 315.

Das Industriebild als Auftrag zwischen Vormärz und Gründerzeit

Dieter Vorsteher

Als zur Mitte des 19. Jahrhunderts deutsche Unternehmen auf eine erste – wenn auch häufig nur kurze – Betriebsgeschichte zurückblicken konnten, boten sich als Zeichen ihres unternehmerischen Erfolges Darstellungen von den baulichen Erweiterungen ihrer Fabriken an. Die Expansion der Produktionsstätte war das unübersehbare Zeugnis für wirtschaftlichen Erfolg. Eine vergleichende Gegenüberstellung zweier Ansichten nach dem Motto ›Einst und Jetzt‹ war ein beliebter wie auch überzeugender Kunstgriff für die Darstellung von Fortschritt. Die Borsig'sche Maschinenbauanstalt bei Berlin gab ein herausragendes Beispiel für diese Darstellungsform einer Industrielandschaft.[1]

Die Fabrikansichten von Carl Eduard Biermann

Im Jahr 1847 bestellte der Unternehmer August Borsig (1804–1854) bei dem Maler Carl Eduard Biermann (1803–1892) zwei Ansichten seiner Maschinenbauanstalt. In diesen beiden Darstellungen sollte der Maler das beeindruckende Lebenswerk des Industriebürgers in Szene setzen und somit der Nachwelt überliefern. Anlass war das zehnjährige Bestehen des Unternehmens. Als Landschafts- und Architekturmaler konnte Biermann sich bei Borsig empfehlen. In beiden Fähigkeiten sah der Auftraggeber das künstlerische Potential, um seine Idee umzusetzen. Einerseits war die architektonische Qualität der Borsig'schen Fabrik für ihre Zeit außergewöhnlich, andererseits bedurfte es für das Gelingen der Aufgabenstellung scheinbar auch der Effekte einer modernen Natur- und Landschaftsmalerei, um die Fabrik in eine sich überhöhende Industrielandschaft hineinzustellen. Biermann hatte bei Carl Blechen (1798–1840) gelernt, der in den 20er Jahren an der Berliner Akademie die Landschaftsmalerei revolutioniert hatte.

Der Auftrag umfasste eine Ansicht des Borsig'schen Werkes aus dem Gründungsjahr 1837 und eine weitere aus der Gegenwart. Die Expansion und damit der Erfolg des Unternehmens innerhalb nur eines Jahrzehnts wurde nach Erfüllung des Auftrags im Vergleich beider Ansichten überzeugend sichtbar. Die Ansicht von 1837, als großformatiges Aquarell angelegt, zeigt die kleine, zwischen Obstbäumen errichtete Gießerei in Nachbarschaft des Oranienburger Tores vor Berlin (Abb. 1). Zehn Jahre später hatte sich aus ihr eine Produktionsanlage von annähernd städtischem Ausmaß entwickelt. Ihrer Bedeutung entsprechend, war die aktuelle Ansicht als ein großformatiges Ölgemälde ausgeführt (Kat. Nr.

59). Es übertraf mit einer Breite von 1,60 Meter und einer Höhe von 1,10 Meter alle bisher bekannten Abmessungen von Gemälden mit Industriedarstellungen aus der ersten Hälfte des 19. Jahrhunderts. Allein diese Tatsache gab dem Auftrag Gewicht. Innerhalb der Gattung Malerei war einem Industriemotiv noch nie ein solches Galerieformat zugewiesen worden.

Für beide Ansichten müssen sehr konkrete Vorgaben vom Auftraggeber erfolgt sein. Nicht nur, weil das erste Gebäude von 1837 inzwischen durch den rasanten Ausbau der Anlage nur noch rudimentär vorhanden und für Biermann nur noch anhand alter Bauzeichnungen rekonstruierbar war, sondern auch, weil in der aktuellen Ansicht bereits zukünftige Bauvorhaben des Unternehmers vorweggenommen wurden. Entscheidend ist jedoch bei diesem Zusammenwirken von Biermann und Borsig, dass ein tiefes Verständnis des Fabriksystems Eingang in die Gestaltung fand. Lebten bisherige Industrieansichten von der Faszination der architektonischen Eigentümlichkeit des Industriebaus in romantischer Landschaft (so bei Blechens Eisenwerk bei Eberswalde) oder vom Kontrast zwischen Alter Welt und Neuer Welt (wie bei Alfred Rethels Harkort'scher Maschinenbauanstalt vor der mittelalterlichen Burg in Wetter an der Ruhr [Kat. Nr. 56]), so prägte hier der Expertenblick des Unternehmers die Ansicht. So wird beispielsweise durch die zunächst vordergründige Akzentuierung des Uhrturms mit Glocke, für den ein mittelalterlicher Backsteinturm aus der Mark Brandenburg das Vorbild war, nicht nur ein schönes Architekturelement betont, sondern mit Nachdruck auf ein Herzstück der Fabrikarbeit verwiesen. Dieser schöne Turm war nämlich auch ›Blickfang‹ für alle Beschäftigten der Borsig'schen Fabrik. Durch ihn bekamen sie den Arbeitsbeginn, die ihnen zustehenden Pausen und das Arbeitsende angezeigt und eingeläutet. Der zentrale Uhr- und Glockenturm war der Tatsache geschuldet, dass mit Einführung der arbeitsteiligen Massenproduktion eine gleichzeitige Anwesenheit der Beschäftigten zwingend erforderlich wurde. Seine tiefere Bedeutung führte die Fabrikordnung aus, die wenig später – nach Errichtung des Turmes Mitte der 40er Jahre – in Kraft trat und in der Folge weiter ausgebaut wurde. Um 1847 galt sie immerhin für über 1 000 Arbeiter, die zumeist aus dem Handwerk gekommen waren und für die Industriearbeit erst diszipliniert werden mussten. So bestand nur zweimal am Tag die Möglichkeit, Einlass in die Fabrik zu erhalten: um 6 Uhr früh und um 12 Uhr mittags. Für Verspätete gab es ab 6.15 Uhr keinen Einlass mehr. Man konnte die Fabrik erst wieder ab 12 Uhr betreten und musste somit auf einen halben Tagelohn verzichten. Der wirtschaftliche Erfolg des Unternehmens gründete sich seit Mitte der 40er Jahre auf einer Massenproduktion von Industriegütern, vorwiegend im Dampfmaschinenbau, der – je nach Auftragslage – in stationären Kraftmaschinen oder in rollenden Lokomotiven endete. Dies war revolutionär für die Fertigungsmethoden in Fabriken, worüber schon zeitgenössische Besucher bei Borsig philosophierten, so 1848 ein Redakteur der *Leipziger Illustrirten Zeitung*: »Jedes Rad, jede Welle, jeder Arbeiter erfüllt nur seinen Zweck, scheint nur für sich tätig, und doch empfängt Alles nur aus der Allbewegungskraft sein Besonderes; jedes Einzelne dient nur dem Ganzen, indem es für sich vollkommen ist; doch ist jeder abhängig, wie frei er auch für sich dastehen möge und wie wenig wir im Allgemeinen den das Ganze leitenden Plan, den beaufsichtigenden Geist zu erkennen im Stande sind ... So oft wir die Borsigsche Anstalt, und immer wieder mit neuer Bewunderung, in Augenschein genommen haben, stets war uns dieser scheinbare Mangel jeglicher Ueberwachung auffallend und daß gleichsam so Alles von selbst sich zu machen schien.«[2]

Diese tief greifende Veränderung der Produktionsmethoden innerhalb der Werkhallen wurde auch bei der Ansicht des Jahres 1847 nach außen gespiegelt – zumindest war sie für den Zeitgenossen zu erahnen. Wir sehen, wie eine fertige Lokomotive durch ein Pferdegespann vom Gelände gezogen wird. Vor dem Torbogen der großen Endmontagehalle, im Bildhintergrund rechts, ist bereits die nächste Lokomotive zu erkennen. Sieben Jahre vor der Entstehung des Gemäldes war keine deutsche Fabrik in der Lage, überhaupt eine gangbare Lokomotive zu bauen. Und hier waren gleich zwei Lokomotiven bereit, den Fabrikhof zu verlassen. Bereits im Herbst des Jahres 1847 feierte das Unternehmen

die Fertigstellung der 200sten Lokomotive. Die Werkstätten waren so aufeinander abgestimmt, die Maschinen so ausgerüstet, dass alle zwei Wochen eine Lokomotive hergestellt werden konnte. Diese Dimension in der Produktivität ließ manchen Zeitgenossen ratlos zurück.

Das Gebäude links im Bild mit der Aufschrift »Contoir« verweist auf jene Koordinierungsstelle für einen unsichtbaren, aber doch das Ganze leitenden Plan, den der Redakteur der *Leipziger Illustrirten Zeitung* spürte. Hier wurden die Ausgaben für Materialeinsatz und Lohn kontrolliert, die Produktionsverträge überwacht und die Einnahmen verwaltet. Vor dem Uhrturm wird gerade das Fundament für eine Waage gelegt. Mit ihr sollten später die in die Fabrik angelieferten Bleche der Zulieferfirmen überprüft werden. Den wirtschaftlichen Erfolg und privaten Reichtum des Unternehmers spiegelt die große Terrassenanlage der Fabrikantenvilla im Vordergrund des Gemäldes wider. Sie ist hier allerdings ein vorweggenommenes Zitat für jene Villa, die drei Kilometer weiter am Ufer der Spree gerade erst entstand.

Dieser Erfolg hatte sich bereits verheißungsvoll angekündigt in der Dynamik des ›Theaterhimmels‹ über der kleinen Gießhalle in der Ansicht von 1837. Eine Schöpfung aus dem Nichts, eine in die sandige märkische Landschaft gesetzte Unternehmensidee. Das Aquarell beschreibt gleichnishaft die ›Genesis‹ dieses Unternehmens als Naturschauspiel und gibt den Prolog zu seiner Erfolgsgeschichte. Die Landschaft erscheint weitgehend als Tabula rasa, die Gießhalle, von Menschenhand in sie hineingestellt, beginnt ihren Kampf mit den Elementen. Die qualmenden Schornsteine verweisen auf eine geheimnisvolle Produktivität und Energieentladung im Innern der Fabrik. Die dunklen Rauchschwaden stehen im dramatischen Kontrast zu dem gerade gleißend aufreißenden tiefblauen Himmel. Metaphorisch ragen die Schornsteine wie Obelisken in die Unendlichkeit des Naturschauspiels empor. Der menschliche Geist bezwingt die Naturkräfte und vollbringt damit eine zivilisatorische Tat für den allgemeinen Fortschritt der Menschen. Aufruhr und Dramatik in der Himmelszone des Aquarells sind im Gemälde von 1847 befriedet und umgesetzt in die Dynamik der Produktion. Der Himmel zeigt sich freundlich und ausgeglichen; der Blick konzentriert sich jetzt auf das Auf und Ab der Silhouette der Fabrikhallen und auf den Rhythmus der Schornsteine, die nun hinter dem hervorleuchtenden Uhr- und Glockenturm zurücktreten.

In Biermanns Ölgemälde erscheint die Fabrik nicht nur als Wiedergabe einer Maschinenbauanstalt, sondern sie ist vor allem Produktionsort gesellschaftlichen Wohlstandes, Arbeitsstätte für zeitweise bis zu 1 000 Menschen, gewaltiger Immobilienbesitz und Ausdruck unternehmerischen Reichtums, der sich in dem Anschnitt der großen Fabrikantenvilla im Vordergrund ausdrückt. Das hergestellte Produkt, die Lokomotive, galt ohnehin allen Zeitgenossen als

1 Carl Eduard Biermann,
Die Eisengießerei von A. Borsig
im Jahre 1837, 1847
Deutsches Technikmuseum
Berlin

herrliches oder auch schreckliches Symbol gesellschaftlichen Umbruches, als Zeichen der neuen Zeit.

Im Jahr ihrer Entstehung wurde diese Darstellung einer Industrielandschaft getragen von einem ungebrochenen Fortschrittsoptimismus, der seinen Rückhalt während der ersten deutschen Industrialisierungswelle seit 1820 erfahren hatte. Noch waren Bewusstsein und Visionen der Fabrikanten auf ungebrochenen technischen und wirtschaftlichen Fortschritt ausgerichtet, der sich gerade im Vergleich der beiden Bilder mit Stolz und Zuversicht ausdrückt. Zu dieser Botschaft war nur ein Beteiligter, der Unternehmer selbst, fähig. Dafür spricht auch, dass sich Biermann in seinem späteren Werk aus eigenem Antrieb nie wieder dem Industriemotiv zuwandte. Die Präsentationsform der Fabrik auf dem Gemälde offenbarte Borsigs Selbstwertgefühl, der nach einer märchenhaften Erfolgsgeschichte innerhalb nur eines Jahrzehnts von weiten Teilen seiner Arbeiterschaft und der Berliner Öffentlichkeit als »Lokomotivkönig« verehrt und gefeiert wurde. Vor dieser Bewunderung machte auch der Landesfürst nicht Halt. König Friedrich Wilhelm IV. von Preußen soll bei einem Besuch in der Borsig'schen Fabrikantenvilla, die alle Vorzüge der modernen Zeit in Form von Dampfheizung, Warmwasser und riesigen beheizten Treibhäusern besaß, Anfang der 50er Jahre gesagt haben: »So wie Sie, lieber Borsig, möchte ich auch wohnen.«

Angesichts dieses Erfolges konnten sich die Vertreter der bürgerlichen Unternehmerschicht nicht nur als Persönlichkeiten der Wirtschaft, sondern auch als Erbauer einer neuen Gesellschaft geachtet sehen. Als Menschen der Tat, als ›homo faber‹, standen sie für einen neuen Unternehmertyp, der durch die Anwendung der nützlichen Künste und den Einsatz von Kapital Geschichte schreiben wollte. Borsig sah im Vergleich der beiden Ansichten nicht nur die bauliche Entwicklung seiner Fabrik, sondern vor allem auch den sich aus ihr entwickelnden Kosmos einer neuen Gesellschaft, zu der er 1837 den Grundstein gelegt hatte. In beiden Ansichten sah er außerdem den gesellschaftspolitischen Auftrag seiner Klasse erfüllt: die Träume der preußischen Wirtschaftsreformer von einem Anschluss an die westlichen Industrienationen, um die sozialen und finanziellen Krisen des Staates zu überwinden. Die sich daraus entwickelnde bürgerliche Wirtschaftstheorie mit all ihren gesellschaftspolitischen Utopien konnte sich innerhalb der zehn Jahre, die zwischen Aquarell und Ölgemälde vergangen waren, am Beispiel Borsigs konkretisieren.

Die Poetisierung der nützlichen Künste

Die Erforschung der Naturgesetze, ihre produktive Anwendung, die Herstellung neuer Maschinen zur Erleichterung der menschlichen Arbeit und die Erzeugung gesellschaftlichen Reichtums besetzte die Fabrikwelt der Industrie-

2 Adolf Eltzner, *Borsig's Eisengießerei und Locomotivbauanstalt am Oranienburgerthor in Berlin*, 1867

unternehmer mit Metaphern aus der Schöpfungsgeschichte. Gleichzeitig mit den Zeichnern und Malern drangen auch die Journalisten und Schriftsteller in diese Maschinenwelt vor. Ihre Reportagen aus den Fabriken schufen jene poetischen Sprachbilder, die in Malerei und Gebrauchsgraphik anschaulich wurden. Die Poetisierung der nützlichen Künste schuf eine geheimnisvolle Welt, in der von Unternehmerhand geführte Kobolde und Zyklopen in den Werkstätten bisher Unvorstellbares vollbrachten. Die schreibende Zunft machte aus der ihr noch unbekannten Industriewelt Göttersitze der Minerva und des Vulkan. Sie betrieb eine Mythologisierung der Maschinen- und Industriewelt und stellte sie als Schauspiel gebändigter Naturgewalten dar. Auf der Suche nach einem Realismus in der Literatur fand sie seine Motive in den expandierenden Fabriken um die Jahrhundertmitte. Hier, wo die alles umwälzende industrielle Produktion stattfand, wo der Mensch die Natur bezwang, sollten die Dichter singen, um die Welt der Unternehmer und die Welt der Produktion zu ›poetisieren‹: »Die Poesie der Gegenwart ist die Industrie, jeder Lokomotivzug ist ein Triumphzug des menschlichen Geistes, die Zeit der Romantik ist vorbei«,[3] jubelte 1858 ein Dichter angesichts der Borsig'schen Fabrik.

Im selben Jahr wurde anlässlich der Fertigstellung der 1 000sten Lokomotive ein ebensolcher Triumphzug menschlichen Geistes als Umzug auf die Straßen Berlins gebracht. In zwölf Bildern stellte er die Entwicklung der Menschheit von der antiken Götterwelt über Naturwissenschaft, Technik und Erfindergeist bis zu den anbetungswürdigen ›Göttern der Gegenwart‹ – in Gestalt einer Lokomotive von Borsig – vor. Die programmatische und öffentlichkeitswirksame Verkündung einer Fortschrittsidee fand zu diesem Zeitpunkt scheinbar keine Entsprechung mehr in einem konventionellen Gemälde, wie dies 1847 noch überzeugend gelungen war. Der Festumzug bot, wenn auch nur auf einen

Tag begrenzt, die adäquate Form zur Popularisierung einer bürgerlichen Unternehmensideologie. Sie maß jetzt, elf Jahre nach dem Ölgemälde, nicht mehr im Zehnjahresschritt wie noch 1847, sondern stellte sich in eine jahrhundertealte Tradition der europäischen Geistes- und Wissenschaftsgeschichte.

Auch zum 25-jährigen Jubiläum 1862 war eine malerische Bestandsaufnahme der aktuellen Fabrikansicht dem inzwischen die Firma leitenden Sohn des Gründers, Albert Borsig, keinen Auftrag mehr wert. Die Fabrik als Gegenstand der Bildbetrachtung versank in jenen Schatten, aus dem sie auf dem Aquarell 1837 so revolutionär und schöpferisch herausgetreten war. Eine kleinformatige Lithographie, die insbesondere den Verwaltungsbau mit seinen Arkadengängen an der Chausseestraße betonte und die Fabrik fast unsichtbar dahinter verbarg, reichte zum Jubiläum als bildliche Überlieferung des neben Krupp größten Industrieunternehmens in Preußen. Dieses architektonische Abrücken von der Fabrik zum Verwaltungsgebäude bezeugt nebenbei auch die unternehmenspolitische Hinwendung zum Angestellten als neuem Träger der Unternehmenskultur auf Kosten der Arbeiterschaft. Die Fabrikarchitektur begann als Symbol für die Macht des Wirtschaftsbürgers zu verblassen. Als Apotheose des Unternehmertums verlor sie an Bedeutung, nur als Tatort der Arbeiterklasse wird sie von sozial engagierten Malern in späterer Zeit wiederentdeckt, zumeist, um sie nun gegen das Unternehmertum zu verwenden. Bei Borsig beginnt diese Abkehr von der Fabrikarchitektur als Gegenstand der Industrielandschaft schon in den 60er Jahren. Mit ihr verbinden sich nicht mehr die Utopien der ersten Gründergeneration. So wird auch verständlich, dass Albert Borsig das Auftragsgesuch eines Künstlers ausschlug, der 1867 für die *Gartenlaube* einen Holzschnitt der Borsig'schen Fabrik aus der Vogelperspektive geschaffen hatte (Abb. 2) und diesen in ein Ölgemälde umsetzen wollte.

Der Zyklus von Paul Friedrich Meyerheim

Albert Borsigs Ablehnung, 20 Jahre nach seinem Vater ein weiteres Gemälde der Lokomotivfabrik zu beauftragen, mag auch darin begründet gewesen sein, dass er neben der Lokomotivfabrik inzwischen ein Walzwerk und eine Maschinenbauanstalt in Moabit, darüber hinaus ein Hüttenwerk in Oberschlesien besaß. Vor diesem Hintergrund bot sich nun eine umfassendere Konzeption für eine bildhafte Gestaltung dieses industriellen Verbundsystems an. Sie sollte das ganze Spektrum der industriellen Tätigkeit der Borsigwerke vorführen: von der Rohstoffgewinnung über die Eisenerzeugung zum Industrieprodukt und bis hin zum Welthandel. Es war ein monopolistisches und zugleich auch globales Industriekonzept, dass in seinen Grundzügen von Borsig vor der

Reichsgründung nicht nur vorausgedacht war, sondern bereits seit Mitte der 60er Jahre existierte. Der Besitz von inzwischen vier Produktionsstätten, der legendäre Ruhm seines Dampfmaschinenbaus, die Symbolträchtigkeit der Lokomotive und die Monopolstellung im weltweiten Handel galt es darzustellen. 1873 beauftragte Albert Borsig den Berliner Künstler Paul Friedrich Meyerheim (1842–1915), Entwürfe für ein Bildprogramm mit insgesamt sieben Szenen anzufertigen. Dieser Zyklus sollte in dem 1870 errichteten Pavillon im Garten seiner Villa Aufstellung finden. Vermutlich waren die hohen Wandfelder bereits 1870 für Gemälde vorgesehen, die man aber erst jetzt nach der Reichsgründung und dem einsetzenden Wirtschaftsaufschwung der Gründerjahre realisierte.

Dass auch bei diesem Auftrag der Maler nicht frei erfinden konnte, davon ist auszugehen. Seine Motive orientierten sich an der Vorgabe, die das weitläufige Unternehmen selbst vorschrieb: die Erzgewinnung, der Hochofenabstich, die Maschinenfabrik, der Lokomotivbau, die Eisenbahnbrücke über den Rhein bei Ehrenbreitstein – die bei Borsig konstruiert und hergestellt worden war – und der Welthandel (Abb. 3–9). Dieser Bildabfolge gab man den Titel *Lebensgeschichte der Lokomotive*. Das siebte Motiv steht außerhalb des umgebenden Kanons: es zeigt Albert Borsig mit Familie beim Erntedankfest auf seinem Landgut Groß Behnitz.

Mit der Wahl des Künstlers hatte Borsig bereits die Darstellungsform vorgegeben: Meyerheim war als stimmungsvoller Genremaler und volkstümlicher Realist bekannt. Damit war eine allegorische Behandlung des Themas ausgeschlossen, für die es im Bereich der Industrie inzwischen zahlreiche Vorbilder gegeben hätte. Die Umsetzung des ehrgeizigen und vielversprechenden Bildprogramms erstreckte sich über drei Jahre. Erst 1876 wurde es fertig. Dennoch möchte man die Ausführung als gescheitert ansehen. Trotz des gewünschten Realismus in der Aussage zerfällt der Zyklus in Einzelbilder, die untereinander keine Spannung erzeugen. Schon die Mittelstellung des Erntedankfestes innerhalb des Gesamtzyklus befremdet. Diese idyllische Großgrundbesitzerszene inmitten einer weltumspannenden Industrieproduktion zerreißt den Anspruch nach industrieller Führungspersönlichkeit. Die früchtespendende Landarbeit, flankiert von der Großindustrie, wirkt eher wie eine Karikatur des Großunternehmers, als dass man in die Zukunft weisende Visionen des Industriellen vermutet. Mag sein, dass die lange Produktionszeit des Zyklus einem spannungsvollen Gesamtentwurf geschadet hat, aber auch die sechs anderen Bilder aus der *Lebensgeschichte der Lokomotive* verpassen so manchen dramatischen Moment der Bildgestaltung. Wie erschütternd unbeteiligt ist das Thema Erzgewinnung abgehandelt. Keine beeindruckenden Darstellungen des Abbaus ›unter Tage‹. Ein einziges Einstiegsloch mit einer Winde versucht dem Thema gerecht zu

3 Paul Friedrich Meyerheim,
Erzgewinnung, 1873–76
Stiftung Stadtmuseum Berlin

4 Paul Friedrich Meyerheim,
Hochofenabstich, 1873–76
Stiftung Stadtmuseum Berlin

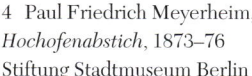

7 Paul Friedrich Meyerheim,
Lokomotivbau bei Borsig,
1873–76
Deutsches Technikmuseum
Berlin

8 Paul Friedrich Meyerheim,
*Eisenbahnbrücke über den
Rhein bei Ehrenbreitstein*,
1873–76
Deutsches Technikmuseum
Berlin

werden. Lediglich der Hochofenabstich verdient ernsthafte Beachtung. Er könnte als Anregung für Menzels *Eisenwalzwerk* (s. Abb. S. 25) verstanden werden, das einige Jahre später entstand und die Darstellung der Innenansicht von Industrieanlagen revolutionierte. Hingegen sind Meyerheims Maschinenbauanstalt und Lokomotivbau nette Erinnerungen an die Gründungsphase der Firmengeschichte. Die Szene bei Ehrenbreitstein ist sentimental kitschig und am schlechtesten konzipiert. Sie erschreckt geradezu wegen ihrer unparteiischen Gegenüberstellung von fröhlicher Post-

5 Paul Friedrich Meyerheim,
Maschinenfabrik, 1873–76
Stiftung Stadtmuseum Berlin

6 Paul Friedrich Meyerheim,
Erntefest in Groß Benitz,
1873–76
Muzeum Narodowe w
Szczecinie, Stettin

9 Paul Friedrich Meyerheim,
Welthandel, 1873–76
Stiftung Stadtmuseum Berlin

Gesamtunternehmen war dargestellt, aber es fehlte jede Spannung, jede Utopie, jede Perspektive, die verraten könnte, zu welchen neuen Ufern es aufbrechen wollte. Die Begleitumstände bei diesem Auftrag waren aber auch andere als 25 Jahre zuvor: Die Reichsgründung führte relativ schnell zu einem Rückgang bei Bestellungen von Lokomotiven. Die Privat- und Länderbahnen hielten sich zurück, da eine Vereinheitlichung und Neustrukturierung unter dem einheitlichen Dach einer Reichsbahn bevorstand. Als dann durch die Krise der Gründerjahre zur Mitte der 70er Jahre auch der Maschinenbau stark getroffen wurde, erlebte das Unternehmen seine erste existentielle Krise. Es waren schwierige Jahre, von denen ehrgeizige Bildprogramme kaum profitieren konnten. Höhepunkt dieser Baisse war der überraschend frühe Tod von Albert Borsig mit 49 Jahren im Jahre 1878. Es folgte der wirtschaftliche Untergang der ersten Standorte an der Chausseestraße und in Moabit. Nach 15 Jahren und mit der Volljährigkeit seiner Kinder schrieb das Unternehmen erst wieder um 1900 an einem neuen Standort in Tegel bei Berlin Industriegeschichte.

kutschenfahrt und beiläufiger Eisenbahnfahrt, die Dramatik des verkehrstechnischen und gesellschaftlichen Umbruchs seit Einführung der Eisenbahn ist verdrängt.

Der 1876 fertig gestellte Zyklus muss auf den informierten Betrachter etwas beklemmend gewirkt haben: Das

1 Siehe dazu auch Vorsteher 1983.
2 *A. Borsig's Eisengießerei und Maschinenbau-Anstalt in Berlin*, in: *Leipziger Illustrirte Zeitung* 1848, No. 242, S. 116f., und No. 244, S. 148–150, hier S. 148.
3 Hintze 1855, S. 6.

z. B. (Dampf-)Wolken –
Von der Natur der Industrie in Bildern des Impressionismus nebst einer Allegorie[*]

Michael Diers und Bärbel Hedinger

Ich sah das Gewimmel der Menge in einem Hafen, ohne die Menge selbst zu sehen; ich sah einen Eisenbahnzug durch eine normannische Landschaft rasen, die Bewegung von Rädern auf einer Straße, merkwürdige Menschen, die offenbar nicht ruhig Modell sitzen konnten. Von diesen ungewöhnlichen Bildern gefesselt, sandte ich einer Zeitung meiner Heimat einen Bericht, in dem ich versuchte, die Eindrücke wiederzugeben, die die Impressionisten festhalten wollten.
August Strindberg an Paul Gauguin, 18. Februar 1895[1]

Stadt/Landschaft

Nicht nur Licht, Luft und Sonne, wie es das Klischee besagt, sondern auch Dampf, Dunst und Qualm gehören zum Motivrepertoire des Impressionismus. Anders als die Vertreter der Barbizon-Schule, die die Veränderungen der neuen Ökonomie und Technik, wie sie sich in der Gestalt von Fabriken, neuen Verkehrswegen und -maschinen abzeichneten, noch weitgehend aus ihren Darstellungen ausgeblendet hatten,[2] bezog die jüngere Generation der französischen Landschaftsmaler ab den 70er Jahren des 19. Jahrhunderts die Spuren, die die fortschreitende Industrialisierung in der Landschaft hinterließ, in ihre Kompositionen explizit ein. Landschaft wurde nicht länger als radikaler Gegenentwurf zur Stadt, sondern vielmehr als ihr Komplement aufgefasst. Dies gilt zumindest für das Bild jener Regionen, die aufgrund der neuen verkehrstechnischen und wirtschaftlichen Anbindungen im weitesten Sinn zum Ballungsraum Paris gehörten. Nach Deutsch-Französischem Krieg und Depression führte der ökonomische Aufschwung nach und nach zur Verstädterung der *banlieue* und die Infrastruktur des Umlandes wurde den Bedürfnissen der Metropole angepasst.[3] Und während zugleich die Arbeitskräfte vom Land in die Großstadt wechselten, zog es die erholungsuchenden Großstädter, darunter die Künstler, regelmäßig aufs Land.[4]

Ohne Berücksichtigung der Gleichzeitigkeit von Stadt- und Landwahrnehmung als Folge des regelmäßigen Hin und Her zwischen dem urbanen Batignolles-Viertel der Hauptstadt und den eher beschaulichen Seine- und Oise-Flecken wie Argenteuil, Gennevilliers oder Pontoise lässt sich die Geschichte des Impressionismus nicht schreiben. Bei diesen Gängen der Maler aufs Land handelte es sich keineswegs um definitive Stadtfluchten, sondern überwiegend um befristete Aufenthalte vor den Toren der Großstadt, die einerseits – durchaus im Sinne des klassischen Topos vom Leben auf dem Lande – der Rekreation dienten und andererseits programmatisch der Idee der Erneuerung der Landschaftsmalerei folgten. Aus dem Pendelgang zwischen Stadt und Land resultiert als wichtiges künstlerisches Ergebnis unter anderem die neue Zwillingsgestalt dessen, was fortan Landschaftsbild heißen sollte. An die Seite der klassischen ›Natur‹-Landschaft trat die neue Kategorie der Stadt-Landschaft.[5] Den Stadtraum als Landschaft anzusehen, das heißt ihn aus der Perspektive des Landschafters wahrzunehmen, und parallel dazu das Land aus dem Blickwinkel des Stadtmalers zu visieren (und damit zugleich die traditionelle Dichotomie zu unterlaufen), gehört zu den grundlegenden Errungenschaften jenes Künstlerkreises, der sich der Pariser Öffentlichkeit erstmals im Frühjahr 1874 in einer Gruppenausstellung präsentierte und deren anti-akademische Wirklichkeits- und Bildauffassung von der konservativen Kritik umgehend mit dem Spottnamen des »Impressionismus« belehnt wurde.

Industrienatur

Um aus der Vielzahl möglicher Aspekte, die das Gesagte veranschaulichen könnten, nur einen einzelnen Gesichtspunkt auszuwählen, sei hier näher auf das Thema der Wolkendarstellung eingegangen, das für eine an der Wiedergabe atmosphärisch verdichteter Augenblicke orientierte Malerei von zentraler Bedeutung war. Daher haben sich die Impressionisten mit spürbar wachsendem Interesse auch jener merkwürdigen Konjunktion von Natur und Industrie angenommen, die in dem charakteristischen Phänomen der zwei Wolkengattungen – hier Himmels-, dort Industrierauch-Wolke – alltäglich begegnete. In dem Maße, in dem vermehrt dampfproduzierende Maschinen in Stadt und Umland in Er-

1 Claude Monet, *Impression, Sonnenaufgang (Impression, soleil levant)*, 1872
Musée Marmottan, Paris

2 Armand Guillaumin, *Sonnenuntergang bei Ivry (Soleil couchant à Ivry)*, um 1869
Musée d'Orsay, Paris, Stiftung Paul Gachet

Mit dem Motiv der Dampfwolke fügten die Maler in ihre Darstellungen ein ebenso technisch produziertes wie natürlich-physikalisches Element ein, das sich vor dem geläufigen Wolkenhimmel charakteristisch abzeichnet, bevor es sich selbst darin auflöst. Für kurze Frist treten die beiden Wolkenklassen jeweils in augenfällige Konkurrenz und prägen durch ihren Wettstreit die Bilder nicht nur im ikonographischen Sinne eines leicht auszumachenden motivischen Subsystems, sondern, wesentlicher noch, sie beleben es durch den im eiligen Zug der Dampfwolken repräsentierten, spezifisch anderen Zeittakt. Dies gilt in besonderem Maße für den Ausstoß jenes Qualms, der die Fahrten der Eisenbahn begleitet. Die Rauchfahnen der Lokomotiven im Bild fungieren als Vektoren, die Tempo, Bewegungsrichtung und allgemeine Dynamik anzeigen. Vielfach ist dieses Motiv in den Gemälden der Impressionisten präsent, nicht selten wird es sogar in den Mittelpunkt gerückt.

Selbst das heute prominenteste Gemälde der ersten Impressionisten-Schau, Claude Monets *Impression, Sonnenaufgang (Impression, soleil levant)* (Abb. 1), lässt sich hier einreihen. Der Titel des Bildes aus dem Jahr 1873, das zunächst topographisch schlicht *Ansicht von Le Havre (Vue du Havre)* hieß, hat dem spöttelnden Kritiker des *Charivari* bekanntlich den Schimpfnamen für die Künstlergruppe suggeriert, der sich bald darauf zu einem Ehrentitel und schließlich zur kunsthistorischen Epochenbezeichnung wandeln sollte.[7] Leicht aus der Mitte nach rechts gerückt fixiert Monets Hafenszene über der weiten Wasserfläche einen glutroten Sonnenball. Als blaugraue Schatten lassen sich im Dunst linker Hand Segelschiffe und vis-à-vis die Hafenanlagen nebst Kränen ausmachen. Auch einige rauchende Schlote sind in dieses Liniendickicht integriert. Das Grisaille und die fahrig-kürzelhaften Strichlagen des Bildes verschleifen jedoch die Einzelheiten eher, als dass sie betont würden. Doch der Rauch scheint allgegenwärtig und repräsentiert neben dem allgemeinen Dunst die neue Ordnung einer kaum unterscheidbaren zweiten Natur.

Zur genannten Ausstellung hatte auch Armand Guillaumin sein um 1869 entstandenes Gemälde *Sonnenuntergang bei Ivry (Soleil couchant à Ivry)* (Abb. 2) beigesteuert, auf dem zwei Dampfwolkenketten die Rolle der Protagonisten einnehmen.[8] Der Blick führt längs einem Uferabschnitt im Vordergrund über eine Flussbiegung in Richtung Horizont, vor dem sich das verschattete, reich mit Schornsteinen skandierte Panorama des Seine-Städtchens Ivry abhebt. Rotgolden lodert über der Ebene der hohe Himmel. Vor dieser Kulisse zeichnen sich die beiden lang wehenden, gekrausten Rauchfahnen deutlich ab, und zwar so sehr, dass sie das eigentliche Handlungszentrum bilden. Während ringsum der Abendfrieden Einzug gehalten hat, stoßen die Schlote fortwährend Rauch aus und künden, vor Goldgrund pathetisch gesteigert, von industrieller Produktion in dem südöstlich

scheinung traten, erhielt die Industrialisierung in den Rauchfahnen, die aus den Schloten der Fabriken, Lokomotiven und Schiffe aufstiegen, ihr ubiquitäres, über große Entfernungen hin sichtbares Kennzeichen. Rauchwolken signierten die Himmelsregion von Stadt und Land und kündeten von Prosperität und Mobilität. Die Kritiker allerdings wiesen bereits früh auch auf die ökologischen Folgen dieser Entwicklung hin, darunter die grassierende Luftverschmutzung und – auf längere Sicht – mögliche Klimaveränderungen.[6]

von Paris gelegenen Ort. Mit diesem Signalement dominieren sie die Landschaft am Fluss und charakterisieren diese als Industriestandort. Während Monet den Rauch eher beiläufig zu zitieren scheint, gibt dieser bei Guillaumin den entscheidenden optischen Rhythmus im Sinne einer gesteigerten Durchdringung von Zeit und Raum vor. Die beiden parallelen Rauchbänder spannen eine kräftige Diagonale durchs Bild, und fast gewinnt der Betrachter den Eindruck, eine Lokomotive oder ein Dampfschiff ziehe vorbei und habe die Stadt am Wasser ins Schlepptau genommen.

In mancher Hinsicht gesteigert begegnet diese Idee der Dynamisierung des Bildes durch industriell produzierte Wolkenzüge in Monets Gemälde *Die Eisenbahnwagen (Le convoi de chemin de fer)* (Abb. 3) aus dem Jahr 1872. Im Bildaufbau der drei Jahre älteren Darstellung Guillaumins durchaus verwandt, hat jetzt das Band der Dampfwolke einer nahe am Ufer entlang geführten Lokomotive definitiv eine die Komposition tragende Rolle übernommen. Entschiedener noch als bei Guillaumin ist die Diagonale betont, eine Folge nicht zuletzt auch der gesteigerten Dampfwolkenmasse sowie der gewählten Nahsicht. Darüber hinaus fasst Monet gleich drei Wolkenregister in einem Gemälde zusammen, indem er im Mittelgrund die Fabrikschlote mit ihren in Windrichtung abziehenden Rauchfahnen als kontrastierende Folie markiert und darüber einen wolkenreichen Himmel ausspannt, in den die Maschinen ihre Dampfgebilde stetig entlassen. Den Sieg in dieser Konkurrenz der

Dampfsysteme trägt optisch die Rauchfahne der Lokomotive davon. Ihr kräftiges Wolkenband entfaltet sich aufgrund des hohen Fahrtempos gegen die Windrichtung und folgt somit jenen eigenen Gesetzen, die mit der Geschwindigkeit als Zug der Zeit einhergehen.

Monet hat dem Porträt der Fabrikanlagen von Robec und Déville nahe Rouen im selben Jahr noch drei weitere Bilder gewidmet,[9] bevor er sich anschließend der vornehmlichen Schilderung der Gegend um Argenteuil als seinem

3 Claude Monet, *Die Eisenbahnwagen (Le convoi de chemin de fer)*, 1872 Privatsammlung, Großbritannien

4 Claude Monet, *Der Bahnhof von Argenteuil (La gare d'Argenteuil)*, 1872 Conseil Général du Val-d'Oise, Château de la Motte, Luzarches

neuen Wohnsitz zugewandt hat. Argenteuil, nur elf Bahn-kilometer von Paris entfernt gelegen und in einer knappen halben Stunde von der Metropole aus zu erreichen, wurde damals zu einem zentralen Motivschauplatz der Impressionisten. Monets Darstellung des *Bahnhofs von Argenteuil (La gare d'Argenteuil)* (Abb. 4) liegt zeitlich der berühmten späteren Gemäldefolge, die der Gare Saint-Lazare als jener Pariser Bahnstation gewidmet ist, von der aus auch die Züge Richtung Argenteuil starteten, um fünf Jahre voraus. In kräftigen Erdtönen gemalt, zeigt sie vor der Hügelkette am Horizont die Bahnhofs- und Gleisanlagen des Städtchens nebst drei unter Dampf stehenden Lokomotiven. Der abziehende, teils düstere Rauch verdeckt weite Teile des Wolkenhimmels, und auch in der Ebene hat sich das System Bahn bis in absehbare Ferne breit gemacht. Wie zum Schaukampf angetreten, sind die Lokomotiven im Bild über eine Dia-

5 Claude Monet,
Blick ins Innere des Bahnhofs Saint-Lazare: Die Linie nach Auteuil (Vue intérieure de la gare Saint-Lazare: la ligne d'Auteuil), 1877
Musée d'Orsay, Paris, Vermächtnis Gustave Caillebotte

gonale in Position gebracht und stellen ringsum alles in den Schatten ihrer gepanzerten Dampfkraft. Eben dieses elementare Potential fängt das Gemälde wie zur Huldigung der technischen Kolosse im ausgeklügelten Spannungsfeld seiner Komposition ein. Die das Schienennetz begleitenden Telegraphenleitungen sekundieren dem Geschehen mit dem Verweis auf die unsichtbare Energie der Elektrizität.

Mit der Gare Saint-Lazare-Serie (Abb. 5) hat Monet im Jahr 1877 das Sujet am anderen topographischen Ende der Bahnstrecke wieder aufgegriffen. In einer großen Reihe von Gemälden wendet er sich jetzt dem äußerst spektakulären und machtvollen Auftritt der Schienengiganten inmitten der Stadt zu.[10] Damit sind bereits mithilfe des Motivs Bahn Stadt und Land als die zwei Enden ein und desselben (Verkehrs-)

Systems bestimmt, und zugleich wird die Idee der Stadtlandschaft aufgegriffen. Auch hier bestimmt der künstlich erzeugte Wolkendunst das Bild, Rauch erfüllt die Station, hüllt sie ein und entfaltet sich in virtuosen Wandlungen im Sonnenlicht. Dampf regiert die Welt des Bahnhofs, mimt Natur und bestimmt die Sicht auf die Dinge, die sich, so fest sie als Körper auch immer gefügt sein mögen, von Rauch und Licht umspielt, in ihrer Materialität aufzulösen scheinen. Vorgeführt wird eine Welt aus Licht und Luft im Verbund mit jener aus Gas, Glas und Eisen, kurz Technik im Naturverbund oder die Natur der Industrie.

Wolkenzug

Wie sich das gleiche Sujet noch auf eine ganz andere, weriger naturalistische denn realistisch-allegorische Weise nutzen lässt, hat in sehr engem zeitlichen und topographischen Zusammenhang mit den bislang angeführten Werken Édouard Manet, Haupt der neuen Schule von Batignolles, mit seinem Washingtoner Gemälde *Die Eisenbahn (Le chemin de fer)* alias *Der Bahnhof Saint-Lazare (La gare Saint-Lazare)* aus dem Jahr 1873 gezeigt. Dieses Bild kann als eine Inkunabel der neuen Stadtlandschafts-Malerei gelten. Ein kurzer Rückblick auf seine Entstehung soll die Ausführungen über das spezifische Zusammenspiel von Ikonographie und Bildreflexion, von Industrie und Allegorie, das Manet über das Motiv einer Dampfwolke in Szene setzt, einleiten.

Manet hat die Sujets seiner Bilder vielfach auf der Straße gefunden, nicht selten sogar vor der eigenen Haustür. In einigen Fällen ist dies durchaus wörtlich zu nehmen. Als Manet im Juli 1872 sein Atelier aus der rue Guyot im Batignolles-Viertel in die rue de Saint-Pétersbourg und damit ins Quartier de l'Europe verlegte, boten sich dem Maler die Motive bereits beim Blick aus dem Fenster dar. Dass dies freilich keinen Rückzug in Idylle und Beschaulichkeit bedeutete, versteht sich von selbst bei einem Künstler, dessen zentrales Anliegen die Schilderung des gegenwärtigen Lebens von Paris[11] war und der seine Arbeit über die Zeitgenossenschaft hinaus programmatisch als eine Fortführung der Historienmalerei im Gewand des Alltags verstand. Man denke nur an die Porträtfolge, die Manet der rue Mosnier, der heutigen rue de Berne, gewidmet hat, jener damals eben erst angelegten Straße, in die der direkte Blick aus seinen Fenstern fiel. Beugte man sich ein wenig vor und sah nach links, so erblickte man den nahen Pont de l'Europe sowie die Gleisanlagen, die dieses technisch avancierte Bauwerk als eine Drehscheibe des Verkehrs bis heute zu überbrücken hat (Abb. 6). Sternförmig laufen hier in unmittelbarer Nachbarschaft der Gare Saint-Lazare als dem ältesten und damals bedeutendsten Pariser Kopfbahnhof sechs Straßen zusammen, darunter auch die rue de Saint-Pétersbourg. Immer wenn ein Zug passierte, vibrierte der Parkettboden des

6 Auguste Lamy, *Ansicht des Pont de l'Europe (Vue du Pont de l'Europe)*, 1868

Manet'schen Ateliers. Seinen Bewohner allerdings hat dieses regelmäßige Beben, wie es heißt, nicht gestört. Im Übrigen machten sich die Züge der diversen Linien der »Chemin de fer de l'Ouest«-Kompagnie durch ihren Lärm nicht nur akustisch, sondern durch ihre Rauchfahnen auch optisch bemerkbar;[12] auf diese Weise schienen sie dem Beobachter am Fenster regelmäßig Signal zu geben.

Und noch eine weitere Blickachse eröffnete sich von der Fensterfront des vornehmen Ateliers, und zwar jene leicht schräg über die Bahntrasse hinweg auf die Hinterseiten der Häuserzeile der rue de Rome, deren äußerst schmale Gartenabschnitte bis heute durch eine Eisengitterfront von der steil abfallenden Böschung der Bahnanlage abgegrenzt werden. Hier, jenseits der Gleise, aber in Sichtweite, wohnte und arbeitete Manets Künstlerkollege Alphonse Hirsch, und dieser hat dem Freund auch Zutritt zu jenem rückwärtigen Gärtchen verschafft, das Manet als Schauplatz für sein Gemälde *Die Eisenbahn* gewählt hat (Abb. 7). Dieses Bild ist das erste größere Gemälde, das Manet während des Sommers 1872 in seinem neuen Atelier in Angriff genommen hat. Fertig gestellt wurde es im Jahr darauf, öffentlich zu sehen war das Bild erstmals im Salon von 1874, wo es sowohl wegen des als banal empfundenen Sujets kritisiert als auch wegen seines angeblich unfertigen Zustandes als bloße »impression« abgetan wurde; die Karikaturisten konnten ihre spitzen Federn vor übermütigen Einfällen und Invektiven gar nicht halten.[13]

Es handelt sich um eines jener ›Genre‹-Bilder, die Manet wie kaum ein anderer Zeitgenosse nutzt, um den mannigfaltigen Aspekten der *vie moderne* nachzuspüren. Indem Manets Œuvre den Themen und dem Programm nach geradezu ausdrücklich dem Hier und Jetzt verpflichtet ist, wird das Genrebild, das traditionell auf die Darstellung des so genannten niedrigen Alltags abonniert ist, wieder zu einer signifikanten Gattung. Genre, so hat Max J. Friedländer definiert, schildert das, was immer der Fall ist, Historie das, was jetzt im Augenblick der Fall ist.[14] Manet verschränkt die beiden Gattungen, er nutzt das Schema des Genregemäldes für seine Geschichtsbilder.

Die Umbenennung des Bildes in *La gare Saint-Lazare*, gewissermaßen eine retrospektive Anpassung an die gleichnamige spätere Gemäldefolge von Monet,[15] spezifiziert und konkretisiert die Topographie in einer Weise, von welcher der ursprüngliche Titel (*Le chemin de fer*) gerade absieht, zumal nicht der Bahnhof selbst, sondern allenfalls das erweiterte Bahngelände, und dies auch nur in einem kleinen Ausschnitt, in den Blick genommen ist. Manet geht mit topographischen Angaben sehr sparsam um, er deutet an und markiert, zeigt aber nicht – anders als Monet – ostentativ her. Allerdings lassen sich die wenigen Einzelheiten sämtlich verifizieren, das heißt an Ort und Stelle überprüfen. Und der Ort ist besagter äußerst schmale Abschnitt der viel frequentierten Bahntrasse nahe dem von den Zeitgenossen als technisches Meisterwerk bestaunten Pont de l'Europe, der bei

Manet rechts am Bildrand eben noch zu erkennen ist. Diesen abgerückten, fast versteckten Nicht-Platz bestimmt Manet als Kulisse seines Gemäldes.

Die Protagonistinnen seines Bildes präsentiert Manet nach Ausschnitt und Nahsicht in geradezu fotografischer Manier. Eine junge Frau, sommerlich à la mode gekleidet, sitzt auf einer schmalen Steinbrüstung vor einem schwarzen Gitter. In ihrem Schoß ruht schlafend ein Hündchen, die Hände halten geöffnet ein Buch; eben hat sie ihre Lektüre unterbrochen, um aufzuschauen. Der Sitzenden zur Seite steht rechts ein Kind, angetan mit einem silbrig-weißen Batistkleid, das von einer großen Schärpenschleife geziert wird. Das Mädchen kehrt dem Betrachter den Rücken zu und blickt, gegeben im verlorenen Profil, ins Bild hinein. Mit der linken Hand umfasst es einen der Eisenstäbe. Das Gitter trennt den Vordergrund deutlich vom Mittel- und Hintergrund. Hinter dieser Schranke fällt das Gelände stark nach unten ab. Der Blick wird auf Schienenstränge, Signalschilder und ein Gleiswärterhäuschen gelenkt. Im Übrigen füllt weißer Rauch die rückwärtige Szene; ausgespart bleiben im Wesentlichen nur die Abbreviaturen der Fassade links und der Brücke rechts.

Manets lichtdurchflutetes Gemälde schildert ein Pariser Spätsommeridyll, ein veritabler Vorwurf für eine Genreszene nach klassischem Zweifigurenschema, wie sie insbesondere die holländische Malerei des 17. Jahrhunderts ausgeprägt hat. So rudimentär die topographischen Angaben auch sind, so exakt und bezeichnend sind sie zugleich, und ähnlich ist es um die Zeitangaben bestellt. Die Mode datiert das Bild in den Sommer des Jahres 1872, die rechts auf dem Mauervor-

7 Edouard Manet, *Der Bahnhof Saint-Lazare (La gare Saint-Lazare)*, 1873
National Gallery of Art, Washington

sprung liegende Weintraube und die (Sonnen-)Lichtverhältnisse verweisen auf den Monat September, das Promenadenkleid des Kindes lässt auf einen Sonntag schließen. Demnach hält das Bild einen Sonntagnachmittag gegen Ende September des Jahres 1872 fest, als soeben fauchend wieder ein Zug die Gare Saint-Lazare Richtung Normandie verlässt.

Mit der Bestimmung von Ort und Zeit und der Bezeichnung von Personen und Handlung ist der äußere Vorwurf des Bildes, noch nicht seine ästhetische Verfasstheit, geschweige denn sein Gehalt benannt. Eines der grundlegenden Modelle, welche das Gemälde in seiner Struktur prägen, ist das der Differenz und Distinktion. Auf Kontrasten und Gegensatzpaaren ist das Bild aufgebaut. Formale und inhaltliche, semiotische und semantische Analogien und Oppositionen bilden sein konstruktives Gerüst und bestimmen die Komposition ebenso wie das Kolorit.

Das eigentümlichste Bildelement, jenes, das die zeitgenössischen Betrachter äußerst irritiert und die Karikaturisten auf den Plan gerufen hat, stellt das rabenschwarze Eisengitter dar. Überdeutlich zerteilt diese Schranke das Bild in zwei hintereinander liegende Raumhälften. Dieses graphische Gitter fungiert sowohl als Grenze wie als Fenster, es gliedert zum einen die Bildtiefe und zum anderen die Bildfläche, und zwar in zwölf schmale Vertikalfelder, die den Hintergrund in dunkel konturierte Einzelbilder auffächern. Stillstand (des Kindes) und Bewegung (des Zuges) werden durch das Linienraster des Gitters so miteinander verschränkt, dass der Blick auf die verschwundene, durch Rauchschwaden ersetzte Bahn wie eine fotografisch-filmische Sequenz erscheint.[16] Die Eisenbahn, die der Bildtitel ankündigt, ist nurmehr anwesend über eines ihrer charakteristischen Abzeichen, das der Dampfwolke, die im nächsten Moment bereits verflogen ist. Dieses luftig-weiße Rauchzeichen fügt eine riesige Leerstelle ins Bildzentrum und kündet dort ex negativo vom harten, schwarzen technologischen System Eisenbahn, das im Bild nur repräsentiert, nicht wiedergegeben ist; die Lokomotive wird metonymisch evoziert, nicht dargestellt. Mit Bezug auf den ursprünglichen Titel des Gemäldes ließe sich auch von einem Rebus sprechen, und es verwundert kaum, dass die Salonbesucher sich düpiert fühlten, weil die Darstellung nicht hielt, was der Titel versprach. Die Wolke – keine hehre Himmels-, sondern eine profane Industrierauch-Wolke – bezeichnet einen blinden Fleck im Bild, so als weise das Gemälde hier auf seinen Grund, auf die Grundierung (und die Malerei auf sich selbst). Es entsteht eine Projektionsfläche, arrangiert weniger für das Kind, von dem man nicht weiß, was es sieht, als vielmehr für die Betrachter.

Der Mythologie der Alten antwortet Manet mit der *mythologie moderne*, indem er vom Leben in der Großstadt, von Technik und Fortschritt und insbesondere von den Menschen, ihren Beschäftigungen und Sehnsüchten handelt.

Und unversehens wird aus der Genreszene ein Historienbild, das eben jenem wie zufällig wiedergegebenen Moment ein Denkmal setzt, der in dem sinnenden Blick der jungen Frau fixiert ist. Ihrem Blick, ihrem Augen-Blick, der Nachdenklichkeit und Gegenwärtigsein provoziert, korrespondiert der andere, der im Bild verlorene Blick des Kindes, der im Verfolgen des technischen Gefährtes in die Ferne von Raum und Zeit, kurz, tagträumend in die Zukunft gerichtet zu sein scheint. So gehen die Blicke einerseits aus dem Bild und andererseits ins Bild hinein, und dem Betrachter wird mittels der im Zentrum durch die Wolke ausgesparten Leere ein klassisches Vehikel zur Beförderung der eigenen Imagination offeriert. Die topographischen Details, welche die Wolkenszene säumen, verankern das Geschehen im Hier und Jetzt, im neuen Paris der Jahre nach Deutsch-Französischem Krieg und Commune und zu Beginn der Ära der Dritten Republik.

Gemalte Kunsttheorie

Manet verbindet sein Nachdenken über die Stadt als eine Topographie der Moderne zugleich mit Reflexionen über das Metier des bildenden Künstlers. Thema seines Bildes ist auch die Malerei, ganz im Sinne eines »selbstbewußten Bildes«, wie Victor Stoichita diese Klasse bezeichnet hat.[17] Nicht nur erwägt das Gemälde vielfältige Aspekte der Sichtbarkeit in den Dimensionen des Augenfälligen, des Verborgenen und der Imagination, es bedenkt zugleich den (Erkenntnis-)Modus und Status eines gemalten Bildes, indem es in diagonaler Reihung von oben links nach unten rechts in einem Dreischritt zentrale Topoi und Embleme der eigenen Kunst verschränkt. Indem in der oberen linken Gemäldehälfte, vom Strohhut der Sitzenden leicht überschnitten, mit der Doppelpforte und dem linker Hand sich anschließenden Balustradenfenster nicht eine x-beliebige Staffage, sondern vielmehr ein bezeichnender Ausschnitt einer der Umgebung eindeutig zuzuordnenden Häuserzeile vis-à-vis des Bahngrabens zitiert, ja geradezu inszeniert wird, hat das Gemälde darin seine zweite, diskrete Signatur: Mit Torweg und Fensterfront kommt hier in Außenansicht unmissverständlich Manets damals neues Atelier in der rue de Saint-Petersbourg ins Bild.[18] Und dieser sprechenden Markierung der persönlichen Topographie antwortet auf der Gegenseite zur signifikanten Bestimmung des öffentlichen Raumes hell leuchtend einer der mächtigen Steinpfeiler des Pont de l'Europe samt einem kleinen Abschnitt seiner schwarzgrauen Gitterbrüstung. Eingebettet in diese zweifach codierte Rahmenarchitektur gibt Manet die eigentliche Szene. Über das Atelier wird auf die Produktionsstätte des Bildes verwiesen, über die Wolke als Tabula rasa auf die Grundfläche und -bedingung der Malerei (als Malerei) sowie das Problem der Formgestaltung und über die Weintraube (nebst der un-

mittelbar darunter platzierten Signatur) mit Zeuxis und Parrhasios auf die Tradition der hohen Schule der Malkunst und auf die elementare Ambition eines jeden Realismus, die Wirklichkeit zu schildern (Imitation) und zugleich die Wahrnehmung auf die Probe zu stellen (Irritation).

Dass Manet für dieses Gemälde, das sich im Anschluss an das Gesagte mit einigem Fug und Recht im Sinne eines Programms auch als ein Atelier-Bild bezeichnen lässt, ein Exterieur wählt, lässt sich möglicherweise verbinden mit der Idee einer Malerei im Freien als Überwindung der traditionellen akademischen Kunst. Manet hält, wie es scheint, die Mitte. Die Angabe, die sich gelegentlich in der Literatur findet, es handele sich bei der *Eisenbahn* um sein erstes im Freien gemaltes Bild und damit zugleich um eine Art Auftakt- und Programmbild des Impressionismus, muss bezweifelt werden, wenn damit mehr gemeint sein soll als der Umstand, dass Manet vor Ort Skizzen angefertigt hat.[19] Bereits die Tatsache, dass der reale, winzig kleine Garten der Szene samt Staffelei wohl kaum genügend Platz geboten hätte, spricht gegen diese Annahme, insbesondere aber der ausgeklügelte Gesamtaufbau des Bildes, die Korrekturen der Komposition und die Übermalungen. Manet platziert sein Modell – Victorine Meurent, Modell auch der *Olympia* und des *Frühstücks im Freien* – der Logik des Aufbaus und der Planimetrie nach direkt vor bzw. unterhalb des eigenen Ateliers, aber offenbar nur, um diese Konstruktion eines Außen und Innen sinnfällig werden zu lassen zu einem Zeitpunkt, als die Malerei auszog, das Freilicht zu erproben. Manet ist diesem Aufruf der Freunde und Kollegen bekanntlich nur sehr bedingt gefolgt. Er zeigt seine *Eisenbahn* denn auch im Rahmen des offiziellen Salons des Jahres 1874, während die Freunde sich zur selben Zeit im vormaligen Atelier des Fotografen Nadar zur ersten eigenen Schau verabreden. Und beide Unternehmungen, jene offizielle Manets wie jene unabhängige der Malerkollegen, fallen bei der Pariser Kritik gleichermaßen durch.

»Il n'y a pas de point de vue.« – »Es gibt keine Perspektive, keinen bestimmenden Blickpunkt mehr«: In diesem Satz Gustave Courbets klingt eine der zentralen kunsttheoretischen Aussagen des 19. Jahrhunderts an.[20] Die klassische Einheit des traditionellen Bildkonzeptes, wozu in erster Linie die fokussierende, alles an ihren Platz und damit zurechtrückende Zentralperspektive rechnet, taugt nicht mehr zur Gestaltung der Erfahrungen der Moderne. Die Alltagswahrnehmung ›zerfällt‹ und hat Mühe, die heterogenen Bestandteile zu synthetisieren. Folglich bestimmen vielfach Fragmente und Chiffren das Bild. So jedenfalls verfährt Manet. Dass auf diesem Wege kein bloßes Kaleidoskop entsteht, leitet sich her aus dem Umstand, dass Manet, so sehr er einerseits die traditionelle Bildauffassung provoziert, andererseits dennoch im konventionellen Sinne durchaus an einer ›Bildidee‹ festhält. Dieses Paradox bestimmt viele seiner Gemälde und begründet ihre Spannung. Das Eisenbahn-Bild lebt von solchen Oppositionen und Kontrasten, die dazu beitragen, das Gattungsschema (Genre/Historie/Allegorie) zu durchkreuzen, das Hoch/Niedrig-Paradigma zu unterlaufen (Un-Ort Bahntrasse), das Stadt/Natur-Verhältnis auszusetzen oder die distinkten Malweisen und Perspektivwechsel zu verschleifen.

Nur im Medium des Bildes, so ließe sich resümieren, kann die Wirklichkeit überboten werden, im Zentrum bei Manet steht im vorliegenden Fall der Sturz ins Bodenlose des Sichtbaren. Und wenn nicht alles täuscht, so finden sich eingeschlossen in Manets Gemälde mit seinen fotografischen Reflexen und Effekten auch Reflexionen der Differenzen beider Gattungen und Medien: Das schier Sichtbare wird als Terrain zunehmend dem Fotografen überlassen, das Un-Au(gen)fällige, Un-Spektakuläre und Un-Sichtbare mehr und mehr als das eigentliche Gebiet des Malers begriffen. Manets Industrierauch-Wolke könnte ein Abzeichen dieses Übergangs von naturalistischer Illustration zu inspirierter und konspirativer Imagination sein.

[*] Dieser Beitrag kann in Kurzform nur einige wenige Aspekte des weiten Themas ansprechen; er entstammt im Übrigen dem größeren Zusammenhang einer Untersuchung über Édouard Manet und sein Gemälde *Die Eisenbahn (Le chemin de fer)*, die demnächst abgeschlossen wird.

[1] Zit. nach Rewald 1965, S. 215.

[2] Vgl. hierzu ausführlich den grundlegenden Aufsatz von Herbert 1982 sowie die entsprechenden Abschnitte in dem Band von Frascina u. a. 1993, S. 127ff.

[3] Vgl. hierzu Boime 1995, S. 87f. und passim.

[4] Im vorliegenden Zusammenhang sei exemplarisch auf die Monographie von Tucker 1986a hingewiesen.

[5] Vgl. dazu allgemein Frey 1999.

[6] Unter anderem der englische Schriftsteller und Kunsttheoretiker John Ruskin hat in seinen Schriften frühzeitig und hellsichtig auf diese Konsequenzen hingewiesen; vgl. dazu Kemp 1983, S. 388ff.

[7] Dazu Rewald 1965, S.189ff.; ferner Tucker 1986b sowie Eisenman 1986. – Monet selbst hat von einer *Ansicht von Le Havre* gesprochen, als er rückblickend auf die Idee der Titelgebung zu sprechen gekommen ist; siehe M. Guillemot, *Claude Monet*, in: *Revue Illustrée* vom 15. März 1898, zit. in Ausst. Kat. Paris 1980, S. 139: »... une chose faite au Havre, de ma fenêtre, du soleil dans la buée et au premier plan quelques mâts de navires pointant ... On me demande le titre pour le catalogue, ça ne pouvait vraiment pas passer pour une vue du Havre; je répondis: ›Mettez *Impression*‹« (Hervorhebung der Verf.).

[8] Über Guillaumin, sein Gemälde und die Freundschaft mit Camille Pissarro sowie dessen Fabrikporträts und -landschaften aus der Zeit um 1873 s. Brettell 1990, S. 91f. Vgl. auch Frascina u. a. 1993, S. 136f.

[9] Dazu Tucker 1986a, S. 4.

[10] Dazu ausführlich Ausst. Kat. Washington/Paris 1998, S. 103–129.

[11] So lautet eine der bekannten Devisen Manets; hier zitiert aus dem Zusammenhang seiner Bewerbung um den Auftrag zur Schaffung von Bildern für das Pariser Hôtel de Ville im April 1879; vgl. Proust 1917, S. 84.

[12] Siehe die Angaben bei Hamilton 1954, S. 173; Hamilton zitiert den Bericht des Journalisten Fervacques über einen Atelierbesuch bei Manet, publiziert im *Figaro* vom 25. Dez. 1873.

[13] Siehe zur Rezeption u. a. das entsprechende Kapitel bei Hamilton 1954, S. 175ff. sowie Ausst. Kat. Washington/Paris 1998, S. 49ff.

[14] Vgl. Friedländer 1963, S. 154.

[15] Zur Erwerbung des Gemäldes durch das New Yorker Sammlerehepaar H. O. Havemeyer im Jahr 1898 und die Umbenennung im Zuge der Überführung des Gemäldes in die USA s. jetzt Ausst. Kat. Paris 1997, S. 54f. und passim.

[16] Zum Aspekt der Raster- und Gitterstrukturen und ihrer Bedeutung für den Wahrnehmungsakt bei Manet s. Haus 1986, S. 259f.

[17] Stoichita 1998.

[18] Dies eine Entdeckung, die Juliet Wilson-Bareau zu danken ist; s. Ausst. Kat. Washington/Paris 1998, S. 61f.

[19] Vgl. dazu u. a. Hamilton 1954, S. 176 sowie Ausst. Kat. Washington/Paris 1998, S. 56.

[20] Siehe dazu Herding 1998.

Das Industriebild als modernes Historienbild –
Monumentalisierung und Heroisierung von Industrie
und Arbeit in Belgien

Hubertus Kohle

Realismus zwischen Sozialkritik und Agrar-Romantik

Darstellungen menschlicher Arbeit erlangten im 19. Jahrhundert im Zuge von Industrialisierung und Demokratisierung eine neue Dignität. Vorher meist beschränkt auf Jahreszeitenzyklen oder den niederen Gattungen zugewiesen, damit im Anspruch von vornherein reduziert und häufig sogar der Lächerlichkeit preisgegeben, wachsen dem Menschen – der erst durch die Arbeit zum eigentlichen Menschen wird – Rollen zu, die vorher den Vertretern der hohen Stände oder den Helden historischer und mythologischer Ereignisse vorbehalten waren. Galt in der Antike (körperliche) Arbeit als eines freien, zur reflektierenden Muße bestimmten Menschen unwürdig, wurde sie im mittelalterlichen Weltbild als Strafe für den Sündenfall gewertet. Schien sie auch noch in der neuzeitlichen aristokratischen Gesellschaft ein zweifelhaftes Vorrecht der niederen Stände, so änderte sich dies vor allem unter dem Einfluss von zwei wichtigen Bedingungen: Einerseits hat die von Max Weber untersuchte protestantische Ethik unverkennbar zu einer Neubewertung der Arbeit auch im Heilsplan der Welt geführt. Andererseits waren endgültig erst im 19. Jahrhundert durchgesetzte Einsichten der Ökonomie-Theoretiker in die Wertschöpfungskraft menschlicher Arbeit entscheidende Bedingung für deren Aufwertung.[1]

Dieser Paradigmenwechsel hat sich gleichermaßen in der Kunst niedergeschlagen, besser gesagt: Auch die Kunst hat ihren Teil dazu beigetragen, die Umwertung durchzusetzen. Bezüglich der belgischen Malerei und Plastik der zweiten Hälfte des 19. Jahrhunderts hat hier ein Ereignis geradezu wie ein Paukenschlag gewirkt, dessen Einfluss auf die Kunstszene des Landes nicht hoch genug einzuschätzen ist. Gemeint ist die Ausstellung von Gustave Courbets *Steinklopfern* (*Les casseurs de pierre*) (Abb. 1) im Brüsseler Salon 1851, mit der es gelang, die revolutionäre Attitüde des französischen Realismus einzuführen. Straßenarbeiter waren hier in einem großen, damit den Status von Historienmalerei beanspruchenden Format dargestellt, und dies in einer Weise, die auf jedes gönnerhafte Sentiment verzichtete. Gerade das war das Problem für viele Betrachter, die schon bei der vorherigen Ausstellung des Bildes in Paris »sozialis-

tische Tendenzmalerei« bemängelten und in den beiden Arbeitern Träger eines revolutionären Elans sahen, dessen man sich im Verlauf der 1848er Aufstände gerade erst mühsam entledigt hatte.

Im Wesentlichen richtete sich dieser Realismus, der bei Courbet mit einer entschieden freiheitlichen Rhetorik einherging, gegen drei Strömungen, die vor allem die belgische Malerei, aber auch die Skulptur bis dahin bestimmt hatten: Erstens gegen die Geschichtsmalerei, in der ein erst 1830 unabhängig gewordenes Land in den ersten Jahrzehnten seiner Existenz Legitimationsmuster und Orientierungsrahmen gesucht hatte. Zu nennen wären hier Künstler wie Gallait, Wappers oder Leys. Zweitens gegen eine harmlose Genremalerei, die nie mehr bezweckte, als behagliche Staffage des bürgerlichen Heims zu sein. Und drittens gegen einen weiterhin am Vorbild der Antike orientierten Klassizismus, der mit dem bis in die Mitte der 1820er Jahre im Brüsseler Exil arbeitenden Jacques Louis David ebenfalls aus Frankreich kommend seinen Einfluss in Belgien vor allem über dessen Schüler François-Joseph Navez entfaltete.

Neben Courbet war noch ein zweiter Franzose Protagonist einer Kunst, die sich mit dem Thema Arbeit beschäftigte: Jean-François Millet wird ebenfalls zu den realistischen Erneuerern gezählt, seine Domäne war die Darstellung des arbeitenden Bauern. Mit seinen Bildern, die zwischen Sozialkritik und Agrar-Romantik changieren, faszinierte er eine Öffentlichkeit, die am Ende des Jahrhunderts in zunehmendem Maße bereit war, hierfür astronomische Preise zu bezahlen.

Der industrielle Lebensraum

Courbet und Millet, in den progressiven belgischen Künstlervereinigungen der Zeit gern gesehene Ausstellungs-Gäste oder Mitglieder, formulierten bildnerisch zwei Varianten der Arbeiterdarstellung, die in der zweiten Hälfte des Jahrhunderts durch eine dritte ergänzt wurde, in der verstärkt der Industriearbeiter bzw. der industrielle Lebensraum an sich thematisiert wurde. Denn auch die beiden ästhetisch innovativen Franzosen beschränkten sich auf das motivische Spektrum traditioneller Arbeitsformen, auf handwerklich-technische bzw. agrarisch-ökonomische Sujets, Motivgruppen, die schon seit dem Mittelalter zur Darstellung gelangten. Allerdings brauchte es auch in Belgien seine Zeit, bis die Industriearbeit als eigenständiger Gegenstand der Malerei anerkannt war. Geläufig waren hier verharmlosende bis verklärende Szenen des handwerklichen Alltags, wie wir sie etwa von dem Antwerpener Maler Henri Braekeleer kennen;[2] daneben landwirtschaftliche Tätigkeiten, wie sie uns beispielsweise in den Werken Eugène Laermans aus Brüssel begegnen. Eigentlich erst zu einem Zeitpunkt, als die Indus-

erzielt. Von den Arbeitgebern erbittert und mit rigider Gewaltanwendung bekämpfte Streiks und Arbeiterzusammenschlüsse sozialistischer, anarchistischer und katholischer Couleur trugen das Ihrige zu einer wenigstens bescheidenen Sozialgesetzgebung bei. Verschärft wurden die sozialen Spannungen durch eine fortschreitende Mechanisierung und Rationalisierung, die einerseits zu einer höheren Produktivität führten, andererseits aber Massen von Arbeitern erwerbslos machten.

Constantin Meunier

Der Brüsseler Constantin Meunier (1831–1905), damals wichtigster Vertreter der belgischen Industriemalerei und -bildhauerei, war auch im internationalen Vergleich einer der bedeutendsten Künstler des ausgehenden 19. Jahrhunderts. Er kann geradezu als Verkörperung dessen gelten, was im Titel mit »Monumentalisierung und Heroisierung« programmatisch angedeutet ist. Die Arbeiter-Skulpturen aus den letzten 20 Jahren seines Lebens sind mit ihrer noblen und zugleich schmerzvollen Ausstrahlung zum Inbegriff eines einfachen und authentischen Daseins geworden, gleichzeitig beschreiben sie die Emanzipation der unteren Klassen im beginnenden Massenzeitalter.

Meuniers Leben war von zahlreichen schmerzlichen persönlichen Erfahrungen geprägt, aus denen man die zuweilen schwermütige Gravität seines Werkes ableiten zu können glaubte. Unter ärmlichen Umständen aufgewachsen, häufig Hunger leidend, scheint er schon früh zum Melancholiker geworden zu sein. Schicksalsschläge begleiteten ihn sein Leben lang. An der Schwelle zum Greisenalter musste er miterleben, wie zwei seiner Söhne in kurzem Abstand nacheinander starben.

Sein künstlerischer Werdegang scheint indes typisch für die anbrechende Epoche des Realismus. Mit 15 Jahren wurde er Schüler der Akademie und erhielt eine Ausbildung im Atelier Charles Auguste Fraikins, eines Bildhauers, der die geläufigen antikischen Themen in der Skulptur vertrat. Bald wechselte er zur Malerei, um sich erst mit über 50 Jahren wieder der Bildhauerei zuzuwenden, in der er schließlich seine größten Erfolge erzielte. Grund dafür scheint die Tatsache gewesen zu sein, dass die belgische Skulptur um 1850 weit zurückhing und pseudoklassische Themen in einer eher faden, zuweilen auch rhetorisch gestelzten Weise pflegte, die ambitionierte Jüngere nicht zu beeindrucken vermochte. In der Malerei dagegen waren wirklichkeitszugewandtere Künstler tätig, die sich von den erwähnten Franzosen anregen ließen. Bald schloss sich Meunier Charles de Groux an, der sich einer sozial engagierten Malerei widmete und in anrührenden, monumental aufgefassten Szenen gesellschaftliche Probleme wie den Alkoholismus thematisierte und auf die Leiden der niederen

1 Gustave Courbet, *Die Steinklopfer (Les casseurs de pierre)*, 1849 ehemals Staatliche Kunstsammlungen Dresden (Kriegsverlust)

triearbeiter sich in Organisationen zusammenschlossen, um sich in der Öffentlichkeit mehr Gehör zu verschaffen und um gemeinsam für ihre Rechte zu kämpfen, drangen Themen der Arbeit verstärkt in das Bewusstsein und die Bildwelt der Künstler ein.[3]

Infolge der Souveränität befand sich Belgien unter den bürgerlich-liberalen Regierungen auf einem industriellen Expansionskurs, der auf dem Kontinent ohne Beispiel war und an Dynamik sogar mit der englischen Wirtschaft Schritt halten konnte. Produktionsschwerpunkte waren der Bergbau, daneben die Metall- und Glasindustrie, wobei insbesondere die Kohlen- und Erzgewinnung als Treibriemen der industriellen Entwicklung Europas fungierten. Geographisch war die Ausbildung dieser Zentren allerdings ungleich verteilt: Dem agrarisch geprägten flämischen Staatsgebiet stand der industrialisierte wallonische Teil gegenüber, durch dessen Prosperität vor allem die Landstriche um Mons, Charleroi und Lüttich in ihrer Physiognomie stark verändert wurden.

Die schnelle und ungehinderte Industrialisierung forcierte die Proletarisierung in einer Weise, die deutlich über das hinaus ging, was bislang in anderen Ländern beobachtet werden konnte. Im Kampf gegen Niedriglöhne, extrem lange Arbeitszeiten – auch für Kinder – und die politische Rechtlosigkeit wurden erst gegen Ende des Jahrhunderts Erfolge

2 Charles Hermans,
Im Morgengrauen (À l'aube),
1875
Musées royaux des
Beaux-Arts de Belgique,
Brüssel

Klassen aufmerksam machte. Meunier begann mit religiösen Themen, wählte allerdings weniger Szenen aus Bibel und Kirchengeschichte (diese offenbar nur zum Broterwerb als Erfüllung staatlicher Aufträge) als vielmehr zeitgenössische Begebenheiten, darunter Darstellungen mildtätiger Betschwestern und Alltagsszenen aus dem Klosterleben. Auch wenn diese Sujets konventionell erscheinen, so atmen sie dennoch den Geist des Realismus, weil sie beobachtet sind und auf intimer, durch intensives Studium der gezeigten Lebenssphäre erlangter Kenntnis beruhen. Und damit entsprechen sie dem, was ein naturalistisch orientierter Theoretiker wie Camille Lemonnier, Freund Meuniers und dessen erster Biograph, von der Kunst forderte: »Ich rate den Künstlern leidenschaftlich, ihre Ateliers zu verlassen und anstelle der akademischen Posen eines symmetrisch gefältelten Flitterkleides die wunderbare Vielfältigkeit des Lebens auf der Straße zu beobachten. Sie erschöpfen ihre Einbildungskraft damit, in sich selber Bildthemen aufzuspüren, die sie dort zu tausenden finden würden. Noch dazu gelingt es ihnen nicht, diesen jene Art moralischer Schwingung zu vermitteln, die den Betrachter zu packen vermag.«[4]

In der zweiten Hälfte der 1860er Jahre gründete Meunier mit anderen Neuerern die Société libre des Beaux-Arts, die sich ausdrücklich gegen die Traditionalisten des Cercle du Conservatoire richtete. Immer deutlicher fokussierte er sein Interesse auf die Situation unterdrückter Gesellschaftsschichten, das er in den 1870er Jahren mit Kollegen wie Charles Hermans teilte. Dieser zeigte in seinem berühmten Bild *Im Morgengrauen (À l'aube)* (Abb. 2) eine Gruppe von Arbeitern, die sich frühmorgens auf den Weg zur Arbeit macht und einer Reihe von betrunkenen Mitgliedern der gehobenen Gesellschaft begegnet, welche soeben ein rauschendes Fest verlässt. Das zeitgenössische Kunstpublikum registrierte naserümpfend die soziale Anklage – ebenso wie das auch hier gewählte große Bildformat, das dem Genre traditionell nicht entsprach, hingegen die neue Würde der Straßenszene in die entsprechende Form brachte.[5]

Das Interesse an Szenen aus dem Volksleben verstärkte sich während einer Spanienreise zu Beginn der 80er Jahre. Schon gegen Ende der 70er Jahre hatte Meunier mit Darstellungen aus der Industrie begonnen. Zum endgültigen Schwerpunkt innerhalb seines Œuvres scheinen sie durch ein Erlebnis geworden zu sein, das im Nachhinein manche Kritiker wie einen Initiationsritus beschreiben. Gemeint ist der Besuch im Borinage 1881, der am stärksten industrialisierten Gegend südwestlich von Mons, das wenige Jahre zuvor bereits von Vincent van Gogh als Studienort aufgesucht worden war.

Die »Beherrscher der Materie«

Am auffälligsten in Meuniers Arbeiterdarstellungen ist sein immer wieder auch schon von Zeitgenossen mit Erstaunen bemerkter Hang, die Figuren zu monumentalisieren, ihnen eine Erhabenheit zuzuweisen, die man bis dahin nur aus künstlerischen Darstellungen bedeutender Persönlichkeiten der Weltgeschichte gekannt hatte. Sie wirken groß und mächtig wie ehedem nur der Herrscher oder der mythische Held. Anhänger seiner Kunst unterstreichen die »heroische Größe dieser Beherrscher der Materie«.[6] Der zum Anarchismus bekehrte französische Kritiker und Romancier Octave Mirbeau etwa lobte Schönheit, Einfachheit und Größe von Meuniers 1886 entstandenem *Hammerschmied (Le marteleur)*.[7] Und in der Tat strahlt die Figur eine Nonchalance aus, die über die Härte der Arbeit den Sieg davonträgt. Ein anderer Kritiker bemerkte 1882 auf dem Bild *Der zerbrochene Schmelztiegel (Le creuset brisé)* (Abb. 3) »eine Anzahl von Arbeitern, die ... in einer Größe dargestellt ist, wie wir sie in einem Werk dieses Genres bisher noch nicht gesehen haben. Das Bild weist die Noblesse auf, welche man bei der Darstellung von Szenen erreichen kann, die bislang für vulgär gehalten wurden.«[8]

Die Protagonistin eines weiteren Gemäldes – entstanden im selben Jahr –, nämlich das *Bergmädchen aus dem Borinage am Schacht (Hieurcheuse boraine à la fosse)*,[9] stellt eine Person dar, die in deutlichem Kontrast steht zu den Berichten über die extrem harten Bedingungen, denen Kinder bei ihrer Arbeit in den belgischen Bergwerken des 19. Jahr-

hunderts ausgesetzt waren. In ihren Zügen ist eine gleichsam charmante Ausstrahlung nicht zu verkennen.

Ein anderes Bildbeispiel, der *Ruhende Puddler (Puddleur au repos)*[10] aus den Jahren 1884–87, zeigt seine Besonderheit gerade im Vergleich mit seinem offensichtlichen Vorbild, Millets *Winzer (Le vigneron)* von 1870. Hier ist der erschöpft wirkende Arbeiter im Hag durch eine Figur ersetzt, welcher die Plackerei vor allem an den Gesichtszügen abzulesen ist. Demgegenüber scheint die Konstitution eben jener Person erheblich kräftiger als die des Vorbildes.[11]

Die verschiedenen Versionen des *Schiffslöschers (Le débardeur)* (Abb. 4) aus den 1890er Jahren gleichen sich in mindestens einem Punkt: hinsichtlich der heroischen Entschlossenheit, die in der Physiognomie dieser ausgesprochen schönen Gestalt zum Ausdruck kommt.

Die Monumentalisierung offenbart bei allen genannten Beispielen eine gewissermaßen unauflösbare Paradoxie. Gedacht als Ausdruck der Wertschätzung des heldenhaft schaffenden Arbeiters, ist doch auch ein Element der Verharmlosung nicht zu vermeiden, scheint doch die Realität in den industriellen Anlagen der Frühzeit erheblich weniger erhaben gewesen zu sein, als uns das bei Meunier suggeriert wird. Zwar ist durchgängig die Plattheit von Heroisierungsversuchen vermieden, die wir sowohl aus der Nazikunst der 1930er Jahre wie aus dem Sozialistischen Realismus kennen; Meunier bewunderte offenbar nicht so sehr den leidenden als vielmehr den sein Schicksal ertragenden Arbeiter, der Stolz selbst dann noch verkörpert, wenn ihn die andere Lebensumstände gewohnte Nachwelt nurmehr bemitleiden

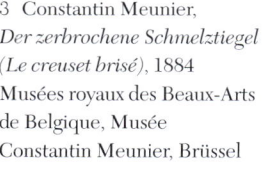

3 Constantin Meunier,
*Der zerbrochene Schmelztiegel
(Le creuset brisé)*, 1884
Musées royaux des Beaux-Arts
de Belgique, Musée
Constantin Meunier, Brüssel

zu müssen glaubt. Adorno hat diese Einstellung bürgerlich genannt, da sie dem Proletariat »schönes Menschentum und edle Physis bescheinigte«.[12] Georg Simmel verwies indirekt – und womöglich adäquater – auf sie, als er die Ambivalenz des Arbeitsbegriffs benannte und in Meunier denjenigen Künstler erkannte, der diese zum ästhetisch fruchtbaren Ausdruck gebracht habe: »Das ist das Wunder der Arbeit: daß sie das Tun des Subjekts den Forderungen eines Stoffes untertan macht (denn sonst brauchten wir nicht zu arbeiten, sondern könnten träumen oder spielen) und zugleich damit den Stoff in die Sphäre des Subjekts hineinzieht.«[13]

Insgesamt ist es nicht einfach, eine gesellschaftspolitische Orientierung aus den Werken des Bildhauers herauszulesen, allgemein ist man heutzutage vorsichtiger bei der ideologischen Festlegung von Werken bildender Kunst, deren vielschichtiger Charakter und mediale Eigenart immer stärker als nicht-reduzierbar auf weltanschauliche Überzeugungen betrachtet werden. Zu vermuten ist, dass

Meuniers Arbeiterheroen, deren Gesamterscheinung zumeist von einem starken Moment der Innerlichkeit getragen wird, auch eine historische Entwicklung reflektieren, die in Belgien in den 1880er Jahren anzusiedeln ist. Bei aller Bescheidenheit der erreichten Ziele haben selbst Marxisten wie Louis de Brouckère diese Jahrzehnte als »glorreiche Zeiten« charakterisiert, in denen »unsere Arbeiter voller Begeisterung und Energie waren«.[14] Der tendenziell fatalistische Unterton, der die Ästhetik der Werke Meuniers mitbestimmt, ist mit diesem Geist des Aufbruchs zweifellos schlecht in Übereinstimmung zu bringen. Hingegen muss das Selbstbewusstsein, das diese Figuren durchweg ausstrahlen, als ein Reflex auf die veränderten historischen Umstände gewertet werden.

»Die traurige Größe des Menschen«

Zudem ist festzustellen, dass unter den Anhängern der Meunier'schen Kunst ebenfalls eine Reihe von Künstlerkollegen gewesen sind, die der belgischen Arbeiterbewegung nahe standen und sein Werk teilweise enthusiastisch priesen. Jules Destrée, Gründer der für die Arbeiterbildung etablierten Volksuniversitäten im industrialisierten wallonischen Teil des Landes,[15] lobte etwa den Bruch Meuniers mit der Kunst der Vergangenheit: »Wo die Vorgänger nur abgeschmackte und lächerliche, hammertragende Herkulesse gesehen hatten, fühlte und entdeckte Meunier die traurige Größe des Menschen, die er dann auch zum Ausdruck brachte, so wie das vor ihm Millet mit dem Bauern getan hatte. So wurde der Arbeiter zum Gegenstand der Kunst und wurde als den antiken Göttern gleichwertig anerkannt.«[16] Emile Verhaeren, wie manch andere Apologeten Meuniers Mitglied der Section d'art der belgischen Arbeiterpartei und Freund der avantgardistischen belgischen Künstlergruppe »Les Vingt«, der einige der bedeutendsten europäischen Künstler assoziiert waren, unterstrich vor allem den Modernitätscharakter in Meuniers Werken: »Hier liegt die Zukunft des Gemäldes schlechthin: keine riesigen Maschinen mit Operngedonner mehr, sondern eine klare Vision der modernen Szenerie, intensiviert durch nüchterne Beobachtung.«[17] Edmond Picard, sozialistisch orientierter Mitbegründer der Zeitschrift *L'Art Moderne*, welche sich die Propagierung einer »art social« zum Programm erkoren hatte, machte in Anbetracht des *Zerbrochenen Schmelztiegels* darauf aufmerksam, dass erst Meunier die entschiedene Aufwertung der Arbeiterpersönlichkeit gelungen sei, die man bis dahin als eine eher burleske Figur angesehen habe.[18] Die offizielle Rezeption der Arbeiten Meuniers scheint zwiespältig gewesen zu sein, wenngleich sie nicht etwa nur von den Linken geschätzt wurden. In zumindest einem Fall hatte diese Parteinahme auch ganz konkrete, kontrovers geführte Diskussionen zur Folge: Zur Aufstellung des *Denkmals der*

4 Constantin Meunier,
Der Schiffslöscher
(*Le débardeur*), 1893
Folkwang Museum, Essen

5 Léon Frédéric, *Die Kreidehändler (Les marchands de craie)*, 1882–83
Musées royaux des Beaux-Arts de Belgique, Brüssel

Arbeit, von Meunier über Jahrzehnte geplant, konnten sich die Regierenden lange Zeit nicht entschließen, weil sie befürchteten, es könnte zum Kristallisationspunkt von Arbeiteraufständen werden.[19]

Aber was sagt das über die gesellschaftspolitische Orientierung von Meuniers Werken aus? Erstens wäre nach derjenigen der belgischen Arbeiterbewegung selbst zu fragen, so wie sie sich in dem deutlich pragmatischen Charakter des »Parti ouvrier« ausdrückte, der sich etwa von der doktrinären deutschen Sozialdemokratie erkennbar unterschied – und der bei den dort jeweils führenden Köpfen durchaus bürgerlich geprägt war. Auf der anderen Seite ist zu berücksichtigen, dass die Analyse von Kunstwerken zwar Aufschluss über deren Charakter gibt, deswegen aber nicht notwendigerweise die Intention des Künstlers treffen muss – so es denn eine solche jenseits des künstlerischen Willens überhaupt gegeben hat. Von Meunier wissen wir, dass er zeit seines Lebens ein gläubiger Christ war und dass ihn biblisch-religiöse Themen auch in seinem Spätwerk noch beschäftigten. Man wird ihn daher wohl eher als Befürworter eines sozial engagierten Katholizismus einordnen dürfen, der in Belgien viel zur Emanzipation der Arbeiterklasse beigetragen hat und dessen Engagement im übrigen häufig Hand in Hand mit demjenigen linker Gruppierungen ging.

Die Aufbruchstimmung der belgischen Arbeiterbewegung in den letzten beiden Jahrzehnten des 19. Jahrhunderts spiegelt sich auch in den Werken eines anderen Künstlers, der hier zum Schluss noch kurz angesprochen sei: Der 1856 geborene Léon Frédéric gehörte in seiner Frühzeit der »miserabilistischen« Schule an, die in Charles de Groux ihren wichtigsten Vertreter gefunden hatte. Sein berühmtes Triptychon *Die Kreidehändler (Les marchands de craie)* von 1882–83 (Abb. 5) zeigt eine völlig demoralisierte Familie im ewigen Kreislauf ihrer harten Plackerei, die zum Leben zu wenig und zum Sterben zu viel einbringt. Anfang der 1890er Jahre ist hier ein Umschwung zu beobachten. Mit den ebenfalls als Triptychen organisierten *Eines Tages wird das Volk den Aufgang der Sonne sehen (Le peuple un jour verra le lever du soleil)* und *Die Lebensalter des Arbeiters (Les âges du paysan)* schuf er zwei Werke, deren optimistische Elemente viel stärker ausgeprägt sind, Bilder, die versuchen, die eigenständige Identität der Arbeiterklasse zu definieren und ihr die Macht eines historischen Faktors zuzugestehen.[20]

[1] Vgl. den Artikel »Arbeit« im *Historischen Wörterbuch der Philosophie*, hrsg. von Joachim Ritter, Bd. 1, Darmstadt 1971.

[2] Stark 1979, S. 193f.

[3] Vgl. auch Hielscher 1979, S. 221f.

[4] Zit. nach Goetz 1984, S. 17.

[5] Onken 1979, S. 218.

[6] Goetz 1984, S. 172.

[7] Exemplar im Kaiser Wilhelm Museum, Krefeld; vgl. dazu Ausst. Kat. Hamburg 1998, Nr. 1, Abb. S. 66.

[8] *Constantin Meunier. Exposition de tableaux, dessins, esquisses et études au Cercle Artistique*, in: *L'Art Moderne* 1882, Nr. 1, S. 12.

[9] Ausst. Kat. Hamburg 1998, Nr. 45, Abb. S. 55.

[10] Ausst. Kat. Hamburg 1998, Nr. 19, Abb. S. 56.

[11] Goetz 1984, S. 122 und Hielscher 1979, S. 228.

[12] Adorno 1973, S. 341.

[13] Simmel 1919, S. 169.

[14] Vgl. Braam 1979, S. 153.

[15] Puissant 1979, S. 134.

[16] Vgl. Fontaine 1923, S. 78f.

[17] Vgl. Baudson 1998, S. 14.

[18] Ebd.

[19] Vgl. Levine 1996, v. a. S. 50ff.

[20] Vgl. Rapetti 1990, v. a. S. 142ff.

Agrarische Arbeit als Gegenentwurf zur modernen Industriewelt – Die Rezeption Millets in der Malerei des deutschen Kaiserreiches

Alexis Joachimides

Im letzten Drittel des 19. Jahrhunderts verwandelte sich Deutschland mit rasanter Geschwindigkeit in eine Industriegesellschaft, die ihre jahrhundertelang von der Landwirtschaft und der bäuerlichen Arbeit geprägte Umwelt zunehmend an den Rand drängte. Die neuen Industriereviere im Ruhrgebiet oder in Oberschlesien mit ihren Fabrikschornsteinen und Fördertürmen und die neuen urbanistischen Zusammenballungen rings um die Handels- und Verkehrszentren Berlin oder Hamburg mit ihrer nach Millionen zählenden Einwohnerschaft erschienen den zeitgenössischen Betrachtern als Vorboten einer umfassenden Veränderung des eigenen Lebensraumes. Selbst wer nicht im Umfeld eines dieser »Experimentierfelder der Moderne« lebte, musste angesichts der entfesselten Dynamik der Hochindustrialisierung davon ausgehen, dass seine gewohnte kleinstädtische oder ländliche Heimat in naher Zukunft ihr Gesicht radikal verändern würde. Über kurz oder lang stand zu befürchten, dass auch die letzten Rückzugsräume der vorindustriellen Welt diesem Veränderungsdruck nicht standhalten könnten.[1] Die Reaktion der bildungsbürgerlichen Eliten des Kaiserreiches auf diese Herausforderung war bekanntlich ein modernisierungskritischer Kulturpessimismus, der sich auf die unterschiedlichsten Lebensbereiche auswirken konnte. Er konkretisierte sich im politischen Diskurs etwa als Ablehnung eines parlamentarischen Interessenausgleiches durch Parteien und Verbände, ermöglichte aber auch innerbürgerliche Gesellschaftskritik, die in unterschiedliche Projekte der Lebensreform einmündete, oder legitimierte kulturpolitische Erneuerungsansprüche in der Literatur, auf der Bühne und in der bildenden Kunst.[2] Es darf deshalb trotz der regressiven Tendenz der Modernitätskritik nicht verwundern, wenn kulturpessimistische Positionen gerade in jenen Teilen des Kulturbetriebes prominent hervorgetreten sind, deren innovative Kraft sich gegen einen traditionellen Kunstbegriff wendete. Im Gegenteil, man findet im Umkreis der Vertreter einer etablierten Kunstpraxis am ehesten Beispiele für ein unkritisches, rein affirmatives Verhältnis zur neuen industriellen Lebenswelt. Die beiden anspruchvollsten Zyklen von Industriebildern, die nach 1870 in Deutschland im Auftrag führender Unternehmer und des Staates entstanden, stammten von den Berliner Akademikern Paul Friedrich Meyerheim und Arthur Kampf.[3]

Ein Symptom der vorherrschend industriefeindlichen und gegenwartskritischen Einstellung des Kulturpublikums kann man in der Tatsache erkennen, dass die Welt der Fabriken und ihrer maschinellen Produktionsweisen, die Großstadt als Resultat der Massenurbanisierung oder die neue Verkehrsinfrastruktur im späteren 19. Jahrhundert nicht sehr häufig Gegenstand der Malerei geworden sind. Vor allem im Bereich der Darstellung menschlicher Arbeit erstaunt das Ausbleiben von Industriebildern nach Menzels *Eisenwalzwerk* von 1875, während gleichzeitig die Darstellungen bäuerlichen Lebens und agrarischer Arbeit eine ausufernde Konjunktur erlebten.[4] Diese Proliferation von Bauerndar-

1 Jean-François Millet, *Der Sämann (Le semeur)*, 1850 Museum of Fine Arts, Boston

2 Jean-François Millet,
Die Ährenleserinnen
(Les glaneuses), 1857
Musée d'Orsay, Paris,
Schenkung Mme Pommery

stellungen erklärt sich zum Teil aus der lang etablierten Tradition des bäuerlichen Genrebildes niederländischer Provenienz, für dessen Fortbestand im Kreis akademisch-konservativer Maler wie Franz von Defregger oder Ludwig Knaus noch lange gesorgt wurde. Doch zeigt sich eine auffällige Bevorzugung von bäuerlichen Motiven auch in jenen Künstlerkreisen, die mit den idyllischen, sentimentalen oder ironischen Gattungskonventionen dieser Tradition brechen wollten. In diesem Umfeld war vor allem das Vorbild französischer Künstler einflussreich, die unter dem Schlagwort ›Realismus‹ seit der Jahrhundertmitte eine neue Ikonographie der Arbeit geschaffen hatten.[5]

Von allen französischen Künstlern, die in Deutschland als Anreger für neue Formen der Arbeitsdarstellung wahrgenommen wurden, kommt Jean-François Millet eine besondere Stellung zu. Seine beiden bekanntesten einschlägigen Kompositionen, der im Salon des Jahres 1850 ausgestellte *Sämann (Le semeur)*[6] (Abb. 1) und die 1857 dort präsentierten *Ährenleserinnen (Les glaneuses)*[7] (Abb. 2), erhielten im späteren 19. Jahrhundert den Status von Ikonen bäuerlicher Arbeit. In diesen Bildern schien ein neuer emphatischer Begriff der Arbeit enthalten zu sein, der eine überzeugende Wirklichkeitsillusion der Anstrengungen körperlicher Tätigkeit mit einer harmonisch ausgewogenen Gestaltung verband, die Millet vor allem durch Rückgriffe auf

klassizistische Kompositionsmuster erreichte. Das Ergebnis war für einen deutschen Kritiker wie Richard Muther vor dem Hintergrund der Gattungsgeschichte jedoch keineswegs retrospektiv: »Das ist es, was Millets oeuvre so neu macht, was es an die Spitze eines neuen kunstgeschichtlichen Abschnittes stellt: dass er als erster das Thema aufnahm, das vorher alle vermieden. Jahrhundertelang hatten die Maler nur die drolligen und rührenden Episoden des Landlebens geschildert. Da trat Millet auf und malte das Volk auf dem Felde, ohne humoristische Pointen, doch auch ohne Pathetik. ... Und indem er als erster den Bauern bei seiner Arbeit suchte, gab er ihm das Recht der eigenen Existenz. Vorher eine Operettenfigur, zu nichts anderem auf der Welt als Städter zu belustigen oder mitleidig zu stimmen, hat er nun sich aufgerichtet und steht wie ein König in seinem Reich.«[8]

Diese ethische Dimension, die deutsche Kritiker in Millets Werken ausmachten, beruhte nicht zuletzt auf einer Monumentalisierung der Figuren, die den Bruch mit der Gattungskonvention hervorhob, indem sie den sozial niedrigstehendsten Protagonisten eine zum Entstehungszeitpunkt äußerst provokative eigenständige Bildwürdigkeit zugestand.[9] In der späteren Wahrnehmung Muthers ist dieser ursprüngliche Affront mit seinen gesellschaftspolitischen Implikationen bereits völlig zu einer kunstimmanenten ästhetischen Innovationsleistung transzendiert. Man könnte diesen Perspektivwechsel als Ergebnis der zeitlichen Distanz abtun, in der jede Provokation verfliegt, und darauf hinweisen, dass Millets Bilderfindungen nach 1890 eine ungeahnte Popularität entfalteten, die sich in unzähligen Reproduktionsstichen äußerte. An der Wende zum 20. Jahrhundert war Millet alles andere als ein kontroverser Künstler. Betrachtet man jedoch die Aufnahme der von Millet geprägten Motive bei den ersten deutschen Künstlern, die sich während des Kaiserreiches mit der Darstellung bäuerlicher Arbeit beschäftigt haben, wird sichtbar, dass diese Transformationsleistung von der politischen in die ästhetische Sphäre bereits in den frühesten Begegnungen mit dem Werk Millets angelegt war.

Der »epochemachenste der Maler«

Einer der ersten deutschen Künstler, der auf den französischen Maler aufmerksam wurde und wesentlich zu dessen Rezeption in seinem eigenen Heimatland beigetragen hat, war Max Liebermann. Wie er selbst berichtet, hatte er kurz nach dem Deutsch-Französischen Krieg als junger Kunststudent auf Vermittlung des erfolgreichen ungarischen Salonmalers Mihály Munkácsy die Gelegenheit, für mehr als zwei Jahre ein Pariser Atelier zu unterhalten: »Nun hielt ich mich – Ende 1873 – für reif genug, nach Paris überzusiedeln. Munkácsy zog mich mächtig an, aber noch mehr taten es die Troyon, Daubigny, Corot, vor allem aber Millet, und der Schwärmerei für letzteren, den ich für den epochemachensten der Maler halte, bin ich bis heute treu geblieben. Im Sommer 1874 ging ich nach Barbizon, wo ich Millet, der im folgenden Jahr starb, noch sah.«[10] Eine Konsequenz dieser Begegnung war Liebermanns Versuch, die Komposition der *Ährenleserinnen* mit einem eigenen, motivisch variierenden Gemälde der *Kartoffelernte* zu paraphrasieren, das er noch in Barbizon im Herbst 1874 begann und im Frühjahr des Folgejahres vorläufig beendete.[11] Das Ergebnis erschien Liebermann jedoch unbefriedigend, sodass er das Bild nicht wie andere Werke im Salon ausstellte und noch mehrfach überarbeitete, bevor er es schließlich 1884 dem befreundeten Maler und Leibl-Intimus Johannes Sperl überließ. Da die *Kartoffelernte* erstmals 1899 in der Berliner Kunsthandlung Gurlitt ausgestellt worden ist, konnte sie innerhalb der frühen Millet-Rezeption jedoch keine erhebliche Bedeutung erlangen.

Wichtiger war Liebermanns Vermittlerrolle für die Bekanntschaft Fritz von Uhdes mit dem Werk des »epochemachensten der Maler« des modernen Frankreich, aus der eine der wichtigsten deutschen Reaktionen auf Millet hervorgegangen ist. Liebermanns Begeisterung für die Maler von Barbizon und seine eigenen Versuche in der Art Millets und Courbets müssen Uhde stark beeindruckt haben, obwohl er

sich in den späteren 1880er Jahren vor allem auf das problematische Gebiet des modernen religiösen Historienbildes konzentrierte.[12] Gleichzeitig blieb jedoch Uhdes Interesse an der Landschafts- und Genremalerei wach – und hier zeigt sich die Vorbildlichkeit der Sujets von Millet, wie das Gemälde *Die Ährenleser* bezeugt, dass 1889 während eines Ausfluges nach Dachau entstand.[13]

Trotz der engen Anlehnung an das berühmte Motiv handelt es sich bei Uhdes *Ährenlesern* (Abb. 3) wie bei Liebermanns früherem Versuch mit der *Kartoffelernte* um eine eigenständige Weiterentwicklung des bewunderten Vorbildes, bei der aufschlussreiche Unterschiede zu bemerken sind, die sich nicht allein auf stilistische Eigenschaften in Uhdes künstlerischer Entwicklung zurückführen lassen.[14] Wie Millet rückt Uhde drei größere Gestalten nahsichtig in den Vordergrund seines Bildes, die nach der Kornernte übrig gebliebene Ähren vom Feld auflesen, während weitere, bei Uhde zum Teil nicht vollständig ausgeführte Personen im Hintergrund bleiben. Seine Figuren sind jedoch im Gegensatz zu Millets jahreszeitlich unspezifischem, gleichmäßig ausgeleuchtetem Hintergrund in eine atmosphärisch dichte Landschaft gestellt, deren verhangener Himmel und diesigtrübe Beleuchtung den Charakter eines bereits kühlen Spätsommertages evozieren. Außerdem betont Uhde den tiefenräumlichen Bildaufbau, der einen Blick von oben auf ein sanft abfallendes, hügeliges Gelände suggeriert, an dessen Grund die Häuser eines Dorfes sichtbar werden.

Auch für die Komposition der drei Hauptpersonen weicht Uhde ab von Millets friesartiger Anlage mit den zwei gebückten Frauen, zu denen gerade eine dritte hinzutritt, die die Repoussoir-Funktion übernimmt, indem er seine drei Gestalten asymmetrisch entlang einer diagonalen Linie aufreiht und die beiden äußeren von den Bildrändern anschneiden lässt. Dieses von den französischen Impressionisten entlehnte Verfahren soll den Betrachter nicht nur unmittelbarer als das traditionelle Repoussoir-Motiv in den Bildzusammenhang einführen, sondern es vermittelt ihm zugleich das Gefühl, selbst Teil der arbeitenden Gruppe zu sein, die sich um seine Anwesenheit nicht zu kümmern scheint. Denn alle drei Gestalten wenden ihr Gesicht vom Betrachter ab und erzeugen so eine gesteigerte Illusion seiner selbstverständlichen Anwesenheit. Schließlich verändert Uhde die Zusammensetzung der Protagonisten in einen kleinen Jungen, der rechts von einer alten Frau und links von einer nach unten gebückten jungen Frau mit blondem Haar unter dem Kopftuch flankiert wird. Diesen armen, einfach, aber nicht schäbig gekleideten Bauern gehört ebenso offenkundig Uhdes Symphatie, wie Millet eine Anteilnahme an dem Schicksal seiner Dorfarmen hervorruft. Doch fehlt bei Uhde bezeichnenderweise das soziale Gegenüber, das bei Millet erst die gesellschaftskritische Dimension dieses Mitleides konkretisiert.

3 Fritz von Uhde,
Die Ährenleser, 1889
Bayerische Staatsgemälde-
sammlungen, Neue Pina-
kothek, München

An der Stelle, an der Millet im Hintergrund den Guts-
herrn und seine Erntearbeiter damit beschäftigt zeigt, im
eklatanten Kontrast zu den armseligen Anstrengungen der
drei im Nachhinein auf das Feld gelassenen Ährenleserinnen
den überreichen Erfolg ihrer Arbeit einzufahren, findet sich
bei Uhde eine Leerstelle. Die weiteren Gestalten seines Hintergrundes sind ebenfalls mit dem Ährenlesen beschäftigt
oder gehören jedenfalls zu derselben Dorfgemeinschaft,
deren Handlungsraum am Horizont angedeutet ist. Auf diese
Weise verschiebt Uhde die Aussage des Sujets aus dem konkreten Bereich sozialer Hierarchien und Konflikte auf eine
allgemeine Ebene gemeinschaftlicher Arbeit auf dem
Lande, die in Verbindung mit der von Millet entlehnten
Monumentalität der Vordergrundgestalten einer Heroisierung landwirtschaftlicher Arbeit gleichkommt. Auch die von
Millet abweichende Auswahl der Protagonisten erhält in
diesem Licht eine besondere Bedeutung, entspricht sie doch
dem traditionellen allegorischen Motiv der drei Lebensalter.
Kindheit, Erwachsensein und Alter arbeiten in einer
materiell beschränkten, aber von Konflikten ungetrübten
Welt zusammen, in der auch der Betrachter als natürlicher
Mensch seinen Platz finden könnte, wenn er sich von großstädtischen Vorurteilen und zivilisatorischen Ansprüchen
freimachen würde.

Die Transformation von Millets religiös motivierter
Gesellschaftskritik in ein Emblem agrarromantischer Groß-
stadtkritik traf beim deutschen Publikum auf eine verbreitete
Erwartungshaltung, die selbst aufgeschlossene, nicht chauvi-
nistische Anhänger des modernen Naturalismus wie Muther
dazu verleiteten, den in Barbizon zurückgezogen lebenden
Millet zu einem Idealbild des unentfremdeten Bauern zu
stilisieren[15] und diese Übertragung vom Werk auf den
Künstler bei Uhde unter nationalen Vorzeichen zu redu-
plizieren: »Das oft mißbrauchte Wort vom deutschen Gemüt
ist hier keine Lüge. Inmitten einer Kunst, die immer mehr in
kosmopolitische Bahnen einlenkt, steht Fritz von Uhde als
ein Meister, den noch sehr viel Innerlichkeit mit der
deutschen Volksseele verbindet.«[16] Die hier bei Uhde kon-
statierte Innerlichkeit war ein zentraler Begriff des kulturpessimistischen Diskurses, in dem eine äußerlich-technische
Zivilisation mit den westlichen Konkurrenten Deutschlands
um Weltgeltung, eine wahre, verinnerlichte Kultur im Gegenzug mit spezifischen deutschen Traditionen gleichgesetzt
werden konnte. Die Annahme, dass Uhde entsprechende
Erwartungen in seinen Bildern zu erfüllen versuchte, findet
eine Bestätigung im Vergleich mit dem zweiten deutschen
Künstler, der zur gleichen Zeit auf das Werk Millets reagierte. Hans Thomas 1886 entstandenes Gemälde *Der Sä-*

4 Hans Thoma, *Der Sämann*,
1886
Standort unbekannt

mann greift in ähnlich freier Umformung auf Millets gleichnamiges Werk zurück, wie es bei Uhde zu verfolgen war, und bemühte sich in vergleichbarer Weise, die Aussage des Vorbildes an den heimischen Erwartungshorizont anzupassen.[17]

Transformation ins ›Deutsche‹

Der Sämann war Thomas erste Fassung eines Themas, dass ihn in seinem späteren Werk noch mehrfach beschäftigen sollte und dem bereits Landschaftsdarstellungen mit pflügenden und säenden Bauern als miniaturisierte Staffage vorausgegangen waren.[18] Seine erste Begegnung mit Werken Millets fällt in die Zeit einer Paris-Reise 1868 mit seinem Frankfurter Malerfreund Otto Scholderer, der über exzellente Kontakte zu französischen Gegenwartskünstlern verfügte.[19] Im Rückblick verallgemeinert Thoma diese Erfahrung zu einer kunsthistorischen Aussage: »Wir Deutschen haben in der Malerei der Anregung der Franzosen gar viel zu danken, sie hat manchmal wie eine Befreiung gewirkt, z. B. aus den gar engen Banden einer ›gemütvollen‹ Genremalerei. ... Der kraftvolle Courbet, der seelenvolle Millet, der feinfühlige Corot haben stark gewirkt, die Anschauung über Malerei wurde vielfach geklärt – man fühlte wieder, daß sie als Kunst der Ausdruck inneren Schauens sein konnte und nicht dazu da ist, die belehrende Dienerin für historische Begebenheiten oder Volkskunde zu sein.«[20]

Das Gemälde (Abb. 4), mit dem Thoma Millet seine Reverenz erweisen sollte, ist jedoch noch stärker als Uhdes *Ährenleser* geprägt von seiner Schulung als Landschaftsmaler, sodass eine eindeutige Gattungszuordnung zur Genremalerei beinahe problematisch erscheint. Die Gestalt des säenden Bauern ist gegenüber dem französischen Vorbild, bei dem sie das gesamte Bildfeld füllt, in der Größe stark reduziert. Sie tendiert zur Staffagefigur und erlaubt einen weiten Ausblick auf eine – für die frühen Arbeiten Thomas charakteristische – panoramahafte Landschaft. Trotz dieser Veränderung im Maßstab dominiert der Sämann das Bild durch seine hervorgehobene Position im Vordergrund links der Mittelachse und durch den Kontrast seiner vertikalen Kontur zu einer ansonsten von horizontalen Linien bestimmten Komposition. Der Landschaftshorizont, der bei Millet im oberen Bilddrittel angesetzt ist, sodass sein Sämann fast ganz vor der Folie des braunen Ackerbodens erscheint, ist bei Thoma in die untere Bildhälfte herabgezogen und eröffnet ein in der historischen Aufnahme nur mehr erahnbares Spiel mit atmosphärischen Effekten am bewölkten Sommerhimmel. Diese deutliche Akzentverschiebung lässt aus dem für Millets Zeitgenossen verstörenden Emblem der Mühsal und Anstrengung bäuerlicher Daseinsbewältigung eine harmonische Einheit zwischen einer fruchtbaren Kulturlandschaft und dem von ihr und in ihr lebenden Landarbeiter werden.

Die Verwandlung des Motivs im Sinne einer antistädtischen Kulturkritik wird noch verstärkt durch die Umkehrung der Millet'schen Figur, die in Thomas Bild dem Betrachter den Rücken zuwendet, sodass sie in der Tradition romantischer Identifikationsfiguren wohl als Angebot an den Betrachter zu verstehen ist, die evozierte Harmonie mit der Natur in sich selbst wiederzufinden. Thoma teilte die verbreitete agrarromantische Auffassung, in der bäuerlichen Landbevölkerung Residuen einer noch nicht entfremdeten Welt aufspüren zu können: »Die Bauern sind auch schon vielfach verdorben; aber gesunde Keime hat es noch. Sie sind doch noch keine Hanswürste und haben noch viel zu viel Respekt vor ihrem Leib, als daß sie sich maskierten.«[21] Er ärgerte sich allerdings, dass diese Wahrnehmung auch in seinem Falle unvermeidlich dazu führte, dass ihn die Kritik zum vermeintlich unverbildeten Schwarzwaldbauern stilisierte.[22]

Für die Aufnahme von Elementen der großstadtfeindlichen Kulturkritik hatte Thoma einen privilegierten Zugang, der seine Anschauungen zu einem frühen Zeitpunkt prägte, noch bevor er 1890 mit Henry Thode in Berührung kam, dessen Überzeugungen von der »demoralisierenden Sklavenarbeit der Fabriken« ihm vertraut vorgekommen sein dürften.[23] Wie er selbst berichtet, stand Thoma genau zu dem Zeitpunkt, an dem er an seiner Komposition des *Sämannes* arbeitete, in engstem Kontakt zu dem Schriftsteller Julius Langbehn, dessen 1890 als Sensationserfolg erschienene kulturkritische Polemik *Rembrandt als Erzieher. Von einem Deutschen* ihn mit einem Schlag zu einer Berühmtheit werden ließ: »In diesen Jahren [1883] war auch eine Ausstellung meiner Bilder bei Gurlitt in Berlin – sie hatte aber gar keinen Erfolg. In Berlin traf ich auch Langbehn und er ging mit mir nach Frankfurt. ... Er besuchte mich und wir schrieben uns oft. Jetzt in Frankfurt arbeitete er an seinem Buch ›Rembrandt als Erzieher‹. Ich war fast der einzige, der davon wissen durfte. ... Ich hatte zu der Zeit ein größeres Atelier gemietet und Langbehn war fast täglich bei mir.«[24] Das Buch, das dabei entstand, wurde zum Inbegriff einer chauvinistischen Zivilisationskritik, die einen lebensreformerischen Impuls innerbürgerlicher Gesellschaftskritik mit einem Apell an die Wiedererweckung nationaler Tugenden verband.[25] In den Augen vieler seiner Leser war dem Autor mit der hochgradig fiktiven Einfühlung in die Gestalt Rembrandts ein überzeugender Entwurf für ein neues, zukünftiges Lebensideal gelungen. Thoma war zu diesem Zeitpunkt seines Zusammentreffens mit dem Autor des »Rembrandt-Deutschen«, vor dem Durchbruch mit seiner Ausstellung im Münchner Kunstverein desselben Jahres, in dem Langbehn seine Schrift publizierte, ein weitgehend unbekannter und in seinen eigenen Augen missverstandener Künstler. Diese Erfahrung verband ihn mit Langbehn, dessen fundamentale Abrechnung mit der modernen Welt auf einem vergleichbaren Gefühl der Marginalität beruhte. Beide korrespondierten über ein halbes Jahrzehnt hinweg, tauschten sich über die gemeinsame Nietzsche-Lektüre aus und erträumten eine von Grund auf bessere Welt, in der sie ihrer tatsächlichen Bedeutung gemäß wahrgenommen würden.[26]

Auch nach 1900 blieb Thoma den agrarromantischen Idealen der Modernitätskritik treu, die ihn schließlich zu einem der schärfsten Gegner des Impressionismus werden ließen. In einem Dankesschreiben an Langbehns Nachlassverwalter Momme Nissen, der ihm einen kunstkritischen Beitrag »über Monumentalmalerei« zugesandt hatte, begründet er seine Ablehnung der in Deutschland inzwischen intensiv rezipierten französischen Kunstrichtung als Ausdruck großstädtischer Nervosität: »Man könnte diese Erzeugnisse [Werke von Monet, Degas, Munch] als Ausdruck unserer überhasteten Zeit verteidigend anerkennen, wenn nicht die Kunst berufen wäre, gerade diese Überhastung nicht mitzumachen, sondern ihr ein Spiegelbild des ruhigen Seins vorzuhalten – da ja ihr Ursprung aus einem tiefen Gefühl für das Dasein entspringt.«[27]

Heimatkunst – »aus tiefinnerlichem Geiste geboren«

Zu den Künstlern einer jüngeren Generation, die Thomas Anforderung nach einer Kunst als »Spiegelbild des ruhigen Seins« einlösen konnten, gehörte der Österreicher Albin Egger-Lienz, in Deutschland einer der am meisten beachteten Vertreter einer neuen ›Monumentalmalerei‹.[28] Ähnlich wie Thoma hat sich Egger-Lienz im Laufe seines Lebens immer wieder mit dem Millet'schen Motiv des *Sämannes* auseinander gesetzt, wie überhaupt sein späteres Werk im Wesentlichen aus der kontinuierlichen Variation eines begrenzten Motivrepertoires überzeitlicher, symbolhafter Gestalten besteht. Vor allem zwei anspruchsvolle Projekte, das großformatige Gemälde *Sämann und Teufel*[29] von 1909 und das 1912 als Altar für die Kirche von St. Justina bei Bozen konzipierte Triptychon *Die Erde*[30], dessen linker Flügel die Figur eines säenden Bauern zeigte, spiegeln seine Auseinandersetzung mit Millet. Beide Werke sind Opfer der Autodestruktivität ihres Urhebers geworden, aber das als biblisches Gleichnis gemeinte Bild von 1909 (Abb. 5) macht aufgrund guter älterer Farbreproduktionen und erhaltener Fragmente eine genauere Betrachtung möglich.[31] Vor einem kaum differenzierten rötlich-braunen Ackerboden ist die Gestalt des Sämannes in zwei spiegelbildlich aufeinander bezogenen Figuren verdoppelt, wobei die linke, dem Betrachter zugewandte Figur durch ihre einfache bäuerliche Kleidung einer anderen Realitätsebene zugeordnet wird als die rechte, nackte Gestalt des Unkraut säenden Teufels, dessen Gesicht sich vom Betrachter abwendet. Während der

5 Albin Egger-Lienz,
Sämann und Teufel, 1909
nicht erhalten

Bauer damit beschäftigt ist, seine Lebensgrundlage durch harte Arbeit zu gewährleisten, vernichtet der für ihn unsichtbare Teufel das Ergebnis durch eine Imitation des Säevorganges unter entgegengesetzten Vorzeichen.[32] Beide Gestalten sind als Paraphrasen von Millets *Sämann* leicht wiederzuerkennen, auch wenn Egger-Lienz in den Details der Kleidung seines Bauern wie in der Aktfigur des Teufels vom Vorbild abweicht. Beide Gemälde verbindet die bildfüllende Monumentalität der Figuren, die durch eine friesartige Komposition auf der vordersten Bildebene unterstrichen wird. Wo Millet jedoch bemüht war, seinem säenden Bauern in der Schilderung standestypischer Details eine wirklichkeitsnahe Plausibilität zu verleihen, reduziert Egger-Lienz die Gestalten durch eine abstrahierende Malweise zu verallgemeinerten Bildchiffren. Als symbolhafte Idealtypen vertreten sie anthropologische Grundprinzipien, sozusagen die aristotelische ›Substanz‹ des arbeitenden Bauern jenseits aller Akzidenz. Seine Intention erläuterte Egger-Lienz in einem Beitrag unter dem Titel *Heimatkunst*, in dem die Wirkung beschrieben wird, die er sich von der Stilisierung seiner Figuren erhoffte: »Wie dieser lange Bergwinter den Menschen zu formen vermag, weiß jeder, der sie kennt, die Leute in großen Holzschuhen und Lodengewand. Der erschwerte Kampf um die Scholle macht sie bedächtig und würdevoll. ... Die großen Vorgänge der Natur, welche einen solchen Menschen umgeben, und seine spekulative, ringende ›Arbeit‹ um das tägliche Brot ergeben für ihn nur zweck-

dienliche Notwendigkeiten; daher auch die monumentale Ruhe und Einsamkeit in seinem Gebaren.«[33]

In der Sicht zeitgenössischer Kritiker, die den Anspruch der ›Monumentalkunst‹ akzeptierten, hatte diese Form von agrarromantischer Projektion jenseits aller Anhänglichkeit an regionale Identitäten vor allem eine völkisch-nationale Konnotation: »Egger-Lienz wendet sich von den aristokratischen Typen im hellenisch-römischen Stile [Klingers] ab und dem rustikalen germanischen Rassetypus zu. ... Ob man solchen Arbeiten gegenüber nicht geradezu von einem sozialen Symbolismus sprechen kann? Sie sind sicher aus tiefinnerlichem Geiste geboren und huldigen der Rasse.«[34] Nach der Jahrhundertwende hatte sich innerhalb des Kulturpessimismus ein politisch reaktionärer Kern herausgebildet, dessen Insistenz auf eine nationale Kulturidentität zunehmend aggressivere Töne anschlug. Schon in der späteren Rezeption des Werks von Hans Thoma kündigt sich diese Tendenz an, zumal in dem von Henry Thode geprägten Begriff des »Thoma-Deutschen«, der dem Langbehn'schen Slogan des »Rembrandt-Deutschen« nachgebildet war.

Aus den vorher angesprochenen, vorsichtigen Hoffnungen, in Uhdes Werk Spuren einer spezifisch deutschen Innerlichkeit aufzufinden, war über die Vereinnahmung Thomas als idealtypischem Repräsentanten einer deutschen Kunsttradition schließlich bei Egger-Lienz eine ›Huldigung der germanischen Rasse‹ geworden. Es verwundert daher nicht, dass sich die Bildmotive der Agrarromantik über die konservative Opposition der Weimarer Republik bis in die Zeit des Nationalsozialismus weiterverfolgen lassen.[35] Betrachtet man sie jedoch unter dem Gesichtspunkt ihrer Rezeption während des Kaiserreiches, so wird erkennbar, dass das Repertoire zivilisationskritischer Projektionsleistungen über alle stilistischen und ästhetischen Gegensätze dieser Epoche hinweg eine anhaltende Relevanz enthielt, die sich an der produktiven Verarbeitung der von Millet exemplarisch vorgeführten Darstellungen bäuerlicher Lebensbewältigung ablesen lässt. Der als »Rinnsteinkunst« geschmähte Realismus Uhdes, die neu-idealistische, an Vorbildern wie Böcklin geschulte Malerei Thomas oder der monumentale Symbolismus von Egger-Lienz umreißen die denkbar unterschiedlichsten Positionen innerhalb des kaiserzeitlichen Kunstbetriebes. Dennoch scheinen die Bemühungen dieser Künstler im Umgang mit den aus dem Werk Millets entlehnten Motiven agrarischer Arbeit auf einen gemeinsamen Erwartungshorizont zu rekurrieren, der ihre Versuche als unabhängig voneinander entstandene Beiträge zur kulturpessimistischen Selbstwahrnehmung des kaiserzeitlichen Publikums kennzeichnet.

[1] Zur Industrialisierung und ihren landschaftsräumlichen Konsequenzen u. a. Henning 1973; Kiesewetter 1985; Wehler 1995.

[2] Zum Kulturpessimismus allgemein vgl. Stern 1963; Bergmann 1970; Hepp 1987.

[3] Zu Paul Friedrich Meyerheims Villa Borsig-Zyklus, 1873–76 (Stiftung Stadtmuseum Berlin; Deutsches Technikmuseum Berlin; Muzeum Narodowe w Szczecinie, Stettin) vgl. Obermeier 1993; vgl. auch den Beitrag von Dieter Vorsteher im vorliegenden Katalog. Arthur Kampfs Fresken, 1898–1902, befinden sich im Sitzungssaal des Aachener Kreishauses.

[4] Dies bestätigt ein Blick in die älteren Überblickswerke, vgl. Springer 1911; Rieß 1925; Brandt 1928, Bd. 2, S. 275–306.

[5] Menzel 1971; Hamann/Hermand 1973, S. 326–347; Ude 1978.

[6] Zu dem Gemälde (Provident National Bank, Philadelphia; eine weitere gleichzeitige Version derselben Komposition im Museum of Fine Arts, Boston) vgl. Ausst. Kat. Paris 1975/76, S. 89–92.

[7] Zu dem Gemälde vgl. Ausst. Kat. Paris 1975/76, S. 101–103.

[8] Muther 1902, S. 29.

[9] Zur Reaktion des zeitgenössischen französischen Publikums auf Millets Werke vgl. Ausst. Kat. Paris 1975/76, S. 89ff.; Fehl 1999, S. 69–74.

[10] Liebermann 1978, S. 27f. Der autobiographische Text ist laut beigefügter bibliographischer Notiz erstmals 1889 in der Zeitschrift *Über Land und Meer* veröffentlicht worden.

[11] Das Gemälde befindet sich heute im Kunstmuseum der Stadt Düsseldorf; zur Entstehung vgl. Ausst. Kat. Berlin/München 1979/80, S. 170–175.

[12] Zur künstlerischen Entwicklung Uhdes vgl. zuletzt Hansen 1998.

[13] Zum Gemälde, das sich heute in der Neuen Pinakothek, München befindet, vgl. Ausst. Kat. München 1979, S. 418.

[14] Zu diesem Schluss kommt dagegen Ludwig 1983.

[15] Muther 1902, S. 34.

[16] Muther 1914, S. 171. Der Text ist laut Einleitung Hans Rosenhagens zwischen 1901 und 1909 in der Wiener Zeitschrift *Die Zeit* erschienen.

[17] Der gegenwärtige Standort des Bildes ist unbekannt (1909 in der Sammlung Anna Spier, München); vgl. Thode 1909, S. XLVII–L, Abb. S. 249.

[18] Ein frühes Landschaftsbild mit Staffage ist *Frühling* von 1874 (Deutsche Bank AG, Frankfurt/M.), vgl. Ausst. Kat. Frankfurt 1983, Nr. 3; spätere Versionen beginnen mit der Lithographie *Sämann*, 1897 (z. B. Museum Narodowe, Graphische Sammlung, Warschau), vgl. Ausst. Kat. Warschau 1990, S. 162; daraus ging schließlich die Gemäldefassung des zweiten *Sämannes*, 1906, hervor (Standort unbekannt, 1909 in der Sammlung Eugen Geiger, Karlsruhe), vgl. Thode 1909, Abb. S. 473.

[19] Zur Begegnung mit Millets Bildern in Paris vgl. Thoma 1909, S. 36; zu diesem Abschnitt seiner Biographie allgemein Imiela 1978.

[20] Thoma 1909, S. 163.

[21] Brief Thomas an Julius Langbehn, 22. Juli 1886, zit. nach Beringer 1929, S. 207.

[22] Zu Thomas zeitgenössischer Rezeption und seiner Reaktion vgl. Zimmermann 1989.

[23] Zit. nach Brief Thodes an Thoma, 29. Dez. 1903, vgl. Beringer 1928, S. 234f.

[24] Thoma 1919, S. 84f.

[25] Langbehn 1890.

[26] Ausschnitte aus dem Briefwechsel zwischen 1883 und 1888 in Beringer 1929, passim. Bei Zimmermann 1989, S. 15f. wird die Beziehung zu Langbehn bagatellisiert.

[27] Thoma an Momme Nissen, 2. Feb. 1902, in Beringer 1929, S. 282.

[28] Größere Beachtung fand Egger-Lienz allerdings erst im Rahmen der Ausstellung *Monumental-Dekorative Malerei* 1912 in Dresden; vgl. Weigelt 1914.

[29] Das Gemälde wurde später vom Künstler zerschnitten und die Gestalt des *Sämannes* (heute Sammlung Rudolf Leopold, Wien) als Halbfigur neu signiert; vgl. Kirschl 1996, Bd. 1, S. 132–136.

[30] Auch dieses Werk wurde später vom Künstler zerstört; vgl. Abb. des intakten Triptychons bei Hammer 1930, S. 121. Eine eigenhändige Replik des linken Flügels mit dem *Sämann* (früher Staatsgalerie Stuttgart, seit 1945 verschollen) stammt von 1913; vgl. Slg. Kat. Stuttgart 1931, S. 46; Hammer 1930, Abb. S. 123.

[31] Farbreproduktion von *Sämann und Teufel* bei Koeppen 1914, S. 128, Abb. 122.

[32] Diese Deutung entspricht der Selbstexegese des Bildes durch Egger-Lienz in den Aufzeichnungen für Curt Weigelt (1912), publiziert in Kirschl 1996, Bd. 1, S. 136.

[33] In: *Allgemeiner Tiroler Anzeiger* vom 24. Dez. 1909; zit. nach Egger-Lienz/Sotriffer 1996, S. 146.

[34] Koeppen 1914, S. 136.

[35] Vgl. im Anschluss an hier angesprochene Motive etwa Oskar Martin-Amorbachs *Sämann* von 1937 (Depot NS-Kunst, Bundesrepublik Deutschland); vgl. Hinz 1974, S. 107f.; Ausst. Kat. München 1995, S. 266, Abb. 209.

Im Zeichen der Zirkulation – Verkehrsströme, Kraftflüsse und die Bilder der Elektrizität

Christoph Asendorf

Aus dem Jahr der großen Londoner Weltausstellung von 1851 stammt eine weitreichende Prophezeiung von Karl Marx hinsichtlich einer bis dahin nur in Teilbereichen entwickelten Technologie. In einem Gespräch über die zu erwartende naturwissenschaftlich-technische Revolution sei er, erinnert sich Wilhelm Liebknecht, auf deren wichtigsten Agenten eingegangen: »Der König Dampf ... habe ausregiert, an seine Stelle werde ein noch ungleich größerer Revolutionär treten: der elektrische Funke.«[1] Die erste kleine Dynamomaschine stellte Werner von Siemens erst 1866 fertig. Bis dahin war nur in der Telegraphie das Veränderungspotential der neuen Kraft sichtbar geworden. Über deren getrennte Räume verschmelzende Wirkung spekuliert eine Figur in Nathaniel Hawthornes Roman *The House of the Seven Gables*, der im Jahr der Marx'schen Vorhersage erschien und diese gleichsam konkretisiert: »Ist es nicht eine Tatsache, ... daß die materielle Welt durch elektrische Kräfte zu einem einzigen großen Nerv geworden ist, der in der Zeit eines Atemzugs 1.000 Meilen durchzittert? Wahrlich, die runde Erdkugel ist ein ... mit Intelligenz gefüllter Geist!«[2] Die Vernetzung durch Telegraphendrähte lässt sich als ein Prozess der Innervation beschreiben. Er ist eingebettet in den größeren allgemein zunehmender Zirkulation. Das Strömen von Menschen, Kräften, Geldern und Daten erscheint seit der Mitte des 19. Jahrhunderts in den meisten Versuchen, die Eigenschaften der Moderne zu bestimmen, als eines ihrer wesentlichen Kennzeichen. »Alles Ständische und Stehende verdampft«, lautet die berühmte Formel von Marx, mit der er die Anfänge der Globalisierung, der Unifikation der Erde durch die große Industrie beschreibt.[3] An die Stelle von Statik und Separation in der alten Weltordnung sind Prozesse der Zirkulation, die Möglichkeit bzw. Notwendigkeit immer neuer Verbindung getreten. Die technischen Voraussetzungen dafür bieten neue Verkehrs- und Kommunikationsmittel.

Im Zentrum der sozialen Erfahrung der Zirkulation aber steht die Großstadt mit dem ständigen Wechsel aller Eindrücke und Bezüge. Baudelaire reflektiert die besonderen Wahrnehmungsbedingungen des von Baron Haussmann transformierten Paris in seiner Theorie der Modernität. In *Peintre de la vie moderne*, dem wichtigen einschlägigen Text zum Thema von 1859, erscheint die Inspiration durch die großstädtische Zirkulation in einer Elektrizitätsmetapher: »Für den vollendeten Bummler, den leidenschaftlichen Beobachter ist es ein ungeheurer Genuß, sich die Menge, das Wogende, Bewegte, Flüchtige und Unendliche zum Heim zu nehmen ... [Für ihn ist] die Masse ein ungeheures Behältnis elektrischer Spannungen.«[4] Der Flaneur liefert sich dem Unvorhersehbaren der Zirkulation aus; wenn er auch Künstler ist, wird es ihm zum Material seiner Arbeit. Soziologisch wird die großstädtische Individualität um 1900 bei Georg Simmel zum Thema. Wachsendes Tempo und eine »Steigerung des Nervenlebens« indizieren ihm, dass neben die festen Formen traditioneller gesellschaftlicher Organisation etwas anderes getreten ist, nämlich »all die tausend, von Person zu Person spielenden, momentanen oder dauernden ... vorüberfliegenden oder folgenreichen Beziehungen«.[5] Und hier, in dieser allgemeinen Fluidität, sieht er das charakteristische Merkmal der modernen Gesellschaft, welches sie von jeder vorangegangenen unterscheidet.

Strömungsmetaphern

In der Malerei des Impressionismus lösen sich die Konturen auf; die Farbpartikel scheinen durch die Atmosphäre zu gleiten. Auf Claude Monets Gemälde *Der Normandie-Zug (Arrivée du train de Normandie, gare Saint-Lazare)*, das zur Serie vom Pariser Bahnhof St. Lazare gehört, die 1877 entstand, gehen Menschen und Maschinen, Rauch und Atmosphäre so ineinander über, dass Theodore Reff, ohne zu übertreiben, von dem »dynamic flux«[6] sprechen kann, der dieses Bild durchzieht. Auffällig oft auch gehen die Maler aufs Wasser. Als Monet 1887 sein *Boot (La barque)* malt, ist dessen Rumpf der einzige Fixpunkt in einem Bild, das ganz vom »flux« des Wassers beherrscht wird.

Dass der Impressionismus mehr als eine Maltechnik ist, nämlich auch Ausdruck einer bestimmten Weltanschauung, suchte Hermann Bahr zu beweisen. Diese Malerei sei Ausdruck einer Welt, in der »alles ewig fließt«; sie sei infolgedessen für Menschen, die meinen, die Welt der Erscheinungen ordnen und Einzelnes abgrenzen und abtrennen zu können, prinzipiell unverständlich. Und er bezieht diese Kunst dann auf die *Analyse der Empfindungen*, ein Hauptwerk des Physikers und Philosophen Ernst Mach von 1884: »Alle Trennungen sind hier aufgehoben, das Physikalische und das Psychologische rinnt zusammen, Element und Empfindung sind eins, das Ich löst sich auf und alles ist nur eine ewige Flut ... alles ist nur Bewegung von

Farben, Tönen, Wärmen, Drücken, Räumen und Zeiten, die auf der anderen Seite, bei uns herüben, als Stimmungen, Gefühle und Willen erscheinen.«[7] Hier gehe es, so baut Bahr seine Brücke, um die Lebensstimmung der Fin de siècle-Generation. Machs Werk wird für ihn explizit zur »Philosophie des Impressionismus«, bei dessen Lektüre er, wie es etwas beliebig heißt, Bilder von Manet, Degas oder Renoir vor sich gesehen habe.

Die dunkle Seite einer alle Umrisse auflösenden Bildsprache wird in den späten Arbeiten Vincent van Goghs ablesbar; kein fester Boden ist mehr spürbar, die Dinge unterliegen einem eigentümlichen Sog. *Landschaft mit Olivenbäumen*, *Die Sternennacht* oder *Straße mit Zypressen* – in Werken wie diesen sind die Gegenstände in gestrichelte Wellenlinien aufgelöst, die Pinselstriche scheinen den Kraftlinien in sich überlagernden Magnetfeldern zu folgen oder um kosmische Licht- und Kraftzentren zu kreisen. Alles ist in einen Strudel oder Bewegungsstrom hineingerissen. Kasimir

1 Victor Horta, *Treppenhaus der Maison Tassel in Brüssel (rue Paul-Emile Janson 6)*, 1893

Malewitsch beansprucht ihn später als Vorläufer der futuristischen Ästhetik: »Seine Landschaften, Genres, Porträts dienten ihm als Ausdrucksformen einer dynamischen Kraft, und er eilte, um in zerfetzten, nadelförmigen malerischen Fakturen die Bewegung des Dynamismus auszudrücken; jeden Keim durchströmte Elektrizität.«[8] Van Gogh hingegen fühlt sich diesen Zuständen ohnmächtig ausgeliefert.

Sogar die Architektur, Erzeugerin fester Gehäuse, beweist die Macht energetischer Vorstellungsbilder. Die Gestalter des Art Nouveau erfinden eine Vielzahl von Strömungsmetaphern, um die Zirkulation von Menschen und Kräften zu repräsentieren. Wo August Endell im Foyer des Bunten Theaters, das er 1901 in Berlin einrichtete, ganz konkret durch Fließmuster auf Bodenbelägen menschlichen Bewegungsfluss symbolisierte, also ein gleichsam naturalistisches Ornament verwendete, da löst Otto Wagner ein verwandtes Problem mit anderen Mitteln: in einer Station der Wiener Stadtbahn dekoriert er einen Stiegenarm mit einem Ornament, das sowohl als Verweis auf das Netz elektrischer Leitungen wie auf Bahnlinien gelesen werden kann, aber in seiner Sprache abstrakt bleibt. Victor Horta geht noch einen Schritt weiter, als er im Brüsseler Maison Tassel das Phänomen ›Strom‹ auf drei Ebenen repräsentiert (Abb. 1): den der Menschen im Treppenhaus durch Zirkulationslinien, den statischer Energien, wie an dem Kapitell der schlanken Eisensäule deutlich wird, durch Kraftlinien und den der Elektrizität durch die demonstrativ exponierten Zuleitungen der Glühlampen. Mehr noch als die anderen Beispiele ist dieses Treppenhaus ein räumliches Gebilde, das jeden Gedanken an Festigkeit vermeidet und stattdessen in jeder Hinsicht als fluid erscheinen will.

Universelle Vibration

Die Hinweise auf natürliche oder technisch erzeugte Ströme, wie sie in den Künsten seit dem Impressionismus in den verschiedensten Formen begegnen, indizieren eine Welterfahrung, der alles Feste abhanden gekommen ist, in der alles verbunden ist, aber auch sichernde Distanzen verschwunden sind. Sämtliche zivilisatorischen Strukturen scheinen in Bewegung geraten, die Kategorien der Erfahrungswelt dynamisiert. Dass diese Entwicklung zwei Gesichter hat, war den Zeitgenossen durchaus bewusst – die Welt »wird mehr als je zuvor zu einer großen Einheit, in der sich alles berührt, alles zusammenwirkt, aber auch alles aufeinanderstößt und aufeinanderschlägt«, schrieb etwa der Historiker Erich Marcks, der zugleich nach Steuerungsmechanismen fragte.[9] Radikal hingegen auf eine immer weitergehende Entfesselung aller nur denkbaren Kräfte fixiert waren die Künstler des italienischen Futurismus. Die Manifeste und Werke der Jahre 1909 bis 1914 umkreisen das Automobil, die Luftfahrt und immer wieder auch die

Potentiale der Elektrizität. Ihr unbedingter Wille zur Zeitgenossenschaft und die entschlossene Positivierung der Entwicklung machen die Futuristen zur ersten künstlerischen Avantgarde, die wirklich auf das technische Zeitalter bezogen ist.

Als Umberto Boccioni 1911 sein Bild *Die Kräfte einer Straße* (*Le forze di una strada*, Abb. 2) malte, wusste er auch theoretisch, was er tat. Ein Jahr zuvor war er Mitunterzeichner des *Technischen Manifestes* der futuristischen Malerei gewesen, in dem nach einem künstlerischen Ausdruck moderner Wirklichkeitserfahrung verlangt wurde. Geschwindigkeit, Dynamik, »universelle Vibration« – das sind die Leitbegriffe dieses Manifests. Kein Ding bleibt an seinem Platz, es erscheint, verschwindet, wird durch ein neues abgelöst. Röntgenstrahlen machen Körper durchsichtig, Bewegung und Licht zerstören ihre Stofflichkeit, jede Umgebung verändert sich: »Raum existiert nicht mehr: eine regennasse, von elektrischen Lampen erleuchtete Straße führt zum Mittelpunkt der Erde hinab.«[10]

In Boccionis Darstellung der *Kräfte einer Straße* ist jeder eindeutig begrenzte Raum verschwunden. Auffälligstes Merkmal des Bildes ist das Fehlen der Straße als einer stabilen Fläche – es wirkt buchstäblich bodenlos. Wie die Wagen der Straßenbahn stehen auch die Passanten nicht lotrecht auf der Erde, sondern schräg, als wären sie von unsichtbaren Kräften herumgeschleudert. Die Menschen sind zu Silhouetten geworden, sie erscheinen flach, so körper- wie schwerelos, und gleichen eher Projektionen. Von den Straßenbahnen gehen einerseits Lichtstrahlen aus, während andere durch sie hindurchgehen, die Integrität der Waggons durchschneiden. Boccioni malt auch die Häuserzüge, die den energetisch zerwühlten Straßenraum begrenzen, in labiler Formation. Nichts ist fest. Das Bild veranschaulicht die These des *Technischen Manifestes*, dass Raum nicht mehr existiert; was bleibt, ist das Ineinanderwirken verschiedenster Energien, die ununterbrochene Abfolge vergänglicher Zustände.

Was hier malerisch-visionär dargestellt ist, kann in mancher Hinsicht als Blaupause für die Stadt der Zukunft gelten, wie sie 1914 das Manifest der futuristischen Architektur entwirft. Mit provozierender Deutlichkeit wird der Charakter der neuen Stadt als »riesiger, lärmender Bauplatz« betont, als Maschinerie.[11] Bauten ohne Verzierung, deren geschlossene Körper aufgebrochen und an die Zirkulationssysteme der Stadt angeschlossen werden sollten: das war das Programm, das aber über Entwurfszeichnungen hinaus nicht gedieh. Diese zeigen die dynamischen Kraftlinien »Elektrischer Zentralen«, gewaltige Verkehrsknotenpunkte und Wolkenkratzer mit freistehenden Fahrstuhlschächten. Die Stadt wird hier gleichsam einem Prozess der Kompression unterworfen, eine Vielfalt von Aktivitäten wird in den neuen Zentren konzentriert. Man gräbt sich in die Erde, nutzt die Dächer,

schichtet Verkehrssysteme übereinander. Antonio Sant'Elias Entwürfe zeigen kaum mehr horizontale Straßenzüge, sondern vielfältig ineinander und übereinander geschobene Gebäude. Dies sind städtische Räume eines neuen Typs, deren Planungsvorgabe nicht die Erzeugung einer wie auch immer gearteten Aufenthaltsqualiät ist, sondern die effektive Vernetzung von Verkehrs- und Energieströmen, um die Welt tatsächlich in den Zustand einer universellen Vibration zu versetzen.

2 Umberto Boccioni,
Die Kräfte einer Straße
(*Le forze di una strada*), 1911
Privatsammlung, Liechtenstein

Domestikation der Kräfte

Der futuristischen steht eine »klassizistische Avantgarde«[12] gegenüber. Geht es der einen Bewegung um Freisetzung von Kräften, geht es der anderen um deren Domestikation. Der exponierteste Vertreter dieser Richtung ist Peter Behrens. Die Allgemeine Elektricitäts-Gesellschaft (AEG) berief ihn 1907 in ihren künstlerischen Beirat – faktisch wurde er damit zu ihrem Architekten und zum ersten Industriedesigner, der das Erscheinungsbild des Konzerns vom einzelnen Produkt bis hin zu Logo und Werbebroschüren prägte. Behrens stand bei Design und Werbegraphik vor ganz neuartigen Herausforderungen: weder diese Art von Produkten noch ihre Energieversorgung hatten irgendein Vorbild. Besonders die Körperlosigkeit der Elektrizität warf ein Repräsentationsproblem auf. Das wird deutlich, wenn man die Entwicklung von Firmen- und Warenzeichen bei der AEG betrachtet. So zeigt ein seit 1894 verwendetes Warenzeichen eine Göttin des Lichtes mit einer Glühbirne in der Hand auf einer von Blitzen umzuckten Weltkugel – eine zeittypische mythologische Verbrämung also. Das Firmenzeichen Franz Schwechtens verschlingt 1896 die drei Buchstaben »AEG« wie Akanthusranken ineinander; das Naturvorbild der Initialen verbindet antike Ornamenttradition mit einer Andeutung floralen Jugendstils.[13]

Einen weiteren Entwicklungszustand markiert das Firmenzeichen Otto Eckmanns von 1900. Zwei der drei Buchstaben sind verbunden; Eckmann arbeitete mit einer Schrifttype, die aus sich heraus den Eindruck des Strömens suggeriert. Behrens verzichtet auch auf derartige Verfahren. In seinem bis heute gebräuchlichen Firmenzeichen von 1912 ist jede noch so abstrakte mimetische Anspielung getilgt; es zeigt stattdessen nur die klassische Strenge eines Antiqua-Typus als Signum von Rationalität. Auch wenn Produkte beworben werden, erscheinen meist nur diese selbst, und zwar in der Form einer technischen Zeichnung. Elektrisches Licht übersetzt eine Werbegraphik von 1907 in kreisförmig angeordnete Punkte, die von einem Dreieck gerahmt werden (Abb. 3); hier findet sich keine Andeutung von dem energetisch hoch aufgeladenen Farbgestöber, das von Giacomo Ballas 1909 gemalter Straßenlaterne ausgeht. Die Metallfadenlampe der AEG lässt allein ein raffiniert eingesetzter Negativ-Effekt leuchten.

Angesichts der Dynamik der Moderne ist Behrens auf der Suche nach Halt gebender Form. Als er um 1910 in einer Folge von Vorträgen auf seine Intentionen zu sprechen kommt, betont er, wie er bei den AEG-Bauten durch bündige Flächen den Eindruck einer starken, geschlossenen Körperlichkeit erzielen wollte.[14] Eine derartige formale Reduktion und Konzentration sei eine Anpassung an die Beschleunigung des modernen Lebens: »Wenn wir im überschnellen Gefährt durch die Straßen unserer Großstadt jagen, können wir nicht mehr die Details der Gebäude wahrnehmen ... Einer solchen Betrachtungsweise ... kommt nur eine Architektur entgegen, die möglichst geschlossene, ruhige Flächen zeigt.«[15] Der erhabene Fassadenrhythmus der Kleinmotorenfabrik etwa wäre ein Beispiel eines aus solchen Vorgaben resultierenden Industrieklassizismus. Vor anderen Theoretikern, auch vor den entsprechenden futuristischen Manifesten, nennt Behrens hier Verkehr als

Bedingung architektonischen Gestaltens. Wo die Futuristen das Motiv der Dynamik aber architektonisch ausreizen wollten, geht es ihm darum, durch gestalterische Mittel der Verflüchtigung aller Eindrücke entgegenzuwirken.

Das Selbstverständnis des technischen Zeitalters

In den Jahren zwischen den Weltkriegen werden die konkreten Erscheinungsformen der Elektrizität genauso wie die allgemeinen Vorstellungen und Erwartungen, die sich an sie knüpfen, noch einmal thematisiert, und zwar innerhalb einer breiteren Diskussion über das Selbstverständnis des technischen Zeitalters. An der Schnittstelle von künstlerischer Avantgarde und Industriekultur operierte etwa László Moholy-Nagy 1929 in seinem Bauhaus-Buch *Von Material zu Architektur*. Die metropolitanen Szenen, die das Abbildungsmaterial in großer Fülle zeigt, wären ohne Elektrizität nicht denkbar. Das Licht der nächtlichen Städte, die ephemeren Räume, die hier entstehen, inspirieren nicht nur Moholys Arbeiten, die künstlerisch auf solche Umgebungen antworten und mit ihnen interagieren – er sieht überhaupt eine Welt »kondensierter Raumerlebnisse« entstehen, in der ein »stetes Fluktuieren«[16] an die Stelle statischer Beziehungen getreten ist.

Moholys Buch in mancher Hinsicht verwandt und zugleich sein Dementi ist der von Edmund Schultz herausgegebene Bildband *Die veränderte Welt* (Abb. 4). Das Vorwort stammt von Ernst Jünger, der wohl auch Konzept und Bildauswahl wesentlich mitbestimmt hat. Mit guten

3 Peter Behrens,
AEG-Metallfadenlampe,
1907

Gründen wurde dieses Buch als »visueller Kommentar« zu Jüngers 1932 erschienenem Großessay *Der Arbeiter* bezeichnet.[17] Auch in der *Veränderten Welt* geht es, wie bei Moholy, immer wieder um das Bild der modernen Stadt. Der Bauhäusler aber hatte stets seine Lust am »Zirkulationstaumel«[18] erkennen lassen, an städtischen Räumen, die offen für wechselnde Konstellationen sind. Jünger und Schultz enwerfen ein anderes Bild. Der Funkturm in Königswusterhausen, der bei Moholy als Beispiel einer modernen und fast körperlosen Schönheit abgebildet ist, erscheint auch in der *Veränderten Welt*, wo er für die »Steigerung der raumbeherrschenden Mittel« steht.[19] Und unter einer Fotografie der Leitzentrale eines Kraftwerkes steht das Bild einer gestisch gleichgerichtet demonstrierenden Menschenmenge mit dem Kommentar, dass man »auch in der Technik der Massenbewegung Fortschritte gemacht« habe.[20] Wo Moholy von Fluktuation und »Durchdringung« spricht, da arbeitet Jünger mit dem Leitbegriff der totalen »Mobilmachung«. Dahinter werden sehr verschiedene Grundvorstellungen sichtbar: Partizipation und Nichtdetermination stehen gegen die Vorstellung strikter Organisation und die Ausrichtung aller Kräfte auf ein Ziel.

Betont zivilgesellschaftlich ist dagegen das Bild der Elektrizität, wie es auf der Pariser Weltausstellung von 1937 entworfen wird.[21] Ein Auftrag der Pariser Elektrizitätsgesellschaft für die Ausgestaltung des Lichtpavillons veranlasste Raoul Dufy, ein 600 Quadratmeter großes Wandbild zu malen, das die Geschichte ihrer Erforschung und gegenwärtige Anwendungen der Elektrizität in der Form eines Panoramas zeigt. Zielpunkt ist die Gegenwart von 1937, über deren lichtdurchflutete freundliche Alltagsszenerien die spielerisch noch einmal in einer Fee verkörperte Elektrizität hinwegfliegt, so Mythos und Technik versöhnend. Für einen anderen Pavillon behandelt Fernand Léger das Thema elektrischer Kraftübertragung in einer nüchterneren, mehr technoiden Bildsprache. Sein Gemälde *Kraftübertragung (Transport de forces)* zeigt eine Naturlandschaft, die von technischen Anlagen eingefasst ist. Naturkräfte werden in Elektrizität verwandelt – und bei aller darstellerischen Differenz zu Dufy geht es auch Léger um eine zivilisatorisch konstruktive Vision der Elektrizität.

In den Vereinigten Staaten standen die 30er Jahre im Zeichen der ›Stromlinie‹ – fließfähig gestalteter Flugzeuge, Autos und Lokomotiven, deren Formensprache zum allgemeinen Symbol effektiven Kräfteeinsatzes wurde. *Electronics – A New Science for a New World* lautet 1942 der Titel einer Informationsbroschüre, die das Aufkommen eines neuen Leitbildes ankündigt. Herbert Bayer gestaltete sie für die General Electric Company; Geschichte, Funktionsweisen und künftige Anwendungsgebiete elektronischer Geräte werden in einer Folge souverän konzipierter Doppelseiten vorgestellt (Abb. 5). Dabei taucht naheliegenderweise

ein Motiv häufiger auf, nämlich Elektronenbahnen, die, wie in den Modellen von Rutherford und Bohr, einen Atomkern umkreisen. Auffällig aber ist, wie weit Bayer dieses Motiv ausreizt – Elektronenbahnen umkreisen Menschen wie Planeten, er zeigt sie in Mikro- und Makrokosmos, sie werden zur allübergreifenden energetischen Chiffre schlechthin.

Gemälde Bayers aus dieser Zeit, freie künstlerische Arbeiten, tragen Titel wie *Interstellare Kommunikation (Interstellar Exchange)* oder *Himmlische Räume (Celestial Spaces)*; Pfeile zeigen die Richtung der Rotation von Himmelskörpern an, Kräftekonstellationen oder die beständige Durchdringung meteorologischer Phänomene in der Erdatmosphäre – es sind Darstellungen allseitig wirkender Energien. Für die Erstausgabe von Sigfried Giedions *Space, Time and Architecture* entwarf er 1941 einen Umschlag, der über einem Barockgarten ein Autobahnkreuz zeigt. Giedion selbst spricht vom »ununterbrochenen Verkehrsfluß«[22] der

4 aus: *Die veränderte Welt*, hrsg. von Edmund Schultz, 1933

»Während man in isolierten Räumen bereits riesige Energien zu meistern versteht ...
hat man auch in der Technik der Massenbewegung Fortschritte gemacht«

5 Herbert Bayer, *Streben nach dem Himmel (Reaching for the Sky)*, aus: *Electronics – A New Science for a New World*, Werbebroschüre für die General Electric Company, 1942

Highways, Bayers Umschlag zeigt dieses moderne Bewegungskontinuum im Unterschied zur statischen Linearität der Vergangenheit. Das Werk Bayers ist der Fluchtpunkt in Alexander Dorners einflussreichem Buch *The Way beyond Art* von 1947, einer Zusammenfassung des Kunstwollens der Moderne. Dorners zentrale Beobachtung ist das Vorhandensein einer »überräumlichen Wirklichkeit reiner Energien«.[23] 100 Jahre nach der Vorhersage von Marx und am Übergang zum elektronischen Zeitalter hat die von Kräften durchwirkte moderne Welt nach der Überzeugung von Dorner in Bayer ihren Ikonographen gefunden.

[1] Liebknecht 1896, S. 16.

[2] Hawthorne 1988, S. 326f.

[3] Marx 1956, S. 101.

[4] Baudelaire 1925, Bd. 3, S. 163f.

[5] Georg Simmel, *Die Großstädte und das Geistesleben*, in: Simmel 1957, S. 227f. und ders., *Soziologie der Sinne*, in: Simmel 1998, S. 135f.

[6] Reff 1982, S. 64, vgl. S. 34.

[7] Hermann Bahr, *Dialog vom Tragischen*, Teilnachdruck in: Wunberg 1981, hier S. 259.

[8] Zit. nach Duganow 1983, S. 241.

[9] Erich Marcks, *Die imperialistische Idee in der Gegenwart* (1903), in: Marcks 1911, Bd. 2, S. 271.

[10] *Technisches Manifest*, in: Schmidt-Bergmann 1993, S. 307ff.

[11] Ebd., S. 233.

[12] Neumeyer 1987, S. 35.

[13] Buddensieg/Rogge 1979, S. 21f.

[14] Peter Behrens, *Die Turbinenhalle der Allgemeinen Elektricitätsgesellschaft zu Berlin* (1910), in: Buddensieg/Rogge 1979, S. D 277.

[15] Peter Behrens, *Kunst und Technik* (1910), in: Buddensieg/Rogge 1979, S. D 284.

[16] Moholy-Nagy 1968, S. 222.

[17] Schultz 1933. Zu Entstehungsgeschichte und Hintergrund s. Werneburg 1994.

[18] Klaus Heinrich, s. Lethen 1994, S. 49.

[19] Schultz 1933, S. 160.

[20] Ebd., S. 32.

[21] Vgl. dazu Huhn 1986, S. 329ff.

[22] Giedion 1965, S. 489.

[23] Dorner 1959, S. 127 (das zentrale Bayer-Kap. der amerikan. Erstausg. fehlt in dieser Übers.).

Die Gesellschaft als Fabrik –
Industriebilder der Sowjetunion und der DDR

Eckhart Gillen

Marszivilisation und Erdenmenschheit

In den Fabriken gab es weder »Dunst, noch Ruß, noch Gestank, noch Staub. In der reinen, frischen Luft arbeiteten die
Menschen kraftvoll und gleichmäßig, das Licht war nicht
schmerzlich grell, doch drang es überall hin. ... Hebel, stäh-
lernen Riesenhänden ähnlich, bewegten sich gleichmäßig
und glatt ... Hunderte von Arbeitern gingen gelassen durch
den Raum ... Auf ihren Zügen lag keine angespannte Sorge,
sondern bloß ruhige Aufmerksamkeit.« Die Arbeiter bestimmten selbst ihre Arbeitszeit und jeder nahm von den
Produkten »das, was er braucht, nimmt soviel, wie er will«,
ganz nach der Devise von Karl Marx: Jeder nach seinem
Bedürfnis. Geld als Äquivalent für geleistete Arbeit gab es
nicht. »Bei uns ist die Arbeit frei, es herrscht an nichts
Mangel. Der erwachsene soziale Mensch fordert nur eines:
Arbeit. Wir brauchen ihn weder auf verhüllte noch auf offene
Art zur Arbeit zu zwingen.«

Die beschriebene Szenerie liest sich wie eine Beschreibung des Gemäldes *Textilarbeiterinnen* von Alexander
Deineka aus dem Jahr 1927 (Kat. Nr. 118), auf dem junge
Frauen barfuß in luftigen Sommerkleidern mit grazilen
Bewegungen in einem sonnendurchfluteten, staubfreien
Raum die automatisierte Textilproduktion kontrollieren. Sie
findet sich in dem 1908 erschienenen Roman *Der rote Stern*[1]
von Alexander A. Bogdanow (1873–1928), der zwischen 1906
und 1910 als Konkurrent Lenins um die Führung des
bolschewistischen Flügels der russischen Sozialdemokratie
galt. Der russische Revolutionär Leonid wird von einer auf
der Erde gelandeten Delegation der Marszivilisation zu
einem längeren Aufenthalt auf ihrem Planeten eingeladen,
um ihre »Lebensordnung« kennenzulernen. Wie sich schnell
herausstellt, ist auf dem Mars alles, was auf der Erde noch
revolutionäre Theorie ist, bereits vernünftig und planmäßig
organisierte Wirklichkeit. Die Kleidung zum Beispiel ist einfach und bequem, »ohne nutzlose Einzelheiten wie Kragen
und Manschetten« (S. 42), und erlaubt die größtmögliche
Freiheit der Bewegung.

Auch die kommunistische Marszivilisation basiert, wie
die spätere Sowjetunion, auf einer vergangenen heroischen
Zeit, in der unter dem Kommando eines Chef-Ingenieurs
mit strenger Energie, »kalter Entschlossenheit, ja fast Grau-
samkeit« (S. 63) der Bau eines Systems von großen Kanälen
vorangetrieben worden war, an denen hunderttausende

Menschen arbeiteten. Bereits 1908 hat Bogdanow also die
gigantischen Kanalprojekte der Stalinzeit, zum Beispiel den
Weißmeer-Ostsee-Kanal (1931–33), antizipiert.

Da die Ressourcen des Mars bald erschöpft sein werden,
planen die kommunistischen Marsmenschen die Kolonisierung anderer Planeten. Auf ihrem Nachbarplaneten beobachten sie mit Interesse die Aktivitäten der sozialistischen
Bewegungen, doch: »Ihr Sozialismus ist noch lange nicht
unser Sozialismus« (S. 138). Der kalte, analysierende Verstand des Astronomen und Mathematikers Sterni, der »alle
Phantasien des Geistes und des Gefühls« (S. 123) zerstört,
kommt mit messerscharfer Logik zu dem Schluss: »Die
Kolonisierung der Erde fordert die völlige Ausrottung der
Erdenmenschen.« Die einzige Alternative wäre »der soforti-
ge Versuch einer sozialistischen Erziehung der Erdenmenschheit. ... Wir kennen die Erdenmenschheit nun schon
zu Genüge, um einzusehen, daß diese Idee völlig sinnlos sei«
(S. 135). Kann die vollständige Umerziehung nicht durchgeführt werden, so bleibt dem Erzieher nur die Liquidierung: »Ich rede von der Ausrottung der ganzen Erdenmenschheit. ... Das höhere Leben darf nicht dem niedern geopfert werden. ... Es bedeutet daher keinen Verlust, wenn
sich auf der Erde anstelle des noch fernen, halb barbarischen
Sozialismus schon heute unser Sozialismus verwirklicht, das
unvergleichlich harmonischere Leben mit seiner ununterbrochenen, unbesieglichen Entwicklung« (S. 139f.).

In seinem Roman stellt Bogdanow die entscheidende
Lebensfrage: Entweder gelingt die Überwindung der Anar-
chie der sozialen Kräfte und Interessen durch die Revolution, oder es kommt zum »Zerfall der Zivilisation«[2]. Auch
Trotzkij war überzeugt, dass die Revolution nur mit »Gewalt,
Ausrottung und Zerstörung« die Voraussetzungen für die
neue Gesellschaft schaffen könne. »Wenn die proletarische
Revolution nicht gekommen wäre, wäre die Menschheit an
ihren Widersprüchen erstickt. Der Umsturz rettet die
Gesellschaft und die Kultur, aber mit den Methoden der
grausamsten Chirurgie. ... Alles, was stört, wird mitleidlos
niedergetrampelt.«[3]

Die Revolution wird die letzte Schlacht sein, der totale
Krieg für den totalen Frieden einer auf ewig befriedeten
Gesellschaft, für den Zustand der ›Entropie‹ als glücklich
austariertes Gleichgewicht nach dem Energieschub der
Revolution. Bogdanow entfaltet in seinem Roman die stati-
sche Utopie eines zeitlosen Zustandes ewiger Glückseligkeit

nach dem Ende der Geschichte. Stalin war es, der nach Lenins Tod die Weltrevolution zugunsten eines »Sozialismus in einem Land« aufgab. Die letzte, endgültige Säuberung sollte der ›Große Terror‹ der Jahre 1936 bis 1938 werden. Nadeschda Mandelstam beschreibt in ihren Memoiren den Zustand einer »Utopie als Ordnungsentwurf«[4], die ewige Glückseligkeit, Stabilität, Harmonie und damit zugleich auch den Stillstand als soziale Konstruktion: Es schien so, als sei »die Zeit eingefroren, sei stehengeblieben. Das war ein zentrales Merkmal der beschriebenen Krankheit. Man hatte uns eingeredet, in unserem Land würde sich niemals mehr etwas ändern, und die übrige Welt müsse nur bis zu unserem Zustand gelangen, das heißt auch in die neue Ära eintreten, dann gäbe es niemals mehr eine Veränderung.«[5]

Die utopischen Romane und Theorien von Alexander A. Bogdanow entwarfen schon lange vor der Revolution die totalitäre Utopie einer entdifferenzierten, homogenen Gesellschaft (z. B. durch Zwangskollektivierung) als regressives Gegenmodell zum westlichen Prinzip zunehmender gesellschaftlicher Ausdifferenzierung und Arbeitsteilung. Mit seiner *Allgemeinen Organisationslehre*[6] entwickelte Bogdanow die Theorie einer kollektivistischen Gesellschaft der Zukunft, die auf der Idee einer harmonischen Organisiertheit der Dinge vermittels der Technik und der Menschen über die Wissenschaften aufbaute und zum Vorbild wurde für Lenins Vorstellung der sozialistischen Gesellschaft als Fabrik. Der Arbeitswissenschaftler und Proletkultdichter Alexej Gastew, Direktor eines 1920 in Moskau gegründeten Zentralen Arbeitsinstitutes, verherrlichte seit 1918 in literarischen Werken und Artikeln wie *Poesie des Arbeiterschlages* (1918) oder *Über Tendenzen der proletarischen Kultur* (1919) die »unio mystica« der Maschinen mit der Psyche der Arbeiter. Auf der Organisationslehre von Bogdanow aufbauend, übertrug dieser Exponent des russischen Taylorismus die Verfahren der »Wissenschaftlichen Arbeitsorganisation« (russ. NOT abgekürzt) auf alle Bereiche des Alltagslebens. Die ganze Gesellschaft sollte nach den Prinzipien der maschinellen Technik und Fabrikdisziplin organisiert werden.

Die sowjetischen Avantgarde-Künstler, vor allem die Konstruktivisten, adaptierten diese mechanischen Prinzipien, zum Beispiel führte Rodtschenko die NOT als Studienfach an der Metallwerkstatt der WChUTEMAS (Höhere Staatliche Künstlerisch-Technische Werkstätten, 1921–26) ein und erhob im gemeinsam mit seiner Frau Warwara Stepanowa formulierten *Produktivistenmanifest* Bogdanows Begriff der »Tektonik« zur zentralen Kategorie im Sinne einer Gleichsetzung von Konstruktion mit Organisation.[7] Als Spezialisten der Materialorganisation fühlten sich die Konstruktivisten sowohl in der Lage, den »Widerstand des Materials« zu brechen, es sich »gefügig zu machen und ihm jede

gewünschte Form zu geben« (Boris Groys), als auch im übertragenen Sinne das »Menschenmaterial« in den Fabriken psychophysisch zu erziehen. Sie bildeten sich ein, dank ihres Organisationswissens auch über die materielle und soziale Wirklichkeit zu verfügen. »Die ›Tektologie‹ räumte dem Künstler als aktivem Organisator des Bewußtseins und der Emotionen der Massen, ihrer sogenannten ›Psychoideologie‹ und ihrer ›materiellen Kultur‹, einen zentralen Platz beim Aufbau der neuen Gesellschaft ein.«[8]

Bogdanows Gleichgewichtslehre, seine Vorstellungen von harmonischen Wechselwirkungen zwischen Natur, Technik und Gesellschaft gingen von der Annahme eines optimalen Energieflusses aus. Auch die Protagonisten der Lebensphilosophie (*elan vital*), des Futurismus, Suprematismus (Weltenergie) und Konstruktivismus waren darauf bedacht, die gesellschaftlichen Prozesse über die Organisation energetischer Kraftströme zu optimieren. Allein der organisierte Umgang mit der Energie garantierte das allgemeine Menschenglück. Bogdanows Organisationswissenschaft zielte auf die Aufhebung der Gegensätze, Widersprüche und des Individualismus zugunsten des absoluten Gleichgewichts, der Homogenität und des Kollektivismus. Gegen Lenins ›Parteizarismus‹ baute er allerdings noch auf die freiwillige Selbstorganisation des Proletariats und die kameradschaftliche Solidarität der Arbeiter, die – wie schon bei Gorki – zu einer Quelle kollektiver Erfahrungen werden sollten. In der Praxis stieß die freiwillige Selbstorganisation der vielseitigen Persönlichkeiten im Kollektiv jedoch schnell an ihre Grenzen, und an die Stelle der kollektiven Erfahrung trat die unfehlbare Partei.[9]

Neben individualtherapeutischen Maßnahmen gegen einzelne Künstler hoffte Bogdanow, durch eine konsequente Ästhetisierung der Politik in Masseninszenierungen, Aufmärschen, Spartakiaden etc. die »Entgegensetzung unseres ›Ich‹ zur äußeren Welt« zu überwinden. In Momenten »des intensiven Erscheinens eines kollektiven Willens« vergesse sich der Mensch, »und dann sind seine Erlebnisse am harmonischsten«.[10] Bogdanow und die Vertreter der von ihm initiierten »Proletkult«-Bewegung betrachteten die Kunst als »Organisations-Ästhetik«, als ein Medium zur Organisation sozialer Erfahrung »vermittels lebender Bilder, nicht nur in der Sphäre der Erkenntnis, sondern auch in der Sphäre des Fühlens und Wollens. Infolgedessen ist sie das mächtigste Werkzeug der Organisation der kollektiven Kräfte.« Zur Umformung der Individualisten in Kollektivisten braucht das Proletariat »seine eigene Klassenkunst. Der Geist dieser Kunst ist der Arbeitskollektivismus; sie nimmt die Welt wahr und widerspiegelt sie vom Standpunkt des Arbeitskollektivismus.«[11] In der kommunistischen Gesellschaft des »Roten Planeten« waren deshalb die Kunstgegenstände ausschließlich für die Gemeinschaftsgebäude bestimmt.

Künstler als »Ingenieure der Seele«

Die Vertreter der sowjetischen Avantgarde einte bei aller Differenz in Fragen der formalen Organisation die Überzeugung, dass der Künstler im Sinne einer ›Produktionskunst‹ die neue Arbeitsgesellschaft aktiv gestalten muss (Design, Architektur, Städtebau) und durch eine massenwirksame Kunst (Wandbild, Plakat, Zeitschriften) die Bewusstseinsbildung der Arbeiter (die Künstler als »Ingenieure der Seele«, nach dem berühmten Diktum Stalins) beeinflussen sollte. »Nicht das Hervorbringen neuer Bilder ..., sondern die Formung eines neuen Menschen unter Nutzung der Kunst als eines der Produktionsmittel war der Kompaß des Futurismus von seinen Kindertagen an.«[12]

Das Bild vom Schriftsteller als Ingenieur der Seele macht Sinn, sobald man, wie der sowjetische Pädagoge Anton Makarenko, den Menschen als Maschine betrachtet: »Auf jeden Fall war für mich klar, daß sehr viele Details der menschlichen Persönlichkeit mit der Stanzmaschine serienweise hergestellt werden können, daß dazu aber eine besonders präzise Arbeit der Maschine erforderlich ist, peinlichste Behutsamkeit und Genauigkeit.«[13] Auf der Basis dieser großartigen Präzision sind der Einzelne und die Gesellschaft glücklich, obwohl das Kollektiv von der Einzelpersönlichkeit, »solange sie ihm angehört, bedingungslose Unterwerfung« fordert.

Jewgenij Samjatin (1884–1937) schrieb aufgrund seiner politischen Erfahrungen und Enttäuschungen mit seinem Roman Wir[14] eine hellsichtige Antiutopie gegen das mechanisch-totalitäre Sozialismusmodell.[15] Der Roman galt sofort als antisowjetische Schmähschrift und konnte erst 1988 in der Sowjetunion erscheinen. Nach seiner 1925 erfolgten Erstveröffentlichung in England wurde er zum Prototyp der antitotalitären, negativen Utopien von Aldous Huxley (Schöne neue Welt, 1932) und George Orwell (Farm der Tiere von 1945, 1984 von 1949). Wir lesen die Tagebucheintragungen der Nummer D-503, des Konstrukteurs des Raumschiffes »Integral« und Mathematikers des »Einzigen Staates«. Dieses Gebilde ist nach einem 200-jährigen Krieg zwischen Stadt und Land übrig geblieben und schottet sich mit einer grünen, gläsernen Mauer vom unzivilisierten Rest der Welt ab (Sozialismus in einem Land!). Seine Bewohner sind Nummern, alle haben die gleichen Gedanken. Mit der Fertigstellung des Raumschiffes wartet auf diese Nummern die Aufgabe, »jene unbekannten Wesen, die auf anderen Planeten – vielleicht auch in dem unzivilisierten Zustand der Freiheit – leben, unter das segensreiche Joch der Vernunft zu beugen. Sollten sie nicht begreifen, daß wir ihnen das mathematisch-fehlerfreie Glück bringen, haben wir die Pflicht, sie zu einem glücklichen Leben zu zwingen. ... Wir werden die wilde, krumme Linie geradebiegen. ... Denn die Linie des Einzigen Staates ist die Gerade« (S. 5).

Während Andrej Gastev sich für das »Geradebiegen des Volkes« in »Schulen der Arbeitsbewegungen« ausspricht, da »sich der menschliche Organismus, besonders bei uns in Rußland, in einem jämmerlichen Zustand« befindet,[16] überträgt Rodtschenko dieses psychotechnische Denken auf die Kunst. In seinem Manifest Die Linie (1921) behauptet er »den totalen Sieg« der Linie über »die letzten Bastionen der Malerei«.[17] Die geometrisch objektive Linie als Basiselement für Mathematiker und Konstrukteure galt ihm und den Konstruktivisten als Garant gegen mögliche Rückfälle in die bourgeoise Kunst der Stimmungswerte und Gefühle, die als Ausdruck subjektiver Empfindungen und Phantasien von der Avantgarde vehement abgelehnt wurde.

Die Diagonale wird neben Spirale und Hyperbel zur wichtigsten, Dynamik suggerierenden Organisationsfigur der Konstruktion, mit der das Menschenmaterial bzw. die Natur symbolisch unterworfen wird. Der T-Träger auf der Fotocollage Dynamische Stadt (1919) von Gustav Klucis (Abb. 1) ist die stützende Schrägachse für die gesamte Bildkonstruktion wie für die Lenin gewidmete Rednertribüne von El Lissitzky und für Tatlins Turm der III. Internationale. Die geometrischen Grundformen Kreis, Kubus, Zylinder und ihr freies Schweben im Raum kommen noch aus dem Suprematismus, werden aber von Klucis in Verbindung mit den fotografischen Einsprengseln von Montagearbeitern, T-Trägern und Hochhäusern zu Metaphern für den Bau einer neuen Welt. Das Plakat Die gewaltige Energie der Wolga soll der sozialistischen Rekonstruktion dienen! (1930) von Nikolaj Dolgorukow (Abb. 2) zeigt mit einem Staudamm, der aus der Vogelperspektive gesehen als weiße Diagonale von links unten nach rechts oben erscheint, den »Eingriff der Geometrie in die Geographie« als Planung, dem der reale »Einbruch des Menschen in die Natur« folgen wird.[18]

Diese technokratische Vernunft garantiert, dass die Arbeiter im Roman Wir »zu einem einzigen millionenhändigen Körper« verschmelzen und sich zu den »Taylor-Exerzitien« in den Auditorien versammeln (S. 12). Im Paradies herrscht die Freiheit von allen Wünschen, dort gibt es weder Mitleid noch Liebe, »nur Selige, denen man die Phantasie herausoperiert hat« (S. 132). Insgeheim sympathisiert Samjatin trotz seiner antisozialistischen Satire mit Trotzkijs Idee der »permanenten Revolution« im Sinne von Ketzertum und steter Veränderung gegen die stalinistische Erstarrung der Gesellschaft. An einer Stelle des Romans lässt er die Rebellin I mit dem Mathematiker D-503 über die Notwendigkeit weiterer Revolutionen diskutieren: »›Es gibt keine letzte Revolution, die Anzahl der Revolutionen ist unendlich.‹ ... – ›Es gibt kein Weiter! Punkt aus! Überall, im ganzen Weltall muß Gleichheit und Gleichmaß herrschen.‹ – ›Aha! Gleichmäßigkeit, überall! Da haben wir sie, die Entropie, die psychologische Entropie. Ist dir als Naturwissenschaftler denn nicht klar, daß nur in der Verschiedenartigkeit ... Leben ist?‹«[19]

1 Gustav Klucis, *Dynamische Stadt*, 1919
Staatliches lettisches Kunstmuseum, Riga

2 Nikolaj Dolgorukow, *Die gewaltige Energie der Wolga soll der sozialistischen Rekonstruktion dienen!*, 1930
Lenin-Bibliothek, Moskau

Mit der Entscheidung für den Ersten Fünfjahrplan (im Frühjahr 1929 rückwirkend ab dem 1. Oktober 1928 in Kraft gesetzt), der die forcierte Industrialisierung einleitete, und für die totale Kollektivierung mit dem Ziel der »Liquidierung der Kulaken als Klasse« hatte sich Stalin für eine bedingungslose Flucht nach vorn, ohne Möglichkeit der Umkehr, entschlossen. Im Moment der von oben angeordneten zweiten und endgültigen Revolution, einem permanenten Krieg der Regierung gegen die eigene Bevölkerung, wurden die Begriffe ausgetauscht: An die Stelle schematisierter, typisierter Funktionsträger rückte der »lebendige Mensch«. Obwohl die Parole vom »lebendigen Menschen« bereits auf dem ersten Kongress der proletarischen Schriftsteller (RAPP) 1928 verkündet worden war, bekam sie erst nach der Auflösung dieser Gruppe[20] in den 30er Jahren den Charakter einer ›Leitkultur‹ gegen alles ›Mechanische‹, ›Logische‹ und ›Abstrakte‹. Die kulturrevolutionäre Arbeit der proletarischen Künstlergruppen während des Ersten Fünfjahrplanes war plötzlich nicht mehr gefragt. Sie hatten »Kommandierungen«[21] auf die Großbaustellen der Schwerindustrie und in die Kolchosen organisiert, bildeten Künstler zu »Stoßarbeitern« aus und gründeten »Künstlerbrigaden«. Die konstruktivistischen Künstler, Architekten, Fotografen, Typografen und Filmemacher der Künstlervereinigung »OKTJABR«, wie El Lissitzky, Gustav Klucis, Alexander Rodtschenko, die Gebrüder Vesnin und Sergej Eisenstein, die – analog zu ihrer Forderung nach einer aktivistischen, ins Leben eingreifenden Kunst – die künstlerische Selbsttätigkeit der Arbeiter und Bauern propagierten, mussten Selbstkritik üben. Viktor Schklowski erklärte am 21. August 1934 auf dem Ersten Allunionskongress der Sowjetschriftsteller: »Wir ... LEF-Leute [Linke Front der Künste] haben vom Leben das Nützliche genommen, denkend, dies sei schon die Ästhetik; wir, die Erwecker der Konstruktivisten, machten solche Konstruktionen, daß sie zu Unkonstruktionen wurden. Wir unterschätzten das Menschliche und das Gesamtmenschliche der Revolution.«[22]

3 Heinrich Witz, *Der neue
Anfang*, 1959
Wismut GmbH, Chemnitz

Von der Sowjetunion lernen

Dennoch versuchte Walter Ulbricht 1959 – 30 Jahre nach der
Kulturrevolution in der Sowjetunion – eine Wiederholung im
Maßstab der DDR: Alfred Kurella propagierte als Leiter der
Kulturkommission beim Politbüro der SED den Bitterfelder
Weg. Als ehemaliger Abteilungsleiter für Bildende Kunst im
Volkskommissariat für Volksbildung (NARKOMPROS)
1928/29 und Mitglied der Avantgardegruppe »OKTJABR«,
deren Manifest er mitverfasst hatte, verfügte er über ein-
schlägige Erfahrungen und das entsprechende Vokabular.
Doch niemand in der DDR wusste von Kurellas Polemiken
gegen »den Realismus der stagnierenden individuellen
Lebensweise, den passiv-beschaulichen, der die Wirklichkeit
lediglich fruchtlos kopiert, der die alte Lebensweise verherrlicht und kanonisiert, der die Energien fesselt und den
Kulturwillen des ungefestigten Proletariats schwächt«.[23]

Inzwischen lobte der alternde sozialistische Humanist
Kurella die Genremalerei eines Heinrich Witz (*Der neue Anfang* von 1959, Abb. 3) und die altmeisterliche Lasurtechnik
eines Werner Tübke (*Gruppenbild* von 1971/72, Kat. Nr.
153). Er übernahm von der Kulturrevolution des Jahres 1928
zwar Tretjakows Losung: »Es wäre lächerlich, wollte ein
einzelner Schriftsteller von philosophischer Hegemonie

träumen angesichts der kollektiven Weisheit der Revolution«[24], nicht aber dessen operative Kunstformen, für die
er 1928 noch eingetreten war: »Wir sind gegen ein passives
Abbilden, wir verteidigen die aktive, führende Rolle des
Künstlers.«[25] So konnte der zweite Versuch einer Kulturrevolution, an der Kurella beteiligt war, trotz der Losung von
der »Einheit von Kunst und Leben« nur zu einer Travestie
seines Vorbildes werden.

Die Parteileitungen in den Industriebetrieben und land-
wirtschaftlichen Produktionsgenossenschaften als die neuen
gesellschaftlichen Auftraggeber forderten von den Künstlern
die passive Widerspiegelung einer idealisierten Arbeitswelt.
Das Porträt des Arbeiters als Eigentümer und das Gruppenbild der ›selbstbestimmt‹ diskutierenden Brigade waren die
bevorzugten Themen des ›sozialistischen Realismus‹. Während die detailgetreue Wiedergabe des Arbeiters am Arbeitsplatz dem ›bürgerlichen Realismus‹ verpflichtet sein sollte,
bezeichnete das Adjektiv ›sozialistisch‹ die Perspektive auf
eine nichtentfremdete Arbeit, die ›objektiv‹ durch die Revolutionierung der Eigentumsverhältnisse bereits verwirklicht
sei, ›subjektiv‹ aber vom Arbeiter, der täglich mit veralteten
Produktionsmitteln, stockendem Materialzufluss etc. zu
kämpfen hatte, noch nicht wahrgenommen werden konnte.
Kultur wurde zunehmend ökonomistisch verstanden als

4 Willi Sitte, *Chemiearbeiter am Schaltpult*, 1968
Staatliche Galerie Moritzburg
Halle, Landeskunstmuseum
Sachsen-Anhalt

Animations- und Motivationsfaktor für besseres Arbeiten.[25] Die kulturelle Betätigung sollte die Entwicklung der »sozialistischen Persönlichkeit« als »wissenschaftlich gebildeten Menschen« befördern.

Mit der wachsenden Erkenntnis, dass die sozialistische Produktion »den selbständig denkenden, sicher reagierenden, wissenschaftlich gebildeten ... arbeitenden Menschen«[27] benötige, geriet jedoch das autoritäre, auf Gehorsam, Unterordnung und Anpassung geeichte System mit seinem stalinistischen Misstrauen gegen jede Art von selbständigem Denken in einen grundsätzlichen Widerspruch zu den Erfordernissen dieser wissenschaftlich-technischen Revolution. Der Kunstwissenschaftler Peter H. Feist forderte entsprechend dem wachsenden Anteil »intelligenzintensiver« Produkte wie Elektronenrechner statt Schaufel-

stielen eine »intelligenzintensive Kunst«[28]: »Es galt, etwas nicht unmittelbar sichtbar Werdendes anschaulich zu machen, nämlich geistige Arbeit – Planen, Denken, Entwerfen, Entscheiden, Verantworten.«[29]

Mit dem Gemälde *Chemiearbeiter am Schaltpult* von 1968 (Abb. 4) gelang Willi Sitte ein Musterbild der gewünschten »intelligenzintensiven« Kunst. Der Maler bringt sein Publikum in einen direkten Dialog mit dem Kunstwerk – über den Kunstgriff einer transparent gemachten Schaltwand, durch die hindurch der Betrachter auf die Konzentration und Verantwortungsbewusstsein zum Ausdruck bringenden Gesichtszüge des Chemiearbeiters schaut wie auf sein Alter Ego im Spiegel. Anfang der 70er Jahre sprachen die Kunstwissenschaftler vom »dialogischen Bild«[30], das den mitdenkenden, aktiven Betrachter als Partner des

Künstlers ernst nehmen sollte. Die dominant weit in den Vordergrund ausgestreckten Hände an den Schalthebeln komplizierter Produktionsabläufe im Zentrum eines ›sozialistischen Chemie-Giganten‹ überhöhen den Industriearbeiter zum Demiurgen: Auf das »Götterbild, das Jahrtausende lang die Kunst beherrschte«, erhebt jetzt der Arbeiter Anspruch, »und Sitte zeigte, daß es ... nur ein totaler Anspruch sein kann, der die ... geistige Meisterung auch der kompliziertesten Prozesse modernen Produzierens und Leitens einschließt«.[31]

Im Betriebsalltag der ›sozialistischen Rationalisierung‹ dagegen öffnete sich die Schere zwischen der immer anspruchsvolleren Tätigkeit der Ingenieure und der rezeptiven Vereinfachung der Arbeit bei den Werktätigen. Die ideologische Funktion des Gemäldes lag in der Suggestion, jeder Facharbeiter könne in der sozialistischen Menschengemeinschaft komplexe Produktionsprozesse allein steuern und unterscheide sich dank forcierter Qualifikationsmaßnahmen nicht wesentlich von einem Wissenschaftler. Aber gerade das ist ja die Funktion des ›sozialistischen Realismus‹: den »sozialistischen Charakter der Arbeit und unserer ganzen Gesellschaft in jedem Bereich und an jedem Arbeitsplatz auch subjektiv und anschaulich erleben« zu lassen.[32]

Das Ende des Bitterfelder Weges

Nach dem Sturz Chruschtschows am 14. Oktober 1964 beschloss sein Nachfolger Leonid Breschnew – für die DDR-Führung überraschend – einen Politikwechsel, der statt Reformen einer militärischen Aufrüstung den Vorzug gab. Diese Reaktion auf die expandierende Intervention der USA in Vietnam veränderte die bisherigen *terms of trade*: Die Sowjetunion als Rohstoff- und Halbfabrikatlieferantin verteuerte die Erdölpreise radikal und kürzte die Getreidelieferungen, während die DDR ihre hochwertigen Fertigprodukte in Zukunft zu Dumpingpreisen zu liefern hatte. In dieser Situation versuchte die SED von dem ökonomischen Rückschlag und dem Ende der Wirtschaftsreformen abzulenken durch ein Umfunktionieren des »Wirtschaftsplenums« im Dezember 1965 zu dem berüchtigten »Kahlschlag«-Plenum (15. bis 18. Dezember 1965), auf die Aufmerksamkeit der Bevölkerung auf Nebenschauplätze wie die angebliche Verrohung der Jugend (lange Haare, Rowdytum) durch die westlich dekadenten Einflüsse der Beat- und Rockmusik und der Jeans gelenkt wurde.[33] Christa Wolf erinnert sich an diese Versammlung: »Wir hatten ganz deutlich das Gefühl, daß die Kunst›diskussion‹ als Ersatz für die Auseinandersetzung mit den Problemen, die sich in der ökonomischen und gesellschaftlich-politischen Realität der DDR angehäuft hatten, dienen mußte, daß wir als Sündenböcke herhalten sollten. ... Und als klar wurde, daß die Verbindung der Künstler mit den Betrieben dazu führte, daß sie

realistisch sahen, was dort los war, daß sie Freundschaften mit Arbeitern, mit Betriebsleitern und mit Leuten anderer Berufe knüpften und daß sie Bescheid zu wissen begannen auch über die ökonomische Realität in diesem Land: Da, genau an diesem Punkt, wurde die Bitterfelder Konferenz, wurden die Möglichkeiten, die sie uns eröffnet hatte, ganz rigoros beschnitten.«[34]

Wie 30 Jahre zuvor in der Sowjetunion wurde der Kontakt der Künstler zur konkreten Arbeitswelt rigoros unterbunden, da er für die Parteiführung kontraproduktiv zu werden drohte. Das 11. Plenum, auf dem Walter Ulbricht erklärte: »Sind wir der Meinung, daß ein paar Künstler oder Schriftsteller schreiben können, was sie wollen, und sie bestimmen die ganze Entwicklung der Gesellschaft?«[35], war für Christa Wolf, wie sie selbst in einem Gespräch mitteilte, die entscheidende Zäsur in ihrem Verhältnis zur »strengen Lehrerin« (Uwe Johnson) DDR. »Danach war nichts mehr zu beschönigen und keine Illusion mehr möglich.«[36]

[1] Bogdanow 1982, S. 68ff.

[2] Bogdanow 1926, S. 10.

[3] Trotzkij 1968, S. 161.

[4] Vgl. Gaßner/Gillen 1994.

[5] Mandelstam 1991, S. 56.

[6] Die beiden Bände seiner *Tektologie* erschienen 1913 und 1917, dt. 1926 und 1928.

[7] Vgl. Gaßner 1982, S. 26, Anm. 94, S. 125.

[8] Ebd., S. 27.

[9] Hans-Dietrich Sander definiert den Stalinismus als »Synthese von Leninscher Parteiherrschaft und Bogdanowscher Organisationswissenschaft« (Sander 1970, S. 76).

[10] Zit. nach Grille 1966, S. 183.

[11] Alexander A. Bogdanow, *Resolution zur ersten Allunionskonferenz der proletarischen Kultur- und Aufklärungsorganisation*, Sept. 1919, zit. nach Grille 1966, S. 185f.

[12] Tretjakow 1923, S. 195.

[13] Makarenko 1961, S. 81, 224.

[14] *Wir* war der programmatische Titel zahlreicher Gedichte von Proletkultdichtern wie Wladimir Kirillow und Futuristen wie Wladimir Majakowskij. Über dem Eingang der WChUTEMAS stand die Losung »Wir / Boten eines neuen Glaubens / an die Schönheit, die stählern ertönt ...« (W. Majakowskij), zit. nach Demosfenowa 1982, S. 19.

[15] Samjatin beteiligte sich bereits 1905 an politischen Aktionen. Er war zeitweise Mitglied in der bolschewistischen Fraktion der Sozialdemokratischen Arbeiterpartei Russlands, wurde verhaftet, verbannt und lebte in der Illegalität. Nach einer erneuten Verhaftung im August 1922 weigerte er sich, Russland zu verlassen.

[16] Andrej Gastev, *Geradebiegen des Volkes (Narodnaja vypravka)*, in: *Prawda*, Nr. 128, 1922, zit. nach der dt. Übers. in: *alternative*, H. 122/123, 1978, S. 242–246, hier S. 245.

[17] Alexander Rodtschenko, *Linija*, Moskau 1921, in russ. Sprache unveröff. Typoskript eines Vortrags für das INChUK (Institut für Künstlerische Kultur). Zit. nach der dt. Übers. in: Gaßner/Gillen 1979, S. 116.

[18] V. Kataev, *Vremja, vpered*, 1932, Roman, zit. nach Gaßner 1982, S. 107, Anm. 498.

[19] Samjatin 1982, S. 109f.

[20] Die RAPP wurde zusammen mit allen anderen Schriftsteller- und Künstlergruppen am 23. April 1932 durch die Verordnung des ZK der KPdSU (B) über »die Umbildung der Literatur- und Kunstorganisationen« zugunsten von Einheitsverbänden nach Kunstgattungen aufgelöst. Vgl. Dokumente 1972, S. 433f.

[21] Vgl. Gillen 1977a, insbesondere die Abschnitte: Der Fünfjahrplan der Kunst, Die Kommandirovki, Die Kunst in die Produktion (S. 137–144).

[22] Schmitt/Schramm 1974, S. 95.

[23] Deklaration der Künstlervereinigung »OKTJABR«, 3. Juni 1928, zit. nach Gaßner/Gillen 1979, S. 181.

[24] Tretjakow 1972, S. 193.

[25] Kurella [1928] 1979, S. 352.

[26] Der Regisseur Manfred Wekwerth zitiert in einem Rundtisch-gespräch zum Thema »Kultur, Ökomomie und Effektivität« einen Betriebsleiter: »Kann ich von der Kunst nicht verlangen, daß sie [die Arbeiter] am nächsten Tag begeistert zurückkommen und klüger, rationeller, intensiver arbeiten, bessere Resultate im Produktionsprozeß erzielen? Was aber sind sie am nächsten Tag? Müde sind sie. Wo also ist euer Nutzen?« (Wekwerth 1972, S. 128).

[27] Staufenbiel 1966, S. 98.

[28] Feist 1966, S. 435.

[29] Feist 1972, S. 15.

[30] Vgl. Feist 1974, S. 122ff.

[31] Raum 1975, S. 60.

[32] Arbeitskultur 1973, S. 90.

[33] Vgl. Agde 2000.

[34] Wolf 2000, S. 347, 350f. In diesem Sammelband (Agde 2000) ist auch ihre Rede auf dem Plenum abgedruckt, von der die *ND-Beilage zum 11. Plenum. Aus der Diskussion* vom 19. Dez. 1965, S. A 12, nur Auszüge brachte.

[35] Walter Ulbricht, zit. nach *Neues Deutschland* vom 19. Dez. 1965, S. 11.

[36] Thomas/Wolf 1997, S. 572.

Eisen und Stahl –
Ausstellungen zum Industriebild in Deutschland

Lutz Engelskirchen

Die Industrie als Thema der bildenden Kunst war mehr als der Wille Einzelner, die Veränderung in der Welt um sich herum malend zu dokumentieren. Es war der Aufschein einer neuen Zeit, in der Technikoptimismus und fortschreitende Industrialisierung neue Bildwelten, neue Interpretationen und neue Mythen produzierten. Das Erscheinen, die Veränderung und schließlich das Verschwinden des Industriebildes war nicht nur Ausdruck der wechselnden Moden in der bildenden Kunst. Es war die Konsequenz aus einem gesellschaftlichen Modernisierungsprozess, einem lang anhaltenden Wandel, der schließlich auch das Ende der industriellen Bildwelten bedeutete, die das Erleben der Zeit bestimmt hatten.

Der zeitliche Rahmen dieser Entwicklung reicht vom späten Kaiserreich bis in die frühe Bundesrepublik: der Zeit, als die Schwerindustrie im Zenit ihres Ansehens stand, bis zu den Jahren des beginnenden Wirtschaftswunders, als von Ferne die ›Angestelltengesellschaft‹, eine Vision voller ›weißer Kragen‹ ohne rußige Schwerarbeit sichtbar wurde. Symbolische Eckpunkte bilden zwei große Ausstellungen zum Thema Industrie und Kunst: Die eine im Jahr 1912, die andere im Jahr 1952, kurz nach der Einrichtung der Montanunion, die für die Industriemalerei noch einmal letzte Impulse gab. Die gesellschaftlichen Veränderungen, auf die die Kunst in diesem Zeitraum reagierte, waren Teil eines langfristigen Wandels, der über die Industrie- in unsere heutige Wissensgesellschaft geführt hat. Am Ende dieses Prozesses stehen andere Medien und Formen der Reflexion gesellschaftlicher und ökonomischer Entwicklungen, die das Industriebild schließlich ersetzten.

Vom späten Kaiserreich bis zum Ende der NS-Zeit

In den Jahren vor Ausbruch des Ersten Weltkriegs wurde in der Öffentlichkeit intensiv das Verhältnis der Gesellschaft zum Fabrikzeitalter diskutiert. Diese Standortbestimmung durchzog das gesamte Kaiserreich und war einer der zentralen Konfliktpunkte der Zeit überhaupt. War es der Moloch, der alles Alte fraß, oder war es die Verheißung auf eine neue, moderne und bessere Zukunft? Der Aufstieg der modernekritischen völkischen Bewegung in diesen Jahren war ein Produkt dieser Unsicherheit. Wie kaum eine andere Branche verkörperte die Schwerindustrie, also »Eisen und

Stahl«, das Neue und Dominante dieser Zeit. Ihre Werke, die rund um die Uhr arbeiteten, bestimmten den Lebenstakt hunderttausender Menschen, hier gab die Maschine dem Menschen seinen Rhythmus vor – unterwarf ihn, wie nicht wenige empfanden. Auch auf seiner Höhe fand das Industriezeitalter keine Ruhe, es blieb das ›nervöse‹ Zeitalter.[1] Voller sozialer und politischer Spannungen, blieb auch seine Selbstbeschreibung zwiespältig, eine unentschiedene Bilanz von Verlust und Neugewinn, mit einer ungewissen Perspektive auf die Zukunft.

Vor diesem Hintergrund ist der Versuch des Kunstmuseums Essen zu sehen, 1912 zum Jubiläum des Krupp-Konzerns eine erste große Gesamtschau der Industriemalerei zu unternehmen (Abb. 1).[2] Krupp war das Symbol deutscher Industrialisierung, sein Stahl war der Werkstoff der Industriezeit, durchwirkt von nationalem Pathos und dem Mythos einer festen, geschlossenen Gemeinschaft des Volkes, die in der Klassengesellschaft des Kaiserreichs al-

1 Umschlag von: Ausst. Kat. *Die Industrie in der bildenden Kunst*, Essen 1912

lerdings keine reale Entsprechung mehr hatte. Mit der Ausstellung *Die Industrie in der bildenden Kunst* wurde erstmals eine reine Kunstausstellung organisiert, die gezielt unter dieses Thema gestellt wurde. Schon zuvor waren Industriebilder Bestandteil von Ausstellungen gewesen, doch dienten sie dort vorwiegend der Illustration. Ein typisches Beispiel war die *Industrie-, Gewerbe- & Kunstausstellung* in Düsseldorf 1902 – eine Veranstaltung, die nicht bloß eine reine Verkaufsmesse war, sondern die dem Publikum den Fortschritt der Zivilisation aufzeigen sollte. Gleichzeitig ermöglichte sie der Industrie, zukunftsträchtige Potenz zu demonstrieren.[3] In diesem Kontext umgaben sich die Konzerne des späten Kaiserreichs mit Kunst als akzeptiertem Kulturwert.

Von der illustrierten Gewerbeschau 1902 zur reinen Industrie-Kunstaustellung 1912, die gleichermaßen der Kategorisierung des Vorhandenen und der bürgerlichen Traditionsstiftung diente, war es ein beachtlicher Sprung. Die Ausstellung sollte helfen, mit den Mitteln der Kunst die Bilderwelt der Industrie zu verorten. Selbstvergewisserung für jene »Kinder des Industriebezirks, die erlebten, wie durch das Werk Krupps, wie durch die ... Kierdorf, Stinnes und Thyssen ... unsere rheinisch-westfälische Heimat in raschem Siegeslauf zur Großmacht ward«.[4] Die großen Industriereviere waren geschichtslose Orte, emporgekommen in kurzen Jahrzehnten stürmischer Industrialisierung, bevölkert von geldreichen Wirtschaftsbürgern und namenlosen Arbeitermassen: Menschen einer neuen Zeit, die zu sich selbst finden musste.[5]

Die Ausstellung verdeutlichte die Breite der Auseinandersetzung mit dem Thema. Ästhetisch waren viele Werke mit ihrer realistischen und impressionistischen Ausrichtung in der Tradition des 19. Jahrhunderts verwurzelt. Inhaltlich aber wurde das Thema Industrie in sehr unterschiedlicher Weise interpretiert. Drei verschiedene Gruppen suchten die Organisatoren zu unterscheiden: Zu der ersten Guppe zählten die »malerischen« Industriebilder wie die Eugen Brachts (Kat. Nr. 72) und Friedrich Kallmorgens, die nach Meinung der Veranstalter nach den Kriterien traditioneller Landschaftsmalerei komponiert waren. Einige beschworen in Form harmonischer Idyllen die Möglichkeit der Einordnung des Neuen in alte Traditionen. Andere aber nutzten die Stilmittel der Landschaftsmalerei, um das Neue, Gewaltige der Industrielandschaften noch zu betonen. Auch Interieurs wie diejenigen Theodor Hummels waren nicht ungewöhnlich: Blicke in die verbotene Welt der Werke, ins Innere der Glashütten und Ziegeleien, voll pittoreskem Spiel von Licht und Schatten. Ein zweiter Typus wurde an symbolträchtigen, heroisierenden Bildern, wie jenen Constantin Meuniers (Kat. Nr. 80–86), Friedrich Kellers oder Arthur Kampfs (Kat. Nr. 101) festgemacht. Hier sah man die Dramatik der Industrialisierung beschworen. Als der Zeit angemessen beur-

teilten die Organisatoren jedoch einen dritten Typus: Die Darstellung der industriellen Arbeit. Unübersehbar stand hinter der großen Industrie die Arbeit hunderttausender Menschen – dies angemessen darzustellen, schien ihnen die Perspektive des Genres für die Zukunft. Diese Hochschätzung der Arbeit als individuelle Leistung war ein Erbstück bürgerlichen Denkens, und in diese Richtung sollte auch die künstlerische Darstellung weisen. Angesichts wachsender Erfolge der Arbeiterbewegung sahen die Veranstalter durchaus die Notwendigkeit einer sozialen Abfederung des industriellen Wirtschaftssystems: »Zum Arbeiterbild muß neben dem Maler ein nachdenklicher und barmherziger Mensch stehen, der ... den Maschinisten in das Getriebe der Räder folgt, der sein Auge mit Stolz auf den prachtvoll entfalteten Muskeln ruhen läßt und mit mitleidiger Wärme auf den Rissen und Narben ihrer verwitterten Gesichter.«[6] Nicht zuletzt suchte das Industriebürgertum mit Hilfe der Kunst eine eigene Tradition zu kreieren, sich in die Geschichte zu stellen, Ort und Bezug zu finden.

Der technisierte und industrialisierte Erste Weltkrieg scheint die Faszination der Fabrikwelt, die im industriellen »Rhythmus der Massen« entdeckt wurde, eher noch gesteigert zu haben. Teile der Generation verarbeiteten ihr Kriegserlebnis so wie Ernst Jünger, in dessen *Stahlgewittern* der industrialisierte, technisierte Krieg als Zeiterfahrung verherrlicht wurde. Sie entdeckten einen altbekannten Typus für sich: Den Arbeiter, so wie ihn Oswald Spengler Anfang der 1930er Jahre beschrieb. Nicht als klassenbewussten Proletarier, sondern als Menschen des Fabrikzeitalters, nüchtern, rational, technischen Rhythmen folgend und sie zugleich vorantreibend. Andererseits boten die 1920er Jahre auch andere Perspektiven auf das Industriezeitalter: Sozialkritische Bilder, die das Leiden der Fabrikarbeiter thematisierten, Verhältnisse von Macht und Herrschaft ansprachen.[7] ›Parteiische‹ Motive, die nicht die Ästhetik der Masse, sondern ihr Elend und ihre Tragik hervorhoben, wie die sozialkritischen Bilder Franz Jansens oder Konrad Felixmüllers und gerade auch Karl Völkers (Kat. Nr. 112). Andere Künstler – wie beispielsweise Sella Hasse – suchten in der anonymen Menge das Individuum in seinem Handeln und Leiden zu erkennen. So blieb das Verhältnis zu Technik und Industrie in den 1920er Jahren ambivalent und widersprüchlich. Fortschrittsgläubigkeit und -euphorie wie auch expressionistisch-irrationale Abneigung der den Menschen unterwerfenden Macht kennzeichnen die Zeit gleichermaßen.

Die zunehmende Technisierung und die beginnende Rationalisierung aller Arbeits- und Lebensbereiche führte zum Schrecken vieler Zeitgenossen schon in den 1920er Jahren zu hohen Produktionssteigerungen bei gleichzeitiger Freisetzung von Arbeitskräften. So entstanden Visionen von der modernen Zeit als dem alles beherrschenden und zer-

2 Bernd Templin,
*August-Bierwes-Hütte der
Firma Mannesmann in
Huckingen*, vor 1939
Bundesrepublik Deutschland,
Dauerleihgabe an das
Deutsche Historische
Museum, Berlin

mahlenden Golem: das von Menschen gemachte, technische Monster, das nun seine Schöpfer verschlang. Andererseits entstanden Industriebilder voller Symbolik, die darauf beharrten, dass trotz allem – und mehr denn je – der »Mensch der Schlüssel zur Technik«[8] sei. Die Überzeugung, dass Modernität wesentlich definiert werde durch Rationalität, Effizienz und immer weiter fortschreitende Technisierung, der Glaube an die Möglichkeit technokratischer Steuerung[9] von Wirtschaft und Gesellschaft – dieser Mythos hatte seine eigenen Bildwelten, die das Verhältnis von Mensch, Technik und Industrie beleuchteten: lustvoll den neuen technischen Menschen feiernd, oder kritisch diese Perspektive hinterfragend. Maler wie Otto Dix, Carl Grossberg (Kat. Nr. 120), Nicolay Diulgheroff und – als Vertreter eines magischen Realismus – Franz Radziwill (Kat. Nr. 135) thematisierten diese Aspekte in ihren Werken.

Nach 1933 verschwanden solche Reflexionen aus der deutschen Kunstproduktion. Inhaltlich bemerkenswerte Arbeiten entstanden im Wesentlichen außerhalb der Diktaturen, während vor allem in Deutschland und in der UdSSR die Industriebilder ideologisch instrumentalisiert wurden.

Populär gerade in NS-Deutschland blieb die Beschwörung einer Einheit von Industrie und Landschaft, Technik und Gesellschaft. Insbesondere in der Reichsautobahn-Propaganda spielte dies eine bedeutende Rolle: Die angebliche Fähigkeit der Nationalsozialisten, modernste Technik »organisch« in Bestehendes einzufügen (Abb. 2).[10] In der Umgebung der westdeutschen Industrieregionen spiegelte sich dies in Werken von regionalen Künstlern wie Alfred Dupré, Carl Barth oder Will Küper. Manchmal wichen solche Gemälde in die Inszenierung vor- und frühindustrieller Idyllen aus. Doch diese völkisch-reaktionären Töne waren längst nur noch NS-Folklore. Die Nationalsozialisten brauchten die gesamte Industrie für ihre ambitionierten Rüstungs- und Kriegspläne und stießen als potentielle Auftraggeber auf das Wohlwollen vieler Stahlkonzerne. Es waren die Ruhrindustriellen, unter denen Hitler schon früh reüssieren konnte.

Da in Deutschland die Kunstproduktion in den Dienst der Systemstabilisierung gestellt war,[11] verschwanden alle kritischen Motive. Stattdessen zielte die visuelle Rhetorik der NS-Propaganda auf den Mythos von einer ›organischen

Gemeinschaft‹ statt einer diskursiv verhandelten Gesellschaft – das war der Versuch, die sozialen Spannungen des Industriezeitalters aufzuheben, indem mit dem Mittel der Propaganda ihre Konturen aufgelöst wurden. Ein Beispiel für die Instrumentalisierung der Kunst im Umfeld der Schwerindustrie war die Reichs-Ausstellung *Schaffendes Volk*,[12] eine NS-Propagandaveranstaltung, die 1937 in Düsseldorf, vor den Toren des Ruhrgebietes, abgehalten wurde. Zu sehen war eine Leistungsschau der deutschen Industrie unter den Bedingungen der NS-Zeit. Für die Druckgraphik der Ausstellung besann man sich erneut auf den Topos des Arbeiters als Archetyp, symbolisiert durch eine stilisierte Faust, die einen Hammer schwingt – eine bei linken wie rechten Ideologien eingesetzte Metapher. Jenseits der martialischen, nationalsozialistischen Symbolik war die Reichs-Ausstellung zumindest auch eine Industriemesse, die sich weltoffen und aufgeschlossen gab – mit wohlüberlegtem Kalkül. Denn auch die deutsche Schwerindustrie war zumindest bis 1937 stark *export*orientiert. Einmal mehr musste die bildende Kunst als Beleg dienen: innerhalb der Reichs-Ausstellung wurde dementsprechend eine eigene Kunstausstellung inszeniert.[13]

Nach 1939 stellte sich die Schwerindustrie – und auch andere Industriezweige – nicht uneigennützig in den Dienst des Krieges. So sind für die Zeit bis 1945 ganz andere Industriebilder in Erinnerung, Bilder der nationalsozialistischen Durchhaltepropaganda: Soldat, Arbeiter und Ingenieur, im gemeinsamen Kampf um den Endsieg, an der Front und in den Werken der Heimat, jeder an seinem Platz. Diese Bilder machen deutlich, welche Rolle die Propaganda der Schwerindustrie zugedacht hatte und dass sie diese als gut verdienender Erfüllungsgehilfe der Kriegsmaschinerie bereitwillig auch eingenommen hat.[14]

Das Ende nach 1945

Schneller als erwartet hatte nach 1945 der Wiederaufstieg des besetzten Deutschland begonnen. Im Zuge des Kalten Krieges benötigten die Westalliierten einen stabilen Bündnispartner im Kampf gegen die ›rote Gefahr‹, und das in den Westzonen vorhandene industrielle Potential erwies sich als unverzichtbar für den Wiederaufbau Europas. 1949 wurde im Westen Deutschlands ein neuer Staat gegründet, dessen politisches System auf einer soliden demokratischen Grundlage stand, und schon bald endeten die Demontagen in den Werken der Schwerindustrie. Doch die Furcht der Westalliierten vor der deutschen Schwerindustrie übertraf die tatsächliche ökonomische Bedeutung der Branche bei weitem. Deshalb sollte die westdeutsche Wirtschaft nachhaltig und unwiderruflich mit dem Westen verflochten werden – vor allem: Eisen und Stahl, das schwerindustrielle Potential des Landes sollte eingebunden werden in einen eu-

ropäischen Kontext. In der jungen Bundesrepublik wurde der Gedanke der europäischen Einigung von der Bevölkerung begeistert aufgenommen. Auftakt dieser Einigung, aus der später die heutige EU hervorging, war die Gründung des Europarats und vor allem die Gründung der Montanunion 1950. In der Montanunion regelten Deutschland, Frankreich, Italien und die Beneluxstaaten einvernehmlich die Beziehungen ihrer Schwerindustrien: Eine Sensation im Europa der Nationalstaaten!

In diesem Kontext suchte die Schwerindustrie 1952 noch einmal die Annäherung an die Kunst. So entstand eine der letzten großen Ausstellungen zur Industrie in der bildenden Kunst – vor allem im Medium der Malerei –, die von der Schwerindustrie initiiert wurde: die Kunstausstellung *Eisen und Stahl* in Düsseldorf. Die Erinnerung an Krieg und NS-Kulturpolitik war noch frisch – andererseits verhießen Montanunion und Wiederaufbau eine wirtschaftlich positive Zukunft. *Eisen und Stahl* war eine eigenständige Kunstausstellung, zugleich eine groß angelegte Image-Kampagne. Als Schirmherr wurde Bundespräsident Theodor Heuss gewonnen, die Liste der Organisatoren war ein *Who's who* der deutschen Schwerindustrie nach 1945.[15]

Verbunden war die Ausstellung mit einem hoch dotierten Kunstwettbewerb, der vom damaligen Nordrhein-Westfälischen Ministerpräsidenten Karl Arnold selbst ausgerufen wurde. Ein erklärtes Ziel der Ausstellung war, die Schwerindustrie in ihrer Rolle als »dienender«[16] Mäzen im Bewusstsein der Öffentlichkeit zu verankern. War doch 1952 die Schwerindustrie weniger als Förderer von Kunst und Kultur denn als Produzent von Kriegsgütern in Erinnerung. So sollte die Ausstellung gerade gegenüber dem Ausland vom Kulturbewusstsein der deutschen Schwerindustrie Zeugnis ablegen.[17] Vor dem Hintergrund des ›Dritten Reichs‹ und der Kriegsrüstung war das ein kompliziertes Unterfangen, zumal viele Industriebilder klassische Auftragsarbeiten waren. Gleich mehrere Katalogartikel analysierten und rechtfertigten deshalb das schwierige Verhältnis von Kunst und Konzernen, die als Auftraggeber eben doch stets mehr waren als bloße, den Künstler in seiner individuellen Entwicklung fördernde Mäzene. Die Zeit des ›Dritten Reichs‹ selbst war ein Tabuthema, das dennoch unausgesprochen allgegenwärtig war – ein typisches Phänomen der ersten Nachkriegsjahre, bevor der ökonomische Erfolg des Wirtschaftswunders das Verdrängen der NS-Jahre zeitweilig erleichtert hat.[18]

Zugleich diente die Ausstellung dem Wiederanschluss an Traditionen vor 1933, die wie so oft dem rigorosen Neuanfang vorgezogen wurden. So wurde zeitgenössischen Werken ein historischer Teil beigestellt. Innerhalb des Ausstellungskatalogs wurde zudem eine Tradition des Genres bis tief in die Geschichte konstruiert: von den Werken Meuniers, Menzels und Schütz' bis zur Abbildung des alttestamen-

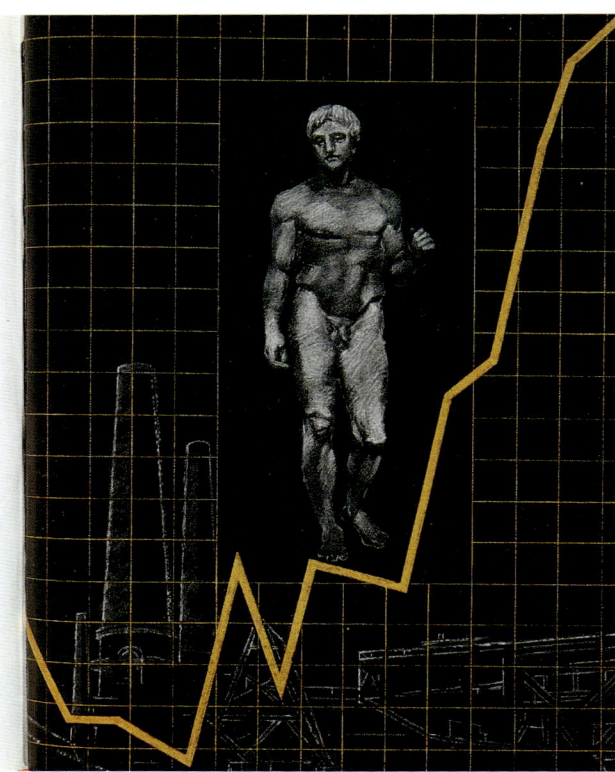

DAS ZIEL
DER WIRTSCHAFT
DER FREIE
MENSCH

DUISBURGER KUPFERHÜTTE

3 Werbeanzeige der Duisburger Kupferhütte, aus: Ausst. Kat. *Eisen und Stahl*, Düsseldorf 1952

tarischen Schmiedes Tubalkain in einem Fresko des Andrea da Firenze aus dem 14. Jahrhundert. Im Hintergrund spielte – angesichts des Zerstörungspotentials der Technik – wohl immer noch die Frage nach dem Kulturwert des industriellen Schaffens eine Rolle. Zahlreicher als bei der Essener Ausstellung 1912 waren Motive vertreten, in denen aktuelle Trends zeitgenössischer Kunst erkennbar wurden – vorsichtig tasteten sich 1952 die Kunstschaffenden in der wiedergewonnenen Freiheit an die internationale Entwicklung heran. Düster-heroische Motive fehlten 1952 in Düsseldorf, statt dessen erschienen Menschen in den Bildern, genauer: Aspekte des Menschlichen, so wie es damals vor allem Henry Moore vormachte. Die Inszenierung einer dunklen Masse von Maschinen-Menschen wurde abgelöst durch den Blick auf grundlegende menschliche Regungen. Mit den Plastiken und Bildern Walter Englerts, Heinz Luckenbachs und Wolfgang Schulz' wurden Momente hoher Konzentration trotz schwerer Tätigkeit, dynamische Bewegung, eiserne Kraft und (Selbst-)Beherrschung gezeigt. Auch dort, wo das industrielle Objekt im Mittelpunkt stand, dominierte die Reduktion auf das Wesentliche, so in Brigitte Denninghoffs *Walzstraße* oder Johannes Pawlicks *Werft*. Die Motive muten seltsam unbeteiligt an, sie verklärten den Menschen des technischen Zeitalters ebenso wenig, wie sie für den Proletarier Partei ergriffen – Dokumente der skeptischen Generation der Nachkriegskünstler, denen angesichts des dröhnenden Pathos der NS-Zeit direkte politische Aussagen suspekt schienen.

Fast bemerkenswerter als der Aufsatz- und Bildteil ist die zweite Hälfte des Ausstellungskataloges von 1952. Er enthält zahlreiche Werbeanzeigen der beteiligten Unternehmen, die alle als Motiv ein Industriebild haben. Auf diese Weise konnten sich die Konzerne gegenüber dem Leser ganz unmittelbar als Freunde und ›Diener‹ der Kunst präsentieren und sich ideologisch verorten: »Das Ziel der Wirtschaft ist der freie Mensch«, tönte etwa die Duisburger Kupferhütte (Abb. 3).

Als Katalog- und Werbebild zeigte die Ausstellung *Eisen und Stahl* dem Genre tatsächlich eine Perspektive auf. Zwar setzen sich bis heute Künstler mit dem Thema auseinander, doch im Wesentlichen ist die Zeit des Industriebildes seit den 1960er Jahren vorüber. Gewiss hat dem Genre geschadet, dass es allen Abstraktionstendenzen zum Trotz länger als andere Bereiche der bildenden Kunst am Gegenständlichen festgehalten hat. Doch das allein verursachte nicht seinen Niedergang. Denn das von der Schwerindustrie dominierte Fabrikzeitalter neigte sich ganz allgemein seinem Ende zu – und mit ihm die Malerei, die es begleitet hatte. Die Modernisierungen in der Wirtschaft und Gesellschaft Westdeutschlands während der Wiederaufbaujahre hatten einen Strukturwandel ausgelöst, dessen Tragweite erst langsam deutlich wurde. Die Wohlstandsgesellschaft wurde zum Wunschziel der breiten Bevölkerung. Die Entbehrungen und Nöte der vergangenen Jahre schienen endlich überwindbar. Das Verschwinden alter Produktionstechniken, die Automatisierung und die Steigerung der Arbeitsproduktivität bei schrittweiser Arbeitszeitverkürzung, steigende Anforderungen an das Qualifikationsniveau und die ›Tertiärisierung‹ der Arbeitswelt führten zu einem auch gesellschaftlich fundamentalen Wandel. Dieser minimierte nicht nur die ökonomische und symbolische Bedeutung der alten Industrien, sondern führte schließlich auch zur Auflösung der traditionellen gesellschaftlichen Großgruppen mit ihrer gemeinsamen Kultur und ihren verbindlichen Zeichen- und Kommunikationscodes.[19] Die mit diesem Wandel entstehenden industriellen Bildwelten aber wurden kaum noch malend, sondern zumeist fotografisch dokumentiert und inszeniert.[20]

Das war das Ende. Als die Möglichkeit wenigstens eines relativen Wohllebens für alle konkret greifbar wurde, erledigten sich – wenigstens materiell – die alten Erlösungsverheißungen von selbst, jene der Religion ebenso wie die des Sozialismus. Mit dem Fabrikzeitalter verschwanden auch seine Bildwelten. Der neue gesellschaftliche Mythos war der *white-collar worker*, der Angestellte mit Auto, Frau und Kind im eigenen Häuschen am Rande der großen Stadt. Fast anrüchig war die Erinnerung an die schweißtreibende Schwerarbeit vor dem Feuer der Hochöfen.[21] Nachdem es in der individualisierten Gesellschaft keine verbindlichen Bildwelten und gleichklingenden Zeiterfahrungen mehr gibt, kann es auch keine einheitliche künstlerische Reflexion von Arbeit mehr geben. Bei den Hüttenwerken von einst war das Mächtige und Beherrschende unmittelbar und eindrücklich zu erkennen. Heutige Formen von Wirtschaftsmacht und Herrschaft sind subtiler und nicht mehr unmittelbar eingängig wie einst die Bilder von *Eisen und Stahl*. Und längst ist an die Stelle der Naturbeherrschung durch Faust und Feuer jene durch Wissen und Information getreten, jene Wissensgesellschaft, die seit den 1960er Jahren entstand.[22]

Wenn es überhaupt noch einen Mythos, ein Symbol von Belang gibt, dann ist es bestenfalls der Typus des Aktienhändlers: Die Erfüllung der Vision des *white-collar workers*, der überhaupt nicht mehr produktiv arbeitet, sondern sein Geld rein spekulativ, wissensbasiert anhand gesammelter Information verdient, der Antipode zur Fabrikarbeit. Sein Medium aber ist das Fernsehen, das in genauso schnellem Rhythmus immer neue Bilder und Informationen produziert, wie der Aktienkurs Ausschläge nach oben und unten: schnell, spektakulär und zynisch. Was könnte ein Genre wie das Industriebild mit seinem Pathos angesichts dieser gewandelten, keine Legitimation mehr suchenden, wissensbasierten und abstrakten Arbeitswelt noch bewirken? Nichts.

[1] Die kultur- und politikgeschichtliche Übertragung des eigentlich aus der Psychoanalyse stammenden Konzepts der ›Nervosität‹ hat seit einigen Jahren Konjunktur. Siehe hierzu z. B. Radkau 1998; s. a. V. Ullrich 1999.

[2] Ausst. Kat. Essen 1912; zum Jubiläum s. Krupp 1912b; Krupp 1912a.

[3] Vgl. Stemmrich 1997, S. 1.

[4] Ausst. Kat. Essen 1912, S. 10.

[5] Am Beispiel des Ruhrgebiets als bedeutendster deutscher Industrieregion dokumentiert diesen schwierigen Prozess z. B.: Slg. Kat. Essen 2000.

[6] Ausst. Kat. Essen 1912, S. 6.

[7] Siehe hierzu Bertsch 1997.

[8] So der Titel eines wahrscheinlich von Ladislav Kroha gefertigten Industriebildes; vgl. Engelskirchen 2000a, S. 65.

[9] Willeke 1994; s. a. Willeke 1995.

[10] Lang/Stommer 1982.

[11] Brenner 1963; s. auch Backes 1988; Adam 1992.

[12] Vgl. dazu Ausst. Kat. Oberhausen 1997, S. 146.

[13] Vgl. Ausst. Kat. Düsseldorf 1937.

[14] Ebd., S. 143ff.

[15] Ausst. Kat. Düsseldorf 1952, S. 6f., S. 8ff.

[16] Ebd., S. 13.

[17] Ebd., S. 19.

[18] Siehe hierzu demnächst: Lutz Engelskirchen, »*Symbol der Zerfahrenheit Deutschlands*«*? Die Geschichte des Denkmals am Deutschen Eck in Koblenz*; Diss. Bochum, voraussichtlich 2002/03.

[19] Beck 1986, S. 121ff.

[20] Siehe z. B. Ausst. Kat. Essen 1998.

[21] Eymold 1994.

[22] Führ/Furck 1998; Petzina 1996; Engelskirchen 2000b.

Dramatik und Distanz –
Positionen der Industriefotografie im 20. Jahrhundert

Andreas Zeising

Für die Geschichte des Industriebildes spielte im 20. Jahrhundert neben den traditionellen künstlerischen Techniken in zunehmendem Maße auch das neue Medium Fotografie eine Rolle. An eine Industriefotografie mit dezidiert künstlerischer Ausrichtung war allerdings anfangs noch nicht zu denken. Die Vertreter der vorherrschenden ›Kunstfotografie‹ der Zeit um 1900 versicherten sich hinsichtlich Motivwahl und Technik noch ganz der Nähe zur Malerei. Die industrielle Arbeitswelt, die man zu Recht mit Schmutz, sozialem Elend und Klassenkampf konnotierte, wäre ein denkbar ungeeignetes Sujet für eine Fotografie gewesen, die durch Weichzeichner-Effekte und Edeldruckverfahren das Kamerabild zu nobilitieren und vom Makel des Technischen und Mechanischen zu befreien suchte.

Während die ›Kunstfotografie‹ damals der idealistischen Ästhetik verpflichtet blieb und an der traditionellen Trennung der Sphären von Kunst und Technik bzw. Industrie festhielt, hatte sich die gewerbliche Industriefotografie längst zum lukrativen Geschäft entwickelt. Bereits seit den 1860er Jahren hatten Unternehmer fotografische Aufnahmen von Industrieanlagen zur Eigen- und Produktwerbung in Auftrag gegeben (Kat. Nr. 166.1–2).[1] Während der wilhelminischen Phase des Kaiserreichs erreichte die Unternehmensfotografie enorme Ausmaße. So verzeichnete etwa das Firmenarchiv der Allgemeinen Elektricitäts-Gesellschaft (AEG) annähernd 25 000 Aufnahmen, die zwischen 1898 und 1929 im Auftrag der Berliner Maschinenfabrik Brunnenstraße angefertigt wurden.[2] Das Motivrepertoire reichte von Fabrikanlagen, Maschinen und Produkten bis hin zu Aufnahmen von Verwaltungs-, Sanitär- und Wohlfahrtseinrichtungen. Typisches stilistisches Kennzeichen dieser Richtung der gewerblichen Fotografie blieb bis in die 1940er Jahre hinein die Verbindung von klaren, detailreichen und übersichtlichen Ansichten mit Momenten geschickter Inszenierung, mit deren Hilfe die Größe der hergestellten Güter, wirtschaftliche Potenz und Expansionsstreben anschaulich gemacht werden sollte (Abb. 1).[3] Die Wirklichkeit industrieller Arbeit erschien zwangsläufig nur in verfremdeter, den Interessen der Auftraggeber entsprechender Form.

Insignien der modernen Zeit

Für die gewerbsmäßig betriebene Industriefotografie war das Medium vor allem aufgrund seiner Effizienz bei der Her-

stellung von Bilddokumenten interessant. Diese Situation änderte sich erst in der Zeit nach dem Ersten Weltkrieg, denn die 20er Jahre standen allgemein im Zeichen der Entdeckung der Industrie als Thema der Fotokunst. Diese Entwicklung vollzog sich im Zusammenhang der im Zeichen eines ›Neuen Sehens‹ auftretenden avantgardistischen Strömungen, die sich als Opposition zum vorherrschenden Piktoralismus formierten.

1 *Stator ED 300/290000,
Nore, 3. März 1927,*
1927
Deutsches Technikmuseum
Berlin, Historisches Archiv,
AEG

2 Albert Renger-Patzsch,
Die »Eiserne Hand« in Essen,
1930
Sammlung »Kunst aus
Nordrhein-Westfalen«,
Aachen-Kornelimünster

Wenn in den 20er Jahren die ›Schönheit‹ von Maschinenwelt und technischer Form beschworen wurde,[4] war dies freilich nicht ganz neu, denn das hatten die Verfechter der kunsthandwerklich-architektonischen Reformbewegung schon um 1900 getan.[5] Neu war jedoch, dass man der Überzeugung war, die Detailschärfe des Kameraapparates sei das adäquate künstlerische Mittel, um das moderne Gepräge des Industriezeitalters festzuhalten.

In Deutschland waren es Fotografen wie Albert Renger-Patzsch oder Hans Finsler, die, inspiriert vom Glauben an die zukunftweisenden Potentiale der modernen Technik, die Welt der Industrie als Motiv entdeckten. Parallelen hatte diese Hinwendung in anderen hoch industrialisierten kapitalistischen Ländern, in denen Künstler teilweise zu sehr ähnlichen Ergebnissen kamen. In Amerika etwa machte Charles Sheeler Ende der 20er Jahre seine berühmten Aufnahmen der Ford-Werke in River Rouge, die er als Monumente des Industriezeitalters inszenierte. Zur selben Zeit erlangte der Portfolioband *Métal* (1928) der Französin Germaine Krull Berühmtheit, der eine regelrechte Hymne an die Maschine war.[6]

Betrachtet man die Industrie- und Technikfotografie der 20er Jahre insgesamt, so lässt sich eine Zuspitzung des Motivrepertoires registrieren. Während der arbeitende Mensch in den Bildern eine eher marginale Rolle spielt, zeigen die suggestivsten Aufnahmen dramatisch ins Bild gesetzte Fabrikbauten und Schlote, subtil verwinkelte Stahlkonstruktionen und übermächtiges industrielles Großgerät. Die Wahl spezifischer Bildausschnitte, die man auch als Reflex auf die veränderten Wahrnehmungsgewohnheiten des Großstädters verstand,[7] unterstreicht das Symbolhafte dieser Bilder. Ein Beispiel dafür ist Albert Renger-Patzsch, der die Welt der Industrie weniger als Sphäre der Arbeit und der Ökonomie denn als ›Kulturphänomen‹ ins Bild setzte.[8] In dem legendären Bildband *Die Welt ist schön* rückte er Hochofenwerke in die Nachbarschaft von Sakralbauten und verlieh ihnen damit die Aura von ›Kathedralen‹ der Industriekultur. Aufnahmen wie *Winderhitzer* oder *Kauper* (Kat. Nr. 125.1) zeigen die technischen Anlagen durch Untersicht, Symmetrie und harte Helldunkelkontraste geradezu dramatisch verfremdet. »Steigerung« zu »symbolhaltiger Einprägsamkeit« nannte Carl Georg Heise das im Vorwort zur ersten Auflage.[9] Renger-Patzsch interpretiert die Industriebauten als Insignien der modernen Zeit und des gesellschaftlichen und ökonomischen Status quo. Sofern er dabei die äußere Gestaltqualität ins Auge fasst, ist seine Arbeit derjenigen August Sanders vergleichbar, der mit seinen Porträtaufnahmen eine »anschauliche Soziologie« (Sander) seiner Epoche vermitteln wollte.

Wesentlich sachlich-dokumentarischer sind Renger-Patzschs etwa zeitgleich entstandene Aufnahmen von Ruhrgebietslandschaften, die ›unkünstlerische‹ Orte wie Hinterhöfe, einsame Straßen oder Brachflächen einfangen, an deren Horizont oftmals eine entfernte Industriesilhouette schimmert (Abb. 2).[10] Es sind Milieustudien einer seltsam entvölkerten Lebenswelt, in der die Industrie als ungreifbare, auratische Macht im Hintergrund zu wirken scheint.

Autonome Skulpturen

Die neusachliche Industriefotografie der 20er Jahre, die noch ganz dem Glauben an die Segnungen der modernen Technik verpflichtet war, hat nach 1945 keine direkte Nachfolge gefunden. Mit dem Rüstungswahnsinn des Krieges und der nationalsozialistischen Bildpropaganda mit ihrer Verherrlichung von Arbeit und Volkskraft hatte die Industrie ihre Unschuld für die Kunst verloren.

Es waren vor allem Bernd und Hilla Becher, die in der zweiten Hälfte des 20. Jahrhunderts die künstlerische Industriefotografie wiederbelebten und dabei Traditionslinien der 20er Jahre wiederentdeckten.[11] Ihre Auseinandersetzung mit den technischen Zeugnissen der Arbeitswelt ist indessen dadurch geprägt, dass für sie die Industrialisierung bereits eine Figur der Geschichte geworden war, als sie um 1960 damit begannen, Industrieanlagen zu fotografieren. Damals, als selbst unter Denkmalschützern und Kunsthistorikern die Funktionsarchitektur des 19. Jahrhunderts noch kaum eine Lobby hatte, waren es die Bechers, die die Technikgeschichte dieser Bauten und ihr lebensweltliches Gepräge festhielten und damit Pionierarbeit auf dem Gebiet der Industriearchäologie leisteten.

Beispielhaft kann in dieser Hinsicht die Dokumentation der stillgelegten Zeche Zollern II/IV in Dortmund-Bövinghausen genannt werden, die das Künstlerpaar 1969/70 umfassend dokumentierte.[12] Die Aufnahme einer Fördermaschine (Abb. 3), ein Foto aus diesem Werkkomplex, besticht durch das in unmittelbare Betrachternähe gerückte Großgerät und die präzise Schärfenzeichnung. Die Einbeziehung des räumlichen Umfelds und der in die Bildtiefe vorstoßenden Hallenkonstruktion steht dabei klar in der Traditionslinie der Unternehmensfotografie. Kaum zufällig gehören die Bechers zu den Wiederentdeckern der Fotografie der Unternehmensarchive und Messbildanstalten, an deren handwerkliche Perfektion sie anknüpfen.[13]

Der frontale Aufnahmestandpunkt verweist aber zugleich auf die fotografische Bildästhetik der 1920er Jahre. Nicht die Funktion der Maschine, sondern gestalterische Reize stehen im Vordergrund. Hierin liegt eine Parallele zum Formverständnis von Fotografen wie Renger-Patzsch oder Karl Blossfeldt, deren unbeteiligte, dokumentarische Sichtweise die Bechers teilen.

Das Neue an der Becher'schen Industriefotografie ist ihr konzeptueller Ansatz. Sie begreifen die Industriebauten als »anonyme Skulpturen«[14] und stellen in ihren Publikationen und Ausstellungen Gruppen von Einzelaufnahmen – Fördertürme, Gasbehälter, Wasser- und Kühltürme, Silos und anderes Großgerät – zu typologischen Tableaus zusammen, in denen verwandte Objekte im direkten Vergleich stehen (Kat. Nr. 157). Der Betrachter wird so auf die visuelle Gestaltqualität der Zweckbauten verwiesen, und der erste Eindruck von Gleichförmigkeit oder Komplexität weicht der Erkenntnis einer je individuell variierten ›Grundform‹. Im Werk der Bechers, das mittlerweile enzyklopädische Ausmaße erreicht hat, wird die Fotografie als ein Medium eingesetzt, das in den Hintergrund tritt und dadurch Objektivität gewährleistet. Durch diesen Ansatz setzt sich ihr Œuvre von Fotografen wie Carl Andreas Abel oder Chargesheimer[15] ab, die in den 50er und 60er Jahren mit heimatlich geprägten Bildern des Ruhrgebiets hervortraten (Abb. 4, 5). In Fortführung der schon von der Kunst des 19. Jahrhunderts[16] vorgezeichneten Ikonographie rauchender Schlote und aufrechter Arbeiter gaben sie ein subjektives, von Verzerrungen nicht freies Bild des Lebens im Revier, das bei ihnen ein kleinbürgerliches Gepräge hat.

Solche unterschwellig romantischen Bilder, die von der kommerziellen Werbefotografie adaptiert und festgeschrie-

ben wurden,[17] bestimmten für lange Zeit das ›Image‹ des Ruhrgebiets und anderer Industrieregionen. Dieses musste zwangsläufig umso nostalgischer und unwirklicher werden, je mehr sich das Erscheinungsbild der Industrie selbst wandelte. Seit den 60er Jahren verschwanden im Zuge des Strukturwandels immer mehr Zechen, Fördertürme und Hochöfen. Statt dessen prägte vielerorts eine gleichförmige Container- und Hallenarchitektur das Gesicht der Industrie.

Auch der Charakter der Arbeit änderte sich, da handwerkliche Tätigkeit hinter den Leistungen elektronisch gesteuerter, komplexer Maschinen oder Roboter zurücktrat. Entzieht sich schon deren Arbeitsweise und Geschwindigkeit dem Zugriff der menschlichen Wahrnehmung – man denke nur an die moderne automatisierte Automobilfabrikation – so hat sich bis in die jüngste Zeit das Antlitz der Industrie durch den Einzug neuester Technologien der Datenverarbeitung, Telekommunikation oder Mikroelektronik weiter verändert – mit Folgen für die Industriefotografie: »Für die Fotografie bleibt als Problem zurück, daß mit derart abstrakten Gegenständen kaum informative oder auch nur reizvolle Bilder zu machen sind.«[18]

Orte der Arbeit

Ein Beleg für die künstlerische Problematik der Abbildbarkeit der Industrie ist das ambitionierte Siemens-Fotoprojekt. Zwischen 1987 und 1992 hat das Münchner Siemens Kulturprogramm Fotografen eingeladen, an Standorten des Unternehmens Fotoprojekte zu realisieren. Einzige inhaltliche Vorgabe war es, eine Aussage zum Verhältnis Mensch, Umwelt und Technik zu formulieren.[19]

3 Bernd und Hilla Becher, *Westliche Fördermaschine (1907)*, aus: Bernd und Hilla Becher/Hans Günther Conrad/Eberhard G. Neumann, *Zeche Zollern 2*, 1977

Die Resultate der eingeladenen Fotografen – unter ihnen Gosbert Adler, Dieter Appelt, Rudolf Bonvie, Joachim Brohm, Hans-Peter Feldmann, Ulrich Görlich, Andreas Gursky, Axel Hütte, Michael Schmidt und Petra Wunderlich – erweisen sich als Versuchsfeld, auf dem eine große Spannweite fotografischer Möglichkeiten erprobt wurde. Dennoch lassen sich drei Aspekte herausstreichen: erstens das Fehlen dezidiert kritischer Positionen; zweitens die Bevorzugung ausschnitthafter Motive sowie drittens eine hohe Gewichtung fiktional-verfremdender Ansätze. Auch dort, wo die Fotografen sachlich-dokumentarische Positionen vertreten, wie vor allem Petra Wunderlich in Fortführung der Becher'schen Bildästhetik, haftet der Industrie doch zumeist etwas Hermetisches, Fremdartiges und Unerklärliches an. Ist die heutige Industrie, so ließe sich fragen, eine Welt, die wir sehen, aber nicht erklären können? Ist das Verlangen nach fotografischer Abbildung gar antiquiert?

Zwei jüngere Ansätze in der Industriefotografie, von Andreas Gursky und Timm Rautert, sollen im Hinblick auf diese Frage näher betrachtet werden. Andreas Gursky hat um 1990 eine Reihe von Aufnahmen in Industrieunternehmen gemacht.[20] Zwischen 1991 und 1993 arbeitete er im Rahmen des Siemens-Fotoprojekts, fotografierte aber in dieser Zeit auch in anderen High-Tech-Unternehmen wie Mercedes Benz und Grundig. Generell ist die Industrie in seiner Arbeit aber nur ein Thema unter vielen. Als Fotograf der *vie moderne* unserer Tage reicht sein Motivrepertoire von Warenauslagen teurer Nobelgeschäfte bis zu Aufnahmen von Handelsbörsen rund um den Globus.

Gursky arbeitet mit einem streng systematischen Ansatz, bei dem nichts dem Zufall überlassen bleibt. In dem 1991 entstandenen Bild *Siemens, Karlsruhe* (Kat. Nr. 159), einer der bekanntesten Arbeiten dieser Werkgruppe, richtet er den Blick von einem außerhalb des Bildgeschehens liegenden, erhöhten Standpunkt in eine Montagehalle der Elektroindustrie. Der scheinbar in unendliche Tiefen reichende, diagonal aufgenommene Bildraum ist ausgefüllt mit einer unüberschaubaren Vielzahl von Leitungen, Gestängen,

4 Carl Andreas Abel,
Superschwarz in Lederjacke.
Kumpel nach der Schicht,
1952
Rheinisches Landesmuseum,
Bonn

Kabeln und elektronischem Gerät. Inmitten dieses Gewirrs lassen sich vereinzelte, wie absorbiert wirkende menschliche Figuren ausmachen. Sie treten nicht als Individuen in Erscheinung, sondern sind eingeflochten in den industriellen Produktionsablauf.

Wie viele seiner Bilder – man denke an die Aufnahmen der Handelsbörsen –, zeichnet sich das Bild durch »eine gleichmäßige Aufmerksamkeitsverteilung, durch ein charakteristisches ›allover‹«[21] aus. Gursky ist nicht daran gelegen, funktionale Vernetzungen, Hierarchien oder Abläufe zu schildern, die die Arbeit maßgeblich bestimmen. Er betrachtet diese Sphäre vielmehr als einen ästhetischen Kosmos, der in der Nahansicht in eine mikroskopische Vielzahl von Elementen zerfällt.

Dennoch enthält die Aufnahme eine Aussage über die industrielle Arbeitswelt. Sie ist, wie Gursky selbst sagt, Ergebnis einer Suche »nach einem *Bildäquivalent* für meine *Vorstellung* von einem modernen Großunternehmen«.[22] Der Künstler hat sich auch auf die bekannte Kritik Bert Brechts bezogen, derzufolge der durch »Verdinglichung der menschlichen Beziehungen« gekennzeichneten industriellen Wirklichkeit durch schlichte Wiedergabe nicht beizukommen sei.[23] Diesem Diktum folgend, vertritt Gursky in seiner Arbeit das Prinzip der Konstruktion. Seine Industriebilder vermitteln keinen realistischen, sondern einen gezielt übersteigerten Eindruck von der Komplexität und der Anonymität von High-Tech-Produktionsstätten. Statt konkreter Fertigungsabläufe oder Arbeitssituationen zeigt er eine als »Ornament der Masse«[24] inszenierte Totalität. Gursky schafft damit Sinnbilder einer Arbeitswelt, die den Menschen absorbiert hat. Im Gegensatz zu seinen Lehrern, Bernd und Hilla Becher, interessiert er sich deshalb auch nicht für Unternehmen der Schwerindustrie, weil dort – wie er lakonisch formulierte – »ja nach wie vor noch richtig gearbeitet wird und das Sozialflair zu stark ist«.[25]

Während Gursky die Welt der Industrie in ein suggestives Panoptikum verwandelt, kommt Timm Rautert zu anderen Bildlösungen.[26] Er befasst sich seit rund drei Jahrzehnten mit der industriellen Arbeitswelt und hat eine Zeit lang auch im Auftrag von Unternehmen fotografiert.

Seit Mitte der 80er Jahre hat Rautert verstärkt High-Tech-Unternehmen und hoch automatisierte Produktionsstätten besucht, die durch das scheinbare Verschwinden sinnlich wahrnehmbarer menschlicher Tätigkeit gekennzeichnet sind. Rautert fotografierte futuristische Reinräume und edelstahlarmierte Labors, robotergesteuerte Fertigungsstraßen und neondurchflutete Bildschirmarbeitsplätze, in denen die Arbeit auf eine gespenstische Weise entmaterialisiert erscheint. Wo in seinen Aufnahmen Menschen auftauchen, wirken sie »peripher«[27], in ihren Schutzanzügen entpersonalisiert oder agieren hinter gläsernen Schutzwänden (Kat. Nr. 158). Rauterts Aufnahmen machen ratlos,

5 Chargesheimer, *Im Ruhrgebiet. Fußballplatz*, 1958
Museum Ludwig, Köln

denn sie erläutern dem Betrachter nicht, was vor sich geht, schildern diese fremdartige Arbeitswelt vielmehr emotionslos und ungerührt. Trotz der Nähe, in die die Kamera zuweilen rückt, wirkt alles unnahbar und gespenstisch. Seine Aufnahmen wirken verstörend, da sie nichts erzählen, sondern bloß teilnahmslos einer geheimnisvollen und ereignislosen Szenerie beiwohnen.

Rauterts Bildästhetik fehlt das Verführerische eines Gursky. Bei allen formalen und konzeptionellen Unterschieden gibt es – neben dem Einsatz der Farbfotografie – aber auch Gemeinsamkeiten. Beide sind nicht wie die Bechers an retrospektiven Aspekten interessiert, setzen nicht deren an der Architekturfotografie geschulte Methode fort, sondern wählen das Interieur, den Ort der Arbeit als Motiv. Dass indessen das fotografische Bild diese hoch technisierte Arbeitswelt nicht anschaulich und nicht plausibel machen kann, wissen beide. Auf einer höheren Ebene operierend, versuchen sie stattdessen, die Distanz widerzuspiegeln, in die unsere Wahrnehmung der Industrie gerückt ist. Gerade diese jungen Positionen zeigen, dass das Thema der

Industrie als Gegenstand der Fotografie auch im Zeitalter der dritten Industriellen Revolution nicht obsolet geworden ist, solange es gelingt, neue und adäquate bildkünstlerische Strategien zu entwickeln, um die Spezifik der sich wandelnden Arbeitswelt ins Bild zu setzen.

[1] Anfänglich war die Unternehmensfotografie ein Zweig der Gebrauchsgraphik gewesen, denn bereits seit dem frühen 19. Jahrhundert waren im Auftrag der Industrie Angebotskataloge, Festschriften, Briefköpfe und andere Druckerzeugnisse mit Ansichten von Werkanlagen, Fabrikinterieurs oder produzierten Gütern illustriert worden. Vgl. Lenk 1994.

[2] Vgl. Ausst. Kat. Berlin 2000. – Im Rahmen der verstärkten kulturgeschichtlichen Auseinandersetzung mit der industriellen Vergangenheit sind in den letzten Jahren eine Reihe solcher Firmenarchive bearbeitet worden. Vgl. Matz 1987; Tenfelde 1994; Ausst. Kat. Hamburg 1999.

[3] Es handelt sich hier nur um kursorische Anmerkungen zur Typologie der gewerblichen Industriefotografie. Vgl. die ausführlichen Kategorisierungen bei Matz 1987 sowie Sachsse 1999b.

[4] Vgl. beispielsweise den Fotoband *Technische Schönheit*, eingel. und erl. von Hanns Günther, Zürich 1929.

[5] Exemplarisch sei hier nur der kunsttheoretische Ansatz des Belgiers Henry van de Velde genannt, der um die Jahrhundertwende für eine Formgebung eintrat, die mit der gesetzmäßigen Konstruktionslogik des Ingenieurs begründbar sein sollte. Vgl. Velde 1955.

[6] Vgl. Ausst. Kat. Stuttgart/Essen 1979. Zu Krull vgl. Ausst. Kat. Essen u. a. 1999.

[7] Vgl. Molderings 1988, S. 21.

[8] Vgl. Ausst. Kat. Bonn 1977b; Ausst. Kat. Oberhausen 2001a. Siehe ferner Ausst. Kat. Hannover u. a. 1997.

[9] Renger-Patzsch 1928, S. 16.

[10] Die zu Lebzeiten nur verstreut publizierten Aufnahmen wurden in den 80er Jahren editorisch zusammengeführt. Vgl. Wilde 1982; Janzen 1996.

[11] Vgl. exemplarisch: Ausst. Kat. Bochum 1994; Lange 2001; Zeising 2002.

[12] Die Aufnahmen wurden später publiziert in: Becher u. a. 1977.

[13] Sachsse 1999a.

[14] Becher 1970. – Unter demselben Signet wurden ihre Arbeiten auf der Kasseler documenta 5 (1972) gezeigt.

[15] Ausst. Kat. Bonn 1992a; Böll/Chargesheimer 1958; zu Chargesheimer vgl. Mißelbeck 2001.

[16] Vgl. exemplarisch Krauß/Zeising 1994.

[17] Ausst. Kat. Essen 2000.

[18] Matz 1987, S. 16.

[19] Weski 1993.

[20] Vgl. exemplarisch: Ausst. Kat. Düsseldorf 1998; Ausst. Kat. New York 2001. – Bereits in den frühen 1980er Jahren hatte Gursky im Milieu der Großkonzerne fotografiert. Damals fertigte er eine Serie von Aufnahmen der Foyers an, die in gleichbleibender strenger Frontalität den skurrilen Anblick vereinsamt wirkender Pförtner zeigen. Diese frühe Werkserie lehnt sich methodisch an das Konzept der Bechers an, wendet jedoch deren Ernst ins Ironische. Vgl. Ausst. Kat. New York 2001, Abb. 21–24.

[21] Schmitz 1994, S. 8.

[22] Gursky/Jocks 1999, S. 263 (Hervorhebung des Verf.).

[23] Vgl. dazu Marzona 2000.

[24] Siegfried Krakauers Schlagwort ist im Zusammenhang mit Gursky bereits öfter zitiert worden. Vgl. Krakauer 1963.

[25] Gursky/Jocks 1999, S. 263.

[26] Zu Rauterts Industrieaufnahmen vgl. Ausst. Kat. Essen 1992; Ausst. Kat. Oberhausen 2001b.

[27] Böhme 1992, S. 90.

Endstation Kunst –
Schrott für die ›Ewigkeit‹

Monika Wagner

Man muß, koste es was es wolle, die Verteidigungsmittel stärken, welche die Welt der Wahrnehmung vor der Eroberung durch jene Dinge schützen können, die die Menschen mehr aus Gewohnheit denn aus Notwendigkeit zu gebrauchen pflegen: Hier wie überall muß das wahnsinnige Untier »Gebrauch« umzingelt werden.
André Breton

Seit rund 200 Jahren bescheren Industrieunternehmen der Welt mit wachsender Dynamik Legionen neuer Dinge und Materialien, die mit kaum minderer Geschwindigkeit nutzlos, überflüssig oder unmodern werden. Solch unüberbietbar erfinderischen Diensten begegneten eine Reihe von Künstlern des 20. Jahrhunderts mit einem künstlerischen Programm des *Ent*nutzens, *Ent*zweckens, des »*Ent*formens« und »*Ent*produzierens«.[1]

Im Alltag ist demgegenüber nicht *Ent*nutzen, sondern *Um*nutzen massenhaft produzierter Waren aus Zeiten der Not vertraut. So fanden, um nur eines von vielen Beispielen zu nennen, nach dem Zweiten Weltkrieg überflüssig gewordene Stahlhelme als Güllekellen oder – durchlöchert – als Küchensiebe Verwendung.[2] Doch gibt es auch heute, vor allem in der so genannten Dritten Welt, unzählige Umnutzungen des Schrotts[3] aus den Industrienationen. Einiges davon findet seinen Weg zurück: seit Jahrzehnten wird zum Beispiel in den Industrienationen begehrtes, weil individuell gestaltetes Blechspielzeug aus den ärmsten Ländern angeboten. Die Autos, Flugzeuge oder wundersamen Blumen sind aus Müll, vornehmlich aus farbig bedruckten leeren Blechdosen gefertigt,[4] die meist in Europa, den USA oder Japan produziert wurden, sodass der Abfall der exportierten Industrieprodukte handverarbeitet zurückkehrt.

Dass dieser Schrott eine ästhetische Faszination entfalten kann, hängt zum einen mit der als originell angesehenen, für ›high-tech-user‹ nahezu archaischen Handarbeit zusammen; zum anderen hat Abfall, besonders solcher aus Metall, in der Kunst des 20. Jahrhunderts eine Nobilitierung erfahren, von der auch die ›Designerästhetik‹ mit ihren Möbeln aus rostigen Oberflächen seit einigen Jahren zehrt.[5] Seit Beginn des vergangenen Jahrhunderts haben Künstler Verfahren praktiziert, die technisch gesehen Umnutzungen von Schrott entsprechen, allerdings mit dem Unterschied, dass die Nutzung von Dingen und Materialien des Alltags *als* Kunst gerade in der Entnutzung und dem Absehen von praktischen Zwecken besteht, denen alltägliche Umnutzungen dienen.

Experimente mit Blech

In Arbeiten experimentierfreudiger Künstler sind in den 10er und 20er Jahren häufig Metalle, zunächst besonders die dank der Walzwerke weit verbreiteten Feinbleche, anzutreffen. Das durch die große Industrie des mechanischen Zeitalters billig gewordene, ubiquitäre Material, das zum Beispiel in Gestalt dünnwandiger Dosen gewissermaßen die

1 László Moholy-Nagy, *Licht-Raum-Modulator (Lichtrequisit)*, 1930 Harvard University, Busch-Reisinger-Museum, Cambridge/Mass.

Verbrauchsvariante von Metall darstellt, hat den Vorteil, dass es sich leicht weiterverarbeiten lässt. Man kann es mit einfachen Geräten schneiden, biegen, knicken, falzen, stanzen oder perforieren; es lässt sich löten und besitzt eine gewisse Beständigkeit. Kurz und gut, Blech ist ein Material, das sich auch zum Basteln eignet. In Arbeiten der russischen Avantgarde, aber auch bei einem Bauhaus-Künstler wie László Moholy-Nagy wurden Metallbleche als Signum des Industriezeitalters eingesetzt. Für Vladimir Tatlin waren ›Materialkombinationen‹ aus Holz und Blech, Pappe und Eisen Teil seines Programms einer »Materialkultur«, in der Kunst und Leben, Stadt und Land, alte und neue Zeit zum Ausgleich gelangen sollten, ohne unter dem Primat der Technik zu stehen.[6]

Die Künstler der russischen Avantgarde nutzten – wie 50 Jahre später Jannis Kounellis und andere Vertreter der »Arte Povera« – noch nicht geformte Metallbleche, Halbzeug also, dem keinerlei vorausgehende Verwendung anzusehen ist. Im Unterschied zu industriebegeisterten Künstlern wie Moholy-Nagy, der seinen motorgetriebenen *Licht-Raum-Modulator* (*Lichtrequisit*, Abb. 1) aus industriell gestanzten und perforierten Edelstahlblechen und Plexiglasteilen zusammensetzte und als Ausdruck der Kunst des Industriezeitalter verstand, stellten russische Künstler Eigenschaften und Ästhetik des Halbzeugs in den Vordergrund. Auf diese Weise brachten sie etwa grobe Eisen- und Zinkbleche mit dem traditionsreichen Holz zusammen, um so die »Gesetze des Materials«[7] zu erkunden. Demgegenüber betonte Kurt Schwitters in den seit 1919 entstandenen *Merz*bildern[8] gerade den ephemeren Charakter der Waren, indem er deren Trümmer und Relikte – besonders häufig Verpackungen, darunter etwa Blechdeckel und Wände ehemaliger Konservendosen – in seine Bilder integrierte. Das »Entformen der Materialien« von dem Schwitters sprach, »kann schon erfolgen durch ihre Verteilung auf der Bildfläche«.[9] Zur gleichen Zeit postulierte Raoul Hausmann als Aufgabe zeitgenössischer Kunst, »den Dingen und Materialien ihren Nützlichkeitscharakter« zu entziehen.[10] Hausmanns pries die »Vorzüglichkeit und Schlagkraft unserer Materialverwertung« und beschrieb »Konstellationen aus wirklichem Material« in ihrer »geradezu vollendeten Brüchigkeit, Ausgebeultheit«. 1918/19 war das nicht allein ein Verweis auf knappe Materialvorräte für den zivilen Alltag, sondern zugleich auch die sarkastische Reaktion des Dada-Künstlers auf die »Materialschlachten« des Ersten Weltkriegs.[11]

Zweckfrei rotierende Räder

Von Anfang an erregte alles, was mit Mobilität und Bewegung als Kennzeichen der Industriegesellschaft in Verbindung stand, das Interesse von Künstlern. Während Marinetti im ersten Manifest des Futurismus 1909 den Rennwagen höher pries als die *Nike von Samothrake*,[12] montierte

2 Marcel Duchamp, *Fahrrad-Rad (Roue de bicyclette)*, 1913 (verloren), Remake von 1964 Sammlung Arturo Schwarz, Mailand

Marcel Duchamp 1913 ein bescheidenes *Fahrrad-Rad (Roue de bicyclette)*[13] in eine nach oben gerichteten Fahrradgabel, sodass das Speichenrad ohne Widerstand ›zwecklos‹ in der Luft rotieren kann (Abb. 2). Auch Alexander Calder, der später als Vater der Mobiles gefeiert werden sollte, hat sich seit den 20er Jahren in fragilen beweglichen Arbeiten, so beispielsweise dem *Auto (Car)* aus einer Zigarrenkiste und einer Konservendose für den Kühler, der alltäglichen Abfälle der Industriegesellschaften bedient. Picasso kombinierte für seine berühmt gewordene Skulptur *Kopf eines Stiers (Tête de taureau)* Lenker und Sattel eines Fahrrads, für den *Großen Vogel (Grand oiseau)* aus den frühen 40er Jahren Teile eines metallenen Tretrollers.

Während Halbzeug, also etwa die verschiedenen Bleche, wie Tatlin sie verwendete, erst vom Künstler eine Form erhält, ist in Fragmenten von Alltagsgegenständen nicht allein die Geschichte der Formgebung durch nicht-künstlerische Arbeit, sondern auch die des Gebrauchs enthalten.

Künstlerische Arbeiten zehren von der offensichtlichen Zweckentfremdung und Entnutzung eines industriell produzierten Alltagsgegenstands, wie er ungezählte Male existiert. Die Spuren des Gebrauchs lassen den seriell produzierten Gegenstand eine individuelle Geschichte erzählen. Damit haben viele Künstler der 60er Jahre des 20. Jahrhunderts gearbeitet.[14]

Während in Arbeiten aus der ersten Hälfte des 20. Jahrhunderts vorwiegend industriell produzierte Materialien oder einzelne signifikante Teile ausgeschiedener Gegenstände sorgsam arrangiert und komponiert wurden, gewannen Schrottskulpturen, Environments und Räume, wie sie etwa auch Edward Kienholz inszenierte, seit den späten 50er Jahren gigantische Dimensionen. In Paris sammelte Arman im Oktober 1960 tonnenweise Abfall auf den Straßen, darunter auch fünf Fahrräder, und stopfte das Konglomerat, dem er den Titel *Le Plein* gab,[15] unsortiert in die Galerie von Iris Clert. An den zum Bersten vollen Räumen zeichnete sich die Veränderung von der Nachkriegs- zur Wohlstandsgesellschaft ab. Noch wenige Jahre zuvor waren Fahrräder, die nun als Schrott deklariert werden, kostbare Gegenstände, die sorgsam repariert und geflickt wurden. Während Arman in vielen anderen Arbeiten den Schrott wie ein Sammler systematisch nach verschiedenen Dingsorten trennte, die er in Formaldehyd konservierte oder in Plexiglasbehältern versammelte, hat er in *Le Plein* das Scheitern der ›Ordnung der Dinge‹ vorgeführt, indem er das Chaos von Produktion und Konsumption im Abfall re-inszenierte und im Schaufenster der Galerie inmitten der Metropole vor Augen führte. 20 Jahre später wählte Mierle Ladermann Ukeles einen der realen Umschlagplätze für Müll in Manhatten zum ›Erlebnisort‹ der unentwegten Entnutzungen und Entformungen im ›Realzeitsystem‹.[16]

Auch die Arbeiten des Schweizer Künstlers Jean Tinguely, die aus Industrieschrott zusammengesetzt sind, nahmen Ende der 50er Jahre immer größere Dimensionen an. Im Unterschied zu Arman betätigte Tinguely sich jedoch nicht nur als Sammler von Schrott, sondern auch als Monteur, ein Konzept, das nach dem Ersten Weltkrieg schon Berliner Dadaisten wie John Heartfield und George Grosz für sich in Anspruch genommen hatten.[17] Im Zentrum von Tinguelys Arbeit steht nicht die Ware, nicht der ausgeschiedene Teil der Konsumption, sondern das Kernstück der Industriellen Revolution, die Maschine. Mit allen möglichen Maschinenteilen und Rädern baute Tinguely Apparate von nostalgischer Poesie. Räder bilden darin einen zentralen Bestandteil, sie bewegen sich, treiben andere Räder an, ganze Apparaturen rotieren, aber ihre Bewegung hat kein Ziel, sie bleibt zweckfrei. 1960 entstand Tinguelys berühmtestes Werk, die *Hommage to New York* (Abb. 3). Die Skulptur, die der Künstler aus Tonnen alter Maschinenteile, aus Zahn- und Schwung-, Antriebs- oder Kurbelrädern, aus Rädern von

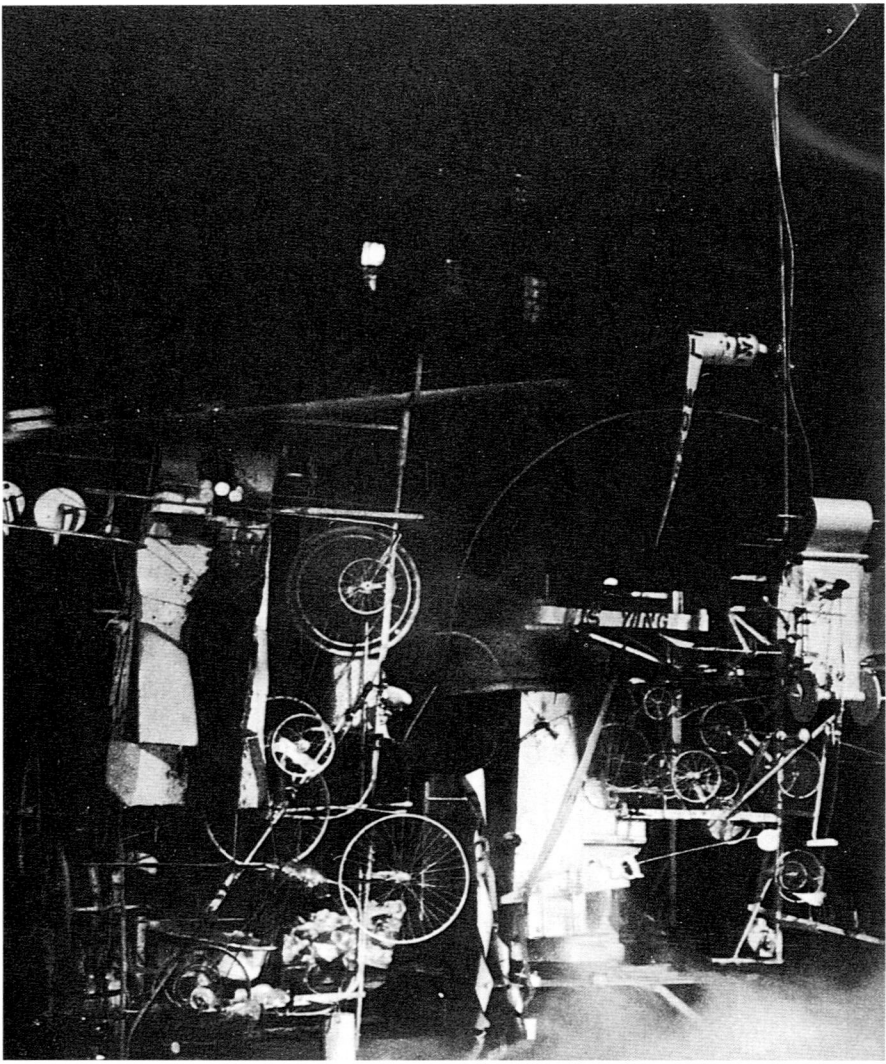

Puppen- und Kinderwagen, von Fahrrädern, Autos und Eisenbahnen zusammenbaute und mit mehreren Motoren ausstattete,[18] wurde im Innenhof des Museum of Modern Art in Bewegung gesetzt; das Ungetüm ratterte, knatterte, dampfte, stank und zerstörte sich schließlich selbst. 1962 folgte eine weitere Apparatur, die sich in der Wüste von Nevada durch Sprengsätze ebenfalls selbst zerstörte. Ort und Titel – *Study for the End of the World* – nahmen Bezug auf die Kernwaffentestgelände in Nevada. Obwohl Tinguely weiterhin Apparate aus alten Maschinenteilen baute, übten die maschinenstürmerischen Aktionen vor allem deshalb eine nostalgische Faszination aus, weil die schwerfälligen Giganten aus Eisen und Stahl, wie schon wenige Jahre später von Pontus Hultén vertreten,[19] als symbolische Verabschiedung des mechanischen Zeitalters erschienen. Der Verweis auf atomare Kräfte scheint mit diesen mechanischen Mitteln allerdings kaum überzeugend.

Die Faszination des sprichwörtlich ineinander greifenden Räderwerks der großen Maschinerie mit seinen für

3 Jean Tinguely, *Hommage to New York*, 1960
Museum of Modern Art, New York

Laien undurchschaubaren Abläufen hatte neben vielen Malern wie den Dada-Maschinisten Francis Picabia und Max Ernst auch Charlie Chaplins Filmkomödie *Modern Times* als Ambivalenz von Spiel und Bedrohung gefeiert. Doch gegenüber der Repräsentation von Maschinen in den Bildmedien enthalten die Apparaturen aus realen Maschinenteilen stets die Dimension des ›Authentischen‹, des Belegs für gesellschaftliche Arbeit. Speziell Eisen und seinen Derivaten haftet im Unterschied zu Edelmetallen oder der jahrtausendelang für Kunstwerke eingesetzten Bronze das Odium schwerer Arbeit an. Zwar kommen Metalle in der Natur vor, doch durchlaufen die Rohstoffe einen komplexen, arbeitsteilig organisierten Prozess der Gewinnung, des Schmelzens, Legierens etc. und schließlich des Formens zu Dingen des Gebrauchs. Mit ihren Entnutzungen schreiben sich die individuell produzierenden Künstler gewissermaßen in die Industriearbeit ein. Schon Walter Benjamin hatte den Versuch, »authentische Bruchstücke des Lebens« in die Kunst einzubeziehen, nachdrücklich gewürdigt, weil darin die Anerkennung des Entwicklungsstandes der Produktivkräfte stecke.[20]

Dauerparkplätze für stillgelegte Autos

Der beliebteste Schrott in der Gegenwartskunst stammt vom populärsten Kind des industriellen Zeitalters, das im Alltag einen immer größeren Anteil am anfallenden Müll darstellt: dem Auto. Autos sind funktionale und zugleich fetischartig

aufgeladene Prestigeobjekte. Seit den 60er Jahren treten sie in ungezählten Werken der Kunst auf: Wolf Vostell hat ebenso wie Arman und Vito Acconci Autos verschiedentlich einbetoniert, Edward Kienholz baute 1964 in *Back Seat Dodge* (Abb. 4) eine mörderische Liebeslaube, während Suzanne Lacy mit ihren Studenten 1972 ein demoliertes Coupé durch einen pinkfarbenen Anstrich und überwuchernde Pflanzen so drastisch romantisierte, dass es wie ein Denkmal für zerstörte Träume erscheint. Inzwischen wurde von Fiona Tan ein ganzes *Schrottautokino* aus 50 Unfallwagen eingerichtet.[21]

1974 hat die Künstlergruppe »Ant Farm« aus San Francisco neben der legendären Route 66 bei Amarillo/Texas gleich zehn Cadillacs der Baujahre 1949 bis 1963 je zur Hälfte – mit dem Kühler voran – in der Erde begraben. Zum flachen Land der Ranch eines mäzenatischen Millionärs bildeten die im gleichen Winkel emporragenden Heckteile einen bizarren Kontrast.[22] Inzwischen musste die *Cadillac Ranch* umziehen, da sie von der expandierenden Stadt eingeholt wurde und sich diese Kontrastbeziehung verlor. Die inzwischen über und über mit Graffiti bemalten Autohecks drohten mit ihrer Isolation auch ihren Kultstatus zu verlieren. Denn im Kontext der Stadt mutieren ausrangierte Autos zu banalem Schrott, der nicht zur Reflexion, sondern zur Beseitigung aufruft. Ein Ort verliert durch schrottreife Autos an sozialem Prestige. Kaputte, deformierte und rostende Autos gelten als sichere Zeichen der Verslumung. Daher bedürfen ästhetische Inszenierungen von Schrottautos einer kontrastierenden Umgebung.

Bei all diesen noch so unterschiedlich ausfallenden Stillstellungen des Automobils bleiben Form, Marke und Typ erhalten, sodass sich der ehemalige Prestigewert ablesen lässt. Die Formen der Heckflossen in *Cadillac Ranch* etwa werden als abgelebte Zeichen vergangenen Chics deutlich, sodass die Autos als Vanitaszeichen figurieren.

Ein anderes Konzept liegt Césars *Kompressionen (Compressions)* zugrunde. César hatte 1995 auf der Biennale in Venedig im französischen Pavillon, einem zierlichen Bau, den man durch eine ovale Vorhalle mit ionischen Marmorsäulen betritt, eine gigantische *Kompression* aus 520 Tonnen komprimierter Autowracks ausgestellt. In der Lagunenstadt, in der noch nie ein Auto fuhr, in welcher der Autoschrott per Lastkahn angeliefert wurde, mutete dieser Friedhof besonders bizarr an. Im Unterschied zu den zerbeulten, aber ihre funktionale Gesamtform bewahrenden Autowracks wurde hier jedes Modell auf dieselbe Form eines Quaders zusammengepresst, sodass sich die einzelnen Pakete nur durch die Farbe des Lacks unterscheiden. Das Verfahren entspricht einer älteren Form der industriellen Autoverwertung.[23] Die Entformung der Fahrzeuge verwandelt sie gleichsam in Rohstoff zurück, der seinerseits eine abstrakte Form erhält. In den Kunstraum überführt wird das Re-

4 Edward Kienholz, *Back Seat Dodge*, 1964
Los Angeles County Museum of Art

cyclingverfahren, das den Schrott der erneuten Formgebung zuführt, angehalten und stillgestellt. Inzwischen nehmen Werbeanzeigen für ›neue‹ Gebrauchtwagen auf derartige Schrottinszenierungen, die das ästhetisch Ausgeschiedene nobilitiert haben, ironisch Bezug.[24]

César hat Verfahren der industriellen Abfallverwertung genutzt und so jede Formgebung als Handschrift des Künstlers radikal verweigert. Im Unterschied zu Marcel Duchamps *Ready-mades* wie zu den Montagen aus Maschinenteilen und Waren, für die das ebenfalls gilt, liegt der Akzent jedoch gerade nicht auf Verfahren der industriellen Produktion, sondern auf solchen des *Ent*produzierens und der industriellen Entsorgung.

Im Unterschied dazu setzt John Chamberlain zusammengestauchte und zerknautschte farbige Autobleche ein, die er zu Skulpturen zusammensetzt (Abb. 5). Das heißt, der industriellen Kompression steht die Handarbeit des Künstlers, seine individuelle Komposition gegenüber. Auf diese Weise können Autoteile refiguriert werden.[25] Cham-

berlain verwendet sie wie ein Bastler. In einigen der überaus zahlreichen Schrottkompositionen hat er Kotflügel, Stoßstangen und andere Blechteile dekomponierter Autos so angeordnet, dass in der Gesamtfiguration futuristische Figurationen wie Umberto Boccionis *Schreitender* oder Duchamps *Akt, eine Treppe hinabsteigend*, aufgerufen werden.

Auch Chamberlains wohlkomponierte Schrottfiguren können nur in einer bereinigten, noblen Umgebung wie den antiseptischen Räumen eines Museums oder den polierten Granitfoyers von Bank- oder Geschäftshäusern ihre Wirkung entfalten. Der in Kunst überführte Inbegriff industrieller Produktion mit Verfallsdatum, das Auto, kann unter den Bedingungen des Kontrastes sogar das Anspruchsniveau der Umgebung steigern.[26] In hochglanzpolierten, überwachten Geschäftsvierteln, in den neuen Einkaufspassagen und halböffentlichen Plazas übernehmen es Schrottskulpturen, in gefilterter Form die Abenteuer des Mülls und die Dimensionen physischer Arbeit im mechanischen Zeitalter als einem inzwischen musealen Phänomen zu vermitteln.

Patinierter Plastikmüll

Der ungeheuren Menge an künstlerischen Arbeiten, in denen Metallabfälle als Signum der ›großen Industrie‹ genutzt werden, steht eine verschwindend geringe Anzahl von Arbeiten aus Plastikabfall gegenüber,[27] obwohl der Anteil von Kunststoffen im Müll der Wohlstandsgesellschaften unermüdlich steigt. Das ist zum einen Ausdruck davon, dass sich das Material dem bastelnden Umgang widersetzt. Im Alltag des Plastikzeitalters sind keine Reparaturtechniken entwickelt worden, weil sich das angeblich nicht lohnt. Der Stoff, der seiner unendlichen Formbarkeit und potentiell »endlosen Umwandlung« wegen gerühmt wurde, ist noch immer nicht problemlos oder gar individuell umschmelzbar. Plastik insgesamt, in »der poetischen Ordnung der großen Substanzen ... ein zu kurz gekommenes Material«,[28] wurde lange Zeit als Ersatz teurer und rarer Materialien eingesetzt, sodass ihm noch immer »das Etikett der Minderwertigkeit« anhaftet. Das wurde durch die Verbreitung von Plastik als »Haushaltssubstanz« noch verstärkt. Vor allem aber, so jedenfalls eine gängige Zuschreibung, können Kunststoffe im Unterschied zu Metallen angeblich keine Patina annehmen, weil sie nicht würdig altern, sondern einfach nur kaputt gehen.[29]

Gerd Rohling hat jedoch die Besucher der letzten Biennale im Arsenal von Venedig eines Besseren belehrt. In einer Reihe von Glasvitrinen, wie sie aus Museen vertraut sind, glaubte man auf den ersten Blick eine Sammlung kostbarer Gefäße aus farbig schimmerndem und halbtransparentem, patiniertem antikem Glas vor sich zu haben, so, als hätten die Manufakturen aus dem benachbarten Murano ihre edelsten Stücke im Arsenal präsentiert (Abb. 6). Bei

5 John Chamberlain, *Der Turm von Klythie*, 1994/95 Friedrichstadt-Passagen, Berlin

6 Gerd Rohling, *Wasser und Wein*, 1984–2001, Installation 2001 Arsenal, Venedig

genauerem Hinsehen entpuppten sich die Schätze jedoch als Montagen aus zerstörten und verblichenen, von Wind und Wasser abgeschliffenen Plastikbehältern alltäglichster Art. Rohling hat Bruchstücke von millionenfach existierenden Plastikbehältern für alle erdenklichen Alltäglichkeiten – von der Spüliflasche über die Zahnpastatube bis hin zur Tubberschüssel – zu singulären Einzelobjekten aus erlesenen Formen montiert. Die Zerstörung der normierten Industrieform individualisiert die wertlosen Abfallmaterialien und kommt so traditionellen künstlerischen Verfahren entgegen. Damit scheinen die Kunststoffe mit ihrer imitatorischen Potenz den Betrachter wieder zu täuschen. Doch indem dies zugleich offen gelegt wird, erzählt der Nippes nicht nur von der Schönheit einer Prilflasche, sondern auch von der Sehnsucht nach dem Bastler, der alles rettet, was die funktionale Welt ausscheidet.

[1] Der Begriff »Entformen« stammt von Kurt Schwitters, s. u. Anm. 9; von »Entproduzieren« spricht Jochen Gerz, s. Janke 1997, S. 24.

[2] Ausst. Kat. Stuttgart 1983, bes. S. 135ff.

[3] ›Schrott‹ ist ein niederhochdeutscher Begriff und bezeichnet ursprünglich altes Metall und unbrauchbare Metallabfälle.

[4] Vgl. Krieger 1983.

[5] Fischer 1996, S. 54f.

[6] Groys wertet Tatlins nicht funktionierende Apparate als Ausdruck einer antitechnischen Haltung und »antiwestlichen Einstellung«; s. Groys 1993, S. 255.

[7] Vladimir E. Tatlin, zit. nach *Dokumente*, in: Shadowa 1987, S. 260.

[8] Die Bezeichnung geht nach Schwitters' eigenen Angaben auf den aus einer Anzeige der Kommerz- und Privatbank herausgeschnittenen Textbaustein zurück; s. Elderfeld 1987, S. 12f.

[9] Schwitters (1919), zit. nach El-Danasouri 1992, S. 185.

[10] Hausmann, *Dada empört sich*, in: Dada Berlin 1977, S. 10.

[11] Wagner 2001, S. 61ff.

[12] F. Th. Marinetti, in: Baumgarth 1966, S. 26.

[13] Zur Rezeptionsgeschichte vgl. Daniels 1992.

[14] Zu den wichtigsten zählt Edward Kienholz, der in vielen seiner Arbeiten, so in *Volksempfänger*, politische Geschichte in Erinnerung ruft.

[15] Zu *Le Plein* ausführlich Rübel 2002, S. 119–121.

[16] Wagner 2001, S. 66f.

[17] Damals ging es in erster Linie um Bildmontagen aus allen möglichen Druckerzeugnissen, vereinzelt aber auch, wie die Berliner »Dada-Messe« zeigte, um dreidimensionale Arbeiten.

[18] Billy Klüver, ein Mitarbeiter Tinguelys in New York, hat unter dem Titel *The Garden Party* einen ausführlichen Bericht über Vorbereitungen und Ablauf verfasst, abgedruckt in: Ausst. Kat. New York 1968, S. 169f.

[19] So der Titel von Hulténs New Yorker Ausstellung; s. Ausst. Kat. New York 1968.

[20] Wagner 2001, S. 57f.

[21] Realisiert im Juli 2000 im Hamburger Oberhafen; s. Aussendienst 2000, o. S.

[22] Wagner 1997, S. 131–137.

[23] Bei diesem Verfahren wurden alle Bestandteile eines Autos zusammengepresst. Heute zerkleinert man zuerst das Auto, um die verschiedenen Materialien zu separieren.

[24] *Hamburger Abendblatt*, Nr. 95, Ostern 1998, S. 35.

[25] Vgl. *Lord Suckfist* 1989, in: Ausst. Kat. Amsterdam/Wolfsburg 1996, S. 77.

[26] Wagner 2002, S. 104–114.

[27] Vgl. etwa Vergine 1997.

[28] Roland Barthes, *Plastik* (1957), in: Barthes 1996, S. 80. Ebd. auch die folgenden Zitate.

[29] Vgl. *Magie der Werkstoffe* (Themenheft), *Daidalos* 56, Juni 1995, S. 31f.

Deindustrialisierung und Deökonomisierung – Das Verschwinden der Industrielandschaft*

Wolfgang Engler

Der Osten als Experimentierfeld

Mangels überzeugender eigener Konzepte schien der Osten Deutschlands im Umbruch der Jahre 1989/90 dazu bestimmt, den Westen zu kopieren. Die Ressourcen des Landes waren erschöpft und bald auch die Menschen, nachdem ihre anfängliche Begeisterung abgeklungen und die ganze Dimension der Probleme sichtbar geworden war. »Keine Experimente!« stand hinfort auf vielen Transparenten zu lesen. mit denen ihre Träger einen möglichst schnellen Anschluss der DDR an die Bundesrepublik forderten. Der Umbau Ostdeutschlands nach westdeutschen Muster würde, so viel stand fest, die finanziellen und organisatorischen Kapazitäten der Muttergesellschaft erheblich beanspruchen; Intellekt und Phantasie schien er dagegen kaum herauszufordern. Was binnen weniger Jahre im Beitrittsgebiet entstehen würde, glaubten die westdeutschen Eliten ebenso zu kennen wie die Mehrheit der Ostdeutschen – eine leistungsfähige Wirtschaft auf dem neuesten Stand von Technik und Ökologie, eingebettet in einen potenten Sozialstaat, der die absehbaren Risiken des Umstellungsprozesses erträglich machen würde.

Mitte der 90er Jahre wurde dieser Optimismus brüchig, wenig später erwies er sich als Illusion. Die Wirtschaft wuchs langsamer, die Arbeitslosigkeit schneller als im Westen, die Menschen verließen in großer Zahl das Land und soziale wie regionale Kontraste verschärften sich zusehends. Die innerdeutsche Ost-West-Differenz begann sich im Osten zu reproduzieren, und zwar als schroffer, unvermittelter Gegensatz von (partieller) Modernisierung und (weiträumiger) Unterentwicklung.

Im Unterschied zu den Industrie- und Arbeitnehmergesellschaften des Westens, die einen mehrere Jahrzehnte umfassenden Anpassungsprozess durchliefen, stolperte Ostdeutschland beinahe übergangslos von der historischen Etappe an die Front der globalisierten Weltgesellschaft. Viele der gravierendsten Probleme, mit denen die industriell fortgeschrittensten Gesellschaften ringen – Lösung der Unternehmen von ihren Standorten, Arbeitslosigkeit infolge hoher Produktivität, Finanznot der Kommunen, drohende kulturelle Auszehrung von Städten und Gemeinden, Bevölkerungsschwund, Überalterung, Krise der kollektiven Versorgungssysteme –, haben auch Ostdeutschland erfasst. Nur verbinden sie sich hier, und das ist das Brisante und zugleich Neuartige der Entwicklung, mit den Folgen systematischer Deindustrialisierung, mit massiver Abwanderung, mit bereits einsetzendem Städtesterben und fremdbestimmter Wirtschaft zu einer präzedenzlosen Konstellation. An ihr prallen alle Versuche ab, Konzepte aus dem Westen einfach nur zu übernehmen. Wenn in diesem Zusammenhang überhaupt von Übernahme die Rede sein kann, dann in umgekehrter Richtung, von Ost nach West bzw. in doppelter, nach Westen *und* nach Osten, denn wie Ostdeutschland die Krise meistert, ist auch für Osteuropa von enormer Bedeutung.

Gewollt oder nicht: Ostdeutschland ist dazu auserkoren, zu einem der größten Experimentierfelder der jüngeren Geschichte zu werden. Hier, wo der Verfall der Industrielandschaft mit Händen zu greifen, der Abschied von der Arbeitsgesellschaft unumkehrbar geworden ist, muss es sich erweisen, ob Mensch und Landschaft, ihrer bisherigen Funktion jäh verlustig gegangen, einer neuen Bestimmung fähig sind. Doch vor der Kür die Pflicht.

Zum Beispiel Hoyerswerda

»Abriss-Hochhaus
Albert-Einstein-Straße 1–5
Dieses Projekt wird aus Mitteln des Freistaates Sachsen und der Bundesanstalt für Arbeit gefördert
Entwurfsverfasser ...«

Vor Jahresfrist stand dieses Schild vor einer der großen, leer gezogenen Wohnscheiben mitten in der Neustadt von Hoyerswerda, gleich neben der Lausitzhalle.

Unterdessen ist die Arbeit getan und die Stelle bietet denselben Anblick wie der nahe gelegene Marktplatz. Dort ließ die städtische Wohnungsbaugesellschaft schon früher einen baugleichen Wohnblock abreißen; seither klafft in dem weiträumigen Geviert eine gespenstische Lücke. »Freier Blick aufs Mittelmeer!« hieß die verrückte Forderung aus einem Stück von Dario Fo; soll sie ausgerechnet in der Lausitz Wirklichkeit werden?

Aber was heißt hier ›verrückt‹? Gleich den städtebaulichen Realitäten übt auch die administrative Semantik im Osten Deutschlands den Kopfstand. »Projekt«, »Entwurf«, dabei denkt man gemeinhin an etwas Konstruktives, Schöpferisches. In Hoyerswerda scheint die schöpferische Arbeit darin zu bestehen, destruktive Akte als Aufbauwerke zu kaschieren. Auch anderswo; die Leipziger Stadtverwaltung überschrieb ihr Vorhaben, demnächst 700 Häuser aus der Gründerzeit abzureißen, mit »Neue Gründerzeit«; die Informationstafel der ersten »Rückbaustelle« verkündete lakonisch: »Sanierungsvorhaben: Abriss«. Architekten und Landschaftsplaner, dazu aufgerufen, Zukunftsentwürfe für den von Wohnungsleerstand besonders heimgesuchten Leipziger Osten zu unterbreiten, schlugen unter anderem eine ›Zone‹ vor, die mitten durch das Quartier führen sollte, gegliedert in »Hirschgehege, dunkler Wald, lichter Hain«.

Was die soziale und kulturelle Lage vieler ostdeutscher Städte, selbst ganzer Regionen nach der Wiedervereinigung so schnell kritisch werden ließ, war ihre Ausrichtung auf ein äußerst eng gefächertes Wirtschaftsspektrum. Oft genug hing ihre Existenz an einem einzigen Wirtschaftszweig. Mit dessen Schrumpfung oder Abwicklung verloren sie buchstäblich den Boden unter den Füßen.

Auch in dieser Hinsicht ist der Fall Hoyerswerda symptomatisch: Die beiden Schlüsselindustrien der Stadt wie der

Entstädterung

Der Deindustrialisierung folgt, wie schon angedeutet, die schleichende Entstädterung auf dem Fuße. Beherbergte die »zweite sozialistische Stadt der DDR« 1989 etwa 70 000 Einwohner, sind es gegenwärtig weniger als 50 000. Die Ursachen sind vielschichtig – Abwanderung in den Westen, der Arbeit nach, Umzug ins Umland, mehr Sterbefälle als Geburten, politische Fehlsteuerung, finanzielle Anreize zur Stadtflucht –, weisen aber alle in dieselbe Richtung.

»Daß Städte wieder zur Dörfern werden könnten, daß Dörfer mangels Menschen von der Landkarte verschwinden, ist in unserem Denken nicht vorgesehen. Wir alle aber werden es erleben«, stand kürzlich in der *Frankfurter Allgemeinen Zeitung* zu lesen.[1]

In Hoyerswerda wird das Futurum zum Präsens, zum beobachtbaren Vorgang. Sinnlich am greifbarsten ist der enorme und weiter wachsende Leerstand, das Veröden ganzer Quartiere, die drohende Insolvenz von Wohnungsunternehmen in der Zange zwischen Schuldendienst (auch

1 Josef Koudelka, *Chemopetrol bei Most (Chemopetrol od Mostu),* aus der Serie: *Das Schwarze Dreieck (The Black Triangle),* 1990–93 Josef Koudelka/Magnum Photos, Paris

Lausitz im ganzen, Braunkohle und Energiewirtschaft, ernähren nach der ›Umstrukturierung‹ nur noch einen Bruchteil der Bevölkerung, neue Arbeitsplätze gibt es nur wenige, die Arbeitslosenquote liegt bei 25 %. Die Region leidet nicht nur unter der Unterentwicklung, sondern, paradoxerweise, auch unter dem ›Fortschritt‹. Im nahe gelegenen Schwarze Pumpe entstand das modernste Kraftwerk auf Braunkohlenbasis weltweit. Die Investitionssumme betrug 3,5 Mrd. DM und damit die Hälfte der für die Neubebauung des Potsdamer Platzes verausgabten Mittel; gerade genug, um etwas mehr als 300 Menschen langfristig mit Arbeit zu versorgen. Das gigantische Missverhältnis desavouiert jeden Gedanken an eine Rückkehr zum Status quo ante.

für leer stehenden, selbst abgerissenen Wohnraum), Mieterschwund und sinkender Kreditwürdigkeit. Weniger greifbar, aber nicht minder drückend: Mit jedem Wegzug schrumpfen die Mittel, die die Stadt aus dem Finanzausgleich erhält, verengt sich der Kreditrahmen auch für die Kommune.

Schließlich: Was im Westen erst vor wenigen Jahren ins öffentliche Bewusstsein trat – die prekäre Haushaltslage von Kommunen, deren angestammte Unternehmen sich mit allen Mitteln der ›Globalisierung‹ ihrer Steuerpflicht entziehen –, war ostdeutschen Städten und Gemeinden von Anfang an vertraut. Die wenigen Unternehmen von überregionaler Bedeutung, die nach 1990 hier investierten, hatten ihren Firmensitz so gut wie stets im ›Steuerausland‹.

Hoyerswerda ist nicht überall, aber vielerorts.

»Vorbei die Zeit, dass der Abriss eines Elfgeschossers noch eine überregionale Meldung wäre. Inzwischen stehen im Osten Deutschlands über eine Million Wohnungen leer, Tendenz unaufhaltsam steigend. Die Leerstandsquoten bewegen sich zwischen zehn und fünfzehn Prozent (Landesdurchschnitte), alarmierende Spitzenreiter sind Leipzig (ca. 20 % insgesamt) und Görlitz (über 50 % in der Altstadt), daneben Stendal (über 42 % in den Plattenbauvierteln) und Halle-Altstadt (28 %).«[2]

Der Gegensatz zwischen dem erfreulichen Anblick, den die weitaus meisten ostdeutschen Städte heute bieten, und dem versiegenden Leben hinter den Fassaden ist denkbar krass und wird sich noch weiter verschärfen. Ist der zweite Akt des Dramas, das auf der demographischen Bühne spielt, doch längst geschrieben. In knapp zehn Jahren werden die geburtenschwachen Jahrgänge, Resultat des ostdeutschen ›Gebärstreiks‹ der Nachwendejahre, den Arbeitsmarkt ent-

anker des sozialen Zusammenhalts. Das Engagement über den eigenen Lebensumkreis hinaus erstirbt oder schrumpft auf ein Minimum zusammen und die ›müde Gemeinschaft‹ aus den Zeiten der Großen Depression kehrt wieder.[3]

Blühende Landschaften?

Warum ein Bild vom Osten zeichnen, das den Eindruck zweier inkommensurabler deutscher Teilgesellschaften vermittelt? Gibt es im Westen etwa keine Problem›zonen‹?; keine von gravierenden Problemen verschonten Landstriche beiderseits der Elbe? Was käme gar heraus, wenn man die Vergleichsperspektive umkehrte und die Vorposten des Ostens mit den Schlusslichtern des Westens ins Verhältnis setzte? Doch wohl ein realitätsnäheres Bild der Wirklichkeit.

Darauf ist Folgendes zu entgegnen:

1. Natürlich gibt es im Osten neben devastierten Regionen auch Entwicklungsräume, Orte wirtschaftlicher Pro-

lasten, Häuser, Kindertagesstätten und Schulen jedoch aufs Neue entvölkern. Damit nicht genug, schlägt die Deindustrialisierung in einer ganzen Reihe von Regionen unterdessen in Deökonomisierung um; nicht nur in der Lausitz, sondern auch in Teilen Sachsen-Anhalts, Brandenburgs und Mecklenburgs. Zugleich mit den Betrieben schlossen dort die sozialen und kulturellen Institutionen, die an sie gebunden waren. Infolge hoher Arbeitslosigkeit und Abwanderung werden kommerzielle Dienstleistungen auf Selbstversorgung umgestellt. Kommunen und Landkreise verlieren weitere Steuerzahler und auch die private Ökonomie büßt mit der Arbeit ihr Rückgrat ein. Oft sind es einzig die schulpflichtigen Kinder, die den Tagesablauf der Erwachsenen strukturieren. Der Staat, seine Transferleistungen und Beschäftigungsinitiativen, werden zum letzten Rettungs-

sperität, von Wachstum und Beschäftigungsgewinn. Der Wirtschaftsjournalist Günter Heismann hat sie in einem detaillierten Report sorgsam kartographiert, wobei er einräumt, dass es bisher nicht gelang, diese Räume miteinander zu verbinden, die Verinselung des Fortschritts aufzubrechen.[4]

Die geforderte Perspektivenumkehr fördert insofern durchaus Realität zutage; nur eben nicht die Regel, sondern den Ausnahmezustand; ›der Osten‹ ist keine Erfindung, sondern eine Realabstraktion, die das Wesentliche verdeutlicht.

2. Alle Wahrscheinlichkeit und die gesamte zurückliegende Entwicklung seit 1990 sprechen dagegen, dass der Ausnahmezustand den Nukleus einer ›Normalisierung‹ Ostdeutschlands nach westdeutschem Vorbild bilden könnte.

2 Josef Koudelka, *Neue Mülldeponie bei Ústí nad Labem (Nová skládka odpadů u Ústí nad Labem)*, aus der Serie: *Das Schwarze Dreieck (The Black Triangle)*, 1990–93 Josef Koudelka/Magnum Photos, Paris

3. Tritt das Wahrscheinliche ein und bleibt ein neuerliches ›Wirtschaftswunder‹ aus, benötigt man ein Paradigma, das den Ausnahmezustand zu seinen eigenen Bedingungen normalisiert – eine ›Umwertung der Werte‹.

Um diese etwas gedrängt formulierten Gedanken zu veranschaulichen und zu untermauern, mag es hilfreich sein, die Seiten zu wechseln und den Osten Deutschlands mit den Augen der wirtschaftlichen Eliten des Westens zu betrachten.

Vor Jahresfrist diskutierten Führungskräfte eines großen deutschen Industriekonzerns die wirtschaftlichen Aussichten Ostdeutschlands. Um die recht moderat ablaufende Diskussion zuzuspitzen, ergriff einer von ihnen das Wort und sagte in etwa dies:

Ich weiß aus eigener Erfahrung, dass die Situation in den Neuen Bundesländern außerordentlich schwierig ist. Das Kernproblem ist natürlich die ökonomische Lage, nur kann ich diesbezüglich vor falschen Hoffnungen nur warnen: Sowohl der Industrialisierungsgrad als auch das Beschäftigungsniveau der alten DDR gehören unwiderruflich der Vergangenheit an. So wird es nie wieder werden. Die deutsche Wirtschaft denkt nicht daran, sich im Osten Deutschlands selber Konkurrenz zu machen. Wenn sie dort investiert, dann höchst punktuell und zu Sonderkonditionen, unter denen kräftige Finanzbeihilfen von Bund und Ländern ganz oben rangieren. Das ist auch unsere Unternehmensstrategie. Dazu gehört ferner, dass wir auf die Standortpolitik unserer wirtschaftlichen Partner, aber auch des Staates im Sinne einer Vermeidung von unliebsamer Konkurrenz Einfluss nehmen. Das klingt nicht besonders philanthropisch, ist aber unternehmenspolitisch rational. Rational ist auch, dass viele Ostdeutsche ihre Heimat verlassen und sich dort ansässig machen, wo es Arbeit gibt. Bei uns – er sprach von Bayern –, sind die Arbeitsämter seit geraumer Zeit dazu übergegangen, komplexe Lösungen (Arbeit, Wohnung, Kinderbetreuung) für ganze Familien anzubieten, die vom Osten in den Westen übersiedeln wollen; so werden aus Pendlern Ansässige und die Leute bleiben zusammen. Statt darüber zu klagen, müsste man sich eigentlich mit ihnen freuen. Gewiss, dadurch dünnen die ostdeutschen Städte und Dörfer weiter aus. Und je mehr sie es tun, desto unattraktiver werden sie als Standorte. Nur sehe ich keine überzeugende Alternative zu diesem Prozess und darum sind wir gehalten, das Beitrittsgebiet unter experimentellen Gesichtspunkten zu entwickeln.

Wie wäre es, wenn man mit der Formel von den ›blühenden Landschaften‹ einmal Ernst machen würde? Wo findet man denn mitten in Europa so reizvolle, abwechslungsreiche, weiträumige Landschaften wie in Ostdeutschland – dünn besiedelt, von Industrie, Abgasen und Beton verschont? Liegen hier nicht Ansatz und Ressourcen für eine ganz andere Standortpolitik? Sie wird die heute dort noch lebenden Menschen nicht alle in Arbeit setzen und ernähren können. Aber wenn wir ein wenig nach vorn blicken, 50 Jahre weiter, wer weiß, vielleicht haben sich dann Bevölkerung und Beschäftigungslage auf einem zugestandenermaßen geringen Niveau eingependelt.

Bis dahin ist die Politik gefordert, sind klare Worte vonnöten. Den Westdeutschen muss unmissverständlich gesagt werden, dass sie ihre Brüder und Schwestern im Osten während dieses langen Anpassungsprozesses alimentieren müssen, und zwar in ihrem wohlverstandenen Eigeninteresse; die Ostdeutschen müssen sich von Trugbildern verabschieden und in Geduld fassen – das Tal, in dem sie leben, ist nicht zum Durchzug, sondern zum Verweilen bestimmt.

Verzweifelte Rettungsversuche

Hart an der Grenze zum Zynismus, sie aber nicht überschreitend, war hier ein Paradigmenwechsel anvisiert.

Er war noch insofern mit einem Rest von Inkonsequenz behaftet, als er die nähere Bestimmung der Landschaft offen ließ bzw. selbst ein Trugbild offerierte – der Osten als Freizeitpark für überarbeitete Führungskräfte.

Mit dieser Aussicht haben sich ostdeutsche Landes- und Kommunalpolitiker im Verein mit Vermarktungsgesellschaften und Werbeagenturen längst angefreundet; je unwahrscheinlicher die Reindustrialisierung eines Territoriums, desto kühner die Spekulation auf touristische Nachnutzung.

Die Lausitz, um noch einmal auf diesen Landstrich einzugehen, präsentiert seit kurzem eine stillgelegte Förderbrücke aus dem Braunkohlentagebau als »liegenden Eiffelturm«, der bei Nacht illuminiert wird. Entwickelt wurde das Projekt im Rahmen der Internationalen Bauausstellung »Fürst-Pückler-Land«. Die gastgebende Gemeinde für dieses ›Spektakel‹, Lichterfeld-Schacksdorf, hat, laut Werbeprospekt, noch weit mehr zu erwarten:

»Künftig wird es am Rande der Gemeinde einen See geben mit Bootshafen, Badestrand und Bungalows. Aber nicht nur das. Es sind eine Eislauffläche unter dem Riesen und Führungen bis auf seine obere Spitze geplant. Wenn auch die Glaskanzel auf der Spitze der Brücke, von der aus man weit über das Lausitzer Land sehen kann, noch Zukunftsmusik ist, lohnt sich dennoch schon heute ein Besuch des ›liegenden Eiffelturms‹.«

Wenn die Phantasie aus der Verzweiflung kommt, gebiert sie Schimären. Der Denkfehler dieser wie anderer gut gemeinter ›Normalisierungsprojekte‹ liegt darin, dass man die weiträumig deindustrialisierte Gesellschaft des Ostens mit der postindustriellen Gesellschaft des Westens verwechselt und allen Ernstes glaubt, die Lücke, die die verschwundene Industriemoderne in die Landschaft riss, derart schließen zu können. Nur handelt es sich in Ostdeutschland nicht um eine Lücke, sondern um einen Krater, der mit weiten Teilen des Landes deckungsgleich ist. Ferner verschwand die Industrielandschaft im Osten nicht gemächlich, sondern abrupt, oft wenig mehr zurücklassend als den berühmten ›Staub von Brandenburg‹. Und schließlich: die postindustriellen Gesellschaften des Westens gruppieren sich um veritable industrielle Kerne, die aus dem Umbau verjüngt und gestärkt hervorgegangen sind. Im deindustrialisierten Osten sind solche Kerne nur noch selten anzutreffen (in Jena, Dresden, Eisenhüttenstadt, den Leuna-Werken); im Regelfall stehen sie in einem Umland, dass sie geradezu verhöhnt.

Unter diesen Voraussetzungen wird das scheinbar Normale und Naheliegende verrückt und zum Irrweg; das Weitermachen um jeden Preis; eine Tourismusindustrie, die Städte und Landschaften ihrer Reize gerade dadurch beraubt, dass sie sie anpreist, zum Objekt massenhafter Schaulust macht; eine Investitionspolitik, die sich weder fragt, wie es weitergeht, wenn die Autobahnen gebaut und die Bundesstraßen modernisiert sind, noch, wo die neuen klein- und mittelständischen Unternehmen im schrumpfenden Osten ihren Absatz finden sollen; eine Standortpolitik, die sich potentiellen Investoren als spendabler Ko-

werden, Natur, die *nicht* versiegelt wird, Emissionen, die *nicht* ausgelöst, Ressourcen, die *nicht* beansprucht werden.

Statt den Westen sklavisch nachzuahmen, könnte der Osten sein Alter Ego werden, Ruhe- und Regenerationsraum, und ihm dadurch unschätzbare Dienste leisten. Das wäre ein ›Solidarpakt‹, der den Namen verdient, weil beide Teile wissen, was sie einander schulden, aneinander haben.

Es wäre darüber hinaus tatsächlich eine epochale ›Umwertung der Werte‹, die die Ostdeutschen nicht länger an der Unterentwicklung, am ausbleibenden Fortschritt leiden ließe, weil ›Entwicklung‹ und ›Fortschritt‹ im Plural definiert würden, geschäftig und regenerativ. Es wäre schließlich eine Probe aufs Exempel, ob eine solche Lebensweise, die dem Begriff Reichtum seinen ursprünglichen Sinn zurückgibt, nicht ihrerseits zur Nachahmung einladen könnte.

Kurzum: Statt Sorgenkind zu sein, könnte der Osten die Zukunft repräsentieren; die Lösung der Frage, was der reiche Westen mit seinem Reichtum macht, wenn ihm eines vielleicht gar nicht so fernen Tages die Arbeit doch einmal ausgehen sollte.

finanzier in die Arme wirft und dennoch zumeist den Kürzeren zieht; überhaupt die Jagd nach vermarktbaren Besonderheiten, nach dem *unique selling point* des letzten, unscheinbaren Fleckens Erde.

Friede den Landschaften!

Die einzig Sinn und Zukunft versprechende Losung lautet ganz anders: Friede den Landschaften! Dabei geht es um nichts weniger als darum, der Abwesenheit Präsenz zu verleihen, dem Funktionsverlust Bestimmung, dem Nichts etwas Positives, Produktives beizumessen: Schneisen und Touristenpfade, die *nicht* durch die Landschaft gezogen

»Friede den Landschaften!«, »Regenerieren!«, »Loslassen!« – diese Losungen sind kein kommodes Angebot, die Hände in den Schoß zu legen. Die Ostdeutschen werden Landwirtschaft, Gewerbe, Handel treiben, wenn Aufträge und Märkte dazu Anlass geben, Hochtechnologien ansässig machen, die äußerste Effizienz mit ökologischer Behutsamkeit verbinden; sie werden Bildung, Wissenschaft und Forschung, überhaupt der kulturellen Produktion höchste Priorität zuerkennen, für sich und andere entdecken, dass diese Tätigkeiten über ihre äußere Bestimmung hinaus Selbstzwecke verkörpern; sie werden den Reiz ihrer Städte und Landschaften mit Reisenden und Fremden teilen, die Natur wie ein Vermächtnis hüten und dadurch auch für jene

3 Josef Koudelka, *Kippe Růžodolska, zum Abriss bestimmt (Růžodolska výsypka, k Boření)*, aus der Serie: *Das Schwarze Dreieck (The Black Triangle)*, 1990–93 Josef Koudelka/Magnum Photos, Paris

etwas leisten, die diese Räume weder betreten noch nutzen können.

Aus der Zwangsjacke auf- bzw. nachholender Modernisierung befreit, werden sie tausend Dinge tun, von denen wir noch gar nichts wissen – nur nicht um jeden Preis.

Aber vielleicht ist das zu vereinnahmend formuliert und auch zu lax. Vielleicht müsste man, statt ›die Ostdeutschen‹ in ihrer Gesamtheit anzusprechen, eine Auswahl unter ihnen treffen und den Ermutigungsdiskurs auf jene beschränken, die tatsächlich für den Osten gemacht sind – auf die Pioniere, die wahren Abenteurer einer anderen Moderne; kein Aufbruch ohne inneren Auftrag und frei gewählte Bestimmung.

So oder so: Man muss sich schon eine reichlich verdrehte Vorstellung vom Menschen und seinen Möglichkeiten machen, um glauben zu können, dass jenseits der Arbeitsgesellschaft nur Leere herrscht, dass die einzigen Alternativen zur (post-)industriellen Geschäftigkeit Schmarotzertum und Faulheit sind.

Was der ›schrumpfende Osten‹ seit einem Jahrzehnt gezwungenermaßen vorexerziert, weist über das kulturelle Modell der Arbeitsgesellschaft hinaus, auf eine Weise, die die Metropolen des westlichen Kapitalismus eigentlich verstören müsste.

Seit zehn Jahren lebt man in Ostdeutschland mit deutlich mehr als 15 % registrierten Arbeitslosen; zuzüglich derer, die resigniert haben und sich irgendwie durchschlagen; die in den Vorruhestand gegangen sind; die Qualifizierungs- und/oder ABM-Maßnahmen durchlaufen haben oder momentan noch darin ›aufgehoben‹ sind; die ihre ›Jugendinsel‹ beharrlich verteidigen, von Ausbildung und Studium in episodische Beschäftigungsverhältnisse und wieder zurück wechseln. Nimmt man all diese Gruppen zusammen, dann übertreibt man sicher nicht, wenn man von einer konstanten Quote von 25–30 % der ausbildungs- und arbeitsfähigen Bevölkerung ausgeht.

Sie alle leben ohne kontinuierliche Arbeit und sie leben überwiegend unter menschlich vertretbaren (wenngleich subjektiv nicht notwendigerweise befriedigenden) Umständen. In einer ökonomisch fortgeschrittenen Gesellschaft wie der Bundesrepublik hat ein mäßiges Wachstum genügt, um dieses Wunder zustande zu bringen. Liegt darin nicht die Präambel eines neuen Gesellschaftsvertrags beschlossen: Tausche Wachstum gegen selbstbestimmtes Leben?

Gewiss, um ausstrahlen zu können, müsste man der aufgenötigten Existenzform Not und Stigma nehmen; müsste man aufhören, die Ausgemusterten und Ausgestiegenen mit den Kautelen der Arbeitsgesellschaft zu kujonieren; müsste man dem deprimierenden Gefühl, zu nichts mehr nutze zu sein, Abenteurerlust vermitteln, experimentellen Geist.

Nur, wer will das schon?

Alles spricht dafür, dass die Propheten der Arbeitsgesellschaft nichts unversucht lassen werden, den Osten mit enormen, letztlich jedoch untauglichen Mitteln in das Industriezeitalter, aus dem sie ihn selbst unwiderruflich vertrieben haben, zurückzubeordern: Ärmel hochkrempeln, die Zähne zusammengebissen und wenn wir das Ziel auch nicht erreichen, so sind wir doch tüchtig marschiert!

---

[*] Der Aufsatz greift auf Gedanken und Formulierungen zurück, die der Autor anderswo entwickelt hat. Vgl. Engler 2001.
[1] Ausgabe vom 22. Feb. 2001.
[2] Kil 2002.
[3] Vgl. hierzu Jahoda/Lazarsfeld/Zeisel 1975.
[4] Heismann 2000.

Katalog

1 Himmelwärts – erdwärts

Die Profanisierung von Bergwerk und Schmiede 1500–1800

Obgleich der seit der Altsteinzeit praktizierte Abbau von Stein und später von Erz und Kohle über die Jahrhunderte vielerorts in Europa zur Ausbildung von Bergbauzentren als Frühformen der industriell geprägten Landschaften geführt hatte, spielten diese als Motiv in den bildenden Künsten bis in die Frühe Neuzeit hinein praktisch keine Rolle. Erst mit dem Wachsen der großen Bergbauregionen in Sachsen, im Harz, im Breisgau und in Tirol und der damit einhergehenden Prosperität des Bergbauwesens fanden Ansichten montanindustrieller Anlagen seit dem 15. und 16. Jahrhundert in breiterer Form Eingang speziell in die regionale Tafelmalerei.

Einen bevorzugten Ort für solche Darstellungen lieferten die Haupt- und Knappschaftsaltäre in den Kirchen, die den Bergbauheiligen, vor allem dem Propheten Daniel und der hl. Barbara, geweiht waren. Häufig wurden Szenen aus den Heiligenlegenden um Ausblicke auf Bergwerksanlagen erweitert, um göttlichen Schutz für diese Betriebe und ihre Beschäftigten zu erbitten. Hierbei richtete sich die Aufmerksamkeit nicht auf die identifizierbare Wiedergabe konkreter Orte, sondern zunächst noch auf die idealtypische, von Selbstbewusstsein getragene Abbildung des Arbeitsumfeldes eines stolzen Berufsstandes im Bildgrund hinter der dominierenden christlichen Symbolik.

In der profanen Landschaftsmalerei hielten Bergwerkseinrichtungen gegen Mitte des 16. Jahrhundert über die Werke flämischer Künstler Einzug. In diesen Gemälden fungierten die von Gruben durchsetzten Gebiete als neue, stark vom Menschen geformte Gegenbereiche zur ›natürlicheren‹ Agrarlandschaft, deren Formen, jahreszeitliche Veränderungen und bäuerliche Aktivitäten die Landschaftsdarstellung bis dato geprägt hatten. Montanindustrielle Anlagen wurden zudem schnell auch als Bildelemente in variierende Formen der Allegorie integriert, jener sinnbildlich verschlüsselten Darstellungsform, die sich, ausgehend von der Druckgraphik, seit dem 16. Jahrhundert eine wichtige Position innerhalb der Malerei eroberte. In der Vielfalt der Möglichkeiten setzten Maler Schachteingänge beispielsweise als Sinnbilder für die Begegnung mit den Sphären des *mundus subterraneus* oder als Metaphern für das Symbolreich des in der Alchemie mit dem Element Erde verbundenen Planeten Saturn ein. Die ebenfalls häufig in Verbindung mit Bergwerken erscheinenden Verhüttungs- und Schmiedeanlagen setzten die Umwandlung des Erzes in glänzend-reines Edelmetall durch die Urgewalt eines anderen Elementes ins Bild, dessen mythische Ursprünge ebenfalls in den Tiefen der Erde verborgen lagen: das Feuer. Dafür bedienten sich Künstler seit der Renaissance häufig auch der Symbolgestalt des göttlichen Schmiedes Vulkan, der bereits im Pantheon der Antike für die Beherrschung des Feuers wie auch für die Handwerkskunst allgemein gestanden hatte. Wahrscheinlich verdankte es die Schmiede diesem mythologischen Hintergrund, dass sie bis ins 18. Jahrhundert weitgehend der einzige Produktionsort blieb, der als eigenständiges Motiv regelmäßig in der Malerei Darstellung fand.

Bildliche Vorlagen für die Künstler lieferten seit dem 16. Jahrhundert die ›Maschinen-Bücher‹. Nach Ansicht ihrer Autoren offenbarte sich in der Erkenntnis und der mechanischen Anwendung der Naturgesetze den Menschen die Herrlichkeit Gottes. Die Nachahmung und Vervollkommnung seiner Schöpfung diente dem Lobpreis Gottes; gleichzeitig sollte die Befreiung von den Zwängen der Natur die Menschen dem Paradies näher bringen. Im Laufe des 17. Jahrhunderts setzten Rationalismus und Empirismus eine Inventarisierung aller Wissens- und Erkenntnisstände der Epoche in Gang. Dies hatte auch Folgen für die bildenden Künste: Die technischen Einrichtungen von Textilmanufakturen, Kanonen- und Salpeterfabriken, Gießereien und anderen Gewerbezweigen, darunter weiterhin auch des Bergbauwesens, wurden jetzt für würdig befunden, nicht nur Gegenstand von illustrierten Monographien und lexikalischen Sammelwerken zu werden, sondern einen neuen attraktiven Bildgegenstand der Malerei auszumachen. *HJC*

Stöcklein 1969; Veldman 1980; Heilfurt 1981; Ausst. Kat. Cappenberg 1990; Slotta 1994; H. Holländer 2000a.

1

Hans Hesse (tätig um 1497 – 1539)
**Rückseite des Bergaltars der Annenkirche
zu Annaberg-Buchholz, nach 1521
(Kopie durch Heinz Olbrich, 1975)**
Eitempera auf Holz, 190 x 160 (Mitteltafel),
215 x 80 (Flügel), 85 x 145 (Predella)
Berlin, Deutsches Historisches Museum,
Inv. K 77/30

Aufgrund seiner göttlichen Beschirmung in der
Löwengrube wurde der Prophet Daniel in der
Westkirche schon früh als einer der Schutz-
patrone der Grubenarbeiter und Bergleute
angebetet. Im 15. und 16. Jahrhundert erfuhr
seine Verehrung durch die Verknüpfung mit der
Legende der Silbererzauffindung im sächsischen
Annaberg durch den sagenhaften Bergmann

Daniel Knappe neuen Aufschwung. Dieser
Legende nach erklomm der Prophet bzw. sein
Nachfahre auf der Suche nach der Herkunft des
kostbaren Erzes zunächst die Gipfel der Bäume,
um dann von einem Engel darüber belehrt zu
werden, dass die Bemühungen besser in den
Erdboden zu richten seien, wo Knappe schließlich auch den ersten Lagerort entdeckte.

Hesse zeigt die eigentliche Legende im linken oberen Feld einer Mitteltafel, die mit ihren Seitenflügeln die Rückwand zu einem Altarschrein mit biblischen Szenen bildet. Die mittelalterliche Ausdrucksform der Simultandarstellung von mehreren Ereignissen einer Erzählabfolge aufgreifend, sind der bärtige Prophet mit Bergbarte (Paradebeil) und sein beratender Engel gleich zweimal dargestellt. Einmal erkennt man sie in der Krone eines Baumes, dem zeitlich früheren Geschehen, sowie links daneben im Gespräch zu ebener Erde, wobei der Gestus des Engels auf einen grabenden Mann vorausdeutet, der per Schriftband als »Knappis«, als Daniel Knappe, der Namensgeber der Bergknappen, ausgewiesen ist. Während dieser sich noch mit der Hacke in den Boden vorarbeitet, hat sich die Erzgewinnung im umgebenden Bildraum bereits

zu einem ausgedehnten Montangewerbe mit zahlreichen ausgebauten oder sogar überhausten Stolleneingängen, Förderanlagen, Göpelwerken und Bewetterungseinrichtungen ausgeweitet. Mit Karren, Hundestößern und Erzmulden wird das geförderte Erz jeweils den nächsten Bearbeitungsschritten zugeführt, die ein Ausschläger im Vordergrund und eine Erzwäscherin mit Pfanne am Fluss durchführen.

Auf der Predella wird das Erzauswaschen nochmals in Erweiterung um das modernere Verfahren der Planenwäsche auf einem stufenförmig abfallenden Herd mit fließendem Wasser wiederholt, während die Seitentafeln mit Schmelz- und Veredelungsvorgängen (links) und schließlich dem Münzschlagen (rechts) die wichtigsten weiteren Schritte der Verarbeitung des Silbererzes bis hin zum fertigen Geldstück darbieten. Mit den Be-

arbeitungsschritten verändern sich in demonstrativer Weise die Gebäude und Gewandungen als Zeichen für die wachsende Hochwertigkeit des Materials, aber auch als Spiegel für die stetig höhere soziale Stellung der Akteure. *HJC*

Ausst. Kat. Dresden 1989a, S. 71–74; LCI, Bd. 6, S. 30; Slotta 1994, S. 218ff.; H. Holländer 2000b, S. 650.

2

Hendrik III van Cleve zugeschrieben
Bergwerke und Schmelzöfen –
Die Welt des Saturn, um 1600
Öl auf Holz, 51 x 71
München, Bernheimer Fine Old Masters

In den Niederlanden wurde im 16. Jahrhundert
eine Kupferstichserie nach Vorlagen von Hendrik
Goltzius mit allegorischen Darstellungen zu den
sieben Planeten aufgelegt. Aus dem Saturn-Blatt
entlehnte der Maler dieser Symbollandschaft die
Kolossalstatue des Saturn und setzte sie als Zitat
in den Mittelpunkt seines eigenen Gemäldes.
Gleichzeitig unterzog er den umgebenden Bildraum einer grundlegenden Veränderung: Anstelle
der Ackerlandschaft mit erntenden Bauern, die
im Stich das Patronat des Saturn über die Feld-
arbeit versinnbildlicht, findet sich nunmehr

eine suburbane Szenerie mit Aktivitäten rund
um die Gewinnung und Verarbeitung von mineralischen Bodenschätzen. Eine ausgemauerte
Schmiedegrotte, rauchende Schmelzöfen, Stol-
lenmundlöcher mit Fördergerüsten und ein
Grubeneingang im Fels prägen den vorderen
Bildraum. Im Mittelgrund breitet sich eine Stadt
mit vielen Prachtbauten aus, deren Reichtum sich
offenbar auf die Verarbeitung der Bodenschätze
stützt. Die Bedeutung des Handels unterstreichen ein belebter Hafen und Kaufleute mit
beladenen Pferden.

Die Verküpfung dieser Aktivitäten mit Saturn
ermöglicht dessen allegorische Zuordnung zum
Element Terra, die diesmal nicht als Nährboden,
sondern als Hort unterirdischer Schätze aufgefasst wird – eine Deutung, die spätestens mit den
Schriften des Heinrich Cornelius Agrippa von

Nettesheim (1486–1535) Verbreitung fand. Zum
gleichen Deutungshorizont gehört die Verbindung schauerlicher Orte wie Gruben und Höhlen
mit der Saturn-Welt, die in den Bergwerks- und
Schmiedestätten des Gemäldes nachklingt, sowie
auch die Zueignung der Eigenschaften Fleiß,
Geduld, Ernsthaftigkeit zu den saturnischen
Menschen, die sich in der ruhigen Betriebsamkeit
der Figuren ausdrückt. Obendrein galt Saturn seit
Hesiod (um 700 v. Chr.) als Regent des Goldenen
Zeitalters, das hier mit einer prosperierenden
Gesellschaft handwerklicher Prägung gleich-
gesetzt wird. *HJC*

Hauber 1916; Ausst. Kat. Stuttgart 1997, S. 76ff.,
Nr. 18.1; H. Holländer 2000b, S. 648f.

3

Marten van Valckenborch
(Löwen 1534/35 – 1612 Frankfurt/M.)
**Phantastische Flusslandschaft mit
Eisenhütten, 1609**
Öl auf Leinwand, 96 x 167
München, Bernheimer Fine Old Masters

Das Gemälde kann exemplarisch für eine kleine
Gruppe von Werken der Brüder Marten und
Lucas van Valkenborch mit frühindustriellen Anlagen stehen, die eine Invention des Herri met de
Bles fortführen und ihre Schöpfer zugleich auf
der Höhe der zeitgenössischen Entwicklungen in
der Landschaftsmalerei zeigen.

Vor dem Betrachter entfaltet sich ein durch-
komponiertes Panorama, das von einem erhöhten
Augenpunkt aus wahrgenommen wird. Über den
Kunstgriff der Gabelperspektive sind drei grund-
verschiedene Landschaftsräume voller Figuren-
szenen miteinander verschränkt. Im Mittelgrund
öffnet sich v-förmig ein bergiges Flusstal mit ent-
fernter Stadt. Davor gabelt sich ein Weg in die
rechte Bildhälfte, der in eine Waldlandschaft mit
Dorf und mähenden Bauern führt. Dunkle Wald-
landschaften hatten erst um 1600 als eigenständige Thematik Eingang in die nordalpine Landschaftsmalerei gefunden, sodass Marten hier eine
aktuelle Motivik in seine Überschaulandschaft
integrierte. Den ungewöhnlichen Charakter der
Darstellung erhöht die Gegenüberstellung der
Ackerregion im Walde mit einer felsigen Montan-
industrielandschaft auf der linken Bildhälfte. Alle
Stadien der Metallverarbeitung sind hier präsent:
die Erzgewinnung und -förderung über Schacht-
anlagen, der mühselige Transport des Rohmaterials mit Schubkarren und Trägern, die
Verhüttung im gemauerten Schmelzofen bis hin
zur Verarbeitung des Erzes in einem großen
Schmiedebau, dessen Hammerwerke ebenso wie
der Blasebalg des Hochofens durch Wasserräder
angetrieben werden. Das starke Interesse des
Künstlers für die technischen Details weist auf
eine Loslösung auch der Bergbau- oder Industrielandschaft als eigene Untergattung der Landschaftsmalerei voraus, die sich, im Unterschied
zur Waldlandschaft, freilich zu Lebzeiten der
Brüder van Valckenborch noch nicht durchsetzen
konnte. *HJC*

Ausst. Kat. Manchester 1965, Nr. 231; Wied 1990,
S. 275, Nr. 42; Devisscher 1992; H. Holländer 2000b,
S. 652–654.

4

Gérard Douffet
(Lüttich 1594 – 1660 Lüttich)
Venus in der Schmiede des Vulkan, 1615
Öl auf Leinwand, 96 x 163
Lüttich, Musée de l'Art Wallon, Inv. AW. 41

Unter allen Sinnbildern für das Handwerk ist die Figur des Feuergottes Vulcanus (= griech. Hephaistos) sicherlich das älteste. Seit antiker Zeit reizte Maler die Darstellung der in den Tiefen des Ätna oder der Liparischen Inseln lokalisierten Werkstatt des Vulkan mit ihren dramatischen Lichtverhältnissen sowie einer bedrohlich-faszinierenden Atmosphäre der kraftvollen Arbeit. Auch der flämische Rubens-Schüler Douffet setzte sich mit der Thematik auseinander, wobei er sich kompositorisch eng an einer graphischen Vorlage des Maerten van Heemskerk orientierte. Sein Gemälde zeigt formatfüllend die mythische Schmiedestätte mit dem Amboss, auf dem Vulkan mit zwei Gehilfen ein glühendes Eisen bearbeitet, während ein dritter das Feuer der Esse anfacht. Auf der gegenüberliegenden Seite müht sich Venus, die Gattin des Vulkan, ihren Sohn Amor für das Schmieden zu interessieren, da ja auch seine Pfeile dort ihren Ursprung besitzen. Allerdings ringt der Kleine lieber furchtsam darum, dem martialischen Geschehen zu entrinnen.

In der Figur des Vulkan, der wegen seiner lahmen Beine sitzend arbeitet, und in der Darstellung seiner Gehilfen als Zyklopen nähert sich das Gemälde stark den mythologischen Vorgaben an. Allerdings zeigt Douffet seine Protagonisten weniger als antikisch gewandete, riesenhafte Göttergestalten denn als muskulös-wohlgestaltete Männer, die in einfacher, den Formen des 17. Jahrhunderts angenäherter Arbeitskleidung auftreten. So wird es möglich, das Gemälde bei etwas Distanz auch als reine Handwerksszene in der Tradition profaner Schmiededarstellungen zu lesen, wobei das flache Querformat in Verbindung mit den Gesten der Akteure und den Lichteffekten einen lebendigen Eindruck von den engen, heißen und lauten Arbeitsbedingungen in einer Schmiedewerkstatt nachzuzeichnen bemüht ist. *HJC*

Lex. der Alten Welt, Bd. 2, S. 1252f.; Cartari 1647 (1963), S. 205ff.; Pigler 1974, Bd. 2, S. 291–294; Kairis 1982; Larsen 1985, S. 262f.; Köhler 1997; Türk 2000, S. 73ff.

5

Matthäus Gundelach
(Kassel? 1566 – 1653/54 Augsburg)
Allegorie des Bergbaus, um 1620
Öl auf Leinwand, 133 x 83
Dortmund, Museum für Kunst- und Kultur-
geschichte der Stadt Dortmund, Inv. C 5188

Ähnlich wie der Maler der Saturn-Landschaft
(Kat. Nr. 2) wählte auch der am Hofe Rudolfs II.
tätige Gundelach eine überlieferte Ikonographie
als Ausgangspunkt für seine symbolische Bild-
erfindung zum Bergbau. Traditionelle Darstel-
lungsformen der seit der Antike verehrten
Glücks- oder Zufallsgöttin Fortuna liegen der un-
bekleideten Zentralfigur seines Bildes zugrunde.

Tatsächlich erscheint die Anknüpfung an
Fortuna nahe liegend. Zum einen sind Bergleute
bei ihrer Tätigkeit mehr als andere auf glückliche
Umstände angewiesen. Zum anderen bot die
tradierte Symbolik der Fortuna eine Fülle geeig-
neter Anknüpfungspunkte für den Bergbau: Sie
wurde häufig mit einem Füllhorn gezeigt, dem
Gold und Edelsteine entfließen, jene Güter also,
um deren Gewinnung die Arbeit der Bergleute
kreist. Deren Berufsstand repräsentiert hier der
Bergknappe mit Kapuze und Spitzhacke im
rechten Bildfeld, der einen Erzklumpen hält.
Das Symbol der Weltkugel zu Füßen der Fortuna
verwandelte Gundelach in das Rad einer Förder-
haspel, wodurch zugleich das Symbol des
Glücksrads mit ins Bild gebracht wird. Für die
Bewetterung und Entwässerung im Bergbau
stehen Wetterfahne und Windrad, die das
traditionelle Segel in den Händen der Glücks-
göttin als Sinnbild der günstigen Winde in ungewöhnlicher Weise ersetzen. Bemerkenswert ist
schließlich, dass Gundelach über die Figuren-
gruppe im linken Hintergrund, die sich unter
Anleitung eines Gelehrten um die Hebung eines
von einem Ungeheurer bewachten Goldhortes
bemüht, auch die Schatzgräberei einbezog.
Die Verknüpfung mit Fortuna erscheint hierbei
nicht minder gerechtfertigt.

Als Gegenstück zu diesem Gemälde bewahrt
das Bodensee-Museum in Friedrichshafen eine
Allegorie des Fischfangs von Gundelach, die es
erlaubt, die beiden Bilder auch als symbolische
Darstellungen der Elemente Erde und Wasser
aufzufassen. *HJC*

Ripa 1603; Pigler 1974, Bd. 2, S. 488f.; Bender 1981;
Ausst. Kat. Essen 1988, S. 231f. (mit Abb. des
Pendants); Meyer-Landrut 1997; H. Holländer 2000b,
S. 657f.

6

Cornelis de Man (Delft 1621 – 1706 Delft)
**Die Tranöfen der Amsterdamer Kammer
der Grönländischen Kompanie auf der
Jan Mayen-Insel, 1639**
Öl auf Leinwand, 108 x 205
Amsterdam, Rijksmuseum, Inv. SK-A-2355

Die westlich von Grönland gelegene Jan Mayen-
Insel verdankt ihren Namen dem nordnieder-
ländischen Walfänger Jan Jacobsz. May, der sie
1614 als Stützpunkt für die Walfangflotte seiner
Heimat entdeckte. Während der Sommermonate
steuerten die niederländischen Walfängerschiffe
seitdem die »Walroßbai« an, um ihre Wale zu
zerkleinern und weiter zu verarbeiten. Im Laufe
der Zeit wurden hierzu Häuser, Fabrikations- und
Verladeanlagen sowie ein kleines Fort angelegt.

Das Gemälde bietet einen Panoramablick
über diese Bucht mit dem Beerenberg-Vulkan
(2277 m) im linken Bildfeld sowie der als
Orientierungspunkt für Seefahrer dienenden
Toren van Brielle-Klippe davor. Im Hafen liegen
mehrere der für den niederländischen Walfang
typischen, bauchigen *Fluit*-Schiffe mit großen
Laderäumen, deren Beiboote (*Walvissloepen*)
über die Bucht verteilt Wale harpunieren. Auf
dem Festland wird einem bereits verendeten, mit
Hilfe von Winden an Land gezogenen Wal das
Fettgewebe herausgeschnitten, um es anschließend von Arbeitern in einer doppelreihigen
Fabrikanlage unter freiem Himmel zerkleinern
und in Tranwannen erhitzen zu lassen. Quadratische Bottiche nehmen das frisch gewonnene
Tranöl auf, das schließlich über ein hölzernes
Leitungssystem im Mittelgrund in Fässer abge-
füllt wird.

Cornelis de Man, der nach 1654 als Maler von
Gesellschaftsstücken Ansehen erlangte, präsentiert in seinem Frühwerk die Inselfabrikation im
Stadium einer maximalen Auslastung und Produktivität. Das repräsentative Bild sollte zweifellos im Stile zeitgenössischer Darstellungen von
Industrie- und Hafenanlagen auch in anderen
Niederlassungen etwa der Ost- oder Westindi-
schen Kompanien die organisatorischen und
technischen Errungenschaften einer niederländischen Kaufmannschaftsvereinigung zelebrieren.
Schon 1650 endete die kurze Blüte der Tranfabri-
kation auf Jan Mayen, da die Zahl der in dieser
Seeregion zu erlegenden Wale erschöpft war. *HJC*

Mededelingen Vereniging Zeegeschiedenis 26, 1973,
S. 37–42; Slg. Kat. Amsterdam 1976, S. 360; Ausst. Kat.
Delft 1996, S. 190ff.; Ausst. Kat. Rotterdam 1996/97,
S. 368ff.

7.1–2

Johann Weiss
(Prag 1745 oder 1747 – 1787 Prag)
oder Johann Benedikt Werkstätter
(Neumarkt 1708 – 1772 Salzburg)
**1. Nassmechanische Erzaufbereitung,
1770/90**
**2. Arsenikgewinnung und Blaufarben-
erzeugung, 1770/90**
Öl auf Leinwand, 72,5 x 50,5
Salzburg, Museum Carolino Augusteum

Die Darstellungen gehören zu einer achtteiligen
Folge, die wie vergrößerte, kolorierte Schautafeln
einer Enzyklopädie technische Einrichtungen
zur Förderung und Aufbereitung mineralischer
Bodenschätze vorführen. Die gezeigten Pro-
duktionsanlagen sind aus unterschiedlichen
Standardwerken der Montanliteratur hergeleitet,
wobei oft ältere und jüngere Verfahren miteinander kombiniert werden. Alle technischen
Einrichtungen lehnen sich eng an ihre druck-
graphischen Vorbilder an und werden detailreich
in Form von Schnitten durch die zugehörigen
Gebäude gezeigt, die mit wenig Aufmerksamkeit
für perspektivische Bildkonstruktion, dafür
jedoch eingepasst in variierende Landschafts-
gründe, angelegt sind.

In 7.1 sind die simpelsten Verfahren der
Auswaschung des Erzes unter Verwendung von
Pfannen und Planen im unteren Bilddrittel zu
erkennen (vgl. die Predella des *Annaberger
Bergaltars*, Kat. Nr. 1), wobei G. E. Löhneyß
(1690) Pate stand. Die Schrift dieses Autors
enthielt auch schon das fortschrittlichere Poch-
werk rechts darüber, bei dessen Darstellung sich
der Maler zusätzlich an einer mit zwei Wasser-

rädern betriebenen Anlage in dem grundlegenden Werk von Georgius Agricola (1556)
orientierte. Die Vorlage für das aufwendigste,
zugleich effizienteste Verfahren der Erzabschei-
dung unter Einsatz eines Waschwerkes mit be-
weglichem Messingsieb im Mittelgrund lieferte
Lazarus Erker (1580).

Arsenik (auch ›Hüttrauch‹ genannt) fiel
ursprünglich als unerwünschtes giftiges Neben-
produkt bei der Veredelung arsenhaltiger Erze
an. Seit dem 14. Jahrhundert nutzte man es als
Hilfsmittel vor allem in der Medizin sowie in der
Glas- und Farbenherstellung. Damit einher ging
die Einführung von Gewinnungsanlagen, deren
Kernbestandteil, wie in 7.2 gezeigt, ein langer,
abgewinkelter Mehlfang war, in dessen Inneren
das durch Rösten des Ausgangsmaterials ver-
dampfte Arsenik-Pulver auskondensierte. Die
Vorbilder für diese Einrichtung, wie auch für die
links daneben sichtbare Sublimierungsanlage, in
der die kristalline Substanz durch einen zweiten
Erhitzungsvorgang in metallenen Öfen mit
Kondensationsaufsätzen verfeinert wurde,
lieferte Balthasar Rößler (1790). Bei genauer
Betrachtung fällt auf, dass der große Ofen im
linken Vordergrund mit seinen Beschickungs-
öffnungen im Kuppeldach zugleich als Schmelzofen Verwendung findet, in dem Kobaltglas oder
Kobaltblau-Pigmente erzeugt werden, deren
Pulverisierung in der vorne rechts sichtbaren
Farbmühle nach Johann Gottlob Lehmann
(1761) demonstriert wird. *HJC*

Agricola 1556; Erker 1580; Löhneyß 1690; Lehmann
1761; Rößler 1790; Ludwig 1979, S. 71–86, 135–154;
Türk 2000, S. 152ff.

Das Kerrad, S. 164

8

Georgius Agricola
(Glauchau 1494 – 1555 Chemnitz)
Vom Bergwerck xii Bucher darinn alle Empter Jnstrument Gezeuge vnnd alles zu disem Handel gehörig mitt schönen figuren vorbildet vnd klärlich beschriben seindt, 1557
Verlag: Hieronymus Froben und Nikolaus Bischof, Basel
Berlin, Deutsches Historisches Museum,
Inv. RA 87/1310.2

Mit dem 1556 veröffentlichten Buch *De re metallica*, das bereits ein Jahr später auch in einer deutschen Ausgabe erschien, avancierte Agricola zum Begründer der Montanwissenschaft. Nach einem Studium der alten Sprachen in Leipzig war er zunächst als Lehrer nach Zwickau gegangen. Er entschied sich jedoch, an die Universität zurückzukehren, und studierte in Leipzig und Bologna Medizin. Ab 1527 wirkte er als Stadtarzt in Joachimsthal. In dieser im Erzgebirge liegenden Stadt war 1516 Silber gefunden worden. Die Einwohnerzahl, die zu dieser Zeit noch bei 1 000 gelegen hatte, wuchs daraufhin bis 1530 auf 18 000. Sein Interesse am Bergbau hielt an, als er 1531 als Stadtarzt nach Chemnitz wechselte.

Agricola beschloss, eine systematische Arbeit zu verfassen, die die antiken Mythen zur Entstehung und Gewinnung der Bodenschätze entkräften sollte. Gleichzeitig wollte er das Ansehen des Bergbaus heben, der seinen Zeitgenossen als Inbegriff menschlicher Gier und Gewinnsucht galt. Das Manuskript zu *De re metallica* war 1550 abgeschlossen. In den folgenden Jahren überwachte er die Anfertigung von 292 Holzschnitten. Um die Untertagebauten zeigen zu können, sezierten die von ihm angeleiteten Zeichner die Erdrinde wie Anatomen den Körper eines Lebewesens (s. a. Abb. S. 43). Auch Fördermaschinen, wie das »Kerrad«, bildeten sie ab: Mit den »haspel winden« (CD) konnte der »hengsitzer« (O) die Richtung des mit Wasserkraft betriebenen Schaufelrads ändern.

Bis zum Ende des 18. Jahrhunderts blieb Agricolas Lehrbuch das Standardwerk der Hüttenkunde. Mit seinen Illustrationen prägte es die Bildgeschichte des Bergbaus. Noch Denis Diderot und Jean le Rond d'Alembert griffen für ihre *Encyclopédie* (Kat. Nr. 12) auf diesen Fundus zurück. *AS*

Ausst. Kat. Chemnitz/Bochum/Prag 1994; Holländer 2000b, S. 660–663.

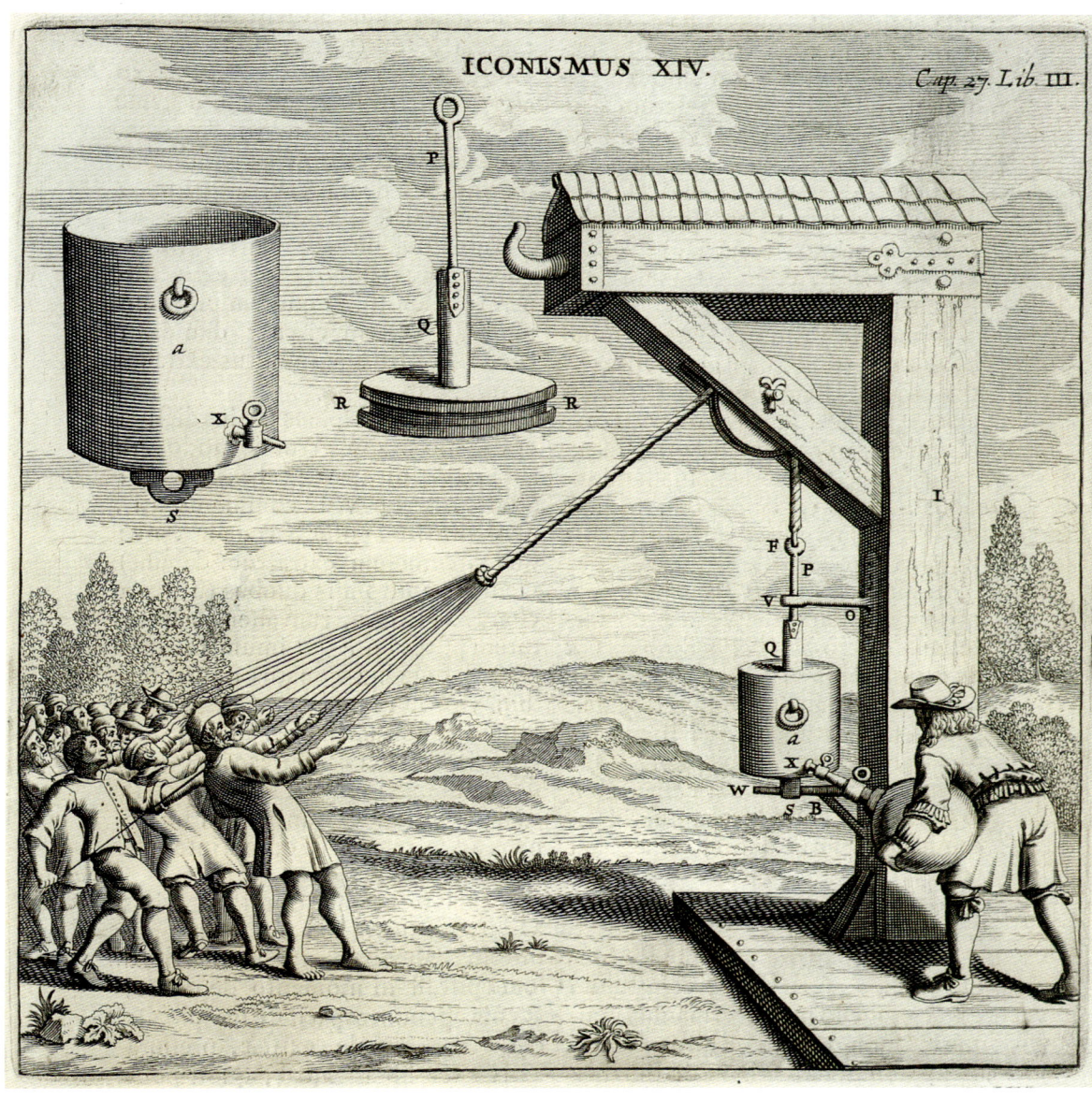

Iconismus XIV,
S. 109

9

Otto von Guericke
(Magdeburg 1602 – 1686 Hamburg)
Experimenta Nova (ut vocantur)
Magdeburgica de Vacuo Spatio, 1672
Verlag: Johannes Jansson van Waesberge,
Amsterdam
Berlin, Deutsches Historisches Museum,
Inv. RA 60/94

Mit seinen »Neuen, so genannten Magdeburger
Versuchen über den leeren Raum« gehört Guericke zu den Wegbereitern der experimentellen
Wissenschaft in Deutschland. Nach Studien in
Leipzig, Helmstedt, Jena und Leiden war er 1630
zum »Bauherrn« von Magdeburg ernannt worden. Ein Jahr später zerstörten die Truppen Tillys

die Stadt, sodass ihm der Wiederaufbau der
Befestigungen und Brücken übertragen wurde.
Guericke wollte mit seinen Versuchen Klarheit
über das Wesen des Raumes zwischen den Him-
melskörpern gewinnen. Er erfand die Luftpumpe
und erforschte die Wirkungen des Luftdrucks.
Damit bewies er die – von Aristoteles bestrittene
– Existenz des Vakuums. Über Christiaan
Huygens und Denis Papin beeinflusste er mittel-
bar die Entwicklung der atmosphärischen
Dampfmaschine durch Thomas Newcomen. Der
Kupferstich *Iconismus XIV* wirkt wie eine Vor-
stufe zu diesem Aggregat: Ein Mann pumpt den
Zylinder leer; die Luft drückt den Kolben in das
entstehende Vakuum und überwindet den Widerstand der Männer, die an den Seilen ziehen.

Die Abbildungen in Guerickes Buch sind
sachlich und funktional. Alle Versuche werden
perspektivisch wiedergegeben, wichtige Details
als vergrößerte Konstruktionszeichnungen hinzugefügt. Allegorische Zutaten, wie sie für die
barocke Buchillustration typisch waren, fehlen.
Dieser Modus, der die Wiederholung von
Experimenten erleichtern sollte, galt bis in das
19. Jahrhundert als Standard für die dokumentarische Graphik. Er erleichterte nicht nur den
wissenschaftlichen Diskurs, sondern beeinflusste
auch die Künstler, die Vorlagen für die Darstellung technischer Sachverhalte suchten. *AS*

Ferguson 1993, S. 25; Krifka 2000a, S. 743–749.

10

Jacob Leupold
(Planitz bei Zwickau 1674 – 1727 Leipzig)
**Theatrum Machinarium Generale.
Schau-Platz des Grundes Mechanischer
Wissenschaften. Das ist: Deutliche
Anleitung zur Mechanic oder Bewegungs-
Kunst, 1724**
Verlag: Christoph Zunckel, Leipzig
Berlin, Deutsches Historisches Museum,
Inv. RB 60/582

Das von 1724 bis 1739 erschienene zehnbändige
Werk Leupolds mit seinen über 430 Kupferstichen gilt als »die erste wirkliche Enzyklopädie
der Technik« (Ernst H. Berninger). Der Autor
hatte das Studium in Leipzig abgebrochen, um
eine mechanische Werkstätte zu gründen, in der
er Globen, Feuerspritzen, Mess- und Zeichen-
instrumente anfertigte. Daneben baute er
eigene Erfindungen, darunter eine Vier-Spezies-
Rechenmaschine.

In einem Überblickswerk wollte er den
zeitgenössischen Stand der Technik festhalten.
Dabei kam es ihm auch auf die soziale Aufwertung seines Tätigkeitsfelds an: Der mit der
Theorie wie der Praxis der Mechanik vertraute
Ingenieur sollte nicht länger mit dem Handwerker auf eine Stufe gestellt, sondern als ein für
die Hebung des Reichtums eines Landes unver-
zichtbarer Berufsstand gewürdigt werden. Diese
Absicht entsprach der Wirtschaftstheorie des
Kameralismus.

Wie alle Techniker seiner Zeit interessierte
sich Leupold für die Konstruktion einer kontinuierlich arbeitenden Dampfmaschine. Aus
dem 1707 erschienenen Werk *Ars nova ad aquam
ignis adminiculo efficacissime elevandum* von
Denis Papin übernahm er dessen Darstellung
einer Hochdruckdampfpumpe: In einem runden
Kessel (A) wird Dampf erzeugt, der einen Kolben
(F) bewegt. Das darunter befindliche Wasser
wird in ein Steigrohr (M) gedrückt. Wenn das
Ventil (E) geschlossen wird, bewegt sich der
Kolben zurück. Neues Wasser wird durch einen
Trichter (G) zugeführt. Derselbe Kupferstich
präsentiert ein »Feuer Rad«, das sich aufgrund
der Verlagerung des Wassers von einem der mit
Zahlen bezeichneten Kompartimente zum
andern in Bewegung versetzen sollte. Anders als
Agricola (Kat. Nr. 8) interessierte sich Leupold
auch für spekulative Projekte; er beschrieb nicht
nur das, was funktionierte, sondern auch das, was
funktionieren könnte. *AS*

Troitzsch 1975; Berninger 1989 (Zitat); Ferguson 1993,
S. 130, 134; Bacher 2000c, S. 513f.

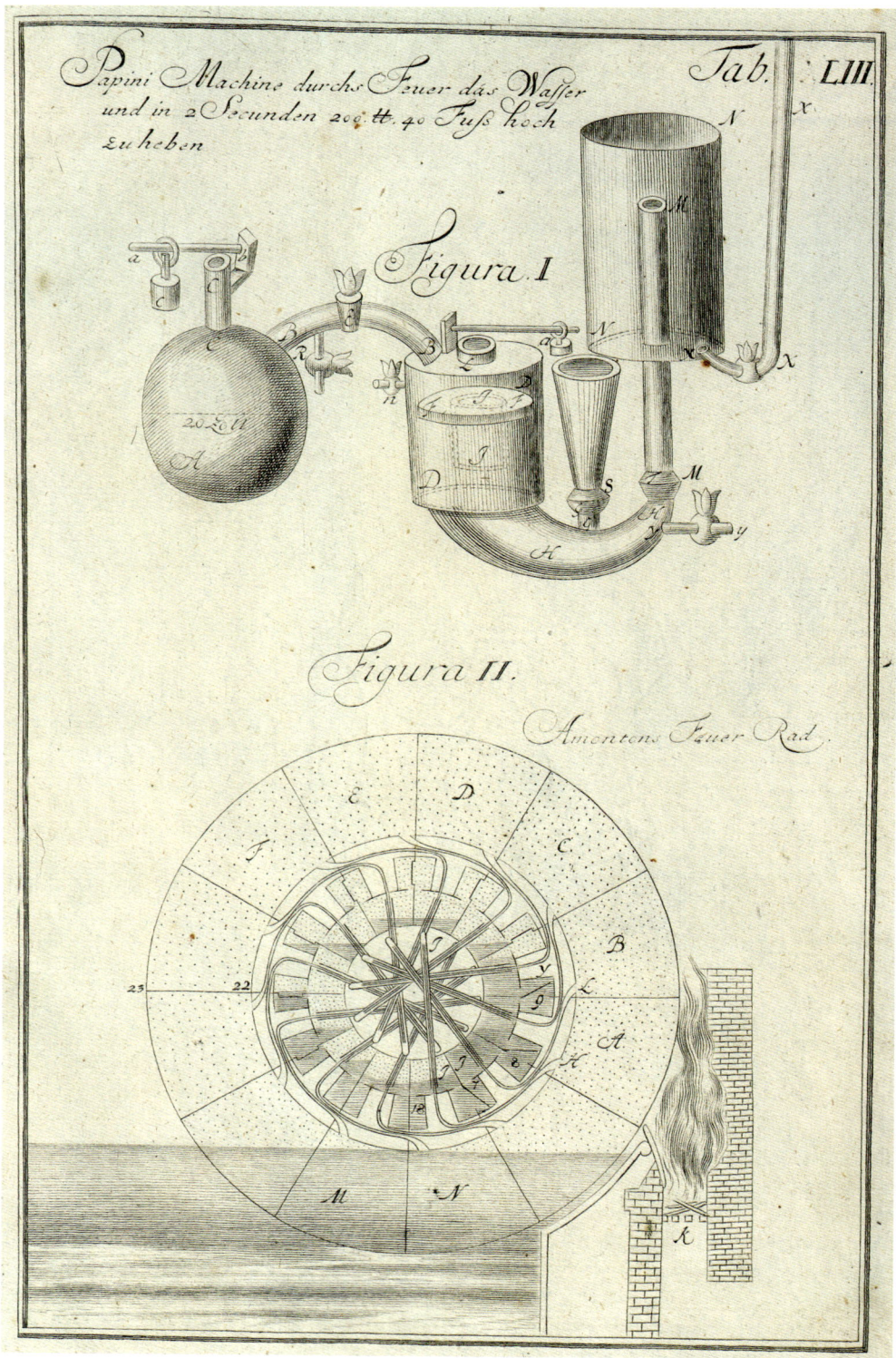

Tab. LIII, aus dem Anhang

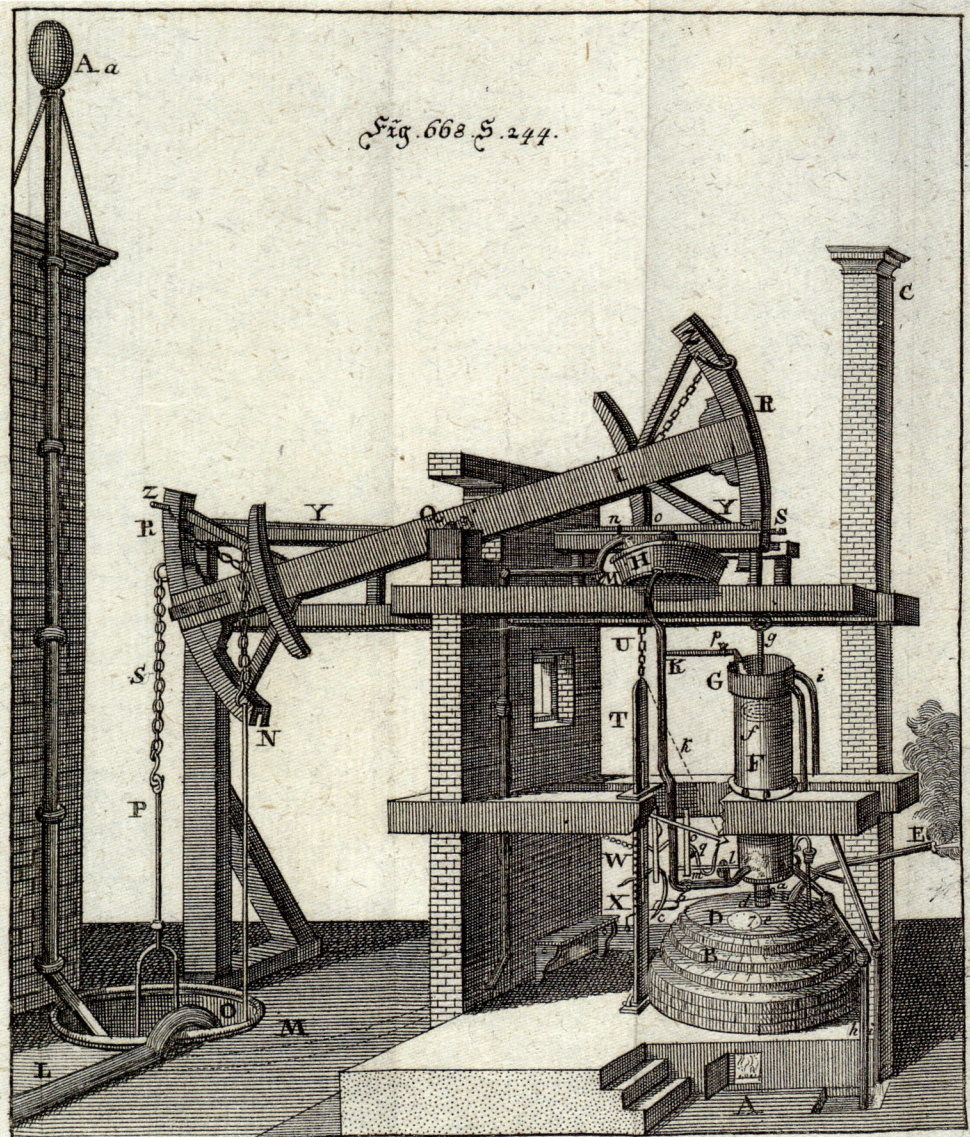

Pl. 5, Fig. 668, aus dem
Anhang zu Bd. 13, 1778

11
Johann Georg Krünitz
(Berlin 1728 – 1796 Berlin)
**Ökonomisch-technische Enzyklopädie oder
allgemeines System der Staats- Stadt-
Haus- u. Landwirthschaft, in alphabetischer
Ordnung, 1773–1858**
242 Bände, Verlag: Joachim Pauli, Berlin
Berlin, Deutsches Historisches Museum,
Inv. R 57/2077

Die zwischen 1773 und 1858 erschienenen 242
Bände der *Ökonomisch-technischen Enzyklopädie* bilden das bis heute umfangreichste Real-
lexikon in deutscher Sprache. Das vom Gedan-
kengut der Aufklärung inspirierte Werk wurde
von dem Mediziner Krünitz begründet, der die
ersten 72 Bände mit je über 600 Seiten allein er-
stellte. Für seine Artikel verarbeitete er gedruckte Informationen aus dem In- und Ausland zu
einem weiten Themenbereich, der die Herstellung und den Gebrauch aller menschlichen
Erzeugnisse umfasste. Seine Enzyklopädie ist
kein wissenschaftliches Universallexikon mehr,
aber auch noch kein Fachlexikon für eine einzelne wissenschaftliche Disziplin. Ihre Attraktivität
als Nachschlagewerk beruhte wesentlich auf dem
umfangreichen Bildprogramm: Allein die bis zum
Tod von Krünitz erschienenen Bände enthalten
4 311 Kupferstiche. Bei den Illustrationen legte
der Autor Wert auf Praxisbezug: Geräte und
Maschinen werden einzeln vorgestellt und nur
selten im Zusammenhang mit Arbeitern und
Werkstätten präsentiert.

Im Entstehungszeitraum der Enzyklopädie
entwickelte sich Preußen vom Agrar- zum Industriestaat. Als Krünitz 1778 seinen Artikel *Feuer-
Maschine* konzipierte, war ihm noch nicht

bewusst, welche Bedeutung dieser Energie-
umwandler schon bald gewinnen würde. Der
beigegebene Kupferstich zeigt eine Newcomen-
Dampfmaschine, wie sie Joseph Emanuel Fischer
von Erlach 1722 im Garten des Fürsten von
Schwarzenberg in Wien aufstellte, »um das
herunterfallende Wasser für die Fontänen wieder
in den Sammelkasten hinauf zu treiben, und
durch eine beständige Circulation wiederum
durch die Fontänen springend zu machen«
(S. 243). Während Krünitz der *Feuer-Maschine*
acht Seiten einräumte, widmete er im selben
Band dem *Fisch-Fang* 161 Seiten. AS

Troitzsch 1990, S. 1–14; Fröhner 1994, S. 135–138.

12

Denis Diderot (Langres 1713 – 1784 Paris)
und Jean le Rond d'Alembert
(Paris 1717 – 1783 Paris) als Herausgeber
**Encyclopédie, ou Dictionnaire raisonné
des Sciences, des Arts et des Métiers,
1751–80**
35 Bände, Verlag: Briasson/David/Le Breton/
Durand, Paris
Berlin, Deutsches Historisches Museum,
Inv. RB 97/64

Die *Encyclopédie* ist das umfassendste Werk der
französischen Aufklärung und ein Dokument der
Geschichte des europäischen Denkens. Im Interesse der Aufklärung sollte sie über sämtliche
Wissensgebiete Auskunft geben. Anders als die
bisherigen Nachschlagewerke wurden auch die
technischen und handwerklichen Berufe berücksichtigt. Aufgrund ihres kritischen, Politik und
Kirche einbeziehenden Charakters riefen viele
Artikel und damit das ganze Werk bei seinem Erscheinen in ganz Europa großes Aufsehen hervor.
Robespierre galt sie als »Einleitungskapitel der
Revolution«. Das Unternehmen wurde zum
größten Buchhandelserfolg des Jahrhunderts.

Der Bereich der *Arts méchaniques* nimmt
einen großen Teil des Werkes ein. Wenngleich
sich Illustrationen auch auf das Vorbild älterer
Werke wie Agricolas *De re metallica* (Kat. Nr. 8)
beziehen, sind viele vor Ort angefertigt. Die
Stecher arbeiteten dabei häufig mit Ingenieuren
staatlicher Institutionen zusammen, um den
neuesten Stand damaliger technischer Möglichkeiten aufzuzeigen. Ziel war die Wiedergabe der
funktionalen, vorbildlichen Zusammenhänge von
Fertigungsweisen. Entsprechend werden Apparate wie die Strumpfwirkmaschine (*Travail du
Bas au Metier*) detailliert in ihrem Aufbau gezeigt. Unter dem Stichwort *Histoire Naturelle*
wird in der nicht auf Anschauung beruhenden,
sondern auf altertümliche Idealvorstellungen
zurückgehenden Ansicht des Salzabbaus im
polnischen Wieliczka (vgl. Kat. Nr. 34.1–2) die
berühmte unterirdische Architektur sowie die
verschiedenen, dort ausgeführten Tätigkeiten geschildert. Produktionsdarstellungen wie *Fonte des
Canons* weisen in ihrer Anlage direkt auf gegen
Ende des Jahrhunderts entstehende innovative

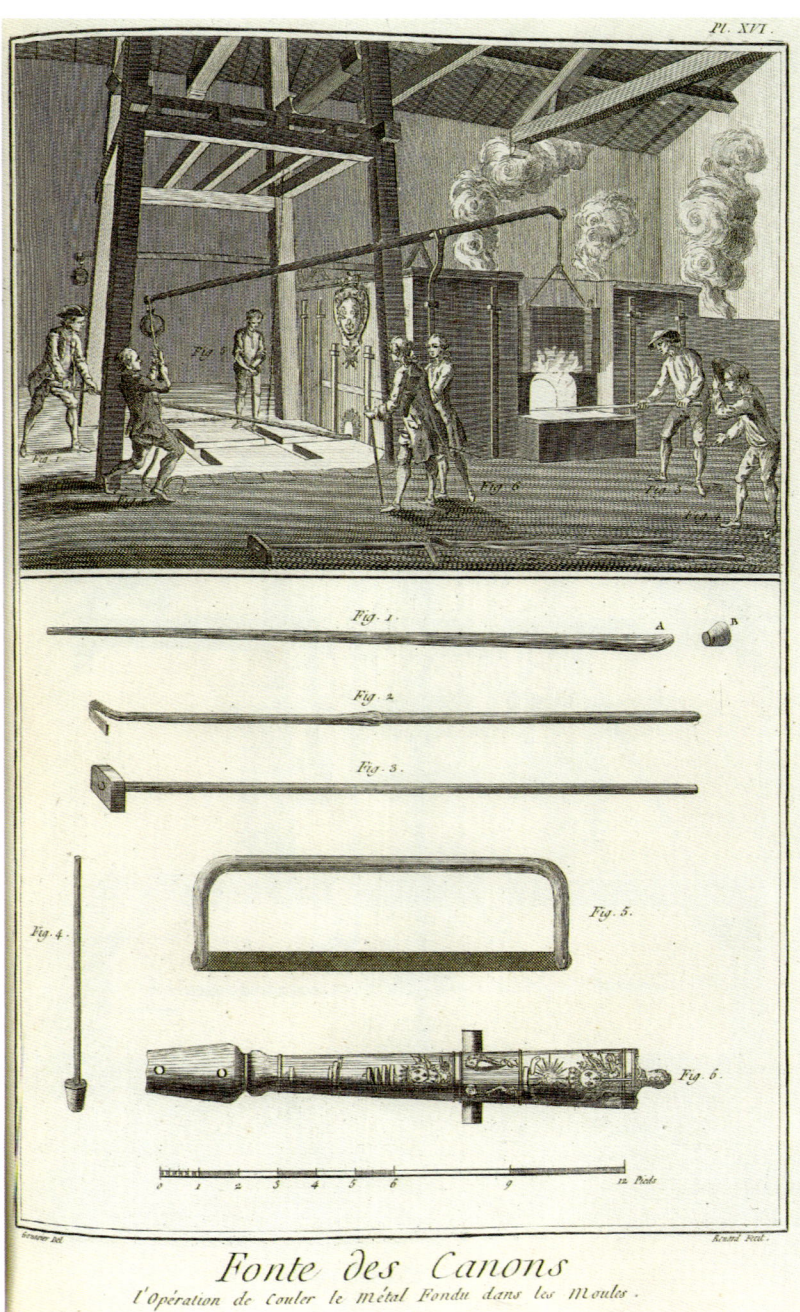

Robert Benard
nach Louis-
Jacques Goussier,
*Kanonengießerei
(Fonte des
Canons),*
Recueil de
Planches, Bd. 5,
Paris 1767, Fonte
des Canons,
Pl. XVI

Gemälde mit Interieurs von Schmieden und
Eisengießereien von Pehr Hilleström d. Ä. (Kat.
Nr. 18) oder Léonard Defrance (Kat. Nr. 20, 21).
Die Illustrationen der *Encyclopédie* stellten ein
Motivrepertoire für zukünftige Industriedarstellungen dar. Insbesondere eine nicht auf
mythologische oder christliche Ikonographie zurückgehende Darstellungform bediente sich dort
vorgegebener Muster. *SB*

Literatur: B. Holländer 2000; Darnton 1993.

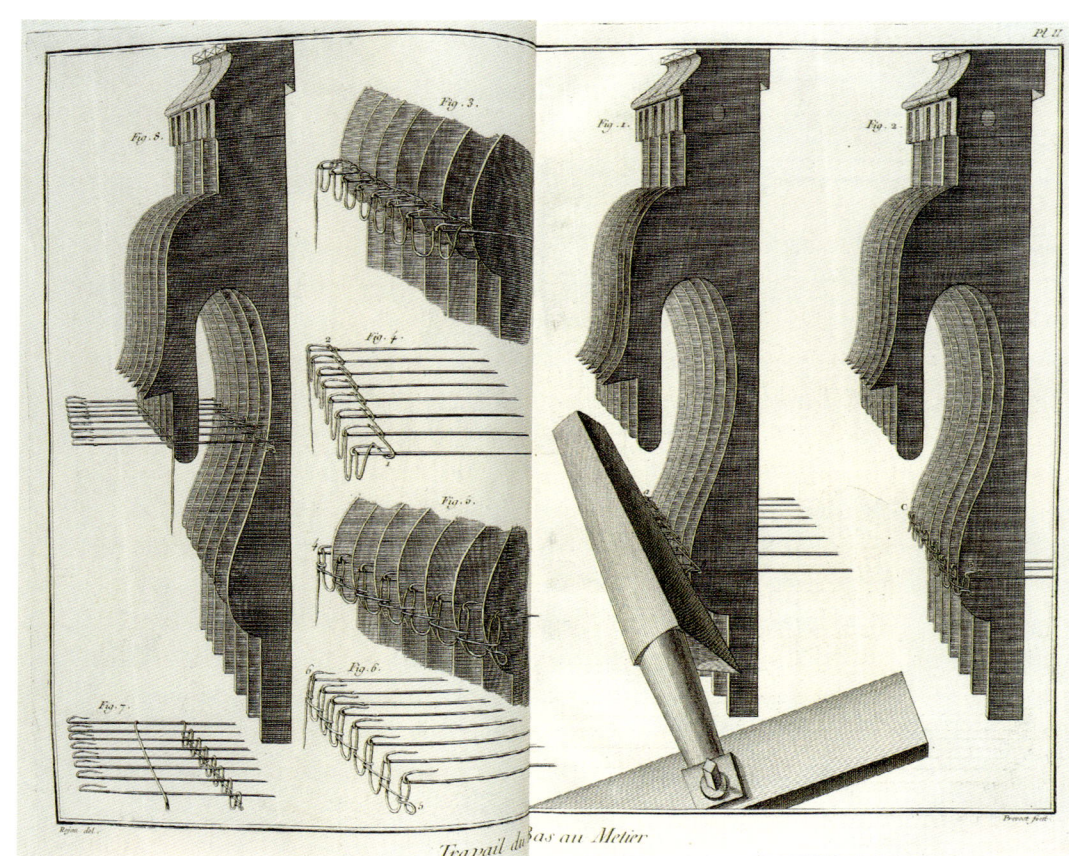

Bonaventure-Louis Prevost
nach Rojau,
*Strumpfwirkmaschine
(Travail du Bas au Metier)*,
Recueil de Planches, Bd. 2,
Paris 1763, Travail du Bas
au Metier, Pl. II

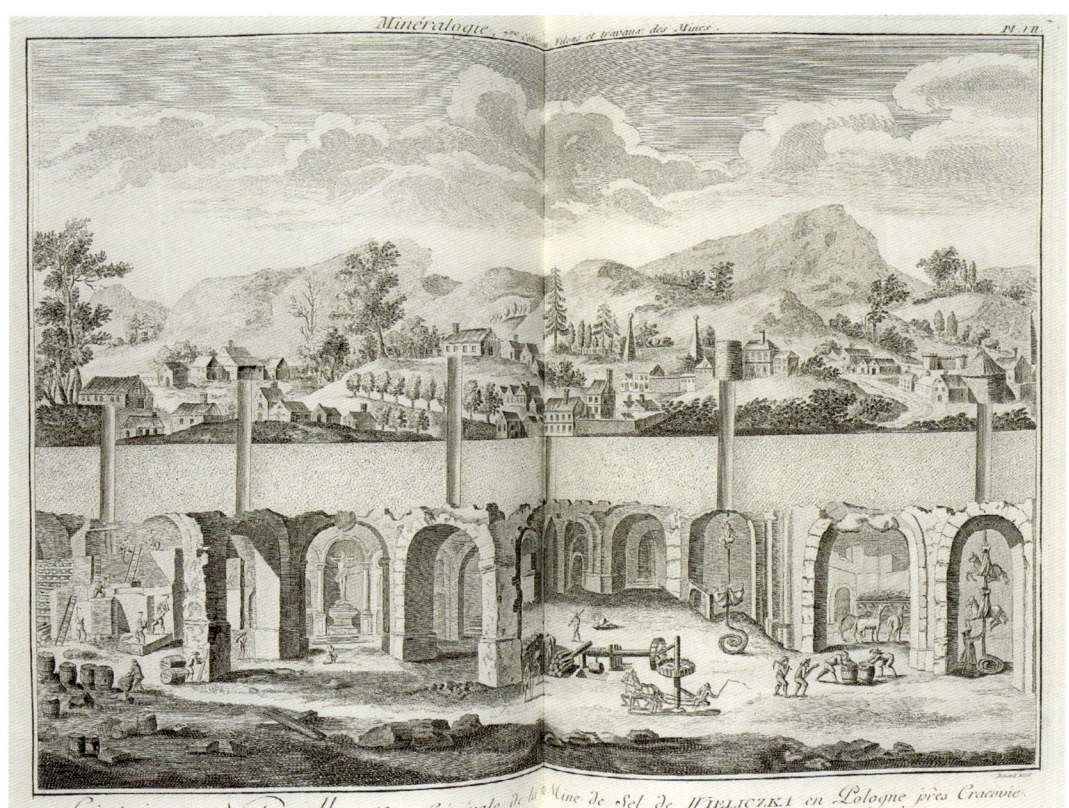

Robert Benard nach einer
unbekannten Vorlage,
*Gesamtansicht des Salz-
bergwerks von Wieliczka
in Polen bei Krakau (Vue
Générale de la Mine de
Sel de Wieliczka en
Pologne près Cracovie)*,
Recueil de Planches, Bd. 6,
Paris 1768, Histoire Natu-
relle, Mineralogie, Pl. VII

2 Produktion als Spektakel
Interieurs und Landschaften der Frühindustrialisierung 1770–1840

Die Industrielle Revolution war »die gründlichste Umwälzung menschlicher Existenzen in der Weltgeschichte« (Eric Hobsbawm). Es änderten sich die Arbeits- und Lebensbedingungen, die wirtschaftlichen Strukturen und die sozialen Beziehungen. Auch das Verhältnis des Menschen zur Natur gestaltete sich neu: Die Industrie verstand sich als Initiator einer ›zweiten Schöpfung‹, deren prägnanteste äußerliche Zeichen Feuer und Rauch waren. Die ungeheure Dynamik dieser Entwicklung veränderte auch den Themenkanon und die Formensprache der bildenden Kunst.

Ihren Ausgang nahm die Industrielle Revolution in Großbritannien. Dort ermöglichten verbesserte Anbau- und Erntemethoden um 1700 ein starkes Wachstum der Bevölkerung. Der Bedarf an Gütern aller Art nahm ebenso zu wie das Potential an Arbeitskräften. Große Kohlen- und Erzlager, kurze Verkehrswege und erhebliche Mengen an verfügbarem Kapital stellten gute Voraussetzungen für eine Ausweitung der industriellen Produktion dar. Der Staat ließ den privaten Unternehmen Raum zur Entfaltung, und die Vorherrschaft im Seehandel sowie das ausgedehnte Kolonialreich erleichterten die Ausfuhr von Waren. In dieser Situation stießen technische Neuerungen wie der Kokshochofen von Abraham Darby (1709), die Dampfmaschinen von Thomas Newcomen (1712) und James Watt (1765) sowie die Spinnmaschine von Richard Arkwright (1769) auf das Interesse marktwirtschaftlich kalkulierender Investoren. Das Zusammenwirken von Arbeits- und Kraftmaschinen ermöglichte den Durchbruch zur gewerblichen Massenproduktion, wofür die Fabrik als zentralisierter Großbetrieb den geeigneten organisatorischen Rahmen bildete. Das Resultat dieser Veränderungen war ein dauerhaftes, sich selbst erhaltendes Wachstum. Auf dieser Basis entstand das kapitalistische Wirtschafts- und Gesellschaftssystem, in dem der Markt die regulierende Instanz darstellt.

Die Umwandlung naturbelassener Räume in Schauplätze industrieller Aktivität erreichte zuerst in Großbritannien ein solches Ausmaß, dass Kohlengruben und Eisenhütten in den Rang von Sehenswürdigkeiten erhoben wurden. Zu den ersten Reisenden, die diese Orte aufsuchten, zählten Künstler, die Studien für die Illustration topographischer Werke anfertigten. Auf der Grundlage dieser Vorarbeiten entstanden Gemälde, die in den Akademieausstellungen gezeigt wurden. Die Beschäftigung von Künstlern mit industrialisierter Landschaft war um 1750 noch stark von den für adelige Landbesitzer angefertigten Veduten geprägt. Bei solchen Darstellungen ermöglichte die Vogelperspektive einen Überblick über die Ländereien, die den sozialen Status des Auftraggebers begründeten. Von Menschen genutzte Gegenden galten zu dieser Zeit als schön, unkultivierte Regionen als uninteressant und befremdlich. Die deutliche und nüchterne Wiedergabe von Fabriken und Brücken lässt den Stolz über die Beherrschung der Natur durch den Menschen erkennen.

Die ästhetischen Kategorien der Naturbetrachtung änderten sich um 1780. Unter dem Einfluss von Edmund Burke und William Gilpin strebten die Künstler nach der poetischen Wiedergabe ihrer Empfindungen. Dieses romantische Konzept war ein »Gegen- und Sprengbegriff« (Hans Holländer) zur klassizistisch-akademischen Tradition. Beide Theoretiker bezogen sich auf die ungenutzte, weder landwirtschaftlich noch industriell umgeformte Natur. Werkhallen und Verkehrswege hielten sie nicht für bildwürdig. Die von ihnen geprägten Kategorien des ›Erhabenen‹ (*sublime*) und des ›Malerischen‹ (*picturesque*) erwiesen sich aber als so wirkungsmächtig, dass sie nicht nur auf Wasserfälle, Schluchten, Stürme und Vulkanausbrüche, sondern auch auf glühende Koksfelder und höhlengleiche Kupferbergwerke Anwendung fanden. Die Gleichsetzung außergewöhnlicher Naturerscheinungen mit spektakulären Produktionsvorgängen schuf ein Bewusstsein dafür, wie tief greifend sich die Beziehung zwischen Mensch und Natur durch die Industrialisierung verändert hatte, und erleichterte so die Auseinandersetzung mit diesem Phänomen. *AS*

Klingender [1947] 1974, S. 76–78; Wagner 1979, S. 13–41; Pollard 1981, S. 3–41; Hobsbawm 1969, Bd. 1, S. 14 (Zitat); Pierenkemper 1996, S. 10–37; H. Holländer 2000c, S. 483f. (Zitat).

13
Edmund Burke
(Dublin 1729 – 1797 Beaconsfield)
**A Philosophical Enquiry into the Origin of
our Ideas of the Sublime and Beautiful,
1757**
Verlag: Dodsley, London
Berlin, Staatliche Museen zu Berlin, Kunst-
bibliothek, Inv. A 7 Rarum

Der britische Parlamentarier und Schriftsteller
Burke betrat 1765 die politische Bühne. Mit sei-
nem 1790 erschienenen Buch *Reflections on the
Revolution in France*, in dem er die Französische
Revolution als Verstoß gegen die durch Tradition
geheiligten Regeln des politischen Lebens ver-
urteilte, wurde er zu einem Wegbereiter des
Konservatismus.

    *A Philosophical Enquiry into the Origin of
our Ideas of the Sublime and Beautiful*, eine
seiner frühesten Veröffentlichungen, galt keinem
politischen, sondern einem ästhetischen Thema.
Er untersuchte darin, wie Sinneswahrnehmungen
auf das Gemüt wirken. Als gegensätzliche Kategorien beschrieb er das Erhabene (*sublime*) und
das Schöne (*beautiful*). Damit berief er sich auf
den im ersten Jahrhundert nach Christus verfassten literaturtheoretischen Traktat *Über das
Erhabene*, der dem griechischen Philosophen
Longinus zugeschrieben wird.

    Zum Erhabenen zählte Burke alles, was
geeignet war, den Selbsterhaltungstrieb des
Menschen zu aktivieren: »Whatever is fitted in
any sort to excite the ideas of pain, and danger,
that is to say, whatever is in any sort terrible, or is
conversant about terrible objects, or operates in a
manner analogous to terror, is a source of the
sublime; that is, it is productive of the strongest
emotion which the mind is capable of feeling«
(S. 13). Das Große und Wechselhafte, Düstere
und Einsame, das sich in den Ansichten unbe-
rührter Landschaften oder extremer Naturschauspiele ausdrückte, war für ihn das Erhabene,
denn es konfrontierte den Menschen, der diese
Bilder von einem sicheren Ort aus wahrnahm, mit
seiner Sterblichkeit. Es hatte für ihn auch eine
gesellschaftliche Komponente, denn es förderte
den Unternehmensgeist des Menschen und verhinderte Erschlaffung und Nachahmung. Im
Gegensatz dazu bezeichnete er das Kleine,

Sanfte, Zarte, Klare und Helle als das Schöne, das
dem Betrachter zwar Freude bereitet, aber keine
tieferen Eindrücke hinterlässt. *AS*

Klingender [1947] 1974, S. 76f.; White 1994, S. 27–33;
Eagleton 1994, S. 58f.; H. Holländer 2000c.

14

William Gilpin
(Carlisle 1724 – 1804 Boldre)
Three Essays on Picturesque Beauty, on Picturesque Travel, and on Sketching Landscape, to which is added a Poem on Landscape Painting, 1792
Verlag: Blamire, London
Berlin, Staatsbibliothek zu Berlin, Inv. Nu 4131

Der in Oxford ausgebildete Geistliche und Reformpädagoge Gilpin verwendete die von Burke erarbeiteten Klassifikationen von Sinneswahrnehmungen als Grundlage seiner ästhetischen Theorie. In viel beachteten Veröffentlichungen, vor allem den zwischen 1782 und 1809 publizierten Reisebeschreibungen und den 1792 erschienenen Essays, wandelte er Burkes Begrifflichkeiten für die Zwecke der Künstler und der Touristen ab.

Die zentrale Kategorie war für ihn das Malerische (*picturesque*, von ital. *pittoresco* = für ein Gemälde geeignet). Bildwürdig erschien ihm das Rohe und Ungeordnete. Die Darstellung kulturell überformter Landschaften lehnte er ab. Selbst »cottages, and mills, and foot-paths, and foot-bridges« störten ihn, wie er 1790 in einem Brief schrieb: »By no means do I depreciate these little simple subjects; I can even conceive them to be picturesque: but I have not a relish for them. I totally however repudiate their interfering with grand scenes.« Anzeichen für Eingriffe des Menschen in die Landschaft akzeptierte er nur dann, wenn der Prozess des Verfalls, also der Rückverwandlung in Natur, im Bild bereits sichtbar war. Ein »Palladian House« wollte er folgendermaßen dargestellt wissen: »We must beat down one half of it, deface the other and throw the mutilated members around in heaps. In short, from a smooth building, we must turn it into a rough ruin« (S. 7). In der Malerei Claude Lorrains (1600–1682) und Salvator Rosas (1615–1673) sah er seine Vorstellungen am vollkommensten verwirklicht.

Der *Essay on Picturesque Beauty* enthält zwei Aquatinten nach Vorlagen von Gilpin, die als ein positives und als ein negatives Beispiel für die Darstellung einer Landschaft dienen sollen: »In a mountain-scene what composition could arise from the corner of a smooth knoll coming forward on one side, intersected by a smooth knoll on the other; with a smooth plain perhaps in the middle, and a smooth mountain in the distance. The very idea is disgusting. Picturesque composition consists in uniting in one whole a variety of parts; and these parts can only be obtained from rough objects. If the smooth mountains, and plains were broken by different objects, the composition might be good, on a supposition the great lines of it were so before« (S. 19). *AS*

William Gilpin an Mary Hartley, 16. Feb. 1790, in: Barbier 1963, S. 114 (Zitat); Klingender [1947] 1974, S. 76f.; Wagner 1979, S. 25–27; Bermingham 1987, S. 63–73.

William Gilpin,
*Landschaft ohne
malerische
Ausschmückung
(Scene without
Picturesque
Adornment)*,
zwischen S. 18
und 19

William Gilpin,
*Landschaft mit
malerischer Aus-
schmückung (Scene
with Picturesque
Adornment)*,
zwischen S. 18
und 19

15.1–2

William Williams
(Norwich um 1758 – um 1797)
**1. Eine Morgenansicht von Coalbrookdale
und von Teilen des ausgedehnten Eisenwerks, 1777**
**2. Eine Nachmittagsansicht von Coalbrook-
dale, 1777**
Öl auf Leinwand, 102 x 126 (15.1), 102 x 125 (15.2)
Shrewsbury, Shrewsbury Museum and Art
Gallery, Rowley's House

Coalbrookdale (Shropshire) bezeichnet sich
selbst als »the birthplace of industry«. Die
Bedeutung dieses Ortes ergibt sich daraus, dass
Abraham Darby hier 1709 erstmals einen Hochofen mit Koks betrieb. Zuvor musste die teurere
Holzkohle eingesetzt werden, um Eisen zu
schmelzen. Steinkohle kam hierfür nicht ohne
weiteres in Frage, weil sie außer dem benötigten
Kohlenstoff zu viele andere Substanzen enthält.
Darby stellte fest, dass Koks, also eine durch
Schwelen veredelte Form der Steinkohle, die
technischen Eigenschaften des Eisens im Hoch-
ofen nicht beeinträchtigt. Sein Verfahren ver-

breitete sich ab Mitte des 18. Jahrhunderts. Die
Umstellung vom nachwachsenden Energieträger
Holz zur nicht erneuerbaren Ressource Kohle
war ein wichtiger Schritt auf dem Weg von der
solaren Kreislauf- zur fossilen Durchflusswirt-
schaft. Die bisher geltenden Wachstumsgrenzen
wurden dadurch außer Kraft gesetzt.

Die 1717 nach dem Tod Abraham Darbys
gegründete Coalbrookdale Company wurde
über fünf Generationen von Mitgliedern seiner
Familie geleitet. Sie produzierte die Zylinder für
zahlreiche der ab 1712 gebauten Newcomen-
Dampfmaschinen und lieferte 1767 die Schienen

für die erste eiserne Bahnstrecke in Großbritannien. Abraham Darby III initiierte den Bau der als »phenomenon of the age« gefeierten Ironbridge über den Severn, die 1777/78 in Coalbrookdale gegossen wurde.

Zu dieser Zeit schuf der aus Norwich stammende Maler Williams zwei aufeinander bezogene Bilder, in deren Zentrum die Anlagen der Coalbrookdale Company stehen. Ob es sich dabei um Auftragskunst handelt, ist unklar. In beiden Bildern sind die gewaltigen Rauchfahnen zu sehen, die vom Maschinenhaus, von den Hochöfen und von den Koksfeldern aufsteigen.

Die Newcomen-Dampfmaschine, die genau im Zentrum platziert ist, pumpte das Wasser vom Lower Furnace Pool zurück in den Upper Furnace Pool. Das dadurch entstehende Gefälle trieb über Wasserräder verschiedene Arbeitsmaschinen an.

Die Morgenansicht zeigt links einen Transportarbeiter, der einen Wagen mit Kohle über einen Schienenweg ins Tal bugsiert. Die Nachmittagsansicht präsentiert drei Reisende, die sich von einem Arbeiter die Vegetation erklären lassen; dem spektakulären Panorama, das sich vor ihnen ausbreitet, schenken sie keine Beachtung.

Die beiden Gemälde stehen noch ganz in der Tradition der herrschaftlichen Vedute, die Landbesitz quantitativ statt qualitativ erfasst. Agrarische und industrielle Formen der Naturaneignung werden nebeneinander gestellt, ohne eine Wertung vorzunehmen. *AS*

Wagner 1979, S. 18–22; Raistrick 1989, Taf. VIII; Krifka 2000b, S. 811f.

16

Joseph Wright of Derby
(Derby 1734 – 1797 Derby)
**Arkwrights Baumwollspinnereien, bei
Nacht (Arkwright's Cotton Mills, by Night),
um 1783**
Öl auf Leinwand, 86 x 114
Großbritannien, Privatbesitz

Richard Arkwright (1732–1792) begann seine
Karriere als Selfmademan. Als Perückenmacher
in Lancashire, der an vielen Orten Haare für
seine Produkte aufkaufte, erfuhr er von den
Nöten der Textilindustrie. Er erhielt 1769 das
Patent auf eine Spinnmaschine, mit der in Groß-
britannien »eine neue Epoche der Technik« (Akos
Paulinyi) begann. Um seine Erfindung praktisch
nutzen zu können, errichtete er in Cromford
(Derbyshire) 1771 eine fünfstöckige und

1776/77 eine siebenstöckige Fabrik. Die Spinnmaschinen wurden mit dem Wasser des River
Derwent betrieben. Um 1780 beschäftigte er bereits etwa 600 Männer, Frauen und Kinder, die in
zwei Zwölf-Stunden-Schichten rund um die Uhr
arbeiteten. Ein Augenzeuge berichtete 1783:
»The spinning went on at night; the preparation
was made in the day.«

Mit den Produkten seiner Fabriken und
den Lizenzen seiner Patente verdiente der
Unternehmer ein Vermögen. Er wurde 1786
geadelt. Obwohl er für sein Herrenhaus bei
Wright Porträts von sich und seiner Familie in
Auftrag gab, war er kein »patron of the arts«
(Benedict Nicholson). Die Darstellung der Spin-
nereien in Cromford beschäftigte den Künstler
aus eigenem Antrieb. Sein Bild markiert »einen
Wendepunkt in der englischen Landschafts-

malerei« (Sabine Krifka). Es zeigt keine arkadische Ideallandschaft, sondern ist am Verhältnis
von Industrie und Natur interessiert.

Ein solches zeitgenössisches Thema bedurfte
der künstlerischen Legitimation. Wright inszenierte die beiden Fabriken, in denen die Arbeit
andauert, wie ein festlich erleuchtetes Anwesen.
Von der Gewalt, die die Industrialisierung auf
Mensch und Umwelt ausübt, ist wenig zu spüren,
obwohl der Lichtschein aus den in die Tal-
mulde geduckten Fabriken Assoziationen zu
den Vulkanlandschaften aufkommen lässt, die
Wright in Italien malte. *AS*

Nicholson 1968, Bd. 1, S. 158–169 (Zitat S. 168);
Klingender [1947] 1974, S. 56; Wagner 1979, S. 61;
Ausst. Kat. London 1990, S. 198–200; Paulinyi 1991,
S. 277 (Zitat); Krifka 1996, S. 96–106 (Zitat S. 98).

17

Pehr Hilleström d. Ä.
(Väddö 1732 – 1816 Stockholm)
**Prinz-Gustav-Galerie im Bergwerk von
Falun (Prins Gustavs ort i Falu gruva),
um 1784**
Öl auf Leinwand, 79 x 65
Stockholm, Nationalmuseum, Inv. NM 6746

Das berühmte Bergwerk von Falun war die weltweit größte und ertragreichste Kupfermine um
die Mitte des 17. Jahrhunderts. Dank der
Gewinne, die der schwedische Staat durch sie
erwirtschaftete, ließ sich ein Heer finanzieren,
dessen Eroberungen das Territorium des Reiches
vergrößerten. Im 18. Jahrhundert war die schwedische Minenindustrie wiedererstarkt, und Falun
wurde von ausländischen Reisenden bis aus
China aufgesucht.

Der Hofmaler Hilleström stieg am Eröff-
nungstag, dem 28. Juni 1781, im Alter von 50
Jahren zum ersten Mal 270 Meter tief in die
Grube, um dort Zeichnungen der verschiedenen
Arbeitsbereiche anzufertigen, die er später zu
einigen seiner zahlreichen Industrieinterieurs
verarbeitete. Die Szene zeigt eine der Holztrep-
pen, welche das Labyrinth von Förderkammern
und Passagen verbanden. Bis zu 500 Arbeiter
konnten nur mit dem flackernden Licht der
Fackeln in der erhobenen Hand ihren gefähr-
lichen Weg finden.

Hilleström vermittelt eine wissenschaftlich
präzise, durch den Schein der Fackeln aber
atmosphärisch eindringliche Beschreibung der
Räume und Arbeitsbedingungen in dieser Unterwelt. Die Grubenkammern waren abwechselnd
kochend heiß (durch die Fackeln) oder eiskalt,

erfüllt vom Echo der lauten Rufe und Dynamit-
sprengungen und feucht vom aussickernden
Vitriolwasser. Die Grube ist benannt nach König
Gustav III., der selbst dreimal zu Festlichkeiten
in sie hinabstieg. *MB*

Rönnow 1929 (engl. Summary); Slg. Kat. Stockholm
1995, S. 238.

18

Pehr Hilleström d. Ä.
(Väddö 1732 – 1816 Stockholm)
**Kupferhütte im Bergwerk von Falun
(Kopparhytta vid Falu gruva), um 1784**
Öl auf Leinwand, 79 x 65,5
Stockholm, Nationalmuseum, Inv. NM 6747

Hilleström schilderte in seinen Industrieinterieurs neben den menschenunwürdigen Arbeitsbedingungen im Inneren des Bergwerks von Falun auch die in unmittelbarer Nähe gelegenen Kupferhütten. Das Erz wurde in niedrigen, schaftförmigen Hochöfen aus Stein, die mit Holzkohle befeuert wurden, entschlackt und dann in ähnlich gebauten Schmelzhütten ein zweites Mal geschmolzen.

In Hilleströms Darstellung schlägt eine hohe Flamme fast bis zur Öffnung im Dach der Schmelzhütte. Ein Arbeiter beseitigt vor dem Ofen mit einer hängenden Gabel die Schlacken, ein anderer trägt in einem Korb Holzkohle herbei. Im Vordergrund wartet ein Junge. In anderen Versionen des Gemäldes besucht der Besitzer der Schmelze mit zwei Damen die Hütte.

Das Feuer ist in den Interieurs Hilleströms von zentraler Bedeutung; es brachte den Menschen Licht und Wärme und wurde seit jeher zur Gewinnung und Bearbeitung von Metall gebraucht. Trotz enzyklopädischer Genauigkeit in der Wiedergabe der Arbeitsschritte und der Balkenkonstruktion der Hütte gelingt dem Künstler in diesem Nachtstück durch den harten Kontrast von Feuer und Schatten eine magische Lichtwirkung. *MB*

Rönnow 1929 (engl. Summary); Slg. Kat. Stockholm 1995, S. 238.

19

Pehr Hilleström d. Ä.
(Väddö 1732 – 1816 Stockholm)
**Besuch in einer Stangeneisenschmiede,
um 1780–90**
Öl auf Leinwand, 63 x 77 (Abb. entspricht
nicht den Maßen)
Stockholm, Jernkontoret

Im 18. Jahrhundert löste in Schweden das Eisen
das Kupfer in seiner wirtschaftlichen Bedeutung
ab. Halbzeuge aus Eisen (z. B. Stangen) gehörten
zu den wichtigsten Exportartikeln des Landes,
dessen politische und wirtschaftliche Macht zum
großen Teil auf den Gruben und Schmieden der
Regionen Uppland, Närke, Västmanland und
Dalarna basierte. Der königliche Minenrat und
die Besitzer der in der Gewinnung und Verarbeitung von Eisen tätigen Firmen arbeiteten
erfolgreich zusammen. Die Unternehmer gründeten 1747 das Eisenkontor, um durch Inter-
ventionskäufe und niedrige Preise den Absatz zu
stabilisieren. Hilleström zeigt den Besuch von
Adeligen oder wohlhabenden Bürgern in einer
Eisenschmiede. Der Unternehmer, der in der
Bildmitte zu sehen ist, lenkt mit seiner rechten

Hand den Blick zum Amboss, auf dem das
glühende Eisen zu Stangen geformt wird. Der
Feuerschein aus dem Ofen erhellt den ansonsten
dunklen Raum, die beleuchteten bzw. ver-
schatteten Partien gliedern und akzentuieren
den Schauplatz. Der Künstler, der das Bild auf
einem der Briketts signierte, verknüpfte den
offiziellen Anspruch mit seinem Interesse an
einer detaillierten Schilderung. Das Hammerwerk und die Balkenkonstruktion stellte er
präziser dar als die Besuchergruppe. Ebenso ist
der Blasebalg am linken Bildrand trotz der dunklen Lichtverhältnisse genau wiedergeben.
Wahrscheinlich hat Hilleström – wie für seine
Bilder aus Falun – an Ort und Stelle Studien
angefertigt. Auffällig ist die Nähe zu den Kupferstichen der *Encyclopédie* (Kat. Nr. 12 und Abb.
S. 41). Die Fokussierung auf den Hammer und
auf das Feuer im Ofen sowie die ausgeklügelte
perspektivische Konstruktion führen jedoch zu
einer stärkeren Verdichtung des Raumes, der wie
eine Guckkastenbühne angelegt ist. *BS*

Rönnow 1929; Ausst. Kat. Paris 1994; Magnusson
1994.

20

Léonard Defrance
(Lüttich 1735 – 1805 Lüttich)
Besuch in einer Gießerei, um 1777
Öl auf Holz, 36 x 56
Lüttich, Musée de l'Art Wallon,
Inv. AW 25

Lüttich liegt im Flusstal der Maas, in dem sich
wegen der vorhandenen Wasserkraft und der
Nähe zu Erzlagern schon früh die eisenver-
arbeitende Industrie angesiedelt hatte. Das Bild
zeigt die große Halle einer Eisengießerei, die
an einen mit Holzkohle betriebenen Hochofen
gebaut ist. Die Arbeiter gießen das flüssige Eisen
mit großen Schöpfkellen in die Formen am
Boden, in denen Eisengitter mit kunstvollen
Ornamenten im Stil Louis' XV. entstehen.

Ungeschützt vor der großen Hitze und Helligkeit,
stehen sie vor dem Schmelztiegel mit flüssig-
glühendem Eisen. Während ihre Gesichter im
Dunkeln oder vom Betrachter abgewandt
bleiben, wird das distinguierte Besucherpaar am
rechten Bildrand vom lichten Schein des Gieß-
vorganges beleuchtet und ihre helle, farbige
Kleidung dadurch sichtbar. Defrance betont
durch den Kontrast von beleuchteten und
schattenhaften Figuren sowie bunten und
braunen Kleidern den Standesunterschied der
Personen. Der Maler schildert in den einzelnen
Arbeitern nicht nur minutiös die aufeinander
folgenden Schritte des Gießvorgangs, sondern
komponiert aus den stehenden Arbeitern und
ihren horizontal aufragenden Geräten eine
malerische Gruppe von stilllebenhafter Qualität.

Bei dem Besucher handelt es sich möglicherweise um Pierre-Paul Maibe, einen der wichtigsten Gießereibesitzer, über dessen Haltung
gegenüber den Arbeitern die Zeitschrift *L'Oracle*
1823 in einem Nachruf schrieb: »[Er war] Freund
und Unterstützer des Armen und glaubte mit
Recht, dass es besser ist, ihn durch Arbeit zu ernähren, die ihn sittlich adelt, als durch Almosen,
die ihn erniedrigen, ihn zum Müßiggang verleiten
und damit zur Geißel der Gesellschaft machen.«
MB

L'Oracle, 27. Aug. 1823; Louis 1930, S. 97; Évrard 1950,
S. 5, Nr. 2; Slg. Kat. Lüttich 1954, Nr. 88; Évrard 1955,
S. 67, 70, Nr. 43; Pacco-Picard 1982, S. 6, Nr. 7; Ausst.
Kat. Brüssel 1985/86, S. 357, Nr. 321.

21

Léonard Defrance
(Lüttich 1735 – 1805 Lüttich)
**Innenansicht eines Walz- und Schneidwerks,
um 1790**
Öl auf Holz, 36 x 56
Lüttich, Musée de l'Art Wallon, Inv. AW 23

Die ältesten bekannten Walzwerke stammen aus
der Region von Lüttich und wurden 1583 und
1587 von David und Remacle Koch konstruiert.
Von dort aus wurde die wallonische Technik nach
ganz Europa verbreitet. In dem dargestellten
Walz- und Schneidwerk werden Eisenbarren, die
aus den Hammerschmieden angeliefert wurden,
im Ofen von einem Arbeiter glühend erhitzt, von
einem zweiten Arbeiter zwischen den Zylindern
einer Plättmaschine flachgewalzt und damit

gedehnt. Anschließend werden die Teile durch
die Schneiden einer weiteren Walze zu Eisen-
sprossen geschnitten, die zur Herstellung von
Nägeln dienten. Ein dritter Arbeiter sammelt die
Nägel in Bündeln auf.

Defrance differenziert kunstvoll zwischen
den verschiedenen Lichtquellen von weißem
Tageslicht, rotglühendem Eisen und offenem
Feuer. In den kunsttheoretischen Überlegungen
am Ende seiner Memoiren forderte der Maler die
genaueste Beobachtung der Lichtverhältnisse,
um Wahrhaftigkeit und Schönheit in der Darstellung zu erzielen. Die dunkle Schwere und
Einfachheit der Hütte sowie die farblosen
Figuren der unter Gefahren arbeitenden Handwerker kontrastieren mit der hochmodischen
Erscheinung des eleganten Besucherpaares. *MB*

Évrard 1950, S. 5, Nr. 4; Slg. Kat. Lüttich 1954, Nr. 90;
Évrard 1955, S. 70f., Nr. 46; Évrard 1956, S. 26, Nr. 4;
Ausst. Kat. Lüttich 1980, S. 71, Nr. 68; Pacco-Picard
1982, S. 11; Dehousse/Pacco/Pauchen 1985, S. 162,
Nr. 298.

22.1–2

Étienne Bouhot (Bard-les Epoisses
1780 – 1862 Semur-en-Auxois)
**1. Innenansicht einer Schmiede bei
Châtillon-sur-Seine, Côte-d'Or (Vue inté-
rieur d'une forge, près Châtillon-sur-Seine,
Côte d'Or), 1823**
**2. Außenansicht einer Schmiede bei
Châtillon-sur-Seine, Côte-d'Or (Vue
extérieur d'une forge près Châtillon-sur-
Seine, Côte d'Or), 1823**
Öl auf Leinwand, 38 x 46
Buffon, Musée de la Sidérurgie en Bourgogne du
Nord, Inv. 82.01.02, 82.01.01

Bouhot ist bekannt für seine Architekturdarstel-
lungen und topographischen Ansichten von Paris
aus der Zeit Napoleons und der Restauration.
Zwischen 1820 und 1830 fertigte er mehrere
Darstellungen von Schmieden in seiner Heimat
Burgund nahe Châtillon-sur-Seine (nördlich von
Dijon), die er unter anderem an einen der Werks-
besitzer verkaufte. Das vorliegende Gemälde
eines frühindustriellen Hammerschmiede-
interieurs besitzt als Pendant die Ansicht einer
Schmiede von außen; beide Bilder wurden im
Pariser Salon von 1824 (Nr. 229/230) ausgestellt.
Im Gegensatz zu Lüttich (Léonard Defrance

oder Louis-Bernard Coclers) und Schweden
(Pehr Hilleström d. Ä.) waren solche Motive in
Frankreich vor 1830 sehr selten. Die Darstellung
geht einher mit der Expansion der Eisen-
fabrikation in Frankreich, die während der
Restauration stattfand.

Das Äußere der Schmiede wird von dem
großen pyramidalen Schornstein und den
Wasserrädern bestimmt. Die unterschiedlichen
Materialien, die beim Bau verwendet wurden,
verdeutlichen den sukzessiven Ausbau des
Betriebs. Die Szene im Vordergrund zeigt die
Anlieferung eines Roheisenstücks durch einen

lokalen Transporteur von einem benachbarten Hochofen.

Der kaufmännische Angestellte der Schmiede wickelt das Geschäft ab. Die zwei Schmiede, die beim Abladen geholfen haben, wenden sich wieder ihrer Arbeit zu. Im Vordergrund werden weitere Roheisenstücke für die Bearbeitung gelagert. Links, hinter der Mauer, befindet sich das Wasserrad zum Antrieb des Hammers und des Blasebalgs. Rechts im Hintergrund spielen Kinder vor den Arbeiterhäusern.

Das Bild des Schmiedeinneren zeigt die unterschiedlichen Arbeitsgänge. Im Zentrum prüft der Heizer die Temperatur des Feuers, in dem das Werkstück beim Bearbeiten erhitzt wird. Rechts ist das Holzgestell des hydraulischen Blasebalgs zu sehen. Im Hintergrund ist der Hammer im Einsatz beim Schmieden. Ganz hinten werden fertige Werkstücke ihrer Größe nach geordnet. *MB*

Principales acquisitions 1981, S. 57, Nr. 1; Julia 1983, S. 419–425; Catalogue d'acquisition 1985, S. 172, Nr. 760–761; Julia 1985/86, S. 188f.; Ausst. Kat. Lille 1993, Nr. 18–19; Ausst. Kat. Semur-en-Auxois 2001, S. 46f.

23

Francis Chesham
(London 1741 – 1806 London)
nach George Robertson
(London 1724 – 1788 Newington)
**Eine Ansicht des Eingangs zu einer Kohlen-
grube in Broseley, Shropshire (A View of
the Mouth of a Coal Pit near Broseley, in
Shropshire), 1788**
Stich, 35,9 x 52,3 (Bildgröße),
Verlag: John & Josiah Boydell, London
London, National Museum of Science and
Industry, Inv. 1980-757

Robertson schuf eine Serie von sechs Ansichten,
die Industrie und Natur im Tal des River Severn
bei Coalbrookdale (Shropshire) zeigen. Die nach
diesen Vorlagen entstandenen Stiche wurden
1788 zur Erinnerung an den Bau der ersten
gusseisernen Brücke der Welt angefertigt. Drei

Gemälde zeigen die 1779/80 erbaute Ironbridge,
drei andere verschiedene Produktionsstätten im
benachbarten Broseley.

Eine der von Robertson ausgewählten Anlagen ist eine Kohlengrube, die in einer idyllischen Waldlandschaft liegt. Zu sehen sind ein
Fördergerüst, ein Pferdegöpel und ein Ventilationsschacht.

Die Kohle wird mit Grubenhunden über
einen hölzernen Schienenweg abtransportiert.
Um der Anlage – gemäß der ästhetischen Theorie
Gilpins – ein ›pittoreskes‹ Äußeres zu verleihen,
stellte der Künstler die beim Mauerwerk und bei
den Holzkonstruktionen erkennbaren Verfalls-
erscheinungen besonders heraus.

Bei den anderen beiden von Robertson
gemalten Produktionsstätten handelt es sich um
die Geschützgießerei und das Bohrwerk von John
Wilkinson. Dieser Fabrikant erlangte dadurch

Berühmtheit, dass er die exakt gebohrten
Zylinder liefern konnte, die die Firma Boulton
& Watt für ihre Dampfmaschinen benötigte.

Dem Künstler kam es offenbar darauf an,
typische Stationen der industriellen Produktion
vom Bergwerk über die Fabrik bis zur Brücke als
dem Endprodukt zu zeigen. Eine ähnliche
Motivation liegt dem 1873 bis 1876 entstandenen
Borsig-Zyklus von Paul Friedrich Meyerheim
zugrunde (s. Abb. S. 70–71). AS

Klingender [1947] 1974, S. 80–82; Wagner 1979, S. 56f.;
Gray 1982, S. 12.

24

Joseph Constantin Stadler (? – 1812)
nach Philippe Jacques de Loutherbourg
(Straßburg 1740 – 1812 Chiswick)
Die Schiefergrube (The Slate Mine), 1800
Aquatinta, handkoloriert, 43,2 x 61,
Verlag: Robert Bowyer, London
London, National Museum of Science and
Industry, Inv. 1986-353

Die Vorlage für diese Druckgraphik war das
Gemälde *Ein Schiefersteinbruch bei Rydell
Water, Cumberland (A Slate Quarry near Rydell
Water, Cumberland)*, das Loutherbourg 1785 in
der Royal Academy ausgestellt hatte.

Rydal Water ist der Name eines kleinen Sees
im Lake District. Loutherbourg richtete den
Blick aber nicht auf dieses malerische Gewässer,
sondern auf die Arbeit in einem nahe gelegenen
Tagebau. Ihn reizte der Eingriff des Menschen in
eine wilde Landschaft. Während der Industriellen Revolution nahmen Steinbrüche an Zahl
und Umfang schnell zu. Deshalb wurden sie von
Künstlern, die sich für den durch die Ökonomisierung der Natur ausgelösten Wandel
interessierten, schon früh als geeignetes Motiv
angesehen.

Den Arbeitern in diesem für den lokalen
Markt tätigen Betrieb schenkte Loutherbourg
mehr Aufmerksamkeit, als Staffagefiguren üblicherweise zuteil wird. Alle Arbeitsschritte bei
der Gewinnung von Schieferplatten aus Schieferblöcken führt er detailliert vor. Der Weg, den die
Fuhrleute mit ihrem Gespann einschlagen,
öffnet den durch die Felswände eng begrenzten
Schauplatz nach rechts. AS

Ausst. Kat. London 1973, Nr. 50; Wagner 1979, S. 31f.

25.1–2

Philippe Jacques de Loutherbourg
(Straßburg 1740 – 1812 Chiswick)
1. Das Kessel- und das Gießhaus eines
Hochofens, wahrscheinlich Bedlam
Furnaces, in Coalbrookdale, 1800
2. Eine Eisengießerei, Madeley Wood,
Coalbrookdale, 1800
Feder, laviert, auf Papier, 8 x 12 (25.1),
8 x 13 (25.2)
London, Tate Britain, Inv. D 36407, D 36408

Loutherbourg stellte 1801 in der Royal Academy
sein Gemälde *Coalbrookdale bei Nacht (Coal-*
brookdale by Night) aus, das eine neue Sicht auf
die Industrie eröffnete (s. Abb. Seite 50). Anders
als bei den Gemälden von William Williams
(Kat. Nr. 15.1–2) oder Joseph Wright of Derby
(Kat. Nr. 16) spielt die Natur hier nicht den
Gegenpart zur Industrie, sie wird durch die von
Flammen umhüllten Gebäudekomplexe nahezu
aus dem Bild verdrängt. Loutherbourg vollzog

damit die Abwendung von der topographischen
Tradition, in der die Industrielandschaft stand.
Seine »Industrietotale als moderne nationale
Kulturlandschaft« (Monika Wagner), die von der
wirtschaftlichen Stärke Großbritanniens zeugt,
bildet ein Äquivalent zum Historienbild, dem zu
dieser Zeit der höchste Rang unter den
Gattungen zuerkannt wurde.

Loutherbourg besichtigte Coalbrookdale
1800 auf der Rückkehr von einer Reise nach
Wales. Die hier gezeigten Studien, die er als
Grundlage für sein Gemälde verwendete, ent-
standen vermutlich auf dieser Reise. Die in
Madeley Wood gelegenen Bedlam Furnaces
zeichnete er als ein Konglomerat aus ineinander
verschachtelten Anlagen. Im Zentrum steht eine
Dampfmaschine, die an ihrem schrägstehenden
Balancier zu erkennen ist. Der Name ›Bedlam‹,
der im Englischen als Synonym für ›Tollhaus‹
verwendet wird, verweist auf die Dynamik der
Produktionsvorgänge. Bei der Eisengießerei
konzentrierte sich Loutherbourg auf die wie ein
Portal gestaltete Öffnung des Frischfeuers. Die
Studien wurden – vermutlich 1833 bei einer
Auktion des Hauses Christie's – von Joseph
Mallord William Turner erworben, mit dessen
Nachlass sie in Museumsbesitz gelangten. Sie
galten lange als Arbeiten dieses Künstlers. AS

Finberg 1912/13, S. 128f.; Ausst. Kat. London 1973,
Nr. 52; Wagner 1979, S. 60–72 (Zitat S. 62).

26

William Pickett (Lebensdaten unbekannt)
nach Philippe Jacques de Loutherbourg
(Straßburg 1740 – 1812 Chiswick)
**Eisenwerk, Coalbrookdale (Iron Works,
Colebrook Dale), 1805**
Aquatinta, handkoloriert, 23 x 32 (Bildgröße),
Verlag: Robert Bowyer, London
London, National Museum of Science and
Industry, Inv. 1987-510

Diese Aquatinta gehört zu der Serie *The
Romantic and Picturesque Scenery of England
and Wales* mit 18 Blättern nach Vorlagen von
Loutherbourg. Das Eisenwerk scheint hier
stärker in die Natur integriert zu sein als bei der
von demselben Künstler geschaffenen Nacht-
ansicht (s. Abb. S. 50). Den in einer Vertiefung

liegenden, von Vegetation überwachsenen
Fabrikbauten verlieh Loutherbourg ein ›pittoreskes‹ Äußeres. Arbeiter sind auf dem Blatt nur
als winzige Silhouetten zu erkennen. Stattdessen
zieht ein Reiter einen mit Steinen gefüllten
Schlitten hinter sich her – diese Transportart war
vor dem Beginn des Eisenbahnzeitalters durchaus gebräuchlich. Sein Weg ist von Gussstücken
gesäumt, die wie Ruinenteile arrangiert sind.
Loutherbourg bediente sich also eines aus der
Darstellung antiker Gebäude bekannten Musters,
um die Industrie bildwürdig zu machen.

Aufgrund der durch den rötlichen Rauch
und die gelblichen Flammen verursachten Lichteffekte äußerte Francis D. Klingender die
Vermutung, es könne sich bei dem Blatt um
eine Studie für das von Loutherbourg ab 1781

betriebene »Eidophusikon« handeln. In diesem
Miniaturtheater ohne Schauspieler brachte der
Künstler Szenen wie *Satan arraying his Troops
on the Banks of the Fiery Lake, with the Raising
of the Palace of Pandemonium, from Milton* auf
die Bühne. Er setzte dabei bewegliche, mit
Naturalien besetzte Bildmodelle ein, die dramatisch beleuchtet und musikalisch untermalt
wurden. Das Ziel der Inszenierung war eine
möglichst exakte Naturwiedergabe. *AS*

Joppien 1972, S. 342–366; Klingender [1947] 1974,
S. 87f.; Wagner 1979, S. 64–66; Paulinyi 1991, S. 389;
Krifka 2000b, S. 814.

27

William Havell
(Reading 1782 – 1857 London)
**Kilgarren Castle am River Teifi (Kilgarren
Castle on the River Teifi), um 1805**
Aquarell/Deckfarbe, 61 x 91
London, Victoria & Albert Museum,
Inv. 1932-1900

Das ungewöhnlich große Blatt zeigt einen Kalkofen unterhalb der im Süden von Wales gelegenen Touristenattraktion Kilgarren Castle
(Pembrokeshire). Kalk war eine wichtiger Grund-
stoff während der Industriellen Revolution: Er
diente als Ausgangsmaterial für die Mörtelher-

stellung, als Flussmittel bei der Eisenverhüttung
und als Dünger in der Landwirtschaft.

Die Kombination von Kalkofen und Burgruine findet sich bei vielen Künstlern. Die
Beliebtheit dieses Motivs lässt sich auf eine 1798
von William Gilpin festgehaltene Beobachtung
anlässlich einer Bootsfahrt auf dem River Tamer
in Cornwall zurückführen: »The lime-kilns,
which we see in many places on its banks, are of
such noble dimensions, that they may, at a little
distance, be mistaken for castles.« Zwar
schwächte sich dieser Eindruck bei näherer
Betrachtung etwas ab – »its dignity was degraded
when we learned it was only a lime-kiln« –

dennoch rangierten die Kalköfen für ihn »among
the greatest ornaments of the river«.

Die Formanalogie zwischen den beiden un-
gleichen Gebäuden reizte auch William Havell.
Der ›malerische‹ Rauch, der den Felsen konturiert, kaschiert die relative Bedeutungslosigkeit
der Brennerei. Außerdem steht er in reizvollem
Kontrast zu den Strahlen der durch die Wolken
brechenden Sonne. AS

Gilpin 1798, S. 232 (Zitat); Bury 1949, S. 106–109;
Wagner 1979, S. 49f.

28

John Laporte (London 1761 – 1839 London)
**Ein Förderturm an einer Flussmündung,
1809**
Aquarell, 31,4 x 43,5
Telford, The Ironbridge Gorge Museum,
Elton Gallery

Laporte, ein Londoner Künstler, schuf um 1800
malerische Ansichten aus Wales und aus dem
Lake District. Die von ihm dargestellte Zeche
befand sich wahrscheinlich in Glamorgan, einer
Grafschaft im Süden von Wales.

Über dem Schacht erhebt sich ein massiver
Turm. Sein Mauerwerk fängt die seitlichen Zug-
kräfte auf, die beim Heben und Senken der För-
derkörbe entstehen. Die Kraft für die Förderung
liefert der neben dem Turm stehende große
Göpel. Im Hintergrund mündet ein von Schiffen
belebter großer Fluss in das Meer, bei dem es sich
um den River Tawe in der Nähe von Swansea
oder den River Neath in der Nähe von Briton
Ferry handeln könnte. Über den Hafen
an der Flussmündung konnte die in der Grube
geförderte Kohle leicht zu den Verbrauchern
gelangen.

Allein die Großstadt London benötigte um
1800 über eine Million Tonnen Kohle pro Jahr.
Tatsächlich erklärt sich die Bedeutung des
südwalisischen Reviers, das zu dieser Zeit das
zweitwichtigste in Großbritannien war, hauptsächlich durch die günstigen Transportwege.
AS

Long 1922; Gray 1982, S. 15.

29

John »Warwick« Smith
(Irthington 1749 – 1831 London)
**Zinngrube in Carclaze (Tin Mine at
Carclaise), um 1800**
Aquarell, 14 x 22
London, National Museum of Science and
Industry, Inv. 1985-1869

Carclaze liegt bei St. Austell (Cornwall). Der
Abbau von Zinnerz hat dort eine jahrhunderte-
lange Tradition. Durch die Arbeit der Bergleute
entstand ein 60 Meter tiefer Krater, dessen
Durchmesser 1,5 Kilometer umfasst. Auf dem
Boden der Grube befanden sich Maschinen zum
Zerkleinern des Gesteins. Sie wurden mit der
Kraft des Wassers betrieben, das die fast senk-
rechten Wände herabrauschte; nachdem es das
Räderwerk in Bewegung versetzt hatte, floss es
durch einen Tunnel ab. Der Fabrikant William
Cookworthy (1705–1780) entdeckte in Carclaze
eine der ersten ergiebigen Lagerstätten für
Kaolin auf den britischen Inseln. Seit Mitte des
19. Jahrhunderts wird dort anstelle von Zinn
hauptsächlich der Rohstoff für die Porzellan-
herstellung abgebaut.

John »Warwick« Smith galt als einer der
angesehensten Aquarellisten seiner Zeit. Er hatte
bei Sawrey Gilpin gelernt, dem Bruder des als
Kunsttheoretiker hervorgetretenen Geistlichen
William Gilpin (Kat. Nr. 14). Seinen Spitznamen
erhielt er aufgrund der Tatsache, dass der Earl
of Warwick ihm einen von 1776 bis 1781 wäh-
renden Italienaufenthalt finanzierte. Auf Reisen
in England und Wales schuf er zahlreiche Ansichten von Bergwerken und Fabriken. Sein in
Carclaze entstandenes Aquarell zeigt eine Totale
des Steinbruchs. Diese Art der Darstellung bringt
es mit sich, dass der in die Landschaft einge-
bettete Krater nicht mehr als menschliches Werk
zu erkennen ist. *AS*

Wagner 1979, S. 32–36.

30

John Nixon (? – 1818 Ryde, Isle of Wight)
**Lord Penryhns Schieferbruch, Bangor
(Lord Penrhyn's Slate Quarry, Bangor), 1807**
Aquarell, 14 x 20,7
London, National Museum of Science and
Industry, Inv. 1987-1013

Um 1770 begann die bei Bethesda (Carnarvon-
shire) im Norden von Wales ansässige Familie
Pennant mit dem Abbau von Schiefer auf ihren
Gütern. Die Arbeiter sprengten Steinblöcke aus
dem Hang, die sie anschließend in schmale
Platten schnitten. Beim Hantieren mit Schwarz-
pulver kam es häufig zu tödlichen Unfällen. Der
feine Schieferstaub verursachte zudem unheil-
bare Lungenkrankheiten.

Richard Pennant (1737–1808) erhielt 1783
den Titel eines Lord Penryhn. Als Betreiber von
Zuckerrohrplantagen auf Jamaika gehörte er zu
den größten Sklavenhaltern in Westindien. Seine
Nachkommen bauten zwischen 1820 und 1845
in der Nähe von Bangor das neonormannische
Penryhn Castle, eines der bizarrsten Herrenhäuser, das die durch die Industrielle Revolution
reich gewordenen britischen Familien hinter-
lassen haben.

Nixon war ein Londoner Kaufmann, der in
seiner Freizeit als Maler und Zeichner tätig war.
Er ging diesem Hobby auf ausgedehnten Reisen
in Großbritannien und auf dem Kontinent nach.
Sein Aquarell zeigt die Bergleute bei ihrer gefähr-
lichen Arbeit auf den schmalen Felsvorsprüngen.

Grubenhunde auf Holzschienen dienen zum
Abtransport der Steinblöcke. Am rechten Bildrand steht eine Gruppe von Aufsehern, zu
denen möglicherweise auch Lord Penrhyhn
selbst gehört. Aufgrund des von Nixon gewählten
Standorts wird das enorme Ausmaß des Schiefer-
bruchs nicht deutlich. Das Aquarell ist wohl von
einem Zeichenlehrer korrigiert worden; es trägt
auf der Rückseite den Vermerk »observe to
reduce the distant figures at the end of the Quarry
– they are much too large«. *AS*

Mallalieu 1977, S. 1260f.

31

Thomas Picken (Lebensdaten unbekannt)
nach Phillip Mitchell
(Lebensdaten unbekannt)
**Ansicht von Botallack Mine in der
Gemeinde St. Just, in Penwith, Cornwall
(This View of Botallack Mine, in the Parish
of St. Just, in Penwith, Cornwall), 1840**
Lithographie, handkoloriert, 29,5 x 40 (Bild-
größe), Verlag: Ackermann, London
London, National Museum of Science and
Industry, Inv. 1985-644

Die Kupfer- und Zinnbergwerke an der Westküste von Cornwall zählen zu den am
spektakulärsten gelegenen Industrieanlagen in

Großbritannien. Naturgewalten und Maschinen-
kräfte treffen hier direkt aufeinander. Die Stollen
dieser Gruben reichen bis unter die Meeres-
oberfläche; die Bergleute hörten das Donnern
der Brandung über ihren Köpfen.

Ein beliebtes Motiv der Künstler war
Botallack Mine. Das Bergwerk war von 1721 bis
1895 kontinuierlich in Betrieb, wobei zunächst
hauptsächlich Kupfererz, ab 1860 vorwiegend
Zinnerz abgebaut wurde. Der Prince of Wales
fuhr 1865 mit seiner Gemahlin in die Grube ein
und besichtigte die Stollen unter dem Atlantik.
Durch diesen Besuch avancierten die Übertagebauten des Bergwerks zu einem gefragten
Touristenziel.

Die nach einer Vorlage von Mitchell geschaffene Lithographie zeigt das 1835 hart am
Rand der Klippen errichtete Crowns Engine
House mit seinem rauchenden Schornstein. Es
beherbergte eine als Pumpe eingesetzte Dampfmaschine. Auf dem höchsten Punkt des schroffen
Felsens liegt ein weiterer Schacht. *AS*

Klingender [1947] 1974, S. 84.

32

Giovanni Battista Piranesi
(Mogliano bei Venedig 1720 – 1778 Rom)
**Carceri d'Invenzione, Blatt VII, Zugbrücke,
1761**
Radierung (2. Fassung)
Berlin, Staatliche Museen zu Berlin, Kupfer-
stichkabinett, Inv. 13.7-59

Das Blatt zeigt eine monumentale Phantasie-
architektur als Träger technischer Elemente.
Weder Aus- noch Eingang sind zu erkennen; das
Treppensystem und die Apparaturen folgen
keinem nachvollziehbarem Zweck. Die Lichtquelle ist nicht auszumachen, Licht und Schatten
werden zur Steigerung des ›Sublimen‹ eingesetzt.
Es ist eine abgeschlossene Unterwelt, ein
Labyrinth, dem die Menschen ausgeliefert
zu sein scheinen, dessen Sinn nicht zu erschließen
ist. Gegenüber der ersten Fassung, die um 1745
entstand, verstärkte Piranesi bei der Wieder-
auflage – in Reflexion der 1757 erschienen
Schrift *A Philosophical Enquiry into the Origin
of our Ideas of the Sublime and Beautiful* von
Edmund Burke (Kat. Nr. 13) – durch deutlichere
Helldunkelkontraste die Schrecknisse dieser
Umgebung.

   Piranesis *Carceri* sind eine eigene Formulie-
rung des Höhlenthemas, das im 18. Jahrhundert
im Zusammenhang mit der intensiven Erforschung geologischer und paläontologischer
Probleme an Bedeutung gewann. Der Blick des
Betrachters wird gleichsam in eine vergangene
Zeit gelenkt, die durch die Bildschöpfung eine

neue Gegenwart erhält. Eine vergleichbare
Motivation liegt auch den Bergbaudarstellungen
seit dem ausgehenden 18. Jahrhundert zugrunde,
»in denen Naturgeschichte, menschliche Geschichte und individuelles Schicksal sich in den
Schächten der Zeit manchmal treffen« (Hans
Holländer). *SB*

H. Holländer 1998; ders. 2000c; ders. 2000b, S. 666f.
(Zitat).

33

Joseph Mallord William Turner
(London 1775 – 1851 London)
Das Innere einer Eisengießerei, um 1797
Aquarell, 24,7 x 34,5
London, Tate Britain

Mit ungeheurem Sammeleifer hielt Turner Ideen für potentielle Aquarelle oder Gemälde zeichnerisch fest. Seine Skizzenbücher enthalten etwa 19 000 mit Bleistift oder Wasserfarbe angefertigte Studien.

Aus dem Heft *North England* stammt die Vorlage für das hier gezeigte Aquarell. Es präsentiert Arbeiter in einem ebenso malerisch wie provisorisch anmutenden Gemäuer, das ursprünglich vielleicht als Scheune errichtet worden war. Die benötigte Antriebskraft stellt das in der linken Bildhälfte erkennbare Wasserrad bereit. Solche improvisierten Werkstätten waren nicht untypisch für das produzierende Gewerbe an der Schwelle zum Zeitalter der Massenproduktion. *AS*

Ausst. Kat. London 1990, S. 98f.; Rodner 1997, S. 115.

34.1–2

Léon Jean-Baptiste Sabatier (? – 1887)
nach Barthélemy Lauvergne
(Toulon 1805 – 1871 Carcès)
**Zwei Ansichten des Bergwerks von
Wieliczka (Vue prise dans les mines de
Wieliczka), 1840**
Lithographie, 28,5 x 42,4 (Bildgröße, 34.1),
27,7 x 42,3 (Bildgröße, 34.2),
Verlag: Arthus Bernard, Paris
London, National Museum of Science and
Industry, Inv. 1984-431, 1984-432

Lauvergne lieferte Vorlagen für topographische
Werke unter anderem aus Tasmanien, China und
Brasilien. In den Jahren 1836/37 nahm er an der
von Auguste Nicholas Vaillant geleiteten Weltumsegelung mit der »Bonite« teil. Seine Ansichten des Salzbergwerks von Wieliczka gehören
zu einem um 1842 in Paris verlegten Reisebericht
der Commission scientifique du Nord mit dem

Titel *Voyages en Scandinavie, en Laponie, au
Spitzberg et au Feröe*.

Die polnische Stadt Wieliczka liegt nördlich
von Krakau. Das dortige Salzbergwerk ist seit
dem 13. Jahrhundert in Betrieb. Die spektakuläre
Anlage erstreckt sich über neun Ebenen, die bis
327 Meter unter die Oberfläche hinabführen.
Die Arbeiter schlugen mehrere Kapellen in den
Berg, die reich mit Salz- und Holzskulpturen
ausgestattet sind. Erleuchtet werden sie durch
Kronleuchter mit Lüstern aus Salzkristall. Andere
der bis zu 36 Meter hohen Kammern wurden
gelegentlich für Sportveranstaltungen und
Theateraufführungen genutzt. Zu den prominenten Neugierigen, die das Salzbergwerk anzog,
gehören Kopernikus, Goethe und Alexander von
Humboldt.

Lauvergne konnte also mit seinen beiden
auf den 20. März 1840 datierten Ansichten (von
denen hier nur eine abgebildet ist) auf großes

Interesse rechnen. Seine Vorlagen zeigen die für
Touristen angelegten Treppen und Leitern, die
an den drei unterirdischen Salzseen vorbei zu
den Kapellen führen. Durch die Wahl des Bildausschnitts betonte er die Höhe der Kammern.
Besondere Aufmerksamkeit widmete er den von
den Kronleuchtern und Fackeln ausgehenden
Lichteffekten.

In Reisebeschreibungen des 18. und 19.
Jahrhunderts wurden eindrucksvolle Bergwerke
oft mit sakralen Bauten verglichen. Die assozia-
tive Überhöhung ermöglichte die Einordnung
neuartiger industrieller Phänomene in die
Erfahrungswelt des bürgerlichen Betrachters.
Selten entsprach eine unterirdische Anlage
diesem Topos so exakt wie das Salzbergwerk von
Wieliczka. Daraus erklärt sich vermutlich auch
der Ruhm, den es im Ausland genoss. AS

Coxe 1787, Bd. 1, S. 242–248; Wagner 1979, S. 23f.

35.1–4

Johan Fredrik Martin
(Stockholm 1755 – 1816 Stockholm)
**1. Eisenerzbergwerk bei Dannemora in
Upland (Dannemora Jerngrufva i Upland),
um 1800**
**2. Eisenerzbergwerk von Persberg in Värm-
land (Persbergs Jerngrufva i Wermeland),
um 1800**
**3. Kupfererzbergwerk bei Falun (Falu
Koppargrufva), um 1800**
**4. Eisenerzbergwerk von Högborn in
Västmanland (Högborns jerngrufva i
Westmanland), um 1800**

Aquatinta, 51,2 x 35,4 (Bildgröße, 35.1), 52,2 x
34,8 (Bildgröße, 35.2), 52,8 x 35,7 (Bildgröße,
35.3), 50,3 x 35,4 (Bildgröße, 35.4)
London, National Museum of Science and
Industry, Inv. 1984-434, 1989-751, 1988-968,
1988-969

Im an Bodenschätzen reichen Schweden wurde
seit rund 2000 Jahren Kupfer- und Eisenerz abgebaut. Das Roheisen wurde allerdings bis ins
16. Jahrhundert hinein nach Deutschland zur
Verhüttung ausgeführt; erst unter König Gustav
Wasa errichtete man eigene Schmelzhütten und

Eisenhämmer, wobei die Deutschen Lehrmeister
der Schweden wurden. Auch Wallonen kamen ins
Land und brachten ihre Produktionsmethoden
mit. In dieser Zeit liegt der Aufschwung des
schwedischen Bergbaus. Schweden eroberte in
den 20er und 30er Jahren des 17. Jahrhunderts
den holländischen Markt, seit der Jahrhundertmitte den englischen. Den Schweden kam
dabei die Knappheit an Holzkohle zugute. Erst
im 19. Jahrhundert gelang es den Briten, eine
Massenproduktion ihres auf Koks basierenden
Puddeleisens zu entwickeln und so die Markt-
situation grundsätzlich zu verändern.

Martins Graphikfolge zeigt wichtige Kupfer- und Eisenerzabbaugebiete in Schweden. Insbesondere Falun war weltberühmt. Aus Dannemora stammte ein für seine Qualität bekanntes Eisen. Allerdings scheint es dem Künstler – trotz präziser topographischer Angaben auf den Blättern – nicht um die Abbildung identifizierbarer Ort gegangen zu sein. Weniger die Bergwerke als der erhabene Charakter der durch den Menschen veränderten Tagebaulandschaft bestimmen die Motive. Solche vegetationslose Wildnis hatte bereits in England und Wales faszinierend auf Reisende gewirkt. Der Mensch und seine Maschinen wirken klein angesichts der Monumentalität der Naturformen. Das Vordringen zum Erdinneren, zum Unterirdischen, in die Höhle, ist auch ein Weg zum Ursprungsort der Zeit. Diesen Gedanken vertrat bereits im 17. Jahrhundert Athanasius Kircher in seiner Abhandlung *Mundus subterraneus*. Die ästhetische Kategorie des ›Sublimen‹ beförderte zudem die künstlerische Relevanz des Themas. *SB*

Wagner 1979, S. 32–36; H. Holländer 2000c.

3 Industriegewalten
Aquarelle und Druckgraphik aus England und Wales 1810–1870

Die Dampfmaschine machte die Industrie von Wind- und Wasserkraft unabhängig. Dies führte – zuerst in Großbritannien – zu einer Verstädterung der vorher überwiegend ländlichen Industrie. Die Unternehmen konzentrierten sich an verkehrsgünstig gelegenen, mit Kohlen- und Erzvorkommen gesegneten Produktionsstandorten. Sie lockten Arbeiter an, deren Familien in schnell erstellten Siedlungen unterkamen. Der Anteil der Städter stieg in Großbritannien zwischen 1760 und 1841 von 15 % auf 35 % der Gesamtbevölkerung. Vor allem die Einwohnerschaft der Industriestädte explodierte: Liverpool und Sheffield wuchsen zwischen 1800 und 1850 um 450 %, Birmingham und Manchester um 300 %.

In diesen Ballungsgebieten schienen die Gewalten der Industrie über die der Natur zu triumphieren. Der Historiker und Essayist Thomas Carlyle schilderte 1839 den Arbeitsbeginn in einer Industriestadt: »Hast thou heard, with sound ears, the awakening of a Manchester, on Monday morning, at half-past five by the clock; the rushing-off of its thousand mills, like the boom of an Atlantic tide, ten-thousand times ten-thousand spools and spindles all set humming there, – it is perhaps, if thou knew it well, sublime as a Niagara, or more so.« Das bei Birmingham gelegene »Black Country« beschrieb Elihu Burrit, der dort ansässige amerikanische Konsul, 1862 als »black by day and red by night«. Die Sonne wurde hier von künstlichen Wolken verfinstert und von künstlichen Lichtquellen überstrahlt.

Im Zuge der Urbanisierung wandelte sich Armut von einem vorwiegend ländlichen zu einem hauptsächlich städtischen Problem. Die Ballung von lohnabhängigen Arbeitern in den industriellen Zentren beförderte den Prozess der Klassenbildung. In ihrer überwiegenden Zahl blieben die Angehörigen der Unterschichten allerdings bis weit in die zweite Hälfte des 19. Jahrhunderts hinein unorganisiert. Konflikte trugen sie oft gewaltsam aus, ohne eine langfristige Strategie zu verfolgen. Auf die Maschinenstürmerei der »Ludditen« reagierten die Behörden mit unbarmherziger Härte: Zahlreiche Verschwörer wurden nach Australien deportiert, einige hingerichtet. Auch die Arbeitsniederlegungen in einzelnen Städten und Unternehmen – wie 1816 im walisischen Merthyr Tydfil – wurden mit militärischen Mitteln niedergeschlagen. Eine dramatische Zuspitzung erlebten die Proteste gegen gesellschaftliche, wirtschaftliche und politische Missstände bei einer Demonstration am 16. August 1819 auf dem St. Peter's Field in Manchester, als berittene Soldaten elf Menschen töteten und 400 verletzen. Die von der Teilhabe am parlamentarischen System ausgeschlossenen Unter- und Mittelschichten erlebten hier ihr »Peterloo«.

Die Verstädterung hatte Konsequenzen für die künstlerische Darstellung der Industrie: Um 1850 tritt die ›Rahmung‹ einer einzelnen Fabrik durch nicht ökonomisierte Natur seltener auf als 50 Jahre zuvor. Die Industrie beherrscht den gewählten Ausschnitt nun total; als Begrenzung werden Schornsteine und Abraumhalden, Bahntrassen und Kesselrohre eingesetzt. Diese Akzentverschiebung lässt sich zuerst bei Handzeichnungen und Druckgraphiken feststellen. Ein beliebtes Medium war das Aquarell: Es diente oft als Vorlage für Stahl- und Kupferstiche, die den an *Picturesque Views* interessierten bürgerlichen oder adeligen *connaisseur* erschauern ließen. Trotz der Tatsache, dass sich die sozialen Spannungen an verschiedenen Orten bereits gewaltsam entladen hatten, sind Arbeiter in diesen Darstellungen nach wie vor lediglich als Staffagefiguren existent. Als Protagonist erschien das Proletariat erst bildwürdig, nachdem es zu einem eigenständigen, branchen- und regionenübergreifend agierenden politischen Subjekt aufgestiegen war. *AS*

Carlyle 1839, S. 165f. (Zitat); Briggs 1971, S. 80–138; Hobsbawm 1969, Bd. 1; Brown 1991, S. 395–429.

36

Robert und Daniel Havell
(Lebensdaten unbekannt)
nach George Walker
(Killingbeck Hall 1781 – 1856 Killingbeck Hall)
Bergmann (Collier), 1813
Aquatinta, koloriert, 19,8 x 29,8 (Bildgröße),
Verlag: Robinson & Son, Leeds
London, National Museum of Science and
Industry, Inv. 1935-505

Die Druckgraphik gehört zu dem 40 Blätter
umfassenden Album *Costume of Yorkshire*, für
das der in Lincolnshire ansässige Gutsherr,

Naturwissenschaftler und Maler Walker die
Vorlagen lieferte. Sie zeigt einen Bergmann auf
dem Heimweg von der Zeche. Sein Arbeitsplatz
ist die Kohlengrube Middleton (Yorkshire, West
Riding), deren Fördergerüst und Dampfmaschine auf dem Hügel zu sehen sind.

Bei dem Blatt handelt es sich um die früheste
bekannte künstlerische Darstellung einer Dampflokomotive. Der Direktor der Zeche, John
Blenkinsop, ließ 1812 eine Zahnradbahn für den
Kohlentransport von Middleton nach Leeds
bauen. Auf dieser Strecke wurden vier Lokomotiven eingesetzt, deren Zylinder – genau wie

bei der Fördermaschine auf dem Hügel – aufrecht stehen, obwohl sich so die Kraft der
Kolbenstangen nur schwer auf die Räder übertragen lässt. Abgebildet ist die »Salamanca«, die
nach einer 1812 von Wellington gegen napoleo-
nische Truppen in Spanien gewonnenen Schlacht
benannt wurde. *AS*

Klingender [1947] 1974, S. 97–99; Gray 1982, S. 17;
Paulinyi 1991, S. 376.

37

Thomas Miles Richardson d. Ä.
(Newcastle upon Tyne 1784 – 1848
Newcastle upon Tyne)
Zeche im Nordosten, Murton, 1841
Aquarell, 28 x 42,5
Newcastle upon Tyne, Laing Art Gallery

Das Aquarell des in Newcastle upon Tyne
tätigen Malers Thomas Miles Richardson zeigt
die umfangreichen Übertagebauten der Zeche
von Murton (County Durham), deren drei
Schächte zwischen 1838 und 1840 abgeteuft
wurden. Außerdem sind einige Wagen der
Grubenbahn zu sehen.

Im Unterschied zur verarbeitenden Industrie, die in die Städte verlegt werden konnte,
wenn dies ökonomisch vorteilhaft erschien, blieb
der Bergbau an die Fundorte der Rohstoffe
gebunden. Die Zeche wirkt wie ein Fremdkörper
in der pastoralen Umgebung. Den Vordergrund
des Aquarells dominieren nicht die Schacht-
anlagen, sondern spielende Kinder an dem durch
ein kleines Wehr gestauten Bach. *AS*

Gray 1982, S. 66.

38

Thomas Hornor (Hull 1785 – 1844)
Walzwerk, Merthyr Tydfil (Rolling Mills, Merthyr Tydfil), um 1817
Aquarell, 28 x 48
Cardiff, The National Museums & Galleries of
Wales, Inv. NMW A 3553

Hornor schuf zwischen 1817 und 1819 sieben aufwendige Alben mit Ansichten aus dem Süden von Wales. Die offenbar für einen wohlhabenden Abnehmerkreis bestimmten Bände enthielten jeweils den gleichen Satz an Aquarellen, die der Künstler manuell reproduzierte.

In Merthyr Tydfil (Glamorgan) siedelten sich vier Unternehmen an, die mit Hilfe des Puddelverfahrens schmiedefähiges Eisen herstellten. In Walzwerken und Gießereien produzierten sie

daraus Schienen, Zahnräder und andere Erzeugnisse. Hornor wählte für sein Aquarell das 1784 gegründete Eisenwerk von Penydarren aus.

Der Künstler betont die große Ausdehnung des Fabrikhofs, indem er ihn aus der Froschperspektive darstellt. Ähnlich wie beim Walzwerk in Lendersdorf (Kat. Nr. 58), das nach britischen Vorbildern konzipiert wurde, ist die Längsfassade nicht geschlossen, sodass ein Blick auf die Walzgerüste möglich wird. Der von der Fabrik in den Nachthimmel ausstrahlende Feuerschein, der nur durch die harten Schatten der Dachstützen und Schornsteine gebrochen wird, symbolisiert die Beherrschung der Naturgewalten durch den Menschen, die »neu- und fremdartige Erhellung der Welt« (Klaus Herding). Tagsüber wirkte das von hochgradig kontaminierten Pro

duktionsrückständen umgebene Eisenwerk keineswegs malerisch. Hornors Kollege John George Wood beschrieb die Fabrik- und Wohnanlagen von Merthyr Tydfil 1813 als »smoking ruins of some vast city, a prey to the devouring element«. AS

Wood 1811–13, Bd. 2, S. 59 (Zitat); Klingender [1947] 1974, S. 115f.; Wagner 1979, S. 89–92; Herding 1987, S. 450 (Zitat); Paulinyi 1991, S. 385.

39

Penry Williams
(Merthyr Tydfil 1798 – 1885 Rom)
**Das Eisenwerk von Cyfarthfa bei Nacht
(Cyfarthfa Ironworks at Night), 1825**
Aquarell, 15,2 x 21,5
Merthyr Tydfil, Cyfarthfa Castle Museum & Art
Gallery, Inv. CCM 1048.995

Die Familie Crawshay, die seit drei Generationen
führend in der walisischen Eisenindustrie tätig
war, suchte einen Maler, der die künstlerische
Dokumentation ihres Besitzes übernehmen
konnte. Ihre Wahl fiel auf Penry Williams, den
Sohn eines Fassadenmalers in Merthyr Tydfil, der
durch seine zeichnerische Begabung auf sich aufmerksam gemacht hatte. Der junge Mann, der

zuvor selbst als Fabrikarbeiter tätig gewesen
war, wurde 1822 zur Ausbildung an die Royal
Academy in London geschickt. Ab 1827 finan-
zierten ihm seine Gönner einen längeren Italienaufenthalt.

Das Eisenwerk von Cyfarthfa, eines der vier
in Merthyr Tydfil entstandenen Unternehmen,
existierte seit 1765 und befand sich seit 1794 im
alleinigen Besitz von Richard Crawshay. Als er
1810 starb, war Cyfarthfa der größte Eisenpro-
duzent Großbritanniens, wahrscheinlich sogar
der Welt. Im Auftrag der Erben malte Williams
das Walzwerk, eine geräumig wirkende Halle mit
einer für die damalige Zeit sehr fortschrittlichen
eisernen Dachkonstruktion. Die für die Herstellung des Stabeisens benötigten Walzgerüste

sind links und in der Mitte im Hintergrund zu
sehen. Rechts befindet sich ein Puddelofen.
Die – im eigenen Werk produzierten – Architekturelemente nehmen einen ebenso
prominenten Platz ein wie der Arbeitsvorgang.
Von der Dynamik des Produktionsprozesses
ist in dieser nüchternen Darstellung, die die
Rationalität unternehmerischen Handelns
betont, nur wenig zu spüren. AS

Wagner 1979, S. 94–97; Atkinson/Barber 1987, S. 49f.

40

Charles Hullmandel
(London 1789 – 1850 London)
nach Francis Nicholson
(Pickering 1753 – 1844 London)
Bei Shifnal (Near Shiffnall), 1820
Lithographie, 21 x 29 (Bildgröße),
Verlag: Rodwell & Martin, London
London, National Museum of Science and
Industry, Inv. 1982-354

Die Industriekulisse der wenige Kilometer von
Coalbrookdale entfernt gelegenen Stadt Shifnal
(Shropshire) gewinnt in der Darstellung von
Nicholson ähnlich dämonische Züge wie das
häufiger von Künstlern aufgesuchte »Black
Country« (Kat. Nr. 42.1 und 44). Die apokalyp-
tische Stimmung wird dadurch verstärkt, dass der
Rauch der Schornsteine das Bild begrenzt. Vor
dieser Kulisse wirkt der Bauer mit dem Pferde-
karren wie ein Relikt aus einer vergangenen Zeit.

Hullmandel, der Lithograph dieses Blattes,
traf sich 1817 mit Alois Senefelder (1771–1834) in
München und führte die von diesem erfundene
Lithographie in Großbritannien ein. Die 1821
verlegten *Lithographic Impressions of Sketches
from Nature* von Nicholson, aus denen die hier
gezeigte Ansicht stammt, zählen zu den frühesten
mit Hilfe dieser Technik vervielfältigten Werken
des Landes. *AS*

Long 1924; Klingender [1947] 1974, S. 115; Wagner
1979, S. 71.

41.1–2

1. H. W. Bond (? – 1851)
nach Henry Gastineau
(Camberwell 1791 – 1876 Camberwell)
Ansicht von Coldbrook Vale,
Monmouthshire (View in Coldbrook Vale,
Monmouthshire), 1830
Stahlstich, koloriert, 9 x 14,4 (Bildgröße),
Verlag: Jones & Co., London
London, National Museum of Science and
Industry, Inv. 1970-450

2. Henry Gastineau
(Camberwell 1791 – 1876 Camberwell)
Eisenwerk in Nant-y-glo (Nant-y-glo
Iron Works), um 1829
Aquarell, 14 x 20
Cardiff, The National Museums & Galleries of
Wales, Inv. 62.385

Nur die letzten beiden Abbildungen in dem
1829/30 erschienenen sechsbändigen Tafelwerk
South Wales Illustrated in a Series of Views
comprising the Picturesque Scenery, Towns,
Castles, Seats of Nobility and Gentry, Antiques
etc. engraved on steel from original Drawings
by Henry Gastineau zeigen Industrielandschaften. Die erste Ansicht ist hier durch eine
nach Gastineau gefertigte Reproduktion, die
zweite Ansicht durch das Original vertreten.

Die Hüttenwerke von Coldbrook Vale und
von Nant-y-glo lagen nur wenige Kilometer
voneinander entfernt in der Grafschaft Monmouthshire. Im Jahr 1830 belief sich die Eisen-
produktion des einen auf 1 900 Tonnen, die des
anderen auf 17 400 Tonnen. Der Eindruck, den
sie auf den Betrachter machen, könnte kaum
unterschiedlicher ausfallen: Die Ansichten der

beiden Fabriken verkörpern »zwei Seiten der
Rezeption industrieller Naturveränderung«
(Monika Wagner).

In Coldbrook Vale ist neben dem großen
Schornstein des Maschinenhauses der kleine
Schornstein einer Dampflokomotive zu erkennen. Trotz der rauchenden Hochöfen wirkt
die Szenerie friedlich. Der Mann, der sich auf
dem Bootssteg im Vordergrund ausruht, verstärkt
diesen Eindruck. Auch die Schlackehalden am
rechten Bildrand harmonieren mit der Landschaft. Dagegen herrscht in Nant-y-glo eine gespenstische Atmosphäre. Die Tageszeit ist angesichts der alles verschleiernden Rauchschwaden
nicht zu bestimmen. Eine einsame Figur, die
zu dem über ihr aufscheinenden Gestirn in
Beziehung gesetzt ist, vermittelt zwischen der
Szenerie und dem Betrachter. Ob die diesen

Menschen umgebende Düsternis schon als Kritik
an der Belastung der Umwelt durch die Industrie
gewertet werden muss, ist allerdings schwer zu
beurteilen; sie »kann das prometheische Pathos
der ›zweiten Schöpfung‹ auch zustimmend transportieren« (Klaus Herding). *AS*

Klingender [1947] 1974, S. 35 (fälschlich George
Robertson zugeschr.); Wagner 1979, S. 97f. (Zitat);
Herding 1987, S. 447 (Zitat); Lord 1998, S. 136 (als
Werk eines anonymen Künstlers).

42.1–2

1. Robert Wallis (1794 – 1878)
nach Joseph Mallord William Turner
(London 1775 – 1851 London)
Dudley, Worcestershire, 1835

2. William Raymond Smith
(Lebensdaten unbekannt)
nach Joseph Mallord William Turner
(London 1775 – 1851 London)
**Kettenbücke über den River Tees
(Chain Bridge over the River Tees), 1838**

Kupferstich, 28 x 39,
Verlag: Longman & Co., London
Berlin, Staatsbibliothek zu Berlin,
Inv. Kart. Y 5657/10

Der Verleger Charles Heath vereinbarte 1825 mit Turner die Publikation von 120 Kupferstichen nach Aquarellen des Künstlers. Das ambitionierte Projekt, das den Titel *Picturesque Views in England and Wales* trug, startete 1827 mit den ersten zwölf Blättern. Zu dieser Zeit hatte die Begeisterung des Publikums für malerische Ansichten ihren Höhepunkt allerdings schon überschritten. Heath geriet in finanzielle Schwierigkeiten und musste seine Rechte an den Verlag Longman & Co. abtreten, der die Serie 1838 nach der Herausgabe von 96 Blättern einstellte.

Das Projekt umfasst eine Vielzahl von Sujets: pastorale Landschaften, urbane Szenen, dramatische Naturschauspiele und historische Stätten. Das Blatt *Dudley, Worcestershire* ist das einzige, das ausdrücklich die Industrielle Revolution thematisiert. Es zeigt eine nächtliche Ansicht dieser im Herzen des »Black Country« gelegenen Stadt. Die Eisenwerke rechts des Kanals umgibt eine Gloriole aus Feuer und Rauch. Am linken Bildrand ist der Kessel einer Dampfmaschine zu erkennen. Weitere Anlagen – Kalköfen, Glashütten und Lagerhäuser – liegen verstreut im Tal oder an den Hängen. Der einflussreiche Kunstkritiker John Ruskin (1819–1900) pries das Blatt 1878 rückblickend als eine Vision dessen, »what England was to become«. Die im Mondlicht glänzenden Überreste von Dudley Castle und die vom Dunst vernebelten Kirchtürme erschienen ihm »as

emblems of the passing away of the baron and the monk«. Angesichts der Tatsache, dass der Earl of Dudley 1833 mit zehn Zechen und sechs Eisenwerken der mächtigste Unternehmer der Region war, wirkt zumindest der Abgesang auf die Aristokratie etwas verfrüht. Turner, der die Stadt 1830 besucht hatte, ließ sich denn auch weniger von nostalgischen Stimmungen leiten, sondern zeigte sich beeindruckt von der Dynamik, die die Industrielle Revolution entfesselte.

Typischer für die Serie – und geradezu paradigmatisch für die von der zeitgenössischen Kunsttheorie beeinflusste Gattung der *Picturesque Views* – ist das Blatt *Kettenbrücke über den River Tees (Chain Bridge over the River Tees)*. Hier spielen die Naturgewalten die Hauptrolle:

Der ungebändigte Fluss stürzt durch eine wilde Berglandschaft zu Tal, während die eiserne Kettenbrücke, die auf den kultivierenden Eingriff des Menschen verweist, in den Hintergrund rückt. Der Jäger, der auf einen Wildvogel anlegt, symbolisiert die Allgegenwart des Todes. »Here nature threatens man, and man threatens nature, in one of Turner's most dramatic works« (Luke Herrmann). *AS*

Ruskin 1878, S. 34 (Zitat); Wagner 1979, S. 102f.; Ausst. Kat. Toronto/New Haven/London 1980/81, S. 130f., 168f.; Shanes 1983, S. 43, 48; Herrmann 1990, S. 132, 138 (Zitat); Rodner 1997, S. 104–121; Ausst. Kat. London 1998, S. 98–100.

43

James Sands (Lebensdaten unbekannt)
nach Thomas Allom
(London 1804 – 1872 Barnes)
**Das Eisenwerk von Lymington am River
Tyne (Lymington Iron Works, on the Tyne),
1835**
Stahlstich, koloriert, 9,7 x 15,5 (Bildgröße),
Verlag: Fisher, Son & Co., London
London, National Museum of Science and
Industry, Inv. 1970-337

Das Blatt ist auch in der bereits 1832 in Buchform
erschienenen Beschreibung der Grafschaften
Westmorland, Cumberland, Durham und
Northumberland (Kat. Nr. 48) enthalten. Es
präsentiert das Eisenwerk von Lymington
(Northumberland). Zu sehen sind Heizer, die
einen Ofen beschicken. Das Flammenmeer, von
dem sie umgeben sind, wirkt auf den Betrachter
wie ein Katastrophenszenario.

Der Text von Thomas Rose beschreibt nicht
die Verrichtungen der Arbeiter, sondern preist
die Leistungen der Unternehmer: »Wenn wir die
enorme Bedeutung dieses Metalls bedenken,
seine vielfältige Verwendung und – im gegenwärtigen Zustand unserer Gesellschaft – die Un-
möglichkeit, auf diese Produktion zu verzichten
oder einen angemessenen Ersatz dafür zu finden,
müssen wir die Eisenwerke dieses Landes mit
der verdienten Bewunderung betrachten und
ihre Betreiber zu den größten Wohltätern der
Menschheit rechnen.« *AS*

Westmorland 1832, S. 159 (Zitat); Klingender [1947]
1974, S. 115; Herding 1987, S. 448.

44

George Greatbach
(Lebensdaten unbekannt)
nach Henry Warren
(London 1794 – 1879 London)
**Das »Black Country« bei Bilston (The Black
Country, near Bilston), 1869**
Stahlstich, 14 x 19 (Bildgröße), Verlag: William
Mackenzie, Glasgow/Edinburgh/London
London, National Museum of Science and
Industry, Inv. 1985-1889

Das »Black Country« nordwestlich von Birmingham war einer der Hauptstandorte der britischen
Metallindustrie. Leicht abbaubare Kohlenvor-
kommen ermunterten zahlreiche Betreiber von
Hochöfen, Eisengießereien und Hammerwerken,
sich hier niederzulassen. Selbst im vergleichsweise dicht industrialisierten England gab es

wenige Plätze, an denen die Eingriffe des Menschen in die Natur so spürbar waren wie hier.

Über das nächtliche Antlitz des »Black
Country« hieß es in einem Zeitungsartikel, der
1866 anlässlich eines Besuchs von Queen Victoria
in Wolverhampton verfasst worden war: »Die
grellen Rauchfahnen und Flammenzungen der
unzähligen Öfen und Schmieden, vereint mit dem
Feuer der vielen Haufen brennenden Auswurfes
an den Eingängen der Gruben, verliehen dem
Himmel einen glühenden Schimmer, vor dem sich
die Umrisse der Gebäude, hohen Schornsteine
und Maschinen, oder auch der vorbeieilenden
Arbeiter, Karren und Pferde, Eisenbahnzüge und
Kanalschiffe in riesigen Schatten abzeichneten; die
Landschaft muss zu den wildesten und phantas-
tischsten gezählt werden, die irgendwo in Augenschein genommen werden können.«

Künstler, die das »Black Country« porträtierten, wählten gern solche nächtlichen Szenen.
Warren zeigt – ganz wie in dem Zeitungsartikel
beschrieben – glühende Kohlenfelder, vor denen
sich die Silhouetten von Arbeitern abheben. An
einigen Stellen wird Gas abgefackelt. Am rechten
Bildrand stehen Reste einer mit Wasserkraft betriebenen Anlage. Solche Relikte verstärken beim
Betrachter den Eindruck, einer Endzeitvision
beizuwohnen. *AS*

The Town of Wolverhampton, in: *The Illustrated
London News* 49, 1866, Nr. 1402, S. 562 (Zitat).

45

Arthur Fitzwilliam Tait
(Livesey 1819 – 1905 Yonkers, bei New York)
Der Viadukt von Stockport (Stockport Viaduct), um 1845
Lithographie, 25,6 x 38,5 (Bildgröße),
Verlag: Bradshaw & Blacklock, Manchester
London, National Museum of Science and Industry, Inv. 1985-1901/2

Der 34 Meter hohe, aus 27 Bögen bestehende Viadukt in Stockport (Cheshire) ist der größte Ziegelbau seiner Art in Europa. Er wurde 1842 eröffnet und wird bis heute genutzt. Eine Ansicht dieser Brücke schuf Tait für die 1848 gedruckte Publikation *Views on the London & North Western Railway – Northern Division*, die 18 Lithographien von seiner Hand enthält.

Die enormen Ausmaße des Bauwerks verdeutlicht der Künstler durch die Darstellung eines winzig wirkenden Zuges, der von rechts nach links durch das Bild fährt. Ein Sägewerk und die rauchenden Schornsteine weiterer Fabriken kennzeichnen Stockport als Industriestadt. Auch der rege Verkehr auf der parallel zum Fluss verlaufenden Straße verweist auf die Geschäftigkeit, die im Tal des River Mersey herrscht.

Die London & North Western Railway entstand 1846 aus dem Zusammenschluss dreier kleinerer Eisenbahngesellschaften. Sie bediente mit London, Birmingham, Manchester, Liverpool, Leeds, Glasgow und Edinburgh die wichtigsten Städte des Landes. Unter den britischen Aktiengesellschaften war sie diejenige mit dem höchsten Kapitalwert. Die Spekulation mit Eisenbahnaktien an der Londoner Börse erreichte 1846 einen Höhepunkt. Drei Jahre später stürzten die Kurse dieser die damalige ›New Economy‹ bildenden Gesellschaften ab; viele Anleger verloren ihr Vermögen. *AS*

46

Samuel Bough
(Carlisle 1822 – 1878 Edinburgh)
Ansicht eines Gaswerks bei Sonnenuntergang, 1850
Gouache, 12,4 x 19
London, National Museum of Science and
Industry, Inv. 1984-173/3

Die Geschichte der öffentlichen Gasbeleuchtung
begann 1812 in London mit der Gründung der
Gaslight and Coke Company durch den deutsch-
stämmigen Kaufmann Friedrich Albert Winsor.
In den 20er Jahren des 19. Jahrhunderts
leuchteten Gaslaternen bereits in mehr als 50
britischen Gemeinden. Die Gaswerke, in denen

Leuchtgas aus Steinkohle erzeugt wurde, waren
die ersten chemischen Fabriken, die nicht
draußen vor der Stadt, sondern inmitten der
Wohngebiete errichtet wurden. Explosionen und
Vergiftungen durch ausströmendes Gas sorgten
an vielen Orten für Schlagzeilen.

Die Gouache des in Schottland wirkenden
Malers Bough zeigt die Fabrik mit ihrem
rauchenden Schlot zwischen ärmlichen Reihen-
häusern, vor denen einige Passanten flanieren.
Gerade wird die erste Laterne angezündet.
Sie erstrahlt im gleichen Licht wie der grell ver-
färbte Himmel. Natürliche Vegetation findet in
dieser konturlosen Stadtbrache keinen Platz
mehr. AS

47

John Aikin
(Kibworth 1747 – 1822)
**A Description of the Country from Thirty
to Fifty Miles round Manchester, 1795**
Verlag: John Stockdale, London
Berlin, Staatsbibliothek zu Berlin, Inv. Tx 5364

Topographische Werke, die mit Kupfer- oder
Stahlstichen illustriert waren, bildeten im England des 18. Jahrhunderts eine sehr populäre
Gattung. Sie enthielten überwiegend Darstellungen von sehenswerten Herrenhäusern,
Burgen und Städten. Aber auch Industrieanlagen
und Verkehrswege wurden gezeigt, wenn sie
einen spektakulären Anblick boten.

Für seine Beschreibung der Gegend um
Manchester ließ sich der Geistliche, Schullehrer
und Publizist John Aikin von Robert Pollard
(1755–1838) eine nach John Swertner (1746–
1813) gestochene Ansicht der Brücke von Barton
anfertigen. Der Stich zeigt den Kanal, den der
Herzog von Bridgewater 1761 von seinen
Kohlengruben in Worsley (Lancashire) nach
Manchester hatte bauen lassen. Die künstliche
Wasserstraße überquerte auf einem Aquädukt
den River Irwell. Aikin schrieb: »Der Zuschauer
genoss deshalb das außergewöhnliche, nie zuvor
in diesem Land erblickte Schauspiel eines
Schiffes, das über ein anderes hinwegsegelt; und
diejenigen, die diesen Versuch zuerst als Luft-

schloss verspottet hatten, waren gezwungen,
sich der Begeisterung für die wunderbaren
Fähigkeiten des Ingenieurs anzuschließen,
dessen kreativem Geist so ziemlich alles nur
irgend Mögliche zuzutrauen war« (S. 113f.). *AS*

Klingender [1947] 1974, S. 23f.

48

Westmorland, Cumberland, Durham, and Northumberland, Illustrated. From Original Drawings by Thomas Allom, George Pickering, &c. With Historical and Topographical Descriptions by Thomas Rose, 1832
Verlag: Fisher, Son & Co., London
Göttingen, Niedersächsische Staats- und Universitätsbibliothek, Inv. ALT 93 B 49

Die Beschreibung der vier nordenglischen Grafschaften Westmorland, Cumberland, Durham und Northumberland, in denen sich mit der Umgebung von Newcastle upon Tyne eine der Kernlandschaften der Industriellen

Revolution befindet, enthält lediglich eine Fabrikansicht. Sie zeigt das Eisenwerk von Lymington (Kat. Nr. 43). Die Veränderungen, die Stadt und Land durch den Aufschwung des produzierenden Gewerbes erlebten, sind ansonsten nur durch die Darstellung von Schieferbergwerken und Eisenbrücken präsent.

Das Blatt *Thrang Crag Slate Quarry, Great Langdale, Westmorland* wurde von William le Petit nach Thomas Allom gestochen. Das Bergwerk war eines der wenigen in England, in denen Schiefer unter Tage abgebaut wurde. Die von Allom gezeichneten Arbeiter brechen mit Werkzeugen aller Art Steinbrocken aus den Wänden, die noch vor Ort zu Platten verarbeitet werden.

Thomas Rose empfahl seinen (eher den Besserverdienenden zuzurechnenden) Lesern: »Diejenigen, die ein Interesse für die Wissenschaft der Geologie aufbringen oder Freude daran empfinden, die Geschichte und Herkunft eines wichtigen Spenders häuslicher Geborgenheit (nämlich einer ebenso eleganten wie haltbaren Abdeckung ihrer Wohnstätten) zu erforschen, werden es nicht unterlassen, auf ihrer Tour durch den Lake District einen flüchtigen Blick auf die Schiefergruben zu werfen« (S. 79). AS

4 Eisenbahnraum und Eisenbahnzeit
Die veränderte Wahrnehmung der Landschaft 1830–1860

In der Philosophie des 18. Jahrhunderts wurde die Natur des Urzustandes neu entdeckt. In der Malerei förderte diese neue Sicht die Entdeckung der heimischen Landschaft als Motiv. Ausflüge der Stadtbewohner in die ›unberührten‹ Regionen der Umgebung nahmen zu. Die Ausflüge und Reisen erfolgten im 19. Jahrhundert zunehmend mit dem Dampfschiff oder der Eisenbahn. Die Intensivierung des Verkehrs geriet zum augenfälligsten Aspekt industrieller Technik zwischen 1840 und 1880. Sie ging mit einer deutlichen Veränderung der Landschaft einher, denn neben den landschaftsdurchtrennenden Trassen ermöglichte die verkehrstechnische Erschließung bis dahin ungestörter Naturräume den dortigen Abbau größerer Rohstoffmengen.

In Deutschland ist der Beginn des Industrialisierungsprozesses unmittelbar mit dem Eisenbahnbau verbunden. Gleichzeitig mit der Einrichtung der ersten Strecken wurde 1834 der Deutsche Zollverein gegründet, der zusammen mit dem neuen Verkehrsnetz die Grundlage für einen einheitlichen Wirtschaftsraum schuf. Die erste deutsche Eisenbahnstrecke führte seit 1835 von Nürnberg nach Fürth mit einer Geschwindigkeit von etwa 23 Stundenkilometer. Die Reisezeit von Dresden nach Leipzig verringerte sich durch das neue Transportmittel bereits 1838 von 21 auf drei Stunden. Die Reisegeschwindigkeit nahm durch die Entwicklung neuer Lokomotiven stetig zu.

Die Eisenbahn veränderte nicht nur die Landschaft, sondern auch deren Erleben. Die deutliche Verkürzung der Reisezeit führte zu einem neuen Weltbild mit dem Phänomen der Vernichtung von Raum und Zeit. Die Landschaft verlor ihren räumlich begrenzten Charakter. Die neue Perspektive ermöglichte den ›Überblick‹ des Panoramas. Die geschwindigkeitsbedingte Verflüchtigung der Landschaft wurde aber auch als Verlust von Wahrnehmungsqualität beklagt. John Ruskin, einer der schärfsten zeitgenössischen Kritiker der Eisenbahnreise, bemerkte, es sei »gleichgültig, ob Sie Augen im Kopf haben oder blind sind oder schlafen, ob Sie intelligent sind oder dumm; was Sie über das Land, durch das Sie fahren, bestenfalls erfahren können, das ist seine geologische Struktur und seine allgemeine Oberfläche«. Andererseits gab es Befürworter dieser neuen Reiseerfahrung, denen sich eine Landschaft durch die Bahnfahrt erst erschloss. Aus dieser Sicht konnte auch eine an sich unspektakuläre Landschaft neue Reize gewinnen. Zudem konnte sich die Abfolge der einzelnen Bilder zur Synthese des Panoramas erweitern. So führte für den französischen Literaten Jules Clarétie die Eisenbahn in wenigen Stunden »ganz Frankreich vor, vor Ihren Augen entrollt sich das gesamte Panorama, eine schnelle Aufeinanderfolge lieblicher Bilder und immer neuer Überraschungen. Sie zeigt Ihnen lediglich das Wesentliche einer Landschaft, wahrlich ein Künstler im Stil der alten Meister. Verlangen Sie keine Details von ihr, sondern das Ganze, in dem das Leben ist.«

Auch die Zeit verlor mit den Eisenbahnnetzen ihre Individualität, ihre räumlich begrenzte Gültigkeit. Die Beibehaltung der lokalen Zeit war für die Einhaltung überregionaler Fahrpläne und im Verhältnis der schneller überwundenen Strecken zueinander unmöglich. Bereits in den 40er Jahren wurde deshalb in England von den einzelnen Bahngesellschaften die Vereinheitlichung der Zeit für die jeweiligen Fahrpläne eingeführt. 1880 wurde die Eisenbahnzeit allgemeine Standardzeit für das Königreich Großbritannien, in Deutschland wurde die Zonenzeit 1893 verbindlich.

Die neue panoramatische Seherfahrung und die ästhetische Aufwertung von – zumindest im klassischen Sinne – wenig interessanten geologischen Formationen fand ihren Widerhall in der Darstellung von Industrielandschaften. Carl Blechens frühe deutsche Industrielandschaft *Walzwerk Neustadt-Eberswalde* gibt noch die Perspektive des Spaziergängers, der nur den Ausschnitt erfasst und über die Figuren im Vordergrund in den Bildraum hineingeführt wird. Hier wird ein ausgewogenes, wenig distanziertes Verhältnis von Natur, Industrie und Betrachter formuliert. François Bonhommé hingegen verleiht dem kargen Abbaugebiet in seiner panoramatischen Industrietotale *Montchanin* eine eigene ästhetische Qualität. Darüber hinaus gibt er Auskunft über die Macht, mit der der Mensch sich die Ressourcen der Natur erschließt und die Landschaft in einem schöpferischen Akt prägt, indem er sie kultiviert. *SB*

Clarétie 1865, S. 4 (Zitat); Ruskin 1903–12, Bd. 36, S. 62 (Zitat); Sternberger 1974; Schivelbusch 1977.

49

J. Baumhauer (Lebensdaten unbekannt)
**Eisenbahn bei Nacht (Nächtliche Fahrt
der »Adler«)**
Öl auf Holz, 26 x 32,5
Köln, LETTER Stiftung, Inv. Nr. E 547/o. J.

Bei dem Bild handelt es sich um die vermutlich früheste gemalte Darstellung der »Adler«, die als erste Lokomotive Deutschlands ab 1835 zwischen Nürnberg und Fürth fuhr, jedoch nur tagsüber verkehrte. Obwohl sie eindeutig zu identifizieren ist, geht es dem biographisch nicht fassbaren Künstler nicht um eine Schilderung der technischen Details der Lok oder des Alltagsbetriebs. Durch den Verzicht auf eine topographische Verortung und die Einbindung der Bahnfahrt in einen romantisierten Bildraum erhält die Szene vielmehr eine symbolhafte Überzeitlichkeit.

Die Wahl einer Nachtlandschaft, die sich deutlich an Bildern Aert van der Neers aus dem 17. Jahrhundert orientiert, erlaubt nicht nur, Feuer und Rauch effektvoll darzustellen. Dunkelheit und die in der Zielrichtung unbestimmbare Fahrt des Zuges vermitteln zugleich ein Gefühl von Ungewissheit. Der Mensch, der Maschine hier winzig und ohne realen Maßstabsbezug beigeordnet, ist den Kräften des Schicksals anheim gestellt, immer in Gefahr, sprichwörtlich ›die Bahn zu verlieren‹. Die drei Kreuze fungieren demgemäß als Memento mori, und der Bahn, die trotz realen Vorbilds durch Beleuchtung und Szenerie eine irrationale Aura ausstrahlt, kommt weniger die Rolle zu, Zeugnis menschlichen Schöpfergeistes zu sein, sondern vielmehr Sinnbild seines stets gefährdeten Lebensweges. In dieser metaphorischen Ambi-

valenz stellt Baumhauers Bild ein außergewöhnliches Zeugnis romantischer Aneignung industrieller Wirklichkeit dar, das ohne Nachfolge geblieben ist.

Gerade das Moment der Bewegung, das nur ansatzweise durch die verwehende Rauchwolke und die verwischten Radspeichen suggeriert wird, ist es, was die Künstler in der Folge besonders fasziniert und einen neuen Zugriff auf das Phänomen der Technisierung von Landschaft eröffnet. Dies zeigt nicht zuletzt Menzels berühmte *Berlin-Potsdamer Eisenbahn* von 1847 (s. Abb. S. 22), in der Geschwindigkeit bar romantischer Symbolik ihren malerisch adäquaten Ausdruck findet. *RR*

Meurer 1989, S. 76–79, Nr. 36.

50

Unbekannter Künstler
**Donautal mit Donaustauf und Walhalla,
um 1843**
Öl auf Leinwand, 44 x 66
München, Münchner Stadtmuseum, Inv. 56/245

Der anonyme Maler zeigt hier die idyllische
Szene einer Donaulandschaft mit der Burgruine
Donaustauf und der Walhalla. Einen besonderen
Effekt versuchte der Künstler durch die
Spiegelung der Höhenzüge und der Architektur
auf der Wasseroberfläche zu erzielen. Die
Walhalla, zwischen 1830 und 1842 als nationale
Ruhmeshalle von Leo von Klenze im Auftrag des
bayerischen Königs Ludwig I. erbaut, ist Teil
einer im 19. Jahrhundert vollendeten Denkmal-
landschaft. In diese historisch bedeutungsvoll
inszenierte Landschaft fügte der Maler mit der
Darstellung eines Dampfschiffes auch ein Stück
moderne Technik ein. Die an der Donau neu

entstehenden Industriebetriebe erforderten
einen erhöhten Transportbedarf an Rohstoffen
und Gütern, dem die traditionelle Binnen-
schifffahrt nicht mehr gewachsen war. In Österreich hatte man sich bereits seit 1813 bemüht, auf
der Donau Dampfschiffe einzusetzen. Bald nach
der Gründung der ersten Donau-Dampfschiff-
fahrts-Gesellschaft 1829 wurde der Schiffsver-
kehr zwischen Wien und Budapest eingerichtet.
1835 folgte die königlich-bayerisch-württem-
bergische Dampfschifffahrt, die mit dem
Dampfer »Ludwig« ab 1837 auf der Donau fuhr.
Bereits im folgenden Jahr gab es einen fahrplan-
mäßigen Pendelverkehr zwischen Regensburg
und Linz. *BB*

Ausst. Kat. München 1987, S. 19, S. 638, Nr. 9.27,
S. 694, Nr. 11.3.22, Abb. S. 696.

51

Carl Blechen (Cottbus 1798 – 1840 Berlin)
Walzwerk Neustadt-Eberswalde, um 1830
Öl auf Holz, 25,5 x 33
Berlin, Staatliche Museen zu Berlin, National-
galerie, Inv. NG 763

Das Finowtal bei Eberswalde, der ältesten Industriestadt der Mark, entwickelte sich seit dem
17. Jahrhundert zum frühesten industriellen
Zentrum Brandenburgs. Voraussetzung waren
reichhaltige Vorkommen an Raseneisenerzen, die
Energieversorgung durch Finow und Schwärze
und die großen Wälder zur Gewinnung von
Brenn- und Baumaterial. Nach den Freiheits-
kriegen wurden die drei ältesten Industriezentren
des Finowtales unter Obhut des Staates auf den
neuesten Stand gebracht, die Eisenspalterei,
der Kupferhammer und das Messingwerk.
    Das Bild zeigt das nach englischem Vorbild
1816–18 errichtete Walzwerk der Eisenspalterei.

Im Vordergrund sind Fischer auf dem vom
Finowkanal abgeleiteten Betriebs- und Frei-
graben zu sehen. Blechen fuhr 1830 nach Eberswalde, um den Stich *Gesundbrunnen zu Neustadt-Eberswalde* für den *Berliner Kalender* anzufertigen. Zahlreiche Zeichnungen des Walzwerks entstanden bei dieser Gelegenheit. Ein
Jahr zuvor hatte Johann Joachim Bellermann
einen Reiseführer veröffentlicht, in dem neben
den üblichen Sehenswürdigkeiten des Kurorts
Eberswalde auch die Fabriken in der Nähe als
attraktive und bildende Ausflugsziele vorgestellt
wurden. Führungen ermöglichten die Besichtigung der Anlagen: »Die Fabriken und
Gewerke, welche in Neustadt-Eberswalde und
deren Umgebung liegen, machen den Bade-
gästen den hiesigen Aufenthalt unterhaltend, und
den Freunden der Industrie, des Maschinen-
wesens und der Erfindung lehrreich und sehr an-
ziehend.«

Das Bild, eine der ersten deutschen Industrielandschaften, entstand ohne Auftrag und
wurde von Blechen vermutlich an den Verein für
Kunstfreunde in Preußen verkauft, der es ver-
loste. Die topographische Situation in Eberswalde wird aus der Sicht eines Spaziergängers
wiedergegeben. Der im Vergleich zu den
Zeichnungen kleinere Bildausschnitt lässt den
Blick in die Ferne nicht zu, sondern steigert das
Rauchmotiv als romantisches Stimmungsele-
ment. *SB*

Bellermann 1829, S. 21 (Zitat); Seifert/Bodenschatz/
Lorenz 1998, S. 23–28, 52f., 58–62; Ausst. Kat. Berlin
1990b, Nr. 45, 210–212, 278.

52

Andreas Achenbach
(Kassel 1815 – 1910 Düsseldorf)
Die »Neusser Hütte« in Heerdt, 1860/67
Öl auf Holz, 25,5 x 37,4
Düsseldorf, Stadtmuseum Düsseldorf,
Inv. B 1506

In der »Neusser Hütte« am Rhein wurde 1860
der erste Hochofen angeblasen. Die Eisenverhüttung erfolgte hier bis zum Jahr 1884. Achenbach malte das Hüttenwerk im ersten Jahr seines
Bestehens. Das kleine Bildformat und die
Tatsache, dass das Gemälde noch mehrere Jahre
in Achenbachs Besitz verblieben ist, zeigen, dass
es sich nicht um ein Auftragswerk gehandelt
haben kann.

 Über ein flaches Flussufer hinweg erkennt
man eine große Industrieanlage, die den Blick auf
die dahinter liegende Landschaft versperrt. Tief-
schwarze und dicke weiße Rauchschwaden ver-
dunkeln den Himmel, im Hochofen flackert der
Feuerschein. Die düster gehaltene Farbigkeit
entspricht durchaus der von Achenbach zu dieser
Zeit bevorzugten Farbpalette und zeigt keine
Besonderheit, die nur dem Industriebild zuteil
geworden wäre.

 Die lockere Pinselführung sowie die nicht
detailliert wiedergegebene Architektur, die von
Rauchfahnen überdeckt wird, erwecken den Eindruck des Skizzenhaften und lassen eine Moment-
aufnahme vermuten. Das dem nicht so ist, darauf
verweist die durch die Signatur dokumentierte
Überarbeitung von 1867. In diesem Jahr wurde
der zweite Hochofen in Heerdt fertig gestellt. Sein
Modell hatte man auf der Pariser Weltausstellung
1867 bewundern können. In Fachkreisen erhielt
dieser besonders fortschrittliche Hochofen, der
nach dem »System Büttgenbach« erbaut worden
war, große Aufmerksamkeit.

 Für Achenbach war dies ein Anlass, sein
Bild zu ergänzen. Dass er dabei auf eine realistische Wiedergabe Wert gelegt hat, zeigt ein Vergleich mit den Unterlagen aus dem »Concessions-
Gesuch per Anlage eines II. Hochofens der
Neußer Hütte von 27.4.1865«. Achenbachs für
die Zeit herausragende Leistung liegt in der
atmosphärischen Einbindung des Industriemotivs in die Landschaft. *BB*

Seeling 1960, S. 32f., 37; Ausst. Kat. Düsseldorf/
Darmstadt 1979, S. 244f.; Herding 1987, S. 457,
Abb. 42; Hütt 1995, S. 212, Abb. 147; Ausst. Kat.
Düsseldorf/Hamburg/Linz 1997, S. 213; Sitt 1997,
S. 15; Türk 2000, S. 159f.

53

William Wheldon
(Lebensdaten unbekannt)
**Förderturm einer Zeche im nordöstlichen
Kohlenrevier (North Eastern Coalfield:
Colliery Pit-head), um 1840**
Öl auf Leinwand, 28 x 46
London, National Museum of Science and
Industry, Inv. 1981-1277/2

Die auf Eisenschienen fahrenden Eisenbahnen
nahmen ihren Anfang im Bergbau. Dort verwendete man bereits seit Jahrhunderten hölzerne
Gleise zum Rollen von Loren. 1767 kamen
schließlich im englischen Coalbrookdale erstmals
Eisenschienen in einer Grube zum Einsatz, die
aufgrund ihrer guten Eigenschaften schnell weiterentwickelt wurden. Bis die vielfältigen Versuche zur Konstruktion einer durch Dampfkraft

angetriebenen Zugmaschine erfolgreich waren,
dienten Pferde als Zugtiere. 1820 wurden dann
erstmals von George Stephenson und seinem
Sohn Robert (Kat. Nr. 61) fünf Lokomotiven und
Schienenwege für den Kohlentransport gebaut.
1825 erfolgte die Eröffnung der ersten Bahnlinie
für den Güter- und Personentransport zwischen
Darlington und Stockton im nordenglischen
Bergbaugebiet mit Lokomotiven Stephensons.

Das Bild zeigt die Produktionsstätten einer
Zeche. Neben dem Fördergebäude sind im
Hintergrund brennende Öfen einer Kokerei zu
sehen. Loren transportieren Kohle, die in der
Kokerei zu leichterem Koks verhüttet wird. Sie
rollen das leicht abschüssige Gelände herunter.
Das Bild zielt auf eine dokumentarische Wiedergabe der Industrielandschaft, wobei Schienen
und Loren als neueste Errungenschaften des in-

dustriellen Fortschritts prominent in Bild gesetzt
werden. Deutlich wird die Veränderung der
Landschaft durch den Streckenbau: die not-
wendige Begradigung des Terrains zeigt sich an
der Abbruchkante des Hügels links im Bild. Auf
dem Gegenstück (London, National Museum
of Science and Industry, Inv. 1981-1277/1) ist
eine Lokomotive zu sehen, die bei Bedarf die
Lorenzüge rangieren konnte. *SB*

54

Johann Joseph Leyendecker
(Dernau an der Ahr 1810 – 1867 Paris)
Mechernicher Bleibergwerk, 1854
Öl auf Leinwand, 108 x 155
Mechernich, Stadt Mechernich

Leyendecker stellt einen Tagebau dar, der zur
Bleierzgewinnung in der Nähe von Mechernich
am Fuße der Eifel betrieben wurde. Die Betreiber waren die vier Brüder Kreuser, die zugleich die Auftraggeber für dieses Bild waren.
Erst Anfang der 50er Jahre hatten die Unternehmer die Bergwerksgesellschaft übernommen.
In kürzester Zeit gelang es ihnen, durch die
Einführung des Tagebaus die Erzgewinnung auf
zuvor nicht für möglich gehaltene Mengen zu
steigern. Auf einem Vorsprung am Rande der
Abbaugrube sind von links Hilarius, Carl,

Wilhelm und Werner Kreuser porträtiert. Carl
und Werner Kreuser sind durch ihre Uniformen
als Leiter des Bergbaubetriebes gekennzeichnet.
Von dem immensen Arbeitsaufwand zeugen die
unzähligen Bergleute, die paarweise und in
langen Reihen angeordnet das erzhaltige Gestein
abtragen. Der tief in die Erde eingeschnittene
Kegel beherrscht das Bild und zeigt die hierdurch
entstandene tief greifende Veränderung der
Landschaft. Der hoch aufragende Schornstein
der Bleihütte erhält im Kontrast eine Signal-
wirkung.

Leyendecker lebte über 20 Jahre in Paris,
wo er ausgebildet wurde und erfolgreich tätig
war. Um 1850 kam er zurück nach Bonn, um
dort in erster Linie als Porträtmaler zu arbeiten.
Allerdings riss die Verbindung nach Paris nie ab,
1860 zog er schließlich wieder in die französische

Hauptstadt. Die in ihrem panoramatischen Ausschnitt und ihrem dokumentierenden Realismus
für Deutschland singuläre Industrielandschaft –
auch in Leyendeckers Œuvre blieb das Thema
eine Ausnahme – zeigt den Einfluss französischer
und englischer Vorbilder. Der Maler konnte sich
bei dem für ihn ungewöhnlichen Auftrag etwa an
Malern wie François Bonhommé (Kat. Nr. 55)
orientieren, der regelmäßig in den Pariser Salons
vertreten war und dessen Werke über die Druckgraphik weite Verbreitung fanden. Beide Maler
konnten darüber hinaus Anregungen aus der
englischer Graphik des späten 18. und frühen
19. Jahrhunderts verarbeiten (vgl. Kat. Nr. 29,
30). *BB*

Leduc 1985; Ausst. Kat. Berlin 1981b, Bd. 1, Nr. 22/315,
Abb. S. 445; Ruland 2000.

55

François Bonhommé
(Paris 1809 – 1881 Paris)
Steinkohlenbergwerk und Tongruben von
Montchanin (Huillières et carrières d'argile
de Montchanin), 1860
Öl auf Leinwand, 117 x 158
Montchanin, Ville de Montchanin

Bonhommé schuf eine Reihe der bedeutendsten
Industriebilder des 19. Jahrhunderts. Nach einer
klassischen akademischen Ausbildung zum Land-
schafts- und Genremaler begann er sich Mitte der
30er Jahre für Industriemotive zu interessieren.
Ein wesentlicher Anlass waren belgische Reise-
erlebnisse. Zufällig besichtigte er die Schmieden
im wallonischen Philippeville, wo er sich für die
Szenerie und die Lichtverhältnisse begeisterte.
»Seit dieser Zeit verschrieb Bonhommé sich dem

Kampf des Menschen gegen die Materie. Er
unternahm Reisen nach Preußen, Frankreich und
Deutschland, immerfort angezogen von den
Schmieden und Minen«, berichtete Alexandre
Dumas. Bonhommé schuf in der Folge sowohl
Industriebilder in staatlichem Auftrag wie für
private Unternehmer, die vor allem in der Industrieregion von Burgund ansässig waren. Im Auftrag von Charles Avril, dem Direktor der Steinkohlenbergwerke und Tongruben von Montchanin in Burgund, entstand die hier gezeigte
panoramatische Industrietotale.

Am Abhang im Vordergrund ist der Schacht-
eingang einer Fördergrube zu sehen. Rechts
verweist der Schornstein auf eine Dampfmaschine. Unten im Tal befindet sich der Eingang
eines weiteren Förderschachts für Steinkohle. Im
Hintergrund links fährt ein Zug, rechts liegt

Montchanin mit seinen Fabriken. In das ganze
Gelände fressen sich Tongruben. Die Landwirtschaft wird zurückgedrängt, die Industrie
dominiert. Die Männergruppe im Vordergrund
erörtert in Anwesenheit des Unternehmers
weitere Planungen zum Ausbau der industriellen
Anlagen. Der Mensch erschließt sich die Natur
und wird zum Schöpfer einer neuen Landschaft.
Bonhommé selbst – rechts neben der Gruppe
dargestellt – trägt seine Staffelei und befindet
sich offenbar auf dem Heimweg. Mit seiner
Anwesenheit auf dem Bild dokumentiert der
Künstler das Studium vor Ort und damit den
Anspruch realistischer Motivwiedergabe. *SB*

Ausst. Kat. Metz 1996, Nr. 131, S. 20 (Zitat), 33–35;
Türk 2000, S. 164–165.

5 Selbstdarstellung der Bourgeoisie
Auftragskunst und Industriekultur 1830–1875

Im Verlauf der Industriellen Revolution formierte sich eine neue soziale Klasse: die »auf produktions-kapitalistischem Unternehmertum und intensiver Verkehrswirtschaft beruhende Bourgeoisie« (Hans-Ulrich Wehler). In Deutschland engagierten sich – anders als in Großbritannien – nur wenige Adelige als Fabrikanten. Dagegen stammten viele von ihnen aus kleinen Verhältnissen. Als Handwerker oder Kaufleute hatten sie Kenntnisse über Fertigungsmethoden oder Absatzmärkte erworben, die sie in einer eigenen Fabrik gewinn-bringend verwerteten. Andere waren – wie August Borsig – Studenten einer technischen Fachschule gewesen. Eine schnell wachsende Zahl von Unternehmern hatte ihre Firma nicht gegründet, sondern geerbt. Friedrich Harkort, Eberhard Hoesch und Carl Friedrich Stumm übernahmen Betriebe, die sich schon seit Generationen im Besitz ihrer Familien befanden. Diese vorindustriellen Fabrikationsstätten modernisierten sie grundlegend, oft anhand von Erkenntnissen, die sie bei Reisen durch England und Wales gewonnen hatten.

Die Identität des industriellen Großbürgertums entwickelte sich in der Auseinandersetzung mit anderen Klassen, vor allem mit dem Adel und der Arbeiterschaft. Der unbeirrt durchgesetzte, nicht durch Leistung legi-timierte Führungsanspruch der Aristokratie empörte die Fabrikanten. Dem adeligen Müßiggang setzten sie ein – oft religiös überhöhtes – bürgerliches Arbeitsethos entgegen. Ihre Vorstellung von Ehre beruhte auf Fleiß, Solidität und Rechtlichkeit, alles Eigenschaften, die sie der Aristokratie absprachen. Ihre Adelskritik war wesentlich durch einen starken Fortschrittsglauben motiviert: Hochöfen und Maschinenbauanstalten galten ihnen – wie auch den Journalisten und Literaten – als die Zeichen einer neuen Zeit. Wie Friedrich Harkort be-obachtete, ging schließlich selbst dem Adel auf, »daß die Lokomotive der Leichenwagen ist, auf dem der Ab-solutismus und Feudalismus zum Kirchhof gefahren werden«.

Wichtiger als die Abgrenzung gegenüber der Aristokratie war allerdings die Distanz zur Arbeiterschaft. Der Fabrikant sah sich als ›Herr im Haus‹, der seinem Personal keine Selbständigkeit zubilligte. Dem liberalen Menschenbild entsprechend, stand es jedem Arbeiter frei, seine Lage durch individuelle Tüchtigkeit zu verbes-sern. Wer wirtschaftlich nicht auf eigenen Füßen stehen konnte, hatte demnach kein Recht auf politische Mit-sprache. Patriarchalische Fürsorge milderte zwar soziale Härten, verstärkte aber gleichzeitig die Abhängigkeit vom Arbeitgeber. Der Graben zwischen dem industriellen Großbürgertum und der Arbeiterschaft vertiefte sich in den Jahren 1848/49. Das »Revolutionstrauma« (Manfred Gailus), das viele Unternehmer davontrugen, erhöhte ihre Bereitschaft, die sozialkonservative Ordnungspolitik der wiedererstarkten Fürstenhäuser mit-zutragen.

Wie ambivalent das Verhältnis zwischen Bourgeoisie und Adel war, verdeutlicht die Selbstdarstellung der aufstrebenden sozialen Klasse. Im Bemühen um Gleichrangigkeit kopierten viele Unternehmer die Reprä-sentationsformen der Aristokratie. Ihre Werkfassaden schmückten sie mit Rundbögen, ihre Dampfmaschinen mit Säulen. Tore und Türme auf dem Firmengelände vermittelten einen Eindruck von Monumentalität und Wehrhaftigkeit. Zur Villa neben der Fabrik kam das Gut auf dem Land. Einen künstlerischen Ausdruck fand dieser Geltungsdrang nicht nur in der Architektur, sondern auch im Unternehmerbildnis, das sich aus dem absolutistischen Herrscherporträt entwickelte: Parallelen bestehen bei der Haltung und der Kleidung der Figuren ebenso wie bei den sie hinterfangenden Landschaftsausschnitten mit den zur Schau gestellten Be-sitztümern. Was bei den Industriepionieren des Vormärz noch als moderate bürgerliche Repräsentation gelten konnte, verwandelte sich bei ihren wilhelminischen Nachfolgern in die Imitation einer feudalen Herren-existenz. Das Adelsprädikat galt nun als erstrebenswertes Attribut. *AS*

Friedrich Harkort, zit. nach Böhme 1968, S. 55; Kocka 1975, S. 54–59; Wehler 1987, S. 174 (Zitat); Gailus 1990, S. 71 (Zitat).

56

Alfred Rethel
(Aachen 1816 – 1859 Düsseldorf)
**Porträtlandschaft mit Fabrickgebäuden
(Die Harkortsche Fabrik auf Burg Wetter),
1834**
Öl auf Leinwand, 43,5 x 57,5
Wetter/Ruhr, Demag Cranes & Components
GmbH

Die auf das 13. Jahrhundert zurückgehende
Burg Wetter befand sich seit 1819 im Besitz von
Friedrich Harkort (1793–1880) und Heinrich
Kamp (1786–1853), die dort die Mechanische
Werkstätte Harkort & Co., eines der ersten
Eisenindustrie-Werke in Westfalen, einrichteten.
Der Kaufmann Kamp finanzierte die nach eng-
lischem Vorbild errichtete Maschinenfabrik.
Aufmerksam verfolgten und imitierten die
Unternehmer der Region die technische und
wirtschaftliche Entwicklung im Mutterland der

Industriellen Revolution. So errichtete Harkort
1826 nach englischem Vorbild einen Hochofen
und 1827 ein Puddel- und Walzwerk. Zunächst
hatten sich die Unternehmer auch am englischen,
auf Export ausgerichteten Modell orientiert, das
sich jedoch als nicht tragfähig erwies. Um 1830
setzte – beispielhaft durch Harkort und Kamp
verkörpert – ein Umdenken ein, das sein Interesse auf eine umfassende heimische Entwicklung
der Industrie legte.

Die Fabrik erstreckte sich sowohl über den
unteren wie auch den oberen Teil der Burg-
anlage. Links im Hintergrund fließt die Ruhr. Im
oberen Teil, dem ehemaligen Burghof, befand
sich links das Eisenhüttenwerk. Das weiße Gebäude war vermutlich der Sitz der Verwaltung.
Unten rechts war das Walzwerk, aus dessen
Dächern die Schornsteine ragen. Nicht mehr
ihren ursprünglichen Zwecken dienende Burgen
und Schlossanlagen wurden in den Anfängen

der Industrialisierung häufig als Fabrikgebäude
genutzt.

Kamp hat das Bild mit hoher Wahrscheinlichkeit bei dem jungen und als Wunderkind
geltenden Rethel, dem Sohn seines Buchhalters,
in Auftrag gegeben. Als Industriebild war es im
Werk Rethels, der seine Zukunft in der Historienmalerei sah, eine Ausnahme. Rethel selbst
setzte sich die porträthafte, realistische Wiedergabe der Anlage zum Ziel. In seinem sich an
französischer und deutscher Architektur- und
Panoramenmalerei orientierenden Realismus
blieb dieses frühe und herausragende deutsche
Industriebild ohne direkte Nachfolge. *SB*

Fritz 1958; Ausst. Kat. Duisburg 1969, S. 16f.; Türk
2000, S. 160f.; Ausst. Kat. Berlin 1990b, S. 276; Köll-
mann/Reininghaus/Teppe 1994; Krifka 2000b, S. 822.

57.1–2

Louis Krevel
(Braunschweig 1801 – 1876 Trier)
1. Carl Friedrich Stumm, 1836
2. Marie Louise Stumm, 1835
Öl auf Leinwand, 102 x 80,5
Saarbrücken, Saarland Museum Saarbrücken,
Stiftung Saarländischer Kulturbesitz,
Inv. A XIV-4 (NI 4589), A XIV-5 (NI 4590)

Carl Friedrich Stumm (1798–1848) übernahm 1835 die von seinem Vater hinterlassenen Hüttenwerke an der Saar. Das ererbte Firmengeflecht sicherte ihm eine dominierende Stellung in der Wirtschaft dieser Region. Er hatte 1829 eine Englandreise absolviert, um die neuesten Errungenschaften der dortigen Industrie kennen zu lernen. In dem 1831 unter seiner Leitung errichteten Hochofen-, Puddel- und Walzwerk in Neunkirchen, das neben seiner linken Schulter zu erkennen ist, konnte er diese Erfahrungen verwerten. Es war 1836 mit 260 Beschäftigten der größte Gewerbebetrieb in der südlichen Rheinprovinz. Indizien für den technischen Sachverstand Stumms sind die ihm beigegebenen Objekte: das Lot, das Schreibzeug und der Plan der 1835 in Neunkirchen aufgestellten Dampfmaschine. Der Hund verweist auf das ihm zustehende Jagdrecht, ein zuvor dem Adel vorbehaltenes Privileg.

Das aristokratische Selbstverständnis der Auftraggeber kommt auch im prachtvollen Kleid und im aufwendigen Schmuck von Marie Louise Stumm (1813–1864) zum Ausdruck. Neben ihrer linken Schulter hat der Maler das (eigentlich noch im Bau befindliche) Herrenhaus abgebildet. Als weiteres Zeichen, woher der Wohlstand stammt, ist der Rauch aus dem Schornstein der Eisenschmelze zu verstehen. Der immergrüne Buchsbaumzweig versinnbildlicht die Treue der seit

1834 miteinander Vermählten. Sie stammten aus eng verwandten Unternehmerdynastien: Marie Louise, geb. Böcking, war die Nichte des Schwagers von Carl Friedrich. Die Mitglieder der weitverzweigten Großfamilie Böcking waren als Kaufleute im Saarland und in Lothringen tätig. Angesichts des noch ungenügend entwickelten Kapitalmarkts war diese Heiratspolitik ein übliches Mittel der Akkumulation von Ressourcen im industriellen Großbürgertum.

Der älteste Sohn des Paares, Carl Ferdinand Stumm (1836–1901), wurde 1888 geadelt. Mit seiner auf die Disziplinierung der Arbeiter ausgerichteten betrieblichen Sozialpolitik und seinem langjährigen Einsatz als Reichstagsabgeordneter für die Interessen der Unternehmer wurde er zum Inbegriff des Industriepatriarchen im Kaiserreich. *AS*

Jacob 1993; Trepesch 2001, S. 40f.

58

Carl Schütz (1796 – ?)

Lendersdorfer Walzwerk, 1838

Öl auf Leinwand, auf Hartfaser aufgezogen,
77 x 110,5

Düren, Leopold-Hoesch-Museum der Stadt
Düren, Inv. 69

Seit dem 17. Jahrhundert betrieben Mitglieder
der Familie Hoesch im Raum Aachen eisen- und
stahlverarbeitende Betriebe. Das Werk in
Lendersdorf bei Düren wurde 1819 von Eberhard Hoesch (1790–1852) übernommen. Bei
einer Englandreise lernte er 1823 die neuesten
Methoden der Eisenverhüttung kennen. Danach
rüstete er seinen Betrieb um: Als erster deutscher
Unternehmer führte er 1824 das Puddelver-
fahren ein. Ab 1838 lieferte die Fabrik Schienen
für die Rheinische Eisenbahn, die von Köln über
Düren nach Aachen führte.

Im gleichen Jahr malte Schütz das Werk,
wobei er sich um eine möglichst genaue
Wiedergabe bemühte: Links befindet sich der
Hochofen, in dem aus Eisenerz Roheisen geschmolzen wird; das Wasserrad treibt ein Gebläse
an, das ihn mit Luft versorgt. Neben dem Hochofen steht der mit einem hohen Schornstein ver-
sehene Puddelofen, in dem der Kohlenstoffgehalt
des Roheisens durch Rühren mit Haken oder
Stangen so weit herabgesetzt wird, dass
schmiedefähiges Eisen entsteht. Aus den er-
starrten Klumpen dieses Materials formen die
Arbeiter auf einem Herd Luppen, die bis zur
Schweißglut erhitzt und dann im angrenzenden
Walzwerk auf die vorgesehenen Profile und
Längen umgeformt werden. Die offene Fassade
der lang gestreckten Halle erlaubt es, den
Walzern bei der Herstellung von Stabeisen zu-
zusehen.

Das Gemälde ist als Geschenk aus der
Familie Hoesch in das Museum gelangt. Es ist
sehr wahrscheinlich, dass der Gründer des
Lendersdorfer Werkes es bei Schütz in Auftrag
gegeben hat. Die naive Manier, in der das Bild
ausgeführt wurde, verweist darauf, dass Eberhard
Hoesch in der Eifel nicht wie August Borsig in
Berlin (vgl. Kat. Nr. 59) auf akademisch geschulte
Landschaftsmaler zurückgreifen konnte. *AS*

Schmücker 1930, S. 11f.; Ausst. Kat. Duisburg 1969,
S. 38; Motz 1980, Nr. 139; Ausst. Kat. Düren 1980,
Nr. 200; Paulinyi 1991, S. 401 und Abb. XXVb.

59

Carl Eduard Biermann
(Berlin 1803 – 1892 Berlin)
**Borsig's Maschinenbau-Anstalt zu Berlin,
1847**
Öl auf Leinwand, 110 x 161,5
Berlin, Archiv der A. Borsigschen Vermögensver-
waltung in Berlin (Deutsches Technikmuseum
Berlin), Dauerleihgabe an die Stiftung Stadt-
museum Berlin

August Borsig (1804–1854) war ein sehr tradi-
tionsbewusster Unternehmer. Firmengeburts-
tage und Produktionsjubiläen ließ er aufwendig
inszenieren, um die eigene Leistung öffentlich-
keitswirksam zu dokumentieren. In seiner
vor dem Oranienburger Tor gelegenen Eisengießerei und Maschinenbauanstalt waren 1847
etwa 1 200 Personen beschäftigt. Neben Dampfmaschinen wurden dort vor allem Lokomotiven

hergestellt, von denen 1846 bereits 100 Stück
ausgeliefert worden waren. Zum zehnjährigen
Jahrestag der Gründung seines Unternehmens
gab Borsig bei Biermann ein großformatiges
Gemälde in Auftrag. Der – wie Eduard Gaertner
– in der Königlichen Porzellan-Manufaktur ausgebildete Künstler galt als führender Berliner
Architekturmaler seiner Zeit. Ab 1844 war er als
Professor an der Bauakademie tätig, wo er an-
gehende Architekten im Zeichnen und Aqua-
rellieren unterrichtete.

Im Zentrum des Gemäldes steht das achteckige Hüttengebäude mit dem Schornstein, aus
dem schwarzer Rauch entweicht. Davor ragt der
aufwendig dekorierte Uhr- und Wasserturm der
Eisengießerei empor. Rechts im Hintergrund
sind die Montagehalle und ein weiterer Wasserturm zu sehen. Die Vorbilder dieser Architektur –
der *Turm der Winde* in Athen, die Wehrtürme

mittelalterlicher Handelsstädte, Häuser und
Kirchen von Karl Friedrich Schinkel und Ludwig
Persius in Potsdam – verweisen auf die gesellschaftlichen Ansprüche des Bauherrn. Ein
›Dampfross‹ wird von einem Pferdegespann vom
Hof gezogen. Das als herrscherlicher Ausblick
von der (eigentlich erst 1849 in Moabit errichteten) Terrasse der Fabrikantenvilla konzipierte Gemälde spiegelt das Selbstbewusstsein
der bürgerlichen Unternehmerschicht eindrucks-
voll wider. *AS*

Vorsteher 1983, S. 112f.; Ausst. Kat. Berlin 1987,
S. 152f.; Gramlich 1990, S. 292–295.

60

Paul Friedrich Meyerheim
(Berlin 1842 – 1915 Berlin)
**In der Werkhalle beim Lokomotivenbau
(Schmieden eines Treibrades), 1872/73**
Öl auf Leinwand, auf Karton aufgezogen,
64,5 x 44,5
Schweinfurt, Sammlung-Dr.-Georg-Schäfer-
Stiftung, Inv. MGS 5699

Die Studie ist eine Vorarbeit zu dem Gemälde
Maschinenfabrik aus dem *Zyklus Lebensgeschichte der Lokomotive*, den Meyerheim in den
Jahren 1873 bis 1876 für Albert Borsig (1829–
1878) malte. Er umfasst sieben großformatige
Ölgemälde auf Kupferplatten, die in der Garten-
loggia der Familie Borsig hingen und der Öffentlichkeit zugänglich waren. Sie zeigen die industrielle Herstellung einer Lokomotive von der
Förderung des Erzes über die Stahlgewinnung
bis hin zur Verschiffung der fertig gestellten
Lokomotiven in alle Welt.

Die Studie zeigt die Schmiede in den Borsig-
Werken. Im vorderen linken Bildzentrum dominiert die menschliche Arbeitskraft in einer
spannungsreichen Szene: Drei Schmiede formen
mit schweren Hämmern ein mannshohes Loko-
motivtreibrad, das ein weiterer Arbeiter mit einer
Zange fixiert. Als Kontrast beherrscht ein riesiger
Dampfhammer den Mittelgrund auf der rechten
Bildseite. Die beiden Hauptakteure – Mensch
und Maschine – verbindet eine dynamisierende
Tiefenflucht, die den Betrachter diagonal in das
Bild führt. Für die dichte Atmosphäre der Ar-
beitsszene sorgen die Industriearchitektur aus
Stahl und Glas, der Rauch und Dampf der Pro-
duktionsprozesse und das streifig einfallende
Sonnenlicht.

Zu Meyerheims Vorbildern gehören einerseits industrielle Innendarstellungen, die sich
jedoch auf eine Präsentation neuester Technik
beschränken. Anderseits standen mythologische
Schmiededarstellungen Pate. Neu ist an seinem
Zyklus, dass die Arbeiter den eigentlichen Mittelpunkt der Bilderzählung ausmachen. Sie und ihre
Arbeit sind bildwürdig geworden. Indes ideali-
siert Meyerheim die Arbeit in den Fabriken

seines Auftraggebers. Damit nimmt er eine
Gegenposition zu seinem Freund und Zeitgenossen Adolph Menzel ein, der etwa zeitgleich
am bekanntesten Industriebild des 19. Jahrhunderts arbeitete, dem *Eisenwalzwerk* (s. Abb.
S. 25). *MO*

Ausst. Kat. Berlin 1990a, S. 392; Obermeier 1993; Türk
2000, S. 174f.

61

William Lucas
(London um 1840 – 1895 London)
**Geburtsstätte der Eisenbahn
(Birthplace of the Locomotive), 1861**
Öl auf Leinwand, 137,5 x 121,5
London, National Museum of Science and
Industry, Inv. Nr. 1939-380

Der Ingenieur Robert Stephenson (1803–1859)
bestellte 1857 bei John Lucas für £ 350 ein
Gemälde, das eine quasi-historische, allegorische
Gruppe zeigt und die Verdienste seines Vaters
George Stephenson (1781–1848) würdigt. Er ver-
erbte das Gemälde seinem Cousin George Robert
Stephenson, der es 1861 von William Lucas,
einem Sohn des Auftragnehmers, kopieren ließ.

Der in einen karierten Rock gekleidete
George Stephenson hält eine Grubenlampe vom
Typ ›Geordie‹ in der rechten Hand. Mit der
linken Hand zeigt er auf das Geleucht, während
er zu seinem in Bergmannskleidung porträtierten
Sohn Robert aufblickt. George hatte 1815,
ungefähr zur selben Zeit wie Humphry Davy, eine
Sicherheitslampe für Bergleute erfunden. Seine
Mutter, Mabel Carr, steht hinter der Gruppe.
Sie trägt die Tracht einer Melkerin aus Tyneside.
Links sitzt seine erste Frau, Frances (Fanny)
Henderson, die 1806 an Schwindsucht starb. Sie
hält ein Kind im Arm, das ihre (eigentlich im
Alter von drei Monaten gestorbene) Tochter
darstellen soll. Fanny war auch die Mutter von
Robert, der bei ihrem Tod drei Jahre alt war. Die
zweite Frau von George, die 1845 gestorbene
Elizabeth Hindmarsh, liest das *London Journal*
vom September 1848, das den Nachruf auf ihren
Ehemann enthält. Robert senior, der Vater von
George, weist auf eine sich nähernde Lokomo-
tive. Drei Generationen einer Familie – oder die
drei Lebensalter des Menschen – werden
hier präsentiert: der tatkräftige Jüngling, die
Errungenschaften der mittleren Jahre und die
Erinnerungen des Greises.

Die Lokomotive, die sich der Familie auf dem
eingleisigen Schienenweg hinter George nähert,
wird oft für die »Puffing Billy« gehalten. Sie soll
aber wahrscheinlich eine frühe Grubenloko-
motive darstellen, die 1814 gebaute »Blucher«,
obwohl sie einige Details aufweist, die erst später
erfunden wurden. Als Modell verwendete der
Maler Stephensons zweite Lokomotive, die
»Wellington« von 1815. Als das Bild gemalt
wurde, war diese Maschine jedoch bereits umgebaut worden; es zeigt eine Rauchkammer und
andere Teile, die erst lange nach der »Blucher«
zum Einsatz kamen.

Im Hintergrund steht Dial Cottage, das Haus
der Stephensons in Killingworth. George und sein
Sohn Robert lebten dort von 1805 bis 1823.
Rechts daneben befindet sich Killingworth High
Pit (West Moor Colliery), eine für den Nordosten
Englands typische Zechenanlage, in der George
viele Jahre lang beschäftigt gewesen war. *WS*

62.1–5

Thomas Allom
(London 1804 – 1872 Barnes)
**1. Kardieren, Strecken und Vorspinnen
(Carding, Drawing and Roving), um 1834
2. Spinnen mit der ›Mule‹ (Mule Spinning),
um 1834
3. Maschinelles Weben (Power Loom
Weaving), um 1834
4. Bedrucken von Baumwolle (Calico
Printing), um 1834
5. Die Fabrik der Messrs Swainson, Birley
& Co. bei Preston (The Factory of Messrs
Swainson, Birley & Co. near Preston),
um 1834**
Bleistift, Feder, Sepia und Wasserfarben,
je 12 x 19
London, National Museum of Science and
Industry, Inv. 1985-2173/1-5

Nicht nur das Gemälde, sondern auch das tech-
nisch-wissenschaftliche Buch war ein Medium,
das sich zur Feier bürgerlichen Unternehmer-
geistes eignete. Bildende Künstler lieferten die
Illustrationen für solche Veröffentlichungen.

Die von Allom angefertigten Zeichnungen
entstanden als Vorlagen für Stahlstiche zur 1835
erschienenen *History of the Cotton Manufacture
in Great Britain* von Edward Baines (1774–1848).
Der Autor erläuterte die wegweisenden
Erfindungen zur Mechanisierung von Spinnerei
und Weberei in seinem Land. Dabei wies er
wiederholt auf die Verdienste Richard Arkwrights
(1732–1792) hin, der als erster sämtliche Produktionsvorgänge der Spinnerei in funktionalen
Gebäuden konzentriert und damit den Prototyp der modernen Fabrik geschaffen hatte (s. a.
Kat. Nr. 16). Er stellte fest: »Arkwright und
Watt sind wir mehr zu Dank verpflichtet als
Nelson und Wellington.«

Bei seiner Beschreibung der britischen Textilindustrie konzentrierte er sich auf die Wechselwirkungen zwischen Spinnerei und Weberei: Innovationen in dem einen Bereich provozierten
Innovationen in dem anderen, und umgekehrt.
Alloms erste Zeichnung zeigt Kardier- und Vorspinnmaschinen, die der Aufbereitung der Fasern
für die eigentliche Garnherstellung dienen. Das
Feinspinnen wird mithilfe der halbautomatischen
›Mule‹ erledigt, die auf der zweiten Zeichnung zu
sehen ist. Das Aufwinden des Garns geschieht

hier durch das von einem Arbeiter ausgeführte
Einschieben des Spindelwagens. Eine Arbeiterin knüpft gerissene Fäden zusammen. Einen
Saal mit mechanischen Webstühlen präsentiert
die dritte Zeichnung. Eine Arbeiterin ist hier
jeweils für die Überwachung mehrerer Maschinen zuständig. Die vierte Zeichnung widmet
sich dem Dekorieren von Baumwollstoffen auf
Walzendruckmaschinen. Vor der Mechanisierung
des Kattundrucks waren die Muster mit hölzernen Modeln aufgebracht worden. Eine Walzen-
druckmaschine dekorierte in der gleichen Zeit
ebenso viel Stoff wie 100 Handdrucker.
Die Monumentalität der nüchternen Backstein-
bauten, in denen die Garne und Stoffe hergestellt
wurden, betont die fünfte Zeichnung, die die
Fabrik der Messrs Swainson, Birley & Co. bei
Preston (Lancashire) zeigt. Lancashire war einer
der Schwerpunkte der britischen Textilindustrie.

Die nach Alloms Zeichnungen gefertigten
Stiche sind heute vor allem deshalb noch
bekannt, weil sie immer wieder als Illustrationen
zum Thema ›Kinderarbeit im 19. Jahrhundert‹
herangezogen werden. Beim Kardieren sind
Mädchen zu sehen, die die Vorspinnmaschinen
mit Vorgarn bestücken; unter dem Spindelwagen
der ›Mule‹ kriecht ein Junge herum, der den
Boden von Faserstaub reinigt. Baines verteidigte
die Kinderarbeit, wobei er sich nicht nur auf die
Fabrikanten, sondern auch auf die Eltern berief.
Das am 1. Januar 1834 in Kraft getretene Gesetz,
das die Arbeitszeit von Kindern einschränkte,
kritisierte er folgendermaßen: »Der angeordnete
Schulzwang und die Beschränkung der Arbeit auf
täglich 8 Stunden können, nach der Meinung
sämmtlicher Inspectoren, keine andere Wirkung
haben, als daß man alle jüngeren Kinder entlassen
wird; und wenn diesen Vorschriften vollends alle
Kinder unter 12 oder 13 Jahren unterworfen
werden wollten, daß manche Fabriken kaum fort-
arbeiten könnten. Das Schulgesetz werde hiemit
eine Last für die Eltern, indem die Kinder den
Verdienst verlieren. Die Aufseher und Spinner
finden es unthunlich, Kinder anzustellen, die sich
ablösen müssen. Zudem glauben die Inspectoren,
daß allen Kindern, über 10 oder 11 Jahren
wenigstens, eine 12stündige Arbeit zuzumuthen
sey. So sehr man also auch wünschen muß, daß
diese Kinder gehörig unterrichtet, und daß sie
nicht zu frühe angestrengt werden, so muß man

andrerseits einsehen, daß einmal die ärmern
Arbeiter durchaus nicht im Stande sind, ihre
Kinder, ohne daß diese selbst etwas verdienen,
bis ins 12te Jahr zu erhalten; und daß das Gesetz,
so wohlgemeint es sey, eine ganz entgegen-
gesetzte Wirkung haben müßte, indem es unzählige Kinder nur dem Bettel Preis gäbe. Ueber-
haupt erfordern alle Beschränkungen der Industrie die größte Behutsamkeit. Wir dürfen nicht
vergessen, daß unsere Fabriken mit denen des
Auslands zu concurriren haben, und daß jeder
Nachtheil, der ihnen zugefügt wird, zunächst und
am meisten von den Arbeitern selbst empfunden
wird.« AS

Baines/Bernoulli 1836 (Zitat); Klingender [1947] 1974,
S. 100; Föhl/ Hamm 1988, S. 47, 49, 52; Paulinyi 1991,
S. 298, 311, 316; Krifka 2000b, S. 818, 825.

63.1–6

Adolph Menzel (Breslau 1815 – 1905 Berlin)

1. Skizze nach Arbeitern im Walzwerk, 1872
2. Flammende Schlote in Königshütte, 1872
3. Halle im Walzwerk Königshütte, 1872
4. Maschinenraum im Walzwerk, 1872
5. Transportwagen, 1872
6. Gusskelle, 1872–74

Bleistift, 30,5 x 22,5 (63.1), 12,2 x 19,1 (63.2), 23,8 x 32,9 (63.3), 22,3 x 30,5 (63.4), 22,3 x 30,5 (63.5), 13 x 20,8 (63.6)

Berlin, Staatliche Museen zu Berlin, Kupferstich-kabinett, Inv. SZ Menzel N 1375, N 3195, N 155, N 1381, N 1379, N 811

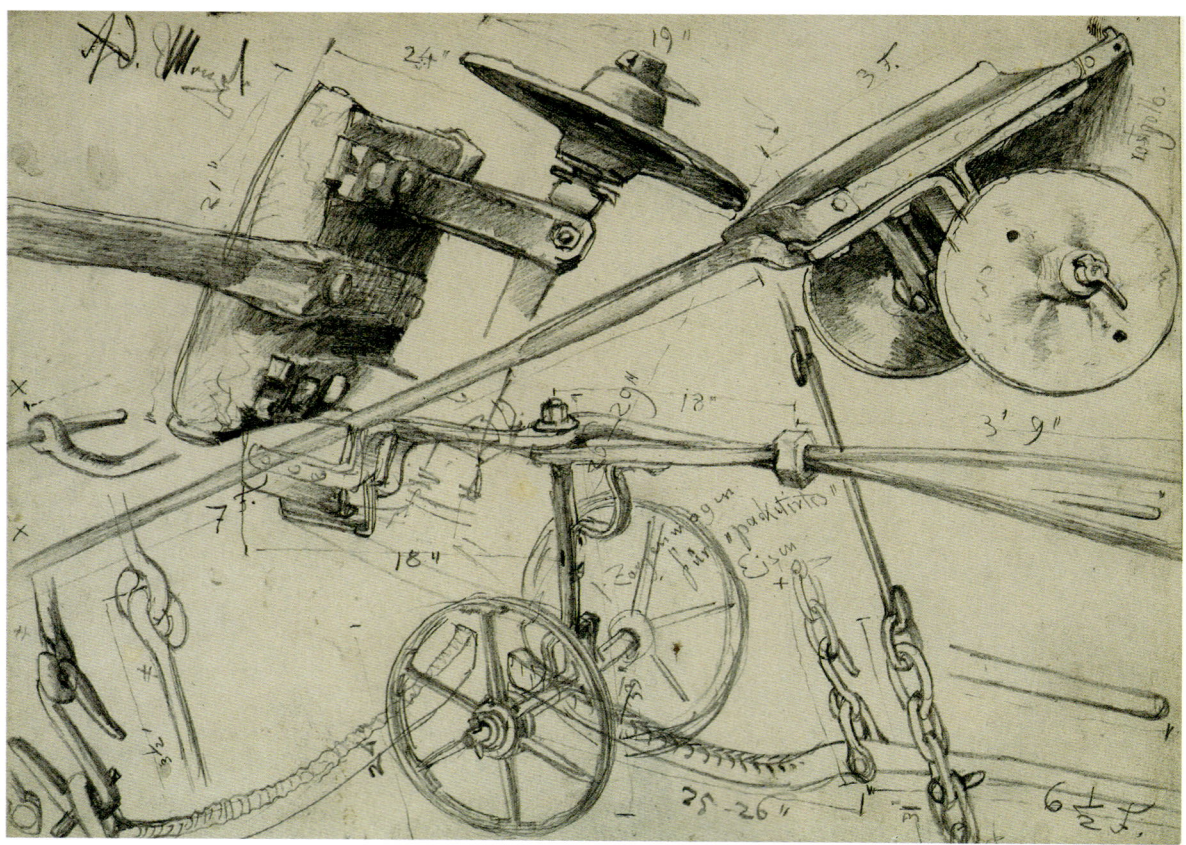

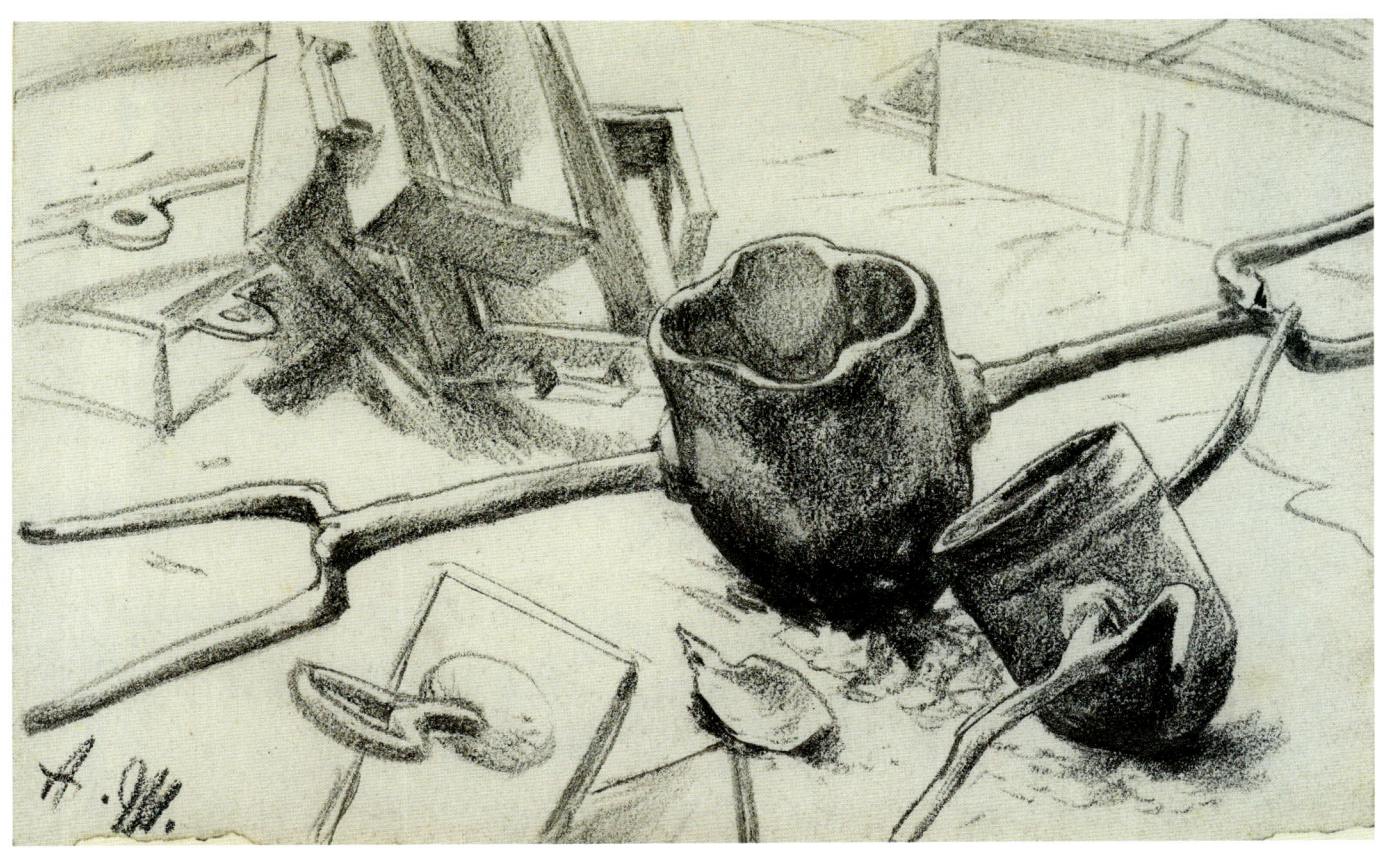

Das Eisenwalzwerk – ein epochemachendes Gemälde (s. Abb. S. 25): in den Jahren 1872 bis 1875 entstanden, ist es sowohl ein Höhepunkt im Œuvre Menzels als auch Ausdruck einer neuartigen Bildsprache. Ungewöhnlich war nicht nur das Sujet, sondern vor allem auch seine innovative künstlerische Umsetzung: Aus distanzierter Perspektive ist der körperlich tätige Mensch in der ihn umgebenden – heute geradezu als inhuman empfundenen – Fabrikwelt der Schwerindustrie dargestellt. In der pathetisch überhöhten Schilderung der Szenerie kommt ein zeitgemäßer fortschritts- und technikgläubiger Anspruch zum Ausdruck, der sich auch in der Benennung *Moderne Cyklopen* widerspiegelt. Gefeiert als »modernes Historienbild«, wurde es durch die Nationalgalerie noch im Jahr der Fertigstellung 1875 erworben und in vielfältiger Weise rezipiert.

Dem Gemälde ging ein intensiver Prozess der künstlerischen Annäherung voraus. Zahlreiche der etwa 80 seit 1869 geschaffenen Vorzeichnungen entstanden im Schienenwalzwerk in Königshütte (Oberschlesien). Viele davon zeigen Arbeiter bei ihrem beschwerlichen Tagewerk inmitten der dampfkraftbetriebenen Maschinerie (63.1). Neben flächenhaft zusammengezogenen Außenansichten (63.2) richtet Menzel den Blick in das Innere (63.3 und 63.4). In seinen meist kleinformatigen Entwürfen und Bewegungsskizzen fokussiert er überdies unterschiedliche Phasen des Produktionsprozesses und bildet Gerätschaften sowie Werkzeuge in bemerkenswerter Präzision ab (63.5 und 63.6). Basierend auf einer genauen Beobachtung technischer Details und deren künstlerischer Umsetzung, erscheint hier Courbets Forderung nach einer »Trivialisierung« der Kunst erfüllt.

Vor dem Hintergrund der gesellschaftspolitischen Entwicklungen jener Jahre greift Menzel insofern die soziale Frage auf, als dass er den ›Vierten Stand‹ ins Zentrum seines Darstellungsinteresses rückt – er misst ihm damit, und zwar erstmals in der deutschen Kunst, bildrelevante Bedeutung zu. Verschiedene Skizzenbücher Menzels weisen darauf hin, dass der Künstler bereits während der Pariser Weltausstellung von 1855 verschiedene Industriebilder rezipierte. Dennoch ragt das *Eisenwalzwerk* aus dem zeittypischen Kanon weit heraus: Als verborgenes Triptychon angelegt, zeigt es in der räumlichen Einheit der Werkhalle nicht nur die beeindruckende Kraft der mechanisierten Fabrikation, sondern stellt die produktive Tätigkeit des Menschen ins Zentrum, flankiert von der regenerativen Sphäre der Mahlzeit und des Waschens nach der Schicht. *JM*

Herding 1987, S. 463; Ausst. Kat. Paris/Washington/Berlin 1996/97, Nr. 147–160.

6 Das Reich der Kraft
Auf den Spuren Adolph Menzels 1875–1915

Mit den Weltausstellungen, die seit 1851 in den führenden Industriestaaten veranstaltet wurden, etablierte sich ein öffentliches Forum für den Wettkampf der Nationen um die wirtschaftliche Führungsmacht. Auf diesen universalen Bestandsaufnahmen des materiellen und geistigen Fortschritts gehörten industrielle Erzeugnisse – wozu auch die Maschinen zur Herstellung dieser Produkte zählten – zu den wesentlichen Ausstellungsschwerpunkten. Mit der Absicht des internationalen Leistungsvergleichs sollte ein Überblick über die Industrieerzeugnisse ermöglicht werden. Technische Entwicklung wurde zum Bestandteil imperialer Strategie und damit eine Angelegenheit des nationalen Prestiges. Sie galt als Voraussetzung für die Fähigkeit des Menschen, sich Werkzeuge für die Gestaltung der Welt zu schaffen. Traditionelle Bereiche wie die Textilindustrie, der Bergbau und das Hüttenwesen dominierten zwar nach wie vor, doch stellten sie in immer geringerem Maße Wachstumsfaktoren dar. Die technischen Tätigkeitsfelder wurden Ausbildungsreformen unterzogen, um die wirtschaftliche Konkurrenzfähigkeit zu erhalten. Der Beruf des Ingenieurs stand im Zentrum, seine Bedeutung wuchs stetig mit dem Aufstieg der optischen und feinmechanischen, elektrotechnischen und chemischen Industrie. Die technologische und wirtschaftliche Entwicklung ging mit politischen und gesellschaftlichen Veränderungen in den hoch industrialisierten europäischen Ländern einher. Das Wirtschaftsbürgertum gewann an Einfluss, die Arbeiterbewegung wurde zum politischen Faktor. Am Beginn des 20. Jahrhunderts war die Welt in hoch industrialisierte, imperialistische Mächte einerseits und in Kolonien und Halbkolonien andererseits aufgeteilt.

Mit Adolph Menzels großformatigem *Eisenwalzwerk* (1872–75) entstand zu Beginn dieser Epoche ein Gemälde, das als markanter Höhepunkt des Industriebildes Maßstäbe für die weitere Bearbeitung des Themas setzte. Menzel erhob das Genremotiv in den Rang eines Historienbildes. Traditionell galt die Historienmalerei mit Themen aus der Geschichte, aus der Mythologie und der Bibel als die anspruchsvollste Malereigattung. Die Landschaftsdarstellung, das Genre mit Motiven des Alltags, das Bildnis und das Stillleben nahmen nur die unteren Ränge ein. Menzels Werk entstand im Rahmen einer Diskussion über die Einbeziehung von Motiven aus der Industrie und des großstädtischen Lebens in die Malerei, wie sie in Frankreich als Forderung nach einer *peinture de la vie moderne* vergleichbaren Ausdruck fand. Zeitgenössische Kunst hatte sich der Zeitgenossenschaft durch Wiedergabe der modernen Welt zu stellen. Menzel, der das Werk ohne Auftrag in Angriff nahm, sah die »Präzision in der Darstellung aller technischen Requisiten ... doch nur als eine nothwendige Consequenz« seines Versuchs an, »die Vorgänge an solchem Ort als rein malerische Aufgabe auszugenießen«. Die Akzeptanz der hierarchischen Aufwertung des Industriemotivs war jedoch begrenzt. Um den Ankauf des Bildes durch die Königliche Nationalgalerie in Berlin zu erleichtern, wurde dem Werk von dem Museumsdirektor der Titel *Moderne Cyklopen* gegeben. Indem auf die antike Mythologie als traditionelles Thema der Historienmalerei verwiesen wurde, sollte die Anerkennung des Bildes durch offizielle Stellen erleichtert werden.

Mit der Ausstellung *Die Industrie in der bildenden Kunst*, 1912 in Essen gezeigt, und dem im selben Jahr erschienenen Buch *Das Reich der Kraft* von Artur Fürst wurde vor dem Ersten Weltkrieg in Deutschland noch einmal die realistisch begründete künstlerische Bearbeitung des Industriethemas als Ausdruck von Zeitgenossenschaft eingefordert. Eine von Pathos getragene Sicht artikulierte sich hier, in der das Industriebild als Historienbild verstanden wurde, das über die geistigen und sittlichen Werte der Gesellschaft Auskunft gibt, »denn nicht nach naturalistischer, den Stoff peinlich beschreibender, sondern nach monumentaler, ins Symbolische steigernder Wiedergabe verlangt das industrielle Bild, wenn die im Begriff der Industrie mitschwingenden, ethischen Momente, der heroische Ernst, die geheiligte Würde der Arbeit zum Ausdruck kommen sollen« (Ernst Gosebruch).

In der Malerei überwogen nach wie vor Motive der Schwerindustrie. Neuere Branchen, wie die Elektrotechnik und die Chemie, hielten als Bildthema nur vereinzelt Einzug. *Das Reich der Kraft* hatte an Faszination nichts verloren: Feuer und Rauch, Bergbau und Metallbearbeitung stellten nach wie vor die künstlerisch interessanten Motive bereit. *SB*

Ausst. Kat. Essen 1912, unpag. (Zitat); Fürst 1912; König 1990; Ausst. Kat. Paris/Washington/Berlin 1996/97, S. 277f. (Zitat).

64

Léon-Auguste Mellé (Paris 1816 – 1889)
Steinbrüche von Gentilly (Carrières de Gentilly), 1879
Öl auf Leinwand, 90 x 125
Sceaux, Musée de l'Ile de France, Château de Sceaux, Inv. 73.24.2

Das Bild zeigt einen der zahlreichen Steinbrüche im Süden von Paris bei Gentilly. In Stollen wurden die Steine dort unterirdisch gebrochen und mit Hilfe von Rädern nach oben transportiert.

Die Räder konnten einen Durchmesser von bis zu 12 Meter erreichen. Ihre Felgen waren gespickt mit Holzsprossen, durch die sie im Erd-inneren von zwei Männern in Bewegung gehalten wurden. Auf diese Weise wurde der Stamm ge-dreht, um den ein Hanf- oder Metallseil lief, an dem der Stein befestigt wurde. Steine mit einem Gewicht von ein bis zwei Tonnen konnten so nach oben befördert werden. Oben angekommen, wurde das Grubenloch mit starken Brettern abge-deckt. Das Rad wurde nun entgegen der ur-sprünglichen Laufrichtung bewegt und so der Stein auf die Bretter abgesenkt.

In Gentilly befanden sich die Räder ver-gleichsweise dicht beieinander, da die Stein-schichten nicht sehr tief lagen. Seit 1870 wurden die Räder zunehmend von Pferden bewegt.

Ursprünglich arbeiteten Hunderte von Männern in den zahlreichen Steinbrüchen, um 1880 existierten nur noch sechs mit 56 Arbeitern. Den Maler interessierte weniger die Arbeit im Steinbruch als das malerische Motiv der Räder in der winterlichen Landschaft. *SB*

Ausst. Kat. Sceaux 2001, S. 26f.

65

Ernest-Jean Delahaye
(Paris 1855 – 1921 Paris)
Gaswerk in Courcelles (L'Usine à gaz de Courcelles), 1884
Öl auf Leinwand, 136 x 184
Paris, Petit Palais, Musée des Beaux-Arts de la
Ville de Paris, Inv. PP3678

Mit dem Beginn der Dritten Republik nahm
die Zahl der Industriebilder in Frankreich zu.
Besonders zwischen 1880 und 1889, dem 100-
jährigen Jubiläum der Französischen Revolution,
lässt sich diese Entwicklung deutlich an den
jährlichen Salons in Paris ablesen. Getragen von
republikanischem Geist, trachteten die Künstler
danach, der ›Schönheit der Arbeit‹ Ausdruck zu
geben. Der Arbeiter, aber auch der Künstler
selbst als Schilderer der *vie moderne*, hatte auf

diese Weise teil am kollektiven Aufbau der nationalen Gesellschaft. Delahayes Werk ist ein typisches Beispiel dieser meist realistischen Malerei
von hohem technischen Können.

Das Gaswerk in Courcelles befand sich auf
dem Gebiet, das heute von der rue de Courcelles
und der rue Desrenaudes im XVII. Pariser Arrondissement begrenzt wird. Die Anlage, ursprünglich von englischen Unternehmern betrieben,
ging auf das Jahr 1821 zurück. Das Werk beschäftigte zeitweilig mehr als 200 Arbeiter. Diese
waren in der cité Lombard in einer eigens errichteten Siedlung untergebracht. 1890 wurden
Siedlung und Fabrik abgerissen.

Die Arbeit der Männer wird stimmungsvoll
geschildert. Die Fabrik und der Gasometer
bilden als Hintergrund nur die Folie für das
Ethos der Arbeit. Weder der große Umfang der

Anlage noch ihre Funktionalität wird wiedergegeben. Das Bild wurde 1884 im Pariser Salon
gezeigt und von der Stadt Paris angekauft. *SB*

Promenade historique 1986, S. 122, 124, Nr. 215;
Pierrot 2001, S. 96–98, 143.

66

Peder Severin Krøyer
(Stavanger 1851 – 1909 Skagen)
**In der Eisengießerei von Burmeister
& Wain (Fra Burmeister og Wains jern-
støberi), 1885**
Öl auf Leinwand, 144 x 194
Kopenhagen, Statens Museum for Kunst, Inv.
KMS 3605

Die Schiffswerft und Maschinenfabrik
Burmeister & Wain wurde 1843 in Kopenhagen
gegründet. Carl Christian Burmeister, ihr
Direktor, beauftragte den renommierten Maler
Krøyer, den Produktionsprozess in dem Unter-
nehmen darzustellen.

Der Maler verbrachte seit Beginn der 80er
Jahre die Sommer in Skagen, wo ihn das Leben
der Fischer zu Zeichnungen und Gemälden in-
spirierte. Mit der Wiedergabe schwerindustrieller
Vorgänge war er dagegen nicht vertraut. Ein
Vorbild für seine Eisengießerei war sicherlich
Adolph Menzels *Eisenwalzwerk* (s. Abb. S. 25).
Allerdings beschränkte er sich – anders als der
ohne Auftrag arbeitende preußische Maler – auf
eine leichter zu überschauende Anzahl von
Figuren, wodurch dem im Zentrum seines Bildes
platzierten Zylinder tragenden Direktor größere
Aufmerksamkeit zuteil wird als dem Aufseher in
Menzels lebendiger Komposition. Die von
Krøyer dargestellten Arbeiter konzentrieren sich
darauf, das flüssige Metall aus zwei großen
Tiegeln in die Gießbahn zu befördern. Die
Hektik der Schichtarbeit, die Menzel durch die
Darstellung von sich Waschenden, Essenden und
Trinkenden andeutet, wird in Krøyers Gemälde
nicht spürbar.

Das nach seiner Vollendung in der Kunstakademie ausgestellte Bild erregte erhebliches
Aufsehen. Der Kritiker des *Dagbladet*
schwärmte: »Allein das Thema! Wer hätte ...
gedacht, daß sich Kopenhagen eines Tages in
Bewunderung um ein Gemälde scharen würde,
das eine Maschinenwerkstatt darstellt! Ein Etab-
lissement neuester Konstruktion mit Glasdach
und Eisenbalken, eine Aktiengesellschaft,
deren Steigen und Fallen jeden Morgen in den
Zeitungen verfolgt wird. Und doch ist es gelungen, unserer industriellen Zeit des Gießens
und Hämmerns ein Denkmal der Schönheit zu
setzen, an dessen Dauerhaftigkeit, Echtheit und
Wert wohl kaum jemand zweifeln wird.« AS

Hornung 1987, S. 73–76 (Zitat); Türk 2000, S. 222.

67

Christian Ludwig Bokelmann
(St. Jürgen 1844 – 1894 Charlottenburg)
Bleibergwerk in Selbeck bei Kettwig, 1888
Öl auf Pappe, 50 x 60
Berlin, Staatliche Museen zu Berlin, National-
galerie

Bokelmann hatte an der Akademie in Düsseldorf
studiert. Seine Spezialität waren Bilder, denen –
wie einer seiner Biographen 1903 schrieb –
»ernste sociale Probleme« zugrunde lagen. Durch
Reproduktionen in Zeitungen und Zeitschriften
erlangten Gemälde wie *Volksbank kurz vor dem
Krach* (1877) oder *Abschied der Auswanderer*
(1882) einen hohen Bekanntheitsgrad.
    Der Künstler hielt sich 1888 zu Studienzwe-
cken im Bleibergwerk von Selbeck bei Kettwig

auf, wo mehrere Ölskizzen entstanden. Warum
sie nicht in ein Gemälde umgesetzt wurden, ist
nicht bekannt. Die einzige erhaltene dieser
Studien zeigt Arbeiter, die an einer Drehscheibe
erzhaltige Brocken von taubem Gestein scheiden.
Ihre Tätigkeit war gesundheitlich nicht unbe-
denklich; zwar waren Fälle von Bleikrankheit in
Bergwerken seltener als in Hüttenbetrieben,
dennoch konnte es auch hier zu akuten oder
chronischen Vergiftungen kommen. *AS*

Alfred Gotthold Meyer, *Christian Ludwig Bokelmann*,
in: ADB, Bd. 47, 1903, S. 89f. (Zitat); Ausst. Kat.
Duisburg 1969, S. 88; Hodel 1985, S. 52, 108; Ausst.
Kat. Berlin 1990a, S. 429; Ausst. Kat. Hamburg 1994.

68

Hans W. Schmidt
(Hamburg 1859 – 1950 Weimar)
**Großherzog Carl Alexander von Sachsen-
Weimar-Eisenach in der Eisengießerei
von Stieberitz, 1889**
Öl auf Holz, 79 x 100
Weimar, Kunstsammlungen zu Weimar,
Inv. G 1632

Großherzog Carl Alexander von Sachsen-
Weimar-Eisenach förderte während seiner langen
Regierungszeit (1853–1901) zahlreiche künst-
lerische Projekte, unter anderem den Ausbau der
Wartburg zu einem Denkmal deutscher Ge-
schichte. In Weimar gründete er 1860 die Kunst-
schule, an der sich – von der akademischen
Tradition abweichend – eine auf intensivem

Naturstudium beruhende realistische Bildauffassung durchsetzte. Für wirtschaftliche Fragen
interessierte er sich weniger, obwohl er wiederholt Industriebetriebe besuchte. Ein regelmäßiger Gast war er in der »Optischen Anstalt«
von Ernst Abbé in Jena. Die soziale Frage hielt er
im Rahmen patriarchalischer Fürsorge für lösbar.

Hans W. Schmidt schloss 1888 sein Studium
an der Weimarer Kunstschule ab. Sein Blick in
die Eisengießerei Stieberitz & Müller in Apolda
verrät wenig von der Dynamik der industriellen
Produktion. Der Künstler stellt die wichtigsten
Stadien des Gießens übersichtlich vor: das An-
fertigen der Gussformen und das Herstellen des
Gussstücks. Hinter den beiden knienden
Arbeitern lagern die hölzernen Modelle einer
Riemenscheibe und eines Zahnrads. An der

Rückwand des Raumes stehen die Kupolöfen, die
das flüssige Eisen liefern.

Die verschiedenen Verrichtungen sind kreisförmig gegen den Uhrzeigersinn angeordnet,
wobei das Zahnrad mit den Initialen des hohen
Besuchers das Zentrum bildet. Carl Alexander,
mit Handschuhen und hellem Zylinder, betrachtet den Guss, während die Blicke der Übrigen auf
ihn gerichtet sind. Vielleicht als Reminiszenz an
Adolph Menzels *Eisenwalzwerk* (s. Abb. S. 25) ist
am rechten Bildrand ein Junge zu erkennen, der
Verpflegung für die Arbeiter bereithält. AS

Ausst. Kat. Berlin 1990a, Nr. 8c/17; Bahr 1991, S. 9f.;
Scheidig 1991, S. 239; Pöthe 1998, S. 400–403.

69

Joseph Huber-Feldkirch
(Feldkirch 1858 – 1932 Neuburg am Inn)
Dampfkesselschmiede, 1891/92
Öl auf Leinwand, 58 x 78
München, Mannesmann Plastics Machinery AG,
Inv. 611

Der Bankier Joseph Anton von Maffei übernahm 1838 ein Hammerwerk in Hirschau bei
München, in dem ab 1841 auch Lokomotiven
gebaut wurden. Bereits wenige Jahre später
galt das Unternehmen als Hoflieferant der
Bayerischen Staatsbahnen. Georg Krauß, der
bei Maffei das Schlosserhandwerk gelernt hatte,
gründete 1866 auf dem Münchner Marsfeld
einen eigenen Betrieb. Nach dem Kauf der
Firma J. A. Maffei durch den Konkurrenten
Krauss & Comp. entstand 1931 die Krauss-

Maffei AG, einer der großen deutschen Loko-
motivhersteller.

Der vor allem als kirchlicher Monumental-
maler hervorgetretene Huber-Feldkirch stellte
1892 im Münchner Glaspalast ein Gemälde mit
dem Titel *Dampfkesselschmiede* aus. Dabei
handelte es sich höchstwahrscheinlich um das
hier gezeigte Bild. Ob es ein Auftragswerk war,
kann heute nicht mehr geklärt werden. Dargestellt ist vermutlich ein Münchner Betrieb, wobei
offen bleiben muss, ob die Anlagen von Maffei
oder von Krauss als Motiv gewählt wurden.

Huber-Feldkirch malte eine nüchterne An-
sicht der Kesselschmiede in der Lokomotivfabrik.
Unter der lichten Dachkonstruktion werden
mehrere Dampferzeuger gleichzeitig montiert.
Außer den Schmieden sind ein technischer
Zeichner und zwei mit dem Studium von Plänen

beschäftigte Vorarbeiter zu sehen. Auf diese
Weise präsentiert der Künstler – ähnlich wie
Paul Friedrich Meyerheim in dem Bild
Lokomotivbau bei Borsig (s. Abb. S. 70) – ein
breites Spektrum an Arbeitsfunktionen. Die
Größe der Kessel, an denen die Männer
hantieren, hob Huber-Feldkirch allerdings
nicht hervor, durch den gewählten Standpunkt
wird sie sogar noch relativiert. AS

Krauss-Maffei 1988, S. 44 (dort als *Maffei's Dampfkesselschmiede* ausgewiesen); Türk 2000, S. 221.

70

Franz Skarbina
(Berlin 1849 – 1910 Berlin)
Braunkohlenwerk (Clettwitz), 1899
Öl auf Leinwand, 69,5 x 100
Berlin, Bröhan-Museum, Landesmuseum für
Jugendstil, Art Déco und Funktionalismus,
Inv. 73-793

Das Gemälde vermittelt einen Eindruck von
der gravierenden Veränderung der Landschaft
durch den Braunkohlentagebau. Schaufelbagger
und Loren wirken miniaturisiert durch die
Entfernung und verlieren sich in der weiten
Fläche. Skarbina führt dem Betrachter diese
Wirkung durch die Kombination von extremer
Nah- und Fernsicht vor Augen. Im Vordergrund
schiebt sich der freigelegte, dunkel gefärbte
Braunkohlenflöz in das Bild und teilt es diagonal

in zwei Abschnitte. In der rechten unteren Bildecke ist ein Bergmann zu sehen, wie er die Kohle
aus dem Flöz löst. Im Mittel- und Hintergrund
hebt sich die helle, lichtdurchflutete Landschaft
mit Fernblick ab.

Auf der Sohle der Abbaufläche schiebt ein
weiterer Arbeiter den Förderwagen für die ge-
löste Kohle in einen kammerartigen Stummelort.
Weiter im Mittelgrund ist ein dampfbetriebener
Eimerkettenbagger zu erkennen, der den
Abraum beseitigt. Direkt hinter diesem Bagger
beginnen die Abraumhalden und die mit hellem
Gestein verfüllten Flächen des ausgekohlten
Tagebaus. Über dieser leuchtend gelben Fläche
erhebt sich als kompositorisches Gegengewicht
zu dem Hauer im Vordergrund eine rauchende
und dampfende Brikettfabrik mit zahlreichen
Schornsteinen.

In Skarbinas Gemälde erhalten wir eine
detaillierte Wiedergabe der unterschiedlichen
Arbeitsprozesse. Der Künstler hat sich aber nicht
mit der speziellen Situation der Arbeit auseinander gesetzt, auch technische Details waren
ihm nicht wichtig. Ihn interessierte vielmehr
die künstlerische Umsetzung einer durch den
Menschen veränderten Natur. Die »intime malerische Wirkung« und der »malerische Effekt«
waren stets die »Hauptsache« für seine Arbeit,
äußerte der Künstler 1900 in einem Gespräch mit
Julius Norden. *BB*

Norden 1902, S. 92 (Zitat); Ausst. Kat. Berlin 1910,
S. 10, Nr. 62; Ausst. Kat. Berlin 1995, S. 142ff., Nr. 55,
S. 160, Nr. 63.

71

Herman Heyenbrock
(Amsterdam 1871 – 1948 Blaricum)
Umbau eines Stahlwerkes in Peine, um 1911
Pastell, 86 x 127
Hoofddorp, TNO Arbeid

Der niederländische Maler Heyenbrock gehört
zu den wenigen Künstlern, die sich in ihrem Werk
nahezu ausschließlich der Darstellung der Indus-
trie- und Arbeitswelt gewidmet haben. Dabei hat
er sich seine Motive in den Industrieanlagen der
Niederlande, Belgiens, Englands, Deutschlands
und Skandinaviens gesucht. Der niederländische
Dichter und Philosoph Frederik van Eden
(1860–1932) schrieb 1913 über Heyenbrock:
»Daß der Abstand, den er wählt, ich meine den
psychischen Abstand im übertragenen Sinne,
gerade der richtige ist, spürt man überall bei
seiner Behandlung der menschlichen Gestalten

in diesen großartigen Szenen. Hätte er ständig
das Elend dieser Arbeiter als Hauptmotiv in den
Vordergrund gestellt, dann wäre der Abstand zu
gering gewählt gewesen, dann wären seine Bilder
sentimental und tendenziös geworden. … Hätte
er dagegen die menschliche Komponente ganz
außer Acht gelassen, dann wäre der Abstand zu
groß und er würde dekadent wirken. Heyenbrock
macht weder das eine noch das andere.«

Heyenbrock war jedoch politisch interessiert
und hatte durch seine Frau Kontakt zur sozialistischen Arbeiterbewegung. Er verzichtete aber
darauf, seinen Bildern eine politische oder
kämpferische Aussage zu geben. Er hat sich
außerdem für die mehr romantisch und idealis-
tisch verklärten Ideen des Amerikaners Gerald
Stanley Lee (1862–1944), einem bedingungslosen
Bewunderer der Industrie, interessiert, dessen
Buch *The Voice of the Machines* (1906) er

wichtige Anregungen verdankte. Aber auch die
rein verklärende Sicht auf die moderne und für
den Menschen ausschließlich hilfreich emp-
fundene technische Welt lag ihm fern. Seine Industriebilder sind Dokumentationen der Arbeit
und der Arbeitsabläufe. Lediglich das Atmosphärische von Luft, Licht und Feuer spielt
noch eine wichtige Rolle in seinen Werken. *BB*

Ausst. Kat. Münster 1985; Jansen 1985, S. 20 (Zitat);
Türk 2000, S. 231.

72

Eugen Bracht
(Morges 1842 – 1921 Darmstadt)
**Die Henrichshütte bei Hattingen am
Abend, 1912**
Öl auf Leinwand, 69 x 87
Münster, Westfälisches Museum für Kunst
und Kulturgeschichte – Landesmuseum,
Inv. 1404 LM

Der Schweizer Eugen Bracht fasste 1882 beruf-
lich Fuß in Berlin als Mitarbeiter an Anton von
Werners Sedan-Panorama und als Professor für
Landschaftsmalerei an der Akademie der Künste.
Seine Hinwendung zur Pleinair-Malerei führte
1902 zum Wechsel nach Dresden.

Ab 1903 beschäftigte er sich wiederholt mit
der Darstellung industrieller Anlagen. Der
Henrichshütte widmete er 1912 die hier gezeigte,
durch einen impressiven Realismus gekenn-

zeichnete Ölskizze und 1913 ein großformatiges
Gemälde. Bei seiner Themenwahl spielte der
soziale Aspekt keine Rolle, wie er 1912 bekannte:
»Was nun die Industriebilder betrifft, so bin
ich diesem Gebiet keineswegs genaht, weil es
Industrie war, sondern aus koloristischem Triebe;
schon lange reizte mich beim Durchqueren der
Kohlen- und Eisengebiete die gebrochene
Palette der Hochöfen und Montanwerke mit
ihren Rauch- und Dampfwolken, die mir ebenso
interessant erschienen wie ein ballendes Ge-
wittergewölk.« Der Kritiker Max Osborn ver-
meinte dennoch Anklänge an den Grundkonflikt
der Zeit zu spüren: »Und unsichtbar, nicht eigens
zitiert und doch zur Stelle, schreitet durch dieses
finstere Revier das Gespenst des sozialen
Grollens.«

Die 1854 von Graf Henrich zu Stolberg-
Wernigerode gegründete Henrichshütte zählte

zu den traditionsreichsten Industriestandorten im
Ruhrgebiet. Hier wurden Kohle und Erz gefördert sowie Koks, Eisen und Stahl produziert.
Auch Einrichtungen zum Walzen, Schmieden
und Gießen waren vorhanden. Die Henrichshütte
wurde 1904 von der Lokomotiv- und Maschinenfabrik Henschel & Sohn in Kassel übernommen,
die umfangreiche Modernisierungen der Pro-
duktionsanlagen durchführte. Die Belegschaft
lag 1910 bei 6 000 Personen. Ab 1974 gehörte die
Henrichshütte zur August-Thyssen Hütte AG.
Seit ihrer 1987 erfolgten Stilllegung ist sie eine
der Außenstellen des Westfälischen Industriemuseums. *AS*

Osborn 1909, S. 90 (Zitat); Ausst. Kat. Duisburg 1969,
S. 100; Slg. Kat. Münster 1975, S. 20f.; Ausst. Kat.
Darmstadt 1992, S. 114 (Zitat); Laube 1992.

7 See-Erfahrungen
Hafenbilder zwischen Schiffsporträt und Luftmalerei 1890–1915

Menschen, Güter und Nachrichten reisten im 19. Jahrhundert per Schiff von Kontinent zu Kontinent. Die Nationen, die Anspruch auf ›Weltpolitik‹ erhoben, konkurrierten um den Aufbau einer leistungsfähigen Handels- und Kriegsmarine. Dabei setzte sich das Dampfschiff allmählich gegen das Segelschiff durch. In den Überseehäfen lagen noch zu Beginn des 20. Jahrhunderts beide Arten von Schiffen nebeneinander. Dieser Kontrast zwischen alter und neuer Zeit faszinierte nicht nur die Künstler.

Seit den 30er Jahren des 19. Jahrhunderts befuhren ›Klipper‹ die Weltmeere, schnittige Segler, die – zumindest bei guten Windverhältnissen – schneller waren als Dampfer, allerdings auch weniger Ladung aufnehmen konnten. Sie verkehrten zwischen der Ost- und der Westküste der USA ebenso wie zwischen Großbritannien, Indien und China. An Bedeutung verloren sie erst, als 1869 zwei große Infrastrukturprojekte fertig gestellt wurden: die transkontinentale Eisenbahnstrecke durch die Vereinigten Staaten und der Suez-Kanal, der in das windstille Rote Meer überleitet.

Eine regelmäßige Nordatlantik-Verbindung existierte ab 1838, als das Dampfschiff »Great Western« den Dienst zwischen Bristol und New York aufnahm. Weil die britische Regierung sicherstellen wollte, dass einmal im Monat Post in die USA befördert werden konnte, unterstützte sie diese Linie mit massiven Subventionen. Die 1866 erfolgte Verlegung eines transatlantischen Telegraphenkabels eröffnete neue Möglichkeiten für den Transport von Nachrichten. Nicht nur die Post, sondern auch der Strom der Auswanderer provozierte technischen Wandel auf der Amerikaroute. Während 1866 nur 36 % der Emigranten mit einem Dampfer reisten, waren es 1871 bereits 84 %. Die Schiffe wurden größer, schneller, effizienter und zuverlässiger, wozu vor allem die Verbund-Dampfmaschine, die Schraube und der Stahlrumpf beitrugen. Ab den 50er Jahren des 19. Jahrhunderts – nach der Gründung der Hapag und des Norddeutschen Lloyd – vollzog sich die Auswanderung aus Deutschland nicht mehr über Liverpool, sondern über Hamburg und Bremen. Der Kampf um das »Blaue Band«, das für die schnellste Atlantiküberquerung vergeben wurde, provozierte einen ähnlichen wirtschaftlichen und technischen Wettstreit der Nationen, wie er auf den Weltausstellungen ausgetragen wurde.

Großbritannien war nicht nur die unangefochtene Seemacht, sondern auch der mit Abstand wichtigste Produzent von Dampfschiffen. Wilhelm II. entwickelte den Ehrgeiz, zum Vereinigten Königreich aufzuschließen. Er hielt es nicht für möglich, das von ihm erträumte weltumspannende Kolonialreich ohne eine moderne Schlachtflotte zusammenzuhalten. Spätestens durch das »Wettrennen um China«, bei dem sich Deutschland 1897 die Bucht von Kiautschou sicherte, sah er sich bestätigt. Im folgenden Jahr legte das Reichsmarineamt ein kostspieliges Programm zum Bau von Großkampfschiffen auf. Es sollte nicht nur das Ausland beeindrucken, sondern auch eine innenpolitische Funktion erfüllen: Der Organisator der deutschen Flottenpolitik, Alfred von Tirpitz, empfand »ein gewisses Bedürfnis der Nation nach einem Ziel, nach einer vaterländischen Sammlungsparole«, und empfahl den Bau von Panzerschiffen als »starkes Palliativ gegen gebildete und ungebildete Sozialdemokraten«. Der von ihm massiv unterstützte Deutsche Flottenverein mobilisierte große Teile der Bevölkerung für die Aufrüstung der Seestreitkräfte.

Die Künstler reagierten mit maritimen Szenen auf den Marine-Enthusiasmus, der bis weit in das linksliberale Bürgertum hineinreichte. Aber nicht nur von allerhöchster Stelle protegierte Spezialisten wie Willy Stöwer oder Hans Bohrdt interessierten sich für Meer, Werft und Hafen, sondern auch Pleinairisten wie Leopold Graf von Kalckreuth oder Max Liebermann. Ihnen bot dieses Thema die Möglichkeit, die Kräfte der Industrie und die Gewalten der Natur unmittelbar aufeinander wirken zu lassen. Im Zusammenspiel von Wind und Wellen, von Feuer und Wasser vollzog sich eine Auflösung der Form, die sich stimmungsreich darstellen ließ. AS

Tirpitz 1919, S. 52, 96 (Zitate); Bracker 1980; Weber 1990, S. 141–168.

*Ich unterschied die kleinste Rauchwolke unter dem hängenden Gewölk,
ja sogar ein Mast, der am Horizont wanderte, fein wie eine Nadel, konnte
meinen Augen nicht entgehen. Die Rauchwolke wuchs, ein grauer
qualmender Turm stand auf der Linie des Horizonts. Der Turm wölbte
sich, bekam Maste, Kamine, Verdecke. Die Möwen schwangen sich von
den Klippen und schossen schrillend hinaus. Und der Dampfer kämpfte
sich näher. Sein Bug sank ein und verschwand, lange, als ginge es hinab.
Dann stieg der Bug in die Höhe und der Stern versank. Und wieder neigte
sich der Bug. So zog er dahin. Die Gischtsäulen fuhren senkrecht am
Schnabel in die Höhe, die Sturzseen strichen übers Deck. Wenn es dunstig
war, so kam es vor, daß ich die Dampfer aus den Augen verlor und
minutenlang suchen mußte, bis ich sie wiederfand. Bei Sturm erschienen
sie wie verzweifelte Gespenster, die sich mit dem Meere schlugen. Sie
sahen kahl aus, wie rasiert vom Wetter. Sie stampften auf und ab,
qualmten, rollten hin und her, versanken, und oft dauerte es eine Stunde,
bis sie den großen Strom passiert hatten.*

Bernhard Kellermann, *Das Meer*, 1910

*Diese Woge war die größte und schönste, die ich hier außen sah. Schon
von weitem sah ich sie herankommen. Sie riß sich ihre Bahn durch all die
wandernden Schaumkämme, ihr Gischt flog vor ihr einher und sie brauste
und zischte wie eine Schnellzugslokomotive. So groß und ungestüm war
sie, daß sie sich inmitten der andern Wogen ausnahm wie die rasende
Wildsau unter den Frischlingen. ... Sie war schwarzgrün, aber als sie
anschwoll, wurde sie grün wie Flaschenglas. Darüber bebte eine Kuppe
von Türkis und auf dieser Kuppe saß ein Schmelz von gelbem Bernstein,
von der Sonne durchleuchtet, und darüber ein Diadem aus schneeweißem
Schaum. Über der ganzen Woge aber schwebte ein breiter Schleier
von Dunst, eine Wand von Dunst, in der die Farben des Regenbogens
schillerten.*

Bernhard Kellermann, *Das Meer*, 1910

73

Gerald Maurice Burn
(London 1862 – 1945)
Stapellauf der »Fuji« in Blackwall (Launch of the »Fuji« at Blackwall), 1896
Öl auf Leinwand, 168 x 305
London, National Museum of Science and Industry, Inv. 1913-372

In Japan begann 1868 mit dem Machtantritt des Kaisers Meiji ein umfassender Reformprozess. Verwaltung, Justiz, Militär und Wirtschaft wurden nach europäischen Vorbildern neu organisiert. Beim Aufbau der Schlachtflotte ließ sich das ostasiatische Land von Großbritannien unterstützen, das über die modernsten Werften verfügte. Die Briten waren gerne bereit, den Japanern zu helfen, weil sie sich davon eine Schwächung ihres russischen Rivalen erhofften. Nach 1890 vollzogen Großbritannien, die USA, Deutschland,

Russland und Japan etwa zeitgleich den Übergang vom Kreuzer zum Großkampfschiff. Dieser maritime Wettbewerb setzte die erste internationale Rüstungsspirale in Gang, die den Weg in den Ersten Weltkrieg beschleunigte.

Die 122 Meter lange »Fuji« war Japans erstes Großkampfschiff. Bei ihrem Stapellauf am 31. März 1896 drängten sich Tausende von Schaulustigen auf dem Werftgelände der Thames Iron Works and Shipbuilding Company in Blackwall, einem Stadtteil Londons. Burn, ein Spezialist für Marineszenen und Stadtansichten, berücksichtigte außer dem Protagonisten, der in den kaiserlichen Farben Weiß und Rot erstrahlt, auch die von Seglern und Dampfern belebte Themse und die mit Gasometern und Schornsteinen bestückte Uferkulisse im Osten der englischen Hauptstadt. Das Schiff und seine Umgebung werden mit viel Liebe zum Detail ins

Bild gesetzt. Schon durch sein ungewöhnlich großes Format dokumentiert das Gemälde den Stolz über die politische und wirtschaftliche Vorrangstellung Großbritanniens.

Die »Fuji« erlebte ihre Bewährungsprobe im russisch-japanischen Krieg, der 1905 durch die Seeschlacht von Tsushima entschieden wurde. Sie wurde 1922 zu einem Trainingsschiff umgerüstet. Während eines amerikanischen Luftangriffes kenterte sie 1945 im Hafen von Yokosuka; drei Jahre später wurde sie verschrottet. *AS*

Jentschura/Jung/Mickel 1970, S. 34; Wyatt 1998, unpag.; Atterbury 2001, S. 155.

74

Eduard Krause-Wichmann
(Stettin 1864 – 1927)
Die Stettiner Vulcan-Werft, 1905
Öl auf Leinwand, 66 x 101
Greifswald, Pommersches Landesmuseum,
Inv. B 1151/41 937

Der 1851 gegründete »Vulcan« gehörte seit Ende des 19. Jahrhunderts zu den bedeutendsten Schiffbaubetrieben weltweit. Am linken Oderufer liefen in schneller Folge vier Transatlantik-Liner vom Stapel, die zu ihrer Entstehungszeit nicht nur die größten, sondern auch die schnellsten Passagierschiffe waren: Die Dampfer »Kaiser Wilhelm der Große« (1898), »Deutschland« (1900), »Kronprinz Wilhelm« (1902) und »Kaiser Wilhelm II.« (1904) gewannen nacheinander das »Blaue Band« für die zügigste Atlantiküberquerung. Auch die kaiserliche Yacht »Hohen-

zollern«, mit der Wilhelm II. seine Norwegen- und Mittelmeerfahrten unternahm, war 1891/93 dort gebaut worden.

Der in Dresden ausgebildete und in Stettin ansässige Maler stellte die Werft zu einem Zeitpunkt dar, als ein weiteres großes Projekt seiner Vollendung entgegenging: Neben dem eisernen Hellinggerüst liegt die »Kaiserin Auguste Victoria«, die am 29. August 1905 ihren Stapellauf erlebt hatte. Ein Schwimmkran hebt Maschinen und andere Ausrüstungsteile an Bord. Der 213 Meter lange Dampfer war mit einem Raumgehalt von 24 581 Bruttoregistertonnen bis 1907 das größte Schiff der Welt. Albert Ballin, der Direktor der Reederei Hapag, vollzog mit diesem Auftrag den Wechsel vom Schnelldampfer zum kombinierten Passagier- und Frachtdampfer, der bei geringerer Geschwindigkeit mehr Komfort für Reisende und mehr Platz für Waren bot.

Noch im selben Jahr beschloss der »Vulcan« die Verlegung des Großschiffbaus nach Hamburg. Das Stettiner Werk musste 1928 stillgelegt werden. Die »Kaiserin Auguste Victoria« wurde während des Ersten Weltkriegs außer Dienst gestellt und 1919 als Kriegsbeute von Großbritannien beschlagnahmt. Nachdem sie zum Rücktransport von US-Soldaten eingesetzt worden war, befuhr sie ab 1921 als »Empress of Scotland« die Strecke Southampton–Quebec. Sie wurde 1930 abgewrackt. AS

Slg. Kat. Kiel 1982, S. 120f.; Wulle 1989, S. 50f.

75

Cornelius Wagner
(Dresden 1870 – 1956 Söcking)
**Der Hamburger Hafen zu seiner Blütezeit,
vor 1914**
Öl auf Leinwand, 114,5 x 164,5
Bremerhaven, Deutsches Schiffahrtsmuseum,
Inv. I/3526/85

Im Zentrum des Gemäldes steht die »Potosi«,
ein 132 Meter langer Fünfmaster, der 1895 in
Geestemünde (heute Bremerhaven) für den
Transport von Salpeter aus Chile nach Deutschland gebaut worden war. Dieses Rohmaterial
wurde für die Herstellung von Kunstdünger und
Sprengstoff benötigt. Eingerahmt wird das
Segelschiff von zwei Dampfern – eine Konstellation, die den Kontrast zwischen alter und
neuer Zeit, zwischen Natur und Technik sym-

bolisiert. Zwischen den Seeschiffen tummeln
sich kleinere Fahrzeuge für den Transport von
Gütern und Personen: Schuten und Leichter
stellen die Verbindung zwischen Schiff und Land
her; Jollen befördern die Hafenarbeiter zu ihren
Einsatzorten. Ein Getreideheber löscht den am
linken Bildrand liegenden Dampfer; Schlepper
bewegen die Seeschiffe in den Hafen hinein
und wieder hinaus.

Als Wahrzeichen des Hamburger Hafens galt
der auch von Friedrich Kallmorgen (Kat. Nr. 76)
ins Bild gerückte, 1875 eröffnete Kaispeicher A
auf der Landzunge zwischen Sandtorhafen und
Grasbrookhafen. In dessen Turmspitze befand
sich bis 1934 eine von der Hamburger Sternwarte
aus gesteuerte Zeitball-Anlage, die den Schiffs-
besatzungen einen Zeitabgleich ermöglichte:
Ein schwarzer Ball wurde dort jeden Tag um

11.50 Uhr Greenwicher Zeit langsam hochgezogen und exakt zehn Minuten später fallen
gelassen. Genaue Uhren waren nötig, um auf See
die geographische Länge bestimmen zu können.

Ähnlich wie Burn (Kat. Nr. 73) und Krause-
Wichmann (Kat. Nr. 74) kam es dem in Dresden
ausgebildeten, auf Marinemalerei spezialisierten
Wagner darauf an, ein bestimmtes Schiff an
einem identifizierbaren Ort zu porträtieren;
anders als Kalckreuth (Kat. Nr. 77) und Grethe
(Kat. Nr. 78) war er nicht vorrangig an einer atmosphärischen Schilderung des Zusammenspiels
von Wind und Wellen interessiert. *AS*

Meyer-Friese 1981, S. 116; Maak 1985, S. 21f.; Rath
1988, S. 21–76; Scholl 1998.

76

Friedrich Kallmorgen
(Altona 1856 – 1924 Grötzingen)
**An die Arbeit. Arbeiterboote im
Hamburger Hafen, 1900**
Öl auf Leinwand, 76,3 x 64,9
Essen, Museum Folkwang, Inv. 90

Kallmorgen, der 1896 Präsident des sezessionistischen »Karlsruher Künstlerbundes« wurde, war als ausgesprochener Landschaftsmaler zu Studienzwecken vielfach im In- und Ausland unterwegs. Neben Landschaften und Städten bildete die heimische Industrie den dritten Themenbereich. 1899 bezog er in der Hafenstraße in Altona, wo er seine Jugend verbracht hatte, eine Wohnung, um das Hafenleben zu studieren. Erste Skizzen zu *An die Arbeit* entstanden. Das Bild zeigt vom Standpunkt eines Schiffspassagiers vom Hauptfahrwasser der Elbe aus stromaufwärts fahrende Dampfbarkassen mit Arbeitern. Im Hintergrund ist als Landmarke der nicht mehr erhaltene Kaispeicher A zu sehen.

Hamburg war erst 1888 dem deutschen Zollgebiet beigetreten. Als Ausgleich für dadurch entfallende Einnahmen finanzierte das Reich den Bau der Speicherstadt im nun eingerichteten Freihafen. Mit der Ausdehnung des Hafens auf die südliche Elbseite hatte bereits im 19. Jahrhundert eine Steigerung des Personentransportaufkommens eingesetzt. Tausende von Arbeitern mussten zu den Kais und Schiffen gebracht werden.

1901 wurde Kallmorgen Nachfolger Eugen Brachts (Kat. Nr. 72) als Professor für Landschaftsmalerei an der Berliner Akademie. Im selben Jahr erhielt er in Dresden die kleine Goldene Medaille für *An die Arbeit*. An dem Bild zeigt sich beispielhaft die zeitgenössische Position des Industriebildes, das die Rolle der Historienmalerei als Ausdrucksträger von erhabenem Pathos übernommen hat: »Und auch der Landschafter Friedrich Kallmorgen dankt seiner glücklichsten Eingebung eine jenem Bild der über den Hamburger Hafen dampfenden Arbeiterboote, das eben mehr wie eine Landschaft ist. Denn indem er uns die Wasserfläche wie einen steil aufsteigenden Hang oder Wall zeigt, gegen den die Boote mühselig kämpfen, ruft er in uns die heroischen Begriffe von Anspannung und Todesmut wach, die im Wesen des Industriebildes so wichtig mitschwingen« (Ernst Gosebruch). *SB*

Ausst. Kat. Essen 1912, Nr. 36 (Zitat); Rath 1988; Ausst. Kat. Karlsruhe 1992, Nr. 17.

77

Leopold Graf von Kalckreuth
(Düsseldorf 1855 – 1928 Eddelsen)
**Sonntagsstimmung auf der Elbe. St. Pauli
Landungsbrücken, 1901**
Öl auf Leinwand, 70 x 100
Hamburg, Hamburger Kunsthalle, Inv. 2170

Alfred Lichtwark begründete schon bald, nachdem er 1886 Direktor der Hamburger Kunsthalle
geworden war, eine »Sammlung von Bildern aus
Hamburg«. Er hoffte, durch die Wahl lokaler
Motive das bürgerliche Publikum an die von ihm
protegierte naturalistische Malerei gewöhnen zu
können. Kalckreuth, ein enger Freund Lichtwarks, gehörte zu den herausragenden Vertretern
dieser Richtung.

Lichtwarks unermüdliche Suche nach Mäze-
nen war sehr erfolgreich. So spendete Luise

Friederike (Lulu) Bohlen 1901 zum Andenken an
ihren verstorbenen Mann, den Generalkonsul
Eduard Bohlen, 6 000 Mark, die für zwei Hafen-
ansichten Kalckreuths verwendet werden sollten.
Lulu Bohlen war die Schwester Adolph Woer-
manns, eines einflussreichen Hamburger Kauf-
manns, Reeders und Reichstagsabgeordneten,
der wesentlichen Anteil an der Etablierung der
deutschen Kolonie in Kamerun hatte. Eduard
Bohlen war Teilhaber des von seinem Schwager
geleiteten Handelshauses C. Woermann.

Das hier ausgestellte Bild ist die Studie zu
einem der beiden von Lulu Bohlen gestifteten
Gemälde. Es zeigt einen Dampfer, in dessen
Heck Anna, die ganz in Rosa gekleidete Tochter
des Künstlers, steht. Allerdings füllt – ungewohnt
für den zeitgenössischen Betrachter – nicht das
Schiff, sondern die träge dahinfließende Elbe den

größten Teil des Bildes aus. Die leere Wasserfläche, die die friedvolle Stimmung eines
Sommertages vermittelt, wird durch die auf
Steinwerder gelegenen Schiffbaubetriebe begrenzt, in denen selbst am Sonntag die Arbeit
nicht ruht. Zu den wirtschaftlichen Führungs-
positionen, die Adolph Woermann innehatte,
gehörte auch die Mitgliedschaft im Vorstand der
dort ansässigen Werft Blohm & Voss. *AS*

Lichtwark an Kalckreuth, 8. Mai 1901, in: Lichtwark
1957, S. 89f. (Zitat); Brachert 1958, Bd. 2, S. 86;
Kalckreuth 1967, S. 264; Washausen 1968, S. 67–75;
Hücking/Launer 1986, S. 47–62.

78

Carlos Grethe
(Montevideo 1864 – 1913 Nieuwpoort)
Eis im Hafen, 1900–02
Öl auf Leinwand, 85 x 118
Bremen, Kunsthalle Bremen, Inv. 248-1903

Grethe wurde in Uruguay geboren, kehrte aber
bereits 1869 mit seinen Eltern in deren Heimatstadt Hamburg zurück. Er verbrachte auch
während seiner Tätigkeit als Professor an den
Akademien von Karlsruhe (ab 1890) und Stuttgart
(ab 1899) jeweils einen Teil des Jahres in der
Stadt an der Elbe.

Sein Gemälde, das aus der »Permanenten
Ausstellung« des Kunstvereins Bremen 1902/03
für die Sammlung der Kunsthalle erworben
wurde, zeigt den Hamburger Hafen zu einem
Zeitpunkt, an dem dort weniger Betrieb herrscht

als gewöhnlich. Wenn die Fleete und Kanäle
zugefroren waren, konnten die mit gelöschten
Waren beladenen Schuten nicht zu den
Speichern vordringen. Nur die Elbe und der
Sandtorhafen wurden mit Eisbrechern frei-
gehalten. Grethe konzentrierte sich auf die langsam vereisende Fahrrinne in der weiten Wasserfläche. Ein einzelner Dampfer liegt an der
sich diagonal durch das Bild ziehenden Dück-
dalbenreihe. Der Rauch aus seinem Schornstein
vermischt sich mit den Emissionen der Industriebetriebe an der Horizontlinie.

Maritime Motive boten Grethe – wie Kalckreuth (Kat. Nr. 77) – ideale Vorlagen für seine
impressionistische Freilichtmalerei. Im Nachruf
der *Frankfurter Zeitung* auf den Künstler heißt
es: »Nichts wäre aber falscher, als Grethe
einen Marinemaler zu nennen; ihn hat nie das

Technische, das Sportliche, das Kennerhafte
interessiert. Was ihn erfüllte, war vielmehr gerade
das Vergehende in der Natur des Meeres, das
ewig Veränderliche der Bewegung, der Atmosphäre, der Farben, kurz das Malerische.« AS

A. W., *Carlos Grethe* †, in: *Frankfurter Zeitung*, Nr. 296
vom 25. Okt. 1913 (Abendblatt), S. 1 (Zitat); Slg. Kat.
Bremen 1973, Nr. 319.

8 Das schwarze Land

Die Monumentalisierung des Arbeiters in der belgischen Kunst 1880–1900

Neben England entwickelte sich Belgien im 19. Jahrhundert zur zweiten europäischen Industriemacht. Die Gründung des Staates fiel zusammen mit dessen industriellem Durchbruch. 1830 wurde Belgien, das zuvor Teil des Königreichs der Niederlande war, selbständig. Karl Marx galt das Land Mitte des Jahrhunderts aufgrund seiner krassen Klassengegensätze als das Paradies des kontinentalen Kapitalismus. Die Entwicklung der Industrie führte zu einer Steigerung der Steinkohlenförderung im Hennegau und in der Umgebung von Lüttich. Metall- und Glasindustrie und in Flandern vor allem die Textilindustrie bestimmten die Wirtschaft. Das ungeheure Wachstum beschränkte sich vor allem auf die wallonischen Kohlengebiete. Die Unterschiede zwischen Norden und Süden, Wallonien und Flandern bildeten sich weiter heraus. Unterstützt von Bankengründungen, freier Börse und der Abschaffung von Zöllen vollzog sich die industrielle und ökonomische Expansion nach der Jahrhundertmitte. Der Staat griff gemäß dem liberalen Wirtschaftsdenken selten regulierend ein, nicht zuletzt wegen des freien Handels; ein exportabhängiges Land konnte sich keine Schutzzollpolitik leisten. In ihrem Zusammenspiel bewirkten diese Faktoren synergetische Effekte, wie sie kein anderes Land aufzuweisen hatte. Das Borinage und die Gegend um Charleroi wurden zu dicht besiedelten Industrieregionen. Auch mit dem Zuzug von ausländischen Arbeitskräften, vor allem aus Deutschland und Frankreich, suchte man den Arbeitskräftebedarf zu decken. In der Eisengießerei dominierten noch Mitte der 80er Jahre Kleinbetriebe, die dann allmählich Konzernen wichen, die alle Bearbeitungsstufen integrierten. Mit der Industrialisierung einher ging eine schnelle Proletarisierung und Verelendung breiter Bevölkerungsschichten. Die frühen 90er Jahre waren durch umfangreiche Streikbewegungen geprägt. Doch letztlich war Belgien Anfang des 20. Jahrhunderts unter den Industriestaaten immer noch das Land mit den längsten Arbeitszeiten und den niedrigsten Löhnen.

Mit dem Aufschwung der Arbeiterbewegung Ende des 19. Jahrhunderts wurde das Borinage zum Gegenstand einer engagierten Kunst, der Arbeiter selbst zum Thema. Bereits Mitte der 80er Jahren entstanden in der Literatur maßgebliche Werke, die die soziale Realität in den belgischen und angrenzenden nordfranzösischen Industrieregionen zum Inhalt haben. Zunächst zog die Literaten, Maler und Bildhauer ein eher unbestimmtes soziales Interesse in das ›schwarze Land‹, aus dem sich jedoch große künstlerische Leistungen entwickelten. Für Constantin Meunier etwa verband sich mit der monumentalen Darstellung des Arbeiters die Hoffnung auf das Enstehen einer neuen Gesellschaft mit neuen zivilisatorischen Werten: »Sie [die Arbeiter] sind mir lieb. Ich habe in ihrer Umgebung gelebt und was ich von ihnen gesehen und gehört habe, hat in meinem Herzen einen Grund für Mitgefühl, Vertrauen, und Bewunderung gelegt. In ihnen ist all meine Hoffnung, denn schon lange bin ich müde und gelangweilt von unserer alten und lächerlichen Zivilisation, die einem komplizierten Uhrmechanismus ähnelt, der bald mit abgenutzen Zahnrädern stehenbleiben wird.« Der Proletarier verkörpert hier einen Wesensaspekt menschlichen Daseins. Er steht symbolisch für die idealistische Hoffnung auf Erneuerung der Zivilisation durch einfache, unverdorbene Werte. *SB*

Maus 1926, S. 63 (Zitat); Ausst. Kat. Berlin 1979; Pierenkemper 1996.

Mit geringen Abständen, sich fast berührend, folgen die Zechen hier aufeinander und verschließen mit ihren Halden den Horizont nach allen Richtungen, richten überall ihre Schornsteine und Gerüste auf und überdecken mit ihrem Schatten nicht weniger als ihrem Kohleregen die kleinen Häuser mit den roten Dächern, die wie Pilze zu ihren Füßen wachsen. Wie sich um die alten Burgen die Katen der Leibeigenen scharten, drängen sich die Hütten der Bergleute von allen Seiten um die Zeche und ducken sich dort in der glühenden Atmosphäre des Ungeheuers ... Die Zeche ist in der Tat der moderne Bergfried der Gegend; wie sein Vorfahr erhebt er den Zehnten und den Frondienst von der Bevölkerung; in seinem Umkreis, selbst von weitem hört man das dumpfe Raunen, das seine Nähe ankündigt, und von seinen Wellen her, die gleich Riesenwurzeln den Saft und das Leben der Umgebung einsaugen, dringt er ein, stürzt sich in das Herz der Erde und der Jahrhunderte.

Camille Lemonnier, *La Belgique*, 1888

... die Puddler, staubig und schwarz im Funkenregen ihrer Öfen keuchten vor Anstrengung; in langen Bahnen rann ihnen der Schweiß die erschöpften Gliedmaßen entlang bis hinunter in den Schlackenfluß, den ihre Sohlen zertraten ...

Camille Lemonnier, *Happe-Chair*, 1886

Mit elf Jahren nahm er [der Vater] sie aus der Schule und ließ sie als Schlackensortiererin in der Fabrik anfangen. ... Sie waren etwa zwanzig, die auf dem kaum abgekühlten Kohleberg herumstapften, bis zu den Knien steckten sie darin, und manchmal stieg ihnen die Kohle auch schon bis hinauf zu den Schenkeln. Die einen schoben mit schmerzgekrümmten Rücken und schiefen Schultern die kohlegefüllten Loren zum Walzwerk; die anderen kletterten ... auf den Schlackebergen herum, durchwühlten sie und sortierten die Kohle aus, dabei in der Taille abgeknickt, den Hintern in die Luft gestreckt.

Camille Lemonnier, *Happe-Chair*, 1886

79

Robert Koehler
(Hamburg 1850 – 1917 Milwaukee)
Der Streik, 1886
Öl auf Leinwand, 181,6 x 275,6
Berlin, Deutsches Historisches Museum,
Inv. 1990/2920

Obwohl die Landschaft in dem großformatigen
Gemälde des Deutsch-Amerikaners Robert
Koehler ausschließlich von der Industrie geprägt
ist, tritt sie in den Hintergrund, denn die Belange
der Arbeiter sind hier das vordringliche Thema.
Die aufgebrachte Menge wird von einem
Sprecher angeführt, der sich bereits vor dem
Aufgang zu der Villa des Unternehmers befindet
und mit einer weit ausholenden Geste seinen
Protest vorbringt. Dass die Situation sehr span-
nungsgeladen ist und jederzeit in Aggressivität
umschlagen kann, zeigt der Mann im Vordergrund, der sich gerade nach einem Stein bückt.

Zur Verdeutlichung der schlechten Situation
der Arbeiter steht eine Frau mit ihren beiden
Kindern in der linken Bildecke vor der Villa.

Das Gemälde ist in München entstanden, wo
Koehler von 1879 bis 1892 lebte. Den Anstoß zu
diesem Bildthema erhielt er nach eigener Aussage aufgrund des Streiks der Eisenbahnarbeiter
in Pittsburgh im Jahre 1877. Weitere Eindrücke
sammelte Koehler bei Fabrikbesuchen in Belgien
und Streiks in England. Die Darstellung zeigt
somit keine bestimmte Begebenheit, die sich
lokalisieren und datieren ließe, sondern eine
allgemeingültige Charakterisierung eines Arbei-
teraufstandes. Als *Streik in der Gegend von
Charleroi (La grève au pays de Charleroi)* fand
das Werk allerdings mit Bezug auf ein konkretes
Ereignis in Belgien Eingang in die Reproduk-
tionsgraphik, über die es eine außerordentlich
weite Verbreitung erhielt. Auch das Bild selbst
firmierte lange Zeit unter demselben Titel. 1885

war es zur Gründung der belgischen Arbeiterpartei gekommen, das Jahr 1886 wurde von
blutigen Aufständen und Streikwellen erschüttert. Das Bild wurde zuerst in New York ausgestellt, wo es wegen seiner Aktualität große
Aufmerksamkeit erregte. *BB*

The New York Times vom 4. April 1886, S. 4; Ausst.
Kat. Berlin 1992, Nr. 70, S. 60; Specht 1992, S. 157f.;
Slg. Kat. Berlin 1997, Bd. 2, S. 467; Türk 2000, S. 212f.,
Abb. 802.

80

Constantin Meunier
(Etterbeek 1831 – 1905 Ixelles)
**Die Rückkehr der Bergleute (Le retour
des mineurs), um 1885**
Öl auf Leinwand, 132 x 238
Privatsammlung

Meunier wandte sich mit Beginn der 80er Jahre
von nationalen historischen Themen ab. Er entdeckte die moderne Welt der Arbeit für seine
Kunst. Die *Rückkehr der Bergleute* gehört in die
frühe Phase der Hinwendung zum neuen Thema.
Vor dem dunklen Hintergrund einer Halde hebt
sich die Gruppe der Männer wie ein Relief ab.
Bereits die Zeitgenossen sahen die Nähe
zwischen diesen Gemälden und der Skulptur, der
sich Meunier nun auch wieder widmete. Die
Betonung des Linearen und die Monumentalisierung der Figuren zeichnet seine Arbeiten in
beiden Gattungen aus.

Die Bedeutung des Themas – das Meunier
immer wieder beschäftigte – wird beispielhaft
sichtbar an seinem *Triptychon vom Bergwerk*
(um 1900, Musées royaux des Beaux-Arts de
Belgique, Brüssel). Hier zeigt er den Abstieg in
die Grube und den Wiederaufstieg am Feierabend zusammen mit dem zentralen Bild des
Wegs der Bergleute zum Kalvarienberg. Die
gefahrvolle Arbeit im Bergwerk wird im religiösen Kontext und mit Hilfe der Pathosformel
Triptychon als Bildthema formuliert. Entsprechend ist die Rückkehr vom Bergwerk nicht allein
als ›gewöhnliches‹ Genremotiv zu verstehen,
sondern es wird ein wesentlicher Moment im
täglichen Leben des Bergmanns gezeigt und zum
Mythos stilisiert. Er ist für diesen Tag der Gefahr
unter Tage entronnen. In seiner würdevollen
Erduldung der schweren Arbeit zeigt er Haltung
und Würde und verkörpert somit einen zeitlosen
Aspekt menschlichen Daseins, den jeder Be-

trachter – auch ohne Vorbildung – verstehen
kann. Das Genremotiv erhält auf diese Weise
einen neuen, der Historienmalerei entsprechenden Rang. Für seine belgischen Zeitgenossen
trugen Meuniers Darstellungen von Arbeit und
Arbeitern zum Ruhm der Nation bei. *SB*

Brand 1979; Baudson 1998, S. 17f.; Ausst. Kat.
Hamburg 1998, Nr. 47, S. 52, 121, Nr. 46, S. 53, 121,
Nr. 34, S. 54, 119.

81

Constantin Meunier
(Etterbeek 1831 – 1905 Ixelles)
Industrielandschaft, Charleroi (Vue industrielle du Borinage), um 1880/82
Öl auf Leinwand, 69,8 x 103
Brüssel, Musées royaux des Beaux-Arts de Belgique, Musée Constantin Meunier, Inv. 10.000/719

Als reine Industrielandschaft bildet das Werk eher eine Ausnahme im Œuvre Meuniers. Der Standpunkt des Malers befand sich in dem damals noch bäuerlichen Gebiet südlich von Charleroi. Von hier aus hatte er einen panoramatischen Blick über die Landschaft und die Stadt.

Die Provinz Hainaut, zu der das Borinage und die Stadt Charleroi gehören, war Mitte des 19. Jahrhunderts das größte Kohlenfördergebiet Europas. In der kleinen Talsenke liegen die Häuser eines Dorfes. Rechts hinter den Häusern sieht man die Feuer einer Reihe von fünf Hochöfen. Die Anwesenheit von Eisen- und Stahlindustrie in der Stadt signalisieren Schornsteine, deren Rauch mit den Wolken, die gleichsam das Hauptmotiv des Bildes sind, eine malerische Verbindung eingeht.

Das Bild ist auch wegen seiner impressionistischen Auffassung untypisch für Meunier. Bezeichnend sind hingegen die topographische Genauigkeit und die Exaktheit, mit der ein

Detail wie die Lokomotive wiedergegeben wird. Allerdings ist deren Darstellung nicht nur im Werk Meuniers eine Ausnahme, sondern auch in der belgischen Malerei der Zeit. Der Typ ist genau identifizierbar. Es handelt sich um eine Lokomotive für den Güterverkehr (T 2), die in einer Stückzahl von zunächst 300 seit 1865 bei Cockerill in Belgien gebaut wurde. Später wurde das Modell, von dem sich zahlreiche Varianten entwickeln sollten, unter anderem auch in Frankreich und Deutschland hergestellt. *SB*

Ausst. Kat. Brügge 1995, S. 200f., Nr. 55 (P. Baudson); Baudson 1998; Ausst. Kat. Hamburg 1998, Nr. 40, S. 49, 120.

82

Constantin Meunier
(Etterbeek 1831 – 1905 Ixelles)
Stahlwerk (Coin de fabrique d'acier)
Kohle und Pastell, 88,8 x 74
Brüssel, Musées royaux des Beaux-Arts de
Belgique, Musée Constantin Meunier,
Inv. 10.000/322

Besonders in Meuniers Zeichnungen zeigt sich
seine Faszination für die Maschinerie der Produktionsstätte. »Hier richtet er seinen Sinn für
das Malerische und für das Charakteristische auf
die Dinge, auf Pfahlwerke, Gerüste, riesige
Schornsteine und gigantische Werkhallen. Und
noch einmal feiert er die Macht des Holzes, des

Eisens und Stahls unter Himmeln voller Trauer
und Rauch in einer undurchdringlich tristen
Atmosphäre«, vermerkt eine zeitgenössische
Quelle pathetisch.

Beim *Stahlwerk*, wo neben den Hochöfen
eine an eine Burg erinnernde Fabrikarchitektur
zu sehen ist, verändert Meunier bewusst die
Perspektive. Die so erzielte Weite verursacht
eine Monumentalisierung der Maschinerie, die
die absichtliche Miniaturisierung der arbeitenden
Menschen – als ›Schatten‹ in der Mitte des Vor-
dergrundes – bewirken soll. Dramaturgisch setzt
er die Lichteffekte zur Steigerung der Wirkung
ein. Hier ist der Mensch nicht mehr ein Held der
Arbeit, sondern er ist umgeben von einer

bedrohlichen, höllenhaften, an Piranesi erin-
nernden phantastischen Kulisse (Kat. Nr. 32), die
ihm keinen Weg in die Außenwelt eröffnet. *SB*

La Libre Esthétique, in: *L'Art Moderne* (Bruxelles)
vom 3. März 1895, S. 65f., vgl. Baudson 1998, S. 19
(Zitat); Baudson 1998, S. 19f.; Ausst. Kat. Hamburg
1998, Nr. 49, S. 63, 121.

83

Constantin Meunier
(Etterbeek 1831 – 1905 Ixelles)
**Puddler beim Herausnehmen der Luppe
(Puddleurs sortant la loupe)**
Kohle und Pastell, 65,3 x 60,4
Brüssel, Musées royaux des Beaux-Arts de
Belgique, Musée Constantin Meunier,
Inv. 10.000/287

Das Pastell zeigt drei Puddler in einem Moment
großer Konzentration und Anspannung. Meunier
erfasst den Zeitpunkt, in dem die Klappe hochgezogen und der Eisen- bzw. Weichstahlklumpen
zur weiteren Bearbeitung aus dem Ofen geholt
wird. Deutlich wird an dem Pastell seine bild-
hauerische Schulung durch die Betonung
des Linearen bei gleichzeitigem Interesse an
den plastisch herausgearbeiteten Oberkörpern.
Der hinterste der Männer scheint ein Hemd zu

tragen, die anderen beiden arbeiten mit nacktem
Oberkörper. Das entsprach keineswegs der
Realität, denn die Arbeiter waren bekleidet.
Deutlich wird durch diese Veränderung sowohl
das skulpturale Interesse Meuniers in der
Gestaltung der nackten Körper als auch die
Absicht einer idealen, heroischen Inszenierung
der Arbeit. *SB*

Ausst. Kat. Hamburg 1998, Nr. 52, S. 62, 121.

84
Constantin Meunier
(Etterbeek 1831 – 1905 Ixelles)
**Ruhender Puddler (Puddleur au repos),
1884/87**
Bronze, braungrün patiniert, H. 37
Berlin, Galerie Westphal

Meunier hatte während seiner Studienzeit
auch eine akademische Bildhauerausbildung
absolviert. Nach langen Jahren als Maler begann
er Anfang der 80er Jahre wieder zu modellieren.
Neben dem *Schiffslöscher (Le débardeur)* (s.
Abb. S. 84) gehörte zu seinen ersten Arbeiten
die heute verlorene kleine Wachsfigur eines
Puddlers, 1884 begonnen und 1885 erstmals
ausgestellt, auf die diese Bronze zurückgeht.
Meunier zeigt den Mann in einem Moment
großer Erschöpfung von der schweren Arbeit am
Hochofen. Nur mit einer Lederkappe, Hose und
Schürze bekleidet lässt der nackte Oberkörper
dem Künstler Spielraum zu ›idealer‹ Darstellung.
Meunier wagt zwar mit dem *Puddler* eine bis
dahin seltene Darstellung eines Arbeiters in der
Skulptur, lehnt sich in der Komposition jedoch an
klassische Vorbilder an. Der berühmte *Torso vom
Belvedere* (Vatikanische Museen, Rom), das Fragment einer sitzenden hellenistischen Marmorsta-
tue, das seit der Renaissance immer wieder von
Bildhauern rezipiert wurde, gibt auch das kom-
positorische Grundmuster für den *Puddler* vor.

Das Neuartige der Skulpturen wurde von
den Zeitgenossen wahrgenommen: »Sein Puddler
und sein Schiffslöscher, der eine aufrecht in
stolzer Pose, der andere sitzend in erschöpfter
Haltung, die Meunier seinen Arbeitern mit Vorliebe gibt, sie beide lassen eine Kunst erahnen,
die noch unerforscht ist und in der der Künstler
sicherlich neue Emotionen entdecken wird.
Der Arbeiter ist bis zum heutigen Tage kaum
in der Skulptur gesehen worden. Die engen
klassischen Traditionen ließen nur die Aktfigur,
die Toga oder den Gehrock zu, nicht aber die
Arbeiterbluse.« *SB*

Max Waller, *L'exposition des XX*, in: *La Jeune Belgique
4*, 1884/85, S. 222, vgl. Baudson 1998, S. 15 (Zitat);
Baudson 1990; Ausst. Kat. Hamburg 1998, S. 124, Nr. 19.

85

Constantin Meunier
(Etterbeek 1831 – 1905 Ixelles)
**Altes Grubenpferd (Vieux cheval de mine),
1890**
Bronze, 31,1 x 50,1 x 16,1
Bochum, Deutsches Bergbau-Museum Bochum,
Inv. 033302053000

1880 forderte eine Grubengasexplosion im Borinage über 100 Todesopfer. Meunier, der unverzüglich an den Ort des Geschehens reiste, fertigte dort zahlreiche Zeichnungen an. Aus dem künstlerisch Festgehaltenen entstand auch die kleine Skulptur des *Grubenpferds*. Das Motiv des alten, abgemagerten Arbeitspferdes, das sein rechtes Hinterbein zum Ruhen anwinkelt, hat Meunier auch als Bild festgehalten (Musées royaux des Beaux-Arts de Belgique, Brüssel, Inv. 1000/222). Das Tier wird ohne jede Idealisierung gezeigt, was für die damalige Skulptur sehr ungewöhnlich war und nicht der gängigen Ikonographie entsprach. In zahlreichen Reiterstatuen hatte sich seit der Antike das Bild des edlen Pferdes in der Herrscherikonographie tradiert. Mit dem Aufschwung der Tierskulptur im 19. Jahrhundert schrieb man dem Pferd zudem die Rolle des wilden und starken Tieres zu. Trotz seines gegenteiligen Charakters besitzt Meuniers Grubenpferd eine denkmalhafte Kraft, die sich aus der Würde der dienenden Kreatur erklärt.

Das Vorbild für Meuniers Grubenpferd versah seinen Dienst als Zugpferd über Tage. Die meisten Grubenpferde wurden jedoch unter Tage eingesetzt und auch dort gehalten. Im Ruhrgebiet ersetzten sie seit der Mitte des 19. Jahrhunderts das unrentable Befördern der Kohlewagen durch Bergleute. Erst im 20. Jahrhundert ging ihre Zahl durch die Mechanisierung des Transports zurück. *SB*

Drawer 1982; Ausst. Kat. Hamburg 1998, S. 17 und Nr. 13.

86

Constantin Meunier
(Etterbeek 1831 – 1905 Ixelles)
Bergmann mit Grubenlampe (Mineur à la lanterne), 1901
Bronze, H. 53 (Guss von 1948)
Bochum, Deutsches Bergbau-Museum Bochum,
Inv. 033302059000

Meunier zeigt den Hauer in einem Moment des erschöpften Innehaltens. Die Grubenlampe ist an der Hose eingehängt, seine Kratze hält er in der rechten Hand. Wenngleich die Gestaltung des Bergmanns realistischer Auffassung verpflichtet ist, griff Meunier mit der kontrapostischen Haltung der Figur auf klassische, idealisierende Muster zurück. Der Bergmann gehört zu einer Reihe von stehenden Einzelfiguren wie dem *Schiffslöscher* (*Le débardeur*, 1893), dem *Rufenden Bergmädchen* (*Hiercheuse apellant*, 1888), dem *Hammerschmied* (*Le marteleur*, 1886), dem *Bergmädchen mit Schaufel* (*Hiercheuse à la pelle*, 1888) und dem *Bergmädchen mit Grubenlampe* (*Hiercheuse à la lanterne*, 1888), die alle Prototypen darstellen. Meunier strebte bei diesen Skulpturen nach dem Archetypischen, alles Zufällige und Anekdotische wurde vermieden. Bereits Ende der 80er, Anfang der 90er Jahre beschäftigte ihn der Gedanke an ein umfassendes Denkmal der Arbeit. Dort sollten Reliefe und Freiplastiken zu einem Monument vereint werden. Bis zu seinem Tod ließ ihn das Projekt nicht mehr los. Erst 1930 wurde das Denkmal in Brüssel aufgestellt. *SB*

Ausst. Kat. Hamburg 1998, Nr. 14.

87

Cécile Douard (Rouen 1866 – 1941 Brüssel)
**Ausruhende Bergarbeiterin (La hiercheuse),
vor 1898**
Öl auf Leinwand, 162 x 102
Charleroi, Université du Travail Paul Pastur,
Collection de la Province de Hainaut

In den expandierenden belgischen Industriezentren arbeiteten Frauen und Kinder nicht nur an den Maschinen, sondern auch in den Bergwerken. Constantin Meunier war der erste Künstler, der Bergarbeiterinnen auch über Tage darstellte, sei es in der Pause, auf dem Weg zur oder von der Arbeit. Ihm ging es dabei um die Herausarbeitung des Typus der Bergarbeiterin, nicht um individuelle Frauen. Andere Künstler folgten, in erster Linie jedoch Cécile Douard. Die Künstlerin lebte lange Jahre in Mons, wo sie sich neben ihrer künstlerischen Tätigkeit karitativ und sozial engagierte. Anders als Meunier zeigt Douard die Frauen deutlicher von den Anstrengungen der Arbeit gezeichnet.

Dennoch strebt auch sie eine Typisierung und Heroisierung der auf einem Schlackehaufen sitzenden Bergarbeiterin an. Lampe und Spaten, die bei der Arbeit in der Grube gebraucht werden, befinden sich als Attribute neben der Ruhe und Selbstbewusstsein ausstrahlenden Arbeiterin. Vor dem rauchig-diffusen Hintergrund hebt sich die Figur, deren Kopf und Schultern durch den hellen Rauch besonders konturiert und damit plastisch und monumental werden, deutlich ab.

Douard zeigt nicht das vielfach hervorgehobene soziale Elend. Ihr war daran gelegen, die Bergarbeiterin bewusst mit Würde auszustatten. Das wird deutlich an der Betonung des Gesichts durch den aufgehellten, wie einen Nimbus wirkenden Hintergrund. Nicht zuletzt die Monumentalisierung der ganzfigurigen Darstellung durch das große Format – ursprünglich Herrscherbildnissen vorbehalten – zeugt von der Nobilitierung des ›Vierten Standes‹ durch die Malerei. *SB*

Müller 1979, S. 234–239.

88

Cécile Douard (Rouen 1866 – 1941 Brüssel)
Die Halde (Le terril), 1898
Öl auf Leinwand, 195 x 113
Belgien, Sammlung des belgischen Staates
(entliehen von der Communauté française de
Belgique) als Leihgabe im Musée de l'Art Wallon
(Lüttich), Inv. 1657

Schlacke bezeichnet die bei der Verbrennung in
Industriefeuerungen anfallenden, nicht brenn-
baren festen Stoffe. Auf dem Bild wird gerade
Schlacke aus Wagen geschüttet. Am Hang der
Halde sind Frauen dabei, noch verwertbare
Teile, die beispielsweise als Material beim Haus-
oder Straßenbau verwendet wurden, zu sammeln.
Das in grau-braunen Tönen gehaltene Bild, auf
dem allein die Halde und der kleine verrauchte
Himmelsausschnitt für Landschaft stehen,
steigert die Eintönigkeit und Kargheit zu einer
eigenen ästhetischen Qualität. Die sich in die
Oberflächenstruktur der Halde einfügenden
Frauen schildern einerseits realistisch die harten
und ärmlichen Lebensbedingungen, andererseits
gemahnt das Bild durch sein ungewöhnliches
Hochformat, seine Lichtregie und die sich – wie
die Verdammten – mühsam nach oben arbeitenden Frauen an Darstellungen des Jüngsten
Gerichts. Die Künstlerin scheint durch die Verbindung mit einer subtilen christlich-symbolis-
tischen Sprache dem Motiv eine über die bloße
Schilderung sozialen Elends hinausgehende Aura
der Würde verleihen zu wollen. *SB*

Müller 1979, S. 234–239.

89

Maximilien Luce (Paris 1858 – 1941 Paris)
Stahlwerk (L'aciérie), 1895
Öl auf Leinwand, 116 x 89
Genf, Petit Palais, Musée d'Art Moderne,
Inv. 8346

Luce, der enge künstlerische Beziehungen nach
Belgien pflegte und in Brüssel an Ausstellungen
der avantgardistischen Künstlergruppen »Libre
Esthétique« und »Les Vingt« beteiligt war, reiste
1895 zusammen mit dem belgischen Maler Theo
van Rysselberghe in das Industrierevier Borinage.
Er wohnte bei dem Schwiegersohn Constantin
Meuniers, dessen Werk er sehr bewunderte. Der
belgische Dichter Emile Verhaeren hatte Luce
bereits von der Gegend um Charleroi berichtet.
An seinen Künstlerfreund Henri-Edmond Cross,
wie er selbst der divisionistischen Farbzerlegung
verpflichtet, schrieb er: »Je ne sais si vous
connaissez ce pays, mais je m'en faisais pas une
idée. Les environs de Paris au point de vue industriel ne sont rien, Saint-Denis n'est que de la
blague; quel caractère, mon vieux. Dame, quant à
la couleur, elle est à peu près absente. Je ne vois
guère que l'application de la division, aussi je me
laisse aller à mon instinct.«

Wenngleich Luce, selbst aus einfachen Verhältnissen stammend, sich immer für Themen der
Arbeit interessiert hatte und politisch lebenslang
sozialistischen Kreisen verbunden blieb, geht es
in den Werken nicht um eine Anklage der Verhältnisse. »Ce pays m'épouvante ... C'est telle-
ment terrible et beau que je doute de rendre ce
que je vois!«, berichtete er Cross. Die Erhabenheit des Themas faszinierte ihn, die Motive
schienen ihm darüber hinaus auch ganz besonders für seine stilistischen Interessen geeignet.

Im *Stahlwerk*, wo im Hintergrund das
Spektakel des Abgießens stattfindet, schauen
auch die nicht beteiligten Arbeiter dem Geschehen zu. Durch den rahmenden Bogen der
Fabrikarchitektur wird die Arbeit im Hintergrund
gleichsam zum Bild im Bild, das die Arbeiter von
außen fasziniert betrachten. *SB*

Cazeau 1982, S. 85–87 (Zitate); Baudson 1998, S. 20f.

90

Maximilien Luce
(Paris 1858 – 1941 Paris)
**Vollmond über dem Kanal in Charleroi
(Claire de lune sur le canal à Charleroi),
1896**
Öl auf Leinwand, 45 x 80
Charleroi, Musée des Beaux-Arts, Inv. 833

Charleroi ging aus dem Dorf Charnoy, am Fluss
Sambre gelegen, und der in unmittelbarer Nähe
im 17. Jahrhundert errichteten Zitadelle – zu
Ehren des Herrschers der spanischen Niederlande, Karls II. von Spanien, Charleroi genannt –
hervor. Erst Anfang des 19. Jahrhunderts erlebte
die Stadt im Zuge der Industrialisierung eine
rapide Entwicklung. Es existierten allerdings
bereits im 16. Jahrhundert Pläne zum Bau
eines Kanals zum Transport der in der Gegend
abgebauten Kohle nach Brüssel. Aber erst unter
Willem I. der Niederlande wurde von 1827
bis 1832 ein 74,5 Kilometer langer Wasserweg
gebaut.

Das Nachtstück mit der Ansicht des Kanals
ist ein Resultat von Luces zweiter Belgienreise
im Jahr 1896. Neben Figurenbildern schuf der
Maler zahlreiche Landschaften, in denen er nach
dem stimmungshaften Erfassen der Atmosphäre
der Industrieregion trachtete. Der Industrielandschaft mit der Halde und dem Widerschein von
Industriefeuer wird eine eigene Schönheit zugestanden. Das Nachtstück mit der Vollmond-
stimmung erlaubt dem Maler ihre romantische
Verklärung. Im Anschluss an seine Belgien-
reisen schuf Luce vergleichbare Stimmungsland-
schaften mit Industriemotiven aus der Umgebung von Paris. *SB*

9 Die Schönheit der großen Stadt
Urbane Impressionen 1870–1915

Mit der Industrialisierung wuchsen die Städte. Geburtenüberschuss und Hungerkrisen waren mitverantwortlich für die Landflucht größerer Bevölkerungsteile seit dem Beginn des 19. Jahrhunderts. Ausmaß und Tempo der Urbanisierung nahmen vor allem in der zweiten Jahrhunderthälfte bis dahin unbekannte Formen an. Oft stiegen die Einwohnerzahlen in wenigen Jahren auf das Drei- bis Fünffache. Die Städte fransten aus, die Eingemeindung von Vororten und ganzer Nachbargebiete trieb die Einwohnerzahlen ebenfalls in die Höhe. 1887 wurde schließlich die Großstadt in einer verbindlichen Definition als Stadt mit mehr als 100 000 Einwohnern bestimmt. Seit der Wende zum 20. Jahrhundert ist die Großstadt jedoch nicht nur eine statistische Bezugsgröße, sondern zunehmend auch Metapher für die moderne industrielle Gesellschaft. Faszination und Ablehnung ihrer Facetten begleiteten ihr Entstehen von Beginn an.

Mit dem Wachstum der Städte einher ging die Ausbildung neuartiger Viertel: Neben einer *City* mit Geschäfts-, Banken- und Bürovierteln entstanden Wohn- und Industrievororte. Allein eine hoch entwickelte technische Infrastruktur konnte langfristig das Zusammenleben von Hunderttausenden oder gar Millionen Menschen auf engem Raum gewährleisten, denn Grundbedürfnisse wie Nahrung, Wohnung, Wärme und Kommunikation mussten gesichert werden. Entsprechend gingen die systematischen, für die spätere Entwicklung vorbildlichen stadtplanerischen Überlegungen des Barons Haussmann in der Regierungszeit Napoleons III. nach dem Londoner Vorbild von der Anlage eines modernen Verkehrs- und Versorgungsnetzes für Paris aus. Anlässlich der Weltausstellung von 1867 wurden ganze Stadtviertel in Paris abgerissen und durch Neubauten ersetzt; neue, breite Straßen durchzogen die Stadt. Die alten Kleinstrukturen wurden beseitigt und die Stadt dem modernen Güterverkehr erschlossen, die Innenstadt mit der Peripherie verbunden. Zudem zielte Haussmann mit Hilfe der Umstrukturierung auf die Fragmentierung und Verlagerung von potentiell als politisch gefährlich angesehenen Bevölkerungsteilen. In Deutschland hatte erst mit Beginn der 70er Jahre eine breite Entwicklung zur Hochurbanisierung eingesetzt, die bis 1914 anhielt. Vor dem Ersten Weltkrieg war jeder fünfte Deutsche ein Großstädter. Berlin erlebte in dieser Zeit eine für Europa beispiellose Expansion. 1900 hatte es den Rang einer Millionenstadt erreicht und sich damit an die Spitze der deutschen Städte gesetzt.

Im Zuge der Urbanisierung wurde – zunächst in Paris – die *vie moderne*, das moderne Leben, gleichbedeutend mit bürgerlichem Großstadterlebnis und von der Malerei als Thema aufgegriffen. Vor allem die Pferdebahn, die Eisenbahn und die Tram, die – selbst industrielle Erzeugnisse – den Verkehr und die Schnelllebigkeit der Großstadt erst ermöglichten, sowie die Versorgung mit Energie durch Gas und Elektrizität wurden zu markanten Kennzeichen der Großstadt und Motiven für die Maler. In der 1908 erschienenen Schrift des Architekten August Endell *Die Schönheit der großen Stadt* wird diese als Natur, als neue Landschaft verstanden. Endell wirbt für ein auf alle Sinne einwirkendes Erleben der modernen Großstadt mit all ihren Facetten – Arbeit und Industrie eingeschlossen. Für ihn steht die Stadt als Gebilde im Einklang mit Natur, Technik und Zivilisation. Als »auffälligste, geschlossenste Gestaltung unseres Wirkens und Wollens« gilt Endell diese neue, durch den Menschen geschaffene ambivalente Welt, ihre Thematisierung durch die Kunst als Ausdruck von Zeitgenossenschaft. *SB*

Schivelbusch 1983; Bartmann 1987; Bothe 1987; Heller 1987; Schivelbusch 1992; Ausst. Kat. Amsterdam/Pittsburgh 2000/2001.

91

Victor Vignon
(Villiers-Cotterêts 1847 – 1909 Meulan)
Die Seine in Paris, 1874
Öl auf Leinwand, 16 x 30
Stuttgart, Maier & Co. Fine Art

Die stimmungsvolle Flusslandschaft zeigt ein industrielles, zersiedeltes Randgebiet von Paris mit Fabrik- und Werftanlagen. Die schwimmenden Docks rechts waren seinerzeit die neueste Erfindung. Auch größere Schiffe konnten für Reparatur- und Anstricharbeiten mit den Docks ins Trockene gehoben werden.

Vignon war Schüler Camille Corots und später ein erfolgreicher Vertreter des Impressionismus. Sowohl in der Pinselführung als auch aufgrund der gewählten Landschaftsmotive verweisen seine Bilder deutlich auf das Frühwerk Camille Pissarros, mit dem er befreundet war. Neben Paris und der Seine waren es zumeist die kleinen ländlichen Gemeinden der Seine-Oise-Gegend, die Vignon in diesen Jahren naturalistisch und in luminösem Farbauftrag malte. In der Anlage folgt die Komposition Landschaftsbildern unter anderem von Corot, wo der Blick auf eine Straße den Bildraum perspektivisch erschließt. Bereits um die Jahrhundertmitte hatte das Industriemotiv bei den Malern der Schule von Barbizon Eingang gefunden. *SB*

Herbert 1982; Müllerschön/Meier 2002.

92

Georges Seurat
(Paris 1859 – 1891 Paris)
Knaben mit Pferd, 1883
Öl auf Holz, 15,9 x 24,8
Edinburgh, National Gallery of Scotland,
Inv. NG 2222

Die kleine Studie diente zur Vorbereitung eines
Hauptwerks von Seurat, des großformatigen
Gemäldes *Badende bei Asnières (Une baignade,
à Asnières,* 1883/84, National Gallery, London).
Vor dem Hintergrund des Industriegeländes von
Clichy bei Paris wird ein Pferd in der Seine ge-
waschen. Ein Junge in Arbeitskleidung schaut
vom Ufer aus zu. Über die Brücke führt die
Eisenbahnlinie in die Normandie: eine moderne,
in ihren Formen sachliche Ingenieurkonstruk-
tion. Clichy war ursprünglich ein dörflicher
Pariser Vorort, der erst seit der Jahrhundertmitte

zu einem Industriestandort geworden war. Unter
Napoleon III. und seiner von Baron Haussmann
geplanten Modernisierungspolitik für Paris
wurde die Ansiedlung von Industriebetrieben in
den Vororten forciert. In der französischen
Literatur fand diese Entwicklung frühzeitig pro-
minente Resonanz durch die Brüder Goncourt:
»Der Lärm der Gießereien und das Pfeifen der
Dampfmaschinen zerriß fortwährend das Schweigen des Flusses. Es war gleichzeitig Asnières,
Saardam und Puteaux, eine dieser Pariser Landschaften am Seineufer, schmutzig und strahlend,
jämmerlich und fröhlich, volkstümlich und
lebendig ..., wo hier und da zwischen Mauerwerk,
Arbeit und Industrie die Natur zum Vorschein
kommt, wie ein Grasbüschel zwischen den
Fingern eines Menschen.«

Die Ölskizze scheint einen spontanen Eindruck des Malers vor Ort wiederzugeben. Im

großformatigen Bild der *Badenden* bleibt die
Anlage der Komposition erhalten: im Hintergrund die Industrielandschaft, links die von
Menschen bevölkerte ›arkadische‹ Natur. Seurat
trachtete danach, die Anforderungen der Historienmalerei auf zeitgenössische Sujets zu übertragen. Das Leben des modernen Menschen
sollte mit charakteristischen Motiven Eingang in
die Malerei finden. In diesem Zusammenhang
erhält das Industriemotiv seine Bedeutung: Es
ist nicht nur Hintergrund, sondern die Folie
für die Darstellung der Menschen am Ufer der
Seine, deren Leben durch den Gegensatz von
Arbeit und Freizeit, Natur und Industrie bestimmt wird. *SB*

Ausst. Kat. Paris 1991, S. 181–188; Zimmermann 1991,
S. 135–160, S. 133 (Zitat), s. a. S. 110–124 *(Fabriken,
Häuserzeilen und Ödländer).*

93

Paul-César Helleu
(Vannes 1859 – 1927 Paris)
Der Bahnhof Saint-Lazare (La gare Saint-Lazare), um 1885
Öl auf Leinwand, 103 x 160
Privatsammlung, courtesy James Roundell,
London

Das Gemälde wurde von der Pariser »Compagnie des chemins de fer de l'Ouest«, zu deren Bereich der Bahnhof gehörte, bestellt. Der Blick des Künstlers geht von dem Pont des Batignolles in Richtung Pont de l'Europe und im Hintergrund auf das Dach des Bahnhofs. Die weißen Halbsäulen der Brücke und ihre Seitengitter wurden von den Impressionisten bei Darstellungen der Gare Saint-Lazare oft als Motiv aufgegriffen. Wie Emile Zola 1877 schrieb, sollten die zeitgenössischen Künstler die Poesie in den Bahn-

höfen suchen, so wie ihre Väter in Wäldern und Flüssen. Edouard Manet und Claude Monet hatten in den 70er Jahren die ersten Bilder der Gare Saint-Lazare geschaffen und damit eine rege Nachfolge bei den Impressionisten begründet. Der Bahnhof und die Eisenbahnen galten als Verkörperung modernen Lebens schlechthin.

Helleus Komposition stieß auf große Zustimmung unter den Kritikern, die dem Impressionismus gegenüber aufgeschlossen waren. So schrieb Octave Mirbeau in seiner Salonbesprechung von 1885 über ein eng verwandtes Pastell Helleus: »Die abfahrenden Züge, die, die ankommen – atemlos, verschlingen die Schienen, tauchen aus dem schwarzen Rachen auf, den die Bögen der Brücke vortäuschen. Enorme Rauchwirbel, ausgespien von den Schornsteinen der Lokomotiven, füllen den Bildraum, schweben auf dem Geländer, berühren den Himmel, kriechen

in die Häuserzeile. Ein Parfum von beißender Kohle entweicht von dort. Man riecht die Luft, betäubt vom Atem der Kolben und vom Husten der Maschinen. ... Die ›Impression‹ ist ausgezeichnet.« *SB*

Octave Mirbeau, *Le Salon*, in: *La France*, 1.,9., 12. Mai 1895 (Zitat); Wilson-Bareau 1998.

94

Franz Skarbina
(Berlin 1849 – 1910 Berlin)
Gleisanlagen im Norden Berlins, um 1895
Pastellkreide, Deckfarben und Aquarell auf Papier, mit Leinwand hinterlegt, 71,7 x 91
Berlin, Stiftung Stadtmuseum Berlin, Landesmuseum für Kultur und Geschichte Berlins,
Inv. GHZ 72/12

Skarbinas Bild entwirft das eindrucksvolle nächtliche Panorama einer Eisenbahnlandschaft im
dicht besiedelten, schnell gewachsenen industriellen Norden Berlins – weit ab vom historischen Zentrum. Links neben den Schienen ist im
Hintergrund die städtische Gasanstalt zu sehen.
In starker perspektivischer Verkürzung verlaufen
die Schienen, ein- und ausfahrende Züge und

S-Bahnen suggerieren Geschwindigkeit. Der
nächtliche Himmel und der Dampf der Lokomotiven wird durch die Lichter der Stadt erhellt.
Vor der Folie der Industrielandschaft erhält das
Arbeiterpaar eine akzentuierte Stellung, die
weniger mit der Problematisierung der sozialen
Frage als mit dem Interesse des Malers für die
neue großstädtische Lebenswelt zusammenhängt.
Die Frau begleitet ihren Mann auf dem Weg zur
Arbeit. In dem Korb trägt sie die vorbereitete
Mahlzeit. Die Trennung von Arbeiten und
Wohnen in der modernen Großstadt wird auf
diese Weise augenfällig gemacht. Skarbina, der
sich 1885/86 in Paris und in Belgien aufhielt, verarbeitete in dem Bild französische Einflüsse. *SB*

Ausst. Kat. Berlin 1987, Nr. 118.

95

Adolph von Meckel
(Berlin 1859 – 1893 Berlin)
Die Englische Gasanstalt an der Spree, 1891
Öl auf Pappe, 70 x 99
Berlin, Stiftung Stadtmuseum Berlin, Landes-
museum für Kultur und Geschichte Berlins,
Inv. GEM 76/31

Wenngleich die Beleuchtung der Stadt durch
Gaslampen und der Dampf der Lokomotiven
bereits seit einigen Jahren Eingang in die Stadtdarstellung gefunden hatten, befassten sich
deutsche Künstler um 1890 noch kaum mit den
industriellen Randlagen der Stadt. Auf dem Bild
ist der neue, 1863 erbaute Gasometer (Gasbehälter) der 1838 eingerichteten zweiten englischen Gasanstalt – englische Unternehmer

bauten in Berlin die Gasversorgung auf – in
Berlin zu sehen, die über den Wasserweg mit
Kohle versorgt wurde.

In den Gasanstalten, deren Entwicklung zu
Anfang des 19. Jahrhunderts in England ihren
Ausgang nahm, wurde durch Destillation von
Steinkohle brennbares Gas (Leuchtgas) erzeugt.
In den Gasometern sorgten große eiserne
Glocken, die unten offen waren und ins Wasser
tauchten, dafür, dass das Gas außer durch ein
Eingangs- und Ausgangsrohr im Inneren nicht
entweichen konnte. Die Glocken schwammen
und stiegen je nach Volumen in die Höhe.

Meckels Werk ist ein frühes Beispiel für die
Abbildung eines Gasometers, der später in der
Malerei zu einem Symbol großstädtischer
Industrie wurde. Als Stadtvedute mit Flusslauf

und Brücke angelegt, feiert Meckel in dem Bild
die poetische Schönheit des Zusammenspiels
von Natur und Industrie. Das Motiv stellt eine
Ausnahme in Meckels Œuvre dar, das von gut
verkäuflichen orientalischen Landschaften
dominiert wird. *SB*

Ausst. Kat. Berlin 1987, Nr. 116.

96

Hans Baluschek
(Breslau 1870 – 1935 Berlin)
Eisenbahn in Stadtlandschaft, um 1890
Öl auf Pappe, 22 x 34
Privatbesitz

Das ungewöhnliche Motiv einer ohne sichernde Begrenzung zwischen Häusern fahrenden Lokomotive verdeutlicht eindringlich den Einbruch der industriellen Welt in die Stadt am Ende des 19. Jahrhunderts. Die perspektivische Untersicht wie auch die konsequente Diagonale – seit William Turners *Regen, Dampf und Geschwindigkeit (Rain, Steam and Speed*, s. Abb. S. 52) gleichsam Symbol der neuen Dynamik des industriellen Zeitalters – und die Spiegelung des künstlichen Lichts auf der regennassen Straße vereinen sich im Zusammenspiel mit Rauch und Feuerschein im abendlichen Himmel zu einem stimmungsvollen Bild der neuen Zeit, dessen Ausdruckskraft durch die impressionistische Malweise seine Grundlage erhält.

In der Skalitzer Straße in Berlin fuhren noch bis in die 20er Jahre hinein Dampfloks zwischen englischer Gasanstalt und Görlitzer Bahnhof. Zur Entstehungszeit des Bildes war die Gegend bereits dicht mit Mietskasernen bebaut. *SB*

Ausst. Kat. Berlin 1987, Nr. 119.

97

Julius Jacob
(Berlin 1842 – 1929 Berlin)
und Wilhelm Herwarth
(Berlin 1853 – 1916 Berlin)

**Die Stadtbahnanlagen an der Jannowitz-
brücke, um 1891**

Feder, Wasser- und Deckfarben auf bräunlichem
Papier, 116,3 x 221,5
Berlin, Stiftung Stadtmuseum Berlin, Landes-
museum für Kultur und Geschichte Berlins,
Inv. GHZ 83/11

Bei dem maßgeblich von Jacob gestalteten Blatt
handelt es sich vermutlich um den Entwurf
für ein Wandgemälde für die Reichsbahn-

direktion oder das übergeordnete Ministerium
für öffentliche Arbeiten. Möglicherweise sollte
das 1891 errichtete Gebäude der Eisenbahn-
direktion am Schöneberger Ufer in Berlin damit
ausgestaltet werden. Der Blick auf die neue,
1881–84 mit Schienen für die Pferdebahn
gebaute Brücke, auf die von der Reichsbahn-
direktion errichtete Hochbahntrasse und die
qualmenden Schornsteine und Fabriken erfasst
zum einen topographisch genau einen Teil
Berlins, zum anderen wird durch das bewusst
gewählte Motiv die Stadt als prosperierende
Industriemetropole gekennzeichnet. Dargestellt
werden alle wichtigen großstädtischen Verkehrs-
anlagen und Transportfahrzeuge. Industrie,

Technik und Verkehr stehen stellvertretend für
die zukünftige Entwicklung der Stadt. Die schräg
auf den Schienen liegenden Eisenbahnzüge
suggerieren Geschwindigkeit und damit die
Dynamik der neuen Zeit.

Der Wandel in der Wahrnehmung der Stadt
wird an diesem Auftragswerk deutlich. Repräsentativ für die Hauptstadt ist nicht mehr ein
Motiv des historischen Zentrums oder der
bürgerlichen Verwaltung, sondern ein durch
Verkehr und Industrie belebtes städtisches
Randgebiet. *SB*

Ausst. Kat. Berlin 1987, Nr. 104.

98

Aroldo Bonzagni
(Cento 1887 – 1918 Mailand)
**Die Ankunft des Zuges (L'arrivo del treno),
1912–13**
Mischtechnik auf Karton, 44 x 63
Genua, The Mitchell Wolfson Jr. Collection –
Fondazione Regionale Cristofero Colombo,
Inv. 87.1078.5.1

Die Großstadt als veränderte Lebenswelt wurde
eines der Themen in Aroldo Bonzagnis Malerei,
nachdem er 1906 nach Mailand umgezogen war.
Die Stadt war das wirtschaftliche und kulturelle
Zentrum Norditaliens und darüber hinaus
wichtiger Eisenbahn- und Verkehrsknotenpunkt.
Im Umkreis der Futuristen Carlo Carrà, Umberto
Boccioni und Luigi Russolo bekam Bonzagni
schnell Kontakt zu der künstlerischen Avantgarde
Italiens. 1910 unterzeichnete er das Manifest des
Futurismus, distanzierte sich jedoch nach kurzem
Engagement wieder von der Bewegung. In
seinem Bild *Die Ankunft des Zuges* überträgt er
den Eindruck der Großstadt, thematisiert die
enge Verbindung von Eisenbahn und Stadt. Die
einfahrende Lokomotive, ihr lang gestreckter
Kessel und die kreisende Räderbewegung
dominieren die Bildfläche.

Die Darstellung von Geschwindigkeit war
eines der erklärten Ziele der futuristischen
Malerei. Bonzagni erreicht diesen Eindruck
durch die stark verwischten Partien im Bereich
der Räder, die schemenhaften Silhouetten der im
Vordergrund wartenden Männer, Frauen und
Kinder sowie durch die ebenfalls lediglich
angedeutete Stadtszenerie am rechten Bildrand,
die sich einer topographischen Bestimmung
entzieht. Neben der kraftvollen Darstellung des
Körpers der Lokomotive vermittelt das Bild den
Eindruck von Lärm und rußiger Luft.

Hatte Heinrich Heine 1843 noch prophezeit,
dass die Eisenbahn den Raum »töten« und ganze
Existenzen »in neue Gleise« fortreißen werde, so
zeigt sich in Bonzagnis Großstadtbild, dass diese
Prophezeiung zu Beginn des 20. Jahrhunderts
zur Realität geworden war. *BS*

Schmidt-Bergmann 1993, S. 15 (Zitat Heine); Ausst.
Kat. Parma 1999/2000, S. 13; Ausst. Kat. Hannover
2001, Nr. 126.

99

George Grosz
(Berlin 1893 – 1959 Berlin)
Nachtstück (Berlin-Südende), 1915
Öl auf Leinwand, 74,5 x 36,2
Berlin, Staatliche Museen zu Berlin,
Nationalgalerie, Inv. B 686

In den Jahren vor Ausbruch des Ersten Weltkriegs entwickelte vor allem der italienische
Futurismus neue formale Lösungen für die Darstellung des von Geschwindigkeit, Licht und
Lärm geprägten Großstadterlebnisses. Der
deutsche Expressionismus führte die stilistischen
Neuerungen weiter. Die Großstadt wurde nun
allerdings auch als Schauplatz einer verzerrten
und schließlich aus den Fugen geratenen Welt
mit eigener Dynamik begriffen. Die visionäre
Überhöhung industrieller Motive – wie Auto-
busse, Telegraphendrähte, Fabriken, Eisenbrücken, Gasometer und Eisenbahn – konnte
sowohl zur Feier der großen Stadt wie auch als
Metapher einer beängstigenden neuen Welt
eingesetzt werden.

Das städtische ›Nachtstück‹ ist in unmittel-
barem Zusammenhang mit der durch die Industrialisierung zunehmenden nächtlichen Beleuch-
tung zum Thema der Stadtdarstellung geworden.
Grosz verband es in seiner Darstellung des neuen
Berliner Vorortes Südende, wo er von 1915 bis
1918 lebte, mit der markant das Bild durch-
schneidenden Stadtbahntrasse. Die nächtliche
Stadt war für Grosz die Folie für ein expressio-
nistisches Lebensgefühl, dem er 1915 in einem
Gedicht Ausdruck verlieh: »Wir taumeln. /
Brennend / zwischen grauen Blöcken Häuser. /
Auf Brücken aus Stahl. / Licht aus tausend
Röhren / umfließt uns, / und tausend violette
Nächte / ätzen scharfe Falten / in unsere
Gesichter.« Für Grosz ist die nächtliche Groß-
stadtszenerie ein ästhetisches Phänomen und
eine Kulisse für das eigene, pathetisch über-
steigerte Lebensgefühl. *SB*

Fischer 1976, S. 36 (Zitat); Ausst. Kat. Berlin 1987,
Nr. 144; Ausst. Kat. Berlin/Düsseldorf 1995, S. 316,
Nr. IX.1.

10 Expansion und Konzentration
Künstler im Dienst von Wirtschaft und Staat 1910–1940

Kurz vor dem Ausbruch des Ersten Weltkriegs bot die deutsche Industrie ein anderes Bild als zur Zeit der Entstehung von Adolph Menzels *Eisenwalzwerk* (1872–75). Im Hüttenwesen, im Maschinenbau, in der Chemie- und in der Elektroindustrie dominierten Firmen, die in eine vorher nicht gekannte Größenordnung vorgestoßen waren. Dabei besetzte die F. A. Krupp AG, die 1907 mehr als 64 000 Menschen beschäftigte, den Spitzenplatz. Im Zuge dieser Expansion war eine Konzentration erfolgt: Große Unternehmen wollten nicht nur bestimmte Waren herstellen, sondern auch die Rohstoffe fördern und den Vertrieb übernehmen. Stahlbetriebe hatten sich deshalb Kohlegruben, Kokereien und Walzwerke einverleibt. In einigen Branchen bildeten diese ›integrierten‹ Konzerne Kartelle oder Syndikate.

Große Unternehmen ließen sich nicht mehr durch einzelne, patriarchalisch agierende Führungsfiguren lenken. In vielen Konzernen kam es deshalb zur Trennung von Besitz und Kontrolle. Die Manager hielten Einzug in die Firmen. Auch auf den unteren Ebenen der Betriebshierarchie nahm die Bürokratisierung zu, was das Anwachsen der Angestelltenschaft beförderte. Komplexere Strukturen erforderten eine stärkere Kontrolle über Raum und Zeit: Die großen Unternehmen lösten sich aus dem baulichen Zusammenhang der Stadt und errichteten in deren Umland neue, der Logik der Produktionsabläufe folgende Anlagen. Gleichzeitig entwickelten sie Methoden zur Arbeitszeitermittlung und Leistungsbezahlung. Die 1913 in deutscher Übersetzung erschienenen *Grundsätze der wissenschaftlichen Betriebsführung* des Amerikaners Frederick Winslow Taylor (1856–1915) stießen auf großes Interesse.

Während des Ersten Weltkriegs lag die Organisation der Rüstungswirtschaft in den Händen des Staates, der dadurch erheblichen Einfluss auf ökonomische Abläufe gewann. Auch in der Weimarer Republik griffen die Regierungen regulierend in das wirtschaftliche Leben ein, was dazu beitrug, dass sich Konjunkturabschwünge schnell zu Staatskrisen auswuchsen. Die Kartellbewegung setzte sich unvermindert fort, wofür der 1925 erfolgte Zusammenschluss von Hoechst, Bayer und der BASF zur IG Farben nur ein Beispiel ist. Sowohl in der Politik wie in der Wirtschaft gewannen autoritäre, das freie Spiel der Kräfte einschränkende Lösungsversuche an Attraktivität.

Die Nationalsozialisten übertünchten die Interessengegensätze zwischen Arbeitgebern und Arbeitnehmern durch deren Einbindung in die von ihnen propagierte »Volksgemeinschaft«. »Volksempfänger« und »Volkswagen« gaben der Diktatur einen modernen Anstrich, verwiesen aber letztlich auf die ideologische Durchdringung aller Lebensbereiche. Die Ankurbelung der Wirtschaft, die dem Regime die Zustimmung der Bevölkerung sicherte, konnte nur durch eine unmittelbar der Kriegsvorbereitung dienende Rüstungspolitik erreicht werden. Dieses auf die territoriale Expansion ausgerichtete Programm stieß bei der Unternehmerschaft nur in Ausnahmefällen auf Widerstand.

In den Konzernen entstand in den letzten Jahren des Kaiserreichs eine neue Form der Auftragskunst: Direktoren bestellten ganze Serien von Ansichten ihrer Betriebe bei Malern, die auf dieses Sujet spezialisiert waren. Als Originale zierten solche Kunstwerke repräsentative Räume, als Reproduktionen auf Postkarten oder in Festschriften dienten sie der Reklame. Die Vorbilder für diese Darstellungen fanden sich in der Gebrauchsgraphik, auf Briefköpfen und Rechnungen.

Auch der zunehmend in das wirtschaftliche Leben eingebundene Staat bestellte für seine Amtsgebäude gemalte Szenen aus der Produktion. Bei behördlichen Aufträgen spielte die Darstellung des Arbeiters in der Regel eine größere Rolle als bei betrieblichen. Die ästhetische Heroisierung dieses ›Standes‹ blieb nicht auf die Zeit des Nationalsozialismus beschränkt: Im Schaffen der Künstler, die sich schon vor 1933 und noch nach 1945 der industriellen Welt widmeten, lassen sich gelegentlich erstaunliche Kontinuitäten feststellen. *AS*

Feldman/Homburg 1977, S. 27–47; Weisbrod 1978, S. 93–119; Schirmbeck 1984, S. 134–137; Blaich 1987, S. 15–33.

100

Arthur Kampf
(Aachen 1864 – 1950 Castrop-Rauxel)
Walzwerk, um 1904
Öl auf Leinwand, 48 x 92
Berlin, Deutsches Patent- und Markenamt,
Inv. PA 29175

Kampf widmete dem Thema ›Walzwerk‹ zwei
monumentale Arbeiten. Eine gehört zu dem
1901 abgeschlossenen Zyklus für das Kreishaus
in Aachen-Burtscheid, eine weitere ist das 1913
vollendete Gemälde für das Reichspatentamt in
Berlin, zu dem die hier gezeigte Ölstudie gehört.
Der Künstler ließ sich vom *Eisenwalzwerk*
Adolph Menzels (s. Abb. S. 25) anregen. Das
Aachener Bild und Studien zu dem Berliner
Gemälde zeigen ebenfalls essende und sich
waschende Arbeiter. Im Kontrast zu Menzel

rückte Kampf aber die muskulösen Körper der
Arbeiter, die hier sinnbildlich für die Kraft
und Anstrengung dieser Tätigkeit stehen, ins
Zentrum. Der Blick wird nicht in eine endlos
erscheinende Fabrikhalle gelenkt, stattdessen
wird die Szene auf einer knappen Raumbühne
präsentiert.

In beiden Fällen ist das Walzwerk zugleich als
Inbegriff der ›Industrie‹ aufzufassen. In Aachen
wurde es der ›Landwirtschaft‹ gegenübergestellt,
um damit die Haupterwerbszweige des Land-
kreises zu benennen. In Berlin erhielt es vor
allem durch die Monumentalisierung der
Figuren Symbolcharakter.

Später wurde Kampfs erstarrter Figuren-
stil, vor allem bei dem für das Reichspatentamt
ausgeführten Wandbild, häufig in engem Zusammenhang mit der Kunst des Nationalsozialismus

gesehen. Das Gemälde wurde sogar fälschlich in
die Zeit des Dritten Reiches datiert. Bereits
1922 schrieb Hans Rosenhagen: »Wieder ist die
große Auffassung, die gute Kenntnis der menschlichen Gestalt zu rühmen; aber das bei Kampf
sonst so lebhaft betonte seelisch Menschliche
fehlt der Schöpfung, und dieser Umstand läßt sie
nicht so eindringlich wirken, wie das Bild im
Aachener Kreishause, das ebenfalls ein Walzwerk
darstellt. Allerdings kommt in dem Berliner
Wandgemälde die Arbeit selbst, das Ausziehen
der glühendroten Eisenplatte, anschaulicher zur
Wiedergabe, indessen ist das kein Ersatz für die
fehlende Wärme.« *BB*

Rosenhagen 1922, S. 92 (Zitat); Schroyen 1997; Türk
2000, S. 200f.; Biedermann 2001, S. 229.

101

Otto Bollhagen
(Wesenberg 1861 – 1924 Bremen)
Eisengießerei, um 1912
Öl auf Leinwand, 58,5 x 78,5
Dortmund, Westfälisches Industriemuseum –
Sammlung Schmacke

Bollhagen betrieb gemeinsam mit seinem Bruder
in Bremen ein sehr erfolgreiches Atelier für
dekorative Malerei. Neben Aufträgen für die
Industrie gehörte die Ausschmückung von Villen
und von Schiffen des Norddeutschen Lloyd zu
seinen hauptsächlichen Tätigkeitsbereichen. Bei
diesen Aufträgen standen stets die Wünsche der
Auftraggeber im Vordergrund, weniger die freie
künstlerische Umsetzung des bestellten Motivs.

Bollhagens Arbeiten zeichnet eine dokumentarische Präzision aus. Dies gilt auch für das
Fabrikinterieur der *Eisengießerei*. Der detailliert
und technisch exakt wiedergegebene Produktionsprozess wird hier zur Bildaufgabe. Allein die
Modulation durch Licht und Schatten bot ihm
die Möglichkeit, die Szenerie dramaturgisch zu
gliedern. Im Vordergrund kümmern sich drei
Arbeiter um einen rotglühenden Rohling. Den
weiteren Schritt der Bearbeitung sieht man links
im Hintergrund, wo eine zweite Gruppe damit
beschäftigt ist, ein anderes Werkstück unter
einen Dampfhammer zu legen. *BB*

Ausst. Kat. Münster 1990, Nr. 29; Scholl 1992; Türk
2000, S. 226f.

102

Heinrich Kley
(Karlsruhe 1863 – 1945 München)
Die Kruppschen Teufel, um 1914
Öl auf Leinwand, 165 x 234,5
Dortmund, Westfälisches Industriemuseum,
Inv. 1999/1877

Kleys Bild bezieht sich auf zwei Gemälde Otto Bollhagens aus dessen umfangreichem Zyklus zur Feier des 100-jährigen Jubiläums der F. A. Krupp AG. Die Londoner Zeitung *The Illustrated War News* hatte diese Arbeiten im September 1914 – kurz nach dem Ausbruch des Ersten Weltkriegs – in polemischer Absicht mit den Titeln *The Devil's Foundry: For Germany's Great Guns: The Krupp Works at Essen* und *The Devil's Foundry: Will the Allies Destroy it on the Way to Berlin?* abgedruckt. Kleys satirische Reminiszenz an diese Form der Kriegspropaganda zeigt Teufel, die sich mit flüssigem Metall betrinken, während die Arbeiter von alldem nichts bemerken. Wie Bollhagen war auch Kley als Maler für Krupp tätig. Sein Bild hing im Kasino des Hüttenwerks der Firma in Duisburg-Rheinhausen. *SB*

Scholl 1992, S. 26; Türk 2000, S. 227f.

103

Otto Bollhagen
(Wesenberg 1861 – 1924 Bremen)
**Das Werk Leverkusen (Bayer AG),
1912–21**
Öl auf Leinwand, 183 x 580
Leverkusen, Bayer AG, Inv. 4460

Bollhagen hat zwischen 1909 und 1923 mehrere Aufträge von den »Farben-Fabriken vorm. Friedr. Bayer & Co.« erhalten. Der Anlass für das Panoramabild war die Verlegung des Verwaltungssitzes von Elberfeld nach Leverkusen (1912) und das 50-jährige Firmenjubiläum (1913). Das Gemälde war für das Konferenzzimmer des Direktors bestimmt. Bereits 1909/11 hatte Bollhagen ein Reklamebild geschaffen, das die fünf Bayer-Werke zeigt. Auf dieser Heliogravüre sind die Fabriken in Leverkusen, Elberfeld, Moskau, Flers (Frankreich) und Albany (USA) dargestellt. Die Darstellung des Werkes in Leverkusen gibt bereits die Komposition des späteren Monumentalgemäldes wieder.

Seit Mitte des 19. Jahrhunderts war es üblich geworden, Werkanlagen aus der Vogelperspektive zu zeigen; zunächst allerdings nur in kleinem Format, auf Briefköpfen, Preislisten und Warenverzeichnissen (vgl. Kat. Nr. 105). Das gemalte Panorama stellt gewissermaßen die prominenteste Form dieser Bildgattung dar. Beabsichtigt war nicht nur die detaillierte Wiedergabe der Gebäude, sondern auch die Darstellung der Verschmelzung des Werkes mit seiner Umgebung. Dass der Auftraggeber auf Aktualität großen Wert legte, wird in der mehrfachen Überarbeitung des Gemäldes zwischen 1912 und 1921 deutlich. Neu entstandene oder erweiterte Gebäudekomplexe wurden kontinuierlich ergänzt.

Die rauchenden Schlote verstellen hier nicht den Blick auf die Anlage. Die leuchtende Farbigkeit vermittelt den Eindruck des Positiven. Der Schatten über der Landschaft spart das Fabrikgelände aus; das Verwaltungsgebäude im Zentrum der unteren Bildmitte erstrahlt in hellem Sonnenlicht. Künstlerische Freiheit und malerische Effekte waren bei Industrieveduten nicht erwünscht. Sie sollten »in technischer Ausführung absolut den Fachmann befriedigen ...«, darum auch jederzeit skizzenhafte künstlerische Behandlung des Dargestellten zu vermeiden war«, schrieb Bollhagen 1918. *BB*

Ausst. Kat. Leverkusen 1988, unpag.; Scholl 1992, S. 33 (Zitat); Türk 2000, S. 226f.

104

Erich Mercker
(Zabern 1891 – 1973 München)
**Rohrbachbrücke Reichs-Autobahnen,
vor 1939**
Öl auf Leinwand, 100 x 120
Berlin, Bundesrepublik Deutschland,
Dauerleihgabe an das Deutsche Historische
Museum, Inv. L 98/365

Die Benutzbarkeit der Reichsautobahnen war
nur ein Nebeneffekt. In erster Linie waren sie ein
Propagandainstrument; sie galten als Symbol der
Zusammenführung aller »deutschen Stämme«
durch ein über das Reichsgebiet gespanntes Netz.
Wirklich gebraucht wurden sie erst im Kriegsfall.
Den expansiven Charakter des Bauvorhabens
erläuterte 1935 der Architekt Hermann Giesler:
»Raumnot ist Lebensnot. Dieser Lebenswille,
der damit Kampfwille ist, bahnt sich Pfade,
Wege und Straßen.«

Das Erlebnis ›Autobahnfahrt‹ wurde inszeniert: »Nicht die kürzeste, sondern die edelste
Verbindung zweier Punkte heißt es zu schaffen«,
verkündete 1938 Walter Ostwald, der Presse-
referent des »Generalinspekteurs für das deutsche Straßenwesen«. Auch die Gestaltung der
Brücken folgte ästhetischen Überlegungen. Der
für den Nationalsozialismus kennzeichnende
Widerspruch zwischen Avantgarde und Boden-
ständigkeit konnte dabei am leichtesten durch
massive Steinbauten kaschiert werden. Aber auch
Stahlbeton kam zum Einsatz, zum Beispiel bei
der 1937 fertig gestellten, 336 Meter langen
Rohrbachbrücke bei Stuttgart. Die Baustelle
zog so viele Schaulustige an, dass eine eigene
Buslinie dorthin eingerichtet wurde.

Die propagandistische Wirkung der Reichs-
autobahnen sollte durch Chronisten aus den
Reihen der bildenden Künstler noch gesteigert
werden. Der studierte Bauingenieur Mercker

gehörte zu den Malern, die dieses Thema
besonders häufig aufgriffen. Seine Ansicht der
Rohrbachbrücke war 1939 in der *Großen
Deutschen Kunstausstellung* in München zu
sehen, wo sie Heinrich Hoffmann für die Sammlung Adolf Hitlers erwarb. Mit dem Anschnitt
und mit der seriellen Reihung der sieben
Zwillingsbögen verwendete Mercker Stilmittel
der Neuen Sachlichkeit. Durch die in die Bildtiefe führenden Fluchtlinien erreichte er eine
Steigerung ins Monumentale. *AS*

Giesler 1935, S. 802 (Zitat); Ostwald 1938, S. 737 (Zitat);
Ausst. Kat. München 1939, Nr. 737; Industriemaler
1940; Uslular-Thiele 1974; Stommer 1995.

105.1–12

Geschäftsdrucksachen

1. Bronzewarenfabrik Kissing, Möllmann & Comp., Iserlohn, 1833
Frachtbrief, 3 x 5 (Bildgröße)

2. Friedrich-Wilhelms-Eisenhütte Primavesi & Comp., Gravenhorst, 1838
Rechnung, 3,5 x 10,5 (Bildgröße)

3. Gußstahl-Fabrik Friedrich Krupp, Essen, 1845
Rechnung, 7 x 21 (Bildgröße)

4. Gute Hoffnungs-Hütte (Jacobi, Haniel & Huyssen), Sterkrade, 1848
Rechnung, 4 x 19 (Bildgröße),
Entwurf: W. Severin, Düsseldorf

5. Schraubenfabrik Funcke & Hueck, Hagen, 1865
Geschäftsbrief, 10 x 21 (Bildgröße),
Entwurf: J. Peters & Schulte, Hagen

6. Eisenwerk Carl Rüetz & Comp., Dortmund, 1872
Rechnung, 8 x 21 (Bildgröße)

7. Knopffabrik P. C. Turck Wwe., Lüdenscheid, 1875
Rechnung, 7,5 x 21 (Bildgröße), Entwurf:
Schagen & Grothe, Mönchengladbach

8. Spinnerei und Weberei J. Schilgen, Emsdetten, 1896
Rechnung, 7,5 x 16 (Bildgröße), Entwurf:
Schagen & Grothe, Mönchengladbach

9. Fabrik für elektrotechnische Artikel Bergmann Elektricitäts-Werke AG, Berlin, 1910
Geschäftsbrief, 8 x 21 (Bildgröße)

10. Fabrik für elektrotechnische Artikel J. C. Koch, Hohenlimburg, 1913
Rechnung, 8 x 20 (Bildgröße)

11. Waffenfabrik Simson & Co., Suhl, 1914
Geschäftsbrief, 8 x 19 (Bildgröße),
Entwurf: Carl Weddigen, Barmen

12. Geldschrank- und Tresorbau C. Ade, Berlin, um 1925
Rechnung, 6 x 21 (Bildgröße)

105.1–105.11: Dortmund, Stiftung Westfälisches Wirtschaftsarchiv
105.12: Berlin, Landesarchiv Berlin

Bildliche Darstellungen auf Geschäftsdrucksachen verkörpern das Selbstverständnis und den Repräsentationswillen der Industrie. Da sie fast ausnahmslos Außenansichten zeigen, geschieht dies gleich auf zweifache Weise: Zum einen geben sie die – oft durch Stilzitate und Schaufassaden überhöhte – Architektur der Fabrikbauten wieder, zum anderen setzen sie diese durch Hinzufügungen und Auslassungen in Szene. Allegorien, die Fleiß und Erfolg figürliche Gestalt verleihen, und Arabesken, die Technisches mit dem Reiz des Naturhaften ausstatten, verstärken die Aussage.

Illustrierte Firmenbriefköpfe wurden ab etwa 1820 gebräuchlich, wobei Vignetten (kleinformatige Schmuckzeichen) und gemalte Landschaftsansichten die gestalterischen Vorbilder lieferten. Anfangs erschien die Fabrik oft noch als harmonischer Bestandteil einer landwirtschaftlich geprägten Umwelt (Kat. Nr. 105.1 und 105.2). Auch die späteren Kolosse Krupp (Kat. Nr. 105.3) und Gutehoffnungshütte (Kat. Nr. 105.4) wirkten um 1845 noch vergleichsweise idyllisch (vgl. Kat. Nr. 166 und 168). Einige Firmen bezogen Arbeiterwohnungen und Unternehmervillen in die Dar-

stellung mit ein (Kat. Nr. 105.5). Die serielle Reihung der Werkshallen verdeutlichte ab 1870 den Massencharakter der industriellen Fertigung (Kat. Nr. 105.6 und 105.8). Medaillen, Markenzeichen und andere dekorative Elemente gewannen im ausgehenden 19. Jahrhundert an Bedeutung (Kat. Nr. 105.7 und 105.9), was sich bis zur Verwandlung von Telegraphendrähten in Jugendstilornamente steigern konnte (Kat. Nr. 105.10). Wegen der zunehmenden Ausdehnung der Produktionsflächen setzte sich im selben Zeitraum die über Eck gestellte Ansicht aus der Vogelperspektive als Standardmotiv durch (Kat. Nr. 105.11). Nach 1920 wurde das Werksmodell – von der Umgebung vollständig abstrahiert – gelegentlich zusammen mit dem Produkt auf einer Palette dargeboten (Kat. Nr. 105.12).

Die Entwicklung der Geschäftsdrucksache war eng mit dem Wandel der Drucktechnik verbunden. Um 1820 ermöglichte die Lithographie eine freiere bildliche Gestaltung der Briefbögen. Das Aufkommen der Fotografie machte sich zunächst kaum bemerkbar, da die Idealisierung der topographischen und architektonischen Gegebenheiten mit zeichnerischen Mitteln viel einfacher zu bewerkstelligen war. Im zweiten Viertel des 20. Jahrhunderts wurde der illustrierte Firmenbriefkopf allerdings allmählich durch andere Werbeformen verdrängt. *AS*

Ausst. Kat. Münster/Dortmund 1980; Dettmer 1985.

105.3

105.6

105.12

11 Energie, Kraft, Geschwindigkeit
Technik und Avantgarde 1910–1925

Die intensive Nutzung von Gas und Elektrizität in der Energiewirtschaft, die Verdichtung von Telekommunikationstechniken und die Entwicklung akustischer Speichersysteme sowie die zunehmende Automatisierung von industriellen Produktionsprozessen im Verlauf des 19. Jahrhunderts hatten einschneidende Veränderungen in der Wahrnehmung zur Folge. Die stetig zunehmende Mobilisierung erweiterte sukzessive den Horizont. Zu dem Massentransportmittel Eisenbahn kam Ende der 1910er Jahre das Automobil hinzu, und nachdem 1903 die ersten Flugversuche der Gebrüder Wright gelangen, erfüllte sich 1909 mit der Überfliegung des Ärmelkanals durch Louis Blériot der alte Menschheitstraum vom Fliegen.

Die Verarbeitung der technischen Neuerungen fand eine eigenständige künstlerische Ausdrucksform in einer neuen Bewegungs-, Geschwindigkeits- und Zeitmetaphorik. Die Maler standen vor der Herausforderung, auf der zweidimensionalen Bildfläche Bewegung im Raum darzustellen bzw. den Raum durch die Darstellung von Bewegung zu überwinden. Wesentliche Anregungen für die Übertragung auf die Leinwand gaben naturwissenschaftliche Untersuchungen von elektrodynamischen Erscheinungen, die die gegenständliche Wahrnehmung und Darstellung in einen alles durchdringenden, nicht objektgebundenen Kosmos von Wellen und Schwingungen transformierten.

Der Physiker James Clerk Maxwell baute zu Beginn der 1860er Jahren die Vorstellung von elektrischen und magnetischen Kraftlinien, die den Raum durchziehen, zu einer Theorie des elektromagnetischen Feldes aus. Maxwell schloss auf die Existenz entsprechender Wellen und formulierte somit auch eine elektromagnetische Lichttheorie. 1905 schließlich begründete Albert Einstein die relativistische Elektrodynamik bewegter Körper, mittels derer er die Energie der Masse als deren unmittelbares Äquivalent nachweisen konnte.

In der Physiologie wurden seit der Mitte des 19. Jahrhunderts mittels mechanischer Vorrichtungen bestimmte Lebensvorgänge – beispielsweise Kreislauf, Energie- und Wärmehaushalt oder Nerven- und Muskelbewegung – gemessen und aufgezeichnet. Diese Analysen beschränkten sich nicht allein auf Phänomene physikalisch-chemischer Gesetzmäßigkeiten des Lebens, sondern umfassten auch technische bzw. ingenieurwissenschaftliche Aspekte. 1887 veröffentlichte Eadweard Muybridge ein elfbändiges Werk mit 20 000 Phasenfotografien. Muybridge nahm seit 1872 menschliche und tierische Bewegungsabfolgen auf, die mit Hilfe mechanischer Projektionsapparate wieder zusammengesetzt werden konnten und somit einen Bewegungsablauf künstlich simulierten. Der französische Physiologe Étienne-Jules Marey entwickelte etwa zeitgleich das Verfahren der Chronophotographie, bei der er Simultanaufnahmen verschiedener Bewegungsphasen auf derselben Platte machte. Anhand der Einzelfotografien der Bewegungsphasen auf ein und derselben Platte, die sich teilweise durch Überlagerung verdichteten, konnte der Zeit- und Bewegungsablauf nachvollzogen werden. 1884 war es dem Physiker Ernst Mach und seinem Kollegen Peter Salcher erstmals gelungen, die Luftbewegungen eines fliegenden Gewehrprojektils fotografisch festzuhalten.

Graphische sowie fotografische Aufzeichnungsverfahren naturwissenschaftlicher Untersuchungen, die jede Bewegung und jede periodische Änderung einer physikalischen Größe notierten, bildeten ein neues Bild- bzw. Motivrepertoire für die Künstler verschiedenster Avantgardeströmungen. In der Malerei sollte die Übertragung von Geschwindigkeit und des Paradoxons von der Gleichzeitigkeit des Aufeinanderfolgenden durch Aufgabe der Zentralperspektive und das Zergliedern der Gegenstände in Farb- und Formflächen eingelöst werden. Durch graphische Diagrammlinien und kaleidoskopartige Prismenformen wurde die Bewegung eines Gegenstandes auf die zweidimensionale Bildfläche übertragen und zu komplexen, weitgehend abstrakten Bildstrukturen verdichtet. *BS*

Asendorf 1989; Paech 1991; Asendorf 1998; Sarasin/Tanner 1998; Hoffmann 2002.

106

Giacomo Balla (Turin 1871 – 1958 Rom)
Automobil in voller Fahrt (Automobile in corsa), 1913
Mischtechnik auf Karton, 73 x 104
Privatsammlung

1910 unterzeichnete Giacomo Balla zusammen mit Umberto Boccioni, Carlo Carrà, Luigi Russolo und Gino Severini das *Manifest der futuristischen Maler* und *Die futuristische Malerei – Technisches Manifest*. Die Futuristen forderten die Revolutionierung der Künste und eine alles umfassende Neukonstruktion des Menschen und seiner Lebenswelten. Im Mittelpunkt der futuristischen Idee stand die Bewegung und die aufgrund neuer Transport- und Kommunikationssysteme veränderte Wahrnehmung von Geschwindigkeit.

In dem Bild *Automobil in voller Fahrt* untersucht Balla die malerischen Möglichkeiten, die gegenstandslose Bewegung anhand der Geschwindigkeitsdarstellung eines fahrenden Autos umzusetzen. Die motorischen Antriebsenergien werden durch ein Raster von strahlenförmigen Diagonalen auf die Bildfläche übertragen und durch transparent aufgetragene kreis- und spiralförmige Farbwirbel rhythmisiert. Balla versucht hier das Prinzip des Dynamismus – eines der wesentlichen Elemente der futuristischen Malerei – bildlich umzusetzen. Analog zur naturwissenschaftlichen Erforschung von Licht-, Wärme- und Bewegungserscheinungen, besaß für die Futuristen jeder Gegenstand ein spezifisches Energie- und Kraftpotential, das sich aus seiner organischen Substanz – Farbe, Form, Konsistenz und Temperatur – ergab. Bildliche

Anregungen für die Darstellung von diesen Energiefeldern bzw. Kraftlinien lassen sich in fotografischen Aufnahmen der Luftbewegungen um ein fliegendes Gewehrprojektil erkennen. In den dort auszumachenden hyper- und parabolischen Schockwellen sowie Keilformen und Luftverquirlungen haben die Futuristen ein Äquivalent für die Darstellung von Geschwindigkeit gesehen und diese entsprechend als bildnerisches Mittel eingesetzt. *BS*

Baumgarth 1966; Schröder 1984, S. 36–59; Ausst. Kat. Mannheim u. a. 1985; Ausst. Kat. Venedig 1986; Schmidt-Bergmann 1993; Ausst. Kat. Hannover 2001, Nr. 22.

107

Gino Galli
(Rom 1893 – 1954 Florenz)
**Mechanischer und tierischer Dynamismus
(Dinamismo meccanico e animale), 1916**
Öl auf Leinwand, 62 x 68
Brescia, Musei Civici d'Arte e Storia

Gino Galli beginnt mit seiner futuristischen Malerei 1912 im Umkreis von Giacomo Balla. Die Faszination und die Herausforderung, Bewegung und Geschwindigkeit auf die zweidimensionale Bildfläche zu übertragen, zeigen sich auch in Gallis Darstellung des mechanischen und tierischen Dynamismus. Dargestellt ist ein Wettrennen zwischen einen Mischwesen aus Giraffe und Känguru und einer bis zur Unkenntlichkeit vermummten Gestalt, die ein motorrad- oder sportwagenähnliches Gefährt steuert. Es ist nicht zu erkennen, wer von den beiden den Paragone zwischen mechanischem und tierischem Dynamismus gewinnen wird.

Das Wettrennen zwischen dem Tier und der Union Mensch–Maschine stellt einen wesentlichen Programmpunkt der Futuristen auf die Probe. Die Maschine, herausgelöst aus ihrem industriell-revolutionären Kontext, verkörperte für die Futuristen nicht nur Fortschritt und Erweiterung der Lebensmöglichkeiten, sondern auch die Zukunftsvision vom Maschinenmenschen. Analog zu der romantischen Idee der Einheit von Mensch und Natur strebten die Futuristen die Einheit von Mensch und Maschine an. Als der französische Mediziner Alexis Carrel 1908 die erste gelungene Organtransplantation bei Tieren durchführte, berauschten sich die Futuristen an der Vision, dass dem Menschen eines Tages nicht nur Organe, sondern womöglich auch mechanische Ersatzteile implantiert werden könnten. *BS*

Baumgarth 1966; Benton 1983; Schmidt-Bergmann 1993; Ausst. Kat. Hannover 2001, Nr. 205.

Wir erklären, daß sich die Herrlichkeit der Welt um eine neue Schönheit bereichert hat: die Schönheit der Geschwindigkeit. Ein Rennwagen, dessen Karosserie große Rohre schmücken, die Schlangen mit explosivem Atem gleichen ... ein aufheulendes Auto, das auf Kartätschen zu laufen scheint, ist schöner als die Nike von Samothrake. ...
Wir stehen auf dem äußersten Vorgebirge der Jahrhunderte! ... Warum sollten wir zurückblicken, wenn wir die geheimnisvollen Tore des Unmöglichen aufbrechen wollen? Zeit und Raum sind gestern gestorben. Wir leben bereits im Absoluten, denn wir haben schon die ewige, allgegenwärtige Geschwindigkeit erschaffen.

Filippo Tommaso Marinetti, *Manifest des Futurismus*, 1909

Alles bewegt sich, alles vollzieht sich mit größter Geschwindigkeit. Eine Figur steht niemals unbeweglich vor uns, sondern sie erscheint und verschwindet unaufhörlich. Durch das Beharren des Bildes auf der Netzhaut vervielfältigen sich die in Bewegung befindlichen Dinge, ändern ihre Form und folgen aufeinander wie Schwingungen im Raum. So hat ein galoppierendes Pferd nicht vier, sondern zwanzig Beine, und ihre Bewegungen sind dreieckig.

Umberto Boccioni, Carlo Carrà, Luigi Russolo, Giacomo Balla und Gino Severini, *Die futuristische Malerei – Technisches Manifest*, 1910

Wir glauben an die Möglichkeit einer unabsehbaren Zahl menschlicher Verwandlungen und erklären in vollem Ernst, daß im Fleisch des Menschen Flügel schlafen. ... Der für eine allgegenwärtige Geschwindigkeit geschaffene a-humane und mechanisierte Typus wird natürlich grausam, allgegenwärtig und kampfbereit sein.

Filippo Tommaso Marinetti, *Der multiplizierte Mensch und das Reich der Maschine*, 1911

Wir haben in Berliner Ausstellungen die Futuristen, die Kubisten und ihre Verwandten toben gesehen. Diese Kurzsichtigen glauben, alle irdischen Formen zwischen bestimmte Linien zwängen, die Umwandlung der Schöpfung in einen chaotischen Haufen geometrischer Gebilde vornehmen zu müssen ...

Artur Fürst, *Das Reich der Kraft*, 1912

108

Walter Dexel
(München 1890 – 1973 Braunschweig)
Lokomotive im Oval, 1920
Öl auf Pappe, 51 x 46
Braunschweig, Städtisches Museum
Braunschweig

Walter Dexels künstlerisches Schaffen war stark geprägt von der Auseinandersetzung, autonome Kunst und gesellschaftliche Funktionalität in Einklang zu bringen. Er gehörte zu den Künstlern, die sich für eine stärkere Verbindung von ›freier‹ und ›angewandter‹ Kunst einsetzten. Zu Beginn der 20er Jahre entstanden eine Reihe von Maschinen- und Stadtbildern, die den Weg zum Konstruktiv-Konkreten vorbereiteten.

In dem Gemälde *Lokomotive im Oval* erscheint die Lokomotive in Form einzelner, geometrisch stilisierter Teile. Alle Bildelemente werden gleichwertig in ein rhythmisches Raster eingebunden. Das Zentrum des Bildes bildet ein kleiner durchscheinender Kreis. In ihm lässt sich der Scheinwerfer einer frontal auf den Betrachter zufahrenden Lokomotive erkennen, der über der Stirnfront des Kessels positioniert ist. Halbkreisförmige Linien, in Form einer Ellipse angeordnet, bilden den Lichtschein dieses Scheinwerfers. Die zentrifugal auf den Halbkreissegmenten angeordneten – lediglich angedeuteten – Fragmente von Landschaften und Häuserfassaden vermitteln den Eindruck, als ob sie an dem Betrachter vorbeifliegen würden und suggerieren eine hohe Geschwindigkeit. Die

Dynamik der Bildkomposition wird noch durch die plastische Wirkung der Darstellung gesteigert, die sich aus dem Oval zu wölben scheint.

Dexel entwickelte in seinen Maschinen- und Stadtbildern einen bildnerischen Prototyp von geometrischen, vertikalen und horizontalen Strukturen, den er bis in sein Spätwerk beibehielt, und dessen Umsetzbarkeit er in verschiedensten Techniken und Materialien – darunter Typographie, Plakat, Reklame und Leuchtreklame sowie Verkehrsschilder – untersuchte.
BS

Ausst. Kat. Münster 1979a; Ausst. Kat. München 1985, Nr. 244; Wöbkemeier 1995, Nr. 142.

109

Otto Möller
(Schmiedefeld 1883 – 1964 Berlin)
Straßenlärm, 1920
Öl auf Leinwand, 62 x 75,5
Berlin, Berlinische Galerie, Landesmuseum für
Moderne Kunst, Photographie und Architektur,
Inv. BG-M 4060/88

Während die Arbeiten von Otto Möller aus den
1910er Jahren im Spannungsfeld von Impressionismus und Expressionismus entstanden, zeigt
sich in den Werken zu Beginn der 20er Jahre eine
stärkere Orientierung an Bildkonzeptionen der
Futuristen, Kubisten, an den Collagen der Dadaisten wie auch an der Malerei Robert Delaunays.
  In seiner chaotisch anmutenden Komposition
Straßenlärm zerlegt Möller die Szenerie der

Großstadt in einzelne zeichenhafte Bildelemente
und voneinander isolierte Farbflächen. Großformatig tauchen die Buchstaben A und Z auf, die
neben der Assoziation zum Jazz auf die Großstadt
als Lebenswelt hinweisen, in der von A bis Z alles
zu haben ist. Durch Überblendung von spitzwinkligen, teilweise durchscheinenden Farbflächen
zwischen den Häuserfassaden wird das Einstürzen derselben verhindert, gleichzeitig aber
auch ihre schwankende Bewegung noch potenziert. Nicht die Schilderung eines konkreten
Ortes, sondern die bildliche Umsetzung von
Bewegung, Lärm, Unordnung ist Anliegen der
Darstellung. Die dynamische und lärmende
Wirkung erreicht Möller durch Aufgabe der
Zentralperspektive und Konstruktion mehrerer
Bildebenen. Splitternd und knirschend fordert

die emphatische Implosion der Darstellung die
Wahrnehmung des Betrachters heraus, spricht
Augen und Ohren an. Indem Möller die Technik
des Überblendens einsetzt, entsteht eine Bildersturz ähnliche Komposition, die an den Querschnittfilm von Weimar erinnert und sich später
auch in Walter Rutmanns Großstadtsinfonie
wiederfindet. *BS*

Pfefferkorn 1974; Galerie Nierendorf 1986, Abb. Nr. 99;
Ausst. Kat. Berlin 1987, S. 329.

110

Ljubov Sergeevna Popova
(Ivanovskoje 1889 – 1924 Moskau)
Raum-Kraft-Konstruktion, 1921
Öl auf Sperrholz, 83,5 x 64,5
Moskau, Staatliche Tretjakow Galerie

Nach der Oktoberrevolution, die eine politisch-
soziale Umwälzung in Russland eingeleitet hatte,
schien die Vision einer neuen Kunst in einer
neuen Gesellschaft greifbar nahe zu sein. Die
Bilder von Ljubov Popova stifteten eine neue
Einheit von Kunst, Wissenschaft und Technik.
Sie nahm die futuristische und kubistische
Malerei als Herausforderung an, indem sie sich
konsequent mit den bildnerischen Verfahren
einer reduktiven Analyse von Formen auseinan-

der setzte. 1919 begann sie die Bilder zu malen,
die – *Raum-Kraft-Konstruktionen* genannt – sich
kreuzende Linien in ein Spannungsverhältnis
zum Raum setzten. In dem Gemälde von 1921
setzt Popova Künstlichkeit und Konstruktion konsequent neben die erfahrene Materialität der
Realität. Im Bild rückt die Reflexion an sich, der
bewusste Einsatz jedes Teils, in den Vordergrund,
der die Konstruktion transparent macht und die
Elemente um so plastischer hervortreten lässt,
die den Bildraum bestimmen: Formen, Farben,
Perspektiven und Kraftlinien. Durch die grau-
schwarzen Flächen, die wie Schatten gesetzt sind,
gewinnt das Bild kontinuierlich an Tiefe, die aber
zugleich in ihrer Einheitlichkeit und Übersicht-
lichkeit durch die planparallelen sowie die sich
kreuzenden Linien gebrochen wird.

Vor dem Hintergrund der Erkenntnisse in
den Naturwissenschaften eröffnete sich die
Möglichkeit, sich von einer sichtbaren Er-
scheinung zu lösen und zu grundsätzlicheren
Fragen nach dem Verhältnis von Individuum und
Welt vorzudringen. Mit der Auflösung des
Materie-Begriffs war es auch um die
Glaubwürdigkeit und Aussagekraft äußerer
Gegenstandsformen geschehen. Der Wechsel von
materiell-statischer zu dynamisch-energetischer
Perspektive lag im Verzicht auf die Dokumen-
tation und Bearbeitung äußerer, sekundärer
Formen. Lediglich ein sichtbar belassenes
Konstruktionsskelett als asymmetrischer Funk-
tionalismus bleibt im Bild bestehen. *BS*

Peck/Wie 1982; Ausst. Kat. New York u. a. 1991; Ausst.
Kat Berlin 1997; Ausst. Kat. Berlin u. a. 1999.

111

Edmond van Dooren
(Antwerpen 1896 – 1965 Antwerpen)
**Maschinenmenschen (Kubofuturistische
Komposition), um 1925/26**
Öl auf Leinwand, 85 x 100
Sammlung Hoh

Stilistisch reicht das Spektrum der Arbeiten
Edmond van Doorens von abstrakter bis zu visionärer, figurativ-realistischer Malerei. Besonders
ausgeprägt ist die Orientierung an der holländischen Gruppe »de Stijl«, am italienischen Futurismus sowie der Einfluss der Malerei Robert
Delaunays.

Die Komposition *Maschinenmenschen* bewegt sich auf der Grenze zwischen Abstraktion
und Figuration. Im Zentrum steht eine verdich-
tete Struktur aus Dreiecken und Pfeilformen,
deren Flächen in kristalline Konturen aufgebrochen und ineinander verschränkt zusam-
mengefügt sind. Im Hintergrund verlieren sich
diese Formen durch Verlust der Tiefenschärfe ins
Schemenhafte, ähnlich einer optischen Darstellung eines akustischen Nachhalls oder einer
verklingenden Schwingung. Die raumgreifende
Struktur erinnert an den agitativen Gestus der
Bilder der italienischen Futuristen. Aus der kompakten Splitterkonstruktion gehen vereinzelt
statuenhafte roboter- bzw. kriegerähnliche Köpfe
als Metamorphose hervor. Der Regisseur Fritz
Lang schuf in seinem Film *Metropolis*, der im
Januar 1927 uraufgeführt wurde, mit der Figur
Maria/Futura eine sehr ähnliche Gestalt. Der
Erfinder Rotwang fängt Maria und kreiert in
seinem Laboratorium nach ihrem Ebenbild den
künstlichen Maschinenmenschen. Ähnlich wie
bei Lang steht die von van Dooren angedeutete
Erschaffung eines Maschinenmenschen bzw.
-kriegers nach dem Ebenbild des Menschen nicht
im Zusammenhang mit maschinellen Arbeits-
und Produktionsprozessen, sondern stellt das
Gegenstück der Roboterwelt dar und rekurriert
auf den tradierten Topos vom Künstler als
schöpferischem Genie. *BS*

Aker 1930; Ausst. Kat. Nürnberg 1998, Nr. 16.

12 Metaphysik der Maschine
Die Ästhetik gesellschaftlicher Utopien 1920–1935

Mit den 20er Jahren des 20. Jahrhunderts setzte eine neue Phase der Industrialisierung ein. Durch neue Verkehrswege und die Verwendung des Erdöls wurde die Industrie unabhängiger von geographisch günstigen Lagen. Die Technisierung griff auf alle Lebensbereiche über. Produktionszweige, die seit den 70er Jahren des 19. Jahrhunderts als ›neue Industrien‹ eine Rolle spielten, wurden nun ausgebaut: Chemie, Pharmazie, Elektro-industrie, Kfz-Industrie, Maschinenbau, Feinmechanik und Optik.

Die technische Entwicklung schlug sich nicht nur im Erscheinungsbild der Fabrik nieder, sie wurde auch selbst zum Faktor industrieller Entwicklung. Vor allem im großindustriellen Sektor war sie die Voraussetzung für produktivitätssteigernde Rationalisierungen nach amerikanischem Muster. Nach dem Vorbild des Amerikaners Henry Ford wurde der Herstellungsprozess mit Hilfe des Fließbandes, der Massenproduktion und höherer Löhne neu organisiert. Fords Ideen erhielten bei Unternehmern wie Gewerkschaften großen Zuspruch – Amerika wurde zum gelobten Land des Aufbruchs in eine neue Zeit. Vielfach galt die Maschine als Symbol dieser neuen Zeit – und zwar sowohl in utopischen Visionen wie auch in der pessimistischen Ablehnung der neuen Technikbegeisterung.

Der Erste Weltkrieg hatte gegenüber der Technik und der modernen Industriegesellschaft bereits bestehende Vorbehalte noch verstärkt, was in dem europäischen Bestseller des Geschichts- und Kulturphilosophen Oswald Spengler, *Der Untergang des Abendlandes* (1920), deutlich Ausdruck fand. Hier wird eine irrationale Technikfeindlichkeit geäußert; die Befindlichkeit der eigenen Zeit, geprägt durch politischen Umbruch, wirtschaftliche Krisen und Arbeitslosigkeit, Beeinträchtigung des Nationalgefühls und Verlust an bisher gültigen Werten, sah er in Abhängigkeit von der technischen Entwicklung. Das Abendland galt Spengler als eine »Wirtschaftswelt der Maschinenindustrie«, als Resultat einer »faustischen« Technik, die aus dem Streben des Menschen, sich gleich Gott zum Schöpfer aufzuschwingen, entsteht: »Man hat die Maschine als teuflisch empfunden und mit Recht. Sie bedeutet in den Augen des Gläubigen die Absetzung Gottes.« Die Maschine macht, Spengler zufolge, den Menschen zum Sklaven der Schöpfung.

Die in Deutschland schließlich einsetzende Konsolidierung der politischen und wirtschaftlichen Verhältnisse Mitte der 20er Jahre und die fühlbare technische Innovation führten aber auch zu einer Technikeuphorie, die gleichermaßen irrationale Züge trug. Sie gipfelt in der Vorstellung, mit Hilfe der Technik alle Probleme lösen zu können: »Die Technik hat die Tore des Paradieses gesprengt« (Richard Nikolaus von Coudenhove-Kalergi). Industrie und Technik wurden zum Schlüssel eines neuen innen- und außenpolitischen Herrschaftsverständnisses.

Der Technik wurde auch eine neue ästhetische Qualität zugeschrieben. Der Philosoph und Physiker Friedrich Dessauer bescheinigte ihr aufgrund ihrer vermeintlich mystisch-religiösen und ethischen Qualität eine Schönheit, die »in ihr selbst beschlossen« sei. Sie erschließe sich dem Betrachter unmittelbar, das heißt ohne Vorbildung: »man braucht eine moderne Schnellzuglokomotive nicht in ihrer Funktion zu verstehen, um doch von ihrem Anblick beglückt zu sein.« Dessauers Ansichten umschreiben gleichsam künstlerische Formulierungen, die sich in den 20er Jahren – sei es in der Malerei oder in der Fotografie – ausbilden: »Wenn der Sinn durch alle Formen hindurchrieselt, durchleuchtet, wenn der Stoff durchglüht, transparent ist von dem in ihn eingezogenen Geist ..., dann enthält das technische Gerät die objektive Wurzel für das ästhetische Erlebnis.« Der Künstler macht die Schönheit, die in der Technik liegt, anschaulich: »Technische Schönheit ist ein Begriff, den erst unsere Zeit entdeckt und dem sie dann selber den eigentlichen Inhalt gegeben hat.« *SB*

Spengler 1920–22, Bd. 2, S. 625 (Zitat); Richard Nikolaus von Coudenhove-Kalergi, *Apologie der Technik* (1922), in: ders. 1925, S. 113 (Zitat); Dessauer 1927, S. 141f. (Zitat); Ausst. Kat. Essen 1928; Ausst. Kat. München 1980.

112

Karl Völker
(Halle/Saale 1889 – 1962 Weimar)
Arbeitermittagspause, 1923
Öl auf Pappe, 64,5 x 94
Berlin, Deutsches Historisches Museum,
Inv. Kg 63/42

Völker hatte sich Anfang der 20er Jahre einem
expressiv-religiös motivierten Kommunismus
zugewandt. Als Mitglied der linken »Hallischen
Künstlergruppe« war er an der *Allgemeinen*

deutschen Kunstausstellung, die 1924/25 in
Moskau, Saratow und Leningrad gezeigt wurde,
mit der *Arbeitermittagspause* beteiligt.

Das Programmbild zeigt in der Typisierung
der Menschen expressionistische Stilelemente
der gleichzeitig entstandenen Holzschnitte
Völkers. Die Fabrik erscheint symbolhaft als
proletarischer Lebensraum. Die Arbeiter werden
als geschlossene Gruppe gezeigt, die mit der
Strenge und Funktionalität der modernen Architektur formal eine Symbiose eingehen. Die

Familie im Vordergrund verkörpert die Hoffnung
auf eine Zukunft, in der die Industrie bzw. die
Fabrikarbeit die Grundlage einer neuen, von der
Herrschaft des Proletariats bestimmten Gesell-
schaftsordnung sein wird. *SB*

Schulze 1974, S. 9.

113
Gerd Arntz
(Remscheid 1900 – 1988 Den Haag)
Kleine Fabrik, 1926
Öl auf Leinwand, 80 x 60
Reading, Otto and Marie Neurath Isotype
Collection, University of Reading

Zusamen mit Heinrich Hoerle (Kat. Nr. 114) und
Franz Seiwert gehörte der Marxist Arntz in den
20er Jahren zur Kölner »Gruppe progressiver
Künstler«, die revolutionäre, linke Positionen vertrat und ›proletarische‹ Kunst schaffen wollte. In

seinen Werken kritisierte er die zeitgenössische
kapitalistische Gesellschaftsstruktur. Mit Hilfe
einer graphisch-flächigen Bildsprache, die
konstruktive und realistische Formen verbindet,
werden die Arbeiter, der Hut tragende Unternehmer, die Fabrikarchitektur und der auf Produktion verweisende Rauch in der *Kleinen Fabrik*
zeichenhaft verwoben. Gebäude und Menschen
sind zu Zeichen und Typen abstrahiert. Die wie
gedruckt wirkende, entindividualisierte Signatur
weist Arntz als Konstrukteur, als Ingenieur aus.
Kunst und Leben nahmen mit dem Konstruktivismus eine dem Industriezeitalter angemes-
sene künstlerische Form an, die auch mit dem
Rückzug von der individuellen Handschrift des
Künstlers einherging.

Die *Kleine Fabrik* ist eines der wenigen
Gemälde von Arntz, der sich vorwiegend der
Graphik widmete. Grundsätzlich verband die
»Progressiven« die Ablehnung des Tafelbildes.
Vielmehr strebten sie aus politischen Motiven die
Ausführung von öffentlichen Wandbildern an.
Viele ihrer Gemälde dürften denn auch in erster
Linie Entwürfe für die gewünschte großformatige
Übertragung in die Wandmalerei sein. Für Arntz
war die Maschinenarbeit nicht die Ursache der
in seinen Augen unbefriedigenden Situation des
Arbeiters. Vielmehr war es das kapitalistische
System, das dem Arbeiter keinen Spielraum für
ein würdiges Leben einräumte. *SB*

Ausst. Kat. Deen Haag 1976; Ausst. Kat. München
1980, S. 81f.; Ausst. Kat. Berlin 1977, S. 275f.

114

Heinrich Hoerle
(Köln 1895 – 1936 Köln)
**Arbeiter. Selbstbildnis vor Bäumen und
Schornsteinen, 1931**
Öl auf Papier auf Karton, 62 x 49
Privatsammlung

Hoerle, Mitbegründer der »Gruppe progressiver Künstler« (vgl. Kat. Nr. 113), beschäftigte sich vor allem Anfang der 20er Jahre und um 1930 in seinen politisch motivierten konstruktivistischen Werken mit der Welt der Industrie und Technik.

Das *Selbstbildnis vor Bäumen und Schornsteinen* wird durch eine starke Stilisierung bestimmt. Beide Bildbereiche im Hintergrund – Industrie und Natur – behandelt Hoerle als gleichberechtigte Komponenten. Sowohl die Natur in Gestalt der Bäume als auch die Industriearchitektur bezieht er als flächenstrukturierende Elemente symmetrisch auf den Dargestellten.

Stellt der Konstruktivismus formal eine deutliche Gegenposition zum Naturalismus und vor allem zum Expressionismus dar, bezieht Hoerle in diesem Bildnis darüber hinaus auch

inhaltlich Position: Er stellt sich in dem Arbeiterselbstbildnis als Teil der erhofften neuen, klassenlosen Gesellschaft dar. Mit Zirkel und Lineal konstruiert, zeigt es den Künstler als Ingenieur, als Konstrukteur, der an der Neuschöpfung der modernen, von der Rationalität der Industrie bestimmten Welt beteiligt ist. *SB*

Ausst. Kat. München 1980, S. 80; Ausst. Kat. Köln 1981; Ausst. Kat. Köln/Kiel 2000, passim; Ausst. Kat. München 2001, S. 190f..

115
Franciska Clausen
(Apenrade 1899 – 1986 Apenrade)
Die Schraube (Skruen), 1926
Öl auf Leinwand, 75 x 53
Skive, Skive Art Museum, Inv. M 41

Stilistisch in der Nähe zu den Bildarchitekturen ihres Lehrers Fernand Léger, entwickelte die von 1924 bis 1932 in Paris lebende dänische Künstlerin Franciska Clausen eine Bildsprache, die sich motivisch an technischen Versatzstücken und bildnerisch an den Möglichkeiten der Montagetechnik orientierte. In dem Bild *Die Schraube* stellt sie eine Schraubenwindung eines »Fleischwolfs« (Finn Terman Frederiksen) in das Zentrum des Bildes. Die Form des Gewindes evoziert eine vertikale, spiralförmige Bewegung im Bild, die sich wie ein Perpetuum mobile unaufhörlich fortsetzt. Obwohl der Betrachter einzelne technische Formen erkennen kann, erklären sich die Gesetzmäßigkeiten dieser »Ewigkeitsmaschine« (Finn Terman Frederiksen) nicht. Die graphische Bildästhetik erinnert an technische Konstruktionszeichnungen, verweigert sich jedoch einer Erklärung und eindeutigen Funktionsbestimmung.

Die Schraube, das normierte Element par excellence, verbindet einzelne Teile oder dient zur Bewegungsübertragung. Als einfachste ›Maschine‹ bringt sie die Einheit von Form und Funktion augenfällig zum Ausdruck. Bei Clausen erinnert sie zum einen an das Urprinzip der archimedischen Schraube, die als Wasserpumpe eingesetzt wurde. Zum anderen wird auf die Bearbeitung und Umsetzung von Werkstoffen hingewiesen.

Clausens intensive Auseinandersetzung mit den Funktionsprinzipien der Schraube, das Ausloten von materiell-statischer und dynamisch-energetischer Konstruktion, zeigt sich in einer Reihe von Bildern, in denen immer wieder der Schraubenkörper und seine vertikale Bewegung im Mittelpunkt stehen. Vor dem Hintergrund des verbreiteten Technikoptimismus steht die Schraube bei Clausen in Bezug zu den Funktionsprinzipien Vereinfachung und Rationalisierung, den zwei Paradigmen, auf deren Ordnung hin sich die moderne Gesellschaft entwickelte. *BS*

Ausst. Kat. Paris 1982; Frederiksen 1987/88 (Zitate Bd. 1, S. 80 u. S. 126); Ausst. Kat. Kolding 1996.

116

Paul Kelpe

(Minden 1902 – 1985 Austin/Texas)

Composition 188, 1930

Öl auf Leinwand, 46 x 31

Sammlung Hoh

Paul Kelpe studierte Kunstgeschichte und Architektur in Hannover, bevor er 1925 in die USA auswanderte. Bereits in seinen frühen Assemblagen, die in der Gestaltung an Kurt Schwitters *Merz*-Kunstwerke erinnern, erarbeitete Kelpe eine strenge, geometrische Ordnungsstruktur, die auch den Bildaufbau seiner Gemälde der 30er und 40er Jahre kennzeichnete. Auffällig sind dabei die Nähe zur Architektur bzw. zu architektonischen Formvorstellungen und die vielfältigen Technikbezüge. Kelpe löste die Objektwelt zwar in einfache geometrische Formen auf, ließ sie jedoch nicht zu reinen Farbflächen werden.

Das Gemälde *Composition 188* erinnert einerseits an das Collageprinzip der Dadaisten, zeigt andererseits aber auch das Interesse an der Verbindung zwischen bildender Kunst und Architektur. Das Bild setzt sich aus geometrischen Formen zusammen, die sich zur Mitte hin zunehmend durch Überlagerung verdichten. Speichenrad, Ritzel, Scheibe und Walze evozieren einen mechanisierten Bewegungsprozess, der – einmal in Gang gesetzt – aus eigenem Antrieb heraus gleichbleibend fortläuft.

Darstellung und Titel nehmen Bezug auf automatische Produktion und serielle Normierung, die im Bild allerdings einen produktionsungebundenen Bewegungsmechanismus und rein fiktiven Normenwert darstellen. Ähnlich wie Willi Baumeister interessierte sich Kelpe nicht für die Abbildung einer Maschine oder einer technischen Konstruktion, sondern vielmehr für die Darstellung eines maschinellen bzw. technischen Prinzips, dessen Funktionalität und Form den ästhetischen Gehalt der Darstellung widerspiegelt. *BS*

Ausst. Kat. Pittsburgh 1983; Ausst. Kat. New York/ Atlanta 1986; Ausst. Kat. Nürnberg 1998, Nr. 47.

117
Willi Baumeister
(Stuttgart 1889 – 1955 Stuttgart)
**Maschinenmensch mit Schraubenwindung
II, 1929/30**
Öl auf Leinwand, 80,5 x 65
Stuttgart, Staatsgalerie Stuttgart, Inv. 2870

Willi Baumeister entwickelte neben der Gruppe
»de Stijl« in Holland und den russischen Konstruktivisten eine Bildsprache aus geometrischen
und organisch-vegetabilen Formen, deren
Elemente er frei von jeglichem subjektiven Ausdruck auf der Bildfläche wie die Glieder eines
Körpers zusammenfügte.

Auf dem Gemälde *Maschinenmensch mit
Schraubenwindung II* sind Mensch, Maschinen
und Schraubenwindung schematisiert und durch
charakteristische Formmerkmale wiedergegeben.
Baumeister selbst schrieb gegen Ende der 1940er
Jahre: »Bei den Maschinenfiguren der zwanziger
Jahre sind von dem menschlichen Körper nur
noch Teile übriggeblieben, ein Arm, ein Ober-
schenkel, ein Kopf, ein Rumpf. Das übrige ist ein
Maschinengetriebe von sich überschneidenden
Rad- und Kolbenfragmenten, Balken, Quadrate
... Dies entspricht dem allgemeinen Interesse, das
wir an der Technik genommen hatten: Henry
Fords Buch, Fließband, Auto, Flugzeug. Auch
umgekehrt sind die Maschinen Gliedmaße
des menschlichen Körpers. Ich dachte eine Zeitlang daran, Teile meiner Bilder beweglich zu
machen.« In dem Stuttgarter Bild scheinen
Bewegungs- und Funktionsmechanismus für
einen Moment still zu stehen, in einer Form
eingefroren zu sein. In den Maschinen- wie auch
in den Mauerbildern, die in den Jahren 1919 bis
1923 nach seiner Rückkehr vom Militärdienst auf
dem Balkan und im Kaukasus entstanden, erprobt Baumeister die Einsetzbarkeit von Form,
Kontur und Farbe im Sinne einer »Logik der
Bildgeometrie« (Gottfried Boehm) als Gestal-
tungs- und Ausdrucksmittel. Weder der Mensch
als arbeitstechnisch normierte Maschine noch die
Anfertigung einer Arbeitsmaschine nach dem
Bild des Menschen wird in seinen Gemälde vorgeführt, sondern die Veranschaulichung eines
Formen- und Bewegungsprinzips und seiner
Analogien. *BS*

Grohmann 1963; Baumeister 1967, S. 134 (Zitat); Slg.
Kat. Stuttgart 1982, S. 75; Baumeister [1947] 1988;
Ausst. Kat. Berlin 1989a; Boehm 1995, S. 18 (Zitat);
Ausst. Kat. Colmar 1999.

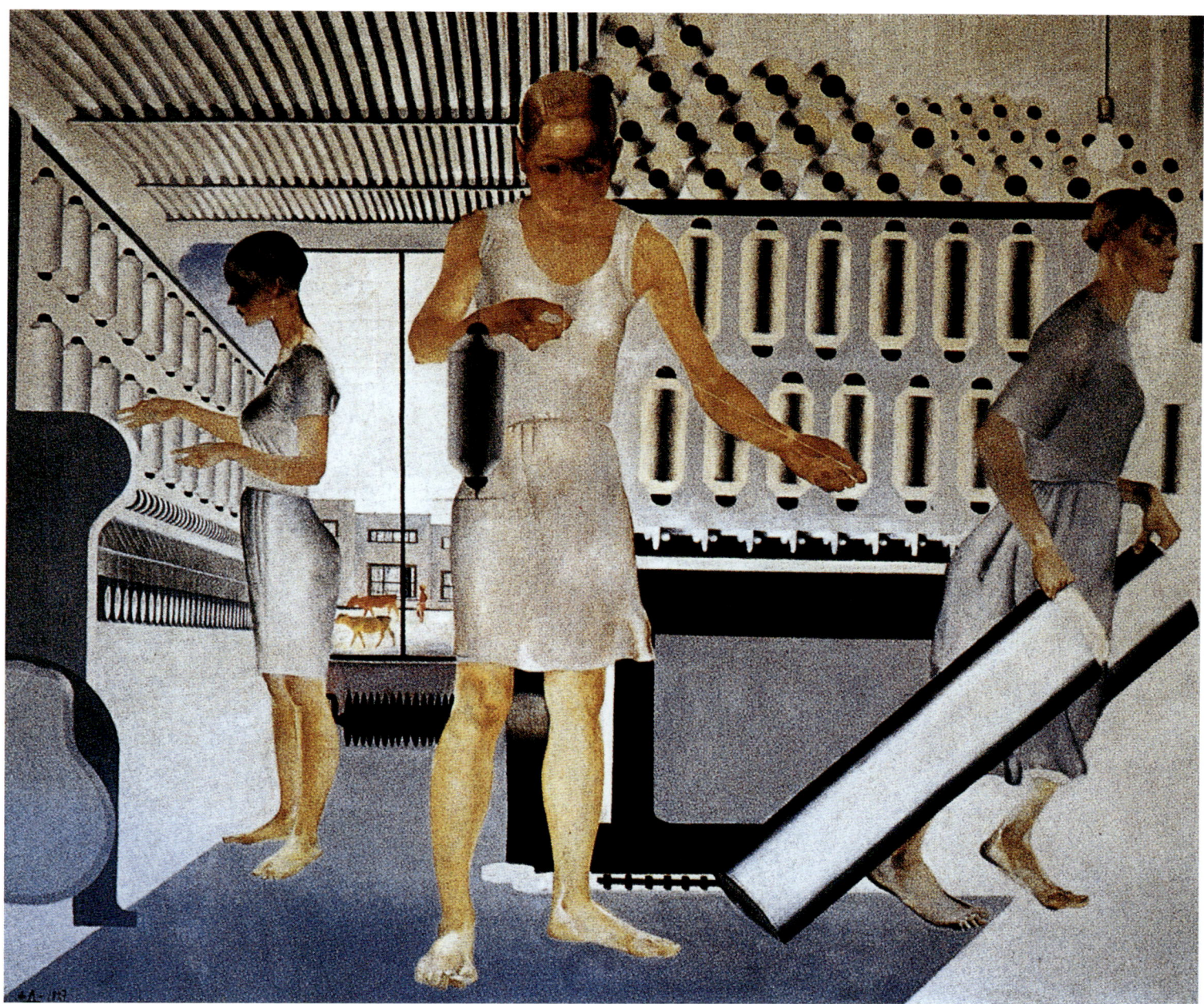

118

Alexander Deineka
(Kursk 1899 – 1969 Moskau)
Textilarbeiterinnen, 1927
Öl auf Leinwand, 171 x 195
St. Petersburg, Staatliches Russisches Museum,
Inv. ZhB 988

Deinekas Bild verkörpert exemplarisch und auf
hohem künstlerischen Niveau die im nachrevolutionären Russland beschworene Taylorisierung
des Arbeitsprozesses. Mit Hilfe der Maschine
sollte der kollektivistische, auf Effizienzsteige

rung ausgerichtete Industrialisierungsprozess
verwirklicht werden. Wenngleich die Frauen hier
nicht am Fließband arbeiten, so stehen sie doch
für gleichförmige, rhythmisierte, von der Maschine bestimmte Tätigkeit, hinter der ihre Individualität verloren geht. Deineka hat – eigener Aussage nach – die Arbeiterinnen dem »Rhythmus
der ununterbrochenen Kreisbewegungen der
Webmaschinen« unterworfen. Sowohl die
Maschinenarbeit als auch die Maschinen selbst
werden ästhetisiert. So zeugen die dekorativ zu
seriellen Ornamenten zusammengefassten

Spindeln von seiner Begeisterung für die neuen
Maschinen, für das, wie er bemerkte, »Filigran
der Werkskonstruktion«. Mit dem Blick aus dem
Fenster auf die zwei Rinder mit ihrem Hirten
spielt Deineka auf das Ideal des Zusammenwirkens von Arbeiter und Bauer im neuen sowjetischen Staat an. *SB*

Gillen 1977b, S. 221; Syssojew 1982, Nr. 6 (Zitate,
unpag.); Ausst. Kat. St. Petersburg/Kassel 1993/94,
S. 41, passim.

119

Hannah Höch
(Gotha 1889 – 1978 Berlin)
Gewächse, 1928
Öl auf Leinwand, 100 x 120
Gelsenkirchen, Städtisches Museum
Gelsenkirchen, Inv. I b 66/18

Hannah Höchs Œuvre umfasst neben den malerischen und zeichnerischen Arbeiten vor allem Collagen. Ohne sich einem programmatischen Formenkanon zu verschreiben, montierte Höch aus Zeitschriften, Prospekten und Fotografien durch Zusammensetzung räumlich und zeitlich unzusammenhängender Realitätsaspekte irritierend paradoxe Bildwelten, in denen sie verschlüsselt Kritik an den politischen Verhältnissen und den tradierten Geschlechterrollen formulierte. In ihren Ölbildern und Gouachen übernahm sie dieses dadaistische Prinzip der Fotomontage, an dessen Entwicklung sie zusammen mit Raoul Hausmann maßgeblich beteiligt war, als künstlerisches Gestaltungsmittel. Die in ihrem Gemälde *Gewächse* zu einem Gemenge vegetabiler Formen und Strukturen zusammengesetzten Maschinenteile führen ein wucherndes Eigenleben, das sich selbst überlassen – ohne die Kontrolle von Ingenieuren, Konstrukteuren und Werkmeistern – von der gesamten Bildfläche Besitz ergreift. Die phantastische Darstellung technisch-biomorpher Metamorphosen erinnert an Henri Rousseaus gemalte Urwaldwelten aus der ersten Dekade des 20. Jahrhunderts, deren materielle Präsenz den Betrachter in eine ungewohnte, absurde Welt versetzte. Der Aufstand der Dinge, der auf Höchs Bild geprobt wird, erscheint wie ein ironisierender Kommentar auf jene kulturkritische und kulturpessimistische Haltung, die die Mechanisierung für die nachhaltige Schädigung der Kulturentwicklung und den Wirklichkeitsverlust verantwortlich machte. *BS*

Ausst. Kat. Duisburg 1969, Abb. 160, S. 143; Ausst. Kat. Berlin 1989b, Abb. S. 168; Maurer 1995, Nr. 38.

120

Carl Grossberg
(Elberfeld 1894 – 1940 bei Laon)
**Traumbild: Dampfkessel mit Fledermaus,
1928**
Öl auf Holz, 55 x 66
Privatbesitz

Im Unterschied zu den meisten Malern der
Neuen Sachlichkeit thematisierte Grossberg auch
industrielle Interieurs und Maschinen. Der
Dampfkessel mit Fledermaus gehört zu der Werkgruppe der so genannten *Traumbilder*, die
zwischen 1923 und 1931 entstanden. Das technische Gerät ist aus seiner ursprünglichen Funktion herausgelöst und skulptural wie ein Kunstwerk inszeniert. Der Dampfkessel erscheint als
Ikone der Industrialisierung. Er wird in surrealer
Beziehungslosigkeit – ohne technischen Funk-
tionszusammenhang – mit dem Leben in Gestalt
von Tieren in einem perspektivisch verfremdeten
Raum kombiniert.

Über das *Traumbild: Maschinensaal* äußerte
Grossberg, der ansonsten wenig Auskunft über
seine Arbeit gab: »Es ist ein Traumbild wie alle
meine Kompositionen, d. h. ich wachte eines
Morgens mit der fast fertigen Komposition auf.
Schon immer hatte ich [mich] mit den Fort-
schritten der Technik beschäftigt, fühlte aber, wie
manche wesentlichen Dinge durch diese Entwicklung entglitten.« Die menschliche Psyche
und die Rationalität der Technik sind für Grossberg nicht immer in Übereinstimmung in ein
einheitliches Weltbild zu bringen. Der emp-
fundene Zwiespalt wird künstlerisch in industriellen Bildwelten eingelöst, die Bildfindung
bzw. der künstlerische Schöpfungsprozess
selbst als unbewusster, nicht rationaler Prozess
stilisiert. *SB*

Güssow 1980 (Zitat S. 59); Ausst. Kat. Wuppertal/Bad
Homburg 1994/95, S. 71.

121

Carl Grossberg
(Elberfeld 1894 – 1940 bei Laon)
Weiße Röhren, 1933
Öl auf Holz, 70 x 90
Privatsammlung

1933/34 begann Grossberg die Arbeit an seinem
so genannten *Industrieplan*, einem Zyklus von
20–25 Gemälden. Mit diesen Darstellungen
wollte er »einen Querschnitt durch die wichtigsten Industrien Deutschlands ... schaffen«. Die
Weißen Röhren gehören in diesen Zusammenhang. Das verzweigte Röhrensystem, teilweise
mit weißem Isoliermaterial umhüllt, wird nüch-
tern-sachlich verzeichnet und trotz aller Detail-

treue nicht in seiner Funktionalität bzw. Nütz-
lichkeit wiedergegeben, sondern als ästhetisches
Objekt von Eigenwertigkeit stilisiert.

Die Bilder sollten, wie Grossberg plante,
»nach ihrer Fertigstellung in allen größeren
Städten Deutschlands gezeigt werden und damit
einem größeren Kreis die Erschließung der
Formenwelt der Technik für die Malerei zugänglich« machen. Allerdings scheiterte der Plan mangels Unterstützung. Grossbergs Absicht war
keineswegs politisch, sondern ausschließlich
künstlerisch, getragen von Technikbegeisterung.
So kritisierte er diejenigen, die »ihre grundsätzliche Abneigung gegen jede Technik auch auf
meine Malerei übertragen«. Sie seien rückwärts-

gewandt und bemerkten nicht, dass die Technik
auch die Themen der Kunst verändert hätte.
Seine Faszination für die technische Formenwelt
gründete auf einem Selbstverständnis, das künstlerische Zeitgemäßheit als thematischen wie
formalen Zugang verstand. Für ihn stand das Industriethema für die »symbolische Bildwerdung
der Welt in der wir leben«. *SB*

Güssow 1980; Ausst. Kat. Wuppertal/Bad Homburg
1994/95, S. 71, 75 (Zitate), 126ff.; Ausst. Kat. München
2001, S. 171, 174.

122

Max Radler
(Breslau 1904 – 1971 München)
Große Lokomotive, 1935
Öl auf Holz, 80 x 120
München, Städtische Galerie im Lenbachhaus,
Inv. 614900

Neben seinen oft idyllischen Landschaften
schuf Radler auch Werke mit Darstellungen von
Fabriken und Technik. Radlers fast menschen-
leeres Bild mit der langsam aus dem Bahnhof
fahrenden *Großen Lokomotive* vereinigt typische
Merkmale der figurativen Malerei der 20er und
30er Jahre des 20. Jahrhunderts. Unpathetisch
wird die belanglose, menschenleere Landschaft

und die nüchtern-funktionale zeitgenössische
Architektur des – allgemein Nordwest-Station
benannten – Bahnhofs geschildert und in ein
surreal wirkendes Spannungsverhältnis mit der
monumental im Zentrum stehenden Lokomotive
gesetzt. Wenngleich der leichte Rauch Bewegung
andeutet, scheint sie sich nicht fortzubewegen.

Es wurde vermutet, der Anlass für das Bild
sei in der Beschäftigung von Radlers Schwieger-
vater bei der Münchner Lokomotivfabrik Kraus
begründet. *SB*

Ausst. Kat. Regensburg 1976.

13 Abzüge der Realität
Fotografie des ›Neuen Sehens‹ 1920–1935

Neue Akzente in der Auseinandersetzung und Wahrnehmung des industriellen Aufbaus und der fortschreitenden Technisierung nach dem Ersten Weltkrieg setzte die Fotografie. Während die Malerei der Avantgarde schrittweise die Transformation des Sujets in das abstrakte Bild vollzog, eröffnete die Fotografie die Möglichkeit, die konkrete Wirklichkeit und damit die Objektwelt mit einer vorher nicht erreichten Beweiskraft und Sinnfälligkeit zu reproduzieren.

In Abkehr von der impressionistischen Kunstfotografie, die sich um 1900 etabliert hatte, orientierten sich die Fotografen der Neuen Sachlichkeit am Objekt selbst. Im Zentrum des Interesses stand das vermeintlich unscheinbare Detail, das, der repräsentativen Ordnung entfallen, als Realie weit stärker Zeugnis von der tatsächlichen Zeit der Vergangenheit ablegte. Ästhetisch der Tradition der wissenschaftlichen Fotografie verpflichtet, traten die Fotografen mit dem Ziel an, Wegweisungen für ein ›neues‹ Sehen zu vermitteln. Zum einen verfolgte man eine Bestandsaufnahme im Sinne einer systematischen Katalogisierung, zum anderen wurde die fotografische Bildproduktion selbst zum Anlass genommen, sich mit den technischen Verfahren auseinander zu setzen und durch Experimentieren mit neuen Materialien über die dinghaften Abbildungen jenseits ihrer sachlichen Erscheinung zu reflektieren. Fotoessays und Fotobücher entstanden als neue Literatur- und Kunstgattungen, deren montierte Bilder filmische Qualitäten aufwiesen, und die durch das Zusammenstellen von Bildserien und -gruppen ein vergleichendes Sehen ermöglichten.

Voraussetzung für die ästhetische Erneuerung der Fotografie waren die Entwicklungen im Bereich der technischen Verfahren. Die Entdeckung des Zelluloids, Ende der 1880er Jahre, als biegsamer, transparenter Träger für lichtempfindliche Emulsionen, zog die Entwicklung des Rollfilms nach sich. Als Bildträger stellte es zunehmend eine Alternative zum Gebrauch von Glasplatten dar. Zu Beginn des 20. Jahrhunderts setzte sich das Verfahren vergrößerter Abzüge durch. Das Experimentieren mit verschiedenen chemischen Emulsionen führte zu einer Vielfalt von Entwicklern mit unterschiedlichen Eigenschaften. Der neutrale schwarze Ton und die klarer erscheinenden Kontraste und nuacierten Grauabstufungen, die sich beispielsweise beim Silbergelatineabzug ergaben, spielten bei der ästhetischen Wirkung der Aufnahmen eine wesentliche Rolle. Feinkörnigere Emulsionen und ausreichend empfindliches Papier erlaubten immer stärkere Vergrößerungen kleinerer Negative mit künstlichem Licht, was wiederum handlichere Formate bei den Fotoapparaten ermöglichte.

Werbeindustrie, Bildpublizistik und nicht zuletzt die Fotoindustrie – Wirtschaftszweige, die nach dem Ersten Weltkrieg expandierten – profitieren von dieser Entwicklung. Die zunehmende Zahl von Fotoillustrierten eröffnete ein breiteres Absatzspektrum für Reportage- und Werbemöglichkeiten. Im Verlauf der 1920er Jahre verschob sich die Bedeutung des fotografischen Bildes im Kontext von Bildberichterstattung und Nachrichtendiensten, indem das Bild bzw. das bildliche Sehen selbst zur Nachricht wurde. Zudem wurden Fotoapparate, die bisher in handwerklichen Betrieben als Einzelanfertigung gearbeitet worden waren, in neu entstandenen Großunternehmen wie beispielsweise der Zeiss-Ikon AG nach modernsten Massenproduktionsmethoden hergestellt. Kleinere Kameras, in die ein aufrollbarer Film ohne die Benutzung einer Dunkelkammer eingespannt werden konnte, führten zu einer Popularisierung des Mediums. Unternehmen erkannten den wirtschaftlichen Vorteil der neuen fotografischen Produkt- und Firmenwerbung und »gehörten zu den aktivsten Förderern des Neuen Sehens« (Herbert Molderings). Gerade im fotografischen Bild konnte auf modernste und sinnfälligste Art und Weise – gleichgültig, ob es sich um Architektur, um einen Teil einer Maschine oder einen alltäglichen Gegenstand handelte – die Schönheit der Form in Verbindung mit der wirtschaftlichen Potenz der Industrie zum Ausdruck gebracht werden. *BS*

Ausst. Kat. München 1980; Koschatzky 1984; Molderings 1988 (Zitat S. 27); Ausst. Kat. Essen 1989.

123. 1–4

Sasha Stone

(St. Petersburg 1895 – 1940 Perpignan)

1. Ohne Titel (Isolator), um 1926

2. Ohne Titel (Zange), um 1926

3. Ohne Titel (Hochspannungsisolator), um 1926

4. »Schönheit der Technik – Sicherheits-isolator für Hochspannung«, um 1926

Vintage print, Silbergelatinepapier, 21,1 x 16,2 (Bildgröße, 123.1), 16,6 x 20,5 (Bildgröße, 123.2), 21,5 x 16,2 (Bildgröße, 123.3), 21,3 x 16,5 (Bild-größe, 123.4)

Berlin, Berlinische Galerie, Landesmuseum für Moderne Kunst, Photographie und Architektur, Inv. BG-FS 116/91, BG-FS 96/93, BG-FS 115/91, BG-FS 21/80,8

Sasha Stone, der zunächst eine Ausbildung zum Elektromonteur in Warschau abschloss und an der Kunstschule von Alexander Archipenko in Berlin Bildhauerei studierte, gründete um 1924 das Foto-Atelier Stone für Werbe- und Indus-triefotografie. Sein Werbeslogan »Sasha Stone sieht noch mehr« entsprach einer sachlichen, auf visuelle Informationsvermittlung gerichteten Fotografie. Seine Werbeaufnahmen und Foto-reportagen erschienen regelmäßig in Illustrierten und Zeitungen.

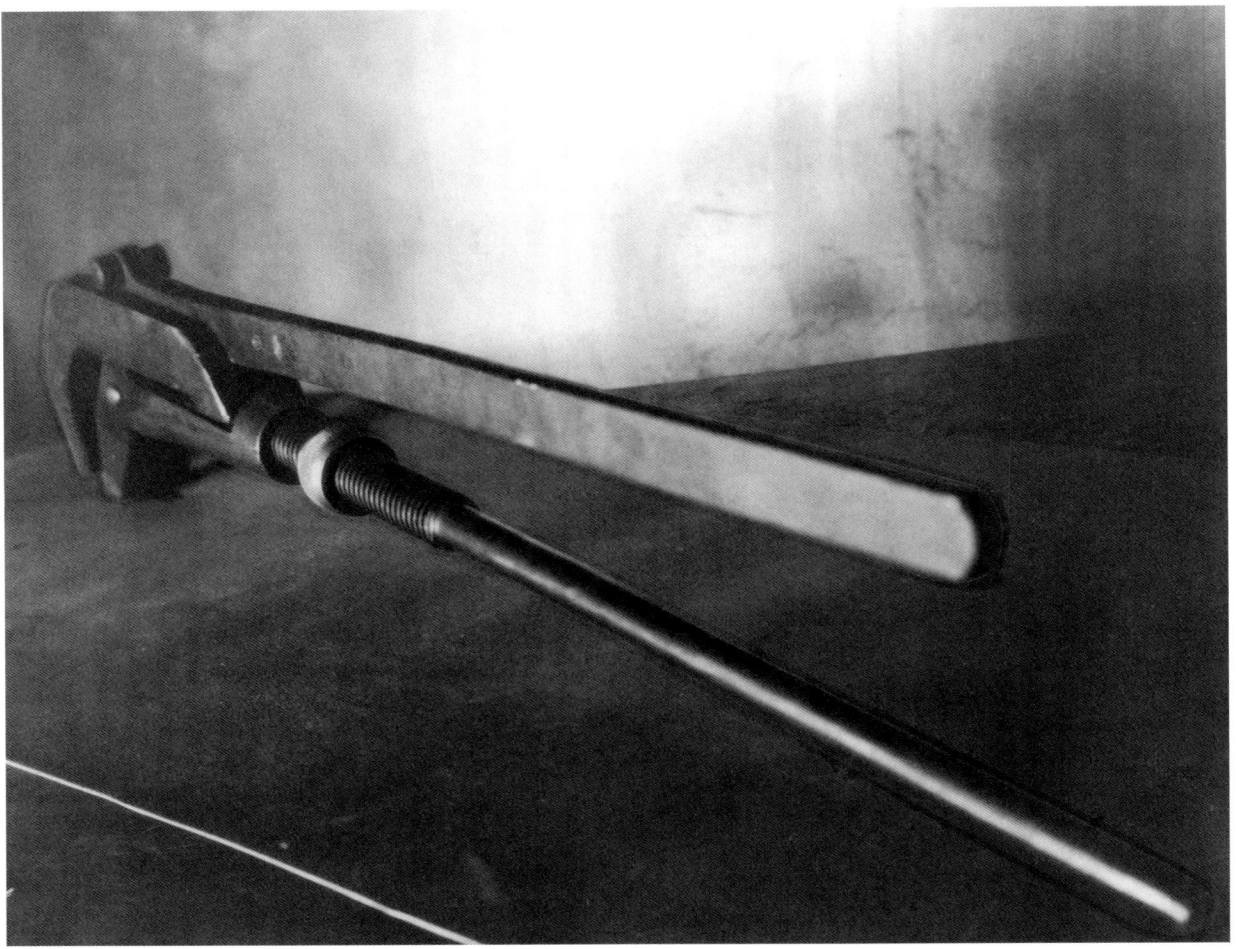

In der Märzausgabe des *Uhu* 1926 veröffentlichte Stone eine Bildserie für den Artikel *Die Schönheit der Technik. Die Geburt einer neuen Kunst*. Zu Beginn des Artikels heißt es, dass »die Geschichte der Technik zugleich die Geschichte einer neuen Schönheit« sei. Der forcierte Technikprozess der 1920er Jahre stellte insofern nicht nur eine neue Stufe des Fortschritts, sondern auch eine Erneuerung der Ästhetik dar. Charakteristisch für diese und bezeichnend für die spezifische Bildsprache Stones, verdeutlicht seine Fotoserie die formalen, funktionalen und materiellen Qualitäten von technischen Einzelteilen, Instrumenten und mechanischen Konstruktionen. In dem Artikel ist die Aufnahme des Isolators mit »Die Schönheit einfacher technischer Formen. Isolator für Hochspannung« bezeichnet, die der Zange mit »Mammuth-Zange. Werkzeug

in seiner zweckmäßigen Vollkommenheit hat eine besondere Schönheit«, die des Hochspannungsisolators mit »Hochspannungsisolator: Ein gelöstes technisches Problem ergibt ganz von selbst eine künstlerische Form« und die des Sicherheitsisolators mit »Der Bezwinger des Blitzes: Hochspannungs-Blitzableiter in Tätigkeit«. Eine weitere Aufnahme von Stone in dem Artikel zeigt einen Klavierhammer, der mit »Schönheit, wo man sie nicht vermutet: Der Mechanismus eines Klavierhammers« bezeichnet ist.

Die Fotografien vermitteln – jenseits ihrer illustrativen Funktion – in der Betonung der Form und der räumlichen Dimension der Objekte die Besonderheit des vermeintlich unscheinbaren Details. Durch Isolation aus dem eigentlichen Funktionskontext und dadurch bedingte Konzentration auf das Motiv schärfen die

Aufnahmen die Wahrnehmung für an sich vertraute, alltägliche Objekte und ihre sinnlichen
Qualitäten. Aus unmittelbarer Nähe fotografiert
und durch Helldunkelkontraste inszeniert,
untersucht Stone mit den technischen Möglichkeiten der Kamera die unterschiedlichen
Materialien und Funktionen der Gegenstände. In
Bezug auf das bildliche Dokument schreibt Stone
der Fotografie die Funktion eines kulturellen Archivs zu. »Der Fotograf registriert die Welt, das
was um ihn herum vorgeht und lebt. Der Fotograf und der Kinooperateur sind Chronisten
unserer Zeit, sie bauen das kulturelle Archiv
unserer Epoche auf.« *BS*

Uhu 1926; Zielesch/Stone 1926, S. 52–59; Ausst. Kat.
Essen 1990; Kerbs/Maaswinkel 1990; Stone [1929]
1998, S. 105 (Zitat).

124. 1–2

Germaine Krull (Wilda 1897 – 1985 Wetzlar)

1. Ohne Titel (Hochofenwerk Pont-à-Mousson), 1926

Vintage print, Silbergelatine, 23,3 x 15,7 (Bildgröße)

Sammlung Ann und Jürgen Wilde, Sprengel Museum Hannover, Inv. 3663

2. Eiffelturm, 1928

Vintage print, Bromsilbergelatine, 22,6 x 15,2, aus: *Métal*, Taf. 2

Essen, Museum Folkwang, Inv. 87/1997

Kat. Nr. 124.1 zeigt einen Ausschnitt von einem der Winderhitzer des Hochofenwerks in Pont-à-Mousson. Die an der Mosel zwischen Metz und Nancy liegende Kleinstadt gehört zu Lothringen, das sich im Verlauf des 19. Jahrhunderts aufgrund seiner Eisenerz-, Kohlen- und Salzvorkommen zu einem der wichtigsten Industriegebiete entwickelte. Unmittelbar vor dem Winderhitzer stehend, fotografierte Germaine Krull den genieteten Stahlblechmantel sowie weitere Verbindungsrohre in extremer Untersicht. Wie Renger-Patzsch (Kat. Nr. 125.1) isoliert auch Krull die Darstellung durch die Wahl des Bildausschnitts aus dem Funktionskontext des Hochofenwerks. Jedoch ergibt sich bei ihr durch Aufnahmewinkel, Lichtverhältnisse und starke Schatten – wie die auf der Außenhaut des Winderhitzers – keine statische, auf einen sachlichen Realismus und das Sujet an sich abzielende Wirkung, sondern vielmehr ein dynamisch bewegter Eindruck.

Krull tastet die Grenzen der Perspektive ab und experimentiert immer wieder mit den formalen Mitteln der Raumkonstruktion. Ihre Aufnahme des Hochofenwerks sowie die Fotografie des Eiffelturms zeigen die Nähe zum Filmischen im Medium der Fotografie.

Krulls Kontakte zu Filmtheoretikern und Filmemachern sowie ihre eigenen filmischen Arbeiten prägten entsprechend ihre auf Montage beruhende Serie von Industriefotografien, die sie in dem Fotobuch *Métal* zusammenstellte und 1928 in Paris veröffentlichte. Die Aufnahme

Eiffelturm (Kat. Nr. 124.2) aus diesem Portfolio zeigt den Blick von unten hinauf in den Fahrstuhlschacht. Die generell in Frage gestellte Einheit der Körper wird hier noch durch die fragmentierende Wirkung des Aufnahmewinkels gesteigert und findet ihren ästhetischen Ausdruck in komplexen – teilweise abstrakten – Bildstrukturen der Eisen- und Stahlkonstruktionen. Deren Gestalt und die Art und Weise der fotografischen Übertragung potenzieren

sich entsprechend in ihrer wechselseitigen
Wirkung. Faszination und ästhetische Qualität
der über 300 Meter hohen Stahlkonstruktion
des Eiffelturms, der für die Weltausstellung 1889 in
Paris gebaut wurde, finden sich unter anderem in
der Stummfilmreportage *La Tour* von René Clair
aus demselben Jahr, in der das Filigrane der
Stahlkonstruktion aus einem Fahrstuhl fotografiert wurde, oder gut zehn Jahre später in
Sigfried Giedions Publikation *Space, Time and
Architecture* von 1941, in der er die neu entstehenden Traditionen in der Architektur ana-
lysierte.

Jenseits des formalen Modernismus und der
Würdigung des technisch-industriellen Sujets
zeichnen sich die Fotografien Krulls durch ihre
provozierende Wirkung gegenüber den gewohnten Sehweisen des Betrachters aus, irritieren
durch bewusst herbeigeführte Brüche und
sensibilisieren nicht nur für den Vorgang der
Wahrnehmung, sondern darüber hinaus auch für
die Veränderungen in der Gesellschaft. *BS*

124.3–5
Weitere ausgestellte Arbeiten:
3. Der Turm (La Tour), 1928
4. Deutschland (Allemagne), 1930
5. Deutschland (Allemagne), 1930
Vintage print, Bromsilbergelatine, 22 x 15,2
(124.3), 19,9 x 14,3 (124.4), 19,9 x 14,7 (124.5)
Essen, Museum Folkwang, Inv. 84/1997, 101/95,
102/95

Ausst. Kat. Bonn 1977a; Ausst. Kat. Essen u. a. 1999.

125.1–2

Albert Renger-Patzsch
(Würzburg 1897 – 1966 Wamel)

1. Kauper, 1927
Vintage print, Silbergelatine, 22,8 x 16,7 (Bildgröße)
Sammlung Ann und Jürgen Wilde, Sprengel Museum Hannover, Inv. D 3699

**2. Landschaft bei Essen, im Hintergrund
die Zeche »Rosenblumendelle«, 1928/29**
Vintage print, Silbergelantine, 27,7 x 37,9
Aachen, Kunst aus Nordrhein-Westfalen, Abteigarten, Inv. KM 1278

Das Thema Industrie und Technik bildete in den 20er und 30er Jahren einen zentralen Aspekt im Werk von Albert Renger-Patzsch. Die Aufnahme *Kauper* (Kat. Nr. 125.1) zeigt einen Ausschnitt von einem der Hochöfen der Metallhütte Herrenwyk bei Lübeck, die 1907 an der unteren Trave mit zwei Hochöfen in Betrieb genommen wurde. ›Kauper‹ bezeichnet eine spezielle Bauart eines Winderhitzers am Hochofen, die nach dem englischen Erfinder Edward Alfred Cowper benannt wurde. Isoliert aus dem Kontext des Hochofenwerks konzentriert sich der

eng gewählte Bildausschnitt auf den Schlot – flankiert von den Winderhitzern. Die architektonischen Formen, die durch die extreme Untersicht in ihrer steil aufragenden Erscheinung gesteigert werden, erscheinen im Gegensatz zu der Aufnahme von Germaine Krull (Kat. Nr. 124.1) in ihrem Aufbau statisch und sind genau in den Bildraum eingepasst. *Kauper* wurde in Renger-Patzschs Fotobuch *Die Welt ist schön* von 1928 unter der Rubrik ›Symbol‹ abgebildet. Durch Anschauung eines charakteristischen Ausschnitts sollte das Teilstück für das Ganze gesetzt, als Sinnbild erkannt und durch die Reduktion in seiner symbolhaltigen Einprägsamkeit gesteigert werden.

Diese Konzeption von Sachlichkeit, die die Gegenstände isolierte und mit einem Pathos der Erhabenheit ausstattete, weitete sich mit den Landschaftsaufnahmen vom Ruhrgebiet, die im Auftrag der Industrie entstanden, zu einer historischen Bestandsaufnahme. Illusionslos – oft melancholisch im Ausdruck – porträtierte Renger-Patzsch die Region und die Folgen von Zersiedelung, Konjunktur und Krise. Die industrielle Topographie zwischen den Städten wird dabei zur Metapher für die alles verändernde Kraft der Industrialisierung. Wie bei den Architektur- oder Maschinenaufnahmen spielen auch hier das Detail und der Raum bei der Wahl des Bildausschnitts eine entscheidende Rolle. Die räumlich wie ein Diorama ausgearbeitete, karge Landschaft bei Essen mit der Zeche »Rosenblumendelle« am Bildhorizont (Kat. Nr. 125.2) wirkt wie ein Guckkastenbild oder Interieur, dessen perspektivisch konstruierter Raum das ganze Bild erfasst. Die materielle Beschaffenheit von Erde, Schotter und Gras ist präzise wiedergegeben, Bäume, Häuser und Strommasten erscheinen isoliert nebeneinander angeordnet.

Die Aufnahmen Renger-Patzschs, die in der Regel den Menschen als Bezugspunkt ausschließen, stellen einen Ausschnitt der Wirklichkeit dar, der in seiner Auswahl von architektonisch-räumlichen Überlegungen bestimmt wird, die den Bildern letztlich ihre gliedernde Struktur geben. Unabhängig von der Wahl des Sujets konzentrierte sich Renger-Patzsch auf den formalen Aspekt und die materiellen Qualitäten der Objektwelt – objektiv und zeitlos galt es, diese

mittels des Apparats zu fixieren, mit dem Ziel, den der Natur zugrunde liegenden Bauplan sichtbar zu machen. *BS*

125.3–8
Weitere ausgestellte Arbeiten:
3. Führungsrollen einer Seilbahnkurve, 1925
4. Nockenwelle einer 1000 P. S. Dampfmaschine, Continentalwerke Hannover, 1927
Reprint 1960er Jahre, Bromsilbergelatine, 28,4 x 38,3 (125.3), 28 x 38,1 (125.4)
Essen, Museum Folkwang, Inv. 100/1/5, 100/1a/7

5. Ohne Titel (Zwischen Duisburg und Hamborn, Ruhrgebiet), 1929
6. Ohne Titel (Kiesgrube bei Bottrop), 1929
Vintage print, Silbergelatine, 27,5 x 37,7 (Bildgröße, 125.5), 37,8 x 27,5 (Bildgröße, 125.6)
Sammlung Ann und Jürgen Wilde, Sprengel Museum Hannover, Inv. D 3709, D 3703
7. »Eiserne Hand« in Essen, 1929
8. Gutehoffnungshütte, Prüfen einer Kurbelwelle, 1934
Vintage print, Silbergelatine, 38,4 x 28,4 (125.7), 27,1 x 37,2 (125.8)

Aachen, Kunst aus Nordrhein-Westfalen, Abteigarten, Inv. KM 1249, KM 1255

Renger-Patzsch 1928; Renger-Patzsch 1931; Albert Renger-Patzsch, *Ziele* (1927), in: Theorie der Fotografie II (1979), S. 74–76; Wilde 1982; Pfingsten 1992; Ausst. Kat. Aachen 1993; Ausst. Kat. Hannover u. a. 1997; Ausst. Kat. Köln 1997; Ausst. Kat. Oberhausen 2001a.

126.1

sondern auch den Herstellungsvorgang. Die Anordnung der Objekte – die sich oft an geometrischen Figuren orientiert und bis zu abstrakten Bildstrukturen reicht –, der Aufnahmewinkel,
die präzise gesetzte Bildquadrierung und die
gezielt dramaturgisch eingesetzte Lichtführung
stehen für eine konsequent sachbezogene Fotografie. Ästhetisch der nüchternen Verwendung
der Fotografie in Wissenschaft und Technik
verpflichtet, suchte Finsler in den verschiedenen
Werkgruppen sowohl durch einzelne Bilder als
auch durch Serien ein Gleichgewicht von Form
und Inhalt herzustellen.

Die Aufnahme von den auf hellem Untergrund diagonal gestaffelten Schokoladetafeln der
Geschmacksrichtung »herb« (Kat. Nr. 126.1) ist
ein Beispiel aus einer Gruppe von insgesamt 66
Aufnahmen, die Finsler im Auftrag der Schoko-
ladenfirma Most fotografierte. Auf verschiedene
Weise wurden die Schokoladetafeln immer
wieder zu variierenden Mustern arrangiert.
Reduziert auf das Produkt – das vom Bildrand
immer angeschnitten wird –, sind die Aufnahmen
vom Prinzip der seriellen Reihung bestimmt.

Die Fotografien *Spulgatter* (Kat. Nr. 126.2)
und *Scheerkette II* (Kat. Nr. 126.3) gehören zu
einer Werkgruppe von 51 Aufnahmen, die vermutlich im Auftrag von verschiedenen Betrieben
der Textilindustrie entstanden. Beide Aufnahmen
zeigen eine Detailansicht des ›Zettelns‹. Damit
ein störungsfreies Verarbeiten auf dem Webstuhl
erfolgen kann, muss aus dem Garn zunächst ein
Kettbaum mit den Kettfäden hergestellt werden.
Dies erfolgt entweder durch ›Zetteln‹ oder
›Schären‹, wobei das Garn auf einen Zettelbaum
bzw. eine Schärtrommel gewickelt wird, sodass
die Fäden parallel verlaufen und beim Weben die
gewünschte Webbreite ergeben. Die Aufnahme

126.1–3

Hans Finsler (Heilbronn 1891 – 1972 Zürich)
1. Mosttafeln II, 1927/28
2. Spulgatter, 1928
3. Scheerkette II, 1928
Estate print, Silbergelatine, 24 x 18 (126.1.3),
18 x 24 (126.2)
Halle, Staatliche Galerie Moritzburg Halle –
Hans Finsler Nachlass

Hans Finslers Blick auf die Dinge, seine Dar-
stellungsmethoden wie seine thematischen
Interessen, waren in hohem Maße von den Ideen
und Zielsetzungen des Deutschen Werkbunds
geprägt. Er wurde 1907 in München als ein
Zusammenschluss von Künstlern, Industriellen
und Personen aus dem öffentlichen Leben gegründet, mit dem Ziel, den Rang der ange-
wandten Kunst zu erhöhen. Das Gestalten industrieller Produkte sollte aus dem Werkstoff heraus
erfolgen, die chemischen, physikalischen und
technologischen Eigenschaften und die Zweck-
bestimmung des Gegenstandes waren maß-
gebend für die Formfindung. Entsprechend
fotografierte Finsler nicht nur das Produkt,

126.2

Spulgatter zeigt lediglich die nach vorn aus dem Bild verlaufenden Garnfäden von den aufgesetzten Spulen auf dem Gatter. Spulgatterkonstruktion und Garnfäden verdichten den Bildraum optisch und vermitteln den Eindruck einer gewebeartigen Struktur. Die Aufnahme *Scheerkette II* zeigt im Detail, wie beim Zetteln die Fäden von dem Spulgatter kommend durch ein entsprechendes Fadenleitelement parallel gelegt werden, um dann auf den Zettelbaum gewickelt zu werden. Durch den Aufnahmewinkel und den schwarzen Hintergrund aus jeglichem Arbeitskontext gelöst, vermitteln die strahlenförmig gespannten Fäden eine drahtähnliche Festigkeit, die dem sehr widerstandsfähigen Gewebe entspricht, das als Produkt aus der Verkreuzung zweier rechtwinklig zueinander verlaufender Fadensysteme entsteht. *BS*

126.4–10
Weitere ausgestellte Arbeiten:
4. Schokoladenmischmaschine I, 1928
5. Große Garnrollen, 1928
6. Fernheizwerk, gesamt mit Kamin, 1929
7. Fernheizwerk, Koksberg, 1929
8. Zeche Cäcilie, Gesamtansicht I, 1930
9. Drei Kamine, 1930
10. Braunkohlegruben, 1930
Estate print, Silbergelatine (126.4–7), Vintage print, Silbergelatine (126.8–10), 24 x 17,5 cm (126.4), 24 x 18 (126.5–6), 24 x 17,5 (126.7–8), 24,5 x 16,5 (126.9), 16,5 x 24,5 (126.10)
Halle, Staatliche Galerie Moritzburg Halle – Hans Finsler Nachlass

Ausst. Kat. Halle 1991.

126.3

14 Interessante Nüchternheit und Trostlosigkeit
Neue Sachlichkeit 1920–1935

Die 20er Jahre in Deutschland waren geprägt durch den unmittelbaren Eindruck des Weltkriegs, der revolutionären Ereignisse mit dem politischen Wandel vom Kaiserreich zum bürgerlichen Parlamentarismus und den einschneidenden wirtschaftlichen Krisen. Im Dezember 1918 stimmten die Arbeiter- und Soldatenräte für die Einberufung einer Nationalversammlung, im Januar 1919 fanden die Wahlen statt. Erstmals übernahm eine Arbeiterpartei, die Sozialdemokraten mit Philipp Scheidemann als Reichskanzler, Regierungsverantwortung. Der Sozialdemokrat Friedrich Ebert wurde Reichspräsident. Die politisch turbulenten Jahre wurden in der Kunst begleitet von Strömungen, die sich einem ›revolutionären Impetus‹ verschrieben hatten und linke Positionen vertraten. Kunst wurde als zentrales Moment gesellschaftlichen Lebens verstanden, welches seinen Beitrag zur Entwicklung der neuen Gesellschaft zu leisten hatte. Teilweise integrierte die revolutionär engagierte Künstlerschaft bohemienhafte, antibürgerliche Züge in ihre Lebensgestaltung. Neben dem Arbeiter- und Kleinbürgermilieu avancierte die großstädtische Halbwelt zum Thema der Kunst.

Gleichzeitig entstand aber auch eine Malerei, die sich jeglicher ideologischer Vereinnahmung entzog. In Abwendung vom Expressionismus wandten sich die Maler einem neuen, ›sachlichen‹ Realismus, einer figurativen Malerei zu. Neben der politisch engagierten oder von sozialem Pathos getragenen Malerei entstanden Werke, die sich den unmittelbaren Lebensbereichen als Motivrepertoire zuwandten. So wurden auch von der Industrie geprägte Stadtteile und Landschaften als Teil dieser Welt verstanden. Ohne Sozialpathos und -romantik wurden Industriemotive von scheinbarer Banalität mit fomalisierenden, bewusst unprätentiösen Mitteln verbunden. Die vermeintliche Unverfänglichkeit und Neutralität der Werke führt einerseits zu Mehrdeutigkeit hinsichtlich ihrer Interpretation, andererseits wird dadurch aber auch ein Rückzug aus allen ideologischen Zusammenhängen deutlich erfahrbar.

Die Maler, die sich der figurativen Malerei zuwandten, fokussierten das äußerlich sichtbare Erscheinungsbild von Industriebetrieben in ihrem ländlichen oder städtischen Zusammenhang. Großstadt und Industrie wurden vorwiegend aus der Perspektive eines Flaneurs als Teil der alltäglichen Umwelt registriert. Industrieinterieurs sind selten. Die Landschaften wirken wie ausgestorben, kaum ist ein Arbeiter zu sehen, Passanten geraten wie zufällig in den Bildausschnitt. Die Bilder entzogen sich einfacher ideologischer Vereinnahmung, nicht zuletzt, indem sie sich dem unspektakulären, dem unrepräsentativen, dem nicht tradierten Motiv zuwandten. Die »interessante Nüchternheit und Trostlosigkeit« des Milieus, die den durch die Berliner Arbeiter- und Industrieviertel streifenden Gustav Wunderwald faszinierte, führten in den 20er und 30er Jahren zu neuen künstlerischen Formen des Industriebildes. *SB*

Ausst. Kat. Berlin 1987, Nr. 180 (Zitat Wunderwald); Ausst. Kat. München 1980; Winkler 1987.

127

Herman Bernard Dieperink
(Amsterdam 1887 – 1957 Amsterdam)
Der Berg der Träume (De Berg van Droomen), 1923
Öl auf Leinwand, 104 x 86
Dortmund, Westfälisches Industriemuseum – Sammlung Schmacke

Der Bildraum ist dreigeteilt in eine ›Industriestadt‹, gestaltet als dunkle Dachlandschaft mit Schornsteinen, in einen Mittelteil, gebildet durch einen kristallin strukturierten Berg, und in einen dunklen Himmel, aus dem das Licht zwischen Wolken auf die Bergspitze fällt. In dem Berg ist eine lichtdurchflutete Stadt ohne Industrie zu sehen, deren kubische Gestaltung die formale Struktur des Kristalls aufnimmt. Diese Stadt setzt sich perspektivisch endlos fort. Die Spitze des Berges reißt den dunklen Himmel auf. Die Sozialutopie, der Glaube an eine neue, bessere Welt hatte nach dem traumatischen Erlebnis des Ersten Weltkriegs Konjunktur. In visionärer Sicht erhoffte man sich eine Versöhnung des Menschen mit Natur und Kosmos. Dieperinks Bild nimmt diesen Gedanken auf. Der visionäre Aspekt wird durch Bezugnahme auf die christliche Ikonographie gesteigert. Der aufgerissene, helle Himmel nimmt das Motiv der Ausgießung des Heiligen Geistes auf. Die Stadt in der Mittelzone spielt auf das ›Himmlische Jerusalem‹ aus der Apokalypse des Johannes an und verkörpert den Traum von einer gerechten Gesellschaft auf der Grundlage der Industrie. *SB*

128

Gustav Wunderwald
(Köln 1882 – 1945 Berlin)
**Kirche und Fabrik (Nikolaikirche in
Spandau), 1927**
Öl auf Leinwand, 61 x 71
Berlin, Bankgesellschaft Berlin AG

Wunderwald, der sich seit 1925 hauptsächlich mit
Stadtmotiven beschäftigte und als der neusachliche Maler von Ansichten der Berliner Peripherie gilt, zeigt in dieser Ansicht den Turm der
Spandauer Nikolaikirche, dessen Glocken-
geschoss in der ersten Hälfte des 17. Jahrhunderts erneuert wurde. Die Kirche, deren Ur-

sprung mindestens in das 12. Jahrhundert
zurückgeht und die das Herz der Spandauer
Altstadt bildet, wird kontrastierend den Schorn-
steinen, dem Gasometer und den Schuppen
gegenübergestellt. Die Industrieanlagen
befanden sich in relativ großer Entfernung in der
Vorstadt Stresow auf der anderen Havelseite.
Wunderwald arbeitet mit starker perspektivischer
Verkürzung, um das gewünschte Motiv zu fassen.
Alte und neue Zeit werden einander mit Hilfe der
Architektur bewusst gegenübergestellt. *SB*

Reinhardt 1988.

129

Gustav Wunderwald
(Köln 1882 – 1945 Berlin)
Fabrik Loewe & Co. (Moabit), vor 1929
Öl auf Leinwand, 61 x 71
Berlin, Berlinische Galerie, Landesmuseum für
Moderne Kunst, Photographie und Architektur,
Inv. BG-M 356/77

Bewusst unpathetisch und nüchtern erfasste
Wunderwald die Industriearchitektur. Mit dem
Blick eines außenstehenden Betrachters wird die
unspektakuläre, alltägliche Tristesse des Industriemotivs kunstvoll auf ebensolche Art wiedergegeben. Der Rauch vermischt sich mit dem

Grau des Himmels zu einer farblich mit der
Architektur harmonierenden Fläche. Die Wiese
mit dem entlaubten Baum vermittelt als atmo-
sphärisches Element die Ungemütlichkeit eines
Wintertages. So steht das Stimmungshafte im
Vordergrund und nicht die Wiedergabe der
Industrie in ihrer Funktionalität. Die Industriearchitektur ist für Wunderwald nur ein besonders
geeignetes Motiv für die Inszenierung des Un-
pathetischen: »Die tristesten Dinge haben es mir
angetan und liegen mir im Magen. Moabit und
der Wedding packen mich am meisten, diese
interessante Nüchternheit und Trostlosigkeit.«
Die Firma Loewe brachte dem deutschen

Maschinenbau um 1900 wesentliche Impulse.
Die amerikanische Serien- und Massenfertigung
wurde durch sie in Deutschland eingeführt,
»Wissenschaftliche Betriebsführung« von einem
Mitarbeiter an der TU Charlottenburg als Lehr-
fach etabliert. *SB*

Ausst. Kat. Berlin 1987, Nr. 180 (Zitat).

130

Wilhelm Schnarrenberger
(Buchen 1892 – 1966 Karlsruhe)
Bergwerk Kappel, 1925
Öl auf Leinwand, 74,5 x 87
Privatsammlung

Die Darstellung des Kappeler Bergwerks am
Schauinsland, dem Hausberg Freiburgs, in das
Kappel 1974 eingemeindet wurde, steht nicht für
eine spezifische Beschäftigung Schnarrenbergers
mit dem Bergbau. Das Bild zeugt vielmehr von

seinem malerischen Interesse an der durch
den Bergbau neuen Formationen unterzogenen
Landschaft.

Schnarrenberger hatte seine Jugend in Freiburg verbracht. Am 1 284 Meter hoch gelegenen
Schauinsland wurde seit rund 800 Jahren Silber,
Blei und Zink abgebaut. Das mittelalterliche
Freiburg, eine Münzstätte, hatte dem dort geförderten Silber seinen Wohlstand zu verdanken.
1954 wurde der Betrieb eingestellt. Der Bergbau
hat die Landschaft wesentlich geprägt, wie an den

Abraumhalden auf dem Bild zu sehen ist. Rechts
führt eine Zahnradbahn nach oben. Von den
Gebäuden aus wurde nicht nur der Einstieg in
die Schächte vorgenommen, sondern sie dienten
auch zum Waschen bzw. Aufbereiten der Erze.
SB

Nedo 1976, S. 66f., WV Nr. 21, Nr. Z. 55; Ausst. Kat.
Würzburg/Ahlen 1998/99, Nr. 14.

131
Franz Lenk
(Langenbernsdorf 1889 – 1968
Schwäbisch Hall)
Kalkwerk Rüdersdorf, 1929
Aquarell, 47,4 x 31
Privatsammlung

In Rüdersdorf bei Berlin wurde über 750 Jahre
Kalkstein gebrochen und gebrannt. In Berlin
wurde unter anderem das Brandenburger Tor mit
Baustoffen aus Rüdersdorf errichtet. Lenk zeigt
jedoch keinen der berühmten Rumford'schen
(Kalk-)Öfen aus dem 19. Jahrhundert, sondern
einen Teil des Zementwerks »Adler«, und dokumentiert damit den Wechsel von Gips zu Zement
als Werkstoff. Seit 1884 wurde in Rüdersdorf
Zement hergestellt.

Schornsteine und Werkshallen werden als
stimmungshaftes Motiv aufgefasst. Trotz aller
gegenständlichen, altmeisterlichen Genauigkeit
bleibt die Betonung des Kunstcharakters das
Hauptanliegen des Malers. Lenk war keineswegs
auf Industrieansichten spezialisiert. In erster
Linie war er Landschaftsmaler, ansonsten widmete er sich den klassischen Gattungen Stillleben
und Bildnis. Das Aquarell entstand möglicherweise vor Ort. *SB*

Thesing 1986, S. 11, 95, WV D-30-23; Ausst. Kat.
Mannheim 1994/95, S. 91; Rüdersdorf, S. 18.

132

Rudolf Schlichter
(Calw 1890 – 1955 München)
Stillgelegte Fabrik, 1932
Öl auf Leinwand, 61 x 47,5
Privatsammlung

Schlichter, nach dem Ersten Weltkrieg Mitglied der »Novembergruppe« und der KPD, hatte seinen thematischen Schwerpunkt ursprünglich bei Themen aus der Halbwelt und bei Porträts – vielfach aus dem Freundeskreis oder der lite-

rarischen und künstlerischen Berliner Welt. Ende der 20er Jahre erfolgte jedoch die Abkehr von seiner bisherigen politischen und persönlichen Haltung. Schlichter trat zum Katholizismus über, heiratete und zog in seine schwäbische Heimat nach Rottenburg. Zunehmend entstanden nun auch Landschaftsbilder, die seine Heimatverbundenheit zum Ausdruck bringen. Wenngleich Schlichter sich kritisch über die Bedrohung der Landschaft durch die Industrie geäußert hat, kann man bei der *Stillgelegten Fabrik* nur sehr

allgemein auf einen solchen Hintergrund schließen. Das Motiv der Hallen, der Schornsteine und schrottreifen Rohre geht koloristisch mit der Landschaft eine Einheit ein. Das Industriemotiv wird stilllebenhaft in seiner Struktur wahrgenommen und in erster Linie als malerisches Phänomen aufgefasst. *SB*

Ausst. Kat. Tübingen 1997, Nr. 142, S. 244, vgl. auch S. 53; Ausst. Kat. München 2001, S. 293, 297.

Vom Platz gehen ab die große Brunnenstraße, die führt nördlich, die AEG. liegt an ihr auf der linken Seite vor dem Humboldthain. Die AEG. ist ein ungeheures Unternehmen, welches nach Telefonbuch von 1928 umfaßt: Elektrische Licht- und Kraftanlagen, Zentralverwaltung, NW 40, Friedrich-Karl-Ufer 2–4, Ortsverkehr, Fernverkehr Amt Norden 4488, Direktion, Pförtner, Bank Elektrischer Werte A. G., Abteilung für Beleuchtungskörper, Abteilung Rußland, Abteilung Metallwerke Oberspree, Apparatefabriken Treptow, Fabriken Brunnenstraße, Fabriken Hennigsdorf, Fabrik für Isolierstoffe, Fabrik Rheinstraße, Kabelwerk Oberspree, Transforma-toren-Fabrik Wilhelminenhofstraße, Rummelsburger Chaussee, Turbinenfabrik NW 87, Hutten-straße 12–16.

Die Invalidenstraße wälzt sich linksherum ab. Es geht nach dem Stettiner Bahnhof, wo die Züge von der Ostsee ankommen: Sie sind ja so berußt – ja hier staubts. – Guten Tag, auf Wiedersehn. – Hat der Herr was zu tragen, 50 Pfennig. – Sie haben sich aber gut erholt. – Ach die braune Farbe vergeht bald. – Woher die Leute bloß das viele Geld zu verreisen haben. – In einem kleinen Hotel da in einer finstren Straße hat sich gestern früh ein Liebespaar erschossen, ein Kellner aus Dresden und eine verheiratete Frau, die sich aber anders eingeschrieben haben.

Alfred Döblin, *Berlin Alexanderplatz*, 1919

Wenn er jetzt in Berlin und Spandau Großstadtstraßen mit ihren Mietskasernen, Brandgiebeln, Reklameschildern, Hinterhöfen, Fabriken usw. malt, so mag das ein Rückerinnern und Wiederaufgreifen von Jugendeindrücken sein. Wenigstens empfindet er das so. Ihn hat der me-lancholische Reiz dieser sonst als reizlos empfundenen Welt nie losgelassen. Wobei ihm freilich auch das abging, was andere Maler in diese Welt hineinzutragen pflegten: Sozialpathos und Sozialromantik ... Er sah sie unpathetisch, sachlich charakteristisch, sah sie, wenn man das hier noch sagen darf, mit der Intimität des Zugehörigen ... Das neue Berlin hat noch keinen Schilderer gefunden; Wunderwald, scheint mir, könnte dieser lang gesuchte Maler werden ... Er hat – man sehe das Bild von der Funkhalle und dem Witzleben-Sender, die Straßenecke am Kaiserdamm, die Brandmauern und Reklamegiebel der Landsberger Straße, die Fabrik in Moabit, die Spandauer Hinterhofidylle einmal darauf an – den Blick für das am heutigen Berlin Charakteristische, das ist erschreckend echt in der ganz berlinischen Stimmung der Stimmungslosigkeit.

Paul Westheim, *Gustav Wunderwald*, 1927

15 Kunst als Produktivkraft
Die Aufwertung der Industrieprovinz 1945–1960

Die 50er Jahre des 20. Jahrhunderts waren in beiden deutschen Staaten ein technikbegeistertes Jahrzehnt. Technik war die Grundlage des Wiederaufbaus und – zumindest in der Bundesrepublik – eines beispiellosen Wirtschaftswachstums. Zwar basierte das ›Wirtschaftswunder‹ auf traditionellen Produktionsverfahren; wissenschaftliche Fortschritte ließen aber Innovationen erwarten, die ähnlich drastische Steigerungen des Bruttosozialprodukts auch in Zukunft ermöglichen sollten. In beiden deutschen Staaten hielten Politiker, Unternehmer und Gewerkschafter die bildende Kunst für geeignet, die Bevölkerung auf den prognostizierten Wandel vorbereiten zu helfen. Form und Inhalt der jeweils propagierten Malerei und Plastik konnten allerdings unterschiedlicher kaum sein.

In der Bundesrepublik bildete die – grundgesetzlich garantierte – Freiheit der Kunst den Bezugspunkt der ästhetischen Debatten. Die maßgeblichen Kritiker verstanden darunter nicht nur die Abwesenheit von politischer Bevormundung, sondern auch den Verzicht auf eine gegenständliche Bildsprache. Zunächst vollzogen allerdings nur wenige Künstler eine vollständige Abkehr von der Gegenständlichkeit. Umrisse von Figuren und Objekten, die in flächenhafte Farb-Form-Konstellationen integriert wurden, boten noch Fixpunkte für Assoziation und Interpretation. Als schmückendes Beiwerk der zahlreichen Neubauten avancierte diese dekorativ-lyrische Spielart der abstrakten Moderne zum Fortschrittssymbol.

Werner Haftmann verdammte die unter totalitären Vorzeichen entstandene gegenständliche Malerei und Plastik 1955 im Katalog der ersten documenta als »Betörungsmittel der Massenglücksdogmen«. In der DDR war die bildende Kunst tatsächlich nicht nur strukturell, sondern auch inhaltlich-funktionell in die Gesellschaft eingebunden. Als Instrument zur Motivation der Bevölkerung erschien sie unverzichtbar, da – anders als im Westen – materielle Leistungsanreize kaum zur Verfügung standen. Um sie didaktisch einsetzen zu können, musste sie gegenständlich bleiben. Staat und Partei schalteten sich deshalb intensiv in den Entstehungsprozess von Gemälden und Skulpturen ein.

In beiden deutschen Staaten galten die Gewerberegionen als weiße Flecken auf der kulturellen Landkarte. In der Bundesrepublik bemühten sich die Gewerkschaften wie die Unternehmer um die Aufwertung der Industrieprovinz. Im Katalog der Ausstellung *Mensch und Form unserer Zeit*, die die vom DGB organisierten Ruhrfestspiele begleitete, begründete der Recklinghäuser Museumsleiter Franz Große Perdekamp 1952 seine Forderung nach dem abstrakten Kunstwerk: »Aber um die Dämonie der in einem erschreckenden Tempo übersteigerten Industrie zu überwinden, muß uns die Technik lebensnah, seelisch vertraut werden. Wir müssen sie uns als die zeitbedingte Lebensform einbilden, als eine unserer Zeit aufgetragene neue Schönheit. Das ist die große Aufgabe der Kunst.« Ein Kreis von Industriellen initiierte im gleichen Jahr die Ausstellung *Eisen und Stahl* in Düsseldorf. Zu den Künstlern, die sich um einen der hoch dotierten Preise bewarben, gehörten alle im Folgenden vorgestellten Maler aus der Bundesrepublik. Die Schau war durch einen Pluralismus der Stile gekennzeichnet, prämiert wurden aber nur Vertreter der abstrakten Moderne. Um die Durchsetzung dieser Richtung bemühte sich auch der 1951 gegründete »Kulturkreis im Bundesverband der Deutschen Industrie«.

Die DDR stand vor dem Problem, dass sie sich eine industrielle Basis erst schaffen musste. Die Zechen und Hütten, von denen sie abhängig war, lagen fast ausschließlich in Oberschlesien oder an der Ruhr. Die neuen Großbetriebe, die diesem Mangel abhelfen sollten, waren Schwerpunkte der sozialistischen Kulturförderung. Bildende Kunst wurde hier als ›Produktivkraft‹ aufgefasst, sie sollte psychische Potenzen wie ›Schöpfertum‹ und ›Neuerergeist‹ anregen und dadurch die Fähigkeit der Werktätigen erhöhen, technische und organisatorische Probleme zu lösen. *AS*

Große Perdekamp 1952a, unpag. (Zitat); Haftmann 1955, S. 17 (Zitat); Manske 1998; Siebeneicker 1999.

133

Volker Böhringer
(Esslingen 1912 – 1961 Stuttgart)
Gaskessel, 1944
Mischtechnik auf Pappe, 92,5 x 120,5
Düsseldorf, Stiftung museum kunst palast,
Inv. 4973

Böhringer verließ 1937 die Kunstakademie in
Stuttgart. Er trat nicht der Reichskulturkammer
bei und setzte seine künstlerische Tätigkeit in der
elterlichen Wohnung in Esslingen fort. An Ausstellungen beteiligte er sich bis 1945 nicht.

Sein Gemälde lässt die Endzeitstimmung des
vorletzten Kriegsjahres spürbar werden. Die ver-
rotteten Metallgerippe der Gasometer weisen –
wie die übrigen Versatzstücke der Industrie –
nach links, während sich die spärlichen Reste der
geschundenen Vegetation nach rechts neigen.
Eine menschliche Gestalt steht auf dem Weg am
rechten Bildrand und wendet den Kopf nach
oben. Die Szenerie ist von einem stark erhöhten
Standpunkt aus dargestellt; es könnte sich um den
Blick aus dem Cockpit eines angreifenden Tief-
fliegers handeln.

Von 1945 bis 1950 hielt sich Böhringer wegen
einer schweren Tuberkulose in verschiedenen
Lungenheilanstalten auf. In dieser Zeit entstanden nur Zeichnungen. Sein dem Surrealismus
verpflichtetes Mahnbild lieferte er 1952 zur
Ausstellung *Eisen und Stahl* ein, wo es neben den
beschwingten Abstraktionen des beginnenden
›Wirtschaftswunders‹ wie ein Fremdkörper
gewirkt haben muss. *AS*

Ausst. Kat. Düsseldorf 1952, Abt. B, Nr. 46; *Werkverzeichnis*, in: Ausst. Kat. Esslingen 1987, Nr. 52; Ziegler
1995.

134

Karl Hofer
(Karlsruhe 1878 – 1955 Berlin)
Industriewerk, 1947
Öl auf Hartfaser, 62 x 86,5
Rheinische Privatsammlung

Hofers chiffrenartige Bildsprache, die Jost Hermand der »Halbmoderne« zurechnete, wurde in allen weltanschaulichen Lagern akzeptiert. Im amerikanischen Sektor Berlins leitete er ab 1945 die Hochschule für Bildende Künste. Mit Oskar Nerlinger gab er ab 1947 die im sowjetischen Sektor Berlins erscheinende Zeitschrift *bildende kunst* heraus.

Der Spagat zwischen Ost und West, den Hofer versuchte, war nicht lange durchzuhalten. »Forderungen außerkünstlerischer Art« an die Malerei lehnte er in einem Beitrag für das

Oktoberheft 1948 der *bildenden kunst* vehement ab. Kurz darauf trat er als Mitherausgeber zurück. Seine vermittelnde Position zwischen Gegenständlichkeit und Abstraktion stieß schon bald nicht nur in der DDR, sondern auch in der Bundesrepublik auf Kritik.

In dem Gemälde *Industriewerk* gruppieren sich Hallen, Türme, Sheddächer und Schornsteine zu einer kompakten Anlage, deren Zweck sich nicht erschließt. Angesichts der Kuppel im Zentrum des Bildes fällt es schwer, nicht an einen Atomreaktor zu denken. Die zivile Nutzung der Kernenergie begann allerdings erst 1953 in den USA. Im Vordergrund umschleichen Tiermutationen einen Leichnam. Hofer sah den Marsch in die moderne Barbarei noch nicht an sein Ende gekommen, wie er 1952 deutlich machte: »In rasendem Lauf hat die maschinelle Technik die

Kultur überrannt, ja sie nahezu gegenstandslos, zu einer Erinnerung gemacht. Keine der geschichtlichen Wandlungen und Umwälzungen, nicht die von der Antike zum Christentum, nicht die des Mittelalters zur Neuzeit waren so einschneidender Natur, denn eine Kultur löste die andere ab. Heute aber ist die gesamte Kultur abgelöst von der Maschine, sie ist zu einer Farce, zu einem Dekorationsstück der sogenannten höheren Gesellschaftsklassen geworden, deren Exponenten sie verwunderlicherweise mit Zivilisation verwechseln.« AS

Hofer 1948 (Zitat); Hofer 1952, S. 18–21 (Zitat S. 21) und Nr. 41; Ausst. Kat. Duisburg 1969, S. 127; Ausst. Kat. Berlin 1978, S. 176, 399; Hermand 1984; Türk 2000, S. 327.

135

Franz Radziwill
(Strohausen 1895 – 1983 Wilhelmshaven)
Der Mensch folgt dem Narren lieber als …
(dem Genius), 1950
Öl auf Leinwand auf Holz, 103 x 111
Bremen, Privatbesitz

Das NSDAP-Mitglied Radziwill erhielt 1933
eine Professur an der Kunstakademie Düsseldorf,
wo Paul Klee und andere Vertreter der Moderne
zuvor entlassen worden waren. Kritische Äußerungen gegen den NS-Chefdogmatiker Alfred
Rosenberg und die Entdeckung von Bildern aus
seinem expressionistischen Frühwerk sorgten allerdings 1935 für die Entfernung aus dem Amt
und 1938 für den Ausschluss aus der Partei.

Sein Gemälde ist in vier Zonen gegliedert: ein
zweigeteiltes Wolkenreich, eine Stadtkulisse und
einen Bürgersteig. Den von metaphysischen
Wesen bevölkerten Himmel trennt ein Fliegen-
gitter vom übrigen Luftraum, durch den ein
Flugzeug zu Boden rast. Das urbane Ensemble
besteht aus einer Ansammlung von Fabrikbauten
und einem von Kirchtürmen überragten Wohn-
quartier. Auf dem Bürgersteig folgt einem
geflügelten Wesen auf Stelzen eine anthropo-
morphe Figur, die Gemälden von Joan Miró oder
Yves Tanguy entsprungen sein könnte. Begleitet
wird sie von einer Sträflingsgestalt mit Eselsohren
und Affenschwanz, den Symbolen gelehrter
Dummheit. Ein Arbeiter und eine Bürgerin
schließen sich an.

Die destruktiven Tendenzen der Industriegesellschaft treten in Radziwills Nachkriegswerk
eindeutig in den Vordergrund. Der Künstler
fürchtete die Vermassung, wofür in seinem

Gemälde der Volksempfänger und der Fußball
stehen. Die Bildsprache der abstrakten Moderne
hielt er für einen Irrweg. Er forderte 1950, der
Mensch müsse »wieder in einen geistigen und
religiösen Raum kommen, zum Christentum und
zu der Kunst«. In der frühen Bundesrepublik
hielt sich das Interesse an seinen Mahnungen in
Grenzen. Dagegen wurde er in der DDR als
antikapitalistischer Ankläger geschätzt, wobei die
metaphysischen Aspekte seines Werkes ausgeblendet wurden. *AS*

Franz Radziwill, *Was können wir noch tun?*, in:
Westdeutsche Rundschau vom 2. Sept. 1950 (Zitat);
Firmenich/ Schultze 1995, Nr. 633; Ausst. Kat.
Wilhelmshaven u. a. 2000/02, S. 59f.

136

Gory von Stryk
(Dorpat 1907 – 1975 Berlin)
Berliner Eisen- und Stahl-AG
(vorm. Thyssen), 1952
Öl auf Leinwand, 80 x 100,5
Regensburg, Ostdeutsche Galerie Regensburg,
Inv. 10632

Im Zentrum des Bildes stehen die Lagerhallen und Ladekräne der Berliner Eisen- und Stahl-AG. Diese aus der 1881 etablierten Berliner Vertretung von Thyssen & Co. hervorgegangene Handelsgesellschaft war nach 1945 im Zuge der Entflechtung der deutschen Montanindustrie formal unabhängig geworden, wurde aber 1961 von der August Thyssen-Hütte AG auch offiziell wieder übernommen. Rechts davon liegt die durch ihre acht Schornsteine hervorgehobene, nach Plänen von Franz Heinrich Schwechten errichtete »Centrale Moabit«. Sie war 1900 als zweites Drehstromkraftwerk im Großraum Berlin ans Netz gegangen und 1907/08 durch ein vom selben Architekten geplantes neues Kessel- und Turbinenhaus erweitert worden. Betrieben wurde die Anlage von der »Berliner Electricitäts-Werke AG«, die bis 1916 zur AEG gehörte und danach in den Besitz der Stadt Berlin überging. Hinter ihrer denkmalgeschützten Fassade verbirgt sich seit 1989 ein modernes Kraftwerk der BEWAG.

Von Stryk setzte mit seiner Ansicht der Industriebauten am Berlin-Spandauer Schifffahrtskanal die in den 20er Jahren des 20. Jahrhunderts begründete expressiv-realistische Tradition der Berliner Stadtmalerei fort. *AS*

Ausst. Kat. Berlin 1987, Nr. 224; Bade 1990, S. 11–30; Uebbing 1991, S. 162f.

137

Emil Schumacher
(Hagen 1912 – 1999 San José, Ibiza)
Industriestraße, 1947
Mischtechnik auf Papier, 58 x 42
Hagen, Karl Ernst Osthaus-Museum der Stadt
Hagen, Inv. K 1449

Schumacher überstand den Zweiten Weltkrieg als
technischer Zeichner in einem Rüstungsbetrieb
seiner Heimatstadt Hagen. Er gehörte 1948
neben Thomas Grochowiak, Gustav Deppe und
Heinrich Siepmann zu den Mitbegründern der
Gruppe »junger westen« und erhielt im gleichen
Jahr zusammen mit drei anderen Malern den von
der Stadt Recklinghausen verliehenen Kunstpreis
dieser Vereinigung. Dabei handelte es sich um
die erste nach dem Zweiten Weltkrieg neu gestif-
tete Auszeichnung für bildende Künstler auf dem
Gebiet der wenig später gegründeten Bundesrepublik.

 Schumacher wehrte sich gegen Vereinheit-
lichungstendenzen in der Gruppe »junger
westen«. In einem Interview sagte er 1987: »Die
meisten dieser jungen Kollegen tendierten zu
einer am Bauhaus orientierten Form. Sie wollten
eine Formensprache, die in engem Verhältnis zur
Industrie stand, einen Konstruktivismus, der
meinem ganzen Wesen entgegenstand. Meiner
Natur gehorchend, blieb mir nichts, als so zu
malen, wie ich es meinte.«

 In dem frühen, noch von Expressionisten wie
Emil Nolde oder Christian Rohlfs beeinflussten
Gemälde *Industriestraße* bilden die Umrisse von
Mietshausfassaden das lineare Gerüst für die
pastosen Farbflächen. Im Vordergrund ist eine
abstrahierte menschliche Gestalt zu erkennen.
Seit Beginn der 50er Jahre befreite sich
Schumacher von figurativen Reminiszenzen und
avancierte zu einem der prominentesten Ver-
treter des deutschen Informel. *AS*

Ausst. Kat. Bremen/Karlsruhe 1984/85, S. 54; Brockhaus 1987, S. 9 (Zitat); Ausst. Kat. Hagen 1997, S. 20f.

138

Gustav Deppe (Essen 1913 – 1999 Bochum)
Überlandzentrale, 1949
Tempera auf gipsgeschlämmter Leinwand,
46,5 x 66,5
Recklinghausen, Kunsthalle Recklinghausen,
Inv. 172

Deppe, ein Gründungsmitglied der Gruppe
»junger westen«, interessierte sich für die wirtschaftliche und technische Umgestaltung seiner
Heimatregion Ruhrgebiet. Er suchte nach einem
künstlerischen Ausdruck für die Überformung

der Landschaft durch Fördertürme und Werkhallen, Straßen und Leitungen, ohne diesen
Prozess kritisch zu hinterfragen.

Um 1950 spielte bei ihm das Thema Elektrizität eine wichtige Rolle. In dem Gemälde *Überlandzentrale* werden Drähte und Kabel, Masten
und Transformatoren rund um einen Leitstand zu
dekorativen Mustern arrangiert, die sich nur grob
an vorgefundenen technischen Strukturen
orientieren. Nicht die eigentliche Anlage steht im
Vordergrund, sondern die Dynamik der Kräfte,
die dort umgewandelt und übertragen werden.

Die zeichenhafte Verknappung, oft durch
Einritzung in gipsgeschlämmte Untergründe mit
einer plastischen Wirkung versehen, galt in der
frühen Bundesrepublik als zeitgemäße Mani-
festation technischer Phänomene. Architektur
und Design jener Jahre bemühten sich mit ähnlichen Formen und Farben, der Moderne
Leichtigkeit und Heiterkeit zu verleihen. *AS*

Ausst. Kat. Duisburg 1969, Nr. 233; Ausst. Kat. Recklinghausen 1993, S. 62.

139

Thomas Grochowiak
(* Recklinghausen 1914)
Fördermaschinist, 1950
Öl auf Leinwand, 100 x 80
Recklinghausen, Kunsthalle Recklinghausen,
Inv. 113

Der Motor der Gruppe »junger westen« war
Grochowiak. Nicht nur als Maler, sondern auch
als Kurator war er in den 50er bis 70er Jahren des
20. Jahrhunderts sehr erfolgreich. Er leitete die
Museen in Recklinghausen und Oberhausen,
plante die Ausstellungen der Ruhrfestspiele und
koordinierte den deutschen Beitrag zur Biennale
in Paris und zur Triennale in Neu-Delhi.

Der Protagonist seines Gemäldes steuert
durch Hebel die Seilfahrt, mit der die Bergleute
und die Kohle im Schacht auf und ab befördert
werden. Am linken Bildrand ist der blaue Zylinder der Dampfmaschine zu erkennen, die für
den Antrieb der Seilfahrt sorgt. Außerhalb des
Bildes befindet sich die Seilscheibe, auf die der
Arbeiter angestrengt blickt. Wenn eine der
Markierungen auf dem Seil sich mit dem Zeiger
an der Scheibe deckt, ist eine bestimmte Etage
in der Grube erreicht.

Dampfmaschinen wurden bei der Schacht-
förderung seit den 90er Jahren des 19. Jahrhunderts von Elektromotoren verdrängt. Verschiedentlich waren sie aber noch nach dem
Zweiten Weltkrieg in Gebrauch. Grochowiak ver-
einfacht die einzelnen Armaturen und unterlegt
sie mit leuchtenden Farben, gibt aber den
Gesamtzusammenhang der Maschinerie korrekt
wieder. Obwohl eine veraltete Anlage dargestellt
ist, wirkt das maßvoll abstrahierende Gemälde
wie ein optimistischer Ausblick in die Welt der
Technik. AS

Große Perdekamp 1952b, unpag.; Ausst. Kat. Duisburg
1969, S. 205; Schmidt 1994, Nr. 18; Damus 1995, S. 90;
Ausst. Kat. Recklinghausen 1996, S. 107.

140

Thomas Grochowiak
(* Recklinghausen 1914)
Technischer Bezirk I, Blau, 1951
Öl auf Leinwand, 100 x 140
Kuppenheim, Bilderhalle Grochowiak

Zwischen 1950 und 1953 schuf Grochowiak »industrielle Diagramme«, die Arbeitsabläufe und Produktionszyklen in reine Abstraktionen umsetzen. Sie kommen ohne organische Formen aus.

Der Bildtitel *Technischer Bezirk I, Blau* engt den Interpretationsspielraum nicht auf einen bestimmten gewerblichen Vorgang ein. Der Betrachter ist aufgefordert, die frei komponierte Motorik gedanklich in Bewegung zu versetzen, um den Rhythmus der Arbeitswelt zu spüren. Spannung ergibt sich durch das Aufeinandertreffen von starren Balken und federartigen Wicklungen. Kühle Farben verstärken die technoide Ausstrahlung.

Grochowiak offenbarte mit seinen »industriellen Diagrammen« ein ungetrübtes Verhältnis zur technischen und wirtschaftlichen Dynamik der Aufbaujahre. Das Gemälde *Technischer Bezirk I, Blau* war 1952 in der Ausstellung *Eisen und Stahl* zu sehen. Ab 1954 ging der Künstler zu einer informellen, von der Kalligraphie inspirierten Bildsprache über. AS

Ausst. Kat. Düsseldorf 1952, Abt. B, Nr. 184; Ausst. Kat. Recklinghausen 1952, unpag.; Große Perdekamp 1952b, unpag.; Ausst. Kat. Witten 1980, S. 21; Schmidt 1994, Nr. 22; Ausst. Kat. Recklinghausen 1996, S. 108.

141

Heinrich Siepmann
(* Mühlheim an der Ruhr 1904)
Lichte Felder (Lichte Komposition), 1954
Öl auf Leinwand, 90 x 120
Recklinghausen, Kunsthalle Recklinghausen,
Inv. 169

Die Gruppe »junger westen« bildete sich auf
Anregung von Franz Große Perdekamp, der als
Museumsleiter in Recklinghausen wirkte. Er
hatte von 1905 bis 1908 zusammen mit Josef
Albers das Lehrerseminar in Büren besucht,
woraus sich ein freundschaftliches Verhältnis
ergab. Von den Künstlern des »jungen westens«
erhoffte sich der Kunsthistoriker das »klare, kühle
Formbewußtsein«, das auch den Bauhaus-Maler
auszeichnete.

Siepmann, der sich nach dem Zweiten Weltkrieg in seiner Geburtsstadt Mülheim an der
Ruhr niederließ, setzte diese Forderung am kon-
sequentesten um. Er folgte einem konstruktivistischen Purismus, der durch strenge Farb-
Form-Strukturen gekennzeichnet ist. Die Komplexität und Dynamik der Industrieregion
verwandelte er in »geordnete Landschaft« (Peter
Spielmann). In dem Gemälde *Lichte Felder*
stellen auch die vorherrschenden Farben
Schwarz, Grau und Weiß eine Verbindung zu der
ihn umgebenden Arbeitswelt her. *AS*

Spielmann 1989/90, unpag. (Zitat); Ausst. Kat. Recklinghausen 1996, S. 217; F. Ullrich 1999, S. 244.

Die moderne Kunst ist schon früh dem industrialisierten Weltbild begegnet und hat von dorther seine stärksten Impulse empfangen. Es darf nicht verwundern, daß sich die Kunst erst allmählich an das eigentliche Formproblem heranzutasten vermochte. Man wird es heute kaum noch bezweifeln, daß die romantisch-sentimentale Begegnung mit der Industrie der Jahrhundertwende keine wahrhafte Begegnung sein konnte, wenn die Kunst dieser Geisteshaltung die Fabriken als düster und hassenswert gegenüber bemoosten Burgruinen darstellte. Auch eine gewisse absichtsvolle Heroisierung der Industriearbeit in der wilhelminischen Zeit mußte das Problem verfehlen. Selbst der Naturalismus, der sich mit echter Leidenschaft der Welt des Industriemenschen bemächtigte, verengte seine Wesensschau mit einer das technische Formproblem ausschließenden Sicht auf die sozialen Begleiterscheinungen. Der Expressionismus, der den in die technische Welt verkrampften Menschen durchweg negativ sah und sich andererseits allzu gefühlsselig von den berauschenden Aspekten der Industrielandschaften tragen ließ, verlor die nüchterne Distanz zu den neuen Dingen.

Franz Große Perdekamp, *Mensch und Form unserer Zeit*, 1952

Ohne zu übersehen, daß die europäische Nachkriegskunst in ihrer oft sehr gegensätzlichen – gefühligen und logischen, expressionistischen und selbst impressionistischen – Abstraktion noch nicht eindeutig zu fassen ist, glaube ich, daß sie notwendigerweise in Form und Inhalt von dem Zusammenprall mit unserer übertechnisierten Welt – einer Realität, der wir nicht ausweichen können und sollen und die uns zur Auseinandersetzung zwingt – bestimmt werden wird. Beispielhaft für diese Feststellung scheint mir die Entwicklung der Künstler des Jungen Westens, einer Gruppe junger deutscher Maler und Bildhauer, deren gemeinsame Ausstellungen seit einigen Jahren von den Kunstkennern mit besonderem Interesse beobachtet werden. Diese Künstler sind mißtrauisch gegen Gefühligkeiten und allzu handgreifliche Sinngebung und sehen in den Nachwirkungen der »peinture« eine Verschleifung des künstlerischen Wollens. Dabei sind sie in ihrem absoluten Gestaltungswillen sehr streng gegen sich selbst. Es geht ihnen – sie stammen in der Mehrzahl aus dem Industriegebiet – darum, die technisierte Zeit, die uns noch nicht echter und lebendiger geistiger Besitz geworden ist, in unser Leben einzuformen. ... Die jungen Künstler machen rücksichtslos Ernst mit dieser neuen Wirklichkeit, der sie räumlich und zeitlich angehören, und man wird mit einem tragikomischen Akzent feststellen müssen, daß diese wenig zutreffend als abstrakt bezeichnete Kunst der Wirklichkeit näher ist als die sogenannte realistische Kunst, die der anschaulich nur noch zu einem Teil erlebbaren neuen Wirklichkeit nicht mehr mächtig ist.

Franz Große Perdekamp, *Konstrukteure der künstlerischen Form*, [1952]

142

Hubert Berke
(Buer 1908 – 1979 Köln)
Technisch, 1951
Öl auf Leinwand, 74 x 110
Privatbesitz Berke

Die Gruppe »junger westen« fühlte sich mit einer Reihe weiterer Maler und Bildhauer verbunden, die gelegentlich an den Aktivitäten der Vereinigung teilnahmen. Dazu gehörten auch mehrere Mitglieder der Gruppe »ZEN 49«, so Fritz Winter, K. R. H. Sonderborg und Hubert Berke.

In einem als Manuskript überlieferten Lebensabriss zeigte sich der Künstler 1950 »beeindruckt von der Welt der Arbeit an der Ruhr durch viele Untertagefahrten … und der Auto-

matik des Kohleabbaus durch Robotermaschinen wie Panzerförderer und Schnellhauer oder die großen Zughackenlader, wahre Maschinenungeheuer oder die tiefe Einsamkeit der Wasserhaltungsmaschinen mit ihren riesigen Ausmaßen«. Seine Herangehensweise an dieses Thema entspricht den Überlegungen Max Benses, der den technischen Fortschritt 1957 wie folgt charakterisierte: »Deutlich kann man erkennen, wie der Prozeß dieser Entwicklung von der Verwendung purer Naturmittel, über die Nachahmung, Abstraktion, Denaturierung und Destruktion, vom Modell zur originalen Selbstgebung des Technischen, vom Gegenstand zur bloßen Funktion, von den Substanzen zu den Strukturen, von der Anschauung zur Schematik verläuft. In der Tat: auch in der technischen

Sphäre ist der Gegenstand reiner Schein geworden, und immer stärker tritt ihr ungegenständliches Dasein hervor. Mag der Mechanismus einer Uhr, eines Getriebes noch in anschaulichen bildhaften Begriffen beschreibbar sein, die Elektrodynamik eines Schwingkreises ist es längst nicht mehr.«

Bei der Ausstellung *Eisen und Stahl*, die Berke 1952 mit den Bildern *Mechanische Schmiede und Stanzen, Grauer Stahl, Maschinerie* und *Erscheinung* beschickte, fand seine abstrakte Bildsprache großen Anklang. Die Jury sprach ihm den zweiten Preis zu. *AS*

Bense 1957/58, S. 4 (Zitat); Hubert Berke, *Lebensabriß* (1950), in: Kreidler 1978, S. 336 (Zitat); Ausst. Kat. Recklinghausen 1996, S. 28.

143

Georg Meistermann
(Solingen 1911 – 1990 Köln)
Bewegtes Ziel, 1952
Öl auf Leinwand, 90,5 x 75,5
Bochum, Museum Bochum, Inv. MB 397

Zu den locker mit der Gruppe »junger westen«
assoziierten Künstlern gehörte auch Meistermann. In der frühen Bundesrepublik war er einer

der gefragtesten Vertreter der architektur-
gebundenen Kunst, wobei er sich auf die Glas-
malerei konzentrierte. Als überzeugter Katholik
engagierte er sich häufig bei Kirchenbauten.

Die geschwungenen Linien und kreisför-
migen Farbfelder des Gemäldes *Bewegtes Ziel*
erinnern an Arbeiten von Joan Miró. Das Bild
enthält Rudimente organischer Formen, die
Figuren mit ausgestreckten Gliedmaßen ähneln.

Die imaginierten Lebewesen gruppieren sich um
das sichelförmige Objekt am oberen rechten Bildrand. Die Ausrichtung der Elemente auf einen
höher gelegenen Fluchtpunkt verleiht der Komposition ein spirituelles Moment. *AS*

Slg. Kat. Bochum 1970, unpag.; Ausst. Kat. Nürnberg
u. a. 1981, S. 119; Ausst. Kat. Recklinghausen 1996,
S. 180.

144

Max Ackermann
(Berlin 1887 – 1975 Bad Liebenzell)
Technische Kraft, 1952
Öl und Tempera auf Sperrholz, 237 x 150
Künzelsau, Museum Würth, Inv. 1967

Ackermann war eine Generation älter als die Künstler der Gruppen »junger westen« und »ZEN 49«. Zu seinen Lehrern gehörten Henry van de Velde in Weimar und Franz von Stuck in München. Unter dem Einfluss von Adolf Hölzel in Stuttgart hatte er sich früh der abstrakten Malerei zugewandt.

Sein Gemälde versammelt Artefakte der industriellen Welt wie Hebel und Zahnräder, Sprechrohre und Lichtquellen zu einer Collage. Geometrische Figuren wie Dreiecke und Halbkreise sind so verschwenderisch eingesetzt, als habe der Arbeitsplatz eines technischen Zeichners als gedankliches Vorbild gedient.

Ackermann reagierte zurückhaltend auf die schnelle technische und naturwissenschaftliche Entwicklung in der Nachkriegszeit, war aber bereit, mit künstlerischen Mitteln auf die Herausforderungen des Atomzeitalters einzugehen, wie er 1952 schrieb: »Wir Maler im Zeitalter der technischen Ratio haben es nicht leicht. Bis wir alle angeborenen, romantisierenden Gefühle überwunden haben, ist ein weiter Weg zu gehen. Je eher wir aber erkennen, dass wir der Zeit gerecht werden müssen, um so eher wagen wir den Sprung und lassen die kalte Dusche, die Eisenhämmer und Atomenergien bescheren, über uns ergehen. Die Physiker sind es, die uns das Weltbild unserer Zeit zeigen, dem wir allein verpflichtet sind. Das Herannahen einer neuen Metaphysik auf der Basis einer neuen Physik führe uns und tröste uns.« *AS*

Max Ackermann, *Über meine Malerei* (1952), in: Ausst. Kat. Bietigheim-Bissingen 1995, S. 84 (Zitat); Ausst. Kat. Recklinghausen 1996, S. 10.

145

Hermann Bruse
(Hamm 1904 – 1953 Berlin)
**Sieger im Wettbewerb (Betriebsarbeiter),
1952**
Öl auf Leinwand, 74,5 x 54,5
Berlin, Deutsches Historisches Museum,
Inv. Kg 63/1

Bruse, der Anfang 1945 als Mitglied einer kommunistischen Widerstandsgruppe zum Tode verurteilt und kurz vor der Vollstreckung des Urteils

durch die Alliierten befreit worden war, gehörte
in der sowjetischen Besatzungszone zu den
Künstlern der ersten Stunde. Zunächst setzte er
sich mit den Greueln der nationalsozialistischen
Diktatur auseinander. Unter dem Druck seiner
Partei wandte er sich aber schon bald gegenwarts-
bezogenen (und -bejahenden) Themen zu.

Für die 2. Deutsche Kunstausstellung 1949
in Dresden arbeitete er zusammen mit Horst
Strempel, Arno Mohr und René Graetz an dem
Wandbild *Metallurgie Hennigsdorf*. Bei seinem
Gemälde *Sieger im Wettbewerb (Betriebsarbeiter)* steht die monumentale Gestalt eines
Arbeiters im Mittelpunkt, dessen Pose Über-
legenheit ausdrückt. Der Titel bezieht sich auf
eine in der Sowjetunion entwickelte Motivations-
strategie, nach der die »Kollektive der sozialistischen Arbeit« dazu aufgefordert wurden, um
herausragende Berufsleistungen zu wetteifern.

Mit seiner expressiven, appellativen Bildsprache geriet Bruse nach 1949 in die Mühlen der
›Formalismus-Diskussion‹. Die aus dem Geist der
Opposition geborene Tendenz zur Übersteige-
rung und Stilisierung war in der neuen Gesellschaft nicht mehr gefragt. Das Typische sollte
dem Individuellen weichen; eher als der anonyme
Held entsprach der namentlich genannte, exakt
porträtierte Kollege einem volkstümlichen
Realismus, der den Betrachtern Vorbilder liefern
wollte, mit denen sie sich identifizieren konnten.
Kurz vor seinem Tod unterzog sich Bruse einer
öffentlichen Selbstkritik. Zerknirscht kommentierte er die ablehnende Reaktion von Arbeitern
auf seine Bilder: »Diese Menschen meiner Klasse
verstanden mich nicht! Für sie war ich fremd;
ja, in ihren nicht ausgesprochenen Gedanken
gar wohl ein Feind. Das war ein Schlag, der saß
und kam zur rechten Zeit.« AS

Bruse 1953, S. 61 (Zitat); Ausst. Kat. Magdeburg 1979,
S. 37; Damus 1991, S. 74, 105–107.

146

Bernhard Kretzschmar
(Döbeln 1889 – 1972 Dresden)
Blick auf Stalinstadt, 1955/58
Öl auf Leinwand, 105 x 160
Frankfurt/Oder, Museum Junge Kunst, Inv. 1222

In einem Waldgebiet an der Oder wurde 1950 das »Eisenhüttenkombinat Ost« gegründet. Für die Beschäftigten entstand eine Wohnsiedlung, die zunächst »Stalinstadt« hieß und 1961 in »Eisenhüttenstadt« umbenannt wurde. Als »erste sozialistische Stadt Deutschlands« sollte sie ein Beispiel für das Leben und Arbeiten in der DDR werden. Das Ministerium für Kultur erteilte Kretzschmar 1955 den Auftrag zur Schaffung einer Stadtansicht. Die ersten Eindrücke des Künstlers fielen zwiespältig aus: »Groß und monumental wirkt diese Industrie, weil die Gesetze des Tuns zu entsprechenden Formen

zwingen, wohingegen bei den Wohnblocks herumgestochert wird in allerlei vergangenen schlechten Stilen. Einsam würde ich dort als Mensch.«

Von diesem Unbehagen ist im fertigen Bild nur wenig zu spüren. Ullrich Kuhirt, einer der führenden Kunstkritiker der DDR, beschrieb es folgendermaßen: »Überall schwingt der Rhythmus der Arbeit in der Landschaft mit, alles strahlt Dynamik aus. Ein weiter blauer sommerlicher Himmelsbogen spannt sich über dem Ganzen, die Landschaft glüht förmlich auf im Licht der Sommersonne und läßt im Betrachter ein freudvolles, im besten Sinne optimistisches Gefühl aufkommen, das korrespondiert mit dem sinnlich greifbar werdenden Lebensgefühl der Menschengestalten im Vordergrund.«

Nicht nur in diesem, sondern auch in den anderen Industriebildern der frühen DDR er-

scheint Landschaft als Verfügungsmasse, die ihren Idealzustand erst erreicht, wenn sie durch gesellschaftliche Kräfte umgestaltet wird. Gemäß der ungetrübten Technologiebegeisterung des real existierenden Sozialismus galt Industrialisierung als Humanisierung der Natur. Die qualmenden Schlote, die beim *Blick auf Stalinstadt* ins Auge fallen, sind Zeichen des Fortschritts. Das Gemälde hing 1958 an zentraler Stelle in der IV. Deutschen Kunstausstellung in Dresden. AS

Ausst. Kat. Dresden 1958, S. 1; Ausst. Kat. Berlin 1974, Nr. 42; Kuhirt 1982, S. 150f. (Zitat), Abb. 129; Ausst. Kat. Dresden 1989b, S. 60 (Zitat); Damus 1991, S. 161–163, Taf. 4.

16 Moderne Natur
Landschaften der Wohlstandsgesellschaft 1960–1985

Das »goldene Zeitalter der kapitalistischen Entwicklung« (Gerd Hardach), das in der Bundesrepublik mit dem ›Wirtschaftswunder‹ begonnen hatte, setzte sich in den 60er Jahren des 20. Jahrhunderts fort. Erst die Rezession von 1974/75 markiert eine Zäsur. Danach verlangsamte sich die Expansion des Bruttosozialprodukts, ohne dass das Konzept der Sozialen Marktwirtschaft, das auf dauerhaftem Wachstum basierte, grundsätzlich in Gefahr geriet. Die Mehrzahl der Bundesbürger partizipierte am zunehmenden Wohlstand. Ein prägnantes Beispiel dafür war die ›Automobilisierung‹ der Bevölkerung: Zwischen 1955 (1,7 Mio.) und 1980 (23,2 Mio.) vervielfachte sich die Zahl der zugelassenen Pkw. Das Auto steigerte die Mobilität seines Käufers, der mit der Wahl des Modells zugleich seinen Standort in der Gesellschaft definierte. Das expandierende Verkehrswesen bildete den Motor für eine radikale Umformung der Landschaft: Hatten sich die Industrie und die dort beschäftigten Massen zuvor auf wenige Zentren konzentriert, die Verschmutzungsinseln innerhalb einer noch weitgehend intakten Umwelt bildeten, so ebneten sich die ökologischen und ästhetischen Unterschiede zwischen Stadt und Land nun allmählich ein. Der Maler Peter Brüning charakterisierte den Wandel vom Biotop zum Schilderwald 1967 wie folgt: »In der modernen Natur ist das Zeichen die Landschaft. Eine nicht bezeichnete Landschaft existiert nicht.«

Die DDR erlebte ebenfalls ein Wirtschaftswachstum, das wegen der Mängel ihres ökonomischen Systems jedoch verhaltener ausfiel. Eine geringere Auswahl an Gebrauchsgütern verhinderte die Ausprägung ähnlich feiner Unterschiede wie in der bundesrepublikanischen Gesellschaft. Obwohl viel weniger Haushalte über ein eigenes Fahrzeug verfügten, schlugen auch hier die Planer in vorauseilendem Gehorsam breite Schneisen durch Feuchtgebiete und Altstadtviertel. Dennoch blieb die Trennung zwischen Industrie- und Naturzonen in stärkerem Maße erhalten. Der Historiker Rolf Peter Sieferle erinnerte sich 1997: »Für einen Besucher aus dem Westen ähnelte eine Reise in die DDR immer einer Reise in die Vergangenheit und erweckte die ambivalenten Gefühle, die man der Vergangenheit entgegenbringt. Man schwankte zwischen Rührung und Entsetzen. Auf der einen Seite gab es noch immer Reminiszenzen der Kindheit, die anheimelnden Reste der agrarischen Kulturlandschaft, die verträumten Dörfer, die alleenbestandenen, mit Kopfsteinen gepflasterten holprigen Straßen, die ungebrochenen Ensembles der Kleinstädte, die den Mief und die Aura des 19. Jahrhunderts bewahrt hatten. Auf der anderen Seite gab es aber auch noch die Schrecken der alten Industriebezirke, die vom Tagebau verwüsteten Mondlandschaften, die zur Kloake verseuchten Flüsse, Fabrikanlagen inmitten von Rauchwolken, wie man sie im Westen nur noch aus historischen Schilderungen kannte.«

Der Club of Rome veröffentlichte 1972 seine alarmierende Schrift *Die Grenzen des Wachstums*. Die Fahrverbote während der Ölkrise von 1973 rückten das Energieproblem in das allgemeine Bewusstsein. Noch sahen aber – im Westen wie im Osten – sowohl unter den Politikern wie unter den Künstlern nur Außenseiter ernsthaften Grund zur Sorge. Moderne Technologien, nicht zuletzt die im Aufschwung befindliche Atomkraft, sollten die akuten Engpässe überwinden helfen. Erst Ende der 70er Jahre ergriff die Umweltproblematik einen nennenswerten Anteil der Bevölkerung. Die Gefährdung der Natur durch die fortschreitende Industrialisierung entwickelte sich zum Modethema für Künstler unterschiedlichster Richtungen.

»Die Menschen haben sich selbst an die Stelle Gottes gesetzt, sie sind selbst in der Lage, die Schöpfung zu beenden«, schrieb 1983 der Fernsehjournalist Franz Alt. Mit diesem Satz brachte er die Gesellschaftskritik der Friedens- und Umweltbewegung auf den Punkt – in beiden deutschen Staaten. *AS*

Peter Brüning (1967), in: Otten 1988, S. 486f. (Zitat); Meadows u. a. 1972; Alt 1983, S. 31 (Zitat); Sieferle 1997, S. 210 (Zitat); Hardach 2000, S. 197 (Zitat).

147

Peter Brüning
(Düsseldorf 1929 – 1970 Ratingen)
**Nr. 20/67, Superland mit der Ruhrtal-
brücke, 1967**
Übermaltes Offsetplakat, auf Leinwand
aufgezogen, 140 x 300
Ratingen, Nachlass Peter Brüning

Die Natur habe durch ihre Anpassung an
menschliche Erfordernisse einen »rein funk-
tionsbestimmten Charakter« gewonnen, äußerte
Brüning 1967. Er plädierte allerdings nicht
für Zurückhaltung bei Eingriffen in die Landschaft, sondern wollte mit seiner Kunst die
Menschen für die Folgen ihres Handelns
sensibilisieren: »Sie soll Ruhepunkte schaffen in
diesem unaufhörlichen Dynamismus, Momente
(Monumente) zeigen, in welchen wir auf einer
freieren Ebene dieser neuen Umwelt bewußt
werden können.«

Brüning wurde 1967 von dem französischen
Kurator Pierre Restany eingeladen, sich an der
Ausstellung *Superlund* in der schwedischen Stadt
Lund zu beteiligen. Für diese Schau bearbeitete
er erstmals ein auf Leinwand aufgezogenes
Plakat. Es zeigt die 1966 für den Verkehr frei-
gegebene Ruhrtalbrücke der A 52 bei Mühlheim
an der Ruhr. Das 65 Meter hohe und 1 830 Meter
lange Bauwerk war ein besonders markanter
Abschnitt des in den 60er und 70er Jahren rasch
wachsenden bundesdeutschen Autobahnnetzes.

Der Maler überzog das Plakat der Ruhrtalbrücke mit Höhenlinien, Baumzeichen und
anderen kartographischen Elementen, denen er
durch Schraffuren räumliche Tiefe verlieh. Die
Eintragungen verselbständigen sich und for-
mieren sich zu unabhängigen Strukturen.
Dadurch lenkt Brüning die Aufmerksamkeit des
Betrachters auch auf die realen Veränderungen
der Topographie durch den Menschen. Der Titel

Superland bezieht sich zum einen auf die Ausstellung in Schweden, zum anderen auf das
Schweben der Markierungen über (= lat. *super*)
der Landschaft. Weitere *Superländer* – mit
Ansichten des Duisburger Hafens oder der
Skyline von New York – folgten bis zu seinem
frühen Tod. AS

Peter Brüning (November 1967), in: Otten 1988, S. 486
(Zitate); Ausst. Kat. Duisburg 1969, Nr. 297; Heinz
Fuchs, *Vorwort*, in: Ausst. Kat. Mannheim 1971,
unpag.; Otten 1988, S. 418.

148

Wolf Vostell
(Leverkusen 1932 – 1998 Malpartida de Cáceres)
Rheinische Landschaft, 1971
Beton auf Fotografie, 82 x 109
Nachlass Klaus Kinkel

Vostell ist vor allem mit seinen Happenings bekannt geworden. Er nutzte aber auch andere Mittel, um seiner Kunst politische Wirkung zu verschaffen. So verfremdete er Luftaufnahmen, indem er sie mit Beton überzog. Zu diesem Werkkomplex gehört das Materialbild *Rheinische Landschaft*, das eine von Straßen und Stromleitungen zerschnittene Nutzfläche an einer Rheinbiegung zeigt. Selbst der Fluss kommt in dieser nach den Bedürfnissen von Produktion

und Konsum konstruierten Zone nicht als Naturraum, sondern als Verkehrsader zur Geltung. Links und rechts der Autobahn, die sich als Diagonale durch das Bild zieht, erstrecken sich die von Vostell gegossenen Betonfelder. Sie liegen wie Sargdeckel auf der Landschaft.

Beton ist der typische Baustoff der technischen Zivilisation im 20. Jahrhundert. Mit der Verwendung dieses Materials protestierte Vostell gegen den Flächenverbrauch, der mit der Zurichtung der Landschaft für Industrie und Verkehr verbunden ist. In Chicago überzog er 1970 einen Cadillac mit einer Betonschicht. Der Titel dieses Kunstwerkes – *Concrete Traffic* – spielt mit dem Doppelsinn der englischen Bezeichnung für dieses Material: Die konkrete Landschaft in den Industriestaaten ist – in weiten Teilen – eine

Betonlandschaft. Die verbliebenen ›Naturschutzgebiete‹ sind künstliche Reservate, die mit gesetzlichen Maßnahmen stabilisiert werden müssen.

Beton steht aber nicht nur für die Zerstörung der Umwelt, sondern darüber hinaus auch für mentale Blockaden, für die »Verhärtung und Verkrustung von Verhaltensweisen und Zuständen« (Jörn Merkert). Mit seinen ›Betonierungen‹ wandte sich Vostell gegen die Zwänge, die eine Veränderung der Gesellschaft verhindern. *AS*

Merkert 1975, S. 64 (Zitat); Ausst. Kat. Ludwigshafen 1992, Nr. 86; Schäfke 1992.

149

Harald Duwe
(Hamburg 1926 – 1984 Kiel)
Industrielandschaft mit Atomkraftwerk, 1980
Öl auf Leinwand, 100 x 150
Großensee, Privatbesitz

Die partielle Kernschmelze im Kernkraftwerk »Three Mile Island 2« bei Harrisburg schockte 1979 die Bevölkerung in den westlichen Industriestaaten, die die Atomenergie mehrheitlich noch für eine viel versprechende Zukunftstechnologie hielt. Ein Jahr nach diesem Unfall malte Harald Duwe ein Bild, das die Bedrohung spürbar werden lässt, die für ihn von einer solchen Anlage ausging: Das Reaktorgebäude und die beiden Kühltürme liegen inmitten einer verwüsteten, von verstreutem Gerümpel und totem Geäst geprägten Gegend. Hinter dem Kraftwerk türmt sich eine finstere Wolkenwand auf. Die von Landvermessern hinterlassenen Markierungen bereiten einen weiteren Einschnitt in die Landschaft vor.

Die Elbregion um Hamburg entwickelte sich in den 70er Jahren zu einem Schwerpunkt des bundesdeutschen Atomprogramms. Dort entstanden die Kernkraftwerke Stade (1972) und Brunsbüttel (1976). Dem Bau von Krümmel (1983) und Brokdorf (1986) gingen erbitterte Demonstrationen voraus. Duwe konnte die Anregungen für sein Gemälde also ganz in der Nähe seines Wohnortes Kiel sammeln.

Zu den von ihm aufgegriffenen Stoffen sagte der Künstler 1983: »Die Themen werden mir vom Zeitgeschehen aufgedrängt, das ich als Zeitgenosse im Laufe der Jahrzehnte in mir gespeichert habe, Tag für Tag in all seinen Widersprüchen erlebe und in vielerlei Versionen von den Medien vermittelt bekomme. Der Ort des Zeitgeschehens ist für mich und meine Bilder die Bundesrepublik Deutschland. Hier habe ich von Anbeginn am Kampf der widerstreitenden politischen, sozialen und ideologischen Kräfte teilgenommen. Hier habe ich das Nebeneinander von Existenznot und Konsumrausch, Industriewachstum und Umweltzerstörung, Friedenssehnsucht und Rüstungswettlauf sinnlich wahrgenommen und zu verarbeiten gesucht.« AS

Harald Duwe, *Zu meinen Bildern* (1983), in: ders. 1984, S. 27 (Zitat); Jensen 1987, S. 376; Türk 2000, S. 359.

150

Wolfgang Mattheuer (* Reichenbach 1927)
Guten Tag, 1976
Öl auf Hartfaser, 280 x 280
Berlin, Bundesrepublik Deutschland,
Dauerleihgabe an das Deutsche Historische
Museum, Inv. L 95/246

Die Konzeption zur Ausschmückung des Foyers im »Palast der Republik« stammt von Fritz Cremer, der als Motto das Lenin-Zitat »Dürfen Kommunisten träumen?« wählte. Es hatte – wie der in langen Auseinandersetzungen mit Funktionären gestählte Bildhauer genau wusste – zwei Vorteile: Den Künstlern ließ es Freiraum, und es beugte Konflikten mit dem Auftraggeber, dem Ministerium für Kultur, vor.

Mattheuers Gemälde, das Menschen vor einer Industriestadt ohne bestimmbares topographisches Vorbild zeigt, lässt viele Interpretationen zu. Die Autoren des 1977 erschienenen offiziellen Bildbands zum »Palast der Republik« nahmen den Titel wörtlich: »Was da im Bilde erscheint, ist ein guter Tag, ein gutes Land mit Perspektive.«

Was den Maler wirklich bewegte, macht seine 1983 für den IX. Kongreß des Verbandes Bildender Künstler der DDR geschriebene Rede deutlich: »Unser Land ist schön. ... Aber ich sehe darum, und weil ich als ›Privilegierter‹ einiges mehr sah in der Welt und dadurch vergleichsfähiger werden konnte, auch schmerzlicher als manch anderer die Brutalität, mit der unsere Industrien sich ins Land breitfressen. In alle Täler hinein, bis hinauf in die Kammlagen, mit ihren Braunkohlenfeuerungen, Großschloten und kleinen, mit Hallen und Baracken und Rohren, Schuppen und Kesseln, Buden und Silos und mit Lagerplätzen dazwischen und daneben, mit Kohlehalden und Aschekippen, Schutt und Schrott. Rücksichtslos wie einst im 19. Jahrhundert die ›Krupps‹, heute unsere ›Krauses‹, nur schlimmer noch, denn in unseren Jahren sind die Grenzen der Belastbarkeit der Natur und des Menschen deutlich geworden.« Mattheuer hat diese Rede letztlich nicht gehalten; sie wurde erst 1990 veröffentlicht. Kritik konnte sich in der DDR eben eher in Gemälden äußern als in Worten. AS

Graffunder/Beerbaum 1977, S. 49 (Zitat); Ausst. Kat. Dresden 1977/78, S. 317; Wolfgang Mattheuer, *Mein Unbehagen – Mein Widerspruch. Zum Kongreß des VBK-DDR* (1983), in: ders. 1990, S. 161–173 (Zitat S. 169f.); Guth 1995, S. 286; Mann/Schütrumpf 1995.

151

Wilfried Falkenthal (* Baruth 1942)
Das Brigadebad, 1976/77
Öl auf Leinwand, 86 x 96
Berlin, Bundesministerium des Innern

Seitdem Erich Honecker die Künstler auf dem VIII. Parteitag der SED 1971 aufgefordert hatte, »die ganze Breite und Vielfalt der neuen Lebensäußerungen« zu erfassen, bemühten sich viele Maler und Bildhauer um neue Formen der Darstellung von Arbeitern. Dazu gehörte auch der Versuch, die Werktätigen zu der von ihnen umgestalteten Landschaft in Beziehung zu setzen.

Falkenthals *Brigadebad* erregte bei der 1977/78 in Dresden abgehaltenen VIII. Kunstausstellung der DDR erhebliches Aufsehen. Es war anlässlich eines Studienaufenthalts im VEB Braunkohlekombinat Regis-Breitlingen entstanden, dem der Leipziger Maler von 1972 bis 1975 vertraglich verbunden war. In der zu diesem Betrieb gehörenden Grube Haselbach wurde neben Braunkohle auch eine weiße Tonerde abgebaut, die als Rohstoff für die Aluminiumgewinnung diente. Sie bildete türkisfarbene Auslaugungen, deren verfremdende Wirkung den Künstler inspirierte. Die von ihm dargestellte Szene ist fiktiv: Weder bildeten die Arbeiter eine Brigade, noch gehörte das – eigentlich verbotene – Schwimmen in den durch die Bagger des Kombinats entstandenen »Mondkraterlandschaften« (Peter Romanus) zu ihren regelmäßigen Freizeitaktivitäten. Falkenthal verband die unpathetische Darstellung des die ›ideale‹ Brigade kennzeichnenden Teamgeists mit einer Schilderung der durch die Planwirtschaft verursachten Umweltzerstörungen. Damit machte er das konventionelle Porträt einer Arbeitergruppe durch eine innovative Bildidee wieder interessant. *AS*

Honecker 1971, S. 95 (Zitat); Ausst. Kat. Dresden 1977/78, S. 117; Romanus 1978, S. 27 (Zitat).

17 Dispositionsspielräume
Aspekte der rationalisierten Arbeitswelt 1960–1985

Industriesoziologen klassifizieren Arbeitsplätze nach vier Kriterien: Wie groß ist der Dispositionsspielraum des Arbeiters, das heißt welchen Einfluss hat er auf die Planung und den Ablauf seiner Tätigkeit? Welche Qualifikationsanforderungen werden an ihn gestellt? Unter welchen körperlichen und nervlichen Arbeitsbelastungen leidet er? Welche Formen der Zusammenarbeit mit anderen Beschäftigten ergeben sich aus seiner Arbeit?

Abhängig vom Mechanisierungsgrad der Produktionsmittel kann die Arbeitssituation sehr verschieden aussehen. In den 60er und 70er Jahren des 20. Jahrhunderts verschärfte sich die Tendenz zur Technisierung der Arbeitswelt. Vielfach wurden Arbeitsabläufe so mechanisiert, dass sie sich monoton wiederholten und den Beschäftigten nur einen geringen Dispositionsspielraum ließen. In solchen Fällen war der Anreiz groß, auch die noch verbliebenen Handgriffe einer Maschine zu übertragen, was den Verlust von Arbeitsplätzen zur Folge hatte.

In den volkseigenen Betrieben der DDR konnte es theoretisch keine Motivationsprobleme geben: »Eine Gesellschaft bildet sich neu, in der die Arbeit ihren einseitigen, erzwungenen, den Menschen verkrüppelnden Charakter verliert. Der Mensch ist nicht länger mehr ›Anhängsel‹ der Maschine, die ihm nicht gehört, sondern ihr Herr. Damit tut sich gleichsam eine ganze Welt neuer menschlicher Beziehungen auf, und die Arbeit unter sozialistischen Arbeitsbedingungen gewinnt einen zutiefst humanistischen Sinn« (Ullrich Kuhirt). So einfach war Arbeitszufriedenheit aber auch im real existierenden Sozialismus nicht herzustellen. Um die Leistungsbereitschaft der Beschäftigten zu stärken, lancierte der FDGB 1959 die Bewegung »Sozialistisch arbeiten, lernen und leben«. Unter dieser Losung sollten sich die in den Betrieben tätigen Kollektive um den Titel »Brigade der sozialistischen Arbeit« bewerben. Langfristig gesehen, versagten die Brigaden als Instrument zur Schaffung des ›neuen Menschen‹, sie dienten aber als Interessenvertretung für ihre Mitglieder und wirkten so konfliktdämpfend.

Der Arbeiter blieb auch in den folgenden Jahrzehnten das »zentrale Sujet der DDR-Kunst« (Martin Damus). Den Malern und Bildhauern, die – auf dem »Bitterfelder Weg« wandelnd – Beziehungen zu einem Betrieb eingingen, wurde in der Regel eine Brigade als »gesellschaftlicher Partner« zugeordnet. Die Formen der Zusammenarbeit waren vielfältig: Intensive, langjährige und vertraglich fixierte Kontakte gab es ebenso wie kurzfristige Engagements zur Gestaltung einzelner Auftragswerke. Seit Anfang der 70er Jahre vollzog sich eine allmähliche, immer wieder von Rückschlägen begleitete Öffnung der doktrinär geführten Kunstdiskussion. Bei der Kooperation mit einem Betrieb sollten fortan, wie es im *Kulturpolitischen Wörterbuch* hieß, die »einzelnen Vereinseitigungen und Überspitzungen« überwunden werden, außerdem sei der »Unterschiedlichkeit der konkreten Lebenserfahrungen, persönlichen Neigungen, Fähigkeiten und Handschriften der Künstler« Rechnung zu tragen. Die Dispositionsspielräume der Maler und Bildhauer im Umgang mit dem Thema ›Arbeiter‹ weiteten sich aus: Heroisierende Darstellungen wichen nun individualisierenden und ironisch gebrochenen Sichtweisen.

Während in der DDR aufgrund planerischer Defizite ein kontinuierlicher Arbeitskräftemangel herrschte, stiegen in der Bundesrepublik seit 1974 die Arbeitslosenzahlen. Diese Entwicklung hing eng mit den Rationalisierungsbestrebungen der im internationalen Wettbewerb stehenden Industrie zusammen. Trotz der gesellschaftlichen Relevanz des Themas blieb die künstlerische Auseinandersetzung mit der Technisierung der Arbeitswelt im Westen Deutschlands eine Randerscheinung. Dies ist nicht zuletzt auf die dort generell feststellbare Marginalisierung gegenständlicher Kunst zurückzuführen. *AS*

Kuhirt 1958, S. 227 (Zitat); Art. *Bitterfelder Konferenzen*, in: *Kulturpolitisches Wörterbuch*, Berlin ²1978, S. 110–112 (Zitat); Kern/Schumann 1985; Damus 1991, S. 262 (Zitat); Roesler 1994.

152

Willi Sitte (* Kratzau 1921)
Leuna 1969, 1967–69
Mischtechnik auf Hartfaser, 275 x 490
Berlin, Staatliche Museen zu Berlin, National-
galerie, Inv. A IV 246

Unter dem Motto »Chemie bringt Wohlstand,
Schönheit und Glück« startete 1958 das Chemie-
programm der DDR. Der Ausbau von Leuna
zählte dabei zu den wichtigsten Vorhaben. Bereits
1927 hatte die BASF dort mit der Herstellung
von Benzin aus Braunkohle begonnen. Nun sollte
die Petrochemie Einzug halten. Die DDR feierte
1963 die Inbetriebnahme der Erdölleitung
»Freundschaft«, die von Sibirien nach Leuna,
Schwedt und Böhlen führte.

Sitte verwendete für das Gemälde *Leuna
1969* Motive der Pipeline und der Raffinerie. Im
Mittelpunkt steht der planende und leitende Arbeiter (als Synonym für die Partei), den der Ro-
stocker Kunstwissenschaftler Hermann Raum in
eine illustre Ahnenreihe stellte: »Die dreifaltige
Mittelfigur in ›Leuna 1969‹ ist die Antwort
unserer Epoche auf die Plastikgruppe der athe-
nischen Tyrannenmörder, auf den thronenden
Christus in byzantinischen Kirchenkuppeln, auf
den Christus in Michelangelos Weltgericht.« Die
ihn umgebenden Chemiewerker scheinen von
körperlicher Arbeit ebenso befreit zu sein wie von
kapitalistischer Ausbeutung. Das düstere Gegenstück dazu bildet *Leuna 1921*, ein bereits 1965/66
von Sitte geschaffenes Historienbild, das an den

gescheiterten Arbeiteraufstand in Mitteldeutsch-
land erinnert. ›Simultanbilder‹ – wie die Gemälde
Sittes – interpretierten die Kunstkritiker als Ausdruck der 1963 auf dem VI. Parteitag der SED
ausgerufenen »wissenschaftlich-technischen
Revolution«. Die Darstellung der neuen Qualität
sozialistischer Produktionsverhältnisse erforderte
ihrer Ansicht nach »intelligenzintensive« Bilder.
Der moderne Betrachter »will keinen Abklatsch,
sondern Schöpfung« (Peter H. Feist). Häufig
diente die komplexe Bildsprache allerdings lediglich dazu, über die Simplizität der transportierten
Botschaft hinwegzutäuschen. *AS*

Feist 1966 (Zitat); Raum 1975, S. 60 (Zitat); Freitag
1994; Hüneke 1996; Türk 2000, S. 334f.

153

Werner Tübke (* Schönebeck 1929)
Gruppenbild, 1971/72
Tempera auf Spanplatte, 147,5 x 147,5
Dresden, Gemäldegalerie Neue Meister,
Staatliche Kunstsammlungen Dresden,
Inv. 1758 (3831)

Tübke schuf 1972/73 im Rektoratsgebäude der
Karl-Marx-Universität Leipzig das monumentale
Wandgemälde *Arbeiterklasse und Intelligenz*.
Es präsentiert 120 Personen, die sich – in sechs
Gruppen gegliedert – zu einem gesellschaft-
lichen Panorama der Stadt und ihrer Hochschule
vereinen. Arbeiter und Funktionäre, Professoren
und Studenten sind in ein dramatisch bewegtes

Geschehen eingespannt. Die Gegensätze
zwischen den Klassen, Fakultäten und Positionen
werden überspielt; der »virtuose Harmonieversuch« (Eduard Beaucamp) wirkt forciert.

Jeder der Akteure in diesem Auftragswerk
ist durch ein konkretes Modell belegt. Dieses
minutiöse Vorgehen ist kennzeichnend für
Tübkes akribischen Realismus. Als Vorbild für
Die Arbeiterklasse und ihre politische Führung,
die fünfte Gruppe des Wandgemäldes, dienten
die Bauarbeiter der »Brigade Schirmer« sowie die
ranghöchsten Funktionäre Leipzigs: der Erste
Sekretär der SED-Bezirksleitung, der Vor-
sitzende des Rates des Bezirkes und der Ober-
bürgermeister.

Ohne die Politiker treten dieselben Bauarbeiter im *Gruppenbild* auf. Sie sind zu einer
»Andachts-Gruppe« (Lothar Lang) erstarrt. Der
Brigadier scheint aus dem Bild heraustreten zu
wollen. Er beherrscht den Mittelraum; die Blicke
seiner Kollegen sind auf ihn gerichtet wie die der
Apostel auf den Messias. Tübke stilisiert Arbeiter
zu Heiligen mit Schutzhelm. Weiter konnte
dieser Prozess kaum getrieben werden, ohne die
ästhetisierten Subjekte der Lächerlichkeit preiszugeben. *AS*

Ausst. Kat. Dresden 1972/73, S. 34; Emmrich 1976,
S. 26–28; Lang 1976, S. 426 (Zitat); Beaucamp 1985,
S. 34 (Zitat); Damus 1991, S. 282; Uhlmann 1999, S. 207.

154

Walter Womacka
(* Obergeorgenthal 1925)
Erika Steinführer, 1981
Öl auf Leinwand, 148 x 282
Oberhausen, Ludwig Galerie Schloss Oberhausen, Inv. LU OB 112

Wer 1982/83 die IX. Kunstausstellung der DDR in Dresden besuchte, begegnete zuerst dem Bildnis der *Erika Steinführer*. Diese Arbeiterin, eine Wicklerin in der Wendelfertigung des Berliner Glühlampenwerks VEB Narva, wurde in der DDR ab 1976 als Initiatorin der Bewegung »Jeder liefert jedem Qualität – ein Anspruch von allen für alle« gefeiert. Ihr Betrieb bekam den Ehrennamen »Rosa Luxemburg« verliehen, was, wie Helmut Höge herausfand, als Anspielung auf dessen Produktionspalette verstanden werden kann (*lux* = Licht).

Die stakkatoartig gereihten Ausschnitte, die Uhr und die verwischten Farbakzente erzeugen die Vorstellung eines von Zeitmangel geprägten Arbeitslebens. Die energische Mimik und Gestik der Bestarbeiterin machen jedoch deutlich, dass sie ihren Aufgaben gewachsen ist. Ein Blumenstrauß und der Orden »Banner der Arbeit« dokumentieren die ihr zuteil gewordene gesellschaftliche Anerkennung. Womacka setzte das Gemälde aus zwei fast quadratischen Teilen zusammen,

für deren Anordnung es offenbar keine festen Regeln gibt. In Dresden dominierte das halbfigurige Porträt, das Erika Steinführer an ihrem Arbeitsplatz zeigt, den linken Teil, sodass es die Bildfläche in Leserichtung beherrschte. Man kann die beiden Hälften auch vertauschen: In Zeitungsartikeln wurde das Gemälde – ebenso wie später in Oberhausen – in der zweiten, weniger dynamischen Version präsentiert.

Stilistisch griff Womacka Anregungen der Pop Art auf: Wie Robert Rauschenberg und Andy Warhol reproduzierte er im Siebdruckverfahren Fotografien auf den Malgrund, die er farblich überarbeitete. Das Verhältnis von Sinn und Form kehrt sich bei ihm allerdings geradezu um: Während Rauschenberg jedem Bildteil seine eigene Bedeutung lässt, zwingt Womacka den disparaten Motiven eine unmissverständliche Aussage ab. Und während Warhol durch die Vervielfältigung von Porträts den (kapitalistischen) Starkult glossiert, schafft Womacka auf diese Weise überhaupt erst ein (sozialistisches) Idol. *AS*

Ausst. Kat. Dresden 1982/83, S. 83; Reinhart Grahl, *Die Schönheit im Gesicht einer Arbeiterin*, in: *Tribüne* vom 15. Okt. 1982, S. 5; Ausst. Kat. Berlin 1985/86, S. 32f.; Damus 1991, S. 307; Helmut Höge, *Eckdaten einer bestimmten Glühbirnenforschung*, in: *Die Zeit* vom 20. Nov. 1992, S. 56.

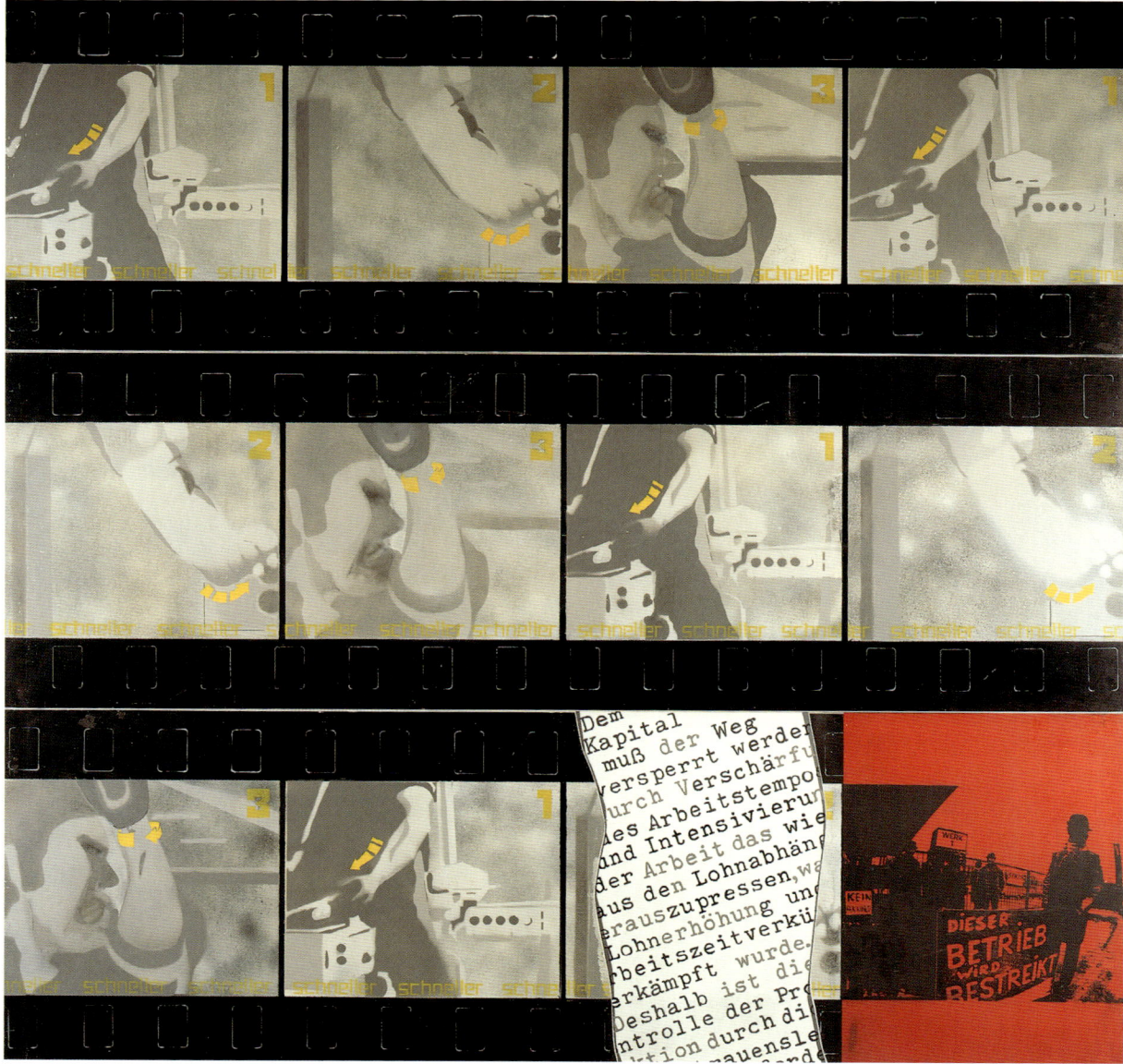

155

Misch Da Leiden
(* Luxemburg 1948)
Fließband, 1972
Mischtechnik (Lack, Acryl, Siebdruck, Spritz-
technik) auf Hartfaser, 200 x 200
Düsseldorf, Besitz des Künstlers

Das während Da Leidens Studium an der Düsseldorfer Kunstakademie geschaffene Gemälde
prangert die Entfremdung der Arbeit unter kapitalistischen Bedingungen an. Die zermürbende
Tätigkeit am Fließband, die den Dispositionsspielraum des Arbeiters stark einschränkt, steht
hier stellvertretend für das gesellschaftliche

System. Die als Einzelbilder eines Filmstreifens
gestalteten Motive, die dreimal in derselben Abfolge wiederkehren, verweisen auf den gleichförmigen Charakter der Fließbandfertigung.
Pfeile, Nummern und das der gesamten Sequenz
unterlegte Wort »schneller« unterstreichen diese
Aussage. Bei der vierten Wiederholung reißt der
Film: Ein agitatorischer Text schiebt sich ins Bild;
die Grundfarbe wechselt abrupt von Grau zu Rot;
Streikposten vor einem Werkstor bestimmen das
letzte Einzelbild.

Das Gemälde entstand in der Aufbruchphase
nach 1968, in der die sozialistische Utopie eine
erhebliche Anziehungskraft auf die Intellek-

tuellen der Bundesrepublik ausübte. Die künstlerische Ausdrucksform dieser Strömung war der
Kritische Realismus. Schon während der frühen
70er Jahre zerstoben die Reformillusionen, überzeugende gesellschaftliche Alternativen wurden
nicht formuliert. Die Fließbandfertigung hatte
die Autonomie des Arbeiters im Sozialismus
ohnehin stets auf gleiche Weise beschnitten wie
im Kapitalismus. *AS*

Türk 2000, S. 342f.

156

H. D. Tylle (* Bayreuth 1954)
Die entlassene Prospekteinlegerin, 1981
Öl auf Leinwand, 140 x 200
Kassel, HNA Hessische/Niedersächsische
Allgemeine

Rationalisierung führte Ende der 70er Jahre in
der Druckindustrie zu massiven Beschäftigungs-
verlusten. Die Umstellung von Bleisatz auf Foto-
satz provozierte 1978 sogar einen dreiwöchigen
Arbeitskampf. Noch leichter als das Setzen war
das Beschicken und das Entleeren von Maschinen zu mechanisieren, da es nur geringe Qualifikationsanforderungen an die Beschäftigten stellt.

Tylle zeigt eine Maschinenbedienerin, deren
Arbeitsplatz überflüssig geworden ist. Sein
Gemälde entstand bei einem Arbeitsaufenthalt in
der Druckerei der *Hessischen/Niedersächsischen
Allgemeinen* in Kassel. Der Künstler absolvierte
seit 1979 eine Vielzahl solcher Visiten, unter
anderem bei Volkswagen in Baunatal (1980), bei
der Hoesch AG in Dortmund (1983), im VEB
Mansfeld »Wilhelm Pieck« in Eisleben (1987, als
erster bundesdeutscher Künstler) und in den
Marmorsteinbrüchen von Carrara (1992).

Für das Bild *Die entlassene Prospekteinlegerin* erhielt der Maler 1982 den ersten Preis im
Wettbewerb »Die Arbeitswelt im Spiegel der

bildenden Kunst« des Bundesverbandes bildender Künstlerinnen und Künstler, Bezirksverband
Karlsruhe. Die verzweifelte Arbeiterin sitzt nach
ihrer letzten Schicht auf einem Stuhl vor dem
noch glänzenden neuen Aggregat, dem sie ihre
Entlassung verdankt. An der rückwärtigen Wand
der Werkhalle steht in roten Großbuchstaben der
Schriftzug »NICHT RAUCHEN«. Er wird teilweise von der Maschine überdeckt, zu lesen sind
nur die Buchstaben »ICH AUCH«. AS

Ausst. Kat. Hamburg 1990, S. 21; Türk 2000, S. 350.

18 Die Logistik des Sehens

Fotografie im Informationszeitalter 1970–1995

Die rasante Entwicklung mikroelektronische Systeme seit Beginn der 1970er Jahre war Anlass für tief greifende technische Umwälzungen. Als Steuerungs- und Regelungseinrichtung universell in der gesamten Technik verwendbar und günstig in der Herstellung, veränderte der Einsatz von Mikroprozessoren nachhaltig die herkömmlichen Arbeits- und Produktionsbedingungen in Industrie, Wissenschaft und Forschung. Technische Fortschritte in Mikro- und Optoelektronik wirkten sich vor allem auf Nachrichten-, Kommunikations- und Automatisierungstechnik, auf Bio- und Gentechnologie sowie auf Satelliten- und Weltraumtechnik aus. Der Einsatz von Computer-, Medien- und Informationstechnologien erweiterte sämtliche Formen der technischen Kommunikation, was grundlegende Verschiebungen in der gesellschaftlichen Organisation zur Folge hatte. In der Diskussion über Vor- und Nachteile wurde von kulturpessimistischer Seite aus auf den Verlust von Humanität, Individualität und politischer Freiheit hingewiesen, der mit zunehmender Technisierung einhergehen würde. Hingegen sahen die Befürworter der Medientechnik die Möglichkeit, eine befreite, »post-industrielle Gesellschaft« (Daniel Bell) zu realisieren. Unklar bleibt dabei nach wie vor die Frage, ob die neue Medientechnik in Zukunft Arbeitsplätze schaffen oder von Arbeit befreien soll. Die wachsende Bedeutung der internationalen Finanzmärkte, der Welthandel und die verstärkte internationale Ausrichtung von Unternehmen führen zu einer Zersplitterung der traditionellen Produktionskette. Fertigwaren und Zwischenprodukte werden um die ganze Welt verschifft, um einzelne Arbeitsschritte dort zu erledigen, wo es besonders günstig erscheint. Großkonzerne wie die Siemens AG, Thyssen-Krupp oder MBB arbeiten zunehmend multinational – der Siemens Konzern beispielsweise operiert mittlerweile in 127 Ländern.

Vor dem Hintergrund der wirtschaftlichen Entwicklung und technischen Beherrschbarkeit weiter Teile der Umwelt erwies sich die Fotografie als adäquates künstlerisches Medium, um den Prozess der industriellen Erneuerung und die damit einhergehende Zerstörung augenblicklich zu fixieren. Zunächst knüpfte man an die Tradition der Moderne an. Wesentlichen Anteil an der Ausbildung neuer Ansätze und ästhetischer Konzepte nahmen die Fotografieklassen von Otto Steinert an der Folkwangschule in Essen und von Bernd und Hilla Becher an der Kunstakademie in Düsseldorf.

Die sich verändernde Arbeitswelt – geprägt von Steuerungs- und Fertigungsautomaten –, bei deren Produktion lediglich die Gehäuse sichtbar sind, das Arbeitssystem selbst von einer ›unsichtbaren‹ Struktur hochintegrierter Bausteine getragen wird, stellt für die Übertragung in das fotografische Medium eine neue Herausforderung dar. Gerade in der Fotografie werden am Übergang von analoger zu digitaler Bildgestaltung im Rekurs auf bildliche Traditionen neue Akzente in Bezug auf Raumkonzeptionen, Bilddramaturgien und Rahmenfunktionen gesetzt. Fragen nach der technischen Repräsentation – Korn oder Raster – bzw. Tönung, Farbe und Transparenz werden experimentell untersucht. Die Möglichkeiten der elektronischen Bildgestaltung stellen die klassische Mimesistheorie erneut auf die Probe. Das Zusammenspiel von geographischen, gesellschaftlichen und wirtschaftspolitischen Faktoren lässt sich nicht länger in ein Repräsentationssystem übersetzen, wie es die geometrische Konstruktion der Perspektive, ein auf den Mittelpunkt fokussierter Bildaufbau und die Fixierung der Betrachterposition vor dem Bild vorgegeben hatten. Der Zusammenhang zwischen Vergangenheit und Gegenwart, die Vorstellung von Raum, das Verhältnis vom Bild zum Abbild sowie die Frage nach Ursprung und Ende werden neu thematisiert. Als immer noch glaubwürdiges Verfahren einer vermeintlich objektiven Übertragung von Wirklichkeit profitiert vor allem die Fotografie von den Neuerungen der technischen Möglichkeiten. Nach wie vor liegt ein wesentliches Potential des fotografischen Bildes in der Fähigkeit, zu überzeugen und zu täuschen. *BS*

Bell 1973 (Zitat); Theorie der Fotografie III (1983); Modick/Fischer 1984; Kiesewetter 2000; Theorie der Fotografie IV (2000).

Nach meiner Beschäftigung mit Landschaftsbildern wendete ich mich dem Arbeitsbereich zu, wenngleich ich auch keine Gegenüberstellung beabsichtigte. Moderne Fabriken waren Orte, die mir bisher verschlossen geblieben waren. Bezeichnend fand ich, daß man eine bestimmte Bildvorstellung von Industrieräumen großer Unternehmen der 90er Jahre hat. Doch die stimmt mit der Realität nur selten überein. ... Die Tatsache, daß Adidas in Herzogenaurach wie ein kleiner ländlicher Schneiderbetrieb erscheint, erstaunte mich, und so suchte ich weiter nach einem Bildäquivalent für meine Vorstellung von einem modernen Großunternehmen. ...

Es geht mir nie um den einzelnen besonderen Augenblick. Ja, in gewisser Weise arbeite ich gegen die Fotografie als ein Medium, das einen bestimmten Zeitmoment einfängt. Ich versuche das genau auszusparen, indem ich den Augenblick bis zum Gehtnichtmehr dehne. Bei mir hat man nicht das Gefühl, ich hätte auf bestimmte Lichtverhältnisse oder auf eine ganz exponierte Situation gewartet. Vielmehr wirkt bei mir alles wie gefroren und so, als wäre es wiederholbar. Die auf den Bildern festgehaltenen Menschen agieren nicht, sondern sind gefangen in ihrem Umfeld.

Andreas Gursky im Interview mit Heinz-Norbert Jocks, 1999

Mit dem Verzicht auf klar definierte, wiedererkennbare Inhalte habe ich in meinen letzten Arbeiten den Raum einfach verdreht, so daß die Sicherheit meiner Räume unheimlich geworden ist und der Betrachter aus ihnen herausfällt. Es gibt jetzt oft leere Räume, die nicht mehr perspektivisch geordnet sind und keinerlei Erzählung zulassen. ...

Während die Produktion immer komplexer, immer perfekter wird, verschwindet der Mensch als etwas Unnötiges, etwas Schmutziges, das die reinen Arbeitsprozesse stört. Die industriellen Großstrukturen sind weg, die Farbe verändert sich, die Räume verändern sich, es gibt nur noch künstliches Licht, kein Tageslicht mehr. ...

Ich habe geglaubt, daß die Fotografie Prozesse durchscheinig und sichtbar macht, daß sie neues Wissen vermittelt, sehr zeitgemäß ist und das Bildmittel unseres Jahrhunderts, das technische Leitbild, auf dem alles aufbaut, repräsentiert. Deshalb war sie für mich für etwas anderes nutzbar als nur im Kunstkontext.

Timm Rautert im Interview mit Daniel Stemmrich, 2000

157

Bernd und Hilla Becher
(* Siegen 1931 und Potsdam 1934)
Drei Typologien von Fördertürmen, 1973
27 Schwarzweißfotografien, jeweils 40 x 30
Aachen, Ludwig Forum für Internationale Kunst,
Sammlung Peter und Irene Ludwig

»Anonyme Skulpturen« nennen Bernd und Hilla
Becher die Bauten, die von namenlosen Ingenieuren und Baumeistern geplant sind und die
seit den 1960er Jahren im Zentrum ihres künstlerischen Konzeptes stehen. Fachwerkhäuser,
Wasser- und Fördertürme, Zechen und Fabrikhallen, Getreidesilos und Hochöfen legen Zeug-

nis von einer von der Zeit eingeholten industriellen Entwicklung ab. Viele dieser Objekte sind
inzwischen veraltet, stillgelegt, zerstört oder einer
anderen Funktion zugeführt. Einige von ihnen
wurden unter Denkmalschutz gestellt. Im Zuge
der Debatte um Erhaltung und Erfassung industriell genutzter Anlagen entdeckte die Denk-
malpflege die Fotografien von Bernd und Hilla
Becher als Dokumentations- und Anschauungs-
material.

Mit gleichbleibender Präzision im Arbeits-
ansatz, der in der Tradition der Neuen Sachlichkeit der 20er Jahre steht, werden die Bauten ins
Bild gesetzt, gekennzeichnet von einem syste-

matischen Vorgehen und einer objektivierenden
Bildsprache. Jedes Objekt wird von annähernd
gleicher Standhöhe bei neutral grauem Himmel,
ohne harte Schatten und effekterzielendes
künstliches Licht, bildmittig – meist frontal –
aufgenommen. Das große Format der Negative
und eine lange Belichtungszeit garantieren
die gleichmäßige Präsenz aller Details im Bild.
Die dokumentarischen Schwarzweißfotografien
werden in Serien zu Typologien zusammengestellt, ausgehend von der Funktion und –
in einem zweiten Schritt – nach dem verwendeten Baumaterial. Die Aufnahmen, die
mittlerweile ein wichtiger Bestandteil der

›Industriearchäologie‹ sind, schärfen den Blick für die Dinge.

Die Arbeit *Drei Typologien von Förder-türmen* zeigt in jeweils neun Fotografien drei Fördergerüsttypen, geordnet nach der Seilstütz-konstruktion. Die Seilvorrichtung dient im Bergbau zur Umlenkung des Förderseils in den Schacht. Das Förderseil selbst wird von einer Maschine angetrieben, die sich in einiger Entfernung vom Schacht befindet. Der Prototyp des Förderturms ist ein Stahlgerüst, in dessen hochgezogenen Stützpfeilern zwei neben- oder untereinander gelagerte Seilscheiben eingesetzt sind – hier in der ersten und zweiten Typologie

zu sehen. Das Doppelstrebegerüst, die dritte Typologie, ergibt sich aus der symmetrischen Verdopplung der einfachen Gerüstkonstruktion. Die fotografierten Skizzen am Beginn jeder Typologie veranschaulichen die Konstruktion in schematischer An- und Aufsicht.

Bei der Systematisierung der Bilder spielen weder topographische noch chronologische Ordnungsprinzipien eine Rolle. Die Aufnahmen ermöglichen ein vergleichendes Sehen, in dem die verschiedenen Bauten eines Typs auf ihre vergleichbaren Strukturen hin analysiert werden. Beim Betrachten der Bilder ergibt sich ein fort-während Wechsel in der Wahrnehmung vom

Typischen zum Spezifischen. Durch die Reduktion auf ein Objekt im Bild lassen sich die ästhetischen Qualitäten von äußerer Gestalt und formaler Struktur – wie beispielsweise die sperrig gespreizten Fördergerüste – konzentriert wahrnehmen. *BS*

Ausst. Kat. Bonn/Tübingen 1975 (Zitat Becher S. 28); Ausst. Kat. Essen 1985; Köhler/Becher 1989, S. 14f.; Slg. Kat. Frankfurt 1992; Ausst. Kat. Bochum 1994; Ausst. Kat. Köln 1997; Ausst. Kat. Oberhausen 2001a.

158

Timm Rautert (* Tuchel 1941)
Reinraum, Siemens AG, München, 1989
Modern print, Farbfotografie/Diasec, 170 x 245
Timm Rautert, courtesy Heidi Reckermann
Photographie, Köln

Die Aufnahme, im Rahmen einer Auftragsarbeit
von Siemens entstanden, zeigt einen der Garde-
robenräume der Siemens AG in München im
Bereich Halbleitertechnik. Voraussetzung für
das Arbeiten mit Halbleiterstoffen sowie für die
Herstellung von Siliciumchips sind absolut staub-
freie Räume. Von daher ist den Mitarbeitern
der Zugang zu den Arbeitsräumen nur in entsprechenden Anzügen erlaubt.

Für das Projekt *Gehäuse des Unsichtbaren.
Bilder von der dritten industriellen Revolution*,
das Timm Rautert in den 1980er Jahren begann,

vergrößerte er die Aufnahme und stellte sie mit
weiteren Fotografien aus den Arbeitsräumen der
Siemens AG zu einer thematischen Bildserie zusammen. Im Ausstellungskatalog von 1992
werden die Bilder lediglich mit dem lakonischen
Titel *Siemens AG, München 1989* bezeichnet. Die
Ratlosigkeit beim Betrachten des Reinraums wird
angesichts der Vergrößerung noch gesteigert –
der gewählte Ausschnitt veranschaulicht in zugespitzter Form das Dilemma der Orientierungs-
losigkeit und des Nicht-Verstehens in Verbindung mit dem Eindruck einer vakuumartigen
Leere im Bild. Durch das Fehlen eines Rahmens
als Distanz erzeugendes Bildelement wird der
Betrachter noch direkter und unmittelbarer mit
der Dynamik des Raums konfrontiert. Das
räumliche Spannungsverhältnis ergibt sich aus
der Dominanz der diagonalen Raumflucht, den

graphischen Diagrammlinien von Boden- und
Deckenplatten und den im Kontrast dazu schlaff
und leblos an den Garderobenständern hängenden Schutzanzügen. Im Gegensatz zur malerischen Tradition wird hier eine ruhige Kontem-
plation unmöglich gemacht, saugt das Bild den
Betrachter förmlich in sich hinein. Im kritischen
Rekurs auf tradierte visuelle Orientierungsmuster
thematisiert Rautert die Veränderungen in der
Arbeitswelt und untersucht dabei die Grenzen
ihrer Übertragbarkeit in das Medium der
Fotografie. *BS*

Büschemann/Rautert 1990; Ausst. Kat. Essen 1992;
Ausst. Kat. Hamburg 1996; Ausst. Kat. Oberhausen
2001b.

159

Andreas Gursky (* Leipzig 1955)
Siemens, Karlsruhe, 1991
Farbfotografie, auf Plexiglas aufgezogen,
170 x 200
Andreas Gursky, courtesy Monika Sprüth
Galerie, Köln

Einen zentralen Aspekt der Arbeiten von Andreas
Gursky bildet die Auseinandersetzung mit dem
Verhältnis von Mensch und Raum. Die Fotografien, die er 1991 in Produktionsstätten verschiedener Industrieunternehmen aufnahm,
thematisieren eben dieses Verhältnis. Die großformatige Aufnahme *Siemens, Karlsruhe* zeigt
von einem erhöhten Standpunkt aus einen Blick
in eine der Werkshallen. Weniger ein bestimmter
Fertigungs- oder Produktionsablauf stehen im
Vordergrund, sondern vielmehr die Wiedergabe

einer Raumsituation, die ein eigenständiges,
übergeordnetes Regelsystem darstellt, in das sich
der Mensch anonym einfügt. Die durchgehende
Tiefenschärfe – die zur genauen Betrachtung der
Details anregt –, die gleichbleibende, matte
Farbigkeit und die von der Decke hängenden
Spiralkabel verdichten den Raum zu einer
plastischen, transparent durchscheinenden Ge-
webestruktur. Gesellschaftliche Strukturen im
Kontext moderner Arbeitsbedingungen werden
hier in den Bereich des Ästhetischen, in die
Raumwahrnehmung, übertragen – ohne dem
Betrachter dabei einen Bildmittelpunkt anzubieten, der als Bezugspunkt für einen hierar-
chisch gegliederten Raum dienen könnte. Entsprechend fehlt im Bild die Auflösung zu einem
überschaubaren Ganzen durch eine harmoni-
sierende und ordnende Zentralperspektive.

Der Raum lässt sich lediglich Detail für Detail
mit Blicken durchwandern.

Im Rückgriff auf tradierte Bilddramaturgien
und Raumkonzeptionen – insbesondere aus der
Kunstgeschichte – tastet Gursky die Grenzen von
Malerei und Fotografie sowie Fotografie und
Film ab. Bei der Darstellung des Verhältnisses
von Mensch und Umwelt räumt er dabei der
wahrnehmenden gegenüber der abbildenden
Funktion in der Fotografie den Vorrang ein. *BS*

Ausst. Kat. Düsseldorf 1991; Ausst. Kat. Zürich 1992;
Gursky 1992; Ausst. Kat. Bregenz 1999; Gursky/Jocks
1999; Ausst. Kat. Bochum/Leipzig 2000; Ausst. Kat.
New York 2001.

160.1–3

Timm Rautert (* Tuchel 1941)
1. Montageband, Porsche AG,
Zuffenhausen, 1992
2. Montageband, Porsche AG,
Zuffenhausen, 1992
3. Montageband, Porsche AG,
Zuffenhausen, 1992
Farbfotografie/Diasec, jeweils 70 x 100
Timm Rautert, courtesy Heidi Reckermann
Photographie, Köln

In Rauterts Aufnahmen aus dem Porschewerk in Zuffenhausen zeigt sich wie schon in seiner Aufnahme vom *Reinraum* (Kat. Nr. 158) ein starkes Interesse an der fotografischen Darstellbarkeit technischer Systeme und ihrer Rezeptoren. Auf den drei Aufnahmen vom Montageband, die formal wie ein Triptychon angeordnet sind, stehen die komplexen Steuerungs- und Fertigungsapparaturen bildfüllend im Vordergrund. Zu sehen ist ein automatisierter Produktionspro-

wie sie vor allem zu Beginn des 20. Jahrhunderts durch das Aufkommen des Automobils Konjunktur hatten –, verbinden sich auch heute noch mit dem Auto, das mittlerweile zum Massenprodukt geworden ist. Diese latenten anthropologischen – in erster Linie männlichen – Utopien und Allmachtsphantasien der Moderne konterkariert Rautert mit einer nüchternen Bestandsaufnahme aus der Produktion. Selbst der exklusive Porsche – ein Klassiker unter den Edel-

karossen – wird mittlerweile automatisch montiert. Der gesellschaftliche, repräsentative Aspekt und Bedeutungsgehalt ist in diesem Moment von dem Statusobjekt Porsche losgelöst. *BS*

Ausst. Kat. Essen 1992; Böhme/Rautert 1993; Ausst. Kat. Oberhausen 2001b.

zess, der innerhalb eines Regelsystems in einem seriellen Zusammenhang steht und in dem – zumindest was die Ausschnitte hier betrifft – keine Menschen teilnehmen. Montiert wird ein Porsche, dessen Karosserie, eingespannt in die elektronisch gesteuerten Maschinengreifarme, in einer Abfolge von Heck-, Seiten- und Vorderansicht gezeigt wird. Die labyrinthische Fülle von Details kann vom Betrachter schwerlich überschaut werden, die räumliche Koordinations-

fähigkeit des Auges ist überfordert. In der Anordnung der drei gleichformatigen Aufnahmen ergibt sich zum einen ein Zeitverlauf, zum anderen wird durch die Akzentuierung der Seitenansicht, in der die sich selbst steuernden Apparaturen annähernd den gesamten Bildraum füllen, eine Hierarchie von Mittelbild und flankierenden Seitenbildern hergestellt.

Rautert knüpft hier an das Triptychon als Idealtypus des christlichen Altarbildes an, in dem

Form und Inhalt, Bildsystem und Bildgehalt zu einer größeren Einheit zusammengefasst und so das eigentliche Wesen der Darstellung in höchstmöglicher Intensität und Reinheit erfahrbar werden sollte. Als gesellschaftliches Statusobjekt symbolisiert das Auto die Vorstellung einer mobilen und unabhängigen Gesellschaft. Geschwindigkeitsrausch, Potenzierung der eigenen Kraft sowie der Traum, mit der Maschine zu einer Einheit zu verschmelzen – Phantasien,

19 Post-Industrie
Ruinenästhetik und Müllstillleben 1985–2000

Der Begriff der Postindustrialisierung verweist auf ein verändertes Verhältnis zwischen Mensch und Maschine, zwischen Kultur und technischer Produktionsweise. Fortschreitende Digitalisierung und stetig wachsende internationale Vernetzung erscheinen als Übergang in eine neue Epoche. Während etwa in der heutigen pluralen Gesellschaft der steigende Massenkonsum und die Produktvielfalt eine zunehmende Dynamik unserer Dingwelt deutlich vor Augen führen, werden weite Regionen der Welt durch gewinnversprechende Verlagerungen von Industriestandorten – und die ihnen folgenden Probleme – dem pragmatischen Kalkül ökonomisch-rationalen Handelns unterworfen. Um sich im internationalen Wettbewerb behaupten zu können, leiten vor allem international agierende Großkonzerne in vielen westlichen Industrieländern Konzentrationsbewegungen ein. Langjährige Perioden geringen oder gar stagnierenden Wirtschaftswachstums sollen überwunden, zusätzliche Absatzmärkte neu erschlossen werden. Da sich dieser ökonomische Wandel ebenfalls in den so genannten ›Schwellenländern‹ vollzieht, drängen mittlerweile auch diese, technologisch meist hoch entwickelt, mit ihren Produkten auf den Weltmarkt und beleben die internationale Konkurrenz.

Infolge der Diversifikation traditioneller Wirtschaftszweige, des weltumspannenden Wissensaustausches und der von Kulturkritikern häufig beklagten Tendenz zur allgemeinen Vereinheitlichung entfremdet sich der Mensch vielerorts der ihn umgebenden Natur. Das globale Ausmaß der immer weiter voranschreitenden Mechanisierung und Technisierung der Welt macht es überdies notwendig, die teils stark vernutzte Landschaft nach Möglichkeit zu rekultivieren. Erste Ansätze einer Wiederbelebung ehemaliger Wirtschaftsstandorte beruhen auf der Vorstellung, ihre frühere Nutzung wieder in das Bewusstsein der Bevölkerung zu heben, indem Industrieanlagen als Zeugen der Vergangenheit neu in Wert gesetzt und mittels attraktiver Event-Kultur zu Unterhaltungsparks mit Freizeitwert umgestaltet werden. Gegenüber diesen Versuchen der Imageverbesserung, der Anwerbung von Investoren und Touristen steht die Befürchtung, die Schöpfung des Menschen könne sich in Form brachliegender Industrieruinen oder aber der irreversiblen Ausbeutung natürlicher Ressourcen gegen ihn selbst richten – ein Schreckensbild, das seit der Industriellen Revolution besteht.

Die Ambivalenz gegenwärtiger Entwicklungen spiegelt sich nicht zuletzt im Industriebild wider. So verstärkt sich seit den frühen 1970er Jahren – parallel zur Gründung moderner Umweltschutzbewegungen – die Kritik an den negativen Auswirkungen der Industrialisierung, indem vor allem ökologische Schäden wie beispielsweise die Müllbeseitigung oder der Tagebau thematisiert werden. Im Unterschied zur traditionellen, weithin positivistisch aufgefassten Darstellungsweise des 19. und beginnenden 20. Jahrhunderts beziehen verschiedene zeitgenössische Künstler eher gegenläufige Positionen: In Abwendung vom Technikkult widmen sie sich unter dem Aspekt der Historizität der Industrie, das heißt ihrem ›Verschwinden‹ aus der Umwelt, dem komplexen Bezugsverhältnis ökonomisch-ökologischer wie auch gesellschaftlicher Wechselwirkungen. Dabei ist es weniger der nostalgische Dokumentcharakter oder die ambivalente Abriss- oder Ruinenästhetik, die Anlass zur Auseinandersetzung bieten, als vielmehr der Blick auf den schleichenden Rückzug der Industrie aus mittlerweile vertrauter Umgebung, der eine veränderte Wahrnehmung und damit innovative Darstellungsmuster provoziert. Dieser differenzierte Umgang mit dem Prozess der Auflösung spiegelt sich nicht zuletzt in bildkünstlerischen Interpretationen des Verlustes und der Skepsis gegenüber aktuellen Entwicklungen wider: Hier mischt sich die realistisch-dokumentarische mit einer eher bildnerisch-ästhetisierenden Sichtweise, während die Differenz zwischen stillgelegter Industrie und Umwelt zumindest teilweise aufgehoben scheint. *JM*

Brüggemann/Rommelsbacher 1987; Herding 1987; Grögl-Steinbach 1990; Ausst. Kat. Bonn 1992b; Ausst. Kat. Oberhausen 1994; Kreibich/Schmid 1994; Lebensraum Erde 1997; Ausst. Kat. Oberhausen/Dortmund 2000; Meißner 2001.

161
Helga Budde-Engelke
(* Oberhausen 1950)
Zechenarkaden, 1989
Acryl und Graphit auf Papier, 106 x 78
Besitz der Künstlerin

»Mir liegt nichts an naturalistischen Ansichten.
Ich verarbeite auch innere Bilder, Erinnerungen ... Ich male das subjektive Erlebnis
und will keine dokumentarische Bestandsaufnahme.« Mit dieser Einschätzung reflektiert
Budde-Engelke den ihren Arbeiten zugrunde
liegenden künstlerischen Gestaltungsansatz.
Im Zentrum der Dar-stellungen stehen vor
allem aktuelle Veränderungsprozesse in alt-
industriell dominierten Regionen, speziell
dem Ruhrgebiet mit seinen stillgelegten oder
bereits demontierten Kohle- und Stahlstand-
orten, abgeräumten Produktionsgeländen
oder dem Abriss preisgegebenen
Fabrikgebäuden.

Die oft abstrahierenden Bilder sind – wie
das Werk *Zechenarkaden* zeigt – in ihrer
Tiefenräumlichkeit streng gestaffelt, auf konstruktive Architekturelemente reduziert und
sowohl in ihrer gebrochenen Farbigkeit als
auch in der strengen, nahezu monumental angelegten Formensprache eigentümlich spröde,
sachlich, graphisch. Um diese bildimmanente
Spannung zu erhöhen, erscheinen größere Bereiche zugunsten einer stärkeren Flächen-
wirkung schemenhaft zusammengezogen;
auch wirken Vorder- und Hintergrund des eng
gefassten Bildausschnittes durch die ver-
kürzende Perspektive und eine die Gebäudekomplexe scharfkantig differenzierende Lichtregie miteinander verspannt. Der Blick auf die
abweisende Fassade des pfeilerumstellten
Bogenganges signalisiert den schleichenden
Rückzug der Industrie aus der Landschaft.
Verstärkt wird dieses gestalterische Moment
durch den weitgehenden Verzicht auf reale
Architekturversatzstücke; die Erinnerung an
die bauliche Hinterlassenschaft der Industrialisierung an Rhein und Ruhr ist somit bereits bildnerisch verwischt. *JM*

Jordan 1991; Schmidt 1991, S. 11 (Zitat); Fischer
1992; Türk 2000, S. 363.

162

Klaus Ritterbusch (* Bodenwerder 1947)
La Poubelle, 1991/92
Öl auf Leinwand, 280 x 360
Gelsenkirchen, Städtisches Museum
Gelsenkirchen

Abgebildet ist die riesige Sortierstation der Müll-
verbrennungsanlage in Düsseldorf-Flingern.
Das Bild thematisiert die brisante Problematik
moderner Müllentsorgung – ein Sujet, das im
Unterschied zum traditionellen Industriebild
nicht sehr häufig zur Darstellung gelangt.

Seit mehr als 20 Jahren steht für Ritterbusch
die Skepsis gegenüber der zeitgenössischen Entwicklung moderner Industriegesellschaften und
deren Konsumverhalten im Mittelpunkt seiner

künstlerischen Auseinandersetzung. Auch in
diesem Werk kommentiert der Maler ausschnitt-
haft den heutigen Zustand unserer Zivilisation:
Kaskadenartig erheben sich im rechten Bildteil
die über den Beckenrand bordenden Abfälle der
Wohlstandsgesellschaft vor dem Abgrund eines
tiefer liegenden Grabens. Die Düsternis des
Themas unterstützend, gibt die Komposition den
Blick frei auf die apokalyptisch gestimmte
Szenerie der technischen Großanlage: In perspektivischer Verkürzung suggerieren Pfeiler,
Schachtwände und Auffangbecken einen starken
Sog in die Tiefe des menschenleeren Raums,
welcher in den gleißenden Lichteinfall des zen-
tralen Hintergrundes mündet. Kontrastiert wird
jene Dynamik, die sich entlang der Diagonalen

entfaltet, durch die waagerechten Unterzüge der
Deckenkonstruktion sowie durch die roten und
gelben Farbakzente der aufgereihten Müll-
container. Jenseits allen künstlerischen Formen-
vokabulars und individueller Bildauffassungen
gelingt es dem Maler, den Gegensatz zwischen
mystisch-ästhetisierender Gestaltung und der
massenhaften Abfallbeseitigung industrialisierter
Lebenswelten sowohl augenfällig als auch hinter-
gründig zur Anschauung zu bringen. *JM*

Flemming 1994; Ausst. Kat. Aachen 2000; Ausst. Kat.
Herne 2000; Türk 2000, S. 357.

163

Alexander Calvelli (* Frankfurt/M. 1963)
Saugzug, Brikettfabrik Ville-Berrenrath,
Hürth, 1996
Acryl auf Leinwand, 59 x 83
Besitz des Künstlers

Calvelli zählt zu jener relativ kleinen Künstlergruppe, die auch in der Gegenwart die Traditionslinie der deutschen Industriemalerei fortsetzen. In seinen sachlichen, altmeisterlich ausgeführten Darstellungen, die dem ›Hyperrealismus‹ zuzurechnen sind, orientiert sich der Maler an selbst erstellten Fotos, ohne sich indes von der Vorlage positivistisch binden zu lassen.

Seine Komposition stellt ein anschauliches Beispiel für eine derartige Ambivalenz zwischen Form und Inhalt dar. Es handelt sich um ein stillgelegtes Fabrikensemble, bei dem in nahsichtiger Perspektive eine grotesk anmutende, insektenförmige Produktionsstätte aus den 1940er Jahren im Bildzentrum steht. Festgehalten im Zustand der Stilllegung (seit 1994) strahlt sie – unterstützt durch die Wahl des zentralen Betrachterstandpunktes und die ästhetisierenden Zeichen des technischen Verfalls – eine museale Ruhe aus. Als historische Quelle dokumentiert das Werk überdies ein Stück Industriearchäologie, da es die Historizität ehemaliger Fabrikationsstandorte selbst zum Thema der Darstellung erhebt: Vergleichbar einem Ruinenbild schildert Calvelli ohne Pathos den aktuellen Rückzug traditioneller Industrien aus der Welt der Moderne. Dabei setzt der Künstler Alt und Neu nicht gegeneinander, vielmehr können die technischen Apparaturen hinsichtlich ihrer rationellen Formbestimmtheit und maschinellen Struktur im Sinne einer Kontinuitätsthese interpretiert werden: Auch sie illustrieren in ihrer Gesamtheit im jeweils Besonderen etwas Allgemeines, nämlich Leitprinzipien der industriellen Produktion. *JM*

Dückershoff 1999; Türk 2000, S. 356.

164
Robert Schneider (* Buchheim 1944)
Baku, Nr. 35, 2000
Acryl auf Leinwand, 135 x 100
Besitz des Künstlers

Der in Hamburg lebende Künstler beschäftigt
sich in verschiedenen, über Jahre hinweg zyklisch
angelegten Werkgruppen mit der Darstellung
apokalyptischer Visionen, die er aus der unmittelbaren Zeitgeschichte ableitet. Seine Acrylbilder
lassen sich als ein (ideologie-)kritischer Kommentar zum aktuellen Verhältnis zwischen großindustriellen Produktionsweisen und den davon
jeweils beeinflussten gesellschaftlichen Lebensformen interpretieren. Die Zyklen *Bitterfeld*,
Slask/Oberschlesien sowie *Baku – Apokalyptische
Visionen* bringen dies anschaulich zum Ausdruck.
Letzterer entstand nach einem Aufenthalt in den
Ölfeldern Aserbaidschans und thematisiert die
ökologischen Folgen des Rückzugs der Industrie
sowie die Haltung der menschlichen Zivilisation
gegenüber den scheinbar bezwungenen Naturgewalten, der ›ersten Schöpfung‹.

In zahlreichen der insgesamt 39 Ölgemälde
und 80 Gouachen, die diesem Zyklus angehören,
erzeugt der Künstler allein durch die Wahl des
Bildausschnittes und die changierende Farbgebung eine stark verfremdende Wirkung: Vorbereitet in zahlreichen Einzelstudien, kontrastiert
er in *Baku, Nr. 35* das Bedrohlich-Spektakuläre
ölverseuchter Wasserpfützen mit der Vergäng-
lichkeit technischer Apparaturen, wie sie das
geborstene Leitungsrohr in der Diagonalen
oder das Spiegelbild der Industrieruine in der
oberen rechten Bildecke suggerieren. Unterstützt wird jener Eindruck durch das Fehlen
einer Horizontlinie, die dem Betrachter ein
relatives Größenverhältnis der dargestellten
Objekte vermitteln und ihm eine genauere
Orientierung innerhalb des Bildes ermöglichen
würde. Symbolhaft verdichtet sich hier die
düstere Zukunftsperspektive, deren politische
Dimension den Bildern eingeschrieben ist. *JM*

Schneider 1997; Türk 2000, S. 364.

Im letzten Viertel des 20. Jahrhunderts kündigt sich in der industriellen Wirtschaft ein Paradigmenwechsel an. Die Auswirkungen der automatisierten Informationsverarbeitung und Produktionssteuerung zeigen mit der so erreichten Effizienzsteigerung die Grenzen traditioneller industrieller Strukturen und Arbeitsverhältnisse auf. Gleichzeitig beginnt auch in der Wirtschaft eine Neubewertung der Produktionsprozesse unter Umwelt- und Ressourcengesichtspunkten. ... Die Erkenntnis, daß systematische Ressourcennutzung und Naturausbeutung zwar Wohlstandsmehrung ermöglichen, der zunehmende Rohstoff- und Energieverbrauch und die problematischen Reststoffe industriellen Wirtschaftens aber die materiellen Bedingungen und die natürlichen, d. h. biologischen und klimatischen Lebensgrundlagen in Gefahr bringen, führt zu der Notwendigkeit, freiwillige Grenzen des Verbrauchs zu setzen und das Verhältnis von Industrie und Natur neu zu begründen. ... Die Entwicklung der modernen industriellen Zivilisation war ... von Beginn an von verschiedenen Seiten kritisch begleitet worden. ... Innerhalb der Moderne werden so zivilisationskritische Ansätze sichtbar, welche die von Beginn an gesehene Ambivalenz des Fortschrittsdenkens in aktive geistige und kulturelle Prozesse umformen, verarbeiten und in eine Theorie der industriellen Zivilisation einbringen wollen.

Alexander Kierdorf und Uta Hassler, *Denkmale des Industriezeitalters,* 2000

20 Der panoramatische Blick
Industriestandorte in der Rundumsicht 1840–2002

1787 ließ sich Robert Barker in London die Konstruktionszeichnung zur Präsentation einer landschaftlichen Rundumsicht patentieren. Mit dem Panorama entwickelte sich die ausschnitthafte Ansicht landschaftlicher Darstellung im Tafelbild in eine totale Rundumsicht, die ohne begrenzenden Rahmen den Betrachter in den Mittelpunkt des dargestellten Geschehens setzte. Die Faszination und Begeisterung, die die Panoramadarstellungen in breiten Schichten der Bevölkerung im 19. Jahrhundert auslösten, ergab sich vor allem aus der optisch perfekten Illusionswirkung. Die Rotunde blendete die Wirklichkeit mit ihren Orientierungspunkten aus, der Trompe l'œil-Effekt führte zu einer verwirrenden Ununterscheidbarkeit von Wirklichkeit und Täuschung, topographische Ansicht sowie historisches Ereignis wurden getreu der empirischen Bestandsaufnahme wiedergegeben und zielten auf die Konstruktion geschlossener Illusionsräume ab.

Mit der Entwicklung fotografischer Verfahren und der Herausbildung entsprechender technischer Standards im Verlauf des 19. Jahrhunderts konnten auch fotografische Panoramadarstellungen angefertigt werden. Als Medium, das die abgelichtete Wirklichkeit analog zur Wahrnehmung des Betrachters auf den Bildträger übertragen sollte, potenzierte die Fotografie das verwirrende Spiel mit der Imitation und Illusion von Wirklichkeit noch.

Je großräumiger die Landschaft oder je spektakulärer das dargestellte Ereignis war, desto stärker war die Erhabenheitserfahrung beim Er-Sehen und Aneignen derselben. Der Reiz bestand unter anderem darin, die Grenzen der eigenen, unmittelbaren Erlebniswelt unter dem Eindruck räumlicher Unermesslichkeit zu überschreiten. Da die zentralperspektivische Konstruktion weniger der panoramatischen Darstellung und der Wahrnehmung des menschlichen Auges entspricht, erfolgte die Eroberung des Raums durch das Experimentieren mit kurvenlinearen Perspektivkonstruktionen, um somit der menschlichen Sehweise näher zu kommen. Die euklidische Perspektive vermittelt zwar die Wahrnehmung kleiner Winkelbereiche, ist aber aufgrund der auftretenden Randverzerrungen für mittlere Winkel ungenügend und ab 180° unbrauchbar. Das Panorama als künstlerische und technisch-naturwissenschaftliche Erfindung stellte damit einen wesentlichen Beitrag zur Entdeckung des subjektiven Sehens dar. Es sollte in dem, was es darstellte, nicht einen bestimmten Typus oder ein bestimmtes Ideal zur Anschauung bringen, sondern die Wirklichkeit so zeigen, wie man sie unter bestimmten Bedingungen beobachten konnte.

Die Panoramadarstellungen von Industrieanlagen bzw. industriell genutzten Landschaften machten den Betrachter zum Augenzeugen prosperierender Wirtschaft und landschaftlicher Zerstörung durch Industrie. Gerade die an Wahrnehmungsmustern orientierten Allansichten im Panorama boten unter anderem auf Gewerbe-, Industrie- und Weltausstellungen die Möglichkeit, allumfassende wirtschaftliche Potenz im nationalen und internationalen Wettstreit der technischen Innovationen und Errungenschaften zu demonstrieren. War bereits die bildliche Transformation von einer ursprünglich wilden Natur zu einer industriell überformten Kulturlandschaft im Spannungsfeld der Landschaftsmalerei geleistet worden, ergab sich im Panorama die Möglichkeit, die kultivierte Landschaft im verkleinerten Maßstab, wirklichkeitsgetreu als beherrschbar vorzuführen. Als Zeugnisse sich verändernder Wahrnehmungsmuster und Raumkonzeptionen zeigen die Panoramadarstellungen, inwiefern die kultivierte Landschaft im Zuge intensiver industrieller Nutzung – sei es durch den Abbau und die Aufbereitung von Bodenschätzen oder den geldbringenden Tourismus im Erlebnisbereich – zur wirtschaftlichen Zweckform und Produktionsstätte geworden ist. Die Aneignung eines Raums und die Übertragung des panoramatischen Blicks mit malerischen und fotografischen Mitteln verdeutlicht, dass das Sehen eine Frage des Standpunktes, die Erkenntnis eine Frage der Perspektive geworden ist. *BS*

Sternberger 1974; Oettermann 1980; Waldenfels 1985; Ausst. Kat. Bonn 1993; Koschorke 1996.

Die Urtheile vieler strenger Kenner sind vom Anfange nicht sehr zum Vortheil dieses optischen Gaukelspiels ausgefallen. Die Mahler haben darin nichts als eine kostbare Sudeley zur Belustigung großer und kleiner Kinder finden wollen, bey welcher nichts als die Beobachtung der Perspective und die Treue in der Darstellung zum Verdienst angerechnet werden können. Indeß hat doch die Sache in London selbst ganz uneingeschränkten Beyfall erhalten, und bey jeder Erneuerung des Schauspiels strömen Vornehme und Geringe hin, um sich eine Stunde lang aufs angenehmste täuschen zu lassen.

Anonym, *Die Panoramen. Allgemeine Betrachtung darüber und Nachricht von ihrem Ursprunge und ihrer Verpflanzung nach Teutschland,* 1800

Die Genauigkeit der Perspective, die Richtigkeit der Zeichnung, die Wahrheit des Hell-dunkels und der Haltung versetzen mich durch ihren vereinten Zauber in die wirkliche Natur, aber die öde Todesstille und die erstorbene Bewegungslosigkeit stoßen mich daraus zurück. Ich schwanke zwischen Wirklichkeit und Nichtwirklichkeit, zwischen Natur und Unnatur, zwischen Wahrheit und Schein. Meine Gedanken, meine Lebensgeister erhalten eine schwingende, hin und her gestoßene, schaukelnde Bewegung, die eben so wirkt, wie das Herumdrehen im Kreise und das Schwanken des Schiffs. Und so erkläre ich mir den Schwindel und die Uebelkeit, die den unverwandten Anschauer des Panorama überfällt.

Johann August Eberhard, *Handbuch der Aesthetik für gebildete Leser aus allen Ständen,* 1803

Nicht zufällig war es Jacques Louis Mandé Daguerre, der die Photographie verbreitete – er war zugleich Techniker, Künstler und Geschäftsmann. Ebenso wenig zufällig war er der Erfinder des Dioramas; er kannte das Publikum der großen Panoramen, das dort Zerstreuung und Belehrung finden wollte, er verstand es, teilte seine Begeisterung und ging darauf ein. Ebenso wenig zufällig erfand der Graveur von Panoramaansichten, Friedrich von Martens, gleich nach der Erfindung der Daguerrotypie die erste Panoramakamera und war so auf vielfältige Weise an der Entwicklung der modernen Photographie beteiligt. Durch ihr zweifaches Anliegen – sichtbar zu machen und aufzuzeichnen – knüpfte die Photographie an das Panorama an, erregte das öffentliche Interesse und begeisterte die Massen. Auf diese Weise brach nach der »Panoramania« und der »Daguerromania« plötzlich die »Photomania« aus. Die Photographie, seit jeher scheinbar abhängig von den technischen Voraussetzungen der Bildaufzeichnung, nahm die Herausforderung an und entwickelte in schöpferischem Eifer alle denkbaren Möglichkeiten der perspektivischen Wahrnehmung in Raum und Zeit.

Joachim Bonnemaison mit Vanessa Ponchon und Philippe Larminie, *Perspektivische Wahrnehmung in Raum und Zeit. Die Sehsucht der Photographen,* 1993

165

Manufaktur Pignet, Saint-Genis-Laval
Die Eisenbahnlinie von Saint-Étienne nach Lyon (Chemin de fer de Saint-Étienne à Lyon), ab 1840
Papiertapete, gedruckt in 32 Streifen, erhalten 27 Streifen, jeweils ca. 220 x 53
Lyon, Musée Gadagne, Inv. 90-7

Tapeten mit Eisenbahnmotiven sind ausgesprochen selten. Eine besondere Ausprägung bildet dabei die Panoramatapete, bei der es nicht um den unendlichen Rapport eines bestimmten Musters geht. In sich abgeschlossene Kompositionen werden zur Raumdekoration, und die Tapete übernimmt die Funktion eines Wandgemäldes. Das hier ausgestellte Exemplar stellt eine Ausnahme dar und ist zugleich das beeindruckendste Beispiel mit dem Panorama einer Industrieland-schaft. Gezeigt werden die unterschiedlichen Stationen der ersten Eisenbahnlinie Frankreichs, welche seit 1833 die beiden Städte Saint-Étienne und Lyon miteinander verbindet. Die Strecke führt durch eines der wichtigsten Industrie- und Bergbauzentren Frankreichs. Es ist die Brücke

von Mulatière zu erkennen, die an der Stelle liegt, wo die Saône in die Rhône fließt. Der Weg führt von Lyon vorbei an Pierre Bénite und zeigt anschließend die Umgebung von Givors. Die nächsten Stationen sind Rive-de-Gier und das Bergbaugebiet von La Grand-Croix sowie die Landschaft um Saint-Chamond. Den Abschluss bildet die Vorstadt von Saint-Étienne.

1827 war zunächst eine Verbindung zwischen Andrézieux und Saint-Étienne geplant, die zum Transport der Kohle aus der Region um Saint-Étienne dienen sollte. Schließlich wurde von

1830 bis 1833 die Eisenbahnstrecke Lyon–Saint-Étienne in drei Etappen gebaut. Die erste Lokomotive vom Typ ›Fusée‹ hatte der Ingenieur Marc Seguin bereits 1829 entwickelt. Eine Lokomotive dieses oder eines ähnlichen Typs ist auch auf der Tapete abgebildet. Darüber hinaus befinden sich weitere Szenen auf dem Panorama, die sich mit den unterschiedlichen Transportmitteln beschäftigen. Neben einigen Fuhrwerken sind auch Postkutschen und Förderwagen aus dem Bergbau zu sehen sowie herkömmliche Plattbodenschiffe für den Kohlentransport und ein Raddampfer. Die modernen mit Dampf betriebenen Verkehrsmittel werden den traditionellen und speziellen Fahrzeugen gegenübergestellt.

Die Darstellung auf dieser Tapete stimmt in großen Teilen mit einer Lithographie von Béraud überein. Das Blatt trägt den Titel *Chemin de fer de Saint-Étienne à Lyon* (Bibliothèque Nationale, Paris). Es war durchaus üblich, graphische Vorlagen für Panoramatapeten zu verwenden. Dabei konnte die Übernahme der Vorlage sehr genau oder auch nur in einzelnen Passagen erfolgen. Welch eine Verbreitung diese Panoramatapete gefunden hat, ist nicht bekannt, da keine genauen Produktionszahlen bekannt sind. Dieses Motiv zierte wahrscheinlich den Salon oder das Speisezimmer einer großbürgerlichen Villa oder eines Industriellen. *BB*

Ausst. Kat. Paris 1990, Abb. S. 276f., Nr. 25, S. 277, 322f. (zur Manufaktur Pignet); Griffaton 1994, S. 75–82; Thümmler 1998, S. 102–115 (Panoramatapeten).

166.1–2

Hugo van Werden (1836 – 1911)

**1. Krupp'sche Gußstahlfabrik /
innere Ansicht, 1865**

180°-Panorama, Schwarzweißfotografie,
sechs Teile, zusammen 67 x 267
Berlin, Deutsches Historisches Museum,
Inv. Ph 2001/137

**2. Gußstahlfabrik Friedr. Krupp, Essen,
1864–67**

360°-Panorama, vintage print, Albumin,
elf Teile, zusammen 64,5 x 737
Essen, Historisches Archiv Krupp,
Inv. WA 16a29

Die Gussstahlfabrik in Essen, 1811 von Friedrich
Krupp gegründet, wurde nach dessen Tod 1826
von seinem Sohn Alfred übernommen und im
Verlauf von nur sechs Jahrzehnten zu einem der
größten gewerblichen Unternehmen Europas und
zur weltgrößten Gussstahlfabrik ausgebaut. Der
wirtschaftliche Aufschwung der Firma wurde vor
allem von dem Ausbau des Eisenbahnwesens in
Deutschland getragen. Krupp stellte die ersten
brauchbaren Gussstahlwalzen und -achsen sowie
nahtlose Eisenbahnradreifen her, die 1875 in

Betrachter vollkommen umschloss und den Blick in die Umgebung auf einen schmalen Streifen am Horizont minimierte. Die Fotografien, die auf Wunsch von Krupp für die Weltausstellung in Paris 1867 angefertigt wurden, nahm van Werden vom Turm der Kanonenwerkstatt auf. Krupp selbst gab die Anweisung, die Fabrik an einem Sonntag mit »Staffage und Leben auf den Plätzen, Höfen und Eisenbahnen« zu fotografieren, weil »die Werktage zu viel Rauch, Dampf und Unruhe mit sich

führen«. Der erhöhte Aufnahmestandpunkt bietet eine Übersicht über die Ausmaße der Fabrikanlage, die am Horizont in die Landschaft übergeht. Der Rundblick über die Dächer der Werkshallen, entlang der Schornsteine bis zur Landschaft, vermittelt den Eindruck einer in sich geschlossenen Welt. Die arrangierte Szenerie – die teilweise noch im Bau befindlichen Werkshallen, die Arbeiter und Dampfloks, die Eisenbahnräder und weitere Stahlgüter durch das Werk trans-

portieren – suggerieren den Eindruck des wirtschaftlichen Leistungsvermögens und Aufbruchs, dessen Grenzen noch nicht abzusehen waren. Der 360°-Rundblick transformiert somit den allumfassenden Anspruch Krupps, eine Fabrik als neuartiges Gemeinwesen geschaffen zu haben, in eine visuell erfahrbare Gestalt. *BS*

Ausst. Kat. Bonn 1993; Tenfelde 1994 (Zitat Krupp S. 41); Ausst. Kat. Oberhausen/Dortmund 2000; Gall 2000; Wolbring 2000.

Form von drei sich überschneidenden Räder-kreisen zum Firmensymbol wurden. Die Produk-tion von Bessemerstahl und Großaufträge für die Rüstungsindustrie machten Alfred Krupp zum erfolgreichsten Fabrikanten und sein Werk zum Inbegriff deutscher Industrie.

Die intensive Werbearbeit, die Krupp für sein Unternehmen betrieb, und die Firmenpräsenz auf Gewerbe- und Weltausstellungen war nicht unwesentlich am Erfolg und an der wirtschaft-lichen Expansion der Firma beteiligt. Krupp

setzte vor allem das noch neue Medium Foto-grafie zur Selbstdarstellung und Dokumentation seines aufstrebenden Unternehmens ein. Neben einer geschichtlichen Abteilung, die 1861 ge-gründet wurde, richtete Krupp werkseigene Foto-ateliers ein. Nicht nur die einzelnen Produkte, sondern auch die Firma als Ganzes wurden mittels des fotografischen Bildes inszeniert.

Hugo van Werden, der 1854 bei Krupp zu arbeiten begonnen hatte, avancierte zu Beginn der 1860er Jahre zum Firmenfotografen. Die

180°-Panoramaansicht (Kat. Nr. 166.1) der Guss-stahlfabrik nahm van Werden vom Hammer Fritz-Kamin auf. Von hier blickte man nach Westen über das Werk in die Umgebung von Essen. Rechts im Vordergrund ist das Gartenhaus zu sehen, in dem die Familie Krupp von 1861 bis 1864 wohnte. Gab diese Ansicht noch im distan-zierenden Ausschnitt eine Übersicht über einen Teil der Werksanlage mit einem weiten Aus-blick in die Landschaft, so bildete das 360°-Pano-rama (Kat. Nr. 166.2) einen Bilderkreis, der den

Unbekannter Fotograf,
*Staatliche Maschinenzentrale
und Fernheizwerk, Kesselhaus,
Bad Nauheim (Architekt:
Albert Marx)*, vor 1914

167
**Industriebauten, 18. Wanderausstellung
des Deutschen Museums für Kunst in
Handel und Gewerbe, zuerst gezeigt 1811**
20 Schwarzweißfotografien, jeweils 34,8 x 47,7
Krefeld, Kaiser Wilhelm Museum,
Inv. 64/1983, 6406-08/1983, 6413/1983,
6415-16/1983, 6424-25/1983, 6430/1983,
6436/1983, 6441-42/1983, 6883/1987,
7007/1987, 7012-13/1987, 7015/1987, 8788-
89/1992

1909 gründete Karl Ernst Osthaus das »Deutsche Museum für Kunst in Handel und Gewerbe«, personell und räumlich an das Museum
Folkwang in Hagen angegliedert. Maßgeblich
von den Ideen des Deutschen Werkbundes
geprägt, sollte durch Vorträge, Publikationen
und Ausstellungen die Vermittlung modernen
Designs in Deutschland gefördert werden. Um
die didaktischen Zielsetzungen zu erfüllen,
wurde eine »Photographie- und Diapositivzen-
trale« eingerichtet. Nach Anweisungen von
Osthaus wurde neben kunstgewerblichen Objekten vor allem moderne Architektur im In-
und Ausland fotografiert.

Im Kontext der Debatte um Form und Stil
in der Baukunst organisierte das Museum zwei
Fotoausstellungen zeitgenössischer Architektur:
Unter dem Titel *Moderne Baukunst* wurden
zwischen 1910 und 1914 Aufnahmen von Bauten
verschiedenster Funktion gezeigt. Nachdem sich
dieses Projekt als erfolgreich herausgestellt
hatte, folgte eine weitere Schau von Fotografien
unter dem Titel *Industriebauten*, die von dem
Architekten Walter Gropius organisiert wurde.
Neben Bauten aus Deutschland wurden diverse
Industriebauten aus den USA und Argentinien
vorgestellt. Die Aufnahmen amerikanischer
Projekte wurden in den meisten Fällen aus
Werbeprospekten und anderweitig gedrucktem
Bildmaterial reproduziert. Als Vorbildersamm-
lung sollte die Ausstellung zeigen, in welchem

Unbekannter Fotograf,
Silo Castellamare,
Argentinien
(Architekt: unbekannt),
vor 1914

Maße die moderne Architektur die industriellen, technischen und wirtschaftlichen Anforderungen in eine adäquate und anspruchsvolle Formensprache umsetzen konnte. Zudem wurden durch Auswahl und Ausführlichkeit in der Dokumentation kanonbildende Standards in der Architektur gesetzt. Die Bauten wurden einzeln, von einem leicht erhöhten Standpunkt in einer Über-Eck-Ansicht fotografiert. Gerade der Industriebau bot als Bauaufgabe die Möglichkeit, das Formen- und Motivrepertoire in Verbindung mit den technischen Neuerungen und funktionalen Ansprüchen zu überprüfen und zu modifizieren.

Die Aufnahme von der Maschinenzentrale in Bad Nauheim zeigt das Kesselhaus mit Schornstein, an das sich links das Turbinenhaus anschließt. In Bad Nauheim, einem der führenden Bäder Deutschlands, wurde zwischen 1902 und 1912 eine einheitlich im Jugendstil gestaltete Bade-, Kur- und Wirtschaftsanlage gebaut. Die Fotografie zeigt lediglich das Kesselhaus, herausgelöst aus dem Kontext der Anlage. Der Aufnahmestandpunkt ist dabei so gewählt, dass sich der Bau von zwei Seiten in seiner Gestaltung betrachten lässt. Ähnlich wird in der Fotografie von dem Silo Castellamare in Argentinien verfahren. Der am Wasser gelegene, kompakte

Kubus ist so wiedergegeben, dass sowohl der Festungs- und Tempelcharakter zur Geltung kommt, als auch der Bezug der vorgesetzten Säulen auf die Funktion als Silo. *BS*

Sachsse 1984; Ausst. Kat. Krefeld 1993.

168

Bernhard Obberg (* Oberhausen 1916)
Panorama der Hüttenwerke Oberhausen AG, 1951
180°-Panorama, Schwarzweißfotografie, montiert aus acht Prints, 50 x 470
Oberhausen, Rheinisches Industriemuseum, Inv. OB89/1788

169

Jürgen Hoffmann (* Rheinberg 1961)
Panorama des ehemaligen Geländes der Hüttenwerke Oberhausen AG, 2002
360°-Panorama, Schwarzweißfotografie, montiert aus 23 Prints, 50 x 410
Oberhausen, Rheinisches Industriemuseum

Die Gutehoffnungshütte (GHH) entstand 1808 aus dem Zusammenschluss dreier im Besitz der Familien Jacobi, Haniel und Huyssen befindlicher Eisenwerke (s. a. Kat. Nr. 105.4). Die in Oberhausen ansässige Firma baute schon in der ersten Hälfte des 19. Jahrhunderts eine vertikale Struktur auf, die vom Rohstoff (Erz und Kohle) über die Verhüttung bis zum fertigen Produkt (Öfen, Maschinen, Brücken, Schienen) reichte. Unter dem von 1908 bis 1942 amtierenden Vorstandsvorsitzenden Paul Reusch, der einen »Konzern aus einem Guß« anstrebte, stieg das Unternehmen zu einem der industriellen Schwergewichte in Deutschland auf.

Nach dem Zweiten Weltkrieg setzten die Alliierten die Entflechtung der GHH durch. Zu ihren Nachfolgegesellschaften zählten die Hüttenwerke Oberhausen AG (HOAG), deren Anlagen der Werksfotograf Obberg 1951 in einem 180°-Panorama festhielt (Kat. Nr. 168). Von der Emscher und dem Rhein-Herne-Kanal (links) erstreckt es sich über das Zementwerk, das Stahlwerk Neu-Oberhausen, die Zeche Oberhausen, die Eisenhütte I, das Hauptlagerhaus und die Eisenhütte II bis zur Köln-Mindener Bahn (rechts). Am Kanalufer sind noch die Baracken des im Zweiten Weltkrieg errichteten Fremdarbeiterlagers zu erkennen. Die HOAG wurde 1968 von der August Thyssen-Hütte AG übernommen, die die Pro-

duktionsanlagen nach und nach stilllegte. Mit der Schließung des Elektrostahlwerks erlosch dort 1997 das letzte Feuer.

Der Umgang mit der Industriebrache stand unter zwei Leitbegriffen: Musealisierung und Tertiärisierung. Diese Strategie ist national wie international üblich, wurde in Oberhausen aber mit beispielloser Konsequenz betrieben. Den Struktur- als Landschaftswandel dokumentiert das 2002 angefertigte 360°-Panorama (Kat. Nr. 169). Abgebildet sind hier sechs der 23 Einzelbilder vor der Montage zu einer zusammenhängenden Rundumsicht. Das Panorama wurde – ebenso wie sein knapp 50 Jahre älterer Vorgänger – vom Dach des Gasometers Ober-

hausen aus aufgenommen. Dieses Gebäude nutzt seit 1994 eine GmbH für zwischen Bildung und Unterhaltung geschickt changierende Ausstellungen zur Geschichte des Fernsehens oder des Fußballs. In das 1920 von Peter Behrens entworfene, nun als Solitär erscheinende Hauptlagerhaus der GHH zog 1998 das Zentraldepot des Rheinischen Industriemuseums ein, das sich der Erforschung und Darstellung der Industrialisierung an authentischen Schauplätzen widmet. Den Trend zur Dienstleistungsgesellschaft verkörpert die postmoderne Retortenlandschaft auf dem zweiten und dritten Einzelbild: Das 1996 eröffnete »Centro«, wo 50 000 Besucher am Tag für eine halbe Milliarde Euro

Jahresumsatz sorgen, ist mit 200 Geschäften, einer Arena für Großveranstaltungen, einem Musical-Theater und 10 500 Parkplätzen Deutschlands größte Shopping-Mall. *AS*

Maschke 1969, S. 19–31; Kerner/Wiegmann 1994, S. 142; Frank Peter Unterreiner, *Das Centro will zur Touristenattraktion werden*, in: *Frankfurter Allgemeine Zeitung* vom 13. Nov. 1998, S. V3; Bruch 1999, unpag.

170

Josef Koudelka (* Moravia 1938)
**Das Schwarze Dreieck (The Black Triangle),
1990–93**
34 Schwarzweiß-Panorama-Fotografien,
je 59 x 139
Josef Koudelka, Magnum Photos

Noch zu Beginn der 1990er Jahre zählte die
Grenzregion Tschechien, Polen und Deutschland
– das so genannte Schwarze Dreieck –, zu einem
der ökologischen und ökonomischen Krisen-
gebiete Europas. Großflächige Umweltschädi-
gungen und gesundheitsbedrohende Lebensbedingungen, vor allem durch intensive Nutzung
von Braunkohlekraftwerken hervorgerufen,

waren Anlass, erhebliche Summen für die Sanie-
rung, Modernisierung und Stilllegung von entsprechenden Anlagen aufzuwenden. Die großformatigen Panoramafotografien, die Josef
Koudelka von eben dieser Region in den Jahren
1990 bis 1993 aufgenommen und in seinem Fotobuch *The Black Triangle – The Foothills of the
Ore Mountains* zusammengestellt hat, zeigen die
Zerstörung, unabhängig davon, ob sich das
jeweilige Areal noch im Abbau befindet oder
ihn bereits überwunden hat. Die fotografische
Aufnahme potenziert dabei die Präsenz der
leeren und öden Landschaften. Im neutralen
Licht wird die Topographie mit ihren Details
präzise mittels der Optik der Kamera wiederge-

geben. Jenseits der topographischen Schilderung
reflektiert Koudelka im Medium der Fotografie
das Wesen der entsprechenden Region und ihre
Veränderung.

Die Aufnahme *Bruch Bílina* zeigt das Braun-
kohlenabbaugebiet Bílina in Nordböhmen, einen
der größten Tagebauten des Landes. Von dem
erhöhten Aufnahmestandpunkt der Abraumhalde
überblickt man die weitläufige Dimension dieses
Gebiets. Schaufelrad- und Eimerkettenbagger
haben hier durch Umschichten von gewaltigen
Landmassen einen großflächigen, wüsten Land-
schaftsraum geschaffen, durchzogen von Gruben-
bahnen und Transportbändern, Abbau- und Ver-
setzungsmaschinen. In der Region, in der bereits

Josef Koudelka, *Bruch Bílina, ehemals M. Gorkij (Lom Bílina, bývalý M. Gorkij)*

zu Beginn des 15. Jahrhunderts mit dem Bergbau begonnen wurde, wurden im Zuge des systematischen Abbaus und der kontinuierlichen Aufbereitung der Braunkohle Dörfer, Kur- und Parkanlagen zerstört.

Die herkömmlichen Begriffskategorien von kultivierter, un- oder re-kultivierter Landschaft lassen sich auf diese Aufnahmen der stark geschädigten Region nicht anwenden. Die kategoriale Trennung von Natur, Technik und Politik ist in den Bildern aufgehoben. Hier zeigt sich in der Landschaft, die in eine Produktionsstätte verwandelt ist, die Kehrseite von wirtschaftlichem Nutzen und Profit. Der panoramatische Blick zeigt die Strukturen und Formen, die die Land-

schaft historisch, politisch und kulturell geprägt haben. 30 Jahre, nachdem der Fotograf Josef Sudek, ein Landsmann Koudelkas, seine Panoramaaufnahmen von den öden Landschaften um Most, einem weiteren Zentrum des Braunkohlenbergbaus in Nordbömen, fotografiert hat, verdichtet Koudelka Ästhetik und Bildaussage in zugespitzter Form: Nicht mehr die Industrieanlage, isoliert oder im Kontext von Natur und Landschaft, sondern die wechselseitige Transformation von Industrie und Natur wird zum Ausdruck gebracht. *BS*

Koudelka 1994; Ausst. Kat. Leipzig 1997; Ausst. Kat. Wolfsburg 1998.

Künstlerbiographien

zusammengestellt von Dominica Capozucca-Jachnow, Jörg Meißner und Maike Steinkamp

Andreas Achenbach
(Kassel 1815 – 1910 Düsseldorf)
1827 Schüler der Düsseldorfer Akademie, Malklasse von Heinrich Christian Kolbe und Johann Wilhelm Schirmer. 1836 Übersiedlung nach München. 1839 Rückkehr nach Düsseldorf. Auslandsreisen nach Holland, Russland, Schweden, Norwegen, England, Frankreich und Italien. Neben ersten Versuchen in der Marinemalerei, die 1834 datieren, entstehen Gebirgslandschaften mit Wildbächen. Unter dem Eindruck eines Italienaufenthalts von 1843–45 zahlreiche Küstenbilder, ihnen folgen in den 1850er Jahren u. a. Darstellungen westfälischer Wassermühlen, die er angesichts großer Nachfrage nahezu serienweise fertigt.

Max Ackermann
(Berlin 1887 – 1975 Bad Liebenzell/Schwarzwald)
1903 Beginn einer Lehre als Porzellanmodelleur in Ilmenau. Infolge der Beteiligung an einer Ausstellung des dortigen Gewerbevereins 1906/07 tätig im Atelier Henry van de Veldes in Weimar. 1909/10 Fortsetzung des Studiums an der Münchener Kunstakademie bei Franz von Stuck, 1912 Abschluss des Studiums in Stuttgart, künstlerische Orientierung an Adolf Hölzel. 1918 Sympathisant der Novemberrevolution und Unterstützung der kommunistischen Internationalen Arbeiterhilfe. 1936 Lehrverbot, 1943 Zerstörung des Stuttgarter Ateliers durch Bombenangriff. 1957 Hochschulprofessur in Stuttgart.

Thomas Allom
(London 1804 – 1872 Barnes/Surrey)
1819–26 Architektenausbildung. Zahlreiche Reisen durch Europa, den Vorderen Orient und wahrscheinlich auch Ostasien; Illustrationsaufträge für die Unternehmen Messrs Virtue & Co und Messrs Heath & Co. Als Architekt Entwürfe für Profanbauten und Kirchen. In den Zeichnungen u. a. topographisch genaue Architekturansichten mit historischer Staffage.

Gerd Arntz
(Remscheid 1900 – 1988 Den Haag)
1920 Studienbeginn an der Düsseldorfer Kunstschule. Mitglied der Künstlergruppe »Junges Rheinland«, Kontakt zur Kölner Künstlervereinigung »Stupid« (später »Gruppe progressiver Künstler«), insbesondere zu Franz Wilhelm Seiwert und Heinrich Hoerle. 1932 Aufenthalt in Moskau. Ab August 1934 Exil in Den Haag, letzte Ölgemälde. Teilnahme an der antifaschistischen *Exhibition of Art against Fascism and War*, London. Ab 1943 Kriegsdienst, nach Gefangenschaft 1946 Rückkehr in die Niederlande.

Giacomo Balla
(Turin 1871 – 1958 Rom)
Nach Arbeit als Lithograph autodidaktische Hinwendung zur Malerei, Besuch einer Abendschule für Zeichnen. 1895 Übersiedlung nach Rom. 1900 Aufenthalt in Paris, dort Arbeit als Illustrator. Besuch der Weltausstellung. Teilnahme an der Quadriennale in Turin 1902 und der Biennale in Venedig 1903. 1910 gemeinsam mit anderen Künstlern Verfasser des *Manifesto dei pittori futuristi* und des *Manifesto tecnico della pittura futurista*. Bei Kriegseintritt Italiens 1915 malt er die sog. patriotischen Bilder und verfasst das *Manifesto della ricostruzione futurista dell'universo*. 1937 Abwendung von den Futuristen.

Hans Baluschek
(Breslau 1870 – 1935 Berlin)
Sohn eines Eisenbahningenieurs. 1889–94 Studium an der Hochschule für die Bildenden Künste, Berlin. Ab 1899 Mitglied der Berliner Sezession, ab 1913 der Freien Sezession. Während des Ersten Weltkriegs zahlreiche Illustrationen und Arbeiten mit pazifistischer Tendenz. 1919 Eintritt in die SPD. 1929–33 Leitung der *Großen Berliner Kunstausstellung*. Von den Nationalsozialisten diffamiert, legt er alle Ämter nieder.

Willi Baumeister
(Stuttgart 1889 – 1955 Stuttgart)
Lehre als Dekorationsmaler. Ab 1905 Studium an der Kunstakademie Stuttgart. 1913 Teilnahme am ersten *Deutschen Herbstsalon* in der Berliner Galerie »Der Sturm«. 1914–18 Kriegsdienst. 1919–23 Entstehung typographischer Arbeiten und Bühnenbilder. Ab 1928 Lehrtätigkeit an der Kunstgewerbeschule in Frankfurt/M. 1933 Entlassung aus dem Lehramt, 1937 in der Ausstellung *Entartete Kunst* vertreten. In der Folge lagert er rund 60 Bilder in den Baseler Kunstverein aus. 1941 Mal- und Veröffentlichungsverbot. Während des Zweiten Weltkriegs Arbeit im maltechnischen Institut des Lackfabrikanten Herberts in Wuppertal. 1946–55 Professor an der Stuttgarter Kunstakademie. 1947 Veröffentlichung seiner wichtigsten Schrift *Das Unbekannte in der Kunst*.

J. Baumhauer
(Lebensdaten unbekannt)
Maler, Zeichner und Kupferstecher in Frankfurt/M.

Bernd Becher
(° Siegen 1931)
1947–50 Dekorationsmalerlehre in Siegen. 1953–56 Studium der Malerei und Lithographie an der Kunst-akademie Stuttgart. 1957–61 Studium der Typographie an der Kunstakademie Düsseldorf. Als Fotograf Autodidakt, ab 1956 Darstellung von Industriegebäuden; Tätigkeit für eine Werbeagentur. 1961 Heirat mit Hilla Wobeser (Becher), mit der seit 1959 eine fotografische Zusammenarbeit besteht. 1966 Stipendium des British Council. 1972/73 Gastdozentur für Fotografie an der Hochschule für bildende Künste, Hamburg. 1976 Professor für Fotografie an der Kunstakademie Düsseldorf (gemeinsame Lehrtätigkeit mit Hilla Becher). Lebt in Düsseldorf.

Hilla Becher
(° Potsdam 1934)
Ausbildung zur Fotografin in Potsdam. 1959–61 Studium der Fotografie an der Kunstakademie Düsseldorf. Tätigkeit als Werbe- und Luftfotografin in Hamburg. 1958–61 Einrichtung einer Fotoabteilung an der Kunstakademie Düsseldorf. 1961 Heirat mit Bernd Becher. Lebt in Düsseldorf; gemeinsame Lehrtätigkeit mit Bernd Becher. Beide verstehen ihre Industriefotografie als Gemeinschaftswerk, bei dem der Anteil der Autoren nicht unterschieden wird, und stellen ihre Arbeiten stets gemeinsam aus.

Hubert Berke
(Buer/Westfalen 1908 – 1979 Köln)
1930–32 Studium der Philosophie, Theologie, Altphilologie und Kunstgeschichte an den Universitäten München und Königsberg. 1932/33 Studium der Malerei an der Kunstakademie Düsseldorf bei Paul Klee. Ab 1941 Soldat, beschickt weiterhin Ausstellungen. 1945 Zerstörung des Kölner Ateliers, Kriegsgefangenschaft. Mitglied des »Deutschen Künstlerbundes«, der Vereinigung »junger westen« und 1951 der Gruppe »ZEN 49«. 1952 zweiter Preis im Wettbewerb *Eisen und Stahl*, Düsseldorf. 1960–75 Lehrstuhl an der Technischen Hochschule, Aachen.

Carl Eduard Biermann
(Berlin 1803 – 1892 Berlin)
Lehre als Porzellanmaler in der Königlichen Porzellan-Manufaktur Berlin, parallel dazu Unterricht an der Berliner Akademie, anschließend Dekorationsmaler. Im Auftrag von Carl Gropius kopiert er Architekturbilder von Karl Friedrich Schinkel, u. a. 1844 dessen Panorama von Palermo. Studienreisen in die Schweiz, nach Tirol und Italien. 1842 Lehrer für Landschaftszeichnung an der Berliner Bauakademie, 1844 Ernennung zum Professor.

Carl Blechen
(Cottbus 1798 – 1840 Berlin)
1822–24 Studium an der Akademie der Künste in
Berlin. 1823 Aufenthalt in der Sächsischen Schweiz
und Dresden, dort Bekanntschaft mit Johann Christian
Clausen Dahl und vermutlich auch mit Caspar David
Friedrich, unter deren Einfluss er mit einer Serie von
Naturstudien seinen persönlichen Stil zu finden
beginnt. Ab 1831 Professor für Landschaftsmalerei an
der Berliner Akademie.

Volker Böhringer
(Esslingen 1912 – 1961 Stuttgart)
1930–36 Studium an der Staatlichen Kunstgewerbeschule und an der Kunstakademie Stuttgart. Bis
Kriegsende heimlich künstlerische Tätigkeit. Malt
ausschließlich auf Holz bzw. Hartfaserplatten, ab den
40er Jahren auf eingeschnittenen Oberflächenreliefs.
1945–50 Unterbrechung der künstlerischen Tätigkeit
wegen Erkrankung an Tuberkulose.

Christian Ludwig Bokelmann
(St. Jürgen bei Bremen 1844 – 1894
Charlottenburg)
1868–71 Studium an der Kunstakademie Düsseldorf
bei Wilhelm Sohn. Ab 1874 Teilnahme an den Ausstellungen der Berliner Akademie, ab 1882 an den Internationalen Kunstausstellungen in Wien. Ab 1892
Professor für Genre- und Porträtmalerei an der Kunstakademie Karlsruhe, ab 1893 Lehrtätigkeit in Berlin.

Otto Bollhagen
(Wesenberg/Mecklenburg 1861 – 1924 Bremen)
Dekorationsmalerlehre und Besuch der Lehranstalt des
Kunstgewerbemuseums in Berlin, 1886 Anstellung im
Atelier Neumark, Bremen. Lernt dort den Architekten
Johann Georg Poppe kennen, der ihm die gesamte
malerisch-dekorative Ausstattung für die von ihm ge-
bauten Bürgerhäuser und Staatsbauten sowie die
Schiffe des Norddeutschen Lloyd überträgt. Ab 1892
selbständig, ab 1904 Industriemaler im Auftrag der
Firmen Krupp (Essen), Bayer (Leverkusen), BASF
(Ludwigshafen) und Zeiss (Jena).

François Bonhommé
(Paris 1809 – 1881 Paris)
Ab 1828 Studium an der École des Beaux-Arts, Paris.
1838 erstmals Ausstellung eines Bildes zur Eisenverhüttung. Ab den späten 30er Jahren Industrieansichten,
u. a. Darstellung der Hüttenwerke in Indret und
Nantes. Auf der Weltausstellung von 1855 zeigt er den
Großteil seiner Industriebilder, erhält dafür die
Goldene Medaille. 1857 Präsentation von Industrie-
panoramen aus der Region Le Creusot. Staatlicher Auftrag zur Ausmalung der Bibliothek der École Impériale
des Mines. 1879 Professur für Zeichnen an der Por-
zellanmanufaktur Sèvres.

Aroldo Bonzagni
(Cento 1887 – 1918 Mailand)
1906–09 Studium an der Accademia di Brera. 1909
Reise nach Venedig, Freundschaft mit Umberto
Boccioni und Filippo Tommaso Marinetti. 1910 Mitunterzeichner der ersten Fassung des *Manifesto dei
pittori futuristi*, zieht jedoch noch im gleichen Jahr
seine Unterschrift zurück. 1910 Goldene Medaille auf
der Weltausstellung in Brüssel. 1914 Ausführung einer
Freskenserie in Buenos Aires. 1915 Veröffentlichung
einer Reihe satirischer Zeichnungen; thematisiert u. a.
das soziale Elend in den Vorstädten Mailands.

Samuel Bough
(Carlisle 1822 – 1878 Edinburgh)
Eignet sich erste Erfahrungen in der Druckgraphik und
Buchillustration in der Werkstatt eines lokalen Stechers
an. Später beeinflusst u. a. von Thomas Allom, bei dem
er vorübergehend studiert. Studienreisen durch England. Ab 1845 Kulissenmaler, seit 1848 als Bühnenbildner erfolgreich. Unsteter Lebensstil und Abneigung
gegenüber dem Kunstbetrieb verhindern trotz großer
Popularität die Anerkennung als bedeutendster
schottischer Landschaftsmaler seiner Zeit.

Étienne Bouhot
(Bard-les-Epoisses/Côte d'Or 1780 – 1862
Semur-en-Auxois/Côte d'Or)
Lehre als Dekorationsmaler in Dijon. 1801 Über-
siedlung nach Paris. 1808/09 Mitarbeit an Panoramen
von Rom, Wagram, Tilsit und Antwerpen; rasche
Erfolge mit Veduten, insbesondere von Paris. Ab 1822
Reisen innerhalb Frankreichs. Widmet sich zunehmend
der Landschaftsmalerei, gerät aber infolge der seltenen
Teilnahme am Pariser Salon allgemein in Vergessenheit.

Eugen Bracht
(Morges am Genfer See 1842 – 1921 Darmstadt)
Ab 1850 in Darmstadt, erste Unterweisung im Zeichnen
und Malen bei Friedrich Frisch, Carl Ludwig Seeger
und August Lucas. 1859–61 Ausbildung an der Groß-
herzoglichen Kunstschule in Karlsruhe. 1861–64 in
Düsseldorf erfolglos tätig, bis 1874 als Wollhändler in
Verviers und Berlin, daneben Beginn der intensiven Be-
schäftigung mit der Fotografie sowie ur- und früh-
geschichtliche Studien. 1875 künstlerischer Neuanfang
und bis 1877 zweite Ausbildungsphase unter Hans
Frederik Gude an der Karlsruher Kunstschule. 1882
vermittelt ihm Anton von Werner die Mitarbeit am Pa-
norama *Die Schlacht von Sedan* und eine Anstellung als
Lehrer für Landschaftsmalerei an der Akademie in
Berlin, dort ab 1883 Professor. Die Affäre um Edvard
Munch 1892 führt zum Bruch mit Anton von Werner.
Ab 1901 Professor für Landschaftsmalerei an der
Dresdener Akademie. 1912 große Retrospektiven in
Darmstadt und Dresden, die den Höhepunkt seiner
künstlerischen Laufbahn bedeuten.

Peter Brüning
(Düsseldorf 1929 – 1970 Ratingen)
Beginnt während des Zweiten Weltkriegs eine Land-
arbeiterlehre. 1950–52 Studium an der Stuttgarter Akademie der Bildenden Künste bei Willi Baumeister. Setzt
sich mit den Maltechniken Paul Cézannes und Fernand
Légers auseinander. 1952–54 Aufenthalt bei Paris,
später in Ratingen tätig. 1961 Villa Romana-Preis.
Nimmt als Vertreter des deutschen Informel mehrfach
an der *documenta* teil, zuletzt 1968. Ab 1969 Professor
für Freie Malerei an der Kunstakademie Düsseldorf.

Hermann Bruse
(Hamm 1904 – 1953 Berlin)
1917 Kaufmannslehre. Abendkurse an der Kunstgewerbeschule Magdeburg. 1926–28 Volontär bei
einem Gebrauchsgraphiker. 1929 Atelier als Graphiker
und Plakatmaler. 1932 Mitglied der KPD. 1933–35
Haft wegen Beteiligung an Aktivitäten der KPD. 1936
Plakatmaler. 1943 Mitglied einer kommunistischen
Widerstandsgruppe in Magdeburg. 1944 Verhaftung.
1945 Todesurteil und Befreiung durch sowjetische
Truppen. 1948 Lehrbeauftragter am Institut für Kunsterziehung der Humboldt-Universität Berlin.

Helga Budde-Engelke
(° Oberhausen-Osterfeld 1950)
1973–81 Studium der Kunst und Kulturwissenschaft an
der Kunstakademie Düsseldorf. Seit 1984 freie künstlerische Tätigkeit. 1994 Gewinn des Wettbewerbs zur
künstlerischen Gestaltung des Europaplatzes in Gelsenkirchen, BUGA'97 (zusammen mit Rainer Engelke).
1995 Eröffnung eines Atelier– und Ausstellungshauses
in Essen.

Gerald Maurice Burn
(1862 London – 1945)
Ausbildung an der University College School und am
Royal College of Arts, London. Lebte als Marine- und
Architekturmaler in London, Belfast und zuletzt in
Amberley/Sussex.

Alexander Calvelli
(° Frankfurt/M. 1963)
1984–88 Studium der Malerei an der Fachhochschule
Köln. 1988–93 Studienaufenthalt in Florenz, Rio de
Janeiro und Córdoba (Argentinien). Anschließend
Stadtmaler in Leverkusen. Lebt in Köln.

Franciska Clausen
(Apenrade 1899 – 1986 Apenrade)
1916/17 Studium an der Kunstschule in Weimar, 1918 an der Frauenakademie in München, 1920/21 an der Kunstakademie Kopenhagen sowie anschließend an der Schule für Moderne Kunst in München. 1922 Übersiedlung nach Berlin, wo sie László Moholy-Nagy kennenlernt; unter dessen Einfluss erste Collagen. Angeregt durch ihre Bekanntschaft mit Alexander Archipenko setzt sie sich mit Konstruktivismus und Abstraktion auseinander. Ab 1924 regelmäßiger Aufenthalt in Paris, dort eine der ersten Schülerinnen Fernand Légers. 1929 Mitglied der Künstlergruppe »Cercle et Carré«. 1933 Rückkehr nach Apenrade.

Hendrik III van Cleve
(Antwerpen um 1525 – um 1589 Antwerpen)
Zunächst Schüler des Vaters Willem I van Cleve, weitere Ausbildung vermutlich bei Frans Floris, für den er später vielfach Landschaftshintergründe malt. 1550 Italienreise. 1551 Meister der St. Lukas-Gilde in Antwerpen. Dort tätig als Landschaftsmaler, ab 1584 zahlreiche Ansichten von Genua, Neapel, Rom und Tivoli sowie Variationen des Turmbaus zu Babel.

Misch Da Leiden
(° Luxemburg 1948)
1969 Studium der Malerei an der Kunstakademie Brüssel, 1970 Fortsetzung des Studiums an der Kunstakademie Düsseldorf, 1975 Meisterschüler. 1979 Mitbegründer des Düsseldorfer Atelierhauses Poststraße, Aufbau einer Siebdruckwerkstatt. Lebt in Düsseldorf.

Léonard Defrance
(Lüttich 1735 – 1805 Lüttich)
1753 Aufbruch nach Italien. Verlässt Rom 1760 und siedelt, nach kurzem Aufenthalt in Montpellier, nach Lüttich über. 1774 Professur an der dortigen Akademie, ab 1778 Direktor. 1784 Rückkehr nach Frankreich und Teilnahme am Pariser *Salon de la Correspondance* 1786–87 sowie am *Salon Révolutionnaire* 1791–93.

Alexander Alexandrowitsch Deineka
(Kursk 1899 – 1969 Moskau)
1915–17 Studium an der Kunstschule Charkow. 1918 Fotograf der Kriminalpolizei in Kursk und Leiter der Abteilung bildende Kunst der Gouvernementabteilung für Volksbildung. 1919/20 Arbeiten für die Agitationsausgabe der *Okna Rosta* und Leitung des Kunststudios der Politverwaltung Kursk. 1928 Gründung der Künstlergruppe »OKTJABR«, 1931/32 Mitglied des »Russischen Verbandes Proletarischer Künstler«, ab 1932 Mitglied der Moskauer Abteilung des Sowjetischen Künstlerverbandes, Aufträge für Wandgemälde und Mosaiken. 1937 Auszeichnung mit der Goldenen Medaille der Pariser Weltausstellung. 1960 Mitglied

der KPdSU. 1962–66 Vizepräsident der Akademie der Bildenden Künste der UdSSR.

Ernest-Jean Delahaye
(Paris 1855 – 1921 Paris)
Ab 1872 Studium an der École des Beaux-Arts in Paris bei Isidore Pils und Henri Lehmann, 1878 bei Jean Leon Gérôme, anschließend Italienaufenthalt. Ab 1886 mit der Darstellung von Militärszenen, Porträts und Schlachtenbildern beauftragt, 1894 Ausstattung des Schlossmuseums von Versailles mit Historiengemälden. Während des Ersten Weltkriegs einjähriger Aufenthalt in Flandern im Auftrag des Pariser Musée de l'Armée, 1917 an der Mission des *peintres aux armées* beteiligt.

Gustav Deppe
(Essen 1913 – 1999 Bochum)
1930–33 Studium an der Kunstgewerbeschule in Dortmund. Während des Zweiten Weltkriegs Soldat, Kriegsgefangenschaft. 1945 Übersiedlung nach Witten. 1948 Mitbegründer der Gruppe »junger westen«. 1952 Mitglied des »Deutschen Künstlerbundes«, 1960–64 im Vorstand des »Westdeutschen Künstlerbundes«. 1953–77 Lehrtätigkeit an der Werkkunstschule in Dortmund. 1973–77 Professor an der Fachhochschule Dortmund, Fachbereich Design.

Walter Dexel
(München 1890 – 1973 Braunschweig)
1910–14 Studium der Kunstgeschichte in München, 1913/14 Besuch einer Malschule. 1912 erste Landschafts- und Städtebilder. 1916–28 freier Künstler und Gebrauchsgraphiker in Jena. Als Licht- und Reklamegestalter erfindet er 1925 das beleuchtete Straßenverkehrsschild. Bis 1928 Leiter des Kunstvereins Jena, dort Förderer von Künstlern der klassischen Moderne. Ab 1928 Lehrtätigkeit und Designer. Trotz Mitgliedschaft in der NSDAP ab 1933 als »entarteter Künstler« aus dem Hochschuldienst entlassen, Malverbot. Nach fast 30-jähriger Unterbrechung 1962 Wiederaufnahme der künstlerischen Tätigkeit in Malerei und Druckgraphik.

Herman Bernard Dieperink
(Amsterdam 1887 – 1957 Amsterdam)
Ausbildung an der Zeichenschule für den arbeitenden Stand, Amsterdam. Anschließend Lehrling bei B. W. Wierink. Später Druckereidirektor.

Edmond van Dooren
(Antwerpen 1896 – 1965 Antwerpen)
Ab 1908 Studium an der Académie de Dessin, Berchem. 1911 Fortsetzung des Studiums an der Akademie der bildenden Künste, Antwerpen. 1915–17 Auseinandersetzung mit theosophischen Lehren. 1917 Lehrer an der Volksschool voor Kunstambachten, Antwerpen. 1918 Gründungsmitglied der Künstlergruppe »Moderne Kunst«.

Cécile Douard
(Rouen 1866 – 1941 Brüssel)
1883–86 Studium an der Académie des Beaux-Arts in Mons. Im Alter von 30 Jahren fortschreitende Erblindung; weiterhin plastische Arbeiten. 1904 Übersiedlung nach Brüssel, dort als Lehrerin tätig. 1926–36 Präsidentin der Ligue Braille. Auch als Musik- und Literaturkritikerin in Erscheinung getreten.

Gérard Douffet
(Lüttich 1594 – 1660 Lüttich)
1606 Mitglied der Lütticher Goldschmiedezunft. 1612–14 vermutlich Besuch des Ateliers von Peter Paul Rubens, 1614 Romreise. Spezialisiert sich auf das Porträtfach. Aufenthalte auf Malta, in Neapel und Venedig. Ab 1634 Hofmaler des bayerischen Fürstbischofs Ferdinand von Wittelsbach. 1646 Teilnahme am Bürgerkrieg von Lüttich. Ab 1648 zweijähriges Exil in Utrecht.

Harald Duwe
(Hamburg 1926 – 1984 Kiel)
Bis 1943 Lithographenlehre. 1946–49 Studium an der Hochschule für bildende Künste in Hamburg, zwei Semester als Stipendiat an der Stockholmer Kunstakademie. 1951 Umzug nach Großensee in Schleswig-Holstein, dort als freischaffender Künstler tätig. Lehraufträge an den Fachhochschulen Hamburg (1964–67) und Kiel (1975–84).

Wilfried Falkenthal
(° Baruth 1942)
1962–66 Studium der Fächer Kunsterziehung und Deutsch in Leipzig. 1966–71 Studium an der Hochschule für Grafik und Buchkunst in Leipzig bei Wolfgang Mattheuer. Seit 1972 Tätigkeit als freischaffender Künstler in Leipzig. 1972–75 Vertrag mit dem VEB Braunkohlenkombinat in Regis-Breitlingen. Lebt in Leipzig.

Hans Finsler
(Heilbronn 1891 – 1972 Zürich)
Ab 1911 Studium der Architektur an der Technischen Hochschule in Stuttgart. Fortsetzung des Studiums an der Universität München, dort 1915 Wechsel zur Kunstgeschichte, Schüler Heinrich Wölfflins und Paul Frankls. Promotion im Fach Kunstgeschichte an der Universität Halle, bis 1929 Lehrtätigkeit im Fach Werbewesen und Fotografie an der Handwerker- und Kunstgewerbeschule Burg Giebichenstein, dort ab 1930 Leiter der Fotoabteilung. 1932–58 Lehrtätigkeit in der Foto- und Graphikklasse der Gewerbeschule in Zürich. 1938–55 Vorstandsmitglied des Schweizerischen Werkbunds.

Gino Galli
(Rom 1893 – 1954 Florenz)
Schüler und Freund Giacomo Ballas, dessen chromatische Experimente ihn bereits 1910 stark beeinflussten. 1914 Teilnahme an der *Esposizione Libera Futurista Internazionale* in Rom. 1917 Illustrationen für die Zeitschrift *L'Italia Futurista*, 1918–20 Autor und Illustrator der Zeitschrift *Roma Futurista*, die er in den 20er Jahren u. a. zusammen mit Giacomo Balla herausgibt. Anstelle der ursprünglich vornehmlich politischen Ausrichtung wird diese Zeitschrift unter Gallis Leitung zum Organ futuristischer Kunst.

Henry Gastineau
(Camberwell 1791 – 1876 Camberwell)
Lehre bei einem Stecher, wechselt zur Ölmalerei und wird schließlich Schüler der Royal Academy, London. Zahlreiche Studienreisen durch Großbritannien. Ab 1823 Mitglied der »Old Water-Colour Society«, in der er bis zu seinem Tod zahlreiche Landschaftsansichten aus England, Schottland, Wales und Irland, aber auch aus der Schweiz und aus Oberitalien ausstellt.

Carlos Grethe
(Montevideo 1864 – 1913 Nieuwpoort, Belgien)
1882–84 Studium an der Kunstakademie Karlsruhe, Besuch der Académie Julian in Paris und 1886–90 Meisterschüler Ferdinand Kellers in Karlsruhe. 1888 Gründung der Karlsruher Sezession, deren Hauptförderer er in der Folge ist. Ab 1890 Professor an der Kunstgewerbeschule in Karlsruhe, 1893 an der dortigen Akademie der Bildenden Künste. 1899 Ruf an die Akademie der Bildenden Künste in Stuttgart. 1905 Gründung des Vereins württembergischer Kunstfreunde. Zahlreiche Reisen in die Küstenregionen Deutschlands, Großbritanniens, nach Italien und Belgien.

Thomas Grochowiak
(° Recklinghausen 1914)
1932 Ausbildung als Werbegraphiker, anschließend in der Dekorationsabteilung eines Warenhauses tätig. 1938 Abendschüler der Werkkunstschule, Dortmund. 1939–45 Soldat, Kriegsgefangener. 1945 erste Ausstellung in der Kunsthalle Recklinghausen, dort 1948 Gründungsmitglied der Künstlergruppe »junger westen«. 1950–79 Leiter der Ruhrfestspiele, 1954–80 Direktor der Städtischen Museen, Recklinghausen. 1969–80 Direktor der Städtischen Galerie im Schloss Oberhausen. 1980 Großes Bundesverdienstkreuz, 1987 Verdienstorden des Landes Nordrhein-Westfalen. Lebt in Kuppenheim/Baden.

Carl Grossberg
(Elberfeld 1894 – 1940 bei Laon)
1913/14 Studium der Architektur in Aachen und Dortmund. Teilnahme am Ersten Weltkrieg. 1919–21

Studium am Bauhaus in Weimar bei Lyonel Feininger. 1929 Beteiligung an der Ausstellung *Neue Sachlichkeit* in Amsterdam. 1934 anlässlich der Ausstellung *Deutsches Volk – Deutsche Arbeit* Anfertigung eines Wandbilds für das Reichspropagandaministerium zum Thema Industrielandschaft. 1934/35 Retrospektiven in Hannover und Essen. 1939/40 Soldat im Zweiten Weltkrieg.

George Grosz
(Berlin 1893 – 1959 Berlin)
1909–11 Studium an der Dresdener Akademie, ab dem Umzug nach Berlin 1912 an der dortigen Kunstgewerbeschule. Ab 1910 umfangreiche bildjournalistische und publizistische Tätigkeit. 1914 Kriegsfreiwilliger, 1915 vom Kriegsdienst suspendiert, 1917 wegen Krankheit entlassen. 1918–23 Mitglied der KPD. Veranstaltet 1920 zusammen mit John Heartfield und Raoul Hausmann die *Erste Internationale Dada-Messe*. Ab 1932 Lehrtätigkeit in den USA, 1933 Ausbürgerung und Emigration, 1937 mit 20 Werken in der Ausstellung *Entartete Kunst* vertreten. 1938 amerikanischer Staatsbürger, kehrt erst wenige Wochen vor seinem Tod nach Berlin zurück.

Matthäus Gundelach
(Kassel? um 1566 – 1653/54 Augsburg)
Kommt um 1593 nach Prag, wird dort 1609 Kammermaler Kaiser Rudolfs II. und geht unter Kaiser Matthias um 1615 nach Augsburg, wo er 1617 in die Malerzunft aufgenommen wird. In Prag malt er, unter dem Einfluss der Hofkünstler Hans von Aachen und Bartholomäus Spranger stehend, u. a. eine *Anbetung der Hirten* und eine *Anbetung der Könige*. Neben den zahlreichen religiösen und mythologischen Bildern, die in Augsburg entstehen, bleiben seine allegorischen Darstellungen dem rudolphinischen Stil verpflichtet.

Andreas Gursky
(° Leipzig 1955)
1978–81 Studium der Fotografie an der Folkwangschule Essen (GHS). 1981–87 Studium der Fotografie an der Kunstakademie Düsseldorf bei Bernd und Hilla Becher, 1985 Meisterschüler. 1988 Wechsel von kleinformatigen zu großformatigen Aufnahmen. 1992 Beginn der elektronischen Bildbearbeitung. Lebt in Düsseldorf.

William Havell
(Reading 1782 – 1857 London)
Sohn eines Zeichenlehrers aus Reading. 1804 erste Ausstellung in der Royal Academy, London. 1805 Gründungsmitglied der »Society of Painters in Watercolours«, der er bis 1814 angehört. Fortsetzung seiner Studien in der Technik der Ölmalerei u. a. bei Joseph Mallord William Turner. 1816 Übersiedlung nach Peking, dort offizieller Maler der britischen Botschaft. 1820–26 Landschaftsmaler und Porträtist der gehobe-

nen Gesellschaft in der indischen Kronkolonie. Anschließend Rückkehr nach England. 1828–29 Italienreise.

Paul-César François Helleu
(Vannes 1859 – 1927 Paris)
Ab 1874 Studium an der Akademie in Paris bei Jean Leon Gérôme und Joseph-Théodore Deck, dort in der keramischen Werkstatt tätig. 1879 erfolgreiche Ausstellung von Pastellen, meist Damenporträts, die auch international Absatz finden. Später zahlreiche Kaltnadelradierungen und Lithographien im Stil Jean-Antoine Watteaus. Neben Bildnissen, Interieurs und Stillleben u. a. Landschaftsstudien in Pastelltechnik.

Wilhelm Herwarth
(Berlin 1853 – 1916 Berlin)
Schüler des Landschaftsmalers Christian Wilberg in Berlin. Ab den 80er Jahren Lehrer an der Akademie und der Technischen Hochschule Charlottenburg.

Hans Hesse, auch Hasse
(tätig um 1497 – 1539)
Ausbildung zum Maler wahrscheinlich in einer der zahlreichen sächsisch-thüringischen Malerwerkstätten. Nach Tätigkeit in der Marienkirche in Zwickau und in Dittmannsdorf bei Chemnitz vermutlich 1509 Übersiedlung nach Annaberg. 1510 Totschlag des Goldschmieds Hans Seyfert. 1519 Ausmalung der Gewölbe der alten Sakristei in der Annaberger Kirche.

Herman Heyenbrock, auch Heijenbrock
(Amsterdam 1871 – 1948 Blaricum)
Schüler der Akademie in Rotterdam, anschließend Reisen nach Belgien, Frankreich, England, Deutschland und Schweden. Seine Motive fand er vornehmlich im westfälischen und belgischen Industriegebiet, insbesondere im Borinage, außerdem im Hafen von Rotterdam.

Pehr Hilleström d. Ä.
(Väddö 1732 – 1816 Stockholm)
1743/44 Ausbildung bei dem Dekorateur und Tapetenwirker Johan Filip Korn in Stockholm, gleichzeitig Besuch der Zeichenklasse an der Königlichen Akademie der freien Künste in Stockholm. 1747–57 Weber am Schwedischen Hof. 1757/58 Parisaufenthalt, um sich als Teppichwirker ausbilden zu lassen. Als Schüler François Bouchers und Jean-Baptiste-Siméon Chardins erlernt er dort ebenfalls die Ölmalerei und Pastellzeichnung. Ab 1773 Verlagerung des künstlerischen Interesses auf die Malerei, ab 1776 Hofmaler und ab 1777 Professor an der Stockholmer Akademie, ab 1810 deren Direktor. In späteren Jahren malt er zahlreiche Bergwerks- und Schmiedeinterieurs; großen ethnologischen Wert haben seine Zeichnungen unterschiedlicher Nationaltrachten.

Hannah Höch
(Gotha 1889 – 1978 Berlin)
1912 Beginn des Studiums an der Kunstgewerbeschule in Berlin-Charlottenburg. Während des Ersten Weltkriegs in Hilfsorganisationen tätig. 1915 Fortsetzung des Studiums an der Lehranstalt des Kunstgewerbemuseums. Im selben Jahr Beginn der Zusammenarbeit mit Raoul Hausmann, mit dem sie die Fotocollage entwickelt und ab 1917 zur Berliner Dadaistenszene gehört. 1916 erstes abstraktes Klebebild, 1916–26 Entwurfszeichnerin im Ullstein Verlag. Ab 1922 Zusammenarbeit mit Kurt Schwitters und Hans Arp. 1926–29 lebt sie in Den Haag; dort steht sie der »de Stijl«-Bewegung nahe. 1929 Rückkehr nach Berlin. 1933 Ausstellungs- und Berufsverbot. 1965 Mitglied der Akademie der Künste, Berlin.

Heinrich Hoerle
(Köln 1895 – 1936 Köln)
Als Maler Autodidakt. 1913/14 Mitglied der Künstlergruppe »Lunisten«, zusammen mit Max Ernst und Otto Freundlich. 1919 Beginn der Freundschaft mit Franz Wilhelm Seiwert, Gründung der Künstlervereinigung der »Kölner Progressiven«, erste Kontakte zur Dada-Bewegung sowie Mitarbeit an deren Wochenschrift *Der Ventilator*. 1929 Gründung der Zeitschrift *a-z*. 1933 Diffamierung seiner Werke als »entartet«.

Karl Hofer
(Karlsruhe 1878 – 1955 Berlin)
Ab 1896 Studium an der Kunstakademie Karlsruhe sowie ab 1902 in Stuttgart. 1899–01 Parisaufenthalt, 1903–13 in Rom und erneut in Paris, 1909–11 Reise nach Indien. Lebt während des Ersten Weltkriegs in Zürich. 1919 Übersiedlung nach Berlin, dort 1920 an die Hochschule für die Bildenden Künste berufen. 1934 Ausstellungsverbot und Entlassung aus dem Hochschuldienst. Mit Werken in der Ausstellung *Entartete Kunst* vertreten. Verschleppte sowie durch den Krieg vernichtete Arbeiten reproduzierte er nach 1945 teilweise aus dem Gedächtnis. 1945 Direktor der Hochschule für Bildende Künste, Berlin.

Jürgen Hoffmann
(° Rheinberg 1961)
Fotograf beim Rheinischen Industriemuseum Oberhausen. Lebt in Rheinberg.

Thomas Hornor
(Hull 1785 – um 1844)
Topograph und vermutlich Stecher. Um 1800 schuf er ein Panorama Londons. 1817–19 sieben prächtig gebundene Alben mit Ansichten von Südwales für den dortigen Adel und wohlhabende Abnehmer. Auch Autor einzelner Bücher zum Verkehrswegebau und zur Gartenkunst.

Joseph Huber-Feldkirch
(Feldkirch/Vorarlberg 1858 – 1932 Neuburg am Inn)
Studium der Freskomalerei in Innsbruck, danach an der Kunstakademie München und ab 1887 an der Académie Julian in Paris. 1888 Übersiedlung nach München. 1909–23 Lehrauftrag für kirchliche Monumentalkunst an der Düsseldorfer Kunstakademie. Häufig ausgehend von barocken Vorbildern, gestaltet er monumentale Fresken, aber auch Glasmalereien und -mosaike sowie einzelne Gemälde. Arbeitet als Graphiker und Architekt, entwirft kunstgewerbliche Gegenstände, Innenausstattungen und Exlibris.

Julius Jacob
(Berlin 1842 – 1929 Berlin)
Ausbildung im Atelier von Carl Gropius, dort Kulissenmaler. Weiterbildung an der Akademie, Reisen nach Italien. 1862–85 Zyklus von 70 Aquarellen, die ihm den Ruf eines Chronisten des allmählich verschwindenden ›Alt-Berlin‹ eintragen. 1882 Dozent für Landschaftszeichnen und Aquarellmalerei an der Berliner Bauakademie, danach an der Technischen Hochschule Charlottenburg.

Leopold Graf von Kalckreuth
(Düsseldorf 1855 – 1928 Eddelsen bei Hamburg)
Sohn des Malers Stanislaus Graf von Kalckreuth. Wächst in Weimarer Hof- und Künstlerkreisen auf und erhält seine künstlerische Ausbildung an der von seinem Vater geleiteten Kunstschule in Weimar und an der Kunstakademie in München, wo er unter dem Einfluss Franz von Lenbachs steht. Ab 1885 Studienreisen nach Holland, Italien und Paris. 1885–90 Professor an der Weimarer Kunstschule. 1895 Professor an der Karlsruher Akademie und 1899 Ruf an die Kunstschule nach Stuttgart, die er 1900–05 leitet. Seit dessen Gründung 1903 Präsident des »Deutschen Künstlerbundes«.

Friedrich Kallmorgen
(Altona 1856 – 1924 Grötzingen bei Karlsruhe)
Ab 1875 Studium an der Düsseldorfer Kunstakademie, Fortsetzung des Studiums 1877 an der Kunstschule Karlsruhe, folgt 1880 seinem Lehrer Hans Gude nach Berlin. 1881 Rückkehr nach Karlsruhe, dort Anschluss an den Kreis um Gustav Schönleber und Hermann Baisch, mit dem er nach Barbizon und in die Niederlande reist. 1888 Bau seines Hauses »Hohengrund« in Grötzingen. Bereits 1891 Ernennung zum Professor. 1902 Berufung an die Berliner Hochschule für die Bildenden Künste, dort bis 1918 Leiter der Klasse für Landschaftsmalerei.

Arthur Kampf
(Aachen 1864 – 1950 Castrop-Rauxel)
Ab 1879 Studium an der Düsseldorfer Akademie. 1885 Studienreise nach Paris. Ab 1887 Arbeit an einer Reihe von Historienbildern, die er in Freskotechnik und Ölmalerei ausführt. Im selben Jahr Ernennung zum Hilfslehrer, 1893 zum Professor an der Düsseldorfer Akademie. 1894 Italienreise, 1897 Reise nach Spanien. 1898 Berufung an die Berliner Akademie der Künste, dort ab 1901 ordentliches Mitglied, 1907–21 ihr Präsident und 1915–25 Direktor der Hochschule für die Bildenden Künste, Berlin.

Paul Kelpe
(Minden 1902 – 1985 Austin/Texas)
Studium der Kunstgeschichte und Architektur in Hannover. 1925 Emigration in die USA. 1931 erste Einzelausstellung in der Little Gallery, Chicago. 1935 Teilnahme an der Ausstellung der »Society of Independent Artists« in New York, Übersiedlung dorthin. 1936–39 Zusammenarbeit mit der *Works Progress Administration*, einer staatlichen Initiative zur Existenzsicherung von Künstlern während der Großen Depression. 1937 Gründungsmitglied der Künstlergruppe »American Abstract Artists«. 1957–69 Lehrtätigkeit an verschiedenen Universitäten der USA als Dozent für Kunst und Kunstgeschichte.

Heinrich Kley
(Karlsruhe 1863 – 1945 München)
1880–85 Studium an den Kunstakademien in Karlsruhe und München, wo er sich 1909 endgültig niederlässt. Zunächst als Genre- und Landschaftsmaler sowie als Historienmaler tätig, ab der Jahrhundertwende verstärktes Interesse an der Industriemalerei. 1908–44 hauptsächlich illustrative Arbeiten für *Simplicissimus* und *Jugend*, Sammelmappen und Werbegraphiken.

Robert Koehler
(Hamburg 1850 – 1917 Milwaukee)
1854 Übersiedlung nach Milwaukee, USA. Arbeitet als Lithograph in Pittsburgh und New York, dort Besuch der Abendklasse der National Academy of Design. 1873 Studium an der Münchener Kunstakademie. 1875 aus Geldmangel Rückkehr nach Milwaukee, 1879 Fortsetzung des Studiums in München mit dem Stipendium eines New Yorker Bierbrauers. Danach in den USA erfolgreich als Bildnismaler und Darsteller des Straßenlebens. Ab 1893 Direktor der School of Fine Arts in Minneapolis, USA.

Josef Koudelka
(° Moravia 1938)
Im Alter von 14 Jahren erste fotografische Aufnahmen, doch zunächst Ausbildung zum Flugzeugmechaniker an der Technischen Hochschule in Prag. Seit 1961 Ausstellungstätigkeit und Fotoarbeiten für Zeitschriften, u. a. *Divadlo*. 1965 Mitglied der Sektion Fotografie der »Vereinigung Tschechischer Künstler«. 1967 Ende der Tätigkeit als Flugzeugmechaniker. Seit 1971 Mitglied der Agentur Magnum Photos. Lebt in Paris.

Eduard Krause-Wichmann
(Stettin-Poelitz 1864 – 1927)
Schüler der Dresdener Akademie. Spezialisiert sich auf Marinemalerei und die Darstellung von Kriegsschiffen und Ozeandampfern auf hoher See.

Bernhard Kretzschmar
(Döbeln 1889 – 1972 Dresden)
Nach einer Malerlehre ab 1909 Studium an der Kunstgewerbeschule und Kunstakademie Dresden. 1911 Reisen nach Süddeutschland und in die Schweiz, 1913 nach Spanien und Mallorca, Freundschaft mit Peter August Böckstiegel und Conrad Felixmüller. 1917/18 Sanitätssoldat in Bautzen, Galizien und Frankreich. 1919 nach Rückkehr aus dem Kriegsdienst Hinwendung zum Expressionismus, erste Lithographien. 1920 erste Radierfolge. 1930 Gründung der Gruppe »Aktion«, 1932 der »Neuen Dresdner Sezession«. 1945 Vernichtung eines Teiles seines Werkes durch Bombenangriffe. 1946 Professor an der Hochschule für Bildende Künste, Dresden. 1969 korrespondierendes Mitglied der Akademie der Künste der DDR.

Louis Krevel
(Braunschweig 1801 – 1876 Trier)
Sohn des Malers Johann Hilarius Krevel, anfangs Unterricht bei seinem Vater. 1824–30 Aufenthalt in Paris. Nach der Rückkehr nach Deutschland Niederlassung als Porträtmaler in Köln, nimmt Aufträge aus dem westfälischen Raum und vor allem aus der Saarregion an. 1836 erstmals Teilnahme an der Ausstellung der Berliner Akademie. Nach 1865 Aufgabe des Berufs, Übersiedlung nach Freiburg i. Br., 1873 nach Trier.

Peder Severin Krøyer
(Stavanger 1851 – 1909 Skagen)
Zeichnet bereits 1861 Illustrationen für die wissenschaftliche Werke seines Adoptivvaters (Parasitkrebse). 1864–70 Besuch der Kopenhagener Akademie. 1877 Reise durch Holland und Belgien, nach Paris. Studiert in Spanien die Werke von Velázquez, kehrt 1879 nach Paris zurück und hält sich 1880 in Italien auf. 1881 Rückkehr nach Dänemark, verbringt die Sommer in Skagen, wo sich eine Künstlerkolonie bildet.

Germaine Krull
(Wilda/Posen 1897 – 1985 Wetzlar)
Kindheit in Italien, Frankreich, der Schweiz und Österreich. 1912 Umzug nach München, dort 1915 Beginn des Studiums an der Lehr- und Versuchsanstalt für Fotografie. 1917/18 Meisterfotografin und Eröffnung eines eigenen Studios. 1919–22 Reisen nach Ungarn und in die UdSSR. Lebt ab 1925 in Paris. Zahlreiche Veröffentlichungen in internationalen Zeitschriften. 1928 wird das Buch *Métal* von der Kritik gefeiert. 1929 Teilnahme an den Ausstellungen *Fotografie der Gegenwart* in Essen sowie *Film und Foto* in

Stuttgart. 1942–45 Kriegskorrespondentin. Zahlreiche Arbeiten für die internationale Presse und Buchveröffentlichungen.

John Laporte
(London 1761 – 1839 London)
Lehrer an der Militärakademie in Addiscombe und Mallehrer des Kunstmäzens Monro. 1779 stellt er erstmalig und ab 1788 alljährlich in der Royal Academy in London aus. Neben Ansichten aus Großbritannien malt er Darstellungen italienischer Landschaften und des Berner Oberlandes.

Barthélemy Lauvergne
(Toulon 1805 – 1871 Carcès)
Bis 1863 Verwaltungsbeamter der französischen Marine. 1836/37 Teilnahme an der von Auguste Nicholas Vaillant geleiteten Weltumsegelung mit der »Bonite«; weitere Seereisen. Beschickt den Pariser Salon 1838–49 mit Seestücken und malt im Auftrag des Marineministeriums 1842 eine Ansicht von Algier.

Franz Lenk
(Langenbernsdorf/Vogtland 1889 – 1968 Schwäbisch Hall)
1912–15 Lehre als Innendekorateur und Lithograph. 1916–18 Soldat. 1918–24 Studium an der Kunstakademie Dresden. 1926 Lehrtätigkeit an der Berliner Kunstschule. Ab 1927 Beteiligung an zahlreichen Ausstellungen. 1934 Berufung an die Vereinigten Staatsschulen für Kunst und Gewerbe in Berlin. 1935 gemeinsame Ausstellung mit Otto Dix in der Galerie Nierendorf. 1936 Vorstandsmitglied der Berliner Sezession. 1937 Aufnahme in die Akademie der Künste, Berlin. 1938 Aufgabe der Lehrtätigkeit aus Solidarität mit den von den Nationalsozialisten verfolgten Kollegen. Ab 1959 Kulturbeauftragter von Schwäbisch Hall.

Johann Joseph Leyendecker, auch Leiendecker
(Dernau an der Ahr 1810 – 1867 Paris)
1826–38 Studium in Paris, widmet sich dort u. a. dem Porträtfach. 1841–43 Auftragsarbeiten für den Hof unter Louis-Philippe. 1848 erstmals Ausstellung eigener Werke im Pariser Salon, 1861–67 regelmäßige Beschickung. 1850 Reise nach Bonn. Gestaltet in seiner Heimatstadt Dernau 1855 den Altar der Hauptkirche mit der Krönung Mariens. 1856 Übersiedlung nach Bonn.

Philippe Jacques de Loutherbourg
(Straßburg 1740 – 1812 Chiswick)
Schüler seines Vaters Philipp Jakob, der Stecher und Miniaturist am Darmstädter Hof war. 1755 Umzug nach Paris. Schüler von Carle van Loo und François Joseph Casanova. 1766 Mitglied der Académie Royale de Peinture et de Sculpture in Paris; Peintre du Roi. 1768 Reise durch Marseille und wahrscheinlich auch durch

Italien, Deutschland und die Schweiz. 1771 Umzug nach London; tätig als Bühnenmaler. 1781 Mitglied der Royal Academy. Freundschaft mit Graf Alessandro Cagliostro. Schuf Illustrationen, u. a. für Reisebeschreibungen, sowie Historienbilder und Landschaften.

William Lucas
(London um 1840 – 1895 London)
Aquarellist und Maler in London.

Maximilien Luce
(Paris 1858 – 1941 Paris)
Tätig in Paris und in Rolleboise. Schüler des Holzschneiders Henri Théophile Hildebrand und von Carolus-Duran. Beeinflusst von Camille Pissarro und Georges Seurat. Befreundet mit Paul Signac und Henri-Edmond Cross. 1889 und 1892 stellt er mit den Neo-Impressionisten bei der avantgardistischen Künstlergruppe »Les XX« in Brüssel aus. Stadt- und Arbeitsmotive bilden einen Schwerpunkt in seinem Werk. Stand linken, anarchistischen Kreisen nahe.

Cornelis de Man
(Delft 1621 – 1706 Delft)
1642 Mitglied der St. Lukas-Gilde in Delft. Neun Jahre auf Reisen durch Paris, Lyon, Florenz, Rom, Venedig. 1654 zurück in Delft. Beeinflusst durch Pieter de Hooch, Johannes Vermeer und Emanuel de Witte. Bekannt durch seine bürgerlichen Innenraumszenen, schuf auch Landschaftsbilder, Darstellungen von Kircheninterieurs und Porträts.

Johan Fredrik Martin
(Stockholm 1755 – 1816 Stockholm)
Kupferstecher. Schüler seines Vaters Elias sowie William Woollets und Francesco Bartolozzis. Ab 1770 in London, ab 1781 in Stockholm ansässig.

Wolfgang Mattheuer
(° Reichenbach/Vogtland 1927)
1942–44 Lehre als Lithograph. 1944/45 Kriegsdienst und -gefangenschaft. 1946–51 Kunstgewerbeschule in Leipzig, ab 1947 auch Studium an der Leipziger Hochschule für Grafik und Buchkunst. 1951/52 freischaffende Tätigkeit. Ab 1956 Dozent, ab 1965 Professur an der Hochschule für Grafik und Buchkunst. 1958 Aufnahme in die SED. Ab 1971 Beginn seiner plastischen Arbeiten. 1974 Nationalpreis II. Klasse. 1978 Mitglied der Akademie der Künste der DDR und Nationalpreis für Kunst und Literatur. 1988 Austritt aus der SED. 1993/94 Mitglied der Akademie der Künste, Berlin.

Adolph von Meckel
(Berlin 1859 – 1893 Berlin)
Auf den Berliner Akademieausstellungen fast ausschließlich mit Orientdarstellungen vertreten. Die Ansicht der englischen Gasanstalt in Berlin ist sein einziges bekanntes Stadtbild.

Georg Meistermann
(Solingen 1911 – 1990 Köln)
1928–33 Studium an der Kunstakademie Düsseldorf, danach Abbruch des Studiums und Ausstellungsverbot. 1938 Glasfenster für St. Engelbert in Solingen, erste abstrakte Bilder. 1953 Ausstellung im Hamburger Kunstverein zusammen mit Fritz Winter und Ernst Wilhelm Nay. 1955 Professur an der Kunstakademie Düsseldorf. 1960–76 Professor an der Kunstakademie Karlsruhe und stellvertretender Rektor. 1967–72 Präsident des »Deutschen Künstlerbundes«.

Léon-Auguste Mellé
(Paris 1816 – 1889)
Landschaftsmaler, Ausbildung im Atelier von J. Cogniet und Ch. Renoux. 1839 erstmals Teilnahme am Pariser Salon, den er bis 1879 regelmäßig beschickt. Zahlreiche Reisen durch Frankreich, nach Belgien und in die Schweiz, malt jedoch vorwiegend Motive aus der Umgebung von Paris.

Adolph Menzel
(Breslau 1815 – 1905 Berlin)
Ab 1831 in der lithographischen Werkstatt seines Vaters in Berlin ausgebildet. Führt sie nach dessen Tod 1832 weiter, ernährt die Familie. 1836 erstes Ölbild. Umfangreiche Illustrationsaufträge. Aufgrund seiner Illustrationen wird er zum anerkannten Interpreten der friderizianischen Zeit, Kontakte zum Hof Friedrich Wilhelms IV. 1853 Mitglied der Akademie der Künste. Immer wieder Beteiligung an Ausstellungen in Paris, so auch mit dem *Eisenwalzwerk*. 1898 Erhebung in den Adelsstand. Der Autodidakt und Einzelgänger genoss sowohl in akademischen Künstlerkreisen und am Hof wie auch bei der in den Sezessionen versammelten Moderne große Anerkennung.

Erich Mercker
(Zabern 1891 – 1973 München)
Ingenieurstudium an den Technischen Universitäten München und Charlottenburg. 1914 Abbruch des Studiums, Kriegsdienst. 1918 Hinwendung zur Malerei. Ab 1920 Beteiligung an den Ausstellungen im Münchener Glaspalast. 1937 Goldene Medaille für vier Wandmalereien im Deutschen Pavillon der Pariser Weltausstellung.

Constantin Meunier
(Etterbeek/Brüssel 1831 – 1905 Ixelles/Brüssel)
Ausbildung zum Bildhauer und Maler an der Brüsseler Akademie. Malt zunächst Historienbilder. Um 1880 Aufhellung der Palette und Übergang zum Impressionismus; erste Bilder von Arbeitern und der Industriebezirke und Kohlenreviere Belgiens. 1882/83 Spanienreise. 1886 Wiederaufnahme der bildhauerischen Tätigkeit. 1887–95 Professor der Malerei an der Kunstschule Löwen, danach Rückkehr nach Brüssel. Der Schwerpunkt und die große Leistung seines späteren malerischen und skulpturalen Werks liegt in der Darstellung des Arbeiters.

Paul Friedrich Meyerheim
(Berlin 1842 – 1915 Berlin)
Sohn und Schüler des Malers Eduard Meyerheim. Übernimmt 1883 die Leitung der Tiermalklasse an der Hochschule für die Bildenden Künste, Berlin, lehrt ab 1887 an der Berliner Akademie der Künste.

Phillip Mitchell
(Lebensdaten unbekannt)
Angaben zur Biographie dieses Künstlers liegen nicht vor.

Otto Möller
(Schmiedefeld/Thüringen 1883 – 1964 Berlin)
1904–07 Schüler an der Kunstschule Berlin bei Lovis Corinth und Philipp Franck. Beteiligung an Ausstellungen der Berliner Sezession. Ab 1909 Zeichenlehrer an Berliner Schulen. 1919 Mitglied der »Novembergruppe«. 1920–40 Lehraufträge für Methodik und Pädagogik an der Hochschule für Kunsterziehung Berlin. Mitte der 20er Jahre radikaler Stilwechsel von kubistischen und futuristischen Arbeiten zur Neuen Sachlichkeit. 1946–55 Professor an der Hochschule für Bildende Künste, Berlin.

Francis Nicholson
(Pickering 1753 – 1844 London)
Unterrichtsstunden bei Conrad Martin Metz in London. Arbeit als Maler und Aquarellist in London. 1789–15 Beteiligung an den Ausstellungen der Royal Academy und der »Old Water-Colour Society«.

John Nixon
(? – 1818 Ryde, Isle of Wight)
Wohlhabender Kaufmann in London, Hobbymaler und -schauspieler. Ausgedehnte Zeichentouren durch Großbritannien und andere europäische Länder.

Bernhard Obberg
(° 1916 Oberhausen)
Werksfotograf der Gutenhoffnungshütte. Lebt in Oberhausen.

Giovanni Battista Piranesi
(Mogliano bei Venedig 1720 – 1778 Rom)
1730–40 Ausbildung in Venedig. 1740 Übersiedlung als Zeichner des venezianischen Botschafters nach Rom, wo er in der Werkstatt des Vedutenstechers Guiseppe Vasi arbeitet. Neben antiken und zeitgenössischen Stadtansichten entstehen Architekturphantasien, die ihren Höhepunkt in der Serie der *Carceri d'invenzione* (1745, 1760) finden. 1766 wird er von Papst Clemens XIII. zum Ritter geschlagen. Bis zu seinem Tod entstehen über 2 000 Stiche von realen und phantastischen Gebäuden, Statuen und Ornamenten.

Ljubov Sergeevna Popova
(Ivanovskoje bei Moskau 1889 – 1924 Moskau)
1908/09 Besuch der Kunstschule Konstantin Juons in Moskau. Ab 1912 arbeitet sie im Atelier »Der Turm« mit Vladimir Tatlin und anderen Künstlern. 1912/13 Studium an der Académie La Palette in Paris, arbeitet jedoch weiterhin mit Tatlin zusammen. 1914–16 Anschluss an den russischen Kubofuturismus, wenig später für kurze Zeit Mitglied der Gruppe »Supremus«. Ab Anfang der 20er Jahre ist sie am Institut für Künstlerische Kultur INChUK, für die Zeitschrift *LEF* und an der WchUTEMAS beschäftigt. Ab 1922 ausschließlich Textil- und Modegestaltung, Buch- und Zeitschriftenillustrationen, Bühnenbilder und Kostüme.

Max Radler
(Breslau 1904 – 1971 München)
1918 Lehre als Steinmetz und Stukkateur. Danach Dekorationsmaler. 1923 Umzug nach München, 1927 Studium der Malerei an der Lehranstalt für angewandte Kunst, u. a. bei Georg Schrimpf. Ab 1930 Mitglied der Künstlergruppe »Die Juryfreien«. Bei einem Bombenangriff auf München 1945 werden nahezu sämtliche seiner Werke zerstört. Nach dem Krieg Arbeit beim *Simplicissimus*. 1947 Beteiligung an den Ausstellungen der »Neuen Gruppe« in München.

Franz Radziwill
(Strohausen/Wesermarsch 1895 – 1983 Wilhelmshaven)
Nach einer Maurerlehre 1913–15 Studium der Architektur in Bremen. 1920–23 Aufenthalt in Berlin, Bekanntschaft mit George Grosz, Otto Dix und Rudolf Schlichter, Mitglied der »Freien Sezession«. 1922 Übersiedlung nach Dangast. 1927/28 Studienaufenthalt in Dresden, wo ihm Dix ein Atelier in der Akademie zur Verfügung stellte. 1929 Teilnahme an der Ausstellung *Neue Sachlichkeit* in Amsterdam. 1931 Anschluss an die »Novembergruppe«. 1933 Beitritt zur NSDAP und Ruf an die Kunstakademie Düsseldorf. 1935 Berufsverbot. Einige seiner Werke werden im Zuge der Aktion »Entartete Kunst« beschlagnahmt, Ausstellungen abgesagt und verboten. Nach dem Krieg bis Anfang der 1970er Jahre künstlerisch tätig.

Timm Rautert
(° Tuchel 1941)
1966–71 Studium der Fotografie an der Folkwang-schule für Gestaltung in Essen bei Otto Steinert. Während seines Studiums Werksreportage der Porsche AG. Auch in den folgenden Jahren immer wieder Auftragsarbeiten für Unternehmen wie BMW, VW, Thyssen, Krupp oder die Chip- und Computerbranche. In den 1970er Jahren arbeitet er zunächst eng mit Franz Erhard Walther, später mit dem Graphiker Otl Aicher zusammen. Seit 1993 Professur für Fotografie an der Hochschule für Grafik und Buchkunst in Leipzig. Lebt in Leipzig.

Albert Renger-Patzsch
(Würzburg 1897 – 1966 Wamel am Möhnesee)
Beginnt bereits als Jugendlicher zu fotografieren. 1919–22 Chemiestudium in Dresden. Ab 1920 Fotograf beim Folkwang-Verlag, wenig später Leiter der Bildstelle des Folkwang-Archivs in Hagen. 1923 Tätigkeit in einer Pressebildagentur in Berlin. 1925 selbständig als Fotograf in Bad Herzfeld, Auftragsarbeiten für die Industrie und Werbung. 1929 Übersiedlung nach Essen, wo ihm das Museum Folkwang ein Atelier zur Verfügung stellt. 1933 Lehrauftrag an der Folkwangschule. Nach seiner Tätigkeit als Kriegsberichterstatter im Zweiten Weltkrieg zieht er 1944 nach Wamel. Von 1949 bis zu seinem Tod erhält er kontinuierlich Aufträge von Industrieunternehmen.

Alfred Rethel
(Aachen 1816 – 1859 Düsseldorf)
Schüler bei dem in Frankreich geschulten Flamen Jean-Baptiste Joseph Bastiné in Aachen. 1829–36 Studium an der Düsseldorfer Akademie bei Wilhelm von Schadow. 1836–47 Tätigkeit zunächst in Frankfurt/M., dann in Aachen, Düsseldorf und Dresden. 1844/45 und 1852/53 Reisen nach Italien. 1847 Ausmalung des Kaisersaales im Aachener Rathaus.

Thomas Miles Richardson d. Ä.
(Newcastle upon Tyne 1784 – 1848 Newcastle upon Tyne)
Anfänglich als Kupferstecher und Tischler tätig. 1806–13 Lehrer, seitdem Hinwendung zur Kunst. Er tritt der »New Water-Colour Society« bei und gründet 1831 die »Newcastle Water-Colour Society«.

Klaus Ritterbusch
(° Bodenwerder/Weser 1947)
1969–74 Studium der Philosophie, Soziologie und Psychologie an der Freien Universität sowie der Maltechnik an der Hochschule für Bildende Künste, Berlin. 1972 Gründung der Künstlergruppe »Amelith«, 1978 Atelieraufenthalt im Stedelijk Museum Amsterdam. Lebt in Düsseldorf.

George Robertson
(London 1724 – 1788 Newington)
Italienaufenthalt als Begleiter von William Beckford, Esq. zu Sommerly, einem reichen indischen Plantagenbesitzer. Um 1770 reisen beide nach Jamaika. Niederlassung als Landschaftsmaler und Zeichenlehrer in England, Mitwirkung in einer Bewegung zur Registrierung mittelalterlicher Denkmäler in Großbritannien.

Rudolf Schlichter
(Calw 1890 – 1955 München)
1904 Lehre als Emailleur, 1907–10 Besuch der Kunstgewerbeschule in Stuttgart, 1910–16 Studium an der Akademie in Karlsruhe. 1919 Umzug nach Berlin, Mitglied der »Novembergruppe« und der KPD, Freundschaft mit George Grosz und John Heartfield. 1925 Teilnahme an der Ausstellung *Neue Sachlichkeit* in Mannheim, 1929 an der gleichnamigen Ausstellung in Amsterdam. 1928 tritt er der »Assoziation Revolutionärer Bildender Künstler Deutschlands (ASSO)« bei. Nach 1933 Beschlagnahmung seiner Werke als »entartet«. 1949 Beitritt zur »Neuen Gruppe«.

Hans W. Schmidt
(Hamburg 1859 – 1950 Weimar)
Studien an der Hamburger Kunstgewerbeschule und 1879–88 an der Weimarer Kunstschule bei Alfred Brendel. Anschließend Reise nach St. Petersburg. Professur an der Weimarer Kunstschule. 1919 Illustrator für Zeitungsberichte über die Weimarer Nationalversammlung. Zahlreiche Wand- und Deckengemälde, u. a. 1906 im Großen Saal des Weimarer Schlosses.

Wilhelm Schnarrenberger
(Buchen/Odenwald 1892 – 1966 Karlsruhe)
1911–15 Besuch der Kunstgewerbeschule in München und Architekturstudium an der dortigen Universität. Um 1920 Tätigkeit für die Zeitschriften *Simplicissimus*, *Wieland* und *Der Weg*. 1921 Professur für Gebrauchsgraphik an der Badischen Landeskunstschule in Karlsruhe. 1924 Mitbegründer der ORNA-Werkstätten für Werbung und Innendekoration. 1925 Teilnahme an der Ausstellung *Neue Sachlichkeit* in Mannheim. 1933 Entzug der Lehrerlaubnis, 1937 Diffamierung seiner Arbeiten als »entartet«. 1947 Berufung an die Kunstakademie Karlsruhe.

Robert Schneider
(° Buchheim bei Freiburg i. Br. 1944)
Mit seinen Acrylbildern reflektiert er die Geschichte des 20. Jahrhunderts. Arbeitet u. a. in zyklisch angelegten Werkgruppen. Darstellung apokalyptischer Visionen, die sich vor allem als (ideologie-)kritischer Kommentar zum aktuellen Verhältnis zwischen großindustriellen Produktionsweisen und den davon beeinflussten gesellschaftlichen Lebensformen interpretieren lassen. Lebt in Hamburg.

Carl Schütz
(1796 – ?)
1830 als Leiter eines Lehrgangs für technisches Zeichen in Düren erstmals in Erscheinung getreten. Sein letztes bekanntes Werk ist eine Zeichnung der 1845 durch ein Hochwasser zerstörten Johannesbrücke über die Rur.

Emil Schumacher
(Hagen 1912 – 1999 San José, Ibiza)
1932–35 Studium an der Kunstgewerbeschule in Dortmund. 1947 Mitbegründer der Künstlergruppe »junger westen« in Recklinghausen. 1958–60 Professur an der Hochschule für bildende Künste in Hamburg. 1966/67 Professur an der Akademie in Karlsruhe, 1967/68 Gastprofessur an der Minneapolis School of Art, USA, 1991 Gastprofessur am Concorso Superiore, Fondazione Antonio Ratti, Como. 1983 Großes Verdienstkreuz mit Stern des Verdienstordens der Bundesrepublik Deutschland. 1992 Ehrendoktorwürde der Universität Dortmund.

Georges Seurat
(Paris 1859 – 1891 Paris)
1878/79 Studium an der Ecóle des Beaux-Arts in der Malklasse von Henri Lehmann, einem Ingres-Schüler. Militärdienst in Brest. 1883 Ausstellung im offiziellen Salon in Paris. Nachdem ein anderes Bild von ihm im Folgejahr von der Jury des Salons abgelehnt wird, zeigt er seine Arbeiten im Salon der Vereinigung unabhängiger Künstler. Ab 1886 verbringt er seine Winter in Paris und die Sommer an der französischen Nordküste. Seurat gilt als Hauptvertreter des Neo-Impressionismus, aus dem er eine eigene Technik, den Pointillismus, entwickelte.

Heinrich Siepmann
(° Mülheim an der Ruhr 1904)
1925–27 Studium an der Folkwangschule in Essen. Tätigkeit als freier Maler. 1938 Staatsschule für angewandte Kunst in Nürnberg. 1948 Mitbegründer der Künstlergruppe »junger westen« in Recklinghausen. Lebt in Mülheim an der Ruhr.

Willi Sitte
(° Kratzau 1921)
1936–39 Kunstschule des nordböhmischen Gewerbemuseums in Reichenberg. 1939/40 Studium an der Meisterschule für Malerei in Kronenburg/Eifel bei Werner Peiner. 1941–44 Kriegsdienst, 1944/45 Beteiligung an der Resistenza. Danach freischaffender Künstler in Mailand, 1946 Rückkehr in die Tschechoslowakei. 1947 Übersiedlung nach Halle/Saale und Eintritt in die SED. 1948 Mitglied der Künstlervereinigung »Die Fähre«. 1951–58 Dozent und 1959–86 Professor an der Hochschule für Industrielle Formgestaltung Burg Giebichenstein. 1974–88 als Präsident des Verbandes Bildender Künstler der DDR. Lebt in Halle/Saale.

Franz Skarbina
(Berlin 1849 – 1910 Berlin)
1865–68 Schüler der Berliner Akademie. 1882–93
Hauptlehrer der Klasse für anatomisches Zeichnen an
der Hochschule für die Bildenden Künste, Berlin. 1888
Professor, 1893 Austritt aus dem Lehrkörper der Hochschule infolge von Differenzen mit dem damaligen
Direktor Anton von Werner. 1892 Mitglied der »Gruppe
XI«, 1899–1901 der Berliner Sezession. Ab 1905 Mitglied des Senats der Akademie der Künste. Schult sich
an Adolph Menzel, in Paris entscheidende Beein-
flussung durch die Impressionisten.

John »Warwick« Smith
(Irthington/Cumberland 1749 – 1831 London)
Schüler von Sawray Gilpin. Begleitet 1776–81 und
1785/86 Lord Warwick in die Schweiz und nach Italien.
1814 und 1817/18 Präsident der »Old Water-Colour
Society«.

Sasha Stone
(St. Petersburg 1895 – 1940 Perpignan)
1911 Ausbildung als Elektromonteur am Technischen
Institut in Warschau. Wenig später Auswanderung nach
New York, wo er als technischer Zeichner und Kunst-
schmied arbeitet. 1917–19 erste Fotografien. Um 1922
Übersiedlung nach Berlin, wo er die Kunstschule von
Alexander Archipenko besucht und Kontakt zur Avant-
gardezeitschrift G unterhält. Um 1924 Gründung eines
Ateliers für Werbe- und Industriefotografie. Um 1931
Umzug nach Brüssel, Einrichtung eines Studios zu-
sammen mit Cami Stone.

Gory von Stryk
(Dorpat 1907 – 1975 Berlin)
Ab 1919 in Berlin. 1926 Besuch der Kunstgewerbeschule und später der Reimann-Schule. 1931 Studienreise nach Frankreich. 1942 Verlust des Berliner
Ateliers. 1939–43 Aufenthalt in Ostpreußen. Kehrt
anschließend nach Berlin zurück. Ab den 50er Jahren
entstehen zahlreiche großflächige und starkfarbige
Ansichten von Berlin.

Arthur Fitzwilliam Tait
**(Livesey bei Liverpool 1819 – 1905 Yonkers bei
New York)**
Studium am Royal Institute in Manchester, bildet sich
aber hauptsächlich autodidaktisch. Lithograph und
Zeichenlehrer in Liverpool. Ab 1850 in New York an-
sässig. Arbeitet häufig mit James Hart zusammen. 1858
Mitglied der National Academy of Design. In erster
Linie Landschafts- und Tiermaler.

Werner Tübke
(° Schönebeck/Elbe 1929)
1946/47 Malerlehre und Besuch der Meisterschule für
Handwerk in Magdeburg. 1948/49 Studium an der

Hochschule für Grafik und Buchkunst Leipzig. 1950–52
Studium der Kunsterziehung und Psychologie an der
Universität Greifswald. Ab 1956 mit längeren Unter-
brechungen Lehrtätigkeit an der Hochschule für Grafik
und Buchkunst in Leipzig, 1973–76 deren Rektor.
1961/62 Studienaufenthalt in der Sowjetunion. 1982
Mitglied der Königlichen Akademie der Künste
Schwedens. 1983 Mitglied der Akademie der Künste
der DDR. 1993–96 Arbeit am Altarretabel für St. Sal-
vatoris in Clausthal-Zellerfeld.

Joseph Mallord William Turner
(London 1775 – 1851 London)
Ab 1789 Schüler der Royal Academy. 1795 Schüler von
Philippe Jacques de Loutherbourg. Studien in Südwales
und auf der Isle of Wight. 1802 Mitglied der Royal
Academy. Auf einer Reise durch die Schweiz faszinieren
ihn die elementaren Naturgewalten. Die Landschaften
von Nicolas Poussin und Claude Lorrain sowie die
Koloristik der Venezianer verdrängen die englischen
Vorbilder und niederländische Muster der Marine-
malerei. Zahlreiche Reisen: nach Rotterdam, Rom,
Venedig, Neapel, an den Rhein.

Hans Dieter Tylle
(° Bayreuth 1954)
1975–80 Studium der Freien Kunst an der GH Kassel
bei Manfred Bluth, 1982/83 Lehrauftrag dort. Zahlreiche Studienaufenthalte in Unternehmen. 1987 Teilnahme am 7. Internationalen Pleinair des VEB Mansfeld Kombinat, Eisleben. Seit 1990 Mitglied im »Künst-
lersonderbund in Deutschland 1990 e.V.«, 1996–98
stellvertretender Vorsitzender. Lebt in Kassel.

Martin I (Marten van) Valckenborch
(Löwen 1534/35 – 1612 Frankfurt/M.)
1559 Mitglied der Gilde in Mecheln. 1565 Übersiedlung nach Antwerpen. 1566 als Protestant Flucht
mit seinem Bruder Lucas und Hans Vredeman de Vries
nach Aachen. Um 1573 dort Bürger. 1584/85 Rückkehr
nach Antwerpen und Mitglied der dortigen Gilde. 1586
Bürger in Frankfurt/M. Seine Landschaften sind stark
von seinem Bruder Lucas beeinflusst.

Victor Vignon
(Villiers-Cotterêts 1847 – 1909 Meulan)
Landschaftsmaler und Radierer. Beeinflusst durch
Jean-Baptiste-Camille Corot, später durch Paul
Cézanne. Ab 1874 Malausflüge mit Cézanne und
Camille Pissarro. 1880–82 und 1886 Beteiligung an den
Impressionisten-Ausstellungen in Paris. Später er-
blindet.

Karl Völker
(Halle/Saale 1889 – 1962 Weimar)
Maler und Architekt. 1904–10 Besuch der Handwerker-
und Kunstgewerbeschule in Halle. 1910–12 Deko-
rationsmaler in Leipzig. 1918/19 Zugehörigkeit zur
»Novembergruppe«. 1921–23 Zusammenarbeit mit
Bruno Taut in Magdeburg. 1923–25 Graphiken für die
kommunistischen Zeitungen Das Wort und Der
Klassenkampf in Halle. 1924/25 mit mehreren Werken
in der Allgemeinen deutschen Kunstausstellung in
Moskau, Saratow und Leningrad vertreten. 1927 Be-
teiligung an einem Architekturwettbewerb für den
Völkerbundpalast in Genf, 1931 an der Deutschen
Bauausstellung in Berlin. 1948 Tafelwandbild für die
Industrie- und Handelskammer in Halle. 1950/51 Mit-
arbeit beim Wiederaufbau des Zeughauses in Berlin.

Wolf Vostell
**(Leverkusen 1932 – 1998 Malpartida de Cáceres,
Spanien)**
1950–53 Lehre als Fotolithograph. 1954/55 Studium an
der Werkkunstschule Wuppertal. Erster Paris-Aufent-
halt. Hier entsteht sein künstlerisches Prinzip der
Décollage. 1955–57 Ausbildung in Paris an der École
des Beaux-Arts in Malerei, Graphik und Anatomie. 1958
Studium an der Düsseldorfer Akademie. Reise nach
Spanien. 1962 Mitbegründer der Gruppe »FLUXUS«.
1963–65 erste Happenings.

Cornelius Wagner
(Dresden 1870 – 1956 Söcking bei Starnberg)
Marine- und Landschaftsmaler. 1887–95 Studium an
der Düsseldorfer Akademie. Studienreisen nach Indien
und Südamerika. Schuf zahlreiche Arbeiten für öffentliche Bauten.

George Walker
(Killingbeck Hall 1781 – 1856 Killingbeck Hall)
Ausbildung in der Schule des Pastors Charles Well-
beloved in York. Tritt in das väterliche Farbengeschäft
ein, beschäftigt sich jedoch vorwiegend mit dem
Studium der Naturgeschichte und der bildenden
Künste. 1813/14 erscheint sein Album Costume of
Yorkshire. Führt in Yorkshire das Leben eines Sports-
manns, Naturwissenschaftlers, Amateurmalers und För-
derers der Künste. 1824 Reise durch Frankreich, die
Schweiz und Italien.

Henry Warren
(London 1794 – 1879 London)
Zunächst Ausbildung als Bildhauer. Ab 1818 Schüler
der Royal Academy, 1823–72 dort an Ausstellungen beteiligt. 1835 Mitglied der »New Water-Colour Society«,
1839 deren Präsident. Malt Szenen aus dem Orient, den
er aber nie besucht hat.

Johann Weiss
(Prag 1745 oder 1747 – 1787 Prag)
Angaben zur Biographie dieses Künstlers liegen nicht
vor.

Hugo van Werden
(1836 – 1911)
Werksfotograf bei Krupp.

Johann Benedikt Werkstätter
(Neumarkt 1708 – 1772 Salzburg)
1755 hochfürstlicher Kammerportier und Hofmaler, oft
nur »Maler Benedikt« genannt.

William Wheldon
(Lebensdaten unbekannt)
Angaben zur Biographie dieses Künstlers liegen nicht
vor.

Penry Williams
(Merthyr Tydfill/Wales 1798 – 1885 Rom)
Schüler der Royal Academy mit einem Stipendium der
walisischen Unternehmerfamilie Crawshay. Ab 1827 in
Rom.

William Williams
(Norwich um 1758 – um 1797)
1758 erster Preis der Society of Arts in London. Tätig in
London und Norwich. 1770–92 Ausstellungen in Norwich.

Walter Womacka
(° Obergeorgenthal/Böhmen 1925)
1940–43 Ausbildung als Zimmer- und Dekorations-
maler. Studium 1946–48 an der Meisterschule für ge-
staltendes Handwerk in Braunschweig, 1949–51 an der
Hochschule für Baukunst und bildende Künste in
Weimar, 1951/52 an der Hochschule für Bildende
Künste, Dresden. Ab 1953 Assistent an der Hochschule
für bildende und angewandte Kunst Berlin-Weißensee,
1963–88 dort Professor und 1968–88 Rektor, 1959–88
Vizepräsident des Verbandes Bildender Künstler der
DDR. Lebt in Berlin.

Joseph Wright of Derby
(Derby 1734 – 1797 Derby)
1751–53 und 1756–57 Studium in London bei Thomas
Hudson. 1760 Rückkehr nach Derby. In dieser von der
Industrie geprägten Region entstehen seine Wissen-
schaftsbilder *A Philosopher Giving that Lecture on the
Orrery in which a Lamp is put in place of the Sun* (1766)
und *An Experiment on a Bird in the Air Pump* (1768).
Bekanntschaft mit Erasmus Darwin, Josiah Wedgwood
und anderen Mitgliedern der »Lunar Society«. 1765–76
und 1791 Teilnahme an den Ausstellungen der Society
of Art in London, 1771 Mitglied dieser Gesellschaft.
1781 Associate, 1784 Vollmitglied der Royal Academy.

1773–75 Italienaufenthalt. 1778–94 Teilnahme an den
Ausstellungen der Royal Academy in London, oft mit
Motiven aus Rom, Tivoli, Neapel und Salerno. Zahl-
reiche Porträts englischer Unternehmer.

Gustav Wunderwald
(Köln 1882 – 1945 Berlin)
1896–98 Malerlehre und Tätigkeit als Kulissenmaler
und Bühnenbildner in Gotha, Berlin und Stockholm.
Ab 1912 Dekorationsmaler am Deutschen Opernhaus
in Berlin. 1915–18 Kriegsdienst. 1924 erste Einzelausstellung in Berlin. 1925/26 Teilnahme an der *Großen
Berliner Kunstausstellung*. 1936–43 Kolorist von
Werbefilmen bei der UFA und bei Marx-Film.

Bibliographie

Adam 1992
Peter Adam, *Kunst im Dritten Reich*, Hamburg 1992

ADB
Allgemeine Deutsche Biographie, hrsg. durch die Historische Commission bei der Königlichen Akademie der Wissenschaften, Leipzig (und München) 1875–1912 [Ndr. Berlin 1967–71]

Adorno 1970
Theodor W. Adorno, *Ästhetische Theorie*, Frankfurt/M. 1970

Adorno 1973
Theodor W. Adorno, *Ästhetische Theorie*, Frankfurt/M. 1973

Agde 2000
Kahlschlag. Das 11. Plenum des ZK der SED 1965. Studien und Dokumente, hrsg. von Günter Agde, 2. erw. Aufl., Berlin 2000

Agricola 1556
Georgius Agricola, *De re metallica*, Basel 1556

Aker 1930
W. van den Aker, *Edmond van Dooren. Kunstschilder*, Antwerpen 1930

Alt 1983
Franz Alt, *Frieden ist möglich. Die Politik der Bergpredigt*, München und Zürich 1983

Arbeitskultur 1973
Beiträge zur sozialistischen Arbeitskultur, Berlin 1973

Asendorf 1989
Christoph Asendorf, *Ströme und Strahlen. Das langsame Verschwinden der Materie um 1900*, Gießen 1989

Asendorf 1998
Christoph Asendorf, *Alles fließt: Elektrische und andere Ströme in der Kultur der Moderne 1890–1914*, in: Klaus Plitzner u. a. (Hrsg.), *Elektrizität in der Geistesgeschichte*, Bassum 1998, S. 183–190

Atkinson/Barber 1987
Michael Atkinson und Colin Barber, *The Growth and Decline of the South Wales Iron Industry 1760–1880*, Cardiff 1987

Atterbury 2001
Paul Atterbury, *Steam and Speed. Industry, Transport and Communications*, in: *The Victorian Vision. Inventing New Britain*, hrsg. von John M. MacKenzie, Ausst. Kat. Victoria and Albert Museum, London, 2001, S. 146–171

Aussendienst 2000
Aussendienst. Kunstprojekte in öffentlichen Räumen Hamburgs. Eine Kooperation von Kulturbehörde und Kunstverein Hamburg (Phase 1), Hamburg 2000

Ausst. Kat. Aachen 1993
Albert Renger-Patzsch. Photographien, hrsg. von Sylvia Böhmer, Ausst. Kat. Suermondt-Ludwig-Museum, Aachen, 1993

Ausst. Kat. Aachen 2000
Klaus Ritterbusch. Turmzimmer in Babel, Ausst. Kat. Suermondt-Ludwig-Museum, Aachen, 2000

Ausst. Kat. Amsterdam 1985
Livelier than Life – the Master of the Amsterdam Cabinet or the Housebook Master, ca. 1470–1500, hrsg. von J. P. Filedt Kok, Ausst. Kat. Rijksmuseum, Amsterdam, 1985

Ausst. Kat. Amsterdam/Pittsburgh 2000/01
Light. The Industrial Age 1750–1900. Art & Science, Technologie & Society, hrsg. von Andreas Blühm und Louise Lippincott, Ausst. Kat. Van Gogh Museum, Amsterdam; Carnegie Museum of Art, Pittsburgh, London 2000

Ausst. Kat. Amsterdam/Wolfsburg 1996
John Chamberlain. Current Works and Fond Memories. Skulpturen und fotografische Arbeiten 1967–1995, Ausst. Kat. Stedelijk Museum Amsterdam; Kunstmuseum Wolfsburg, 1996

Ausst. Kat. Bamberg 1991
Der Turmbau zu Babel. Eine flämische Tafel aus dem 17. Jahrhundert und die Bildgeschichte des Turmbaus zu Babel, hrsg. von Franz Matsche und Henning Lothar, Ausst. Kat. Historisches Museum Bamberg, 1991

Ausst. Kat. Berlin 1910
Gedächtnis-Ausstellung: Franz Skarbina, Joseph M. Olbrich, Königliche Akademie der Künste, Berlin, München 1910

Ausst. Kat. Berlin 1972
Kunst der bürgerlichen Revolution von 1830 bis 1848/49, Ausst. Kat. Neue Gesellschaft für Bildende Kunst, Berlin, 1972

Ausst. Kat. Berlin 1974
Bernhard Kretzschmar. Malerei – Graphik, Ausst. Kat. Akademie der Künste der DDR; Staatliche Museen zu Berlin (National-Galerie), 1974

Ausst. Kat. Berlin 1977
Wem gehört die Welt. Kunst und Gesellschaft in der Weimarer Republik, Ausst. Kat. Neue Gesellschaft für Bildende Kunst, Berlin, 1977

Ausst. Kat. Berlin 1978
Karl Hofer, Ausst. Kat. Staatliche Kunsthalle, Berlin, 1978

Ausst. Kat. Berlin 1979
Arbeit und Alltag. Soziale Wirklichkeit in der belgischen Kunst 1830–1914, hrsg. von Manfred Braam, Ausst. Kat. Neue Gesellschaft für Bildende Kunst, Berlin, 1979

Ausst. Kat. Berlin 1980a
Fernand Léger. 1881–1955, Ausst. Kat. Staatliche Kunsthalle, Berlin, 1980

Ausst. Kat. Berlin 1980b
Adolph Menzel. Gemälde, Zeichnungen, Ausst. Kat. Nationalgalerie, Berlin, 1980

Ausst. Kat. Berlin 1981a
Die Nützlichen Künste. Gestaltende Technik und bildende Kunst seit der Industriellen Revolution, hrsg. von Tilmann Buddensieg und Henning Rogge, Ausst. Kat. Messegelände am Funkturm, Berlin, Berlin 1981

Ausst. Kat. Berlin 1981b
Preußen. Versuch einer Bilanz, Ausst. Kat. Berliner Festspiele, Gropius-Bau, 5 Bde., Reinbek 1981

Ausst. Kat. Berlin 1985/86
Walter Womacka, Ausst. Kat. Staatliche Museen zu Berlin, Kupferstichkabinett; Ministerium für Kultur der DDR; Verband Bildender Künstler der DDR, Berlin 1985

Ausst. Kat. Berlin 1986
»Absolut modern sein«. Zwischen Fahrrad und Fließband. Culture technique in Frankreich 1889–1937, Ausst. Kat. Neue Gesellschaft für Bildende Kunst, Berlin, 1986

Ausst. Kat. Berlin 1987
Stadtbilder. Berlin in der Malerei vom 17. Jahrhundert bis zur Gegenwart, Ausst. Kat. Berlin Museum, Berlin 1987

Ausst. Kat. Berlin 1989a
Willi Baumeister, hrsg. von Angela Schneider, Ausst. Kat. Staatliche Museen Preußischer Kulturbesitz, Nationalgalerie, Berlin, 1989

Ausst. Kat. Berlin 1989b
Hannah Höch 1889–1978. Ihr Werk – Ihr Leben – Ihre Freunde, Ausst. Kat. Berlinische Galerie, Berlin 1989

Ausst. Kat. Berlin 1990a
Bismarck – Preußen, Deutschland und Europa, Ausst. Kat. Deutsches Historisches Museum, Berlin, Berlin 1990

Ausst. Kat. Berlin 1990b
Carl Blechen. Zwischen Romantik und Realismus, hrsg. von Peter-Klaus Schuster, Ausst. Kat. Staatliche Museen Preußischer Kulturbesitz, Nationalgalerie Berlin, München 1990

Ausst. Kat. Berlin 1992
Streik. Realität und Mythos, hrsg. von Agnete von Specht, Ausst. Kat. Deutsches Historisches Museum, Berlin, Berlin 1992

Ausst. Kat. Berlin 1995
Franz Skarbina, hrsg. von Margit Bröhan, Ausst. Kat. Bröhan-Museum, Berlin, Berlin 1995

Ausst. Kat. Berlin 1997
Die Epoche der Moderne. Kunst im 20. Jahrhundert, hrsg. von Christos M. Joachimides und Norman Rosenthal, Ausst. Kat. Martin-Gropius-Bau, Berlin, Ostfildern 1997

Ausst. Kat. Berlin 2000
Die AEG im Bild, hrsg. von Liselotte Kugler, Ausst. Kat. Deutsches Technikmuseum Berlin, Berlin 2000

Ausst. Kat. Berlin u. a. 1999
Amazonen der Avantgarde. Alexandra Exter, Natalja Gontscharowa, Ljubow Popowa, Olga Rosanowa, Warwara Stepanowa und Nadeschda Udaizowa, hrsg. von John E. Bowlt und Matthew Drutt, Ausst. Kat. Deutsche Guggenheim Berlin u. a., Berlin 1999

Ausst. Kat. Berlin/Düsseldorf 1995
George Grosz. Berlin – New York, Ausst. Kat. Neue Nationalgalerie, Berlin; Kunstsammlung Nordrhein-Westfalen, Düsseldorf, Berlin 1995

Ausst. Kat. Berlin/München 1979/80
Max Liebermann in seiner Zeit, Ausst. Kat. Nationalgalerie Berlin; Haus der Kunst München, München 1979

Ausst. Kat. Bietigheim-Bissingen 1995
Max Ackermann 1887–1975. Bilder aus siebzig Jahren. Retrospektive zum 20. Todestag, Ausst. Kat. Galerie Bayer, Bietigheim-Bissingen 1995

Ausst. Kat. Bochum 1994
Bernd und Hilla Becher. Industriefotografie. Im Spiegel der Tradition, hrsg. von Monika Steinhauser, Ausst. Kat. Kunstsammlungen der Ruhr-Universität Bochum, Düsseldorf 1994

Ausst. Kat. Bochum/Leipzig 2000
Ansicht Aussicht Einsicht. Andreas Gursky, Candida Höfer, Axel Hütte, Thomas Ruff, Thomas Struth. Architekturphotographie, hrsg. von Monika Steinhauser, Ausst. Kat. Museum Bochum; Galerie für Zeitgenössische Kunst, Leipzig, Düsseldorf 2000

Ausst. Kat. Bonn 1977a
Germaine Krull. Fotografien 1922–66, hrsg. von Klaus Honnef, Ausst. Kat. Rheinisches Landesmuseum, Bonn, 1977

Ausst. Kat. Bonn 1977b
Industrielandschaft – Industriearchitektur – Industrieprodukt. Fotografien 1925–1960 von Albert Renger-Patzsch, bearb. von Klaus Honnef, Ausst. Kat. Rheinisches Landesmuseum Bonn, Köln 1977

Ausst. Kat. Bonn 1992a
Carl Andreas Abel. Der Beobachter hinter der Kamera. Handwerk und Industrie an Rhein und Ruhr, Ausst. Kat. Rheinisches Landesmuseum, Bonn, 1992

Ausst. Kat. Bonn 1992b
Erdsicht. Global Change, Ausst. Kat. Kunst- und Ausstellungshalle der Bundesrepublik Deutschland, Bonn, Ostfildern 1992

Ausst. Kat. Bonn 1993
Sehsucht. Das Panorama als Massenunterhaltung des 19. Jahrhunderts, Ausst. Kat. Kunst- und Ausstellungshalle der Bundesrepublik Deutschland, Bonn, Frankfurt/M. 1993

Ausst. Kat. Bonn/Tübingen 1975
Bernd und Hilla Becher. Fotografien 1957 bis 1975, hrsg. von Klaus Honnef, Ausst. Kat. Rheinisches Landesmuseum Bonn; Kunsthalle Tübingen, Köln 1975

Ausst. Kat. Bregenz 1999
Räume: Lucinda Devlin, Andreas Gursky, Candida

Höfer, hrsg. von Edelbert Köb, Ausst. Kat. Kunsthaus Bregenz, Köln 1999

Ausst. Kat. Bremen/Karlsruhe 1984/85
Emil Schumacher 1936–1984, bearb. von Annette Meyer zu Eissen und Andreas Vowinckel, Ausst. Kat. Kunsthalle Bremen; Badischer Kulturverein Karlsruhe, 1984

Ausst. Kat. Brügge 1995
Du réalisme au symbolisme. L'avant-garde belge 1880–1900, hrsg. von Mary Anne Stevens, Ausst. Kat. Fondation Saint-Jean, Brügge, Gent 1995

Ausst. Kat. Brüssel 1975
Le paysage de l'industrie, Ausst. Kat. École Nationale Supérieure d'Architecture et des Arts Visuels, Brüssel 1975

Ausst. Kat. Brüssel 1985/86
Autour du Neo-classicisme en Belgique 1770–1830, Ausst. Kat. Musée Communal des Beaux-Arts d'Ixelles, Brüssel 1985

Ausst. Kat. Cappenberg 1990
Meisterwerke bergbaulicher Kunst vom 13. bis 19. Jahrhundert, hrsg. von Rainer Slotta u. a., Ausst. Kat. Deutsches Bergbau-Museum und Kreis Unna auf Schloß Cappenberg, Bochum 1990

Ausst. Kat. Chemnitz/Bochum/Prag 1994
Georgius Agricola. Bergwelten 1494–1994, hrsg. von Bernd Ernsting, Ausst. Kat. Städtische Kunstsammlungen Chemnitz; Deutsches Bergbau-Museum Bochum; Tschechisches Nationalmuseum, Prag, Essen 1994

Ausst. Kat. Colmar 1999
Willi Baumeister et la France. Arp, Cahn, Cézanne, Delaunay, Gleizes, Hélion, Le Corbusier, Léger, Miró, Ozenfant, Picasso, Mondrian, Seuphor, hrsg. von Sylvie Lecoq-Ramond, Ausst. Kat. Musée d'Unterlinden, Colmar, Paris 1999

Ausst. Kat. Darmstadt 1992
Eugen Bracht (1842–1921). Landschaftsmaler im wilhelminischen Kaiserreich, Manfred Großkinsky, Ausst. Kat. Mathildenhöhe Darmstadt, 1992

Ausst. Kat. Delft 1996
Delftse Meesters, Tijdgenoten van Vermeer, Stedelijk Museum Het Prinsenhof, Delft, 1996

Ausst. Kat. Den Haag 1976
gerd arntz. kritische grafik und bildstatistik, Ausst. Kat. Haags Gementemuseum, Nijmegen 1976

Ausst. Kat. Derby 1997
Joseph Wright of Derby 1734–1797, hrsg. von Jane Wallis, Ausst. Kat. Derby Museum and Art Gallery, 1997

Ausst. Kat. Dortmund 1958
Das Bild der deutschen Industrie 1800–1850, Ausst. Kat. Museum für Kunst und Kulturgeschichte Dortmund, 1958

Ausst. Kat. Dresden 1958
Vierte Deutsche Kunstausstellung, Dresden, 1958

Ausst. Kat. Dresden 1972/73
VII. Kunstaustellung der DDR, Dresden, 1972

Ausst. Kat. Dresden 1977/78
VIII. Kunstausstellung der DDR, Dresden, 1977

Ausst. Kat. Dresden 1982/83
IX. Kunstausstellung der DDR, Dresden, 1982

Ausst. Kat. Dresden 1989a
Bergbau und Kunst in Sachsen, Ausst. Kat. Staatliche Kunstsammlungen Dresden, 1989

Ausst. Kat. Dresden 1989b
Bernhard Kretzschmar 1889–1989, Ausst. Kat. Staatliche Kunstsammlungen Dresden, Gemäldegalerie Neue Meister, 1989

Ausst. Kat. Düren 1980
Stiftungen und Schenkungen an das Leopold-Hoesch-Museum Düren, 1980

Ausst. Kat. Düsseldorf 1937
Große Kunstausstellung Düsseldorf 1937. Nordwestdeutsche Kunst innerhalb der Ausstellung Schaffendes Volk vom 15. Mai bis 19. Oktober, Düsseldorf 1937

Ausst. Kat. Düsseldorf 1952
Eisen und Stahl, Kunstausstellung Düsseldorf, 1952

Ausst. Kat. Düsseldorf 1991
Aus der Distanz. Photographien von Bernd und Hilla Becher, Andreas Gursky, Candida Höfer, Axel Hütte, Thomas Ruff, Thomas Struth, Petra Wunderlich, hrsg. von Bernd Finkeldey und Maria Müller, Ausst. Kat. Kunstsammlung Nordrhein-Westfalen, Düsseldorf, Ostfildern 1991

Ausst. Kat. Düsseldorf 1998
Andreas Gursky. Fotografien 1984 bis heute, hrsg. von Marie Luise Syring, Ausst. Kat. Kunsthalle Düsseldorf, München 1998

Ausst. Kat. Düsseldorf/Darmstadt 1979
Die Düsseldorfer Malerschule, hrsg. von Wend von Kalnein, Ausst. Kat. Kunstmuseum Düsseldorf; Mathildenhöhe Darmstadt, Mainz 1979

Ausst. Kat. Düsseldorf/Hamburg/Linz 1997
Andreas und Oswald Achenbach. »Das A und O der Landschaft«, hrsg. von Martina Sitt, Ausst. Kat. Kunstmuseum Düsseldorf; Altonaer Museum, Hamburg; Landesgalerie am Oberösterreichischen Landesmuseum, Linz, Köln 1997

Ausst. Kat. Duisburg 1969
Industrie und Technik in der deutschen Malerei. Von der Romantik bis zur Gegenwart, bearb. von Siegfried Salzmann, Ausst. Kat. Wilhelm-Lehmbruck-Museum Duisburg, 1969

Ausst. Kat. Essen 1912
Die Industrie in der bildenden Kunst, mit einer Einl. von Ernst Gosebruch, Ausst. Kat. Kunstmuseum der Stadt Essen, Essen 1912

Ausst. Kat. Essen 1928
Kunst und Technik, Ausst. Kat. Folkwang-Museum Essen, 1928

Ausst. Kat. Essen 1985
Bernd und Hilla Becher. Fördertürme, Chevalements, Mineheads, Ausst. Kat. Museum Folkwang Essen, München 1985

Ausst. Kat. Essen 1988
Prag um 1600. Kunst und Kultur am Hofe Rudolfs II., Ausst. Kat. Kulturstiftung Ruhr, Villa Hügel, Essen, Freren 1988

Ausst. Kat. Essen 1989
Verfahren der Fotografie. Bilder der Fotografischen Sammlung im Museum Folkwang Essen, hrsg. von Robert Knodt und Klaus Pollmeier, Ausst. Kat. Museum Folkwang Essen, 1989

Ausst. Kat. Essen 1990
Sasha Stone. Fotografien 1925–1939, hrsg. von Eckhardt Köhn, Ausst. Kat. Museum Folkwang Essen, Berlin 1990

Ausst. Kat. Essen 1992
Gehäuse des Unsichtbaren. Fotografien von Timm Rautert zur dritten industriellen Revolution, Ausst. Kat. Ruhrlandmuseum, Essen, Heidelberg 1992

Ausst. Kat. Essen 1998
Als der Himmel blau wurde. Bilder aus den 60er Jahren, hrsg. von Sigrid Schneider, Ausst. Kat. Ruhrlandmuseum Essen, Bottrop und Essen 1998

Ausst. Kat. Essen 2000
Schwarzweiß und Farbe. Das Ruhrgebiet in der Fotografie, hrsg. von Sigrid Schneider, Ausst. Kat. Ruhrlandmuseum Essen, Bottrop 2000

Ausst. Kat. Essen u. a. 1999
Avantgarde als Abenteuer. Leben und Werk der Photographin Germaine Krull, hrsg. von Kim Sichel, Ausst. Kat. Museum Folkwang Essen u. a., München 1999

Ausst. Kat. Esslingen 1987
Volker Böhringer, Ausst. Kat. Galerie der Stadt Esslingen, Villa Merkel, 1987

Ausst. Kat. Frankfurt 1983
Hans Thoma und seine Malerfreunde, Christoph Andreas, Ausst. Kat. Kunsthandlung Schneider Frankfurt, 1983

Ausst. Kat. Hagen 1997
Emil Schumacher. Ein Künstler und seine Stadt, Ausst. Kat. Karl Ernst Osthaus-Museum Hagen, 1997

Ausst. Kat. Halle 1991
Hans Finsler. Neue Wege der Photographie, hrsg. von Klaus E. Göltz u. a., Ausst. Kat. Staatliche Galerie Moritzburg Halle, Leipzig 1991

Ausst. Kat. Hamburg 1990
H. D. Tylle, Ausst. Kat. Museum der Arbeit, Hamburg, 1990

Ausst. Kat. Hamburg 1994
Christian Ludwig Bokelmann. Ein wiederentdeckter Volkslebenmaler des 19. Jahrhunderts, Rüdiger Articus, Ausst. Kat. Helms-Museum, Hamburg, 1994

Ausst. Kat. Hamburg 1996
Das deutsche Auge. 33 Photographen und ihre Reportagen – 33 Blicke auf unser Jahrhundert. Bildjournalismus von 1928–1996, Ausst. Kat. Deichtorhallen Hamburg, München 1996

Ausst. Kat. Hamburg 1998
Constantin Meunier: 1831–1905. Skulpturen, Gemälde, Zeichnungen, Ausst. Kat. Ernst Barlach Haus, Stiftung Hermann F. Reemtsma, Hamburg 1998

Ausst. Kat. Hamburg 1999
Industrie und Fotografie. Sammlungen in Hamburger Unternehmensarchiven, hrsg. von Lisa Kosok und Stefan Rahner, Ausst. Kat. Museum der Arbeit, Hamburg, Hamburg 1999

Ausst. Kat. Hannover 2001
Der Lärm der Strasse. Italienischer Futurismus 1909–1918, hrsg. von Norbert Nobis, Ausst. Kat. Sprengel Museum Hannover, Mailand 2001

Ausst. Kat. Hannover u. a. 1997
Albert Renger-Patzsch. Meisterwerke, hrsg. von Ann und Jürgen Wilde, Ausst. Kat. Sprengel Museum Hannover u. a., München 1997

Ausst. Kat. Herne 2000
Ramayana: The Story of an Artist. Klaus Ritterbusch, Ausst. Kat. Emschertal-Museum Herne, 2000

Ausst. Kat. Karlsruhe 1992
Mit Kallmorgen unterwegs. Zeichnungen und Gemälde von 1880 bis 1920, Ausst. Kat. Städtische Galerie im PrinzMaxPalais Karlsruhe, 1992

Ausst. Kat. Köln 1981
Heinrich Hoerle. Leben und Werk 1895–1936, Ausst. Kat. Kölnischer Kunstverein, 1981

Ausst. Kat. Köln 1997
August Sander, Karl Blossfeldt, Albert Renger-Patzsch, Bernd und Hilla Becher. Vergleichende Konzeptionen, Ausst. Kat. Photographische Sammlung; SK Stiftung Kultur Köln, München 1997

Ausst. Kat. Köln/Kiel 2000
Zeitgenossen. August Sander und die Kunstszene der 20er Jahre im Rheinland, Ausst. Kat. Josef-Haubrich-Kunsthalle, Köln; Kunsthalle zu Kiel, Göttingen 2000

Ausst. Kat. Kolding 1996
Franciska Clausen. 1899–1986, hrsg. von Eva Bræmer-Jensen, Ausst. Kat. Kunstmuseet Trapholt, Kolding, 1996

Ausst. Kat. Krefeld 1993
Moderne Baukunst 1900–1914, hrsg. von Sabine Röder, Ausst. Kat. Kaiser Wilhelm Museum Krefeld, Oberhausen 1993

Ausst. Kat. Le Creusot 1977
La Représentation du travail, Ausst. Kat. Château de la Verrerie Le Creusot, 1977

Ausst. Kat. Leipzig 1997
Aufriß. Künstlerische Positionen zur Industrielandschaft in der Mitte Europas, Ausst. Kat. Grassimuseum Leipzig, Dresden 1997

Ausst. Kat. Leverkusen 1988
Otto Bollhagen. Ein Maler im Dienste der Industrie, Texte von Lars U. Scholl und Elisabeth Bott, Ausst. Kat. 125 Jahre Bayer AG, Leverkusen 1988

Ausst. Kat. Lille 1993
Les salons retrouvés. Éclat de la vie artistique dans la France du Nord 1815–1848, Ausst. Kat. Association des Conservateurs des Musées du Nord-Pas-de-Calais, Lille, 1993

Ausst. Kat. London 1973
Philippe Jacques de Loutherbourg, R. A. 1740–1812, Ausst. Kat. Greater London Council, 1973

Ausst. Kat. London 1990
Wright of Derby, hrsg. von Judy Egerton, Ausst. Kat. Tate Gallery, London, 1990

Ausst. Kat. London 1998
Turner and the Scientists, hrsg. von James Hamilton, Ausst. Kat. Tate Gallery, London, 1998

Ausst. Kat. Ludwigshafen 1992
Mythos Rhein. Ein Fluß – Bild und Bedeutung, hrsg. von Richard Gassen und Bernhard Holeczek, Ausst. Kat. Wilhelm-Hack-Museum Ludwigshafen, 1992

Ausst. Kat. Lüttich 1980
Le Siècle des Lumières dans la principauté de Liège, Ausst. Kat. Musée de l'Art Wallon et de l'Evolution culturelle de la Wallonie, Lüttich, 1980

Ausst. Kat. Magdeburg 1979
Hermann Bruse 1904–1953. Gedenkausstellung anläßlich seines 75. Geburtstages, Kulturhistorisches Museum Magdeburg, 1979

Ausst. Kat. Manchester 1965
Between Renaissance and Baroque: European Art 1520–1600, Ausst. Kat. Manchester City Art Gallery, 1965

Ausst. Kat. Mannheim 1971
Peter Brüning. Superländer und Signale. Werke 1964–1970, Ausst. Kat. Kunsthalle Mannheim, 1971

Ausst. Kat. Mannheim 1994/95
Neue Sachlichkeit. Bilder auf der Suche nach der Wirklichkeit. Figurative Malerei der zwanziger Jahre, hrsg. von Manfred Fath, Ausst. Kat. Kunsthalle Mannheim, 1994

Ausst. Kat. Mannheim u. a. 1985
Zeit. Die vierte Dimension in der Kunst, hrsg. von Michel Baudson, Ausst. Kat. Kunsthalle Mannheim u. a., Weinheim 1985

Ausst. Kat. Metz 1996
François Bonhommé, peintre, témoin de la vie industrielle au XIXe siècle, Marie-Laure Griffaton, Ausst. Kat.

Musée de l'Histoire du Fer – C.C.S.T.I. du Fer et de la Métallurgie 1996, Metz, Metz 1996

Ausst. Kat. München 1939
Große Deutsche Kunstausstellung, Haus der Deutschen Kunst München, München 1939

Ausst. Kat. München 1973
Weltausstellungen im 19. Jahrhundert, Ausst. Kat. Neue Sammlung München, 1973

Ausst. Kat. München 1979
Die Münchner Schule 1850–1914, hrsg. von Eberhard Ruhmer, Ausst. Kat. Haus der Kunst, München, 1979

Ausst. Kat. München 1980
Kunst und Technik in den 20er Jahren. Neue Sachlichkeit und Gegenständlicher Konstruktivismus, hrsg. von Helmut Friedel, Ausst. Kat. Städtische Galerie im Lenbachhaus, München, 1980

Ausst. Kat. München 1985
Delaunay und Deutschland, hrsg. von Peter-Klaus Schuster, Ausst. Kat. Bayerische Staatsgemäldesammlungen – Staatsgalerie Moderner Kunst im Haus der Kunst, München, Köln 1985

Ausst. Kat. München 1987
Biedermeiers Glück und Ende … die gestörte Idylle. 1815–1848, hrsg. von Hans Ottomeyer und Ulrike Laufer, Ausst. Kat. Münchner Stadtmuseum, München 1987

Ausst. Kat. München 1995
Ernste Spiele. Der Geist der Romantik in der deutschen Kunst 1790–1990, hrsg. von Christoph Vitali, Ausst. Kat. Haus der Kunst, München, Stuttgart 1995

Ausst. Kat. München 2001
Der kühle Blick. Realismus der zwanziger Jahre, hrsg. von Wieland Schmied, Ausst. Kat. Hypo-Kulturstiftung München, München, London und New York 2001

Ausst. Kat. Münster 1979a
Walter Dexel. Bilder, Aquarelle, Collagen, Leuchtreklamen, Typografie, Ausst. Kat. Westfälisches Landesmuseum für Kunst und Kulturgeschichte, Münster, 1979

Ausst. Kat. Münster 1979b
Industriebilder aus Westfalen. Gemälde, Aquarelle, Handzeichnungen, Druckgrafik 1800–1960, Ausst. Kat. Westfälisches Landesmuseum für Kunst und Kulturgeschichte, Münster; Landschaftsverband Westfalen-Lippe, 1979

Ausst. Kat. Münster 1985
Herman Heyenbrock, Industriebilder 1900–1940, hrsg.
von Siegfried Kessemeier u. a., Ausst. Kat. Westfälisches
Landesmuseum für Kunst und Kulturgeschichte,
Münster, 1985

Ausst. Kat. Münster 1990
Industrie im Bild. Gemälde 1850–1950, hrsg. von Siegfried Kessemeier, Ausst. Kat. Westfälisches Landesmuseum für Kunst und Kulturgeschichte, Münster,
1990

Ausst. Kat. Münster/Dortmund 1980
*Fabrik im Ornament. Ansichten auf Firmenbriefköpfen
des 19. Jahrhunderts*, Ausst. Kat. Landschaftsverband
Westfalen-Lippe; Westfälisches Museumsamt; Stiftung
Westfälisches Wirtschaftsarchiv Dortmund, 1980

Ausst. Kat. New York 1968
The machine as seen at the end of the mechanical age,
K. G. Pontus Hultén, Ausst. Kat. Museum of Modern
Art, New York, 1968

Ausst. Kat. New York 2001
Andreas Gursky, hrsg. von Peter Galassi, Ausst. Kat.
Museum of Modern Art, New York, 2001

Ausst. Kat. New York u. a. 1991
Ljubov Popova, hrsg. von Magdalena Dabrowski, Ausst.
Kat. Museum of Modern Art, New York u. a., New York
1991

Ausst. Kat. New York/Atlanta 1986
The machine age in America 1918–1941, hrsg. von
Richard Guy Wilson u. a., Ausst. Kat. The Brooklyn
Museum, New York; The High Museum of Art, Atlanta,
1986

Ausst. Kat. Nürnberg 1985
*Leben und Arbeiten im Industriezeitalter. Eine Aus-
stellung zur Wirtschafts- und Sozialgeschichte Bayerns
seit 1850*, hrsg. von Gerhard Bott, Germanisches Nationalmuseum, Nürnberg, Stuttgart 1985

Ausst. Kat. Nürnberg 1998
*Internationale Sprachen der Kunst. Gemälde,
Zeichnungen und Skulpturen der Klassischen Moderne
aus der Sammlung Hoh*, hrsg. von G. Ulrich Großmann
in Verbindung mit Alfred Hoh, Ausst. Kat. Germanisches Nationalmuseum, Nürnberg, Ostfildern 1998

Ausst. Kat. Nürnberg u. a. 1981
Georg Meistermann. Werke und Dokumente, Ausst. Kat.
Germanisches Nationalmuseum, Nürnberg; Katho-
lische Akademie in Bayern, München; Deutsches
Klingenmuseum Solingen; Bayer AG, Leverkusen, 1981

Ausst. Kat. Oberhausen 1994
Feuer & Flamme – 200 Jahre Ruhrgebiet. Eine Aus-
stellung im Gasometer Oberhausen, hrsg. von Ulrich
Borsdorf, Essen 1994

Ausst. Kat. Oberhausen 1997
*Schwer INDUSTRIE. 150 Jahre rheinisch-westfälische
Schwerindustrie*, Ausst. Kat. Rheinisches Industrie-
museum Oberhausen, Essen 1997

Ausst. Kat. Oberhausen 2001a
*Pathos der Sachlichkeit. Die Entdeckung der Schönheit
der Industriekultur. Meisterwerke der Fotografie von
Albert Renger-Patzsch, Karl Blossfeldt, August Sander,
Chargesheimer, Bernd und Hilla Becher*, hrsg. von
Bernhard Mensch und Peter Pachnicke, Ausst. Kat.
Ludwig Galerie Schloss Oberhausen, 2001

Ausst. Kat. Oberhausen 2001b
Timm Rautert – Arbeiten, hrsg. von Daniel Stemmrich,
Ausst. Kat. Rheinisches Industriemuseum Oberhausen,
Göttingen 2001

Ausst. Kat. Oberhausen/Dortmund 2000
*War die Zukunft früher besser? Visionen für das Ruhr-
gebiet*, Ausst. Kat. Rheinisches Industriemuseum Oberhausen; Westfälisches Industriemuseum Dortmund,
Essen und Bottrop 2000

Ausst. Kat. Paris 1973
Équivoques. Peintures françaises du XIXᵉ siècle, Ausst.
Kat. Musée des Arts Decoratifs, Paris, 1973

Ausst. Kat. Paris 1975/76
Jean-François Millet, hrsg. von Robert L. Herbert,
Ausst. Kat. Grand Palais, Paris, 1975

Ausst. Kat. Paris 1979
L'Art en France sous le Second Empire, Ausst. Kat.
Grand Palais, Paris, 1979

Ausst. Kat. Paris 1980
Hommage à Claude Monet, 1840–1926, bearb. von
Hélène Adhemar u. a., Ausst. Kat. Grand Palais, Paris,
1980

Ausst. Kat. Paris 1982
*Léger et l'esprit moderne. Une alternative d'avant-garde
à l'art non-objectif 1918–1931 / Léger and the modern
spirit. An avant-garde alternative to non objective art
1918–1931*, hrsg. von Gladys C. Fabre und Marie-Odile
Briot, Ausst. Kat. Musée d'art moderne de la ville de
Paris, 1982

Ausst. Kat. Paris 1990
Papiers peints panoramiques 1790–1865, hrsg. von
Odile Nouvel-Kammerer, Ausst. Kat. Musée des Arts
décoratifs, Paris, Paris 1990

Ausst. Kat. Paris 1991
Seurat, Ausst. Kat. Galeries Nationales du Grand Palais,
Paris, 1991

Ausst. Kat. Paris 1994
*Le Soleil et l'Étoile du Nord. La France et la Suède au
XVIIIᵉ siècle*, Ausst. Kat. Galeries Nationales du Grand
Palais, Paris, Paris 1994

Ausst. Kat. Paris 1997
*La Collection Havemeyer. Quand l'Amérique découvrait
l'Impressionisme …*, Ausst. Kat. Musée d'Orsay, Paris,
1997

Ausst. Kat. Paris/Washington/Berlin 1996/97
*Adolph Menzel 1815–1905. Das Labyrinth der Wirk-
lichkeit*, hrsg. von Claude Keisch und Marie Ursula
Riemann-Reyher, Ausst. Kat. Musée d'Orsay, Paris;
National Gallery of Art, Washinton; Staatliche Museen
zu Berlin, Alte Nationalgalerie, 1996

Ausst. Kat. Parma 1999/2000
La visione del prisma. La Collezione Wolfson, hrsg. von
Silvia Barisione, Matteo Fochessati und Gianni
Franzone, Ausst. Kat. Palazzo Pilotta, Voltoni del
Guazzatoio, Parma, Mailand 1999

Ausst. Kat. Pittsburgh 1983
Abstract Painting and Sculpture in America 1927–1944,
hrsg. von John R. Lane und Susan C. Larsen, Ausst. Kat.
Museum of Art Pittsburgh, Pittsburgh und New York
1983

Ausst. Kat. Recklinghausen 1952
Mensch und Form unserer Zeit, Ausst. Kat. Ruhr-Fest-
spiele Recklinghausen, 1952

Ausst. Kat. Recklinghausen 1980
*Aus Schacht und Hütte. Ein Jahrhundert Industrie-
arbeit im Bild 1830–1930*, hrsg. von Anneliese Schröder,
Ausst. Kat. Städtische Kunsthalle Recklinghausen, 1980

Ausst. Kat. Recklinghausen 1993
Gustav Deppe. Industrielandschaften, Ausst. Kat.
Städtische Kunsthalle Recklinghausen, 1993

Ausst. Kat. Recklinghausen 1996
Kunst des Westens. Deutsche Kunst 1945–1960, hrsg.
von Ferdinand Ullrich, Ausst. Kat. Ruhrfestspiele Recklinghausen, 1996

Ausst. Kat. Regensburg 1976
Max Radler. 1904–1971. Gemälde, Aquarelle, Zeichnungen, Karikaturen, bearb. von Klaus Merx, Ausst. Kat. Ostdeutsche Galerie Regensburg, 1976

Ausst. Kat. Rotterdam 1996/97
Lof der Zeevaart, Ausst. Kat. Museum Boijmans Van Beuningen, Rotterdam, 1996

Ausst. Kat. San Francisco/Washington 1986
The New Painting. Impressionism 1874–1886, bearb. von Charles S. Moffett u. a., Ausst. Kat. The Fine Arts Museum of San Francisco; National Gallery of Art, Washington, 1986

Ausst. Kat. Sceaux 2001
Travail et banlieue. 1880–1980. Regards d'artistes, Ausst. Kat. Musée de l'Ile de France, Sceaux, Paris 2001

Ausst. Kat. Semur-en-Auxois 2001
Étienne Bouhot, 1780–1862, Ausst. Kat. Musée de Semur-en-Auxois, 2001

Ausst. Kat. St. Petersburg/Kassel 1993/94
Agitation zum Glück. Sowjetische Kunst der Stalinzeit, hrsg. von Alisa B. Ljubimova und Hubertus Gaßner, Ausst. Kat. Staatliches Russisches Museum, St. Petersburg; Kulturdezernat der Stadt Kassel – documenta-Archiv, Bremen 1993

Ausst. Kat. Stuttgart 1983
Flick-Werk. Reparieren und Umnutzen in der Alltagskultur, Begleitheft zur Ausstellung im Württembergischen Landesmuseum Stuttgart, 1983

Ausst. Kat. Stuttgart 1997
»Der Welt Lauf«. Allegorische Graphikserien des Manierismus, Ausst. Kat. Staatsgalerie Stuttgart, Ostfildern-Ruit 1997

Ausst. Kat. Stuttgart/Essen 1979
Film und Foto der zwanziger Jahre. Eine Betrachtung der Internationalen Werkbundausstellung »Film und Foto« 1929, hrsg. von Ute Eskildsen und Jan-Christopher Horak, Württembergischer Kunstverein Stuttgart; Museum Folkwang Essen, Stuttgart 1979

Ausst. Kat. Toronto/New Haven/London 1980/81
Turner and the Sublime, hrsg. von Andrew Wilton, Ausst. Kat. Art Gallery of Toronto; Yale Center for British Art, New Haven; The British Museum, London, 1980

Ausst. Kat. Tübingen 1997
Rudolf Schlichter. Gemälde, Aquarelle, Zeichnungen, hrsg. von Götz Adriani, Ausst. Kat. Kunsthalle Tübingen, München 1997

Ausst. Kat. Venedig 1986
Futurismo & Futurismi, hrsg. von Pontus Hultén, Ausst. Kat. Palazzo Grassi, Venedig, Mailand 1986

Ausst. Kat. Warschau 1990
Kraina Thomy. Dziela Hansa Thomy (1839–1924) w zbiorach polskich, hrsg. von Anna Kozak, Ausst. Kat. Muzeum Narodowe Warschau, 1990

Ausst. Kat. Washington/Paris 1998
Manet, Monet. La gare Saint-Lazare, bearb. von Juliet Wilson-Bareau, Ausst. Kat. National Gallery of Art, Washington; Musée d'Orsay, Paris, 1998

Ausst. Kat. Wilhelmshaven u. a. 2000/02
Franz Radziwill. Mythos Technik, hrsg. vom Landesmuseum Oldenburg in Zus.arbeit mit der Franz Radziwill-Gesellschaft Dangast, Ausst. Kat. Kunsthalle Wilhelmshaven u. a., Oldenburg 2000

Ausst. Kat. Witten 1980
Retrospektive Thomas Grochowiak, Ausst. Kat. Märkisches Museum der Stadt Witten, 1980

Ausst. Kat. Wolfsburg 1998
Josef Sudek. Das stille Leben der Dinge. Fotografien von 1940–1970 aus der Moravská Galerie, Brno, Ausst. Kat. Kunstmuseum Wolfsburg, Ostfildern 1998

Ausst. Kat. Würzburg/Ahlen 1998/99
Zeitnah weltfern – Bilder der Neuen Sachlichkeit, Ausst. Kat. Städtische Galerie Würzburg; Kunst-Museum Ahlen, 1998

Ausst. Kat. Wuppertal/Bad Homburg 1994/95
Carl Grossberg. Retrospektive zum 100. Geburtstag, hrsg. von Sabine Fehlemann, Ausst. Kat. Von der Heydt-Museum, Wuppertal; Sinclair-Haus, Bad Homburg, Köln 1994

Ausst. Kat. Zürich 1992
Andreas Gursky, hrsg. von Bernhard Bürgi, Ausst. Kat. Kunsthalle Zürich, Köln 1992

Bacher 2000a
Jutta Bacher, *Artes mechanicae*, in: H. Holländer 2000a, S. 19–34

Bacher 2000b
Jutta Bacher, *Die artes liberales – Vom Bildungsideal zum rhetorischen Topos*, in: H. Holländer 2000a, S. 35–49

Bacher 2000c
Jutta Bacher, *Das Theatrum machinarum – Eine Schaubühne zwischen Nutzen und Vergnügen*, in: H. Holländer 2000a, S. 509–518

Backes 1988
Klaus Backes, *Hitler und die Bildenden Künste: Kulturverständnis und Kunstpolitik im Dritten Reich*, Köln 1988

Bade 1990
Hans Bade, *Anfänge und Gegenwart*, in: *Kraftwerk Moabit. Architektur und Kunst 1900–1990*, hrsg. von der BEWAG, Berlin 1990, S. 11–30

Bätschmann 1989
Oskar Bätschmann, *Entfernung der Natur. Landschaftsmalerei 1750–1920*, Köln 1989

Bahr 1991
Thomas Bahr, *Carl Alexander in der Eisengießerei von Stieberitz*, in: *Apoldaer Heimat* 9, 1991, S. 9f.

Baines/Bernoulli 1836
Edward Baines, *Geschichte der brittischen Baumwollenmanufaktur und Betrachtungen über ihren gegenwärtigen Zustand*, aus dem Engl. frei bearb. von Christoph Bernoulli, Stuttgart und Tübingen 1836

Barbier 1963
Carl Paul Barbier, *William Gilpin. His Drawings, Teachings and Theory of the Picturesque*, Oxford 1963

Barthes 1996
Roland Barthes, *Mythen des Alltags*, Frankfurt/M. 1996

Bartmann 1987
Dominik Bartmann, *Das Großstadtbild Berlins in der Weltsicht der Expressionisten*, in: *Ausst. Kat. Berlin 1987*, S. 243–294

Baudelaire 1925
Charles Baudelaire, *Ausgewählte Werke*, hrsg. von Franz Blei, 3 Bde., München 1925

Baudelaire 1976
Charles Baudelaire, *Œuvres complètes*, hrsg. von Claude Pichois, 2 Bde., Paris 1976

Baudson 1990
Pierre Baudson, *La représentation du travail dans la sculpture. Autour de Constantin Meunier*, in: *La Sculpture belge au 19ème siècle*, hrsg. von Jacques van Lennep, Ausst. Kat. Générale de Banque Brüssel, 1990, S. 215–240

Baudson 1998
Pierre Baudson, *Constantin Meunier, Anmerkungen zu Mensch und Werk*, in: *Ausst. Kat. Hamburg 1998*, S. 9–23

Bauer 1962
Hermann Bauer, *Rocaille. Zur Herkunft und zum Wesen eines Ornament-Motivs*, Berlin 1962

Baumeister [1947] 1988
Willi Baumeister, *Das Unbekannte in der Kunst* [1947], neue veränd. Aufl. mit einem Aufsatz zur Neuausg. von Réne Hirner, Köln 1988

Baumeister 1967
Willi Baumeister, *Zimmer- und Wandgeister. Anmerkungen zum Inhalt meiner Bilder. Ein Fragment aus dem Nachlaß des Künstlers und damit zusammenhängende Briefe*, hrsg. von Heinz Spielmann, in: *Jahrbuch der Hamburger Kunstsammlungen* 12, 1967, S. 121–168

Baumgarth 1966
Christa Baumgarth, *Geschichte des Futurismus*, Reinbek 1966

Beaucamp 1985
Eduard Beaucamp, *Werner Tübke. Arbeiterklasse und Intelligenz. Eine zeitgenössische Erprobung der Geschichte*, Frankfurt/M. 1985

Becher 1970
Bernd und Hilla Becher, *Anonyme Skulpturen. Eine Typologie technischer Bauten*, Düsseldorf 1970

Becher u. a. 1977
Bernd und Hilla Becher u. a., *Zeche Zollern 2. Aufbruch zur modernen Industriearchitektur und Technik*, München 1977

Beck 1986
Ulrich Beck, *Risikogesellschaft. Auf dem Weg in eine andere Moderne*, Frankfurt/M. 1986

Bell 1973
Daniel Bell, *Die nachindustrielle Gesellschaft*, Frankfurt/M. und New York 1973

Bellermann 1829
Johann Joachim Bellermann, *Neustadt Eberswalde mit seinen Fabriken, Altertümern, Heilquellen, Umgebungen und Pflanzen*, Berlin 1829

Bender 1981
Elisabeth Bender, *Matthäus Gundelach. Leben und Werk*, Diss. Frankfurt/M. 1981

Benjamin 1982
Walter Benjamin, *Das Passagen-Werk* [1927–1940], in: *Gesammelte Schriften*, Bd. V.1, hrsg. von Rolf Tiedemann, Frankfurt/M. 1982

Bense 1957/58
Max Bense, *Technik und Ästhetik*, in: *Das Kunstwerk* 11, 1957/58, H. 3, S. 3–10

Benton 1983
Tim Benton, *Futurism and the machine*, in: Stanislaus von Moos (Hrsg.), *Avant Garde und Industrie*, Delft 1983, S. 62–76

Beresford 1980
Maurice Beresford, *The face of Leeds 1780–1914*, in: Derek Frazer (Hrsg.), *A history of modern Leeds*, Manchester 1980, S. 72–112

Bergmann 1970
Klaus Bergmann, *Agrarromantik und Großstadtfeindschaft*, Meisenheim/Glan 1970

Beringer 1928
Joseph August Beringer (Hrsg.), *Hans Thoma – Briefwechsel mit Henry Thode*, Leipzig 1928

Beringer 1929
Joseph August Beringer, *Hans Thoma. Aus achtzig Lebensjahren. Ein Lebensbild aus Briefen und Tagebüchern*, Leipzig 1929

Bermingham 1987
Ann Bermingham, *Landscape and Ideology. The English Rustic Tradition 1740–1860*, London 1987

Berninger 1989
Ernst H. Berninger, *Das illustrierte technische Buch im 17. und 18. Jahrhundert*, in: *Ferrum* 61, 1989, S. 19–30

Bertsch 1997
Christoph Bertsch, *Der gekreuzigte Arbeiter. Anmerkungen zu einem vernachlässigten Bildtypus der Zwischenkriegszeit*, in: *Türk 1997*, S. 40–49

Biedermann 2001
Birgit Biedermann, *Bürgerliches Mäzenatentum im 19. Jahrhundert. Die Förderung öffentlicher Kunstwerke durch den Kunstverein für die Rheinlande und Westfalen*, Petersberg 2001

Birkner 1975
Othmar Birkner, *Bauen und Wohnen in der Schweiz, 1850–1920*, Zürich 1975

Blaich 1987
Fritz Blaich, *Wirtschaft und Rüstung im »Dritten Reich«*, Düsseldorf 1987

Boberg u. a. 1984
Jochen Boberg u. a. (Hrsg.), *Exerzierfeld der Moderne. Industriekultur in Berlin im 19. Jahrhundert*, München 1984

Boehm 1978
Gottfried Boehm, *Zu einer Hermeneutik des Bildes*, in: Hans-Georg Gadamer und Gottfried Boehm (Hrsg.), *Seminar: Die Hermeneutik und die Wissenschaften*, Frankfurt/M. 1978, S. 444–471

Boehm 1995
Gottfried Boehm, *Willi Baumeister*, Stuttgart 1995

Böhme 1968
Helmut Böhme, *Prolegomena zu einer Sozial- und Wirtschaftsgeschichte Deutschlands im 19. und 20. Jahrhundert*, Frankfurt/M. 1968

Böhme 1992
Hartmut Böhme, *Gehäuse des Unsichtbaren: Timm Rauterts Fotografien der dritten industriellen Revolution*, in: Ausst. Kat. Essen 1992, S. 88–93

Böhme/Rautert 1993
Die Traumfabrik / The dream factory, Text von Hartmut Böhme, Fotografien von Timm Rautert, in: *Lufthansa Bordbuch* No. 6, Nov./Dez. 1993, S. 34–45

Böll/Chargesheimer 1958
Heinrich Böll und Chargesheimer, *Im Ruhrgebiet*, Köln und Berlin 1958

Bogdanow 1926
Alexander A. Bogdanow, *Allgemeine Organisationslehre, Tektologie*, Bd. I, Berlin 1926

Bogdanow 1982
Alexander A. Bogdanow, *Der rote Stern. Ein utopischer Roman*, Darmstadt und Neuwied 1982 [dt. Erstausg. Berlin-Schöneberg 1923]

Bohnsack 1981
Almut Bohnsack, *Spinnen und Weben*, Reinbek 1981

Boileau-Despréaux 1967
Nicolas Boileau-Despréaux, *L'Art poétique / Die Dichtkunst*, Stuttgart 1967

Boime 1995
Albert Boime, *Art and the French Commune. Imagining Paris after War and Revolution*, Princeton/NJ 1995

Boll u. a. 1966
Franz Boll u. a., *Sternglaube und Sterndeutung. Die Geschichte und das Wesen der Astrologie*, 5. durchges.

Aufl. mit einem bibliograph. Anhang von Hans Georg
Gundel, Darmstadt 1966

Bollerey 1977
Franziska Bollerey, *Architekturkonzeption der utopischen Sozialisten*, München 1977

Borst 1957–64
Arno Borst, *Der Turmbau zu Babel. Geschichte der
Meinungen über Ursprung und Vielfalt der Sprachen
und Völker*, 4 Bde., Stuttgart 1957–64

Bothe 1987
Rolf Bothe, *Stadtbilder zwischen Menzel und Liebermann. Von der Reichsgründungsepoche bis zur
wilhelminischen Großstadt*, in: *Ausst. Kat. Berlin 1987*,
S. 173–242

Braam 1979
Manfred Braam, *Das wohlumzäunte kleine Paradies.
Wie lebte der belgische Arbeiter im 19. Jahrhundert und
wie organisierte er sich?*, in: *Ausst. Kat. Berlin 1979*,
S. 146–158

Brachert 1958
Adelheid Brachert, *Leopold Graf von Kalckreuth
(1855–1928)*, 2 Bde., Diss. Tübingen 1958

Bracker 1980
Jörgen Bracker, *Gegenstand und Begriff der Marine-
malerei*, in: ders., Michael North und Peter Tamm,
Maler der See. Marinemalerei in 300 Jahren (Sammlung
Peter Tamm), Herford 1980, S. 7–21

Brand 1979
Bettina Brand, *Belgische Kunst in der zweiten Hälfte
des 19. Jahrhunderts in der Auseinandersetzung mit
Religion und Kirche*, in: *Ausst. Kat. Berlin 1979*,
S. 201–210

Brandt 1928
Paul Brandt, *Schaffende Arbeit und bildende Kunst*,
Leipzig 1928

Braunfels 1957
Wolfgang Braunfels, *Industrielle Frühzeit im Gemälde.
Erzbergbau und Eisenhütten in der europäischen
Malerei 1500–1850*, Düsseldorf 1957

Brenner 1963
Hildegard Brenner, *Die Kunstpolitik des Nationalsozialismus*, Reinbek 1963

Bretell 1990
Richard R. Brettell, *Pissarro and Pontoise*, New Haven
und London 1990

Briggs 1971
Asa Briggs, *Victorian Cities*, Harmondsworth ²1971

Brockhaus 1987
Christoph Brockhaus, *Von künstlerischer Freiheit.
Werkstattgespräch mit Emil Schumacher*, in: *Emil
Schumacher*, Ausst. Kat. DSL Bank Bonn, 1987, S. 9–14

Brown 1991
Richard Brown, *Society and Economy in Modern
Britain 1700–1850*, London und New York 1991

Bruch 1999
Claudia Bruch, *Hütten-Panorama Oberhausen – Ein
Landschaftsbild aus dem Jahre 1951*, Oberhausen 1999

Brüggemann/Rommelsbacher 1987
Franz-Josef Brüggemann und Thomas Rommelsbacher
(Hrsg.), *Besiegte Natur. Geschichte der Umwelt im 19.
und 20. Jahrhundert*, München 1987

Bruse 1953
Hermann Bruse, *Formalismus – Feind der Kunst!*, in:
Bildende Kunst 1953, H. 2, S. 58–62

Bucher u. a. 1976
Max Bucher u. a., *Manifeste und Dokumente zur Geschichte der deutschen Literatur*, 2 Bde., Stuttgart 1976

Buddensieg/Rogge 1979
Tilmann Buddensieg und Henning Rogge, *Industriekultur*, Berlin 1979

Büschemann/Rautert 1990
Der Koloss, Text von Karl-Heinz Büschemann,
Fotografien von Timm Rautert, in: *Merian »München«*
43. Jg., 1/1990, S. 88–94

Bury 1949
Adrian Bury, *William Havell, 1782–1857*, in: *The
Connoisseur* 124, 1949, S. 106–109

Busch 1986
Werner Busch, *Joseph Wright of Derby, Das Experiment mit der Luftpumpe – eine Heilige Allianz
zwischen Wissenschaft und Religion,* Frankfurt/M. 1986

Busch 1999/2000
Werner Busch, *Materie und Geist. Die Rolle der Kunst
bei der Popularisierung des Newtonschen Weltbildes*, in:
*Mehr Licht. Europa um 1770. Die bildende Kunst der
Aufklärung*, hrsg. von Herbert Beck, Ausst. Kat.
Städelsches Kunstinstitut und Städtische Galerie,
Frankfurt, München 1999, S. 401–418

Carlyle 1839
Thomas Carlyle, *Chartism* [1839], in: Ders., *Critical
and Miscellaneous Essays*, Bd. 6, London 1894,
S. 109–186

Cartari 1647 (1963)
Vicenzo Cartari, *Imagini delli Dei de gl'Antichi*, Venedig
1647, Ndr. hrsg. von Walter Koschatzky, Graz 1963

Catalogue d'acquisition 1985
*Catalogue sommaire illustré des achats réalisés de 1982
à 1984 avec l'aide des Fonds Régionaux d'acquisition
pour les musées*, Paris 1985

Cazeau 1982
Philippe Cazeau, *Maximilien Luce*, Lausanne und Paris
1982

Cederblom 1927
Gerda Cederblom, *Pehr Hilleström. Som Kulturskil-
drare*, 2 Bde., Uppsala 1927

Chastel/Klein 1963
André Chastel und Robert Klein, *Die Welt des Huma-
nismus*, München 1963

Clarétie 1865
Jules Clarétie, *Voyages d'un Parisien*, Paris 1865

Coudenhove-Kalergi 1925
Richard Nikolaus von Coudenhove-Kalergi, *Praktischer
Idealismus, Adel – Technik – Pazifismus*, Wien und
Leipzig 1925

Coxe 1787
William Coxe, *Travels into Poland, Russia, Sweden and
Denmark*, 4 Bde., London ³1787

Dada Berlin 1977
Dada Berlin, Texte, Manifeste, Aktionen, hrsg. von Karl
Riha in Zus.arbeit mit Hanne Bergius, Stuttgart 1977

Damus 1991
Martin Damus, *Malerei der DDR. Funktionen der
bildenden Kunst im Realen Sozialismus*, Reinbek 1991

Damus 1995
Martin Damus, *Kunst in der BRD 1945–1990. Funktionen der Kunst in einer demokratisch verfaßten Gesellschaft*, Reinbek 1995

Daniels 1986
Stephen Daniels, *The implications of industry: Turner
and Leeds*, in: *Turner Studies* 6, 1986, Nr. 1, S. 10–17

Daniels 1992
Dieter Daniels, *Duchamp und die anderen*, Köln 1992

Daniels 1993
Stephen Daniels, *Joseph Wright and the spectacle of power*, in: ders. (Hrsg.), *Fields of vision, landscape imagery and national identity in England and the United States*, Cambridge und Oxford 1993, S. 43–79

Darnton 1993
Robert Darnton, *Glänzende Geschäfte. Die Verbreitung von Diderots Encyclopédie oder: Wie verkauft man Wissen mit Gewinn?*, Berlin 1993

Defrance 1980
Léonard Defrance, *Mémoires*, hrsg. von Françoise Dehousse und Maurice Pauchen, Lüttich 1980

Dehousse/Pacco/Pauchen 1985
Françoise Dehousse, Maité Pacco und Maurice Pauchen, *Léonard Defrance, L'œuvre peint*, Lüttich 1985

Demosfenowa 1982
Galina Demosfenowa, *Das Schaffen Alexander Deinekas*, in: *Alexander Deineka*, Ausst. Kat. Städtische Kunsthalle Düsseldorf, 1982, S. 7–20

Denkler 1988
Horst Denkler, *Neues über Wilhelm Raabe*, Tübingen 1988

Dessauer 1927
Friedrich Dessauer, *Philosophie der Technik. Das Problem der Realisierung*, Bonn 1927

Dettmer 1985
Klaus Dettmer, *Ansichten auf Briefköpfen Berliner Firmen. Hinweise auf bislang unbeachtete Quellen zur Wirtschaftsgeschichte*, in: *Berlin in Geschichte und Gegenwart. Jahrbuch des Landesarchivs Berlin* 1985, S. 17–33

Devisscher 1992
Hans Devisscher, *Die Entstehung der Waldlandschaft in den Niederlanden*, in: *Von Bruegel bis Rubens. Das goldene Jahrhundert der flämischen Malerei*, hrsg. von Ekkehard Mai, Ausst. Kat. Wallraf-Richartz-Museum, Köln, Köln 1992, S. 191–202

Dokumente 1972
Dokumente zur sowjetischen Literaturpolitik 1917–1932. Mit einer Analyse von Karl Eimermacher, Stuttgart 1972

Dorner 1959
Alexander Dorner, *Überwindung der »Kunst«*, Hannover 1959

Drawer 1982
Klaus Drawer, *Erinnerungen an das Grubenpferd*, Bochum 1982

Dückershoff 1999
Michael Dückershoff, *Alexander Calvelli. Relikte der Arbeit. Industriebilder und Stadtlandschaften*, Essen 1999

Duganow 1983
R. W. Duganow, *Die Ästhetik des russischen Futurismus*, in: *Sieg über die Sonne. Aspekte russischer Kunst zu Beginn des 20. Jahrhunderts*, Ausst. Kat. Akademie der Künste, Berlin; Berliner Festwochen, Berlin 1983, S. 233–249

Duranty 1878
Edmond Duranty, *Exposition universelle: Les écoles étrangères de la peinture*, in: *Gazette des Beaux-Arts* 1878 (2), S. 50–62

Duwe 1984
In memoriam Harald Duwe, hrsg. von der Hamburger Kunsthalle, Gifkendorf 1984

Eagleton 1994
Terry Eagleton, *Ästhetik. Die Geschichte ihrer Ideologie*, Stuttgart 1994

Eco 1994
Umberto Eco, *Die Suche nach der vollkommenen Sprache*, München ²1994

Egger-Lienz/Sotriffer 1996
Ila Egger-Lienz und Kristian Sotriffer, *Albin Egger-Lienz. Der Mensch. Das Werk. Selbstzeugnisse*, Innsbruck 1996

Eggers 1852
Friedrich Eggers, *Über Stoffe für Genre- und Landschaftsmaler*, in: *Deutsches Kunstblatt* 1852, S. 107f.

Eisenman 1986
Stephen F. Eisenman, *The Intransigent Artists or How the Impressionists Got Their Name*, in: Ausst. Kat. San Francisco/Washington 1986, S. 51–59

El-Danasouri 1992
Andrea El-Danasouri, *Kunststoff und Müll. Das Material bei Naum Gabo und Kurt Schwitters*, München 1992

Elderfeld 1987
John Elderfeld, *Kurt Schwitters*, Düsseldorf 1987

Emmrich 1976
Irma Emmrich, *Werner Tübke, Schöpfertum und Erbe*, Berlin 1976

Engelskirchen 2000a
Lutz Engelskirchen, *Industriebilder als zeitgeschichtliche Dokumente*, in: *Forum Industriedenkmalpflege und Geschichtskultur* 3, 2000, H. 1, S. 59–66

Engelskirchen 2000b
Lutz Engelskirchen, *Von der Halden- zur Bildungslandschaft – Hochschul- und Bildungspolitik für das Ruhrgebiet*, in: Ausst. Kat. Oberhausen/Dortmund 2000, S. 287–306

Engler 2001
Wolfgang Engler, *Friede den Landschaften! Impressionen und Phantasien zur politischen Geographie Ostdeutschlands*, in: *Blätter für deutsche und internationale Politik* 2001, H. 7, S. 872–879

Erker 1580
Lazarus Erker, *Beschreibung Allerfurnemiste mineralischen Ertzt unnd Bergwercksarten*, Frankfurt/M. 1580

Évrard 1950
René Évrard, *Forges anciennes d'apres les tableaux de Léonard Defrance*, in: *Les Vennes*, Dez. 1950, S. 4–6

Évrard 1955
René Évrard, *Les artistes et les usines à fer. Œuvres d'art inspirées par les usines à fer*, Lüttich 1955

Évrard 1956
René Évrard, *Léonard Defrance, le peintre des forges*, in: *Industrie. Revue de la féderation des industrie belges* 1, Jan. 1956, S. 20–26

Eymold 1994
Ursula Eymold, *Gegenwart*, in: Ausst. Kat. Oberhausen 1994, S. 294–329

Eyth 1986
Max Eyth, *Hinter Pflug und Schraubstock. Die Abenteuer eines Ingenieurs im vorigen Jahrhundert*, Stuttgart 1986

Fehl 1999
Rebekka Fehl, *Der Bauer und die Avantgarde. Die Darstellung des Landmannes in der französischen Malerei des 19. Jahrhunderts*, München 1999

Feist 1966
Peter H. Feist, *Muß unsere Kunst intelligenzintensiv sein?*, in: *Bildende Kunst* 1966, H. 8, S. 434f.

Feist 1972
Peter H. Feist, *Der Mensch und seine Werke*, in: *Dezennium* 2, 1972, S. 13–38

Feist 1974
Peter H. Feist, *Das Kunstwerk als Gesprächspartner*, in: *Bildende Kunst* 1974, H. 3, S. 122–126

Feldman/Homburg 1977
Gerald D. Feldman und Heidrun Homburg, *Industrie und Inflation. Studien und Dokumente zur Politik der deutschen Unternehmer 1916–1923*, Hamburg 1977

Ferguson 1993
Eugene S. Ferguson, *Das innere Auge. Von der Kunst des Ingenieurs*, Basel, Boston und Berlin 1993

Finberg 1912/13
Alexander J. Finberg, *Some of the Doubtful Drawings in the Turner Bequest at the National Gallery*, in: *Walpole Society* 2, 1912/13, S. 127–132

Findeisen 1997
Jörg-Peter Findeisen, *Schweden. Von den Anfängen bis zur Gegenwart*, Regensburg 1997

Firmenich/Schultze 1995
Andrea Firmenich und Rainer W. Schultze, *Franz Radziwill 1895 bis 1983. Monographie und Werkverzeichnis*, Köln 1995

Fischer 1976
Lothar Fischer, *George Grosz in Selbstzeugnissen und Dokumenten*, Reinbek 1976

Fischer 1992
Bernd Fischer, *Die Malerin Helga Budde-Engelke*, in: *Romerike Berge* 1992, Nr. 3, S. 29–32

Fischer 1996
Volker Fischer, *Patina im Design der Gegenwart*, in: *Patina*, hrsg. von der Architektenkammer Hessen, Hamburg 1996, S. 52–61

Flemming 1994
Klaus Flemming, *Klaus Ritterbusch. Das Bild »La Poubelle«*, Köln 1994

Föhl/Hamm 1988
Axel Föhl und Manfred Hamm, *Die Industriegeschichte des Textils. Technik – Architektur – Wirtschaft*, Düsseldorf 1988

Fontaine 1923
André Fontaine, *Constantin Meunier*, Paris 1923

Forster-Hahn 1981
Françoise Forster-Hahn, *Adolph Menzels Eisenwalzwerk. Kunst im Konflikt zwischen Tradition und sozialer Wirklichkeit*, in: *Ausst. Kat. Berlin 1981a*, S. 122–128

Foucault 1977
Michel Foucault, *Der Wille zum Wissen*, Frankfurt/M. 1977

Foucault 1990
Michel Foucault, *Archäologie des Wissens*, Frankfurt/M. ⁴1990

Frascina u. a. 1993
Francis Frascina u. a., *Modernity and Modernism. French Painting in the Nineteenth Century*, New Haven und London 1993

Frederiksen 1987/88
Finn Terman Frederiksen, *Franciska Clausen*, 2 Bde., Randers 1987/88

Freitag 1994
Michael Freitag, *Preußische Härte. Die Neue Nationalgalerie oder: Willi Sitte hat immer recht*, in: *neue bildende kunst* 4, 1994, H. 3, S. 62–64

Frey 1999
Andrea Frey, *Der Stadtraum in der französischen Malerei 1860–1900*, Berlin 1999

Freytag 1910
Gustav Freytag, *Gesammelte Werke*, Leipzig 1910

Friedländer 1963
Max J. Friedländer, *Über die Malerei*, München 1963

Frindt 1999
Bettina Frindt, *Untersuchungen zum Motiv des Touristen in der Bildenden Kunst des 18. und 19. Jahrhunderts*, Diss. Aachen 1999

Fritz 1958
Rolf Fritz, *Ein unbekanntes Jugendwerk von Alfred Rethel*, in: *Wallraf-Richartz-Jahrbuch* 20, 1958, S. 213–224

Frodl 1974
Gerbert Frodl, *Hans Makart*, Salzburg 1974

Fröhner 1994
Annette Fröhner, *Technologie und Enzyklopädismus im Übergang vom 18. zum 19. Jahrhundert. Johann Georg Krünitz (1728–1796) und seine Oeconomisch-technologische Encyklopädie*, Mannheim 1994

Führ/Furck 1998
Christoph Führ und Carl-Ludwig Furck (Hrsg.), *Handbuch der deutschen Bildungsgeschichte*, Bd. 6: *1945 bis zur Gegenwart*, München 1998

Fürst 1912
Artur Fürst, *Das Reich der Kraft*, Berlin 1912

Gailus 1990
Manfred Gailus, *Straße und Brot. Sozialer Protest in den deutschen Staaten unter besonderer Berücksichtigung Preußens 1847–1849*, Göttingen 1990

Galerie Nierendorf 1986
Drei Maler geprägt in Berlin. Otto Herbig, Bernhard Klein, Otto Möller, Kunstblätter der Galerie Nierendorf 48, Berlin 1986

Gall 2000
Lothar Gall, *Krupp. Aufstieg eines Industrieimperiums*, Berlin 2000

Gaßner 1982
Hubertus Gaßner, *Rodtschenko Fotografien*, München 1982

Gaßner/Gillen 1979
Hubertus Gaßner und Eckhart Gillen (Hrsg.), *Zwischen Revolutionskunst und Sozialistischem Realismus. Dokumente und Kommentare. Kunstdebatten in der Sowjetunion von 1917 bis 1934*, Köln 1979

Gaßner/Gillen 1994
Hubertus Gaßner und Eckhart Gillen, *Vom utopischen Ordnungsentwurf zur Versöhnungsideologie im Ästhetischen Schein. Beispiele sowjetischer Kunst zwischen dem 1. Fünfjahrplan und der Verfassungskampagne 1936/37*, in: *Agitation zum Glück. Sowjetische Kunst der Stalinzeit*, hrsg. von Hubertus Gaßner, Irmgard Schleier und Karin Stenzel, Ausst.Kat. documenta Archiv Kassel, Bremen 1994, S. 27–59

Giedion 1948
Sigfried Giedion, *Mechanization Takes Command*, Oxford 1948 [dt. Frankfurt/M. 1982]

Giedion 1965
Sigfried Giedion, *Raum, Zeit, Architektur*, Ravensburg 1965

Giesler 1935
Hermann Giesler, *Der Auftrag*, in: *Die Straße* 2, 1935, S. 802

Gillen 1977a
Eckhart Gillen, *Künstlerische Publizisten gegen Romantiker der roten Farbe*, in: *»Kunst in die Produktion!« Sowjetische Kunst während der Phase der Kollektivierung und Industrialisierung 1927–1933*, Ausst.Kat. Neue Gesellschaft für Bildende Kunst, Berlin, 1977, S. 102–157

Gillen 1977b
Eckhart Gillen, *Die Sachlichkeit der Revolutionäre. Die Bedeutung von ›Verismus‹, ›Konstruktivismus‹ und ›Neuer Sachlichkeit‹ für die revolutionäre Kunst der 20er Jahre in Deutschland und in der Sowjetunion*, in: *Ausst. Kat. Berlin 1977*, S. 119–124

Gilpin 1798
William Gilpin, *Observations on the Western Parts of England, Relative Chiefly to Picturesque Beauty*, London 1798

Glaser u. a. 1980
Hermann Glaser u. a. (Hrsg.), *Industriekultur in Nürnberg. Eine deutsche Stadt im Maschinenzeitalter*, München 1980

Goetz 1984
Christine Goetz, *Studien zum Thema »Arbeit« im Werk von Constantin Meunier und Vincent van Gogh*, München 1984

Graffunder/Beerbaum 1977
Heinz Graffunder und Martin Beerbaum, *Der Palast der Republik*, Leipzig 1977

Gramlich 1990
Sybille Gramlich, *Architekturmalerei im 19. Jahrhundert in Deutschland. Künstler, Themen, Käufer in Berlin und München. Studien zu einer fast vergessenen Kunstgattung*, Diss. Freie Universität Berlin 1990

Gray 1982
Douglas Gray, *Art and Coal*, in: *Coal. British Mining in Art 1680–1980*, Ausst. Kat. Arts Council of Great Britain, 1982, S. 7–42

Griffaton 1994
Marie-Laure Griffaton, *Quand le Chemin de fer fascinait les créateurs de tissus et papiers peints*, in: *Revue générale des chemins de fer*, Nov./Dez. 1994, S. 75–82

Grille 1966
Dietrich Grille, *Lenins Rivale – Bogdanov und seine Philosophie*, Köln 1966

Grögl-Steinbach 1990
Evelyn Grögl-Steinbach (Hrsg.), *Dimensionen von Technik, Energie und Politik*, Wien und Köln 1990

Grohmann 1963
Will Grohmann, *Willi Baumeister. Leben und Werk*, Köln 1963

Große Perdekamp 1952a
Franz Große Perdekamp, *Mensch und Form unserer Zeit*, in: *Ausst. Kat. Recklinghausen 1952*, unpag.

Große Perdekamp 1952b
Franz Große Perdekamp, *Konstrukteure der künstlerischen Form*, in: *Thomas Grochowiak. Bilder 1950–52*, Ausst. Kat. Recklinghausen, [1952], unpag.

Groys 1993
Boris Groys, *Das Kunstwerk als nichtfunktionelle Maschine*, in: *Vladimir Tatlin. Leben, Werk, Wirkung. Ein internationales Symposium*, hrsg. von Jürgen Harten, Köln 1993, S. 253–257

Güssow 1980
Ingeborg Güssow, *Malerei der Neuen Sachlichkeit*, in: *Ausst. Kat. München 1980*, S. 57–63

Gumbrecht 1978
Hans Ulrich Gumbrecht, *Modern, Modernität, Moderne*, in: Otto Brunner, Werner Conze und Reinhart Koselleck (Hrsg.), *Geschichtliche Grundbegriffe: historisches Lexikon zur politisch-sozialen Sprache in Deutschland*, Bd. 4, Stuttgart 1978, S. 93–131

Gursky 1992
Andreas Gursky, *Amberg, Karlsruhe*, hrsg. vom Siemens AG Kulturprogramm, Berlin und München 1992

Gursky/Jocks 1999
»Das eigene steckt in den visuellen Erfahrungen«. Andreas Gursky im Gespräch mit Heinz-Norbert Jocks, in: *Kunstforum International* 145, Mai/Juni 1999, S. 249– 265

Guth 1995
Peter Guth, *Wände der Verheißung. Zur Geschichte der architekturbezogenen Kunst in der DDR*, Leipzig 1995

Gutzkow 1998
Karl Ferdinand Gutzkow, *Die Ritter vom Geiste*, Frankfurt/M. 1998 [unveränd. Ndr. der Erstausg. von 1850/51]

Hädecke 1993
Wolfgang Hädecke, *Poeten und Maschinen. Deutsche Dichter als Zeugen der Industrialisierung*, München 1993

Haftmann 1955
Werner Haftmann, *Einleitung*, in: *Documenta. Kunst des XX. Jahrhunderts*, Ausst. Kat. Kassel, München 1955, S. 15–25

Halleueux/Bernès/Etienne 1995
Robert Halleueux, Anne-Catherine Bernès und Luc Etienne, *L'evolution des sciences et des techniques en*

Wallonie. *Atouts et références d'une Région*, hrsg. von Freddy Joris, Gouvernement wallon Namur, 1995

Hamann/Hermand 1971
Richard Hamann und Jost Hermand, *Gründerzeit*, München 1971

Hamann/Hermand 1973
Richard Hamann und Jost Hermand, *Stilkunst um 1900*, München 1973

Hamilton 1954
George Heard Hamilton, *Manet and His Critics*, New Haven 1954

Hammer 1930
Heinrich Hammer, *Albin Egger-Lienz*, Innsbruck 1930

Hansen 1998
Dorothee Hansen, *Vom Wesen des Kindes zum Wesen der Malerei. Fritz von Uhdes Kinderbilder*, in: *Fritz von Uhde. Vom Realismus zum Impressionismus*, hrsg. von Dorothee Hansen, Ausst. Kat. Kunsthalle Bremen; Museum der Bildenden Künste Leipzig, 1998, S. 8–20

Hardach 2000
Gerd Hardach, *Krise und Reform der Sozialen Marktwirtschaft. Grundzüge der wirtschaftlichen Entwicklung der Bundesrepublik der 50er und 60er Jahre*, in: Axel Schildt, Detlef Siegfried und Karl Christian Lammers (Hrsg.), *Dynamische Zeiten. Die 60er Jahre in den beiden deutschen Gesellschaften*, Hamburg 2000, S. 197–217

Hauber 1916
Anton Hauber, *Planetenkinder und Sternbilder. Zur Geschichte des menschlichen Glaubens und Irrens*, Straßburg 1916

Haus 1986
Andreas Haus, *Impressionismus – Industrialisierung des Sehens*, in: *Forma et subtilitas. Festschrift für Wolfgang Schöne zum 75. Geburtstag*, hrsg. von Wilhelm Schlink und Martin Sperlich, Berlin und New York 1986, S. 254–268

Hawthorne 1988
Nathaniel Hawthorne, *Das Haus der sieben Giebel*, Reinbek 1988

Heilfurt 1981
Gerhard Heilfurt, *Der Bergbau und seine Kultur*, Zürich 1981

Heine 1973–79
Heinrich Heine, *Historisch-kritische Gesamtausgabe*, hrsg. von Manfred Windfuhr, Hamburg 1973–79

Heismann 2000
Günther Heismann, *Überholen ohne einzuholen. Neue Hochtechnologien zwischen Ostsee und Thüringer Wald*, Berlin 2000

Heller 1987
Reinhold Heller, *Vorbilder und Parallelerscheinungen deutscher Stadtdarstellungen. 1850–1980*, in: Ausst. Kat. Berlin 1987, S. 499–534

Hendrick 1987
Jacques Hendrick, *La Peinture au pays de Liège: XVIe, XVIIe et XVIIIe siècles*, Lüttich 1987

Henning 1973
Friedrich-Wilhelm Henning, *Die Industrialisierung in Deutschland 1800 bis 1914*, Paderborn 1973

Hepp 1987
Corona Hepp, *Avantgarde. Kulturkritik und Reformbewegung nach der Jahrhundertwende*, München 1987

Herbert 1982
Robert L. Herbert, *Industry in the changing landscape from Daubigny to Monet*, in: John M. Merriman (Hrsg.), *French Cities in the Nineteenth Century*, London 1982, S. 139–164

Herding 1980
Klaus Herding, *Notiz zur Industriekritik. Die Zerstörung der Natur*, in: *Kritische Berichte*, N. F. 8, 1980, H. 1/2, S. 11–16

Herding 1984
Klaus Herding (Hrsg.), *Realismus als Widerspruch. Die Wirklichkeit in Courbets Malerei*, Frankfurt/M. ²1984

Herding 1987
Klaus Herding, *Industriebild und Moderne. Zur künstlerischen Bewältigung der Technik im Übergang zur Großmaschinerie (1830–1890)*, in: Helmut Pfeiffer, Hans Robert Jauß und Françoise Gaillard (Hrsg.), *Art social und art industriel. Funktionen der Kunst im Zeitalter des Industrialismus*, München 1987, S. 424–468

Herding 1998
Klaus Herding, *Rezension James H. Rubin, Gustave Courbet, London 1997*, in: *Kunstchronik* 51, 1998, H. 11, S. 541

Hermand 1984
Jost Hermand, *Die restaurierte »Moderne«. Zum Problem des Stilwandels in der bildenden Kunst der Bundesrepublik Deutschland um 1950*, in: Friedrich Möbius (Hrsg.), *Stil und Gesellschaft. Ein Problemaufriß*, Dresden 1984, S. 279–302

Herrmann 1990
Luke Herrmann, *Turner Prints. The Engraved Works of J. M. W. Turner*, Oxford 1990

Hielscher 1979
Peter Hielscher, *Vom vollkommenen Ausdruck des Elends zum Bezwinger der Welt. Anmerkungen zur Darstellung des Arbeiters im 19. Jahrhundert*, in: Ausst. Kat. Berlin 1979, S. 221–229

Hintze 1855
E. Hintze, *August Borsig*, in: *Berliner Volkskalender*, Berlin 1855, S. 6

Hinz 1974
Berthold Hinz, *Die Malerei im Faschismus. Kunst und Konterrevolution*, München 1974

Hirschmann 1977
Albert O. Hirschmann, *The Passions and the Interests: Political Arguments for Capitalism Before its Triumph*, Princeton 1977

Hobsbawm 1969
Eric J. Hobsbawm, *Industrie und Empire. Britische Wirtschaftsgeschichte seit 1750*, 2 Bde., Frankfurt/M. 1969

Hodel 1985
Barbara Hodel, *Christian Ludwig Bokelmann (1844–1894). Monographie und Werkkatalog*, Frankfurt/M., Bern und New York 1985

Hofer 1948
Karl Hofer, *Kunst und Politik*, in: *bildende kunst 2*, 1948, H. 10, S. 20–22

Hofer 1952
Karl Hofer, *Aus Leben und Kunst*, Berlin 1952

Hoffmann 2002
Christoph Hoffmann, *Die Dauer eines Moments. Zu Ernst Machs und Peter Salchers ballistisch-fotografischen Versuchen 1886/87*, in: Peter Geimer (Hrsg.), *Ordnungen der Sichtbarkeit. Fotografie in Wissenschaft, Kunst und Technologie*, Frankfurt/M. 2002, S. 342–377

Hofmann 1960
Werner Hofmann, *Das irdische Paradies. Motive und Ideen des 19. Jahrhunderts*, München 1960

Hofmann 1973
Werner Hofmann, *Poesie und Prosa. Rangfragen in der neueren Kunst*, in: *Jahrbuch der Hamburger Kunstsammlungen* 18, 1973, S. 173–192

B. Holländer 2000
Barbara Holländer, *Arbeit und Technik in den Tafelbänden der Encyclopédie*, in: H. Holländer 2000a, S. 789–806

H. Holländer 1998
Hans Holländer, *Piranesis Carceri. Capriccio und Kalkül*, in: Ekkehard Mai und Joachim Rees (Hrsg.), *Kunstform Capriccio*, Köln 1998, S. 97–112

H. Holländer 1999
Hans Holländer, *Hybris und Weisheit – Über die Mehrdeutigkeit des Babylonischen Turms*, in: Max Kerner (Hrsg.), *Der vernetzte Mensch. Sprache, Arbeit und Kultur in der Informationsgesellschaft*, Aachen 1999, S. 23–34

H. Holländer 2000a
Hans Holländer (Hrsg.), *Erkenntnis, Erfindung, Konstruktion. Studien zur Bildgeschichte von Naturwissenschaften und Technik vom 16. bis zum 19. Jahrhundert*, Berlin 2000

H. Holländer 2000b
H. Holländer, *Kommentare und Notizen zu einer Bildgeschichte des Bergbaus*, in: H. Holländer 2000a, S. 643–671

H. Holländer 2000c
Hans Holländer, *Mundus Subterraneus, das Sublime und das Labyrinth der Zeit*, in: H. Holländer 2000a, S. 483–506

Honecker 1971
Erich Honecker, *Bericht des ZK an den VIII. Parteitag der SED*, in: *Protokoll der Verhandlungen des VIII. Parteitages der SED*, Berlin 1971, Bd. 1, S. 34–123

Hornung 1987
Peter Michael Hornung, *P. S. Krøyer 1851–1909*, Kopenhagen 1987

Hücking/Launer 1986
Renate Hücking und Ekkehard Launer, *Aus Menschen Neger machen. Wie sich das Handelshaus Woermann in Afrika entwickelt hat*, Hamburg 1986

Hüneke 1996
Andreas Hüneke, *Am Schaltpult. Versuch über Willi Sitte*, in: Günter Feist, Eckhart Gillen und Beatrice Vierneisel (Hrsg.), *Kunstdokumentation SBZ/DDR 1945–1990. Aufsätze – Berichte – Materialien*, Köln 1996, S. 558–563

Hütt 1995
Wolfgang Hütt, *Die Düsseldorfer Malerschule, 1819–1869*, Leipzig 1995

Huhn 1986
Rosi Huhn, *Kunst und Elektrizität*, in: *Ausst. Kat. Berlin 1986*, S. 329–340

Imdahl 1970
Max Imdahl, *Die Momentfotografie und ›Lecomte Lepic‹ von Edgar Degas*, in: *Festschrift für Gert von der Osten*, Köln 1970, S. 228–234

Imiela 1978
Hans-Jürgen Imiela, *Hans Thoma in Paris*, in: Alfred Hagenlocher (Hrsg.), *Kunst in dieser Zeit. Aspekte in Reden und Aufsätzen* (Schriftenreihe der Hans-Thoma-Gesellschaft 8), München 1978, S. 30–44

Immermann 1971
Karl Leberecht Immermann, *Werke in 5 Bänden*, hrsg. von Benno von Wiese, Frankfurt/M. 1971

Industriemaler 1940
Wie ich Industriemaler wurde. Leonhard Sandrock, Franz Gerwin, Günther Domnich, Erich Mercker und Richard Geßner erzählen von sich und ihrer Arbeit, in: *Das Werk. Monatsschrift der Vereinigten Stahlwerke AG 20*, 1940, S. 199f.

Jacob 1993
Joachim Jacob, *Carl Ferdinand Stumm. Hüttenbesitzer und Politiker*, in: Richard van Dülmen und Joachim Jacob (Hrsg.), *Stumm in Neunkirchen. Unternehmerherrschaft und Arbeiterleben im 19. Jahrhundert. Bilder und Skizzen aus einer Industriegemeinde*, St. Ingbert 1993, S. 13–38

Jahoda/Lazarsfeld/Zeisel 1975
Marie Jahoda, Paul F. Lazarsfeld und Hans Zeisel, *Die Arbeitslosen von Marienthal*, Frankfurt/M. 1975

Janke 1997
Karl Janke, *Paradigma oder Nachbild? Probleme der Definition eines Arbeitsbildes*, in: Türk 1997, S. 213–226

Janke/Wagner 1976
Karl Janke und Monika Wagner, *Das Verhältnis von Arbeiter und Maschinerie im Industriebild. Rekonstruktion einer Bilderfolge zur Schwerindustrie von François Bonhommé*, in: *Kritische Berichte*, N. F. 4, 1976, H. 5/6, S. 5–26

Jansen 1985
Johan Jansen, *Herman Heyenbrock, Maler des Lichts und der Arbeit*, in: *Ausst. Kat. Münster 1985*, S. 9–37

Janzen 1996
Thomas Janzen, *Zwischen der Stadt. Photographien des Ruhrgebiets von Albert Renger-Patzsch*, Ostfildern 1996

Jensen 1987
Jens Christian Jensen (Hrsg.), *Harald Duwe 1926–1984. Werkverzeichnis der Gemälde und Ölstudien*, München 1987

Jentschura/Jung/Mickel 1970
Hansgeorg Jentschura, Dieter Jung und Peter Mickel, *Die japanischen Kriegsschiffe 1869–1945*, München 1970

Joppien 1972
Rüdiger Joppien, *Die Szenenbilder Philippe Jacques de Loutherbourgs. Eine Untersuchung zu ihrer Stellung zwischen Malerei und Theater*, Diss. Köln 1972

Jordan 1991
Caroline Jordan, *Kuppelgrab – Säulenhalle – Industriearkaden. Überlegungen zum »heiligen Raum«*, in: *Helga Budde-Engelke. Malerei und Graphik, Ruhrgebiet / Szenenwechsel*, Werkkatalog, hrsg. vom Rheinischen Kunstverein Aachen, Wuppertal 1991, S. 68–71

Julia 1983
Isabelle Julia, *Romantiques et Pompiers*, in: *La Revue du Louvre et des Musées de France 1983*, S. 419–425

Julia 1985/86
Isabelle Julia, *Étienne Bouhot*, in: *Anciens et nouveau. Choix d'œuvres acquises par l'Etat ou avec sa participation de 1981 à 1985*, Ausst. Kat. Galerie Nationale du Grand Palais, Paris, 1985, S. 189

Kairis 1982
P.-Y. Kairis, *Le peintre Gérard Douffet (1594–1660): Fondateur de l'école liégoise du XVIIe siècle*, Diss. Liège 1982

Kaiser 1953
Konrad Kaiser, *Adolph Menzels Eisenwalzwerk*, Berlin 1953

Kaiser/Rehberg 1999
Paul Kaiser und Karl-Siegbert Rehberg (Hrsg.), *Enge und Vielfalt – Auftragskunst und Kunstförderung in der DDR*, Hamburg 1999

Kalckreuth 1967
Johannes Kalckreuth, *Wesen und Werk meines Vaters. Lebensbild des Malers Graf Leopold von Kalckreuth*, Hamburg 1967

Kemp 1983
Wolfgang Kemp, *John Ruskin, 1819–1900. Leben und Werk*, München 1983

Kerbs/Maaswinkel 1990
Diethart Kerbs und Peter Maaswinkel, *Sasha Stone.*

Randbemerkungen zum Lebensweg und Lebensende eines staatenlosen Fotografen, in: *Fotogeschichte. Beiträge zur Geschichte und Ästhetik der Fotografie 10*, 1990, H. 37, S. 37–53

Kern/Schumann 1985
Horst Kern und Michael Schumann, *Industriearbeit und Arbeiterbewußtsein. Eine empirische Untersuchung über den Einfluß der aktuellen technischen Entwicklung auf die industrielle Arbeit und das Arbeiterbewußtsein*, Frankfurt/M. 1985

Kerner/Wiegmann 1994
Frank Kerner und Karlheinz Wiegmann, *Große Industrie*, in: *Ausst. Kat. Oberhausen 1994*, S. 126–145

Kiesewetter 1985
Hubert Kiesewetter (Hrsg.), *Staat, Region und Industrialisierung*, Ostfildern 1985

Kiesewetter 2000
Hubert Kiesewetter, *Region und Industrie in Europa 1815–1995*, Stuttgart 2000

Kil 2002
Wolfgang Kil, *»Freies Feld von Bitterfeld bis Böhlen...« Wo die Menschen davonlaufen, verlieren selbst Grund und Boden alle Heiligkeit*, in: *Initial 2002*, H. 1 (im Druck)

Kirschl 1996
Wilfried Kirschl, *Albin Egger-Lienz 1868–1926. Das Gesamtwerk*, 2 Bde., Wien u. a. 1996

Klamt 1975
Johann Christian Klamt, *Der Runde Turm in Kopenhagen als Kirchturm und Sternwarte. Eine bauikonologische Studie*, in: *Zeitschrift für Kunstgeschichte 38*, 1975, S. 153–170

Klapproth 1966
Rüdiger Klapproth, *Die abenteuerliche Landschaft*, Tübingen 1966

Klingender [1947] 1968
Francis Donald Klingender, *Art and the Industrial Revolution* [1947], hrsg. und durchges. von Arthur Elton, New York 1968

Klingender [1947] 1974
Francis Donald Klingender, *Kunst und industrielle Revolution* [1947], hrsg. und überarb. von Arthur Elton, Dresden 1974

Knorr-Cetina 1989
Karin Knorr-Cetina, *Spielarten des Konstruktivismus*, in: *Soziale Welt 1989*, S. 86–96

Kocka 1975
Jürgen Kocka, *Unternehmer in der deutschen Industria-lisierung*, Göttingen 1975

Köhler 1997
Hubert Köhler, *Die Darstellung des Schmiedes in der bildenden Kunst. Aspekte eines Bildmotivs im Wandel der Zeitläufte*, in: *Türk 1997*, S. 50–61

Köhler/Becher 1989
Michael Köhler, *Interview mit Bernd und Hilla Becher*, in: *Künstler. Kritisches Lexikon der Gegenwartskunst*, hrsg. von Lothar Romain, Ausgabe 7, München 1989, S. 14f.

Köllmann/Reininghaus/Teppe 1994
Wolfgang Köllmann, Wilfried Reininghaus und Karl Teppe (Hrsg.), *Bürgerlichkeit zwischen gewerblicher und industrieller Wirtschaft. Beiträge des wissen-schaftlichen Kolloquiums anläßlich des 200. Geburtstags von Friedrich Harkort vom 25. bis 27. Februar 1993*, Dortmund 1994

König 1990
Wolfgang König, *Massenproduktion und Technikkon-sum. Entwicklungslinien und Triebkräfte der Technik zwischen 1880 und 1914*, in: *Propyläen Technik-geschichte*, Bd. 4, Berlin 1990, S. 263–595

Koeppen 1914
Alfred Koeppen, *Die moderne Malerei in Deutschland*, Bielefeld und Leipzig 1914

Koschatzky 1984
Walter Koschatzky, *Die Kunst der Photographie. Tech-nik, Geschichte, Meisterwerke*, Salzburg und Wien 1984

Koschorke 1996
Albrecht Koschorke, *Das Panorama. Die Anfänge der modernen Sensomotorik um 1800*, in: *Die Mobilisierung des Sehens. Zur Vor- und Frühgeschichte des Films in Literatur und Kunst*, hrsg. von Harro Segeberg, München 1996, S. 149–169

Koudelka 1994
Josef Koudelka, *Černýtrojúhelník PODKRUŠNOHOŘÍ. The Black Triangle – The Foothills of the Ore Mountains / Le Triangle Noir – La région située au pied des Monts métallifères*, o. O. 1994

Krakauer 1963
Siegfried Krakauer, *Das Ornament der Masse*, Frank-furt/M. 1963

Krauss-Maffei 1988
150 Jahre Fortschritt durch Technik. Krauss Maffei

1838–1988, zus.gestellt durch Karl W. Schmidt, Fürstenfeldbruck 1988

Krauß/Zeising 1994
Diane Krauß und Andreas Zeising, *Das Industriebild in der deutschen Malerei des 19. Jahrhunderts*, in: *Ausst. Kat. Bochum 1994*, S. 85–90

Kreibich/Schmid 1994
Rolf Kreibich und Arno Sighart Schmid (Hrsg.), *Bau-platz Zukunft. Dispute über die Entwicklung von Indus-trieregionen*, Essen 1994

Kreidler 1978
Richard Kreidler, *Formensprache und Thematik im Gesamtwerk des Kölner Malers Hubert Berke (1908–1979)*, Diss. Bonn 1978

Krieger 1983
Ethel Krieger, *Aus alt mach neu. Abfallverwertung und angepaßte Technologien in der Dritten Welt*, in: *Ausst. Kat. Stuttgart 1983*, S. 149–155

Krifka 1996
Sabine Krifka, *Wright of Derby – Schauplätze der Wissenschaft*, Aachen 1996

Krifka 2000a
Sabine Krifka, *Zur Konstruktion der Natur in wissenschaftlichen Experimenten*, in: *H. Holländer 2000a*, S. 725–753

Krifka 2000b
Sabine Krifka, *Die Industrie und ihre Rezeption in den Bildkünsten im 19. Jh.*, in: *H. Holländer 2000a*, S. 807–829

Krupp 1912a
Zur Hundertjahrfeier der Firma Krupp 1812–1912 (= Kruppsche Mitteilungen, Sonderausgabe), Essen 1912

Krupp 1912b
Fried. Krupp A.G. Essen-Ruhr 1812–1912, Essen 1912

Kubinszky 1969
Mihaly Kubinszky, *Bahnhöfe Europas*, Stuttgart 1969

Kuhirt 1958
Ullrich Kuhirt, *Mensch und Arbeit im neuen Verhältnis*, in: *Bildende Kunst 1958*, S. 227–232

Kuhirt 1982
Ullrich Kuhirt (Hrsg.), *Kunst der DDR 1945–1959*, Leipzig 1982

Kurella [1928] 1979
Alfred Kurella, *OST pred licom podlinnnoj*

sovremennosti, aus: *Žizn'iskusstva (Kunstleben)* 28, 1928; erstmals dt. publ. in: *Gaßner/Gillen 1979*, S. 352–355

Lacambre 1973
Geneviève und Jean Lacambre (Hrsg.), *Le Réalisme*, Paris 1973

Lang 1976
Lothar Lang, *Tübke monumental*, in: *Die Weltbühne* 71, 1976, S. 425–427

Lang/Stommer 1982
Kurt H. Lang und Rainer Stommer, »*Deutsche Künstler – an die Front des Straßenbaues!« Fallstudie zur na-tionalsozialistischen Bildgattung der »Autobahn-malerei«*, in: Rainer Stommer (Hrsg.), *Reichsautobahn – Pyramiden des dritten Reichs. Analysen zur Ästhetik eines unbewältigten Mythos*, Marburg 1982, S. 91–110

Langbehn 1890
Julius Langbehn, *Rembrandt als Erzieher. Von einem Deutschen*, Leipzig 1890

Lange 2001
Susanne Lange, *Eine Enzyklopädie anonymer In-dustriearchitektur. Zum Werk von Bernd und Hilla Becher*, in: *Ausst. Kat. Oberhausen 2001a*, S. 200–202

Larsen 1985
Eric Larsen, *17th Century Flemish Painting*, Freren 1985

Latour 2000
Bruno Latour, *Die Hoffnung der Pandora. Unter-suchungen zur Wirklichkeit der Wissenschaft*, Frank-furt/M. 2000

Laube 1992
Robert Laube (Hrsg.), *Die Henrichshütte Hattingen. Eine grüne Geschichte*, Dortmund 1992

LCI
Lexikon der christlichen Ikonographie, hrsg. von Engelbert Kirschbaum SJ u. a., 8 Bde., Rom u. a. 1994 [unveränd. Ndr. der Ausg. Freiburg 1968]

Lebensraum Erde 1997
Lebensraum Erde. Die Sonderstellung unseres be-wohnten Planeten, hrsg. von der Europäischen Aka-demie für Umweltfragen, Leipzig 1997

Leduc 1985
Norbert Leduc, *Hundert Jahre Stiftung Carl Kreuser jr., Waisen- und Invalidenhaus zu Mechernich*, Festschrift aus Anlaß der Feier zum hundertjährigen Bestehen am 28. September 1985 vom Kuratorium der Stiftung Carl Kreuser jr., Mechernich 1985

Lehmann 1761
Johann Gottlob Lehmann, *Cadmiologia oder Geschichte des Farben-Kobolds*, Königsberg 1761

Lemke 1997
Thomas Lemke, *Eine Kritik der politischen Vernunft*, Berlin und Hamburg 1997

Lemonnier 1888
Camille Lemonnier, *Les peintres de la vie*, Paris 1888

Lenk 1994
Bettina Lenk, *Industrie als Motiv in den graphischen Medien des 19. Jahrhunderts*, in: Ausst. Kat. Bochum 1994, S. 91–97

Lessing 1919
Theodor Lessing, *Geschichte als Sinngebung des Sinnlosen*, München 1919

Lethen 1994
Helmut Lethen, *Verhaltenslehre der Kälte*, Frankfurt/M. 1994

Levine 1996
Sura Levine, *Constantin Meunier's Monument au Travail*, in: Stefan Grohé (Hrsg.), *Das Ernst Abbe-Denkmal*, Gera und Arnstadt 1996, S. 36–59

Lex. der Alten Welt
Lexikon der Alten Welt, hrsg. von Carl Andresen u. a., 3 Bde., unveränd. Ndr. der Erstausg. 1965, Augsburg 1995

Lichtwark 1957
Alfred Lichtwark, *Briefe an Leopold Graf von Kalckreuth*, hrsg. von Carl Schellenberg, Hamburg 1957

Liebermann 1978
Max Liebermann, *Die Phantasie in der Malerei. Reden und Schriften*, Frankfurt/M. 1978

Liebknecht 1896
Wilhelm Liebknecht, *Karl Marx zum Gedächtnis*, Nürnberg 1896

Löhneyß 1690
G. E. Löhneyß, *Gründlicher und außführlicher Bericht von Bergwercken*, Stockholm und Hamburg 1690

Long 1922
Basil S. Long, *John Laporte. Landscape Painter and Etcher*, in: *Walker's Quarterly*, Nr. 8, Juli 1922, S. 1–58

Long 1924
Basil S. Long, *Francis Nicholson. Painter and Lithographer*, in: *Walker's Quarterly*, Nr. 14, Januar 1924, S. 1–43

Lord 1998
Peter Lord, *The Visual Culture of Wales: Industrial Society*, Cardiff 1998

Louis 1930
M. Louis, *Léonard Defrance, peintre liégeois*, in: *Bulletin de l'Institut archéologique liégois* 54, 1930, S. 92–112

Ludwig 1979
Karl-Heinz Ludwig, *Die Agricola-Zeit im Montangemälde. Frühmoderne Technik in der Malerei des 18. Jahrhunderts*, Düsseldorf 1979

Ludwig 1983
Horst Ludwig, *Fritz von Uhde. Ein süddeutscher Impressionist*, in: *Weltkunst* 53, 1983, S. 2798–2801

Luhmann 1997
Niklas Luhmann, *Die Kunst der Gesellschaft*, Frankfurt/M. 1997

Lyotard 1986
Jean François Lyotard, *Das postmoderne Wissen: ein Bericht*, Wien 1986

Maag 1986
Georg Maag, *Kunst und Industrie im Zeitalter der ersten Weltausstellungen*, München 1986

Maak 1985
Karin Maak, *Die Speicherstadt im Hamburger Freihafen. Eine Stadt an Stelle der Stadt*, Hamburg 1985

MacNeil 1996
Ian MacNeil, *Introduction: Basic Tools, Devices and Mechanisms*, in: Ders. (Hrsg.), *An Encyclopaedia of the History of Technology*, London 1996, S. 1–43

Magnusson 1994
Lars Magnusson, *Proto-Industrialisierung in Schweden*, in: Markus Cerman und Sheilagh C. Ogilvie (Hrsg.), *Proto-Industrialisierung in Europa. Industrielle Produktion vor dem Fabrikzeitalter*, Wien 1994, S. 193–208

Makarenko 1961
Anton Makarenko, *Ausgewählte pädagogische Schriften*, hrsg. von H. E. Wittig, Paderborn 1961

Mallalieu 1977
Huon Mallalieu, *John Nixon and his Circle*, in: *Country Life* 161, 1977, S. 1260f.

Mandelstam 1991
Nadeschda Mandelstam, *Das Jahrhundert der Wölfe*, Frankfurt/M. 1991

Mann/Schütrumpf 1995
Bärbel Mann und Jörn Schütrumpf, *Galerie im Palast der Republik*, in: *Auftrag: Kunst. 1949–1990. Bildende Künstler in der DDR zwischen Ästhetik und Politik*, hrsg. von Monika Flacke, Ausst. Kat. Deutsches Historisches Museum, Berlin; Arbejdermuseet, Kopenhagen, 1995, S. 245–260

Manske 1998
Hans-Joachim Manske, *Anschlußsuche an die Moderne: Bildende Kunst in Westdeutschland 1945–1960*, in: Axel Schildt und Arnold Sywottek (Hrsg.), *Modernisierung im Wiederaufbau. Die westdeutsche Gesellschaft der 50er Jahre*, Bonn [2]1998, S. 563–582

Marcks 1911
Erich Marcks, *Männer und Zeiten*, 2 Bde., Leipzig 1911

Marx 1956
Karl Marx, Ausw. u. Einl. von F. Borkenau, Frankfurt/M. 1956

Marx/Engels 1956–90
Karl Marx und Friedrich Engels, *Werke*, Berlin 1956–90

Marzona 2000
Daniel Marzona, *Struktur und Detail. Zu den neueren Architekturphotographien von Andreas Gursky*, in: Ausst. Bochum/Leipzig 2000, S. 80–85

Maschke 1969
Erich Maschke, *Es entsteht ein Konzern. Paul Reusch und die GHH*, Tübingen 1969

Mattheuer 1990
Wolfgang Mattheuer, *Äußerungen. Texte – Graphik*, Leipzig 1990

Matz 1987
Reinhard Matz, *Industriefotografie. Aus Firmenarchiven des Ruhrgebiets*, Essen 1987

Maurer 1995
Ellen Maurer, *Hannah Höch. Jenseits der Grenzen. Das malerische Werk bis 1945*, Berlin 1995

Maus 1926
Madeleine O. Maus, *Trente années de Lutte pour l'Art*, Brüssel 1926

Meadows u. a. 1972
Dennis Meadows u. a., *Die Grenzen des Wachstums. Bericht des Club of Rome zur Lage der Menschheit*, Stuttgart 1972

Mehrtens 1990
Herbert Mehrtens, *Moderne Sprache Mathematik*, Frankfurt/M. 1990

Meißner 2001
Jörg Meißner, *Hohe Schlote, weites Land. Der Strukturwandel im Ruhrgebiet und seine Mediatisierung durch die IBA Emscher Park*, in: *Kunstchronik* 54, 2001, Nr. 1, S. 2–8

Menzel 1971
Ruth Menzel, *Die Darstellung des Bauern in der deutschen bildenden Kunst von 1871–1945*, Diss. Humboldt Universität Berlin 1971

Merkert 1975
Jörn Merkert, *Vostell-Chronologie 1954–1974*, in: *Vostell. Retrospektive*, Ausst. Kat. Neuer Berliner Kunstverein; Nationalgalerie Berlin, 1975, S. 21–75

Metken 1975
Günter Metken, *De l'homme-machine à la machine-homme. Anthropomorphie de la machine au XIXe siècle*, in: *Les machines célibataires*, hrsg. von Marc LeBot und Harald Szeemann, Ausst. Kat. Kunsthalle Bern u. a., dt.-frz. Ausg., Paris und Venedig 1975, S. 50–63

Meurer 1989
Thomas Meurer, *Die Eisenbahn in der deutschen Kunst. Die künstlerische Rezeption der Technik im 19. und frühen 20. Jahrhundert*, Bonn 1989

Meurer/Vinçon 1983
Bernd Meurer und Hartmut Vinçon, *Industrielle Ästhetik. Zur Geschichte und Theorie der Gestaltung*, Gießen 1983

Meyer-Friese 1981
Boye Meyer-Friese, *Marinemalerei in Deutschland im 19. Jahrhundert*, Oldenburg, Hamburg und München 1981

Meyer-Landrut 1997
Ehrengard Meyer-Landrut, *Fortuna. Die Göttin des Glücks im Wandel der Zeiten*, München und Berlin 1997

Minkowski 1959
Helmut Minkowski, *Aus dem Nebel der Vergangenheit steigt der Turm zu Babel*, Simbach/Inn 1959

Minkowski 1983
Helmut Minkowski, *Turris Babel. Mille anni rappresentazioni*, in: *Rassegna. Problemi di architettura dell'ambiente* 5, 1983, H. 16, S. 8–88

Minkowski 1991
Helmut Minkowski, *Vermutungen über den Turm zu Babel*, Freren 1991

Mißelbeck 2001
Reinhold Mißelbeck, *Mit den Menschen verbunden*, in: *Ausst. Kat. Oberhausen 2001a*, S. 196–199

Mittig 1979
Hans-E. Mittig, *Die Reklame als Wegbereiterin der nationalsozialistischen Kunst*, in: Ders. u. a. (Hrsg.), *Die Dekoration der Gewalt*, Gießen 1979, S. 31–52

Mittig 2001
Hans-E. Mittig, *NS-Kunst in milderem Licht?*, in: *Kritische Berichte*, N. F. 29, 2001, H. 1, S. 5–22

Modick/Fischer 1984
Klaus Modick und Matthias-Johannes Fischer (Hrsg.), *Kabelhafte Perspektiven. Wer hat Angst vor neuen Medien? Eine Anthologie*, Hamburg 1984

Moholy-Nagy 1968
Lásló Moholy-Nagy, *Von Material zu Architektur*, Mainz 1968

Molderings 1988
Herbert Molderings, *Fotografie in der Weimarer Republik*, Berlin 1988

Motz 1980
Sigrid-Jutta Motz, *Fabrikdarstellungen in der deutschen Malerei von 1800 bis 1850*, Frankfurt/M. 1980

Müller 1979
Maria Magdalena Müller, *Frauenarbeit in Belgien*, in: *Ausst. Kat. Berlin 1979*, S. 230–240

Müller 1997
Michael Müller, *Das Schöne und das Nützliche. Kunst, Handwerk und Industrie*, in: Monika Wagner (Hrsg.), *Moderne Kunst. Das Funkkolleg zum Verständnis der Gegenwartskunst*, 2 Bde., Reinbek ³1997, Bd. 1, S. 152–174

Müllerschön/Meier 2002
Bernd Müllerschön und Thomas Meier, *Die Schule von Barbizon – Wegbereiter des Impressionismus*, Stuttgart 2002 (im Druck)

Muther 1902
Richard Muther, *Jean Franç. Millet*, in: *Französische Meister II*, Berlin [1902], S. 1–72

Muther 1914
Richard Muther, *Fritz von Uhde*, in: Ders., *Aufsätze über bildende Kunst*, Bd. 1, Berlin 1914, S. 164–171

Nedo 1976
Ingrid Nedo, *Wilhelm Schnarrenberger 1892–1966*, Diss. Tübingen 1976

Neumeyer 1987
Fritz Neumeyer, *Aufbruch zur Moderne*, in: *Berlin 1900–1933. Architektur und Design*, hrsg. von Tilmann Buddensieg, Ausst. Kat. Cooper-Hewitt Museum, New York, 1987, S. 34–83

Nicholson 1968
Benedict Nicholson, *Joseph Wright of Derby. Painter of Light*, 2 Bde., London und New York 1968

Norden 1902
Julius Norden, *Berliner Künstler-Silhouetten*, Leipzig 1902

Obermeier 1993
Manuela Agnes Obermeier, *Das industrielle Auftraggeberbild in seiner Funktion als Ideologieträger am Beispiel von Paul Meyerheims Zyklus »Lebensgeschichte der Lokomotive«*, Mag.arbeit Freie Universität Berlin 1993

Oettermann 1980
Stephan Oettermann, *Das Panorama. Die Geschichte eines Massenmediums*, Frankfurt/M. 1980

Onken 1979
Susanne Onken, *Naar het leven. Zur Darstellung sozialer Probleme in der belgischen Malerei 1850–1875*, in: *Ausst. Kat. Berlin 1979*, S. 211–220

Oppermann 1982
Heinrich Albert Oppermann, *Hundert Jahre. 1770–1870. Zeit- und Lebensbilder aus drei Generationen*, Frankfurt a. M. 1982 [unveränd. Ndr. der Erstausg. 1871]

Osborn 1909
Max Osborn, *Eugen Bracht*, Bielefeld und Leipzig 1909

Ostwald 1938
Walter Ostwald, *Im Dienst des Dritten Reichs*, in: *Die Straße* 5, 1938, S. 737

Osvald 1900
Sirén Osvald, *Pehr Hilleström d. Ä.*, Stockholm 1900

Otten 1988
Marie-Luise Otten, *Peter Brüning. Studien zu Entwicklung und Werk. Werkverzeichnis*, Köln 1988

Pacco-Picard 1982
Maite Pacco-Picard, *Les manufactures de fer peintes par Léonard Defrance*, Lüttich 1982

Paech 1991
Joachim Paech, *Bilder von Bewegung – bewegte Bilder. Film, Fotografie und Malerei*, in: Monika Wagner (Hrsg.), *Moderne Kunst. Das Funkkolleg zum Verständnis der Gegenwartskunst*, 2 Bde., Reinbek 1991, Bd. 1, S. 237–264

Paulinyi 1991
Akos Paulinyi, *Die Umwälzung der Technik in der Industriellen Revolution zwischen 1750 und 1840*, in: *Propyläen Technikgeschichte*, Bd. 3, Berlin 1991, S. 269–495

Peck/Wie 1982
Georg Peck und Lilly Wie, *Liubov Popova: Interpretations of Space*, in: *Art in America*, Okt. 1982, S. 94–104

Petzina 1996
Dietmar Petzina, *Hochschulen und Strukturwandel*, in: *Gaudeamus – das Hochschulland wird 50*, hrsg. vom Land NRW, Düsseldorf 1996

Pfefferkorn 1974
Rudolf Pfefferkorn, *Otto Möller*, Berlin 1974

Pfingsten 1992
Klaus Pfingsten, *Aspekte zum fotografischen Werk Albert Renger-Patzschs*, Witterschlick und Bonn 1992

Pierenkemper 1996
Toni Pierenkemper, *Umstrittene Revolutionen. Industrialisierung im 19. Jahrhundert*, Frankfurt/M. 1996

Pierrot 2001
Nicolas Pierrot, *»À l'époque où l'ouvrier sévissait dans l'art«. La représentation du travail industriel en France dans la peinture de chevalet, 1870–1914*, in: *Des plaines à l'usine. Images du travail dans la peinture française de 1870 à 1914*, Ausst. Kat. Musée des Beaux-Arts de Dunkerque 2001, Paris 2001, S. 95–113

Pigler 1974
Andor Pigler, *Barockthemen*, 2 Bde., Budapest ²1974

Pinault 1993
Madeleine Pinault, *L'Encyclopedie (que sais-je?)*, Paris 1993

Plagemann 1984
Volker Plagemann (Hrsg.), *Industriekultur in Hamburg. Des Deutschen Reiches Tor zur Welt*, München 1984

Pöthe 1998
Angelika Pöthe, *Carl Alexander. Mäzen in Weimars »Silberner Zeit«*, Köln, Weimar und Wien 1998

Pollard 1981
Sidney Pollard, *Peaceful Conquest. The Industrialization of Europe 1760–1970*, Oxford 1981

Posener 1981
Julius Posener, *Schinkel und die Technik. Die englische Reise*, in: *Ausst. Kat. Berlin 1981a*, S. 143–153

Principales acquisitions 1981
Principales acquisitions des musées de France, in: *La Revue du Louvre et des Musées de France* 1981

Promenade historique 1986
Des Ternes aux Batignolles. Promenade historique dans le XVIIe arrondissement, *Délégation à l'action artistique de la ville de Paris*, hrsg. von der Mairie du XVIIe und dem Musée Carnevalet, Paris 1986

Proust 1917
Antonin Proust, *Édouard Manet – Erinnerungen*, Berlin 1917

Puissant 1979
Jean Puissant, *Belgien 1830–1914*, in: *Ausst. Kat. Berlin 1979*, S. 127–135

Raabe 1951–94
Wilhelm Raabe, *Sämtliche Werke*, hrsg. von Karl Hoppe, fortgef. von Jost Schillemeit, Freiburg i. Br. und Braunschweig 1951–94

Radkau 1998
Joachim Radkau, *Das Zeitalter der Nervosität. Deutschland zwischen Bismarck und Hitler*, München und Wien 1998

Raistrick 1989
Arthur Raistrick, *Dynasty of Iron Founders. The Darbys and Coalbrookdale*, York ²1989

Rapetti 1990
Rodolphe Rapetti, *Léon Frédéric et les âges de l'ouvrier. Symbolisme et messianisme social dans la Belgique de Léopold II*, in: *La Revue du Louvre* 2, 1990, S. 136–145

Rath 1988
Jürgen Rath, *Arbeit im Hamburger Hafen. Eine historische Untersuchung*, Hamburg 1988

Raum 1975
Hermann Raum, *Leuna 1969*, in: Willi Sitte, Ausst. Kat. Kunstverein Hamburg 1975, S. 60–67

Reff 1982
Theodore Reff, *Manet and Modern Paris*, Washington 1982

Reinhardt 1988
Hildegard Reinhardt, *Gustav Wunderwald (1882–1945). Untersuchung zum bildkünstlerischen Gesamtwerk*, Hildesheim 1988

Renger-Patzsch 1928
Die Welt ist schön. Einhundert photographische Aufnahmen von Albert Renger-Patzsch, hrsg. und eingel. von Carl Georg Heise, München 1928

Renger-Patzsch 1931
Eisen und Stahl. 97 Fotos von Albert Renger-Patzsch, mit einem Geleitwort von Dr. Albert Vögler, Generaldirektor der Vereinigte Stahlwerke AG, Berlin 1931

Rewald 1965
John Rewald, *Die Geschichte des Impressionismus. Schicksal und Werk der Maler einer großen Epoche der Kunst*, erw. dt. Ausgabe, Köln 1965

Rieß 1925
Margot Rieß, *Der Arbeiter in der bildenden Kunst*, Berlin-Hessenwinkel 1925

Ripa 1603
Cesare Ripa, *Iconologia overo descrittione di diverse imagini cavate dall'antichitá, e di propria inventione*, Rom 1603

Rodner 1997
William S. Rodner, *J. M. W. Turner. Romantic Painter of the Industrial Revolution*, Berkeley, Los Angeles und London 1997

Rönnow 1929
Sixten Rönnow, *Pehr Hilleström och hans bruks- och bergverksmalningar*, Stockholm 1929

Roesler 1994
Jörg Roesler, *Die Produktionsbrigaden in der Industrie der DDR. Zentrum der Arbeitswelt?*, in: Hartmut Kaelble, Jürgen Kocka und Hartmut Zwahr (Hrsg.), *Sozialgeschichte der DDR*, Stuttgart 1994, S. 144–170

Rößler 1790
Balthasar Rößler, *Speculum Metallusglae politissimae. Oder: Hell-polierter Berg-Bau-Spiegel*, Dresden 1790

Romanus 1978
Peter Romanus, *Landschaft als Raum vielfältiger Lebensbeziehungen. Zu einigen Aspekten der Landschaftsmalerei auf der VIII. Kunstausstellung der DDR*, in: *Bildende Kunst* 1978, S. 24–27

Rosenhagen 1922
Hans Rosenhagen, *Arthur Kampf*, Leipzig und Bielefeld 1922

Rotman 1993
Brian Rotman, *Signifying Nothing: The Semiotics of Zero*, Stanford 1993

Rübel 2002
Dietmar Rübel, *Abfall. Materialien einer Archäologie des Konsums*, in: *Wagner/Rübel 2002*, S. 119–136

Rüdersdorf
Museumspark Baustoffindustrie Rüdersdorf, hrsg. vom Förderverein Museumspark Baustoffindustrie Rüdersdorf e. V., o. O., o. J.

Rühle 1930
Otto Rühle, *Illustrierte Kultur- und Sittengeschichte des Proletariats*, Berlin 1930 [Ndr. 1970]

Ruland 2000
Josef Ruland, *Die Leyendeckers aus Dernau. Eine Malerfamilie aus dem Ahrtal*, in: *Rheinische Heimatpflege* 37, 2000, H. 3, S. 162–181

Ruskin 1878
John Ruskin, *Notes by Mr. Ruskin on his Drawings by the late J. M. W. Turner, R. A., exhibited at the Fine Art Society's Galleries*, London 1878

Ruskin 1903–12
The complete Works of John Ruskin, hrsg. von Edward Tyas Cook und Alexander Wedderburn, 39 Bde., London 1903–12

Sachsse 1984
Rolf Sachsse, *Photographie als Medium der Architekturinterpretation. Studien zur Geschichte der deutschen Architekturphotographie im 20. Jahrhundert*, München u. a. 1984

Sachsse 1999a
Rolf Sachsse, *Bernd und Hilla Becher. Silo für Kokskohle, Zeche Hannibal, Bochum-Hofstede, 1967. Das Anonyme und das Plastische der Industriephotographie*, Frankfurt/M. 1999

Sachsse 1999b
Rolf Sachsse, *Mensch – Maschine – Material – Bild. Eine kleine Typologie der Industriefotografie*, in: *Ausst. Kat. Hamburg 1999*, S. 85–93

Samjatin 1982
Jewgenij Samjatin, *Wir*, übers. von Gisela Drohla, München 1982

Sander 1970
Hans-Dietrich Sander, *Marxistische Ideologie und allgemeine Kunsttheorie*, Tübingen 1970

Sarasin/Tanner 1998
Philipp Sarasin und Jakob Tanner (Hrsg.), *Physiologie und industrielle Gesellschaft. Studien zur Verwissenschaftlichung des Körpers im 19. und 20. Jahrhundert*, Frankfurt/M. 1998

Schäfke 1992
Werner Schäfke, *Peu après son decollage … Skandal und Betroffenheit – zur Wirkung des Werkes Wolf Vostells*, in: *Vostell*, hrsg. von Rolf Wedewer, Ausst. Kat. Rheinisches Landesmuseum, Bonn u. a., Heidelberg 1992, S.75–83

Scheidig 1991
Walther Scheidig, *Die Weimarer Malerschule 1860–1900*, Leipzig 1991

Schirmbeck 1984
Peter Schirmbeck, *Adel der Arbeit. Der Arbeiter in der Kunst der NS-Zeit*, Marburg 1984

Schivelbusch 1977
Wolfgang Schivelbusch, *Geschichte der Eisenbahnreise. Zur Industrialisierung von Raum und Zeit im 19. Jahrhundert*, München und Wien 1977

Schivelbusch 1983
Wolfgang Schivelbusch, *Zur Geschichte der künstlichen Helligkeit im 19. Jahrhundert*, München und Wien 1983

Schivelbusch 1992
Wolfgang Schivelbusch, *Licht, Schein und Wahn: Auftritte der elektrischen Beleuchtung im 20. Jahrhundert*, Berlin 1992

Schmidt 1971
Alfred Schmidt, *Der Begriff der Natur in der Lehre von Marx*, Frankfurt/M. ²1971

Schmidt 1991
Hans-Werner Schmidt, *Sehen, Wissen, Erinnern!*, in: *Helga Budde-Engelke. Malerei und Graphik, Ruhrgebiet / Szenenwechsel*, Werkkatalog, hrsg. vom Rheinischen Kunstverein Aachen, Wuppertal 1991, S. 10–13

Schmidt 1994
Doris Schmidt (Hrsg.), *Thomas Grochowiak. Monographie und Werkübersicht*, Köln 1994

Schmidt-Bergmann 1993
Hansgeorg Schmidt-Bergmann (Hrsg.), *Futurismus – Geschichte, Ästhetik, Dokumente*, Reinbek 1993

Schmidtchen 1992
Volker Schmidtchen, *Technik im Übergang vom Mittelalter zur Neuzeit zwischen 1350 und 1600*, in: *Propyläen Technikgeschichte*, Bd. 2, Berlin 1992, S. 209–598

Schmitt/Schramm 1974
Hans-Jürgen Schmitt und Godehard Schramm (Hrsg.), *Sozialistische Realismuskonzeptionen. Dokumente zum I. Allunionskongreß der Sowjetschriftsteller*, Frankfurt/M. 1974

Schmitz 1994
Rudolf Schmitz, *Weder Mordfall noch Taufe. Andreas Gurskys angstfreier Blick aufs Ganze*, in: *Andreas Gursky. Fotografien 1984–1993*, hrsg. von Felix Zdenek, Ausst. Kat. Deichtorhallen Hamburg und De Appel Foundation Amsterdam, München 1994, S. 5–14

Schmücker 1930
Hedwig Schmücker, *Das Industriemotiv in der deutschen Malerei des 19. und 20. Jahrhunderts*, Emsdetten 1930

Schneider 1997
Robert Schneider, *Bitterfeld*. Mit einem Beitrag von Karl Janke, Bremen 1997

Schnerb 1913
J. F. Schnerb, *François Bonhommé*, in: *Gazette des Beaux-Arts* 1913 (1), S. 11–25, 132–142

Scholl 1992
Lars U. Scholl, *Der Industriemaler Otto Bollhagen 1862–1924*, Herford 1992

Scholl 1998
Lars U. Scholl, *Cornelius Wagner*, in: *Lexikon der Düsseldorfer Malerschule 1819–1918*, hrsg. von Hans Paffrath, Bd. 3, München 1998, S. 388–390

Schröder 1984
Johannes Lothar Schröder, *Das Automobil als Geschoss. Zu den Geschwindigkeitsdarstellungen in der futuristischen Malerei*, in: *Kritische Berichte* 12, 1984, H. 2, S. 36–59

Schroyen 1997
Andreas Schroyen, »›NS‹ ist nur drin, wenn ›NS‹ drauf-
steht?« Die Rezeption der Arbeitsdarstellungen von
Arthur Kampf im Dritten Reich und ihre Aufarbeitung
durch die Kunstgeschichte nach 1945, in: Türk 1997,
S. 110–118

Schultz 1933
Edmund Schultz (Hrsg.), Die veränderte Welt, mit einer
Einl. von Ernst Jünger, Breslau 1933

Schulze 1974
Ingrid Schulze, Karl Völker, Berlin 1974

Schwarz 1981
Karl Schwarz (Hrsg.), Berlin – Von der Residenzstadt
zur Industriemetropole, 3 Bde., Berlin 1981

Sedlmayr 1950
Hans Sedlmayr, Die Entstehung der Kathedrale, Zürich
1950

Seeling 1960
Hans Seeling, »Neusser Hütte« 1857–1927, in: Neusser
Jahrbuch 1960, S. 27–40

Segeberg 1987
Harro Segeberg, Literatur im technischen Zeitalter. Von
der Frühzeit der deutschen Aufklärung bis zum Beginn
des Ersten Weltkrieges, Darmstadt 1987

Seifert/Bodenschatz/Lorenz 1998
Carsten Seifert, Harald Bodenschatz und Werner
Lorenz, Das Finowtal im Barnim. Wiege der branden-
burgisch-preußischen Industrie, hrsg. von der Stadt
Eberswalde, Berlin 1998

Shadowa 1987
Larissa Alexejewna Shadowa (Hrsg.), Tatlin,
Weingarten 1987

Shanes 1983
Eric Shanes, Turner's Picturesque Views in England and
Wales 1825–1838, London 1983

Siebeneicker 1999
Arnulf Siebeneicker, »Optimismus, Stolz, Arbeitsfreude
und Wohlbefinden«. Kunstaufträge der Betriebe in der
DDR, in: Kaiser/Rehberg 1999, S. 145–157

Sieferle 1997
Rolf Peter Sieferle, Rückblick auf die Natur. Eine
Geschichte des Menschen und seiner Umwelt, München
1997

Simmel 1919
Georg Simmel, Philosophische Kultur, Stuttgart 1919

Simmel 1957
Georg Simmel, Brücke und Tür, Essays des Philosophen
zur Geschichte, Religion, Kunst und Gesellschaft, im
Verein mit Margarete Susman hrsg. von Michael Land-
mann, Stuttgart 1957

Simmel 1998
Georg Simmel, Soziologische Ästhetik, Bodenheim
1998

Sitt 1997
Martina Sitt, »Das A und O der Landschaft« – zwei
Malerkarrieren im Spiegel von Selbstzeugnissen und
zeitgenössischen Kritiken, in: Ausst. Kat. Düsseldorf/
Hamburg/Linz 1997, S. 11–42

Slg. Kat. Amsterdam 1976
P. J. J. van Thiel u. a., All the Paintings of the Rijksmuseum in Amsterdam, Amsterdam und Haarlem
1976

Slg. Kat. Berlin 1997
Bilder und Zeugnisse der deutschen Geschichte. Aus
den Sammlungen des Deutschen Historischen Museums,
2 Bde., Berlin 1997

Slg. Kat. Bochum 1970
Museum Bochum. Kunstsammlung 1960–1970, 1970

Slg. Kat. Bremen 1973
Katalog der Gemälde des 19. und 20. Jahrhunderts in
der Kunsthalle Bremen, bearb. von Gerhard Gerkens
und Ursula Heiderich, Bremen 1973

Slg. Kat. Essen 2000
Die Erfindung des Ruhrgebiets. Arbeit und Alltag um
1900, hrsg. von Michael Zimmermann, Kat. zur sozial-
historischen Dauerausstellung, Ruhrlandmuseum
Essen, Bottrop und Essen 2000

Slg. Kat. Frankfurt 1992
Susanne Lange, Bernd und Hilla Becher. Häuser und
Hallen (Schriften zur Sammlung des Museums für
Moderne Kunst Frankfurt), Frankfurt/M. 1992

Slg. Kat. Kiel 1982
Katalog der Gemälde. Stiftung Pommern, bearb. von
Renate Paczkowski, Kiel 1982

Slg. Kat. London 1979
The Tate Gallery. An Illustrated Companion, etc.,
London 1979

Slg. Kat. Lüttich 1954
Catalogue des peintures, Musée de l'Art Wallon Liège,
1954

Slg. Kat. Münster 1975
Katalog der Gemälde des 19. Jahrhunderts im Westfälischen Landesmuseum für Kunst und Kulturgeschichte, bearb. von Hildegard Westhoff-
Krummacher, Münster 1975

Slg. Kat. Stockholm 1995
Illustrated Catalogue – Swedish Paintings, Nationalmuseum Stockholm, 1995

Slg. Kat. Stuttgart 1931
Katalog der Staatsgalerie zu Stuttgart. Amtliche Ausgabe, hrsg. von Klaus Graf von Baudissin, Stuttgart 1931

Slg. Kat. Stuttgart 1982
Malerei und Plastik des 20. Jahrhunderts [Staatsgalerie
Stuttgart], bearb. von Karin von Maur und Gudrun
Inboden, Stuttgart 1982

Slotta 1994
Rainer Slotta, Der Bergbau des 16. und 17. Jahrhun-
derts in seinem künstlerischen Ausdruck, in: Dietmar
Guderian (Hrsg.), Technik und Kunst, Wiesbaden 1994,
S. 218–232

Specht 1992
Agnete von Specht, Robert Koehlers Gemälde »Der
Streik« als Historienbild, in: Ausst. Kat. Berlin 1992,
S. 157–164

Spengler 1920–22
Oswald Spengler, Der Untergang des Abendlandes,
2 Bde., München 1920–22

Spielmann 1989/90
Peter Spielmann, Heinrich Siepmann. Künstler des
Reviers, in: Heinrich Siepmann, Ausst. Kat. Museum
Bochum; Galerie Mühlenbusch, Düsseldorf; Fritz-
Winter-Haus Ahlen, 1989, unpag.

Springer 1911
August Springer, Arbeiter und Kunst, Stuttgart 1911

Stark 1979
David Stark, Belgische Bilder aus dem Jahr 1848, in:
Ausst. Kat. Berlin 1979, S. 193–200

Stauf 1997
Renate Stauf, Der problematische Europäer. Heinrich
Heine zwischen Nationenkritik und gesellschaftlicher
Utopie, Heidelberg 1997

Staufenbiel 1966
Fred Staufenbiel, *Kultur heute – für morgen. Theoretische Probleme unserer Kultur und ihre Beziehung zur technischen Revolution*, Berlin 1966

Stemmrich 1997
Daniel Stemmrich (Hrsg.), *Industrie-, Gewerbe- und Kunstausstellung in Düsseldorf 1902*, Köln 1997

Stern 1963
Fritz Stern, *Kulturpessimismus als politische Gefahr. Eine Analyse nationaler Ideologien in Deutschland*, Bern 1963

Sternberger 1974
Dolf Sternberger, *Panorama oder Ansichten vom 19. Jahrhundert*, Frankfurt/M. 1974

Stöcklein 1969
Ansgar Stöcklein, *Leitbilder der Technik. Biblische Tradition und technischer Fortschritt*, München 1969

Stoichita 1998
Victor I. Stoichita, *Das selbstbewußte Bild. Vom Ursprung der Metamalerei*, München 1998

Stolze/Jungblut 1969
Dieter Stolze und Michael Jungblut (Hrsg.), *Der Kapitalismus von Manchester bis Wall Street*, München 1969

Stommer 1995
Rainer Stommer, *Triumph der Technik. Autobahnbrücken zwischen Ingenieuraufgabe und Kulturdenkmal*, in: ders. (Hrsg.), *Reichsautobahn. Pyramiden des Dritten Reichs. Analysen zur Ästhetik eines unbewältigten Mythos*, Marburg ³1995, S. 49–76

Stone [1929] 1998
Berlin in Bildern. Aufnahmen von Sasha Stone, hrsg. von Adolf Behne [1929], Ndr. hrsg. von Michael Neumann, Berlin 1998

Syssojew 1982
Alexander Syssojew, *Alexander Deineka. Malerei, Graphik, Bildhauerkunst, Monumentalwerke und literarischer Nachlaß*, Leningrad 1982

Tenfelde 1994
Klaus Tenfelde (Hrsg.), *Bilder von Krupp. Fotografie und Geschichte im Industriezeitalter*, München 1994

Theorie der Fotografie
Theorie der Fotografie II, 1912–1945, hrsg. von Wolfgang Kemp, München 1979
Theorie der Fotografie III, 1945–1980, hrsg. von Wolfgang Kemp, München 1983

Theorie der Fotografie IV, 1980–1995, hrsg. von Hubertus von Amelunxen, München 2000

Thesing 1986
Susanne Thesing, *Franz Lenk*, Recklinghausen 1986

Thode 1909
Henry Thode, *Thoma. Des Meisters Gemälde in 874 Abbildungen*, Stuttgart und Leipzig 1909

Thoma 1909
Hans Thoma, *Im Herbste des Lebens. Gesammelte Erinnerungsblätter*, München 1909

Thoma 1919
Hans Thoma, *Im Winter des Lebens. Aus acht Jahrzehnten gesammelte Erinnerungen*, Jena 1919

Thomas/Wolf 1997
»Vor den Bildern sterben die Wörter«. Rüdiger Thomas im Gespräch mit Christa und Gerhard Wolf, in: *Deutschlandbilder. Kunst aus einem geteilten Land*, hrsg. von Eckhart Gillen, Ausst. Kat. Berliner Festspiele, Martin-Gropius-Bau, Köln 1997, S. 572–576

Thoré 1870
Théophile Thoré, *Salons*, 2 Bde., Paris 1870

Thümmler 1998
Sabine Thümmler, *Die Geschichte der Tapete: Raumkunst aus Papier, aus den Beständen des Deutschen Tapetenmuseums Kassel*, Eurasburg 1998

Thuret 1979
M. Thuret, *Künstler – Kenner – Käufer. Aspekte des Kunstbetriebs*, in: *Ausst. Kat. Berlin 1979*, S. 172–177

Tirpitz 1919
Alfred von Tirpitz, *Erinnerungen*, Leipzig 1919

Tolkemitt/Wohlfeil 1991
Brigitte Tolkemitt und Rainer Wohlfeil (Hrsg.), *Historische Bildkunde: Probleme – Wege – Beispiele*, Berlin 1991

Trepesch 2001
Christof Trepesch, *Ikonographische Aspekte in der Malerei von Louis Krevel und der Biedermeierzeit*, in: *Kultur des Biedermeier. Der Maler Louis Krevel*, Ausst. Kat. Saarland Museum, Saarbrücken, 2001, S. 38–50

Tretjakow 1923
Sergej Tretjakow, *Woher und wohin. Perspektiven des Futurismus*, in: *LEF* 1, [Moskau-Petrograd] 1923, S. 195

Tretjakow 1972
Sergej Tretjakow, *Lyrik – Dramatik – Prosa*, hrsg. von Fritz Mierau, Leipzig 1972

Trinder 1977
Barry Trinder (Hrsg.), ›*The most extraordinary district in the world‹. Ironbridge and Coalbrookdale. An anthology of visitors' impressions of Ironbridge, Coalbrookdale and the Shropshire coalfield*, London und Chichester 1977

Troitzsch 1975
Ulrich Troitzsch, *Zum Stande der Forschung über Jacob Leupold (1674–1727)*, in: *Technikgeschichte* 42, 1975, S. 263–286

Troitzsch 1990
Ulrich Troitzsch, *Johann Georg Krünitz*, in: *Berlinische Lebensbilder, Bd. 6: Techniker*, hrsg. von Wilhelm Treue und Wolfgang König, Berlin 1990, S. 1–14

Troitzsch/Weber 1982
Ulrich Troitzsch und Wolfhard Weber, *Die Technik von den Anfängen bis zur Gegenwart*, Braunschweig 1982

Trotzkij 1968
Leo Trotzkij, *Literatur und Revolution*, Berlin 1968

Tucker 1986a
Paul Hayes Tucker, *Monet at Argenteuil*, New Haven und London ³1986

Tucker 1986b
Paul Hayes Tucker, *The First Impressionist Exhibition in Context*, in: *Ausst. Kat. San Francisco/Washington 1986*, S. 93–123

Türk 1990
Klaus Türk (Hrsg.), *Bilder der Arbeit. Malerei – Graphik – Skulptur*, Trier 1990

Türk 1997
Klaus Türk (Hrsg.), *Arbeit und Industrie in der bildenden Kunst. Beiträge eines interdisziplinären Symposiums*, Stuttgart 1997

Türk 2000
Klaus Türk, *Bilder der Arbeit. Eine ikonografische Anthologie*, Wiesbaden 2000

Türk 2002
Klaus Türk, *Arbeit in der bildenden Kunst. Ikonische Diskursformationen in der Geschichte der Moderne*, in: Ulrich Bröckling und Eva Horn (Hrsg.), *Anthropologie der Arbeit*, Tübingen 2002 (im Druck)

Turgan
Julien François Turgan, *Les Grandes usines de France, etc.*, 20 Bde., Paris 1860–95

Ude 1978
Karl Ude, *Bauernromantik in der Malerei des 19. Jahrhunderts*, München 1978

Uebbing 1991
Helmut Uebbing, *Wege und Wegmarken. 100 Jahre Thyssen 1891–1991*, Berlin 1991

Uhlmann 1999
Manuela Uhlmann, *Ein neuer Bildtyp. Das Brigade-Bild in der DDR*, in: *Kaiser/Rehberg 1999*, S. 201–209

Uhu 1926
E. B., *Die Schönheit der Technik. Die Geburt einer neuen Kunst*, mit Fotografien von Sasha Stone, Günther Bagge, Hoppé, H. Woller und Rheingans, in: *Uhu. Das neue Monats-Magazin* 2, März 1926, H. 6, S. 54–60

F. Ullrich 1999
Ferdinand Ullrich (Hrsg.), *Heinrich Siepmann. Monographie – Werkverzeichnis der Gemälde*, Bielefeld 1999

V. Ullrich 1999
Volker Ullrich, *Die nervöse Großmacht 1871–1918. Aufstieg und Untergang des Deutschen Kaiserreichs*, Frankfurt/M. 1999

Uslular-Thiele 1974
Christina Uslular-Thiele, *Autobahnen*, in: *Kunst im 3. Reich. Dokumente der Unterwerfung*, Ausst. Kat. Frankfurter Kunstverein, 1974, S. 68–85

Vaisse 1983
Pierre Vaisse, *La machine officielle. Regard sur les murailles des édifices publics*, in: *Romantisme* 41, 1983, S. 19–40

Velde 1955
Henry van de Velde, *Zum neuen Stil*. Aus seinen Schriften ausgew. und eingel. von Hans Curjel, München 1955

Veldman 1980
Ilja M. Veldman, *Seasons, planets and temperaments in the work of Maarten van Heemskerck. Cosmo-astrological allegory in sixteenth-century Netherlandish prints*, in: *Simiolus* 11, 1980, S. 149–176

Vergine 1997
Lea Vergine (Hrsg.), *Trash. From Junk to Art*, Mailand 1997

Vergoossen 1996
Manuela Vergoossen, *Zeitstrukturen und Zeitmotive im französischen Rokoko*, Aachen 1996

Vorsteher 1983
Dieter Vorsteher, *Borsig. Eisengießerei und Maschinenbauanstalt zu Berlin*, Berlin 1983

Wagner 1979
Monika Wagner, *Die Industrielandschaft in der englischen Malerei und Grafik 1770–1830*, Frankfurt/M. 1979

Wagner 1980
Monika Wagner, *Die neue Welt der Dampfmaschine*, in: *Ausst. Kat. München, 1980*, S. 12–29

Wagner 1997
Monika Wagner, *Industriemüll in der zeitgenössischen Kunst*, in: *Türk 1997*, S. 131–140

Wagner 2001
Monika Wagner, *Das Material der Kunst. Eine andere Geschichte der Moderne*, München 2001

Wagner 2002
Monika Wagner, *Soziale Oberflächen*, in: *Wagner/Rübel 2002*, S. 101–118

Wagner/Rübel 2002
Monika Wagner und Dietmar Rübel (Hrsg.), *Hamburger Forschungen zur Kunstgeschichte*, Berlin 2002 (im Druck)

Waldburg Wolfegg 1997
Christoph Graf zu Waldburg Wolfegg, *Venus und Mars. Das Mittelalterliche Hausbuch aus der Sammlung der Fürsten zu Waldburg Wolfegg*, München und New York 1997

Waldenfels 1985
Bernhard Waldenfels, *In den Netzen der Lebenswelten*, Frankfurt/M. 1985

Washausen 1968
Helmut Washausen, *Hamburg und die Kolonialpolitik des Deutschen Reiches 1880 bis 1890*, Hamburg 1968

Weber 1934
Max Weber, *Die protestantische Ethik und der Geist des Kapitalismus*, Tübingen 1934

Weber 1990
Wolfhard Weber, *Verkürzung von Zeit und Raum. Techniken ohne Balance zwischen 1840 und 1880*, in: *Propyläen Technikgeschichte*, Bd. 4, Berlin 1990, S. 9–261

Wehler 1987
Hans-Ulrich Wehler, *Deutsche Gesellschaftsgeschichte, Bd. 2: Vom Feudalismus des alten Reiches bis zur defensiven Modernisierung der Reformära*, München 1987

Wehler 1995
Hans-Ulrich Wehler, *Deutsche Gesellschaftsgeschichte, Bd. 3: Von der deutschen ›Doppelrevolution‹ bis zum Beginn des Ersten Weltkrieges*, München 1995

Weigelt 1914
Curt H. Weigelt, *Albin Egger-Lienz*, Berlin 1914

Weisbrod 1978
Bernd Weisbrod, *Schwerindustrie in der Weimarer Republik. Interessenpolitik zwischen Stabilisierung und Krisen*, Wuppertal 1978

Wekwerth 1972
Manfred Wekwerth, Rundtischgespräch zum Thema »Kultur, Ökomomie und Effektivität«, in: *Weimarer Beiträge* 1972, H. 7, S. 128

Werneburg 1994
Brigitte Werneburg, *Die veränderte Welt: Der gefährliche anstelle des entscheidenden Augenblicks*, in: *Fotogeschichte* 14, 1994, H. 51, S. 51–67

Weski 1993
Thomas Weski (Hrsg.), *Siemens Fotoprojekt 1987–1992*, Berlin 1993

Westmorland 1832
Westmorland, Cumberland, Durham, and Northumberland, Illustrated. From Original Drawings by Thomas Allom, George Pickering, &c. With Historical and Topographical Descriptions by Thomas Rose, London 1832

White 1994
Stephen K. White, *Edmund Burke. Modernity, Politics, and Aesthetics*, Thousand Oaks, London und New Delhi 1994

Wied 1990
Alexander Wied, *Lucas und Marten van Valckenborch. Das Gesamtwerk mit kritischem Œuvrekatalog*, Freren 1990

Wilde 1982
Ann und Jürgen Wilde (Hrsg.), *Albert Renger-Patzsch, Ruhrgebiets-Landschaft 1927–1935*, Köln 1982

Willeke 1994
Stefan Willeke, *Die Technokratiebewegung in Nordamerika und Deutschland zwischen den Weltkriegen*, Frankfurt/M. 1994

Willeke 1995
Stefan Willeke, *Die Technokratiebewegung in Deutschland zwischen den Weltkriegen*, in: *Technikgeschichte* 62, 1995, S. 221–280

Wilsdorf 1987
Helmut Wilsdorf, *Kulturgeschichte des Bergbaus. Ein illustrierter Streifzug durch Zeiten und Kontinente*, Essen 1987

Wilson-Bareau 1998
Juliet Wilson-Bareau, *Manet, Monet and the Gare Saint-Lazare*, Washington/DC 1998

Winkelmann u. a. 1958
Heinrich Winkelmann u. a., *Der Bergbau in der Kunst*, Essen 1958

Winkler 1987
Kurt Winkler, *Abbilder Berlins – Spiegelbilder der Metropole. Die Darstellung Berlins in der Malerei von 1920 bis 1945*, in: *Ausst. Kat. Berlin 1987*, S. 295–324

Wöbkemeier 1995
Walter Dexel 1890–1937. Werkverzeichnis, Gemälde, Hinterglasbilder, Gouachen, Aquarelle, Collagen, Ölstudien, Entwürfe zu Bühnenbildern, hrsg. von Ruth Wöbkemeier und vom Kunstverein Bremen, Heidelberg 1995

Wolbring 2000
Barbara Wolbring, *Krupp und die Öffentlichkeit im 19. Jahrhundert. Selbstdarstellung, öffentliche Wahrnehmung und gesellschaftliche Kommunikation*, München 2000

Wolf 2000
Christa Wolf, *Erinnerungsbericht*, in: *Agde 2000*, S. 344–354

Wood 1811–13
John George Wood, *The Principal Rivers of Wales Illustrated*, 2 Bde., London 1811–13

Wulle 1989
Armin Wulle, *Der Stettiner Vulcan. Ein Kapitel deutscher Schiffbaugeschichte*, Herford 1989

Wunberg 1981
Gotthart Wunberg (Hrsg.), *Die Wiener Moderne. Literatur, Kunst und Musik zwischen 1890 und 1910*, Stuttgart 1981

Wyatt 1998
Nicholas J. Wyatt, *Launch of the Fuji at Blackwall*, in: *Treasures of the Science Museum*, hrsg. von Fumitaka Wakabayashi und Nicholas J. Wyatt, Ausst. Kat. Kobe City Museum; West Japan General Exhibition Centre ANNEX, Kitakyushu City; Tokyo International Forum, 1998, unpag.

Zeising 2002
Andreas Zeising, *Bernd und Hilla Becher*, in: *Heute bis jetzt – Fotografie in Düsseldorf (Teil 1)*, Ausst. Kat. museum kunst palast, Düsseldorf 2002, S. 132f.

Ziegler 1995
Peter Ziegler, *Volker Böhringer (1912–1961). Studien zu Bildern der Jahre 1940–1945*, in: *Esslinger Studien* 34, 1995, S. 147–254

Zielesch/Stone 1926
Fritz Zielesch, *Das Hundertpferdige Büro – keine Utopie*, mit Aufnahmen von Sasha Stone, in: *Uhu. Das neue Monats-Magazin* 2, April 1926, H. 7, S. 52–59

Zimmermann 1975
Peter Zimmermann, *Der Bauernroman: Antifeudalismus, Konservatismus, Faschismus*, Stuttgart 1975

Zimmermann 1989
Margret Zimmermann, *Heimat und Welt*, in: *Hans Thoma. Lebensbilder. Gemäldeausstellung zum 150. Geburtstag*, hrsg. von Margret Zimmermann, Ausst. Kat. Augustinermuseum Freiburg, Königstein i. T. 1989, S. 8–16

Zimmermann 1991
Michael F. Zimmermann, *Seurat, sein Werk und die kunsttheoretische Debatte seiner Zeit*, Weinheim 1991

Ziolkowski 1992
Theodore Ziolkowski, *Das Amt der Poeten*, Stuttgart 1992

Zöllner u. a.
Julius Zöllner u. a. (Hrsg.), *Das neue Buch der Erfindungen, Gewerbe und Industrien*, Siebente (Pracht-) Ausgabe, Leipzig und Berlin 6 Bde. 1876, 2 Erg.bde. 1880

Leihgeber

Wir danken folgenden Leihgebern:

Aachen, Kunst aus Nordrhein-Westfalen, Abteigarten
Aachen, Ludwig Forum für Internationale Kunst
Amsterdam, Rijksmuseum
Berlin, Bankgesellschaft Berlin AG
Berlin, Berlinische Galerie, Landesmuseum für
    Moderne Kunst, Photographie und Architektur
Berlin, Bröhan-Museum, Landesmuseum für Jugend-
    stil, Art Déco und Funktionalismus
Berlin, Bundesministerium des Innern
Berlin, Bundesrepublik Deutschland
Berlin, Deutsches Patent- und Markenamt
Berlin, Deutsches Technikmuseum Berlin
Berlin, Galerie Westphal
Berlin, Landesarchiv Berlin
Berlin, Staatliche Museen zu Berlin, Kunstbibliothek
Berlin, Staatliche Museen zu Berlin, Kupferstich-
    kabinett
Berlin, Staatliche Museen zu Berlin, Nationalgalerie
Berlin, Staatsbibliothek zu Berlin
Berlin, Stiftung Stadtmuseum Berlin, Landesmuseum
    für Kultur und Geschichte Berlins
Bochum, Deutsches Bergbau-Museum Bochum
Bochum, Museum Bochum
Braunschweig, Städtisches Museum Braunschweig
Bremen, Kunsthalle Bremen
Bremerhaven, Deutsches Schiffahrtsmuseum
Brescia, Musei Civici d'Arte e Storia
Brüssel, Communauté française de Belgique
Brüssel, Musées royaux des Beaux-Arts de Belgique,
    Musée Constantin Meunier
Buffon, Musée de la Sidérurgie en Bourgogne du Nord
Cardiff, The National Museums & Galleries of Wales
Charleroi, Musée des Beaux-Arts
Charleroi, Université du Travail Paul Pastur, Collection
    de la Province de Hainaut
Dortmund, Museum für Kunst und Kulturgeschichte
    der Stadt Dortmund
Dortmund, Stiftung Westfälisches Wirtschaftsarchiv
Dortmund, Westfälisches Industriemuseum
Dresden, Gemäldegalerie Neue Meister, Staatliche
    Kunstsammlungen Dresden
Düren, Leopold-Hoesch-Museum der Stadt Düren
Düsseldorf, Misch Da Leiden
Düsseldorf, Stadtmuseum Düsseldorf
Düsseldorf, Stiftung museum kunst palast
Edinburgh, National Gallery of Scotland
Essen, Helga Budde-Engelke
Essen, Museum Folkwang
Essen, Historisches Archiv Krupp
Frankfurt/Oder, Museum Junge Kunst
Gelsenkirchen, Städtisches Museum Gelsenkirchen

Genf, Petit Palais, Musée d'Art Moderne
Genua, The Mitchell Wolfson Jr. Collection –
    Fondazione Regionale Cristofero Colombo
Göttingen, Niedersächsische Staats- und Universitäts-
    bibliothek
Greifswald, Pommersches Landesmuseum
Hagen, Karl Ernst Osthaus-Museum der Stadt Hagen
Halle, Staatliche Galerie Moritzburg Halle, Landes-
    kunstmuseum Sachsen-Anhalt
Hamburg, Hamburger Kunsthalle
Hamburg, Robert Schneider
Hoofddorp, TNO Arbeid
Kassel, HNA Hessische/Niedersächsische Allgemeine
Köln, Alexander Calvelli
Köln, LETTER Stiftung
Kopenhagen, Statens Museum for Kunst
Krefeld, Kaiser Wilhelm Museum
Künzelsau, Museum Würth
Kuppenheim, Bilderhalle Grochowiak
Leverkusen, Bayer AG
London, National Museum of Science and Industry
London, Tate Britain
London, Victoria & Albert Museum
Lüttich, Musée de l'Art Wallon
Lyon, Musée Gadagne
Mechernich, Stadt Mechernich
Merthyr Tydfil, Cyfarthfa Castle Museum & Art Gallery
Montchanin, Ville de Montchanin
Moskau, Staatliche Tretjakow Galerie
München, Bernheimer Fine Old Masters
München, Mannesmann Plastics Machinery AG
München, Münchner Stadtmuseum
München, Städtische Galerie im Lenbachhaus
Münster, Westfälisches Museum für Kunst und
    Kulturgeschichte – Landesmuseum
Newcastle upon Tyne, Laing Art Gallery
Oberhausen, Ludwig Galerie Schloss Oberhausen
Oberhausen, Rheinisches Industriemuseum
Paris, Petit-Palais, Musée des Beaux-Arts de la Ville de
    Paris
Ratingen, Nachlass Peter Brüning
Reading, Otto and Marie Neurath Isotype Collection,
    University of Reading
Recklinghausen, Kunsthalle Recklinghausen
Regensburg, Ostdeutsche Galerie Regensburg
Saarbrücken, Saarland Museum Saarbrücken, Stiftung
    Saarländischer Kulturbesitz
Salzburg, Museum Carolino Augusteum
Sceaux, Musée de l'Ile de France, Château de Sceaux
Schweinfurt, Sammlung-Dr.-Georg-Schäfer-Stiftung
Shrewsbury, Shrewsbury Museum and Art Gallery,
    Rowley's House
Skive, Skive Art Museum

St. Petersburg, Staatliches Russisches Museum
Stockholm, Jernkontoret
Stockholm, Nationalmuseum
Stuttgart, Maier & Co. Fine Art
Stuttgart, Staatsgalerie Stuttgart
Telford, The Ironbridge Gorge Museum, Elton Gallery
Weimar, Kunstsammlungen zu Weimar
Wetter/Ruhr, Demag Cranes & Components GmbH

Andreas Gursky, courtesy Monika Sprüth Galerie, Köln
Josef Koudelka/Magnum Photos
Privatsammlung, courtesy James Roundell, London
Sammlung Ann und Jürgen Wilde, Sprengel Museum
    Hannover
Sammlung Hoh
Timm Rautert, courtesy Heidi Reckermann
    Photographie, Köln

sowie zahlreichen privaten Leihgebern, die
namentlich nicht aufgeführt werden möchten.

Bildnachweis

Abbildungen ohne Bildnachweis wurden von den in den Bildunterschriften genannten oder als Leihgeber beteiligten Institutionen zur Verfügung gestellt.

Fotografen

Martin Adam, Berlin: Kat. Nr. 70
S. Ahlbrand-Dornseif, Münster: Kat. Nr. 101, 127
Madeleine-Annette Albrecht, Dortmund: Kat. Nr. 5
Jörg P. Anders, Berlin: S. 22, Abb. 18; Kat. Nr. 32, 51, 63, 67, 99
Yan de Andres, Schriesheim: Kat. Nr. 148
Hans-Joachim Bartsch, Berlin: S. 69, Abb. 3; S. 70, Abb. 4–5; S. 71, Abb. 9; Kat. Nr. 84, 94–97, 127
Christa Begall, Berlin: S. 25, Abb. 21
Accent Studios – Carsten Clüsserath, Saarbrücken: Kat. Nr. 57
Erik Cornelius, Stockholm: Kat. Nr. 17–18
Dreßler, Weimar: Kat. Nr. 68
Anne Gold, Aachen: S. 115, Abb. 2; Kat. Nr. 125.2
Benjamin Hasenclever, München: Kat. Nr. 121
D. J. Houlton, Telford: Kat. Nr. 15
Jean-Luc Ikelle-Matiba, Bonn: Kat. Nr. 49
Heinz Jokisch, Düsseldorf: Kat. Nr. 161
Bild- und Tonarchiv Josef Kierein, Graz: S. 45, Abb. 6
Hermann E. Kiessling, Berlin: Kat. Nr. 109
Clemens Kirchner, Berlin: S. 63, Abb. 2; S. 68, Abb. 2; S. 70, Abb. 7; S. 71, Abb. 8
Walter Klein, Düsseldorf: Kat. Nr. 147
Hans-Peter Klut, Dresden: S. 42, Abb. 2
Foto Kühle, Hagen: Kat. Nr. 137
Bernd Kunert, Berlin: Kat. Nr. 146
Jean-Yves Lacote, Cergy-Pontoise Cedex: S. 74, Abb. 4
Pascal Lemaître, Sceaux: Kat. Nr. 64
Hervé Lewandowski, Paris: S. 75, Abb. 5
J. Nober, Essen: S. 84, Abb. 4
R. G. Ojeda, Paris: S. 73, Abb. 2
C. Philippot, Nancy: S. 24, Abb. 20
Patrick Pierrain, Paris: Kat. Nr. 65
Arne Psille/Sebastian Ahlers, Berlin: S. 41, Abb. 1; S. 43, Abb. 4; Kat. Nr. 1, 8–12, 79, 100, 104, 112, 145, 150, 151
Wolfgang Pulfer, München: Kat. Nr. 50
fotostudio Rapuzzi, Brescia: Kat. Nr. 107
H. Reinecke, Dresden: Kat. Nr. 153
Birger Roos, Falun: S. 58, Abb. 3
Friedrich Rosenstiel, Köln: Kat. Nr. 163
Jörg Schanze, Düsseldorf: Kat. Nr. 134
Wolfram Schmidt, Regensburg: Kat. Nr. 136
Philipp Schönborn, München: Kat. Nr. 144
Jean Schormans, Paris: S. 87, Abb. 2
Carola Seifert, Berlin: S. 64, Abb. 3
Speltdoorn et Fils, Brüssel: S. 82, Abb. 2; S. 83, Abb. 3; S. 85, Abb. 5; Kat. Nr. 81–83

St. Taubmann, Bonn: S. 117, Abb. 4
H. R. Wacker, Oldenburg: Kat. Nr. 135
Rudolf Wakonigg, Münster: Kat. Nr. 72
Elke Walford, Hamburg: Kat. Nr. 77
W. W. Winter, Derby: S. 58, Abb. 4
Ch. Wirth, München: Kat. Nr. 130–132

Bildarchive

Agence photographique de la réunion des musées nationaux, Paris: S. 73, Abb. 2; S. 75, Abb. 5; S. 87, Abb. 2
Archiv Eckhart Gillen, Berlin: S. 103, Abb. 1–2
Archiv Klaus Herding, Frankfurt/M.: S. 13, Abb. 2; S. 15, Abb. 7; S. 18, Abb. 13; S. 19, Abb. 15; S. 26, Abb. 22
Archiv Monika Wagner, Hamburg: S. 120, Abb. 1; S. 121, Abb. 2; S. 122, Abb. 3; S. 124, Abb. 4; S. 125, Abb. 5
Artothek, Weilheim: S. 89, Abb. 3; S. 96, Abb. 2
Bauhaus-Archiv / Museum für Gestaltung, Berlin: S. 99, Abb. 5
Bildarchiv Foto Marburg: S. 81, Abb. 1; Kat. Nr. 167
The Bridgeman Art Library, London: S. 73, Abb. 1
Bröhan-Museum, Landesmuseum für Jugendstil, Art Deco und Funktionalismus, Berlin: Kat. Nr. 96
Deutsches Historisches Museum, Berlin: S. 41, Abb. 1; S. 43, Abb. 4; S. 104, Abb. 3
Deutsches Technikmuseum Berlin: S. 63, Abb. 2; S. 68, Abb. 2
Musée Carnavalet, Paris: S. 76, Abb. 6
Musée de l'Histoire du Fer, Nancy-Jarville: S. 24, Abb. 20
Nederlands Openluchtmuseum, Arnheim: Kat. Nr. 71
Photothèque des Musées de la Ville de Paris: Kat. Nr. 65
Rheinisches Bildarchiv, Köln: S. 118, Abb. 5
Sächsische Landesbibliothek, Staats- und Universitätsbibliothek Dresden, Abt. Deutsche Fotothek: Kat. Nr. 153
Staatliche Museen zu Berlin, Kunstbibliothek: S. 97, Abb. 3; Kat. Nr. 13
Staatsbibliothek zu Berlin: S. 20, Abb. 16; S. 64, Abb. 3; S. 74, Abb. 3; S. 98, Abb. 4; S. 108, Abb. 1; S. 112, Abb. 3; Kat. Nr. 47–48
Westfälisches Museum für Kunst und Kulturgeschichte – Landesmuseum, Münster: Kat. Nr. 101, 127

Abbildungen aus Büchern und Zeitschriften

Ausst. Kat. Berlin 1981b, Bd. 1, S. 417: S. 16, Abb. 8
Ausst. Kat. St. Petersburg/Kassel 1993/94, S. 41: Kat. Nr. 118
Becher u. a. 1977, Abb. 49: S. 116, Abb. 3
Das Buch für Alle 1887, H. 1: S. 14, Abb. 3

Le Charivari, Juni 1855: S. 11, Abb. 1
David Dernie und Alastair Carew-Cox, *Victor Horta*, London 1995, S. 80: S. 95, Abb. 1
Julius Engelmann, Albert Schück und Julius Zöllner, *Der Weltverkehr und seine Mittel. Rundschau über Schiffahrt und Welthandel, Industrieausstellungen und die Pariser Weltausstellung im Jahre 1878*, Leipzig 1880, 2. Abt., S. 399: S. 17, Abb. 12
H. Holländer 2000a, S. 816: S. 51, Abb. 3
The Illustrated London News vom 8. Dez. 1866: S. 20, Abb. 16
L'Illustration. Journal universel vom 11. April 1868: S. 76, Abb. 6
Le Journal pour rire vom 14. Aug. 1852: S. 16, Abb. 10
Koeppen 1914, Abb. 122: S. 92, Abb. 5
Leipziger Illustrirte Zeitung vom 9. Dez. 1876: S. 21, Abb. 17
Le Magazin Pittoresque 19, 1851, S. 45: S. 19, Abb. 14; ebd., S. 140: S. 14, Abb. 4
The Mary Shelley Reader, hrsg. von Betty T. Bennett und Charles E. Robinson, New York 1990, Frontispiz: S. 64, Abb. 1
Thode 1909, S. 249: S. 90, Abb. 4
Paul Hayes Tucker, *Monet at Argenteuil*, New Haven 1982, S. 3: S. 74, Abb. 3
Turgan, Bd. 2, 1865, S. 5: S. 17, Abb. 11; ebd., S. 313: S. 14, Abb. 5; Bd. 3, 1863, S. 165: S. 15, Abb. 6; Bd. 9, 1870, S. 120f.: S. 16, Abb. 9

Copyright

Trotz sorgfältiger Nachforschungen konnten nicht alle Künstler bzw. Rechtsinhaber ermittelt werden. Diese haben die Möglichkeit, sich an das Deutsche Historische Museum, Unter den Linden 2, 10117 Berlin zu wenden.

Wintergärten

Jackum Brown

Wintergärten

**Baustile · Einrichtung · Technik
Pflanzen · Glashäuser**

CHRISTIAN VERLAG

Für meine Mutter, Ursula Hoare, die Pflanzen liebt.

Aus dem Englischen übersetzt von Reinhard Ferstl
Redaktion und Satz: Gertrud Köhn, München
Korrektur: Petra Tröger
Umschlaggestaltung: Horst Bätz

Copyright © 2006 der deutschsprachigen Ausgabe
by Christian Verlag, München
www.christian-verlag.de

Die Originalausgabe mit dem Titel *Conservatories and Glasshouses*
wurde erstmals 2006 im Verlag Mitchell Beazley, einem Imprint der
Octopus Publishing Group Ltd, London, veröffentlicht.

Copyright © 2006: Octopus Publishing Group Ltd
Copyright © 2006 für den Text: Jackum Brown
Layout und Design: Tim Harvey

Druck und Bindung: Toppan Printing Company, China
Printed in China

Alle deutschsprachigen Rechte vorbehalten.

ISBN-13 978-3-88472-715-7
ISBN-10 3-88472-715-X

Inhalt

RECHTS Orangerien sind die Vorläufer der Wintergärten und Gewächshäuser. Der europäische Adel ließ sie errichten, um die exotischen Früchte, auf die er bei seinen Reisen in ferne Länder gestoßen war, auch zu Hause ernten zu können. Dieser Bau steht in den Londoner Kew Gardens und wurde 1761 für Prinzessin Augusta, die zweite Tochter des englischen Königs Georg III., gebaut.

GEGENÜBER Hängepelargonien und Strelitzien bereichern das Grün in diesem Wintergarten mit lebhaften Farbtupfern. Die viktorianische Konstruktion mit Tonnendach steht im englischen Flintham Hall und gilt als eine der schönsten ihrer Art. Wie viele andere Glashäuser ist sie Joseph Paxtons wegweisendem Kristallpalast aus Gusseisen und Glas nachempfunden, der auf der Weltausstellung 1851 für Furore sorgte.

Einführung

Es liegt in der menschlichen Natur, die Welt zu erforschen und alles so gut wie möglich zu nutzen. Dazu zählen auch die Schätze aus dem Pflanzenreich. Seit Jahrhunderten umgeben wir uns gern mit ungewöhnlichen Pflanzen aus fernen Ländern.

Anfang des 16. Jahrhunderts setzte ein reger Austausch zwischen den europäischen Mächten und ihren Besitzungen auf anderen Kontinenten ein. Ganze Schiffsflotten stachen in See, um Materialien nach Afrika, Asien und in die Neue Welt zu transportieren. Beladen mit allerlei Kostbarkeiten kehrten sie in die Heimat zurück. Sie brachten nie zuvor gesehene Pflanzenarten mit – Ziergewächse, aber auch Heilpflanzen und Gewürze. Begeistert bereicherte man Kräutergärten in ganz Europa mit den wertvollen Entdeckungen.

Hoch im Kurs standen Zitruspflanzen, insbesondere Orangenbäume. Sie brauchten jedoch, wie viele Zuwanderer aus warmen Klimazonen, Schutz vor den grimmigen Wintern. So entstanden Orangerien oder Pomeranzenhäuser – beheizte Gebäude aus Stein, Ziegeln und Holz, die man eigens errichtete. Im Lauf der Zeit fanden immer mehr empfindliche Pflanzen wie Granatäpfel, Myrten und Passionsblumen den Weg in die Gewächshäuser.

Natürlich blieb die Kultur unter Glas anfangs ausschließlich dem Adel und dem begüterten Bürgertum vorbehalten. Selbst die Angehörigen der Oberschicht hatten in Deutschland und England um die Mitte des 17. Jahrhunderts Schwierigkeiten, ihrer Leidenschaft zu frönen. Während Deutschland sich von den Folgen des Dreißigjährigen Krieges erholte, stöhnte England unter der Knute Cromwells und der Puritaner, denen jede prahlerische Zurschaustellung von Reichtum suspekt war. Auch mit Frankreich stand es nicht zum Besten, doch regierte hier Ludwig XIV. Der Sonnenkönig war für seine Extravaganzen berühmt. Er liebte neue Paläste und Jagdschlösser, deren Umgebung er ebenso viel Aufmerksamkeit schenkte wie den Bauten selbst. So begann er mit der Planung des Parks von Versailles und seiner ersten Orangerie fünf Jahre vor dem Ausbau des Prachtkomplexes selbst. Da Ludwig XIV. ausgesprochen einflussreich war, breitete sich die Kunde von seinen beispiellosen Gärten und Orangerien bald in der gesamten zivilisierten Welt aus.

Auch König Wilhelm III. von Oranien-Nassau und seine Gemahlin Maria waren im ausgehenden 17. Jahrhundert sehr an Gartenkunst interessiert. Sie gaben das erste königliche

OBEN Dieser aufsehenerregende Wintergarten verband einst zwei Gebäude in Paris. Die Illustration stammt aus dem 1861 erschienenen Werk „Parcs et jardins des environs de Paris" von Victor Petit, das sich mit Orangerien, Wintergärten und Pavillons sowie ihrer Verwendung für öffentliche Grünflächen befasst.

OBEN Das 1891 errichtete Enid A. Haupt Conservatory im Botanischen Garten von New York ist das größte viktorianische Glashaus der Vereinigten Staaten. Sein Palm Court mit der über 27 Meter hohen Kuppel und dem von einer üppigen tropischen Bepflanzung umgebenen Teich beherbergt verschiedene Pflanzengemeinschaften, von tropischer Regenwaldflora bis zu trockener Wüstenlandschaft.

Gewächshaus in Auftrag, das in Hampton Court Palace unweit von London errichtet wurde. Bald folgten immer mehr Mitglieder der Aristokratie ihrem Beispiel, etwa Lord Capel of Tewkesbury: Er ließ auf seinem Grund in Kew, wo sich heute die weltberühmten Royal Botanic Gardens befinden, gleich zwei Gewächshäuser aufstellen. Mit dem Bau der gläsernen Refugien war zunächst Schluss, als König Wilhelm eine exorbitante „Fenstersteuer" erließ, die er allerdings nach nur drei Jahren halbierte, weil die Glasindustrie mit großen Schwierigkeiten zu kämpfen hatte. Königin Anne gab daraufhin ein weiteres Treibhaus im Kensington Palace in Auftrag, in dem sie im Winter mit ihren Hofdamen lustwandeln und während der Sommermonate Abendgesellschaften empfangen konnte.

Der Bau dieser frühen Gewächshäuser blieb bis ins späte 18. Jahrhundert hinein en vogue. Viele Angehörige der Londoner Aristokratie unterhielten Landgüter in der Provinz, wo sie aufwendige Bauten für ihre Exoten errichten ließen. Die Gartenanlage des Viscount Cobham in Stowe in der Grafschaft Buckinghamshire etwa umfasste zwei Gewächshäuser, von denen eines heute noch steht, allerdings mittlerweile als Schulgebäude genutzt wird.

Im übrigen Europa etablierten sich die Niederlande als führende Gartenbaunation. Es gelang ihnen die Kultur immer ungewöhnlicherer Früchte wie der Ananas, die zum echten Mode-hit wurde. Versierte Gärtner versuchten sich obendrein an Guaven, Weinreben und zahl-reichen anderen Gästen aus wärmeren Breiten.

Wie in England wurden auch in den noch jungen Vereinigten Staaten prachtvolle Land-güter mit weitläufigen Parks und oft auch Gewächshäusern angelegt. Bereitwillig übernahm man in der Neuen Welt den englischen Architektur- und Möbelstil; mancher begüterte Gartenliebhaber ließ sogar Pflanzen aus London importieren.

War die Glasherstellung früher ein schwieriger Prozess gewesen, ermöglichten technische Neuerungen ab etwa 1830 die Massenproduktion von Fensterglas. Diese zog zusammen mit der Aufhebung der Fenstersteuer 1851 in Großbritannien einen wahren Glashaus-Bauboom nach sich. Durch Fortschritte in der Guss- und Schmiedeeisenkonstruktion konnte die Bandbreite der Stile und Formen beträchtlich erweitert werden. Es entstanden runde Strukturen und kuppelförmige Dächer, die jeden Sonnenstrahl einfingen.

OBEN Im späten 18. und frühen 19. Jahrhundert kamen Wintergärten beim wohlhabenden Bürger-tum und dem Adel groß in Mode. Es war „in", herrschaftliche Landsitze mit gläsernen Anbauten zu versehen. In diesem 1835 entstandenen Bild ist ein früher Wintergarten zu erkennen, der an Valentines Mansion unweit von London angefügt wurde. Er stammt von Charles Welstead, einem Mitglied der Königlichen Englischen Gartenbau-gesellschaft.

Englands erstes Glashaus mit Kuppelform wurde in Chatsworth für den Herzog von Devonshire errichtet. Als Architekt zeichnete der vielseitig begabte Joseph Paxton verantwortlich, der später den Kristallpalast im Londoner Hyde Park plante. Das Great Conservatory von Chatsworth überstand sogar den Ersten Weltkrieg, doch erwies sich seine Pflege und Beheizung als so kostspielig, dass man es 1920 sprengte. Vermutlich diente Paxtons revolutionäre Konstruktion auch dem berühmten Palmenhaus in Kew als Vorbild.

Im Zuge der industriellen Revolution kamen Mitte des 19. Jahrhunderts viele Familien der Ober- und Mittelschicht zu Geld und begannen, ihren Häusern Wintergärten hinzuzufügen. Manche dieser Anbauten konnten schon damals aus Katalogen bestellt werden. Sie hatten stets ein Glasdach und wurden im Winter mit verschiedensten Methoden beheizt. Anfangs dienten sie als Empfangsräume, in denen exotische Pflanzen für ein luxuriöses Ambiente sorgten. Später stattete man sie bevorzugt mit indischem oder fernöstlichem Mobiliar aus und nutzte sie für Feiern im vertrauten Kreis. Paare pflegten zwischen Farnen und Kübelpalmen – damals der letzte Schrei – herumzuspazieren und sich an versteckt platzierten Tischchen aus Gusseisen oder Bambus niederzulassen.

Allmählich hielten Blütenpflanzen wie Kamelien und Rhododendren Einzug in die gläsernen Refugien. Allerdings verlagerte man sie an den Rand, um Sofas und Sessel in die Mitte stellen zu können. So avancierten Wintergärten zu einer Oase der Entspannung und Erbauung. Fortan war das Grün nicht mehr Mittelpunkt, sondern dekorativer Rahmen.

In den USA entstanden in der zweiten Hälfte des 19. Jahrhunderts viele öffentliche Parks und Gärten – und in diesen große Glasbauten. Der spektakuläre Glaspalast in Philadelphia wurde 1876 zum 100-jährigen Gründungsjubiläum der Stadt eingeweiht. Um die Jahrhundertwende errichtete man das Glashaus im New Yorker Central Park und das beeindruckende Enid A. Haupt Conservatory im Botanischen Garten der Stadt in der Bronx, das nach wie vor zu den weltweit schönsten Gewächshäusern zählt.

OBEN UND RECHTS Ab der Viktorianischen Ära in der zweiten Hälfte des 19. Jahrhunderts waren Wintergärten nicht mehr nur ein Privileg der gesellschaftlichen und finanziellen Oberschicht. Oben ist eine bürgerliche Frau zu sehen, die in ihrem Wintergarten inmitten exotischer Palmen und anderer Pflanzen, etwa Prunkwinden (Ipomoea), strickt. Rechts eine Hochzeitsgesellschaft vor einem Anlehnwintergarten mit rundem Dach. Das Foto wurde 1857 im Nordwesten von London aufgenommen.

In der ersten Hälfte des 20. Jahrhunderts ebbte die Wintergartenmanie ab: Zwei Welt-
kriege und eine Wirtschaftskrise machten die teuren Anbauten zu unerschwinglichen
Luxusgütern. Erst in den 1970er-Jahren entdeckten Hausbesitzer die gläsernen Lebens-
räume neu – ein Boom, der bis heute anhält.

Mit Anbruch des dritten Jahrtausends ist eine Reihe beispielloser Gewächshäuser
dazugekommen, etwa die Untergrundwelt im Pariser Gare de Lyon, die eine faszinierende
Regenwaldlandschaft birgt. Moderne Glashäuser sind mittlerweile aber keine reinen
Ausstellungsflächen mehr, sie werden immer häufiger auch als wissenschaftliche Labore
und Refugien für seltene und gefährdete Arten genutzt. Die größte dieser Einrichtungen
ist das Eden Project in einer ehemaligen Kaolingrube im englischen Cornwall, das komplette Ökosysteme in riesigen „Biomen" beherbergt. Über kurz oder lang soll die Anlage
mit erneuerbaren Energien und einem geschlossenen Wasserkreislauf arbeiten.

Wintergärten in Privathäusern dienen heutzutage in erster Linie der Erweiterung des
Wohnraums. Den Pflanzen kommt darin nur eine untergeordnete Rolle zu. Man nutzt
den gewonnenen Platz als Wohnzimmer, Küche, Essbereich, Schwimmbad oder Büro.

OBEN Ein ultramoderner Wintergarten in London.
Mit dieser 2003 errichteten futuristischen Konstruktion erreicht die Glasarchitektur einen neuen
Höhepunkt. Die Glaswände haben auch Träger-
funktion und stützen das Dach. Es entsteht ein
Raum, in dem die Grenzen zwischen drinnen und
draußen fließend sind.

RECHTS Mit diesem Glashaus im kalifornischen Küstenbereich von Big Sur lässt Architekt Mickey Meunnig Innen- und Außenraum auf eigenwillige Art miteinander verschmelzen. Durch die Verwendung traditioneller Materialien entsteht ein moderner, organischer Bau, der sich harmonisch in die beeindruckende Landschaft einfügt.

Auch werden die Konstruktionen nicht mehr nur an die Rückseite eines Gebäudes angefügt: Man kann zwei Häuser mit einem Wintergarten stilvoll verbinden oder einen zusätzlichen lichtdurchfluteten Platz schaffen, indem man einen Wintergarten auf ein Flachdach setzt. Er bringt den Garten in die Wohnung und die Wohnung in den Garten. Dabei hat man einen Zugewinn an Komfort und steigert ganz nebenbei auch den Wert seiner Immobilie. Kein Wunder, dass Wintergärten in der Beliebtheitsskala weit oben stehen.

Natürlich muss der Bau sorgfältig geplant werden. Wo wird er am besten platziert? Welche Ausrichtung soll er haben? Welchen Zweck muss er erfüllen? Wie wird er beheizt und belüftet? Und vor allem: Wie viel Geld steht zur Verfügung? Wichtig ist auch der Kontakt zu den örtlichen Bauämtern, von denen man erfährt, welche Genehmigungen man braucht und welche Vorschriften einzuhalten sind.

Sie werden Ihren Wintergarten als Lebensraum schätzen lernen. Mit seiner offenen, hellen, zwanglosen Atmosphäre wird er ganz anders sein als die übrigen Zimmer; entsprechend frei sind Sie in der Wahl der Ausstattung und Beleuchtung. Vor allem aber rücken Sie mit ihm der Natur ein Stück näher, ohne auf die Behaglichkeit Ihres Heims zu verzichten.

1

Die Wahl des Wintergartens

Sie können einen Wintergarten im Baumarkt „von der Stange"
kaufen, im Fachhandel aussuchen oder von einem Architekten
individuell planen lassen. Wofür Sie sich auch entscheiden, Ihr
kleiner Glaspalast sollte immer ein Ort der Muße sein, in dem
Sie beim Lesen die letzten Sonnenstrahlen genießen, Ihre
Pflanzen verwöhnen oder einfach nur entspannen, während
Sie das Grün drinnen oder draußen auf sich wirken lassen.

Sobald die Entscheidung für einen Wintergarten gefallen ist, werden Sie sich Gedanken über den Verwendungszweck machen. Wenn Sie den Anbau als Gewächshaus für Ihre kälteempfindlichen oder exotischen Pflanzen brauchen, kann er größenmäßig relativ bescheiden ausfallen. Wollen Sie ihn hingegen als Wohnraum nutzen, brauchen Sie etwas mehr Platz. Besprechen Sie Ihre Pläne mit der Familie – je mehr Meinungen Sie hören, desto besser kann das Bauvorhaben auf alle Bedürfnisse abgestimmt werden.

Licht spielt in unserem Leben eine wichtige Rolle. Einer der größten Vorzüge eines Wintergartens ist seine helle, sonnendurchflutete Atmosphäre. Da Wintergärten aber fast immer an ein Haus gebaut sind, wird den dahinter liegenden Zimmern meist etwas Licht genommen. Lösen lässt sich das Problem, indem man die Mauern entfernt und so die beiden Räume verbindet. Es geht dann zwar etwas Wärme verloren, weil eine isolierende Wand fehlt, dafür ist es im Raum dahinter nicht mehr ganz so dunkel. Bei nach Süden oder Westen gerichteten Glasbauten dringt oft sogar mehr Helligkeit als zuvor in die hintersten Bereiche. (Den Wärmeverlust könnte man durch ein energiesparendes Heizsystem kompensieren.)

Natürlich muss man seinen Lichthunger mit dem Bedürfnis nach Platz und Privatsphäre in Einklang bringen. Wer einen Wintergarten als Büro oder Studio nutzen möchte, sollte vielleicht auf einen großen, durchgehenden Raum verzichten und stattdessen einen abgetrennten Außenbereich schaffen. Dazu bieten sich Glaswände oder Glastüren zwischen dem neuen und dem bestehenden Bereich an. Auch durch zusätzliche Fenster in angrenzenden Wänden lässt sich der Lichteinfall im Haus erhöhen.

OBEN Dieser Pultdach- oder Anlehn-Wintergarten entstand schon beim Bau des Hauptgebäudes. Er wurde etwas erhöht platziert, damit er mit dem Parterre abschließt, in das man über eine Treppe gelangt. Eine Tür führt außerdem zur Veranda am Hausende und zu Holzstufen, die zum Innenhof und in den Garten führen.

VORHERIGE SEITE Mit einem Zwerchgiebel hat man aus diesem einfachen Anlehnhaus ein echtes Schmuckstück gemacht. Er vergrößert nicht nur den Innenraum, sondern bringt dank Türaufsatz, Fiale und Dachbekrönung auch einen Hauch Eleganz in Spiel.

LINKS Eine Dachterrasse lässt sich mit einem Wintergarten hervorragend aufwerten. Bei warmem Wetter sitzt man unter freiem Himmel, während man an kalten oder regnerischen Tagen die Aussicht im gläsernen Pavillon genießt. Für Gartenstimmung sorgen winterharte immergrüne Gewächse, denen man im Sommer die Blüher aus dem Wintergarten zur Seite stellt.

OBEN Mit diesem Schmuckstück hat man eine perfekte Ergänzung zum Haus gefunden. Der gotisch anmutende Wintergarten fügt sich nicht nur stilistisch bestens ein – die Fenster wurden mit viel Fingerspitzengefühl denen des Hauptgebäudes nachempfunden –, sondern passt auch in seinen Dimensionen zum altehrwürdigen Bauwerk. Entlüftungsöffnungen im oberen Dachbereich gewährleisten einen guten Luftaustausch.

Einen direkten Einfluss auf die Dimensionen des Wintergartens haben die Möbel. Ein Wohnzimmer für die Familie erfordert Sessel oder eine Sitzgruppe, einen Tisch und eventuell ein Fernsehgerät oder eine Musikanlage – gerade so viel eben, wie für ein behagliches Ambiente nötig ist. Für ein Esszimmer braucht man einen Tisch und Stühle und wahrscheinlich ein Sideboard. In einem Büro müssen ein Schreibtisch mit Stuhl, ein Computer und Drucker, Regale und vielleicht ein Aktenschrank Platz finden. Zeichnen Sie eine Skizze, damit Sie eine Vorstellung davon bekommen, wie viel Platz das Mobiliar in Anspruch nimmt.

Wintergärten sind ausgesprochen vielseitige Räume und eine echte Bereicherung. Es lohnt sich also, etwas mehr Zeit zu investieren, um alle Möglichkeiten auszuloten. Mithilfe eines spezialisierten Herstellers oder eines Architekten, der Ihnen obendrein alle erforderlichen Baugenehmigungen einholt und gegebenenfalls mit den Behörden verhandelt, falls man in einem denkmalgeschützten Gebäude wohnt, finden Sie sicher eine Lösung, die exakt auf Sie und Ihre Bedürfnisse abgestimmt ist.

LINKS Platz für einen Wintergarten findet sich im kleinsten Hof. Der Stil der Pergola wurde hier mit einem Anbau aufgegriffen, der den Ess- und Küchenbereich im Haus nicht nur vergrößert, sondern auch viel heller macht.

Standort

Bei der Wahl des passenden Standorts für einen Wintergarten sind die Möglichkeiten meist begrenzt. Wer in einem frei stehenden Gebäude wohnt, hat meist die Wahl und kann den Wintergarten vorne oder seitlich an das Haus angliedern oder als direkte Verbindung zu einem Nebengebäude errichten. Oft bleibt allerdings nur der Platz hinter dem Haus. Bisweilen ist sogar überhaupt kein bebaubarer Grund vorhanden. Trotzdem muss man nicht auf das ersehnte „Zimmer unter freiem Himmel" verzichten. Warum nicht den Raum über einem Flachdach für einen Wintergarten nutzen? Auf einem Grundstück mit reichlich Platz hingegen kann man auch einen Glaspavillon errichten, der gar keine Verbindung zum Haus hat. Wenn etwa ein malerisches Element wie ein Teich vom Haus aus nicht zu sehen ist, bietet ein Wintergarten mitten im Grün oftmals völlig neue Blickwinkel.

Die Ausrichtung entscheidet, wie viel Licht und Wärme ein Wintergarten bekommt, wie kostspielig seine Beheizung ist und welche Pflanzen sich kultivieren lassen. Wie wollen Sie den neu gewonnenen Raum nutzen? Für ein Frühstückszimmer ist ein Standort an der Ostseite eines Hauses ideal, während ein Wohnzimmer von einer West- oder Südausrichtung

OBEN Dieser Wintergarten rückt nicht nur die kunstvolle Bepflanzung ins rechte Licht, sondern erweitert auch den Innenraum nach außen. Die moderne Glasschiebetür reicht von Wand zu Wand und vom Boden bis zur Decke, sodass sie die Sicht kaum beeinträchtigt. Grün und Licht wurden hier mit viel Geschick ins Haus gelockt.

profitiert. Büros wiederum können nach Norden zeigen, wo sich der Raum im Sommer nicht zu stark aufheizt. Auf den ersten Blick ist ein Wintergarten an der Südseite ideal: Im Winter bekommt man kostbare Sonnenstrahlen ab und spart Heizkosten. Gleichzeitig muss man aber für Lüftung und Beschattung sorgen, sonst hat man im Sommer einen Backofen.

Ein nach Norden gerichteter Wintergarten ist ideal für Pflanzen, die in kühleren Breiten gedeihen und eher Schatten als Sonne brauchen. Im Sommer ist der Aufenthalt hier recht angenehm, doch im Winter muss man heizen. Auch an einer Ostwand bekommt man im Winter wenig direkte Sonne ab, dafür hat man den Sommer über die schönste Morgensonne, die nicht nur Menschen, sondern auch Pflanzen ganz besonders gut tut. Ein nach Westen ausgerichteter Wintergarten ist zwar wärmer, doch kann die pralle Nachmittagssonne das Grün schädigen, weshalb man auf jeden Fall Jalousien installieren sollte. Außerdem lassen sich Sonnenuntergänge von hier aus am besten genießen ... Natürlich spielt aber nicht allein die Ausrichtung eine Rolle. Auch die Bepflanzung des Gartens mit Bäumen und großen Sträuchern und die Position der Nachbarhäuser beeinflussen den Lichteinfall.

LINKS Viele Wintergärten werden auf niedrige Mauern gesetzt. Dieser hier ist zwar ziemlich klein, doch da man ihn in den ursprünglichen Flachdachanbau integriert hat, wirkt die gläserne Erweiterung besonders solide. Die Besitzer haben nicht nur eine lichtdurchflutete Sitzecke, sondern auch einen direkten Zugang zu ihrem kleinen Garten gewonnen.

Stile

Die Lust auf einen Wintergarten stellt sich oft ein, nachdem man ein solches gläsernes Juwel bei anderen gesehen hat. Das heißt aber nicht, dass man seinen eigenen ganz genauso gestalten muss. Wintergärten gibt es in den verschiedensten Formen, Größen und Stilen.

Als Faustregel gilt: Der Stil eines Wintergartens sollte zum Stil des Hauses passen. Eine Villa aus der Gründerzeit kann mit einem ultramodernen Glaswürfel ebenso verschandelt werden wie ein sachlich-nüchternes Haus mit einem rustikalen Anbau. Natürlich gibt es aber immer auch Ausnahmen, wie etwa eine gelungene Kombination aus Alt und Neu. Letzten Endes entscheidet Ihr Geschmack, und selbst wenn Sie Spezialisten hinzuziehen – was oftmals gar keine so schlechte Idee ist –, müssen Sie deren Empfehlungen keineswegs um jeden Preis einhalten. Schließlich zahlen Sie für den Wintergarten. Und Sie sollen sich darin wohl fühlen!

Wintergartenstile werden in der Regel nach historischen Epochen benannt, doch nehmen Anbieter es mit der Einordnung manchmal nicht so genau. Deshalb reicht es nicht, bei einem Händler nach einem Modell im Gründerzeitstil zu fragen. Vielleicht wird

GEGENÜBER Das Halbrund wurde sauber zwischen zwei Hausecken platziert. Die Treppe verläuft um den Wintergarten herum zu einem ebenfalls halbrunden Balkon im ersten Stock. Damit der Blick aus den bodentiefen Fenstern im ersten Stock nicht beeinträchtigt wird, hat man die runde Dachlaterne bewusst niedrig gehalten.

Bauweisen von Wintergärten

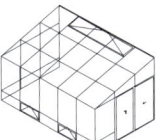

Anlehnhaus mit
Pultdach

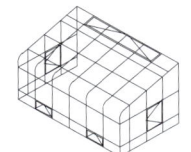

Anlehnhaus mit
runder Traufe

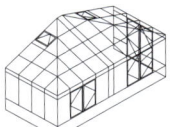

Anlehnhaus mit
Walmdach

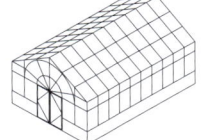

Satteldach mit
kantiger Traufe

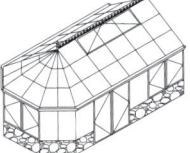

Satteldach mit
Zeltdach-Abschluss

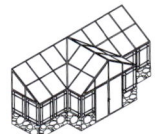

Anlehnhaus mit
Zwerchgiebel

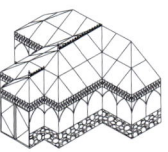

Anlehnhaus mit
Walmdach-Enden

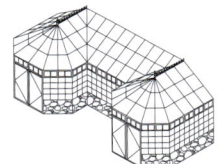

Walmdach-Anlehnhaus
mit zwei Pavillons

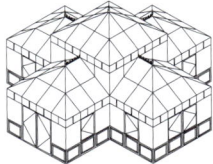

Kreuzförmiges Satteldach mit
pyramidenförmiger Laterne

Wintergärten sind in den verschiedensten
Größen und Stilen erhältlich. Vom Standort
und vom Verwendungszweck hängt es
letztendlich ab, wofür Sie sich entscheiden
werden. Erhältlich sind neben traditionellen
Formen mit Stilelementen auch viele moderne,
sachlichere Wintergarten-Versionen.

Ihnen beschieden, dass man keinen solchen Wintergarten anbiete, obwohl genau der
gesuchte Typ vorhanden ist, aber fälschlicherweise unter Jugendstil geführt wird. Ich
bin kürzlich auf einen „mediterranen" Wintergarten gestoßen, der wirklich überhaupt
nichts mit dem zu tun hatte, was ich bisher in Südfrankreich oder Spanien gesehen habe,
sondern eher einer modernen Glasbox ähnelte!

Als Mutterland des Wintergartens gilt England. Seine Stilgeschichte ist daher zwangsläufig britisch gefärbt. Der englische Adel stattete seine Herrensitze schon früh mit
Orangerien und Palmhäusern aus, die als Vorläufer der heutigen Wintergärten gelten.
Im Zuge der industriellen Revolution, die in England ihren Anfang nahm, konnten sich
erstmals auch begüterte Bürger die exklusiven Glashäuser leisten. In der zweiten Hälfte
des 19. Jahrhunderts schwappte die Wintergartenwelle dann auch auf das europäische
Festland über.

Wintergärten im klassischen Stil erinnern an die Orangerien der Herrenhäuser von einst
(vgl. Seite 7–9). Sie zeichnen sich oft durch einen rechteckigen Grundriss, Holz- oder

Es war nicht einfach, diesem ehrwürdigen Haus
einen Wintergarten zur Seite zu stellen. Als einziger
Standort kam die hübsche alte Terrasse an der
Rückseite infrage. Der Anbau versperrt nun zwar
den Blick auf den Seitenflügel, doch haben die
Besitzer dafür einen geräumigen Ess- und Wohnbereich gewonnen, von dem aus sie einen schönen
Blick in den Garten genießen können. Interessant
wäre vielleicht auch ein allein stehender Glaspavillon gewesen.

LINKS Eine echte Bereicherung ist dieser dreigiebelige hölzerne Anbau, der sich über die gesamte Rückseite dieses Stadthauses erstreckt und einen sehr einladenden Ess- und Wohnbereich birgt. In der Mitte führt eine Tür zum Innenhof mit allerlei Kübelpflanzen. Die abweisende Hoffassade des Gebäudes hat man mit einer hellen, freundlichen Farbe aufgewertet.

Steinsäulen, einen Fries unter der Regenrinne, Einsätze aus Stein (oder Gussharz-Imitaten) an den Fenstern oder ein Giebeldreieck aus. Solche Bauten wirken ziemlich massiv und zugleich sehr harmonisch.

Noch heute werden Wintergärten in englischem georgianischem oder edwardianischem Design beziehungsweise im Regency-Baustil angeboten. Sie sind für den Laien kaum zu unterscheiden und zeichnen sich durch rechteckigen Grundriss, hohe, ziemlich schmale Fenster und gelegentlich Walmdächer (vgl. Seite 21) mit einfacher Dachbekrönung oder Fialen aus. Oft sind die einzigen Unterschiede zwischen den Stilen die Naturstein- oder Backsteinpfeiler beziehungsweise Holzträger zwischen den Fenstern und die Neigung der Dächer, die beim georgianischen Stil etwas flacher und beim edwardianischen und Regency-Stil etwas steiler ausfällt.

In der Viktorianischen Epoche entdeckte die neu zu Wohlstand gekommene Mittelschicht den Wintergarten. Während der langen Herrschaft von Königin Viktoria stand Dekoratives hoch im Kurs, was sich natürlich auch in der Architektur bemerkbar machte.

GEGENÜBER Diesem Haus wurde ein Wintergarten im edwardianischen Stil hinzugefügt. Er vergrößert nicht nur den Wohnraum, sondern verbindet das Haus auch mit einem renovierten und ausgebauten Nebengebäude. Leider wurden die Fenster im Anbau etwas verdeckt, weil das erste Stockwerk dort ein wenig niedriger liegt als im Haupthaus. Dieser kleine Schönheitsfehler hätte sich nur durch ein Flachdach vermeiden lassen.

VORHERIGE SEITE Hier wurde einem Gebäude ein durch und durch modernes, kubisches Esszimmer hinzugefügt. Zwei Türen – nach vorne und hinten – führen ins Freie. Die Vordertür auf der durchgehend verglasten Seite geht auf einen Innenhof, während die von einer Konstruktion aus Ziegeln, Holz und Glas geprägte Rückseite einen zwangloseren Landhausgarten mit völlig anderem Ambiente begrenzt.

RECHTS Gleich über zwei Etagen erstreckt sich dieser facettenreiche, von Säulen getragene Wintergarten im Bauhausstil. Im unteren Teil enthält er einen kleinen legeren Wohnbereich und im oberen Stock eine Galerie, auf die man über das Schlafzimmer gelangt. Beide Flächen sind hervorragend durchlüftet. Mit ihren freundlichen, plakativen Farben ist diese Konstruktion ein echter Hingucker.

UNTEN Dieses einfache Anlehnhaus nimmt die gesamte Breite des Gebäudes ein. Fenstertüren führen von der Küche zur überdachten Wohn- und Sitzecke im Wintergarten. Von dort aus gelangt man über große Türen in den Innenhof, der nun wohl wesentlich ausgiebiger genutzt wird als vorher.

Viktorianische Wintergärten hatten daher oft spitze Dächer mit Ziergiebeln und Fialen, sechs- oder achteckige Erker, Zwerchgiebel oder Dachlaternen und Lünetten unter dem Gesims, die von den Fenstern oder Türen darunter durch einen Querbalken getrennt waren.

Der neugotische Stil ist charakterisiert durch schmale Fenster mit Rundbögen und gebogenen Sprossen sowie Steildächer mit dekorativen Dachbekrönungen und großen Fialen. Neugotische Wintergärten sind oft mit einer oder zwei Dachgauben und manchmal sogar mit Stirnbrettern ausgestattet. Der neugotische Stil orientiert sich an der Gotik, die in Westeuropa vom 12. bis zum 16. Jahrhundert ihre Blüte hatte und im 19. Jahrhundert wiederbelebt wurde.

Moderne Gebäude verlangen in der Regel nach Wintergärten im zeitgenössischen Stil. Das heißt allerdings nicht, dass man sich zwangsläufig eine unansehnliche Glaskiste mit Kunststoffdach anschaffen muss. Es lohnt sich, einen versierten Hersteller oder guten Architekten hinzuzuziehen. Mit aktuellem Design erzielt man oft eine atemberaubende Wirkung.

Bauweisen

Wenn man mit dem Auto oder dem Zug über Land fährt, fallen einem die zahlreichen, immer gleich aussehenden Wintergärten ins Auge, die in den letzten Jahrzehnten in Wohnsiedlungen vielen Häusern hinzugefügt wurden. Es handelt sich meist um Konstruktionen „von der Stange", die in Baumärkten oder bei großen Spezialanbietern erworben wurden. Bisweilen kann man sie sogar als Bausatz kaufen und mithilfe der meist untadeligen Anleitungen selbst aufstellen. Die großen Vorteile dieser standardisierten Wintergärten sind ihre relativ kurze Aufbauzeit und der durch Serienproduktion erschwingliche Preis.

Gleichwohl sind diese Konstruktionen völlig ungeeignet für ältere Stilhäuser aus hochwertigen Materialien. Solche Kleinodien erfordern einen individuell geplanten und gebauten Wintergarten, der dadurch leider auch wesentlich teurer kommt. Sofern Sie sich nicht gerade für einen Blickfang in avantgardistischem Design entschieden haben, werden Sie einen Anbau bevorzugen, der sich nahtlos in den Stil Ihres Wohnhauses einfügt und eher eine natürliche Erweiterung als ein Fremdkörper ist.

OBEN Noch immer gibt es Hersteller, die Wintergärten nach Maß fertigen. Dieser sechseckige Bau besticht durch die Einfachheit seines Designs mit schlanken, schnörkellosen Fenstern. Die Oberlichter sind mit einer bogenförmigen Sprosse akzentuiert, während Reliefverzierungen den Sockel auflockern. Die Konstruktion wurde direkt vor die Gartentür gesetzt und beeinträchtigt den Gesamteindruck des Gebäudes nicht im Geringsten.

Wintergärten sind rund um den Globus beliebt, und jedes Land hat seine eigenen Vorlieben. Warum aber trifft man sie sogar in warmen Ländern wie Italien, Südfrankreich oder Australien recht häufig an? Schließlich kommen diese südlichen Regionen in den Genuss längerer und heißerer Sommer als wir in Mitteleuropa. Wenn man jedoch berücksichtigt, dass selbst in warmen Klimazonen die Winter bisweilen recht kühl und regnerisch ausfallen, liegt der Grund für die Entscheidung der Südländer auf der Hand. Ein Wintergarten, mit dem man empfindliche Tropengewächse durch die kalte Jahreszeit bringt, leistet auch hier gute Dienste. Zudem bietet ein beschatteter, kühler Anbau im Sommer durchaus erholsame Zuflucht vor der Hitze.

Selbst in Stadtgebieten werden Wintergärten immer beliebter. Gerade in dicht bebauten Vierteln ist der Platz oft knapp, und ein Umzug kommt aus vielerlei Gründen nicht infrage – etwa weil der Arbeitsplatz in der Nähe liegt, die beste Schule im Umkreis gerade ein paar Gehminuten entfernt ist oder auch schlichtweg, weil das Geld nicht für ein größeres Heim reicht. Da bietet es sich an, stattdessen mit einem Wintergarten die bestehende Wohnung zu vergrößern.

Der ideale Standort für einen städtischen Wintergarten ist ein Anbau mit Flachdach oder eine Dachterrasse. Man kann ihn auch an ein oberes Stockwerk anfügen, doch muss man ihn dann mit Säulen stützen. Vielleicht haben Sie sogar Platz für eine Erweiterung, die sich über zwei Stockwerke erstreckt und von beiden Etagen aus zugänglich ist oder sogar eine Treppe zwischen den beiden Glasräumen enthält. Viele Stadthausbesitzer haben überhaupt keinen Garten – und höchstens eine öffentliche Grünfläche in der Nähe.

OBEN Dieses ganz und gar ungewöhnliche Ensemble dient der Verbindung zweier Gebäude. Es setzt sich aus einem einfachen Anlehnhaus und einer größeren Satteldachkonstruktion zusammen. Man gelangt nun von einem ins andere Haus, ohne ins Freie zu müssen. Die in klassischem Stil gehaltenen Wintergärten gäben auch ausgezeichnete Gewächshäuser ab.

RECHTS In einem alten Steinhaus mit kleinen Fenstern und niedrigen Räumen ist es oft recht düster. Durch dieses Anlehnhaus an der Gartenseite haben die Bewohner ein helles, modernes Esszimmer dazugewonnen. Obwohl der Wintergarten in einem ganz anderen Stil als das restliche Gebäude gehalten ist, bildet er mit ihm doch eine harmonische Einheit.

VORHERIGE SEITE Weil die Besitzer dieses Wintergartens in Illinois, USA, ihren Anbau ganzjährig
nutzen wollten, ließen sie ihn mit offenem Kamin
ausstatten. Durch die Natursteine des Fundaments
und des Rauchfangs wird die Struktur optisch mit
dem Haus und der Veranda verknüpft. Das weiß
lackierte Holz wiederum passt zur Bretterfassade.
Die hoch angebrachten Belüftungsfenster sorgen
unaufdringlich für Luftaustausch. Ein ganz besonderes Flair bekommt dieser markante Wintergarten
durch die ungewöhnliche Firstbekrönung und die
bogenförmig verzierten Oberkanten der Fenster.

RECHTS Ein Musterbeispiel für exzellente Raum-
nutzung: Das dunkle Parterre wurde durch Fenstertüren zur Gartenseite geöffnet. Den schmalen
Mauerstreifen darüber hat man verstärkt und mit
den Wänden zu beiden Seiten fest verbunden,
damit er den Wintergarten trägt, der genug Platz
für ein kleines Zimmer bietet. Die Eisenstange
zum Garten hin festigt die Konstruktion nicht
nur, sondern verhindert auch Unfälle.

Wenn Sie sich einen gläsernen Logenplatz in luftiger Höhe bauen, fühlen Sie sich der Natur wesentlich näher und genießen obendrein eine meist spektakuläre Aussicht auf die Umgebung im Wandel der Jahreszeiten.

Natürlich ist es nicht immer einfach, den Wintergarten wirklich wie eine natürliche Erweiterung aussehen zu lassen, vor allem, wenn man ein altes Haus auf dem Land oder sogar ein reetgedecktes Juwel besitzt. Solche kostbaren Objekte werden gelegentlich mit runden oder achteckigen Glashäusern „verschönert", die völlig deplatziert wirken. Manchmal ist es besser, nur die Dachlinie zu verlängern und einen Anbau mit Glaswänden zu erstellen. Doch selbst wenn Stil und Dachneigung beibehalten bleiben, sieht das Glas etwas unpassend aus. In solchen Fällen bescheidet man sich besser mit einem kleinen, unauffälligen Zusatz wie einem Anlehnhäuschen. Ach ja: Es muss nicht unbedingt in einer Modefarbe gestrichen sein.

Man kann Wintergärten einem Haus auch aus rein praktischen Erwägungen hinzufügen. Ich wohne beispielsweise in einer umgebauten viktorianischen Kapelle. Dahinter steht ein Nebengebäude, das früher ein Pferd und die Kutsche beherbergte. Als die Kapelle in ein Wohnhaus umgebaut wurde, bot es sich an, die beiden Gebäude zu verbinden – und zwar mit einem Anlehnhaus, das von der einstigen Hintertür zum

OBEN LINKS Dieser Wintergarten wurde auf ein Flachdach gesetzt. Da das Gebäude sich an einem Hang befindet, genießt man von den Fenstern im ersten Stock jetzt einen herrlichen Blick auf die Landschaft. Besser hätte man die vormals ungenutzte Fläche nicht aufwerten können.

LINKS Reichlich Platz und Licht ist mit diesem Wintergarten gewonnen, der sich über zwei Ebenen an der Hausrückseite erstreckt. Der Wohnbereich im Parterre geht nahtlos in den gläsernen Anbau über. Das Schlafzimmer im ersten Stock führt auf eine dekorative Galerie aus Metall, von der aus man einen wunderbaren Blick in die Ferne und natürlich ins Wohnzimmer hat.

UNTEN LINKS Der Einbau dieses Wintergartens zwischen die beiden Flügel des Hauses erforderte intensive Planungsarbeit. Mit der Dachlaterne hat man den Lichteinfall in dem ansonsten dunklen Winkel optimiert. Trotz seiner auffälligen Fensterfront mit großem Zugang zur Terrasse fügt sich der Wintergarten hervorragend in das Gesamtbild.

Stallende führt. Heute erreicht man über diesen Anbau ein Schlafzimmer und Bad. Er enthält einen Frühstücksbereich für Gäste und einen Nutzraum mit Waschmaschine, Wäschetrockner, Gefriertruhe und Kühlschrank. Praktisch sind die Fenster, denn durch die Bleiverglasung der ehemaligen Kapelle kann man nicht hindurchsehen. Jetzt genießen wir zumindest von einem Teil des Hauses aus den Blick auf den Garten.

Für die meisten Menschen gehört ein Wintergarten automatisch auf die Rückseite eines Hauses, dabei kann man ihn genauso gut an der Front anbringen. Man lässt ihn über die gesamte Gebäudelänge verlaufen oder setzt ihn als Vorbau mit mehr oder weniger großem Platzangebot vor die Eingangstür. In Großbritannien waren solche Gebäudeelemente Anfang des 20. Jahrhunders sehr beliebt, und gerade an der Küste kann man sie heute noch gelegentlich sehen.

Gern werden Vorbauten auch Häusern angefügt, deren Eingangstür direkt in einen Sitzbereich führt. Der vorgeschaltete Windfang bietet eine zusätzliche Wärmeisolierung und Raum für Schuhe, Mäntel oder Geräte. Selbst an einem alten Landhaus macht sich ein solcher Mini-Wintergarten manchmal gut. Und in einer Reihenhaussiedlung verleiht er dem eigenen Haus Individualität. Kundige Gärtner finden hier sicher auch Platz für ein, zwei Pflanzen oder nutzen den Vorbau als Winterquartier für empfindliche Gewächse.

RECHTS Ein Wintergarten mit britischem Flair: Diese Konstruktion im edwardianischen Stil passt gleichermaßen gut zum Haus und zum Garten. Die Dachlaterne erhöht den Innenraum nicht nur, sondern erfüllt ihn auch mit mehr Licht. Besonders elegant wirkt die lackierte Hartholzkonstruktion und das durchdachte Ensemble aus silbrigen und grünen Blattschmuckgewächsen mit weißen Blüten als Blickfang.

Materialien

VORHERIGE SEITE Ein gelungenes Beispiel für einen viktorianischen Wintergarten. Er verläuft im 90-Grad-Winkel zum Haus und führt zu einem achteckigen Glaspavillon. Für den Rahmen hat man gebeiztes Hartholz verwendet. Der Boden davor ist passend zum Haus mit Ziegelsteinen gepflastert.

Dank verbesserter Fertigungstechniken wurde die Eisen- und Glasherstellung im 19. Jahrhundert revolutioniert. Zunächst baute man nur öffentliche Gebäude aus spektakulären Stahl- und Glaskonstruktionen, doch bald machte man auch bei privaten Wintergärten von beiden Materialien ausgiebig Gebrauch. Kurz vor der Jahrhundertwende kamen reiche Verzierungen in Mode. Fialen und Oberlichter, Firstbekrönungen und Gauben wurden zum unverzichtbaren Gestaltungselement – selbst in Wintergärten bescheidenen Ausmaßes. Sogar Fußbodengitter, dekorative Wandverkleidungen und andere Zierelemente ließ man aus Schmiede- und Gusseisen fertigen. Leider ist Eisen anfällig für Rost und kann außerdem bei Frost Schaden nehmen, weshalb die allermeisten Wintergärten von damals die Zeiten nicht überdauert haben.

Heute ist die Auswahl der Materialien ungleich größer als damals: Man baut bevorzugt mit Holz aus nachhaltig bewirtschafteten Wäldern, Aluminium und Kunststoff. Holz ist der traditionellste Werkstoff und passt meist auch am besten zu älteren Gebäuden. Leider ist es relativ teuer und muss regelmäßig gepflegt werden.

Holzprofile werden in der Regel nicht aus Massivholz, sondern aus verleimten Brett-schichthölzern gefertigt. Sie garantieren beste Wärmedämmung, einen sehr hohen Schallschutz und wohnliche, lebendige Oberflächen. Außerdem zeichnen sie sich durch eine hohe Verwindungssteifigkeit, Stabilität und Rissarmut aus. Fichten-, Kiefer- und auch Lärchenholz wird häufig zu Leimholz verarbeitet. Tropenhölzer wie Mahagoni und Teak, die früher gerne im Außenbereich verwendet wurden, findet man im Brettschicht-bereich nicht, da der Stammquerschnitt für tragende Balken zu gering ist. Das rötliche Tropenholz Meranti dagegen kommt häufiger zum Einsatz. Allerdings sollt man darauf achten, dass es aus Plantagenanbau stammt. Als Schutz vor Verwitterung wird Holz imprägniert und lackiert oder gebeizt.

Sehr stabil und tragfähig ist hingegen Aluminium, aus dem man wesentlich filigranere Tragwerke konstruieren kann als etwa aus Holz. Zudem lässt es sich beliebig formen – geschwungene Dächer etwa sind mit dem Leichtmetall kein Problem. Allerdings leitet Aluminium Wärme, sodass die Streben im Winter eisig kalt und im Sommer sehr heiß

OBEN Diesem Hotel in Italien wurde ein bezaubern-der Wintergarten aus einer Metallkonstruktion hinzugefügt. Die gesamte Front besteht aus Türen, die sich ziehharmonikaartig zusammenschieben lassen, sodass man sich unter dem Glasdach fast wie im Freien fühlt. Die Anlage befindet sich an einem steilen Hang mit Seeblick.

RECHTS Ein aus Backstein gemauerter, ziegelgedeckter Wintergarten neben einem Pool. Wem es in der prallen Sonne zu heiß wird, der flüchtet in den kühlen Schatten, wo er zwischen den Ausflügen ins Wasser entspannen und einen kühlen Drink genießen kann. An lauen Abenden hat man von hier aus einen schönen Blick auf das beleuchtete Becken.

UNTEN Viele Baumärkte und Gartencenter bieten Wintergärten-Bausätze aus Kunststoff an. Wenn sie von renommierten Herstellern stammen, bereitet der Aufbau in der Regel keine Probleme. Hobbyheimwerker können aus vielerlei verschiedenen Konstruktionen auswählen. Ein Dach aus Kunststoff-Bauteilen isoliert zwar gut, ist jedoch nicht so durchsichtig wie Glas.

werden können. Um Kondensierung, Wärmeverlust und Überhitzung zu vermeiden, müssen die Bauteile mit einer thermischen Trennung ausgestattet sein. Aluminiumrahmen haben meist eine Einbrennlackierung und brauchen daher keinerlei Pflege. Das Metall ist außerdem wesentlich widerstandsfähiger gegen UV-Strahlung als Kunststoff. Man kann auch für die Dachkonstruktion Aluminium und für die Wände Holz verwenden. Da Profile aus Alu schlanker sind als Holzstreben, ist der Lichteinfall größer; außerdem spart man sich die aufwendige Pflege im Dachbereich. Innen kann man das Metall dann mit Holz verkleiden, damit es zu den Wandträgern passt.

Sehr beliebt ist die Kombination von Holz-Alu-Profilen: auf die statisch-tragende Holzkonstruktion werden Alu-Deckschalen montiert. Diese Bauweise kombiniert die Vorzüge beider Materialien in idealer Weise. Innen das wohnliche, feuchtigkeitsregulierende Holz und außen das pflegeleichte, witterungsbeständige Aluminium.

Kunststoffprofile wirken an älteren Gebäuden manchmal recht deplaziert, für ein modernes Haus mit Kunststofffenstern aber eignet es sich gut. Da es nicht sonderlich

belastungsfähig ist, sollte es bei größeren Konstruktionen mit Aluminium oder einem kost-spieligeren Stahlkern verstärkt werden. Einer gewissen Beliebtheit erfreut sich Kunststoff vor allem, weil er relativ preiswert ist, nicht gepflegt werden muss und sich leicht ver-arbeiten lässt. Leider verfärbt sich Kunststoff bei intensiver UV-Strahlung im Lauf der Zeit und wird spröde. Dächer aus Polycarbonat isolieren gut, lassen aber weniger Licht durch. Sie bestehen meist aus Vierfach- oder gar aus Fünffach-Stegplatten mit Hohlräumen dazwischen. Allerdings sind diese Hohlräume dampfdurchlässig, sodass Feuchtigkeit darin kondensieren kann, was unter Umständen zu einem unschönen Algenwachstum führt. Außerdem besteht die Gefahr, dass Insekten in die Hohlkammern eindringen. Die starke Wärmeausdehnung der Stegplatten kann sich als „Knackgeräusch" bemerkbar machen.

Das Umweltbewusstsein ist in den letzten Jahrzehnten stark gestiegen. Wir wissen alle, wie wichtig es ist, erneuerbare Materialien zu verwenden. Der Kunststoffanteil bei Wintergärten kann langfristig zu Problemen führen. Kunststoff ist eine Altlast für künftige Generationen, da er biologisch nicht abbaubar ist und sich bislang auch nicht zufrieden-

OBEN Ein sehr interessanter Öko-Wintergarten, entstanden aus einem einfachen Gartenschuppen. Er wird zwar überwiegend als Gewächshaus genutzt, enthält jedoch auch eine lauschige kleine Sitzecke. Die Dachbegrünung dient als zusätzliche Isolierung, während die getönten Scheiben unter dem First die Pflanzen vor zu intensiver Sonnen-einstrahlung schützen.

stellend wiederverwerten lässt. Bei der Verbrennung entstehen Kohlendioxid und giftige Gase, die zum Treibhauseffekt beitragen. Man sollte sich also gut überlegen, ob man sich für einen Wintergarten aus Kunststoff entscheidet.

Es gibt viele Architekten und Anbieter, die sich auf Öko-Wintergärten spezialisiert haben. In Deutschland geben unter anderem der Wintergarten Fachverband e. V. in Rosenheim oder der Fachverband Wohn-Wintergarten e. V. in Berlin Auskunft; beide Verbände geben zudem einen Ratgeber heraus. Jede Menge nützlicher Tipps und Adressen findet man im Internet oder in einem der zahlreichen Bücher über ökologisches Bauen. Manchmal lohnt sich auch ein Anruf beim örtlichen Bauamt.

Ein ökologischer Wintergarten kann aus den verschiedensten Materialien errichtet werden. Bewährt haben sich Ziegel und Hartholz. Die Energie für Heiz- oder Kühlsysteme und Beleuchtung kann man mit Fotovoltaiksystemen oder Sonnenkollektoren gewinnen. Rasante Fortschritte macht auch die Glastechnologie: Heute sind bereits Scheiben mit Dreifach-Isolierglas verfügbar. Speziell beschichtetes Wärmeschutzglas fängt Sonnenenergie ein und mindert Wärmeverluste. Natürliche Materialien bieten sich auch für den Boden an, den man gut isolieren kann. Biofarben sind fast überall erhältlich. Vielleicht wird Ihnen das alles zu viel und auch zu teuer, doch sollten Sie nicht vergessen, dass sich gerade heute die Kosten für eine Solaranlage bald amortisiert haben, schließlich tanken Sie über Jahrzehnte Energie zum Nulltarif. Aber selbst wenn Sie Ihren Wintergarten nur gut isolieren und vielleicht einen Öko-Anstrich verwenden, haben Sie schon viel für die Umwelt getan.

Plan und Wirklichkeit

Die Abbildung oben zeigt den Entwurf für einen individuell geplanten Wintergarten, der einer um 1900 entstandenen Doppelhaushälfte hinzugefügt wurde. Der Essbereich am äußeren Ende hatte ursprünglich ein Glasdach und war durch eine Wand direkt hinter den Korbflechtsesseln (siehe Foto gegenüber) abgetrennt. Man musste durch eine Tür, wenn man in ihn gelangen wollte. Die Küche befand sich in einem ziemlich dunklen und abweisenden Zimmer hinter dem Esstisch. Indem sowohl die Wand zur Küche als auch die Abtrennung zum äußeren Bereich des Wintergartens entfernt wurde, schuf man einen weiträumigen, offenen Bereich mit Türen, die auf den Innenhof und in den Garten führen.

Da die Besitzer viele geschäftliche Besucher empfangen, verlegten sie später die lange Tafel weiter nach draußen, sodass die Küche in den Hintergrund tritt und man vom Esstisch aus einen schönen Blick in den Garten hat. Durch die Fenster unter dem First werden die beim Kochen entstehenden Dämpfe ins Freie geleitet. Die Küche ist vom Wintergarten sowohl durch eine Stufe als auch eine große Arbeitsplatte aus poliertem Granit optisch getrennt.

OBEN LINKS UND RECHTS Wenn man nicht gerade Architekt oder Designer ist, kann man sich manchmal nur schwer vorstellen, wie das geplante Bauwerk in Wirklichkeit aussehen soll. Fragen Sie Ihren Architekten, ob er bereits andernorts ähnliche Wintergärten errichtet hat, die Sie eventuell besichtigen könnten.

GEGENÜBER So sieht der geplante Wintergarten später von innen aus. Er steht im rechten Winkel zum Haus, an das bereits ein wesentlich kleinerer Wintergarten angefügt war. Man hat hier einen sehr hellen Raum geschaffen, der durch den honigfarbenen Ahornboden eine warme, anheimelnde Atmosphäre bekommt.

2

Stil und Ausstattung

Stil und Ausstattung Ihres Wintergartens werden größtenteils vom Verwendungszweck vorgegeben. Ob Wohnzimmer, Küche, Esszimmer, Büro oder Bad – jeder Raum verlangt nach einer eigenen Einrichtung. Doch prägt insbesondere die Wahl der Materialien und Farben für den Boden den Gesamteindruck. Selbst rein zweckmäßige Elemente wie Heizkörper oder Belüftung sollten passend zum übrigen Ambiente gewählt werden.

Im 19. Jahrhundert war der Wintergarten ein Hort für exotische Pflanzen. Hier züchtete, pflegte und zeigte man Schätze aus fernen Ländern. Wie damals üblich, war der verfügbare Raum ganz und gar ausgefüllt. Palme, Farne und Efeu wuchsen in großen Ziertöpfen, Kletterrosen und Clematis rankten die Wände hoch und kompaktere Blütengewächse präsentierte man auf Etageren. Durch das Grün wanden sich Wege zu Tischen und Stühlen, an denen man Tee trinken oder sich zum Abendessen im engsten Kreis niederlassen konnte. Der Wintergarten befand sich aber niemals in der Nähe der Küche, die das Revier der Bediensteten war, sondern grenzte an das Wohnzimmer oder die Bibliothek.

Die heutigen Wintergärten erfüllen normalerweise einen ganz anderen Zweck: Sie dienen oft zur Aufwertung und Erweiterung der Küche oder des Essbereichs. Ihr Wohnwert hat heute wesentlich mehr Bedeutung als früher, während Pflanzen in der Regel zweitrangig geworden sind.

Ein Hobbygärtner wird, bevor er die Inneneinrichtung seines Wintergartens plant, bereits genau wissen, welche Gewächse er darin haben möchte. Wenn man viel gießen

OBEN An eine der beiden Mauern dieses zum Arbeitszimmer umfunktionierten Wintergartens wurde eine große Regal- und Schrankwand aufgestellt. Der Tisch dient zwar in erster Linie für Schreibarbeiten und zum Zeitunglesen, doch ist er auch groß genug für ein Frühstück zu sechst oder ein Essen mit Freunden. Blütensträucher in Töpfen bringen ebenso Farbe ins Spiel wie die Bücher.

VORHERIGE SEITE In diesem zurückhaltend gestalteten, eleganten Wintergarten genießt man einen schönen Blick auf die Landschaft. Die Bodenplatten aus dunkelgrauem Schiefer sind passend zur weiß gestrichenen Ziegelwand hell verfugt. Sehr gut zur Geltung kommt die schwer mit dunklen Trauben behangene Rebe.

OBEN RECHTS Platz ist kostbar in dieser Londoner Wohnung. Die Besitzer haben die Küchenwand durchbrochen und einen einfachen Anlehnwintergarten angebaut. Ein ungünstig gelegener, kaum genutzter Innenhof hat sich zu einem eleganten Essbereich unter Glas gemausert.

muss, sollte man auf einen Teppich oder Holzboden verzichten und sich stattdessen für Steinplatten oder Fliesen entscheiden. Braucht man hohe Luftfeuchtigkeit, wird man eine Möblierung wählen, die Nässe verträgt. Rattan und Korb etwa sind für schwülfeuchtes Klima wesentlich besser geeignet als herkömmliche Polstermöbel.

Wohin mit den Pflanzen? Soll man Kletterer an Gerüsten oder Säulen ziehen? Wenn die Wände des Wintergartens auf einer niedrigen Mauer stehen: Ist der Sims darauf breit genug für Töpfe? Wo soll man Hängekörbe befestigen? Sprossen zwischen Scheiben sind oft nicht stabil genug, aber vielleicht findet sich im Rahmen ein Holm oder eine Strebe, in den man einen Haken verankern kann. Passionierte Gärtner legen vielleicht sogar Beete an, denn Pflanzen gedeihen am besten, wenn sie genug Wurzelraum haben. Lassen Sie daher ein Stück Boden frei oder bauen Sie ein Hochbeet. Wenn man den neuen Platz überwiegend als Wohnraum nutzen möchte, kann man Pflanzen natürlich problemlos in Töpfen oder Kästen ziehen. Gefäße haben außerdem einen weiteren Vorteil: Man kann sie nach Belieben platzieren oder im Sommer sogar nach draußen stellen.

Unter-
schiedliche
Räume

Wintergärten werden heute eher für Menschen als für Pflanzen gebaut. Das Gros der gläsernen Anbauten dient als Esszimmer oder Wohnbereich, doch kann man sie genauso gut in Küchen, Büros, ja, sogar luxuriöse Badelandschaften verwandeln. Selbst wenn man einen Innenraum lediglich um ein oder zwei Meter erweitert, so ist der gewonnene Platz doch um ein Vielfaches wertvoller als ein Innenhof oder eine Terrasse derselben Größe.

Besonders beliebt ist die Nutzung eines Wintergartens als Wohnraum, etwa für eine gepflegte Sitzecke oder als zwangloser Aufenthaltsbereich. Gerade für Familien mit Kindern erhöht ein zusätzlicher Raum die Lebens- und Wohnqualität enorm. Wie oft hat man nicht schon Gäste zum Essen eingeladen und in letzter Minute entsetzt festgestellt, dass überall im Wohnzimmer noch die Spielsachen herumliegen! Wenn man mit einem Anbau ein vorher kleines Zimmer zur größten Wohnfläche im Haus umfunktioniert, dann wird daraus oft ein Hobbyraum oder Spielzimmer. Entsteht ein neues Haus hingegen schon von vornherein mit Wintergarten, liegt dieser für gewöhnlich so, dass man eine schöne Aussicht auf die Umgebung hat und man ihn bevorzugt als Wohnzimmer nutzt.

OBEN Dieser Wintergarten wurde als Kinderzimmer konzipiert. Man hat reichlich Regale mit eingeplant, in denen die Spielsachen am Abend verstaut werden können. Die Tür führt auf einen Innenhof, sodass die Kleinen sich auch draußen noch im Sichtfeld der Eltern befinden.

LINKS Von dieser stilvollen modernen Glaskonstruktion aus genießen die Besitzer einen erbaulichen Blick auf den Garten an der Nordseite des Hauses. Die Pflanzen bekommen genügend Licht und der Raum heizt sich nie stark auf, sodass weder Vorhänge noch Sonnenblenden notwendig sind.

GEGENÜBER Wie man die Hanglage eines Hauses für einen Wintergarten nutzt, zeigt dieses Beispiel. Der Fliesenboden und das helle Holz des Erdgeschosses wurden im Anbau fortgesetzt. Die Treppen führen zu einem gemütlicher, hellen Sitzbereich hinunter. Auf jeder Ebene sind Pflanzen platziert. Sonnenblenden und Jalousien an den Wänden und der Decke spenden Schatten für Pflanzen und Mensch.

RECHTS Ein ländlicher Wintergarten so richtig zum Wohlfühlen. Der rustikale Essbereich wurde um zahlreiche Blüten- und Blattschmuckpflanzen bereichert. Mit den Möbeln hat man die Farbe der Ziegelwand aufgegriffen, während die Holzlackierung auf das dunkle Laub abgestimmt wurde. Wenn alle Türen geöffnet sind, ist es, als säße man mitten im Garten.

UNTEN Ein Teil des Innenhofs dieser Parterrewohnung wurde in einen sonnendurchfluteten Wintergarten mit Essecke umfunktioniert. In reizvollem Kontrast zum Holz des Tisches und des Bodens stehen die weißen Wände und Stühle. Der hübsch bepflanzte Hof ist noch immer groß genug für Gartenmöbel und ein Grillfest im Sommer. Abgerundet wird der harmonische Gesamteindruck durch die Clematis, die sich an dem weiß gestrichenen Klettergerüst hochrankt.

Ist Ihnen Ihr Essbereich zu klein oder zu dunkel, vergrößern und erweitern Sie den Raum doch einfach zu einer Seite hin mit einem Wintergarten. Je nach Wetter, Tageszeit oder Laune können Sie dann frei entscheiden, ob Sie lieber drinnen bei gedämpfter Beleuchtung oder draußen im Hellen unter dem Glasdach speisen wollen. Für eine solche durchgehende Fläche wählt man am besten einen einheitlichen Bodenbelag und auch ein und denselben Möbelstil. Teppichläufer sorgen für Abwechslung. Wer sich für Teppichboden entscheidet, sollte bedenken, dass über die Tür zum Garten leicht Schmutz nach drinnen getragen wird.

Manche Wintergartenbesitzer nutzen den Bereich unter Glas auch als Küche oder Esszimmer. Eine gut durchdachte Küche braucht erstaunlich wenig Platz und selbst der kleinste Wintergarten vergrößert den Raum, der zum Essen und für geselliges Beisammensein zur Verfügung steht. Für die Küchenerweiterung werden Sie zweifellos denselben Bodenbelag wählen. Haben Sie allerdings im neu gewonnenen Wohnteil eine zusätzliche Essecke vorgesehen, können Sie die beiden Bereiche durchaus mit unterschiedlichen Belägen optisch voneinander trennen, etwa mit Fliesen in der Küche und Holz im Essbereich. Manchmal bietet sich aber auch ein in die Küche integrierter Frühstückstisch als Raumteiler zwischen draußen und drinnen an. Die Kinder können diese Fläche dann für Hausaufgaben nutzen, während das Abendessen an der großen Tafel vorbereitet wird.

Mit dem Siegeszug von Computer und Internet hat sich die Arbeitswelt grundlegend verändert. Immer mehr Berufstätige richten sich ihren Arbeitsplatz zu Hause ein. Ein Homeoffice aber nimmt viel Platz ein – und der fehlt oftmals. Dann bleiben nur zwei

LINKS Ein Klavier oder gar ein Flügel nimmt in einer Wohnung viel Platz weg. Außerdem ist es bisweilen ziemlich nervenaufreibend, das Haus mit jemandem teilen zu müssen, der stundenlang die Tasten bearbeitet. Dieser Wintergarten wurde zum Musikzimmer umfunktioniert. Weil er aber obendrein Tisch und Stühle enthält, kann man ihn auch außerhalb der Übungsstunden genießen.

LINKS Immer mehr Berufstätige verlagern ihre Arbeitsstätte nach Hause, aber nicht jeder hat Platz für ein Büro. Die Lösung ist ein Wintergarten wie dieser. Für Menschen, die einen kreativen Beruf ausüben, sind solche lichtdurchfluteten Räume ideal – wo lässt es sich besser träumen?

Möglichkeiten: Entweder man verlagert einen Teil des Wohnbereichs in den Wintergarten und räumt ein bestehendes Zimmer oder man funktioniert den Wintergarten zum Arbeitszimmer um. Der Vorteil eines „Büros unter Glas": Man macht nach der Arbeit die Tür hinter sich zu und lässt den Arbeitsalltag buchstäblich draußen vor der Tür. Wintergarten und Wohnung sind so grundverschieden, dass man sich beim Schritt in die Wohnung fühlt, als hätte man eine weite Strecke zwischen Arbeitsplatz und Zuhause hinter sich gebracht.

Ein nach Osten oder Norden gerichteter Wintergarten hat einen großen Vorteil: Er ist besonders im Sommer ausgesprochen hell, doch bekommt man kaum direkte Sonne ab, sodass man sich Jalousien oder Sonnenblenden sparen kann. Allerdings ist eine Doppel- oder Dreifachverglasung und die Installation einer Heizung zu empfehlen. Für Wintergärten an einer Süd- oder Westseite wiederum sollte man auf jeden Fall einen Sonnenschutz, gute Belüftung und vielleicht sogar einen Deckenventilator einplanen.

Bisweilen bietet sich ein Wintergarten auch als Musikzimmer an. Eine dicke Außenmauer schützt die übrige Familie vor unerwünschter Beschallung (nehmen Sie aber auch

OBEN Dieser große, reich verzierte Wintergarten wurde für ein neues Hotel gebaut, das seinen Gästen einen beheizten Swimmingpool unter Dach bieten wollte. Der Pool wird durch außen angebrachte Sonnenblenden beschattet, während der Sitzbereich größtenteils in der Sonne liegt. Um das Becken herum ist reichlich Platz, damit die Gäste bequem am Rand entlanggehen können. Einen reizvollen Akzent setzen die klassischen Urnenpflanztöpfe zu beiden Seiten der Treppe, die in das Wasser führt.

OBEN Von diesem Bad aus genießt man eine grandiose Sicht auf den Garten, der selbst im Winter einen beschaulichen Anblick bietet. Bei Bedarf können die Jalousien heruntergelassen werden. Um die Wanne herum ist noch genügend Platz für ein Buch – oder ein Glas Sekt.

OBEN RECHTS Dieser elegante Swimmingpool im kalifornischen Stil könnte aus einem Hollywood-Film stammen. Wer statt zu schwimmen lieber entspannen will, setzt sich in den Whirlpool im Vordergrund. Anstelle von Fliesen hat man ein Plankendeck aus robustem Holz verlegt, dem Nässe nichts anhaben kann. Den vielen Tropenpflanzen tut die hohe Luftfeuchtigkeit ebenso gut wie den Menschen das sprudelnde Nass.

Rücksicht auf die Nachbarn). Wer ein wertvolles Instrument sein Eigen nennt, braucht unbedingt Jalousien, denn pralle Sonne bleicht Holz aus und lässt auch andere Materialien schnell altern. Holz reagiert außerdem empfindlich auf zu hohe Luftfeuchtigkeit; sorgen Sie daher immer für ausreichenden Luftaustausch.

Wenn man sich ein komplett neues Badezimmer einrichtet, ist das immer ein Erlebnis – aber haben Sie schon einmal an ein Traumbad unter (fast) freiem Himmel gedacht? Vielleicht gehören Sie ja zu den wenigen Beneidenswerten mit einer nicht einsehbaren Freifläche. Wenn nicht, dann schützen auch günstig platzierte Jalousien oder Vorhänge vor neugierigen Blicken. Stellen Sie sich vor, Sie liegen an einem sonnigen Morgen in der Badewanne, lassen den Blick über den Garten schweifen und genießen das Vogelkonzert. Oder Sie entspannen sich nachts im warmen Wasser mit einem Glas Wein bei Ihrer Lieblingsmusik und Duftkerzen, während Sie den Sternenhimmel auf sich wirken lassen – himmlisch! Im Sommer öffnet man die Türen und spürt die warme Luft auf der Haut, und im Winter betrachtet man im Schutz wohliger Wärme die verschneite Landschaft draußen.

LINKS Noch ein großer, ungewöhnlicher Wintergarten, der speziell für den Swimmingpool eines
Hotels errichtet wurde. Hotelpools sind oft in recht
nüchternen, zweckmäßigen Hallen zu finden, dabei
kann man mit ihnen ein ausgesprochen luxuriöses
Ambiente schaffen. Im erhöhten Sitzbereich entspannen sich die Gäste bei einem Getränk, während
sie die planschenden Kinder im Auge haben.

LINKS Dieser interessante Wintergarten erstreckt sich über zwei Stockwerke, die durch eine dekorative Wendeltreppe aus Metall miteinander verbunden sind. Dank der Höhe findet im Ess- bzw. Sitzbereich sogar eine stattliche Palme Platz. Eine zweite Metalltreppe führt von der unteren Ebene zu den Gartentüren. Ein Ort zum Wohlfühlen.

GEGENÜBER Ein echtes Schmuckstück ist dieses gotisch anmutende Glashaus. Es gewährt einen herrlichen Blick ins Tal und ist dicht mit Pflanzen gefüllt, die zum Teil auf dem Boden platziert, zum Teil aber auch auf die Fensterbänke gestellt sind. Der Steinbelag passt gut zur Terrasse und wird teilweise von einem Marokkanerkelim bedeckt, dessen Rot den Raum mit Wärme erfüllt. Ideal auch die Ausstattung mit Korbmöbeln, denen Feuchtigkeit nicht so schnell schadet.

LINKS Hier stehen eindeutig Pflanzen im Mittelpunkt. Die Töpfe und Kästen sind auf unterschiedlichen Ebenen arrangiert, sodass das ganze Ensemble wie ein dichter Dschungel aus Blüten und Laub wirkt. So sieht das Refugium eines begeisterten Gärtners aus, denn es ist gerade noch genug Platz für einen Rattan-Liegestuhl, von dem aus man das beeindruckende Grün ungestört genießen kann.

RECHTS Diesem Haus wurde ein gemütlicher Sitzbereich angefügt, in den die romantische Fassade gelungen eingebunden ist. Die handgefertigten, ungleich farbigen Terrakottafliesen harmonieren sowohl mit dem alten Gebälk des Gebäudes als auch mit dem hellbraun gestrichenen Holz des Wintergartens. In der kalten Jahreszeit werden Teppiche ausgelegt, sodass der Raum optisch wärmer wirkt.

Boden-
beläge

GEGENÜBER Pflanzen spielen die Hauptrolle in diesem formstrengen Bereich, in dem bis hin zum Steinboden kühle Farben dominieren. Selbst bei den Blüten hat man sich auf Weiß beschränkt. Die einzigen Farbtupfer sind panaschierte Blattschmuckpflanzen und der dekorative Topf mit goldgelben Chrysanthemen auf dem Tisch in der Mitte. Der große Vorteil des Steinbodens: Ein paar Spritzer Gießwasser können ihm nichts anhaben.

Bis zu einem gewissen Grad hängt die Wahl des Bodenbelags von der Nutzung des Wintergartens ab. Handelt es sich um einen Anbau an ein bereits bestehendes Zimmer, wählen Sie am besten einen durchgehenden Belag, damit eine ununterbrochene Fläche entsteht. Natürlich können Sie aber auch bewusst eine optische Grenze ziehen, etwa zwischen Küche und Essbereich.

Wichtig ist ferner die Abstimmung des Bodens auf die bereits vorhandenen Materialien. Wurde der Wintergarten beispielsweise aus unbehandeltem Hartholz errichtet, werden Sie sich entweder für einen Holz- oder einen Terrakottaboden entscheiden, der in etwa dieselbe Farbe hat. Auch alte Ziegel eignen sich manchmal hervorragend als Belag. Ein lackiertes Gebälk hingegen verlangt eher nach Keramikfliesen in einer Komplementärfarbe oder nach blassen Kalksteinplatten mit andersfarbigen Einschlüssen.

Der Boden muss strapazierfähig und unempfindlich gegen Nässe und hohe Temperaturen sein. Von Teppichen lässt man am besten die Finger, sie bleichen durch direktes Sonnenlicht aus und werden schmutzig, wenn man den Anbau als Durchgang zum Garten nutzt.

Bodenfliesen sind in vielerlei Farben, Formen, Größen und Materialien erhältlich. Man hat die Wahl zwischen gemusterten und einfarbigen Platten oder glatten und rauen Oberflächen. Ob Keramik, Schiefer, Marmor oder andere Natursteine – die Bandbreite ist fast unbegrenzt. Steinböden schaffen ein traditionell-elegantes Ambiente. Sehr gut sehen Kalk- und Sandstein aus, vor allem, wenn der Wintergarten auf einen Innenhof mit gleichem Steinbelag hinausgeht, weil Innen- und Außenfläche damit optisch verknüpft werden.

Holzböden wirken warm und einladend, doch muss man sich gut überlegen, für welche Sorte man sich entscheidet. Parkett und Dielen verkratzen bei zu starker Beanspruchung und bekommen große Lücken oder springen, wenn sie nicht sachgemäß behandelt und sorgfältig verlegt werden. Bambus wirkt ebenso warm und natürlich wie Holz, ist aber robuster und kann sogar wasserfest imprägniert werden.

Es müssen jedoch nicht immer teure Edelbeläge sein – günstige Lösungen sehen oft ebenso gut aus. Man bekommt heute sehr hübsches Linoleum in natürlichen Farben. Wer's exotisch mag, greift zu Seegras oder Sisal, zwei robusten und pflegeleichten Materialien.

OBEN Helligkeit ist oberstes Gebot in diesem weitläufigen Sitzbereich, der einen seltenen 180-Grad-Panoramablick auf die Landschaft gewährt. Die beigen Möbel passen gut zum neutralen Sisal-Bodenbelag, der die gesamte Fläche bedeckt. Eine besonders angenehme Atmosphäre entsteht, wenn die Sonne durch die heruntergelassenen Blenden schimmert und alles in warmes, pastellfarbenes Licht taucht.

LINKS In diesem sonnigen, minimalistischen Wintergarten lässt man sich gerne nieder, um die Pflanzen und die Aussicht zu genießen. Der gesamte Bereich ist in Weiß gehalten – so auch die hölzernen Treillage-Rankgitter mit „Bullaugen". Dahinter sieht man strategisch günstig platzierte Blütensträucher. Die kühle Eleganz des Interieurs wird durch den schwarz-weiß gefliesten Boden zusätzlich unterstrichen.

GEGENÜBER Hier hat man eine Lücke zwischen zwei Gebäuden mit einem formalen, als Sitzecke eingerichteten Wintergarten geschlossen. Über die Tür am anderen Ende gelangt man in den Garten. Neuer und alter Boden sind zwar einheitlich aus Holz und gehen stufenlos ineinander über, doch ist der neue Belag heller, was Innen- und Außenbereich optisch deutlich trennt.

LINKS Die ungewöhnlichen Farben dieses Hotel-
wintergartens sind bestens auf den Verwendungszweck abgestimmt und passen zum benachbarten
Speisesaal. Hier trinkt man in gediegener Atmosphäre einen Aperitif oder einen Vormittagskaffee.
Die apricotfarbene Wand harmoniert mit der
gelben Polsterung, aber auch mit dem dunklen
Holz von Tür und Sesseln.

Farben

Wer einen bestehenden Raum durch einen Wintergarten vergrößert, will meist die
dominierende Farbe auch im neu dazugewonnenen Raum fortführen, um eine optische
Einheit zu schaffen. Durch den vorgelagerten Wintergarten wird dem ursprünglichen
Zimmer allerdings etwas Licht weggenommen. Daher sollte man es in einem geringfügig
helleren Ton streichen.

Weil der Innenraum eines Wintergartens auch von draußen einsehbar ist, wählen viele
Besitzer für innen und außen dieselbe Farbe. Genauso passend allerdings sind komple-
mentäre Farben. Die Farbpalette für Wintergärten aus Metall- oder Kunststoffprofilen ist
groß, und auch Holzkonstruktionen kann man in jeder beliebigen Farbe streichen. Die
meisten Hersteller bieten mittlerweile umweltfreundliche, lösungsmittelfreie Farben für
den Innen- und Außenbereich an. Allerdings sollten Sie sich darüber im Klaren sein, dass
Holz in Abständen gestrichen werden muss – in der Regel alle drei bis fünf Jahre.

Die meisten Wintergartenbesitzer bevorzugen neutrale Schattierungen oder Pastell-
töne und bringen lieber mit Möbeln und Accessoires frische Noten ins Spiel. Besonders

LINKS Das weiche Blassgrün der Holzstruktur und des Boders passt vorzüglich zum üppigen Pflanzenbewuchs im Garten, während das Blau der Möbel und der Polster die Farbe des Himmels nach drinnen holt. Dank der gelungenen Kombination prägt ein bezauberndes ländliches Ambiente diesen lauschigen Sitz- und Essbereich.

UNTEN LINKS Dieser kleine Wintergarten profitiert von der Dachlaterne. Im Zusammenspiel mit dem weißen Boden erfüllt sie den Raum mit Helligkeit, obwohl er zwischen zwei Gebäuden eingezwängt ist. Die blauen Fensterrahmen greifen die Farbtöne des angrenzenden Raums auf.

beliebt sind Grün- und Blautöne: Grün passt zur Bepflanzung des Gartens und Blau zum Himmel. Gelb ist die ideale Hochsommerfarbe, wirkt in unseren nördlichen Breiten im Winter allerdings manchmal etwas deplatziert. Gut geeignet sind auch Erdtöne, etwa Beige, Hellbraun, Ocker oder Terrakotta. Als Faustregel gilt: Kräftige Farben brauchen viel Sonne, deshalb sollte man in Mitteleuropa sparsam mit ihnen umgehen und sie lediglich als Akzente vor neutralem Hintergrund einsetzen. Ansonsten aber gibt es kein Patentrezept – man findet viele rundum gelungene Wintergärten, in denen reichlich Gebrauch von äußerst lebhaften Tönen gemacht wurde.

Eine Rolle bei der Farbenwahl spielt aber auch der Verwendungszweck. Für ein Büro wird man wohl ein gedecktes Spektrum bevorzugen, während ein Spielzimmer für Kinder eher in fröhlicheren Tönen gehalten wird. Nehmen Sie die Farbgebung nicht auf die leichte Schulter und probieren Sie verschiedene Kombinationen aus. Allerdings: Selbst wenn man völlig danebenliegt, ist nicht alles verloren. Dann greift man eben einfach noch einmal zum Pinsel!

RECHTS Die Heizkörper unter der Fensterbank nehmen in dieser klassischen Sitzecke die gesamte Fensterfront ein und erfüllen den Raum sogar an frostigen Tagen mit wohliger Wärme. Sie sind weiß lackiert und passen nicht nur zu den Fensterrahmen, sondern auch zu den weißen Korbmöbeln.

Heizung

GEGENÜBER Dieser Wintergarten in den USA ist für ganzjährige Nutzung angelegt. Zentraler Blickfang ist ein offener Kamin aus Stein. Auch der Boden und die Wand über dem Kamin sind in Stein gehalten, was zusammen mit den Korb- und Holzmöbeln eine gemütliche Atmosphäre in dem von einer weiß lackierten Konstruktion eingefassten Raum schafft.

Für einen Wintergartenraum gibt es viele Heizungsvarianten, doch wie so oft muss man zuallererst einmal wissen, wie man ihn nutzen möchte. Ist er überwiegend für Pflanzen gedacht, stimmt man die Heizquelle auf den Wärmebedarf der Gewächse ab. Wenn er vor allem als Lebensraum für Menschen dient, sollte man überlegen, ob man ihn eher tagsüber oder bevorzugt abends nutzen möchte.

Die Installation einer Fußbodenheizung ist teuer, doch wird die Wärme mit ihr recht gut genutzt. Außerdem tut ein warmer Boden Mensch und Pflanze gleichermaßen gut. Weiterer Vorteil: Es gibt keine Heizkörper, die Platz wegnehmen. Heißwasserrohre und elektrische Kabel kann man unter dem Belag verlegen oder in die Ecken verbannen und dort mit einer Dekorleiste verdecken.

Natürlich lässt sich auch die im Haus bestehende Zentralheizung auf den Wintergarten ausweiten, sofern genug Platz für Heizkörper ist. Wegen der trockenen Luft sollte man aber für zusätzliche Luftfeuchtigkeit sorgen. Statten Sie die Heizkörper auf jeden Fall mit guten Thermostaten aus, damit sich die Wärmezufuhr selbst reguliert und die

Temperaturen auch dann nie unter ein für die Pflanzen verträgliches Minimum fallen, wenn die Heizung im übrigen Haus abgedreht ist. Wer partout keine Heizkörper sehen will, kann sie hinter einem dekorativen Sichtschutz oder unter einer Fensterbank verstecken. Das hat zudem den Vorteil, dass man Abstellflächen für Pflanzgefäße gewinnt. Andere Heizmöglichkeiten sind Beistellöfen, die mit Strom, Öl oder Gas betrieben werden, doch nehmen sie alle viel Platz weg und verursachen zum Teil hohe laufende Kosten.

Sie wollen Ihren Wintergarten ständig nutzen? Dann bietet sich ein offener Kamin oder ein Ofen für Holz oder andere Brennstoffe an – natürlich immer vorausgesetzt, dass der Platz reicht. Allerdings müssen Sie die Wärmequelle von Anfang an in Ihre Planungen mit einbeziehen, denn sie erfordert die Installation eines eigenen Kamins oder Rauchabzugs und eventuell einen Ventilationsschacht für die Frischluftzufuhr. Ein offener Kamin mit wärmendem Holzfeuer avanciert automatisch zum Mittelpunkt jedes Raums, doch nimmt er sehr viel Platz weg, denn man braucht neben der Feuerstelle noch Stauraum für Brennholz und Utensilien wie Schürhaken.

OBEN Gusseiserne Roste als Auslass für Luftheizungen gibt es in vielen verschiedenen Varianten. Sie sind eigenständige Dekorelemente und werden sogar in maßgeschneiderten Ausführungen angeboten. Gerade in Wintergärten mit vielen Pflanzen sollten sie jedoch unbedingt verzinkt werden, damit sie nicht rosten.

LINKS Hier hat man die Zentralheizung des Hauptgebäudes auf den Wintergarten ausgedehnt. Die Heizkörper wurden an der Außenwand platziert und so verkleidet, dass sie als Fensterbänke genutzt werden können, auf denen selbst große Töpfe Platz finden. Davor ist ein Gitter befestigt, sodass sie nicht den Gesamteindruck stören und die erwärmte Luft ungehindert zirkulieren kann. Das Gitter wurde farblich auf die Profile des Wintergartens abgestimmt.

GEGENÜBER Der hohe Holzofen in diesem Wintergarten wurde von vornherein eingeplant. Man hat ihn so positioniert, dass er einen Großteil des Raums erwärmt. Das Besondere an ihm: Als Wärmequelle dient nicht nur das Feuer selbst, sondern die gesamte Säule, die die Hitze speichert.

Oben Mit Dachluken erreicht man immer eine gute Luftzirkulation, vor allem wenn zusätzlich Fenster und Türen im unteren Bereich geöffnet werden können. Diese Oberlichter lassen sich per Knopfdruck aufklappen und sogar an einen Temperatursensor anschließen, der sie automatisch öffnet und schließt.

Belüftung

Jeder Raum braucht Frischluft. Das gilt besonders für Wintergärten, denn zum einen dürfen sie sich im Sommer nicht zu sehr aufheizen und zum anderen soll ein Beschlagen der Glasflächen vermieden werden. Planen Sie Luftaustauschsysteme daher schon beim Bau mit ein. Natürlich kann man auch einfach nur Fenster und Türen weit öffnen, doch ist eine permanente Frischluftzufuhr meist unumgänglich.

Warme Luft steigt nach oben. Wenn sie auf eine kalte Fläche trifft, kondensiert die in ihr enthaltene Feuchtigkeit. Eine ausreichende Zirkulation gewährleisten Dauerbelüftungen und Oberlichter. Manche Hersteller versehen auch den First mit Lüftungsöffnungen. Dachfenster lassen sich manuell mithilfe eines Stocks oder einer Zugleine aufklappen, doch gibt es auch elektrische Fensteröffner, die sich bei einer bestimmten Temperatur von selbst einschalten. Neu auf dem Markt sind Solarventilatoren, die man in das Dach integrieren kann.

Für Luftaustausch sorgen ferner Wandlüfter, die mit der Zeit aber oft etwas laut werden. Deckenventilatoren sehen gut aus und machen kaum Lärm, doch wälzen sie die Luft nur um und helfen nicht bei beschlagenen Scheiben.

OBEN Deckenventilatoren haben nicht nur einen praktischen Nutzen, sie sehen auch recht dekorativ aus. Dieser erinnert an traditionelle Handfächer. Zusätzlich sorgen hier Lüftungsöffnungen im Dach sowie Fenster und Türen für eine ausreichende Zirkulation, die wegen des offenen Kamins besonders wichtig ist.

GEGENÜBER Dieser moderne Wintergarten im gotischen Stil ist schmal und hoch zugleich. Klappfenster auf beiden Dachseiten lassen im Sommer die aufgeheizte Luft entweichen und verhindern im Winter Kondensation. Weil sie so hoch oben angebracht sind, kann man sie allerdings nicht mehr manuell öffnen, weshalb sie elektrisch betätigt werden.

Glas

Ein Wintergarten besteht in den meisten Fällen überwiegend aus Glas. Daher lohnt es sich, das bestmögliche Material auszuwählen und nicht am falschen Ende zu sparen. Erkundigen Sie sich bei Ihrer Baubehörde, ob bestimmte Scheibentypen vorgeschrieben sind. Gerade wenn der neu gewonnene Raum auch von Kindern genutzt wird, sollte man auch in den unteren Bereichen Verbund- bzw. Sicherheitsglas verwenden.

Verbundglas besteht aus Glasscheiben, die durch eine hochreißfeste Folie miteinander verbunden sind, und bricht nur schwer. Bestimmte Glassorten blockieren UV-Licht, das Stoffe und Holz ausbleicht. Ebenfalls erhältlich ist Sonnenschutzglas und sogar selbstreinigendes Glas mit spezieller Beschichtung.

Isolierglas verringert den Wärmeverlust. Das tut nicht nur der Umwelt, sondern auch dem Geldbeutel gut. Es gibt doppelt oder sogar dreifach verglaste Scheiben. In manchen Fällen lohnt sich der Einbau eines beschichteten Wärmeschutz-Isolierglases, das bei Doppelverglasung so viel Energie spart wie eine Dreifachverglasung. Gelegentlich bietet sich auch gemustertes, geschliffenes oder getöntes Dekorglas an.

OBEN Die Besitzer dieses geräumigen Wintergartens mit Holzprofilen haben sich für eine interessante Variante entschieden: Die unteren Fenster und die Türen sind mit Buntglas gerahmt, während das Dach aus herkömmlichen Scheiben besteht. Ein atemberaubender Effekt entsteht, wenn die Sonne durch das braune Glas fällt. Die quadratischen, gemusterten Ecken greifen die Farbe des strahlend blauen Himmels auf.

RECHTS Dank der ausgefeilten Buntglasfenster wirkt dieses äußerst ungewöhnliche Glashaus mit gusseisernem Rahmen ausgesprochen dekorativ. Es ist zwar in erster Linie für Pflanzen gedacht, da das Dekorglas aber hoch oben platziert ist, wird der Blick auf das Grün in keinster Weise getrübt.

UNTEN In diesem Wintergarten mit Metallrahmen hat man altes Buntglas in den Türen und Fenstern vollendet in Szene gesetzt. Wenn die Sonne durch die gefärbten Scheiben scheint, sind spektakuläre Farbeffekte garantiert. Die meisten modernen Wintergärten bestehen ausschließlich aus Klar- oder Mattglas, doch schaden gelegentliche Farbtupfer keineswegs, wie dieses Ensemble beweist.

3

Pflanzen

Vielleicht träumen Sie seit Langem von einem großen Garten mit prächtigen Obstbäumen. Ein Wintergarten wird Ihnen diesen Traum nicht ganz erfüllen, kommt ihm aber zumindest ein gutes Stück näher. Pflanzen Sie einen Rebstock oder einen Pfirsichbaum in ein Bodenbeet oder einen großen Kübel – und schon in ein paar Jahren können Sie durch Ihr grünes Reich schlendern und saftige Früchte ernten.

Mittlerweile haben Sie sich wahrscheinlich schon entschieden, wie Sie Ihren neuen Wintergarten nutzen möchten. Nun ist es an der Zeit, sich Gedanken über die Begrünung zu machen. Berücksichtigen Sie beim Pflanzenkauf auf jeden Fall den Standort des Glashauses und die Mindesttemperatur, die Sie im Winter aufrechterhalten wollen.

Wir können heute komfortabel, preiswert und schnell um den Globus reisen. Auf unseren Abstechern in ferne Länder begegnen wir Pflanzen, die wir nur zu gern auch bei uns kultivieren würden – der Mimose in der Provence, der Passionsblume in Costa Rica oder dem Stechapfel in Thailand. Etwas Besonderes soll es sein, doch die Auswahl ist riesig: Im Gartencenter gibt es Gewächse aus allen Klimazonen und Höhenlagen, aus tropischen Regenwäldern ebenso wie aus Gebirgsregionen. Leider kann man sie nicht alle auf einmal kultivieren.

Greifen Sie zu Pflanzen, die Ihre Freude am neu dazugewonnenen Lebensraum weiter erhöhen. Gerade weil ein Wintergarten sich so hervorragend als grünes Refugium eignet, wäre es schade, würde man ihn mit ein paar wahllos zusammengekauften Exemplaren verschandeln. Widmen Sie den Gewächsen daher ebenso viel Aufmerksamkeit wie den verwendeten Farben oder der Möblierung – sie sind genauso wichtig. Wahrscheinlich haben Sie schon einmal einen Wintergarten gesehen, der nicht besonders durchdacht

VORHERIGE SEITE Die viktorianischen Bodenfliesen in diesem hübschen kleinen Wintergarten harmonieren sehr gut mit den gebrauchten Backsteinen, aus denen man das Hochbeet gemauert hat. In den Gesamteindruck fügen sich die Fuchsien ausgezeichnet ein. Die Jakobinie *(Justicia rizzinii)* ist bereits gut eingewachsen und gedeiht prächtig; mit ihrem etwas struppigen Aussehen passt sie bestens zum zwanglosen Ambiente.

UNTEN Ein großartiger Rebstock steht im Mittelpunkt dieses hübschen Wintergartens mit Steinplattenbelag. Mit der Unterpflanzung an seinem Stammansatz hat man das Loch im Boden geschickt kaschiert. Farbe ins Spiel bringen die Pelargonien in schlichten Tontöpfen, während die Wandkörbe und der dekorative Ständer aus Metall das karge Interieur dezent beleben.

OBEN RECHTS Ein durchdachtes, üppiges Pflanzen-
arrangement dominiert diesen Wintergarten,
dennoch bleibt genug Platz für Mobiliar. Die tiefen
Regale im Hintergrund tragen zahlreiche Gewächse,
während niedrige Pflanzen davor die Konstruktion
völlig verdecken. Am Rand hat man Geißblatt und
Wein hochgezogen.

begrünt war. Vielleicht standen Usambaraveilchen neben Fleißigen Lieschen und ein
Weihnachtskaktus zwischen ein paar vernachlässigten Kräutern. Mit ein bisschen
vorausschauender Planung kann man solche unharmonischen Arrangements vermeiden.
Problematisch wird es, wenn Freunde oder die Familie Sie mit Pflanzen beschenken, ohne
darauf zu achten, ob sie in Ihren Wintergarten passen. Sicher aber finden Sie für die gut
gemeinten Präsente andere Plätze in Ihrer Wohnung, wo sie besser aufgehoben sind.

Bei der Zusammenstellung der Bepflanzung sollte auch auf die Gefäße geachtet
werden. Man bekommt Kübel, Tröge und Kästen in den verschiedensten Formen, Größen
und Materialien. Schlichtere Exemplare platziert man am besten auf dem Boden, während
man dekorativere eher höher stellt, wo sie gut zu sehen sind.

Soll in Ihrem Wintergarten ganzjährig Blühsaison herrschen oder ziehen Sie Blattschmuckpflanzen vor, die Sie bestenfalls mit Zwiebelblühern wie Hyazinthen, Krokussen
oder leuchtenden Amaryllis auflockern? Auch ungewöhnliche Orchideen verlocken, doch
braucht man ein Händchen für sie. Wie immer gilt: Es ist alles eine Frage des Geschmacks.

Sehr gut fügen sich in diese Ecke das kleine Wasserelement und der einfache glasierte Tonkrug ein, der das Ziergras sehr gut zur Geltung bringt. Seine übergeneigten, goldbraunen Samenstände und die fast purpurnen Blätter setzen sich zwischen den verschiedenen Grüntönen der übrigen Pflanzen mit großer Geste in Szene.

Einsatz von Pflanzen

Eine mit zahlreicher Topfpflanzen gefüllte Ecke in einem Wintergarten: zwei Terrakotta-Hühner mit Sukkulenten, Kletterer und Hängepflanzen, eine Engelstrompete und Pelargonien, sogar ein hoch aufgehängter Korb und ein kleines Hochbeet. Seinen Schwung bekommt das lebhafte Ensemble durch die Anordnung der Gewächse auf Ebenen vom Boden bis zur Decke.

Wissen Sie schon, wie Sie Ihren Wintergarten bepflanzen? Eingefleischte Gärtner überlassen nichts dem Zufall: Sie planen von vornherein Boden- und Hochbeete mit ein oder stellen Säulen oder Gerüste auf, an denen sich Kletterer hochranken. Kurzum, sie haben eine genaue Vorstellung vom späteren Grün. Die meisten von uns sind nicht ganz so gut organisiert und denken erst an ihre Pflänzchen, wenn der Wintergarten schon konkrete Formen angenommen hat.

Reden Sie mit anderen Hobbygärtnern, kaufen Sie Gartenzeitschriften oder leihen Sie sich einschlägige Bücher aus der Bibliothek. Statten Sie guten Gärtnereien einen Besuch ab und sehen Sie sich deren Angebot an oder fragen Sie die dortigen Angestellten. Nehmen Sie sich Zeit für die Planung. Wenn Ihnen gar nichts Rechtes einfällt, überlegen Sie, was Sie auf jeden Fall in Ihrem Wintergarten haben möchten – etwa einen Kräutergarten oder einen Zitronenbaum – und arrangieren Sie anschließend das übrige Grün einfach um diese Fixpunkte herum. Dann haben Sie zumindest schon einmal etwas, das wächst und gedeiht. Oft ergibt sich der Rest von allein.

Ein Beispiel: Sie machen Ihren Lieblingskletterer Bougainvillea zum Star. Dann gruppieren Sie andere Pflanzen um dieses Highlight. Jetzt geht es nicht mehr nur darum, ob die farbenprächtige, aber nicht duftende und ziemlich struppige Bougainvillea in das Ambiente passt, sondern auch um die Farbe und Größe, den Duft und den Wuchs der anderen Gewächse. Sollen die Pflanzen farblich mit dem Wintergarten harmonieren? Dann wählen Sie ähnliche Tönungen – weiße Blüten und silbriges oder grünes Laub für einen grünen oder weißen Raum beispielsweise. Oder wollen Sie mit kontrastierenden Farben lieber Spannung schaffen? In diesem Fall bieten sich Pflanzen mit dunkelroten oder orangegelben Blüten an.

Sie können sich aber auch auf eine bestimmte Gruppe von Gewächsen beschränken, etwa Kakteen oder Sukkulenten, die man am besten in Töpfen zusammenstellt oder in einem zentralen Hochbeet anordnet. Eignet sich der Wintergarten für Hängekörbe? Sollen die Pflanzen auf unterschiedlichen Ebenen gestaffelt werden oder alle auf dem Boden stehen? Möchten Sie vielleicht lieber alle in einer Ecke des Raums arrangieren? Ihrer Fantasie sind keine Grenzen gesetzt.

UNTEN LINKS Dieses Arrangement lebt von der Vielfalt der Gefäßformen: Es setzt sich zusammen aus glatten und verzierten Terrakottaschalen, -töpfen und -säulen, die mit Primeln, Zwiebel-blühern, Pelargonien und panaschiertem Efeu bepflanzt wurden. Sobald die Zwiebelgewächse verblüht sind, nimmt man sie auf und lagert sie für das nächste Jahr ein, sodass die Töpfe frei für neue Pflanzen werden.

UNTEN Ein Metallgefäß wie dieses wirkt außer-ordentlich elegant, lenkt dabei aber nicht von den Terrakottatöpfen ab. Der immergrüne Buchsbaum mit seiner feinen, dichten Belaubung verträgt Sonne und lichten Schatten gleichermaßen. Man bewahrt seine Form, indem man aus der Reihe tanzende Triebe gelegentlich abschneidet.

Nicht außer Acht lassen darf man ferner die Gefäße. Die Auswahl an Töpfen, Kästen und Schalen ist enorm. Zitrusbäume pflanzt man traditionell in quadratische Versailles-Kübel aus rohem oder lackiertem Holz. Holzgefäße müssen mit einem wasserdichten Material ausgeschlagen sein, sofern es sich nicht um Harthölzer wie Teak, Iroko oder Eiche handelt, die man lediglich zu ölen braucht, etwa mit Teaköl oder Danish Oil. Tontöpfe sehen hübsch aus, sind in allen nur erdenklichen Größen erhältlich und können glasiert oder roh, schmucklos oder dekoriert sein. Keramikgefäße gibt es in vielen Farben und Stilen. Metall- oder Steingefäße wirken elegant, während geflochtene Körbe eher rustikales Flair verbreiten.

Die Auswahl der kultivierten Pflanzen wird größtenteils von der Temperatur in Ihrem Wintergarten und der Sonneneinstrahlung vorgegeben. Wenn die Quecksilbersäule nachts nicht unter 10 °C fällt und tagsüber bei 18 bis 20 °C liegt, sind Gewächse aus warmgemäßigten und kühlen subtropischen Zonen die ideale Besetzung. Tropenpflanzen brauchen einige Grad mehr und obendrein hohe Luftfeuchtigkeit. Selbst für einen nach Norden gerichteten Wintergarten ohne direkte Sonne gibt es Passendes, wie etwa Farne.

GEGENÜBER Die Pflanzen sind auf unterschiedlichen Ebenen arrangiert, sodass ein ansprechendes Ensemble entsteht. Drehfrüchte *(Streptocarpus)* tragen das ganze Jahr über immer wieder aufs Neue Blütenrosetten. Wenn der Weihnachtskaktus aufgehört hat zu blühen, kann man einzelne Segmente abschneiden, sie einen Tag lang trocknen und für nächstes Jahr eintopfen.

LINKS Die Wand im Hintergrund ist mit einer gut eingewachsenen Bleiwurz *(Plumbago auriculata)* begrünt, die sich dort ganz offensichtlich sehr wohl fühlt. Bleiwurze zählen zu den pflegeleichtesten Topfsträuchern überhaupt, setzen den ganzen Sommer über Unmengen blauer oder weißer Blüten an und lassen sich problemlos an Stäben oder Drähten ziehen. Geschnitten werden sie im Spätwinter.

UNTEN Die Pflanzen stehen zwar alle auf einem Tisch und damit auf gleicher Höhe, doch weil sie unterschiedlich groß sind, wirkt das Ganze keineswegs eintönig. Mit von der Partie sind unter anderem Margeriten und Drehfrüchte. In anderen Winkeln dieses Wintergartens reicht das Grün aber vom Boden bis zu Hängekörben in luftiger Höhe.

Gemischte Pflanzungen

Die meisten Menschen bauen einen Wintergarten in erster Linie, um mehr Wohnraum zu haben. Trotzdem möchten fast alle auch etwas Grünes darin sehen – denn ein Wintergarten ohne Pflanzen ist wie ein Bücherregal ohne Bücher.

Manche würden ihn am liebsten das ganze Jahr über mit einem Blütenmeer füllen, andere ziehen großen, strukturbetonten Blattschmuck vor. Probieren Sie es einmal mit einem Mix aus niedrigen Blütengewächsen vor einer grünen Kulisse aus kleinen Laubpflanzen. Neigt sich die Blütezeit einer Art dem Ende zu, kann man sie problemlos durch eine andere ersetzen, die sich gerade eben von ihrer schönsten Seite zu zeigen beginnt. Eines sollte man jedoch nie vergessen: Alle Pflanzen müssen sich in Ihrem Wintergarten wohl fühlen. Ein nach Norden gerichteter Glasbau erfordert andere Gewächse als ein an die Westseite angefügter.

Im Freiland ziehen die meisten Gärtner gemischte Pflanzungen vor. Ein solches Potpourri ist auch im Wintergarten möglich, wenngleich in kleinerem Maßstab. Wer sich das ganze Jahr über an interessanten Gewächsen – ob Blüten- oder Blattschmuckpflanzen –

erfreuen möchte, muss die Zusammenstellung allerdings gut planen. Ein Teppich aus Frühlingsblühern ist zum Winterende zwar Balsam für die Seele, doch wenn die Zwiebeln einziehen, ist es mit der Pracht schnell vorbei.

Lassen Sie sich von einem Fachmann beraten oder arbeiten Sie selbst ein Arrangement aus. Nehmen Sie ein, zwei Gewächse, die allein wegen ihres Laubs interessant sind – etwa Efeu, Farne oder eine Palme. Bei den Blütenpflanzen achtet man auf unterschiedliche Blühzeiten. Kultivieren Sie einjährige Kletterer wie die Glockenrebe *(Cobaea scandens)* oder Prunkwinden *(Ipomoea)*, die allerdings im Winter ihr Laub abwerfen, weshalb man sie mit immergrünen Pflanzen kombinieren sollte. Leuchtende Farben in der kalten Jahreszeit zeigen die Purpur-Korallenerbse *(Hardenbergia violacea)* oder der Winterjasmin *(Jasminum nudiflorum)*, der obendrein angenehm duftet. Bougainvillea trägt das ganze Jahr über Flor, Alpenveilchen *(Cyclamen)* zeigen sich im Winter drei oder sogar vier Monate lang von ihrer besten Seite, während Fuchsien, Storchschnäbel *(Geranium)* oder Drehfrüchte *(Streptocarpus)* im Frühjahr, Sommer und Herbst blühen. Die Auswahl ist unbegrenzt.

UNTEN Der Besitzer dieses Wintergartens hat einen üppigen, exotischen Dschungel geschaffen. Der Gang durch das Grün ist eine Expedition, in deren Verlauf man Farnen, kletternden Chilenischen Wachsglocken *(Lapageria rosea)* und einer prachtvollen Azalee begegnet. Der eigentliche Herrscher dieses Dschungels aber ist der Orangenbaum mit seinen leuchtenden Früchten.

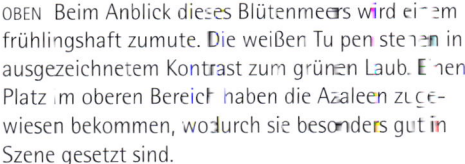

Kleinere Blütengewächse stellt man in den Garten, wenn ihre Zeit um ist, und ersetzt sie durch Exemplare, die gerade erst zu blühen beginnen. Kakteen sind nicht jedermanns Sache, doch haben sie unbestreitbare Vorteile: Sie sind pflegeleicht, ziehen durch ungewöhnliche Formen die Blicke auf sich und tragen bisweilen auch exotisch anmutende Blüten.

Unterschätzen Sie den Arbeitsaufwand für einen mit vielen verschiedenen Pflanzen gefüllten Wintergarten nicht. Jedes Gewächs stellt bestimmte Ansprüche und muss einzeln gewässert, gedüngt und zurückgeschnitten werden. Viele Wintergartenbesitzer kultivieren zunächst Unmengen von Grün, richten ihre Aufmerksamkeit aber mit der Zeit auf ein, zwei Arten, die dann allmählich immer mehr Raum einnehmen.

Kleinere Exemplare kommen am besten zur Geltung, wenn man sie erhöht stellt. Dazu braucht man entweder Pflanzenständer oder Tischchen, die man hinter anderen Pflanzen verbirgt oder gleich so wählt, dass sie selbst als dekorative Elemente dienen, die zum Stil des Wintergartens und der Möbel passen. Höhere Gewächse wie Amaryllis kann man mit kleinen Exemplaren unterpflanzen, etwa Veilchen oder Blattschmuckpflanzen wie *Pilea*.

Kletterer

OBEN Viele Kletterpflanzen lassen sich problemlos in Töpfen ziehen, doch ein kleines Hochbeet bietet innen ungleich mehr Wurzelraum, für den sie sich mit kräftigem Wuchs bedanken. Dieser spektakuläre Jasmin verwöhnt mit duftender weißer Blütenpracht.

OBEN RECHTS Weinreben gedeihen gut in Töpfen. Eine in ein Bodenbeet gepflanzte Rebe erreicht eine stattliche Größe und beansprucht viel Platz. Dafür wird sie weit über 30 Jahre alt und liefert in dieser Zeit viele hundert Kilo Trauben.

GEGENÜBER Alle hier gezeigten Kletterpflanzen wachsen an Rankgittern, obwohl Philodendren sich auch mit einer Moossäule zufrieden geben. Sie bevorzugen einen schattigen, warmer Standort mit hoher Luftfeuchtigkeit. Ihre glänzenden Blätter müssen regelmäßig abgewischt werden.

Mit Kletterpflanzen kann man das Bild eines Wintergartens entscheidend prägen. Man lässt sie an Wänden hochranken oder unter dem Dach wachsen, wo sie einen schattigen Laubbaldachin bilden. Die Stämme älterer Exemplare wirken am Ansatz zwar manchmal unansehnlich, doch kann man diesen kleinen Makel mit Unterpflanzungen gut kaschieren.

Die meisten Kletterpflanzen schaffen es nicht von alleine nach oben. Man zieht sie an Säulen, Stöcken oder Rankgittern, die man in derselben Farbe wie die Wand streicht, wenn sie möglichst unauffällig bleiben sollen, oder mit einer anderen Farbe bewusst hervorhebt. Als Kletterhilfe bieten sich ferner quer gespannte Drähte an einer Mauer oder der Decke an. Für Aluminiumsprossen zwischen den Scheiben gibt es spezielle Drahthalterungen.

Kultivieren Sie nach Möglichkeit mehrere Kletterer mit unterschiedlichen Blühzeiten, um ihren Flor und ihre Düfte über viele Monate hinweg genießen zu können. Als vorzüglicher Wintergartenbewohner empfiehlt sich der Zimmer- oder Duftjasmin *(Jasminum polyanthum)*. Er zeigt sich im Winter und zeitigen Frühjahr von seiner besten Seite – gerade in den Wochen also, in denen man sich über Blüten und ihren Wohlgeruch besonders

freut. Passionsblumen gewöhnen sich bereitwillig ein und streben rasch nach oben, sofern sie eine geeignete Stütze finden. Auch Bougainvilleen sind dankbare Kletterer, brauchen jedoch viel Platz. Selbst mit Clematis, Geißblatt oder der Amerikanischen Klettertrompete (Campsis radicans) kann man Leben in einen Wintergarten bringen. Vorsicht: Manche Arten sind giftig. Prunkwinden (Ipomoea) lassen sich als Einjährige aus Samen ziehen; ihre Farbpalette reicht von Dunkelblau bis Rosa und Weiß. Manche Sorten werden mit entsprechenden Rankhilfen bis fünf Meter hoch. Die süß duftenden Blüten der Mondwinde (Ipomoea alba) öffnen sich in der Dämmerung und schließen sich am Vormittag. Man zieht sie als Mehrjährige und schneidet sie im Frühjahr zurück.

OBEN Diese imposante Rebe trägt eine ganze Reihe von Trauben. Im Handel gibt es sowohl Wein- als auch Tafeltraubensorten. Weil man für die Weinerzeugung allerdings sehr viele Früchte braucht, sollte man sich eher für Tafeltrauben entscheiden, von denen man den ganzen Herbst über naschen kann.

RECHTS Zwischen den Kletterpflanzen, die in diesem Wintergarten die Wände und sogar die Dachlaterne erobert haben, wachsen auch Rosen. Fragen Sie im Fachhandel nach, welche Sorten sich für Ihren Wintergarten eignen. Rosen brauchen während der Vegetationsperiode viel Sonne, Wasser und Luft. Ein Flüssigdünger versorgt sie mit den dringend benötigten Nährstoffen.

Ein weiterer relativ unkomplizierter Kletterer ist die *Mandevilla*. Sie beeindruckt durch große trompetenförmige Blüten und glänzend grüne Blätter. *M. x amabilis* 'Alice du Pont' ist eine Form mit rosa Flor; und *M. boliviensis* trägt hübsche weiße Blüten mit gelbem Schlund. *Mandevilla* brauchen wie Prunkwinden eine Kletterhilfe.

Ein echter Hingucker unter den Kletterern ist der immergrüne Losbaum *(Clerodendrum thomsoniae)*. Seine scharlachroten, von weißen Hochblättern eingerahmten Blüten trumpfen vor einer grünen Kulisse aus spitz zulaufenden Blättern auf. Losbäume brauchen viel Luftfeuchtigkeit. Nach der Blüte lichtet man sie aus oder schneidet sie zurück.

Eine nicht minder exotische Aura verbreitet die Ruhmeskronen-Sorte *Gloriosa superba* 'Rothschildiana', ein tropischer Kletterer. Seine Blüten setzen sich aus roten und gelben, gewelltrandigen Blütenblättern und auffallenden gelben Staubgefäßen zusammen. Man gießt sie nur, wenn das obere Drittel des Substrats ausgetrocknet ist. Zu starkes Wässern macht diesem Juwel unter den Zierpflanzen unweigerlich den Garaus. Nach dem Einziehen überwintert man die Rhizome an einem warmen Ort.

Ob all dieser exotischen Pracht sollte man jedoch einen Klassiker nicht vergessen: die Kletterrose. Es gibt fabelhafte Züchtungen, die jedem Wintergarten zur Zier gereichen. Wählen Sie am besten wohlriechende Sorten wie 'Maréchal Niel' mit cremegelben Blüten oder die altehrwürdige 'Gloire de Dijon'.

LINKS Im Mittelpunkt dieses Wintergartens stehen unverkennbar Pflanzen. Die Rebe und die Bleiwurz erfüllen die oberen Bereiche mit üppigem Grün, während kleinere Gewächse wie Schönmalven, Pelargonien und Fuchsien auf allen Ebenen Farbtupfer beisteuern. Im Sessel kann der begeisterte Gärtner sein üppiges Reich genießen.

LINKS Die Passionsblume hat die wohl spektakulärsten Blüten der Pflanzenwelt. Mittlerweile sind so viele Prachtzüchtungen erhältlich, dass man für jeden Wintergarten – ob unbeheizt oder tropisch warm – die passende Sorte findet. Manche tragen duftenden Flor, andere sogar essbare Früchte. Die größeren Formen müssen regelmäßig zurückgeschnitten werden.

UNTEN Die Trompetenblume *(Campsis)* ist außerordentlich wüchsig. Damit sie nicht allzu groß wird, sollte man sie im Topf ziehen. Ihre einnehmenden Trauben aus trompetenförmigen Blüten erscheinen zum Sommerende, wenn andere Gewächse schon wieder einziehen.

LINKS *Solanum crispum* 'Glasnevin' empfiehlt sich als robuster, schnell wachsender Kletterer. Er entfaltet von Juni bis weit in den September hinein unzählige blaulila Blüten mit gelben Staubblättern vor dunkelgrünem Laub. Im Herbst setzt die Pflanze winzige gelblichweiße, giftige Beeren an. Ihre langen Triebe sollten an ein Gitter oder an Drähte gebunden werden.

RECHTS Die Dreimasterblume *(Tradescantia* x *andersoniana)* bietet sich für Töpfe oder Hängekörbe an; man pflanzt sie am besten in Gruppen. Einige Arten der Gattung werden wegen ihres purpurn bis rosa überlaufenen oder auch cremegelb bis silbrig gestreiften Laubs als Blattschmuckpflanzen geschätzt. Die Staude blüht von April bis November und lässt sich leicht vermehren.

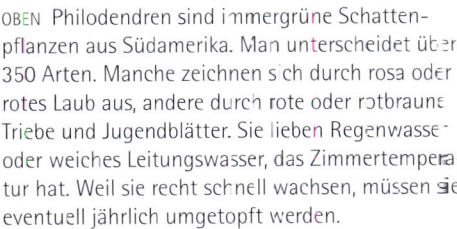

OBEN Philodendren sind immergrüne Schattenpflanzen aus Südamerika. Man unterscheidet über 350 Arten. Manche zeichnen sich durch rosa oder rotes Laub aus, andere durch rote oder rotbraune Triebe und Jugendblätter. Sie lieben Regenwasser oder weiches Leitungswasser, das Zimmertemperatur hat. Weil sie recht schnell wachsen, müssen sie eventuell jährlich umgetopft werden.

RECHTS Ein rustikales Klettergerüst aus Stäben und geflochtenen Ruten dient dieser *Clematis florida* 'Sieboldii' als Stütze. Von Juni bis Oktober öffnen sich cremeweiße Kelchblätter, die tiefpurpurne, kronblattähnliche Staubgefäße umgeben und sich bis zum Stiel zurückbiegen. Die Pflanze erreicht 1,8 bis 2,5 Meter Höhe und braucht Wärme, ist also in einem Wintergarten bestens aufgehoben.

GEGENÜBER Ein attraktives Arrangement mit einer Chilenischen Wachsglocke (Lapageria rosea) und Schönmalven (Abutilon). Die langen, weichen Triebe der Schönmalven kann man entweder hängend wachsen lassen oder an einer Wand hochziehen. Es sind Formen mit roten, orangefarbenen oder goldgelben Glockenblüten erhältlich.

LINKS In dieser hübschen Ecke hat man Terrakottatöpfe auf dem Boden platziert. Aus ihnen ergießen sich panaschierte Efeusorten auf den Boden. Das große Exemplar umrankt den grimmig dreinblickenden Steinwächter neben der Tür und nimmt ihm etwas von seiner Strenge.

UNTEN Die Silberakazie (Acacia dealbata) erfreut durch ihre wunderschönen hängenden Äste. Diese Form öffnet im Winter und zeitigen Frühjahr gelbe Blütenpompons in dichten Büscheln, hat aber auch ein dekoratives silbergraues, gefiedertes Laub zu bieten. Die meisten Akazien werden recht hoch, doch kann man ihren Wuchs begrenzen, indem man sie in Gefäßen zieht und gleich nach der Blüte zurückschneidet.

Hängepflanzen

Hängepflanzen sehen nicht nur elegant aus, sie haben auch viele praktische Vorteile. Man kann sie zu mehreren auf einem hohen Regal platzieren, wo ihre fallenden Triebe harte Kanten optisch auflösen oder einfach nur leere Wandflächen füllen. Sie eignen sich als lichter Sichtschutz oder Raumteiler. Gern werden sie auch als Randbepflanzung eines Trogs oder zur Begrünung eines Wandgefäßes eingesetzt. Unansehnliche Elemente wie Steckdosen oder Wasserhähne lassen sich mit ihnen hervorragend kaschieren. Die Ränder kleiner, erhöhter Teiche oder anderer Wasserelemente wirken viel weicher, wenn sie von Hängepflanzen überwuchert werden.

Den Sommer über ist ein Hängekorb mit überbordenden Blütentrieben immer ein Blickfang. Im Winter kann man die Fuchsien oder Petunien darin durch Blattschmuckgewächse wie Efeu oder Dreimasterblumen ersetzen. Ein Hängekorb mit nur einem Pflanzentyp setzt einen stilvollen Farbakzent. Allerdings müssen solche Arrangements in luftiger Höhe intensiv gepflegt werden und brauchen reichlich Wasser. Manchmal lohnt sich ein Aufsatz auf den Gartenschlauch, mit dem man hoch hängende Gewächse gießen kann.

Früher waren Orchideen nur etwas für Sammler und Spezialisten – mittlerweile aber sind sie fast allgegenwärtig und werden in jedem Blumenladen, ja sogar in Supermärkten angeboten. Die Bandbreite an Farben und Blütenformen ist enorm. Manche Arten blühen im Winter, andere im Frühjahr oder Herbst. Hier eine *Odontoglossum*-Hybride mit wundervollen gekräuselten Blüten.

Exoten

Ein Prachtstück von einer Bougainvillea. Mit ihren unzähligen papierartigen Hochblättern bringt sie monatelang Farbe in einen Wintergarten. Bougainvillea sind Spreizklimmer mit Sprossdornen, doch muss man sie an Drähten oder Rankgittern erziehen, wenn sie eine größere Fläche abdecken sollen. Sie brauchen viel direkte Sonne und wollen im Winter relativ kühl und trocken gehalten werden.

Wenn man sich mit Exoten umgeben möchte, braucht man einen sehr warmen Wintergarten, die Quecksilbersäule sollte nicht unter 16 °C fallen. Zudem muss man für hohe Luftfeuchtigkeit sorgen, indem man die Pflanzen besprüht oder Wasserschalen aufstellt.

Beginnen Sie mit einem oder zwei Hauptakteuren, die besonders auffallend und exotisch aussehen, und drapieren Sie um diese „Stars" herum kleinere Gewächse. Als zentraler Blickfang bietet sich etwa die bizarre Strelitzie *(Strelitzia reginae)* an, die mit ihren orange und blau gefärbten Blüten bis zu 1,5 Meter hoch werden kann. Nicht minder prachtvoll präsentiert sich *Heliconia rostrata*, deren Blütenstände aus einer Kaskade scharlachroter Hochblätter mit gelber Spitze besteht.

Bambusse, Palmen und Orchideen bringen einen Hauch von Fernost in Ihren Wintergarten. Bougainvillea, Hibiskus, Oleander, Akazien und Frangipani wiederum erfüllen ihn mit mediterranem Flair. Wofür Sie sich auch entscheiden, stellen Sie Pflanzen mit ähnlichen Ansprüchen an Temperatur und Luftfeuchtigkeit zusammen. Nicht fehlen sollte das eine oder andere duftende Exemplar, und sei es auch nur ein Zitronenstrauch.

LINKS Der Hibiskus ist eine beliebte Wintergarten-
pflanze und in erstaunlich vielen Farbvarianten von
lebhaftem Rot bis hin zu weißen Blüten mit rosa
Schlund erhältlich. Er braucht reichlich Licht, will
aber etwas vor der prallen Mittagssonne geschützt
sein. Man schneidet ihn im Spätwinter zurück, wenn
man ihn nicht allzu groß werden lassen will.

OBEN Die Strelitzie prunkt mit Blüten, die zu den
auffälligsten im Pflanzenreich zählen. Man kann
sie aus Samen ziehen, weil sie aber erst nach rund
sechs Jahren blühen, lohnt es sich, ältere Exemplare
zu kaufen. Topfen Sie ausgereifte Gewächse nicht
um, denn gerade die Enge des Gefäßes regt sie zur
Blütenbildung an.

LINKS Viele Orchideen sind Epiphyten, wachsen
also auf den Ästen von Bäumen. Terrestrische
Orchideen hingegen wurzeln in leichtem Boden
unter Gehölzen. Beide Gruppen brauchen viel
Luftfeuchtigkeit und Schutz vor praller Sonne.
Phalaenopsis können bis zu acht Monate im Jahr
blühen. Halten Sie ihr Substrat feucht, vermeiden
Sie aber Staunässe.

RECHTS Engelstrompeten *(Brugmansia)* spielen sich mit ihren riesigen trompetenförmiger Blüten in den Vordergrund. Manche Formen beeindrucken aber auch durch einen ausgesprochen angenehmen Duft. Die größeren Arten können stattliche Ausmaße annehmen – in Südostasien wachsen sie sogar zu veritablen Bäumen heran. Wenn Sie weder mit Wasser noch mit Dünger sparen, bedanken sich diese Exoten mit üppiger Blüte den ganzen Sommer über.

UNTEN Die Bleiwurz *(Plumbago auriculata)* erreicht im Gefäß eine Höhe von rund 3 Meter. Die auf-fälligen blauen Blüten stehen in Büscheln und erscheinen während der Sommermonate. Welke Blüten sollten regelmäßig abgezwickt werden. Im zeitigen Frühjahr schneidet man die Pflanze stark zurück. Erhältlich ist auch eine hübsche weiße Form.

RECHTS Dschungelatmosphäre mit wenig Pflegeauf-wand: eine Pflanzung aus Blattschmuckgewächsen. Besonders gut für eine solche „grüne Hölle" eignet sich ein Mix aus immergrünen Palmen und Farnen sowie anderen Exoten mit dunkelgrünen, roten oder panaschierten Blättern. Weiterer Vorteil des blüten-losen Dickichts: Es bleibt ganzjährig ansehnlich.

Wüstenpflanzen

Manche finden Kakteen und Sukkulenten langweilig, andere sind ganz verrückt nach diesen bizarren Pflanzen. Ein Arrangement aus ihnen kann in einem Wintergarten eine ganz eigene Atmosphäre entfalten. Auch brauchen die Wüstengewächse kaum Pflege; einzig niedrige Tagestemperaturen vertragen sie nicht. Sowohl Kakteen als auch Sukkulenten sind in einer Vielzahl ungewöhnlicher Wuchsformen zu haben. Mit ihnen sowie ein paar größeren Steinen und Kies kann man sich im Wintergarten seine eigene kleine Wüstenlandschaft schaffen.

Kakteen bilden Rosetten, Stämme und große fächerartige Blätter. Manche öffnen regelmäßig, andere ganz unvermutet Blüten. Das Wachstum von Wüstenkakteen findet zumeist im Sommer statt. In dieser Zeit lässt man die obere Hälfte des Substrats zwischen dem Gießen austrocknen. In den Wintermonaten stellt man die Versorgung mit Flüssigkeit sogar fast ganz ein und beschränkt sich auf zwei oder drei Wassergaben. Weil die Asketen unter den Pflanzen sehr langsam wachsen, verwendet man nur ein Viertel der sonst üblichen Düngermenge oder kauft einen speziellen Kakteendünger.

OBEN Auf diesem Tisch ziehen Kakteen und Hauswurz die Aufmerksamkeit für sich. Das Arrangement beweist, wie viele solcher Pflanzen in einer kleinen, flachen Schale Platz finden. Kakteen sind anspruchslos: Sie brauchen nichts weiter als viel Sonne, wenig Luftfeuchtigkeit und im Winter ein kühles Plätzchen. Zu viel Wasser lässt ihre Wurzeln faulen.

RECHTS *Mammillaria zeilmanniana* ist ein liebenswürdiger, aber unscheinbarer Stachelträger. Was in ihm steckt, zeigt er im Sommer, wenn er seine großen purpurrosa Blüten öffnet. Andere Arten der Gattung warten mit zartgelbem oder rotem Flor auf.

UNTEN LINKS In ihrer natürlichen Umgebung bekommen Kakteen tagsüber reichlich pralle Sonne ab, müssen nachts jedoch sehr niedrige Temperaturen ertragen. Sie brauchen spezielle Kakteenerde, die man im Fachhandel bekommt oder selbst mischt, indem man Gartenerde mit Kies und Torf vermengt.

UNTEN RECHTS Die Amerikanische Agave *(Agave americana)* und ihre gestreiften Formen sind die bekanntesten Vertreter ihrer Gattung. Sie eignen sich in ihrer Jugend vorzüglich als Topfpflanzen, werden später jedoch bis 1,8 Meter hoch. Ihre Blätter sind mit harten Dornen bewehrt.

Obst und Gemüse

Am besten schmeckt Obst und Gemüse, das man selbst gezogen hat. Der Anbau von Köstlichkeiten aus der Natur, etwa ganzjährig frischen Kräutern, gehört zu den Freuden vieler Wintergartenbesitzer. Obst und Gemüse unter Glas bieten außerdem eine ausgezeichnete Gelegenheit, Kinder an das Gärtnern heranzuführen.

Tomaten werden in Kästen gezogen – und wenn man nebenan gleich einige Töpfe mit Basilikum kultiviert, dann hat man das ideale Gespann griffbereit. Auch Schnittlauch, Petersilie, Koriander und Minze sind dankbare Topfgewächse. Selbst Paprika und Peperoni fühlen sich im Wintergarten wohl und sind obendrein noch recht dekorativ.

Lassen Sie sich in einer Gärtnerei beraten: Eine Rebe oder ein Feigenbaum werden vielleicht zu groß, aber man kann es auch einmal mit einem Kiwistrauch oder einer Ananas probieren. Vor allem die Ananaskultur macht Spaß: Sie schneiden von einer Frucht den Schopf ab, entfernen das Fruchtfleisch und lassen ihn ein, zwei Tage trocknen. Dann stecken Sie ihn in einen Topf mit Gartenerde und wässern sehr zurückhaltend. Sobald sich Wurzeln gebildet haben, verabreicht man der Pflanze gelegentlich einen Blattdünger.

OBEN LINKS Pfirsichen und Nektarinen muss man einen warmen, sonnigen Standort zuweisen. Für fachmännische Erziehung und Pflege bedanken sie sich mit reichlichem Ertrag. Beide Obstsorten bestäuben sich selbst, sodass man nur einen einzigen Baum benötigt, um Früchte ernten zu können.

OBEN RECHTS Um den ganzen Herbst über Tomaten ernten zu können, schneidet man die Pflanze ab, entfernt die Blätter und hängt die Staude an einen kühlen, gut durchlüfteten Platz. Grüne Tomaten sind etwa zwei Wochen nach dem Abzupfen reif, weshalb man immer nur ein paar abnehmen sollte. Legt man sie zu einer reifen Banane in einen Beutel, besorgt das entstehende Gas den Rest.

OBEN LINKS Petersilie wird zum Sommerende in eine mit Torfersatz gefüllte Saatschale ausgesät, nachdem man die Samen einen Tag lang in warmem Wasser eingeweicht hat. Sie keimen nur zögerlich, doch sobald die Pflänzchen groß genug sind, siedelt man sie in 10 cm breite Töpfe um, schützt sie vor direkter Sonne, wässert sie regelmäßig und verabreicht ihnen wöchentlich einen Seetangdünger.

OBEN RECHTS Wie Tomaten, Auberginen und anderes Gemüse lassen sich auch die verschiedenen Paprika- und Chilisorten gut in Töpfen ziehen, weil sie nicht sehr groß werden und schnell reifen. Dank ihrer leuchtenden Farbe sind sie ebenso dekorativ wie schmackhaft.

RECHTS Stielmangold lässt sich leicht kultivieren, sieht ausgesprochen dekorativ aus und ist obendrein gesund. Man bekommt die Gemüsepflanze in erstaunlich vielen Farben von Weiß, Rosa und Rot über Gelb bis hin zu Orange– ja sogar in gestreifter Form..

RECHTS Die mächtigen Kronen von Palmlilien und die interessanten gelb gerandeten Blätter der Agaven geben dieser Wintergartenecke Struktur. Als Bewohner heißer Trockengebiete lieben sie beheizte Glashäuser, wo sie unsere Winter unbeschadet überstehen können.

GEGENÜBER In dieser Ecke wurden einige Sonnenanbeter aus dem Pflanzenreich perfekt in Szene gesetzt. Manche wärmeliebenden Gewächse vertragen zwar Niedrigtemperaturen, doch Frost tut ihnen gar nicht gut. Man rettet sie daher im Wintergarten über die kalte Jahreszeit und stellt sie erst nach den Eisheiligen wieder nach draußen. Als ideale Wintergartenpflanzen gelten Palmen, die heute in einer Vielzahl von Formen erhältlich sind.

Überwintern

Ob Sie Ihre Pflanzen überwintern müssen, hängt von der Klimazone ab, in der Sie leben. Nördliche Breiten und hoch gelegene Bergregionen sind in der Regel am kältesten. Selbst in Gebieten, in denen die Temperaturen nie unter den Gefrierpunkt fallen, sollte man Pflanzen aber zum Schutz vor Stürmen oder starken Niederschlägen nach drinnen stellen.

Bringen Sie Ihre Gewächse rechtzeitig in den Wintergarten, denn nicht nur Kälte kann ihnen den Garaus machen, sondern auch zu viel Nässe. Die meisten Stauden brauchen im Jahresverlauf ein paar Monate zur Regeneration, deshalb reduziert man allmählich das Düngen und Gießen und lässt sie nicht an zugigen Standorten stehen. Während sie neue Kraft für die nächste Saison schöpfen, können Winterblüher ihre Stelle einnehmen.

Schaffen Sie sich am besten ein Pflanzenbuch an, in dem Sie Pflegetipps und Informationen über die idealen Wuchsbedingungen finden. Kakteen brauchen im Winter kaum Wasser, Amaryllis dürfen nach dem Gelbwerden der Blätter drei Monate lang überhaupt nicht gegossen werden, doch Begonien sollten hin und wieder zu trinken bekommen. Stellen Sie Ihre Gewächse zufrieden, dann werden sie sich dankbar zeigen.

Strukturpflanzen

Strukturbetonte oder architektonische Gewächse sollten bei der Begrünung eines Wintergartens stets die erste Wahl sein – ganz gleich, ob sie zu einer Gruppe zusammengestellt oder als Solitäre genutzt werden. Die „Pflanzenskulpturen" können als markante Einzelexemplare eine ganze Ecke füllen oder im Verbund mit kleineren, zarteren Begleitern als zentraler Blickfang dienen. Ins Auge fallen sie entweder durch ihren Wuchs, ihre ungewöhnlichen Blüten oder ihr Laub.

Für welche Art Sie sich entscheiden, hängt zum Teil vom Stil Ihres Wintergartens ab. Ein mediterranes Ambiente verlangt nach Gewächsen wie Bougainvillea oder Oleander, während Zitrusbäume oder Lorbeer sich eher in ein klassisches Interieur einfügen. In modernen, als Ess- oder Wohnzimmer genutzten Wintergärten wird oft mit nur ein, zwei Palmen oder Bambussen eine kühl-elegante Atmosphäre geschaffen. Strukturpflanzen müssen jedoch nicht zwangsläufig Blattschmuckgewächse sein: Ein Solitär wie die Goldtrompete *(Allamanda schottii)* setzt mit auffallenden goldenen Blüten ebenfalls einen unübersehbaren Akzent.

GEGENÜBER Temperatur und Luftfeuchtigkeit werden in diesem Wintergarten sehr hoch gehalten, wie man an der gesunden Banane (*Musa*) erkennen kann. Der Stamm von Bananen bildet sich aus den Blättern, die man direkt über dem Ansatz abschneidet, wenn sie welken. Unter geeigneten Bedingungen blüht und fruchtet die Sorte 'Dwarf Cavendish' sogar.

RECHTS In diesem rechteckigen Wintergarten hat man strukturbetonte Pflanzen mit beachtlicher Wirkung eingesetzt: Sie lockern die geometrischen Linien des Raums auf und setzen sich vor dem zurückhaltenden Hintergrund bestens in Szene. Der Papyrus (*Cyperus papyrus*) wird bis zu 4 Meter hoch. Wie der Name schon sagt, diente diese Feuchtlandsegge im alten Ägypten zur Herstellung von Papyrus.

GEGENÜBER Der Ess- und Sitzbereich wird zwar von mehreren ganz unterschiedlichen Pflanzen aufgelockert, doch richtet sich der Blick des Betrachters unweigerlich auf die große Palme mit ihren überhängenden Wedeln. Die meisten Palmen brauchen viel Luftfeuchtigkeit, lediglich die Dattelpalme bevorzugt ein heißes, trockenes Ambiente. Halten Sie das Substrat von Palmen stets feucht.

Die meisten strukturbetonten Gewächse sind recht langlebig. Oft wurden sie schon vor dem Kauf jahrelang sorgfältig gepflegt und herangezogen, was sich im Kaufpreis niederschlägt. Man sollte sie daher als langfristige Investition sehen. Erkundigen Sie sich jedoch, wie groß sie werden und wie viel Wurzelraum sie benötigen. Manche wachsen zu stattlichen Bäumen heran, wenn man sie statt in einem Gefäß in einem Beet zieht. Sofern Sie sich nicht einen dichten Dschungel heranzüchten wollen, sollten Sie ihren Wuchs begrenzen.

Palmen sind eine elegante Bereicherung für jeden Wintergarten, ganz gleich, in welchem Stil er gehalten ist. Meist brauchen sie keine aufwendige Pflege; lediglich die Temperatur sollte einen Grenzwert nicht unterschreiten. Weil sie hohe Luftfeuchtigkeit bevorzugen, besprüht man das Laub gelegentlich und hält während der Wachstumssaison das Substrat feucht. Auf Trockenheit und plötzliche Temperaturwechsel reagieren sie sehr empfindlich.

Zu den beliebtesten Zimmer- und Wintergartenpflanzen zählt seit Langem die Kentiapalme (*Howea forsteriana*). Die Bergpalme *Chamaedorea elegans*, aus Mexiko war besonders im 19. Jahrhundert beliebt. Beide Arten müssen vor direkter Sonne geschützt werden.

LINKS Gefäße spielen eine wichtige Rolle, wenn es
darum geht, strukturbetonte Gewächse wirkungsvoll in Szene zu setzen. Wichtig ist aber auch ihr
Standort. In diesem großen, formstrengen, überaus
eleganten Ambiente bilden zwei Ficusbäume in
Gefäßen auf Sockeln einen spannungsreichen
Durchgang zwischen Wintergarten und Essbereich.

Wassergärten

OBEN Ein ganz und gar ungewöhnlicher Wintergarten, denn er wird größtenteils von einem Teich mit Wasserpflanzen und Fischen ausgefüllt. An der kleinen Sitzecke mit zwei Stühlen und einem Tisch kann man gemütlich Platz nehmen, plaudern und den Fischen zusehen oder sie füttern. Weitere Gewächse stehen in Töpfen auf dem Fensterbrett oder gedeihen in einem Hochbeet.

GEGENÜBER In diesem üppigen Grün spielt ein erhöhter Steinteich mit Springbrunnen die Hauptrolle. Damit ein solches zentrales Element gut zur Geltung kommt, muss es auf jeden Fall zum Stil und zu den Materialien des Wintergartens passen. Hier sind der Stein der Umrandung und die Form des Teichs gut auf die Gesamtfläche abgestimmt.

Wintergärten können sämtliche Sinne gefangen nehmen: Auge, Nase, Tastsinn, Geschmack – und sogar das Ohr. Ein Wasserelement sieht nicht nur gut aus, sondern erfüllt den Raum auch mit angenehmen Geräuschen. Zudem sorgt es für eine hohe Luftfeuchtigkeit, was vielen Pflanzen außerordentlich behagt.

Wenn Sie sich für einen Teich entscheiden, können Sie ihn in den Boden einlassen oder erhöht anlegen. Vielleicht ist aber eher ein Brunnen nach Ihrem Geschmack. Hat man genügend Platz, kann man sogar einen Wasserfall plätschern lassen.

In einem Teich werden die Pflanzen in der Nähe von der spiegelglatten Oberfläche reizvoll reflektiert. Bei stimmiger Ausleuchtung bietet ein solches Minigewässer vor allem nachts einen atemberaubenden Anblick. In stehendem Wasser, wie es unter anderem Seerosen brauchen, bilden sich allerdings Algen, während man für fließendes eine elektrische Pumpe braucht. Legt man einen Miniteich in einem ausgeschlagenen hölzernen Halbfass oder Bottich an, kann man die in speziellen Töpfen gezogenen Wasserpflanzen und das Nass nach Belieben austauschen und den Behälter von Algen reinigen.

Pflegeleichte Pflanzen

Heutzutage müssen wir immer häufiger Karriere und Familie unter einen Hut bringen – für arbeitsintensive Pflanzenpflege im Wintergarten bleibt da nicht mehr viel Zeit. Viele Hausbesitzer haben obendrein noch einen Garten, um den sie sich kümmern müssen. Umso dankbarer sind sie für ein üppiges Grün im Wintergarten, das auch ohne großen Aufwand gut aussieht.

Als Erstes sucht man sich – sowohl für den Wintergarten als auch für das Freiland – Gewächse, die mit wenig Pflege auskommen. Holen Sie sich dazu Tipps von Freunden, lesen Sie ein paar Gartenbücher und fragen Sie Fachleute um Rat. Es gibt eine Vielzahl anspruchsloser Arten, die sich für die verschiedensten Bedingungen eignen.

Farne etwa sind für Wintergärten an der Nordseite eines Gebäudes ideal. Sie vertragen keine direkte Sonne und verlangen hohe Luftfeuchtigkeit. Mit einer Mindesttemperatur von 10 bis 15 °C und Tageswerten von 18 °C oder höher sind sie vollends zufrieden. Man bekommt kleine Bodendecker ebenso wie hohe formbetonte Arten, die alle sehr genügsam sind und außer regelmäßigen Wassergaben nicht viel Pflege in Anspruch nehmen.

OBEN Diese einladende Ecke ist voller Pflanzen, die wenig Pflege brauchen und trotzdem üppig grün aussehen. Man gießt oder düngt sie gelegentlich und holt welke Blätter heraus, damit sie ansehnlich bleiben – mehr braucht man kaum für sie zu tun. Für ausreichend Luftfeuchtigkeit sorgt der Neptunbrunnen im Hintergrund.

OBEN RECHTS Wenn Sie einen nach Süden oder Westen gerichteten Wintergarten besitzen aber wenig Zeit für Pflanzenpflege haben, dann sind Sonnenanbeter unter den Pflanzen die Idealbesetzung. Großblättrige Pflanzen wie Strelitzien und Bananen garantieren exotisches Flair.

Kakteen und Sukkulenten sind eine weitere Pflanzengruppe, die man größtenteils sich selbst überlassen darf. Im Gegensatz zu Farnen können sie zwar gar nicht genug Sonne haben, doch beschränkt sich ihre Pflege bei großer Hitze mehr oder weniger auf zwei- bis dreimaliges Gießen pro Woche. Im Winter hingegen reicht eine einzige Wassergabe alle sechs Wochen.

Ebenfalls relativ wenige Ansprüche stellen Zwiebelblumen wie Krokusse, Hyazinthen, Narzissen und Tulpen, die im Frühjahr den Wintergarten gerade dann mit Farbe erfüllen, wenn man sich am meisten nach frischem Flor sehnt. Man pflanzt die Zwiebeln im Herbst, wässert sie gut und stellt sie an einen kühlen dunklen Platz, etwa in einen Gartenschuppen oder eine Garage, wo sie ungestört Wurzeln bilden können. Die Erde darf aber weder austrocknen noch staunass werden, sonst faulen die unterirdischen Pflanzenteile. Sobald die ersten Triebe aus der Erde spitzen, bringt man die Gefäße in den Wintergarten, wo sich die fröhlichen Blüher von ihrer besten Seite zeigen dürfen. Nach dem Einziehen siedelt man sie entweder in den Garten um oder lagert sie bis zum Herbst ein.

4

Möbel

Ein Wintergarten ist etwas ganz anderes als ein überdachter Anbau an ein Haus. Da Wände und Decke größtenteils aus Glas bestehen, herrschen ganz andere Lichtverhältnisse als in den gemauerten vier Wänden. Man fühlt sich auf halbem Weg zwischen drinnen und draußen. Hier können Sie Ihrer Fantasie endlich freien Lauf lassen und sich vom Einrichtungsstil der übrigen Wohnung lösen.

In einem Wintergarten ist man der Natur viel näher als in einer Wohnung. Deshalb bieten sich bei der Ausstattung natürliche Materialien geradezu an – ganz gleich, ob man Wert auf klassische Formstrenge, einen marokkanischen Stil oder ein französisches Landhaus-Ambiente legt. Korbmöbel und Gusseisen standen schon im 19. Jahrhundert hoch im Kurs, wie ein Blick auf alte Fotografien oder Gemälde beweist. Als vor der Wende zum 20. Jahrhundert viele wohlhabende Bürger ihre Häuser mit einem Wintergarten aufwerteten, ließen sie sich von der Architektur inspirieren, die sie von ihren Reisen kannten. Sie statteten die Anbauten aus Glas mit leichten, eleganten und bequemen Möbeln aus, denen hohe Luftfeuchtigkeit nichts anhaben konnte.

Durch den Handel mit Ländern auf anderen Kontinenten kam Exotisches in Mode. Bambus und Rohrmöbel aus dem Fernen Osten fanden den Weg nach Europa und Nordamerika. Einheimische Hersteller griffen die neuen Ideen bald auf und importierten Materialien, mit denen sie die gefragten Möbel selbst herstellten. Wer sich in Auktionshäusern und Antiquitätenläden umsieht, kann noch heute Originalstücke von einst finden.

OBEN Die Klappsessel prägen dieses gemütliche, ungezwungene Reich. Sehr einladend wirkt das Polstersofa mit seinen vielen Kissen im hinteren Bereich. Ein paar Beistelltischchen, eine Leselampe und einfache Teppiche in vorherrschendem Orangegelb verleihen dem Raum sowohl tagsüber als auch abends eine freundliche, warme Aura.

VORHERIGE SEITE Metall ist von jeher ein beliebtes Material für Wintergartenmöbel. Diese schlichte Kombination aus Tisch und Stühlen schafft zusammen mit dem Steinboden ein elegantes, relativ formstrenges Ambiente. Die Polster auf den Stühlen erhöhen den Sitzkomfort und lassen sich auch problemlos auswechseln.

RECHTS Obwohl Möbel, Boden und Wände ganz in Weiß gehalten sind, wirkt dieser Essbereich nicht kühl, sondern elegant und beruhigend. Die positive Wirkung entfaltet ein solches fast monochromes Interieur vor allem deshalb, weil das natürliche Licht in einem Wintergarten wesentlich stärker ist als in geschlossenen Räumen. Der Dachstuhl aus naturbelassenem Holz und die hölzernen Bilderrahmen zu beiden Seiten der Tür verbreiten zusätzlich Wärme.

UNTEN Diesen Wintergarten hat man mit einem kleinen, legeren Sitzbereich mit Korbsofa und -sessel in anheimelnden Farben ausgestattet. Die Polster und Kissen harmonieren bestens, obwohl sie mit unterschiedlichen Stoffen bespannt sind. Korbmobiliar nimmt zwar viel Platz weg, lässt sich aber schnell verrücken, weil es leicht ist.

Aber natürlich bekommt man heute auch jede Menge fabrikneuer Möbel für den Wintergarten, ob modern, traditionell oder antike Nachbauten. Machen Sie Spezialanbieter ausfindig und blättern Sie in deren Broschüren, statten Sie Möbelhäusern und guten Gartencentern einen Besuch ab oder suchen Sie im Internet nach geeigneten Einrichtungsgegenständen. Ein wahres Eldorado für Wintergartenbesitzer sind Fachmessen für Haus und Garten, bisweilen finden Sie dort auch Abteilungen mit Möbeln im Kolonial- oder antiken Asia-Stil.

Wenn Sie die Einrichtung für Ihre gläserne Oase auswählen, denken Sie daran: Das Mobiliar muss starke Sonne, Hitze und eventuell hohe Luftfeuchtigkeit vertragen, außerdem pflegeleicht und einfach zu säubern sein. Als Wintergärten in den 1970er-Jahren in Mode kamen, legte man viel Wert auf einheitlichen Stil. Zum Glück sieht man das heute nicht mehr ganz so eng. Auch eine Zusammenstellung aus sorgfältig aufeinander abgestimmten, aber grundverschiedenen Stilen und Materialien kann sehr kultiviert und einladend wirken.

RECHTS Wer würde nicht liebend gern in diesem Wintergarten sitzen und den See draußen auf sich wirken lassen? Der rustikale hölzerne Tisch passt hervorragend zu den Profilen aus rohem Holz und zum Steinboden. Mit dem Blau der Arm- und Rückenlehnen der beiden Korbsessel wurde die Farbe des Wassers effektvoll aufgegriffen.

GEGENÜBER Dieser Raum hat etwas bezaubernd Altmodisches an sich und erinnert mich an den Wintergarten im Landhaus meiner Großmutter. Das durchbrochene Flechtwerk der Sessel und der einfache niedrige Tisch sind wie geschaffen für eine solche Umgebung. Hier kann man bei Kaffee und Kuchen den Garten gebührend bewundern.

Wohnen im Wintergarten

Während der Verwendungzweck der Zimmer im Haus oftmals vorgegeben ist und man in der Wahl des Mobiliars entsprechend wenig Wahlmöglichkeiten hat, kann man den Wintergarten in der Regel nach Lust und Laune gestalten. Die meisten Leute richten ihn als Wohnraum für die ganze Familie ein, wo man bei einer Tasse Kaffee entspannt und liest, den Kindern bei den Hausaufgaben hilft, mit Freunden ein Glas Wein trinkt, Karten spielt oder spät abends noch Musik hört, ob allein oder zu zweit.

Wohnzimmer sind Vielzweckbereiche und erfordern deshalb auch die verschiedensten Möbelstücke: bequeme Sessel, ein Sofa oder eine ganze Sitzecke, vielleicht auch einen Wohnzimmertisch, einen Fußschemel oder eine Ottomane, möglicherweise sogar einen kleinen Ess- oder Spieletisch mit Stühlen. Lassen Sie außerdem Platz für ein Beistelltischchen, auf dem ein Handy, ein Trinkglas oder ein Buch Platz finden.

Auf Stauraum verzichtet man meist in einem Wintergarten. Wenn der Raum aber so oft genutzt wird, wie er es verdient, braucht man durchaus auch Winkel, in denen man all das verstecken kann, was einem im Weg herumliegt. Das Problem: In einem Wintergarten gibt

es nicht viele gemauerte Wände, an die man Schränke, Kommoden oder Regale stellen kann. Sehr nützlich sind in einem solchen Fall aufklappbare Polsterhocker. Sie schlucken jede Menge Krimskrams und nehmen vor den Fenstern kein Licht weg. Seien Sie erfinderisch – aus Wäschetruhen werden Teetischchen und aus kleinen Kommoden Ablagen.

Ganz andere Prioritäten müssen in einem Büro gesetzt werden. Sie brauchen einen Schreibtisch, Regale, Aktenschränke und – sofern Sie als Designer oder Architekt tätig sind – einen Plantisch oder Tafelständer. Wenn Sie Kunden empfangen, müssen Sie außerdem einen Besprechungstisch aufstellen oder eine gemütliche Sitzecke mit einigen bequemen Stühlen einrichten.

Einen größeren Wintergarten kann man auch als Hobbyraum mit einer Tischtennisplatte oder sogar einem Billardtisch nutzen. Wird er von Kindern frequentiert, brauchen Sie aber auf jeden Fall bruchsichere Scheiben oder Sicherheitsglas. Wollen Sie ihn hingegen lieber als ruhigen Rückzugsraum zum Entspannen oder als zweites Wohnzimmer nutzen, sollten Sie Platz für Bücher, Skulpturen, Blumenvasen und andere Dekoobjekte

mit einplanen. Dazu eignet sich vor allem ein eingebautes oder frei stehendes Regal an der Gebäudewand, falls man diese nicht gerade für Bilder oder Fotos reserviert hat. Vorsicht: Pralle Sonne bleicht Fotos, Gemälde oder Buchrücken mit der Zeit aus.

Zu einem Wintergarten gehören natürlich Pflanzen. Versuchen Sie Gefäße aufzutreiben, die zum Einrichtungsstil passen. Klassische Steinvasen gehören in ein traditionell gestaltetes Ambiente, während minimalistische Metallbehälter eher für ein modernes Interieur geeignet sind.

Vor dem Möbelkauf sollte man sich auf jeden Fall überlegen, wie viel Platz überhaupt zur Verfügung steht. Zeichnen Sie einen maßstabsgetreuen Grundriss auf Millimeterpapier mit Türen, Fenstern und allen unveränderlichen Elementen wie Heizkörpern oder Steckdosen. Schneiden Sie anschließend Skizzen der Möbel aus Papier aus und legen Sie sie in verschiedenen Anordnungen auf den Grundriss, bis Sie zufrieden mit dem Arrangement sind. Denken Sie dran: Freie Flächen sind genauso wichtig wie Sitzgelegenheiten. Sie vermeiden unliebsame Überraschungen, wenn Sie noch vor dem Kauf den Grundriss

OBEN Korbsessel und -tische sind in allen Formen, Farben und Größen zu haben. Wenn man den gewünschten Farbton nicht im Handel findet, kauft man einfach ein naturbelassenes Stück und lackiert es selbst. Wer geschmackvolle, gedämpfte Töne satt hat, kann auch zu kräftigen Farben greifen.

RECHTS Eine moderne Chaiselongue gereicht jedem Wintergarten zur Zier – sofern genug Platz dafür ist. Wer ganze Nachmittage lesend darauf verbringen möchte, sollte sie allerdings gut polstern.

GEGENÜBER Zu den großen Vorteilen von Korbmöbeln gehört ihre Vielseitigkeit. Sie fügen sich ganz natürlich in eine Landhauseinrichtung ein, doch passen sie auch gut zu modernen Möbeln. Hier bringen sie etwas Wärme in das eher kühle Ambiente dieses riesigen Wintergartens. Ihre Flechtstruktur bildet einen interessanten Kontrast zum glatten Steinboden und den weißen Wänden.

der Möbel im Originalmaßstab aus Zeitungen oder Packpapierbögen zusammenkleben und auf dem Boden auslegen. So bekommt man den besten Eindruck davon, wie viel Raum das geplante Interieur einnehmen wird.

Wenn Sie Ihren neuen Wintergarten als einladenden Zufluchtsort gestalten wollen, in dem Sie sich mit Ihrer Familie und Freunden entspannen können, sollten die Möbel ungeachtet ihres Stils zweckmäßig und zugleich bequem sein. Einrichtungsgegenstände aus geflochtenen Weidenruten, Rattan oder Bambus sind praktisch, relativ preiswert und sehen gut aus. Nicht umsonst stehen sie auf der Hitliste der Wintergartenmöbel weit oben. Sie fühlen sich angenehm natürlich an und sind in den verschiedensten Farben und Stilen von traditionell bis modern erhältlich. Man kann sie in ihrem Naturton belassen oder bleichen, beizen und lackieren, damit sie sich optimal in die farbliche Gestaltung Ihres Wintergartens einfügen. Einziger Nachteil: Sie nehmen relativ viel Platz weg. Polster auf den Sitzflächen erhöhen den Komfort und eine Glasplatte auf dem Tisch sorgt für eine ebene Abstellfläche.

OBEN Dieser hypermoderne, rechteckige Wintergarten ist mit ungewöhnlichen Retro-Möbeln ausgestattet. Die Stühle sind mit robustem Stoff bespannt, der oben und unten am Holzgestell befestigt ist, sodass man darin wie in einem Deckchair sitzt. Sie lassen sich allerdings nicht zusammenklappen. Der Raum dient als Wohnzimmer, in dem man fernsehen und Musik hören kann.

Ansprechend gestaltete Möbel wie dieser Sessel mit lackiertem Holzgestell eignen sich für die meisten Wintergartenstile. Er ist bequem und so groß, dass man es sich darin so richtig gemütlich machen kann. Weiterer Vorteil: Die Sonne kann das Weiß nicht ausbleichen. Die Bezüge werden zwar relativ schnell speckig oder bekommen Flecken, doch lassen sie sich abziehen und beliebig oft waschen.

Eine interessante Variante sind Lloyd-Loom-Möbel. 1917 erfand der Amerikaner Marshall Burns Lloyd eine neue Methode zur Umwicklung von Draht mit Kraftpapier. Aus diesem Draht wird ein so genanntes Loom-Geflecht gewoben, das man schließlich auf einen Holzrahmen spannt. Das Ergebnis sind verblüffend stabile Korbmöbel, deren Bespannung nicht splittert, knarzt oder sich in der Kleidung verfängt. Loom-Möbel genießen unter Kennern einen ausgezeichneten Ruf und werden heute noch so hergestellt wie vor hundert Jahren. Antike Exemplare erzielen bei Auktionen hohe Preise, doch gibt es auch moderne, erschwinglichere Versionen. Man bekommt Sofas, Beistelltische, Stühle, Sessel und viele weitere Möbel aus Loom-Geflecht in klassischem und auch überraschend zeitgenössischem Stil.

Ein weiteres vielseitiges Material für Wintergartenmöbel ist Holz. Holzstühle sollten zwar auf den Essbereich beschränkt bleiben, doch gepolsterte Bänke sind eine hübsche und zweckmäßige Alternative zu herkömmlichen Sofas. Auch Sessel mit Holzgestell können herrlich bequem ausfallen. Nichts ist in einem zwanglos gestalteten Wintergarten

oder einem anderen von Pflanzen dominierten Raum einladender als ein hölzernes Sitzelement – ob gepolstert oder nicht. Als ebenso nützlich erweisen sich immer auch ein, zwei niedrige Tischchen oder ein hölzerner Klapptisch mit abnehmbarem Tablett.

Metallmöbel sind sehr charaktervoll und vor allem ausgesprochen robust, aber auch recht kalt und hart. Ein gutes Stück bequemer werden sie mit weichen Kissen und Polstern. Die Kombination Metall und Polster unterstreicht außerdem auch optisch die Verwendung eines Glashauses als Übergangsbereich zwischen draußen und drinnen. Metallene Gartenstühle und -tische, die ausschließlich für das Freiland gedacht sind, wirken in einem Wintergarten allerdings unschön und plump. Besser geeignet sind verzierte gusseiserne Stühle, die sehr edel aussehen können, vor allem wenn sie weiß oder in einer weichen Pastellfarbe lackiert werden.

An Bequemlichkeit und Gemütlichkeit kaum zu übertreffen sind Polstersofas und -sessel, ihr Bezug bleicht jedoch in der prallen Sonne sehr schnell aus, vor allem wenn er in einer dunklen Farbe gehalten ist. In Wintergärten mit hoher Luftfeuchtigkeit werden

LINKS Dieser lang gezogene Wintergarten bietet gleich Platz für mehrere Sitzecken und zusätzlich Einzelelemente wie ein Sofa, Tische und Stühle. Den Hauptbereich hat man mit einem schönen alten Teppich komfortabel und einladend warm gestaltet. Die Rattanmöbel stammen aus Südostasien. Ihr Flechtwerk überspannt das gesamte Gestell und bildet eine durchgehende Schürze bis zum Boden.

OBEN Große, dick gepolsterte Sofas im eleganten Landhausstil prägen diesen hellen, geräumigen und gemütlichen Raum. Als Bezug wählt man für ein solches Interieur am besten strapazierfähige Stoffe in hellen, blassen Farben, die nicht ausbleichen. Wer dennoch Wert auf fröhliche Farbtupfer setzt, kann preiswerte Kissen verteilen.

die Polster zudem leicht klamm und fangen an zu schimmeln. In trockenen, nicht direkter Sonne ausgesetzten Räumen indes kann man sich bedenkenlos für Polstermöbel entscheiden – entweder in Form einer legeren Kombination aus Kuschelsofa und Sesseln oder einer formstrengeren Garnitur mit gesteppten Lehnen und paspelierter Kanten. Sogar mit Ledersesseln oder Sitzsäcken, ganz normalen Wohnzimmerelementen also, lässt sich ein Wintergarten ausstatten.

Manchmal bietet es sich an, die gesamte Einrichtung in einem bestimmten Stil zu halten. Dann allerdings müssen Sie schon beim Kauf darauf achten, dass alle Elemente aufeinander abgestimmt sind. Am vielseitigsten erweisen sich wieder einmal Korbmöbel. Man kann sie beispielsweise in Pastellfarben lackieren und mit Leinen- oder Chintz-Stoffen ergänzen, sodass ein echtes englisches Landhausambiente entsteht. Dazu passen Keramik-Accessoires, botanische Kunstdrucke, feine Kerzenhalter und Vasen mit Wiesenblumen. Streicht man die Korbelemente weiß und wählt dazu einfarbige oder karierte Baumwoll- beziehungsweise Leinenstoffe, einfache Holzmöbel und schlichte Boden- oder Tischlampen

LINKS Der große Wintergarten wurde speziell als
Esszimmer und Erweiterung des angrenzenden
Wohnzimmers konzipiert, das er zusätzlich aufhellt.
Er zeichnet sich durch eine Mischung aus traditio-
nellen Elementen und Art déco aus. Besonderer
Blickfang ist eine große marokkanische Laternen-
lampe. Trotz der ungewöhnlichen Kombinationen
wirkt der Raum überraschend stimmig.

LINKS Aus Bambus, Rattan und Weidengeflecht lassen sich wundervolle Möbel fertigen. Dieses handgeflochtene Stück zeichnet sich durch eine unaufdringliche, zweckmäßige Form aus. Es ist robust und haltbarer, als man glaubt. Wenn man in solchen Sesseln allerdings länger verweilen möchte, sollte man sie polstern. Außer einem gelegentlichen Lackanstrich alle paar Jahre brauchen sie keine Pflege.

mit hellen Stoffschirmen, dann hat man ein amerikanisches Neu-England-Interieur par excellence. Mit messingbeschlagenen Holzkisten, Flechtkörben, Buddha-Statuen oder Elefanten aus Stein, Papierlaternen und Spiegeln in geschnitzten Rahmen bekommt das geflochtene Mobiliar sogleich einen unverkennbar fernöstlichen Touch.

Schnörkellose Metallmöbel wirken minimalistisch und funktional; sie sind bisweilen die Idealbesetzung für ein einfaches, modernes Anlehnhaus. Gusseiserne, reich verzierte Möbel erfüllen einen Wintergarten dagegen mit französischem Flair. Um es ganz stilecht aussehen zu lassen, werden sie ergänzt durch Kissen, die mit romantischen Rokokoszenen bedruckt sind, alten Café-Schildern, übergroßen Tassen, lackierten Wanduhren und Email-Reklametafeln mit französischem Schriftzug. Gediegene britische Eleganz hält Einzug mit englischen Polstermöbeln, ledergebundenen Büchern, Porzellanvasen und -tellern, Kupfergießkannen, Holzkörben. Nichts muss neu oder wie aus dem Ei gepellt aussehen; es soll schließlich gemütlich sein, weshalb man unbekümmert alte Schätze und Flohmarktschnäppchen zu einem lauschigen Reich mit individueller Note zusammenstellen kann.

GEGENÜBER Schon auf den ersten Blick wird klar: Dieser Wintergarten gehört begeisterten Gärtnern. Er dient als Übergang vom Garten ins Haus und enthält allerlei dekorative Gartenutensilien. Trotzdem hat man noch Platz für Tisch und Stühle gefunden, sodass man etwas ablegen oder sitzen und ein Gartenbuch durchblättern kann.

RECHTS Das hölzerne Anlehnhaus erfüllt mehrere Funktionen: Es gewährt Zugang zu den verschiedenen Bereichen im Haus und ist mit seiner bequemen Ausstattung gleichzeitig ein Refugium, in dem man lesen, stricken oder einfach nur ausruhen kann. Selbst als Schlafgelegenheit für unerwartete Gäste könnte man es rasch herrichten, falls sich im Haus kein Platz mehr findet.

GEGENÜBER Dieser Rattansessel besteht aus zwei Teilen. Der eigentliche Sessel hat eine relativ lange Sitzfläche und breite Armlehnen, auf denen sogar noch Platz für ein Glas oder eine Zeitschrift ist. Die Fußstütze darunter lässt sich so zurechtschieben, dass man das Möbelstück auch als Ottomane nutzen kann. Wenn man die Stütze ganz herauszieht und ein Kissen darauflegt, hat man einen Hocker für eine zweite Person.

Wer in seinem Wintergarten so richtig entspannen will, muss auf eine Musikanlage nicht verzichten. Am einfachsten ist es sich einen CD- oder MP3-Spieler mit einem Paar Lautsprechern zurechtzulegen oder zwei Boxen aufzustellen und mit der Anlage im Haus zu verbinden. HiFi-Spezialisten wiederum planen schon beim Bau ausgefeilte Soundsysteme mit versteckten Lautsprechern ein. Vergessen Sie nicht ein unauffälliges und leicht zu erreichendes Aufbewahrungsfach für Ihre CDs zu reservieren.

Wintergärten fungieren oft als Hort der Stille und Beschaulichkeit, in die man vor der Hektik und dem Lärm des Alltags flüchtet. Gleichwohl kann man sie auch hervorragend als Multimediaraum nutzen. Dazu bietet sich ein Flach- oder LCD-Bildschirm an, weil er weder viel Platz braucht noch den Raum dominiert. Man kann so einen Fernseher einfach in einem Schrank verbergen oder ihn auf eine Wandhalterung montieren, sodass er nicht viel Platz am Boden wegnimmt. Das gilt auch für DVD- und Video-Abspielgeräte, Satellitenempfänger, Computer und so weiter. Wählen Sie möglichst schlanke beziehungsweise kleine Fabrikate oder verbergen Sie die Geräte, damit sie den Raum nicht zu sehr dominieren.

Bevor der Wintergarten angefügt wurde,
war diese Küche ziemlich klein und sehr dunkel,
wie man noch erkennen kann. Der neu gewonnene
Raum ist als gemütlicher Sitzbereich gestaltet, der
einen erbaulichen Blick auf den Garten gewährt.
Der einfache Holztisch mit den Regiestühlen ist
durch den hölzernen Schneid- und Hackblock
optisch vom Küchenbereich getrennt.

Kochen im Wintergarten

Kommen Küchen und gutes Essen aus der Mode? Fast könnte man es meinen, wenn
man sich so umhört. Familien würden kaum noch zusammen essen, heißt es oft, zumeist
werde nur ein Fertiggericht in den Mikrowellenherd geschoben. Dem stehen allerdings
die vielen Kochsendungen im Fernsehen und die große Zahl verkaufter Kochbücher
gegenüber. In vielen Haushalten ist der Raum, in dem der Herd steht, nach wie vor die
eigentliche Schaltzentrale.

Leider kann man in modernen Küchen oft nicht mehr gemütlich essen. Viele Wohnungen enthalten nur noch Kochzeilen oder Miniküchen, in die lediglich eine einzige Person
passt. Gerade der Wunsch nach einer größeren, freundlicheren Küche veranlasst zahlreiche Familien, einen Wintergarten ins Auge zu fassen. Es gibt jedoch einige praktische
Probleme zu lösen, bevor man sich einen gläsernen Anbau anschafft, in dem gekocht wird.

Das Erste ist die Feuchtigkeit. In Küchen wird jede Menge Wasserdampf erzeugt – Kochen
und Abwaschen sind hervorragende Luftbefeuchter. Und wenn im Winter wassergesättigte
Luft auf kaltes Glas trifft, kondensiert sie. Mit der Zeit schimmeln Jalousien und Mauern,

OBEN In der Mitte dieser Küche steht ein stilvoller Arbeitsblock mit einer Platte aus poliertem Granit und einer kleinen Spüle zum Gemüsewaschen. Unter der Arbeitsplatte wurde in einem offenen Fach sogar ein Fernseher dezent untergebracht. Die beiden Schränke rechts und links davon und auf der Rückseite bieten reichlich Stauraum.

ja, sogar das Glas selbst, wenn sich der Film darauf hartnäckig hält. Stoffe fangen an zu modern und irgendwann riecht es nur noch muffig und wird überhaupt sehr ungemütlich.

Gegen die Feuchtigkeit kann man jedoch etwas tun. Zum einen braucht man Glas mit möglichst guten Isoliereigenschaften, damit sich so wenig Wasser wie möglich an den Scheiben niederschlägt. Zum anderen muss der Raum gut durchlüftet werden. Nun will man in kühleren Gegenden nicht ständig Türen und Fenster aufreißen, deshalb sollte man Lüftungsöffnungen am First oder Wandlüfter sowie Dauerbelüftungen an der Oberkante der Fenster vorsehen. Installieren Sie die Wandlüfter möglichst in der Nähe des Herdes oder der Spüle, damit sie die feuchte Luft von der Quelle direkt nach draußen befördern. Versuchen Sie die Feuchtigkeit im ganzen Haus zu reduzieren, indem Sie in Bad und Toilette oder auch in der Waschküche Wandlüfter einbauen. Stellen Sie Waschmaschine und Trockner möglichst nicht in die Küche, sondern ins Bad oder in den Keller.

Das zweite Problem ist der fehlende Stauraum. Gerade den aber braucht man in einer Küche. In einem Wintergarten hat man oft nur eine einzige gemauerte Wand, an der

Schränke und Regale platziert werden können. Auch der Kühl- oder Gefrierschrank soll möglichst noch dort stehen. Als Lösung bietet sich eine niedrige, etwa ein Meter hohe Sockelmauer an, auf die der Wintergarten aufgesetzt wird. Davor kann man sämtliche Geräte stellen, sodass ihre unansehnlichen Rückseiten mit allen Leitungen und Abflussrohren verdeckt bleiben. Aber auch niedrige Schränke und Regale finden vor ihnen Platz. Die Scheiben beginnen auf Höhe der Arbeitsflächen, sodass man beim Kochen oder Abwaschen einen schönen Blick nach draußen genießt. Die ausgezeichnete natürliche Beleuchtung einer Wintergartenküche kann man durch zahlreiche Lichtquellen für abends ergänzen – nicht nur über den Arbeitsplatten, sondern auch unter den Schränken an der Wand und vor der niedrigen Sockelmauer. Hat Ihr Wintergarten eine Holzkonstruktion, kann man daran Hochregale oder Haken, etwa für Pfannen oder Tassen, befestigen.

Manchmal bietet es sich auch an, sämtliche Regale, Schränke und Arbeitsplatten als zentrale Insel zu arrangieren. Sogar das Kochfeld und der Herd können mitten im Raum stehen. Einziges Problem: Wohin mit der Dunstabzugshaube? Gerade diese ist

OBEN Ein Arbeitsbereich trennt hier Küche und Esszimmer. Er enthält Herd, Spüle, Schubfächer und Schränke. Direkt daneben steht ein robuster Block für die gröberen Schneide- und Hackarbeiten, die man der schönen Arbeitsfläche aus Holz nicht zumuten möchte.

RECHTS Diese romantisch-ländliche Esszimmergarnitur passt ausgezeichnet zur Küche. Der Tisch mit naturbelassener Holzplatte steht auf kräftigen, weiß lackierten Beinen und enthält eine Schublade für Tischsets und Untersetzer. Er harmoniert bestens mit den neuen, aber in traditionellem Stil gehaltenen Stühlen, die mit einem bequemen Binsengeflecht bespannt sind.

LINKS Hier hat man die Küchenwand herausgebrochen und einen Wintergarten mit Ess- und
Wohnbereich angefügt, der sich über die gesamte
Breite des Hauses erstreckt. Die zwei verbliebenen
Seitenmauern werden für Bilder und einen Heizkörper mit dekorativer Abdeckung genutzt. Zum
runden Tisch gehören vier Korbflechtsessel, von
denen zwei – hier nicht zu sehen – im Wohnzimmer stehen.

in Wintergartenküchen sehr wichtig. Umluft-Dunstabzugshauben verwenden Aktivkohle-
filter und kommen deshalb ohne einen sperrigen Abluftkanal ins Freie aus.

Arbeitsplatten werden aus den verschiedensten Materialien hergestellt – aus natürlichen wie Holz, Schiefer, Granit und Marmor, aber auch aus künstlichen wie Corian, das
sogar als durchgehende Fläche mit integrierter Spüle erhältlich ist. Corian ist hygienisch,
nicht porös, pflegeleicht und in über hundert Farben erhältlich. Für Küchen in traditionellem Stil eignen sich natürliche Materialien oft am besten, während künstliche bevorzugt in modernen Hightech-Versionen zum Einsatz kommen. Fragen Sie bei Küchen-
fachhändlern nach – sie erarbeiten maßgeschneiderte Lösungen, die exakt auf Ihre
Bedürfnisse und den jeweiligen Wohnraum abgestimmt sind.

Selbst wenn Ihre Wintergartenküche nur klein ist, sollten Sie ein Regal oder ein Stück
Fensterbrett für die Kräuterzucht reservieren. Gerade im Winter ist man froh, wenn man
frisches Grün griffbereit hat und nicht im Garten ein paar klägliche Reste suchen muss,
die vom Frost verschont geblieben sind.

GEGENÜBER OBEN Diese Wintergartenküche liegt, was
ziemlich unüblich ist, nach Süden. Der gesamte
Dachbereich wurde daher mit Jalousien versehen,
damit sich der Raum mittags nicht zu sehr aufheizt. Trotzdem fallen noch Sonnenstrahlen durch
die Abdeckung. Das Gros der Küchengeräte ist an
der einzigen festen Mauer platziert. Zusätzlichen
Stauraum liefert die Arbeitszeile mit integriertem
Schneideblock in der Raummitte.

GEGENÜBER UNTEN In diesem Haus auf einem kleinen
terrassierten Grundstück hat man die nach Norden
gehende Küchenwand herausgebrochen und einen
einfachen Anlehnwintergarten angefügt. Ein
schmaler Frühstückstresen trennt den neuen und
alten Bereich. Der Raum muss gut durchlüftet
werden, doch ein Sonnenschutz ist nicht nötig.

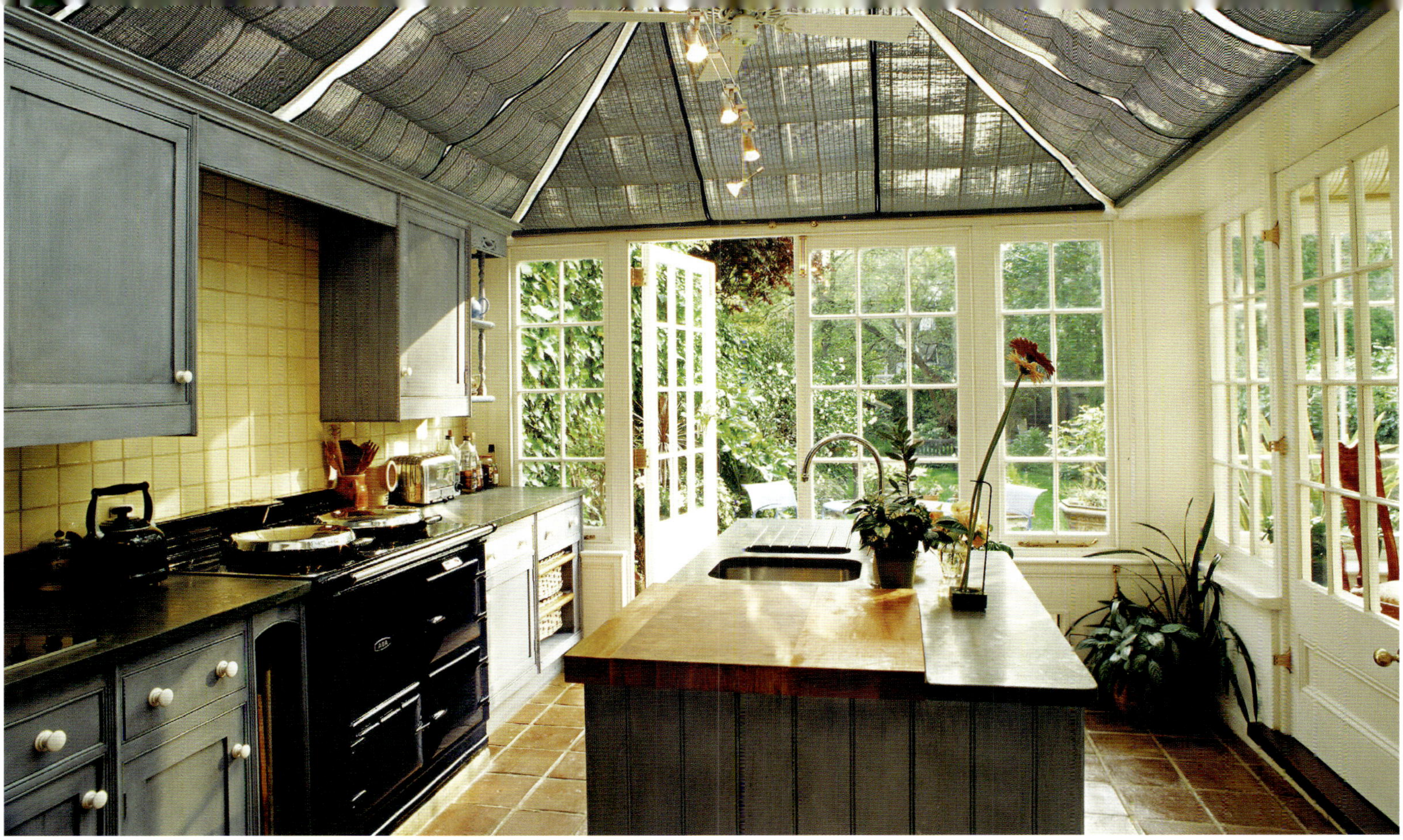

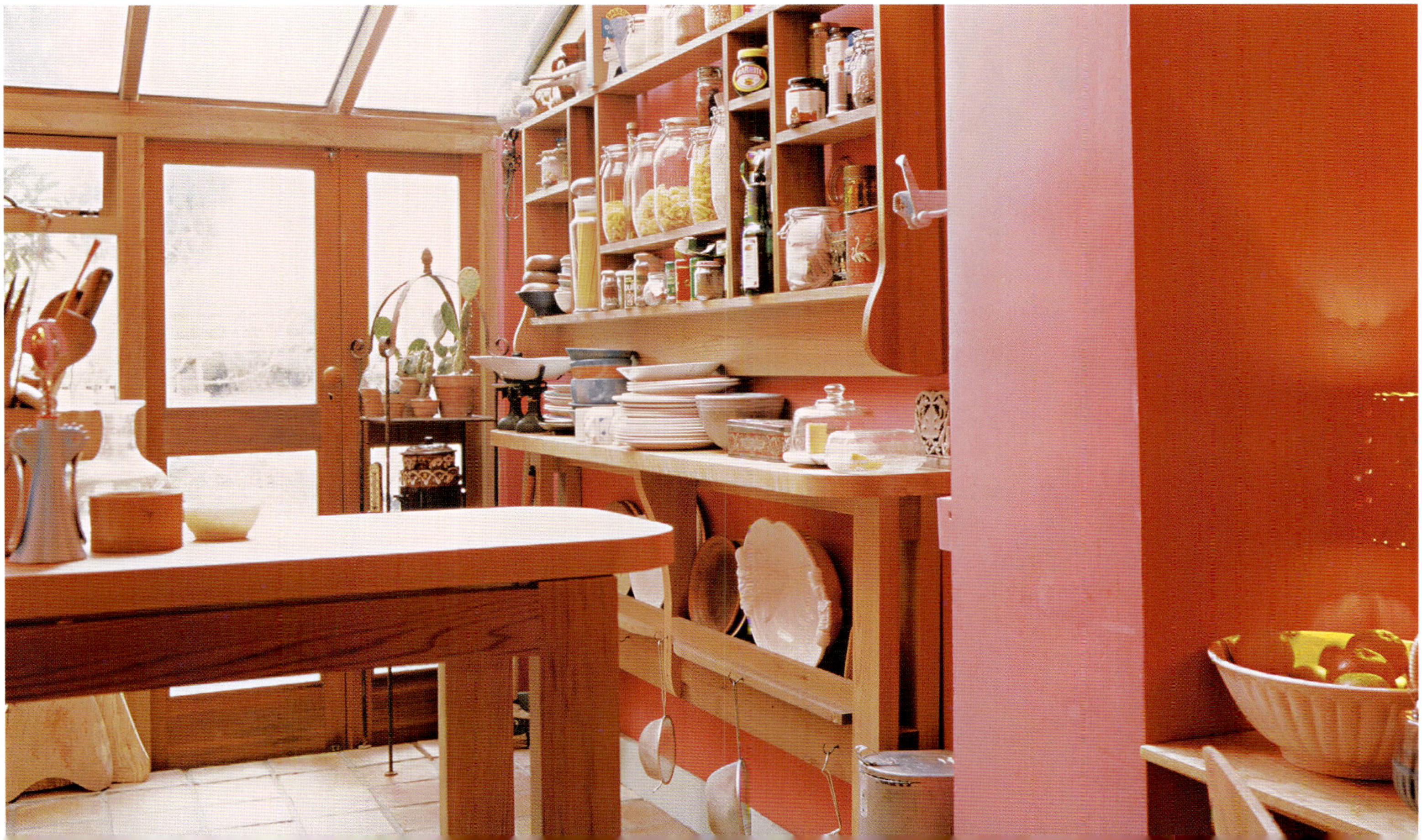

LINKS Ein legerer, unkomplizierter Essbereich mit altem Kieferntisch und Stühlen. Solche Möbel kann man nach wie vor relativ preiswert in Secondhand-Läden oder auf Flohmärkten erstehen. Mit Sitzkissen lässt es sich auf den Stühlen recht bequem speisen. Etwas strenger wirkt dieses Interieur am Abend, wenn der Kronleuchter angeschaltet ist und eine Tischdecke auf der Holzplatte liegt.

Essen im Wintergarten

Viele von uns haben kein separates Esszimmer und müssen sich mit einem Tisch in der Küche oder im Wohnzimmer begnügen. Gerade Wintergärten geben hervorragende Sitzbereiche ab, in denen man gemütlich speisen und sich dabei unterhalten kann. Gibt es ein schöneres Ambiente, als unter dem Sternenhimmel bei Kerzenlicht zum Abendessen zusammenzukommen oder am Nachmittag mit Blick auf den Garten Kaffee und Kuchen oder eine Tasse Tee zu genießen?

Bevor Sie sich Gedanken über die Möblierung machen, sollten Sie Grundsätzliches klären: Wie wollen Sie den Raum nutzen? Eine kleine Ecke für die schnelle Mahlzeit zwischendurch erfordert eine andere Ausstattung als ein vollwertiges Esszimmer, das auch Platz für Gäste bietet. Wie viele Sitzplätze brauchen Sie? Sobald Sie sich darüber im Klaren sind, können Sie den Essplatz planen. Denken Sie daran: Es muss noch genügend Abstand bleiben, um die Stühle nach hinten zu schieben. Wie viel Stauraum benötigen Sie? Sofern nicht alles in der Küche untergebracht werden soll, ist ein Sideboard, eine Anrichte oder ein ähnliches Möbelstück für Geschirr, Besteck, Tischdecken,

GEGENÜBER Ein hervorragendes Beispiel für einen modernen Stadtwintergarten. Er schließt sich an die Küche an und führt auf eine Terrasse hinaus. Mit ihm wurde die ebenerdige Wohnung um einen dringend benötigten Raum erweitert. Die farbigen Stühle um den Glastisch bringen Leben in das eher nüchterne Interieur mit seinen hellen Wänden und dem weiß lackierten Holz.

Servietten und Gläser unabdingbar. Es kann auch als Ablage für Gläser oder das Servier-
tablett zweckentfremdet werden. Zeichnen Sie einen Plan und arrangieren Sie darauf alle
Elemente so lange, bis die optimale Lösung gefunden ist.

Wenn für den Essbereich im Wintergarten reichlich Platz zur Verfügung steht, ist die
Auswahl an Möbeln jeder Preisklasse fast unbegrenzt. Bei beengten Verhältnissen hingegen
müssen Sie mit ein paar Tricks arbeiten. Ein Klapptisch lässt sich rasch aus dem Weg
räumen, wenn er nicht gebraucht wird. Ausziehtische sind ideal, wenn man öfters Gäste hat.
Tische mit Glasplatte und grazilem Metallgestell lassen einen Raum größer erscheinen;
das Gleiche gilt für helle Farben und einfache, schnörkellose Formen. Selbst stapelbare
oder Klappstühle kann man in Betracht ziehen – oder bei Bedarf zusätzliche Sitzgelegenheiten aus dem Garten holen. Als Faustregel gilt: Mit einem Esstisch, dessen Form in etwa
dem Grundriss des Wintergartens entspricht, wird der vorhandene Platz am besten genutzt.

Die meisten Wintergärten mit Essbereich grenzen an eine Küche an. Daher ist es durchaus sinnvoll, eine Ausstattung zu wählen, deren Stil, Farbe und Material zur Küche passen.

OBEN Den Essbereich in diesem geräumigen zwei-
stöckigen Wintergarten hat man optisch durch eine
Wendeltreppe in das obere Stockwerk von der Küche
getrennt. Er bekommt direktes Sonnenlicht, sofern
die Jalousien im Dach nicht heruntergefahren sind.
Die zierlichen Metallstühle sind sowohl mit Sitz-
als auch mit Lehnenkissen gepolstert, sodass man
sich in ihnen so richtig wohlfühlen kann.

LINKS Ein hübscher Essplatz in einem rundum mit
Türen versehenen Glashaus. Draußen erstreckt sich
ein einladender Landgarten. Die filigranen Stühle
mit Sitzkissen kann man ganz nah an die Tischplatte
schieben, die auf einem Metallgestell ruht. Weil sie
nicht viel wiegen, lassen sie sich aber auch problemlos auf die Terrasse tragen. Leichtigkeit und die
unmittelbare Nähe zum Garten prägen die Atmosphäre dieses Wintergartens.

Diesen wintergartenähnlichen Anbau mit schwarz-weißem Fliesenbelag hat man in ein modernes, formales Esszimmer umgewandelt. Dank der Glasfront und des großen laternenartigen Dachaufsatzes, der hier leider nicht zu sehen ist, eignet er sich auch gut für die Kultur lichthungriger Pflanzen. Der Kronleuchter über dem Tisch erfüllt den Raum beim Abendessen mit angenehmem Licht.

Wer eine rustikale Küche im ländlichen Stil sein Eigen nennt, kann beispielsweise einen Esstisch aus Eiche und eine Garnitur Stühle mit geflochtenen Binsensitzen und hohen Holzlehnen wählen. Zu einer klassischen Einrichtung passt ein Tisch in dunklem Holz mit gepolsterten Stühlen. Und eine moderne Küche wird mit einem Glastisch und farbenfrohen Plastikstühlen optimal ergänzt. Die Abstimmung von Küche und Esstisch ist besonders wichtig, wenn beide einen durchgehenden, stufenlosen Boden haben. Die beiden Bereiche sollten eine Einheit bilden und sich trotzdem unterscheiden.

Wer die Küche nicht ständig im Blickfeld haben möchte, kann sie durch einen Perlenvorhang oder eine spanische Bambus- oder Holzwand verdecken. Auch Blumenampeln an der Decke oder ein Regal mit Hängepflanzen in Töpfen sind eine wirksame optische Trennung. Vielleicht haben Sie sogar Platz, zwischen Küche und Essbereich ein paar bequeme Stühle oder Sessel zu stellen.

In einem Esszimmer steht der Tisch im Mittelpunkt. Er gibt den Stil für alles um ihn herum vor. Wenn Sie ihn besonders ins Rampenlicht rücken wollen, sollten Sie eine

GEGENÜBER Als ebenso einladender wie zweckmäßiger Essbereich für die ganze Familie ist diese weiß lackierte Garnitur kaum zu schlagen. Die Stühle sind in traditionellem Design gefertigt und mit Binsensitzflächen ausgestattet, sodass man keine zusätzlichen Kissen mehr braucht. Mit einer Tischdecke wird aus dem pflegeleichten Tisch im Nu eine Tafel für Gäste.

RECHTS Der geräumige, sehr formal und streng eingerichtete Wintergarten an der Nordseite eines Hauses ist auf drei Seiten von Wald und Garten umgeben. Die große lackierte Tafel mit Polsterstühlen bekommt keine direkte Sonne ab, trotzdem sollte sie tagsüber mit einem Tuch abgedeckt werden. Den ungewöhnlichen Kronleuchter aus Geweihen hat man am Mittelbalken aufgehängt und mit Glühbirnen versehen. Wenn Gäste eingeladen sind, sorgt er mit Sicherheit für Gesprächsstoff.

UNTEN Dieser einladende Anlehn-Wintergarten mit Essecke bietet einen atemberaubenden Panoramablick über das Tal und die Berge dahinter. Mit dem schwarz-weißen Marmorboden wurde der Essbereich optisch von der Küche getrennt. Wenn die Sonne allzu heiß brennt, kann man sie mit den Raffrollos etwas dämpfen. Bei einer so großartigen Aussicht fällt es nach einem guten Essen schwer, sich aus den zugleich eleganten und bequemen Holzstühlen mit der raffiniert geflochtenen Lehne zu erheben.

Version aus lackiertem oder furniertem Holz wählen. Man darf solche edlen Stücke allerdings nicht der prallen Sonne aussetzen, weshalb sie sich eher für Räume an der Nordseite eines Hauses eignen. Überhaupt sollte man wertvolle Tische tagsüber schützen – am besten mit speziellen Filzdecken für Mobiliar. Es reicht aber auch eine normale Tischdecke, die man tagsüber auf die Platte legt und abends entfernt.

Wer zweckmäßige und zugleich pflegeleichte Tische bevorzugt, sollte sich ein Exemplar aus naturbelassenem Holz anschaffen. Eiche altert sehr schön, während Weichhölzer wie Kiefer gekalkt werden können, was eine interessante Oberflächenstruktur ergibt. Man kann aber genauso gut einen ganz einfachen Holztisch auf einem Flohmarkt oder bei einem Gebrauchtmöbelhändler erstehen, ihn lackieren und mit einem Tischtuch versehen.

Holz ist allerdings keineswegs das einzige Material für Küchentische. Glas wirkt ausgesprochen elegant und modern, während eine Stein- oder Marmorplatte auf gusseisernem Sockel stilvoll-klassisches Flair verbreitet. Die Auswahl an Materialien ist groß: Man bekommt Platten aus Metall, Keramik, Schiefer und sogar mit Mosaik aus Natur-

oder glasierten Keramiksteinchen. Beliebt sind auch Rattan- und Bambustische, die mit einer Glasplatte versehen sind, damit man eine ebene Fläche hat.

Zu jedem Tisch braucht man Stühle. Holztische verlangen förmlich nach Sitzgelegenheiten aus dem gleichen Material, doch sehen auch Metallstühle gut dazu aus. Ist die Platte nicht aus Holz, kann man sogar Stühle aus Drahtgeflecht, Eisen, Aluminium oder Edelstahl in modernem oder traditionellem Design in Betracht ziehen. Weil Metall recht hart und kalt ist, braucht man aber Stuhlkissen. Ihr Bezug sollte robust genug für die Bedingungen in einem Wintergarten sein und sich problemlos waschen lassen.

Wahrscheinlich können Sie von Ihrem Essbereich im Wintergarten direkt auf einen Hinterhof oder eine Terrasse hinausgehen, was bei schönem Wetter ideal ist: Man grillt draußen und bringt die Köstlichkeiten dann nach drinnen, um sie am Esstisch gepflegt zu verspeisen. Auch kann man dort vor und nach dem Essen gemütlich sitzen und mit den Gästen ein Glas Wein oder Bier trinken. Sie haben sich ein unschätzbares gläsernes Reich halb drinnen und halb draußen geschaffen – genießen Sie es in vollen Zügen!

OBEN Mit einem Glasdach hat man aus diesem kleinen, mediterranen Innenhof einen heimeligen Raum geschaffen, der ganzjährig genutzt werden kann. Zum südländischen Ambiente passen der Tisch und die Stühle aus dunklem Holz. Dank des reichlichen Lichteinfalls kann man den schmucklosen Raum mit viel Pflanzengrün aufpeppen.

GEGENÜBER Als Esszimmer kann man diesen Raum streng genommen zwar nicht bezeichnen, trotzdem lässt es sich in dem lauschigen Ambiente gemütlich frühstücken oder Tee trinken. Der alte Kaffeehaustisch wird von einer gehäkelten Decke geschützt. Um ihn herum stehen einladende Sitzmöbel aus Korb und Bambus. Eine Bambusblende über dem Tisch verhindert, dass die Sonne auf die Garnitur brennt, lässt aber noch genügend Licht durch.

5

Der letzte Schliff

Die Liebe zum Detail ist in Ihrem neuen Wintergarten genauso wichtig wie der Blick fürs Ganze, denn Feinheiten können für die Raumwirkung entscheidend sein. Mittlerweile haben Sie sicher schon viel Zeit und Geld in Ihr gläsernes Reich investiert, daher sollten Sie jetzt nicht am Fensterdekor oder an der Beleuchtung sparen. Vielleicht fehlt als i-Tüpfelchen gerade noch ein Wasserspiel – oder die Skulptur, auf die Sie schon lange ein Auge geworfen haben.

Achten Sie bei Fenster- und Türbeschlägen auf Qualität und Ästhetik. Zahlreiche Anbieter haben hochwertige Schlösser, Griffe und Scharniere aus Messing, Alu und Edelstahl im Sortiment. Ersatzteile für altehrwürdige Wintergärten findet man bei Antiquitätenhändlern oder auf Flohmärkten. Auch neue Beschläge sind in allerlei Stilen von antik über rustikal bis modern erhältlich. Türgriffe und Schlossblenden bekommt man darüber hinaus in den verschiedensten Materialien, etwa Holz, Porzellan, Keramik und natürlich Metall. Erkundigen Sie sich in Fachgeschäften oder Baumärkten.

Jede, aber auch wirklich jede Pflanze sieht besser aus, wenn man sie aus ihrem hässlichen Plastiktopf befreit und in ein anderes Gefäß umsetzt – selbst wenn es sich dabei nur um einen einfachen Tontopf handelt. Pflanzgefäße können schmucklos oder verziert, alt oder neu, handgemacht oder fabrikgefertigt sein. Die meisten bestehen aus glasiertem oder unglasiertem Ton, doch gibt es auch Porzellan-, Metall- und Holztöpfe. Sie werden in der ganzen Welt hergestellt. Halten Sie Ausschau nach Produkten aus Nordafrika, Spanien, Griechenland, Italien oder Südfrankreich. Besonders dekorativ glasierte Exemplare kommen aus China. Antike Gefäße sind mittlerweile nur noch schwer zu finden und recht teuer; man wird eventuell noch bei Antiquitätenhändlern, auf Flohmärkten, bei Haushaltsauflösungen oder im Internet fündig.

Junge, schnellwüchsige Pflanzen kann man anfangs allerdings durchaus im Plastikgefäß lassen. Bis sie ihre optimale Größe erreicht haben, müssen sie öfters umgesetzt werden, sodass es sich nicht lohnt, jedes Mal viel Geld für einen Topf auszugeben. Man kann das Plastik ja in Übertöpfen verbergen. Diese gibt es in allen erdenklichen Materialien und Ausfertigungen wie Keramik, Holz, Kupfer, Messing, Korb, Kork und Drahtgeflecht, das

VORHERIGE SEITE Hier wurde ein etwas düsteres Esszimmer um einen einladenden Wintergarten erweitert, in dem Gäste einen Aperitif einnehmen können, während sie auf das Essen warten. Der Holzboden wurde auf den Anbau unter Glas ausgeweitet und erstreckt sich nun über die gesamte Fläche, wodurch beide Räume eine stärkere optische Einheit bilden. An den Fenstern sind Jalousien angebracht, die zusammen mit dem Sonnenschutz Schatten spenden und Privatsphäre gewährleisten.

UNTEN In diesem Wintergarten mit formalem Sitzbereich wurden Pinoleum-Rollos aus Holzstäbchen als Sonnenschutz vor der Dachverglasung angebracht. Die Abbildung vermittelt einen guten Eindruck davon, welch diffuses Licht sie erzeugen. Für die abendliche Ausleuchtung sorgen Wandleuchten und Stehlampen, und der Ventilator an der Decke macht den Aufenthalt auch bei hochsommerlichen Temperaturen angenehm.

OBEN Das Dach besteht hier aus Milchglasscheiben. Sie bieten etwas Schutz vor der Sonne und machen Jalousien überflüssig. Die Seitenfenster hingegen sind klarverglast; auf Rollos und Vorhänge hat man wegen der herrlichen Landschaftskulisse verzichtet. Die Farben der Möblierung und des Bodens erfüllen den Raum mit Wärme.

OBEN RECHTS Der Sonnenschutz an den Fenstern und der Vorhang vor der Tür sind aus dem gleichen Material. Sie bilden eine Einheit, die dem Raum eine gewisse Weichheit verleiht. Die große Matte vor der Tür schützt den Teppichboden vor Schmutz, der aus dem Garten nach drinnen getragen wird.

auch lackiert sein kann. Ich besitze einen alten weißen Vogelkäfig in fernöstlichem Stil, der ein ausgezeichnetes Pflanzgefäß abgibt. Die Gewächse füllen mittlerweile den Käfig bis zur Kuppel und wachsen durch die Stäbe, was ausgesprochen dekorativ aussieht.

Vielleicht haben Sie ja bereits ein Sortiment hübscher Gefäße gesammelt, die nun endlich zum Einsatz kommen können. Kaufen Sie sich dafür am besten ein filigranes Blumenregal aus Metall. Sie können sich einen Pflanzenständer aus Metall oder Holz auch maßfertigen lassen, wenn Sie eine bestimmte Ecke damit füllen möchten.

Pflanzvasen und -urnen geben ebenfalls gute Ziergefäße ab. Sie werden in der Regel aus Steingut oder Metall gefertigt und sind fest mit Sockelfuß oder Säulen verbunden. Vor allem Hängepflanzer lassen sich darin wirkungsvoll in Szene setzen. Rechteckige hölzerne Versailles-Kübel sind ideale Gefäße für Zitrusgewächse. Sie waren früher seitlich mit Ringen oder Haken versehen, durch die man einen Stock steckte, um sie besser heben und transportieren zu können. Als dekorative Pflanzbehälter bieten sich ferner Halbfässer, kleinere Kästen, Tröge oder Schalen an.

Die Vorhänge in diesem Wintergarten wurden am höchsten Punkt unter dem Dach angebracht und dann an einer Vorhangstange über dem Fenster fixiert, wo man sie zur Seite schieben kann. Das Problem: Wenn man den Raum beschatten will, muss man alle Vorhänge zuziehen. Das sieht zwar hübsch aus, es wäre aber wesentlich praktischer, für die Dachverglasung und die Fenster einen separaten Schutz zu installieren.

In diesem eleganten Essbereich wurden die Vorhänge sehr vorteilhaft platziert. Die Kombination aus leichten Musselin-Stores und schwererem Stoff dahinter schützt vor neugierigen Blicken und wirkt doch leicht und luftig. Die Türen können zum Garten geöffnet werden, sodass man das Essen hier praktisch im Freien genießen kann.

Jalousien und Vorhänge

Die meisten Wintergartenbesitzer statten ihre Glashäuser mit Jalousien oder Vorhängen aus – zum Teil, weil sie ihre Pflanzen und sich selbst vor der prallen Sonne schützen möchten, zum Teil aber auch, um neugierige Blicke abzuwehren. Auch hier gilt: Wer die Wahl hat, hat die Qual.

Zahlreiche Hersteller haben sich auf Sonnen- und Sichtschutz für ungewöhnlich geformte Fenster spezialisiert. Ihre Maßanfertigungen sind natürlich nicht billig. Achten Sie daher auf gutes Material. Normalerweise gibt es zwar eine Produktgarantie, aber wie lange wird sie gewährt? Isoliert die Beschattung im Sommer gegen Hitze und im Winter gegen Kälte? Lässt sie noch genügend Licht für die Pflanzen durch? Ist sie schwer entflammbar und schimmelabweisend? Kann man sie leicht reinigen? Alles Punkte, die beim Kauf beachtet werden müssen.

Sonnen- und Sichtschutz kann drinnen oder draußen befestigt werden. Außenvorrichtungen sind vergleichsweise teuer, weil sie der Witterung standhalten müssen. Sie schützen zwar am wirkungsvollsten vor der Hitze, weil die Sonnenstrahlen gar nicht erst bis zur Verglasung durchdringen, doch fangen sich in ihnen oft Blätter und Zweige; zudem lassen sie sich nur schwer pflegen. Gerade begeisterte Gärtner allerdings entscheiden sich oft für einen äußeren Sonnenschutz, weil er an der Innenseite der Scheiben ein Hindernis für Kletterpflanzen bilden würde, die bis unter das Dach wachsen sollen.

Bei außen angebrachten Beschattungen handelt es sich oft um Jalousien, deren Lamellen man je nach Sonneneinfall so verstellen kann, dass sie mal mehr, mal weniger Licht durchlassen. Bei nicht gewölbten Dachschrägen, etwa von Anlehn- oder Satteldachwintergärten, kann man einen Jalousienkasten installieren, um die Blenden nach Bedarf herunterzulassen oder hochzuziehen. Es gibt Jalousien aus Kunststoff, Aluminium oder Holz. Hoch belastbare Versionen haben Lamellen mit verstärkten Kanten.

Wer Jalousien als zu sperrig empfindet, bringt Außenrollos an. Man kann sich für eine Acryl-Standardbespannung oder ein Gittergewebe aus Polyester entscheiden. Beide Materialien sind licht- und wetterfest und haben hervorragende thermische Eigenschaften. Während Acryl oft dekorativer aussieht, lässt Gittergewebe mehr Licht durch, sodass die Sicht nach draußen zum Teil erhalten bleibt. Außenrollos laufen in seitlich angebrachten Führungsschienen und verschwinden beim Aufrollen in Kästen. Der Antrieb erfolgt meist über einen Elektromotor. Zur Außenbeschattung eignen sich natürlich auch Markisen.

Innenbeschattungen können aus Stoff, Weide, Bambus, Pinoleum, Holz oder Alu bestehen. Am preiswertesten sind wohl aufrollbare Gewebebahnen; auch lassen sie sich am leichtesten aus- und einfahren oder zum Waschen abnehmen. Mit Aluminium bedampfte

OBEN Durch die hölzernen Jalousien bekommt dieses mediterrane Ambiente ein klares, modernes Aussehen. Jalousien eignen sich für jede Fensterform. Ein Elektroantrieb sorgt in der Regel dafür, dass man sie öffnen, schließen oder die Neigung der Lamellen verändern kann. Sehr ansprechend wirken die Schattenstreifen, die die Jalousien in den Raum werfen.

LINKS Es dauerte eine Weile, bis man eine stilvolle Stütze für das Dachgerüst dieses weitläufigen Anlehnwintergartens mit Ess- und Wohnbereich fand. Bambusjalousien im Dach spenden Schatten und verleihen dem Interieur zusammen mit den Palmen und Bananenpflanzen tropisches Flair.

RECHTS Pinoleum-Jalousien sind ein beliebter Sonnenschutz für Wintergärten. Sie bestehen aus dünnen Holzstreifen, die am Rand mit Stoff gesäumt sind, und deshalb nicht so schnell durchhängen wie andere Materialien. Sie eignen sich besonders gut als Sonnenschutzsystem für ungewöhnliche Dachformen, wie hier zu sehen ist.

UNTEN Den Scheitelpunkt dieses hohen Wintergartens hat man über die Dachlinie des Hauses gezogen, um genug Raum für den Ess- und Wohnbereich zu bekommen. Als Verbindung zwischen neuem und altem Dach dienen Klappfenster. Die gesamte nach Süden gerichtete Dachschräge wurde mit einem Sonnenschutz versehen.

Ausführungen haben bessere wärmeregulierende Eigenschaften. Je dichter die Innenabdeckungen schließen, desto stärker fängt sich die Wärme zwischen Verglasung und Gewebe, sodass ein Teil davon sofort durch Lüftungsöffnungen wieder nach draußen geleitet werden kann. Andernfalls besteht die Gefahr eines Hitzestaus, der das Glas gefährdet. Spannrollos sind praktisch, haben aber einen Nachteil: Beim Zurückschnellen zerquetschen sie oft Insekten. Man sollte sie daher vor dem Einfahren schützen.

Ausgesprochen beliebt als Sonnenschutz für den Innenbereich sind Faltrollos. Sie lassen sich problemlos mit einem Staubsauger säubern. Ausführungen, die auf der Außenseite aluminiumbedampft sind, reflektieren die Wärmestrahlung besonders gut. Man kann sie mit Handbedienung oder elektrischem Antrieb installieren, wobei bei manueller Betätigung sehr viele Schnüre zwischen den Fenstern herumbaumeln, was nicht nur unschön aussieht, sondern auch für Kleinkinder gefährlich werden kann.

Rollos aus Holz- oder Bambusstäben kommen insbesondere in älteren, traditionellen Wintergärten gut zur Geltung. Sie passen gut zu Möbeln aus ähnlichen Materialien.

Pinoleum-Holzstabrollos gibt es schon seit rund 150 Jahren. Sie bestehen aus feinen Holzstreifen und erfüllen einen Raum mit angenehm gedämpftem Licht. Man bekommt sie in den verschiedensten Farben, Webarten und Dichten.

Eine beliebte Alternative sind Innenjalousien mit Holz-, Aluminium- oder Kunststofflamellen. Die Neigung der waagerechten Lamellen lässt sich manuell oder mit einem Elektromotor verstellen, der auch die Jalousien öffnet und schließt. Man verwendet sie wie Vertikaljalousien, bei denen die Lamellen hängend angeordnet sind, für Fenster und Türen.

Relativ neu sind Systeme, bei denen Jalousien in den Scheibenzwischenraum der Isolierverglasung integriert sind. Der Vorteil: Sie brauchen nicht gesäubert werden und schützen wirkungsvoll vor der Sonne.

Natürlich kann man in Wintergärten auch Vorhänge anbringen, am besten aus einem feinen, leichten Stoff wie Musselin oder Voile und in einer hellen Farbe. Sie schaffen eine weiche, ätherische Atmosphäre und erfüllen den Raum mit einem angenehmen diffusen Licht. Manchmal ist auch eine Kombination verschiedener Materialien sinnvoll. So kann man Pinoleum-Rollos für das Dach und Musselin-Gardinen für die Fenster verwenden.

OBEN Sicht- und Sonnenschutzsysteme gibt es in den verschiedensten Ausführungen und Materialien. Hier sieht man, wie sich ein Raffrollo zusammenfaltet. Es wird manuell betätigt, wie die Kordel daneben verrät, doch gibt es auch Elektroantriebe.

RECHTS UND GEGENÜBER Sowohl das Dach als auch die Fenster- und Türverglasung dieses Wintergartens hat man mit hellgrauen Pinoleum-Rollos bestückt. Sie erzeugen ein weiches Streulicht, das sehr angenehm für das Auge ist. Es schützt Menschen und Pflanzen wirkungsvoll vor der prallen Sonne und erfüllt den ganzen Raum mit stimmungsvoller Eleganz.

Beleuchtung

Wie Sie Ihren Wintergarten ausleuchten, hängt ganz von seinem Verwendungszweck ab. Wählen Sie wie in den Zimmern im Haus zwei oder drei Leuchtkörper, die universell einsetzbar sind. Installieren Sie auf jeden Fall genügend Steckdosen. Sie sollten in unterschiedlicher Höhe angebracht und sogar in den Fußboden integriert werden, damit Sie Lampen genau dort platzieren können, wo sie benötigt werden.

Glasbauten müssen jedoch anders ausgeleuchtet werden als gemauerte Räume. Deckenfluter und Spotlampen etwa würden sich in der Dachverglasung spiegeln und ein hartes, unangenehmes Licht erzeugen – richtet man sie dagegen auf gemauerte Wände, Balken oder ein Regal, erfüllen sie den Raum mit wohligem Flair. Wintergärten bieten außerdem nur sehr wenig Befestigungsfläche für Lampen. Man kann die Lichtquellen bestenfalls an ein, zwei Mauern und eventuell an den Streben zwischen den Fenstern anbringen.

Besonders gut für Glasbauten eignen sich kleine Halogenstrahler und Lampenhalter – ob einzeln oder an Schienen und Drähten –, weil sie sehr wenig Platz brauchen. Hoch oben im Dachraum können sie dezent befestigt werden und werfen ein schönes, helles Licht.

Manchmal bietet sich ein zentraler Kronleuchter oder ein Wandschirm an. Auch dekorative Wandhalterungen aus Messing oder Eisen und Pendellampen können einen Wintergarten geschmackvoll erhellen. Nicht verzichten sollten Sie auf einen Dimmer – am frühen Abend braucht man wesentlich weniger Licht als um Mitternacht. Kombiniert mit Steh- und Tischleuchten, ermöglichen all diese Systeme eine flexible Ausleuchtung Ihres Glaspalasts.

LED-Leuchten bewähren sich sowohl im Garten als auch im Glashaus. Diese zukunftsweisende Technologie erzeugt bei vergleichsweise niedrigen Wattzahlen und geringer Hitzeentwicklung sehr helles Licht. LED-Systeme sind teuer, aber extrem langlebig. Man kann sie als Einbauleuchten direkt in die Wand oder eine andere Fläche einlassen, von wo sie die Umgebung sehr dezent ins rechte Licht rücken – etwa auf niedriger Höhe rund um den Wintergarten oder, falls vorhanden, im Sockel der Dachlaterne. Wer markantere Leuchteffekte bevorzugt, installiert farbige Lampensysteme an Drähten, die man durch den Raum spannt, an Säulen hochzieht oder in moderne Kronleuchter verwandelt, indem man sie beispielsweise um ein selbst gebautes Phantasiegerüst aus Metalldraht windet.

OBEN Zwei identische Kronleuchter sind in diesem angenehmen, vorwiegend tagsüber genutzten Sitzbereich für die Beleuchtung zuständig. Man hat sie – eine Seltenheit heutzutage – mit echten Kerzen bestückt. Sie werfen ein angenehmes, allerdings kein sonderlich helles Licht. Wegen der offenen Flammen sind sie zudem nicht ganz ungefährlich.

Namhafte Wintergartenhersteller bieten meist eine Beleuchtungsberatung an, doch ist es durchaus ratsam, sich in spezialisierten Lampenstudios oder guten Kaufhäusern umzusehen und im Internet Informationen zu sammeln, um einen Überblick über das zu bekommen, was machbar ist und zu welchem Preis.

Einfache Kerzen erfüllen einen Raum mit unübertroffen weichem, romantischem Licht, doch sollte man sich der Gefahren von offenem Feuer bewusst sein. Sowohl Wachskerzen als auch Öllampen dürfen nie unbeaufsichtigt bleiben, vor allem wenn Kinder im Haus sind. Man findet im Handel sehr hübsche Kerzenhalter oder auch Windlichter mit farbigem beziehungsweise geschliffenem Glas. Hängelampen und Kronleuchter kann man wie Blumenampeln mit Vorrichtungen zum Herunterlassen und Hochziehen versehen.

Die Innenausleuchtung eines Wintergartens steht natürlich im Vordergrund, doch sollte man auch die Außenbeleuchtung nicht vernachlässigen. Lampen auf der Terrasse und im Garten sind nicht nur bei abendlichen Gartenfesten von unschätzbarem Wert, sie setzen Ihre Freilandgewächse auch effektvoll in Szene, wenn Sie drinnen sitzen und den Blick auf die nächtliche Natur genießen möchten.

OBEN Kronleuchter bekommt man heute in allen möglichen Größen und Stilen, ob fabrikneu oder antik. Wenn Sie ein altehrwürdiges Prachtstück erwerben, sollte es sich allerdings auf elektrische Beleuchtung umrüsten lassen, falls das nicht bereits geschehen ist. Statten Sie Lampenfachgeschäften und Antiquitätenhändlern einen Besuch ab oder gehen Sie im Internet auf die Suche nach dem perfekten Exemplar für Ihren Wintergarten.

RECHTS Eine ungewöhnliche Lampe im orientalischer Stil prägt diese ausgesprochen dekorative Essecke in einem Wintergarten, der auf ein Flachdach gesetzt wurde. Weil er nach Norden zeigt, ist ein Sonnenschutz für die edle Tischplatte überflüssig.

RECHTS Am Sockel dieser Dachlaterne hat man reihum Lampen aufgehängt, die einen zentralen Kronleuchter umrahmen. Wenn abends die Jalousien bis zur Laterne hochgefahren werden, kann man den Nachthimmel noch durch die Kuppel sehen. Obwohl es hier an Lichtquellen wahrlich nicht mangelt, braucht man doch noch eine Steh- oder Tischlampe, um den Wintergarten harmonisch auszuleuchten.

GEGENÜBER Lampen sind nicht nur rein zweckmäßige Elemente sie tauchen einen Raum abends auch in stimmungsvolles Licht. In diesem Ess- und Sitzbereich sorgen Steh- und Tischlampen, Wand- und Bodenleuchten sowie in die Decke über dem Tisch integrierte Strahler für ein behagliches Ambiente.

Mit LED-Leuchten lässt sich eine Terrasse oder ein Innenhof ebenso stimmungsvoll erhellen wie eine Treppe in den Garten. Man kann sie aber auch zu rein dekorativen Zwecken einsetzen, etwa indem man sie rund um den Stamm eines Baums im Garten wickelt. Solarlampen für Wege, bestimmte Gartenbereiche oder die Terrasse sind eine weitere Alternative, doch liefern sie in nördlichen Breiten nur begrenzt Licht.

Informieren Sie Ihre Versicherungsgesellschaft rechtzeitig über einen neu errichteten Wintergarten, da eventuell eine Anpassung des Gebäudeschutzes erforderlich ist. Wenn Sie Ihr Grundstück mit einer Alarmanlage gesichert haben, sollten Sie sich nach Möglichkeiten erkundigen, das System auf den Glasbau auszudehnen. Die meisten Hausbesitzer fügen ihren Wintergarten an der Rückseite des Gebäudes an – hier leistet ein Bewegungsmelder, der automatisch das Licht einschaltet, gute Dienste. Weil Wintergärten naturgemäß Schwachstellen sind, über die Einbrecher am leichtesten in ein Gebäude eindringen können, kann sich der Einbau von bruchfestem Glas sowie Qualitätsschlössern für Fenster und Türen durchaus lohnen.

OBEN Dieser dekorative weiße Wandbrunnen hebt sich hervorragend von der Backsteinwand ab. Zusätzlichen Reiz gewinnt er durch die malerische Umrahmung mit Efeutrieben. Man findet Deko-stücke wie dieses im Handel. Vielleicht stoßen Sie aber auch im Ausland auf ein ähnliches Schmuck-stück und bringen es mit nach Hause – als bleibende Erinnerung an einen schönen Urlaub.

OBEN Nicht Menschen, sondern Pflanzen stehen im Mittelpunkt dieses Wintergartens. Nichtsdestotrotz ist er mit ein paar bequemen Korbsesseln ausge-stattet, in denen man sich entspannen und die Sonne genießen kann. Zwischen den Gewächsen steht eine klassische Statue; das Weiß ihres Steins steht in effektvollem Kontrast zum Laub.

Skulpturen

Statuen in Glashäusern aufzustellen ist eine Tradition, die im 18. Jahrhundert in Italien ihren Anfang nahm und von wohlhabenden Reisenden aufgegriffen wurde. Kaum in die Heimat zurückgekehrt, bereicherten sie ihre Orangerien mit Skulpturen, die sie zwischen die in Versailles-Kübeln wachsenden Zitrusbäume stellten. Als sich immer mehr Menschen das Reisen leisten konnten, brachten sie Skulpturen aus Marmor, Alabaster und anderen Steinen mit nach Hause. Nicht immer waren diese Kunstwerke von vornherein für den Wintergarten gedacht – oft kamen sie nur unter Glas, weil man sie nicht der Witterung im Garten aussetzen wollte.

Für große Statuen hat kaum noch jemand Platz in seinem Wintergarten, doch gibt es heute dekorative Kunstobjekte in allen Größen und Formen. Nirgends lässt sich eine Skulptur besser präsentieren als im Wintergarten. Wenn Sie ein größeres Stück ihr Eigen nennen, sollten Sie es allerdings schon bei der Planung Ihres Glasanbaus berücksichtigen. Soll es frei stehen oder wollen Sie es auf einem Sockel positionieren? Sieht es besser aus, wenn das Licht von vorne oder von hinten daraufällt? Wenn es im Mittelpunkt stehen

OBEN Ein Wintergarten kann ganz anders gestaltet sein als das angrenzende Haus. Warum holen Sie sich nicht einfach einen Hauch von Fernost in Ihr Heim? Möbel und Dekor aus Indien, Indonesien, Thailand, Malaysia und den Philippinen werden in alle Welt exportiert und sind auch in Ihrer Nähe unschwer zu bekommen.

soll, dürfen Sie das Kunstwerk nicht mit anderen Einrichtungsgegenständen verdecken. Platzieren Sie es aber auch nicht dort, wo es den Blick auf andere Elemente verstellt oder gar im Weg steht. Man sollte sich in einem Wintergarten frei bewegen und Jalousien oder Fenster ohne Verrenkungen bedienen können. Auch dürfen Türen nirgends anstoßen. Plastiken sind empfindlicher, als man meint – sogar Gusseisen bricht, wenn es umfällt.

Skulpturen müssen nicht unbedingt auf dem Boden stehen. Sie können an einer Wand oder in einem Regal, einer Vitrine oder auf einer Platte beziehungsweise einem Sockel zur Schau gestellt werden. Auch müssen Statuen nicht ausschließich als Zierde dienen. Mit zwei zusammenpassenden Exemplaren lässt sich ein Eingang flankieren oder im Raum eine optische Barriere zwischen zwei unterschiedlich genutzten Bereichen schaffen.

Manche Kunstwerke kann man auch aufhängen, sofern sie leicht genug sind und das tragende Element das Gewicht aushält. Moderne Materialien wie Kunstharz, Gips oder sogar Salzteig lassen sich problemlos an einer Fensterstrebe befestigen. Ganz gleich, wofür Sie sich entscheiden, Sie müssen stets darauf achten, dass das Werk zum Raum passt.

Beim Stichwort Statuen denken die meisten an feigenblattbedeckte Alabaster- und Marmorgöttinnen oder nackte Cherubim. Solche antike Bildnisse fügen sich hervorragend in einen klassisch gestalteten Wintergarten ein, doch gibt es natürlich auch Einrichtungsstile, die nach anderen Skulpturen verlangen. Eine große griechische oder römische Plastik wirkt in einem durch und durch modernen Anbau ebenso deplatziert wie ein zeitgenössisches, abstraktes Kunstwerk in einem traditionellen Ambiente. Kennen Sie einen Künstler, der eine Statue speziell für Ihren Wintergarten schaffen würde? Das wäre ein Glücksfall, aber auch in Galerien, bei Auktionen und in Antiquitätengeschäften kann man Schönes aufstöbern. Dekorative Bronzeskulpturen von Vögeln und anderen Tieren sind heutzutage unschwer zu bekommen, doch eignen sich ebenso gut abstrakte Plastiken für vielerlei Einrichtungsstile.

Wenn Sie ein Kunstliebhaber sind, möchten Sie eventuell den ganzen Wintergarten zur Präsentation Ihrer Sammlung nutzen – ganz gleich, ob es sich um afrikanische Masken und Figuren oder um indonesische Schattenpuppen handelt. Vielleicht haben Sie Ihren

OBEN Dass dies der Wintergarten eines begeisterten Gärtners ist, erkennt man unschwer an den aus allerlei Gärtnerutensilien zusammengestellten Installationen, die als ebenso einfacher wie origineller Wandschmuck sofort ins Auge fallen. Man kann Kunstwerke wie hier an der Wand befestigen, frei stehend aufstellen oder auf ein Regal, einen Sockel oder eine Platte platzieren.

Glasbau ja bereits thematisch einheitlich gestaltet, etwa als Strandlandschaft. In diesem
Fall sollten Sie nach Kunstgegenständen suchen, die dazu passen, wie Meeresvögel,
Schiffe oder ein großes Stück Treibholz, das die See selbst geformt hat. Sie können Ihren
ganzen Wintergarten an einem einzigen Werk ausrichten oder umgekehrt eine Skulptur
wählen, die zur bereits bestehenden Einrichtung optimal passt. Wichtig ist, dass Sie sich
in Ihrem Reich wohl fühlen.

Ist Ihr Wintergarten in erster Linie ein Pflanzenhort, verlangt er nach ganz anderen
Plastiken als ein Wohnraum, den man sich zum Sitz- oder Essbereich erkoren hat. Mit
einem Marmor- oder Alabasterkopf, der hinter dichtem Laub hervorlugt, einem Bronze-
vogel, der durch den Unterwuchs stolziert, oder einem anderen im Grün versteckten
Tier kann man eine fantastische Wirkung erzielen. Ein dichter Dschungel aus Palmen
und anderen tropischen Gewächsen lässt sich mit einem ebenso exotischen Tier perfekt
ergänzen. In einer Kaktuslandschaft wiederum kommt beispielsweise ein abstraktes Objekt
aus Sandstein gut zur Geltung.

Wasserelemente

Viele wünschen sich für ihren Garten oder ihr Glashaus nichts sehnlicher als ein Wasserspiel. Wie immer sollte man ein solches Element allerdings schon von vornherein in die Planung eines Wintergartens mit einbeziehen, denn man braucht dafür nicht nur eine Wasserquelle, sondern meist auch einen Stromanschluss für die Elektropumpe.

Brunnen sind in den verschiedensten Stilen erhältlich. Das Gleiche gilt aber auch für Wandschalen und Wasserspeier wie Löwen oder Fabelwesen. Wer nicht will, dass der Boden durch ein Becken in Beschlag genommen wird, kann einen Brunnen aus Gusseisen, Keramik, Stein oder Kunstharz an der Wand installieren. Solche Wasserspiele sind recht praktisch und nehmen nicht viel Platz ein, allerdings ist ihr Einbau nicht einfach. Wer das Außergewöhnliche sucht, kann sich auch an einen Innendesigner wenden, der mit einem modernen Kunstwerk in Form einer Wasserwand oder ähnlichen Installationen Akzente setzt.

Die Möglichkeiten sind unbegrenzt. Man kann Platz für ein Bodenbecken lassen, einen Hochteich anlegen oder sogar einen Minisee schaffen, der sich halb im Wintergarten und halb im Freien befindet, sodass Fische ungehindert zwischen beiden Bereichen hin und her

OBEN LINKS Brunnen und andere Wasserspiele brauchen nicht immer viel Platz. Dieser hier wurde in einer Ecke des Wintergartens installiert. Man hat ihn mit Pflanzen eingerahmt, die seinen Rand etwas verhüllen. Wandbrunnen gibt es in vielen Größen, Stilen und Materialien, von Keramik und Stein über Terrakotta bis Eisen.

OBEN RECHTS Der Blick wird in diesem Wintergarten auf den weißen Stein des Wasserelements gelenkt, das sich vor der Wand dahinter klar abzeichnet. Immer wieder bleibt das Auge an den mit dem Wasser spielenden Putten hängen. Der Muschelbrunnen fügt sich harmonisch in das vielgestaltige Grün des Raums ein.

schwimmen können. Bei exakter Justierung des Wasserspiegels gibt es keine Lücke zwischen Glas und Wasser und damit auch keine kühle Zugluft, die einem den Aufenthalt drinnen verleidet. Zwar lässt sich Kondenswasser gerade bei warmem Wetter nie ganz vermeiden, doch mit einer guten Belüftung begrenzt man es auf ein Minimum.

Versierte Heimwerker können sich ihren Teich unter Glas durchaus selbst anlegen. Wer davon lieber die Finger lässt, hat auch die Möglichkeit, fertige Wasserelemente aus Bambus oder Keramik zu installieren. Es gibt sie in allen Größen und sie sehen in jedem Ambiente bezaubernd aus. Ein japanisches Wasserspiel aus Bambus plätschert nicht nur beruhigend, sondern erzeugt durch das Aneinanderstoßen der Rohre einen angenehmen Klang.

Brunnen, Fontänen oder Wasserspeier gibt es in zahlreichen Stilrichtungen. Man kann seinen Minisee aber auch mit Statuen oder anderen Elementen akzentuieren, aus denen kein Wasser sprudelt. Eine Nymphe oder ein Cherub etwa lässt sich auf einem Podest in der Mitte eines Teichs platzieren. Befindet sich das Gewässer am Fuß einer Mauer, kann man zwischen Wand und Ufer ein dekoratives Element ins Blickfeld rücken.

Ein Wasserelement wertet einen Wintergarten meist stark auf. Nach einem hektischen Arbeitstag ist das leise Plätschern des Wassers Balsam für die Seele. Eine besondere Stimmung schafft man durch eine versteckte Teich- oder Brunnenbeleuchtung. Wer würde nicht gern abends mit einem Glas in der Hand und leiser Musik im Hintergrund in seinem Wintergarten sitzen und den tanzenden Wassertropfen zusehen, die im Dunkeln glitzern?

LINKS Ein selten prachtvoller Wintergarten im marokkanischen Stil. Er wurde nach traditioneller Manier in gehaftem Blau mit Dekorfliesen gestaltet. Anscheinend ist die Luftfeuchtigkeit hoch genug für Bananenstauden, doch fühlen sich offensichtlich auch Kakteen hier wohl. Der blaue Teich, der Brunnen und die Wand erfüllen den Raum mit einer für warme Klimazonen typischen Atmosphäre. Mit kühlen Steinfarben ließe sich dieser Effekt nicht erzielen.

6

Frei stehende Wintergärten

Frei stehende Wintergärten findet man heute nur noch selten. Sie eignen sich ausschließlich für Grundstücke mit großem Garten. Wer ein so weitläufiges Reich sein Eigen nennt, kann sich vielleicht sogar das Beste aus zwei Welten leisten: einen an das Haus angefügten Wintergarten und einen frei stehenden Glaspavillon zugleich. Von solchem Luxus können gewöhnliche Sterbliche nur träumen!

VORHERIGE SEITE Das traditionelle Glashaus steht vor der hinteren Gartenmauer und wird auf drei Seiten von Bäumen eingerahmt, die im Sommer, wenn der Wintergarten am häufigsten genutzt wird, wohltuenden Schatten spenden. Im Winter finden hier frostempfindliche Pflanzen Schutz, während man in der warmen Jahreszeit den mittleren Flügel öffnet, um den Bau als Pavillon zu nutzen.

LINKS Dieses Glashaus im Stil traditioneller Orangerien steht am Ende eines perfekt gepflegten Rasenstücks. Von hier aus genießt man einen schönen Blick auf das Haus. Als Baumaterial hat man Stein und Holz gewählt, wobei die Farbe des Steins auf das Hauptgebäude abgestimmt wurde. Stilvoller als hier kann man ein Gartenfest nicht feiern.

Ein frei stehender Wintergarten unterscheidet sich kaum von seinem an ein Gebäude angefügten Pendant, könnte man meinen. Weit gefehlt: Er erfüllt einen ganz anderen Zweck, nicht zuletzt deshalb, weil man sein Haus verlassen und durch den Garten marschieren muss, um zu ihm zu gelangen. Oft kaschieren frei stehende Glashäuser auch unansehnliche Gartenwinkel. Reiche Grundbesitzer platzierten ihre Orangerien früher oft so, dass sie ein hässliches Gestrüpp, einen nüchternen Nutzgarten oder die einfachen Behausungen der Gartenarbeiter verdeckten.

Die ersten Orangerien entstanden im 16. Jahrhundert in Frankreich und Italien. Diese Steingebäude waren aber, wie der Name schon sagt, ausschließlich als Winterquartier für die frostempfindlichen Orangenbäume gedacht. Als viel später das Anfügen von Wintergärten an bürgerliche Villen in Mode kam, dachte niemand daran, sich auch frei stehende Glashäuser zu bauen – sie waren fast ausnahmslos ein Privileg der Allerreichsten. Manchmal wurden diese separaten Pavillons in einiger Entfernung vom Hauptgebäude errichtet und an eine bestehende Gartenmauer angefügt. Sie dienten wie die Gewächshäuser von heute überwiegend der Kultur von Weinreben und anderen Nutzpflanzen.

Heute erfüllen frei stehende Wintergärten verschiedene Zwecke. Es gibt schöne Exemplare für die Pflanzenkultur – und noch viel schönere, die dem Menschen zur

GEGENÜBER LINKS Dieses städtische Glashaus ist ein Juwel in der Steinwüste. Wenn es nachts beleuchtet wird, hat man von draußen einen atemberaubenden Blick auf das üppige, blühende Grün. Aus dem Häusermeer ragt es wie eine Glas gewordene Erinnerung an eine Welt außerhalb der Stadt auf. Hier kann sich der Gärtner zurückziehen und dem hektischen Stadtleben entfliehen.

GEGENÜBER RECHTS Ein aus Viktorianischer Zeit stammendes Gewächshaus im englischen Cornwall, das zum Schmuckstück des traditionellen ummauerten Gartens geworden ist. Der Schwerpunkt liegt hier eindeutig auf der Pflanzenkultur.

Erbauung dienen, aber auch das Grün darin schützen sollen. Manche errichten sie, um von ihnen eine schöne Aussicht zu genießen, die sie vom Wohnhaus aus nicht haben, etwa auf einen See oder einen bestimmten Bereich des Grundstücks. Andere legen darin einen Swimmingpool an oder richten sich einen Hobbyraum ein. Wozu man sie auch braucht, sie unterscheiden sich grundsätzlich von einem Anbau an das Hauptgebäude.

Viele Glasbauten sind unbeheizt. Die gute Isolierung des Glases und der fest gemauerten Gebäudeteile reichen in der Regel aus, die Sonnenstrahlen zu speichern und den Wärmeverlust zu begrenzen. Allerdings gab es schon im 17. Jahrhundert beheizte Orangerien. Im 19. Jahrhundert versuchte man mit einem komplizierten System aus Öfen, Kochern und Rohren ein Erfrieren der Gewächse zu verhindern und etwas Behaglichkeit zu schaffen.

Die Kosten für ein Verlegen von Strom- und Wasserleitungen zum separaten Wintergarten sind beträchtlich; zudem muss man sich Gedanken über die Beheizung machen, sofern man überhaupt eine Wärmequelle installieren möchte. Erörtern Sie das Problem mit einem Architekten oder Heizungsfachmann. Ist eine separate Heizung für das Glashaus besser oder soll man eine Stromleitung vom Haupthaus aus verlegen? Die Installation von Elektroöfen ist am unkompliziertesten, doch verursacht diese Heizungsart auch die höchsten Kosten. Manchmal kann auch eine Solaranlage eine lohnende Anschaffung sein.

LINKS Eine geodätische Kuppel stellt eine radikale Abkehr von herkömmlichen Glashausformen dar. So spektakulär der Bau auch aussieht, sein praktischer Nutzen ist begrenzt, weil er sich am Rand wegen der geringen Raumhöhe kaum nutzen lässt. Immerhin bietet er genug Platz für Tisch und Stühle sowie eine Hand voll Pflanzen.

UNTEN Eine Melange aus Alt und Neu: Der achteckige Pavillon im viktorianischen Stil ist mit getönten Scheiben verglast, damit sich das Innere nicht zu stark aufheizt. Ein gepflasterter Weg verbindet den Wintergarten mit dem Haupthaus.

Stil, Verwendung und Materialien

Wenn Geld keine Rolle spielte, könnte man sich ein frei stehendes Glashaus heute in fast jedem beliebigen Stil bauen lassen – von einer traditionellen Orangerie aus Ziegeln oder Naturstein über einen Wintergarten mit Holzrahmen und niedriger Mauer bis hin zum ultramodernen Kuppelbau. Der Stil würde allerdings bis zu einem gewissen Grad vom Verwendungszweck vorgegeben sein. Eine Glasabdeckung für einen Swimmingpool sähe anders aus als ein Zufluchtsort zum Entspannen und Lesen.

Ein Schwimmbecken unter Glas ist eine äußerst verlockende Vorstellung. Wer es in kälteren Klimazonen aber ganzjährig nutzen möchte, muss es im Wohnhaus einrichten oder zumindest an das Hauptgebäude anfügen – unter einem separaten Glasbau wäre es zu kalt zum Baden. Manche Häuser haben einen Pool im Keller, doch weitaus angenehmer ist ein Anbau aus Glas, der einem selbst im tiefsten Winter das Gefühl vermittelt, dass man draußen schwimmt. Und in den Sommermonaten öffnet man die Türen rundum.

Manchmal bietet es sich an, einen separaten Wintergarten zum Hobbyraum umzufunktionieren. Man kann ihn mit einem Billardtisch oder einer Tischtennisplatte ausstatten –

alles Steckenpferde, die relativ viel Platz beanspruchen. Als Atelier für Maler oder Bildhauer sind Glashäuser kaum zu übertreffen: Es ist taghell darin, man kann in Ruhe arbeiten und hat obendrein eine herrliche Aussicht, die vielleicht sogar zu dem einen oder anderen Kunstwerk inspiriert.

Wenn Sie einen großen Haushalt führen und sich die meiste Zeit um eine vielköpfige Familie kümmern müssen, brauchen Sie vielleicht hin und wieder Zeit für sich allein. Ein helles Glashaus ist das ideale Refugium, in dem Sie aufatmen und Sie selbst sein können. Statt sich im Schlafzimmer zu verstecken, können Sie sich ein, zwei Stunden Auszeit in Ihrer gläsernen Klause im Garten gönnen, wo sie einfach sitzen, die Aussicht genießen, lesen oder meditieren.

Das Bewirten von Gästen in einem frei stehenden Wintergarten erfordert etwas mehr Planung als in einem an das Haus angegliederten Raum aus Glas. Das gesamte Essen und die Getränke müssen durch den Garten getragen werden, wenngleich man bei zwanglosen Partys durchaus Familienmitglieder oder Gäste dafür einspannen kann. Kaltes Essen lässt sich leichter transportieren als aufwendig gekochte Gerichte, doch braucht man auf jeden Fall eine Stromquelle, um alles warm zu halten. Für einen formaleren Essensempfang kann man einen Partyservice beauftragen, der bei Bedarf Angestellte vor Ort schickt, die sich um das Wohl der Anwesenden kümmern.

Möblierung

Die Einrichtung eines Glashauses hängt davon ab, ob man es beheizt. Vielen geht die ganzjährige Beheizung eines frei stehenden Wintergartens zu weit – sie nutzen ihn lieber nur in der warmen Jahreszeit. Aber selbst wenn man die Zentralheizung des Hauptgebäudes nicht auf den Wintergarten ausdehnt, ohne Elektrizität geht es kaum. Installieren Sie ein paar Steckdosen, sodass Sie gegebenenfalls ein Heizgerät einstecken können, falls es abends mal kühler werden sollte. Auch ein paar Lampen können nicht schaden.

Bei der Einrichtung eines unbeheizten Glashauses hat man nicht so viel Auswahl wie bei der Ausstattung eines an das Haus angefügten Wintergartens, vor allem, wenn man in eher kühlen Breiten lebt und seinen gläsernen Außenposten im Garten weniger als sechs Monate im Jahr nutzt. Denn dann steht er viele Wochen lang in der Nässe und Kälte und wird nur aufgesucht, weil man die Pflanzen darin wässern muss.

Schaffen Sie sich Möbel an, die solchen Bedingungen standhalten – robustes, pflegeleichtes Mobiliar also. Besonders gut eignen sich Gartenmöbel aus Harthölzern, die aus nachhaltigen Quellen stammen. Teak und Eiche sind ausgesprochen hart im Nehmen und

OBEN Dieses angenehm kühle, klassische Gartenhaus wird als Esszimmer für ein gepflegtes Mahl mit Gästen genutzt – aber auch als stilles Refugium, in dem man aufatmen und entspannen kann. Für Bauten dieser Größe ist eine Fußbodenheizung ideal. So kann man den Raum mit Möbeln aus Holz oder Korb ausstatten, die in unbeheizten Räumen leiden würden.

VORHERIGE SEITEN Wo soll der Wintergarten stehen? Wie kann man ihn optimal in die Umgebung integrieren? Das lauschige Häuschen im linken Bild wurde so platziert, dass man von ihm aus einen schönen Blick auf den Seerosenteich davor hat. Das Becken ist zum Teil aus gebrauchten Ziegeln gemauert, die zur Gartenmauer passen. Der frei stehende Wintergarten im rechten Bild wirkt moderner und harmoniert stilistisch mit dem Pool.

RECHTS Ein sechseckiger Pavillon aus einer Holzkonstruktion. Er kann im Winter beheizt werden
und ist daher ganzjährig bewohnbar. Die Besitzer
haben ihn mit Polstermöbeln ausgestattet. Die
Anrichte an der Rückwand dient der Aufbewah-
rung von Geschirr und Tischdecken. In einem
nicht beheizten Glashaus wäre eine Holzein-
richtung wie diese fehl am Platz.

altern ansprechend. Schmiede- und gusseiserne Einrichtungsgegenstände überstehen
feucht-kühle Bedingungen ebenso gut wie zeitgenössische Elemente aus Stahl oder
Hightech-Materialien. Allerdings brauchen Sie dafür meist Sitzkissen. Man holt die Polster
im Herbst ins Haus, da sie in der kalten Jahreszeit im Glashaus klamm und muffig werden.

Wer sich für eine Zentralheizung entscheidet, sollte bedenken, dass Heizkörper in der
Regel nicht sonderlich dekorativ aussehen. Als Alternative dazu bietet sich eine mit Strom,
Gas oder Öl betriebene Fußbodenheizung an. Auch kann man eine Warmluftzufuhr mit
dekorativer Gitterblende installieren, sofern sie zu dem Stil passt, in dem Sie Ihr Glashaus
gestalten möchten. Wenn die Temperatur stets relativ hoch gehalten wird, hat man bei
der Ausstattung freie Wahl. Allerdings bleicht die Sonne Stoffe und Möbel aus, weshalb
man geeignete Beschattungssysteme installieren sollte.

Wahrscheinlich möchten Sie eine Anrichte oder ein ähnliches Möbelstück aufstellen,
um Tischdecken, Gläser, Besteck, Flaschenöffner und vielleicht ein paar Teller verstauen
zu können. Im Winter bringt man dann alles – oder zumindest die Stoffe – nach drinnen.
Vergessen Sie nicht, einen Wasserhahn zu installieren, damit Sie nicht jedes Mal eine Gieß-
kanne von weit her schleppen, mit einem Gartenschlauch hantieren oder für ein feuchtes
Tuch zum Abwischen des Tischs ins Haus zurücklaufen müssen. Ein frei stehender Wintergarten hat seinen Zweck verfehlt, wenn er nur mit Arbeit verbunden ist – schließlich soll
er ein Ort der Muße und nicht der Mühsal sein.

Pflanzen

Auch die Bepflanzung eines frei stehenden Glashauses hängt in erster Linie davon ab, ob geheizt wird oder nicht. Erst wenn Sie wissen, welche Mindesttemperaturen Sie in Ihrem Wintergarten aufrechterhalten können, sollten Sie mit der Auswahl der Gewächse beginnen. Um herauszufinden, welche Arten für Ihr Glashaus geeignet sind, lesen Sie Gartenbücher und holen Sie sich Rat in guten Gartencentern oder bei Wintergartenfachfirmen.

Sollen Pflanzen im Mittelpunkt stehen oder wollen Sie den Raum vor allem zur Entspannung nutzen? Der Einrichtungsstil spielt bei der Auswahl des Grüns ebenfalls eine Rolle. Für ein traditionelles Ambiente eignen sich ganz andere Gewächse als für ein modernes Interieur. Wenn die Mindesttemperatur nicht unter 5 °C fällt, kann man sich für einen formstrengen Pflanzenstil mit Zitrusbäumen in Versailles-Kübeln entscheiden. Sie werden an der Wand entlang platziert – eventuell abwechselnd mit rund geschnittenen Lorbeerbäumchen.

Die Schönmalve *(Abutilon)*, ein südamerikanischer Strauch mit hübschen Glockenblüten, übersteht sogar kalte Winter. Wenn man sie relativ trocken hält, treibt sie im Frühjahr neu aus. (Falls Sie sich nicht sicher sind, ob sie überlebt, nehmen Sie im Spätwinter ein paar

OBEN Dieses große Glashaus im viktorianischen Stil erinnert an die Prachtbauten botanischer Gärten, wie man sie in Kew oder in New York bewundern kann. Wegen seiner Größe ist es auf jeder Seite mit einem Eingang versehen. Das ist besonders nützlich zum Querlüften.

Steckhölzer ab und überwintern sie im Haus.) Zu den frosthärtesten Vertretern der Gattung zählt die sommergrüne Hybride *A. x suntense* mit großen lila Blüten. Einige Akazienarten sind wie geschaffen für Glashäuser. Die Silberakazie *(Acacia dealbata)* etwa läutet mit ihren Trauben aus kugeligen gelben Frühjahrsblüten die warme Jahreszeit ein.

Vielleicht sagen Ihnen auch eher Kletterpflanzen zu; es gibt viele Arten, die sich für Glashäuser eignen. Bougainvillea-Arten beispielsweise stammen zwar aus den Tropen und Subtropen, vertragen aber auch etwas Kälte. Bei Temperaturen nahe dem Nullpunkt werfen sie allerdings ihr Laub ab, doch treiben sie im Frühjahr wieder neu aus. Die Gattung der Trompetenblumen *(Campsis)* umfasst ausgesprochen exotisch wirkende, sommergrüne Kletterer mit prachtvollen Blüten und dekorativem Laub. Man zieht sie meist in Töpfen, ins Erdreich gepflanzt werden sie aber wesentlich größer. Auch eine Weinrebe kann man im Glashaus im Topf ziehen oder im Freiland kultivieren und durch eine Lücke nach drinnen wachsen lassen. Sie spendet mit ihren großen Blättern im Sommer angenehmen Schatten.

Für einen modernen Glasbau mit bodentiefen Glaswänden bieten sich Strukturpflanzen an – allen voran Palmen. Mehrere Arten vertragen relativ niedrige Temperaturen. Achten Sie darauf, dass sie aus gärtnerischer Kultur stammen oder vor dem Verkauf wenigstens ein Jahr lang akklimatisiert wurden. Nicht minder gut zur Geltung kommen die Geleepalme *(Butia capitata)* mit hübschen, überhängenden Fächern in Blaugrau oder die Zwergpalme *(Chamaerops humilis)*. Der immergrüne Neuseeländische Flachs *(Phormium)* wird nicht so groß wie die Palmen, doch empfehlen sich manche seiner Sorten wegen ihrer bronze- oder purpurroten, teils cremefarben und rot gestreiften Blätter als Wintergartenbewohner.

OBEN Die prachtvollen gelben Blüten und pana-schierten Blätter eines *Abutilon*-Strauchs überragen die intensiv roten Blüten eines Salbeis *(Salvia coccinea)*. Beide kälteempfindliche Stauden stammen aus Südamerika und fühlen sich in Glashäusern ausgesprochen wohl.

RECHTS Hier haben eine Bougainvillea und eine Blei-wurz *(Plumbago)* die Wand eines Wintergartens in Beschlag genommen. Die beiden Kletterer trumpfen im Sommer und Herbst mit Blüten in strahlenden Farben auf. Weil sie immergrün sind, erfüllen sie den Raum auch im Winter mit willkommenem Grün.

OBEN Es war eine ausgezeichnete Idee, diesen geometrischen Knotengarten durch ein Glashaus zu bereichern. Es sieht großartig aus, ganz gleich, ob es durch künstliches Licht und Kerzen beleuchtet oder nur vom Mond beschienen wird. Weil es beheizt ist, kann man sich in ihm auch noch im tiefsten Winter wohl fühlen.

GEGENÜBER Ein so prachtvolles Glashaus erwartet man nur in großherrschaftlichen Landsitzen. Die Kuppel mit dem laternenartigen Aufsatz entfaltet nachts ausgeleuchtet eine unbeschreibliche Wirkung. Das einladende, interessante Gebäude gäbe den idealen Schauplatz für einen romantischen Essensempfang am Abend ab.

Pflanzen für
den Wintergarten

GEMISCHTE PFLANZUNGEN

Amaryllis belladonna
Belladonnalilie
Temperatur: mind. - 5 °C
Blütenfarbe: weiß, rosa, purpur
Standort: hell
Pflege: viel

Arctotis
Bärenohr
mind. 5 °C
weiß, rosa, gelb, orangerot
sonnig
wenig

Begonia
Begonie
mind. 10 °C
unterschiedlich
halbschattig
mittel

Canna
Blumenrohr
unterschiedlich
gelb, rot
sonnig
mittel

Crocus
Krokus
winterhart
weiß, gelb, lila
sonnig–halbschattig
wenig

Fuchsia
Fuchsie
mind. 0 °C
weiß, rosa, rot, lila
halbschattig
viel

Hedera
Efeu
winterhart
Laubschmuck
schattig
wenig

Hyacinthus
Hyazinthe
winterhart
unterschiedlich
sonnig–halbschattig
mittel

Impatiens
Fleißiges Lieschen
unterschiedlich
unterschiedlich
halbschattig
mittel

Narcissus
Narzisse
winterhart
weiß, gelb
hell
wenig

Pelargonium
Pelargonie, „Geranie"
mind. ca. –5 °C
unterschiedlich
sonnig
viel

Petunia
Petunie
mind. 0 °C
unterschiedlich
sonnig
viel

Primula
Primel
winterhart
unterschiedlich
sonnig–schattig
wenig

Tulipa
Tulpe
winterhart
unterschiedlich
sonnig
wenig

Viola
Veilchen
winterhart
unterschiedlich
hell
wenig

Viola x wittrockiana
Gartenstiefmütterchen
winterhart
unterschiedlich
hell
wenig

KLETTERPFLANZEN

Allamanda cathartica
Goldtrompete
mind. 7 °C
gelb
sonnig
mitte

Arauja sericifera
Folterblume
mind. 0 °C
weiß, blassrosa
sonnig
mittel

Bougainvillea
Bougainvillea
mind. 0 °C
weiß, rosa, rot
sonnig
mittel

Canarina canariensis
Kanarenglockenblume
mind. 5 °C
orange
hell
mittel

Clerodendrum thomsoniae
Losbaum
mind. 10 °C
weiß-rot
hell
mittel

Clianthus puniceus
Ruhmesblume
mind. –5 °C
rot
sonnig
mttel

Cobaea scandens
Glockenrebe
mind. 5 °C
purpur
hell
wenig

Gloriosa superba
Ruhmeskrone
mind. 10 °C
gelb, rot
hell
viel (Vorsicht: giftig!)

Hardenbergia violacea
Purpur-Korallenerbse
mind. 0 °C
weiß, rosa, lila
hell
mittel

Hoya carnosa
Wachsblume, Porzellanblume
mind. 5 °C
weiß
hell
mittel

Ipomoea
Prunkwinde
mind. 5–10 °C
verschieden
hell-halbschattig
wenig

Jasminum
Jasmin
verschieden
weiß, gelb
sonnig
mittel

Lapageria rosea
Chilenische Wachsglocke
mind. –10 °C
weiß, rosa
halbschattig
mittel

Pandorea jasminoides
Laubenwein
mind. 5 °C
weiß, rosa
hell
mittel

Passiflora
Passionsblume
verschieden
weiß, rot, lila
hell
mittel

Philodendron scandens
Baumfreund, Kletterphilodendron
mind. 15 °C
Laubschmuck
halbschattig
wenig

Plumbago auriculata
Bleiwurz
mind. 0 °C
blau
sonnig
mittel

Plumeria rubra
Frangipani
mind. 10 °C
rosa
sonnig
wenig

Pyrostegia venusta
Feuerranke
mind. 10 °C
rot
sonnig
mittel

Rosa banksiae 'Lutea'
Banksrose
mind. -10 °C
gelb
sonnig
hoch

Stephanotis floribunda
Kreuzschlinge
mind. 10 °C
weiß
hell
hoch

Thunbergia alata
Schwarzäugige Susanne
mind. 7 °C
orange
sonnig
mittel

HÄNGEPFLANZEN

Aeschynanthus radicans
Schamblume, Strahlige Sinnblume
mind. 15 °C
rot
schattig
mittel

Asparagus densiflorus
Zierspargel
mind. 7 °C
Laubschmuck
hell
mittel

Begonia
Begonie
mind. 10 °C
unterschiedlich
halbschattig
mittel

Callisia
Callisie, Schönpolster
mind. 10 °C
Laubschmuck
halbschattig
mittel

Campanula
Glockenblume
unterschiedlich
weiß, lila, blau
sonnig–halbschattig
hoch

Chlorophytum comosum
Grünlilie
mind. 7 °C
Laubschmuck
hell
gering

Codonanthe
-
mind. 15 °C
weiß
hell
hoch

Columnea gloriosa
Kolumnee
mind. 15 °C
rot
hell
hoch

Episcia dianthiflora
Nelkenblütige Episcie
mind. 13 °C
weiß
hell
mittel

Fuchsia
Fuchsie
mind. 0 °C
weiß, rosa, rot, lila
halbschattig
hoch

Hedera
Efeu
winterhart
Laubschmuck
schattig
gering

Hoya bella
Wachsblume, Porzellanblume
mind. 10 °C
weiß
hell
hoch

Lobelia
Lobelie
unterschiedlich
lila, rosa, rot
sonnig–halbschattig
mittel

Lotus berthelotii
Papageienschnabel
mind. 0 °C
scharlachrot
hell
mittel

Pelargonium
Pelargonie, „Geranie"
mind. ca. -5 °C
unterschiedlich
sonnig
hoch

Plectranthus
Harfenstrauch, Mottenkönig
mind. 10 °C
Laubschmuck
sonnig
gering

Saxifraga
Steinbrech
winterhart
verschieden
sonnig–schattig
gering

Schlumbergera bridgesii
Weihnachtskaktus
mind. 10 °C
rot
hell
gering

Senecio macroglossus
Kap-Efeu
mind. 5 °C
weiß
halbschattig
mittel

Tradescantia
Dreimasterblume
verschieden
verschieden
verschieden
gering

Tropaeolum
Kapuzinerkresse
verschieden
gelb, rot
sonnig
mittel

KAKTEEN UND SUKKULENTEN

Aeonium arboreum
-
mind. 10 °C
gelb
halbschattig
gering

Agave americana
Amerikanische Agave
mind. 5 °C
gelbgrün
sonnig
gering

Ceropegia
Leuchterblume
mind. 10 °C
gelb, grün
hell
gering

Cleistocactus
Silberkerzenkaktus
mind. 10 °C
rot
sonnig
gering

Crassula ovata
Dickblatt
mind. 5 °C
weiß
sonnig
gering

Echeveria secunda
-
mind. 7 °C
rot
sonnig
gering

Echinocactus
Kugelkaktus
mind. 10 °C
gelb, rosa, rot
sonnig
gering

Epiphyllum
Blattkaktus
mind. 10 °C
gelb
hell
gering

Espostoa
-
mind. 10 °C
weiß, purpur
sonnig
gering

Euphorbia milii
Christusdorn
mind. 12 °C
rot
sonnig
gering

Hatiora rosea
-
mind. 13 °C
rosa
gell
mittel

Kalanchoe blossfeldiana
Flammendes Käthchen
mind. 10 °C
rot, gelb
hell
mittel

Lepismium
-
mind. 10 °C
weiß, rosa, rot
sonnig
gering

Lithops
Lebender Stein
mind. 12 °C
weiß, gelb
sonnig
mittel

Lobivia backebergii
-
mind. 10 °C
rot
sonnig
gering

Mammilaria
Warzenkaktus
mind. 7 °C
weiß, rosa, rot
sonnig
gering

Opuntia phaeacantha
Feigenkaktus
mind. 7 °C
gelb
sonnig
mittel

Rebutia
-
mind. 5 °C
gelb, orange, rosa, rot
sonnig
gering

Schlumbergera bridgesii
Weihnachtskaktus
mind. 10 °C
rot
hell
gering

Sedum morganianum
Schlangen-Fetthenne
mind. 5 °C
rosa, purpur
sonnig
gering

OBST, GEMÜSE, KRÄUTER

Ananas
mind. 15 °C
purpur, violett
sonnig
mittel

Aprikose
Winterhart
weiß
sonnig
gering

Feige
mind. –15 °C
-
sonnig
mittel

Granatapfel
mind. –5 °C
orangerot
sonnig
mittel

Melone
winterhart
gelb
sonnig
mittel

Nektarine
mind. –10 °C
rosa
sonnig
mittel

Clive
mind. –10 °C
cremeweiß
sonnig
gering

Pfirsich
bedingt winterhart
rosa, rot
sonnig
gering

Weinrebe
winterhart
Laubschmuck
sonnig
gering

Z trusfrüchte
mind. 3 °C
weiß
sonnig
hoch

Aubergine
mind. –5 °C
weiß, grün, violett
sonnig
hoch

Gurke
mind. 0 °C
gelb
sonnig
hoch

Peperoni
mind. 4 °C
weiß, gelb
sonnig
hoch

Tomate
0 °C
gelb
sonnig
hoch

Basilikum
0 °C
weiß
sonnig
gering

Estragon
winterhart
gelb
sonnig
gering

Kerbel
winterhart
weiß
halbschattig
gering

Koriander
winterhart
weiß, lila
sonnig
gering

Majoran
winterhart
weiß, rosa
sonnig
gering

Minze
winterhart
rosa
sonnig
gering

Petersilie
winterhart
gelbgrün
sonnig-halbschatt g
gering

Rosmarin
mind. –10 °C
hellblau, rosa, weiß
sonnig
gering

Salbei
unterschiedlich
lila; Laubschmuck
sonnig
gering

Sauerampfer
winterhart
gelbgrün
sonnig-halbschattig
gering

Schnittlauch
winterhart
lila
sonnig
gering

Thymian
winterhart-bedingt winterhart
rosa, lila
sonnig
gering

STRUKTURPFLANZEN

Brugmansia
Engelstrompete
verschieden
weiß, gelb, rosa
sonnig
mittel

Calathea zebrina
Zebrapfeilwurz, Korbmarante
mind. 16 °C
weiß, violett
halbschattig
hoch

Cordyline
Keulenlilie
verschieden
weiß, rot, blau; Laubschmuck
sonnig–halbschattig
mittel

Cycas revoluta
Japanischer Palmfarn
mind. 7 °C
goldbraun; Laubschmuck
sonnig
mittel

Ensete ventricosum
Zierbanane
mind. 7 °C
weiß
sonnig
hoch

Fatsia japonica
Zimmeraralie
mind. –5 °C
weiß; Laubschmuck
hell
mittel

Ficus benjamina
Birkenfeige
mind. 15 °C
Laubschmuck
hell
mittel

Guzmania lingulata
Guzmanie
mind. 15 °C
rosa, rot (Brakteen)
hell
mittel

Hibiscus rosa-sinensis
Chinesischer Roseneibisch
mind. 10 °C
verschieden
sonnig
mittel

Hippeastrum
Ritterstern, „Amaryllis"
mind. 13 °C
weiß, rot u.a.
sonnig
hoch

Hoya carnosa
Wachsblume, Porzellanblume
mind. 5 °C
weiß
hell
mittel

Monstera deliciosa
Fensterblatt
mind. 15 °C
Laubschmuck
hell
mittel

Nerium oleander
Oleander
mind. 2 °C
weiß, rosa, rot
sonnig
gering

Philodendron
Baumfreund
mind. 15 °C
Laubschmuck
hell
mittel

Phoenix canariensis
Kanaren-Dattelpalme
mind. 10 °C
beige, gelb (Laubschmuck)
sonnig
mittel

Sansevieria trifasciata
Bogenhanf
mind. 10 °C
Laubschmuck
hell
gering

Schefflera actinophylla
Strahlenaralie
mind. 10 °C
rosa, rot (Laubschmuck)
hell
mittel

Trachycarpus fortunei
Chinesische Hanfpalme
mind. –10 °C
gelb (Laubschmuck)
sonnig
mittel

Yucca elephantipes
Riesenpalmlilie, Yucca-Palme
mind. 10 °C
Laubschmuck
sonnig
gering

WASSERGARTEN

Butomus umbellatus
Schwanenblume
winterhart
rosa
sonnig
gering

Caltha palustris
Sumpfdotterblume
winterhart
gelb
sonnig
gering

Cyperus papyrus
Papyrus
mind. 5 °C
Laubschmuck
hell
gering

Iris pseudacorus
Sumpfschwertlilie
verschieden
verschieden
sonnig
mittel

Lysichiton
Scheincalla
winterhart
gelb
sonnig-halbschattig
gering

Nelumbo
Lotosblume
0 °C
rosa, weiß, gelb
sonnig
hoch

Nymphaea
Seerose
verschieden
verschieden
sonnig
hoch

Onoclea sensibilis
Perlfarn
winterhart
Laubschmuck
halbschattig
gering

Oryza sativa
Reis
mind. 10 °C
Laubschmuck
sonnig
hoch

Pistia stratiotes
Wassersalat
mind. 10 °C
Laubschmuck
sonnig
mittel

Ranunculus aquatilis
Wasserhahnenfuß
winterhart
weiß
hell
gering

Schoenoplectus lacustris subsp.
tabernaemontani
Teichsimse, Seebinse
winterhart
Laubschmuck
sonnig
gering

Bezugsquellen

Wintergarten-Fachverband e.V.
Postfach 10 02 17
83002 Rosenheim
0 80 31/8 09 98 45
www.wintergarten-fachverband.de

Fachverband Wohn-Wintergarten e.V.
Kohlisstr. 44
12623 Berlin
0 30/56 59 19 33
www.wohn-wintergarten.de

Apel Elementbau + Technik
Werner-Heisenberg-Str. 14
34123 Kassel
05 61/9 98 63 50
www.apel-elementbau.de

Eichinger Schreinerei GmbH
Rothof 33
94152 Neuhaus am Inn
0 85 03/15 94
www.eichinger-wintergartenbau.de

Gewe-Selecta
Kuttenhauser Str. 16
32425 Minden
05 71/94 61 90
www.gewe-selecta.de

Hantschel GmbH
Visbeker Damm 2
49429 Visbek
0 36 71/5 74 10
www.tischlerei-hantschel.de

Hohnolt Tischlerei GmbH
Schlutterweg 68
27755 Delmenhorst
0 42 21/2 09 70
www.hohnholt.de

Holz-Wurm
Kolbermoorer Str. 10
83026 Rosenheim
0 80 31/4 38 64
www.holz-wurm-rosenheim.de

Jechnerer GmbH
Industriegärten 10
91565 Herrieden
0 98 25/94 00
www.jechnerer.de

Max Renaltner GmbH
Blumenau
94099 Ruhstorf a. d. Rott
0 85 31/30 51
www.renaltner.de

Schreinerei Schmich
Bauerstr. 5
68535 Edingen-Neckarhausen
0 62 03/89 21 70
www.schreinereischmich.de

Schubert Bauelemente und
Wintergarten GmbH
Mühlacker 1
88239 Wangen
0 75 22/9 31 90
www.schubert-wintergarten.de

Solarlux Aluminium Systeme GmbH
Lahnstr. 40
35606 Solms
0 54 02/40 00
www.solarlux.de

Steinbach Wintergarten KG
Lahnstr. 40
35606 Solms (Lahn)
0 64 42/15 23
www.steinbach-wintergarten.de

Teba Hanser & Kaub GmbH
Raiffeisenstraße
54411 Hermeskeil
0 65 03/9 16 50
www.teba-fenster.de

Temming Fenstertechnik GmbH
Reddekoppe 13
24159 Kiel
04 31/39 96 39
www.temming.de

Vowisol Wintergärten GmbH
Hauptstr. 19
01454 Großerkmannsdorf
0 35 28/4 81 90
www.vowisol.de

Willmann GmbH
Untermatter 4
79282 Ballrechten-Dottingen
0 76 34/5 67 30
www.glasgalerie.com

Register

Dank und Bildnachweis

Der Verlag dankt allen Wintergarten- und Glashausherstellern, Fotografen und Architekten, die Abbildungen für dieses Buch zur Verfügung gestellt haben.

Ein besonderer Dank geht an Alan West in Trombé und Alicia Moyer von Solar Innovations, Inc., für ihre Pläne und Zeichnungen.

o – oben; u – unten; m – Mitte; l – links; r – rechts

1 Andreas von Einsiedel/Fritz von der Schulenburg, 2 Interior Archive/Christopher Simon Sykes, 5ro siehe 24, 5rm siehe 44, 5ru siehe 74, 5lo siehe 115, 5lm siehe 160, 5lu siehe 182, 6 Corbis/Clay Perry, 7 Bridgeman Art Library/Yale Center for British Art, Paul Mellon Collection, USA, 8 Art Archive/Dagli Orti, 9 Corbis/Lee Snider, 10 Bridgeman Art Library/Charles Plante Fine Arts/Privatsammlung, 11l Hulton Archive/Getty Images, 11r Hulton Archive/Stringer/Getty Images, 12 Paul Archer Design, 13 Arcaid/Alan Weintraub/Architekt: Mickey Muennig, 14 Amdega, 16o Four Seasons Sunrooms, 16u Harpur Garden Library/Jerry Harpur/Design: David Pearson, 17 Vale Garden Houses, 18 Red Cover/Grant Govier, 19 Nicola Browne/Design: Ross Palmer, 20 Westbury Conservatories, 21l mit freundlicher Genehmigung von Solar Innovations, Inc, 21r Garden Picture Library/Ron Sutherland/Design: Duane Paul Design Team, 22–23 Westbury Conservatories, 24 Garden Picture Library/Ron Sutherland, 25 Glass Houses, 26 Richard Bloom, 27or Wintergarten Fachverband, 27ul Harpur Garden Library/Jerry Harpur, 28 Vrandas Raoul TNN, 29o Richmond Oak Ltd, 29u Apropos Tectonic Ltd, 30 Town & Country, 31 Harpur Garden Library/Marcus Harpur/Design: Ferrand, 32 Square Garden, 33o Baumann, 33u Heritage Conservatories, 34 Garden Picture Library/John Miller/Design: Marin Miles, 35 Harpur Garden Library/Jerry Harpur/Design: Westbury Conservatories, 36 Square Garden, 37o Red Cover/Hugh Palmer, 37 Direct Conservatories 4U, 38, 39 Wintergarten Fachverband, 40l & r, 41 Trombé Conservatories, 42 Garden Picture Library/Marie O'Hara, 44–45 Fawsley, 45 Apropos Tectonic Ltd, 46 Machin, 47 Red Cover/Dan Duchars, 48 Wintergarten Fachverband 49l David Salisbury, 49r Town & Country, 50o Harpur Garden Library/Jerry Harpur/Design: Tom Shanley, 50u Glass Houses, 51o & u Four Seasons Sunrooms, 52 Verandas Raoul TNN, 53l Four Seasons Sunrooms, 53r Garden Picture Library/Ron Sutherland/Design: Duane Paul Design Team, 54–55 Marston & Langinger,

56o Glass Houses, 56u Garden Picture Library/ Friedrich Strauss, 57 Vale Garden Houses, 58 Garden Picture Library/John Miller/Ettington Park Hotel, 59 Garden Picture Library/Roy Asser, 60o Quantal Conservatory Roofing System, 60u Garden Picture Library/Ron Sutherland, 61 David Salisbury, 62 Square Garden, 63o Vale Garden Houses, 63u Harpur Garden Library, 64 Town & Country, 65 Andrew Lawson, 66l Town & Country, 66 Glass Houses, 67 Alamy/ Elizabeth Whiting & Associates, 68l Fawsley, 68r Town & Country, 69 Oak Leaf Conservatories, 70 David Salisbury, 71l Guy Bouchet, 71r Harpur Garden Library/ Marcus Harpur/Bill Taubman, USA, 72 Steven Wooster/ Bosvigo House, Cornwall, 74 Garden Picture Library/ Suzie Gibbons, 75 Interior Archive/Fritz von der Schulenburg, 76 Derek St Romaine, 77 Nicola Stocken Tomkins/RHS Wisley, 78l Interior Archive/ Fritz von der Schulenburg, 78r Rob Whitworth/RHS Chelsea Flower Show, 79 Eric Crichton, 80o Steven Wooster/The Old Vicarage, Norfolk, 80u Nicola Stocken Tomkins, 81 Harpur Garden Library/Jerry Harpur/Armand, Chiswick, 82 John Glover/Design: Andrea Parsons, RHS Chelsea Flower Show 1997, 83l Derek St Romaine/ West Dean Gardens, Singleton, Sussex, 83r Steven Wooster, 84, 85l Eric Crichton, 85r Vale Garden Houses, 86 Garden Picture Library/ Howard Rice, 87 Interior Archive/Fritz von der Schulenburg/Design: Rosemary Verey, 88–89 Harpur Garden Library/Jerry Harpur/ Design: Maggie Gundry, 90o Octopus Publishing Group/Steven Wooster, 90m Octopus Publishing Group/Michael Boys, 90u Steven Wooster/The Plantsman Nursery, 91o & m Octopus Publishing Group/Jerry Harpur, 91u Steven Wooster/The Old Vicarage Garden, Norfolk, 92l Garden Picture Library/Botanica/Tim Street-Porter, 92r Interior Archive/Fritz von der Schulenburg, 93 Harpur Garden Library/Jerry Harpur, 94 Garden World Images, 95 Nicola Stocken Tomkins, 96o & m Octopus Publishing/James Young, 96u Nicola Stocken Tomkins, 97o Andrew Lawson, 97u John Glover, 97m S & O Mathews, 98 Garden World Images/C Fairweather, 99o Octopus Publishing Group/Jerry Harpur, 99ul John Glover, 99ur S & O Mathews, 100l Steven Wooster, 100r Octopus Publishing Group/Michael Boys, 101l Octopus Publishing Group, 101r Sunniva Harte/ J Tunstall, 101u S & O Mathews, 102 Garden Picture Library/Friedrich Strauss, 103 Garden World Images, 104o Harpur Garden Library/Jerry Harpur/Vernon Stratton, 104u Heritage Conservatories, 105 Vale Garden Houses, 106–107 Octopus Publishing Group/ Steven Wooster, 108 Garden Picture Library/ Christopher Gallagher, 109 Eric Crichton, 110 Rob Whitworth/Design: Alan Titchmarsh, 111l Alamy/

Garden Picture Library/John Glover, 11lr Westbury Conservatories, 114 Narratives/Jan Baldwin/Design: Grant White, 115o Andreas von Einsiedel, 115u Garden Picture Library/Ron Sutherland, 116 Andrew Lawson /Bosvigo House, Cornwall, 117 Red Cover/Kim Sayer; 118, 119 Vale Garden Houses, 120 Westbury Conservatories, 121l Holloways, 121u The Cotswold Company, 122 Alcoa Architecture, 123 Holloways, 124 Corbis/ Massimo Listri, 125 Vale Garden Houses, 126–127 Westbury Conservatories, 128 Andrew Lawson, 129 Amdega, 130 Andrew Lawson/RHS Chelsea 2001, 131 Red Cover/Douglas Gibb, 132–133 Harpur Garden Library/ Jerry Harpur, 134,135o Trombé Conservatories, 135u Red Cover/Johnny Bouchier, 136 Alamy/Elizabeth Whiting Associates, 137o Glass Houses, 137u Narratives/ Jan Baldwin/Design: Christopher Healey, 138 Red Cover/Andrew Twort, 139 Marston & Langinger, 140o Wintergarten Fachverband, 140u Clive Nichols/ Lisette Pleasance, 141 Harpur Garden Library/Jerry Harpur, 142 Narratives/Jan Baldwin/Design: Grant White, 143o & u Square Garden, 144 Garden Picture Library/Tommy Candler, 145 Garden Picture Library/ Paul Windsor, 146 Mainstream/Ray Main, 148 Appeal Conservatory Blinds Ltd, 149l K2, 149r Marson & Langinger, 150 Square Garden, 151 Photolibrary.com/ Photononstop, 152o Red Cover/Grey Crawford, 152u Harpur Garden Library/Jerry Harpur, 153o Appeal Conservatory Blinds Ltd, 153u Wintergarten Fachverband, 154 Vale Garden Houses, 155o & u Appeal Conservatory Blinds Ltd, 156 Apropos Tectonic Ltd, 157, 158 Amdega, 159o Andreas von Einsiedel, 159b Andrew Lawson/Design: Jacqueline Geddes, 160 Harpur Garden Library/Jerry Harpur, 161 Marston & Langinger, 162 Holloways, 162r Red Cover/Hugh Palmer, 163 Nicola Browne/Design: Sue Firth, 164 Red Cover/Hugh Palmer, 165 View/Philip Bier, 166l Interior Archive/Fritz von der Schulenberg, 166r Vale Garden Houses, 167 Eric Crichton, 168–169 The Garden Collection/Liz Eddison, 170, 172 Glass Houses, 173l Machin, 173r Andrew Lawson/Bosvigo House, Cornwall, 174o Solardome, eine eingetragene Marke von Solardome Industries Ltd, 174u K2, 175 Hartley Botanic, 176 The Garden Collection/Marie O'Hara, 177 Marston & Langinger, 178, 179 Glass Houses, 180 Town & Country, 181l Harpur Garden Library/ Jerry Harpur/Design: Maggie Gundry, 181r Nicola Stocken Tomkins, 182 Apropos Tectonic Ltd, 183 Oak Leaf Conservatories.

Spieglein, Spieglein

Sandra Grauer

Spieglein, Spieglein

Kriminalroman

Weltbild

Besuchen Sie uns im Internet:
www.weltbild.de

Genehmigte Lizenzausgabe für Weltbild GmbH & Co. KG,
Ohmstraße 8a, 86199 Augsburg
Copyright © 2022 by Sandra Grauer
Dieses Werk wurde vermittelt durch die litmedia.agency, Mühlhausen-Ehingen
Koordination und Bearbeitung: usb bücherbüro, Friedberg (Bay.)
Umschlaggestaltung: Alexandra Dohse – www.grafikkiosk.de, München
Umschlagmotiv: Bildmontage unter Verwendung von Bildern von
Shutterstock Images / © Oleg Senkov, Robert Schneider,
Firn und Evannovostro
Satz: Datagroup int. SRL, Timisoara
Druck und Bindung: CPI Moravia Books s.r.o., Pohorelice
Printed in the EU
ISBN 978-3-96377-695-3

Für Christian, ohne den ich dieses Buch nicht hätte
schreiben können

Für Betty und Niklas

Prolog

Samstag, 14. April

»Sorpresa!«, rief Simona und stieß die Tür zu seinem Büro auf.

Es war schon spät am Samstagabend, und er musste arbeiten. Die Firma wollte einen großen Marketing-Auftrag an Land ziehen – Genaueres durfte er ihr leider noch nicht verraten, auch wenn sie so eine Ahnung hatte –, und seine Aufgabe war es, für Montag die Präsentation vorzubereiten. Wie immer war er zu spät dran, doch ausnahmsweise einmal störte es sie nicht, denn sie war ohnehin mit ihrer Freundin Giuliana in Heidelberg verabredet. Simona wollte nur schnell auf einen Sprung vorbeischauen und ihm etwas zu essen bringen. So, wie sie ihn kannte, hatte er sich nicht die Zeit genommen, um sich etwas zu organisieren.

Im Büro war es dunkel, und Simona brauchte einen Moment, bis sich ihre Augen an die Lichtverhältnisse gewöhnten und sahen, was ihr Verstand anhand der eindeutigen Geräusche längst wahrgenommen hatte: Er stand nackt hinter seinem Schreibtisch und befummelte seine Vorzimmerdame, die ebenfalls nackt über dem Tisch lehnte. Nun stoben sie auseinander. Seine Sekretärin schnappte sich ihre auf dem Boden verteilten Klamotten und hastete mit einer gemurmelten Entschuldigung an Simona vorbei aus dem Büro. Simona stand da und starrte ihren nackten Freund an, der sich hastig seine dunkle Anzughose überstreifte.

»Was machst du denn hier? Habe ich dir nicht gesagt, dass ich arbeiten muss?«

Simonas Starre löste sich und verwandelte sich in Wut, und dieses Mal versuchte sie gar nicht erst, das Temperament, das sie von ihrer italienischen Mutter geerbt hatte, zu unterdrücken. Mit voller Wucht schleuderte sie die Pappschachtel vom Chinesen nach ihm. Er duckte sich, und die Schachtel flog gegen die große Fensterfront, durch die man den Rhein und die beleuchtete Skyline von Mannheim sehen konnte. Mit einem schmatzenden Geräusch landete das Essen auf dem teuren Parkett, nur einige gebratene Nudeln blieben an der Glasscheibe kleben.

»Arbeiten? Willst du mich verarschen?«, schrie Simona ihn an.

Er zuckte weder zusammen, noch blickte er schuldbewusst drein. »Reiß dich bitte zusammen, Simona. Wir können das Ganze doch wohl wie zwei zivilisierte Menschen besprechen.«

Rasend vor Wut sah sie sich nach weiteren Gegenständen um, die sie nach ihm werfen konnte. Unterdessen war er zu ihr gekommen und packte sie an beiden Schultern.

»Denk nicht mal dran, Liebling, oder ich werde dich vom Sicherheitsdienst aus dem Gebäude schmeißen lassen müssen.«

»Du willst mich rausschmeißen?«, fragte sie herausfordernd.

»Von Wollen kann nicht die Rede sein, aber wenn du mir keine andere Wahl lässt … Du hörst wie immer nicht richtig zu, mein Herz. Wir haben zum Beispiel nie darüber geredet, dass das zwischen uns exklusiv ist.«

»Ist das dein Ernst?«, brüllte sie und trommelte mit ihren Händen auf seine Brust ein, woraufhin er ihre Handgelenke fest zwischen seine nahm.

»Denk doch mal nach, Simona. Hast du wirklich geglaubt, ich würde dich irgendwann meinen Geschäftspartnern vorstellen? Du bist ein Erstsemester!« Er sagte es, als wäre es ein Schimpfwort. »Dank mir hast du viele Annehmlichkeiten erfahren – die teuren Restaurants, die Kurztrips an den Lago Maggiore und nach Venedig. Und darf ich dich an das Valentino-Kleid erinnern, das du dir ohne mich gar nicht hättest leisten können? Also, sei zufrieden oder verschwinde aus diesem Büro und aus meinem Leben.«

»Porca miseria! Ich lass mich doch von dir nicht wie eine Hure behandeln!« Simona riss sich los und stieß ihn von sich. »Pass lieber auf, was du sagst, denn ich weiß einiges über dich, was dein Boss sicher nicht so gern hören würde. Schlechte PR gibt es ja angeblich nicht, aber ich glaube kaum, dass ein Mitarbeiter mit einer Vorliebe für perverse Pornos gut fürs Geschäft ist.«

Seine Augen verengten sich zu Schlitzen. »Droh mir nicht, Simona, oder du wirst es bereuen. Das schwöre ich dir. Wenn du meine Karriere ruinierst, ruiniere ich dich!«

»Stronzo! Versuch es doch. Im Gegensatz zu dir habe ich mir nie was zuschulden kommen lassen.«

Simona machte auf dem Absatz kehrt und ließ ihn und sein Büro hinter sich. Sie drehte sich nicht mehr um, und er rief ihr keine wüsten Beschimpfungen hinterher. Das war nicht sein Stil. Er fand andere Wege und Mittel, wenn ihm etwas nicht passte.

Der Mann am Empfang verabschiedete sie freundlich, doch sie lief einfach weiter und stieß die Eingangstür auf. In den wenigen Minuten, in denen sie drinnen gewesen war, hatte es zu regnen begonnen, und sie rannte zu ihrem Auto. Sie setzte sich hinein und nahm ein paar tiefe Atemzüge, bevor sie das Fenster ein Stück weit öffnete und das Radio ausschaltete, weil ihr das Gedudel auf die Nerven ging. Sie schickte eine Sprachnachricht an Giuliana, in der sie ihr abgehackt berichtete, was passiert war, dann fuhr sie los.

Kaum hatte sie das Mannheimer Ortsschild passiert, kamen die Tränen; gleichzeitig stieg sie aufs Gas. Die Umgebung raste an ihr vorbei, und ihre Gedanken und Gefühle spielten verrückt. Sie wollte nicht an *ihn* denken. Deshalb kurbelte Simona das Fenster noch weiter herunter, woraufhin ihr kalte Nachtluft zusammen mit dicken Regentropfen ins Gesicht peitschte, und deshalb schaltete sie auch das Radio wieder ein. Ein alter Song von Nena lief, zu dem sie zusammen mit Giuliana schon oft im Schwimmbadmusikclub getanzt hatte. Simona schaltete das Radio noch lauter, um sich abzulenken, doch sie konnte weder aufhören, an *ihn* zu denken, noch die Tränen zurückhalten, die ihr weiterhin über das Gesicht liefen. Sie hasste sich dafür. Er war es nicht wert, dass sie um ihn weinte. Wütend wischte sie sich mit dem Handrücken über die Augen und hinterließ eine Spur aus verlaufener Wimperntusche.

Wie konnte er ihr das antun? Sie hatte geglaubt, er würde sie lieben. Er hatte *gesagt*, dass er sie liebte. Eine Woche war es erst her, dass er sie in ein schickes Restaurant ausgeführt und vor den Kellnern damit geprahlt hatte, dass seine Freundin die schönste im ganzen Land sei. Niemals hätte sie geglaubt, dass sie nur sieben Tage später würde mitansehen müssen, wie er seine nackte Vorzimmerdame befummelte, die übrigens vom Aussehen her nicht nur einer jungen Heidi Klum ähnelte, sondern zu allem Überfluss auch noch sehr nett und intelligent war.

Giuliana hatte Simona gleich gewarnt, sie solle sich nicht auf ihn einlassen. Er war viel älter als sie und verkehrte in ganz anderen Kreisen, doch sie hatte ja mal wieder nicht hören wollen. Und nun bekam sie die Quittung für ihre Besserwisserei, mit der sie ihre Mutter schon zu Kinderzeiten auf die Palme gebracht hatte. Simona schluchzte laut auf. Tränen verschleierten ihr die Sicht, und gleichzeitig

trommelte der Regen immer heftiger auf die Windschutz-
scheibe, sodass sie den Scheibenwischer höher einstellen
musste. Das Fenster kurbelte sie wieder nach oben, sodass
nur noch ein kleiner Spalt offen blieb. Sie fuhr gerade an
Schwetzingen vorbei, es war also zum Glück nicht mehr
weit bis nach Kirchheim, dem Stadtteil in Heidelberg, in
dem Giuliana in einer Studenten-WG wohnte.

Plötzlich geriet der Renault Twingo auf der nassen Land-
straße ins Schlingern. Simonas Herz hämmerte wild gegen
ihren Brustkorb. Fast schon schmerzvoll klammerte sie sich
ans Lenkrad, um den Twingo gerade zu halten, und der Wagen beruhigte sich wieder. Ihr Herz brauchte länger, um zurück zu seinem Rhythmus zu finden. Simona drosselte das
Tempo, denn sie hatte keine Lust, *seinetwegen* von einem
Baum gekratzt werden zu müssen. Er war es nicht wert.

Ein Auto näherte sich mit rasender Geschwindigkeit von
hinten und bremste für Simonas Geschmack viel zu spät ab.
Mit Lichthupe gab der Fahrer des schwarzen Audi ihr zu
verstehen, was er von ihr hielt, bevor er sie überholte.

»Cretino!«, rief sie ihm hinterher und drückte ein paar
Mal auf die Hupe.

Der Fahrer störte sich nicht daran, und der Audi verschwand in der Dunkelheit, als gehörte die Straße ihm allein. Simona schüttelte den Kopf und behielt ihr Tempo
bei. So weit kam es noch, dass sie sich diktieren ließ, wie sie
zu fahren hatte. Bei den Wetterverhältnissen war es Wahnsinn, so zu rasen, auch wenn die Bundesstraße an dieser
Stelle keine großen Schlenker machte. Aber ihr Auto war
immerhin schon etwas älter als der Audi, der sie überholt
hatte. Der Twingo ging schon fast als Oldtimer durch.

Simona wurde erneut überholt, dieses Mal von einem
blauen Renault und ohne großes Tamtam. Sie überlegte gerade, ihre Mutter anzurufen, als der Wagen vor ihr plötzlich

abrupt bremste. Simona stieg ebenfalls auf die Bremse und verlor erneut die Kontrolle über das Fahrzeug. Dieses Mal gelang es ihr nicht, den Wagen abzufangen. Er kam von der Straße ab und raste auf einen Baum zu.

Dio mio!, war das Letzte, das Simona durch den Kopf schoss.

Sechs Tage vorher

Kapitel 1

Sonntag, 8. April

Katharina spürte Übelkeit aufsteigen und drosselte das Tempo. Möglicherweise hatte sie es mit dem Joggen oder dem Endspurt etwas übertrieben. Oder sie hatte zu wenig getrunken, denn für Anfang April schien die Sonne bereits ziemlich kräftig vom Himmel, und dabei war es noch früh am Vormittag.

Ihr Haus kam in Sicht, es waren nur noch ein paar Meter, und Katharina zog das Tempo wieder an. *Das schaffe ich jetzt auch noch,* sagte sie sich und sprintete über die Straße. Doch kaum hatte sie die andere Seite erreicht, wurde ihr schummerig vor Augen. Die Übelkeit erreichte ihren Höhepunkt, und Katharina schaffte es mit letzter Mühe gerade noch zum akkurat angelegten Geranienbeet ihrer Mutter, bevor sie sich übergeben musste. Zittrig ließ sie sich auf der Mauer nieder, die den Vorgarten ihrer Mutter von ihrem eigenen Vorgarten abtrennte, in dem Tulpen, Hyazinthen und Osterglocken wild durcheinander wuchsen. Immerhin das Unkraut hatte Emily erst am Vortag herausgerupft, was absolut untypisch für Katharinas Tochter war.

Katharina wischte sich mit dem Handrücken die Schweißperlen von der Stirn und überlegte, wie sie das Ganze ihrer Mutter erklären sollte, als diese plötzlich die Tür zu ihrem Haus öffnete und nach draußen trat.

Maria hatte sich wie jeden Sonntag besonders hübsch zurechtgemacht. Sie trug eine hellblaue Schluppenbluse zu einer cremefarbenen Hose und dazu passenden Pumps. An ihrem Arm baumelte eine Handtasche in elegantem

Schwarz, die ihr fast zu Boden glitt, als sie das Malheur in ihrem Blumenbeet entdeckte. Einen Moment entgleisten ihr die Gesichtszüge, als sie zu Katharina blickte, doch sie hatte sich schnell wieder unter Kontrolle.

»Das heißt dann wohl, dass du mich wieder mal nicht zum Gottesdienst begleitest. Eine Schande. Pfarrer Peters' Predigt ist äußerst gelungen.«

»Heute wird leider nichts daraus«, stimmte Katharina zu. Zwar ging die Übelkeit schlagartig zurück, doch jetzt stand ihr der Sinn überhaupt nicht nach Kirche. Sie hatte bisher weder geduscht noch gefrühstückt, und außerdem war heute Emilys letzter freier Tag, bevor morgen die Schule wieder losgehen würde.

Maria atmete übertrieben laut aus. »Na, wenigstens seid ihr an Ostern mitgegangen. Weißt du, Katharina, das wird langsam wirklich unangenehm für mich, immerhin wohnst du nun schon fast ein Jahr wieder hier am See. Und wie oft warst du in den letzten Monaten in der Kirche? Anfangs habe ich es ja noch verstanden, wenn du stattdessen lieber das Haus eingerichtet hast, und dann seid du und Hubert auch noch von einem Fall in den nächsten gestolpert. Aber momentan hast du weder einen Fall noch eine Ausrede.«

»Entschuldige, Mutter, vielleicht ist es dir entgangen, aber ich habe mich gerade in dein Blumenbeet übergeben. Außerdem möchte ich zusammen mit meiner Tochter einen schönen letzten Ferientag verbringen.«

»Es gibt keinen Grund, warum Emily nicht ebenfalls mitkommen sollte. Hannelores Tochter begleitet sie jeden Sonntag zum Gottesdienst, und sogar die gerade einmal fünfjährige Enkelin ist dabei. Und nein, mir ist nicht entgangen, was du mit meinen Geranien angestellt hast.« Maria rümpfte die Nase.

Seufzend schob sich Katharina von der Mauer. »Es tut mir leid, das war keine Absicht. Und was den sonntäglichen Kirchgang angeht: Du weißt, wie ich dazu stehe. Bestell Pfarrer Peters schöne Grüße.« Um sich auf keine weitere Diskussion einzulassen, stieg Katharina schnell die Stufen zu ihrem Haus nach oben und verschwand im Inneren.

Als ihr Vater vor elf Jahren gestorben war, hatten ihre Zwillingsschwester Katja, sie selbst und ihre Mutter völlig unterschiedlich auf die Tragödie reagiert. Maria war schon immer gläubig gewesen, und der Glaube an Gott hatte ihr geholfen, diese schwere Zeit zu überstehen. Damals hatte sie damit angefangen, dem Pfarrer beim Schreiben seiner Predigten zu helfen. Sie hatte sich mehr denn je bei den Landfrauen engagiert, Kirchenbasare organisiert und den Garten völlig neu angelegt. Katharina und ihre Schwester hatten sich zwar ebenfalls in die Arbeit gestürzt, aber Katharinas Glaube an Gott war erschüttert worden. Innerhalb eines Jahres hatte sie ihren Vater und ihren Ehemann verloren. Ihr Vater war bei einem Routineeinsatz von einem Junkie erschossen worden, und Daniel hatte sie mit einer anderen betrogen, als sie ihn am dringendsten gebraucht hätte. Dazu kam das Leid, das sie Tag für Tag während ihrer Arbeit mitansehen musste. Das brachte ihr Beruf nun einmal mit sich, und abgesehen davon war ihr Gerechtigkeitssinn schon in jungen Jahren extrem ausgeprägt gewesen. Wie sollte sie unter diesen Umständen noch an eine höhere Macht glauben?

Aus der Küche drang Lachen zu ihr in den Flur. Emily und Daniel schienen inzwischen aufgestanden zu sein und herumzualbern. Ein warmes Gefühl breitete sich in Katharinas Bauch aus und vertrieb nun endgültig die Übelkeit. Sie war froh, dass sie es endlich geschafft hatte, Daniel zu verzeihen.

Wenn sie ehrlich zu sich selbst war, musste sie sich eingestehen, dass sie in all den Jahren nie aufgehört hatte, ihn zu lieben. Und er machte nicht nur sie glücklich, sondern auch Emily. Sie war viel umgänglicher geworden, seit ihr Vater wieder eine größere Rolle in ihrem Leben eingenommen hatte, und Katharina bereute nicht zum ersten Mal, dass sie ihre Tochter in so jungen Jahren aus ihrem Umfeld herausgerissen hatte. Damals war es ihr richtig vorgekommen, ihre Heimat zu verlassen und nach Mannheim zu ziehen, doch im Nachhinein fragte sie sich oft, ob es nicht besser gewesen wäre, mit Emily am See zu bleiben. Weglaufen war selten die richtige Entscheidung.

Katharina stieß sich von der Haustür ab, gegen die sie sich kurz gelehnt hatte, und verschwand im Gäste-WC, um sich Hände und Gesicht zu waschen und den Mund auszuspülen. Anschließend machte sie sich auf den Weg Richtung Küche, doch auf halbem Weg blieb sie überrascht stehen: Der Esszimmertisch im Wohnzimmer war für ein ausgiebiges Frühstück gedeckt. Es gab Brötchen und Croissants, diverse Aufstriche und Säfte, Joghurt und frisches Obst. Dazu war der Tisch mit dem Porzellan für feierliche Anlässe eingedeckt, es gab ein Tischtuch mit Blumendekor, und in der Mitte stand ein riesiger Blumenstrauß. Katharina schmunzelte, denn sie war sich sicher, die Blumen gestern noch im Garten gesehen zu haben.

Sie wollte in die Küche gehen, aus der es herrlich nach Rührei und Kaffee duftete, als Emily und Daniel zu ihr ins Wohnzimmer kamen. Emily trug die Kaffeekanne, Daniel die Schüssel mit dem Rührei, das mit Schnittlauch und Petersilie aus Marias Kräutergarten garniert war.

»Ach, du bist ja schon zurück.« Daniel stellte die Schüssel auf dem Tisch ab und kam zu ihr, um ihr einen Kuss zu geben. »Warum hast du mich nicht geweckt? Ich wäre doch mit dir gelaufen. Ein bisschen Bewegung könnte mir auch nicht schaden.«

Katharina biss sich auf die Lippe, um nicht zu sagen, dass sie letzte Nacht eigentlich genug Bewegung gehabt hatten. Vor Emily musste das nun wirklich nicht sein. »Du hast noch so friedlich geschlafen, deshalb habe ich es nicht übers Herz gebracht. Außerdem hätte ich dann auf dieses herrliche Frühstück verzichten müssen. Danke, das sieht wunderbar aus.«

Daniel hob abwehrend die Hände. »Ich würde ja gern die Lorbeeren dafür einheimsen, aber da darfst du dich einzig und allein bei unserer Tochter bedanken. Sie hatte schon alles so gut wie fertig, als ich aus dem Bad nach unten kam.«

Katharina sah überrascht zu Emily, die verlegen lächelte. »Wirklich? Womit habe ich das verdient? Muttertag ist doch erst in ein paar Wochen.«

»Na hör mal. Kann ich meiner Mama nicht einfach mal was Gutes tun, so zum Abschluss der Ferien?« Emily stellte die Kaffeekanne auf dem Tisch ab und nahm Platz.

»Erwartest du eine ehrliche Antwort?« Katharina ging hinüber zur großen Fensterfront, um die Terrassentür aufzuschieben. Eine angenehme Brise wehte herein und brachte die hellen Vorhänge zum Flattern. »Sei mir nicht böse, Schatz, aber erst das Unkrautzupfen und jetzt dieses besondere Frühstück … Das ist sonst eher nicht deine Art, also verzeih mir, wenn ich dahinter etwas vermute.«

Emily sah Hilfe suchend zu Daniel, der mit den Schultern zuckte. »Schau mich nicht so an, Motte. Deine Mutter ist Kriminalkommissarin. Es war klar, dass sie den Braten sofort riecht.«

Katharina zog die Augenbrauen hoch und ging zurück zu den beiden. »Was ist hier eigentlich los?«

Nervös spielte Emily an ihren Fingernägeln herum. »Ich hatte eigentlich gehofft, dass wir erst mal in Ruhe essen können, damit deine Laune besser wird. Ich weiß ja, wie du bist, wenn du Hunger hast.«

Katharina verkniff sich jeden Kommentar, denn ganz unrecht hatte ihre Tochter nicht, und in den letzten Wochen war es noch schlimmer gewesen als sonst. Sobald ihr Blutzuckerspiegel sank, ging auch ihre Laune in den Keller, und dabei gab es dafür gerade überhaupt keinen Grund. Alles schien perfekt zu sein. Okay, abgesehen von dem Verhältnis zu ihrer Mutter, das leider immer noch nicht besser geworden war. Aber mit der Zeit würde sich auch das hoffentlich regeln.

»Ist was passiert? Hast du was angestellt?«, fragte Katharina.

Emily schüttelte den Kopf. »Ich schwöre dir, es ist nichts Schlimmes.«

Katharina holte tief Luft, bevor sie sich ebenfalls an den Tisch setzte. »Gut, dann lasst uns erst mal essen. Ich hab einen Mordshunger.«

Emily wirkte erleichtert und schenkte allen Kaffee ein, während Daniel das Rührei verteilte und Katharina sich ein Körnerbrötchen nahm. Je länger sie beisammensaßen, desto mehr entspannte sie sich. Genau so hätte der Sonntagmorgen schon immer sein sollen, und es gab keinen Grund, ihn zu ruinieren, indem sie über etwas grübelte, das sie vermutlich ohnehin nicht würde ändern können – zumal sie ja nicht einmal wusste, worum es überhaupt ging.

Nachdem sie aufgegessen hatten, räumte Emily den Tisch ab und lehnte jede Hilfe ab. Nur die Blumen und den Kaffee ließ sie stehen. Schließlich setzte sie sich zurück zu ihren Eltern und überreichte ihrer Mutter einen Umschlag, den sie aus der Küche mitgebracht hatte.

»Der ist gestern gekommen. Bitte, sag nicht gleich Nein.«
Neugierig holte Katharina den Brief heraus und faltete
ihn auseinander. Schon ein kurzer Blick darauf genügte, um
zu wissen, was los war. Daher wehte also der Wind. Katharina
seufzte.

»Bevor du etwas sagst …«, begann Daniel einfühlsam.
»Ich bin dafür, dass wir es Emily erlauben.«

Katharina antwortete nicht sofort, obwohl sie wusste,
dass sie aus der Nummer nicht mehr herauskam. Bereits
Anfang des Jahres hatten sie eine lange Diskussion über das
Für und Wider der ganzen Sache geführt. Zu dem Zeitpunkt hatte der überdimensionierte Weihnachtsbaum noch
im Wohnzimmer gestanden, und draußen war alles mit einer dicken Schneeschicht bedeckt gewesen.

Katharina war von Anfang an dagegen gewesen, dass
Emily bei der Sache mitmachte, doch nachdem die ganze
Familie auf sie eingeredet hatte und Emily am Ende die
Du-hast-mich-zweimal-aus-meinem-kompletten-Umfeld-
gerissen-Karte ausgespielt hatte, war Katharina eingeknickt.
Ehrlich gesagt, hatte sie gehofft, dass Emilys Bewerbung
aussortiert werden würde oder es Bedenken vonseiten der
Veranstalter gab, weil Emilys Tante ebenfalls involviert sein
würde. Dann hätte sich das Ganze von allein erledigt, doch
nun hielt sie die Zusage in der Hand. Bereits in zwei Wo-
chen startete die Model-Castingshow, die ein regionaler
Fernsehsender am Bodensee veranstaltete und bei der
Katharinas Schwester Katja als Gesicht der Show und Mentorin für die Nachwuchsmodels fungieren würde. Und
Emily hatte die Chance, eines dieser Models zu sein.

»Bitte, Mama«, sagte Emily flehend, und allein diese
Worte reichten, um Katharina zur Zustimmung zu bewegen. Noch vor wenigen Monaten hätte Emily trotzig reagiert und wäre sofort in Angriffsstellung gegangen, doch

sie hatte sich verändert. Der Umzug und der neue Freundeskreis, die Sache mit ihrer Freundin Franziska im letzten Herbst, die beinahe einem Loverboy zum Opfer gefallen wäre, oder der neu erwachte Kontakt zu ihrem Vater – was auch immer der Auslöser war, Emily war nicht länger dieselbe. Mit ihren sechzehneinhalb Jahren fing sie an, erwachsen zu werden.

»Okay«, sagte Katharina also, doch Emily redete einfach weiter.

»Weißt du, du musst mir auch einfach mal vertrauen. Ich werde weder magersüchtig noch größenwahnsinnig. Mir ist klar, dass dir das Modeln keinen Spaß gemacht hat, und das ist auch in Ordnung, aber ich würde es wirklich, wirklich gern probieren. Bitte, Mama. Ich verspreche dir, dass die Schule und meine anderen Pflichten nicht darunter leiden werden. Und im besten Fall ...«

»Emily, es ist okay«, sagte Katharina erneut. »Du darfst mitmachen.«

Emily starrte ihre Mutter an. »Ist das dein Ernst? Du sagst nicht Nein?«

»Ich gebe dir meinen Segen, aber ...«

»Hab ich's doch gewusst«, murmelte Emily und verschränkte nun doch die Arme vor der Brust. »Jetzt kommst du mit irgendwas, was ich niemals werde erfüllen können.«

Katharina schmunzelte. »Ich glaube nicht, dass das ein Problem darstellen wird. Meine einzige Bedingung ist, dass wir uns einen schönen Tag am See machen und ich dich am Ende zu einer Pizza und einem kleinen Eisbecher einladen darf.«

Emily sah zu ihrem Vater, der ihr zunickte. »Glückwunsch, Motte, ich bin stolz auf dich. Und ich hab dir doch gesagt, dass deine Mutter nicht widersprechen wird, wenn du ihr ein bisschen was Gutes tust.«

Katharina verdrehte die Augen. Schon hatten sich Vater und Tochter gegen sie verbündet, doch sie konnte den beiden nicht böse sein, und nun schien auch Emily zu begreifen, dass sie bald tatsächlich Modelerfahrung würde sammeln können. Sie stieß einen Freudenschrei aus, lief um den Tisch herum und fiel ihrer Mutter um den Hals.

»Danke, Mama. Bei der Pizza bin ich gern dabei, aber was den Nachtisch angeht ...«

Emily redete nicht weiter, und Katharina unterdrückte ein Seufzen. Schon fing das Mädchen an, auf die Figur zu achten. »Was ist damit?«

»Ich hätte gern einen großen Eisbecher mit extra viel Schokoladensoße.«

Katharina lachte. »Das ist meine Tochter.«

Montag, 9. April

Hubert betrachtete seine Patentochter überrascht. Wie immer trug er Hosenträger, und eine Wolke Pfeifenrauch umgab ihn, obwohl die Fenster sperrangelweit offenstanden. »Da schenkt das Kaninchen dem Fuchs eine ein! Du hast wirklich Ja gesagt?«

Katharina nickte und sah nur kurz von den Akten auf, die sie seit Tagen sortierte. Da sie momentan nichts zu tun hatten, blieb Zeit für den ganzen Papierkram, den sie allesamt sonst gern vor sich herschoben. Auch Katharina hasste diese Art der Arbeit, sie war lieber auf der Straße unterwegs, aber sie sah durchaus das Positive an der ganzen Sache. Schließlich war es gut, dass sie derzeit keinen Mörder zu jagen hatten.

»Dann heißt es wohl in zwei Wochen: Spieglein, Spieg-

lein an der Wand, wer ist die Schönste im ganzen Land?«
Hubert lachte.

»Findest du das etwa lustig?«

»Du nicht? Warum hast du es Emily dann erlaubt?«

»Weil sie es mir nie verziehen hätte, wenn ich ihr diese
Chance vermasselt hätte, und das kann ich auch verstehen.«

»Dann hast du deine Meinung zu dem ganzen Modethema also nicht geändert? Der plötzliche Sinneswandel
hätte mich auch gewundert.« Hubert marschierte zur Kaffeemaschine, um sich eine weitere Tasse einzuschenken. Es
war bereits die dritte, die er allein innerhalb dieser vier
Wände trank, und es war gerade einmal zwölf Uhr.

Katharina zuckte mit den Schultern. »Es ist nach wie
vor nicht meine Welt, war es nie, und dort lauern auch
viel zu viele Gefahren für ein junges Mädchen. Essstörun-
gen und Drogensucht, um nur zwei Beispiele zu nennen.
Außerdem soll Emily lernen, sich so zu akzeptieren, wie
sie ist, und nicht ständig einem Schönheitsideal hinter-
herlaufen.«

»Also entschuldige, wenn ich dich unterbreche, aber hat
sich das nicht alles geändert? Mittlerweile gibt es doch auch
klein geratene Models, Models mit Pigmentstörungen und
sogar dicke Models.«

Katharina verdrehte die Augen. »Curvy Models heißt
das. Und seit wann hast du Ahnung von dem Business?«

Hubert zuckte mit den Schultern. »Lebe ich hinter dem
Mond? Das kriegt man doch mit, sobald man den Fernseher einschaltet.«

»Das stimmt allerdings, und vielleicht hast du recht.
Möglicherweise ist jetzt die beste Gelegenheit für Emily,
um das Ganze auszuprobieren. Mir behagt bloß der Gedanke nicht, dass sie für die Zeit der Show in eine Model-

villa in Meersburg ziehen muss. Mädchen in dem Alter können untereinander sehr grausam sein, und wenn es dann noch um Konkurrenzdenken geht …«

Hubert winkte ab und ging zurück zu seinem Schreibtisch, wo er sich auf seinen Stuhl plumpsen ließ. »Ach, Katja wird schon ein Auge auf ihre Nichte haben, und Emily ist nun wirklich keins der Mädchen, die sich alles gefallen lassen. Also mach dir keinen Kopf.«

Katharina nickte. Sicher hatte ihr Chef auch in dem Punkt recht. Katja würde nicht zulassen, dass sich die Mädchen gegenseitig fertigmachten, und sie würde Emily beschützen, als wäre sie ihre eigene Tochter. Daran bestand kein Zweifel. Demnach gab es wirklich keinen Grund, sich verrückt zu machen.

Katharina klappte den Aktenordner vor sich zu, nachdem sie den letzten Ausdruck eingeheftet hatte, und wollte ihn gerade zurück in den Schrank stellen, als Nina Baum das Büro betrat. Beide Frauen blieben stehen; Nina biss sich auf die Unterlippe. Ihre Haare trug sie inzwischen schulterlang, auch wenn sie diese heute zu einem unordentlichen Pferdeschwanz zusammengenommen hatte. Es sah süß aus, doch jetzt, wo sie Katharina erblickte, schien sie sich damit unwohl zu fühlen. Unsicher strich sie sich über die Haare.

Katharina unterdrückte ein Seufzen. Es war ihre Schuld, dass die Stimmung zwischen ihnen beiden so seltsam war. Nina und Daniel hatten etwas miteinander angefangen, nachdem Katharina beiden gesagt hatte, dass die Sache zwischen ihr und Daniel ein für alle Mal vorbei sei. Und dann war sie doch dazwischengegrätscht und hatte sich ihren Exmann zurückgeholt. Die Beziehung zwischen ihm und Nina war zwar erst in den Anfängen gewesen, doch Nina war schon länger in Daniel verknallt, weshalb sie das alles ziemlich mitgenommen hatte. Nach außen hin versuchte sie, sich stark und unbeteiligt zu geben, doch damit konnte sie Katharina nicht täuschen.

»Mahlzeit! Was können wir für dich tun?«, fragte Hubert in die Stille hinein.

»Ich wollte eigentlich nur fragen, ob ihr mich noch braucht, ansonsten würde ich ein paar Überstunden abbauen, statt in die Pause zu gehen. Ich finde beim besten Willen nichts mehr, um Zeit totzuschlagen.« Sie machte ein erschrockenes Gesicht, als ihr aufging, was sie gerade gesagt hatte. »Wobei das natürlich nicht heißen soll, dass ich in den letzten Tagen nichts Sinnvolles getan hätte. Es ist nur …«

Schmunzelnd winkte Hubert ab. »Schon gut, geh nur. Der nächste Fall kommt bestimmt, und dann dürfen wir alle wieder Überstunden ohne Ende schieben.«

»Das lenkt wenigstens ab. Ich meine …« Nina fuchtelte mit den Händen vor ihrem Gesicht herum, als würde sie eine Fliege vertreiben wollen. »Ich bin dann mal weg. Frohes Schaffen noch.«

Katharina sah ihr hinterher, bevor sie sich selbst wieder in Bewegung setzte. Es tat ihr leid, dass Nina in ihrer Gegenwart jedes Mal so unsicher wurde. Vor Selbstbewusstsein gestrotzt hatte die Kollegin zwar noch nie, aber jetzt wirkte sie beinahe verschüchtert – und das schien allein Katharinas Schuld zu sein. Mehrfach schon hatte sie sich bei Nina entschuldigt, doch den gewünschten Effekt zeigte es nicht. Seufzend schob Katharina den Aktenordner in den Schrank und drehte sich zu Hubert um, der sie unverhohlen anstarrte.

»Was?« Sie verschränkte die Arme vor der Brust, ehe sie sich daran hindern konnte, und fühlte sich prompt in ihre Teenagerzeit zurückversetzt. Na super, jetzt reagierte sie schon wie Emily, nur dass Emily inzwischen um einiges vernünftiger geworden war.

Hubert schüttelte den Kopf. »Ich habe überhaupt nichts gesagt, Katrinchen.«

Katharina unterdrückte ein Stöhnen. Würde sie ihrem Patenonkel diesen blöden Spitznamen eigentlich nie abgewöhnen können? Aber es würde nichts bringen, ihn erneut darauf hinzuweisen, denn auf dem Ohr schien er taub zu sein. »Blicke sagen mehr als tausend Worte, mein lieber Hubert.«

»Ja, ja. Ich frage mich bloß, wie lange das noch so gehen soll zwischen dir und Nina. Der nächste Fall wird kommen, und dann müsst ihr einander vertrauen können.«

»Ich glaube, das hat nichts mit Vertrauen zu tun, und die Arbeit wird nicht darunter leiden. Hat sie in den letzten Monaten auch nicht.« Schließlich ging das Ganze schon seit Herbst so, wobei Katharina selbst gehofft hatte, dass es langsam mal besser werden würde.

Hubert zuckte nur mit den Schultern und trank einen Schluck aus seiner Tasse. »Dein Kaffee ist übrigens viel trinkbarer geworden, seit du wieder mit Daniel zusammen bist.«

Katharina verdrehte die Augen und legte den neuen Aktenordner, nach dem sie gerade erst gegriffen hatte, einer spontanen Eingebung folgend wieder zurück auf den Schreibtisch. »Bin gleich zurück.«

Rasch verließ sie das Büro und hastete den Flur hinunter. Der Teppich dämpfte ihre Schritte, und der penetrante Geruch von Teppichschaum stieg ihr in die Nase. Auch das Reinigungspersonal hatte mehr Zeit als sonst, da viele Kollegen spontan Urlaub genommen hatten oder Überstunden abbauten. Es war ungewöhnlich ruhig in der Polizeidirektion Friedrichshafen. So leise war es hier sonst nur zu später Stunde.

Katharina näherte sich Ninas Büro, und auf einmal wurde ihr schlecht. Sie stützte sich an der weißgestrichenen Wand ab, schloss für einen Moment die Augen und konzentrierte sich auf ihre Atmung. Nie hätte sie für möglich gehalten, dass ihr die Sache mit Nina unbewusst derart zusetzen würde. Nur gut, dass sie spontan beschlossen hatte, einen weiteren Versuch zu starten, um das Ganze ein für alle Mal vom Tisch zu bringen. Sie straffte die Schultern, ging noch ein paar Schritte und klopfte an den Türrahmen. Die Tür stand offen, Nina fuhr gerade ihren Computer herunter. Sie drehte sich um und blickte Katharina überrascht an. In den wenigen Minuten, seit sie das Büro am anderen Ende des Flurs verlassen hatte, hatte sie das Gummi aus ihren Haaren gelöst, die sie nun offen trug.

»Sag mir nicht, ihr habt eine Leiche. Das alte Ding hier braucht eine Weile, bis es wieder hochgefahren ist.« Sie klopfte mit der Hand auf das Gehäuse des Röhrenbildschirms.

»Keine Leiche. Ich möchte mich noch einmal bei dir entschuldigen.«

Die Stimmung kippte sofort, auch wenn Nina wie jedes Mal versuchte, sich nichts anmerken zu lassen. Doch ihr leicht verzogener Mund zeigte mehr als deutlich, dass ihr das Thema unangenehm war. Sie schaltete den Bildschirm aus und rollte mit Schwung ihren Schreibtischstuhl zurück, bevor sie aufstand und nach ihrer Tasche griff. »Das ist wirklich nicht nötig, du hast dich schon oft genug …«

»Doch, das ist es«, unterbrach Katharina sie. »Mir ist klar, dass Daniel und ich dir sehr wehgetan haben.«

»Ich bin ja selbst schuld«, platzte es aus Nina heraus. »Wie konnte ich auch glauben, ich könnte mit *dir* konkurrieren? Ich meine, sieh dich doch an, und dann sieh mich an.« Sie deutete auf ihre Jeans, die schon ein wenig dünn an den Knien war, und auf die Sneaker, denen man deutlich ansah, dass sie zu ihren Lieblingsschuhen gehörten.

Katharina biss sich auf die Lippe. Sie hatte schon länger die Befürchtung, dass Ninas Selbstwertgefühl durch die ganze Sache in Mitleidenschaft gezogen worden war. Nun sah sie sich darin bestätigt. »Red nicht so einen Blödsinn, du bist eine wunderschöne Frau.« Nina schnaubte, und Katharina schüttelte frustriert den Kopf. »Natürlich bist du das. Dass Daniel Schluss gemacht hat, hat doch nichts mit deinem Aussehen zu tun, und im Übrigen auch nichts mit deinem Charakter. Daniel und ich kennen uns von Kindesbeinen an. Wir sind nicht nur zusammen aufgewachsen, wir waren auch seit unserer Teenagerzeit zusammen und haben eine gemeinsame Tochter. Das alles kann man nicht einfach wegwerfen, auch wenn ich es versucht habe. Und glaub mir, ich habe es wirklich versucht.«

Sie machte eine kurze Pause. Es fiel ihr nicht leicht, Nina einzuweihen, und sie wollte auch nicht, dass Nina jetzt schlecht über Daniel dachte, aber Katharina musste der Kollegin erklären, warum sie vor einem halben Jahr plötzlich beschlossen hatte, doch wieder mit ihrem Exmann zusammen sein zu wollen, obwohl sie kurz vorher noch das Gegenteil behauptet hatte. Sonst würde Nina nie damit aufhören, sich selbst ständig in Zweifel zu ziehen.

Katharina holte tief Luft und sagte leise: »Daniel hat mich damals betrogen. Das war auch der Grund für unsere Trennung.«

Nina starrte Katharina ungläubig an. Sie war nicht die Erste, der es schwerfiel zu glauben, dass Daniel zu so etwas fähig war. Als Daniel Katharina vor elf Jahren seinen Seitensprung gebeichtet hatte, hatte sie es selbst kaum glauben können.

Sie verspürte das unbändige Bedürfnis, noch mehr zu Nina zu sagen. Es erschien ihr nicht fair, dieses private Detail über Daniel auszuplaudern und dann einfach so im Raum stehen zu lassen. Gleichzeitig wusste sie, dass Nina ein bisschen Zeit brauchte, um das Gesagte zu verdauen und eine Entscheidung zu treffen. Wenn sie jetzt bereit war, wieder einen Schritt auf Katharina zuzugehen, würden sie hoffentlich schon bald wieder normal miteinander umgehen können. Wenn nicht …

Schließlich ließ sich Nina zurück auf ihren Schreibtischstuhl plumpsen. »Unvorstellbar. Ich dachte immer, *wenn* es einen Mann gibt, der zu einhundert Prozent treu ist, dann ist es Daniel Danninger.«

Schulterzuckend lehnte sich Katharina mit der Rückseite gegen den Tisch, der Nina als Ablagefläche für allerlei Ordner und Papierkram diente. »Tja, das dachte ich auch. Deshalb hat es mich damals auch so aus der Bahn geworfen. Mein Vater war gerade erst gestorben, Daniels Geständnis kam also zum denkbar schlechtesten Zeitpunkt. Ich habe mich doppelt betrogen gefühlt, weil ich ihn in dieser schweren Zeit so sehr gebraucht hätte.«

Nina ließ ihre Tasche auf den Boden fallen. »Verstehe ich. Es tut mir wirklich leid.«

Katharina schüttelte den Kopf. »Das muss es nicht, es ist lange her, und ich erzähle dir das Ganze auch nur, weil ich dich um Verzeihung bitten möchte. Es war alles andere als fair von mir, dir in Bezug auf Daniel grünes Licht zu geben und ihn dir dann doch kurz darauf wegzuschnappen. Weißt du, ich habe die ganze Geschichte mit ihm nie richtig verarbeitet. Stattdessen bin ich weggelaufen. Aber man kann vor seiner Vergangenheit nicht weglaufen. Sie hat mich eingeholt, als ich letzten Sommer zurück an den See gezogen bin. Ich stand an einem Scheideweg, musste mich entscheiden, ob ich Daniel verzeihen und noch eine Chance geben wollte oder nicht.« Seufzend strich sie sich eine Locke hinters Ohr. »Ich habe mich zuerst falsch entschieden, und es hat eine Weile gedauert, bis ich meinen Fehler eingesehen habe. Es war nie meine Absicht, dich in das ganze Drama hineinzuziehen.«

Nun stieß auch Nina ein Seufzen aus. »Das weiß ich, Kathi. Vergessen wir das Ganze einfach.«

Katharina zog die Augenbrauen hoch. »Sicher, dass du deinen Fluchtinstinkt kontrollieren kannst, der einsetzt, sobald du mich siehst?«

Nina brachte ein Lachen zustande. »So ist es nun auch wieder nicht. Keine Ahnung, in deiner Gegenwart fühle ich mich einfach irgendwie … unzulänglich. Das war schon immer so, und seit der Sache mit Daniel ist es natürlich nicht besser geworden.«

Katharina stieß sich vom Tisch ab und machte eine wegwerfende Handbewegung. »Blödsinn, ich bin alles andere als perfekt.«

»Ja, ja, das würde ich an deiner Stelle jetzt auch behaupten«, erwiderte Nina, doch dabei grinste sie.

»Doch, wirklich, frag mal Daniel. Mit den Haaren, die ich im Bad verliere, kann man ein ganzes Perückengeschäft eröffnen. Wenn *Child's Anthem* von David Garrett läuft, darf mich niemand ansprechen, und dreckiges Geschirr räume ich nur selten in die Spülmaschine, sondern stapele es erst mal in der Spüle. Und wenn du mir immer noch nicht glaubst, erwähne mal meiner Mutter gegenüber, dass du mich für perfekt hältst. Sie nutzt jede Gelegenheit, um einen halbstündigen Monolog darüber zu halten, warum ich es nicht bin.«

Nina lachte erneut, und Katharina hätte vor Erleichterung beinahe mitgelacht. Die Chancen standen gut, dass sich jetzt zwischen ihnen langsam wieder so etwas wie Normalität entwickeln konnte, und das würde die Arbeit um einiges angenehmer machen. Sie lächelte Nina noch einmal zu und wollte das Büro verlassen, als Nina sich räusperte. Katharina drehte sich noch einmal zu ihr um.

»Ähm, du hast nicht zufällig Hunger?«

Katharinas Lächeln wurde noch breiter. »Wir treffen uns am Treppenabsatz. Ich sag nur schnell Hubert Bescheid, dass er noch etwas länger auf mich verzichten muss.«

Kapitel 2

Freitag, 20. April

»So, das ist der beste Champagner, den ich finden konnte«, sagte Sugar, als sie mit einer Flasche in der Hand an den Tisch zurückkehrte. Sie trug das Kleid mit den roten und lilafarbenen Pailletten, in dem Katharina sie bei ihrem ersten Mordfall am Bodensee kennengelernt hatte.

Sugar ließ den Korken knallen und schenkte allen bis auf Katharina ein, die lieber Sprite trank. Zum einen war ihr gerade überhaupt nicht nach Alkohol zumute, zum anderen musste jemand nüchtern bleiben, um später nach Hause fahren zu können.

Sie saß zusammen mit Daniel, Katja, Sugar, Marie und Oliver im *Sugar & Spice* in Konstanz, um zu feiern, dass Emily als Nachwuchsmodel für die Fernsehshow ausgewählt worden war. Emily war ebenfalls dabei, obwohl sie für einen Club wie diesen eigentlich noch viel zu jung war. Nur Hubert fehlte. Er musste am nächsten Morgen früh aufstehen, weil er zum Angeln wollte.

Sie hatten die Runde bewusst klein gehalten, denn immerhin war Oliver als Luna anwesend. Freitagabends hatte er seinen Auftritt im *Sugar & Spice*, und nur wenige Menschen kannten sein Geheimnis. Deshalb war auch Jonas, ein alter Schulfreund von Katharina und Daniel, nicht dabei.

Daniel hatte ziemlich cool reagiert, als er Oliver zum ersten Mal mit der blonden Perücke, dem smaragdgrünen Paillettenkleid und dem Make-up gesehen hatte, das im Gegensatz zu dem von anderen Travestiekünstlern allerdings eher dezent ausfiel.

»Grün steht dir hervorragend«, hatte er zu Oliver gesagt und ihn freundschaftlich in eine halbe Umarmung geschlossen.

Das war kurz vor Weihnachten gewesen, während der internen Weihnachtsfeier in Sugars Laden, zu der natürlich auch Katharina eingeladen gewesen war. Nachdem sie wieder mit Daniel zusammengekommen war, wollte sie keine Geheimnisse vor ihm haben und ihn gern einweihen, und Oliver war einverstanden gewesen. Inzwischen wusste bis auf Maria die ganze Danninger-Familie Bescheid.

Emily leerte ihr Colaglas und hielt es hoch. »Darf ich auch einen Schluck Champagner haben? Bitte! Wir stoßen doch auf mich an.«

Katharina und Daniel wechselten einen Blick. »Also schön, aber nur eine Pfütze«, antwortete Katharina.

Daraufhin goss Sugar auch Emily etwas ein und hob ihr eigenes Glas in die Höhe. »Auf Emily! Darauf, dass sie das nächste Topmodel wird.«

»Na, bei den Genen«, meinte Daniel und küsste Katharina flüchtig auf die Wange. Die Champagnerflöten klirrten, als sie miteinander anstießen.

»Wie stehen denn ihre Chancen?«, fragte Sugar an Katja gewandt.

Diese zuckte mit den Schultern. »Das kann ich nicht sagen. Die Jury bezieht mich in den Entscheidungsprozess nicht mit ein, und ich habe auch keinerlei Einfluss darauf, welches Mädchen am Ende die Show gewinnt. Dann hätte Emily nämlich gar nicht teilnehmen dürfen.«

Sugar beugte sich verschwörerisch über den Tisch. »Aber du hast doch sicher schon die Konkurrenz begutachtet.«

Katja schmunzelte. »Das schon, und natürlich ist keine so schön wie meine Nichte.«

Emily wurde ein bisschen rot. »Ich habe die Mädchen

heute Nachmittag kennengelernt, und sie sind alle wunderschön. Ehrlich gesagt, rechne ich mir keine großen Chancen aus.«

Bevor Katharina etwas dazu sagen konnte, schnalzte Sugar mit der Zunge. »Na, also so schon mal gar nicht, Schätzchen. Selbstbewusstsein ist das A und O. Wie sollen andere dich schön finden, wenn du dich selbst nicht so akzeptierst, wie du bist?«

»Ich habe ja nicht gesagt, dass ich mich hässlich finde«, protestierte Emily, doch Sugar hörte gar nicht hin.

»Los, aufstehen.« Sie erhob sich selbst von ihrem Stuhl. Dank ihrer High Heels hatte sie eine beeindruckende Größe und zog sämtliche Blicke auf sich. Sie überragte Emily um zwei Köpfe. »Hand in die Hüfte«, befahl sie.

Emily zögerte, doch dann tat sie, worum Sugar sie gebeten hatte. »So?«

Sugar schüttelte den Kopf. »Nichts für ungut, Schätzchen, aber du siehst aus, als würdest du auf den nächsten Bus warten. Ein bisschen mehr Pep bitte. Po rein, Brust raus, und vergiss das Hohlkreuz nicht.« Sie machte es Emily vor. »Und immer schön dran denken: Erst wenn es sich unbequem anfühlt, sieht es toll aus.«

Katja nickte. »Das ist der beste Tipp von allen. Man selber denkt, dass man sich total verrenkt und es auf den Fotos affig aussehen muss, aber das ist nicht der Fall. Also hör auf Sugar. Die Frau weiß Bescheid.«

Sugar warf Katja einen Luftkuss zu und übte mit Emily weitere Posen, während Oliver alias Luna den Kopf schüttelte. »Was bin ich froh, dass meine Tochter für den ganzen Zirkus noch nicht alt genug ist. Sie wäre sofort Feuer und Flamme dafür, sieht sie sich mit ihren gerade mal neun Jahren jetzt schon diese grässliche Modelshow im Fernsehen an. Ist das zu fassen?«

»Für Träume ist man nie zu jung«, meinte Marie. »Ich wusste schon mit fünf, dass ich eines Tages Tänzerin werden will.«

»Schon, aber muss es ausgerechnet das Modeln sein?«, grummelte Oliver.

»Wäre es dir lieber, wenn dein Mädchen Burlesque-Tänzerin werden wollen würde?«, fragte Katharina grinsend.

»Ich kann ihr gern was beibringen«, bot Marie an, die regelmäßig im *Sugar & Spice* mit ihrer Burlesque-Nummer auftrat. Sie und Katharina lachten und klatschten sich ab.

»Dass ausgerechnet ihr zwei mir in den Rücken fallen müsst.« Oliver leerte sein Glas und stand auf. »Meine Pause ist um, ich muss wieder auf die Bühne.«

»Nicht böse sein, Luna«, rief Katharina ihm hinterher. »Wir lieben dich, das weißt du, oder?«

Oliver schüttelte erneut den Kopf, doch auf seine Lippen stahl sich ein Lächeln. »Das weiß ich, Süße.«

Er ging zurück auf die Bühne, schnappte sich das Mikrofon und stimmte *Non, je ne regrette rien* von Edith Piaf an, nachdem er das Publikum ein bisschen angeheizt hatte.

Unter dem Tisch griff Daniel nach Katharinas Hand und beugte sich hinüber zu ihr. »So so, du bist also in Oli verknallt. Ich weiß nicht, was ich davon halten soll.«

Katharina zuckte mit den Schultern. »Tja, was soll ich sagen? Er sieht einfach zu gut aus in diesem Kleid.«

Katja nickte. »Unverschämt gut. Ich glaube nicht, dass ich so ein Glitzerkleid tragen könnte.«

Sugar, die offenbar mit halbem Ohr zugehört hatte, atmete theatralisch laut aus. »Man merkt, dass ihr Zwillinge seid. Katharina hat genau das Gleiche gesagt, als sie Luna bei ihrem ersten Auftritt gesehen hat.«

»Wenn es doch so ist«, erwiderte Katharina. »Glitzer und

Pailletten stehen mir nicht besonders, mal ganz davon abgesehen, dass mir das auch viel zu mädchenhaft ist.«

»Na und? Du *bist* ein Mädchen!«, meinte Sugar. Sie nahm Katharinas und Katjas Hand und zog sie hoch. »Antraben, ihr zwei könnt auch ein bisschen Selbstbewusstseinstraining vertragen.«

Lachend machte Katharina sich los. »Hey, ich hab schon mit Marie zusammen auf der Bühne gestanden, okay? Außerdem muss ich mal dringend wohin.«

Sie stahl sich in Richtung Toiletten davon, doch an der Ecke blieb sie stehen und beobachtete noch eine Weile ihre Tochter und Schwester, die zusammen mit Sugar einen Riesenspaß hatten. Inzwischen stahlen sie dem armen Oliver schon fast die Show, doch der nahm es gelassen und posierte auf der Bühne einfach mit, während er mit seiner unvergleichlichen Stimme weiterhin Lieder von Edith Piaf sang.

Schmunzelnd drehte sich Katharina um … und stieß prompt mit einer jungen Frau zusammen, die irgendwo in den Zwanzigern war. Ihre Haare waren honigblond mit einem etwas dunkleren Ansatz, der nicht so aussah, als würde er einfach nur herauswachsen. Da war ein Profi am Werk gewesen. Sie hatte grüne Augen mit braunen Sprenkeln, hohe Wangenknochen und einen perfekten Kussmund, dabei hatte sie nicht einmal Lippenstift aufgetragen. Irgendwie kam Katharina das Gesicht vage bekannt vor, doch das konnte unmöglich sein. Sie war sich sicher, die Frau noch nie gesehen zu haben, die theoretisch bildhübsch aussehen könnte – wenn da nicht diese verkniffene Miene wäre, mit der sie Katharina einen Moment lang musterte.

»Tut mir leid, das war meine Schuld. Ich habe nicht aufgepasst«, entschuldigte sich Katharina, obwohl sie die Reaktion der Frau für etwas übertrieben hielt.

Die junge Frau entspannte sich und lächelte, doch ihre Augen wirkten nach wie vor, als würde sie Katharina Absicht unterstellen. »Kein Problem, das kommt vor.«

Sie stolzierte davon, und Katharina sah ihr einen Moment kopfschüttelnd hinterher, bevor sie Richtung Toiletten eilte.

Samstag, 21. April

»Hast du auch nichts vergessen?«, fragte Katharina und stellte die Reisetasche auf der unteren Matratze des Etagenbetts neben einem hübsch verpackten Päckchen ab.

Emily verdrehte die Augen. »Habe ich nicht und selbst wenn! Ich bin nicht aus der Welt, Mama. Mach dir keine Sorgen. Hier gibt es jede Menge Personal, das auf uns aufpasst und uns notfalls sogar nachts Tampons besorgt, und Tante Katja ist auch noch da.«

Katharina nickte und versuchte, sich zu entspannen. Es waren ja nur ein paar Tage. Morgen in einer Woche war der ganze Spuk vorbei und Emily wieder zu Hause. Außerdem machte die Unterkunft einen sehr guten Eindruck. Mehr als das, denn die Mädchen übernachteten tatsächlich in einer Villa in Meersburg. Das riesige Anwesen thronte über einem Weinberg, von dem aus man einen herrlichen Blick auf den Bodensee hatte, der jetzt in der Morgensonne glitzerte.

Die Einrichtung war für zehn Mädchen zwischen sechzehn und dreiundzwanzig Jahren allerdings völlig übertrieben. Die Sofagarnitur aus weißem Leder musste ein Vermögen gekostet haben, an der Wand hing ein überdimensionierter Flatscreen, und selbst die Küche ließ keinerlei Wünsche offen. Die Kaffeemaschine konnte ohne Probleme mit einer professionellen Maschine aus einem Café mithalten, und von den hohen Decken baumelten in fast jedem Zimmer Kronleuchter.

Im Gegensatz zu der exquisiten Raumausstattung standen die Bilder an den Wänden. Dort hingen weder Originale noch Kunstdrucke von berühmten Malern, sondern knallig bunte Werbefotografien. Das mehr als lebensgroße gerahmte Bild im Eingangsbereich war Katharina sofort ins Auge gesprungen. Darauf war ihre Schwester zu sehen, perfekt zurechtgemacht und mit strahlendem Lächeln. Das Bild war hinter dem historischen Schlosssteg in Friedrichshafen aufgenommen worden, einer beliebten Location für Hochzeitsfotos, und hing mittlerweile rund um den See an Plakatwänden, Litfaßsäulen und Bushaltestellen – sehr zu Katharinas Leidwesen. Gestern Mittag war sie prompt von einer Gruppe Mädchen im Supermarkt angesprochen worden, weil man sie für Katja gehalten hatte. Denn obwohl Katja ihre roten Haare im Gegensatz zu denen von Katharina glatt und kürzer trug, sahen sie einander zum Verwechseln ähnlich.

Katharina war froh, wenn das ganze Theater ein Ende haben würde. Mit der Verwechslungssache würde sie zwar klarkommen, denn es war weiß Gott nicht das erste Mal, dass so etwas passierte, auch wenn es jetzt sicher häufiger der Fall sein würde. Aber es behagte Katharina nach wie vor nicht, Emily hier zu lassen. Das Mädchen war gerade mal sechzehn, und Katharina fürchtete, Emily könnte einen völlig falschen Eindruck vom Modelleben bekommen, das in Wirklichkeit nicht ansatzweise so glamourös war, wie es hier und jetzt aussah. Aber gut, Katja und sie würden Emily schon klarmachen, dass Nachwuchsmodels nur selten in Villen residierten, sondern vielmehr in Jugendherbergen oder billigen Absteigen in Bahnhofsnähe, und im Grunde war Katharina auch froh, dass hier alles hell und freundlich, sauber und ordentlich war. Emily würde sich sicher wohlfühlen und sich keine Bettwanzen einfangen, und am Ende war das die Hauptsache.

Wobei Katharina schon jetzt sah, dass es mit der Ordentlichkeit nicht lange so bleiben würde. Nach und nach trudelten die anderen drei Mädchen ein, die zusammen mit Emily in diesem Schlafzimmer übernachten würden, und verteilten in Windeseile ihre Sachen. Plötzlichen lagen überall Taschen, Jacken und Schuhe herum. Eines der Mädchen legte unbekümmert eine Bananenschale auf eine mit Schnitzereien verzierte Kommode. Es musste älter sein als Emily, gehörte aber dennoch zu den Jüngeren. Mit den dunklen, fast schwarzen Haaren und dem blassen Gesicht erinnerte es Katharina an Schneewittchen, und die wunderschön geschwungenen Lippen waren tatsächlich auch ohne Lippenstift rot wie Blut. Aber es erinnerte Katharina nicht nur an Schneewittchen. Sie fragte sich, ob sie dem Mädchen schon einmal begegnet war, doch sie wusste beim besten Willen nicht, wann und wo das gewesen sein sollte. Außerdem hatte sie in letzter Zeit dauernd das Gefühl, neue Gesichter schon mal irgendwo gesehen zu haben.

Der Geräuschpegel stieg plötzlich um einige Dezibel an, und Katharina war versucht, sich die Ohren zuzuhalten. Die Mädchen hatten ihre Geschenke entdeckt. In den hübsch verpackten Päckchen, die auf jedem Bett standen, kamen Schminke, Parfums, Accessoires für die Haare und ein Paar schwarzer High Heels zum Vorschein. Als die Mädchen dann auch noch begannen, ihre neuen Parfums auszuprobieren, hielt Katharina es nicht länger aus. Schon der leichte Duft von Raumreiniger, der in der Luft hing, bescherte ihr unterschwellige Kopfschmerzen, doch der Parfumnebel, der sich jetzt rasend schnell im ganzen Zimmer ausbreitete, ließ ruckartig Übelkeit in ihr aufsteigen.

»Dann mache ich mich mal auf den Weg. Ich wünsche dir viel Spaß und viel Erfolg, und wenn du noch was brauchst, ruf an. Im Notfall bringe ich dir sogar nachts eine Schachtel Tampons vorbei.«

Emily lachte. »Danke, Mama. Auch weil ich hier sein darf.«

Lächelnd zog Katharina ihre Tochter in die Arme und drückte ihr einen Kuss auf die roten Haare, die in Emilys Fall lang und glatt waren. »Immer, meine Kleine, immer. Mach's gut.«

Es widerstrebte ihr, so eilig zu verschwinden, doch den Parfumgeruch würde sie keine Sekunde länger ertragen, deshalb hastete sie aus dem Raum. Hinter sich hörte sie noch, wie eines der Mädchen fragte: »Warum hat es deine Tante denn auf einmal so eilig?« Die Antwort bekam sie nicht mehr mit.

Auf der Marmortreppe, die im Bogen vom ersten Stock, wo die Schlafzimmer lagen, ins Erdgeschoss führte, stieß sie beinahe mit ihrer Schwester zusammen. Katja hievte gerade einen Koffer die Stufen nach oben.

»Hoppla, Vorsicht. Die Produzenten werden wenig begeistert sein, wenn ich mir jetzt noch ein Bein breche.« Schnaufend stellte Katja ihren Koffer, mit dem zumindest Katharina eine Überseereise hätte unternehmen können, auf einer der Stufen ab.

»Wie, du musst dein Gepäck allein schleppen? Ich war mir sicher, sie würden dir den roten Teppich ausrollen«, feixte Katharina.

»Tja, so kann man sich täuschen.« Mit dem Handrücken strich sich Katja eine Haarsträhne aus der Stirn, die sich aus ihrem Pferdeschwanz gelöst hatte. »Und warum hast du es so eilig? Hat Emily dich rausgeworfen?«

»Ein knappes halbes Dutzend Mädchen auf engem Raum mit neuem Parfum. Muss ich noch mehr sagen? Ich frage mich, wie du das eine ganze Woche lang aushalten willst.«

Katja winkte ab. »Ach, da bin ich ganz anderes gewohnt. Am Anfang meiner Laufbahn habe ich mir mit einigen Models das Zimmer teilen müssen. Glaub mir, ich wäre froh gewesen, wenn sie alle nur nach Parfum gerochen hätten. Eine Spanierin, mit der ich zusammen in Mailand gewohnt habe, hat abends vor dem Schlafengehen immer das Marihuana rausgeholt, und meine deutsche Mitbewohnerin in Paris …«

Katharina hob eine Hand, um Katja am Weitersprechen zu hindern. »Danke, ich will's gar nicht so genau wissen. Versprich mir nur, dass du Emily die alten Geschichten erzählst, damit sie weiß, was sie sehr wahrscheinlich erwartet, wenn sie diesen Weg wirklich weiterverfolgen will.«

Katja schüttelte den Kopf. »Ach, Kathi, jetzt mal ehrlich. Es ist absolut legitim, dass das Modeln nichts für dich war, aber musst du es deshalb allen anderen auch immer miesmachen? Das hier ist eine wunderbare Chance für Emily.«

»Ich weiß, deshalb habe ich es ihr ja auch erlaubt«, warf Katharina ein.

»Erlaubt.« Katja schnaubte. »Emily wird diesen Herbst siebzehn und ist vernünftiger, als wir es in dem Alter waren. Sie wird ihren Weg schon gehen, hab doch mal Vertrauen zu deiner Tochter.«

»Ich vertraue Emily. Was hat denn das eine mit dem anderen zu tun?«

Doch Katja ignorierte ihren Einwand. »Hier wird nun mal eine Fernsehshow produziert, Kathi, und Glamour verkauft sich halt besser. Die jungen Mädchen träumen von so was.« Katja machte eine ausladende Geste. »Das heißt aber nicht, dass Emily nicht schlau genug ist, um zu wissen, dass es im normalen Modelleben anders ablaufen wird.«

»Da bin ich mir nicht so sicher«, widersprach Katharina. »Natürlich ist Emily schlau, aber sollte sie tatsächlich gewinnen, wird sie hohe Ansprüche haben. Die Jugendherberge wird ihr dann nicht mehr reichen.«

»Na und? Darf sie keine hohen Ziele haben? Es ist doch ihr Leben, ihre Zukunft. Nur weil du nie geträumt und das Beste vom Leben erwartet hast, musst du doch von Emily nicht das Gleiche erwarten.«

Katharina spürte Wut in sich aufsteigen. »Was soll das denn jetzt? Vielleicht jette ich nicht von Mailand nach Paris, und trotzdem habe ich etwas Sinnvolles aus meinem Leben gemacht.«

Katja zeigte mit dem Finger auf sie. »Da, genau das meine ich. Sinnvoll.« Sie betonte das Wort, als wäre es ihr zuwider. »Du hältst dich für was Besseres, weil du Verbrecher jagst und ich mein Geld verdiene, indem ich schön aussehe und in die Kamera lächele. Aber nicht jeder kann die Welt retten. Es muss auch Menschen geben, die normale Berufe ausüben.«

Nun war es Katharina, die schnaubte. »Normal, dass ich nicht lache. Bäckerin, Verkäufer, Bankfachangestellte … Das sind normale Berufe. Die Wenigsten können ihr Geld damit verdienen, in die Kamera zu grinsen. Ich will Emily doch nur vor einer Enttäuschung bewahren.«

»Du kannst deiner Tochter schon mehr zutrauen, als Bäckerin zu werden, und das Ganze ist lächerlich, das weißt du. Du willst nur nicht, dass Emily in meine statt in deine Fußstapfen tritt.«

»Blödsinn!« Katharina zwang sich, nicht zu schreien, auch wenn ihr das immer schwerer fiel. »Ich will ganz sicher nicht, dass Emily zur Polizei geht, denn dann müsste ich ständig Angst um mein kleines Mädchen haben. Wenn du selbst Kinder hättest, wüsstest du das. Keine Ahnung, warum ihr alle immer so tut, als würdet ihr den wahren Grund für meine Ablehnung nicht kennen.«

Katja stöhnte. »Herrgott, Kathi! Nicht jedes Model ist magersüchtig oder drogenabhängig. Jetzt lass mal die Kirche im Dorf.«

»Ach, und was ist mit dem spanischen Model, von dem du eben gesprochen hast?«

»Ist das jetzt dein Ernst?«, fragte Katja schrill.

Bevor Katharina etwas darauf erwidern konnte, hörte sie hinter sich Emilys Stimme: »Alles okay bei euch, Mama?«

Katharina drehte sich um und bemerkte die Mädchen, die sich oben auf der Galerie versammelt hatten und die Szene neugierig beobachteten. Sie zwang sich zu einem Lächeln. Mist, sie hätte sich nicht auf diese Diskussion mit Katja einlassen dürfen. In ihrer Wut hatte sie vollkommen vergessen, dass sie jede Menge Zuhörer hatten.

»Alles gut, Schatz, nur eine kleine Meinungsverschiedenheit.«

»Das kommt in den besten Familien vor«, stimmte Katja zu, die ebenfalls ein Lächeln aufgesetzt hatte. Sie nahm ihren Koffer und stieg die Stufen weiter nach oben, ohne Katharina noch einmal anzusehen. »Na los, packt eure Sachen aus, und dann zieht die High Heels an«, sagte sie zu den Mädchen. »Wir haben heute noch viel vor.«

Emily zögerte und starrte weiterhin ihre Mutter an, doch dann verschwand sie zusammen mit den anderen Mädchen in ihrem Zimmer. Katharina biss sich auf die Zunge. Es widerstrebte ihr, den Streit ungeklärt im Raum stehen zu lassen, doch ihr blieb keine Wahl. Hier und jetzt wollte sie die Diskussion weder fortführen, noch sich bei Katja entschuldigen. Dafür war sie viel zu wütend auf ihre Schwester. Also machte sie auf dem Absatz kehrt und hastete die Treppe hinunter und durch den Eingangsbereich, vorbei an dem Fernsehteam, das in der Zwischenzeit ebenfalls eingetroffen war, Equipment ins Haus schleppte und Katharina auffällig unauffällig musterte.

Katharina unterdrückte ein Stöhnen. *Na super, das hast du ja ganz toll hinbekommen,* dachte sie.

Katharina starrte an die Decke, die hin und wieder von den Scheinwerfern vorbeifahrender Autos erhellt wurde. Seit die Stadt eine Querstraße weiter den Asphalt aufgerissen hatte, um Rohre auszutauschen, wurde der ganze Verkehr an ihrem Haus vorbeigeleitet. Unter normalen Umständen machte ihr das nichts aus, da würde sie längst schlafen, doch obwohl sie müde war, bekam sie kein Auge zu. Emily fehlte ihr. Den ganzen Tag über war es viel zu leise im Haus gewesen, dabei hatten sich Daniel, Mischlingshund Rudi und Kater Garfield die größte Mühe gegeben, um sie abzulenken. Daniel hatte ihr Gemüseauflauf gemacht und mit ihr mitten am Nachmittag Hitchcocks *Der Mann, der zu viel wusste* angesehen. Das war der angenehme Teil gewesen, Garfield war nämlich auf die Idee gekommen, Marias Gemüsebeet umzugraben, und Rudi hatte sich irgendwas eingefangen und sein Geschäft mehrfach im Haus verrichtet, weil er es nicht rechtzeitig nach draußen geschafft hatte.

Katharina war auch schon wieder den ganzen Tag über so flau im Magen gewesen. Wenigstens hatte sie den Gemüseauflauf essen können.

»Mach dir keine Sorgen«, hatte Daniel versucht, sie zu beruhigen. »Nächste Woche schläft Emily schon wieder in ihrem eigenen Bett, und das mit Katja wird sich auch einrenken. Ihr habt euch doch nicht zum ersten Mal gestritten.«

Er schob Katharinas Übelkeit ebenso wie sie auf die Umstände, obwohl sie sich kurz fragte, ob mehr dahintersteckte. In letzter Zeit war ihr immerhin öfter übel gewesen, und nachdem nun auch noch Rudi den Eindruck gemacht hatte, ihm wäre schlecht … Aber sie schob den Gedanken weit weg. Da war nur mal wieder ihr Verstand am Werk, der das Sehen von Zusammenhängen, wo es keine gab, einfach nicht lassen konnte.

»Kannst du nicht schlafen?«

Daniel drehte sich auf die Seite, seine Stimme klang schläfrig. Er schien kein Problem damit zu haben, dass Emily – zumindest kurzzeitig – aus dem Haus war, allerdings hatte er auch jahrelang allein gewohnt, und rein theoretisch tat er das nach wie vor, auch wenn er praktisch ständig bei Katharina und Emily war.

Bisher hatte noch keiner von beiden vom Zusammenziehen gesprochen, doch das würde unweigerlich der nächste Schritt sein. Katharina wusste selbst nicht so recht, weshalb sie das Thema bisher gemieden hatte. Sie liebte Daniel und war froh, ihn wieder in ihrem Leben zu haben.

Sie wandte sich Daniel ebenfalls zu. »Entschuldige, ich wollte dich nicht wecken.«

Er lächelte. »Hast du nicht. Katja? Emily?«

Sie nickte. »Ich kann einfach nicht aufhören, an die beiden zu denken, wobei mir vor allem die Sache mit Katja im Kopf herumspukt. Blöd, ich weiß.«

Daniel legte einen Arm um ihre Schultern und zog ihren Kopf an seinen Oberkörper. »Nichts, was dich beschäftigt, könnte blöd sein. Was genau hat Katja denn gesagt?«

Bisher hatte Katharina ihm den Streit nicht in sämtlichen Details geschildert, sondern nur grob davon berichtet. Sie hatte Katjas Worte nicht ernst nehmen und einfach nur vergessen wollen, doch nachdem sie das ganz offensichtlich nicht konnte, entschied sie sich, ihm nun doch davon zu erzählen.

»Zuerst ging es um Emily. Dass ich ihr vertrauen und mehr zutrauen soll, und dann fing Katja an, auf mir herumzuhacken. Ich hätte keine Träume gehabt und würde auf sie herabsehen, weil ich das Modeln nicht leiden kann.«

Daniel versteifte sich unter ihr. »Das hat sie gesagt?«

»Hat sie. Sie war sauer, ebenso wie ich, aber …«

»Das ist doch kein Grund, dir solche Dinge an den Kopf zu werfen«, unterbrach Daniel sie.

Er klang wütend, und Katharina musste lächeln. Sie drehte sich halb auf den Bauch, um ihn ansehen zu können, legte ihre Hand auf seine gut definierten Brustmuskeln und küsste ihn langsam und zärtlich.

»Danke, jetzt geht es mir schon viel besser.«

»Lass dir bloß nichts erzählen, Kathi. Keine Ahnung, warum Katja so einen Blödsinn behauptet, aber es stimmt nicht.«

»Natürlich nicht«, pflichtete Katharina ihm bei. »Katja und ich mögen bisher nicht das beste Verhältnis gehabt haben, doch ich würde niemals auf sie herabsehen. Nicht einmal, wenn sie als Prostituierte arbeiten würde. Sie ist doch meine Schwester! Außerdem ist ihr Geld alles andere als leicht verdient.«

Daniel lachte. »Und du meinst, als Callgirl hätte sie es leichter?«

Katharina grinste ebenfalls. »Immerhin müsste sie dann nicht ständig durch die Weltgeschichte tingeln und nicht jede Kalorie zählen. Wobei, streich das. Die Kunden fänden es vermutlich wenig attraktiv, wenn sie plötzlich aufgehen würde wie ein Hefeteig.«

Daniel zwickte sie in die Hüfte. »Also, ich schätze jedes Gramm an dir.«

»Hey!« Spielerisch wollte sie ihn auf die Brust schlagen, doch er fing ihre Hand lachend ab.

»Nein, wirklich. Du bist perfekt, so wie du bist, und das meine ich in jeder Hinsicht. Eigentlich wollte ich nämlich darauf hinaus, dass du dir von Katja nichts zu deinen Träumen einreden lassen sollst. Du hättest dein Geld ebenso als Model, Ballerina oder weibliche Version von David Garrett verdienen können, aber das wolltest du nicht. Du wolltest dafür sorgen, dass diese Welt ein kleines bisschen gerechter wird, und du bist toll in deinem Job. Das weiß ich, das weißt du, und das weiß auch Katja. Da bin ich sicher.« Liebevoll strich er ihr eine Locke hinters Ohr.

Katharina blinzelte die Tränen weg, die ihr plötzlich in die Augen stiegen. Was war nur los mit ihr? So rührselig war sie doch sonst nicht! »Ich liebe dich, Daniel. Du hast keine Ahnung, wie sehr ich dich vermisst habe.«

»Ich denke schon, denn ich habe mich zehn Jahre lang nicht damit abfinden wollen, dich wirklich verloren zu haben. Du bist das Beste, was mir je passiert ist, und ich verstehe selbst nicht, wie ich dich damals betrügen konnte. Ich hasse mich heute noch dafür, dass ich dir das …«

»Psst.« Sie legte ihm einen Zeigefinger auf die Lippen. »Lass uns nicht von der Vergangenheit reden, sondern lieber von der Zukunft. Was hältst du davon, wenn du deine Wohnung kündigst?«

Auf seine Lippen stahl sich ein Lächeln, und er zog sie auf sich. »Ich dachte schon, du fragst nie.«

Er nahm ihr Gesicht zwischen seine Hände und küsste sie sanft. Katharina genoss das beinahe zaghafte Spiel, doch nach einer Weile schob sie ihre Hand unter den Saum von Daniels Schlafboxershorts, und der Kuss vertiefte sich. Gemeinsam setzten sie sich auf, sie auf seinem Schoß, und er half ihr aus ihrem Schlafshirt. Doch noch ehe sie ihn aus der Boxershorts befreien konnte, klingelte ihr Handy, das auf dem Nachttisch lag. Es war nicht *Smooth Criminal* von Michael Jackson in der Version von David Garrett, der Klingelton, den sie für Hubert eingestellt hatte, sondern *Galway Girl* von Ed Sheeran: Emilys Klingelton.

Katharina ging davon aus, dass Emily sie aufmuntern oder ärgern wollte – vielleicht auch ein bisschen von beidem – und griff grinsend nach dem Telefon. »Hi, Schatz. Na, sind dir schon die Tampons ausgegangen?« Da hörte sie Emily schniefen. Katharina versteifte sich und umklammerte das Handy fester. »Was ist los, Schatz?«

»Es geht um Katja. Du musst sofort herkommen, Mama.«

Kapitel 3

Sonntag, 22. April

Katharina setzte sich auf den unbequemen Stuhl neben Emily, hielt es dort jedoch nicht lange aus. Sie sprang erneut hoch und lief nervös im Flur hin und her, während Emily auf den Boden vor sich starrte, der erst vor wenigen Minuten gewischt worden war. Einige Stellen glänzten noch feucht, und ein Warnhinweis riet dazu, in diesem Gang vorsichtig zu gehen.

Alles an diesem Krankenhaus war steril, sogar der Flur, in dem sie saßen. Wände, Stühle, die kleinen Tische, auf denen zerfledderte Zeitschriften lagen ... Alles war weiß und unpersönlich. Nicht ein einziges Bild schmückte die Wand. Es gab keine Blumen oder sonst etwas, was hübsch anzusehen gewesen wäre. Nicht einmal eine künstliche Topfpflanze zierte den Empfangstresen, hinter dem eine dunkelhäutige, etwas fülligere Frau saß. Immerhin ging diese unglaublich freundlich und empathisch mit den Patienten und ihren Angehörigen um, dabei wurde sie ständig angesprochen, während das Telefon ununterbrochen klingelte.

Daniel bog um die Ecke, drei Plastikbecher in den Händen; zweimal Kaffee und einmal warmer Zitronentee für Emily. Der Duft stieg Katharina in die Nase und versetzte sie augenblicklich in die Vergangenheit. An Wochenenden oder Feiertagen hatte sich Emily früher immer aus Granulat mit Zitronengeschmack ein Getränk anrühren dürfen. Das hatte genauso gerochen wie dieser Tee.

Daniel reichte ihr und Emily jeweils einen Becher. Katharina nahm einen Schluck und verzog den Mund. Der Kaffee schmeckte widerlich und bescherte ihr Übelkeit, dabei war ihr wegen des typischen Krankenhausgeruchs und der Sorge um ihre Schwester ohnehin schon schlecht.

Katharina stellte ihren noch vollen Becher auf einen Stuhl. »Ich verstehe nicht, was so schwer daran ist, vernünftigen Kaffee zu kochen und für halbwegs bequeme Sitzmöglichkeiten zu sorgen. Es gibt schließlich genug Angehörige, die hier stundenlang warten müssen.«

»Ich werde das bei der nächsten Agenda auf die Tagesordnung setzen lassen«, sagte eine angenehm tiefe Stimme hinter ihr. Katharina drehte sich um und erblickte einen dunkelhaarigen Mann im weißen Arztkittel hinter sich, der sie an McDreamy aus *Grey's Anatomy* erinnerte. »Guten Abend, mein Name ist Dr. Joachim Wegener. Ich nehme an, Sie gehören zu Katja Lübig?«

Katharina nickte. »Katharina Danninger, Katjas Schwester.« Verlegen räusperte sie sich. »Entschuldigen Sie, Dr. Wegener, ich wollte Sie gewiss nicht kritisieren.«

Der Arzt winkte ab. »Schon gut, Sie haben ja nicht ganz unrecht. Der Automatenkaffee ist wirklich ungenießbar.«

»Wie geht es denn meiner Schwester?« Katharina legte einen Arm um Emily, die nun ebenfalls aufgestanden war.

»Den Umständen entsprechend gut. Sie ist noch ziemlich schwach, aber sie hat großes Glück gehabt.«

»Was genau fehlt ihr denn?«, wollte Katharina wissen.

Doktor Wegener sah sich im Flur um, in dem trotz der späten Stunde einiges los war. Ein paar Stühle weiter saß ein Mann, der ungefähr in Katharinas Alter sein musste, und starrte wie zuvor Emily ins Leere. Ständig huschte Personal an ihnen vorbei.

»Wollen Sie mich vielleicht ins Schwesternzimmer begleiten? Dort ist es etwas ruhiger, und der Kaffee dort ist ausgezeichnet.«

Katharina wurde von Unruhe erfasst, trotzdem nickte sie. Sie hasste das Gefühl, nicht zu wissen, was los war. Emily hatte ihr nicht viel sagen können. Die Mädchen und Katja hatten noch spätabends zusammengesessen und den Start der Show gefeiert, als Katja plötzlich der Schweiß ausgebrochen war und sie sich übergeben musste. Seit Emilys Anruf malte sich Katharina die schlimmsten Dinge aus, und jetzt sah sie sich darin bestätigt. Warum sonst beantwortete ihr der Arzt ihre Frage nicht hier auf dem Flur?

Auf zittrigen Beinen folgte sie Doktor Wegener zusammen mit Emily und Daniel ins Schwesternzimmer, wo es eine kleine Küchennische und ein Sofa samt Fernseher gab. Wie im Rest des Krankenhauses roch es nach Putz- und Desinfektionsmittel. Darunter mischten sich ein Hauch Parfum und der Duft von Kaffee. Eine frische Kanne lief gerade durch, die Kaffeemaschine brodelte vor sich hin. Auf dem runden Tisch, der in der Mitte des Raumes platziert war, stand eine Vase mit gelben Tulpen, die langsam zu verblühen begannen.

Eine blonde Krankenschwester sah sich die Wiederholung einer Soap an. Als sie den Arzt bemerkte, schaltete sie den Fernseher sofort aus.

»Danke, Tanja. Lässt du uns kurz allein?«

»Natürlich, Dr. Wegener. Meine Pause ist ohnehin gleich vorbei.« Sie nickte der kleinen Gruppe zu und verließ das Zimmer.

Doktor Wegener deutete auf den Tisch, und Katharina, Daniel und Emily nahmen daran Platz. Währenddessen holte der Arzt drei Tassen aus einem Schrank und füllte sie mit Kaffee. Dann setzte er sich ebenfalls an den Tisch. Müde fuhr er sich mit der Hand über das Gesicht.

»Ich weiß nicht, wie ich es Ihnen am besten sagen soll.«

Katharina schluckte. »Sagen Sie es einfach, ich komme

schon irgendwie damit klar.« Unter dem Tisch griff Daniel nach ihrer Hand und drückte sie.

»Nun, es sieht ganz danach aus, dass Ihre Schwester vergiftet wurde. Entweder das, oder sie hat versucht, sich selbst etwas anzutun.«

Katharina starrte ihn an, unfähig, etwas zu sagen. Sie hatte mit einer schlimmen Diagnose gerechnet, aber nicht mit einem Gewaltverbrechen. Denn dass Katja einen Selbstmordversuch unternommen hatte, konnte sie ausschließen. Katja war ebenso wie sie nicht der Typ dafür, und selbst in der größten Not würde sie das ihrer Mutter niemals antun, die daran glaubte, dass Selbstmord die einzige unverzeihliche Sünde war.

»Vergiftet?«, wiederholte Daniel schließlich. »Sind Sie sicher?«

Doktor Wegener nickte. »Alles deutet darauf hin, wobei wir noch nicht sagen können, um was für ein Gift es sich handelt. Wir müssen die Probe erst ins Labor geben und außerdem die Polizei hinzuziehen, fürchte ich.«

Katharina erwachte aus ihrer Schockstarre und holte reflexartig ihren Dienstausweis hervor. »Das wird nicht nötig sein, ich bin Kriminalkommissarin.«

Der Arzt nickte überrascht. »Ach so, verstehe. Das war mir nicht klar.«

»Was für Symptome hat meine Schwägerin außer Übelkeit denn noch gezeigt?«, fragte Daniel. »Emily meinte, Katja hätte plötzlich Schweißausbrüche gehabt und sei ganz blass geworden.«

Der Arzt nickte erneut. »Das ist richtig. Frau Lübig hatte außerdem an einigen Stellen Hautrötungen, dazu verengte Pupillen und einen erhöhten Puls. Wir haben ihr vorsorglich den Magen ausgepumpt, weil wir ja nicht wussten, welches Gegenmittel wir ihr geben sollten, und das hat glücklicherweise ausgereicht. Ihre Schwägerin ist wie gesagt noch schwach, aber sie befindet sich bereits auf dem Weg der Besserung.«

»Haben Sie eine Vermutung, um was für ein Gift es sich handeln könnte?«, hakte Daniel nach.

Doktor Wegener schüttelte den Kopf. »Man kann ihr alles Mögliche verabreicht haben. Von Drogen über Medikamente bis hin zu richtigem Gift ist alles denkbar, denn vor allem Übelkeit und Erbrechen sind klassische Symptome bei oral aufgenommenem Gift beziehungsweise bei der Überdosierung bestimmter Medikamente und Drogen. Deshalb können wir das Ganze nur sehr schwer eingrenzen, ohne die Blutprobe untersucht zu haben.«

»Das wird nicht nötig sein«, meinte Katharina und sah zu Daniel, der ihr zunickte. »Mein Mann arbeitet als Gerichtsmediziner und Pathologe. Er wird das Blut meiner Schwester analysieren, um dann hoffentlich mehr sagen zu können.«

Sie war froh, ihre Gefühle erst mal hintanstellen und sich auf ihren Job konzentrieren zu können. Das half ihr, das schlechte Gewissen in Zaum zu halten, das sich immer wieder an die Oberfläche kämpfen wollte. Wenn ihre Schwester heute Nacht tatsächlich gestorben wäre, nachdem sie im Streit auseinandergegangen waren ... Katharina wollte nicht darüber nachdenken, nicht hier und jetzt, denn allein der Gedanke bescherte ihr selbst Schweißausbrüche.

»Natürlich«, erwiderte Doktor Wegener. »Ich werde sofort veranlassen, dass man Ihnen die Blutprobe aushändigt.«

»Vielen Dank, Herr Doktor. Kann ich dann zu meiner Schwester?« Katharina wollte aufstehen, doch Daniel legte ihr eine Hand auf den Arm. Er wirkte angespannt.

»Warte mal, vielleicht solltest du dich auch untersuchen

lassen. Dir war doch in letzter Zeit andauernd übel, und Rudi hat sich heute auch so merkwürdig verhalten. Unser Hund«, fügte Daniel an den Arzt gewandt hinzu.

Doktor Wegener runzelte die Stirn. »Haben Sie denn häufiger mit Übelkeit zu kämpfen?«

Katharina schüttelte den Kopf. »Eigentlich nicht, aber in den letzten Wochen kam es tatsächlich häufiger vor.« Sie drehte sich zu Daniel. »Denkst du wirklich ...« *... dass auch mich jemand vergiften will?* Sie schaffte es nicht, den Gedanken laut auszusprechen.

Er biss die Kiefer aufeinander. »Ich will es nicht hoffen, aber lieber einmal zu viel kontrollieren als einmal zu wenig.«

Der Arzt nickte. »Da muss ich Ihrem Mann rechtgeben. Gehen wir lieber auf Nummer sicher.«

Emily hielt sich die Hand vor den Mund und konnte nur mit Mühe ein Schluchzen unterdrücken. Ihre Augen schwammen in Tränen. Katharina sprang auf und schloss sie in die Arme. »Alles wird gut, Schatz, mach dir keinen Kopf. Das Ganze ist bestimmt völlig harmlos.«

Doch Katharina konnte ihren eigenen Worten selbst nicht so recht glauben. Es wäre schon ein merkwürdiger Zufall, wenn sie alle drei ähnliche Symptome zeigen würden, es jedoch keinen Zusammenhang gab.

Nur: Wer konnte es auf sie und ihre Schwester abgesehen haben?

»Sind Sie sicher?« Ungläubig starrte Katharina den Arzt an. Sie musste sich verhört haben, aber gleichzeitig spürte sie, dass es die Wahrheit war. Plötzlich ergab alles Sinn, und sie fragte sich, warum sie nicht längst selbst darauf gekommen war.

Doktor Wegener nickte. »Absolut. Machen Sie sich keine

Sorgen, Ihr Blutbild deutet nicht im Geringsten darauf hin, dass Sie eine unerwünschte Substanz zu sich genommen hätten, und Ihr Hund hat sicher nur was Falsches gegessen oder sich ein Virus eingefangen. Mein Golden Retriever hatte das neulich auch, aber der ganze Spaß hat nur ein paar Stunden angehalten, dann war alles wieder vorbei.«

Katharina erhob sich von ihrem Stuhl und reichte dem Arzt die Hand, als dieser ebenfalls aufstand. »Danke, dass Sie sich so viel Zeit genommen haben. Ich habe ja gesehen, was heute Nacht hier los ist.«

Doktor Wegener winkte ab. »Ach was, nicht der Rede wert. Es ist schön, zur Abwechslung auch mal gute Neuigkeiten überbringen zu können, aber nun muss ich mich leider verabschieden. Ich werde dringend im OP gebraucht. Wenn Sie zu Ihrer Schwester möchten, habe ich nichts dagegen, Zimmer dreihundertzehn, und sollten Sie noch etwas benötigen, wenden Sie sich gern an Schwester Tanja. Sie wird sich um alles kümmern.«

»Eins noch, Doktor Wegener. Ich mache mir Sorgen um Katja und würde gern einen Personenschutz organisieren. Ist das in Ordnung?«

»Natürlich, das verstehe ich. Solange dieser sich unauffällig verhält und das Personal nicht behindert, spricht aus meiner Sicht nichts dagegen. Halten Sie es denn wirklich für notwendig?«

Katharina stieß ein Seufzen aus. »Wenn ich das wüsste.« In jedem Fall war Vorsicht besser als Nachsicht. Immerhin ging es hier um Katja. Jemand hatte versucht, sie zu vergiften. Wenn derjenige nun dahinterkam, dass sein Plan nicht aufgegangen war, und es erneut versuchen würde … Ein Schauer lief ihr über den Rücken. »Haben Sie vielen Dank, Herr Doktor. Dann will ich sie nicht länger aufhalten.«

Sie verließ das Büro des Oberarztes und blieb einen Moment im Gang stehen, der verlassen dalag. Nur eine Schwester eilte an ihr vorbei und schenkte ihr ein Lächeln.

Jetzt wünschte Katharina, sie hätte Daniel und Emily nicht fortgeschickt. Die beiden hatten eigentlich bleiben wollen, bis die Untersuchungsergebnisse von Katharinas Blut vorlagen, doch die Zeit drängte. Nicht alle Substanzen waren Stunden nach der Einnahme noch im Blut nachweisbar, weshalb Daniel unbedingt in die Pathologie musste, um herauszufinden, was man Katja verabreicht hatte. Und Emily musste morgen früh fit sein, um nicht von Anfang an von den anderen Mädchen abgehängt zu werden. Wobei noch unklar war, wie es nun mit der Show weitergehen sollte, nachdem Katja erst einmal ausfallen würde.

Seufzend holte Katharina ihr Handy hervor, um eine Nachricht an Daniel zu schicken, dass alles in bester Ordnung war. Dieselbe Nachricht schickte sie auch an Emily, dann rief sie bei der Schutzpolizei an, um einen Beamten anzufordern, der vor Katjas Tür Wache halten sollte. Anschließend steckte sie das Handy wieder weg und machte sich auf den Weg zu Katjas Zimmer. Zwar sollte sie dringend mit Hubert sprechen, doch jetzt wollte sie erst mal nach ihrer Schwester sehen.

Vorsichtig öffnete sie die Tür einen Spaltbreit und stellte fest, dass Katja wach war. Katja saß halb aufgerichtet in ihrem Bett und telefonierte. Man sah ihr deutlich an, dass sie geschlaucht war. Sie wirkte müde und nach wie vor blass, doch als sie Katharina erblickte, strahlten ihre Augen. Sie hob die Hand zum Zeichen, dass sie gleich fertig sein würde und Katharina reinkommen sollte.

»Nein, wirklich, das ist überhaupt kein Problem. Es geht mir schon viel besser«, sagte sie ins Telefon.

Leise schloss Katharina die Tür hinter sich und zog sich einen Stuhl heran, den sie neben Katjas Bett stellte. Ihre Schwester hatte ein Einzelzimmer bekommen, das nicht ganz so steril wirkte wie die Flure. Immerhin hingen an den Wänden Bilder vom Bodensee. Katharina erkannte die Promenade von Überlingen, die südländischen Charme versprühte, die Insel Mainau mit ihrer vielfältigen Blütenpracht und dann natürlich Meersburg, einem der schönsten, wenn nicht gar der schönste Ort am See.

»Mach dir keine Sorgen, Reiner, du kannst auf mich zählen. Okay? Gut, dann sehen wir uns am Montag.« Katja legte auf und das Handy auf den Nachttisch, der ihr mit dem ausklappbaren Brett gleichzeitig als Tisch diente. »Der Produzent. Er wollte schon einen Ersatz für mich suchen, aber ich konnte ihn zum Glück davon abhalten. Schön, dass du hier bist.«

»Du willst weitermachen? Katja, auf dich wurde ein Giftanschlag verübt.«

Katja zupfte das Kissen in ihrem Rücken zurecht und setzte sich aufrechter hin. »So heißt es, ja, aber das kann ich mir einfach nicht vorstellen. Wer soll mich denn vergiften wollen? Und warum?«

Das waren genau die Fragen, die sich Katharina auch schon die ganze Zeit über stellte. Sie zuckte mit den Schultern. »Keine Ahnung, ich hatte gehofft, das könntest du mir sagen. Die Fakten sprechen auf jeden Fall für sich, oder willst du mir jetzt erzählen, dass dir jemand aus Versehen etwas ins Essen oder Getränk gemischt hat? Aber lassen wir das mal einen Moment beiseite.« Katharina nahm die Hand ihrer Schwester zwischen ihre; sie fühlte sich kalt an. »Wie geht es dir? Alles okay?«

Katja lächelte und nickte. »Ich habe Reiner nicht belogen, es geht mir wirklich schon viel besser.«

»Tu mir das bloß nie wieder an. Du hast mir einen ganz schönen Schrecken eingejagt.«

»Ich mir auch«, erwiderte Katja leise. »Weiß Mama eigentlich Bescheid?«

Katharina nickte. »Sie kommt morgen nach der Kirche vorbei, nachdem ich ihr ausreden konnte, sich sofort auf den Weg zu machen. Ich habe sie angerufen, sobald wir wussten, was Sache ist. Vorher konnte ich ihr nicht viel sagen, und ich dachte, es reicht, wenn ich mich selbst verrückt mache.«

Katja schüttelte den Kopf, konnte ein Grinsen aber nicht unterdrücken. »Das ist genau der Punkt. Du wollest bloß nicht, dass Mama dich mit ihrer Anwesenheit in den Wahnsinn treibt. Versprich mir nur, dass du sie sofort benachrichtigst, falls es mal wirklich ernst wird.«

Katharina schluckte. Das schlechte Gewissen, das sie die ganze Zeit über ignoriert hatte, die Sorge um Katja, all die Gefühle, die in ihr brodelten … Das brach nun alles wie eine Welle über sie herein. Sie weinte nicht oft, doch jetzt spürte sie schon wieder Tränen aufsteigen, und es gelang ihr kaum, diese zurückzuhalten. »Natürlich verspreche ich es dir. Du hast recht, es tut mir leid. Es war total egoistisch von mir, Mama nicht sofort zu informieren, und ich muss mich auch bei dir entschuldigen.«

»Kathi …«

»Wenn ich dir das Gefühl gegeben habe, dass ich deinen Beruf nicht ernst nehme, tut es mir furchtbar leid. Das stand nie in meiner Absicht. Das Modeln war vielleicht nichts für mich, und ich mache mir Sorgen um meine Tochter, denn als ihre Mutter habe ich nun mal den innigen Wunsch, sie zu beschützen, aber das heißt nicht, dass ich auf irgendeine Weise auf dich herabgesehen habe.«

»Kathi …«

»Du bist meine Schwester, und ich liebe dich. Nichts und niemand könnte daran etwas ändern, und du kannst stolz auf dich sein. Du lebst deinen Traum! Wer kann das schon von sich behaupten?«

»Katharina!« Katjas Stimme wurde lauter. »Jetzt hör mir doch mal zu. Ich muss mich bei *dir* entschuldigen, denn ich habe Dinge gesagt, die ich niemals hätte sagen dürfen und die ich auch so nicht gemeint habe. Ich war sauer, was natürlich keine Entschuldigung ist. Es ist nur ... Wenn du mir vorwirfst, keine eigenen Kinder zu haben, brennt bei mir eine Sicherung durch. Es ist ja nicht so, dass ich mich bewusst dafür entschieden hätte. Ich hatte nun mal nicht das Glück, schon in jungen Jahren meinen Daniel zu finden, und der Job tut ein Übriges.«

Katharina schluckte erneut. »Dann möchtest du Kinder haben und heiraten?«

Katja lachte bitter auf. »Ich habe nie gesagt, dass ich das nicht will, aber mit meinem Job ist das nun mal nicht so leicht zu vereinbaren. Wobei sich das schon irgendwie regeln lassen würde. In erster Linie fehlt mir mal der passende Mann.«

»Was ist denn mit dem Fotografen aus Paris?«, fragte Katharina.

Katja machte eine wegwerfende Handbewegung. »Das hat sich erledigt. Es war nie etwas Ernstes zwischen uns. Wie hätte es das auch sein können bei den Kilometern, die uns voneinander getrennt haben? Inzwischen hat er eine Französin gefunden, die auch viel besser zu ihm passt als ich.«

»Das tut mir leid, Katja, ganz ehrlich.«

Katja zuckte mit den Schultern. »Es ist okay. Ich mochte Pierre, aber wir waren nie so verrückt nacheinander wie du und Daniel. Wobei wir das schon waren, aber eben nur auf einer Ebene. Du weißt, was ich meine. Zwischen dir und Daniel läuft es gut, oder?«

Katharina lächelte. »Deinem Arzt gegenüber habe ich Daniel als meinen Mann vorgestellt, ohne es zu merken. Erst im Nachhinein ist es mir aufgefallen.«

Katja erwiderte das Lächeln. »Das klingt toll. Wollt ihr denn noch einmal heiraten?«

Katharinas Lächeln vertiefte sich, ohne dass sie etwas dagegen tun konnte. »Wir werden sehen. Zuerst einmal ziehen wir wieder zusammen. Aber behalte das vorerst für dich, Emily und Mama wissen es noch nicht.«

»Das ist großartig, ich freue mich für euch. Ehrlich gesagt, habe ich immer gehofft, dass das zwischen euch noch mal was wird. Natürlich kann ich verstehen, dass du dich damals getrennt hast, aber du und Daniel, ihr passt einfach perfekt zusammen. Nicht so wie Pierre und ich. Es war schön mit ihm, romantisch und aufregend, aber ich fürchte, dem Alltag hätten wir als Paar nicht standgehalten.« Katja stieß ein Seufzen aus. »Deshalb trauere ich auch weniger ihm hinterher als vielmehr einer weiteren verpassten Chance. Ich bin nicht mehr die Jüngste. Mir bleiben nur noch ein paar Jahre, bis der Familienzug endgültig abgefahren ist.«

Katharina zögerte, doch das war nicht der richtige Augenblick, um das Thema zu vertiefen. »Weißt du, manchmal kann das alles ganz schnell gehen; schneller als man denkt. Du wirst deinen Traumprinzen finden, ganz sicher. Schließlich bist du eine wunderbare Frau.«

Katja drückte die Hand ihrer Schwester. »Danke für das Kompliment, das ich gern zurückgebe. Und nur, um das noch mal klarzustellen: Ich wollte heute Morgen keinesfalls sagen, dass du irgendwelche Chancen verpasst hast oder dein Leben verschwendest. Du machst es genau richtig.

Um ehrlich zu sein, habe ich dich schon oft um Daniel und Emily beneidet, was nicht bedeuten soll, dass ich dir dein Glück missgönne. Im Gegenteil.«

»Danke, das bedeutet mir viel.«

Katharina beugte sich vor, um ihre Schwester in den Arm nehmen zu können. Es war selten, dass sie beide so offen und ehrlich miteinander redeten, und Katharina hätte am liebsten an dieser Stelle weitergemacht. Aber das ging nicht, denn es gab einen Fall, der aufgeklärt werden musste. Es war schon spät, und selbst wenn keine Krankenschwester kommen würde, um Katharina rauszuschmeißen, brauchte Katja ihren Schlaf. Katharina hingegen brauchte dringend Antworten.

»Also, was kannst du mir über gestern erzählen? Was habt ihr, du und die Mädels, gemacht, nachdem ich weg war?«

»High-Heels-Training. Einige Mädchen hatten es wirklich nötig, Emily übrigens auch. Mittags hat sich dann das ganze Team im Garten versammelt. Wir haben uns zusammengesetzt, einander vorgestellt und zusammen gegessen. Und bevor du fragst: Es gab ein aufgebautes Buffet, und ich habe mir mein Essen selbst geholt.«

»Wie macht sich Emily?«, fragte Katharina.

Katja lächelte. »Hervorragend. Sie ist ganz vorne dabei, was Stil und Mode angeht. Deine Tochter weiß, was ihr steht und wie man Sachen gut kombinieren kann, und das mit dem Laufen auf hohen Absätzen bekommen wir auch noch hin. Ihr fehlt nur ein bisschen Übung.«

Katharina nickte. »Sie hatte bisher nicht viel Gelegenheit dazu, und in der Hinsicht war ich ihr wohl auch kein Vorbild.«

»Na ja, es gibt sicher Praktischeres, als in Pumps auf Verbrecherjagd zu gehen.«

Katharina lachte. »So ist es. Emily sagt, ihr habt abends zusammengesessen, als es dir plötzlich schlecht ging. Habt ihr was gegessen oder getrunken? Wie sah das Abendbrot aus?«

»Wir haben ein bisschen was geknabbert und natürlich auch getrunken, und ich hab mit den Mädels allein zu Abend gegessen, wieder vom Buffet. Zur Crew gehört ein ganzes Küchenteam, das sich um die Verpflegung kümmert. Wenn wir wollten und es der Figur nicht schaden würde, könnten wir den ganzen Tag mit Essen verbringen. Ständig werden Snacks, Erfrischungsgetränke oder Kaffee gereicht.«

»Also kann dir im Prinzip jeder was untergejubelt haben.« Katharina seufzte. Das machte die Sache nicht leichter. »Wo ist denn die Crew untergebracht? Schlafen die auch in der Villa?«

Katja schüttelte den Kopf. »Nein, dort sind nur ich und die Mädels sowie zwei Assistenten. Die beiden jungen Männer schlafen unter dem Dach. Sie passen auf uns auf, machen Besorgungen, organisieren alles. Der Rest der Crew lebt entweder hier am See oder übernachtet in Hotels oder Ferienwohnungen. Aber die meiste Zeit sind sie natürlich in der Villa. Sie kommen früh und gehen spät.«

»Und die Kamera ist die ganze Zeit dabei?«

Katja deutete ein Nicken an. »Mehr oder weniger. Drehzeit ist von acht Uhr morgens bis acht Uhr abends. Ausnahmen bestätigen die Regel.«

»Ich nehme an, gestern Abend gab es keine Ausnahme?«

Katja schüttelte den Kopf. »Für gestern gibt es keine offiziellen Aufnahmen nach zwanzig Uhr. Zwei der Mädchen, Larissa und Johanna, haben ein paar Videos mit dem Handy gemacht, aber ich bezweifle, dass ihr darauf irgendetwas Interessantes finden werdet.«

Dem konnte Katharina nur schwer widersprechen, trotzdem würden sie das Material sichten müssen. »Wie sieht es denn mit der Crew aus? Kennst du jemanden von früher?«

Katjas Gesichtsausdruck verfinsterte sich. »In der Tat. Die Modewelt ist klein, und man sieht sich immer zweimal im Leben. Mit dem Fotografen, der fest für die Shootings in den nächsten Tagen gebucht ist, habe ich schon des Öfteren zusammengearbeitet. Pascal König. Ich bin vor Jahren mit ihm aneinandergeraten, ebenso mit dem Designer Ennio Rossi, der die Show exklusiv mit seinen Kreationen unterstützt.«

Katharina runzelte die Stirn. »Was genau heißt das, ihr seid aneinandergeraten?«

»Nun ja, die beiden arbeiten nicht zum ersten Mal zusammen. Innerhalb der Branche wird gemunkelt, dass die zwei hin und wieder nicht ganz saubere Praktiken anwenden, um junge und noch unerfahrene Models zu ködern. Erinnerst du dich an Anna…«

Katharina sprang von ihrem Stuhl. »Das sagst du mir erst jetzt? Die zwei sind den ganzen Tag mit meiner Tochter zusammen, fotografieren sie und machen die Anprobe. Ich fasse es nicht! Wie kann man die Typen denn ausgerechnet für eine Nachwuchsmodelshow engagieren?«

»Ganz ruhig, Kathi. Ich rede nur von Nacktfotos und nicht von Übergriffigkeiten irgendwelcher Art.«

»Nur? Spinnst du?« Katharinas Stimme klang schrill.

»Du brauchst dir keine Sorgen zu machen«, begann Katja, als die Tür geöffnet wurde. Schwester Tanja steckte den Kopf herein.

»Na, na, bitte nicht so laut. Es ist mitten in der Nacht, und andere Patienten versuchen zu schlafen. Das sollten Sie übrigens auch.« Sie warf Katja einen strengen Blick zu.

Zerknirscht setzte sich Katharina zurück auf ihren Stuhl. »Entschuldigen Sie, das ist meine Schuld. Ich brauche noch einige Informationen von meiner Schwester, aber ich verspreche, leise zu sein und in spätestens zehn Minuten zu gehen.«

Schwester Tanja zögerte, nickte aber schließlich. »In Ordnung, zehn Minuten noch. Dann sollte sich Ihre Schwester aber wirklich ausruhen.«

Sie zog die Tür hinter sich zu, und Katharina und Katja sahen einander an. Katja schüttelte grinsend den Kopf. »Das ist wie damals im Landschulheim. Jedes Mal habe ich deinetwegen Ärger bekommen.«

Katharina musste ebenfalls grinsen, wurde aber gleich wieder ernst. »Jetzt mal ehrlich, ich mache mir Sorgen. Wenn der Fotograf und der Designer nur darauf aus sind, meine Tochter nackt zu Gesicht zu bekommen …«

»Verstehe ich, mir ist ja auch nicht ganz wohl dabei. Als ich gehört habe, dass Pascal und Ennio Teil der Show sein sollen, bin ich gleich zu Reiner gegangen. Der Produzent, du weißt schon. Die Verträge waren allerdings schon unterschrieben, und die drei sind auch irgendwie miteinander bekannt. Reiner hat mir jedenfalls versichert, dass ich mir keine Gedanken zu machen brauche und dass alles mit rechten Dingen zugehen wird.«

Katharina schnaubte. »Natürlich behauptet er das, vor allem, wenn die drei unter einer Decke stecken.«

»Ich passe auf die Mädchen auf, du hast mein Ehrenwort. Ich werde bei jedem Fitting und jedem Shooting dabei sein, und ich bin auch sonst immer in der Nähe der Mädels. Da kann überhaupt nichts passieren, und selbstverständlich werde ich die Mädchen auch für die Zukunft vor solchen Typen und Praktiken warnen.«

Katharina zog die Augenbrauen hoch. »Schön und gut, und wer ist jetzt bei den Kindern?«

»Ich nehme an, Reiners Frau übernimmt meine Rolle, bis

ich zurück bin. Sie hat in jungen Jahren mal Katalogfotos geschossen und ist echt nett.« Katja unterdrückte ein Gähnen. »Glaub mir, du kannst ihr vertrauen.«

»Ich kenne sie nicht. Wie könnte ich ihr da vertrauen?«

»Kathi …«

»Aber ich vertraue dir, also wird das schon passen.« Katharina seufzte leise. Sie hatte noch unzählige Fragen, aber die zehn Minuten waren sicher gleich um. Außerdem sah Katja wirklich müde aus. »Okay, eine letzte Frage noch: Du hast gesagt, du bist mit den beiden Typen aneinandergeraten. Wie genau muss ich mir das vorstellen?«

»Das habe ich dir gerade eben erzählen wollen. Du erinnerst dich an Annabel, meine Model-Mitbewohnerin aus Tettnang? Sie hat sowohl von Pascal als auch von Ennio ein ziemlich eindeutiges Angebot bekommen. Die zwei würden sie ganz groß rausbringen, aber dafür müsse sie schon ein bisschen mehr Haut zeigen.« Katja hustete und griff nach dem Wasserglas auf ihrem Nachttisch, um einen Schluck zu trinken. »Ich war damals schon etablierter als Model als Annabel und habe ihr von der Sache abgeraten, und dann habe ich mir Pascal und Ennio vorgenommen.«

»Und?«

»Sie haben es natürlich abgestritten. Sex sells, blablabla, aber es sei nie von Nacktfotos oder aufreizenden Posen die Rede gewesen. Wer's glaubt. Na, und als wir uns dann in der Modelvilla in Meersburg wiedergetroffen haben, musste ich gar nicht erst was sagen. Die Blicke der beiden waren eindeutig. Sie wissen, dass ich ein Auge auf sie haben werde, und ich habe auch in einem Nebensatz fallen lassen, dass du Kriminalkommissarin bist. Glaub mir, die werden Emily in Ruhe lassen und die anderen Mädchen auch.«

Katharina schüttelte den Kopf, musste aber lachen. »Also schön, dann werde ich jetzt mal gehen, damit du schlafen kannst. Morgen früh mache ich mich gleich auf den Weg zur Villa, aber ich komme später noch mal vorbei.«

Katja gähnte. »Alles klar. Bestell den Mädchen liebe Grüße von mir.«

»Mache ich. Ich soll dich auch ganz lieb von Emily und Daniel grüßen. Ach, und ich habe dir einen Personenschutz organisiert. Nur, damit du Bescheid weißt.«

Katharina nahm ihre Schwester zum Abschied in den Arm, dann verließ sie das Zimmer. Auf einem Stuhl im Gang direkt gegenüber der Tür saß ein Mann in Zivilkleidung. Trotzdem erkannte Katharina ihn sofort als Polizisten. Die beiden wechselten ein paar Worte, bevor Katharina das Krankenhaus verließ.

Kühle Nachtluft empfing sie, als sie nach draußen trat. Sie nahm einen tiefen Atemzug, um den Geruch von Desinfektionsmittel aus der Nase zu bekommen, und blieb unter dem klaren Sternenhimmel stehen, während sie das Handy hervorholte. Sie rief Hubert an, der schon nach dem dritten Freizeichen abnahm.

»Bitte nicht«, murmelte er verschlafen und gähnte ausgiebig. »Ich hasse Mordfälle am frühen Morgen.«

»Wie gut, dass es mitten in der Nacht ist«, feixte Katharina. »Und es ist zum Glück nur versuchter Mord. Es geht um meine Schwester.«

»Katja? Ach du liebes bisschen! Geht es ihr gut?«

»Sie wird wieder«, antwortete Katharina und erzählte, was geschehen war. Dabei unterschlug sie nicht, dass sie sich eigenmächtig um Polizeischutz für Katja gekümmert hatte.

Hubert schnalzte wie erwartet mit der Zunge. »Katrinchen, Katrinchen. Eigentlich hättest du damit zuerst zu mir kommen müssen, aber gut. Weil es um deine Schwester geht, drücke ich ein Auge zu.«

»Danke, Hubert, kommt auch nicht wieder vor. Und was nun? Treffen wir uns in Meersburg vor der Modellvilla?«

Hubert ließ sich Zeit mit seiner Antwort, und Katharina meinte zu hören, wie er sich eine Pfeife anzündete. »Wissen die von der Show denn Bescheid, was los ist? Oder die anderen Mädchen? Sie waren ja dabei, als Katja schlecht wurde.«

»Das schon, aber niemand konnte sich einen Reim darauf machen. Emily ist inzwischen zwar wieder zurück in der Villa, doch ich habe sie gebeten, die Wahrheit vorerst für sich zu behalten und den anderen zu erzählen, dass Katja sich den Magen verdorben hat. Ich wollte erst mit dir besprechen, wie wir weiter vorgehen, bevor ich den Täter in Alarmbereitschaft versetze.«

»Hervorragend, ich liebe es, wenn die Leute mitdenken. Dann belassen wir es erst mal dabei. Daniel ist bereits dran, Katja ist in Sicherheit, und Fluchtgefahr besteht meines Erachtens auch nicht. Und die ganzen Essensreste zu untersuchen, wird nichts nützen. Zum einen wird der Täter die Beweise inzwischen ohnehin längst vernichtet haben, zum anderen hat der Täter gezielt versucht, Katja zu vergiften. Es hat schließlich sonst niemand Symptome gezeigt, richtig?«

»Nicht, dass ich wüsste, doch das hätten wir sicher mitbekommen. Katja hat vor nicht mal einer Stunde noch mit dem Produzenten telefoniert.«

»Und was hat sie ihm gesagt?«, wollte Hubert wissen.

»Jedenfalls nicht, dass man versucht hat, sie zu vergiften. Es gehe ihr gut und er könne schon am Montag wieder mit ihr rechnen.«

»Wann fangen die Dreharbeiten morgens an?«

»Um acht Uhr.«

»Gut, wir treffen uns um Punkt halb acht in Meersburg, um die Mädchen und die Crew zu befragen.«

»Dann willst du das mit der Vergiftung öffentlich machen?« Katharina wusste nicht, was sie davon halten sollte. Was war besser für ihre Schwester? Sie wollte nichts mehr, als Katja in Sicherheit zu wissen und den Täter so schnell wie möglich zu finden.

»Lass uns erst noch abwarten«, sagte Hubert zu ihrer Überraschung.

Katharina runzelte die Stirn. »Und wie willst du unser Herumschnüffeln dort rechtfertigen?«

»Standardvorgehen, solange der Arzt noch keinen abschließenden Bericht geschrieben hat. Wer kennt sich schon so genau mit der Polizeiarbeit aus? Außerdem bist du Katjas Schwester. Niemand wird anzweifeln, dass du alles ganz genau wissen willst.«

»Und du denkst wirklich, es reicht, wenn wir bis morgen früh warten?«

»Katrinchen, eins muss dir klar sein: Wenn wir da noch heute Nacht aufschlagen und Befragungen vornehmen, ist auch dem dümmsten Täter klar, dass wir ihn suchen. Aus dem Staub machen wird er sich vermutlich nicht, sofern er zum Team der Show gehört, denn das würde auffallen. Aber er wird die Füße stillhalten und es uns unmöglich machen, ihn zu finden.«

»Dann willst du Katja als Köder nehmen? Denn darauf wird es hinauslaufen, wenn sie am Montag wieder am Set auftaucht. Ich bezweifle, dass der Täter mit einem missglückten Anschlag auf ihr Leben zufrieden ist.«

»Ich will vorerst gar nichts. Lass uns erst einmal morgen früh abwarten, und dann entscheiden wir, wie es weitergeht.« Hubert legte auf, bevor Katharina noch etwas sagen konnte.

Sie schüttelte den Kopf. Hubert hatte nicht ganz unrecht. Es wäre sicher nicht das Klügste, mitten in der Nacht in der Villa aufzutauchen und dort alles auf den Kopf zu stellen, aber ihr war auch nicht wohl dabei, die ganze Sache bis morgen früh auf sich beruhen zu lassen. Und schon gar nicht wollte sie Katja als Köder missbrauchen.

Seufzend rief sie Daniel an, nur um festzustellen, dass er bereits telefonierte. Trotzdem ging es ihr augenblicklich besser. Sein Gesprächspartner war mit Sicherheit Hubert, und allein das Wissen darüber erleichterte Katharina ungemein. Hubert hatte gerade eben beinahe teilnahmslos geklungen, doch nun wusste sie, dass er das nicht war. Er machte sich ebenso wie sie Sorgen um Katja.

Katharina wartete ein paar Minuten, dann versuchte sie es erneut bei Daniel; dieses Mal nahm er sofort ab. Beim Klang seiner Stimme musste sie lächeln. Wie erwartet, hatte er zuvor mit Hubert gesprochen.

Leider war Daniel noch nicht weitergekommen und würde aller Voraussicht nach die ganze Nacht im Labor verbringen müssen. In der Zwischenzeit hatte er einen Kollegen aus der Toxikologie aus dem Bett geklingelt und hinzugezogen.

Katharina überlegte kurz, zu Daniel zu fahren. Der Gedanke, allein zu Hause zu sein, behagte ihr nicht, außerdem musste sie ihm noch etwas sagen, und die Angelegenheit wollte sie keineswegs am Telefon besprechen. So etwas besprach man nicht telefonisch, und so dringend war es auch wieder nicht. Doch er hatte zu tun, und sie wusste, dass es unklug wäre, jetzt noch zu ihm zu fahren. In fünf Stunden musste sie schon wieder in Meersburg und zumindest halbwegs fit sein, da sie einen Fall aufzuklären hatte. Und selbst wenn sie nicht würde schlafen können, brauchte sie ein bisschen Ruhe. Deshalb verabschiedete sie sich von Daniel und dem Gedanken, ihn heute Nacht noch einmal zu sehen, und stieg gähnend in ihren gelben Fiat.

Kapitel 4

Emil – Huberts eierschalenfarbener VW Golf, der mindestens so viele Jahre auf dem Buckel hatte wie Katharina – stand bereits in der Einfahrt, als sie aus ihrem Fiat stieg. Der Kontrast zwischen dem verrosteten Wagen, dem der regenreiche Frühling am See nicht gutgetan hatte, und der luxuriösen Villa hätte nicht größer sein können.

Katharina ging über den geharkten Kies auf die breite Steintreppe und den Haupteingang zu. Sie öffnete die Tür, die nicht abgeschlossen war, und sah sich um. Überall wuselten Leute vom Fernsehteam und vom Catering herum, und der Duft von Eiern und Kaffee, Obst und Speck hing in der Luft. Beim Geruch des fettigen Specks verspürte Katharina schon wieder Übelkeit. Sie unterdrückte ein Stöhnen. Allmählich wurde das zur Gewohnheit, aber immerhin wusste sie nun, wo es herkam.

»Wenn Sie Ihren Kollegen suchen, der ist oben«, sagte ein Kameramann mit Baseballcap, die ihn als Nirvana-Fan auswies, und deutete die Treppe hinauf.

Katharina bedankte sich, stieg die Stufen nach oben und versuchte, nicht an den Streit mit Katja zu denken, der ihr wegen der vielen Zeugen nicht nur unangenehm war, sondern den sie auch zutiefst bereute. Zum Glück ging es Katja wieder gut, und der Streit hatte die Schwestern einander auch nähergebracht. Insofern hatte das Ganze wenigstens eine gute Seite.

Schon von Weitem hörte Katharina Huberts tiefe Stimme. Er war mit den Mädchen in dem Aufenthaltsraum, der sich im ersten Stock zwischen den Mädchenschlafzimmern befand, und schien die Gruppe bereits zu befragen. Katharina runzelte die Stirn. Gab es einen Grund, warum er nicht auf sie gewartet hatte? Normalerweise war es nicht seine Art, ohne sie anzufangen, obwohl sie fast immer später als er am verabredeten Treffpunkt ankam. Für gewöhnlich nutzte er die Wartezeit jedoch, um ein Pfeifchen zu rauchen.

»Morgen!« Sie blieb im Türrahmen stehen.

Die Mädchen saßen auf den Sofas und bunten Sitzkissen verteilt – der ganze Raum war mit den vielen verschiedenen Farben, den Tüchern und der Deko eine Mischung aus 1001 Nacht und der Flasche aus *Bezaubernde Jeannie* –, während Hubert in der Mitte des Zimmers stand. Mit der grauen Stoffhose und den Hosenträgern, die er über dem hellen Hemd trug, wirkte er nicht nur in der Villa, sondern auch innerhalb dieses Raumes völlig fehl am Platz.

Er drehte sich zu Katharina um, die Daumen unter den Hosenträgern eingehakt. Emily sprang auf und lief auf ihre Mutter zu. Sie zögerte, doch als Katharina sie in die Arme zog, ließ sie es sich gefallen. Katharina lächelte. Das Verhalten ihrer Tochter zeigte ihr, dass diese sich wirklich Sorgen um sie gemacht hatte.

»Wie geht es Katja?«, fragte das dunkelhaarige Mädchen mit der blassen Haut, das Katharina an Schneewittchen erinnerte.

»Sehr gut. Sie ist auf dem Weg der Besserung und will morgen schon wieder bei euch sein.«

Die Mädchen jubelten, während sich Katharina weiterhin zu einem Lächeln zwang, um sich nichts anmerken zu lassen. Der Gedanke, dass Katja wirklich zurückkehren und ihren Job weitermachen würde, als wäre nichts geschehen, bereitete ihr Magenschmerzen. Egal, was Katja oder Hubert dazu sagen würden – das würde sie keinesfalls zulassen. Es musste einen anderen Weg geben.

»Echt?«, fragte Emily leise, sodass nur Katharina sie hören konnte. »Tante Katja darf schon wieder aus dem Krankenhaus?«

»Es geht ihr gut«, bestätigte Katharina und gab Emily einen Kuss auf den Kopf. »Mach dir keine Sorgen.«

»Können wir kurz reden?«, fragte Hubert.

Er schickte Emily zurück zu den anderen, nahm Katharina am Arm und führte sie die Treppe hinunter und durch den Eingangsbereich nach draußen. Dabei hielt er sie die ganze Zeit fest wie eine Schwerverbrecherin. Katharina entgingen die verstohlenen Blicke nicht, die ihr von allen Seiten zugeworfen wurden.

Als sie draußen vor dem Haus in der Sonne standen, riss sie sich los. »Was soll denn das? Musst du mich so vorführen?«

»Kannst du mir mal erklären, warum du mir Informationen vorenthältst?«

Katharina runzelte die Stirn. »Hä? Was soll ich dir denn bitte vorenthalten haben?«

»Nicht so, Fräulein. Ich komme hier heute Morgen an und darf mich vor so einem Grünschnabel erst mal dafür rechtfertigen, was ich hier überhaupt will. Und dann erzählt der mir doch glatt, dass sich Katja gestern Morgen ziemlich heftig mit jemandem gestritten hat. Dieser Jemand warst du, Katharina. Und das soll ich nicht komisch finden?«

»Ach so, das meinst du.«

»Ja, genau das meine ich. Mehr hast du dazu nicht zu sagen?«

Katharina stemmte die Hände in die Hüften. »Was soll ich denn dazu sagen? Das war ein Streit unter Schwestern, wie er in den besten Familien vorkommt, und er ist schon längst wieder aus der Welt geräumt.«

»Und warum hast du mir dann nichts davon erzählt?«, fragte Hubert ungeduldig.

»Das war keine Absicht, Hubert. Ich war aufgeregt und habe nicht daran gedacht, außerdem hielt ich es für unwichtig. Echt jetzt, was denkst du denn bitte von mir?«

Er atmete geräuschvoll aus. »Ganz ehrlich? Ich weiß gerade nicht, was ich denken soll. Wie würde es dir denn gehen, wenn es andersherum wäre? Stell dir vor, du kommst an einen Tatort, und dein Partner, dessen Verwandter, Freund oder was auch immer das Opfer ist, hat dir so etwas Wichtiges verschwiegen. Solch ein Verhalten kenne ich normalerweise nur von Verdächtigen.«

Katharina sog scharf die Luft ein. »Ist das dein Ernst, Hubert? Du bist mein Patenonkel und hast mir schon die Windeln gewechselt, wie du immer wieder gern betonst. Und jetzt willst du mich wirklich beschuldigen, dass ich meine Zwillingsschwester wegen eines albernen Streits vergiften wollte?«

Wütend fuhr sich Hubert durch die Haare. »Jetzt lass mal den Dachs in seinem Bau, natürlich nicht. Aber ganz koscher ist das Ganze nicht, das musst du zugeben. Außerdem wüsste ich schon gern, worum es bei eurem Streit ging. Laut Zeugenaussagen soll es ziemlich heftig gewesen sein, die Mädchen hatten nämlich auch kein anderes Thema, als sie hörten, dass ich von der Polizei bin.«

Der Kameramann mit der Nirvana-Kappe trat nach draußen. Katharina wartete, bis er eine Kabelrolle aus einem weißen Van geholt hatte, der dringend mal wieder eine Waschanlage von innen sehen sollte. Erst als der Kameramann zurück im Haus verschwunden war, erzählte sie Hubert von ihrem Streit mit Katja. Dabei versuchte sie, sich möglichst kurz zu fassen, ohne etwas auszulassen. Sie empfand die ganze Angelegenheit als verschwendete Zeit, andererseits wollte sie vermeiden, dass Hubert ihr erneut etwas unterstellte.

»So. Können wir mich jetzt aus dem Kreis der Verdächtigen ausschließen und den wahren Täter suchen?«, fragte sie zum Schluss. Dabei konnte sie nicht verhindern, dass ihre Stimme ein klein wenig gereizt klang.

Hubert besaß zumindest den Anstand, zerknirscht zu wirken. »Sicher, aber in Zukunft hätte ich gern sofort sämtliche Details, um solche Situationen zu vermeiden.«

Ich habe dir den Streit mit meiner Schwester doch nicht mit Absicht verschwiegen! Doch bevor Katharina ihren Chef erneut darauf hinweisen konnte, hörte sie Reifen auf knirschendem Kies und drehte sich um. Ein schwarzer BMW fuhr die Einfahrt hoch, parkte neben ihrem Fiat, und ein Mann und eine Frau stiegen aus. Er war schätzungsweise Mitte vierzig, sie Ende dreißig. Beide schienen sehr viel Wert auf ihr Äußeres zu legen und trugen elegante Kleidung – er eine Anzughose mit Gürtel und langärmeligem Hemd, alles in schwarz, sie ein Designerkleid zu Louboutins. Sie trug außerdem zu viel Make-up und Schmuck, und auch ihre Haut war zu stark gebräunt. Katharina vermutete, dass dieser Umstand nicht dem letzten Mallorcaurlaub, sondern dem Sonnenstudio zu verdanken war. Doch vom Wesen her wirkte die Frau alles andere als tussihaft. Sie machte einen sehr sympathischen Eindruck und lächelte Katharina offen zu, während ihr Mann – beide trugen identische Eheringe – Katharina skeptisch betrachtete.

»Sie san nicht die Katja«, stellte er mit österreichischem Akzent fest.

»Richtig. Katharina Danninger, Katjas Zwillingsschwester.« Sie reichte ihm die Hand, und nun lächelte auch er, wodurch er gleich viel freundlicher wirkte.

»Reiner Holzschuh, ich bin der Produzent der Show. Und das ist meine Frau, die Gina.«

»Es freut mich sehr.« Überschwänglich schüttelte Gina ebenfalls Katharinas Hand. Im Gegensatz zu ihrem Mann hatte sie keinen österreichischen Akzent. »Wie geht es Ihrer Schwester? Ist sie morgen wirklich schon wieder bei uns?«

»Ganz bestimmt«, antwortete Katharina, weil sie nicht wusste, was sie sonst sagen sollte.

»Nun, das ist schön zu hören. Und Sie sind der Vater?«, fragte Reiner an Hubert gewandt.

Katharina unterdrückte ein Lachen. »Das ist Hubert Riedmüller, mein Chef. Wir sind von der Polizeidirektion Friedrichshafen.«

Gina runzelte die Stirn. »Polizei? Was will denn die Polizei hier? Oder haben Sie Ihre Kollegin nur zufällig begleitet, Herr Riedmüller?«

Hubert lächelte milde. »Nur wenig in diesem Leben beruht auf Zufällen, Frau Holzschuh. Wir sind hier, um ein paar Dinge zu klären.«

Nun runzelte auch der Produzent die Stirn. »Was gibt's denn da zu klär'n? Der Katja geht's doch gut, zumindest hat's mir das heut' Morgen noch ahnmal bestätigt.«

»Keine Sorge, Herr Holzschuh, das ist reine Formsache. Wir gehen stark davon aus, dass sich Frau Lübig lediglich eine Lebensmittelvergiftung zugezogen hat, aber der Arzt im Krankenhaus hat das noch nicht abschließend bestätigt, und Sie werden verstehen, dass Frau Danninger ganz genau wissen will, was mit Ihrer Schwester passiert ist.«

Der Produzent wirkte nach wie vor skeptisch, doch seine Frau nickte. »Natürlich verstehen wir das. Katjas Wohl liegt uns allen am Herzen. Es war ein echter Schock, als wir gestern spät am Abend von ihrem Zusammenbruch gehört haben.«

»Und Sie sog'n, der Arzt vermutet a Lebensmittelvergiftung?«, hakte Reiner nach. »Des konn i mir kaum vorstell'n. Des Catering ist ohsgezeichnet. Ich leg viel Wert af G'sundheit und Qualität und zahl dafür auch gern a bisserl mehr. Außerdem hom wir doch olle mehr oder minder des Gleiche g'essen.«

»Vielleicht ist es auch nur eine Unverträglichkeit beziehungsweise eine Allergie«, warf Katharina schnell ein. »Es wäre super, wenn wir uns mal in der Küche umsehen könnten. Meine Schwester reagiert zum Beispiel hochallergisch auf Schalentiere.« Das war eine kleine Notlüge, denn soweit sie wusste, hatte ihre Schwester keinerlei Allergien.

»Also, Shrimps oder dergleichen gab es gestern aber nicht«, bemerkte Gina. »Ich war auch hier, um die Mädchen zu begrüßen, und das wäre mir aufgefallen. Ich liebe nämlich Meeresfrüchte.«

Ich hasse Meeresfrüchte, fügte Katharina im Stillen hinzu. Von Sushi einmal abgesehen, konnte sie Fisch generell nicht viel abgewinnen. Sie mochte weder die Gräten noch den Fischgeschmack, und wenn sie nur an den Geruch dachte, wallte schon wieder Übelkeit in ihr auf. Sie überspielte ihr Unwohlsein mit einem Lächeln.

»Das wollte ich damit auch gar nicht sagen, Frau Holzschuh. Ich wollte lediglich darauf hinaus, dass meine Schwester unter Umständen eine neue Unverträglichkeit entwickelt hat. Über die Jahre kann so was ja schon mal passieren. Eine Bekannte von mir hat zum Beispiel nach dem zweiten Kind mit fünfunddreißig plötzlich Heuschnupfen gekriegt, obwohl sie früher nie Probleme damit hatte.«

Gina nickte wissend. »O ja, von solchen Fällen habe ich auch schon gehört. So was liest man ja immer wieder in Zeitschriften.«

Katharina musste den Drang unterdrücken, sich eine Locke aus der Stirn zu pusten. Ihr wurde heiß, was nicht nur an der Sonne lag, die erbarmungslos vom klaren Himmel auf sie herabschien. Zu ermitteln, ohne die Wahrheit zu sagen, war extrem anstrengend und nervenaufreibend, und sie fragte sich, wie sie auf diesem Weg überhaupt etwas herausfinden sollten, das sie in dem Fall weiterbringen würde.

»Nun denn.« Reiner setzte sich in Bewegung und ging auf das Haus zu. »Tun's, was tun missan, aber wir hom ahn strengen Zeitplan. Es wär schehn, wenn's uns so wenig wie mehglich im Weg steh'n würdan, immahin geht's ja net um an Mord oder so was.«

Katharina presste die Kiefer zusammen, um nichts Falsches zu sagen. Wenn sie den Produzenten jetzt darauf hinwies, dass es durchaus um versuchten Mord ging, noch dazu an ihrer Schwester, ruinierte sie die ganze Taktik. »Warten Sie mal, Herr Holzschuh, eine Frage habe ich noch an Sie, Pascal König und Ennio Rossi betreffend.«

Reiner blieb stehen; er wirkte alles andere als erfreut. Gereizt blickte er auf seine Armbanduhr – eine Tag Heuer – und sah dann zu seiner Frau. »Gina, sei doch bitte so lieb und bring die Medchen schon amohl zu Haar'n ond Mehk-up. Heut' steht's erste Fotoshooting an«, erklärte er Katharina und Hubert, während Gina den beiden noch einmal zulächelte und im Inneren der Villa verschwand.

»Wir haben aber sicher noch die eine oder andere Frage an die Mädchen«, bemerkte Hubert.

Reiner machte eine ungeduldige Handbewegung. »Keine Sorge, Sie kennan die Medchen auch beim Zurechtmoch'n befrog'n. Also, was is jetzt mit dem Poscol und dem Ennio?«

Jetzt tun Sie doch nicht so scheinheilig. Katharina biss sich fast auf die Zunge, um die Worte nicht laut auszusprechen.

Das wäre alles andere als professionell. »Meine Schwester hat mir von den nicht koscheren Praktiken der beiden Herren berichtet.«

Reiner schnaubte. »Net koscher, dass i net loch. Zum ahnen san des nur Gerüchte, zum onder'n san die zwoa olte Bekannte von mia. Für die leg ich mei Hond ins Feuer, und außerdem is' des Showbisness nun amol hart. Als Schwester von amma internotional anerkonntan Model misst'n's des doch wiss'n. Viele Medchen trahm'n dovon, auf den großen Laufstegen ahnzukomm'n, aber nur wenige wern den Schritt om End wirklich geh kenna. Wenn man wos erreichen will, muss man entweder herohsragendes Talent oder Ausseh'n hom oder aber anders versuchen, sahn Ziel zom erreichan.«

»Nennen wir die Dinge doch beim Namen, um es einfacher zu machen. Ich werfe mal die berühmte Besetzungscouch und Nacktfotos in den Raum.«

Reiner lächelte herablassend. »Hartnäckigkeit und Ehrgeiz, liebe Frah Danninger. Des san die Eigenschoft'n, auf die wo's ahnkommt und mit dena mon's weit bringen konn – ob's nun als Model, Schahspieler oder Sänger Karriere moch'n woll'n. Und jetzt entschuldigan's mich bitte, i hob wiaklich zu dun.«

Der Produzent wartete nicht ab, ob er noch gebraucht wurde, sondern ging zielstrebig auf die Villa zu. Katharina sah ihm hinterher und wartete, bis er außer Hörweite war. Dann wandte sie sich Hubert zu.

»Ich mag den Typen nicht, er ist arrogant und herablassend, und ich glaube ihm obendrein kein Wort. Er weiß ganz genau, dass der Fotograf und der Designer junge Mädchen mit wahrscheinlich haltlosen Versprechungen dazu bringen, die Hüllen fallen zu lassen oder sonst was zu tun. Wenn ich nur daran denke, dass sich Emily die nächsten

Tage in deren Nähe aufhalten muss …«

»Ganz ruhig, Katrinchen. In dem Punkt muss ich deiner Schwester rechtgeben. Hier wird eine Fernsehshow produziert. Keiner der Mitwirkenden kann es sich erlauben, unsaubere Praktiken anzuwenden, sonst sind sie in Nullkommanichts ihren Ruf und möglicherweise auch ihren Job los. Außerdem ist Emily noch minderjährig.«

»Emily schon, aber das gilt nicht für alle Teilnehmerinnen. So oder so, ich finde, die beiden Kerle haben hier nichts zu suchen, und Katja sieht das im Übrigen genauso. Sie hat sogar mit dem Produzenten darüber gesprochen.«

Hubert horchte auf. »Ach, das ist interessant. Davon hast du bisher gar nichts gesagt.«

»Ich hatte ja noch keine Gelegenheit dazu«, erwiderte Katharina, statt Hubert vorzuwerfen, dass sie ihn in sämtliche Details eingeweiht hätte, wenn er wie üblich am Auto auf sie gewartet hätte, anstatt auf eigene Faust mit den Befragungen zu starten. »Also glaubst du in dem Fall auch, dass die beiden möglicherweise auf Rache an meiner Schwester aus waren, weil Katja sie aus der Show katapultieren wollte?«

»Das wäre zumindest mal ein Motiv, wo wir bisher keines hatten. Viel Sinn ergibt es trotzdem nicht, denn immerhin hat sich unser lieber Herr Produzent ja geweigert, entsprechende Schritte einzuleiten, und auch Katja hat diesbezüglich nichts weiter unternommen.«

Katharina zuckte mit den Schultern. »Rache ist ein starkes Motiv, außerdem hatte Katja vor, die Mädchen vor den beiden zu warnen, damit sie auch in Zukunft nicht auf solche Typen und ihre Versprechen hereinfallen.«

»Wie dem auch sei. Wir können Fotograf und Designer auf den Zahn fühlen, aber direkt auf die Sache ansprechen sollten wir sie nicht, wenn wir das Wild nicht verscheuchen

wollen, ehe wir Gelegenheit hatten, anzulegen und abzu-
drücken. Wirklich schwierig, die ganze Sache.« Hubert fuhr
sich mit der Hand über das stoppelige Kinn, wie immer,
wenn er nachdachte.

In Katharina wuchs eine Idee heran, doch bevor sie auch
nur die Chance hatte, diese genauer in Betracht zu ziehen,
trat ein junger Mann nach draußen, eine E-Zigarette in der
Hand. Nur kurze Zeit später wurde er von einer dichten,
weißen Dampfwolke eingehüllt, die durchdringend nach
Kirsche roch. Katja würde es vermutlich lieben, Katharina
hasste diesen Geruch. Er war ihr zu künstlich.

Der Mann warf Katharina einen interessierten Blick zu,
und sie ließ es sich nicht nehmen, ihn ebenfalls zu mustern.
Er sah gut aus, trug eine braune Hose zu einem hellblauen
Hemd, dessen Ärmel er hochgekrempelt hatte. Darunter
kamen starke Arme zum Vorschein. Seine Haut war schön
gebräunt, ohne dass es nach Solarium aussah, und er hatte
einen offenen und freundlichen Gesichtsausdruck.

»Bis auf die Haare sehen Sie aus wie Katja, das ist wirklich erstaunlich«, sagte er nach einer Weile zu ihr.

»Zwillingsschwestern«, erklärte Katharina, was auf der
Hand lag. Sie ging auf ihn zu, um die Gelegenheit zu nut-
zen, ihm ein paar unauffällige Fragen zu stellen. »Katharina.
Und mit wem habe ich das Vergnügen?«

»Pascal. Schön, dich kennenzulernen. Ich darf doch Du
sagen?«

Katharina ließ sich ihre Überraschung darüber, wen sie
hier vor sich stehen hatte, nicht anmerken.

Seine Masche durchschaute sie sofort, denn von Katja
wusste er schließlich, was sie beruflich machte. Wahrscheinlich wollte er sie um den Finger wickeln, indem er seinen
unwiderstehlichen Charme spielen ließ, den er zu ihrem
Leidwesen tatsächlich besaß. Doch dieses Spiel konnte man

auch zu zweit spielen.

»Sicher. Dann bist du der Fotograf, richtig? Ich nehme an, das umwerfende Foto von meiner Schwester, das im Eingangsbereich der Villa und überall am See hängt, hast du gemacht?«

Er nahm einen weiteren Zug von seiner E-Zigarette und zuckte mit den Schultern, als fühlte er sich von ihrem Kompliment überhaupt nicht geschmeichelt. »Das ist nichts Besonderes, ich hab nur meinen Job gemacht. Und ohne ein gutes Model nützt der beste Fotograf nichts.«

»Ich gehe schon mal vor zu den Mädchen«, rief Hubert und entfernte sich.

»Ist gut«, rief Katharina zurück, ohne ihre Aufmerksamkeit von dem Fotografen zu nehmen. Es widerstrebte ihr, dass sie nett zu ihm sein musste, wenn sie etwas erreichen wollte. Fast noch mehr widerstrebte es ihr allerdings, dass er gut aussah und charmant war. Auf diese Weise fiel es ihm sicher nicht schwer, junge Mädchen von etwas zu überzeugen, was sie eigentlich gar nicht wollten. »Erzähl mir doch nichts, der Fotograf ist mindestens genauso wichtig wie das Model. Oder willst du mir weismachen, dass du von einem untalentierten Mädchen kein tolles Bild schießen könntest?«

»Na ja, man muss halt den richtigen Moment abpassen, insofern hast du schon recht. Es erleichtert meine Arbeit allerdings ungemein, wenn mir das Model etwas anbietet.«

Sein Kommentar in Kombination mit dem schiefen Grinsen verursachte Katharina Brechreiz, und es fiel ihr schwer, ihr eigenes Lächeln aufrechtzuerhalten. »Denkst du, du würdest von mir ein schönes Foto hinbekommen?«

»Na hör mal, schau dich doch an. Deine Locken gefallen mir fast noch besser als Katjas glatte Haare, damit könnte man so gut spielen. Es ist wirklich eine Schande, dass du zur Polizei gegangen bist.«

Sie zwinkerte ihm zu. »Tja, nicht jedes hübsche Mädchen kann Model werden.«

»Du hättest mit Sicherheit keine Probleme gehabt, Jobs zu ergattern, und das könntest du trotz deines Alters nach wie vor. Gut aussehende Zwillinge sind immer gefragt.« Er betrachtete sie eine Weile, während er vor sich hin dampfte. Der intensive Duft nach Kirsche reizte Katharinas Lunge, sodass sie husten musste. »Ich hätte wirklich Lust, dich und Katja mal zusammen vor die Linse zu stellen. Hast du nie daran gedacht, ins Modelbusiness einzusteigen?«

Katharina war drauf und dran, ihm zu erzählen, dass sie eine Zeitlang des Geldes wegen als Model gejobbt hatte, konnte sich aber gerade noch daran hindern. Er brauchte nicht alles zu wissen. »Das ist nichts für mich, tut mir leid.« Sie zuckte mit den Schultern, als täte es das wirklich. »Auf jeden Fall bin ich schon sehr gespannt auf die Bilder, die du in den nächsten Tagen von den Mädchen machen wirst. Katja hat dir sicher erzählt, dass meine Tochter bei der Show dabei ist.«

Pascal nickte und steckte seine E-Zigarette weg, nachdem er einen letzten Zug genommen hatte. Jetzt, wo das Gespräch auf Emily kam, wirkte er mit einem Mal irgendwie reserviert. »Emily, richtig? Ein hübsches Mädchen, kommt ganz nach ihrer Mutter und Tante. Ich bin sicher, sie kann es weit bringen, wenn sie will.«

Automatisch ballten sich Katharinas Hände an ihren Seiten zu Fäusten, und sie musste sich zwingen, sich wieder zu entspannen. Sie konnte einfach nicht anders, als jeden von Pascals Sätzen doppeldeutig zu verstehen. »Das wird sie sicher, ganz gleich, welchen Job sie mal ausüben wird.«

Pascal sah auf seine Uhr. »Na schön, ich muss leider wieder rein, das Set aufbauen. Wir starten schon bald mit dem ersten Mädchen.« Er setzte sich in Bewegung, und Katharina folgte ihm.

»Sag mal, warst du gestern Abend eigentlich auch hier, als das mit meiner Schwester passierte?«

Er warf ihr einen undurchdringlichen Seitenblick zu, bevor er den Kopf schüttelte. »Die meisten von uns haben gegen zwanzig Uhr alles zusammengeräumt und sind abgehauen. Ich war noch mit einer alten Freundin aus Mannheim verabredet, die gerade am See ist. Du kannst sie gern danach fragen.«

»Warum sollte ich?«, erwiderte Katharina, die spürte, dass sie jetzt vorsichtig sein musste mit dem, was sie sagte. »Es gibt absolut keinen Grund für mich, deine Aussage in Zweifel zu ziehen. Ich mache mir nur Sorgen um Katja und frage mich, was sie zu sich genommen hat, dass es ihr danach so schlecht ging. Auf keinen Fall möchte ich, dass so etwas noch einmal geschieht.« Sie schob sich eine Locke hinters Ohr, während sie Pascal gleichzeitig ein wenig verschüchtert von unten anblickte – eine Geste, von der sie dank Daniel wusste, dass sie ihre Wirkung niemals verfehlte. »Weißt du, hinter den Grund so einer Unverträglichkeit zu kommen, ist wie ein Puzzle.«

»Eine Unverträglichkeit?« Pascal runzelte die Stirn. »War nicht von einer Lebensmittelvergiftung die Rede?«

»Das war aufgrund der Symptome die erste Vermutung, ist aber eher unwahrscheinlich. Warum hätte es dann nur Katja treffen sollen? Eine Unverträglichkeit gegen Laktose beispielsweise ruft ähnliche Symptome hervor.«

Pascal schmunzelte. »Du rätselst wohl gern, was?«

»Das ist mein Job, und einer muss ihn ja machen.«

»Also für mich wäre das nichts. Katharina, ich muss jetzt wirklich weitermachen, auch wenn ich gern noch länger mit dir plaudern würde. Wir sehen uns bestimmt noch mal.« Er hob eine Hand zum Gruß und hastete davon.

Katharina blieb stehen und sah ihm hinterher. Wirklich

schlau war sie aus dem Gespräch mit ihm nicht geworden.

»Entschuldigung!« Eine junge Frau, die fast noch als Mädchen durchgegangen wäre und eine überdimensionierte Etagere mit allerlei Köstlichkeiten darauf in den Händen balancierte, drängte sich an Katharina vorbei und verschwand durch die offene Terrassentür nach draußen.

Neugierig blickte Katharina sich um. Sie war Pascal einmal quer durch das Erdgeschoss der Villa gefolgt und im hinteren Bereich gelandet, wo sie bisher noch nicht gewesen war. Das musste das Wohnzimmer sein, wobei sie es eher als Salon bezeichnet hätte. Der Raum war riesig und hätte gut und gern für eine Cocktailparty herhalten können, zumal man ihn durch eine Schiebetür, die momentan nur einen Spaltbreit geöffnet war und Tische und Stühle offenbarte, noch erweitern konnte. Weiße Ledersofas dominierten das Zimmer, es gab eine verspiegelte Bar und einen Kamin. Der Boden war im Schachbrettmuster gefliest, und die Wand zum Garten war komplett verglast. Zwei doppelflügelige Terrassentüren, beide geöffnet, führten nach draußen auf das riesige Anwesen, das mit seinem unverstellten Blick auf den Bodensee und die andere Uferseite ein Vermögen kosten musste.

Katharinas Blick wanderte weiter zu dem Set, das auf dem abschüssigen Grundstück aufgebaut wurde. Dort hatte man eine Art Podest errichtet und Rollrasen darauf ausgelegt, und das junge Mädchen, das gerade an Katharina vorbeigelaufen war, bereitete zusammen mit zwei anderen Frauen alles für das Shooting vor. Die Etagere landete auf einem langen Tisch, der beladen war mit Teekannen und Teetassen in den unterschiedlichsten Größen und Farben. Katharina erkannte die Szene sofort, die hier nachgestellt wurde, da sie den Film in der Version von Walt Disney zusammen mit Emily schon Dutzende Male gesehen hatte: Es handelte sich um die Teeparty beim verrückten Hutmacher und dem Märzhasen aus *Alice im Wunderland.*

»Da würde man doch liebend gern mitshooten, nicht wahr?«, ertönte Ginas Stimme hinter ihr.

Katharina drehte sich zu ihr um. »Auf jeden Fall. Ich liebe die Geschichte.«

»Wer nicht? Sie sollten erst mal die Outfits der Mädchen sehen. Apropos, Emily hat nach Ihnen gefragt. Soll ich Sie zu ihr bringen?«

Katharina nickte. »Sehr gern, das wäre nett.« Sie folgte Gina aus dem Wohnzimmer und einen schmalen Flur entlang, von dem keinerlei Türen abgingen. »Und Sie übernehmen vorerst die Vertretung meiner Schwester?«, nutzte sie die Gunst der Stunde, um Gina noch ein bisschen auszuhorchen. »Das stelle ich mir gar nicht so leicht vor.«

Gina schenkte ihr ein Lächeln. »Das mache ich gern, und die Mädchen sind wirklich großartig. Trotzdem bin ich froh, wenn Katja die Aufgabe wieder übernimmt.«

»Ach, warum denn? Sie bekommen das bestimmt genauso gut hin wie Katja.«

Verlegen winkte Gina ab. »Nett, dass Sie das sagen, aber ich habe doch gar nicht die Erfahrungen, die Ihre Schwester hat.«

»Jetzt sind Sie aber bescheiden. Katja hat erwähnt, dass Sie mal für Katalogfotos posiert haben.«

Gina nickte, ihr Blick wurde verträumt. »Aber das ist schon ewig her, und ich habe es leider auch nie auf die Laufstege geschafft. Bevor es dazu kommen konnte, habe ich Reiner kennengelernt und wurde schwanger.« Sie zuckte mit den Schultern. »Doch ich will mich nicht beschweren, denn dafür habe ich jetzt drei wunderbare Töchter.«

Bevor Katharina fragen konnte, ob Gina nie daran gedacht hatte, ins Modelbusiness zurückzukehren, erreichten sie das Ende des Flurs und landeten in einem weiteren großen Raum, der Garagenflair ausstrahlte. Zwar war es hell, aber es gab kaum Fenster, durch die Tageslicht hereindringen konnte.

Hier herrschte so viel Trubel wie samstags in der Meersburger Altstadt. Visagisten und Friseure waren dabei, die Teilnehmerinnen der Show für das erste Fotoshooting vorzubereiten. Einige Mädchen saßen vor beleuchteten Spiegeltischen, wie es sie auch in der Garderobe des *Sugar & Spice* gab, und bekamen aufwendiges Make-up verpasst. Anderen Mädchen, die schon fertig geschminkt waren, wurden die Haare gemacht. Hubert stand bei dem Mädchen, das Katharina an Schneewittchen erinnerte und gerade eine blonde Perücke verpasst bekam. Ein Assistent des Kameramanns, der das Schneewittchen bei der Verwandlung filmte, schob Hubert etwas ruppig beiseite.

Obwohl sich die Gerüche in dem großen Raum eigentlich verflüchtigen müssten, roch es durchdringend nach Haarspray, Conditioner und Puder. Katharina mochte die Mischung nicht, weil sie dadurch immer an die Wahl zu Miss Oberschwaben und an ihre Modelvergangenheit erinnert wurde. Inzwischen musste sie allerdings bei dem Geruch auch an die Garderobe des *Sugar & Spice* denken, was ihr ein Lächeln entlockte.

»Also dann, Emily ist dort drüben.« Gina zeigte ans andere Ende des Raumes, wo Emily die Haare von einer schon älteren Frau gewaschen bekam.

Katharina bedankte sich und ging auf Emily zu. Dabei versuchte sie, die Aufnahmen nicht zu stören und nicht in den Bildausschnitt einer Kamera zu treten. Bei Emily angekommen, wandte sie sich an die Stylistin, die gerade nach dem Wasserschlauch griff. »Dürfte ich wohl kurz allein mit meiner Tochter reden? Ich bin Emilys Mutter.«

Die Stylistin zögerte. »Ich weiß nicht. Wir haben einen

ziemlich strengen Zeitplan, und Emily muss fertig werden. Der Produzent hat extra noch mal betont, dass wir uns keine Verzögerungen erlauben können.«

»Vielleicht kann ich Emily die Haare ausspülen«, schlug Katharina vor. Der Blick der vor ihr stehenden Frau wurde noch skeptischer, woraufhin Katharina ein Lachen unterdrücken musste. »Vertrauen Sie mir, ich bekomme das schon hin. Das habe ich früher öfter gemacht.«

Die Stylistin zögerte erneut, gab sich aber schließlich geschlagen und drückte Katharina den Schlauch in die Hand. »Wenden Sie nach dem Auswaschen bitte noch den Conditioner an«, bat sie und zeigte auf das entsprechende Produkt. »Und holen Sie mich, sobald Sie fertig sind. Das Haarstyling können Sie leider nicht übernehmen.«

»Kein Problem. Ich danke Ihnen.« Katharina drehte den Wasserhahn auf und begann, das Shampoo aus Emilys Haaren zu waschen, das diesen unverkennbaren Duft nach Friseur-Shampoo verströmte. »Alles okay?«, fragte sie an Emily gewandt.

»Das Gleiche wollte ich dich gerade fragen. Was spielt ihr hier eigentlich, du und Hubert?«

Katharina sah sich unauffällig um, doch die Waschbecken standen weit genug von den Schminktischen entfernt, und Emily war die Einzige, die die Haare gewaschen bekam. Außerdem waren die Umgebungsgeräusche so laut, dass sie unmöglich jemand belauschen konnte. »Wir gehen davon aus, dass jemand aus dem Team versucht hat, Katja zu vergiften. Und dieser jemand soll nicht mitbekommen, dass wir ihm auf der Spur sind.«

»Habt ihr denn schon einen Verdächtigen?«

Katharina nickte, während sie sich Zeit damit ließ, Emilys Haare auszuwaschen. »Fotograf und Designer. Vor den beiden solltest du dich unbedingt in Acht nehmen.«

Emily runzelte die Stirn. »Wirklich? Pascal macht so einen netten Eindruck. Er hat gesagt, dass ich es ganz weit bringen kann.«

Katharina kämpfte gegen den Brechreiz an. Die Tatsache, dass sich dieser Widerling bereits an ihre Tochter herangemacht hatte, war einfach zu viel in Kombination mit den ganzen Gerüchen. Einen Moment klammerte sie sich an den Rand des Spülbeckens.

»Alles okay?« Emily klang besorgt.

Katharina bemerkte erst jetzt, dass sie die Augen geschlossen hatte. Schnell öffnete sie diese wieder. »Natürlich, mein Schatz. Es ist alles okay bei mir, ich mache mir nur Sorgen. Besteht die Chance, dass ich dich dazu überreden kann, wieder nach Hause zu kommen?«

Emilys Augen wurden groß. »Das ist nicht dein Ernst, oder, Mama? Auf mich hat es doch niemand abgesehen, und das hier ist so eine große Chance für mich. Ruinier mir das bitte nicht!«

Katharina seufzte. Mit dieser Reaktion hatte sie gerechnet, auch wenn sie gehofft hatte, es wäre anders. Am liebsten hätte sie Emily dazu gezwungen, die Show abzubrechen, aber zu diesem Mittel wollte sie nicht greifen – noch nicht. Es täte ihrer Beziehung zu Emily alles andere als gut, und tatsächlich gab es im Moment auch keinen Grund, ihr die Teilnahme zu verbieten. Wohl fühlte sich Katharina dennoch nicht bei dem Gedanken, ihre Tochter hier zu lassen. Jetzt, wo Katja ausfiel, konnte nicht einmal sie ein Auge auf Emily haben.

»Mir wird schon nichts passieren, Mama, das verspreche ich dir. Ich werde mir mein Essen immer selber holen und nur das wählen, was sich auch die anderen nehmen. Außerdem hast du mir doch Selbstverteidigung beigebracht. Glaub mir, ich kann sehr gut auf mich allein aufpassen.«

Katharina lächelte unwillkürlich. Schon von klein an hatte sie Emily beigebracht, wie diese sich selbst verteidigen konnte, und vor jedem Date mit einem neuen Jungen frischte sie die Kenntnisse ihrer Tochter noch einmal auf, was ihr stets Gemotze einbrachte. Doch endlich zahlte sich das Training auch aus Emilys Sicht aus. Liebevoll strich Katharina ihrer Tochter über die Haare.

»Das weiß ich, mein Schatz. Also gut, du kannst bleiben, aber du musst vorsichtig sein. Vertraue niemandem blind, schon gar nicht Pascal König und Ennio Rossi.«

»Was ist denn mit den beiden?«, fragte Emily. »Warum werden sie verdächtigt?«

Katharina stellte das Wasser aus und griff nach dem Conditioner. »Sagen wir mal so: Sie nutzen die Hoffnungen und die Naivität von jungen Models aus. Das ging Katja gegen den Strich, also sei bitte vorsichtig, Emily. Du wirst es sicher weit bringen, aber glaub nicht alles, was der Fotograf und der Designer dir erzählen.« Emily nickte; man sah ihr deutlich an, wie verunsichert sie plötzlich war. Katharina unterdrückte ein erneutes Seufzen. »Wie gesagt, meine Süße, du bist gut. Das hat auch Katja mir gesagt. Ich will nur nicht, dass du dich auf irgendeine Weise von Pascal oder Ennio ködern lässt.«

»Das werde ich nicht, Mama, versprochen.«

»Gut. Kannst du mir sagen, ob du gestern Abend nach zwanzig Uhr einen der beiden noch hier in der Villa gesehen hast?«

Emily dachte einen Moment nach, bevor sie den Kopf schüttelte. »Nein, die haben alle ihre Sachen zusammengepackt, als gegen acht die Kameras ausgeschaltet wurden.«

Das hatte Katharina erwartet, doch es musste nichts heißen. Die Villa war schließlich groß und perfekt für jemanden, der nicht gesehen werden wollte. Sie holte tief Luft.

»Du musst mir einen Gefallen tun, Emily. Wenn ich dich schon nicht dazu überreden kann, nach Hause zu kommen, wäre es toll, wenn du Augen und Ohren offen hältst. Halt mich auf dem Laufenden, falls dir irgendetwas seltsam vorkommt, egal, wie banal es auch wirkt. Und Emily? Lass dir auf keinen Fall etwas anmerken. Du musst dich ganz normal verhalten. Bekommst du das hin?«

»Ob ich das hinbekomme?«, erwiderte Emily. »Mama, ich war in Mannheim jahrelang in der Theater-AG. Natürlich kriege ich das hin.«

Katharina fing den Blick der Stylistin auf, die sie fortgescheucht hatte, um sich in Ruhe mit ihrer Tochter unterhalten zu können. Widerwillig griff sie jetzt nach dem Wasserschlauch, um den Conditioner aus Emilys Haaren zu spülen. »Katja hat mir erzählt, dass zwei Mädchen gestern Abend Videos mit ihren Handys gemacht haben, als ihr alle beisammengesessen seid.«

»Du meinst Johanna und Larissa?«

Katharina nickte. »Genau die. Kannst du unauffällig versuchen, an die Videos ranzukommen, und sie mir weiterleiten?«

»Klar, kein Problem. Die beiden schlafen in meinem Zimmer, und wir verstehen uns gut.«

»Prima, das freut mich. Und noch was: Du darfst nach wie vor niemandem erzählen, dass deine Tante vergiftet wurde, und die Lebensmittelvergiftung ist auch vom Tisch. Eine Unverträglichkeit hat Katjas Unwohlsein ausgelöst.«

»Wogegen?«

Katharina unterdrückte ein Schmunzeln. Das war ihre Tochter; sie stellte genau die richtigen Fragen. »Das muss ich mir noch überlegen. Ich sag dir dann Bescheid.« Aus dem Augenwinkel bemerkte sie, wie sich ihnen die Stylistin näherte, weshalb sie nun ein unverfängliches Thema anschnitt. »Sag mal, warum musst du dir überhaupt die Haare waschen? Bekommst du keine blonde Perücke?«

Emily deutete ein Kopfschütteln an. »Pascal wollte mich gern als rothaarige Alice.«

»Sind Sie fertig?«, fragte die Stylistin, die ein wenig ungeduldig klang.

Katharina stellte das Wasser aus und trat beiseite. »Bin ich, vielen Dank. Können Sie mir vielleicht noch sagen, wo ich die Garderobe von Katja Lübig finde? Sie hat hier doch sicher eine eigene Garderobe, oder?«

Irritiert nickte die Frau und zeigte hinter sich auf eine Tür, die Katharina bisher nicht aufgefallen war. »Da hinten. Ich bin nur nicht sicher, ob es Reiner gefallen wird, wenn Sie dort herumschnüffeln.«

»Ich schnüffele nicht herum, sondern versuche lediglich herauszufinden, was meine Schwester gegessen hat, das ihr dermaßen auf den Magen schlug. Danke Ihnen, und dir wünsche ich viel Erfolg, mein Schatz.« Sie gab Emily einen Kuss auf die Wange und verschwand Richtung Tür.

Kapitel 5

Katharina blickte sich um, doch bis auf die Stylistin, die Emily gerade zu einem Friseurstuhl schob, schenkte ihr niemand Aufmerksamkeit. Trotzdem schloss sie vorsichtshalber die Tür hinter sich, bevor sie sich in der Garderobe ihrer Schwester umsah.

Der Raum war relativ klein, fast quadratisch, und dunkel. Es gab nur ein winziges Fenster, und das lag relativ weit oben. Unwillkürlich fragte sich Katharina, ob das alles brandschutztechnisch seine Richtigkeit hatte. Grundsätzlich war sie nicht klaustrophobisch veranlagt, doch hier fühlte sie sich alles andere als wohl. Außerdem war ihr schleierhaft, warum Katja keinen besseren Raum als Garderobe zur Verfügung gestellt bekam. Immerhin war sie das Aushängeschild der Show.

An der Wand gegenüber der Tür waren mehrere Regale angebracht, auf denen sich High Heels in den verschiedensten Farben und Formen stapelten, und vor der Wand links neben der Tür stand ein beleuchteter Schminktisch, der voll stand mit den verschiedensten Schminkutensilien, Haarstylingprodukten und Parfumflacons. Katharina öffnete die Schubladen des Tisches eine nach der anderen und fand darin Schmuck und kleine Handtücher, einen Föhn und einen Lockenwickler – und eine geöffnete Schachtel Vollkornhaferkekse mit Schokoladenüberzug. Katharina zog die Kekse aus der Packung und roch vorsichtig daran. Ihr fiel allerdings kein unangenehmer oder ungewöhnlicher Geruch auf, im Gegenteil: Der Schokoladenduft ließ ihren Magen knurren, trotzdem legte sie die Packung beiseite. Keinesfalls würde sie das Risiko eingehen und von den

Plätzchen kosten, denn sie konnten immerhin vergiftet sein.

Gegenüber dem Schminktisch stand eine fahrbare Kleiderstange, an der dermaßen viele Kleider, Röcke und Blusen hingen, dass sich Katharina fragte, wie man hier den Überblick behalten sollte. Vorsichtig schob sie die Sachen auseinander, doch zwischen den Stoffen fand sich wie erwartet nichts, was irgendwie auffällig gewesen wäre.

Sie drehte sich noch einmal um sich selbst, um sicherzugehen, dass sie nichts übersehen hatte, als plötzlich die Tür aufging. Sie schaffte es nicht, den Impuls, zusammenzuzucken, zu unterdrücken, was sie ärgerte. Auf diese Weise wirkte sie wie ertappt, obwohl sie sich nur erschrocken hatte.

»Frau Danninger«, bemerkte Gina Holzschuh überrascht, die die Tür geöffnet hatte. »Ich wusste gar nicht, dass Sie hier sind.«

»Entschuldigen Sie, ich wollte nicht herumschleichen, sondern lediglich schauen, ob meine Schwester hier irgendwelche Lebensmittel lagert.« Katharina deutete mit dem Kopf auf die Keksschachtel, die noch immer auf dem Stuhl vor dem Schminktisch lag.

»Sie müssen sich nicht entschuldigen.« Gina schmunzelte. »Wie ich sehe, ist Ihre Schwester wie ich ein Leckermaul. Na ja, Sie kann es sich ja auch leisten. Bei ihrer Figur müsste sie nicht einmal auf Vollkornplätzchen zurückgreifen.«

»Sie genauso wenig«, bemerkte Katharina. »Man sieht Ihnen keineswegs an, dass Sie drei Kinder zur Welt gebracht haben. Haben Sie nie daran gedacht, ins Modelbusiness zurückzukehren?«

Gina lachte auf, was allerdings wenig amüsiert klang. »Sie scherzen wohl, Frau Danninger. Dafür bin ich inzwischen viel zu alt. Das sieht übrigens auch mein Mann so.«

Sie zuckte mit den Schultern, als wäre es ihr egal, doch das war es nicht, wie Katharina an dem leicht gekränkten Unterton in Ginas Stimme und dem Ausdruck in ihren Augen deutlich erkennen konnte. Einen Moment fragte sich Katharina, ob möglicherweise Gina Katja vergiftet hatte, um den Platz ihrer Schwester in der Show einnehmen zu können, doch sie verwarf den Gedanken sofort wieder. Gina erweckte nicht den Eindruck, als würde sie zu solchen Mitteln greifen, geschweige denn, dass sie dazu überhaupt fähig war.

»Männer!«, kommentierte Katharina, um die Stimmung wieder aufzulockern, und es funktionierte.

Gina lachte. »Da haben Sie recht. Man kann nicht mit ihnen, man kann aber auch nicht ohne sie. Und wissen Sie, ich habe mit dem Thema ohnehin längst abgeschlossen. Meine Jüngste ist erst fünfzehn, sie braucht mich zu Hause, und auch die Mittlere wohnt mit ihren achtzehn Jahren noch daheim.«

Katharina schenkte ihr ein Lächeln. »Das verstehe ich, meine Tochter ist auch erst sechzehn. In meinem Beruf gibt es regelmäßig Phasen, wo ich weit über den Feierabend hinaus oder am Wochenende noch arbeiten muss, und das ist für Emily alles andere als einfach.« Es fühlte sich seltsam an, so viel Privates über ihr Leben herauszugeben. Das vermied sie normalerweise im Gespräch mit Zeugen, Opfern oder Verdächtigen – es sei denn, sie glaubte, die Leute auf diese Weise selbst zum Reden zu bringen.

Gina nickte. »Bei mir wäre es nicht anders, und dann kämen ja noch die vielen Reisen dazu. Die Modeljobs für Vierzigjährige rund um den See sind nun mal rar, und Geld ist auch kein Anreiz. Davon haben wir weiß Gott genug. Was meine Töchter brauchen, ist eine Bezugsperson, und es reicht schon, dass Reiner immer wieder beruflich unterwegs ist.« Sie zuckte mit den Schultern. »Aber wie gesagt, ich habe ohnehin mit dem Modeln abgeschlossen. Frau Danninger, ich möchte Sie keinesfalls rauswerfen, aber ich sollte mich fertig machen. In einer Viertelstunde shooten wir das erste Mädchen.«

»Natürlich, kein Problem. Ich wollte Sie nicht aufhalten.« Katharina überlegte, mit welcher Begründung sie die Keksschachtel mitnehmen konnte, ohne einen Verdacht zu erregen, als Gina danach griff und sie ihr hinhielt.

»Brauchen Sie die noch für Ihre Suche nach Katjas Unverträglichkeit? Ansonsten können Sie die Kekse ja vielleicht Ihrer Schwester ins Krankenhaus mitbringen. Ich bin froh, wenn sie hier nicht herumliegen, sonst komme ich am Ende nur in Versuchung.«

Katharina unterdrückte ein erleichtertes Aufatmen, was ihr dieses Mal nicht schwerfiel. Es gehörte zum Berufsbild, sich seine Emotionen möglichst nicht anmerken zu lassen. Doch wenn niedere Instinkte angesprochen wurden, war das nicht immer ganz so leicht. »Danke, da wird sie sich freuen. Dann wünsche ich Ihnen viel Erfolg.« Katharina quetschte sich an Gina vorbei und war schon halb aus der Garderobe heraus, als Gina sie noch einmal ansprach.

»Ach, Frau Danninger? Ich kann mir vorstellen, dass Sie neugierig sind und Emily gern beim Shooting sehen würden, aber ehrlich gesagt, hielte ich das für keine so gute Idee. Es könnte Ihre Tochter verunsichern.«

»Keine Sorge, ich werde Emily nicht beobachten und auch meinem Kollegen Bescheid geben, dass er langsam zum Ende kommt, was die Befragung der Mädchen angeht, damit diese sich voll und ganz auf ihre bevorstehende Aufgabe konzentrieren können.«

»Das ist nett, ich danke Ihnen«, erwiderte Gina und nahm vor dem Schminktisch Platz.

Katharina verließ die Garderobe und schloss die Tür hinter sich, dann ging sie hinüber zu Hubert, der inzwischen bei einem Mädchen mit kurzen blonden Haaren stand. Sie zog Hubert ein Stück beiseite. »Wie lange brauchst du noch? Die Mädchen werden gleich fotografiert, und ich habe Frau Holzschuh zugesagt, dass wir sie jetzt in Ruhe lassen.«

»Das ist die Letzte.« Hubert deutete auf die Blondine und schielte auf die Plätzchen in Katharinas Hand.

Sie schüttelte den Kopf. »Tut mir leid, Beweismittel«, flüsterte sie. »Ich sehe mir noch Katjas Zimmer an.«

»Tu das. Ich nehme mir anschließend den Designer vor.«

Hubert wandte sich wieder dem blonden Mädchen zu, während Katharina Emily noch einmal zuwinkte, die gerade zu ihr herübersah und leichte Wellen in ihre Haare bekam. Dann verließ Katharina den Raum und machte sich auf den Weg in den ersten Stock, wo sich die Schlafzimmer befanden. Es dauerte nicht lange, bis sie Katjas Zimmer gefunden hatte, das viel mehr dem Standard dieser Villa entsprach als Katjas Garderobe. Auch hier stand ein Schminktisch, außerdem gab es ein Doppelbett mit Satinbettwäsche, einen Kleiderschrank und eine Kommode. Katharina erkannte Katjas Koffer, den ihre Schwester neben den Schrank gestellt hatte, und Katjas rote Peeptoes, die sie gestern bei ihrer Ankunft getragen hatte und die nun unter dem Fenster standen. In der Ferne glitzerte der See im Sonnenlicht, und Katharina trat näher ans Fenster. Wie erwartet, hatte sie von dort aus einen fabelhaften Blick auf das Anwesen und das aufgebaute Set. Das erste Mädchen, Schneewittchen, bekam gerade Anweisungen vom Fotografen. Pascal gestikulierte ausschweifend und berührte das Mädchen dabei immer wieder flüchtig an den Armen oder dem Rücken.

Katharina presste die Kiefer aufeinander. Die Verlockung war groß, hier stehen zu bleiben und zu schauen, wie sich Pascal später Emily gegenüber verhalten würde, doch das konnte sie nicht machen. Zum einen hatte sie es Gina mehr oder weniger versprochen, zum anderen mussten sie mit ihren Ermittlungen weiterkommen. Also wandte sich Katharina schweren Herzens vom Fenster ab und begann damit, Katjas Zimmer zu durchsuchen. Am Ende hatte sie lediglich eine noch nicht geöffnete Schachtel Pralinen gefunden, die sie für alle Fälle trotzdem mitnahm. Man konnte nie wissen, denn Mörder waren zum Teil sehr erfinderisch und kreativ, wie Katharina im Laufe der Jahre festgestellt hatte.

Schließlich verließ sie auch Katjas Zimmer und machte sich auf den Weg zum Küchenbereich. Zwar ahnte sie schon jetzt, dass sie das nicht weiterbringen würde, denn der Täter hatte mit Sicherheit kein Essen für die Allgemeinheit vergiftet, und sie hatte auch keinen Grund, etwas von den Essensresten mitzunehmen, sollten überhaupt noch welche vorhanden sein. Trotzdem musste sie den Schein wahren, denn immerhin hatte sie selbst behauptet, Katja würde sehr wahrscheinlich unter einer neu erwachten Unverträglichkeit leiden. Auch wenn es am Ende Zeitverschwendung war – es würde auffallen, wenn sie dem Küchenpersonal keine Fragen stellen würde, also musste sie wohl oder übel in den sauren Apfel beißen und die Zeit investieren.

»Hast du irgendetwas in Erfahrung gebracht?«, fragte Katharina, als sie zusammen mit Hubert die Modellvilla verließ. Sie schlenderten über den Kies auf ihre Autos zu, die mitten in der prallen Sonne standen. Die Einfahrt lag verlassen da; das gesamte Team tummelte sich entweder in oder hinter der Villa. Hin und wieder wehte das laue Lüftchen Stimmen aus dem Garten zu ihnen herüber.

Hubert schüttelte den Kopf und holte seine Pfeife heraus. »Rein gar nichts. Die Mädchen haben zwar schön brav geantwortet beziehungsweise von sich aus erzählt, aber das alles hat keinen Aufschluss darüber gegeben, wann und wie Katja das Gift untergeschoben wurde.«

»Und was ist mit dem Designer?«, hakte Katharina nach.

Hubert zog an seiner Pfeife, während er gleichzeitig den Tabak anzündete. »Der hat nichts Interessantes von sich gegeben und wirkte ein wenig genervt von meinen Fragen. Er war gerade dabei, Emily in ihr Alice-Kostüm zu stecken. Sieht schick aus, das muss ich zugeben.«

»Ich hoffe, er hat sich bei der Anprobe vernünftig verhalten«, murmelte Katharina.

»Ganz ruhig, Katrinchen, das hat er. Immerhin stand ich ja daneben. Was ist mit dir? Konntest du etwas herausfinden?«

»Emily besorgt uns die Videos, die die Mädels gestern Abend gemacht haben, nachdem die Kameraleute weg waren.«

»Sehr gut. Und was ist mit diesem Fotografen, mit dem du dich unterhalten hast?«

Katharina zuckte mit den Schultern. »Frag nicht. Irgendwie habe ich das Gefühl, er spielt mit uns Katz und Maus. Er behauptet, er sei gestern Abend um zwanzig Uhr gegangen, und Emily bestätigt, dass sie weder ihn noch den Designer nach dieser Uhrzeit gesehen hat. Ein Alibi ist das für mich allerdings noch lange nicht. Die beiden können sich schließlich sonst wo versteckt oder etwas vorbereitet haben.«

»Was sollen sie denn vorbereitet haben?«, fragte Hubert skeptisch, woraufhin Katharina die Keksschachtel und die Pralinen hochhielt.

»Mit einer Spritze Gift in die Süßigkeiten zu bekommen,

sollte für einen motivierten Täter kein Problem sein. Am besten, ich bringe das Zeug schnell zu Daniel, bevor es sich in der Hitze verflüssigt.«

»Warte Mal, Katrinchen. Du hast dich doch auch eine Weile mit Frau Holzschuh unterhalten. Was hältst du von ihr?«

Katharina ging ein Stück weiter und stellte sich in den Schatten eines Apfelbaums, dessen weiße Blüten einen herrlich süßen Duft verströmten. »Sie macht einen netten Eindruck. Warum fragst du?«

»Nun ja, sie scheint wenig traurig darüber zu sein, deine Schwester vertreten zu müssen.«

»Du glaubst, sie hat Katja vergiftet, um ihre Aufgabe übernehmen zu können?« Katharina stieß ein Seufzen aus. »Ehrlich gesagt, habe ich mich das auch schon gefragt, aber das glaube ich nicht. Mein Bauchgefühl sagt mir, dass Gina Holzschuh so etwas nicht tun würde.«

Hubert stöhnte. »Nicht schon wieder. Das hatten wir alles schon, Katharina. Dein Bauchgefühl hat bei unseren Ermittlungen nichts zu suchen. Wir stützen uns auf Fakten, und Fakt ist, dass Gina Holzschuh selbst mal als Model gearbeitet hat, richtig?«

Katharina schluckte ihre Wut hinunter. »Richtig. Fakt ist aber auch, dass ich mich auf mein Bauchgefühl verlassen kann. Oder wie war das mit Marie, die alle, einschließlich dir und Linus, als Täterin gesehen haben?«

Hubert brummte etwas Unverständliches. »Mag sein«, fuhr er dann fort, »trotzdem müssen wir in sämtliche Richtungen ermitteln. Alles andere wäre grob fahrlässig und unprofessionell. Außerdem kann es durchaus sein, dass Gina Holzschuh deine Schwester gar nicht umbringen, sondern nur außer Gefecht setzen wollte. Solange wir nicht wissen, was für ein Gift man Katja verabreicht hat, sollten wir nichts und niemanden ausschließen. Also, kannst du deine Schwester bitte bei Gelegenheit über das Produzentenehepaar ausfragen?«

Katharina gab nach und nickte. »Okay, mach ich, aber jetzt fahre ich erst mal zu Daniel, bevor die Schokolade endgültig in ihre Bestandteile zerfließt.«

Außerdem musste sie dringend mit Daniel reden, und das wollte sie keinesfalls länger aufschieben.

Die Pathologie in Friedrichshafen bescherte Katharina stets eine Gänsehaut, was nicht ausschließlich an den Obduktionen lag, die sie hier schon miterlebt hatte. In den Räumen der Pathologie war es einfach immer kühl, und die kahle, abwaschbare Einrichtung trug ihr Übriges zur beklemmenden Atmosphäre bei.

Katharina hielt vor Daniels Büro und klopfte an, bevor sie die Tür einen Spaltbreit öffnete. Das Büro war leer, also ging sie den Gang entlang weiter zum Labor. Der kleine Raum befand sich direkt neben dem Raum, in dem die Obduktionen durchgeführt wurden und war im Zweifelsfall auch über eine Verbindungstür erreichbar. Katharina klopfte erneut an.

»Ja?«, hörte sie Daniels Stimme von drinnen.

Sie öffnete die Tür und trat ein. Daniel wirkte müde, aber hochzufrieden. Er trug einen weißen Kittel und zog sich gerade seine Handschuhe aus, um sich die Hände an einem Waschbecken zu waschen. Wie alle anderen Räume war auch das Labor sehr zweckmäßig eingerichtet. Es gab geflieste Arbeitsflächen, auf denen sich Reagenzgläser und allerlei andere Utensilien stapelten, außerdem verglaste Hängeschränke, hinter deren Türen Katharina unzählige Behälter ausmachen konnte.

»Wie geht es dir?«, fragte sie. »Müde?«

»Ein wenig. Hast du befürchtet, ich könnte hier verhungern?« Daniel deutete grinsend auf die Süßigkeiten, die sie in den Händen hielt.

»Tut mir leid, das sind Beweismittel. Die Schachteln habe ich aus der Villa, aus Katjas Zimmer beziehungsweise der Garderobe. Ich dachte, dass der Täter eventuell auf diese Weise versucht hat, sie zu vergiften.«

Daniel stellte das Wasser aus und trocknete sich die Hände ab. »Verstehe. Leg die Sachen einfach irgendwo ab, ich kümmere mich später darum. Ich wollte dich und Hubert nämlich gerade anrufen.«

Katharinas Herz schlug augenblicklich schneller. »Bist du weitergekommen?«

»In der Tat, das bin ich. Oder besser gesagt, das sind wir, mein Kollege von der Toxikologie und ich. Lass uns doch in mein Büro gehen.«

Katharina folgte ihm aus dem Labor und den Gang entlang zu seinem Büro, ohne ihn mit Fragen zu bombardieren. Doch kaum hatte sie die Tür hinter ihnen beiden geschlossen, hielt sie es nicht länger aus. »Also, was habt ihr herausgefunden?«

»Nikotinvergiftung«, antwortete Daniel und lehnte sich mit dem unteren Rücken gegen seinen Schreibtisch.

Katharina blieb vor ihm stehen. »Nikotin? Eine seltsame Art, jemanden zu vergiften.«

Daniel zuckte mit den Schultern. »Wie man's nimmt. Die meisten Nikotinvergiftungen sind tatsächlich Unfälle; Kinder, die auf dem Spielplatz Zigarettenstummel schlucken oder etwas in der Art. Doch die Fälle, in denen jemand versucht hat, sich mit Nikotin das Leben zu nehmen, sind in den letzten Jahren mehr geworden.«

Katharina zog überrascht die Augenbrauen hoch. »Interessant. Und wie muss ich mir das bei Katja vorstellen? Zigarettenstummel hätte der Täter ihr niemals unbemerkt unterschieben können. Vielleicht Zigarettenasche in Katjas Essen?«

Daniel schüttelte den Kopf. »Ersetze die Asche mit der Flüssigkeit aus E-Zigaretten.«

»E-Zigaretten! Einer der Verdächtigen hat so ein Ding.« Damit erhärtete sich Katharinas Verdacht gegen Pascal König. Am liebsten wäre sie sofort zurück zur Villa gefahren und hätte ihn ins Verhör genommen, doch das musste sie zuerst mit Hubert besprechen. Außerdem war der Fotograf derzeit beschäftigt, wie sie wusste. Der Produzent würde sie vermutlich abfangen, ehe sie auch nur die Gelegenheit bekam, in Pascals Nähe zu gelangen.

»Das ist doch schon mal was, aber vergiss nicht, dass diese Liquids überall ohne Probleme käuflich zu erwerben sind«, bemerkte Daniel.

»Du argumentierst wie Hubert.« Katharina verdrehte die Augen, was Daniel ein Grinsen entlockte.

»Na ja, ganz unrecht hat dein lieber Patenonkel nicht. Wie gesagt, an das Zeug kann jeder problemlos herankommen, und euer Verdächtiger ist vermutlich nicht mal der einzige E-Zigaretten-Raucher innerhalb der Produktion. Deshalb fürchte ich, dass das Argument auch für den Staatsanwalt zu wenig ist, um beispielsweise einen Durchsuchungsbeschluss beim Richter zu beantragen.«

Lass den Staatsanwalt mal meine Sorge sein, wollte Katharina sagen, konnte sich aber gerade noch daran hindern. Nachdem sie und Linus vergangenen Herbst fast ein Paar geworden waren, erschien ihr das wenig angebracht. Außerdem war Linus Reuter in der Hinsicht alles andere als empfänglich für ihren Charme. Er gab noch weniger auf ihr Bauchgefühl als Hubert. Das hatte er vergangenen Herbst mehr als deutlich bewiesen, weshalb sich Katharina auch dazu

103

entschlossen hatte, das mit ihnen zu beenden, ehe es wirklich ernst zwischen ihnen hatte werden können. Linus hatte Privates und Berufliches voneinander trennen wollen, was sie unter diesen Umständen niemals gekonnt hätte. Und dann waren da natürlich noch ihre unterdrückten Gefühle für Daniel gewesen.

»Was ist denn das Besondere an diesen Liquids, dass die Zahl der versuchten Selbstmorde dadurch gestiegen ist?«, wollte sie nun von Daniel wissen.

»Nikotin ist in Flüssigkeiten sehr gut löslich. Auf diese Weise ist es dort konzentrierter als beispielsweise in einem Zigarettenstummel, weshalb es für den menschlichen Organismus auch viel gefährlicher ist, Aschenbecherwasser oder nikotinhaltige Liquids zu trinken, als eine Zigarette zu essen.«

»Verstehe. Und wie klug ist es aus taktischer Sicht, jemanden ausgerechnet mit Nikotin vergiften zu wollen? Wie hoch stehen die Chancen, das Opfer dadurch tatsächlich umzubringen?«

Daniel bewegte den Kopf abwägend von einer Seite zur anderen. »Schwer zu sagen. Früher hieß es, dass bereits eine aufgenommene Menge von sechzig Milligramm Nikotin tödliche Folgen für einen erwachsenen Menschen haben könnte. Um diese Menge zu erreichen, müsstest du in etwa fünf Zigaretten essen oder zehn Milliliter von der Füllflüssigkeit für elektronische Zigaretten zu dir nehmen. Inzwischen geht man in der Toxikologie aber davon aus, dass die tödliche Dosis bei fünfhundert Milligramm Nikotin liegt.«

Katharina schnaubte. »Das ist ja nur etwa das Zehnfache des ursprünglichen Werts.«

»In einem wissenschaftlichen Beitrag, den ich zu dem Thema überflogen habe, war sogar von bis zu tausend Milligramm Nikotin als tödliche Dosis die Rede. Ich müsste noch mal den Kollegen fragen, der kennt sich da natürlich viel besser aus als ich, aber du siehst jetzt schon, dass das gar nicht so einfach ist. Es gibt die unterschiedlichsten Berichte, welche Dosen überlebt wurden und welche tödlich endeten. Dabei spielt natürlich auch eine Rolle, wie schnell sich der Körper beispielsweise durch Erbrechen gegen das Nervengift wehrt.« Daniel stieß sich vom Tisch ab, um sich etwas zu trinken einzuschenken. »Über die toxische Wirkung von Nikotin im menschlichen Körper brauchen wir uns nicht zu streiten, doch wenn ich jemanden umbringen wollte, wäre eine Vergiftung durch Nikotin definitiv nicht meine erste Wahl.«

Katharina atmete geräuschvoll aus. »Na super. Haben wir es jetzt mit einem Täter zu tun, der es nicht besser wusste, oder mit einem, der Katja nur aus dem Weg räumen und gar nicht töten wollte?«

Ohne es zu wollen, musste sie an Gina Holzschuh denken. Solch eine Tat traute Katharina ihr schon eher zu als einen kaltblütig geplanten Mord. Blieb nur die Frage, inwiefern Gina sich mit der Wirkung von Nikotin auskannte, aber solche Dinge konnte man heutzutage theoretisch ganz einfach im Internet recherchieren.

»Willst du auch was trinken?« Daniel hielt ihr ein volles Wasserglas hin.

»Gern. Apropos, beeinträchtigen diese Liquids eigentlich den Geschmack? Also, wenn ich beispielsweise Füllflüssigkeit mit Kirschgeschmack in stilles Wasser gebe, schmecke ich den Kirschgeschmack dann heraus?«

»Davon würde ich ausgehen. Zumindest ist das Zeug extrem ungeeignet für stilles Wasser, nachdem es dermaßen intensiv riecht.«

»Und wie sieht es mit Sprudel aus?«

Daniel verzog nachdenklich den Mund. »Gute Frage. Durch die Kohlensäure wäre Sprudel an dieser Stelle sicher besser geeignet, trotzdem würde ich persönlich diese Art von Gift in etwas Fruchtiges mischen, beispielsweise Früchtetee oder eine Saftschorle.« Er und Katharina wechselten einen Blick. »Sag mal, deine Schwester steht doch so auf Kirsche.«

Katharina nickte. »Daran habe ich gerade auch gedacht. Mit welcher Geschmacksrichtung wurde Katja denn vergiftet? Kann man das überhaupt sagen?«

»Der Kollege stellt noch einige Untersuchungen mit Katjas Blut an, aber ich gehe davon aus, dass er das am Ende genauer eingrenzen kann.«

Katharina nickte. Keinesfalls durfte sie vergessen, Katja zu fragen, ob sie gestern etwas mit Kirschgeschmack getrunken hatte. Gedanklich machte sie sich eine Notiz, während sie einen großen Schluck von ihrem Wasser nahm und sich in Daniels Büro umsah. Sie war schon eine Weile nicht mehr hier gewesen, aber viel verändert hatte sich nicht. Die Wände waren nach wie vor gelb gestrichen und die Vorhänge strahlend weiß. Sie mussten erst kürzlich gewaschen worden sein, denn nun bemerkte Katharina auch den unterschwelligen Geruch von Waschpulver, der in der Luft hing.

Ihr Blick wanderte weiter zum Schreibtisch, der auch noch so aussah wie immer. Lediglich zu dem Bild von dem Tretbootausflug, als Emily fünf gewesen war, war noch ein weiteres hinzugekommen: das Bild von ihr und Daniel am See, auf dem sie einen roten Sonnenhut trug, den sie festhalten musste, während sie Daniel auf die Wange küsste.

»Hat das Bild nicht vor Kurzem noch in deiner Wohnung gehangen?«

Daniel schmunzelte. »Dort hängt es immer noch. Es ist

eines meiner Lieblingsbilder von uns, deshalb habe ich es hier ein zweites Mal aufgestellt.«

Katharina schmunzelte ebenfalls. »Es ist auch mein Lieblingsbild.«

»Tatsächlich?« Er nahm ihr das Glas Wasser aus der Hand und stellte es auf dem Aktenregal ab. Dann zog er sie in seine Arme.

»Tatsächlich.« Sie rückte näher an ihn heran und legte ihre Hände auf seine Brust. »Habe ich dir eigentlich schon mal gesagt, dass ich dich in dem weißen Kittel verdammt sexy finde?« Und dann küsste sie ihn.

Sie vergaß die Zeit, verlor sich in dem Gefühl, das niemand außer Daniel je in ihr hatte hervorrufen können – ein Gefühl von Sicherheit und Geborgenheit, bedingungsloser Liebe und Leidenschaft.

Nach einer Weile löste sich Daniel mit einem tiefen Seufzen von ihr. »Ich fürchte, ich verliere meinen Ruf, sollte jemand hereinplatzen und sehen, wie ich deinen überaus lebendigen Körper erforsche. Dabei würde ich nichts lieber als das genau jetzt tun.«

»Es ist Sonntag, da ist hier doch bestimmt nicht so viel los.«

»Frau Danninger, so was aus Ihrem Mund! Aber es geht hier auch um deinen Ruf. Meiner ist mir ehrlich gesagt herzlich egal. Die Kollegen wissen ohnehin alle, dass ich verrückt nach dir bin.«

Katharina strich ihm mit einer Hand die Haare aus der Stirn. »Du könntest Feierabend machen und mit mir nach Hause kommen.«

»Das klingt überaus verlockend, aber dummerweise hat mir gerade jemand noch mehr Arbeit hingelegt. Kannst du denn überhaupt schon Schluss für heute machen?«

Katharina seufzte. »Leider nicht, aber ich muss so oder so

dringend etwas mit dir besprechen, und ich bin mir nicht sicher, ob dieser Ort hier so gut dafür geeignet ist.« Daran hätte sie vorher denken sollen, doch bevor sie vorschlagen konnte, einen Spaziergang zu machen oder in ein Café zu gehen, wurde Daniel ernst.

»Was ist los, Kathi?«

»Nichts Schlimmes. Wirklich nicht«, fügte sie hinzu, als Daniel sie weiterhin ernst ansah.

»Aber dich bedrückt etwas, das spüre ich doch.« Er fuhr sich durch die Haare. »Ich hätte gleich wissen müssen, dass es eine dumme Idee war, dich gestern Nacht allein zu lassen. Was hat der Arzt gesagt?«

»Es ist nichts, Daniel, mach dir keine Sorgen. Na komm, lass uns einen Spaziergang machen, dann erzähle ich dir alles.«

»Mensch, Kathi, jetzt machst du mir aber wirklich Angst. Sag es einfach, ich werde schon damit …«

Sie küsste ihn, um ihn am Weiterreden zu hindern. »Ich bin schwanger«, sagte sie dann.

»Schwanger?«, wiederholte er und starrte sie an.

Nickend machte sie sich von ihm los. Sie war sich nicht sicher, mit welcher Reaktion sie gerechnet hatte, und obwohl sie sich immer ein Geschwisterchen für Emily gewünscht hatte, wusste sie selbst noch nicht, was sie von der Sache halten sollte. Dennoch hatte sie unbewusst gehofft, Daniel würde sich über die Nachricht etwas mehr freuen.

»Ich weiß, das kommt ziemlich plötzlich und wird unser ganzes Leben über den Haufen werfen. Wir müssen noch mal ganz von vorn anfangen und sind uralt, wenn das Kind die Schule beendet. Emily und der kleine Wurm werden etwa siebzehn Jahre auseinander sein, sodass es sich wahrscheinlich mehr anfühlt, als hätten wir zwei Einzelkinder statt eines Geschwisterpaares. Und davon, dass ich mittlerweile als Risikogebärende gelte, fange ich lieber gar nicht erst an.« Sie holte Luft, redete aber weiter, bevor Daniel ihr ins Wort fallen konnte. »Warte kurz. Wenn du dir erst noch überlegen musst, ob du das alles wirklich willst, respektiere ich das. Aber ich werde dieses Kind kriegen, und das hat nichts damit zu tun, dass es für eine Abtreibung ohnehin längst zu spät ist. Ich habe mir immer ein zweites Kind gewünscht, Daniel, und auch wenn ich mir das anders vorgestellt habe, bin ich unglaublich glücklich darüber, dass mir das Leben diese Chance schenkt. Denn wer weiß, ob wir diesen Schritt jemals gegangen wären, wenn wir uns bewusst dazu hätten entscheiden müssen.«

Sie blinzelte die aufsteigenden Tränen weg und betrachtete Daniel, der den Kopf schüttelte. Was auch immer er sagen würde – sie meinte jedes Wort ernst. Erst in diesem Moment wurde ihr so richtig bewusst, wie sehr sie sich dieses Kind immer gewünscht hatte.

»Darf ich jetzt auch mal was sagen? Also, erstens werden wir nicht uralt sein, wenn das Kind die Schule beendet. Viele Paare bekommen heutzutage erst in unserem Alter ein Kind, wir liegen also voll im Trend oder Durchschnitt oder was auch immer, wobei mir das herzlich egal ist. Damit komme ich auch schon zu Punkt zwei: Es fühlt sich nicht so an, als müsste ich noch einmal von vorn anfangen, sondern als bekäme ich eine Chance, dieses Mal alles besser zu machen, und das werde ich. Kathi, das verspreche ich dir bei allem, was mir wichtig ist. Ich werde dich nicht noch einmal enttäuschen. Und drittens: Nimm bitte in Gegenwart meines Kindes nie wieder das Wort Abtreibung in den Mund, ist das klar?«

Katharina konnte die Tränen nicht länger zurückhalten. »Ich liebe dich, Daniel.«

»Nein, ich liebe *dich*, okay? Du hast keine Ahnung, wie

glücklich du mich machst.« Liebevoll strich er ihr eine Locke hinters Ohr, bevor er sie küsste. Und dann grinste er mit einem Mal. »Jetzt weiß ich auch, warum du seit einigen Wochen plötzlich so gefühlsduselig und geruchsempfindlich bist. Und ehrlich gesagt, habe ich mich auch schon gewundert, warum die Schokoladenosterhasen bei dir plötzlich ansetzen.«

»Hey.« Lachend schlug sie ihn auf den Arm. »Aber ja, das habe ich mich auch gefragt. Ich hätte es längst merken müssen.«

»Wann ist es denn so weit?«

»Anfang Oktober.«

»Schon? Dann sollten wir es Emily bald sagen. Lange lässt sich dein Zustand sicher nicht mehr verheimlichen. Sie ... weiß es doch noch nicht, oder?«

Lächelnd schüttelte Katharina den Kopf. »Natürlich nicht. Ich wollte es zuerst dir sagen, bevor wir die Neuigkeit verbreiten, aber ich muss Hubert unbedingt einweihen. Er ist mein Chef und muss es wissen.«

»Lad ihn und deine Mutter heute Abend zum Essen ein. Ich koche uns was, und dann sagen wir es ihnen.«

Katharina nickte und zog Daniel am Kragen seines Kittels wieder an sich. »Mach ich, und jetzt komm her. Mein Ruf ist mir nämlich auch herzlich egal.«

Kapitel 6

Katharina schreckte hoch und rutschte fast vom Sofa, als ihr Handy klingelte. Jetzt waren sie tatsächlich in Daniels Büro aneinander geschmiegt eingeschlafen. Schnell rappelte sie sich auf und suchte ihr Handy zwischen den verstreut auf dem Boden liegenden Klamotten.

»Ja?«, meldete sie sich, obwohl ihr Huberts Nummer angezeigt wurde.

Nun wurde auch Daniel wach; er wirkte ein wenig benommen. Anstatt aufzustehen, drehte er sich auf die Seite und betrachtete Katharina liebevoll, die versuchte, sich ihre Unterwäsche anzuziehen, ohne das Handy zu verlieren, das zwischen ihrem Ohr und ihrer Schulter klemmte.

»Wo steckst du denn?«, fragte Hubert gereizt. »Ich dachte, du kommst ins Büro, nachdem du bei Daniel warst.«

»Entschuldige, es hat etwas länger gedauert«, erwiderte Katharina. Sie bemerkte, wie Daniel leise lachte, und drehte sich weg, um nicht mitzulachen.

»Hat er denn inzwischen irgendwas herausgefunden?«, wollte Hubert wissen.

»Hat er. Jemand hat versucht, Katja mit der Flüssigkeit von E-Zigaretten zu vergiften.«

»Nikotinvergiftung?« Katharina hörte, wie Hubert seine Pfeife weglegte. »Damit habe ich jetzt nicht gerechnet. Hast du ein paar mehr Infos für mich?«

»Klar, warte kurz.« Katharina stellte den Lautsprecher ein und legte das Handy auf Daniels Schreibtisch. Dann erzählte sie Hubert, was sie von Daniel erfahren hatte, während sie sich nebenher anzog. In der Zwischenzeit rappelte sich auch Daniel auf und zog sich ebenfalls an.

»Sehr interessant«, resümierte Hubert. »Dementsprechend ist Gina Holzschuh als Verdächtige doch nicht vom Tisch, oder was sagt dein Bauchgefühl jetzt, Katrinchen?«

Katharina verdrehte die Augen. »Unter diesen Umständen käme sie tatsächlich infrage. Ich mache mich dann auf den Weg zu Katja, um mich mit ihr über das Produzentenehepaar zu unterhalten, wie du es wolltest.«

»Mach das, und vergiss nicht, Katja zu fragen, ob ihr jemand die Kekse oder Pralinen geschenkt hat. Apropos …«

»Daniel ist dran«, griff Katharina zu einer kleinen Notlüge. »Wie sieht es bei dir aus? Hast du schon die Videos und das Bildmaterial gesichtet, das ich dir von Emily weitergeleitet habe?«

»Bin noch dabei, aber bisher ist es eine Sackgasse.«

Das hatte Katharina befürchtet. »Okay, ich melde mich bei dir, sobald ich bei Katja war, und anschließend sollten wir dem Staatsanwalt einen Besuch abstatten.«

»Am Sonntag? Er wird wenig begeistert sein, das kann ich dir jetzt schon sagen. Außerdem ist es ein bisschen mau, was wir bisher haben. Dass der Fotograf E-Zigaretten raucht und deine Schwester damit vergiftet wurde, ist kein hinreichender Grund für einen Durchsuchungsbeschluss oder Ähnliches. Zumal das Zeug leicht zu haben ist.«

Katharina unterdrückte ein Stöhnen. »Vergiss nicht, dass Pascal König ein Motiv hat.«

»Das könnte aus meiner Sicht ebenfalls besser sein«, murmelte Hubert. »Wenn der Produzent ihn wenigstens verwarnt hätte, aber der steht ja voll und ganz hinter König.«

»Seit wann ist Rache kein gutes Motiv mehr?«, erwiderte Katharina. »Egal, wir müssen jedenfalls etwas unternehmen, und das kann nicht bis morgen warten. Wenn du willst, kann ich auch allein zu Linus gehen.«

»Das halte ich für keine gute Idee, Katrinchen. Hier geht es immerhin um deine Schwester. Reuter wird dir Befangenheit vorwerfen, und damit hat er nicht ganz unrecht.«

Katharina stemmte die Hände in die Hüften. »Na hör mal, mein Verhalten hat nichts damit zu tun, dass Katja meine Schwester ist. Wäre Heidi Klum das Gesicht der Show, würde ich genauso reagieren.«

Doch Hubert ging nicht auf ihren Einwand ein. »Wie dem auch sei. Sag Bescheid, bevor du zu Reuter fährst. Wir treffen uns dort.«

»Ist okay.« Katharina legte auf, bevor sie noch mehr sagen konnte.

»Hast du ihn bewusst nicht zum Essen eingeladen?«, hakte Daniel nach.

»Mir war gerade nicht danach, entschuldige. Das mache ich später.«

Daniel stellte sein Glas, nach dem er gerade erst gegriffen hatte, wieder ab und kam zu ihr. »Hey, ist alles okay? Du kennst Hubert. Er ist manchmal ein bisschen aufbrausend, aber er wird dir den Fall nicht wegnehmen, ganz sicher nicht.«

Katharina nickte, dabei war sie sich da selbst nicht so sicher. Hubert würde sie ganz bestimmt nicht von dem Fall abziehen, aber der Staatsanwalt … Sie hätte wissen müssen, dass irgendwann das Wort *Befangenheit* fallen würde. Jetzt konnte sie nur hoffen, dass Linus dieses Mal weniger harsch reagieren würde, wenn sie ihn am Wochenende mit Ermittlungsfortschritten störte und seiner Meinung nach nicht einmal Gefahr im Verzug war. Denn dass Katja ihre Schwester war, warf automatisch ein anderes Licht auf die ganze Sache.

»Na so was, was machst du denn da?«, fragte Katharina überrascht, nachdem sie die Tür zu Katjas Zimmer geöffnet hatte.

Katja saß auf ihrem Bett. Das Krankenhausnachthemd hatte sie gegen ihre eigenen Sachen getauscht. Sie trug eine Jeans und ein langärmeliges cremefarbenes Oberteil und schnürte sich gerade ihre Schuhe zu.

»Wonach sieht's denn aus?« Lächelnd drehte sie sich zu Katharina um. »Ich darf gehen.«

»Jetzt schon? Das ist großartig! Dann ist so weit alles in Ordnung?«

Katja nickte. »Doktor Wegener sagt, es gibt keinen Grund, mich länger hierzubehalten. Ich konnte Mama nicht erreichen, wahrscheinlich ist sie noch in der Kirche und plaudert mit dem Pfarrer. Deshalb wollte ich mir ein Taxi nehmen und vielleicht gleich zurück in die Villa fahren. Heute steht doch das erste Fotoshooting an, und auch wenn sie schon angefangen haben, würde ich den restlichen Mädchen, allen voran Emily, gern beistehen und Tipps geben.«

Katharina stieß ein leises Seufzen aus und setzte sich neben ihre Schwester auf das Bett. »Katja, wir wissen inzwischen, womit man versucht hat, dich zu vergiften. Nikotin, um genauer zu sein die Füllflüssigkeit von E-Zigaretten.«

»Oh!« Das war alles, was Katja über die Lippen brachte. Sie wurde blass um die Nase.

Katharina legte ihrer Schwester einen Arm um die Schulter. »Es tut mir leid, dass ich das nicht verhindern konnte, aber ich werde keinesfalls zulassen, dass so etwas noch einmal passiert.«

»Dann hat also wirklich jemand versucht, mich umzubringen? Weißt du, ich habe bis zuletzt gehofft, das Ganze wäre ein Irrtum.« Katja sah ihre Schwester von der Seite an. »Wisst ihr auch schon, wer …?« Sie brach ab und schluckte.

Katharina schüttelte den Kopf. »Bisher nicht, aber wir haben den einen oder anderen Verdächtigen. Katja, ich habe in deiner Garderobe und in deinem Zimmer in der Villa Kekse und Pralinen gefunden. Hast du die selbst gekauft?«

»Die Kekse ja, die Pralinen hat Reiner mir geschenkt. War darin etwa das Gift enthalten?«

»Daniel ist gerade dabei, die Süßigkeiten auf Gift zu untersuchen. Hast du sonst noch etwas geschenkt bekommen, das du schon aufgegessen hast?«

Katja schüttelte den Kopf. »Es gab noch Blumen, aber nichts Essbares mehr.«

»Wie sieht es mit Getränken aus? Daniel hält es grundsätzlich für sehr wahrscheinlich, dass das Gift in etwas Flüssigem war, vermutlich etwas mit Geschmack. Was hast du gestern alles getrunken? Wer hat dir die Drinks gebracht?«

»Ist das dein Ernst?« Katja betrachtete ihre Schwester, als hätte diese nicht mehr alle Tassen im Schrank. »Es gab den ganzen Tag über irgendwelche Getränke. Auf meinem Zimmer und in meiner Garderobe standen zum Beispiel je eine Flasche Wasser.«

»Die waren aber nicht mehr da«, unterbrach Katharina sie. Zumindest konnte sie sich nicht daran erinnern, Wasserflaschen gesehen zu haben.

»Dann hat sie jemand weggeräumt, sie waren ja auch so gut wie leer«, fuhr Katja fort. »Wundert mich nur, dass das Personal keine neuen Getränke hingestellt hat. Egal.«

»Nein, das ist nicht egal«, unterbrach Katharina sie erneut. »Wenn sich nun in den Flaschen das Gift befunden hat?«

Katja zuckte mit den Schultern. »Tja, dann hat der Täter die Flaschen vermutlich mitgenommen und längst entsorgt.«

»War es denn stilles Wasser oder mit Kohlensäure versetzt?«

»Du weißt, dass ich lieber Sprudel trinke, wenn ich nicht gerade einen Live-Auftritt oder so habe.«

»Mist«, murmelte Katharina. Selbst wenn sie einen Durchsuchungsbeschluss vom Richter bekommen würden, war es sehr unwahrscheinlich, dass sie noch irgendwelche Beweise für den Anschlag auf Katja finden würden.

»Vielleicht war das Gift ja gar nicht in den Wasserflaschen. Würde man diese Zigaretten-Füllflüssigkeit in Mineralwasser nicht ohnehin herausschmecken?«

Katharina stieß die Luft aus. »Daniel wollte darüber noch mal mit seinem Kollegen von der Toxikologie reden, aber er vermutet, dass man es in Sprudel aufgrund der Kohlensäure besser verstecken könnte als in stillem Wasser. Welche Getränke mit Geschmack hast du denn zu dir genommen, und wer hat sie dir serviert?«

Katja verdrehte die Augen. »Ich kann dir gern eine Auflistung machen, sofern ich mich an alles erinnere, aber ich bezweifle, dass euch das weiterbringen wird.«

»Sag das nicht. Außerdem kannst du nicht von mir erwarten, dass ich einfach die Hände in den Schoß lege. Selbst wenn der Täter nicht erneut zuschlagen wird, muss er zur Rechenschaft gezogen werden.«

Katja winkte ab. »Schon gut, natürlich. Also, ich hatte gestern neben dem Wasser ein paar Tassen Kaffee. Mit Kuhmilch und ohne Zucker oder sonst einem Süßstoff, wie du weißt. Oder warte mal, am Nachmittag hatte ich noch einen Cappuccino mit Haselnusssirup.«

Katharina kramte ihren Block samt Kugelschreiber aus der Handtasche – beides trug sie für alle Fälle stets bei sich –

und machte sich Notizen. Solange noch nicht klar war, mit welcher Geschmacksrichtung Katja vergiftet worden war, mussten sie in alle Richtungen ermitteln. »Wie sieht's mit Softdrinks oder etwas Fruchtigem aus? Alkohol?«

»Kein Alkohol. Okay, bis auf die Praline mit Kirschlikör, die Gina mir angeboten hat. Du weißt, ich stehe auf diese Dinger.«

Katharina sah von ihrem Block auf. »Mehr Details, bitte. Wann, wie, wo hat Gina dir von den Pralinen angeboten? Und hat sie selbst davon gekostet?«

Katja runzelte die Stirn. »Glaubst du etwa, dass Gina … Nein, das kann ich mir nicht vorstellen. Gina doch nicht. Wir sind zwar nicht direkt Freundinnen, aber ich mag sie echt gern, und ich glaube, sie mich auch.«

Katharina winkte ab. »Tut mir leid, dir das sagen zu müssen, aber du wärst nicht die Erste, die Opfer von jemandem wird, dem sie es nie im Leben zugetraut hätte. Außerdem ist noch nicht raus, ob man dich wirklich vergiften oder nur verängstigen wollte. Und nun erzähl, wie lief das mit Gina ab?«

Fahrig strich Katja sich eine Haarsträhne hinters Ohr. »Sie kam zu mir in die Garderobe. Wir haben ein wenig geplaudert, und sie hat mir eine Praline angeboten.«

»Hast du sie dir selbst genommen?«

Katja stutzte und schüttelte den Kopf. »Nein, tatsächlich hat Gina sie mir gereicht. Die Pralinen waren ja alle einzeln eingewickelt und ja, sie hat selbst auch eine gegessen. Es waren die letzten beiden, Gina hatte nämlich vorher schon das ganze Haare-und-Make-up-Team damit versorgt.«

Katharina verzog den Mund. Wie realistisch war es, dass Gina nur eine einzige Praline vergiftet hatte? Und bekam man in eine winzige Praline überhaupt genug E-Zigaretten-Füllflüssigkeit, um jemanden damit zumindest für kurze

Zeit außer Gefecht zu setzen? Ehrlich gesagt, bezweifelte sie es, nachdem sie sich an ihr Gespräch mit Daniel über die Menge an Nikotin erinnerte, die man brauchte, um eine Reaktion des Körpers hervorzurufen. Trotzdem machte sie sich eine Notiz. »Wie sieht es mit anderen Getränken aus? Tee, Cola, Saftschorle?«

»Ich hatte über den Tag verteilt ein paar Kirschschorlen«, gab Katja zu Protokoll. »Schon klar, ich sollte nicht so viel von dem Zeug trinken, Fruchtzucker ist auch Zucker, aber solche Drehtage sind anstrengend, und die Mädels waren am Abend auch ganz heiß auf den Kirschsaft.«

Katharina steckte ihren Block weg. Das war immerhin eine Spur, auch wenn es nicht leicht sein würde, dieser nachzugehen, nachdem Katja mehr als eine Saftschorle getrunken hatte. »Okay, ich brauche eine Auflistung, wann du die Schorlen getrunken hast und wer sie dir gebracht hat, falls du das noch zusammenkriegst, aber das können wir auch später machen. Jetzt würde ich dich gern erst mal mit nach Hause nehmen.«

»Nach Hause? Aber die Mädchen …«

»Gina ist bei ihnen. Glaub mir, die Mädels kommen zurecht«, versicherte Katharina ihrer Schwester mit mehr Enthusiasmus, als sie selbst fühlte. In Wahrheit wüsste sie Katja zwar sehr gern vor Ort, denn momentan waren die Mädchen mit potenziellen Tätern allein – Gina hatte ein Motiv, ebenso wie der Fotograf und der Designer, und wer wusste, was der Produzent noch alles auf dem Kerbholz hatte –, aber Katharina war sich sicher, dass die Mädchen trotz allem nicht in Gefahr waren. Ihre Schwester hingegen … »Bitte, Katja«, setzte sie nach. »Lass mich dich erst mal nach Hause bringen, und dann sehen wir weiter.«

Ihre Schwester zögerte, nickte jedoch schließlich. »Also schön, aber nur fürs Erste.«

»Was soll das heißen, du willst weitermachen?« Kopfschüttelnd wandte sich Maria an Katharina. »Deine Schwester ist verrückt. Sag ihr bitte, dass ich das nicht zulassen werde.«

Die Lage war ernst, trotzdem hätte Katharina beinahe gelacht. Normalerweise waren die Rollen anders verteilt, und alle stellten sich gegen Katharina. Dass sie und ihre Mutter nun gemeinsam auf Katja einredeten … Sie konnte sich nicht erinnern, dass das überhaupt schon mal der Fall gewesen war. Katja war für gewöhnlich die Unfehlbare, die Tochter, die immer alles richtig machte.

Katja hob abwehrend die Hände, bevor Katharina etwas sagen konnte. Sie saß auf dem Sofa in Katharinas Wohnzimmer, während Katharina und ihre Mutter standen. »Ich bin mir des Risikos bewusst, aber ich schätze es mittlerweile als gering ein. Kathi, du hast selbst gesagt, dass man mich möglicherweise gar nicht umbringen, sondern nur aus dem Weg räumen wollte.«

»Nur!« Maria schlug die Hände zusammen. »Kind, denk doch mal nach. Auch wenn dich jemand *nur*«, sie betonte das Wort, »aus dem Weg räumen wollte, wird derjenige wenig begeistert sein, wenn du jetzt zurückkehrst. Du bist dort in der Villa nicht mehr sicher.«

Katharina nickte. »Das sehe ich ganz genauso. Ich lass dich nicht zurück, nur über meine Leiche.«

»Das hast du aber gar nicht zu entscheiden«, erwiderte Katja, deren Stimme allmählich gereizt klang. »Ich verstehe ja, dass ihr euch Sorgen macht. Die mache ich mir selbst auch, so ist es nicht, aber das Ganze ist nicht nur für die Mädchen eine wunderbare Chance, sondern ebenso für mich. Wisst ihr, ich würde gern hier am See Fuß fassen und in Zukunft weniger reisen, damit …« Sie brach ab, ihre Stimme war mit jedem Wort leiser geworden.

Seufzend setzte sich Katharina neben ihre Schwester auf das Sofa und griff nach ihrer Hand. Sie wusste, was Katja hatte sagen wollen, ohne dass diese es aussprechen musste. Nachdem sie in der Nacht zuvor so ehrlich wie nur selten miteinander gewesen waren, kannte sie Katjas geheimen Wunsch nach einer Familie.

»Ich verstehe deine Beweggründe, Katja, ganz ehrlich, aber es geht hier um dein Leben. Du magst das Risiko gering einschätzen, doch das ist es nicht. Wir haben zu wenige Anhaltspunkte, um uns darauf zu versteifen, dass der Täter deinen Tod nicht will.«

»Eben, wir haben zu wenige Anhaltspunkte, um überhaupt irgendwas anzunehmen«, meinte Katja.

»Das stimmt nicht, und außerdem kann der Täter auch jederzeit seine Meinung ändern. Beim ersten Mal hat er dein Leben möglicherweise bewusst verschont, aber beim zweiten Mal … Es ist einfach zu gefährlich, Katja.«

Maria setzte sich auf Katjas andere Seite. »Sieh mal, Kind, niemand wünscht sich so sehr wie ich, dich dauerhaft in der Nähe zu haben. Beide meine Töchter, endlich wieder am See vereint …« Sie lächelte ihnen für einen kurzen Moment zu, bevor sie wieder ernst wurde. »Aber so sehr ich mir das auch wünsche – ich werde nicht zulassen, dass dir noch mal jemand etwas antut.«

»Und wie stellt ihr euch das vor?«, fragte Katja. »Ich habe einen Vertrag unterschrieben und Reiner außerdem zugesagt, dass ich morgen wieder da bin. Er rechnet mit mir, und nachdem er nicht weiß, dass mich jemand vergiften wollte, hat er sämtliche Argumente auf seiner Seite. Wie soll er denn so schnell Ersatz finden? Ich werde vertragsbrüchig, wenn ich da morgen nicht auftauche.«

Katharina strich sich eine Locke aus der Stirn. »Bist du

sicher, dass der Produzent keinen Ersatz parat hat? Was ist mit Gina?«

Katja runzelte die Stirn. »Gina? Nein. Vertrau mir, Gina ist keine Konkurrenz für mich. Wenn Reiner sie als Aushängeschild für die Show hätte haben wollen, dann hätte er sie von Anfang an fragen können. Das wollte er aber nicht. Gina ist ihm zu alt, nicht bekannt genug und hat außerdem zu wenig Erfahrung.«

»Das muss eine herbe Enttäuschung für Gina gewesen sein«, sagte Katharina, obwohl sie die Antwort längst kannte.

»Natürlich«, stimmte Katja zu. »Das Modeln war immer Ginas Traum, aber für Reiner und die Kinder hat sie ihn hintangestellt. Dass nun ausgerechnet ihr eigener Mann ihr die Chance hätte geben können, ihren Traum nach all den Jahren doch noch zu leben, ihr das Ganze aber verwehrt hat … Wie würdest du dich denn da fühlen?«

Katharina deutete ein Schulterzucken an. »Ach, ich weiß nicht. Erst einmal wäre ich furchtbar enttäuscht. Aus Enttäuschung würde Wut werden, und meine Wut würde ich, wäre ich grundsätzlich anders gestrickt, als ich es bin, in Rache umwandeln.«

»Moment mal. Du glaubst, Gina hat mir das angetan, um meinen Platz einnehmen zu können?« Katja schüttelte den Kopf. »Nein. Ich kenne Reiner und Gina schon ziemlich lange. Das würde sie niemals tun. Sie ist ein herzensguter Mensch, glaub mir.«

»Das glaube ich dir, und als Mörderin habe ich sie auch gleich ausgeschlossen, was Hubert im Übrigen alles andere als lustig fand. Aber ich habe vorhin selbst mitbekommen, wie enttäuscht Gina von ihrem Mann ist. Glaubst du nicht, dass einem da auch mal die Sicherung durchgehen kann?«

»Kommt drauf an, was für ein Mensch diese Gina ist«, brachte sich Maria wieder ins Gespräch ein. »Ihr sagt beide, ihr würdet ihr keinen Mord zutrauen. In dem Fall stellt sich die Frage, ob sie sich wirklich an Katja rächen würde. Katja hat ihr schließlich nichts getan. Ihr Mann ist hier der Böse und derjenige, der die Rache verdient hätte, nicht Katja.«

»Das stimmt«, gab Katharina zu. Sie würde es zwar niemals laut sagen, immerhin war sie Kriminalkommissarin, aber sie hätte es sogar auf gewisse Weise verstanden, wenn Gina es ihrem Mann würde heimzahlen wollen. Ging es um ihre Schwester, hörte das Verständnis jedoch auf. »Allerdings erreicht sie mehr, wenn sie Katja aus dem Weg räumt. So bekommt sie unter Umständen die Möglichkeit, ihren Platz einzunehmen.«

Katja schüttelte den Kopf. »Und das wiederum glaube ich nicht. Barbara Kaminski sitzt in der Jury. Wenn Reiner mich ersetzen müsste, wäre mit Sicherheit sie seine erste Wahl. Jemand Neues für die Jury ist schnell gefunden, außerdem weiß ich zufällig, dass Barbara ganz scharf auf meinen Job war. Sie hat allerdings nicht so viel internationale Erfahrung wie ich, weshalb Reiner mir den Job angeboten hat.«

Katharina horchte auf, doch bevor sie etwas sagen konnte, ergriff ihre Mutter das Wort. »Kaminski? Der Name kommt mir irgendwie bekannt vor.«

Katja nickte. »Früher habe ich oft von Babsi geredet. Wir haben unsere Karrieren fast gleichzeitig begonnen und waren so was wie Rivalinnen.«

»Babsi, richtig. Jetzt erinnere ich mich.«

»Moment mal«, ging Katharina dazwischen. »Du und diese Barbara wart Rivalinnen, und jetzt hast du ihr den Job weggenommen, den sie eigentlich wollte? Warum erzählst du mir das erst jetzt?«

»Entschuldige, ich habe nicht daran gedacht«, murmelte Katja.

Katharina schüttelte den Kopf; jetzt konnte sie Huberts Reaktion viel besser nachvollziehen. Natürlich kam es vor, dass man etwas vergaß, das war ihr ja selbst erst letzte Nacht passiert, doch das sollte es eigentlich nicht – nicht, wenn es um so etwas Wichtiges ging. »Damit haben wir noch eine Verdächtige mehr, ist dir das klar? Traust du denn dieser Barbara zu, dass sie dich vergiften würde, um den Job der Mentorin am Ende doch zu bekommen?«

»Barbara traue ich so gut wie alles zu«, antwortete Katja. »Um ihre Ziele zu erreichen, geht dieses Biest über Leichen, wobei das nicht wortwörtlich zu verstehen ist. Einen Mord würde sie sicher nicht begehen.«

Katharina verzog den Mund, während ihre Mutter aufstand und in der Küche verschwand. »Katja, Katja. Das hättest du mir echt früher sagen müssen.«

»Ja, ich weiß«, gab Katja zerknirscht zu. »Es war wirklich keine Absicht. Ich war letzte Nacht nicht ganz auf der Höhe.«

Katharina winkte ab. »Alles gut, das verstehe ich, aber ich hoffe, du siehst jetzt ein, dass du nicht zurückkannst. Wer nicht davor zurückschreckt, jemanden zu vergiften, um seine eigenen Ziele zu erreichen, wird auch nicht davor zurückschrecken, es ein zweites Mal zu tun – und geht dieses Mal vielleicht sogar noch weiter. Das erste Mal ist immer das schwerste Mal, doch wenn die Hemmungen einmal überwunden sind …« Sie wollte Katja gewiss keine Angst machen, aber sie musste ihrer Schwester deutlich vor Augen führen, wie riskant es war, die Arbeit in der Modelvilla wieder aufzunehmen.

»Und wenn ihr mir Schutz bietet?«, fragte Katja und blickte in Richtung der Haustür, vor der in einem unauffälligen Wagen der Polizeibeamte aus dem Krankenhaus saß und die Umgebung im Auge behielt.

Katharina zuckte mit den Schultern. »Schwierig. Ich müsste das mit Hubert besprechen, aber ich weiß ganz ehrlich nicht, wie wir das machen sollen. Und ob der Staatsanwalt dem Ganzen zustimmt …«

»Ist Linus Reuter nicht der zuständige Staatsanwalt?«, fragte Maria, die mit frischem Kaffee zurück ins Wohnzimmer kam. »Er ist furchtbar nett, und ihr habt euch doch prinzipiell so gut verstanden. Wobei es natürlich nicht gut kam, dass du ihm wegen Daniel einen Korb gegeben hast. Wirklich, Kind, dass du überhaupt mit Linus ausgegangen bist … Wir wussten doch alle, dass du und Daniel noch nicht voneinander losgekommen seid.«

»Mama!« Katharina verdrehte die Augen.

»Ist doch so.« Maria verteilte die drei Kaffeetassen auf dem Tisch und stellte das Tablett neben das Sofa auf den Boden.

Katharina schüttelte den Kopf und beschloss, nicht weiter darauf einzugehen. »Wie dem auch sei – Linus ist sehr nett, aber er vermischt nicht gern Privates und Berufliches. Außerdem ist er ein Paragrafenreiter, wie er im Buche steht.«

»Katharina, ich will mir weder meine Chance ruinieren, noch mich tyrannisieren lassen. Kannst du mir denn versichern, dass ich aus der Schusslinie bin, wenn ich der Modellvilla beziehungsweise der Show fernbleibe?«, fragte Katja.

Katharina seufzte. Das war die Frage aller Fragen. »Das kommt darauf an, welches Motiv der Täter hat. Geht es wirklich nur darum, dir deinen Platz in der Show streitig zu machen, dann hast du sehr wahrscheinlich nichts weiter zu befürchten. Liegt das Motiv ganz woanders …« Sie zuckte erneut mit den Schultern. »Auf jeden Fall bist du am sichersten, wenn du dich von all den Verdächtigen fernhältst. Denn auch wenn wir noch nicht viel wissen, so wissen wir zumindest, dass der Täter Teil des Teams sein muss. Also, was sagst du?«

Katja ließ sich nach hinten gegen die Sofalehne fallen. »Ganz ehrlich? Ich habe keine Ahnung, was ich machen soll. Kannst du vielleicht erst einmal mit Linus reden, bevor wir überlegen, wie es weitergeht?«

Kapitel 7

Dieses Mal stand Hubert Pfeife rauchend neben seinem Golf, als Katharina auf die Villa zufuhr. Sie parkte ihren Wagen, stieg aus und umrundete ihn.

»Was ist aus deinem Plan geworden, gleich zu Reuter zu fahren?«, fragte Hubert und klopfte seine Pfeife aus.

»Es gibt eine weitere Verdächtige, Barbara Kaminski. Sie sitzt in der Jury, war früher Katjas Rivalin und ist scharf auf den Mentorenjob. Ich dachte, es kann nicht schaden, sie genauer unter die Lupe zu nehmen, bevor wir zu Linus fahren.«

Hubert nickte. »Da hast du sicher recht. Zwar glaube ich nicht, dass wir was in Erfahrung bringen, denn Verdächtige lügen aus Prinzip wie gedruckt, aber wir sollten allen Spuren nachgehen, bevor wir deinen Staatsanwalt am heiligen Sonntag stören.«

Katharina verdrehte die Augen. »Er ist nicht *mein* Staatsanwalt.« *War er nie und wird er auch nie sein,* fügte sie im Stillen hinzu.

»Stimmt. Ich sollte das wohl wirklich nicht mehr sagen, nachdem du wieder mit Daniel zusammen bist.«

Grinsend steckte Hubert seine Pfeife weg und setzte sich in Bewegung. Er ging über den Kies auf die Villa zu; Katharina folgte ihm. Inzwischen war es früher Nachmittag, und aus dem Garten waren keine Geräusche mehr zu hören. Entweder war das Shooting beendet, wovon Katharina allerdings nicht ausging, denn es dauerte seine Zeit, zehn Mädchen zu fotografieren, die bisher keine oder nur wenig Modelerfahrung hatten. Oder das Team pausierte, um etwas zu essen, was ihr deutlich wahrscheinlicher vorkam.

»Wollt ihr beiden eigentlich noch mal heiraten, jetzt, wo ihr ein weiteres Kind erwartet?«, fragte Hubert beiläufig.

Katharina blieb stehen und starrte ihrem Chef hinterher. »Woher weißt du ...?«

»... dass du schwanger bist?« Hubert blieb ebenfalls stehen und drehte sich zu ihr um. Immer noch grinsend schüttelte er den Kopf. »Katrinchen, Katrinchen. Ich bin vielleicht alt und habe kein erfülltes Sexleben mehr, aber deshalb bin ich noch lange nicht blind. Ich bin oft genug im Wald unterwegs, um zu wissen, wie ein trächtiges Weibchen aussieht.«

Katharina verdrehte erneut die Augen. »Vergleichst du mich jetzt ernsthaft mit deinen Rehen?«

Hubert zuckte mit den Schultern. »Ach, weißt du, das darf man alles nicht so eng sehen. Ein Kind zu bekommen, ist das Natürlichste auf der Welt, ganz gleich, wie weit der Mensch es in medizinischer Hinsicht schon gebracht hat. Und wenn es um die Natur geht, sind Menschen und Tiere gar nicht so verschieden, wie wir es gern hätten.« Er kratzte sich am Kinn. »Wie geht es dir denn? Alles okay?«

Katharina musste lächeln. Hubert war für gewöhnlich bärbeißig und wenig einfühlsam, aber er konnte auch anders sein und brachte hin und wieder sogar eine philosophische Seite zum Vorschein, die sie sehr an ihm mochte. »Mir geht es gut. Ich war noch nicht beim Gynäkologen, weil ich es im Gegensatz zu dir erst seit gestern weiß, aber Katjas Arzt hat kurz hingeschaut. Es sieht so weit alles in Ordnung aus.«

»Das freut mich, du bist ja schließlich nicht mehr die Jüngste. Also ...« Er winkte ab. »Du weißt, wie ich das meine.«

»Ich verstehe schon. Und Hubert? Emily weiß noch nichts von ihrem Geschwisterchen. Daniel und ich wollen es ihr gern gemeinsam sagen.«

Hubert nickte. »Ehrensache, von mir erfährt das Mädchen nichts, aber ihr solltet euch nicht allzu viel Zeit lassen. Bisher konntest du das Ganze vielleicht gut verheimlichen, aber der Zug ist bald abgefahren.«

»Soll ich dir was sagen? Es stört mich überhaupt nicht, dass ich in naher Zukunft aus dem Leim gehen werde. Außerdem hatte ich nach Emilys Geburt innerhalb kürzester Zeit meine Figur zurück.«

»Damals warst du zwanzig, Katrinchen. Du wirst bald siebenunddreißig, das ist was völlig anderes.«

Das war Hubert, wie er leibt und lebt. »Danke, dass du mich immer wieder daran erinnerst.« Sie ging weiter Richtung Villa, Hubert im Schlepptau.

»Jetzt sei nicht beleidigt, das ist doch nicht böse gemeint.«

»Ja, ja, schon gut. Übrigens, bevor ich das vergesse: Daniel will heute Abend was kochen. Du bist eingeladen.«

Hubert schmunzelte. »Ich nehme an, ihr wollt die frohe Botschaft verkünden? Ich kann schweigen wie auf der Pirsch und vorgeben, ich wüsste von nichts.«

»Das wollte ich hören. Mal schauen, ob wir Emily dazuholen können, das wäre ideal. Jetzt aber zurück zum eigentlichen Thema, denn wir sind nicht nur wegen der Kaminski hier. Katja hatte Wasserflaschen in ihrem Zimmer und in der Garderobe, die vorhin nicht mehr da waren. Mich würde interessieren, wer sie weggeräumt hat.«

»Verstehe. Du willst wissen, ob das eine Spur ist oder ob da wirklich nur die Putzkolonne am Werk war. Wobei wir noch nicht ausschließen können, dass jemand von denen die Tat begangen hat. Dieser Fall ist wirklich zum Haareraufen.«

»Es ist sehr unwahrscheinlich, dass jemand von der Putzkolonne oder aus dem Catering die Tat begangen hat. Was sollten die denn für ein Motiv haben?«

Hubert zuckte mit den Schultern. »Vielleicht ist das Ganze so eine Aschenputtel-Nummer und irgendwer ist furchtbar eifersüchtig auf deine Schwester, weil sie es im Gegensatz zu ihm oder ihr dermaßen weit gebracht hat. Auf jeden Fall sollten wir uns nicht zu sehr darauf versteifen, dass jemand Katja aus der Show ekeln will, sei es nun aus Rache oder Eifersucht, weil sie den Job bekommen hat, den jemand anderes haben wollte. Es gibt hundert mögliche Gründe, warum es jemand auf deine Schwester abgesehen haben könnte, und solange wir nur Indizien haben, müssen wir in alle Richtungen denken.«

Katharina wollte zuerst protestieren, doch sie tat es nicht. Hubert hatte recht, das wusste sie, selbst wenn sie sich nicht vorstellen konnte, dass es jemanden gab, der Katja ernsthaft schaden wollte. *Man kann den Leuten nicht in den Kopf schauen, nur davor.* An dem Lieblingsspruch ihres Vaters war viel Wahres dran, und obwohl Katharina einen guten Instinkt besaß und Dinge häufig wusste, bevor sie sie beweisen konnte, wurde sie oft genug mit menschlichen Abgründen konfrontiert, mit denen sie nie im Leben gerechnet hätte. Menschen mit psychischen Problemen beispielsweise bastelten sich Motive zusammen, auf die ein gesunder Mensch niemals kommen würde.

Inzwischen hatten sie und Hubert die große Eingangstür zur Villa erreicht und blieben stehen. Katharina legte die Hand auf die Klinke, zögerte aber. »Ich frage mich immer wieder, ob es die richtige Taktik ist, dass wir die eigentliche Tat verschweigen und einen Unfall oder medizinische Gründe vorgeben. Auf andere Weise wäre alles viel einfacher. Wir könnten beispielsweise die Wasserkästen beschlagnahmen und ins Labor bringen.«

Hubert schüttelte den Kopf. »Da würden wir nichts finden, das weißt du genauso gut wie ich. Der Täter wird nicht

dumm sein und die entsprechende Flasche entweder längst
entsorgt und ersetzt oder gereinigt haben.«

»Und trotzdem besteht immer eine Restwahrscheinlich-
keit, dass der Täter eben nicht sämtliche Beweise vernichtet
hat.«

Hubert stieß ein Seufzen aus. »Und für diese Restwahr-
scheinlichkeit willst du unseren Vorteil aus der Hand geben? Katharina, es geht um deine Schwester, und deshalb
überlasse ich dir die Entscheidung. Beantworte mir vorher
nur eine Frage: Angenommen, es ginge nicht um deine
Schwester, sondern um jemand Wildfremden – würdest du
dann auch offen ermitteln wollen?«

»Ich habe einfach das Gefühl, wir stecken fest und kommen so nicht weiter«, erwiderte Katharina. Sie fühlte sich
unruhig und hilflos und hatte das dringende Bedürfnis, etwas zu unternehmen, auch wenn sinnloser Aktionismus
hier völlig fehl am Platz war. Aber der Zeitdruck, der ihr im
Nacken saß … Sie kannte ihre Schwester, und Katja war
trotz allem noch nicht so weit, ihre Teilnahme an der Show
schon zu den Akten zu legen. Katharina brauchte mehr, um
sie zu überzeugen.

»Das verstehe ich, mir geht es genauso, aber das ist nichts
Neues«, fuhr Hubert fort. »So geht es uns doch so gut wie
jedes Mal, offene oder verdeckte Ermittlung hin oder her.
Wir kommen immer an einen Punkt, an dem wir denken,
dass es nicht weitergeht, und irgendwie tun sich dann plötzlich doch neue Wege auf. Im Übrigen hast du meine Frage
nicht beantwortet, womit ich meine Antwort eigentlich
schon habe.«

Katharina nahm sich die Zeit, einen Moment über Huberts
Frage nachzudenken, als über ihnen ein Fenster aufging.
Automatisch blickte sie nach oben, obwohl sie weder etwas
sehen noch selbst gesehen werden konnte. Das gigantische,

von Säulen getragene Vordach bot nicht nur optimalen Wetterschutz, sondern auch Sichtschutz. Angestrengt lauschte sie in die Stille, doch bis auf das Gezwitscher von Vögeln und einem Zeppelin, der vermutlich über den See flog, war nichts zu hören. Trotzdem sprach sie leise, als sie sich wieder Hubert zuwandte.

»Nein, das würde ich nicht, und hier und jetzt will ich es eigentlich auch nicht. Du hast absolut recht. Wir würden den Täter nur aufschrecken und wahrscheinlich ohnehin nichts finden, selbst wenn wir alles Ess- und Trinkbare samt sämtlicher E-Zigaretten-Füllflüssigkeiten untersuchen lassen würden.« Der Täter war mit Sicherheit nicht so dumm, dasselbe Zeug zu rauchen, mit dem er Katja vergiftet hatte.

Einen Moment überlegte Katharina, ob es vielleicht eine Option war, wenigstens den Produzenten einzuweihen. Er könnte ihnen nicht nur Zugang zu Beweisen gewähren, ohne dass sie dafür ihre Tarnung aufgeben müssten, sie könnten ihm auch viel gezielter Fragen stellen. Zudem müsste sich Katja keine Sorgen mehr um ihren Ruf machen. Trotzdem verwarf Katharina den Gedanken sofort wieder. Reiner und Gina waren miteinander verheiratet, und Gina hatte ein Motiv für die Tat, was allerdings nicht mal der einzige Grund war, warum Katharina die Idee nicht laut aussprach. Irgendetwas behagte ihr an Reiner Holzschuh nicht, auch wenn sie nicht genau benennen konnte, woran es lag. Er hatte in ihr sofort den Eindruck erweckt, als wollte er sie und Hubert nicht hier haben, und dass sie unter Umständen die Aufzeichnung der Show stören könnten, war mit Sicherheit nicht der Grund dafür. Menschen, die sich so benahmen, hatten für gewöhnlich etwas zu verbergen. Blieb die Frage, was in Reiner Holzschuhs Fall der Grund für sein Verhalten war.

»Na siehst du, dann sind wir ja einer Meinung«, holte Hubert Katharina zurück in die Gegenwart. »Außerdem bezweifle ich, dass Reuter uns einen Durchsuchungsbeschluss vom Richter organisieren könnte. Wir haben viel zu wenig in der Hand.«

»So oder so, dieses Herumgestochere im Nebel wird uns nicht weiterbringen.« Katharina holte tief Luft. »Ich sag dir, was uns tatsächlich weiterhelfen würde: Katja kommt zurück und spielt für uns den Lockvogel, um den Täter zu überführen.«

Hubert schob die Hände in die Taschen seiner Cordhose. »Richtig, aber das können wir nicht machen, und das hat nichts damit zu tun, dass Katja deine Schwester ist. Das Ganze ist viel zu riskant.«

»Ist es, und das würde ich auch niemals zulassen. Aber warte mal.« Katharina zögerte, als ihr ein Gedanke kam, der ihr nicht ganz neu war. Er war schon einmal in ihr aufgeblitzt, doch sie hatte noch keine Zeit gehabt, ihn weiter zu verfolgen.

Hubert legte den Kopf schief. »Was?«

Bevor Katharina antworten konnte, wurde plötzlich die Eingangstür aufgerissen, und der Produzent trat heraus. Er schien nur mit Mühe ein Augenrollen unterdrücken zu können. »*Sie* schon wieda. Ham's was veagess'n? Es is' gerode seah ungünstig.«

»Ist es das nicht immer?«, erwiderte Hubert ungerührt. »Aber lassen Sie sich von uns nicht aufhalten, wir kommen schon allein zurecht.« Damit schob er sich an Reiner Holzschuh vorbei ins Innere der Villa.

Katharina blieb noch einen Moment draußen stehen, weil der Produzent sie musterte. Mit einem Mal wirkte er alles andere als genervt, sondern eher überfordert. »Wie läuft es mit der Show?«, fragte sie höflich.

»Ah, na ja, es wiad sich schon ausgeh'n. Ihre Dochter mocht sich übrigens großartig. Erst wor ich ja ein bisserl skeptisch, wenn ich offen sein dorf, weil's die Nichten von der Katja is', ober sie konn wirklich wos. Des Model-Gen scheint in der Familie zu lieg'n. Sie ham doch auch mol g'modelt, odah?«

Katharina hätte sich fast auf die Lippe gebissen. Woher wusste er das? Hatte er mit dem Fotografen über sie gesprochen, oder hatte Katja es ihm verraten? Sie selbst konnte sich jedenfalls nicht erinnern, damals mit ihm zusammengearbeitet zu haben, außerdem hätte er sie dann sicher schon bei ihrer ersten Begegnung darauf angesprochen.

Sie nickte. »Das ist allerdings schon sehr, sehr lange her und war eher semi-professionell. Wie macht sich denn Ihre Frau?«, lenkte sie schnell vom Thema ab.

»Gut«, antwortete der Produzent, doch Katharina hatte das Gefühl, dass er alles andere als zufrieden war, und seine nächste Frage bestärkte sie darin. »Ond Ihre Schwesta, kommt's die morg'n wirklich z'rück? Sie fehlt ons, ond immerhin is' sie des G'sicht von dea Show.«

Katharina nickte, obwohl es ihr schwerfiel. »Katja geht es schon viel besser. Sagen Sie, nur aus Neugier – was würden Sie eigentlich machen, wenn Katja tatsächlich ausfallen würde? Bekäme dann Ihre Frau den Job?«

»Gott bewohre«, entfuhr es Reiner, dessen österreichischer Akzent immer deutlicher zu hören war. Schnell winkte er ab. »Versteh'n's mich net folsch, die Gina is' großartig, ober es wär' ohne Katastrophen, wann die Katja ausfoll'n wüad'. Wir werb'n immerhin seit Woch'n mit ihr.« Er deutete auf das überlebensgroße Porträt von Katja, das durch die offene Eingangstür zu sehen war. »Viele junge Mädchen werd'n sich die Show nur onschahn, weil Ihre Schwester mitwirkt. Außerdem bekommt die Katja so oder so mindestens die Hälfte von ihrer Gogen, auch wenn's krank wiad. Ich sog's Ihnen, dea Agent von Ihra Schwester, des is a Hond, mochen's bloß nie G'schefte mit dem. Sehn's, wenn die Katja ausfall'n würd, des wär a Katastrophen füa mich ond des net bloß in ahna Hinsicht.«

Katharina nickte; sie sah Reiner Holzschuh plötzlich in einem anderen Licht. Menschlich mochte sie ihn nach wie vor nicht, doch sie betrachtete ihn nicht länger als Verdächtigen – nicht unter diesen Umständen. »Das verstehe ich, aber Sie müssen doch trotzdem einen Plan B für den Notfall haben.«

Reiner zögerte. »Die Babsi, oiso die Barbara Kaminski«, antwortete er schließlich in deutlich leiserem Tonfall. »Sie is' mei' Blon B, den ich hoffentlich net in die Tat omsetzen muss. Se is' hibsch ond talentiert, sicha, ober ihr fehlt holt des gewisse Etwos. Überzeug'n's sich selbst, die Grew is grod beim Middogess'n, doch jetzt miss'n's mich wirklich entschuldig'n. Ich muss noch schnell wos erledigan, bevor's weitergeht.« Er hob die Hand zum Gruß und hastete davon.

Katharina sah ihm einen Moment hinterher, bevor sie ihr Handy herausholte und Katja eine Nachricht schrieb, um die Sache mit der Gage zu verifizieren.

Katharina betrat die Villa und stellte sich neben Hubert, der vor der Wand mit dem Porträt ihrer Schwester stand und vorgab, es intensiv zu studieren.

»Sehr geschickt«, murmelte er. »Damit können wir wohl zumindest Reiner Holzschuh aus unserem Kreis der Verdächtigen ausschließen.«

Katharina sah auf das Display ihres Handys, das ihr den Eingang einer Nachricht verkündete, dann nickte sie. »Katja hat mir das mit der Gage bestätigt. Gina ist deshalb allerdings leider noch nicht vom Haken, wobei ich mich frage, wie genau sie die Verträge kennt, die ihr Mann abschließt.«

»Spielt das denn eine Rolle? Eine gekränkte Frau nimmt nicht unbedingt Rücksicht auf das Geld ihres Mannes, zumal die Holzschuhs ja genug davon zu haben scheinen. Das Auto, das sie fahren, war nicht billig, und ich will nicht wissen, was die Villa hier für die paar Tage an Miete kostet. Wahrscheinlich mehr, als ich im Monat verdiene.«

»Na ja, der Sender wird auch was dazugeben, und sie hoffen sicher auf gute Einschaltquoten. Trotzdem ist das Unternehmen ziemlich riskant. Es ist immerhin nur eine regionale Produktion.«

»Sponsoren«, meinte Hubert und rieb zwei Finger aneinander. »Aber die werden wenig begeistert sein, wenn das Zugpferd der Show ausfällt. Am Ende hätte niemand was davon, weder der Fotograf noch der Designer noch diese Kotomanski.«

»Kaminski«, korrigierte Katharina.

Hubert machte eine wegwerfende Handbewegung und wandte sich ihr zu. »Wie auch immer, Fakt ist, dass diese Entwicklung das Motiv der anderen schwächt. Der Sender zieht hier was richtig Großes auf und will das Ganze im nächsten Jahr sicher wiederholen. Wenn Katja aber ausfällt und die Show deshalb floppt, hat keiner der drei Damen und Herren einen Job im nächsten Frühling.«

Katharina verzog nachdenklich den Mund. »Und wenn Barbara Kaminski zeigen will, dass sie viel besser ist als meine Schwester, um sich den Job für nächstes Jahr gleich mit zu sichern? Du weißt, wie verquer Frauen manchmal denken.«

Hubert lachte. »Wenn ich das jetzt gesagt hätte ... Ich bin immer wieder überrascht, was für ein Bild du von deinem eigenen Geschlecht hast.«

Katharina zuckte mit den Schultern. Sie war schon im Kindergarten und in der Schule besser mit Jungs ausgekommen als mit Mädchen, und daran änderte weder ihr Alter etwas noch ihre momentane Gefühls- oder Hormonlage. »Bist du inzwischen eigentlich mit dem ganzen Bild- und Videomaterial von Emily durch?«

Hubert nickte. »Mir ist nichts Merkwürdiges oder Verdächtiges aufgefallen, aber das ist auch nicht so einfach, wenn man nicht weiß, worauf man achten muss.« Er blickte sich kurz um, bevor er weitersprach. »Und wie sieht es mit Katja aus? Bleibt sie dabei, dass sie morgen wieder anfangen will?«

Katharina verzog den Mund. »Sie ist sich unsicher und will, dass ich mit Linus rede. Ich fürchte, sie hat sich schon darauf versteift, dass wir ihr Personenschutz bieten können, aber ich weiß ganz ehrlich nicht, wie wir das machen sollen und ob wir das bei Linus überhaupt durchgeboxt kriegen.«

Hubert hakte seine Daumen unter den Hosenträgern ein. »Die Idee ist gar nicht so doof, denn in dem Fall könnte sie tatsächlich unseren Lockvogel spielen. Das Problem ist nur, dass wir zumindest den Produzenten einweihen müssten, damit er jemanden aus dem Team austauscht und stattdessen unseren Bodyguard undercover engagiert.«

»Richtig, das können wir allerdings nicht machen, solange seine Frau nicht zweifelsfrei vom Haken ist. Egal, wie gut oder weniger gut die Ehe der beiden läuft, er wird sie nicht ins offene Messer rennen lassen.«

»Vermutlich eher nicht.« Hubert ließ seine Hosenträger schnalzen. »Na schön, dann schauen wir uns mal diese …« Fragend sah er Katharina an.

Sie verdrehte die Augen. »Barbara Kaminski.«

»… diese Kaminski an. Vielleicht bringt uns das ein Stück weiter. So oder so war unser Abstecher hier keinesfalls umsonst.«

»Soll das so etwas wie ein Lob sein?«, fragte Katharina schmunzelnd.

Hubert schmunzelte zurück. »Du weißt doch, ich lobe aus Prinzip nicht. Das steigt den Leuten nur zu Kopf.« Er durchquerte die Eingangshalle und wollte hinter der Treppe wie selbstverständlich nach rechts abbiegen, doch Katharina nahm ihn am Arm und zog ihn nach links. Der Produzent hatte gesagt, dass die Crew zu Mittag aß, auch wenn fünfzehn Uhr etwas spät fürs Mittagessen schien, und sie hatte vorhin in dem riesigen Salon einen Blick auf den Nebenraum werfen können, in dem sich Tische und Stühle befunden hatten. Sie ging davon aus, dass dort gegessen wurde, zumal sich der Raum nahe am Set befand.

»Was wolltest du vorhin eigentlich noch sagen, bevor uns der Produzent unterbrochen hat?«, fragte Hubert.

Katharina schüttelte den Kopf, obwohl weit und breit niemand zu sehen war. Die Stimmen und das Lachen, die näher kamen, schienen zwar noch weit weg zu sein, trotzdem war ihr das Ganze zu riskant. Vorausgesetzt, sie würde ihre spontane Idee tatsächlich in die Tat umsetzen, durfte sie auf keinen Fall jemand belauschen. Ob sie es wirklich machen würde, wusste sie allerdings noch nicht. Im Grunde hoffte sie, dass es eine andere Möglichkeit geben würde. »Nicht hier, lass uns später darüber reden.«

»Na schön, aber vergiss es nicht wieder.«

Katharina verdrehte die Augen. »Weil ich einmal was vergessen habe. Das ist sonst überhaupt nicht meine Art, Hubert.«

»In letzter Zeit schon«, neckte er sie. »Mach dir nichts draus, das sind bestimmt nur die Hormone.«

Katharina ignorierte seinen Kommentar, weil sie keine Lust auf eine Diskussion dieser Art hatte und sie inzwischen zudem das riesige Wohnzimmer erreicht hatten, in dem sie bereits am Morgen gewesen war. Momentan befand sich hier niemand, doch die breite Schiebetür stand nun offen und bot einen Blick auf den angrenzenden Raum. Die Tische, sechs an der Zahl, waren allesamt schön eingedeckt mit weißen Tischtüchern, feinem Porzellan und Blumengestecken. Die Mädchen saßen an einem eigenen Tisch und sahen alle immer noch wie Alice-Doubles aus, auch wenn sie die Outfits gegen normale Klamotten getauscht hatten. Der Rest der Crew hatte sich um die anderen Tische verteilt. Über eine komplette Wandlänge war ein Buffet aufgebaut, das einen leckeren Duft verströmte und Katharinas Magen knurren ließ. Das Frühstück lag schon eine Weile zurück, was ihr erst jetzt bewusst wurde. In Zukunft musste sie unbedingt daran denken, sich etwas zu essen mitzunehmen, immerhin ging es jetzt nicht mehr nur um ihre eigene Gesundheit.

Emily entdeckte sie und winkte ihr zu, und Katharina bahnte sich zusammen mit Hubert einen Weg zwischen den Tischen und Stühlen hindurch, als sie plötzlich von einer Frau angesprochen wurde. Sie war noch jung, Mitte oder maximal Ende zwanzig, und trug eine Unterbrustcorsage im Steampunk-Stil über einer weißen Bluse. Die normalerweise braunen Haare waren blondiert, der Ansatz wuchs deutlich heraus, und die blauen Augen waren für Katharinas Geschmack etwas zu *smokey* geschminkt.

»Hey, du bist ja wieder da. Wie geht es dir?«

Katharina lächelte ihr entschuldigend zu. »Ich bin nicht Katja, sondern ihre Schwester.«

Die junge Frau sah sie überrascht an. »Wirklich? Tut mir leid, ich wollte Sie nicht einfach duzen.«

»Kein Problem, das macht nichts. Katharina.« Sie streckte ihr die Hand hin.

»Luise, freut mich.« Nach wie vor betrachtete sie Katharina überaus neugierig. »Faszinierend. Okay, die Haare hätten mich stutzig machen müssen, aber ansonsten gleichen Sie und Katja einander wie ein Ei dem anderen. Sagen Sie, hat Katja auch diese niedlichen Sommersprossen?«

Katharina beugte sich verschwörerisch zu ihr. »Hat sie, aber sagen Sie ihr auf keinen Fall, dass *ich* Ihnen das verraten habe.«

Luise lachte. »Von mir erfährt sie nichts. Okay, dann will ich Sie nicht länger aufhalten. Wie ich sehe, haben Sie es eilig.«

»Hat mich gefreut, Luise. Wir sehen uns bestimmt noch mal.«

Katharina setzte ihren Weg zu Emily fort und fing dabei einige Blicke auf, die man ihr zuwarf. Viele Crewmitglieder hatten sie noch gar nicht gesehen und hielten sie jetzt möglicherweise wie Luise für Katja. Einen Moment überlegte sie, das Ganze klarzustellen, doch es erschien ihr seltsam, vor versammelter Mannschaft zu verkünden, dass sie nicht Katja war, weshalb sie es bleiben ließ.

Hubert war schon zu dem Tisch der Mädchen vorgegangen und unterhielt sich mit Emily, die gerade aus dem Fenster zeigte. Auch hier war wie im angrenzenden Wohnzimmer eine Wand komplett verglast; eine doppelflügelige Terrassentür führte nach draußen. Katharina folgte Emilys Geste und entdeckte Pascal König, der draußen stand und rauchte. Er war nicht allein, bei ihm stand eine Frau. Sie musste in Katharinas Alter sein und war mit ihren hohen Absätzen genauso groß wie der Fotograf, der gewiss nicht klein war. Sie trug einen königsblauen Hosenanzug, der ihrer Figur schmeichelte. Der Blazer war zugeknöpft und sorgte für ein extremes Dekolleté, von dem Pascal König kaum seinen Blick nehmen konnte. Die Frau hatte auf eine Bluse oder ein sonstiges Top verzichtet und trug unter dem Blazer lediglich einen schwarzen Spitzen-BH, der immer wieder hervorblitzte, wenn sie sich nach vorn beugte und lachte. Eine filigrane Goldkette verschwand zwischen ihren Brüsten, sodass man nur raten konnte, was für eine Art Anhänger unten befestigt war.

An und für sich sah sie sehr gut aus, und sie wusste sich definitiv perfekt zurechtzumachen und in Szene zu setzen. Die rotbraunen Haare – naturfarben, nahm Katharina an, da sie keinen Ansatz sah – verliehen ihr etwas Besonderes. Trotzdem fehlte in Katharinas Augen etwas, um diese Frau wirklich hübsch erscheinen zu lassen. Vielleicht war es die Herzlichkeit, denn das ganze Verhalten der Frau wirkte aufgesetzt und berechnend. *Se is' hibsch ond talentiert, sicha, ober ihr fehlt holt des gewisse Etwos,* erinnerte Katharina sich an die Worte des Produzenten über Barbara Kaminski.

Das muss sie sein, dachte Katharina, außerdem war es nur logisch, dass Hubert Emily nach ihr fragte.

Barbara lachte erneut über etwas, was der Fotograf sagte, und beugte sich so weit nach vorne, dass sie ihm einen besonders tiefen Blick in ihr Dekolleté gewährte. Dann hob sie die rechte Hand und führte eine Zigarette an ihre rot geschminkten Lippen – eine E-Zigarette.

Katharinas und Huberts Blicke trafen sich, und sie wusste sofort, dass er dasselbe dachte wie sie selbst: Damit war Barbara Kaminski noch verdächtiger, als sie es ohnehin schon gewesen war. Katharina gab ihrem Chef und ihrer Tochter ein Zeichen, dass sie kurz nach draußen gehen würde.

Sie hatte kaum einen Fuß über die Schwelle der Tür gesetzt, als ihr ein penetranter Kirschgeruch in die Nase stieg. Sie versuchte herauszufinden, ob sich noch ein anderes Aroma daruntermischte, konnte aber nichts riechen. Fotograf und Jurorin schienen offenbar die Vorliebe für Kirsche zu teilen. Zufall? Durchaus möglich, aber Katharina glaubte nicht an Zufälle. Das Leben und die Arbeit als Kommissarin hatten sie etwas anderes gelehrt.

Lächelnd trat sie näher zu den beiden und atmete automatisch flacher. Pascal und Barbara hielten in ihrem Gespräch inne und musterten sie neugierig. Pascal erwiderte ihr Lächeln, und obwohl auch Barbara lächelte, war es bei ihr eindeutig nur Fassade. Sie fühlte sich von Katharina gestört, was, so wusste Katharina, ausnahmsweise nicht mit dem Fall zusammenhing. Barbara war voll und ganz auf Flirtkurs, doch obwohl der Fotograf durchaus empfänglich für ihre offen zur Schau gestellten Reize war, schien er ansonsten wenig ernstes Interesse an dem Model zu haben.

»Katharina«, begrüßte Pascal sie überaus freundlich. »Barbara, das ist Katjas Schwester, sie arbeitet bei der Polizei. Und das ist …«

»… Barbara Kaminski«, übernahm Katharina und reichte der anderen Frau die Hand. »Schön, Sie kennenzulernen. Ich habe schon viel von Ihnen gehört.«

»Hoffentlich nur Gutes«, erwiderte ihr Gegenüber.

»Natürlich. Die Rivalität zwischen Ihnen und meiner Schwester konnte Katja zwar nicht vor mir verheimlichen, aber das liegt doch schon ewig zurück, nicht wahr?«

Sie beobachtete Barbara Kaminski ganz genau, während sie diese Worte aussprach, doch die Jurorin war gut darin, ihre Mimik unter Kontrolle zu halten. Sie ließ sich nicht anmerken, was sie dachte; nicht einmal ihr Lächeln verrutschte, das nach wie vor in ihrem Gesicht zu kleben schien. Und genau diese Nicht-Reaktion irritierte Katharina. Sie hatte bisher niemanden kennengelernt, der seine Gedanken und Emotionen vor Außenstehenden so gut verheimlichen konnte.

Was hatte Barbara Kaminski zu verbergen? Hatte sie überhaupt etwas zu verbergen oder war es grundsätzlich ihre Art, sich ihrem Gegenüber so distanziert zu verhalten?

»Aber sicher«, antwortete Barbara ohne großes Zögern. »Das liegt mindestens … Lassen Sie mich nachdenken. Oder nein, lieber doch nicht. Welche Frau wird schon gern an ihr Alter erinnert?« Sie lachte gekünstelt.

Katharina zuckte mit den Schultern. »Ach, wissen Sie, mich stört das Älterwerden nicht, im Gegenteil. Ich bin froh über jedes Jahr, das mir auf dieser Erde vergönnt ist.«

»Schön gesagt«, meinte Pascal, doch Barbara reagierte auch dieses Mal nicht. Es bildete sich kein verärgerter Zug um ihren Mund und auch kein Funkeln in ihren Augen, das verraten hätte, was sie über Katharinas Kommentar dachte.

»Da haben Sie sicher recht«, sagte sie nur. »Ich persönlich würde ja auch gern so denken, aber in meiner Branche spielen Alter und Aussehen nun mal eine wichtige Rolle. Oder würdest du mich auch so gern fotografieren, wenn ich zwanzig Jahre älter wäre und ebenso viele Kilos mehr auf den Hüften hätte?« Sie wandte sich an Pascal, und ihr flirtendes Ich kehrte zurück, als sie eine Hand in die Seite stemmte, dabei eine S-Kurve machte und dem Fotografen gleichzeitig kokett zulächelte.

Hubert trat zu ihnen nach draußen. »Entschuldigen Sie, wenn ich unterbreche, aber jedermann hat eine Daseinsberechtigung, ganz gleich, welchem Geschlecht derjenige sich zugehörig fühlt, welche Hautfarbe er hat oder eben wie viele Kilos er auf die Waage bringt.«

Endlich bildete sich ein verärgerter Zug um Barbaras Mund; kaum wahrnehmbar zwar, doch Katharina bemerkte es sofort und musste ein Grinsen unterdrücken. Hubert schaffte es immer wieder, andere Menschen mit seiner Art auf die Palme zu bringen. Die Flirttour hatte er Barbara jedenfalls ordentlich vermasselt, was dieser gar nicht zu gefallen schien.

»Jeder Mann und jede Frau«, korrigierte sie ihn. »Diese Zeit muss sein.«

Hubert machte eine wegwerfende Handbewegung und holte seine Pfeife heraus. »Ach, hören Sie mir auf mit diesem dämlichen Gendern. Waren Sie schon mal in Spanien? Dort können sich zwanzig Frauen um einen Tisch versammeln, aber setzt sich auch nur ein Mann dazu, wird die ganze Gruppe plötzlich männlich. Dann ist nichts mehr mit *bonita,* dann heißt es plötzlich *bonito.* Und haben Sie schon mal Beschwerden von den spanischen Frauen gehört?«

Katharina musste lachen, tarnte es aber schnell als ein Husten. »Du sprichst Spanisch? Das ist mir neu.«

»Schulspanisch«, erklärte Hubert. »Das Meiste habe ich vergessen, aber das ist hängengeblieben.«

»Ich persönlich halte ja auch nichts von diesen ganzen Zuordnungen in irgendwelche Sparten. Ob sich jemand als transgender oder curvy bezeichnet, ist mir völlig gleich, solange derjenige – oder diejenige«, fügte Pascal mit Blick auf Barbara hinzu, »– sich vor der Kamera nicht wie ein Honk verhält.« Er nahm noch einen genüsslichen Zug von seiner E-Zigarette, bevor er sie wegsteckte.

»Das ist mir sympathisch«, erwiderte Hubert. »Diese ganzen Klassifizierungen haben wir doch längst hinter uns gelassen. Warum also dahin zurück? Aus meiner Sicht ist das ein Rück- und kein Fortschritt, denn am Ende des Tages sollte es nur auf Persönlichkeit oder Leistung ankommen. Aber egal, reden wir nicht mehr darüber. Es gibt Themen, die sollte man tunlichst meiden. Sagen Sie, diese elektronischen Zigaretten – können Sie die empfehlen?«, fragte er beiläufig, während er seine Pfeife stopfte.

Pascal zuckte mit den Schultern. »Prinzipiell schon, die Dinger sind halt echt praktisch. Sie stinken nicht und produzieren keinen Dreck, aber wie das ist, wenn man von der Pfeife umsteigen will, kann ich Ihnen nicht sagen.«

»Also, ich finde sie auch extrem praktisch«, stimmte Barbara zu. »Aus meiner Sicht ist der größte Vorteil, dass sich weder Finger noch Zähne verfärben.«

»Auf die Hautalterung wird sich allerdings auch die E-Zigarette auswirken«, konnte sich Katharina nicht verkneifen zu sagen. »Nikotin ist und bleibt ein Nervengift.«

»Aber in Kirsche verpackt schmeckt es besser«, fügte Pascal lachend hinzu.

Hubert verzog den Mund. »Ich persönlich finde diesen künstlichen Kirschgeschmack ja wenig reizvoll, obwohl ich ein Liebhaber von Kirschen im Sommer bin. Gibt es auch andere Duft- und Geschmacksrichtungen?«

Barbara nickte. »Natürlich, Sie haben die Qual der Wahl. Ich bin übrigens auch kein Fan von Kirsche in E-Zigaretten, aber ich wollte mal was Neues ausprobieren. Na ja, hinterher ist man immer schlauer.«

»Was bevorzugen Sie denn sonst?«, fragte Katharina.

»Minze. Egal, ob Kaugummi, Tee oder Zigaretten – mit Minze kann man nie etwas falsch machen.« Nun steckte auch Barbara ihre E-Zigarette weg. »So, jetzt müssen Sie mich aber entschuldigen. Ich will mich noch ein wenig frisch machen, bevor die Drehpause vorbei ist.« Auf ihren hohen Absätzen stöckelte sie davon.

»Ich sollte auch langsam wieder rein«, bemerkte Pascal. »Das Shooting geht gleich weiter, und ich möchte vorher gern noch von der Roten Grütze kosten. Die lacht mich schon die ganze Zeit so an.«

»Die sah wirklich gut aus«, stimmte Katharina zu.

»Nimm dir ruhig was. Es ist grundsätzlich zu viel von allem da.«

»Danke für das Angebot. Hast du Emily eigentlich schon fotografiert?«

Pascal lächelte. »Habe ich. Sie ist ziemlich gut, es sind tolle Bilder herausgekommen. Für ihr erstes Shooting bekommt sie bestimmt die volle Punktzahl.« Er zwinkerte Katharina zu und verschwand in der Villa.

Katharina blickte ihm mit gemischten Gefühlen hinterher. Hier und jetzt hatte er im Grunde einen recht sympathischen Eindruck gemacht. Hätte sie keine Hintergrundinformationen über ihn, würde sie zumindest vorerst nicht auf die Idee kommen, dass er junge Frauen ausnutzen könnte.

»Punktzahl?«, hakte Hubert nach. Ein laues Lüftchen wehte seinen Pfeifenrauch zu Katharina, woraufhin er sich anders platzierte.

Katharina nickte ihm dankbar zu. »Im Gegensatz zu anderen Formaten dieser Art bleiben alle zehn Mädchen bis zum Schluss in der Show. Für jede ihrer Leistungen werden sie von der Jury mit Punkten bewertet, und am Ende gewinnt das Mädchen mit der höchsten Punktzahl.«

»Verstehe.« Hubert zog an seiner Pfeife. »Dann solltest du aufpassen, was du dieser Kowalski gegenüber sagst. Ich traue ihr zu, dass sie ihren Unmut auf dich nachher an Emily auslässt.«

»Kaminski. Und ja, das traue ich ihr theoretisch auch zu.« Praktisch hoffte sie jedoch, dass Barbara Kaminski sich das nicht erlauben würde.

»Also, dieser Fotograf macht eigentlich einen ganz netten und vernünftigen Eindruck«, meinte Hubert. »So richtig kann ich mir nicht vorstellen, dass er deine Schwester aus dem Weg räumen wollte.«

Katharina seufzte. »Ganz ehrlich? Ich im Moment auch nicht. Aber die Kaminski …«

Hubert nickte. »Die hat Haare auf den Zähnen. Selten war mir jemand so unsympathisch, und hübsch finde ich sie auch nicht. Ein Busen wie der Mount Everest, aber Ausstrahlung gleich null. Dann lieber Holland und dafür was in der Birne.«

Katharina lachte. »Na schön, dann lass uns auch mal reingehen. Ich möchte noch kurz mit Emily reden, bevor die Kameras wieder anspringen und wir nur im Weg sind.«

»Und vergiss die Rote Grütze nicht. Es fällt doch sicher niemandem auf, wenn ich mir auch eine kleine Portion mopse, oder was meinst du?«

Katharina schmunzelte. »Sicher nicht. Bringst du mir ein Schälchen mit? Dann gehe ich schon mal zu Emily.«

Hubert nickte und ging voraus. Während er sich einen Weg zum Buffet bahnte, steuerte Katharina den Tisch mit den Models an. Inzwischen schien das Mittagessen größtenteils beendet zu sein, nur hier und da löffelte noch jemand seinen Nachtisch oder trank einen Espresso. Das Stimmengewirr war lauter geworden, obwohl sich die Tische im Vergleich zu vorher bereits geleert hatten. Auch am Model-Tisch waren nur noch Emily sowie zwei weitere Mädchen zurückgeblieben, der Rest hatte sich irgendwo verstreut.

Katharina drückte Emilys Schulter und lächelte den anderen beiden Mädchen zu. Es war das Schneewittchen-Mädchen, außerdem das Mädchen mit den kurzen blonden Haaren, das Hubert am Morgen als Letztes befragt hatte.

»Darf ich mich zu euch setzen oder störe ich?«

»Sie stören nicht«, antwortete das Schneewittchen-Mädchen. »Sie sind Katjas Zwillingsschwester, richtig? Gestern früh habe ich sie wirklich für Katja gehalten.«

»Mama, das sind Johanna und Larissa. Wir teilen uns ein Zimmer.« Emily zeigte zuerst auf das Schneewittchen-Mädchen, anschließend auf die Blondine.

»Richtig, von den beiden hast du schon erzählt.« Und von den beiden stammte auch das Videomaterial von dem Abend, an dem Katja vergiftet worden war, erinnerte sich Katharina. »Wie war denn euer Shooting? Seid ihr zufrieden?«

Emily strahlte. »Es war toll. Pascal hat mir eines der Bilder gezeigt, und es ist so, so schön geworden! Das muss ich unbedingt haben.«

Johanna und Larissa sahen einander an. »Es tut mir leid, ich habe heute leider kein Foto für dich«, äfften sie Heidi Klums Stimme nach und lachten. »Gut, dass wir diesen Satz hier nicht zu hören bekommen«, meinte Larissa. »Wobei mein Foto leider nicht so gut sein wird, fürchte ich. Ich hätte auch so gern lange Haare gehabt, aber Pascal wollte unbedingt eine kurzhaarige Alice dabei haben.« Enttäuscht stützte sie das Kinn auf ihre Hand.

»Mach dir keinen Kopf, du sahst toll aus«, tröstete Johanna sie.

»Das finde ich auch«, stimmte Emily zu. »Und Johanna hat überhaupt das tollste Bild von uns allen, da bin ich sicher. Es sah so genial aus, wie du posiert hast.«

»Ach.« Johanna winkte ab, wurde aber ein wenig rot.

Mit den roten Wangen erinnerte sie Katharina nur noch mehr an Schneewittchen, und nun fielen ihr auch die hohen Wangenknochen auf, die sie vorher nicht bemerkt hatte. »Weißt du, dass du mich an Schneewittchen erinnerst?«, sagte sie zu Johanna.

»Spieglein, Spieglein an der Wand, wer ist die Schönste im ganzen Land?«, zitierte Hubert ein weiteres Mal. Er setzte sich neben Katharina und schob ihr ein Schälchen mit Roter Grütze hin.

»Und wer ist die Schönste?«, fragte Emily.

Hubert schüttelte den Kopf. »Nee, nee, ich bin befangen. Von mir bekommst du keine Antwort, und von deiner Mutter sicher auch nicht.«

»Ihr seid alle schön, jede auf ihre eigene Weise«, sagte Katharina.

»Sehr diplomatisch«, kommentierte Hubert mit vollem Mund.

Johanna seufzte. »Können Sie nicht in der Jury sitzen? Barbara mag mich nicht. Sie gibt mir sicher immer aus Prinzip einen Punkt weniger, als fair wäre.«

Katharina zog die Augenbrauen hoch. »Warum denkst du, dass sie dich nicht mag?«

Johanna zuckte mit den Schultern. »Keine Ahnung, sie hat mich einfach auf dem Kieker.«

»Die ist sicher nur eifersüchtig, weil du im Vergleich zu ihr so jung und hübsch bist«, meinte Hubert. »Glaub mir, das ist wie mit der bösen Stiefmutter und Schneewittchen.«

Johanna lachte. »Dann halte ich mich wohl lieber von roten Äpfeln fern, auch wenn die hier am Bodensee so lecker schmecken.«

»Im Herbst sind sie sowieso viel besser als im Frühling, weil sie da frisch geerntet werden.«

»Ich werde es mir merken«, sagte Johanna zu Hubert.

Währenddessen wandte sich Katharina an ihre Tochter. »Was ist mit dir? Zu dir ist Barbara aber nett, hoffe ich.«

»Zu mir sind hier alle sehr nett. Wahrscheinlich, weil sie wissen, dass sie sonst eins von Katja auf den Deckel bekommen.«

Emily grinste, und Katharina grinste mit. Gleichzeitig verspürte sie wieder dieses Ziehen in der Magengegend, wie immer in letzter Zeit, wenn es um ihre Schwester ging.

Kapitel 8

»Dann treffen wir uns beim Staatsanwalt?«, fragte Hubert, als sie wieder draußen in der Sonne standen.

Viel herausgefunden hatten sie nicht mehr. Tatsächlich hatte das Personal die Wasserflaschen aus Katjas Zimmer geholt und vorerst nicht ersetzt, weil Katja momentan nicht vor Ort war. Das hatten Katharina und Hubert vom Produzenten erfahren, der zwischenzeitlich zurückgekommen war und mittlerweile deutlich netter und zuvorkommender wirkte als am Anfang.

Katharina nickte. »Bei ihm zu Hause. Heute ist Sonntag, er wird sicher nicht im Büro sein.«

Hubert verzog den Mund. »Begeistert wird er nicht sein, wenn wir bei ihm aufschlagen. Wo wohnt er denn?«

»Folg mir einfach«, antwortete Katharina und öffnete die Tür ihres Fiats.

Sie stieg ein, startete den Motor und beobachtete aus dem Beifahrerfenster, wie auch Hubert in seinen Wagen stieg. Wenige Sekunden später wollte auch er starten, doch der Motor stotterte nur, bevor er wieder ausging. Hubert versuchte es noch zwei weitere Male – ohne Erfolg.

Katharina drehte den Zündschlüssel wieder um und stieg aus. »Was ist los? Hast du vielleicht kein Benzin mehr?« Dabei ahnte sie bereits, was los war. Emil – so nannte Hubert seinen VW Golf – hatte schon einige Jahre, genauer gesagt Jahrzehnte, auf dem Buckel. Irgendwann hatte das passieren müssen.

Hubert, der das Fenster heruntergekurbelt hatte, schnaubte. »Ich fahre seit einundvierzig Jahren fast unfall- und pannenfrei, okay? Und in all den Jahren ist mir noch nie das Benzin ausgegangen. Im Übrigen habe ich erst gestern getankt.«

Katharina hob abwehrend die Hände. »Schon gut. Soll ich dir Starthilfe geben?«

Hubert drehte noch einmal an dem Zündschloss, doch nachdem der Golf wieder nur ein Stottern von sich gab, öffnete er die Tür und stieg ebenfalls aus. »Ja, bitte«, grummelte er.

Eine Viertelstunde später gaben sie es allerdings auf. Was sie auch versuchten, der Golf wollte nicht anspringen.

»In all den Jahren hat Emil mich nicht ein einziges Mal im Stich gelassen«, murmelte Hubert.

Katharina tätschelte ihm den Rücken. »Nimm's nicht so schwer, Hubert. Ihr hattet eine schöne Zeit, aber ich fürchte, jetzt musst du ihn gehen lassen.«

Hubert straffte die Schultern. »Wer sagt das? Emil braucht halt hin und wieder etwas Zuwendung. Ein guter Mechaniker kriegt ihn sicher noch mal flott. Du kennst doch einen, oder? Meiner ist gerade im Urlaub, auf den Philippinen. Außerdem ist Sonntag.«

Katharina unterdrückte ein Seufzen, dann holte sie ihr Handy heraus und rief Jonas an. Er war mit ihr und Daniel in eine Klasse gegangen und seitdem ihr bester Freund, auch wenn sie in den vergangenen Monaten etwas weniger Kontakt gehabt hatten als sonst. Jonas hatte ein Auge auf Katharina geworfen gehabt und etwas Abstand gebraucht, nachdem sie sich zuerst für den Staatsanwalt und dann für ihren Ex entschieden hatte.

Jonas hob ziemlich schnell ab, und Katharina erklärte ihm, was los war. Er versprach, sich um Emil zu kümmern und auch für den Abschleppdienst zu sorgen. Hubert sagte noch kurz drinnen Bescheid, dann stieg er zu Katharina ins Auto. Gleich darauf waren sie auf dem Weg zurück nach Friedrichshafen.

Sie hatten Meersburg noch nicht einmal hinter sich gelassen, als Hubert Katharina fast ins Lenkrad gegriffen hätte. »Fahr mal rechts ran«, bat er.

Genervt schaute Katharina in den Rückspiegel und setzte schnell den Blinker, während sie gleichzeitig abbremste und auf den Bordstein fuhr. Das Auto hinter ihr, ein blauer Renault, hupte. »Was ist los? Ist dir schlecht?«

»Mir war seit meinem dreißigsten Geburtstag nicht mehr schlecht, und da hatte ich zur Feier des Tages zu viel Selbstgebrannten getrunken. Nein, ich brauche dringend frische Marmelade.«

Katharina verdrehte die Augen. »Dann bring mir wenigstens ein Glas mit. Und ein Schälchen Erdbeeren, wenn du schon dabei bist.« Sie wollte ihr Portemonnaie herausholen, doch Hubert winkte ab.

»Lass mal, ich mach das schon.«

Er stieg aus und ging hinüber zu dem Stand, der auf einem großen Schild frisches Bodenseeobst anpries. Vom Frühling bis zum Herbst fanden sich diese selbst zusammengeschusterten Stände in jedem Ort rund um den See. Im Frühling gab es Erdbeeren und Rhabarber, im Sommer Kirschen und Johannisbeeren und im Herbst Äpfel und Kürbisse, außerdem wurden Marmeladen und Säfte verkauft und nicht selten Milch und Eier.

Es hat seine Vorteile, auf dem Land zu leben, dachte Katharina. In der Stadt war man aufgeschmissen, wenn man vergessen hatte, einzukaufen, hier hingegen bekam man auch an Sonn- und Feiertagen alles, um zumindest spontan Pfannkuchen oder andere Eierspeisen machen zu können.

Als ihr Handy klingelte, riss sie ihren Blick von Hubert los, der mit der Frau hinter dem Stand flirtete. »Hallo«, begrüßte sie Daniel am anderen Ende der Leitung. »Vermisst du mich schon?«

»Das auch«, hörte sie ihn mit einem Grinsen antworten. »Der Kollege hat seine Untersuchungen abgeschlossen. Die Füllflüssigkeit war mit Kirschgeschmack versetzt.«

»Hervorragend, endlich mal eine Spur«, erwiderte Katharina. Wobei sie in dieser Richtung tatsächlich fast schon zu viele Spuren hatten. Inzwischen hatte Katja die Auflistung angefertigt, und es sah so aus, als hätte jeder das Gift in Katjas Kirschschorle mischen können, da sie das Zeug über den ganzen Tag verteilt getrunken hatte.

»Weißt du schon, wann du nach Hause kommst?«, fragte Daniel. »Ich bin inzwischen hier fertig.«

»Hast du denn auch irgendwelche Ergebnisse?«

»Ja, aber die werden euch leider nicht weiterhelfen. Weder die Kekse noch die Pralinen haben irgendwelche Spuren von Nikotin oder einem anderen Gift aufgewiesen. Tut mir leid.«

Katharina nickte; davon war sie inzwischen selbst ausgegangen. Vermutlich hätte Katja schon die halbe Packung essen müssen, um überhaupt genug Gift aufzunehmen. Da sie aber ein Model war und die bekanntermaßen auf ihre Figur achteten, wäre der Plan, sie mit Süßigkeiten zu vergiften, mehr als unlogisch. Einer Gina Holzschuh würde so etwas mit Sicherheit nicht passieren. »Sag mal, bekommt man in eine einzige Praline genug Nikotin, um damit jemanden zu vergiften?«, vergewisserte sich Katharina trotzdem noch einmal bei Daniel.

»Das halte ich für sehr unwahrscheinlich.«

»Hab ich mir schon gedacht. Na schön, danke, Daniel. Wir müssen gleich noch mit dem Staatsanwalt reden, und dann fahre ich Hubert schnell nach Hause, bevor ich mich selbst auf den Heimweg mache. Emil hat den Geist aufgegeben.«

»O weh. Wie verkraftet Hubert es?«

»Er glaubt, Emil sei noch zu retten. Jonas kümmert sich jetzt um den Golf.«

»Verstehe. Na ja, vielleicht kriegt Jonas das Auto ja wirklich noch mal hin. Er ist gut in dem, was er tut.«

Katharina nickte nur und sagte nichts dazu. Irgendwie fühlte es sich immer noch seltsam an, in Daniels Gegenwart von Jonas oder Linus zu reden, auch wenn nie etwas Ernstes zwischen ihr und einem der beiden anderen Männer gewesen war. »Ich muss Schluss machen, Hubert kommt zurück«, sagte sie stattdessen, als sie aus dem Beifahrerfenster sah, wie Hubert dem Obststand den Rücken kehrte. »Er ist übrigens heute Abend dabei.«

»Prima, ich freue mich auf das Essen und darauf, den anderen die Neuigkeit zu verkünden.«

Einen Moment überlegte Katharina, ihm zu sagen, dass Hubert längst dahintergekommen war, doch das würde ihn nur enttäuschen, und das wollte sie nicht. Und dann hatte Daniel auch schon aufgelegt. Katharina legte ebenfalls auf und das Handy beiseite, gleichzeitig stieg Hubert zurück in den Fiat. Das Auto wackelte, als er sich auf den Beifahrersitz fallen ließ und seine Einkäufe auf der Rückbank verstaute.

Katharina schmunzelte. »Wolltest du nicht nur Marmelade kaufen?«, fragte sie mit Blick auf das ganze Obst und die vielen Einmachgläser.

Hubert zuckte mit den Schultern und schnallte sich an, während sich Katharina wieder im Verkehr einfädelte. »Obst ist gesund, oder? Du hast telefoniert?«

Sie nickte. »Daniel. Die Analyse hat nichts ergeben, Kekse und Pralinen sind sauber.«

»Das war abzusehen«, meinte Hubert.

»Ich weiß, aber sein Kollege ist auch weitergekommen. Die Füllflüssigkeit, mit der Katja vergiftet wurde, war mit Kirscharoma versetzt.«

»Das habe ich mir schon gedacht, nachdem sowohl der Fotograf als auch diese Barbara … Na ja, du weißt, wen ich meine.« Hubert winkte ab und unternahm gar nicht mehr den Versuch, den Nachnamen auszusprechen. »Jedenfalls war das klar, nachdem die beiden E-Zigaretten mit Kirsche rauchen.«

»Vergiss nicht, dass Barbara eigentlich Pfefferminz bevorzugt. Sie sollten wir ganz genau im Auge behalten. Es ist schließlich kein Geheimnis, dass Katja auf alles steht, was auch nur im Entferntesten nach Kirsche schmeckt oder riecht. Ich meine, sie hat das sogar mal in einem Interview erwähnt, und es wäre schon ein ungewöhnlicher Zufall, dass Barbara Kaminski ausgerechnet jetzt kurzfristig auf Kirsche umgestiegen ist.«

»Das sehe ich auch so. Zwar kann es sich durchaus um einen dummen Zufall handeln, aber solange wir uns dessen nicht hundertprozentig sicher sind, sollten wir nichts ausschließen.« Hubert ließ das Fenster einen Fingerbreit herunter. »Also, Katrinchen, dann erzähl mal. Du hattest einen Plan, den du mir in der Modelvilla nicht anvertrauen wolltest.«

»Katharina, nein, vergiss es! Das geht nicht, schon gar nicht in deinem jetzigen Zustand.«

Katharina stieß ein Seufzen aus. »Meinst du, ich bin begeistert von der Idee? Ich wollte nie wieder in diese Welt zurück, aber so wie ich das sehe, ist das unsere einzige Möglichkeit, um meine Schwester zu schützen und die Verdächtigen trotzdem im Auge zu behalten.«

Hubert schüttelte den Kopf. »Ich kann das nicht zulassen, Katharina. Nicht, nachdem ich von deinem Zustand weiß.«

»Den *ich* dir nicht verraten habe«, murmelte sie.

»Spielt das eine Rolle? Dieser Einsatz ist ohnehin gefährlich, und du bist schwanger. Was soll ich Daniel sagen, wenn dir etwas passiert? Emily, Maria? Außerdem glaube ich ohnehin nicht, dass Reuter der ganzen Sache zustimmt. Wir haben viel zu wenig in der Hand, um solch einen Einsatz zu rechtfertigen, und wenn Reuter auch noch hört, dass du schwanger bist, wird er niemals sein Okay geben. Das darf er im Übrigen rein rechtlich auch gar nicht, wie du sehr genau weißt. Du kannst schon froh sein, dass ich dich noch nicht zum Bürodienst verdonnert habe. In unserem Fall geht es um Gift, Katharina, Gift! Ich hätte dich längst abziehen müssen, und zu allem Überfluss ist auch noch Sonntag. Eigentlich brauchst du eine Unbedenklichkeitsbescheinigung, damit du heute überhaupt arbeiten darfst.«

Katharina bog in die Maybachstraße ein, bevor sie Hubert einen eindringlichen Seitenblick zuwarf. »Kein Wort zu Linus. Ich bitte dich, Hubert.«

Er atmete geräuschvoll aus. »Und wie stellst du dir das vor? Ich bin dein Vorgesetzter, und der Staatsanwalt ist in gewisser Weise meiner. Auf jeden Fall sind wir ihm Rechenschaft schuldig. Er und das Gericht müssen den Einsatz genehmigen, und nachdem ich von deiner Schwangerschaft weiß, kann ich sie nicht intern verschweigen.«

Katharina verzog den Mund. Natürlich hatte Hubert recht, und doch hatte sie gehofft, Linus das Ganze noch nicht offenbaren zu müssen. Sie bog in eine Seitenstraße ab und parkte den Fiat auf dem Randstein direkt vor Linus' Haus. Sie schaltete den Motor aus und zog den Schlüssel aus dem Zündschloss, blieb allerdings noch sitzen.

Hubert öffnete die Tür, doch als er bemerkte, dass Katharina nicht ausstieg, wandte er sich ihr zu. »Ich kann verstehen, dass das auf menschlicher Ebene blöd für dich ist, aber auf beruflicher Ebene …«

»Schon gut, Hubert, mir ist klar, dass du keine Wahl hast. Es ist nur … Wir haben es noch nicht mal Emily gesagt, und nun soll Linus es vor ihr erfahren.« Sie warf ihm ein schwaches Lächeln zu. »Aber das ist nicht deine Schuld. Ich hätte längst merken müssen, was mit mir los ist, und hätte mit Daniel und Emily darüber reden sollen.« Sie verstand selbst nicht, wie ihr ihr Zustand so lange hatte verborgen bleiben können. Ihr Instinkt war sonst sehr gut. Warum hatte er dieses Mal versagt?

»Hör zu, wenn du Reuter deine aberwitzige Idee nicht vorschlägst, für die wir so oder so zu wenig in der Hand haben, kann ich es unter Umständen vertreten, ihm heute noch nichts von dem Familienzuwachs zu erzählen. Emily kommt doch nachher zum Essen, oder?«

Katharina nickte, immerhin das hatte sie arrangieren können.

Hubert nickte ebenfalls. »Gut. Ich weiß, dass ich dich von dem Fall nicht abziehen kann, immerhin ist deine Schwester betroffen. Du musst aber das Risiko auf dich nehmen. Sollte irgendwas passieren, wird es nicht als Arbeitsunfall eingestuft. Und geh bitte gleich morgen zum Arzt und lass dir bescheinigen, dass keine Komplikationen zu erwarten sind, sonst wirst du den Bürodienst so oder so übernehmen müssen.«

»Danke, Hubert.«

Er winkte ab. »Reiner Eigennutz. Ich würde ungern mit Häberle oder Neuer in dem Fall weiterermitteln.« Er stieg aus und schlug die Tür zu, bevor Katharina etwas erwidern konnte.

Schnell verließ auch sie das Auto. »Sollte das so etwas wie ein Kompliment sein?«, fragte sie, während sie den Fiat abschloss und im Anschluss auf Linus' Haus zuging.

»Bild dir nicht zu viel darauf ein. Du weißt, ich mag

keine Veränderungen. Einen alten Baum verpflanzt man nicht.«

Doch das Funkeln in seinen blauen Augen verriet ihn. Nach ihrem ersten gemeinsamen Fall, in dem sich die Verdächtigen im Kreis von Katharinas ehemaligen Mitschülern bewegt hatten, hatte Hubert ihr noch Heimvorteil unterstellt. Dass er sie nun als kompetente Kollegin anerkannte, bedeutete ihr viel. Es war schwer für sie gewesen, in die Fußstapfen ihres Vaters zu treten, der vor vielen Jahren einst Huberts Partner gewesen war, und es war fast noch schwerer gewesen, von Hubert als vollwertiges Teammitglied angesehen zu werden. Immerhin war er auch ihr Patenonkel, und das hatte die ohnehin schon komplizierte Beziehung zwischen ihnen nur noch mehr verkompliziert. Lange Zeit hatte er in ihr nur das Katrinchen von früher gesehen, doch obwohl er sie immer noch mit Vorliebe so nannte, hatte sich seine Einstellung zu ihr geändert.

Gern hätte sie etwas zu ihm gesagt, doch bevor sie dazu kam, ging plötzlich die grau gestrichene Eingangstür auf, und Linus stand ihnen gegenüber. Er war extrem leger gekleidet, trug Jeans und ein T-Shirt mit AC/DC-Aufdruck. Zudem war er barfuß, und seine Haare schien er heute auch noch nicht gekämmt zu haben.

»Linus.« Katharina lächelte ihm zu, obwohl es sich seltsam anfühlte, ihm gegenüberzustehen. Außerdem hatte sie den Eindruck, ungelegen zu kommen. »Hast du uns erwartet?«

Er seufzte. »In der Tat. Zum einen ist dein gelber Fiat wenig unauffällig, zum anderen habe ich soeben ein sehr interessantes Gespräch mit einem Bekannten aus dem Golfclub geführt. Vielleicht kennt ihr ihn. Reiner Holzschuh?«

Katharina wusste, dass sie eigentlich ein schlechtes Gewissen hätte haben sollen, weil sie und Hubert Linus als

Staatsanwalt längst in die Ermittlungen hätten involvieren müssen. Stattdessen spürte sie Ärger über den österreichischen Produzenten in sich aufsteigen. Ihr Instinkt oder ihre Menschenkenntnis waren offenbar wirklich nicht mehr so gut wie früher. Und sie hatte noch geglaubt, der Produzent hätte Sympathien gegenüber ihr und Hubert entwickelt.

»Sag mir nicht, du lässt dich von einem Verdächtigen einwickeln.«

Zwischen Linus' Augenbrauen erschien eine steile Falte, und obwohl sie nur ein Mal miteinander ausgegangen waren, kannte sie ihn gut genug, um zu wissen, dass auch er Ärger verspürte. Allerdings musste sie ihm zugutehalten, dass er diesem keine Luft machte. »Jetzt kommt erst mal rein, bevor sich die ganze Nachbarschaft an den Fenstern versammelt. Kaffee?« Er ging voraus in die Küche.

»Zu Kaffee sage ich nicht Nein«, erwiderte Hubert.

»Für mich lieber ein Wasser«, bat Katharina.

Sie und Hubert folgten Linus in die halb offene Küche und setzten sich auf die Hocker vor der Kücheninsel. Es war sauber und aufgeräumt, was Katharina nicht wunderte. Linus hatte eine Putzkraft, wie sie wusste, außerdem war er nicht der Typ, der sein Frühstücksgeschirr in die Spüle stellte und dort stapelte, bis ihm die Kaffeetassen ausgingen. Schon allein deshalb hätten er und sie niemals glücklich miteinander werden können.

»Möchtet ihr mir erklären, warum ich bis gerade eben nichts von dem neuen Fall wusste?«, fragte Linus, während er Katharina ein Glas Wasser hinstellte und dann zur Kaffeemaschine ging; natürlich eine teure Siebträgermaschine.

Seine Stimme klang weder vorwurfsvoll noch herablassend, dennoch fühlte sich Katharina wie ein kleines Kind behandelt – und sie hasste dieses Gefühl. Hubert wollte das Reden übernehmen, und obwohl sie im Grunde froh darüber war, platzte aus ihr heraus: »Danke, meiner Schwester geht es gut.« Mit einem Mal war sie unglaublich wütend, weil sich Linus nicht nach Katja erkundigt hatte, sondern direkt mit den versteckten Vorwürfen gestartet hatte.

»Deine Schwester?« Überrascht drehte er sich um.

Katharinas Wut verpuffte so plötzlich, wie sie gekommen war. Stattdessen war sie nun ebenso überrascht. »Wie, du weißt gar nicht, dass Katja ins Krankenhaus musste? Ich habe angenommen, Reiner Holzschuh hat dir alles brühwarm erzählt.«

»Reiner hat sich nur bei mir beschwert, weil ihr den reibungslosen Ablauf vor Ort stört. Ich habe wohl mitbekommen, dass deine Schwester auf irgendeine Weise in dieser Modelshow mitwirkt, aber was hat sie mit dem Fall zu tun?«

»Eine ganze Menge«, erwiderte Hubert grimmig und weihte den Staatsanwalt in sämtliche Details ein.

Als Hubert geendet hatte, ließ sich Linus auf einen der Barhocker fallen. Er sah ehrlich erschüttert aus. »Okay, jetzt verstehe ich so Einiges. Es tut mir leid, Katharina.« Er warf ihr einen ernsten Blick zu. »Wie geht es deiner Schwester?«

Nun war es Katharina, die seufzte. »Besser, aber ich mache mir dennoch Sorgen um sie. Sie möchte ihren Job weitermachen, und ich habe keine Ahnung, wie ich sie unter diesen Umständen beschützen soll.«

Linus stand wieder auf, um den Kaffee für sich und Hubert fertig zu machen. »Warum habt ihr den Giftanschlag auf Katja denn als Unfall getarnt? Okay, im Prinzip verstehe ich die Beweggründe, trotzdem halte ich es nicht für die optimale Lösung. In den meisten Fällen will man Verdächtige nicht verschrecken, trotzdem ist offene und ehrliche Ermittlungsarbeit immer noch die effektivste Methode, um einen Täter zu überführen.«

Katharina knirschte unbewusst mit den Zähnen. Hatte Linus recht? Hubert hatte von ihr wissen wollen, ob sie bei einem fremden Opfer genauso gehandelt hätte, und sie hatte bejaht, doch nun kam sie nicht umhin, sich erneut zu fragen, ob diese Aussage wirklich der Wahrheit entsprach. Oder hatte sie das nur behauptet, um ihr Vorgehen zu rechtfertigen? Gern hätte sie mit einem klaren Ja oder Nein geantwortet, doch so einfach war das eben nicht. Bei einem ihr unbekannten Opfer hätte sie ein Arbeitsverbot verhängt, und wenn der Betroffene das Verbot missachtete, handelte er auf eigenes Risiko. Genau dieses Risiko konnte Katharina bei Katja aber nicht eingehen, denn es war zu groß. Wenn ihrer Schwester etwas zustoßen würde …

Ihr Hals fühlte sich plötzlich eng an, und sie hatte Mühe, die aufsteigenden Tränen zurückzuhalten. Hubert bemerkte es sofort. Für einen kurzen Moment legte er seine Hand auf Katharinas Unterarm, dann rutschte er von seinem Hocker und wandte sich an Linus.

»Darf ich mal das Bad aufsuchen?«

»Natürlich. Moment, ich zeige es Ihnen.«

Linus begleitete Hubert aus der Küche, und Katharina wischte sich schnell über die Augen. Ihre Hormone würden sie noch verraten. Sie atmete gerade tief durch, als Linus zurückkam. Zu ihrer Überraschung widmete er sich nicht erneut dem Kaffee, sondern nahm auf Huberts Hocker Platz.

»Alles okay?«, fragte er sanft.

Fast hätte sie erneut zu weinen begonnen. Sie wollte nicken, stattdessen schüttelte sie den Kopf. »Aber ich komme schon irgendwie damit klar. Ich muss mich bei dir entschuldigen, Linus, weil wir uns nicht früher bei dir gemeldet haben. Wir wollten uns erst mal einen Überblick verschaffen, damit wir dich am Wochenende so wenig wie möglich behelligen müssen.« Und ja, sie hatte auch andere Dinge im

Kopf gehabt. Sie rechnete damit, dass Linus ihr jeden Moment Befangenheit vorwerfen würde, doch zu ihrer Überraschung tat er es nicht.

»Das ist nun mal unser Job, Katharina. Wenn was ist, könnt ihr jederzeit zu mir kommen. Wenn du denkst, dass dem nicht so wäre, muss *ich* mich entschuldigen, weil ich damals auf Emilys Geburtstag …«

Katharina winkte ab. »Vergiss es, Linus, das ist ewig her.«

Doch sie selbst konnte die Sache nicht so einfach vergessen, denn nur zu gut erinnerte sie sich noch an die Situation an Emilys Geburtstag. Katharina war wieder einmal ihrem Instinkt gefolgt und hatte Linus ihre Beweggründe erklären wollen, doch er hatte sie abgebügelt, weil es schon spät am Sonntagabend gewesen war. Und dann hatte er ihr vorgeworfen, unprofessionell zu sein, weil sie ihn gebeten hatte, ihr einfach zu vertrauen.

Er schien ebenfalls an seine damaligen Worte zurückzudenken, denn für eine Weile legte sich ein Schweigen zwischen sie. Seine Hand näherte sich ihrer, doch in letzter Sekunde zog er sie zurück und seufzte tief. »Ich habe mich damals wie ein Idiot aufgeführt und bereue immer noch, wie ich mich dir gegenüber verhalten habe. Wenn ich dir einfach vertraut hätte …« Er ließ seinen Satz unbeendet im Raum stehen. Stattdessen zuckte er mit den Schultern und warf ihr ein trauriges Lächeln zu.

Katharina erwiderte das Lächeln ebenso traurig. Im Grunde war sie froh, dass es zwischen ihr und Linus so gekommen war, denn sonst hätte sie zwischen sich und Daniel womöglich endgültig alles kaputt gemacht. Andererseits tat es ihr leid, wie die Sache zwischen ihr und Linus abgelaufen war.

Er straffte die Schultern. »Okay, was kann ich tun, Katharina?«

Ihr Herz schlug schneller, und ihre Hände wurden feucht. Linus wollte seinen damaligen Fehler wiedergutmachen, und das war ihre Chance, ihre Idee anzubringen. Hastig warf sie einen Blick über ihre Schulter, aber Hubert schien nach wie vor im Bad zu sein.

»Du musst einen Undercover-Einsatz genehmigen«, bat sie Linus. »Ich gebe mich als Katja aus und kehre statt ihr in die Modelvilla zurück, um dem Täter eine Falle zu stellen.«

Linus verzog den Mund. »Und wenn der Täter *dir* eine Falle stellt? Mir ist nicht wohl bei der Sache, zumal ihr bisher nicht sehr viel in der Hand zu haben scheint. Nehmen wir die Verdächtigen. Theoretisch gibt es vielleicht hier und da tatsächlich so etwas wie ein Motiv, aber ihr konntet bisher nicht einmal herausfinden, ob auch eine Gelegenheit da war.«

»Pascal König und Barbara Kaminski rauchen beide E-Zigarette.«

Linus schüttelte den Kopf. »Katharina, es tut mir leid, aber das ist doch kein hinreichender Tatverdacht. Das Füllmaterial für solche E-Zigaretten kann man inzwischen an jeder Ecke kaufen. Selbst Jugendliche haben Zugang.«

Katharina hörte, wie Hubert zurück in die Küche kam. Sie fing seinen vorwurfsvollen Blick auf und schickte ihm einen flehenden Blick zurück. »Mir ist klar, dass wir nur sehr wenig in der Hand haben«, sagte sie zu Linus, während der wieder aufstand und zur Kaffeemaschine ging.

Derweil setzte sich Hubert zurück auf seinen Hocker. »Was soll das, Katrinchen?«, flüsterte er. »Wir hatten eine Abmachung, schon vergessen?«

Sie beachtete ihn nicht und redete einfach weiter. »Aber wir müssen etwas unternehmen. Wenn wir den Täter nicht überführen, wird er meiner Schwester vielleicht erneut etwas antun, und das nächste Mal kommt sie unter Umständen nicht so glimpflich davon.«

»Das verstehe ich ja.« Linus stellte die zwei vollen Kaffeebecher auf die Kücheninsel und setzte sich auf den Hocker gegenüber von Katharina. »Ich möchte euch auch wirklich helfen, aber mir sind die Hände gebunden, solange ihr mir nicht mehr geben könnt. Das sind bisher alles nur Indizien, wenn überhaupt. Ihr wisst nicht einmal mit hundertprozentiger Sicherheit, ob sich der Täter im Umfeld der TV-Produktion befindet.«

»Doch, ich bin mir sicher.«

»Und wie kannst du dir das bitte sein? Sag mir, dass niemand sonst Zugang zur Modelvilla hat beziehungsweise hatte. Lieferanten beispielsweise, Musiker, ein Stalker, der sich als jemand anderes ausgibt. Wenn ich das richtig verstanden habe, seid ihr auf dem Grundstück bisher selbst ein- und ausgegangen, wie es euch passte.«

Katharina setzte an, um etwas zu erwidern, doch ihr wollte kein Wort über die Lippen kommen, und da wurde ihr bewusst, dass Linus recht hatte. Die Tür zur Modelvilla ... Sie hatte offen gestanden beziehungsweise war nicht abgeschlossen gewesen. Außerdem war es theoretisch ein Leichtes, um das Gebäude herumzulaufen und sich durch den Garten Zugang zu verschaffen. Im Haus wuselte es von Menschen, und genau das machte es so einfach, unbemerkt hineinzugelangen. Mit einer Kiste Wasser in den Händen würde niemand auffallen, sondern für einen Lieferanten gehalten werden.

Linus nickte. »Das dachte ich mir.«

Schweigen legte sich über die Gruppe. Durch das gekippte Küchenfenster drang Kinderlachen herein, vermutlich aus dem Nachbargarten, und die Uhr, die an der Wand hing, machte mit jeder Sekunde deutlich, wie die Zeit unerbittlich voranschritt. Doch Katharina war noch nicht bereit aufzugeben, obwohl sie ganz genau wusste, dass ihre

Worte nichts ändern würden. Sie musste es wenigstens versuchen, immerhin ging es um das Leben ihrer Schwester.

»Es passt alles wunderbar zusammen, Linus«, beharrte sie. »Außerdem ist die Villa unsere beste und einzige Chance. Gerade wenn der Täter nicht aus dem Umfeld der Show stammt, haben wir nur durch einen Insider die Möglichkeit, ihn ausfindig zu machen. Er wird sicher versuchen, erneut zuzuschlagen, wenn er hört, dass Katja zurückkommt.«

Linus trank einen Schluck Kaffee, als wollte er seine Antwort absichtlich so lange wie möglich hinauszögern. Schließlich warf er Katharina einen bedauernden Blick zu. »Es tut mir leid, ich kann diese Aktion nicht genehmigen. Selbst wenn ich es wollte – und glaub mir, dieses Mal will ich euch wirklich helfen, weil ich an deiner Intuition keinen Zweifel habe –, hängt die Entscheidung nicht allein von mir ab. Der Richter muss ebenso zustimmen, und unter den gegebenen Umständen wird er das nicht tun. Ich kenne Richter Arnold, zu meiner Zeit hat er noch Kurse im Fachbereich Rechtswissenschaft an der Uni Konstanz gegeben, und er ist pedantischer als alle Richter, die ich während meiner Laufbahn bisher kennengelernt habe. Tut mir leid, Kathi. Ich weiß, du hast dir eine andere Antwort erhofft.«

»Schon gut, du kannst ja nichts dafür«, sagte Katharina, konnte die Enttäuschung jedoch nicht aus ihrer Stimme heraushalten. Sie wollte aufstehen, aber Hubert legte ihr eine Hand auf den Arm, sodass sie sitzen blieb.

»Wie sieht es denn mit Personenschutz für Katja Lübig aus? Denken Sie, Richter Arnold würde dem zustimmen?«

»Puh, schwer zu sagen.« Linus verzog nachdenklich den Mund. »Es käme auf einen Versuch an. Die Frage ist, ob wir überhaupt unbemerkt einen Bodyguard ins Team geschleust bekommen. Inwiefern gehört Reiner Holzschuh denn nun zu den Verdächtigen?«

Katharina rechnete es Linus hoch an, dass er erst jetzt darauf zu sprechen kam. »Im Grunde hat in erster Linie seine Frau das Motiv, weil sie von ihrem Mann nicht anerkannt wird. Den Produzenten selbst hatten wir inzwischen von der Verdächtigenliste gestrichen. Er hat kein Motiv, und außerdem hat er ja groß mit Katjas Teilnahme geworben. Wenn Katja ausfällt, muss er ihre Gage trotzdem zahlen und zudem Barbara Kaminski an ihre Stelle setzen, die er eigentlich nicht mag.«

»Okay, und Barbara Kaminski hat ein Motiv, weil sie und deine Schwester einst Rivalinnen waren und sie Katjas Position in der Show haben will?«, hakte Linus nach, worauf Katharina nickte. »In dem Fall scheint mir Reiner selbst tatsächlich kein Motiv zu haben, es sei denn, er betrügt seine Frau beispielsweise mit dieser Barbara und will es verschleiern, indem er schlecht über sie spricht.«

Katharina horchte auf. Angenommen, Katja war dahintergekommen und man wollte sie zum Schweigen bringen … Möglich war außerdem, dass der Produzent die Kaminski nicht direkt hatte besetzen können, weil er nach außen stets schlecht von ihr gesprochen hatte und es aufgefallen wäre, wenn er ihr jetzt eine solche Position verschafft hätte. Katharina hatte zwar vorhin das Gefühl gehabt, Barbara hätte sich an den Fotografen ranschmeißen wollen, doch das musste nichts heißen. Vielleicht wollte sie es Reiner auch einfach nur heimzahlen, weil er nun – zumindest übergangsweise – seine Frau als Ersatz für Katja eingesetzt hatte.

»Das klingt gar nicht doof und wäre noch ein Grund mehr, undercover zu ermitteln. Wenn Reiner und Barbara wirklich was miteinander haben, wird es ihnen schwerfallen, sich die ganze Zeit über nur anzuzicken und aus dem Weg zu gehen. Wir brauchen jemanden in der Villa, der die beiden beobachten kann. Jemanden, der ein Auge für solche Dinge hat und in Gefahrensituationen weiß, wie man sich verhält.«

»Wobei das Ganze ja schon seltsam ist«, murmelte Hubert, bevor Linus auf Katharinas Kommentar eingehen konnte.

Katharina und Linus warfen sich kurz einen irritierten Blick zu. »Wovon redest du, Hubert?«

»Na, Reiner Holzschuhs Anruf beim Staatsanwalt«, erwiderte er. »Warum macht er das, wenn er unschuldig ist?«

»Guten Morgen«, konnte Katharina sich nicht verkneifen, zu sagen. »Wir haben gerade überlegt, inwiefern der Produzent doch ein Motiv haben könnte.«

»Außerdem sind wir zusammen zur Schule gegangen«, fügte Linus hinzu. »Theoretisch muss es auch gar nichts zu bedeuten haben.«

»Verstehe.« Beinahe verlegen trank Hubert einen Schluck Kaffee. »Ich wollte damit auch nur sagen, dass es in der momentanen Situation einfach unglaublich schwierig ist, jemanden zu einhundert Prozent als unschuldig auszusortieren.«

Linus seufzte. »Und genau da liegt das Problem. Gehen wir einfach mal davon aus, Richter Arnold würde dem Ganzen tatsächlich zustimmen – wie kriegen wir einen Undercover-Bodyguard unbemerkt in die Show? Denn er müsste in irgendeiner Form Teil der Show sein, damit er Katja die ganze Zeit über beobachten kann und Zugang zu allem hat. Wenn wir aber Reiner nicht einweihen können und auch sonst niemand vertrauenswürdig ist …«

»Den Bodyguard für Katja kann ich nicht spielen, aber ich kann Katjas Platz einnehmen. Wenn ich mir die Haare kürzer schneiden und glätten lasse, sehen wir uns zum Verwechseln ähnlich, außerdem habe ich Ahnung vom Model-business.« Katharina winkte ab, als Linus etwas sagen wollte. »Bitte, Linus, denk einfach noch mal in Ruhe da-rüber nach. Du siehst, wie hilfreich es wäre, jemanden ein-zuschleusen.«

Linus antwortete nicht sofort, und mit jeder Sekunde, die verging, merkte Katharina, wie Hubert neben ihr im-mer unruhiger wurde. Sie schüttelte kaum merklich den Kopf, und Hubert blieb tatsächlich still.

»Also gut«, stimmte Linus nach einer Weile zu. »Ich rede mit Arnold und sehe, was sich machen lässt.«

Kapitel 9

»Das war gegen unsere Abmachung«, grummelte Hubert, als sie gemeinsam zu Jonas' Werkstatt fuhren. »Ich möchte mal wissen, was du dir dabei gedacht hast.«

»Du siehst doch selbst, wie wichtig es ist, jemanden vor Ort zu haben, und diese Aufgabe kann nun mal nur ich übernehmen«, verteidigte sich Katharina.

»Du bist schwanger, Katharina, schwanger! Was meinst du, warum man im Frühjahr und Sommer beispielsweise keine Rehe schießen darf? Weil die Viecher trächtig oder die Kitze noch klein sind. Aber für Mord gibt es keine Schonzeit. Also, selbst wenn der Richter der Aktion zustimmen sollte, kannst du in deinem Zustand auf keinen Fall auf eine Undercover-Mission gehen.«

»Er hat ja noch gar nicht zugestimmt, und wenn er es tut, können wir uns immer noch den Kopf zerbrechen, wie es weitergeht.«

»Sag mal, spinnst du jetzt total?«

»Lass uns das Ganze doch einfach für uns behalten, okay?«, warf Katharina ein, bevor Hubert weitersprechen konnte. Sie sah ihn flehentlich von der Seite an. »Bitte, Hubert. Können wir nicht so tun, als wüsstest du offiziell von nichts? Immerhin habe ich dir nichts gesagt. Ich war noch nicht einmal beim Arzt, Herrgott. Wenn das mit Katja nicht passiert wäre, hätte ich selbst noch keine Ahnung, was mit mir los ist.«

»Hör mal, Mädel, du riskierst hier nicht nur deinen Arsch, ist dir das klar? Nachdem du nicht dementiert hast, weiß ich jetzt nun mal davon, und wenn das rauskommt ...«

»Wird es aber nicht.« Katharina drückte aufs Gas, um

noch über eine Ampel zu kommen, die gerade auf Gelb schaltete. Der blaue Renault hinter ihr fuhr ebenfalls schneller, um noch über die Kreuzung zu kommen. »Und ansonsten bleibt immer noch die Option, dass ich das Risiko auf *mich* nehme.«

Hubert schüttelte den Kopf. »Nicht in diesem Fall. Wenn Reuter und Arnold dahinterkommen, was mit dir los ist, werden sie dir den Marsch blasen, und das zu Recht. Verdammt, du erwartest ein Baby! Es geht hier nicht nur um dein Leben, sondern auch um das deines Kindes. Stell dir vor, es passiert etwas ...«

»Und wenn meiner Schwester etwas passiert, weil ich nicht eingeschritten bin?«, schrie Katharina fast. Tränen sammelten sich in ihren Augen, und sie fuhr abrupt rechts ran, wo sie in den Leerlauf schaltete und die Handbremse anzog. Nachdem sie ein paar Mal tief Luft geholt hatte, fuhr sie deutlich ruhiger fort: »Sag mir, was ich machen soll, Hubert.«

Er atmete geräuschvoll aus. »Ich weiß es nicht, Katharina, aber es wäre schön, wenn du nicht immer vergessen würdest, dass ich nicht nur dein Vorgesetzter bin, sondern auch dein Patenonkel.«

»Wenn ich das vergessen hätte, hätte ich dich nie um den Gefallen gebeten, in Bezug auf meinen Zustand den Mund zu halten«, antwortete sie leise.

»Gut. Ich mache mir nämlich Sorgen um dich, Kind. Weißt du, als dein Vater damals im Einsatz starb ... Ich habe mir geschworen, dass ich auf dich besser aufpassen werde, und ich habe Emily dasselbe versprochen. Und jetzt erwartest du von mir, dass ich dabei zusehe, wie du dich mitten in die Gefahr stürzen willst.«

Katharina schluckte. »Wir wissen ja noch gar nicht, wie gefährlich es am Ende wirklich ist. Um ehrlich zu sein, wissen wir generell ziemlich wenig. Vielleicht hat es der Täter gar nicht auf Katjas Leben abgesehen.«

»Und das soll es jetzt besser machen?« Hubert schüttelte den Kopf. »Nee, Katrinchen, ganz und gar nicht.«

»Immerhin nennst du mich wieder Katrinchen.« Katharina lächelte traurig.

»Ach, Mädchen.« Hubert nahm kurz ihre Hand und drückte sie. »Ich weiß doch auch nicht, was wir machen sollen. Am besten, du redest noch mal mit Katja. Sie wird auch nicht wollen, dass du dich ihretwegen in Gefahr begibst.«

Katharina nickte, doch bevor sie etwas dazu sagen konnte, hupte ein Auto. Erst jetzt bemerkte sie, dass sie vor einer Garageneinfahrt gehalten hatte. Entschuldigend hob sie die Hand, legte den ersten Gang ein und fädelte sich wieder in den Nachmittagsverkehr ein.

»Tut mir leid, aber ich fürchte, da lässt sich nichts mehr machen«, sagte Jonas. »Den Motor würde ich zwar noch hinkriegen, aber die Karosserie ist komplett durchgerostet, und da liegt noch Einiges mehr im Argen.«

Hubert verzog traurig den Mund, nickte aber. »Lasst ihr mich kurz allein?«, bat er.

»Natürlich.« Katharina nahm Jonas am Ellbogen und trat mit ihm nach draußen in die wärmende Sonne. Sie holte tief Luft, um den Geruch von Motoröl und Abgasen aus der Nase zu bekommen.

»Dein Chef hängt wohl ganz schön an der alten Kiste, was?« Jonas holte einen Lappen aus der Hosentasche seines ölverschmierten Blaumanns und wischte sich die dreckigen Finger daran ab.

»Sicher, das Auto ist älter als ich.« Katharina sah hinüber zu Hubert, der vor Emil stand, die Daumen wie so oft unter seinen Hosenträgern eingehakt. »Und lass ihn das mit der alten Kiste bloß nicht hören, sonst hält er dir einen langen Vortrag über die Zuverlässigkeit von in die Jahre gekommenen Autos.«

Jonas grinste schief. »Tja, ganz unrecht hat er nicht. Ich ärgere mich immer noch über die Abwrackprämie von vor ein paar Jahren. Du hast keine Ahnung, wie viele Autos damals verschrottet wurden, die mit Sicherheit heute noch gute Dienste leisten würden. Aber na ja, da kann man nichts machen. Wenn dein Chef einen neuen Wagen sucht, kann er sich jedenfalls gern bei mir melden. Ich habe einen Bekannten, der mit alten Autos handelt. Da ist sicher was für Hubert dabei.«

»Danke, ich werd's ihm sagen. Wie geht es dir denn?«

»Alles gut so weit. Das Übliche.« Er senkte den Blick und schaffte es kaum, das Schmunzeln auf seinen Lippen zu unterdrücken.

Katharina wusste sofort, dass er ihr etwas verheimlichte. »Jonas?«

»Schon gut. Ich hab jemanden kennengelernt.«

»Wirklich? Das ist toll, ich freue mich für dich. Erzähl.«

Er zuckte mit den Schultern. »Es ist noch ganz frisch, deshalb würde ich es gern erst ein bisschen genießen, bevor ich dir alles haarklein berichte. Ist das okay?«

Katharina nickte schnell. »Natürlich, frag doch nicht. Ich bin froh, dass … dass es dir gut geht. Ich glaube, ich habe mich nie bei dir entschuldigt für das ganze Chaos im letzten Jahr.«

»Ach, Kathi.« Er wollte sie in seine Arme ziehen und konnte sich gerade noch daran hindern, bevor er sie mit Öl beschmierte. »Es ist alles in Ordnung zwischen uns, wir werden immer Freunde bleiben. Also mach dir keinen Kopf.«

Sie schenkte ihm ein Lächeln. »Das ist schön zu wissen. Ich wollte …« Ihr Handy klingelte, und sie zog es entschuldigend hervor. »Tut mir leid, die Arbeit. Wir stecken mitten in einem Fall.«

Er winkte ab. »Klar, geh nur ran.«

Katharina sah auf dem Display ihres Handys, dass es Linus war. Sofort begann ihr Herz schneller zu schlagen. Sie nahm das Gespräch entgegen und entfernte sich gleichzeitig ein paar Schritte. »Das ging ja schnell. Hast du den Richter schon erreicht?«

»Habe ich zum Glück, er war gerade auf dem Sprung zum Golfplatz.«

»Und?« Unbewusst umklammerte Katharina das Handy fester. Linus seufzte, und sie kannte die Antwort, bevor er sie laut aussprach.

»Tut mir leid, ich habe wirklich alles versucht. Prinzipiell versteht er zwar sogar, warum du diesen Schritt vorschlägst, aber er sagt gleichzeitig, dass wir so ein Vorgehen mit dem, was wir in der Hand haben, nicht rechtfertigen können. Vielleicht überlegt ihr doch noch mal, ob es an dieser Stelle nicht besser wäre, offen zu ermitteln.«

»Danke, Linus. Es ist nett, dass du helfen wolltest und dich gleich darum gekümmert hast.«

»Selbstverständlich. Und wenn noch was ist, kannst du dich jederzeit bei mir melden, auch am späten Sonntagabend.«

Trotz der Umstände musste Katharina lächeln. »Ich danke dir. Hab noch einen schönen Sonntag.«

Dann legte sie auf und steckte das Handy wieder weg. Sie drehte sich um und sah Hubert, der inzwischen ebenfalls nach draußen gekommen war und neben Jonas stand. Die beiden schienen sich über die Vor- und Nachteile von alten Autos zu unterhalten, hielten aber inne, als sie Katharinas niedergeschlagenen Blick bemerkten.

»Alles okay?«, fragte Jonas besorgt.

Fast gleichzeitig meinte Hubert: »Ich nehme an, das war Linus. Damit ist dein Vorschlag wohl vom Tisch.«

»Ja und nein«, antwortete Katharina entschlossen.

Hubert zog die Augenbrauen hoch. »Wie meinst du das?«

Sie winkte ab. »Das erkläre ich dir später, lass mich erst mal mit Katja und Daniel reden. Kommst du gleich mit oder soll ich dich erst noch wo absetzen?«

Katharina wandte sich ab, doch Hubert hielt sie am Arm fest, sodass sie stehenbleiben musste. »Nichts da. Du sagst mir jetzt sofort, was du vorhast. Ich bin immer noch dein Vorgesetzter und habe am Ende ohnehin das letzte Wort.«

Katharina drehte sich zu ihm um und sah ihn einen Moment lang an. Schließlich gab sie sich geschlagen. Früher oder später musste er ja doch davon erfahren. »Okay, hör zu. Ich weiß, dass wir gerade einen aktuellen Fall haben, trotzdem muss ich dich bitten, Urlaub nehmen zu dürfen. Die Personalabteilung hängt mir schon seit Wochen damit in den Ohren, dass ich endlich meinen Resturlaub vom letzten Jahr verplane.«

»Bitte was?«

Hubert starrte sie an, doch dann fiel der Groschen. Natürlich hatte Katharina nicht vor, sich ein paar schöne Tage zu machen, und das wusste er genauso gut wie sie. Urlaub einzureichen, war der einzige Weg, um den Plan mit dem Undercover-Einsatz doch noch in die Tat umzusetzen, und in dem Fall war es sogar egal, dass sie schwanger war. Schließlich ging es niemanden etwas an, was sie in ihrer Freizeit trieb.

Hubert riss die Augen auf und schüttelte vehement den Kopf. »Nein, nein und nochmals nein! Das kommt überhaupt nicht in Frage.«

Aus dem Augenwinkel bemerkte Katharina den irritierten Blick von Jonas, der nicht wissen konnte, worum es gerade wirklich ging, doch obwohl sie ihn nur ungern außen vor ließ, hatte sie jetzt keine Zeit, ihm alles zu erklären. »Hubert, ich fürchte, du hast gar keine andere Wahl, als meinen Urlaub zu genehmigen.«

Er presste die Kiefer aufeinander. »Wenn du dich da mal nicht täuschst, Mädel. Wie du schon sagst, wir haben einen Fall. Auch wenn du noch so viel Resturlaub hast ...«

»Darum geht es nicht«, unterbrach sie ihn. »Da der Fall meine Schwester betrifft, habe ich jedes Recht dazu, dich darum zu bitten, mich von den Ermittlungen abzuziehen. Außerdem ...« Für den Bruchteil einer Sekunde senkte sie den Blick auf ihren Bauch. »Muss ich wirklich weiterreden?«

»Heilandzagg! Ich glaub's einfach nicht. Das ist jetzt wirklich unfair, Katharina.«

Sie nickte und schluckte das schlechte Gewissen hinunter. »Ich weiß, aber Richter Arnold lässt mir keine andere Wahl. Also, was sagst du: Genehmigst du meinen Urlaub?«

Katharina und Daniel hatten sich in die Küche zurückgezogen, während es sich Katja, Maria und Hubert mit einem Kaffee auf der Terrasse gemütlich machten. Emily würde erst später zu ihnen stoßen.

Katharina lehnte mit dem Rücken gegen die Arbeitsplatte, die Arme vor der Brust verschränkt, und sah dabei zu, wie Daniel Kirschtomaten und Gurke für den Salat kleinschnitt, den es nachher zur Lasagne geben würde. Die Lasagne hatte er inzwischen so weit vorbereitet, dass sie nur noch in den Ofen geschoben werden musste, und auch der Nachtisch befand sich fertig zubereitet im Kühlschrank.

»Warum sagst du nichts?«, fragte Katharina nach einer Weile des Schweigens.

Daniel seufzte. »Was soll ich denn dazu sagen, Kathi? Du entscheidest das Ganze doch ohnehin über meinen Kopf hinweg.«

»Das stimmt nicht, Daniel. Wenn es so wäre, hätte ich längst Nägel mit Köpfen gemacht.«

»Ach ja? Und warum erfahre ich dann erst jetzt von deinem Plan, nachdem du längst den Staatsanwalt und Richter ins Boot geholt hast?« Aufgebracht wischte er sich die Finger an einem Handtuch trocken und warf es hinter Katharina auf die Arbeitsfläche. »Ich habe dich gerade erst wieder, Kathi. Ich will dich nicht verlieren; dich nicht und unser Baby auch nicht.«

Katharina schluckte. »Du wirst uns nicht verlieren, Daniel, das verspreche ich dir. Ich kann sehr gut auf mich aufpassen, wie du weißt.«

»Das hat dein Vater auch Tag für Tag zu deiner Mutter gesagt, bevor er sich auf den Weg zur Arbeit gemacht hat. Weißt du noch?«

Katharina senkte den Blick. »Wie könnte ich das je vergessen?«, erwiderte sie leise.

Daniel schüttelte den Kopf und atmete hörbar aus, bevor er sie in seine Arme zog. »Tut mir leid, natürlich hast du das nicht vergessen. Es ist nur … Ich mache mir Sorgen um dich. Um euch.«

»Das weiß ich, und deshalb verstehst du sicher auch, dass ich mir große Sorgen um meine Schwester mache. Wenn wir den Täter nicht finden, werde ich nie wieder eine ruhige Minute haben – und Katja genauso wenig.«

»Klar verstehe ich das.« Daniel schob sie ein Stück von sich weg, um sie ansehen zu können. »Aber musst du dich wirklich als deine Schwester ausgeben, um den Täter zu schnappen? Gibt es keinen anderen Weg?«

Katharina schüttelte den Kopf. Sie und Hubert hatten

lange darüber geredet, nachdem er sich halbwegs beruhigt hatte, und sie waren alle Möglichkeiten noch mal durchgegangen. Am Ende lief es immer wieder auf dasselbe hinaus: Selbst wenn Katja zustimmte, aus der Show auszusteigen, und Katharina und Hubert die Ermittlungen offen aufnehmen würden – ihre Chance, den Täter zu fassen, war am höchsten, wenn sich Katharina als ihre Schwester ausgab. So konnten sie den Täter in Sicherheit wiegen und ihm eine Falle stellen, anstatt ihn zu verschrecken und mit der Angst leben zu müssen, dass er jederzeit wieder zuschlagen könnte.

Seufzend lehnte Katharina ihren Kopf an Daniels Brust. »Vertrau mir, ich ziehe diesen Plan nicht leichtsinnig in Betracht. Es ist vielleicht nicht der einzige Weg, aber es ist der beste. Außerdem kann ich so auch ein Auge auf Emily haben.«

Daniel drückte Katharina einen Kuss auf den Scheitel und legte dann sein Kinn darauf ab. »Und was ist, wenn du in Gefahr geraten solltest? Offiziell befindest du dich immerhin im Urlaub.«

»Das ist alles mit Hubert geklärt. Wir bleiben in Kontakt, er unterstützt mich unter der Hand, wo er kann, und wenn was sein sollte, schickt er natürlich sofort ein Team zur Villa. Du brauchst dir keine Sorgen zu machen.«

Daniel schnaubte. »Das sagst du so einfach, natürlich werde ich mich Tag und Nacht um dich sorgen. Aber ich weiß auch, dass ich dich nicht davon abbringen kann, und am Ende will ich nicht dafür verantwortlich sein, wenn ihr den Täter nicht findet und Katja womöglich noch etwas Schlimmeres passiert.«

»Danke, Daniel. Ich wusste, dass du das verstehen würdest.« Sie hob den Kopf und legte ihre Hände in seinen Nacken, um ihn zu küssen.

»Ich habe dich schon immer besser verstanden als du

dich selbst.« Er gab ihr einen Kuss auf die Nase. »Was machen wir denn mit Emily? Hast du vor, sie in deinen Plan einzuweihen?«

Schnell schüttelte Katharina den Kopf. »Auf gar keinen Fall. Je weniger Bescheid wissen, desto besser. Du, Katja und Hubert, mehr Leute müssen vorerst nicht davon erfahren.«

Auf Daniels Lippen schlich sich ein Schmunzeln. »Und du glaubst, deine Tochter wird dieses Schauspiel nicht durchschauen? Dann träum mal schön weiter.«

Katharina fürchtete, dass Daniel recht haben könnte, trotzdem beharrte sie: »Es geht nicht anders. Du weißt, wie das ist. Mit jedem Eingeweihten steigt das Risiko, dass ein Geheimnis nicht länger geheim bleibt. Das ist reine Mathematik.«

Daniel schmunzelte. »Wenn ich mich recht entsinne, hast du Mathe in der Schule gehasst.«

»Das lag einzig und allein an Herrn Koch, der so gar nicht erklären konnte. Er hätte lieber in die Fußstapfen seiner Eltern treten und den Schweinebauernhof übernehmen sollen, anstatt Mathelehrer zu werden.« Katharina stibitzte sich eine Tomate und steckte sie sich in den Mund. »Ehrlich gesagt, hatte ich sogar überlegt, nicht einmal dich einzuweihen. Aber das Risiko war mir zu groß, dass du mit Katja rumknutschen könntest.«

Daniel zog die Augenbrauen hoch. »Was soll ich jetzt dazu sagen?«

»Gar nichts«, erwiderte Hubert, der plötzlich die Küche betrat. »Glaub mir, egal was du sagst, es ist das Falsche.« Er hielt die leere Kaffeekanne in seiner Hand hoch. »Besteht die Möglichkeit, Nachschub zu bekommen?«

Katharina nahm ihm die Kanne aus der Hand und begann, frischen Kaffee zu kochen, während sich Daniel wieder dem Salat widmete. Hubert schnupperte demonstrativ in der Luft.

»Das riecht aber gut hier. Was gibt es denn? Von dem Hasenfutter da kommt der köstliche Duft bestimmt nicht.«

Katharina verdrehte die Augen. »Daniel hat Lasagne gemacht, seine Spezialität.«

»Das klingt hervorragend; gut, dass wir bald essen. Du wolltest Emily doch um sieben abholen, oder?«

»Schon.« Katharina warf einen Blick auf die Uhr. Es war bereits Viertel vor sieben, und sie brauchte je nach Verkehrslage mindestens zwanzig Minuten nach Meersburg. »O Gott, ich muss los.« Sie drückte Hubert die Dose mit dem Kaffeepulver in die Hand und war schon halb aus der Küche gestürmt, blieb dann aber stehen und drehte sich noch einmal um. »Sag mal, Daniel, meinst du, die Lasagne reicht auch noch für eine Person mehr?«

»Kommt drauf an, wie viel Hunger ihr alle mitbringt, aber ich habe zwei große Auflaufformen vorbereitet, und dann haben wir ja auch noch Salat und Dessert. Das sollte schon reichen.« Er hielt mit dem Schneiden inne und sah über die Schulter in ihre Richtung. »Wen willst du denn einladen?«

»Sugar. Ich brauche jemanden, der mir die Haare macht, und da Sonntagabend ist … Wenn mir jemand helfen kann, dann sie. Also, bis gleich.«

Sie schnappte sich ihre Autoschlüssel, die auf der Kommode im Flur lagen, und hörte noch, wie Hubert sagte: »Dann seid ihr euch wohl einig geworden.«

Kapitel 10

Montag, 23. April

Katharina parkte Katjas roten Mini-Cooper vor der Villa und stieg aus. Unauffällig warf sie einen prüfenden Blick zur Fensterscheibe, in der sie ihr Spiegelbild sah. Automatisch hob sie die Hand, um sich über die Haare zu streichen, die ihr jetzt nur noch bis zur Schulter reichten und außerdem glatt waren. In letzter Sekunde konnte sie sich jedoch davon abhalten, stattdessen schob sie sich die rote Sonnenbrille à la Jackie O. in die Haare.

Katharina erkannte sich kaum wieder, und das lag nicht nur an den Haaren. Sugar hatte wirklich ganze Arbeit geleistet, und Katja hatte ihr Übriges zu der Veränderung beigetragen. Sie hatte Katharina heute Morgen geschminkt, so wie sie sich selbst immer schminkte. Sie war keine der Frauen, die es übertrieb, doch sie legte Wert auf eine vernünftige Grundierung, und sie kaschierte grundsätzlich ihre Sommersprossen. Trotzdem fühlte sich Katharina, als hätte sie zentimeterdicke Spachtelmasse im Gesicht. Sie selbst schminkte sich eher selten, und wenn, dann betonte sie lediglich ihre Augen und griff zu Lippenstift oder Gloss, in sehr seltenen Fällen auch mal zu Rouge. Aber immerhin glich sie ihrer Schwester nun wie ein Ei dem anderen.

Sie wandte sich von ihrem Spiegelbild ab, hängte sich die Handtasche über die Armbeuge und stöckelte auf ihren High Heels über den Kies auf den Eingang der Villa zu. Wenigstens hatte sie Katja dazu überreden können, kein Kleid anziehen zu müssen. Früher oder später würde sie nicht drumherum kommen. Das war ihr klar, denn im Gegensatz zu ihr trug Katja liebend gern Kleider und Röcke, doch an ihrem ersten Tag in der Rolle ihrer Schwester wollte Katharina zumindest etwas haben, mit dem sie sich wohlfühlte. So trug sie knallenge Jeans, deren Knopf sie kaum zubekommen hatte, und einen bordeauxroten Gürtel, der mit Swarovski-Kristallen besetzt war, dazu ein cremefarbenes Top mit dreiviertellangen Ärmeln, das sie vorne in die Hose geschoben hatte, damit auch Katjas Gürtel hübsch zur Geltung kam.

Sie stieg die Stufen zur Villa hoch – glücklicherweise konnte sie auf hohen Schuhen laufen, auch wenn sie es nicht gern tat – und öffnete die Eingangstür, die auch dieses Mal nicht verschlossen war.

»Willkommen!«, schallte es ihr entgegen.

Ein Scheinwerfer war auf sie gerichtet, und sie musste sich erst an die Lichtverhältnisse gewöhnen. Aus den Augenwinkeln bemerkte sie die Kamera, die ihre Überraschung und Rührung einzufangen versuchte, und Katharina musste sich zwingen, nicht direkt in die Linse zu schauen.

»Am Anfang ist es wie ein Reflex, den du unbedingt unterdrücken musst«, hatte Katja ihr gestern spät am Abend erklärt. »Aber das legt sich mit der Zeit. Irgendwann wirst du die Kameras gar nicht mehr wahrnehmen.«

Katharina setzte ein Strahlen auf und legte die rechte Hand auf ihr Herz, so wie Katja es jetzt tun würde. »Oh, wie lieb von euch. Das ist ja so süß.«

Die Mädchen und die gesamte Crew hatten sich auf der Galerie und der Treppe versammelt, um sie zu begrüßen. Von der Brüstung der Galerie hing außerdem ein Transparent, auf dem *Herzlich willkommen zurück* stand. Drumherum waren Blumen in Pink, Lila und Rot gemalt; Katharina meinte, Emilys Handschrift darin zu erkennen.

Reiner Holzschuh löste sich aus der Gruppe und kam auf sie zu. »Schehn, dass wieder da bist, liebe Katja. Du host uns g'fehlt.« Überschwänglich zog er Katharina in seine Arme.

Sein aufdringliches Aftershave mischte sich mit dem schweren Parfum, das Katja am liebsten trug und das sie heute Morgen großzügig auf Katharinas Handgelenken und ihrem Hals verteilt hatte. Katharina spürte Übelkeit in sich aufwallen. Schnell löste sie sich aus den Armen des Produzenten und hauchte je einen Luftkuss auf jede Seite seiner Wange.

»Alter Charmeur. Ich wurde doch bestens vertreten«, säuselte sie und ließ ihren Blick zum wiederholten Male über die Runde gleiten.

Sie bemerkte Emilys Strahlen in den Augen. Ihre Tochter stand zwischen Johanna und Larissa, und auch die beiden anderen Mädchen freuten sich sichtlich über Katjas Rückkehr. Sogar der Fotograf wirkte erfreut; er zwinkerte Katja zu, als sich ihre Blicke kurz trafen.

Barbara Kaminskis Lächeln hingegen wirkte extrem erzwungen. Katjas Rivalin war ganz offensichtlich wenig begeistert über die Rückkehr der Konkurrentin, und auch Gina Holzschuh sah man die gemischten Gefühle deutlich an. Einerseits schien sie zwar ehrlich froh darüber zu sein, dass es Katja gut ging. Andererseits konnte sie ihre Enttäuschung nur schwer verbergen. Und der Designer … Katharina ließ ihre Augen erneut über die Gruppe schweifen, doch Ennio Rossi war nirgends zu sehen. Hatte das etwas zu bedeuten oder war er einfach nur zu eingespannt, um dem Empfangskomitee beizuwohnen?

»Oiso gut, dann mach ma weita«, sagte der Produzent. Er klatschte in die Hände, bevor er Richtung Galerie zeigte. »Johanna und Emily, ihr geht's bitte ols Erstes zom Fitting.«

Katharina sah zur Galerie und winkte Emily zu, die kurz zurückwinkte, bevor sie mit Johanna an der Hand aus ihrem Blickfeld verschwand. Das erklärte auch, wo der Designer war. Wie auch immer er zu Katja stand – dass er zur Begrüßung nicht hier gewesen war, hatte nichts mit seiner persönlichen Einstellung zu tun.

»Was steht denn heute an?«, fragte Katharina an Reiner gewandt. »Halten wir an dem geplanten Laufstegtraining fest?«

Katja hatte ihr gestern Nacht noch den Plan gezeigt, der für die kommende Woche vorbereitet worden war. Mehrfach waren sie ihn miteinander durchgegangen, da Katja ihn in enger Zusammenarbeit mit Reiner, Pascal und Ennio erstellt hatte.

»Wenn's dir des zutraust, bleiben wir dabei«, erwiderte Reiner. »Du bekommst ober die Barbara an die Seiten. Dann musst' net olles allein übernehm'n und konnst dich zwischendurch auch mal kurz ausruhen, ohne dass groß auffällt.«

»Das ist nicht nötig, ich fühle mich wunderbar«, erklärte Katharina, doch Reiner schüttelte den Kopf.

»Anordnung von deim Management. Wir soll'n dich noch a bisserl schonen.«

Katharina biss sich auf die Unterlippe. Warum hatte Katja nichts davon gesagt? Oder hatte sie selbst keine Ahnung von dem Anruf? Gespielt verdrehte Katharina die Augen. Wenigstens wusste sie, wie Katjas Manager hieß. »Rupert mal wieder. Entschuldige, Reiner, er übertreibt es manchmal ein wenig.«

»Ach, kei Sorg', des is dem Rupert sei Job, auf dich aufz'boss'n. Ich nehm' ihm des net übel, außerdem kann ich's genauso wenig brauch'n, dass noch mol ausfellst.«

»Das werde ich nicht, Reiner, versprochen.« Katharina

sah sich kurz um. Barbara war nicht länger zu sehen, aber Gina stand nach wie vor auf der Treppe und beobachtete sie und ihren Mann. Nun lächelte sie Katharina schnell zu und tat so, als würde sie sich mit dem Mann neben sich unterhalten, der nicht so recht zu wissen schien, was er erwidern sollte. Katharina wandte sich wieder Reiner zu. »Sag mal, was würdest du davon halten, wenn wir statt Barbara Gina zum Laufstegtraining dazuholen würden? Barbara gehört immerhin zu den Juroren, deshalb bin ich nicht sicher, wie gut es wäre, wenn wir sie näher einbinden, und deine Frau kennen die Zuschauer doch schon von den gestrigen Aufnahmen. Das würde ein wenig mehr Konstante reinbringen, und Gina übernimmt das bestimmt gern.«

»Das mit Sicherheit.« Reiner fuhr sich durch die Haare und sah sich ebenfalls kurz um, dann nahm er Katharina am Arm und zog sie ein paar Schritte fort. »Hör zu, ich bin mir net sicher, inwiefern wir die Ohfnahm'n von gestern tatsächlich verwenden kenna. Ich hob sie mir spät abends z'amm'n mit dem Charlie ongschaut, und sie sind oinfach net so gut g'worden wie erhofft. Ich lieb mei Gina, des weißt jo, nur …« Reiner suchte nach den richtigen Worten und fuhr sich ein weiteres Mal durch die Haare. »Sie is holt koa Model, auch wenn sie gern eins war. Die Barbara is die bessere Wahl, ich hätt sie von Onfang on einsetz'n soll'n.«

»Und warum hast du es nicht getan?«, fragte Katharina.

»Na ja, was soll ich sog'n? Die Gina hat mit den Waffen ahner Frau gekämpft.«

Katharina unterdrückte ein Grinsen und beschloss, sich dumm zu stellen. »Ich fürchte, das musst du mir genauer erklären.«

Reiner stieß ein Seufzen aus und senkte seine Stimme. »Nochdem ich von dei'm Zustond erfohr'n hob, wollt' ich gleich die Barbara onruf'n und sie bitt'n, für dich einzuspring'n. Daraufhin hat die Gina mir mitten in der Nocht a Szenan g'macht, weil's ongeblich meinetwegen auf ihre große Modelkarriere verzichtet het. Jetzt war's nur fair, wenn ich ihr a Chancen geb'n würd. Mit ihr'm Herumgetobe hot's fost die Kinder afg'weckt.«

»Ähm, Reiner?« Der Kameramann, der Katharina schon einmal aufgefallen war, trat zu ihnen. »Sorry, wenn ich störe. Ich wollte nur kurz fragen, ob du jetzt noch wie besprochen die Aufnahmen von Babsi mit See im Hintergrund haben willst.«

Reiner lachte verlegen. »Mach einfach, Charlie. Sofern ihr ein paar Minuten erübrigen könnt.«

»Alles klar.« Der Kameramann tippte sich an die nicht vorhandene Mütze und blickte kurz zu Katharina. »Übrigens schön, dass du wieder da bist.«

»Danke, Charlie«, antwortete sie und wartete, bis er außer Hörweite war, bevor sie sich noch einmal Reiner zuwandte.

Sofort hob dieser abwehrend die Hände. »Krieg des jetzt bitte bloß net in den folschen Hals. Ich hob net vor, dich gegen die Barbara ainz'tausch'n, verstehst des?«

»Alles gut, Reiner«, erwiderte Katharina in sanftem Tonfall. »Wenn du sie hättest haben wollen, hättest du sie schließlich gleich buchen können, nicht wahr?«

»Richtig.« Reiner räusperte sich.

»Ehrlich gesagt, hätte ich ja nicht gedacht, dass du der Typ bist, der sich von einer herumschreienden Frau zu etwas überreden lässt, was er eigentlich nicht will.«

»Wenn's doch die ahg'ne Frau is ... Außerdem wor des ah net der ausschlaggebende Ponkt.« Reiner senkte erneut die Stimme. »Noch ihrem Wutonfoll hat's die Gina die Verführerin ohspockt. Sie hot italienisches Blut, und du woaßt ja, wie temperamentvoll se schon im Olltag sein kann. Do konnst dir vielleicht vorstell'n, wie leidenschaftlich sie bei onder'n Gelegenheiten is.«

Katharina verzog den Mund. »So genau wollte ich das eigentlich gar nicht wissen, Reiner.«

»Natürlich net.« Verlegen räusperte er sich. »Na schön, dann seh'n wir uns in ahner holben Stunde draußen ohf dem Onwesen.« Schnellen Schrittes entfernte er sich, ohne sie noch eines Blickes zu würdigen.

Schmunzelnd sah Katharina ihm hinterher, während sich die Eingangshalle nach und nach leerte. Sie zweifelte keine Sekunde daran, dass es die richtige Entscheidung gewesen war, in Katjas Rolle zu schlüpfen. Dadurch, dass die Leute sie für ihre Schwester hielten, vertrauten sie ihr ganz andere Dinge an als der Polizistin.

Katja selbst hatte die Idee mit dem Rollentausch überraschenderweise auch gut gefunden. Anfangs war sie zwar enttäuscht gewesen, weil sie sich sehr auf diesen Job gefreut hatte, aber irgendwann hatte sie die Vorteile des Ganzen eingesehen. Einzig die Tatsache, dass sie kurzfristig zu Katharina ziehen und möglichst im Haus bleiben musste, damit ihre Mutter keinen Verdacht schöpfte, gefiel ihr nicht. Aber die ganze Scharade würde sicher nur ein paar Tage dauern, denn auf diese Weise kam Katharina hoffentlich endlich weiter.

Momentan blickte Katharina allerdings noch nicht so ganz durch. Sie fragte sich, ob es wirklich an Katjas Management lag, dass Reiner ihr Barbara an die Seite stellen wollte, oder ob es nur eine willkommene Ausrede war, weil Linus mit seiner Vermutung, zwischen Reiner und Barbara könnte etwas laufen, tatsächlich ins Schwarze getroffen hatte. In jedem Fall benahm sich Reiner Holzschuh merkwürdig, wenn es um Barbara Kaminski ging, und es war Katharinas Aufgabe, herauszufinden, was genau dahintersteckte.

Inzwischen war sie allein im Eingangsbereich zurückgeblieben. Sie überlegte, womit sie die halbe Stunde bis zum Laufstegtraining am besten verbringen sollte, dann entschied sie sich dafür, sich kurz in Katjas Zimmer zurückzuziehen, das zumindest vorübergehend ihres sein würde. Sie wollte Daniel anrufen, der ihr das Versprechen abgenommen hatte, sich regelmäßig bei ihm zu melden, also stieg sie die Treppe nach oben und öffnete die Tür zu Katjas Zimmer, die nicht verschlossen war.

Ihre Schwester hatte Katharina schon gestanden, dass sie auch am Vortag ihre Tür zu keinem Zeitpunkt abgeschlossen hatte; schließlich hatte es keinen Grund gegeben, jemandem zu misstrauen. Katharina hatte nicht vor, das zu ändern, denn dieser Umstand würde im Zweifelsfall nur Aufmerksamkeit auf sich ziehen. Trotzdem wäre es leichtsinnig, einfach so weiterzumachen wie bisher.

Sie zog die Tür hinter sich zu und sah sich kurz um. Auf dem Bett lag eine große Schachtel Pralinen mit Kirschlikör, und auf der Kommode standen zwei Flaschen Wasser. *Was für eine Verschwendung,* dachte sie, denn sie hatte nicht vor, etwas davon anzurühren. Stattdessen holte sie den Wecker aus ihrer Handtasche und stellte ihn auf den Nachttisch an der Fensterseite. Zum einen war das praktischerweise die Seite, auf der Katja schlief, zum anderen war hinter dem Zifferblatt eine Mini-Kamera eingebaut. Damit er und sie sich sicherer fühlen konnten, hatte Hubert Katharina das Ding besorgt, auch wenn sie keine Ahnung hatte, wie er das am Sonntag geschafft hatte. Vom Nachttisch aus hatte die Kamera jedenfalls die Tür im Blick, sodass niemand unbemerkt das Zimmer betreten konnte, wenn Katharina nicht da war. Die Aufnahmen konnte sie sich auf dem Handy ansehen, und auch im Gebäude der Polizeidirektion würden die Aufzeichnungen abrufbar sein. Katharina nahm an, dass

Hubert Nina Baum darauf ansetzen würde. Nina war zum einen für die Recherchen zuständig, zum anderen war sie absolut vertrauenswürdig und hatte auch schon für Katharina im Hintergrund Informationen zusammengesucht, ohne dass Hubert davon hatte erfahren dürfen.

Ein wenig beruhigter holte Katharina nun ihr Handy hervor und stellte sich ans Fenster. Während sie zuerst mit Daniel und anschließend mit Katja wegen deren Management telefonierte, beobachtete sie das Treiben auf dem riesigen Anwesen. Die Crew hatte einen Laufsteg aus Holzbrettern auf der Wiese aufgebaut, hier und da wurde noch gehämmert. Reiner war inzwischen ebenfalls nach draußen getreten. Er näherte sich Barbara, die die Männer auf dem Laufsteg beobachtete und ihnen Anweisungen gab, als hätte einzig und allein sie das Sagen.

»Sag mal, Reiner und Barbara – für wie wahrscheinlich hältst du das?«, fragte Katharina ihre Schwester, ohne ihren Blick von den erwähnten beiden abzuwenden.

»Als Paar?« Katjas Stimme klang beinahe schrill, und Katharina konnte sich die Antwort auf ihre Frage schon denken. »Für absolut unwahrscheinlich. Wobei ...« Katja stockte.

»Was?«

»Wie hat Papa immer gesagt? *Man kann den Leuten nicht in den Kopf schauen, nur davor.* Also, ich habe keine Ahnung, Kathi. Tut mir leid.«

»Schon gut. Unter anderem, um herauszufinden, ob zwischen den beiden was ist, bin ich ja hier. Du, ich muss jetzt Schluss machen.«

»Okay. Pass auf dich auf und meld dich wieder.«

Katharina musste kurz schmunzeln, denn Daniel hatte zum Abschied fast das Gleiche gesagt. Sie beendete das Gespräch, weil sie sich so besser auf Reiner und Barbara konzentrieren konnte, behielt das Handy aber am Ohr, falls man sie hinter der Glasscheibe entdecken würde. Vorsichtig kippte sie das Fenster, doch wie zu erwarten war, verstand sie kein Wort von dem, was die beiden sagten. Dafür waren sie einfach zu weit weg, und die Umgebungsgeräusche waren zu laut. Die Crewmitglieder brüllten sich über das halbe Anwesen Informationen zu, es wurde nach wie vor gehämmert, und auf dem Apfelbaum vor Katharinas Fenster hatten sich einige Vögel versammelt, die so laut zwitscherten, dass sie ohnehin fast alles übertönten.

Katharina ließ Reiner und Barbara nicht aus den Augen, verfolgte jede Gestik und jede Mimik, doch ihr fiel nichts auf, was auch nur ansatzweise darauf hingedeutet hätte, dass die beiden mehr als Arbeitskollegen waren. Das musste allerdings nichts heißen, schließlich befanden sich die beiden gerade in der Öffentlichkeit und wussten, dass sie nicht unbeobachtet bleiben würden.

Nach einigen Minuten entfernte sich Reiner über die Wiese, und Charlie nahm Barbara mit, um die besprochenen Aufnahmen von ihr zu machen. Katharina fragte sich, was es damit auf sich hatte und wofür Reiner diese haben wollte, und sie ärgerte sich, dass sie ihn nicht gleich danach gefragt hatte. Sie verließ ihren Posten am Fenster, um ein wenig durch die Villa zu streifen. Möglicherweise würde ihr etwas auffallen. Sie hatte bereits die Türklinke in der Hand, als ihr Handy klingelte; es war Linus. Einige Sekunden überlegte sie, den Anruf zu ignorieren, da sie eine Ahnung beschlich, warum er anrief, doch sie entschied sich dagegen. So, wie sie ihn kannte, würde er es immer und immer wieder versuchen, bis sie endlich drangingen, also konnte sie es genauso gut gleich hinter sich bringen.

»Herr Staatsanwalt, was verschafft mir die Ehre?«, meldete sie sich scherzhaft.

»Katharina. Ich habe gehört, du hast dir spontan freige-
nommen?« Seine Stimme ließ keinen Zweifel zu – er wusste
ganz genau, warum sie das getan hatte und wo sie jetzt war.

Katharina unterdrückte ein Seufzen. »Das ist richtig.
Mach dir keine Sorgen, ich komme zurecht.«

»Kathi, Kathi. Ich weiß nicht, was ich davon halten soll.
Eigentlich müsste ich Richter Arnold über deinen Allein-
gang informieren.«

Katharina ging hinüber zum Bett und ließ sich auf die
weiche Matratze fallen – zu weich für ihren Geschmack.
»Ich will nicht respektlos erscheinen, aber es geht niemanden etwas an, was ich in meiner Freizeit mache. Ich helfe
meiner Schwester, weil sie noch nicht fit genug ist, um den
Job selbst zu machen, und ihren Ruf nicht ruinieren will,
indem sie unzuverlässig erscheint. Belassen wir es doch bitte
dabei, okay?«

Sie konnte regelrecht hören, wie Linus den Kopf schüttelte. »Pass auf dich auf, Kathi«, sagte er. Und bevor sie
noch etwas erwidern konnte, hatte er auch schon aufgelegt.

Sie biss sich auf die Unterlippe. Na super, nun hatte sie
ihn verärgert, und dabei hatte er am Vortag alles dafür getan, um ihr zu helfen. Sie wählte bereits seine Nummer,
doch als ihr Blick auf die Uhrzeit fiel, legte sie wieder auf
und beschränkte sich vorerst darauf, ihm eine Nachricht zu
schreiben, in der sie ihn um Entschuldigung bat. Eine Viertelstunde war bereits vergangen, und sie wollte sich nicht zu
lange vom Rest des Teams abkapseln. Deshalb wartete sie
Linus' Antwort auch nicht ab, sondern stellte das Handy
auf lautlos und schob es zurück in ihre Tasche, bevor sie das
Zimmer verließ.

Im Flur stieß sie mit einer jungen Frau zusammen. Obwohl diese heute keine Unterbrustcorsage trug, sondern ein
Kleid im Rockabilly-Stil, erkannte Katharina sie sofort wie-

der. Das war die Frau, mit der sie sich am Vortag im Esszimmer unterhalten hatte. Wie hieß sie noch gleich? Sie hatte sich Katharina vorgestellt, und auch Katja hatte ihr die wichtigsten Mitarbeiter und natürlich auch sämtliche Modelanwärterinnen mit Namen und äußeren Merkmalen aufgeschrieben, damit Katharina nicht durch Unwissenheit auf sich aufmerksam machte. Doch in diesem Moment fühlte sich ihr Kopf wie leer gefegt an. *Na toll,* dachte sie, *die Schwangerschaftsdemenz setzt ja genau zum richtigen Zeitpunkt ein.*

Sie lächelte der Frau zu und hoffte, das würde reichen, doch diese schien ausgerechnet Katharina zu suchen.

»Da bist du ja«, sagte sie zu ihr. »Ich habe dich schon überall gesucht. Reiner möchte, dass ich dir die Haare ein bisschen aufdrehe.«

Katharina versuchte, die junge Frau nicht zu irritiert anzustarren. Mit dem herauswachsenden Ansatz, der weder stylisch noch professionell aussah, hatte sie sie nicht für eine Hairstylistin gehalten. Jetzt fiel ihr allerdings auch wieder ein, wie Katja sie beschrieben hatte.

»Der Paradiesvogel des Teams ist zuständig für meine Haare. Du kannst Luise gar nicht übersehen, aber sie ist die Netteste von allen.«

Luise, richtig. Das war ihr Name. »Ähm, klar. Entschuldige, Luise, ich musste nur kurz telefonieren.«

Sie winkte ab. »Alles okay, wir liegen ja noch gut in der Zeit. Geh doch schon mal zur Garderobe, ich komme sofort nach. Wenn ich gerade hier oben bin, bringe ich noch schnell Larissa und Aysun zum Fitting.«

»Alles klar, dann bis gleich.«

Katharina machte sich auf den Weg nach unten und versuchte sich nicht darüber zu ärgern, dass ihr nun keine Zeit mehr bleiben würde, um sich noch ein bisschen umzuschauen. Aber gut, sie würde hoffentlich noch genug Gelegenheit dazu haben, immerhin war sie gerade erst angekommen.

Unterwegs begegnete sie einigen Crewmitgliedern, die ihr alle zulächelten. Katharina lächelte höflich zurück und war froh, dass offenbar niemand von ihr erwartete, dass sie für einen kurzen Plausch stehen blieb. Heute Abend musste sie dringend noch einmal Katjas Liste mit den Angestellten und den teilnehmenden Mädchen durchgehen, denn irgendwann würde es wirklich auffallen, wenn sie niemanden mit Namen ansprach oder keine Ahnung hatte, wer wofür zuständig war.

Inzwischen hatte sie ihre Garderobe erreicht. Sie öffnete die Tür und musste feststellen, dass dort nicht nur das Deckenlicht brannte, sondern dass auch jemand in dem Raum war. Es war Gina, die zuerst zusammenzuckte und dann zu Katharina herumfuhr. Dabei fegte sie den Korb mit der Lippenstiftsammlung vom Schminktisch, und der Inhalt rollte über den Boden.

»Mensch, hast du mich erschreckt.« Gina legte eine perfekt manikürte Hand auf ihr Herz.

»Entschuldige, ich wusste nicht, dass jemand hier drin ist.«

Gina machte ein ertapptes Gesicht, und Katharina kam nicht umhin, sich zu fragen, ob sie die Produzentengattin tatsächlich bei etwas erwischt hatte. Während die beiden Frauen die Lippenstifte wieder einsammelten, ließ Katharina unauffällig ihren Blick durch die Garderobe wandern, doch ihr fiel nichts auf, was ungewöhnlich oder anders als am Vortag gewesen wäre.

»Tut mir leid, ich hätte dir Bescheid sagen sollen«, meinte Gina. »Während deiner Abwesenheit hatte Reiner mir die Garderobe zugeteilt. Ich wollte nur kurz meine Sachen zusammenpacken und eigentlich schon wieder weg sein, wenn du mit Luise kommst.«

Gina hob den Blick und lächelte Katharina entschuldigend zu, und jetzt, wo die beiden Frauen mit den Gesichtern so nah voreinander hockten, fielen Katharina auch Ginas leicht gerötete Augen auf. So wie es aussah, hatte sie geweint.

»Das ist doch überhaupt kein Problem«, sagte Katharina schnell. »Wirklich, ich brauche auch gar keine Garderobe für mich allein, du kannst deine Sachen gern hierlassen.«

Gina griff nach dem letzten Lippenstift und legte ihn in den Korb, bevor sie sich erhob und den Korb zurück auf den Schminktisch stellte. »Das ist wirklich nett von dir, Katja, aber wofür sollte ich eine Garderobe brauchen? Wenn es nach Reiner geht, werde ich nicht erneut vor die Kamera treten. Wahrscheinlich wird er nicht einmal die Aufnahmen verwenden, die sie gestern mit mir gemacht haben. Ehrlich, ich verstehe nicht ...« Ginas Stimme wurde dünn, in ihren Augen sammelten sich Tränen, und sie wandte sich hastig ab.

Katharina musste schlucken. Sie verspürte plötzlich solches Mitleid mit der anderen Frau, dass ihr beinahe selbst die Tränen gekommen wären. Diese verdammten Hormone! »Gina ...«

»Alles gut, wirklich.« Gina zwang sich zu einem Lächeln und machte eine wegwerfende Handbewegung, mit der sie den Korb beinahe ein zweites Mal vom Tisch gefegt hätte.

Dann verlor sie plötzlich die Fassung. Sie schluchzte auf und ließ sich auf den Schminkhocker fallen, das Gesicht in die Hände vergraben.

Katharina zog die Tür hinter sich zu, die bis jetzt offen gestanden hatte, und trat einen Schritt näher. »Es ist okay, Gina. Ich kann sehr gut verstehen, was für ein Schlag das für dich sein muss. Du gibst deine Karriere auf, damit jemand bei den Kindern ist, und jetzt verwendet Reiner die Tatsache, dass du zu wenig Erfahrung hast, gegen dich.« Sie wollte eine Reaktion provozieren, und genau das erreichte sie damit.

Gina sah auf. Wimperntusche floss ihr über die Wangen, und ihre Augen schwammen nach wie vor in Tränen, doch Katharina erkannte auch Wut darin. »Ganz genau. Ist das fair? Ich habe diesem Mann meine besten Jahre geopfert. Inzwischen bin ich neununddreißig, in ein paar Monaten werde ich vierzig. Was soll ich denn jetzt noch anfangen mit meinem Leben? Wenn es gut läuft, kann ich vielleicht irgendwann für Hautcreme Werbung machen, aber auf die Laufstege dieser Welt werde ich es nicht mehr schaffen. Da kann ich doch eigentlich erwarten, dass mir wenigstens mein eigener Ehemann beisteht und mir hilft, mir meinen Traum vielleicht doch noch zu erfüllen. In solch einem Format gesehen zu werden, könnte das Blatt für mich vielleicht noch mal wenden. Aber nein, Reiner denkt wie immer nur ans Geld und was das Beste für ihn, die Show oder den Sender ist. Ich bin ihm scheißegal. Aber woher hat er denn das Geld, mit dem er sich seine Spielchen finanziert? Das habe ich von meinen Eltern geerbt, die sich in den italienischen Weinbergen zu Tode geschuftet haben. Figlio di puttana.«

Gina griff nach dem Korb mit den Lippenstiften und schleuderte ihn von sich. Katharina konnte sich gerade noch wegducken, und der Korb knallte gegen die Tür. Der Inhalt verteilte sich erneut auf dem Boden.

»Das war knapp«, murmelte Katharina und pustete sich eine Haarsträhne aus den Augen. Sie hatte keine Ahnung gehabt, wie wütend Gina werden konnte. Jetzt verstand sie Reiners Kommentar mit dem italienischen Temperament, das Gina in Katharinas Gegenwart bisher nicht gezeigt hatte. Bisher hatte Katharina nicht einmal gewusst, dass Gina italienische Wurzeln hatte.

»Madonna, es tut mir so leid, Katja.« Gina sprang auf und hielt sich die Hände an die Wangen. »Bitte verzeih mir, mir ist die Sicherung durchgebrannt. Ich wollte dir nicht wehtun. Ist alles okay?«

Katharina nickte. »Alles gut. Wie gesagt, ich verstehe dich. An deiner Stelle wäre ich sicher auch wütend.« Sie machte eine kurze Pause. »Du und Reiner … seid ihr eigentlich noch glücklich miteinander?«

Gina sah Katharina eine Weile an, dann wandte sie sich seufzend ab und begann erneut, die verstreuten Lippenstifte einzusammeln, indem sie sich auf den Boden kniete. »Glücklich ist so ein großes Wort. Sagen wir, wir sind zufrieden.«

»Aber ihr liebt einander noch, oder?«

Katharina hoffte, dass sie mit ihren Fragen nicht zu weit ging, doch Gina wirkte über die persönliche Note des Gesprächs weder überrascht, noch verschloss sie sich. Stattdessen ließ sie sich mit dem Po auf ihre Fersen sinken und sah Katharina offen in die Augen.

»Ich liebe ihn noch, sonst wäre ich längst weg, das kannst du mir glauben. Versteh mich nicht falsch, ich mag den Bodensee. Hier ist es wirklich schön, und das Klima ist auf jeden Fall besser als in Kärnten, wo Reiners Familie lebt. Aber ich komme aus Mailand. Milano.«

Katharina grinste. »Ich verstehe, was du meinst. Mailand ist wirklich schön. Schöner noch als Paris.« Ehrlich gesagt, war sie bisher weder in der einen noch der anderen Stadt gewesen, aber als international gebuchtes Model kannte Katja natürlich beide Städte. Katharina hoffte nur, dass Gina nicht genauer nachfragte.

»Nicht wahr?«, sagte sie jedoch nur. »Stell dir vor, du

könntest dort für immer leben. Meine Eltern haben mir ein Haus vermacht, direkt in der Nähe der Scala. Aber Reiner ist nun mal hier, und da ich ihn liebe, möchte ich mit meinen Kindern dort sein, wo er ist.«

»Er liebt dich auch, das hat er mir gesagt.«

Gina seufzte. »Ja, ich weiß, das sagt er immer.«

Katharina runzelte die Stirn. »Das klingt beinahe, als hättest du Zweifel daran.«

Gina zuckte mit den Schultern. »Prinzipiell nicht, aber woher weiß man schon, ob jemand wirklich immer ehrlich zu einem ist? Manchmal frage ich mich halt …« Sie brach ab, schien nach den richtigen Worten zu suchen.

»Du meinst, wie Reiner dir die Chance auf eine Karriere nehmen kann, wenn er dich liebt?«, half Katharina ihr auf die Sprünge.

Gina nickte. Mit einem Mal wirkte sie wieder niedergeschlagen, ihre Wut war verpufft. Sie hob den letzten Lippenstift auf, der zerbrochen war, weil der Deckel abgefallen war. Gina verzog den Mund. »Entschuldige, den ersetze ich dir natürlich.«

Katharina winkte ab. »Ich bitte dich, hier stehen genug Lippenstifte herum, und Lila ist ohnehin nicht meine Farbe.«

»Jetzt, wo du es sagst – ich glaube, das war mein eigener. Na schön, ich will dich nicht länger aufhalten. Ihr startet sicher jeden Moment mit dem Dreh.«

»Vermutlich«, gab Katharina zu, die sich schon seit einer Weile fragte, wo Luise blieb. »Aber eins sollst du noch wissen, Gina: Ich habe versucht, mit Reiner zu reden, damit er mir dich an die Seite stellt statt Barbara.«

Gina lächelte traurig. »Ich weiß, das habe ich zufällig mitbekommen. Vielen Dank, Katja.« Gina griff nach ihrer Handtasche und dem Schminkkoffer, strich Katharina kurz über den Arm und verließ dann die Garderobe, ohne sich um ihr zerlaufenes Make-up zu kümmern.

Katharina sah ihr einen Moment hinterher. Sie war verwirrt und wusste nicht, wie sie nach dieser Sache über Gina denken sollte. Einerseits tat sie ihr unglaublich leid, und sie konnte Gina tatsächlich verstehen. Andererseits hatte Gina heute eine Seite von sich gezeigt, die Katharina nachdenklich stimmte. Zu was war Gina Holzschuh wohl fähig, wenn man sie richtig wütend machte?

Laut ausatmend ließ Katharina sich auf den Schminkhocker fallen und schaltete das Licht über dem Spiegel ein, damit Luise gleich loslegen konnte, wenn sie kam. Es gab einen Knall, und die Lichter gingen aus – nicht nur die über dem Spiegel, sondern auch die Deckenlampe. Plötzlich saß Katharina im Dunkeln, ihr Herz klopfte wie wild. Im nächsten Moment wurde die Tür aufgerissen. Katharina fuhr herum und erkannte Luises Umrisse, die nur eine Sekunde später ihr Handy hervorholte und die Taschenlampen-App öffnete.

»Was ist denn hier los? Alles okay?«

Katharina zuckte mit den Schultern. »Keine Ahnung, ich wollte nur das Licht einschalten. Offenbar hat es die Sicherung rausgehauen.«

»Moment, ich kümmere mich darum«, erwiderte Luise und verschwand.

Und Katharina saß wieder im Dunkeln, als die Tür hinter Luise langsam zurück ins Schloss fiel. *War das wirklich nur die Sicherung?*, fragte sie sich. *Oder steckt möglicherweise Gina dahinter, um mir einen Schrecken einzujagen?*

Kapitel 11

Dienstag, 24. April

Katharina stieg aus dem Bus und wartete, bis auch die Mädchen ausgestiegen waren. Gemeinsam überquerten sie die Friedrichstraße und liefen die Seepromenade Richtung Fährhafen entlang, vorbei an unzähligen Restaurants und Cafés, die trotz der frühen Stunde schon gut besucht waren. Zwischendrin reihten sich in regelmäßigen Abständen Läden ein, in denen man allerhand Nippes und Andenken kaufen konnte: Schneekugeln, Sonnenhüte oder Taschen mit Bodensee-Schriftzug. Die Touristensaison hatte längst begonnen, spätestens um die Osterzeit herum ging es los, und dann war es bis nach den Herbstferien voller am See als in den restlichen Monaten. Wobei zu diesem Umstand natürlich nicht nur die Touristen beitrugen, sondern auch das Wetter. An nebligen oder verregneten Tagen blieben auch die Einheimischen lieber zu Hause, dann zog es für gewöhnlich nur Hundebesitzer und Jogger ans Seeufer.

Heute spielte das Wetter mit, zum Glück, denn das erste Außenshooting war geplant. Die Sonne schien, und der Himmel war strahlend blau. Nur ein paar Quellwolken zogen hin und wieder vorbei. Trotzdem war es noch recht frisch, da die Temperaturen über Nacht deutlich abkühlten, im Frühling und Herbst noch mehr als im Sommer. Katharina zog die lange Strickjacke über, die sie dabei hatte, und sah sich immer wieder nach den Mädchen um. Sie kam sich vor wie eine Lehrerin auf Klassenfahrt.

Emily und Johanna schlossen zu ihr auf. »Na, seid ihr schon aufgeregt?«, fragte Katharina. Beinahe hätte sie zugegeben, dass sie es selbst war. Immerhin war es nicht nur das erste Außenshooting für die Mädchen, es war auch das erste Shooting für Katharina, das sie begleiten würde, und sie hoffte, ihre Sache gut zu machen. Sie hatte eben doch nicht so viel Ahnung wie ihre Schwester, ihr eigenes letztes Shooting lag Ewigkeiten zurück, und sie war nie mit Herzblut bei der Sache gewesen, so wie Katja. Das war aber lange nicht das Schlimmste. Nicht nur die Mode ging mit der Zeit, auch die Posen und Anforderungen an die Models veränderten sich. Katja hatte natürlich versucht, sie zu instruieren, aber sie hatten nur wenig Zeit dafür gehabt, und ob ihre Schwester an alles gedacht hatte …

»Ich hab ein bisschen Höhenangst«, gestand Johanna und starrte Richtung Aussichtsturm, der bereits am Ende der Promenade zu sehen war.

Der Moleturm, wie er auch genannt wurde, markierte die Einfahrt zum Hafen und war über zwanzig Meter hoch. Er selbst war keine besondere Augenweide, eben eine moderne Konstruktion aus Stahl, aber von dort oben hatte man einen wunderbaren Panoramablick über den See und Friedrichshafen.

»Ach, so hoch ist der Turm gar nicht«, meinte Emily. »Und nachdem er für unser Shooting gesperrt ist und es nicht besonders windig ist, sollte er auch nicht allzu sehr schwanken.«

»Wie, der Turm schwankt?«, fragte Johanna ungläubig.

»Emily!« Katharina stieß ihre Tochter mit dem Ellbogen in die Seite. »Mach dir keine Sorgen, Johanna, da kann überhaupt nichts passieren. Hunderte von Menschen steigen jeden Tag auf diesen Turm.«

»Ja, ich weiß. Es geht mir auch mehr um die Höhe und um die Tatsache, dass wir dort oben in der Luft hängen sollen.«

»Auch da kann nichts passieren«, antwortete Katharina in ruhigem Tonfall. »Die ganze Konstruktion wurde hundert Mal überprüft. Ich verstehe, wenn dir bei der ganzen Sache nicht wohl ist, aber du brauchst dir wirklich keinen Kopf zu machen.«

Johanna nickte, sah allerdings wenig überzeugt aus, und Katharina konnte es ihr nicht verdenken. Sie litt zwar nicht unter Höhenangst, trotzdem wäre ihr selbst nicht wohl dabei, in dieser Höhe an einem Seil über dem See zu hängen.

»Na komm, das macht bestimmt Spaß«, sagte Emily zu Johanna. »Und denk mal an die Fotos, die am Ende dabei herauskommen. Die Aussicht von da oben ist der Wahnsinn. Als ich klein war, war ich oft mit meinen Eltern auf dem Moleturm, und der Aufstieg hat sich jedes Mal gelohnt.«

Ein Lächeln schlich sich auf Johannas Gesicht. »Das stimmt natürlich. Mit dieser Aussicht gibt das garantiert tolle Fotos.«

Inzwischen hatten sie die Stelle an der Promenade erreicht, von der ein Steg zum Turm führte, der im See stand. Die Tische und Stühle des Cafés, die normalerweise hier an der Brüstung platziert waren, hatte das Personal beiseitegerückt, um Platz für ein Zelt zu schaffen, in dem sich die Mädchen umziehen und ausruhen konnten und geschminkt werden sollten. Luise winkte ihnen aus dem Inneren des Zeltes zu, und Katharina erkannte auch die anderen Stylisten und Visagisten. Der Designer prüfte noch einmal seine Kreationen, die auf einer fahrbaren Kleiderstange hingen. Er würdigte Katharina kaum eines Blickes, allerdings war sie sich nicht sicher, ob das etwas mit seinem Verhältnis zu Katja zu tun hatte, denn er war generell ein sehr verschlossener Mensch. Er hielt sich stets zurück, aß nicht mit den anderen und unterhielt sich abgesehen vom Produzenten oder dem Fotografen nur selten mit jemandem.

Auch auf dem Steg und dem Turm tummelte sich bereits das Team und traf Vorbereitungen. Eine Absperrung sollte verhindern, dass jemand Unbefugtes den Bereich betrat. Vor der Absperrung hatten sich nicht nur einige Schaulustige versammelt, sondern auch gleichermaßen neugierige wie verärgerte Touristen, die gern auf den Aussichtsturm gestiegen wären, um ein paar Schnappschüsse für das Familienalbum zu schießen. Katharina warf ihnen ein entschuldigendes Lächeln zu und lotste die Mädchen an der Absperrung vorbei, um zu Reiner zu gelangen, der ihnen vom Steg aus zuwinkte.

»Da seid's jo«, rief er und kam ihnen entgegen. Mit der rechten Hand deutete er zum Aussichtsturm. »Is des net a genioles Setting? Ich bin froh, dass wia von der Stadt die Genehmigong füa den Dreh bekommon hom.«

»Das wird Klasse«, stimmte Katharina zu. Katja hatte sich vor allem auf dieses Shooting gefreut, das wusste sie. Katharina hingegen erschloss sich nicht so ganz, warum man nicht auch am Boden tolle Fotos schießen konnte.

»Dann kommt's mol mit«, sagte Reiner zu den Mädchen und ging voran. »Wir schah'n uns amol olles aus der Nähe on, bevor's ihr z'rechtgmocht werd't. Oßerdem wird die Katja euch a boor Tipps geb'n ond euch vormoch'n, wie ihr oich do ob'n in der Luft am besten verholtet, net wohr, Katja?«

Katharina schluckte und fing Emilys amüsierten Blick auf. Sie unterdrückte ein Stirnrunzeln, zwang sich zu einem Lächeln und nickte. »Na klar«, sagte sie und legte so viel Enthusiasmus wie möglich in ihre Stimme. Insgeheim fragte sie sich allerdings, warum Katja ihr nicht verraten hatte, dass sie selbst über dem See würde hängen müssen. Oder war es möglicherweise ein spontaner Einfall des Produzenten?

In unordentlichen Zweierreihen bestieg die Gruppe den Moleturm. Johanna quietschte, als der Turm tatsächlich ein wenig zu schwanken begann, während sie immer höher kletterten, und Katharina hatte große Mühe, nicht selbiges zu tun, als sie mitten in ein Spinnennetz fasste und aus dem Augenwinkel sah, wie eine riesige Spinne vor ihrer Hand flüchtete. Ein Schauer lief ihr über den Rücken. Sie hatte nicht unbedingt Angst vor Spinnen, auf Tuchfühlung musste sie mit den Viechern allerdings auch nicht gehen. Hastig wischte sie sich die Spinnweben an der Jeans ab.

Oben auf dem Turm wehte dann doch ein ziemlicher Wind, und Katharina zog die Strickjacke enger um sich, während sie an die Brüstung trat und einen Moment den Ausblick genoss. Eines der vielen Schiffe, die in den warmen Monaten gefühlt alle Viertelstunde an- und ablegten, steuerte gerade den Hafen an. Eine Schar Kinder winkte ihnen vom Deck aus zu, und Katharina winkte zurück.

Vom Turm aus konnte man die komplette Promenade überblicken, vom Hafen und dem Zeppelin Museum, dessen Gebäude man deutlich ansah, dass es früher mal der Hafenbahnhof gewesen war, bis zur Schlosskirche und dem historischen Schlosssteg. Und wenn man sich umdrehte, hatte man die Schweizer Seite des Sees im Blick. Das Wetter war heute so gut und klar, dass sich sogar das Alpenpanorama zeigte.

»Wohnsinn, oda?«, fragte Reiner. Klar war dabei jedoch nicht, ob er die Aussicht, das Setting oder die Schwebekonstruktion meinte, auf die er jetzt zeigte.

Katharina durchlief ein erneutes Frösteln, das dieses Mal nichts mit Spinnen oder der Kälte zu tun hatte. In diesem Moment konnte sie Johanna noch besser verstehen als vorher.

Die meisten Mädchen um sie herum kicherten, waren voller Enthusiasmus und Spannung auf das bevorstehende Shooting. Nur Johanna und ein weiteres Mädchen – Mara, wenn Katharina sich nicht täuschte – wirkten ein wenig verängstigt. Die Höhe machte ihnen mehr zu schaffen, als sie zugeben wollten. Wobei sich Mara in der Mitte der Plattform aufhielt, die Arme hatte sie zitternd um ihre Mitte geschlungen, während sich Johanna die Haltevorrichtung genauer ansah, in die die Models gleich eine nach der anderen eingehängt werden würden.

Sie mussten zuerst über ein Brett laufen, das an ein Sprungbrett im Schwimmbad erinnerte, nur dass sie hier deutlich mehr als drei oder fünf Meter über dem Wasser sein würden. Und dann mussten sie sich fallen lassen – allerdings ohne dabei in die Tiefe zu stürzen. Sie würden in der Luft hängen und posieren, bis Pascal der Meinung war, ein schönes Foto im Kasten zu haben, oder die Zeit abgelaufen war. Denn mehr als eine halbe Stunde bekam keines der Mädchen für das Shooting.

»Und das hält auch wirklich?«, fragte Johanna mit dünner Stimme, die immer noch vor der Haltevorrichtung hockte.

»Natürlich helt des«, erwiderte Reiner. »Net drüb'r nochdenk'n, oifach moch'n, dann wird des scho.«

Er schob das Mädchen sanft aber bestimmt beiseite und winkte Katharina zu sich, die ihre Strickjacke wieder abstreifte. Während sich zwei Männer an ihr zu schaffen machten – ihr einen Gurt anlegten und diesen mithilfe von Karabinern an der Konstruktion befestigten –, verdrehte der Produzent die Augen.

»Mol ehrlich, wos denken sich die Gör'n«, raunte er Katharina zu. »Wenn hier irgendwos bossiert, donn riskier ich mei Korriere und hob jede Menge Klog'n om Hals. Ob des ohch wirklich helt.« Er äffte Johannas Stimme nach und gab ein leises Schnauben von sich.

Einer der Männer rüttelte noch mal an dem Seil, dann zeigte er mit dem Daumen nach oben. »Kann losgehen, Chef.«

»Na, donn zeig's den Mädels mol, wie des geht.«

Reiner reichte Katharina eine Hand und half ihr auf das Brett. Es wackelte ein wenig, als sie sich Schritt für Schritt vorwärts wagte, der Wind blies ihr die Haare ins Gesicht und zerrte an ihrer Kleidung. Gänsehaut breitete sich auf ihrem Körper aus, und leichter Schwindel überkam sie, als sie kurz senkrecht nach unten blickte. Schnell hob sie den Blick wieder und sah zum anderen Ende der Promenade, wo die Schlosskirche und davor der historische Schlosssteg in der Sonne glitzerten. Automatisch dachte Katharina an Daniel und fühlte sich augenblicklich ruhiger.

Sie wusste selbst nicht, warum ihr das hier plötzlich so viel ausmachte. Weder litt sie unter Höhenangst, noch hatte sie je Probleme damit gehabt, Achterbahn zu fahren oder in ein Flugzeug zu steigen, im Gegenteil. Als Kind war sie mit Vorliebe auf die höchsten Bäume geklettert, was ihre Mutter gar nicht gern gesehen hatte. Ihr Vater hingegen hatte sie stets bestärkt und ihr immer eingetrichtert, dass sie alles schaffen konnte, wenn sie es nur wollte.

Katharina schob ihren plötzlichen Bammel auf die Hormone, die ihr wahrscheinlich mal wieder einen Streich spielten, und holte ein letztes Mal tief Luft, bevor sie den Schritt in die Tiefe wagte. Das Seil gab ein kleines Stück nach und ließ ihr Herz für einen Schlag aussetzen, doch es hielt sie.

Pascal nahm Stellung auf und richtete seine Spiegelreflexkamera auf Katharina. Sie setzte einen arroganten Blick auf, den sie sogar noch besser beherrschte als ihre Schwester und der bei Fotografen und Designern stets gut ankam, wie Katja ihr versichert hatte, und begann zu posieren. Zuerst wollte sie eine Hand in die Hüfte stemmen, doch dann erinnerte sie sich an Katjas Worte, die ihr erklärt hatte, dass diese Pose viel zu sehr an Katalogfotos erinnerte. Stattdessen hob Katharina die Hand in die Luft und machte eine abstrakte Pose, während sie gleichzeitig einen Fuß an ihren Innenschenkel legte und den anderen mit der Spitze nach unten streckte.

»Schöne Füße«, hatte Katja ihr bei dem Gespräch am Sonntagabend immer wieder eingebläut. »Denk an deine Füße und erinnere auch die Mädchen daran, denn gerade Anfängerinnen fällt es schwer, immer alles im Kopf zu behalten.«

Dank ihrer Ballettausbildung hatte Katharina allerdings keine Probleme, diesen Tipp zu beherzigen und stets in die Tat umzusetzen; außerdem war das tatsächlich auch zu ihrer Zeit des Modelns nicht anders gewesen. Manche Dinge änderten sich halt doch nie.

»Super!«, rief Pascal ihr zu, während er permanent auf den Auslöser drückte. »Das sieht klasse aus, mach weiter so.«

Katharina wollte gerade eine andere Pose einnehmen, als plötzlich auf einer Seite das Seil nachgab. Schreie wurden laut, und Katharina konnte im Nachhinein nicht mehr sagen, ob sie selbst einen ausgestoßen hatte. Schief hing sie in der Luft, und ein bedrohliches Knirschen drang an ihr Ohr. Es war nur eine Frage der Zeit, bis sich auch die andere Seite lockern oder lösen würde und sie drohte, in die Tiefe zu stürzen, das wusste sie. Sie versuchte, das Brett zu erreichen, ohne dabei ihr Gewicht zu sehr zu verlagern, was ein zweckloses Unterfangen war. Aus dem Augenwinkel bekam sie mit, wie Pascal auf das Brett kletterte. Er legte sich flach darauf und robbte sich so weit wie möglich nach vorn, um ihr seine Hand reichen zu können. Kameramann Charlie und Produzent Reiner packten den Fotografen an den Beinen, um ihn zu stabilisieren.

Katharina, deren Herz in ihrer Brust raste, streckte ihren Arm aus, doch sie schaffte es einfach nicht, Pascals Finger zu fassen zu bekommen. Sie warf einen Blick nach oben und wusste, dass ihr die Zeit davonrannte. Ihr blieb nichts anderes übrig, als es zu riskieren, also holte sie mit den Beinen Schwung. Sie brauchte zwei Anläufe, um endlich Pascals Hand zu erreichen. In derselben Sekunde gab auch das zweite Seil endgültig nach und sackte in die Tiefe. Katharina spürte, wie das Gewicht an ihr zog, und stieß einen Schrei aus.

»Ich hab dich«, presste Pascal zwischen zusammengebissenen Zähnen hervor.

Mit beiden Händen zog er Katharina Zentimeter für Zentimeter höher, bis sie ihm auch die zweite Hand reichen konnte. Und endlich lag sie mit dem halben Oberkörper auf dem Brett. Nicht nur ihre Muskeln zitterten, ihr ganzer Körper bebte. Sie gestattete sich eine Sekunde, um die Augen zu schließen und Luft zu holen, dann zog sie sich mit Pascals Hilfe ganz aufs Brett. Er kletterte zuerst zurück auf die Aussichtsplattform und half ihr anschließend dabei. Ihre Beine drohten unter ihr nachzugeben, als sie den sicheren Boden unter den Füßen spürte. Pascal stützte sie von der einen Seite, Reiner, der sofort bei ihr war, von der anderen. Er war leichenblass, ebenso wie die Mädchen, deren bestürzte Gesichter Katharina erst jetzt so richtig wahrnahm. Und dann fiel ihr Blick auf Emilys tränenüberströmte Wangen. Das Mädchen klammerte sich an Johanna, doch nun ließ sie diese los und stürmte auf ihre Mutter zu. Katharina schloss sie in ihre Arme und konnte nur mit Mühe ein Schluchzen unterdrücken.

Mutter und Tochter saßen eng aneinandergekuschelt und in dicke Decken eingehüllt in dem Zelt unten auf der Promenade. Die letzten Minuten waren wie in Trance an Katharina vorbeigezogen. Mit wackeligen Beinen hatte sie es irgendwie den Moleturm hinunter und ins Zelt geschafft, wo sie ein Sanitäter unter die Lupe genommen hatte. Nachdem sie aber mit dem Schrecken davongekommen war, hatte man sie und Emily schließlich allein gelassen. Lediglich Reiner hatte kurz nach dem Rechten geschaut und Mutter und Tochter eine Tasse heiße Schokolade mit Sahne gebracht.

In der Zwischenzeit waren beide ruhiger geworden, obwohl Katharina erst allmählich begriff, was da gerade passiert war. Ein Sturz ins Wasser aus mehr als zwanzig Metern Höhe hätte sie zwar nicht definitiv das Leben gekostet, trotzdem war es lebensgefährlich gewesen. Und selbst wenn sie den Sturz überlebt hätte – sie hätte das Kind verlieren können. Wenn sie nur daran dachte, begann sie erneut zu zittern.

»Brauchst du noch etwas?«, fragte Emily besorgt und hob den Kopf.

Katharina zwang sich zu einem Lächeln. »Danke, mein Schatz, aber ich hab alles, was ich brauche.«

Wobei das nur zur Hälfte stimmte, denn sie verspürte eine unglaubliche Sehnsucht nach Daniel, der sie nur zu gern nachgegeben hätte. Dabei war sie sich nicht sicher, ob sie ihm überhaupt von dem Vorfall erzählen sollte, denn es war mit Sicherheit kein Unfall gewesen, sondern ein erneuter Anschlag auf Katjas Gesundheit. Wenn Daniel davon wüsste ... Er und Hubert würden sie garantiert sofort zurück nach Hause beordern, und obwohl Katharina diesen Einsatz prinzipiell selbst zu gern abgebrochen hätte, konnte sie es nicht. Denn eines hatte ihr die Sache gerade eben mehr als deutlich gemacht: Wer auch immer es auf ihre Schwester abgesehen hatte, würde nicht so schnell Ruhe geben.

»Ich bin froh, dass es dir gut geht, Mama«, flüsterte Emily.

»Ich auch«, erwiderte Katharina leise. Sie legte ihren Kopf auf Emilys, als ihr plötzlich bewusst wurde, was Emily gerade gesagt hatte. Langsam schob sie ihre Tochter von sich und sah sie prüfend an. »Warte mal, du weißt es?«

Emily konnte sich ein leichtes Grinsen trotz der Umstände nicht verkneifen. »Natürlich, was denkst du denn? Du kannst deine Frisur ändern und dich anders kleiden, aber du bist doch immer noch meine Mama.«

»Ach, Emily.« Katharina gab ihr einen Kuss auf den Kopf. Insgeheim war sie erleichtert und froh darüber, dass sie ihrer Tochter nichts vormachen konnte – wobei das Ganze auch Probleme mit sich brachte. »Ich hoffe, du bist nicht sauer, weil ich dich nicht eingeweiht habe.«

Emily seufzte. »Nein, ich verstehe, warum du es getan hast. Ich kann schweigen, Mama. Von mir erfährt niemand die Wahrheit.«

»Danke, mein Schatz, aber du solltest aufhören, mich Mama zu nennen.«

»Und du kannst nicht dauernd *mein Schatz* zu mir sagen. Erstens hat das was von *Der Herr der Ringe*, und zweitens sagt das meine Tante nie zu mir.«

Katharina musste schmunzeln. »Ach nein? Wie nennt Katja dich denn?«

Emily zuckte mit den Schultern. »Unterschiedlich. Süße, Motte, Pflaume.«

»Motte? So wie dein Papa?«

Erneut zuckte Emily mit den Schultern. »Hin und wieder. Sag mal, hältst du es für eine gute Idee, hierzubleiben? Wenn dir was passiert wäre … Und was ist mit meinem Geschwisterchen?«

Nun stieß auch Katharina ein Seufzen aus. »Glaub mir, ich kann verstehen, wie du dich fühlst. Ich wünschte, wir könnten das Ganze abblasen, aber das geht nicht. Jemand hat es auf deine Tante abgesehen, und du möchtest doch auch, dass wir denjenigen zu fassen kriegen, oder?«

Emily nickte langsam. »Sicher. Es wäre nur schön, wenn dir dabei nichts passiert.«

»Ich weiß, mein Schatz, ich weiß.« Katharina zog Emily fest in ihre Arme. »Ich verspreche dir, dass ich auf mich aufpassen werde, und du kannst ja auch das eine oder andere Auge auf mich haben. Was meinst du?«

»Auf jeden Fall. Ich hab dich lieb, Tante Katja.« Traurig lächelnd drückte Emily ihrer Mutter einen Kuss auf die Wange, dann stand sie auf. »So, ich brauche dringend noch was mit Zucker, eine Waffel oder ein Stück Kuchen. Was ist mit dir?«

Katharina nickte. »Gern. Warte, ich gebe dir Geld.«

Sie suchte bereits nach ihrer Tasche, doch Emily winkte ab. »Lass mal, Papa hat mir extra Taschengeld zugesteckt. Der Kuchen geht auf mich.«

Katharina sah ihrer Tochter einen Moment hinterher, die das Zelt verließ, dann holte sie ihr Handy hervor, um Daniel anzurufen. Doch ihr Finger schwebte über der Anruftaste, ohne diese zu betätigen. Sollte sie ihm erzählen, was passiert war? Oder anders gefragt: Wäre es fair, ihm das zu verschweigen? Hubert musste sie auf jeden Fall davon berichten, und früher oder später würde Daniel es sowieso erfahren. Also beschloss sie kurzerhand, ihm die Wahrheit zu sagen. Sie wollte ihre neubegonnene Beziehung nicht auf Lügen oder Heimlichkeiten aufbauen. Doch bevor sie die Chance bekam, ihn tatsächlich zu sprechen, betrat Pascal König das Zelt.

»Störe ich?«, fragte er unsicher.

Katharina nahm das Handy vom Ohr und legte wieder auf. »Ganz und gar nicht. Ich …« Sie setzte sich aufrechter hin. »Ich wollte mich ohnehin noch bei dir bedanken. Wer weiß, wie das Ganze ohne deine Hilfe ausgegangen wäre.«

Pascal winkte ab und kam näher. »Darf ich?«, fragte er. Als Katharina nickte, setzte er sich auf die Bank ihr gegenüber. »Das war doch selbstverständlich. Jeder hätte dir geholfen, ich habe lediglich am schnellsten reagiert.«

Damit hatte er vermutlich gar nicht mal so unrecht. Trotz ihres eigenen Schocks waren ihr die Reaktionen der anderen nicht verborgen geblieben, und sie waren alle regelrecht geschockt gewesen. Um so etwas vorzutäuschen, musste man schon ein verdammt guter Schauspieler sein.

Wobei Ennio Rossi wie immer sehr reserviert gewesen war, doch auch er hatte Bestürzung gezeigt. Seine unmittelbare Reaktion hatte Katharina zwar nicht mitbekommen, weil er nicht zusammen mit ihnen auf dem Moleturm gewesen war, doch sie hatte ihn nach dem Abstieg gesehen, und da hatte sie den Eindruck gehabt, dass ihm ihr Schicksal nicht gänzlich egal war. Gesteigert wurde das Ganze von Luise, die beinahe in Tränen ausgebrochen war und Katharina kurzerhand in ihre Arme gerissen hatte.

»Mag sein«, erwiderte Katharina. »Am Ende warst es du, der mich gerettet hat, also vielen Dank dafür.«

»Sehr gern.« Er nickte ihr zu. »Allerdings bin ich gar nicht hier, um irgendwelche Lorbeeren einzuheimsen. Ehrlich gesagt, möchte ich mich bei dir entschuldigen.«

Katharina zog überrascht die Augenbrauen hoch. »Wofür das denn?« Unwillkürlich fragte sie sich, ob er die Haltevorrichtung manipuliert hatte und nun Reue zeigte; gleichzeitig wusste sie, dass das Blödsinn war. Selbst wenn es der Wahrheit entsprechen würde, würde er ihr das niemals gestehen.

»Es geht um unsere gemeinsame Vergangenheit. Ich habe es dir lange übelgenommen, dass du die Branche gegen mich aufgehetzt hast.«

»Ich habe niemanden aufgehetzt«, unterbrach Katharina ihn kopfschüttelnd.

»Lass mich erst zu Ende reden, okay?«, bat Pascal ohne jede Spur von Ärger in seiner Stimme. »So habe ich es empfunden, genauso wie ich lange Zeit nicht einsehen wollte, dass mein Verhalten falsch war. Schließlich habe ich die Mädchen nie zu etwas gezwungen. Wir haben nur freizügige Fotos gemacht, wenn sie es selbst wollten, und was die Besetzungscouch angeht …« Unwohl fuhr er sich durch die Haare. »Leider kann ich nicht abstreiten, dass das eine oder andere Mädchen dort gelandet ist. Zu meiner Verteidigung kann ich nur sagen, dass sie alle über achtzehn waren und es ebenso wollten. Du musst mir glauben, dass ich niemals ein Mädchen zum Sex gezwungen hätte.«

Eindringlich sah er Katharina in die Augen. Sie wusste nicht, was sie denken sollte. Einerseits wollte sie ihm zu gern glauben, denn er wirkte aufrichtig, und seine Reue schien ehrlich zu sein. Andererseits fragte sie sich, ob es nicht naiv wäre, ihm jedes Wort einfach so abzukaufen. Ihr Instinkt sagte ihr allerdings, dass sie ihm gleich zu Beginn unrecht getan hatte. Er schien nicht mehr derselbe zu sein wie damals, als er und Katja ihre Karrieren in diesem Business begonnen hatten. So oder so rutschte er auf ihrer Verdächtigenliste stetig weiter nach unten. Es ergab einfach keinen Sinn, dass er sie zuerst umbringen wollte, um sie dann zu retten.

Also nickte Katharina. »Ich glaube dir.«

Erleichtert atmete Pascal aus. »Danke, das bedeutet mir viel. Ich habe immer gern mit dir zusammengearbeitet. Du bist nicht nur hübsch und talentiert, sondern auch sehr professionell, und ich fand es immer sehr schade, dass diese Sache zwischen uns stand.«

Katharina nickte erneut. »Das geht mir ebenso. Schön, dass wir das aus der Welt räumen konnten. Nur eins noch: Wie kommt es, dass du deine Einstellung geändert hast?«

»Mit dem Alter kommt die Weisheit.« Lachend zuckte Pascal mit den Schultern. »Keine Ahnung, vielleicht liegt es wirklich am Alter. Auf jeden Fall weiß ich jetzt, dass mein Verhalten nicht richtig war, unabhängig davon, dass ich nie ein Mädchen gezwungen habe. Ich habe meine Position ausgenutzt und so automatisch Druck ausgeübt, ob ich das nun beabsichtigt habe oder nicht. Du kannst mir aber glauben, dass diese Zeiten schon lange vorbei sind. Deshalb war ich auch so wütend auf dich, als du mich und Ennio sofort bei Reiner angeschwärzt hast. Stattdessen hätte ich vielleicht lieber das ehrliche Gespräch mit dir gesucht.«

»Davon kann ich mich nicht ausnehmen«, gestand Katharina ihm zu. »Auch ich hätte erst mit dir und Ennio reden sollen, anstatt sofort zu Reiner zu gehen und eure Jobs aufs Spiel zu setzen. Apropos, gilt der Sinneswandel auch für Ennio? Entschuldige die Nachfrage.«

Pascal lachte leise. »Katja, Katja. Sag bloß, das ist dir immer noch nicht klar: Ennio hat keinerlei Interesse am weiblichen Geschlecht. Es ging ihm damals nur um seinen Ruf, wirklich gelaufen ist da nie was, und nachdem sich die Zeiten zum Glück geändert haben und jeder so sein darf, wie er ist, ohne Angst haben zu müssen, dafür verurteilt zu werden ...«

»Ach, so ist das. Das habe ich tatsächlich nicht mitbekommen.«

Sie fragte sich, ob ihre Schwester davon wusste oder es möglicherweise sogar damals bereits geahnt hatte. So oder so ergab das allerdings kein Motiv, denn wie Pascal gesagt hatte – die Zeiten hatten sich geändert. Heute konnte Katja dieses Wissen nicht mehr gegen den Designer verwenden, zumal es anscheinend ohnehin hinlänglich bekannt war, und wenn sie ihn damals hätte kompromittieren wollen, hätte Ennio sicher nicht etliche Jahre gewartet, bis er etwas dagegen unternahm. Zumal sich Katharina partout nicht vorstellen konnte, dass ihre Schwester diesbezüglich gegen den Designer hätte vorgehen wollen.

Pascal hingegen hatte theoretisch nach wie vor ein Motiv, jetzt vielleicht sogar noch mehr als vorher. Er hatte selbst zugegeben, dass er sich über Katjas aktuelles Verhalten aufgeregt hatte. Er schien sich mühevoll ein neues Image aufzubauen, und Katja hätte alles zunichtemachen können, indem sie die alten Geschichten wieder aufwärmte. Trotzdem hatte Katharina inzwischen ihre Zweifel, dass Pascal etwas mit den Anschlägen auf ihre Schwester zu tun hatte.

Überhaupt wurde die Sache immer undurchsichtiger, denn auch Reiner Holzschuh war in Katharinas Augen nicht länger verdächtig, selbst wenn er eine Affäre mit Barbara Kaminski hatte. Der Vorfall auf dem Aussichtsturm hatte ihn wirklich geschockt und mitgenommen, und er hatte selbst vorher gesagt, was für Probleme er bekommen würde, wenn hier etwas passierte. Das würde er niemals in Kauf nehmen, dafür war ihm seine Karriere zu wichtig.

Blieben noch seine Frau Gina und Barbara, doch beide waren nicht vor Ort. Wie hätten sie die Haltevorrichtung manipulieren sollen? Es sei denn, sie hatten einen Verbündeten …

»Katja?« Pascal wedelte mit der Hand in der Luft herum.

»Oh, entschuldige. Ich war einen Moment abgelenkt.«

»Verständlich. Ich wollte auch eigentlich nur wissen, ob deine Schwester vergeben ist.«

»Du meinst …« Katharinas Augen wurden groß, als ihr klar wurde, dass er sie für Katja hielt und demnach tatsächlich ein Date mit ihr, Katharina, wollte. Ein Schmunzeln schlich sich auf ihre Lippen. Schnell hielt sie sich die Hand vor den Mund und räusperte sich. »Es tut mir leid, Pascal, aber ja, Kathi ist vergeben.«

»Schon länger, oder …?«

»Mach dir keine Hoffnungen«, unterbrach Katharina ihn. »Kathi und Daniel sind quasi seit Kindertagen ein Paar. Sie haben eine gemeinsame Tochter, Emily.«

»Oh, okay. Verstehe.« Verlegen fuhr sich der Fotograf durch die Haare. »Na schön, wie sieht's aus? Soll ich dich zurück zur Villa fahren, damit du dich ein wenig ausruhen kannst?«

»Und was ist mit dem Shooting?«, fragte Katharina irritiert.

»Tja, wos is mit dem Shooting?« Die Wiederholung der Frage kam von Reiner, der in diesem Moment das Zelt betrat.

Seufzend ließ er sich neben Pascal auf die Bank fallen. Einen Moment lang vergrub er das Gesicht in den Händen, als müsste er die ganze Last der Welt auf seinen Schultern tragen. Als er wieder aufsah, erkannte Katharina die Verzweiflung in seinen Augen.

»Ich woaß ehrlich net, wos wir moch'n soll'n«, sagte er

schließlich. »Des Set hier kenn'n wir vorerst vergess'n, und ob wir des nochhol'n kenn'n?«

Katharina schüttelte den Kopf, noch bevor er zu Ende gesprochen hatte. »Das würde ich nicht machen, Reiner, selbst wenn du die Konstruktion tausend Mal überprüfen lässt. Die Mädchen mussten alles mitansehen, und zwei von ihnen hatten ohnehin schon Panik vor der Nummer. Du wirst sie nicht mehr dazu kriegen, in dieser Höhe über dem See zu posieren.«

Reiner nickte langsam. »Ich woaß, aber jetzt fehlt uns ahn Set, und prinzipiell kenn'n wir's uns weder loast'n, des Shooting oifach ausfall'n zu loss'n und noch ahn gonzen Tag zu verlier'n.«

»Dann müssen wir uns eben ein neues Set überlegen«, meinte Pascal, bevor Katharina es vorschlagen konnte.

Doch Reiner schnaubte nur. »Ja klor. Die gonze Vorbereitung der Sendung hat uns ja ach nur a boor Monate gekost'«, erwiderte er sarkastisch.

Katharina überlegte einen Moment. Es konnte doch nicht allzu schwer sein, ein neues Set zu organisieren. Alles andere war schließlich schon vorbereitet, sie brauchten nur noch einen Ort, der dem Moleturm in nichts nachstand.

In diesem Augenblick fuhr das nächste Ausflugsschiff in den Hafen und machte sich durch ein Hupen bemerkbar. Katharina sprang auf. »Los, beeilt euch.«

»Was hast du vor?«, wollte Reiner wissen.

»Bodenseeschifffahrt. Da müssen wir weder viel organisieren, noch genehmigen lassen, aber auf dem Schiff bieten sich uns tolle und abwechslungsreiche Motive. Oder was sagst du?« Sie blickte zu Pascal, der nickte.

»Katja hat recht, die Idee ist cool. Dann los.«

»Wortet's amol.« Reiner stand ebenfalls auf. »Traust dir

des noch dem Unfall denn zu, Katja? Wenn's willst, kann ich die Barbara ...«

»Nein!«, unterbrach Katharina ihn scharf. »Denk nicht mal dran, mich schon wieder gegen Barbara austauschen zu wollen. Du hättest sie von Anfang an buchen können, aber jetzt ist das mein Job, und ich gedenke, ihn gut zu machen.«

Einen Moment erwiderte Katharina Reiners Blick. Der Produzent starrte sie völlig perplex an, dann marschierte sie aus dem Zelt.

Kapitel 12

Donnerstag, 26. April

Das Shooting auf dem Bodenseeschiff war ein voller Erfolg gewesen, und nun stand bereits das nächste an. Dieses Mal würden sie wieder auf dem Anwesen der Villa die Fotos machen. Die Mädchen mussten auf einem Trampolin zeigen, was sie konnten, und dabei trugen sie Achtzigerjahre-Kleidung: Leggings und Trikots mit hohem Hüftausschnitt in knallbunten Farben, toupierte Frisuren und Schweißbänder.

Katharina, die die Achtziger als Kind miterlebt hatte, verstand nicht, wie diese grauenvolle Mode schon wieder retro sein konnte, und ausnahmsweise teilte der Designer ihre Meinung. Reiner und die Mädchen hingegen waren vollkommen aus dem Häuschen und freuten sich schon seit Ewigkeiten auf dieses Shooting. Bis spät in die Nacht hatten die Mädchen am Vortag Nenas *99 Luftballons* in Dauerschleife gehört, um sich in die richtige Stimmung zu bringen, und nun hörte Katharina aus dem Nebenraum schon wieder die ersten Töne des Songs.

Genervt stand sie von dem Schminkstuhl auf und schob die Tür ins Schloss, bevor sie wieder vor dem Spiegel der Garderobe Platz nahm, um sich fertigzumachen. Luise fiel heute aus, sie hatte sich eine Magen-Darm-Infektion eingefangen oder vielleicht auch nur etwas vom Buffet nicht vertragen, und Katharina hatte Reiner gegenüber darauf bestanden, sich allein zu schminken. Auch wenn sie selbst keine besondere Vorliebe dafür entwickelt hatte, wusste sie durchaus, was zu tun war. Während sie passend zum Achtzigerjahre-Motto pinken Lidschatten auftrug, klingelte ihr

Handy. Sie nahm den Anruf entgegen und stellte das Gespräch auf laut. Es war Daniel, der seit dem Vorfall am Dienstag noch häufiger als zuvor anrief, um sich zu vergewissern, dass es Katharina gut ging.

»Hi, Kleines. Alles okay bei euch?« Seine Stimme klang beiläufig und gleichzeitig unglaublich sexy.

»Du fehlst mir, weißt du das?«

Sie hörte ihn schmunzeln. »Ich hoffe es zumindest. Du fehlst mir auch, Kathi. Gibt es denn irgendwelche neuen Erkenntnisse?«

»Leider nein«, erwiderte sie nach kurzem Zögern.

Tatsächlich hatte es seit dem vorgetäuschten Unfall auf dem Moleturm in Friedrichshafen aber durchaus weitere Vorfälle gegeben. Es waren Kleinigkeiten gewesen – der kaputte Duschthermostat, sodass sie sich beinahe verbrüht hätte, oder Honig unter ihrer Fensterbank, der Bienen in ihr Zimmer gelockt hatte. Diese Dinge erschienen ihr viel zu normal, um sie als einen Anschlag zu werten, zumal Katharina in keiner der Situationen in Lebensgefahr geschwebt hatte, und deshalb hatte sie auch Daniel oder Hubert gegenüber nichts erwähnt. Aber bei dieser Häufung fragte sie sich nun doch, ob nicht mehr dahintersteckte, zumal Katja im Gegensatz zu ihr allergisch auf Bienenstiche reagierte. Diese Tatsache hatte Katharina verdrängt, doch wenn sie genauer darüber nachdachte …

Der Film *My Girl* kam ihr in den Sinn, früher hatte sie ihn oft mit Emily gesehen, und sie sog scharf die Luft ein, als ihr die Szene mit Macaulay Culkin einfiel, in der er von einem Schwarm Bienen angegriffen wurde und schließlich starb.

»Was ist los, Kathi?« Daniel spürte, dass Katharina ihm etwas verheimlichte, das war seiner Stimme deutlich anzuhören.

Dieses Mal zögerte sie nicht lange und erzählte ihm, was geschehen war. Auch Luises Erkrankung ließ sie dabei nicht aus. Diese war ihr zuerst nicht merkwürdig vorgekommen, genauso wenig wie die Sache mit der Dusche oder den Bienen, doch wenn man alles zusammennahm, ergab sich plötzlich ein Muster.

»Was auch immer du machst, Finger weg von den Lippenstiften«, sagte Daniel alarmiert, nachdem sie geendet hatte.

Tatsächlich hatte Katharina gerade nach einem rosafarbenen gegriffen. Sie ließ ihn fallen, und er rollte über den Boden. »Denkst du etwa …« Sie schluckte.

»Ja, genau das denke ich«, erwiderte Daniel grimmig. »Es würde mich nicht wundern, wenn der Lippenstift vergiftet ist. Eine Frau isst in ihrem Leben durchschnittlich dreieinhalb Kilo von dem Zeug, wusstest du das?«

Katharina hob den Lippenstift auf und stellte ihn zurück. »Zu den Frauen gehöre ich ganz bestimmt nicht. Mach dir keine Sorgen, ich …«

»Wenn du jetzt sagst, du hast alles im Griff, flippe ich aus«, ging Daniel dazwischen.

Katharina seufzte. »Tut mir leid, Daniel. Ich weiß, dass das alles nicht einfach ist.«

In ihrer Handtasche kramte sie nach dem Lippenstift, den Katja ihr am Sonntagabend gegeben hatte. Es war Katjas Lieblingston, den sie immer trug, wenn sie privat unterwegs war. Das Apricot passte möglicherweise nicht so gut zu dem pinken Lidschatten wie der Roséton, aber das war Katharina egal. Diesen Lippenstift würde schon niemand vergiftet haben, immerhin trug sie ihre Tasche immer bei sich oder verschloss sie in dem Safe im Kleiderschrank, der in Katjas Zimmer stand.

»Warum kommst du nicht nach Hause?«, fragte Daniel

leise. Seine Stimme klang weder vorwurfsvoll noch fordernd, sondern einfach nur müde und ängstlich.

Katharina schluckte. »Ich kann nicht, Daniel. Du siehst, dass es richtig ist, hier zu sein. Wer auch immer es auf Katja abgesehen hat, gibt keine Ruhe.«

»Eben. Er gibt keine Ruhe, und er wird erst aufhören, wenn er dir etwas Schreckliches angetan hat. Und dabei soll ich tatenlos zusehen? Das kann ich nicht, Kathi.« Nun schwang Verzweiflung in seiner Stimme mit.

»Das sollst du auch nicht, Daniel. Mir wird nichts passieren, das verspreche ich dir.«

»Wie könntest du das? Weißt du ...« Er brach ab.

»Daniel?«, fragte Katharina nach einigen Sekunden, doch er reagierte nicht mehr. Ärger flammte in ihr auf, weil er einfach aufgelegt hatte, dabei konnte sie ihn nur zu gut verstehen. Er machte sich Sorgen um sie, und dafür sollte sie dankbar sein. Schlimm wäre es, wenn er es nicht täte. Trotzdem fand sie das Ganze etwas melodramatisch. Es war normalerweise nicht seine Art, mitten im Streit abzuhauen oder das Gespräch zu beenden.

Seufzend wollte sie nach dem Handy greifen, um ihn noch einmal anzurufen oder ihm zumindest eine Nachricht zu schreiben, als sie plötzlich einen Tritt gegen den Bauch spürte. Automatisch zog sie ihre Hand zurück und legte sie auf ihre Bauchdecke.

»Na, du«, flüsterte sie.

Sie war so sehr mit sich selbst und dem Fall beschäftigt gewesen, dass sie kaum Zeit gefunden hatte, an das Baby zu denken. Nicht einmal zum Arzt hatte sie es geschafft, da sie ja gleich am Montagmorgen hergekommen war. Sie kam sich vor wie die schlimmste Rabenmutter aller Zeiten, und Tränen schossen ihr in die Augen. Wütend wischte sie sie von der Wange und sprang auf.

Ich werde jetzt nicht hier sitzen und heulen, sagte sie sich. Stattdessen musste sie endlich denjenigen finden, der es auf Katja abgesehen hatte. Mit wenigen Schritten war sie an der Tür und griff nach der Klinke. Diese war heiß, Katharina zog schnell ihre Hand zurück – und jetzt bemerkte sie auch den Rauch, der unter der Tür in die Garderobe drang. Panik machte sich in ihr breit, legte sich um ihr Herz wie eine eiskalte Hand. Tief holte sie Luft. Das Wichtigste war jetzt, weiterhin klar zu denken.

Hastig zog sie einen Pullover von der Kleiderstange und wickelte ihn um ihre Finger, um die Tür zu öffnen. Diese war allerdings verschlossen, wie Katharina es längst befürchtet hatte. »Verdammt!«, entfuhr es ihr.

Sie trat gegen die Tür, hämmerte dagegen und schrie um Hilfe, bis der Rauch ihre Lunge und ihre Augen reizte. Widerwillig zog sie sich ein paar Schritte zurück. In dem großen Raum vor ihrer Garderobe, in dem die Mädchen zurechtgemacht wurden, schien niemand zu sein, sonst wäre man ihr längst zu Hilfe gekommen. Irgendwann würde zwar auffallen, dass sie nicht da war, denn es konnte nicht mehr allzu lang hin sein, bis das Shooting angesetzt war, doch bis dahin war es vielleicht zu spät. Sie nahm ihr Handy und überlegte, wen sie am besten anrief – die Feuerwehr oder Emily, die mit einem Feuerlöscher tatsächlich schneller bei ihr sein könnte als die Profis –, musste jedoch feststellen, dass ihr Akku leer war. *Deshalb ist Daniel plötzlich weg gewesen,* schoss es ihr durch den Kopf. Gleichzeitig fragte sie sich, wie es sein konnte, dass ihr Akku leer war. Sie hatte das Handy erst gestern Abend aufgeladen, das wusste sie ganz genau. Die Mädchen und sie hatten in Emilys Zimmer zusammengesessen und über das bevorstehende Trampolin-Shooting geredet, bis Katharina das Lied von Nena nicht mehr hatte hören können und geflüchtet war. Hatte die Steckdose möglicherweise nicht funktioniert?

Sie riss sich von ihren Gedanken los, die sie hier und jetzt nicht weiterbringen würden. Der Rauch quoll immer dichter durch die Ritze unter der Tür in ihre Garderobe, und sie musste husten. Hastig griff sie nach einer der Wasserflaschen, die sie vorhin selbst aus einem der gestapelten Kästen aus dem Heizungskeller geholt hatte, und tränkte den Pullover, den sie nach wie vor in der Hand hielt. Dann presste sie sich diesen vor den Mund und zwang sich, ein paar ruhige Atemzüge zu tun. Anschließend riss sie die Kleider von der Stange, wässerte sie und drückte sie vor die Türritze. Auf diese Weise konnte sie zumindest den Rauch vorerst aussperren, doch das Feuer, das draußen wütete, ließ sich von dieser Maßnahme sicher nicht lange aufhalten. Sie konnte hören, wie es knisterte und sich seinen Weg zu ihr nach drinnen fraß.

Kurz überlegte sie, mit einem der Möbelstücke die Tür einzuschlagen, doch diesen Gedanken schob sie sofort wieder weg. In dem Fall würde das Feuer nur noch schneller zu ihr gelangen, und sie hatte nicht ausreichend Wasser oder Decken, um sich vor den Flammen zu schützen. Stattdessen zog sie den Schminkhocker vor das Fenster und kletterte darauf. Die Scheibe war nicht vergittert, und dank des Stuhls war sie hoch genug, um das Fenster theoretisch zu erreichen. Praktisch war es jedoch zu schmal. Nie im Leben würde sie da durchpassen.

Nackte Panik griff erneut nach ihr, und es kostete sie all ihre Selbstbeherrschung, dennoch ruhig zu bleiben. Sie würde nicht hier sterben, Punkt. Fast verlor sie das Gleichgewicht, als sie wieder vom Stuhl stieg und sich nach einem geeigneten Gegenstand umsah. Obwohl sie wusste, dass Sauerstoff keine gute Idee war, weil es dem Feuer nur noch mehr Nahrung geben würde, war ihr gleichzeitig klar, dass ihre einzige Chance darin bestand, die Fensterscheibe einzuschlagen. Nur so konnte sie sich Gehör verschaffen – sofern man sie überhaupt hören würde. Aber wenn sie es richtig im Kopf hatte, ging dieses Fenster nach hinten raus, Richtung Grundstück, und dort würde mit Sicherheit jemand von der Crew sein, um das Set aufzubauen.

Katharina schnappte sich einen der herumliegenden High Heels und stieg zurück auf den Hocker. Mit Schwung schlug sie den Absatz gegen die Scheibe und konnte nicht verhindern, an ihren ersten Fall hier am See zu denken. Im Sommer war eine ehemalige Mitschülerin von ihr erschlagen worden, und ein roter High Heel hatte dabei eine ziemlich große Rolle gespielt.

Mehrmals musste Katharina Schwung holen und den spitzen Absatz gegen die Scheibe donnern, bis diese endlich barst. Sie zuckte zusammen, als das Glas klirrte und es Scherben regnete, doch sobald die Geräusche verstummt waren, schrie sie um Hilfe. Das war alles, was sie jetzt noch tun konnte – schreien und beten, dass man sie hören würde.

Es fühlte sich an wie ein Déjà-vu, als Katharina und Emily eng aneinander gekuschelt auf dem großen Bett saßen, die Beine auf der Matratze ausgestreckt. Wie durch ein Wunder war Katharina auch dieses Mal mit dem Schrecken davongekommen, sie hatte sich nicht einmal eine Rauchvergiftung zugezogen, und auch mit dem Baby war alles in Ordnung. Doktor Wegener hatte sie gründlich untersucht, denn nachdem das Feuer gelöscht worden war, hatte man Katharina vorsichtshalber erst einmal ins Krankenhaus gebracht.

Emily und Daniel hatte sie es zu verdanken, dass nichts Schlimmeres passiert war. Nach dem Anschlag auf dem Moleturm hatten beide ein besonderes Auge auf Katharina geworfen, und da das Shooting kurz bevorgestanden hatte und ihre Mutter nirgends zu sehen gewesen war, war Emily ohnehin schon unruhig geworden. Als dann auch noch Daniel angerufen hatte, weil die Verbindung zu Katharina plötzlich abgerissen war, hatte sie sofort Alarm geschlagen, ohne genau zu wissen, was überhaupt los war.

Die Tür zum Krankenzimmer öffnete sich, und Daniel trat ein, dicht gefolgt von Hubert. Sofort steuerte Daniel das Bett an und schloss die beiden Frauen in seine Arme. Wortlos hielten sie einander eine ganze Weile fest, ehe Daniel sich wieder löste und einen Schritt zurücktrat.

Hubert hatte so lange an der Tür gewartet und kam nun ebenfalls näher. »Was machst du nur für Sachen, Kind. Es wird Zeit, dass du nach Hause kommst.«

»Und der Täter?« Katharina wich den Blicken der Männer aus.

Sie verspürte selbst ein unglaublich großes Bedürfnis, ihren Undercover-Einsatz abzubrechen. Bis jetzt waren sie keinen Schritt weitergekommen. Sogar das Gegenteil war der Fall, denn laut Emily hatten sich alle Verdächtigen einschließlich Gina Holzschuh in ihrer Nähe befunden, als der Täter das Feuer gelegt haben musste. Ohne Komplizen konnte es also keiner von ihnen gewesen sein, aber genau deshalb wollte Katharina ihre Rolle beibehalten. Sie war dem Täter ganz nah, das spürte sie instinktiv. Anscheinend hatte sie sich bisher nur auf die falschen Menschen konzentriert.

»Jetzt vergiss doch mal den Täter«, brummte Daniel. »Für mich zählt einzig und allein, dass *du* nicht das nächste Opfer wirst.«

»Das will ich auch nicht«, beschwichtigte Katharina ihn. »Aber …«

»Aber was?«, fuhr Daniel sie an. »Du bist seit über drei Tagen im Einsatz und hast bisher nichts herausgefunden. Stattdessen stehst du voll in der Schusslinie.«

Nun wurde auch Katharina lauter. »Soll ich denn tatenlos dabei zusehen, wie jemand Jagd auf meine Schwester macht? Das kann ich nicht, Daniel.«

»Verlange ich das von dir?«, erwiderte er dieses Mal sanfter. »Aber ihr müsst irgendwas unternehmen, Kathi. Ich habe das Gefühl, die Sache läuft völlig aus dem Ruder.«

»Das sehe ich auch so.« Hubert zog sich den einzigen Stuhl unter dem Tisch hervor und ließ sich darauf fallen. »Wir ermitteln jetzt offen, außerdem werde ich dir Personenschutz organisieren, Katrinchen, wenn du dich unbedingt weiterhin als deine Schwester ausgeben willst.«

Müde fuhr Katharina sich mit den Händen übers Gesicht. »Dann war alles umsonst, Hubert.«

Er legte ein Bein über das andere. »Ganz ehrlich? Das ist mir egal, so geht es jedenfalls nicht weiter. Daniel hat völlig recht. Der Täter denkt doch inzwischen, er kann mit uns machen, was er will. Aber nicht mit mir. Im Übrigen müssen wir die Vergiftung nach wie vor nicht erwähnen. Mit der Sabotage an der Haltevorrichtung am Moleturm und der Brandstiftung haben wir genügend Gründe, um Fragen zu stellen.«

Emily räusperte sich. »Darf ich auch mal was sagen?«

Überrascht betrachtete Katharina ihre Tochter, die genauso müde aussah, wie sie sich selbst fühlte, und wieder griff das schlechte Gewissen nach ihr. In all ihren Überlegungen ließ sie völlig außer Acht, wie sich die Situation für Emily darstellte. »Natürlich, Schatz, frag doch nicht.«

»Die anderen tuscheln. Sie tun es hinter meinem Rücken, immerhin halten sie dich für meine Tante und wollen nicht taktlos sein, aber ich habe das eine oder andere aufgeschnappt. Die Mädels fragen sich ohnehin längst, ob es sich bei den ganzen Zwischenfällen wirklich nur um Unfälle handelt.«

Katharina und Hubert wechselten einen Blick. »Na schön, ich bin einverstanden«, meinte Katharina. »Aber was den Personenschutz angeht …«

Hubert schüttelte den Kopf. »Da lasse ich nicht mit mir reden. Ich fühle mich einfach nicht mehr wohl, wenn du allein in der Villa bist.«

Katharina unterdrückte ein Seufzen. »Denkst du denn, Linus stimmt dem Ganzen überhaupt zu? Dann müssten wir den Undercover-Einsatz offiziell machen, was wir jetzt in Anbetracht der Umstände vielleicht sogar beim Richter durchkriegen würden, aber da gibt es ein ganz anderes Problem.« Sie sah auf ihren Bauch.

Hubert kratzte sich am Kinn. »Das ist wirklich ein gewisses Problem.«

»Ich mach's«, sagte Daniel. »Also den Bodyguard, meine ich. Ich hab ohnehin keine ruhige Minute mehr. Die wichtigsten Menschen in meinem Leben befinden sich gemeinsam in dieser Villa, und ich sitze hilflos zu Hause, wenn was ist.«

Katharina griff nach seiner Hand und lächelte ihm zu. »Das ist echt lieb von dir, Daniel, und ich hätte dich wirklich gern in unserer Nähe. Ich bin nur nicht sicher, wie wir das machen sollen.«

Hubert verursachte immer noch ein kratzendes Geräusch, indem er sich mit den Fingern über den Bart strich. »In Ordnung, folgender Plan: Wir weihen den Produzenten ein, und der soll Daniel als Kabelträger oder so was einstellen. Selbst wenn Holzschuh es seiner Frau erzählt und diese die Täterin ist, sollte uns das Ganze weiterbringen, denn in dem Fall kann Gina unmöglich so weitermachen wie bisher. Du sagtest doch, der Produzent ist runter von der Liste der Verdächtigen, oder?« Fragend sah er Katharina an.

Sie nickte. »Ihn und den Fotografen kann ich mit ziemlicher Sicherheit als Täter ausschließen, ebenso den Designer. Blieben theoretisch noch Gina und Barbara, aber dank Emily wissen wir, dass keiner der Verdächtigen die Gelegenheit hatte, das Feuer vor der Garderobentür zu legen. Sie waren alle in Emilys Sichtweite, als es passiert ist. Sofern kein Komplize im Spiel ist, sind sie damit allesamt entlastet.«

Hubert stöhnte. »Und das sagst du erst jetzt? Dann können wir also noch mal von vorn anfangen.«

Katharina schüttelte den Kopf. »Wir sind ganz nah dran, das spüre ich. Wir müssen nur noch ein wenig weiter stochern, und das alles war auch nicht umsonst. Immerhin wissen wir jetzt, dass sich der Täter unter den Beteiligten der Show befinden muss. Deshalb halte ich es auch für so wichtig, in meiner Rolle zu bleiben. Hubert, wir haben nicht mehr viel Zeit. Am Sonntag ist bereits der letzte Drehtag.«

Hubert atmete geräuschvoll aus. »Also gut, dann machen wir es so. Daniel übernimmt die Rolle des Beschützers, und du, Katrinchen, bleibst als Katja in der Villa. Aber ...« Mit dem Finger zeigte er auf sie. »Ich will endlich diese Unbedenklichkeitsbescheinigung von dir haben, darauf bestehe ich.«

Katharina musste lächeln. »Die hat Doktor Wegener mir bereits ausgestellt.« Ihr Blick wanderte weiter zu Daniel, und Vorfreude ergriff sie. »Der Arzt kann außerdem schon sagen, welches Geschlecht das Baby haben wird, was Emily und ich allerdings nicht ohne dich wissen wollten. Was meinst du? Sollen wir den Arzt rufen?«

Kapitel 13

Freitag, 27. April

Katharina und die Mädchen saßen in Emilys Zimmer auf den Betten und dem Boden verteilt, naschten Kekse und Schokolade, die Daniel heimlich in die Villa geschmuggelt hatte, und unterhielten sich. Im Hintergrund lief *Girls just wanna have fun* von einer Playlist, die dieses Mal Katharina zusammengestellt hatte. Währenddessen hatte sich Daniel in Katjas Zimmer zurückgezogen und sah die Videos der Überwachungskamera durch, die inzwischen nicht mehr nur in Katjas Zimmer platziert war. Auch in Emilys Zimmer und einigen anderen Räumen der Villa, unter anderem der Küche und dem Esszimmer, hatte Daniel mit Reiners Erlaubnis Kameras installiert. Daniel war als *Mädchen für alles* engagiert worden und half überall aus, wo Not am Mann war.

Katharina fühlte sich seitdem sicherer, allerdings spürte sie auch die wachsende Unruhe in sich. Übermorgen war bereits der letzte Drehtag. Der Täter würde zum finalen Schlag ansetzen, das war so sicher wie das Erwachen der Natur im Frühling. Die Frage war nur, was er wann plante.

Der vergangene Drehtag war jedenfalls ruhig verlaufen. Ob es an Daniels plötzlicher Anwesenheit oder Huberts Befragungen lag, die er im Laufe des Vormittags geführt hatte, war nicht klar. Ergebnisse gab es bisher leider keine, und doch wusste Katharina, dass es die richtige Entscheidung gewesen war, die Männer hinzuzuziehen.

»Könnt ihr glauben, dass am Sonntag bereits Schluss ist?«, fragte Aysun in die Runde.

»Krass, oder?«, erwiderte Larissa, die seit zehn Minuten an ein und demselben Keks knabberte. Sie gehörte zu den Mädchen, die sehr auf ihre Ernährung achteten und viel Sport trieben. »Die Zeit ist so wahnsinnig schnell vergangen. Ich wünschte, wir könnten noch länger hierbleiben.«

»Warum dauert das hier eigentlich nur eine Woche?«, fragte Mara an Katharina gewandt. Sie sprach so leise, dass man sie bei der Musik fast nicht verstand.

»Ich nehme an, die Show ist in diesem Jahr so etwas wie ein Testballon«, antwortete Katharina und nahm sich noch ein Schokoladenplätzchen. »Wenn sie beim Publikum gut ankommt, wird sie im nächsten Jahr bestimmt länger angesetzt werden.«

»Aber in gerade mal einer Woche haben wir doch kaum eine Chance, das Handwerk eines Models richtig zu lernen, geschweige denn, uns zu verbessern«, warf Aysun ein. »Und ich weiß ehrlich gesagt auch nicht, wie uns die Jury unter diesen Bedingungen überhaupt fair beurteilen will.«

»Da wird viel Subjektives reinfließen«, meinte Johanna, die neben Emily auf deren Bett saß. »Und deshalb könnt ihr anderen euch auch bessere Chancen ausrechnen. Barbara mag mich nach wie vor nicht leiden, sie wird garantiert nicht für mich voten.« Johanna zuckte mit den Schultern, als würde ihr das Ganze nichts ausmachen, doch ihr war deutlich anzusehen, dass das Gegenteil der Fall war. In ihren Augen lag eine Traurigkeit, die Katharina schon früh bemerkt hatte, die sich aber von Tag zu Tag noch verschlimmerte.

»Das ist mir auch schon aufgefallen«, gab Katharina zu, obwohl sie gern widersprochen hätte. Sie wollte das Mädchen nicht noch mehr demotivieren, allerdings riet ihr Polizistinneninstinkt ihr gleichzeitig, an dieser Stelle weiter nachzubohren. Sie selbst konnte sich keinen Reim auf

Barbaras Abneigung machen. Johanna war ein sehr hübsches Mädchen und gehörte definitiv zu den Besseren. Theoretisch hatte sie sehr gute Chancen auf den Sieg. »Woran liegt es denn, was denkst du?«

Johanna seufzte. »Keine Ahnung. Vielleicht hat Barbara ein Problem damit, dass ich ihrer Meinung nach gar nicht hier sein dürfte.«

Katharina runzelte die Stirn. »Wie meinst du das?«

»Oh! Also das Ganze ist so …« Johanna zögerte, als sei sie sich nicht sicher, ob sie es wirklich erzählen sollte.

Emily legte einen Arm um ihre neue Freundin. »Das muss dir nicht unangenehm sein, Hanni. Du hast jedes Recht, hier zu sein. Meine Tante wird das ebenso sehen.«

Katharina nickte Johanna aufmunternd zu, auch wenn sie keine Ahnung hatte, was jetzt kommen würde. Johanna warf Emily ein Lächeln zu, bevor sie auf ihre Hände sah. Unbewusst knibbelte sie schon die ganze Zeit an ihrer Nagelhaut, eine Angewohnheit, der sie gern nachging, wenn sie nachdachte, und sie war von Grund auf ein sehr nachdenkliches Mädchen, wie Katharina aufgefallen war.

»Ich bin ein Nachrückermädchen«, gestand Johanna schließlich und blickte schüchtern wieder auf.

»Ach so?« Katharina war ehrlich überrascht, davon hörte sie zum ersten Mal. »Das sollte Barbara aber in ihrer Entscheidung nicht berücksichtigen, immerhin tut es nichts zur Sache, und davon einmal abgesehen verstehe ich auch nicht, warum du nicht sofort ausgewählt wurdest.« Sie lächelte Johanna zu. »Du bist unglaublich talentiert und hättest meiner Meinung nach von vornherein einen Platz in dieser Show verdient.«

»Nicht wahr?«, stimmte Larissa zu. »Hanni, du bist wirklich gut. Wenn nicht die hochnäsige Babsi in der Jury sitzen würde, sondern Katja, würdest du garantiert den ersten Platz machen.«

»Auf jeden Fall!« Katharina nickte zustimmend und zwinkerte Emily heimlich zu.

»Danke!«, erwiderte Johanna ungewohnt schüchtern. »Das ist wirklich lieb von euch.«

»Ganz ehrlich, mich würde ja interessieren, wie das andere Mädchen gewesen wäre«, sagte Mara. »Nicht falsch verstehen, Hanni, aber nachdem du schon so gut bist, wie talentiert muss die andere dann erst sein?«

»Tja, sie wird ihre Gründe haben, warum sie ausgestiegen ist«, vermutete Katharina. »Vielleicht steckt sie gerade mitten im Abitur.«

»Eher nicht«, erwiderte Aysun. »Sie hatte einen Autounfall und ist inzwischen sogar an den inneren Verletzungen gestorben.«

»Bitte? Die ursprüngliche Teilnehmerin hatte einen Unfall?« Katharina setzte sich aufrecht hin und stellte ihr Glas beiseite, nach dem sie gerade erst gegriffen hatte. Ihr Blick wanderte zu Emily, die ebenso wie Johanna und Larissa überrascht wirkte. Johanna schien sogar ehrlich geschockt über diese Information zu sein. Für die anderen Mädchen hingegen war das Ganze offenbar nicht neu.

»Wusstet ihr das gar nicht?«, fragte Aysun, nun selbst überrascht.

»Nein, ich wusste nicht einmal, dass die eigentliche Kandidatin einen Unfall hatte, geschweige denn, dass sie inzwischen sogar … tot ist.« Tränen sammelten sich in Johannas Augen.

»Hey, du kannst doch nichts dafür.« Tröstend strich Emily dem anderen Mädchen über den Arm.

»Woher wisst *ihr* eigentlich davon?«, hakte Katharina nach.

»Ich habe zufällig mitbekommen, wie sich Pascal und Reiner darüber unterhalten haben«, antwortete Aysun. »Das war erst gestern Abend, kurz nach Drehschluss.«

Katharina nickte nachdenklich und fragte sich, warum ihr niemand etwas davon erzählt hatte.

»Und du glaubst wirklich, dieser Unfall könnte mit den Anschlägen auf deine Schwester zusammenhängen?«, fragte Daniel irritiert, nachdem Katharina in ihr Zimmer zurückgekehrt war. »Inwiefern?«

Katharina, die durch das Zimmer gelaufen war, während sie ihm von der Sache berichtet hatte, blieb stehen und sah zu Daniel, der es sich auf dem Bett gemütlich gemacht hatte. »Ich habe absolut keine Ahnung, aber mein Bauchgefühl sagt mir, dass da etwas nicht stimmt. Und warum, zum Teufel, hat das mir gegenüber niemand erwähnt?« Sie sah auf ihr Handy, doch ihre Schwester hatte ihr auf ihre Nachricht noch nicht geantwortet.

»Katja schläft bestimmt schon, immerhin ist es nach elf Uhr«, beruhigte Daniel sie.

»Ja, ich weiß.« Frustriert fuhr sie sich mit beiden Händen durch die immer noch ungewohnt glatten Haare, während Daniel ein Schmunzeln zu verbergen suchte. »Was?«

»Nichts, alles gut.«

Sie verdrehte die Augen und ließ sich neben ihm auf die Matratze fallen. »Ach komm, ich kenne dich.«

Und er kannte sie. Schon früher hatte er sich immer darüber amüsiert, wenn sie in einem Fall an diesem Punkt angelangt war. Endlich hatte sie das Gefühl, die entscheidende Entdeckung gemacht zu haben, meistens allerdings, ohne zu wissen, inwiefern die neue Erkenntnis tatsächlich hilfreich war – und das machte sie damals wie heute hibbelig und nervös.

»Ach, Kathi.« Daniel drückte ihr einen Kuss auf die Wange. »Na komm, ruf schon deine Schwester, Hubert oder wen auch immer an. Wen interessiert schon die Uhrzeit?«

»Du hast recht.«

Katharina stand wieder auf und holte das Handy von der Kommode, um den Produzenten anzurufen. Es war schon spät, aber der Anruf konnte nicht bis morgen warten, sonst müsste Katharina das Ganze Hubert überlassen. Reiner Holzschuh war zwar inzwischen eingeweiht worden, was die versuchten Anschläge auf Katja anging, aber er wusste nach wie vor nicht, dass die Schwestern die Rollen getauscht hatten. Am Telefon musste Katharina nicht vorgeben, Katja zu sein, und diese Befragung wollte sie selbst übernehmen.

Sie wählte Reiners Nummer und musste nicht einmal lange warten, bis er abnahm. Schon nach dem dritten Klingeln meldete er sich mit einem schlichten: »Ja?«

»Guten Abend, Katharina Danninger hier, Katjas Schwester.«

»Ich woaß, wer Sie sind«, erwiderte der Produzent in genervtem Tonfall. »Wos konn ich für Sie tun? Wenn's so spät noch onrufen, muss es wohl wichtig sahn.«

»In der Tat, das ist es«, erwiderte Katharina. »Meine Schwester hat mir erzählt, dass eine ursprünglich ausgewählte Modelkandidatin einen Autounfall hatte und inzwischen verstorben ist.«

»Des stimmt leider, ober inwiefern soll des für Ihr'n Foll wichtig sein?« Katharina hörte im Hintergrund ein charakteristisches Ploppen. Offenbar hatte sich Reiner gerade ein Bier aufgemacht.

Katharina unterdrückte die Wut, die plötzlich in ihr aufflammte. »Das müssen wir jetzt herausfinden. Was können Sie mir über das Mädchen sagen?«

Reiner stieß die Luft aus. »O Gott, do frog'n's mich wos. Do müsst ich nochschau'n.«

»Dann tun Sie das doch bitte«, bat Katharina in bemüht ruhigem Tonfall.

»Na schön, ahnen Moment. Ich muss kurz ins Orbeitszimm'r.«

Katharina verdrehte die Augen und ging hinüber zum Fenster, um nach draußen zu sehen. Mit dem schönen Wetter schien es erst einmal vorbei zu sein. Draußen wehte es ziemlich heftig, in der Dunkelheit konnte sie gerade noch die sich hin und her bewegenden Äste des Apfelbaums erkennen, der vor ihrem Fenster stand, und am Himmel türmten sich dunkle Wolken auf, sodass Katharina nicht hätte sagen können, ob es Voll- oder Neumond war.

Im Hintergrund hörte sie schlurfende Schritte und ein Husten, schließlich klickte eine Tür ins Schloss, und Papier raschelte. Nach einem erneuten Husten war Reiner wieder am Apparat.

»Oiso, des Mädchen hieß Simona Bianchi. Sie wor neunzehn Jahre olt, hotte italienische Wurzeln ond studierte an der froien Kunstakademie in Monnham im ersten Semester. Vielmehr kann ich Ihnan leider ach net sog'n, es sei denn, Sie int'ressier'n sich für Simonas Taillenumfang oder Körbchengröße.«

Katharina biss sich auf die Zunge, um dem Produzenten kein Schimpfwort an den Kopf zu werfen. »Wann hat sich der Unfall ereignet, und wer hat Sie informiert?«

»Die Mutter von der Simona hot am Montag, bevor die Show losging, beim Sender ongeruf'n. Der Unfoll is wohl bereits zwoa Tag vorher geschehan.«

Das Mädchen ist also genau eine Woche vor der Show verunglückt, überlegte Katharina. »Hat Simonas Mutter zufällig Genaueres zum Unfall gesagt?«

Reiner stöhnte. »Des konn ich Ihnan net sog'n, immerhin hob ich net mit der Frau g'sprochan. Wor's des dann? Es is scho' spät, ond ich moss noch was für morgan vorbereit'n.«

Katharina holte tief Luft und zählte innerlich bis drei. »Nein, das war es noch nicht. Ehrlich gesagt, verstehe ich nicht, warum Sie den Unfall bisher nicht erwähnt haben. Der Kollege Riedmüller hat Ihnen doch eingeschärft, dass jede Kleinigkeit für unsere Ermittlungen wichtig sein könnte.«

»Richtig. Ich bin leida noch net dazu gekomm'n, Sie zu informier'n, und ich seh' ach partout kahn Z'ammenhang zwischen ahm Autounfall in Monnham und den Vorfäll'n hier.«

»Mag sein«, erwiderte Katharina und gab es auf, ihren Ärger hinunterschlucken zu wollen. »Aber das Ziehen von Verbindungen überlassen Sie das nächste Mal bitte uns. Ihre Aufgabe ist es lediglich, uns mit Informationen zu versorgen, unabhängig davon, ob Sie diese nun für wichtig halten oder nicht. Gute Nacht, Herr Holzschuh.« Damit legte Katharina auf und drehte sich seufzend zu Daniel um. »Sag nichts. Ich weiß, dass ich nicht so aus der Haut hätte fahren dürfen.«

Abwehrend hob Daniel die Hände. »Hey, ich verurteile dich nicht. Mich würde dieses Verhalten auch wahnsinnig machen, und ich frage mich schon lange, wie ihr es immer schafft, so ruhig zu bleiben.«

Katharina stieß erneut ein Seufzen aus und setzte sich zurück neben Daniel aufs Bett. »Für gewöhnlich gelingt mir das sonst besser als Hubert.«

Daniel legte einen Arm um sie, und sie kuschelte ihren Kopf an seine Schulter. »Mach dir keine Vorwürfe, das werden die Hormone sein, außerdem geht es hier um deine

Schwester. Hatte der Produzent wenigstens was Interessantes zu sagen?«

Katharina schüttelte den Kopf. »Bedauerlicherweise nicht, allerdings hat er erwähnt, dass sich der Autounfall in Mannheim ereignet hat. Ich werde mal die ehemaligen Kollegen anhauen, vielleicht wissen die mehr.«

Daniel verzog den Mund. »Unwahrscheinlich, wenn es ein Unfall war, oder?«

Katharina schüttelte den Kopf. »Auch wenn es nur ein trauriger Unfall war, muss es eine Akte darüber geben. Vielleicht kommen wir weiter, wenn wir mehr über das verunglückte Mädchen wissen.« Sie öffnete die Kontaktliste auf ihrem Handy und schrieb ihrem ehemaligen Kollegen Sebastian eine Nachricht mit der Bitte, sich schlau zu machen und bei ihr zu melden. Dann legte sie das Handy auf den Nachttisch.

»Tja, dann sollte ich wohl mal lieber gehen«, meinte Daniel. Eine Spur von Bedauern schwang in seiner Stimme mit. »Wenn die Mädchen Wind davon bekommen, dass ich um diese Uhrzeit noch in deinem Zimmer bin ...«

»... werden sie sich köstlich darüber amüsieren«, erwiderte Katharina. »Außerdem ist es mir egal, was andere denken.«

Sie stand kurz auf, um die Tür abzuschließen, dann ging sie zurück zum Bett, setzte sich auf Daniels Schoss und küsste ihn.

Samstag, 28. April

Das Klingeln ihres Handys riss Katharina aus dem Schlaf. Sie angelte danach, während Daniel etwas Unverständliches brummte und sich auf die andere Seite drehte. Gähnend warf sie einen Blick aufs Display und war sofort hellwach. Es war Sebastian, ihr ehemaliger Kollege aus Mannheim.

»Morgen, Basti. Danke für deinen Anruf, das ging ja schnell.«

»Morgen, Kathi. Ja, wie es der Zufall will, hat meine Freundin den Fall bearbeitet und mir davon erzählt.«

Katharina musste lächeln. »Dann seid ihr endlich ein Paar, du und Saskia? Wurde aber auch Zeit.«

Er lachte verlegen. »Stimmt, das habe ich dir bisher gar nicht erzählt. Weihnachtsfeier und zu viel Glühwein. Muss ich noch mehr sagen?«

Nun lachte auch Katharina. Daniel brummte erneut, woraufhin sie aufstand, mit dem Handy im Badezimmer verschwand und sich auf den Rand der freistehenden Wanne setzte. »Das freut mich für euch, ehrlich. Ich habe ja schon das Weihnachten davor gesagt, dass ihr ein tolles Paar abgeben würdet, aber auf mich wollte niemand hören.«

»Ja, ich geb's zu. Du hattest wieder Mal recht, liebe Kathi. Wolltest du das hören?«

Sie lachte erneut. »Auf jeden Fall! Okay, dann erzähl mal von dem Autounfall.«

Sebastians Tonfall wurde ernst. »Schlimme Sache. Das Mädchen war noch so jung, gerade mal neunzehn Jahre alt.«

Katharina nickte, sie wusste, was er damit meinte. Jeder Unfall oder Mord war abgrundtief falsch, aber wenn es junge Menschen traf, fühlte es sich immer besonders unfair an. »Ja, das ist wirklich schrecklich. Simona hat an der Freien Kunstakademie in Mannheim studiert, richtig?«

»Korrekt. Sie war auf dem Weg zu ihrer Freundin nach Heidelberg, als ihr uralter Renault Twingo auf der Höhe von Schwetzingen von der Straße abkam. Es war schon spät am Abend, Samstag, der vierzehnte April, und es hat geregnet.«

»Dann waren die Sichtverhältnisse nicht die besten«, meinte Katharina.

»Stimmt«, gab Sebastian zu. »Nicht ungewöhnlich, dass man unter solchen Bedingungen die Kontrolle über das Fahrzeug verliert, allerdings ist die Bundesstraße am Unfallort weder besonders kurvig noch unübersichtlich, und die Reifenspuren auf der Straße haben eine ziemlich deutliche Sprache gesprochen. Ein Wagen hat heftig abgebremst, weshalb der Wagen dahinter, Simonas Twingo, ins Schlingern geriet, von der Straße abkam und gegen einen Baum raste. Saskia hat sich daraufhin auf die Suche nach Zeugen gemacht und siehe da – es handelte sich um einen Unfall mit Fahrerflucht.«

»Sag das noch mal.« Katharinas Herz schlug schneller. Das war zwar noch lange kein Beweis dafür, dass der Autounfall mit den Anschlägen auf Katja zusammenhing, aber ihr Instinkt hatte sie definitiv nicht getäuscht. Es war richtig gewesen, an dieser Stelle weiterzugraben.

»Jepp. Unklar ist allerdings, ob das erste Fahrzeug absichtlich oder unabsichtlich eine Vollbremsung hingelegt hat. Saskia konnte mithilfe des Augenzeugen nur herausfinden, dass es sich um einen blauen Renault handelte. Modell und Kennzeichen haben wir leider nicht.«

»Gibt es denn irgendwelche Verdächtigen?«, fragte Katharina.

»Gibt es. Simonas Freund, wobei er das wohl etwas anders definiert hat als sie. Warte einen Moment …« Katharina hörte Papier rascheln. »Okay, hier hab ich den Namen. Philip Kerner, Mitte dreißig, ein hohes Tier in einer Werbeagentur in Mannheim.«

»Mitte dreißig«, murmelte Katharina überrascht. Fünfzehn Jahre waren ein ziemlich großer Altersunterschied, vor allem, wenn einer der Beteiligten noch nicht mal zwanzig war.

»Genau. Er und Simona hatten was miteinander, wobei es für sie die große Liebe war, während er sich offenbar nur amüsieren wollte. An jenem Samstagabend hat er ihr erzählt, er müsse länger arbeiten. Simona wollte ihn im Büro überraschen und hat ihn mit seiner Vorzimmerdame erwischt. Von Simonas Freundin hat Saskia erfahren, dass wohl Simonas Temperament mit ihr durchgegangen ist. Daraufhin hat Kerner ein paar unschöne Dinge gesagt. Simona droht ihm, er erwidert die Drohung, und die beiden gehen auseinander. Simona macht sich auf den Weg nach Heidelberg und verunglückt auf dem Weg dorthin.«

»Lass mich raten: Kerner hat ein Alibi.«

»Natürlich«, antwortete Sebastian. »Wobei lediglich besagte Vorzimmerdame bestätigt, dass Kerner das Büro nach dem Streit nicht verlassen hat. Die beiden haben angeblich da weitergemacht, wo sie aufgehört haben, bevor Simona sie gestört hat.«

Katharina schnaubte. »Ja, klar. In flagranti erwischt zu werden ist ja auch überhaupt kein Lustkiller«, sagte sie sarkastisch.

Sebastian lachte leise. »Ach du, ich habe schon Menschen mit seltsameren Fetischen kennengelernt, aber sei's drum. Der Portier des Gebäudes, in dem Kerner arbeitet, bestätigt zwar ebenfalls, dass Kerner das Büro nicht vor Mitternacht verlassen hat, aber es gibt einen Hinterausgang, und zudem sitzt der Portier natürlich auch nicht die ganze Zeit an seinem Platz. Kurz nachdem Simona das Gebäude verlassen hat, ist er aufs Klo und hat sich frischen Kaffee geholt.«

Katharina stöhnte. »Na super, dann kann der Portier das Alibi also gar nicht zu einhundert Prozent bezeugen. Gibt es in dem Bürokomplex denn Videoüberwachung?«

»Schon, aber der Richter hat den Beschluss verweigert. Seiner Meinung nach lag trotz allem zu wenig gegen Kerner vor, und inzwischen dürften die Aufzeichnungen aus jener Nacht gelöscht worden sein.«

Da war sich Katharina nicht so sicher, immerhin waren gerade einmal vierzehn Tage vergangen, und auch die waren noch nicht komplett verstrichen. Trotzdem machte sie sich keinerlei Hoffnung, dass sie nun einen Beschluss bekommen würde. Vorher musste sie erst beweisen, dass Kerner etwas mit ihrem aktuellen Fall zu tun hatte; und daran, dass sie solche Beweise finden würde, zweifelte sie selbst.

»Dann wurde also niemand für den Unfall zur Rechenschaft gezogen, und es ist nach wie vor unklar, ob es sich um eine vorsätzliche Tat oder wirklich nur um einen tragischen Unfall handelt«, resümierte Katharina.

»So sieht's leider aus«, stimmte Sebastian zu. »Aber sag mal, warum interessierst du dich eigentlich so brennend für diese Geschichte?«

Katharina stieß die Luft aus. »Jemand verübt Anschläge auf meine Schwester, die Coach und Mentorin einer Modelcastingshow ist, die wiederum gerade hier am See von einem regionalen Sender produziert wird. Und Simona hatte eine Einladung als Nachwuchsmodel. Ich dachte, es gibt vielleicht einen Zusammenhang zwischen dem Unfall und den Anschlägen.«

Sebastian stieß einen Pfiff durch die Zähne aus. »Du wirst es nicht glauben, aber da könnte tatsächlich was dran sein. Kerner hat Simona doch an besagtem Samstag erzählt, er müsse länger arbeiten. Auch wenn er gerade anderweitig beschäftigt war, als Simona ihm einen Spontanbesuch abstattete, hat er nicht gänzlich gelogen, denn es hat tatsächlich ein dringender Auftrag auf ihn gewartet. Er musste bis Montag eine Präsentation vorbereiten, um einen neuen Kunden an Land zu ziehen. Seine Firma hatte kurzfristig die Chance, das Marketing für eine regional produzierte

Modelcastingshow zu übernehmen, weil sich der Produzent mit der ursprünglich beauftragten Werbeagentur überworfen hat.«

»Nein!« Katharinas Herz schlug schneller, sie konnte nicht glauben, was sie da hörte. »Danke, Basti, du hast mir sehr weitergeholfen.«

»Kein Ding. Melde dich, falls wir dich sonst noch irgendwie unterstützen können. Ich denke beispielsweise an die Vernehmung eines gewissen Philip Kerner.«

»Eventuell komme ich darauf zurück. Du, ich sollte jetzt Schluss machen, aber ich bin dir wirklich was schuldig.«

Er schnaubte. »Bitte, Kathi, nicht dafür. Ich hoffe, du kriegst denjenigen dran, der für Simonas Tod verantwortlich ist.«

»Das hoffe ich auch«, murmelte Katharina.

Sie legte auf, nur um gleich darauf Hubert anzurufen. Sie berichtete ihm von den neuesten Entwicklungen und bat ihn, Reiner Holzschuh einen Besuch abzustatten und ihn zu der Sache mit den Werbeagenturen zu vernehmen. Anschließend rief sie ihre Schwester an, auch wenn es nach wie vor früh am Samstagmorgen war. Tatsächlich schlief Katja noch, sie nahm das Gespräch aber dennoch entgegen. Von einem Philip Kerner hatte sie allerdings noch nie gehört, und sie wusste weder, warum sich Reiner mit der ursprünglich engagierten Werbeagentur überworfen hatte, noch war ihr klar gewesen, dass Simona einen Unfall gehabt hatte. Man hatte ihr lediglich mitgeteilt, dass eine Teilnehmerin ausfallen würde, für die aber bereits eine Nachrückerin ausgewählt worden sei.

Katharina leitete diese Informationen an Hubert weiter und kontaktierte zum Schluss Nina Baum, die wiederum längst von Hubert vorgewarnt worden war, dass heute Arbeit auf sie, Häberle und Neuer zukommen würde. Katharina bat Nina, zusammen mit den Kollegen Philip Kerner sowie alle an der Show Mitwirkenden unter die Lupe zu nehmen und sich sofort bei ihr oder Hubert zu melden, sollte jemand aus dem Umfeld der Show eine Verbindung zu Kerner, Simona Bianchi oder dem Ort Mannheim haben.

Endlich tut sich was, dachte Katharina zufrieden, als sie zurück zu Daniel ging, der ihnen in der Zwischenzeit ein Frühstück organisiert hatte. Sie hatte zwar nach wie vor keine Ahnung, wie alles zusammenhing, aber daran, dass es einen Zusammenhang geben musste, zweifelte sie nicht länger.

Kapitel 14

»Dann bis später, Hubert.« Laut ausatmend beendete Katharina das Telefongespräch mit ihrem Chef.

»Alles okay?«, fragte Daniel mit vollem Mund. Er hatte gerade von seinem Käsebrötchen abgebissen und legte es nun zurück auf seinen Teller.

»Wie man's nimmt. Die gekündigte Werbeagentur scheint nichts mit der ganzen Sache zu tun zu haben. Gina Holzschuh war wohl kurz davor, eine Affäre mit dem für die Show zuständigen Mitarbeiter anzufangen, weshalb Reiner der Agentur gekündigt hat. Mit Simonas Freund Philip hatte er aus Zeitmangel nur telefonisch und über Internetkonferenzen zu tun, und es gab auch nicht mehr so viel zu tun. Die Plakate von Katja beispielsweise hingen zu dem Zeitpunkt schon überall, sodass Kerner Einiges von der ersten Agentur übernehmen konnte.«

Daniel runzelte die Stirn. »Da muss doch aber eine ordentliche Konventionalstrafe fällig gewesen sein, oder? Und was ist mit dem Sender? Ist der nicht prinzipiell für solche Dinge wie Werbung zuständig?«

»Das ist richtig, aber der Marketing Manager des Senders und Reiner sind alte Freunde.«

Daniel stöhnte. »Der Produzent kennt hier am See aber auch jeden von früher.«

Katharina nickte. »Was die Ermittlungen nicht eben leichter macht.«

»Ich frage mich nur …« Daniel kratzte sich am Kinn.

»Was?«, wollte Katharina wissen und schenkte sich noch Tee nach.

»Reiner muss seine Frau wirklich lieben, wenn er bereit ist, zum Sender zu gehen und um eine neue Werbeagentur zu bitten. Ich meine, auch wenn er und der Marketingmanager befreundet sind, leidet doch sein Image darunter, oder?«

Katharina stellte ihre Tasse beiseite, aus der sie gerade einen Schluck getrunken hatte. »Mit der Frau eines Geschäftspartners anzubandeln, ist prinzipiell ein Compliance-Verstoß, das könnte als Kündigungsgrund durchgehen. Aber ich glaube, die Theorie, dass Reiner mit Barbara eine Affäre hat, ist damit definitiv vom Tisch.«

»Der Produzent und die Kaminski?«, fragte Daniel überrascht. »Nicht, dass ich auch nur einen der beiden gut kennen würde, aber das kann ich mir nun wirklich nicht vorstellen. Die beiden sind doch wie Hund und Katz.«

»Schon«, gab Katharina zu. »Allerdings könnte das theoretisch auch alles Masche sein, um Gina nicht darauf aufmerksam zu machen, wie gut sie sich tatsächlich verstehen. Aber schön, ich glaube ohnehin nicht, dass einer von den dreien der Täter ist. Sie haben nicht nur alle ein Alibi für den Brandanschlag auf Katjas Garderobe, ich sehe auch absolut keinen Grund, warum sie Simona aus dem Weg hätten räumen sollen. Gleiches gilt für die anderen, die bisher verdächtig waren.«

»Und was ist mit dem Mädchen, das für Simona eingesprungen ist?«, fragte Daniel. Er biss von seinem Brötchen ab und gönnte sich noch eine Tasse Kaffee.

»Johanna?« Katharina sah Daniel zweifelnd an. »Du hast schon mitbekommen, dass Emily und Johanna neue beste Freundinnen sind, oder? Und unsere Tochter hat eine gute Menschenkenntnis, möchte ich meinen.«

»Hat sie das? Also, wenn ich an den Jungen denke, mit dem sie sich früher getroffen hat … Ferdinand? Fridolin?«

»Florian.« Katharina verdrehte die Augen. »Willst du das jetzt wirklich miteinander vergleichen? Emily war damals noch im Kindergarten, und du konntest Florian bloß nicht leiden, weil er Emily immer dazu angestiftet hat, Blödsinn zu machen. Eigentlich war der Junge ganz nett, ich glaube, dass er unsere Tochter bloß beeindrucken wollte.«

»Eben.« Daniel deutete mit seiner Tasse auf Katharina. »Als Vater eines Kindergartenmädchens ist es noch viel zu früh, sich über irgendwelche Jungs Gedanken zu machen, das sollte alles erst später kommen. Und was diese Johanna angeht …«

»Ich weiß nicht. Ja, sie ist Simonas Nachfolgerin, und tatsächlich wurde sie laut Hubert schon bei der Absage gebeten, sich die Drehwoche für alle Fälle freizuhalten, aber sie ist so ein liebes Mädchen! Dass sie Simona aus dem Weg geräumt hat, nur um Teil der Show sein zu können … Das klingt ziemlich abstrus, findest du nicht? Zumal ein Motiv allein nicht reicht, sie muss auch die Gelegenheit gehabt haben.«

»Wo kommt das Mädchen denn her?«

»Ähm.« Katharina runzelte die Stirn. »Gute Frage, ich habe ehrlich gesagt keine Ahnung.« Sie griff nach ihrem Handy und begann, eine Nachricht zu tippen.

»Was machst du?«, fragte Daniel.

»Emily schreiben. Sie soll unauffällig herausbekommen, wo Johanna wohnt.« Sie hätte auch Nina darauf ansetzen können, aber Katharina ging davon aus, dass Emily ihr schneller eine Antwort liefern konnte.

»Was steht heute eigentlich an?«

»Das letzte Shooting. Es findet auf der Mainau zwischen all den Frühlingsblumen statt. Ich muss mich jetzt auch leider fertigmachen.« Katharina beugte sich vor und gab Daniel einen Kuss. »Wir sehen uns später, okay?«

»Kommt gar nicht infrage«, erwiderte Daniel mit vollem Mund. »Ich lass dich nicht aus den Augen.« Er legte sein Brötchen beiseite und wollte aufstehen, um sich schnell etwas anzuziehen, doch Katharina drückte ihn schmunzelnd zurück aufs Bett.

»Nicht so schnell, ich muss noch duschen. Du kannst also in aller Ruhe zu Ende frühstücken.«

Emily lag in einem Meer aus Tulpen und blickte verträumt in den Himmel, während sie gleichzeitig ihren Körper verrenkte. Katharina konnte sich vorstellen, wie unbequem diese Pose sein musste, aber es lohnte sich, denn auf den Fotos sah es grandios aus. Immer wieder schielte Katharina hinüber zu dem Monitor, auf dem die Bilder, die Pascal gerade schoss, sofort zu sehen waren.

Zuerst war sie skeptisch gewesen, weil die Mädchen bei diesem Shooting so gut wie nackt waren. Emily hatte zwar – als Minderjährige – hautfarbene Unterwäsche bekommen, aber bei den anderen Mädchen waren nur die intimsten Stellen mit Klebeunterwäsche bedeckt. Allerdings musste Katharina zugeben, dass sowohl das Setting als auch die Bilder ein Traum waren. Die Idee war von Gina gewesen, und sie hatte damit absolut richtig gelegen.

»Und jetzt versuch noch mal einen anderen Gesichtsausdruck«, riet Katharina ihrer Tochter. Noch bevor sie es vorschlagen konnte, schaute Emily arrogant in die Kameralinse.

»Jawohl, das ist es. Super, Emily!«, rief der Fotograf ihr zu. Er machte noch ein paar Aufnahmen, dann ließ er die Kamera sinken. »Hervorragend, Emily. Du hast die Latte ganz schön hochgehängt.«

Emily strahlte übers ganze Gesicht. Während der Fahrt von Meersburg zur Insel Mainau war sie ziemlich nervös gewesen, weil sie heute als erstes Model an der Reihe gewesen war.

»Siehst du? Ich hab dir doch gesagt, du machst dir völlig umsonst Sorgen«, meinte Katharina.

Sie reichte Emily einen Bademantel, den sie sich vor den Körper hielt, bevor sie vorsichtig aufstand und darauf achtgab, die Blumen nicht zu zerdrücken. Mit Katharinas Hilfe kletterte sie aus dem Beet, dann schlüpfte sie unter Verrenkungen in den Mantel, um nicht zu viel von ihrer nackten Haut preiszugeben. Ein älteres Ehepaar blieb stehen und betrachtete die Szenerie missbilligend, bevor es weiterspazierte und sich wieder den Blumenbeeten widmete.

Katharina hätte ihnen am liebsten etwas hinterhergerufen, doch sie ließ es bleiben und wandte sich stattdessen an ihre Tochter. »Du warst wirklich gut, Emily. Das gibt bestimmt die volle Punktzahl.«

Emily schielte hinüber zu Barbara, die sich die Performance der Mädchen zusammen mit den beiden anderen Jurymitgliedern dieses Mal direkt vor Ort ansah.

»Johanna, du bist die nächste«, rief Barbara dem Mädchen in diesem Moment zu. »Mach dich bereit.«

Katharina unterdrückte ein Seufzen. Sie konnte immer noch nicht glauben, was Emily ihr kurz vor der Abfahrt zur Blumeninsel erzählt hatte, denn Johanna wohnte tatsächlich … in Mannheim. Katharina hatte die Information sofort an Nina weitergeleitet und sie gebeten, alles über Johanna und ihre Familie zusammenzusuchen, was sie finden konnte. Sie schielte auf ihr Handy, doch Nina schien noch dran zu sein. Es war weder eine Nachricht noch ein Anruf eingegangen.

»Glaubst du wirklich, Hanni hat was mit den Unglücksfällen zu tun?«, fragte Emily leise.

»Ich weiß es nicht«, antwortete Katharina ehrlich. »Genau wie du kann ich es mir kaum vorstellen, aber im Moment ist es die beste Spur, die wir haben. Wir müssen ihr nachgehen. Das verstehst du, oder?« Emily nickte, doch in ihren Augen erkannte Katharina unendliche Traurigkeit. »Komm mal her«, sagte sie und zog das Mädchen in ihre Arme. »Es ist noch gar nichts bewiesen, okay?«

Wieder nickte Emily. »Weißt du, ich verstehe das einfach nicht. Wenn Hanni unbedingt als Model in die Show wollte, hatte sie vielleicht einen Grund, das italienische Mädchen in Mannheim aus dem Weg zu räumen. Aber was sollte sie gegen Katja haben? Barbara würde ich noch verstehen, immerhin bewertet sie Hanni nicht objektiv, aber Katja? Was hat sie Hanni getan?«

Katharina atmete hörbar aus. »Das stellt mich ebenso vor ein Rätsel, mein Schatz, das kannst du mir glauben.«

Johannas Verbindung zu Mannheim war endlich eine Spur, und doch schienen sie nach wie vor nichts in der Hand zu haben. Irgendetwas passte hier nicht zusammen, aber Katharina kam einfach nicht darauf, wo ihr Denkfehler lag.

»Die Bilder sind im Kasten!«, rief Pascal, und die ganze Crew brach in Jubel aus.

Katharina atmete erleichtert aus. Dieses Shooting schien ewig gedauert zu haben, und das ausgerechnet heute, wo sie unbedingt mit Nina sprechen wollte. Inzwischen waren einige Stunden vergangen, seit sie Nina gebeten hatte, Informationen über Johanna zu sammeln, und sie hoffte, dass ihre Kollegin mittlerweile etwas herausgefunden hatte.

Sie wollte ihr Handy hervorholen, das sie während des Shootings auf Stumm hatte stellen müssen, als ihr Blick auf Johanna fiel, die gerade selbst telefonierte. Sie stand abseits, außerhalb der Hörweite von allen, die an der Show beteiligt waren, und schien sich mit jemandem zu streiten. Gestik und Mimik waren eindeutig. Schließlich legte das Mädchen auf und brach in Tränen aus. Emily, die das Ganze ebenfalls beobachtet hatte, eilte zu ihr, um sie zu trösten. Katharina runzelte die Stirn. Hoffentlich konnte Emily ihr später sagen, worum es bei dem Telefonat gegangen war.

»Na, alles okay?«, fragte Daniel, der sich Katharina genähert hatte, ohne dass sie es mitbekommen hatte.

Lächelnd wandte sie sich ihm zu. »Alles okay.«

»Ich wollte mir gerade eine Bratwurst holen. Hast du auch Hunger?«

»Und wie.«

»Senf?«

Katharina nickte. »Auf jeden Fall. Du bist ein Schatz.«

Daniel entfernte sich, und Katharina zog ihr Handy hervor. Als sie sah, dass sie mehrere verpasste Anrufe sowohl von Nina als auch von Hubert hatte, schlug ihr Herz augenblicklich schneller. Sie ging ebenfalls auf Abstand zu den anderen, tat so, als würde sie ein besonders hübsch angelegtes Beet aus Kamelien und Rhododendren bewundern, und wählte Ninas Nummer. Es dauerte nicht lange, bis die Kollegin abnahm.

»Da bist du ja. Wir dachten schon, dir sei was passiert«, wurde sie begrüßt.

»Shooting«, erklärte Katharina. »Ich musste das Handy auf Stumm stellen. Was ist denn los? Konntest du etwas über das Mädchen herausfinden?«

»Klar. Dann legen wir mal los.« Im Hintergrund hörte Katharina den Bürostuhl quietschen und Papier rascheln. »Johanna Neumann ist neunzehn Jahre alt und geht noch zur Schule, wo sie gerade das Abitur macht. Zusammen mit ihrer Mutter Marianne Neumann lebt sie in Mannheim-Käfertal. Die Mutter ist geschieden und hat nach der Scheidung ebenso wie ihre Tochter wieder ihren Geburtsnamen angenommen. Außerdem hat Johanna noch eine neun Jahre ältere Schwester, Anja, die aber nicht mehr zu Hause wohnt und verheiratet ist. Sie lebt mit ihrem Mann … Moment.« Wieder raschelte Papier. »Konstantin Knauer in Edingen-Neckarhausen, einem kleinen Ort zwischen …«

»Mannheim und Heidelberg«, vervollständigte Katharina. »Ich kenne mich in der Gegend aus, weil ich doch selbst mal in Mannheim gewohnt habe.«

»Richtig, das vergesse ich hin und wieder.«

»Was weißt du noch über die Schwester? Hat sie Kinder? Was macht sie beruflich?«

»Keine Kinder, und sie scheint noch zu studieren. Pharmazie.«

Katharina runzelte die Stirn. »Das Studium dauert meines Wissens um die vier Jahre. Dann muss Anja nach dem Abi erst mal was anderes gemacht haben, denn es kann unmöglich sein, dass sie doppelt so lange braucht wie der Durchschnitt. Kannst du das in Erfahrung bringen?«

»Klar, kein Problem. Ich bin schon dran, nur am Samstagnachmittag ist das alles nicht so einfach, solange nicht wirklich Not am Mann ist.«

»Verstehe.« Katharina sah sich kurz um. Die Crew packte gerade die Sachen zusammen, und die Mädchen organisierten sich ein Eis am selben Stand, an dem Daniel die Bratwürste holen wollte. Dass sie sich zurückgezogen hatte, schien weder jemanden zu stören, noch schien es aufgefallen zu sein. »Du hast erwähnt, dass die Mutter geschieden ist. Was weißt du über Johannas Vater?«

»Tja, das ist definitiv interessant, der sitzt nämlich seit etwa zwei Jahren im Gefängnis. Warum, kann ich dir noch nicht sagen, aber auch hier bin ich dran. Der Vater hat vorher als Apotheker in Käfertal gearbeitet. Klaus Jürgens, fünfzig Jahre alt.«

Katharinas Herz setzte einen Schlag aus, um dann doppelt so schnell weiterzuschlagen. »Klaus ... Jürgens?«, fragte sie heiser.

»Ja«, antwortete Nina zögerlich. »Warum? Was ist los, Kathi? Kennst du diesen Jürgens etwa?«

»Und ob.« Sie umklammerte das Handy fester, damit es ihr nicht aus der Hand rutschte, die auf einmal zu zittern begann. »Den habe ich hinter Gitter gebracht.«

»Du hast *was?*« Nina atmete geräuschvoll aus. »Scheiße, Kathi. Was hat das zu bedeuten?«

»Wenn ich das wüsste.« Katharina schüttelte den Kopf und zwang sich, tief Luft zu holen. Sie fühlte sich, als hätte sie jemand unter Drogen gesetzt, dabei hatte sie noch nie so sehr einen klaren Kopf gebraucht wie in diesem Moment. »Okay, hör zu. Du musst unbedingt mehr über Johannas Schwester herausfinden. Jürgens wurde damals wegen Betrug, Verstoß gegen das Arzneimittelgesetz und Totschlag verurteilt. Und nachdem Anja Pharmazie studiert ...«

»Klar, ich klemm mich sofort dahinter und melde mich, sobald ich mehr weiß.«

»Super. Und dann finde bitte auch heraus, was aus der Apotheke in Käfertal geworden ist. Jürgens hat dort nicht nur gearbeitet, sie hat ihm gehört.«

»Ist notiert. Soll ich Hubert informieren oder rufst du ihn an?«

Katharina überlegte einen Moment. Ihr Blick fiel zu Daniel, der mit dem Essen in der Hand zu ihr herüberkam. »Ist vielleicht das Beste, wenn du ihn auf den neuesten Stand bringst. Ich hab hier nicht so viel Gelegenheit, um in Ruhe zu reden. Sag ihm, wir sind momentan noch auf der Mainau, machen uns aber demnächst auf den Rückweg. Ich melde mich bei ihm, sobald wir wieder auf der anderen Seeseite sind.«

»Okay, ich werd's ihm ausrichten. Und Katharina – pass auf dich auf.«

»Danke, Nina.«

Sie beendete das Gespräch und steckte das Handy weg. Ein Dackel rannte an ihr vorbei, gefolgt von zwei lachenden Kindern: einem Mädchen und einem Jungen. Die beiden hielten sich an der Hand und mussten um die drei Jahre alt sein. In ein paar Metern Entfernung spazierten die Eltern hinterher, ebenfalls Händchen haltend. Vögel zwitscherten, Hunde bellten, fröhliche Stimmen drangen an Katharinas Ohr, während langsam eine Erkenntnis zu ihr durchsickerte: Was, wenn es nie um Katja gegangen war? Wenn nicht ihre Schwester das Ziel war, sondern *sie*?

»Himmel, Kathi, du zitterst ja. Was ist los?« Langsam wanderte Katharinas Blick zu Daniel, der jetzt vor ihr stand, doch sie brachte kein Wort über die Lippen.

»Komm mal mit.« Umständlich nahm er beide Würstchen in eine Hand, um Katharina am Arm zu einer Bank führen zu können. Nachdem sie sich hingesetzt hatte, legte er das Essen beiseite und hockte sich vor sie hin. »Was ist denn los? Du bist furchtbar blass. Ist was … mit dem Kind?« Seine Stimme klang plötzlich rau.

Katharina schüttelte den Kopf. Sie brauchte noch einen Moment, bis sie das Gefühl hatte, sich wieder unter Kontrolle zu haben, dann erzählte sie ihm von Ninas Ermittlungsergebnissen.

»Scheiße!« Daniel stand auf und fuhr sich durch die Haare, bevor er sich neben Katharina setzte. Das Essen war vergessen. »Aber wenn du diesen Jürgens festgenommen hast, kann es dann sein, dass du …«

Sie nickte, noch ehe er zu Ende gesprochen hatte. »Das ist auch meine Befürchtung. Soweit ich weiß, hat Katja keine Verbindung zu der Familie, und so wie es aussieht, war sie nie das Ziel. Der Täter wollte nur, dass es so aussieht, um an mich heranzukommen. Er wusste genau, dass ich in Katjas Rolle schlüpfen würde, um sie zu beschützen. *Sie* wusste es.«

»Sie? Dann glaubst du wirklich, dass Johanna hinter den Anschlägen steckt?«

»Das ist die einzige plausible Erklärung, oder? Sie ist Jürgens' Tochter.«

Katharina musste daran denken, wie Johanna die Haltevorrichtung auf dem Moleturm genauer betrachtet hatte, und ein Schauer lief ihr über den Rücken. Nie im Leben wäre sie auf die Idee gekommen, dass ausgerechnet Johanna, das liebe, introvertierte Mädchen, die Vorrichtung manipuliert hatte, und natürlich machte sich Katharina auch Vorwürfe, weil sie Johanna nicht gleich wiedererkannt hatte. Dabei wusste sie, dass sie keine Schuld traf. Im Zuge der Ermittlungsarbeit war sie zwar auch Jürgens' Töchtern begegnet, aber sie hatten nicht viel miteinander zu tun gehabt. Außerdem hatte sie das Mädchen ganz anders in Erinnerung. Johanna hatte ebenso wie ihre Schwester mittelbraune Haare gehabt, die je nach Lichteinfall rötlich geschimmert hatten. Beide hatten sie kurz getragen, bis zum Kinn, die ältere Schwester mit Pony. Johanna hatte damals außerdem ein paar Kilo mehr auf die Waage gebracht, und die grauenvollen Hoodies, die Emily auch eine Zeitlang getragen hatte, waren nicht unbedingt schmeichelhaft gewesen. Auch im Gesicht hatte sich Johanna durch den Gewichtsverlust stark verändert. Zusammen mit der Schminke, die sie heute im Gegensatz zu damals benutzte, war sie ein ganz anderer Mensch.

»Denkst du, das Mädchen steckt allein hinter den Anschlägen?«, fragte Daniel.

Katharina zuckte mit den Schultern. »Wenn ich das

wüsste. Eigentlich erscheint mir Johanna nicht so abgebrüht, aber sie war diejenige, die uneingeschränkt Zugang zu mir hatte. Einmal habe ich sie quasi sogar in flagranti erwischt, ich dachte mir nur nichts dabei. Und trotzdem kann ich mir irgendwie nicht vorstellen, dass sie das alles allein geplant hat. In letzter Zeit wirkte sie ein bisschen durch den Wind, außerdem hat sie sich vorhin am Telefon mit jemandem gestritten.«

»Das habe ich auch mitbekommen. Möglicherweise weiß Emily ja mehr darüber.«

»Das ist auch meine Hoffnung, wobei es mir lieber wäre, Johanna würde unsere Tochter nicht in diese Sache hineinziehen.«

Daniel beugte sich vor und stützte sich mit den Armen auf seinen Oberschenkeln ab. »Was ist damals passiert? Warum hast du Jürgens verhaftet?«

»Es gab in Mannheim eine Reihe mysteriöser Todesfälle. Am Ende stellte sich heraus, dass Jürgens in seiner Apotheke Medikamente gepanscht hatte.«

»Und was, wenn die älteste Tochter in die Fußstapfen des Vaters getreten ist?«, fragte Daniel.

Katharina warf ihm einen Seitenblick zu. »Möglich. Mein Bauchgefühl sagt mir jedenfalls, dass sie irgendwie mit drinsteckt.«

Daniel nickte. »Dann solltest du auf dein Bauchgefühl hören. Für gewöhnlich liegst du damit richtig.«

»Ja, für gewöhnlich.« Katharina stieß die Luft aus. »In den letzten Wochen bin ich mir da allerdings nicht mehr so sicher. Nimm doch nur mal Johanna als Beispiel. Nicht nur, dass ich sie nicht wiedererkannt habe, sie hätte ich auch als Letzte verdächtigt.«

Daniel legte einen Arm um sie. »Hey, du bist schwanger, da können die Hormone schon mal verrückt spielen. Außerdem konnte niemand ahnen, dass es der Täter auf dich und nicht auf deine Schwester abgesehen hat und der Grund dafür jahrelang zurückliegt. Wenn es nicht so krank wäre, würde ich es fast als genial bezeichnen.«

Katharina lachte auf; gleichzeitig verwandelte sich ihr Lachen in ein Schluchzen. Sie wollte sich abwenden, doch Daniel zog ihren Kopf an seine Schulter. »Ich hätte auf euch hören sollen. Diese ganze Undercover-Nummer … Wenn ich nicht so stur gewesen wäre, hätte dieser ganze Spuk vielleicht schon ein Ende. Stattdessen habe ich mich und unseren ungeborenen Sohn in Gefahr gebracht. Es tut mir leid, Daniel.«

»Hey, ganz ruhig, Süße.« Sanft strich er ihr über die Haare. »Wie gesagt, das alles konntest du nicht wissen, nicht einmal ahnen. Du hast nur deinen Job machen wollen, und du bist gut in deinem Job.«

Katharina richtete sich wieder auf, atmete tief durch und wischte sich hastig die Tränenspuren aus dem Gesicht. »Du hast recht, danke. Es geht schon wieder.«

Daniel nickte erneut, obwohl er ihr nicht zu glauben schien. Trotzdem suchte er den Körperkontakt nicht erneut, was sie ihm hoch anrechnete. Trotz der neuen Erkenntnisse hatte sie nach wie vor eine Rolle zu spielen, und da war es weder hilfreich, in Tränen auszubrechen, noch auf Tuchfühlung mit Daniel zu gehen, obwohl sie im Prinzip genau das wollte beziehungsweise brauchte.

»Und was nun?«, fragte Daniel schließlich. »Wie geht es jetzt weiter?«

Katharina atmete aus. »Am liebsten würde ich Johanna sofort in die Mangel nehmen, aber ich fürchte, es wäre schlauer, auf Ninas weitere Rechercheergebnisse zu warten und erst mit Hubert zu reden, bevor ich diesbezüglich etwas unternehme.«

»Da muss ich dir leider zustimmen, auch wenn es mir schwerfällt. Na komm.« Daniel nahm eines der Würstchen und reichte es Katharina. »Es ist zwar inzwischen kalt geworden, aber du solltest was essen.«

Mir ist der Appetit vergangen, wollte sie erwidern, doch das Baby schien das anders zu sehen. Obwohl sie wirklich keinen Appetit verspürte, hatte sie Hunger, also biss sie herzhaft in ihre Bratwurst.

Kapitel 15

Die Rückfahrt von der Mainau nach Meersburg schien ewig zu dauern. Dummerweise nahmen sie nicht die Fähre, sondern fuhren einmal um den ganzen See herum – nur dass der See kaum zu sehen war. Auf der Seite von Konstanz führte die B dreiunddreißig im großen Bogen um das ganze Ufer herum. Und während der ganzen Zeit konnte Katharina nichts machen. Sie fühlte sich nutzlos und völlig ruhelos. Immer wieder blickte sie auf ihr Handy, um zu schauen, ob sie auch keine Nachricht von Nina verpasst hatte.

Einmal rief Hubert an, doch da Katharina zusammen mit den Mädchen in einem Bus saß, konnte sie nicht mit ihm reden. Sie sagte ihm, wann sie schätzungsweise an der Villa ankommen würden, dann beendete sie das Gespräch so schnell wie möglich.

Immerhin hatte Emily herausgefunden, dass sich Johanna am Telefon mit ihrer Schwester gestritten hatte. Das war zwar nicht viel, denn mehr hatte Johanna Emily nicht verraten wollen, trotzdem bestärkte es Katharina in ihrem Verdacht, dass die Schwestern gemeinsame Sache machten.

Als der Bus endlich am späten Nachmittag die Einfahrt zur Villa hochfuhr, wartete Hubert bereits auf sie. Er stand neben einem Wagen, den Katharina noch nie gesehen hatte, den sie aber trotzdem sofort als Huberts neues Auto identifizierte: einen Citroën DS.

Die Mädchen stiegen zuerst aus und verschwanden bereits in der Villa, als auch Katharina und Daniel den Bus verließen. Sie gingen hinüber zu Hubert, der Reiner gerade erklärte, dass er noch ein paar Fragen an Katja hätte. Pascal stand in der Nähe, seine E-Zigarette in der Hand, und tat so, als würde ihn das Ganze überhaupt nicht interessieren.

»Frau Lübig«, begrüßte Hubert Katharina. »Hätten Sie ein paar Minuten Zeit für mich?«

»Natürlich. Wenn Reiner mich entbehren kann.« Sie blickte fragend zu Reiner, der nickte.

»Kahn Problem, du host dir a Paus'n verdient. Wiaklich guter Job heut. Aber mach net z'long.« Er zwinkerte ihr zu und ging ebenfalls in die Villa.

»Nun gut, wollen wir ein paar Schritte laufen?«, fragte Hubert.

»Gern«, erwiderte Katharina, dennoch zögerte sie, weil Daniel unschlüssig zwischen ihnen stand.

Er kratzte sich im Nacken. »Ähm, ich gehe dann wohl mal rein.«

Es klang wie eine Frage, nicht wie eine Aussage, und Katharina wusste, was ihn beschäftigte, da sie das Gleiche dachte: Emily. Keiner von beiden konnte sich vorstellen, dass Johanna ihrer Tochter etwas antun würde, und trotzdem fühlten sie sich nicht wohl bei dem Gedanken, die beiden Mädchen völlig unbeaufsichtigt zu lassen. Deshalb nickte Katharina Daniel zu. Sie hatte jetzt immerhin Hubert, der auf sie achtgeben konnte. Er sah vielleicht nicht so aus, doch er konnte durchaus kräftig zuschlagen, wenn es sein musste. Außerdem kannte er sich nicht nur beruflich mit Waffen aus, sondern auch als Jäger.

Während Daniel auf die Eingangstür zuging, schlugen Katharina und Hubert die andere Richtung ein; sie spazierten die Auffahrt hinunter.

»Neuer Wagen?«, fragte Katharina. Solange sie auf dem Anwesen waren und vor allem Pascal König noch in Hörweite war, wollte sie bei einem unverfänglichen Thema bleiben.

»Schick, oder?« Huberts Augen begannen zu leuchten. »Dein Freund Jonas hat ihn mir besorgt, ohne dass ich ihn darum bitten musste. Er hat alles organisiert und den Wagen generalüberholt. Ich habe Ludwig vorhin abgeholt.«

Katharina schmunzelte. Natürlich hatte Hubert seinem neuen Wagen sofort einen Namen gegeben. »Nett von Jonas.«

»Nicht wahr? Ehrlich gesagt, hätte ich ihm das auch nicht zugetraut, aber er ist halt auch ein Autoliebhaber und hat dann doch gemerkt, dass Emil nicht nur irgendein Fahrzeug für mich war.«

Katharinas Schmunzeln vertiefte sich. »Das freut mich für dich, ehrlich.«

Inzwischen hatten sie das Grundstück der Villa verlassen und waren auf die Straße abgebogen. Hubert blieb kurz stehen und sah sich nach allen Seiten um, bevor er sich wieder Katharina zuwandte.

»Also, jetzt schieß schon los. Nina hat gesagt, du bist dafür verantwortlich, dass Johannas Vater hinter Gittern sitzt?«

»Richtig. Die Kurzfassung: Er hat Medikamente gepanscht, ist aufgeflogen, weil Menschen zu Schaden kamen, und wurde verurteilt. Er bekam fünfzehn Jahre und außerdem lebenslanges Berufsverbot. Das Ganze ist jetzt gut zwei Jahre her.«

Hubert stieß einen Pfiff durch die Zähne aus. »Mensch, Katrinchen. Du hast echt noch mal verdammtes Glück gehabt, dass du bisher mit dem Schrecken davongekommen bist.«

Sie atmete tief aus. »Ja, ich weiß. Entschuldige.«

»Bei mir musst du dich nicht entschuldigen, aber dir ist klar, dass ich dich nicht länger in dieser Villa lasse, oder?«

Katharina unterdrückte ein Seufzen und nickte. »Das ist mir klar, und so leichtsinnig bin ich dann doch nicht. Auf dem Rückweg habe ich Katja angeschrieben und sie zum einen gefragt, ob sie vor der Show schon mal etwas mit Johanna oder einem Mitglied ihrer Familie zu tun hatte – die Antwort ist übrigens Nein –, zum anderen habe ich sie vorgewarnt, dass wir wohl sehr bald schon wieder die Rollen tauschen müssen.«

Hubert nickte zufrieden und strich Katharina etwas unbeholfen über den Arm. »Prima.«

»Ich mache mir nur ein wenig Sorgen um Emily. Mir ist nicht wohl dabei, sie allein zu lassen.«

»Es ist ja nur noch für eine Nacht, und sie ist nicht allein. Daniel wird sicher in der Villa bleiben wollen, und dich nehme ich wohl am besten erst mal mit zu mir.«

»Das ist lieb, aber vermutlich unnötig, solange Johanna nicht weiß, dass Katja und ich wieder wir selbst sind.« Katharina strich sich eine Strähne hinters Ohr, die ihr der Wind unablässig in die Stirn pustete. »Optimal ist das allerdings auch nicht. Wenn Johanna denkt, Katja wäre ich, dann ist meine Schwester in der Villa nicht sicher.«

Hubert stemmte die Hände in die Hüfte. »Glaubst du wirklich, bei dem Spiel mache ich mit? Wir werden Johanna wissen lassen, dass du und deine Schwester die Rollen zurückgetauscht habt.«

Katharina warf ihm ein trauriges Lächeln zu. »Danke, Hubert.«

»Na, na, nicht so niedergeschlagen. Umsonst war das alles nicht. Wenigstens wissen wir jetzt, wer für die Anschläge verantwortlich ist: Johanna. Es passt alles zusammen. Sie hat den Autounfall mit dieser Simona provoziert, um es in die Show zu schaffen, und dann hat sie den Anschlag auf Katja verübt, damit du in die Rolle deiner Schwester schlüpfst und sie besser an dich herankommt. Vermutlich hat sie sich auch nur deshalb mit Emily angefreundet. Wer weiß, was Emily alles über dich und deine Vorlieben erzählt hat. Es ist an der Zeit, das Mädchen mit aufs Revier zu nehmen.«

Katharina biss sich auf die Unterlippe; sie konnte selbst nicht glauben, was sie jetzt sagen würde. »Wir sollten noch warten, bis Nina mehr bezüglich der älteren Schwester herausgefunden hat. Es ist mehr als unrealistisch, dass sie mit ihren achtundzwanzig Jahren noch keinen Berufsabschluss hat und nach wie vor Pharmazie studiert.«

»Vielleicht schafft ihr Mann die ganze Kohle heran. Sie ist doch verheiratet, oder?«

Katharina lief ein paar Schritte hinter Hubert, weil in diesem Moment ein blauer Renault an ihnen vorbeifuhr. »Schon, aber die beiden wohnen in Edingen-Neckarhausen.«

Hubert zuckte mit den Schultern. »Worauf willst du hinaus? Dass Edingen keine Metropole ist? Es soll Menschen geben, die gern in Kleinstädten leben.«

Katharina, die nun wieder neben ihm herging, warf ihm einen skeptischen Seitenblick zu. »Hubert, vertrau mir. Wer Geld hat, wohnt in Heidelberg-Ziegelhausen und nicht in Hintertupfingen.«

Er winkte ab. »Nicht, wenn das Geld gerade mal zum Leben reicht. Heidelberg ist schließlich nicht billig. Wie dem auch sei, ich kann mir durchaus vorstellen, dass die große Schwester die Kleine angestiftet hat, zumal mir Johanna nun wirklich nicht wie ein kaltblütiger Killer erscheint.«

»Aber?«, hakte Katharina nach.

»Aber ich bin trotzdem dafür, dass wir sie so bald wie möglich vernehmen. Am besten unter einem Vorwand.« Hubert kratzte sich am Kinn. »Was ist mit Emily? Vielleicht kann sie behaupten, Johanna ihr Zuhause zeigen zu wollen. Immerhin reisen die Mädchen doch morgen schon wieder ab, oder?«

»Die meisten fahren erst Montag nach Hause«, korrigierte Katharina. »Morgen ist der letzte Drehtag. Aber ja, das könnte funktionieren. Und parallel lassen wir schon mal nach Anja fahnden, um sie ebenfalls vernehmen zu können. Basti, ein ehemaliger Kollege aus Mannheim, hat angeboten, das zu übernehmen.«

»Hervorragend.«

»Gut. Dann gebe ich meiner Schwester Bescheid, und du rufst Nina an.«

Katharina blieb stehen und tippte bereits die Nachricht an Katja, während Hubert sein Handy auf Armeslänge von sich hielt und gleichzeitig mit der anderen Hand die Augen vor der Sonne abschirmte. Schließlich gab er es fluchend auf, kramte seine Lesebrille hervor und wählte Ninas Nummer.

»Da ist besetzt«, sagte er und nahm das Handy wieder vom Ohr. »Wie kann da besetzt sein?«

»Vielleicht …«, setzte Katharina an, die ihre Nachricht an Katja inzwischen verschickt hatte. Doch bevor sie mutmaßen konnte, dass Nina wahrscheinlich gerade mit der Universität oder sonst wem telefonierte, klingelte ihr Handy. Sie schmunzelte, als sie sah, wer es war. »Vielleicht, weil sie gerade bei mir anruft.« Sie nahm den Anruf entgegen, stellte den Lautsprecher an und informierte Nina darüber.

»Hallo, Hubert«, sagte Nina. »Also, Kathi, du lagst mit deinem Bauchgefühl mal wieder goldrichtig. Anja musste in der Schule eine Ehrenrunde drehen und war dann nach dem Abi ein Jahr lang als Au-pair in den USA. Nachdem sie zurück war, hat sie mit dem Studium begonnen, kam aber auch da nicht ganz mit und musste einige Kurse wiederholen, weil sie die nötigen Scheine nicht schaffte. Vor zwei Jahren, als das mit ihrem Vater passierte, stand sie nicht zum ersten Mal kurz vor der Abschlussprüfung, doch das war ihre letzte Chance, um den zweiten Abschnitt der pharmazeutischen Prüfung zu absolvieren. Drei Mal dürft ihr raten, wie das Ganze ausgegangen ist.«

Katharina stieß die Luft aus. »Sie hat es nicht geschafft.«

»Bingo. Seitdem hält sie sich mit Gelegenheitsjob über Wasser. Sie putzt Hausflure, führt tagsüber Hunde aus. So was.«

Hubert schnalzte mit der Zunge. »Tja, Katrinchen, in dem Fall hätte ich auch eine Mordswut auf dich.«

Katharina verschränkte die Arme vor der Brust. »Hey, das ist nicht meine Schuld! Immerhin hatte sie ganz offensichtlich schon vorher Probleme mit dem Lernen, und das ist auch kein Grund, ihren Vater davonkommen zu lassen.« Allerdings konnte sie nicht leugnen, dass sie dennoch den Hauch eines schlechten Gewinns verspürte. Wenn sie den Vater *nach* der Prüfung verhaftet hätten, hätte Anja ihren Abschluss vielleicht geschafft, und möglicherweise wäre dann alles anders gekommen.

»Also bitte, Katrinchen, das war ein Scherz. Jetzt mach dir bloß keine Vorwürfe«, meinte Hubert. »Du kannst nichts dafür, immerhin hast *du* keine Medikamente gepanscht und Menschenleben auf dem Gewissen.«

»Ja, ich weiß«, erwiderte sie. »Nina, konntest du herausfinden, was aus der Apotheke in Mannheim-Käfertal geworden ist?«

»Tja, die musste verkauft werden, und zwar deutlich unter Wert. Der jetzige Besitzer hält nicht viel von Datenschutz und hatte keinerlei Probleme, mir genauestens Auskunft zu geben. Die älteste Tochter wollte die Apotheke damals übernehmen, aber das ging dann ja nicht mehr, und es gab auch sonst niemanden in der Familie, der dazu in der Lage gewesen wäre. Nachdem Jürgens verhaftet wurde, hat sich seine Exfrau auf die Suche nach Angestellten gemacht, in der Hoffnung, die jüngere Tochter würde ebenfalls Pharmazie studieren und könnte eines Tages die Apotheke übernehmen, die seit einigen Generationen im Familienbesitz war. Doch aufgrund des Skandals um ihren Exmann konnte Marianne Neumann weder Mitarbeiter finden noch einen angemessenen Preis verlangen, als sie sich dann schließlich doch gezwungen sah, zu verkaufen.«

»Das habe ich fast befürchtet«, erwiderte Katharina. »Kurze Frage noch: Haben sich Johannas Eltern eigentlich vor oder nach dem Skandal scheiden lassen?«

»Danach. Aufgrund der Umstände musste das Trennungsjahr nicht eingehalten werden, und das Ganze ging relativ schnell über die Bühne.«

»Damit haben wir ein starkes Motiv«, meinte Hubert, der sich gerade seine Pfeife anzündete. »Eigentlich sogar mehr als eins. Die ganze Familie muss einen ziemlichen Hass auf dich haben. Außerdem hatten die Schwestern sowohl in Mannheim bei dem Autounfall als auch hier vor Ort die Gelegenheit, die Anschläge zu verüben.«

Katharina nickte grimmig. Trotzdem konnte sie die Wut der Schwestern sogar in gewisser Weise nachvollziehen, immerhin war in der Familie alles den Bach runtergegangen, nachdem sie Jürgens verhaftet hatte. Dabei war sie nicht allein für die Ermittlungen verantwortlich gewesen. Der zuständige Staatsanwalt beispielsweise war vor Gericht ziemlich hart zu dem Verurteilten gewesen, aber die Töchter hatten offenbar vor allem Katharina im Gedächtnis behalten, obwohl sie kaum mit ihnen zu tun gehabt hatte. Dennoch ärgerte sie sich nach wie vor, weil sie Johanna nicht wiedererkannt hatte.

Hubert stieß eine Rauchwolke in die Luft aus. »Gut, ich denke, wir haben inzwischen genug in der Hand. Schließlich hat Anja trotz ihres nicht abgeschlossenen Studiums das Wissen, was diese Füllflüssigkeit von E-Zigaretten angeht. Sie muss gewusst haben, dass sie Katja damit nicht töten, sondern nur kurzfristig außer Gefecht setzen würde.«

»Das sehe ich ebenso«, stimmte Katharina zu. »Nina, nimm doch bitte Kontakt zu meinem ehemaligen Kollegen aus Mannheim auf, Sebastian Klein. Er soll Anja schon mal zur Vernehmung abholen. Wir melden uns dann bei ihm.«

»Wird gemacht«, erwiderte Nina. »Und was macht ihr jetzt?«

»Ich schlüpfe zurück in die Rolle der Kommissarin«, antwortete Katharina. »Und dann nehmen wir uns Johanna vor.«

Katharina schloss die Haustür auf und wurde überschwänglich von Rudi begrüßt, der an ihren Beinen hochsprang. Sie kraulte ihn hinter den Ohren.

»Du hast mir auch gefehlt, mein Großer«, begrüßte sie ihn und drehte sich dann zu den anderen um. »Kommt rein. Wollt ihr was trinken? Wasser, Kaffee, Kakao?«

»Kaffee, bitte«, antwortete Emily, die als Nächste von Rudi angesprungen wurde.

»Ehrlich gesagt, bin ich kein großer Fan von Kaffee«, gab Johanna zu. »Ein Wasser reicht mir.«

Katharina sah zu Hubert, der die Augenbrauen hochzog. »Kakao? Ist die Frage ernst gemeint?«

Katharina verdrehte die Augen. »Nein, aber du solltest wirklich etwas auf deinen Kaffeekonsum achten, Hubert. Ich glaube kaum, dass es gesund ist, wenn man Wasser durch Kaffee ersetzt.«

»Ist es nicht«, meinte Johanna. »Gegen Koffein in Maßen ist nichts einzuwenden, aber wie bei allem sollte man es nicht übertreiben. Die Dosis macht das Gift.« Verlegen strich sie sich eine dunkle Haarsträhne hinters Ohr, als sie Katharinas überraschten Blick auffing. »Oh, ähm, Bio und Chemie sind meine Lieblingsfächer in der Schule.«

»Wirklich? Davon könnte sich Emily eine Scheibe abschneiden, sie hasst Naturwissenschaften.«

»Als Model braucht man so was auch nicht«, erwiderte Emily grinsend. »Ich gehe schnell eine Runde mit Rudi, bin sofort zurück.« Sie schnappte sich die Leine und war aus der Tür, ohne Johanna die Gelegenheit zur Reaktion zu geben.

Nach dem Gespräch mit Nina hatte Katharina Emily eine Nachricht geschrieben und sie wohl oder übel in ihren Plan einbezogen. In dieser Nachricht hatte sie Emily unter anderem gebeten, eine große Runde mit Rudi zu laufen, damit sie und Hubert Johanna in aller Ruhe befragen konnten.

Irritiert sah Johanna von der geschlossenen Haustür zu Hubert und Katharina. Es war mehr als offensichtlich, dass sie sich unwohl fühlte. Ob sie einen Verdacht schöpfte, war hingegen schwer zu sagen. »Ein schönes Haus haben Sie, Frau Danninger.«

»Danke, und nenn mich gern Katharina oder am besten gleich Kathi. Meinen vollen Namen benutzt eigentlich nur meine Mutter.«

Sie ging voraus in die Küche, um eine Flasche Wasser und Gläser auf ein Tablett zu stellen, außerdem eine Packung Kekse. »Setz dich doch«, rief sie Johanna zu und legte gleichzeitig eine Filtertüte in die Kaffeemaschine. Anschließend griff sie nach der Dose, in der sie das Kaffeepulver aufbewahrte, als Hubert in die Küche kam und ihr die Dose aus der Hand nahm. »Hast du Angst, dass ich ihn zu schwach mache?«, feixte sie.

»Sehr witzig. Ich dachte mir, es ist besser, wenn du den Anfang machst«, raunte er ihr zu und deutete mit dem Kopf hinter sich zu dem Sofa, wo Johanna inzwischen Platz genommen hatte.

Das sah Katharina ebenso, trotzdem hätte sie nicht gedacht, dass Hubert sich den Kaffee selbst kochen würde. Sie zwinkerte ihm zu, nahm das Tablett und ging damit zu Johanna. Während sie Wasser einschenkte und die Packung Kokoskekse aufriss, fragte sie Johanna wie beiläufig: »Möchtest du denn auch mal Pharmazie studieren?«

Das Mädchen starrte sie an. »Ähm, wie bitte?«, stammelte sie nach einer Weile.

»Deine Schwester studiert doch Pharmazie, nicht wahr? Beziehungsweise hat studiert, wie ich inzwischen erfahren habe. Es tut mir leid, dass ihr die Apotheke verkaufen musstet. Das war bestimmt nicht leicht für deine Mutter.«

»Ähm, ja. Also nein.« Unwohl sah Johanna sich um.

Lächelnd setzte sich Katharina ihr gegenüber und bot ihr einen Keks an, doch das Mädchen lehnte ab. »Du erinnerst dich aber schon noch an mich, oder? Im Gegensatz zu dir habe ich mich kaum verändert.« Sie legte den Kopf schief. »Ich muss sagen, du bist wirklich ein sehr hübsches Mädchen geworden, und damit will ich gewiss nicht ausdrücken, dass du damals nicht hübsch ausgesehen hast. Du hast dich nur einfach sehr verändert.«

»D…danke«, stotterte Johanna. Nervös blickte sie auf ihre Uhr. »Oh, ich sollte mal nach Emily sehen. Heute steht zwar nichts Großes mehr auf der Tagesordnung, aber wir sollten trotzdem nicht zu lange fortbleiben.«

Sie wollte aufstehen, doch Hubert, der in diesem Moment aus der Küche kam, drückte sie an den Schultern zurück aufs Sofa. »Du bleibst schön hier und erzählst uns lieber, was du und deine Schwester ausgeheckt habt. Wolltet ihr Katharina umbringen oder wärt ihr auch zufrieden gewesen, wenn ihr sie zum Krüppel gemacht hättet?«

»Ich … ich weiß nicht, wovon Sie reden. Ehrlich.«

»Dann erinnerst du dich nicht an mich?«, fragte Katharina, deren Stimme weiterhin ruhig klang.

»D…doch, jetzt schon. Wo Sie es sagen. Sie waren ein, zwei Mal bei uns zu Hause, damals, als das mit meinem Vater passiert ist. Aber … ich versuche diese Zeit zu verdrängen, außerdem habe ich Sie nicht hier am See vermutet.«

Hubert schnaubte. »Hör mal, Mädel, verkauf uns nicht für dumm. Wir sind euch längst auf die Schliche gekommen. Du und Anja, ihr habt das doch alles eingefädelt. Erst fahrt ihr das arme italienische Mädchen, das eigentlich an der Modelshow hätte teilnehmen sollen, über den Haufen, und dann räumt ihr Katja aus dem Weg. Nur gut, dass euer Plan aufgegangen ist und meine Kollegin darauf bestanden hat, diesen Undercover-Einsatz zu machen. Ich bin dagegen gewesen. Was hättet ihr denn gemacht, wenn wirklich Katja zurückgekehrt wäre? Ihr noch mehr angetan?«

»Ich würde niemals jemanden umbringen.« Flehend sah Johanna von einem zum anderen. »Wirklich, das müssen Sie mir glauben.«

»Aber du hast in Kauf genommen, dass jemand verletzt wird«, knurrte Hubert. »Ist dir eigentlich klar, dass Katharina schwanger ist? Wenn sie von diesem Turm gestürzt wäre oder nicht rechtzeitig aus der brennenden Garderobe gerettet worden wäre … Ich will gar nicht darüber nachdenken.«

»Sch…schwanger?«

Entsetzt starrte Johanna ihr Gegenüber an. Für einen Moment herrschte absolute Stille, nur das Geräusch der Kaffeemaschine, die inzwischen fast durchgelaufen war,

war zu hören. Dann brach Johanna plötzlich in Tränen aus. Sie weinte immer heftiger, bis sie schließlich einen Schluckauf bekam und nach Luft rang.

Katharina warf Hubert einen vorwurfsvollen Blick zu, stand auf und setzte sich neben Johanna. Sie legte einen Arm um die bebenden Schultern des Mädchens. »Ganz ruhig, dem Baby und mir geht es gut, und auch Katja hat keinen bleibenden Schaden davongetragen. Allerdings musste Simona mit ihrem Leben bezahlen.«

»Das … das wollte ich nicht. Wirklich nicht. Anja hat mir versprochen, dass niemand sterben wird.«

Hubert schnaubte erneut. »Entschuldigung, aber du scheinst mir doch ein intelligentes Mädchen zu sein. Wie bitte wolltet ihr das denn bei einem Autounfall oder der Sache auf dem Aussichtsturm kontrollieren?«

»Ich … ich …« Johanna hickste erneut, sie wirkte inzwischen regelrecht verängstigt.

Katharina gab Hubert zu verstehen, dass er sie kurz allein lassen sollte. Daraufhin verschwand er in der Küche, und sie hörte ihn gleich darauf nach einer Kaffeetasse suchen.

»Also, dann erzähl mal«, bat Katharina.

»Was … was wollen Sie denn wissen?«, fragte Johanna.

»Alles, und am besten von Anfang an.«

Johanna gestand unter Schniefen und weiteren Hicksern tatsächlich alles. Wie Katharina vermutet hatte, war Anja die treibende Kraft gewesen. Ihre Wut auf die Justiz war im Laufe der Monate immer größer geworden. Der Vater im Gefängnis, die Scheidung der Eltern, die vermasselte Prüfung, die verkaufte Apotheke und schließlich die miesen Nebenjobs – Anja hatte der Polizei und dem Gericht die Schuld dafür gegeben. Und als sie schließlich durch Werbeplakate auf die Castingshow aufmerksam geworden war, hatte sie ihre Chance gesehen, sich wenigstens an einer Person zu rächen, die für all das mitverantwortlich war, und einen Plan ausgetüftelt. Um sich selbst bei der Show zu bewerben, war sie allerdings schon zu alt, denn die teilnehmenden Mädchen mussten mindestens sechzehn und maximal dreiundzwanzig Jahre sein. Damit war Johanna ins Spiel gekommen, die sich von ihrer Schwester hatte einwickeln lassen.

»Wie gesagt, Anja hat mir versprochen, dass niemand sterben wird. Meine Vorgängerin sollte sich bloß einen Arm oder ein Bein brechen, und Katja wollte sie nur einen Schreck einjagen, weil Anja sich sicher war, dass *Sie* dann den Platz ihrer Schwester einnehmen würden.«

»Und was hattet ihr mit mir vor?«, fragte Katharina, der es verdammt schwerfiel, keinen Vorwurf in ihrer Stimme mitschwingen zu lassen.

Johanna senkte den Kopf und knibbelte an ihrer Nagelhaut. »Sie sollten nicht sterben«, flüsterte sie schließlich mit tränenerstickter Stimme. »Nur ein bisschen leiden.«

Hubert, der mit seiner Tasse in der Hand an der Wand zur Küche lehnte, wollte etwas sagen, doch Katharina bedeutete ihm, still zu sein. Sie verspürte selbst eine Mordswut auf Anja, doch Anja war nicht hier, und Johanna schien sich gar nicht richtig bewusst zu sein, was sie getan hatte.

»Wenn ich auch nur geahnt hätte, dass Sie schwanger sind ...«, fuhr Johanna nach einer Weile fort. »Ich wollte das nicht, aber Sie kennen meine Schwester nicht. Sie hat es geschafft, mich um den Finger zu wickeln, so wie sie es schon immer getan hat. Doch als ich dann gehört habe, dass Simona gestorben ist, und als ich mit eigenen Augen gesehen habe, was Anjas geplante Anschläge mit Ihnen machen ... Ich war ehrlich geschockt und wollte aufhören. Das habe ich auch Anja gesagt.«

»Und dann habt ihr euch gestritten, nicht wahr?«

Johanna nickte. »Ich habe ihr gesagt, dass ich aufhöre, und sie ist richtig wütend geworden.«

Katharina und Hubert wechselten einen Blick. »Hast du vielleicht …«, begann sie, als ihr Handy klingelte. Es war Nina. »Bin gleich zurück.« Sie nahm den Anruf entgegen und ging nach draußen in den Garten, um ungestört reden zu können. »Was gibt's, Nina?«

»Schlechte Nachrichten. Dein Kollege hat bei der Adresse in Edingen-Neckarhausen nur Konstantin Knauer angetroffen. Seine Frau Anja macht angeblich Urlaub am Bodensee, um in der Nähe ihrer Schwester sein zu können, falls was ist.«

Katharina stieß die Luft aus. Das hatte sie fast befürchtet, auch wenn sie gehofft hatte, sich zu irren. »Konnte er euch denn sagen, wo Anja untergekommen ist?«

»Knauer hat deinem ehemaligen Kollegen den Namen eines Hotels genannt, das Gasthaus *Zum Adler* in Meersburg-Daisendorf. Ich habe dort angerufen, aber es ist weder Anja als Gast eingetragen noch eine Frau, zu der die Beschreibung passen würde. Die Kollegen und ich sind schon dran, sämtliche Unterkünfte in Meersburg abzutelefonieren, doch du weißt selbst, wie viele Hotels, Gasthöfe und Ferienwohnungen es hier am See gibt. Anja hat vermutlich nicht unter ihrem richtigen Namen eingecheckt, zumindest konnte ich über die Meldescheine für die Kurtaxe nichts bei der Stadt herausfinden. Und wenn wir Pech haben, ist sie nicht einmal in Meersburg, sondern in einem der umliegenden Orte. Wir bleiben dran, aber …«

»Schon klar«, erwiderte Katharina, die wusste, was Nina sagen wollte. Sie brauchten sich keine großen Hoffnungen zu machen, Anja auf diesem Weg zu finden. Es würde Tage dauern, sämtliche Unterkünfte in der Bodenseeregion abzutelefonieren, aber sie hatten keine Tage mehr. Wenn Anja ihre Rache wirklich wollte, musste sie sich beeilen. »Trotzdem danke, Nina. Bleibt dran, bis ihr Gegenteiliges hört, okay?«

»Alles klar.«

Katharina steckte das Telefon weg, schob die Terrassentür auf und sah, wie Johanna ihrem Chef ein Handy reichte.

»Perfekt«, murmelte Hubert und drückte eine Taste, bevor er das Teil in seiner Hosentasche verschwinden ließ. »Du bekommst es später zurück, wenn der Fall abgeschlossen ist.«

Katharina runzelte die Stirn. »Was macht ihr?«

Hubert blickte zu ihr. »Wir haben Johannas Schwester eine Nachricht geschickt, damit sie weiß, dass Katja und du wieder die Rollen getauscht habt. Nicht, dass Katja am Ende doch noch was passiert. War Nina erfolgreich?«

Katharina schüttelte den Kopf und wandte sich an Johanna. »Was hat deine Schwester eigentlich gesagt, als du ihr erklärt hast, dass du nicht länger bei ihrer Racheaktion mitmachst?«

»Sie ist sehr wütend geworden, das habe ich doch schon erzählt.«

»Schon, aber hat sie dir auch anvertraut, wie sie nun weiter vorgehen will?«

»Nein, hat sie nicht.«

»Sie wird aber nicht aufhören, richtig?« Katharina kannte die Antwort längst, trotzdem setzte ihr Herz einen Schlag lang aus, als Johanna zerknirscht nickte. Einen Moment herrschte Stille, dann wandte sie sich an Hubert. »Vielleicht wäre es das Beste, wenn Hanni ihrer Schwester noch eine Nachricht schickt und behauptet, sie sei wieder dabei. Wer weiß, was sich Anja sonst ausdenkt.«

»Gute Idee.« Hubert holte das Handy wieder hervor, um es Katharina zu reichen.

»Diktierst du, Hanni?«, bat Katharina und setzte sich zurück auf das Sofa. »Sollen wir erwähnen, dass du gerade dank Emily bei mir zu Hause bist? Was meinst du?«

Apropos Emily ... Katharina wollte unbedingt noch wissen, wie Johanna zu Emily stand, doch das musste wohl oder übel einen Moment warten.

Johanna wischte sich mit beiden Händen die Tränenspuren aus dem Gesicht. »Ich bin nicht sicher, ob Anja es mir abkauft, wenn ich jetzt plötzlich doch wieder dabei sein will. Wir haben uns wirklich ziemlich heftig gestritten, und ich habe ihr unmissverständlich klargemacht, dass ich nicht länger ihre Marionette bin.«

Gegen ihren Willen musste Katharina lächeln. »Es ehrt dich, dass du zur Vernunft gekommen bist, und ich danke dir dafür. Aber lass es uns trotzdem versuchen, okay? Wenn du nicht willst, dass mir und dem Baby was geschieht, willst du doch sicher auch nicht, dass Anja uns etwas antut, oder?«

»Nein, das will ich nicht«, erwiderte Johanna leise und diktierte Katharina die Nachricht, die diese sofort abschickte.

Katharina hoffte inständig, dass Anja darauf einging. Es wäre perfekt, um ihr eine Falle zu stellen – vorausgesetzt, Anja bestand nicht darauf, mit Johanna zu telefonieren, denn Katharina war sich nicht sicher, ob das Mädchen stark genug war und in dem Fall die Nerven behalten würde. Aber möglicherweise könnte Katharina alternativ ein Treffen vorschlagen und Anja auf diesem Weg aus dem Verkehr ziehen.

Als Johannas Handy den Eingang einer Nachricht ankündigte, wäre Katharina beinahe zusammengezuckt. Sie sah aufs Display, öffnete die Nachricht und hielt für einen Moment die Luft an.

»Was schreibt sie?«, fragte Hubert ungeduldig.

Mit tonloser Stimme las Katharina Anjas Antwort vor: »Denkst du, ich weiß nicht, wo du bist? Nimm's mir nicht übel, Schwesterchen, aber ich nehme das jetzt selbst in die Hand. Und ich habe auch schon einen Plan.«

Kapitel 16

Denkst du, ich weiß nicht, wo du bist?

Anja musste sie beobachtet haben, was im Grunde nicht überraschend war – vor allem, nachdem sie sich laut ihrem Ehemann am See aufhielt. Natürlich könnte er gelogen haben, aber das ergab keinen Sinn. Woher hätte sie dann wissen sollen, wo ihre Schwester gerade war? Nein, Anja musste in der Gegend sein, das war absolut plausibel. Warum war Katharina nicht früher auf den Gedanken gekommen? Übelkeit stieg in ihr hoch, und sie überlegte fieberhaft, was das für ein Plan sein könnte, den Anja ausgeheckt hatte.

»Gib mal her.« Hubert machte eine auffordernde Geste und ließ sich Johannas Handy geben, was Katharina aus ihrer Starre riss.

»Was hast du vor?«

»Ich versuche, Anjas Handy orten zu lassen. Offenbar ist sie irgendwo ganz in der Nähe.«

Katharina nickte. Die Idee war hervorragend, auch darauf hätten sie längst kommen können. Trotzdem wollte sie sich nicht darauf versteifen. Zwar hatte Anja das Handy bis gerade eben noch eingeschaltet gehabt, doch sie war nicht dumm. Früher oder später würde sie es sicher ausschalten, damit man sie eben nicht so leicht aufspüren konnte. Sie brauchten einen Plan B.

Eindringlich sah Katharina Johanna in die geröteten Augen. »Okay, hör zu. Anja ist deine Schwester, das heißt, du kennst sie besser als die meisten anderen Menschen.«

Doch bevor sie weitersprechen konnte, schüttelte Johanna den Kopf. In ihren Augen glitzerten schon wieder Tränen. »Da bin ich mir ehrlich gesagt nicht so sicher. Ich hätte auch nie gedacht, dass sie bereit ist, jemanden umzubringen. Ja, ich weiß«, fügte sie hinzu, als Katharina Anstalten machte, etwas zu sagen. »Ich hätte es wissen müssen. Vielleicht habe ich es verdrängt, keine Ahnung. Am Ende kommt es jedenfalls auf das Gleiche hinaus.«

Katharina holte tief Luft. Jetzt musste sie vorsichtig vorgehen, damit Johanna nicht dichtmachte. »Ich verstehe, was du sagen möchtest, und trotzdem kennst du deine Schwester besser als die meisten anderen. Weißt du, tatsächlich hatten Katja und ich auch nicht immer das beste Verhältnis, aber sie ist und bleibt meine zweite Hälfte. Hast du eine Idee, eine Vermutung, was Anja vorhaben könnte?«

Ein weiteres Mal schüttelte Johanna den Kopf. »Sie hat mir die ganze Zeit nur Aufgaben erteilt und mich an ihren Plänen nicht wirklich teilhaben lassen. War vielleicht auch besser so«, murmelte sie.

»Hatte Anja eigentlich Zugang zur Modellvilla?«, fragte Katharina weiter. »Hat sie sich möglicherweise beim Catering oder an anderer Stelle eingeschlichen?«

Hubert, der zwischenzeitlich in der Küche mit Nina telefoniert hatte, legte auf und kam zu ihnen zurück.

»Hat sie nicht, das war ihr zu riskant.«

»Aber sie ist hier am See, oder?« Katharinas Stimme klang sanft, obwohl die Gefühle in ihr wie ein Gewitter tobten.

Johanna nickte. »Sie wollte in meiner Nähe bleiben, das hat sie zumindest behauptet. Aber ich glaube viel mehr, dass sie schon geahnt hat, dass ich versagen würde.«

»Du hast nicht versagt.« Zu Katharinas Überraschung war Huberts Stimme ebenso ruhig wie ihre eigene. Er umrundete das Sofa und setzte sich auf Johannas andere Seite. »Du bist zur Vernunft gekommen, das ist ein großer Unterschied. Und jetzt müssen wir zusehen, dass auch deine Schwester ihr Unrecht einsieht. Der Autounfall ist schlimm, aber kein vorsätzlicher Mord. Noch kann sie halbwegs glimpflich aus der Sache herauskommen, wenn sie einen empathischen Richter erwischt. Wir könnten unsere Kontakte spielen lassen, die Kollegin Danninger hat schließlich mal in Mannheim gearbeitet.« Er sah zu Katharina, die nickte.

»Deine Schwester hat wie du ziemlich viel durchgemacht. Ein vernünftiger Richter wird das sehen und berücksichtigen«, sagte Katharina und strich über Johannas Rücken. »Ich kann Anjas Wut auch verstehen, aber jetzt muss sie aufhören, bevor Schlimmeres passiert. Sag uns, wo wir sie finden können.«

Johanna hob den Blick von ihren Händen. Ihre Unterlippe zitterte, und inzwischen hatte sie ihre Nagelhaut dermaßen malträtiert, dass sie bereits an einer Stelle zu bluten begonnen hatte. »Das kann ich nicht, dann werden Sie meine Schwester verhaften. Ich will nicht, dass sie auch noch ins Gefängnis muss.«

Katharina unterdrückte ein Seufzen. »Ich möchte dich nicht belügen, Hanni. Natürlich muss sich deine Schwester ihrer Verantwortung stellen, aber je eher wir sie erwischen, desto besser für sie. Und du weißt, dass wir sie früher oder später ohnehin drankriegen werden, oder? Sie ist schließlich verheiratet und hat durch die Umstände vermutlich nicht viel Geld ansparen können. Wo sollte sie hin? Sie kann nicht ewig vor der Polizei fliehen.«

»O Gott!« Schluchzend vergrub Johanna das Gesicht in ihren Händen.

»Sag uns, wo wir Anja finden können«, bat Katharina erneut und fügte nach einer Weile des Schweigens, in der nur Johannas Schluchzen zu hören war, hinzu: »Glaub mir, du verrätst sie damit nicht, du hilfst ihr.«

Und dir selbst auch.

Die Worte lagen Katharina auf der Zunge, doch sie schluckte sie hinunter. Johanna schien bisher nicht darüber nachgedacht zu haben, dass sie selbst auch nicht ohne eine Strafe davonkommen würde, und wenn das geschah, würde sie vermutlich jegliche Kontrolle über ihre Gefühle verlieren. Das durfte unter keinen Umständen passieren.

Vorsichtig hob Johanna den Kopf. »Sie hat sich eine Ferienwohnung genommen.« Ihre Stimme war so leise, dass man sie kaum verstehen konnte.

Katharina nickte ihr aufmunternd zu. »In Meersburg?«

»In Markdorf.« Johanna nannte ihr eine Adresse.

Katharina atmete erleichtert aus. »Danke, Hanni. Ich verspreche dir, dass du es nicht bereuen wirst.«

Sie und Hubert wechselten einen Blick, dann stand Hubert auf und holte sein Handy erneut heraus, um Nina ein weiteres Mal anzurufen. Häberle und Neuer sollten bei der genannten Adresse vorbeischauen und herausfinden, ob Anja dort war. In dem Fall hatten sie die Anweisung, Anja festzunehmen und aufs Revier zu bringen. Katharina war sich allerdings nicht sicher, ob sie Anja dort wirklich antreffen würden. Im Grunde war es viel wahrscheinlicher, dass sich die junge Frau irgendwo in der Nähe von Katharinas Haus aufhielt und sie weiterhin beobachtete.

Sie unterdrückte den Impuls, aufzustehen und aus dem Fenster zu schauen. Stattdessen holte sie ihr eigenes Handy heraus, um Emily zurück nach Hause zu beordern. Ihr wäre bedeutend wohler, ihre Tochter in der Nähe zu haben. Im Anschluss daran schickte sie Daniel eine Nachricht und bestellte auch ihn und Katja nach Hause. Reiner musste das verstehen, immerhin ging es hier um Leben und Tod. Katharina wollte alle Menschen, die ihr wichtig waren, in Sichtweite haben, denn sie traute Anja mittlerweile so gut wie alles zu. Deshalb bat sie Hubert, der gerade aufgelegt hatte, die Kollegen von der Streife zu informieren. Ein Streifenwagen vor dem Haus wäre zwar nicht sinnvoll, da er Anja zeigen würde, dass Katharina über ihre Machenschaften Bescheid wusste, aber vielleicht konnten sich die Kollegen in Zivil in der Nähe aufhalten und das Haus beobachten.

Sie wandte sich an Johanna, die fast ein bisschen verstört wirkte. Wenn das alles vorbei war, brauchte sie wahrscheinlich erst einmal psychologische Betreuung. »Alles okay?«, fragte Katharina sanft.

Johanna deutete ein Kopfschütteln an. »Wie geht es jetzt weiter?«

Wenn ich das wüsste, dachte Katharina. »Das wird schon alles wieder«, sprach sie dem Mädchen und sich selbst Mut zu. »Sag mal, hast du ein aktuelles Foto von deiner Schwester?« Sie wollte nicht riskieren, Anja nicht wiederzuerkennen, weil sie sich möglicherweise ebenso wie Johanna im Laufe der letzten zwei Jahre extrem verändert hatte.

»Auf dem Handy.«

Katharina holte es von Hubert, öffnete die Galerie und scrollte durch die Bilder. In der vergangenen Woche hatte Johanna unzählige Fotos geschossen, und auf sehr vielen davon war auch Emily zu sehen. Katharina schluckte. »Ich muss dich was fragen, Johanna. Meine Tochter … hast du sie nur benutzt, um an mich heranzukommen?«

Johanna schüttelte den Kopf, doch dann sah sie Katharina an und nickte. Tränen schimmerten in ihren Augen. »Anfangs schon. Aber das hat sich geändert, das müssen Sie mir glauben. Ich hab Emily wirklich gern. Sie ist ein tolles Mädchen, und ich wünschte, wir könnten Freundinnen bleiben. Nach allem, was passiert ist, wird sie das aber sicher nicht mehr wollen.« Johannas Stimme war mit jedem Wort leiser geworden.

Katharina seufzte. »Das muss Emily selbst entscheiden. Ich kann dir nur sagen, dass meine Tochter ein großes Herz hat.«

Sie scrollte weiter durch die Bilder auf Johannas Handy und erstarrte, als sie das Foto einer jungen Frau mit honigblonden Haaren, einem dunkleren Ansatz und braungesprenkelten grünen Augen sah. Katharina hatte den Zusammenstoß mit ebendieser Frau im *Sugar & Spice* völlig verdrängt, doch jetzt erinnerte sie sich wieder an den verkniffenen Mund und den feindseligen Blick, und nun erkannte sie auch die Ähnlichkeit zu Johanna. Beide Frauen hatten hohe Wangenknochen und selbst ohne Lippenstift einen perfekten Kussmund.

»Sag mir nicht, dass das Anja ist«, flüsterte sie, obwohl sie die Antwort längst kannte, und natürlich nickte Johanna. Katharina ließ sich nach hinten sinken.

»So, die Streife ist auf dem Weg, in einem dunkelblauen Kombi«, sagte Hubert, der mit einer frischen Tasse Kaffee in der Hand wieder zu ihnen trat. Als er seine Patentochter ansah, stutzte er. »Was ist los?«

Katharina zeigte ihm das Bild. »Erinnerst du dich an den Abend vor dem Start der Show, als wir im *Sugar & Spice* gefeiert haben und du nicht dabei sein konntest, weil du am nächsten Morgen angeln wolltest?«

Hubert zog die Stirn kraus. »Natürlich, aber ich verstehe nicht, worauf du hinauswillst.«

Katharina zeigte erneut auf das Foto. »Darf ich vorstellen? Anja Knauer. Sie war an dem Abend in Sugars Bar. Wir sind aus Versehen zusammengestoßen, aber ich habe sie ebenso wie Johanna nicht wiedererkannt, weil beide nicht mehr so aussehen wie früher. Anjas Haare waren damals rotbraun, kinnlang und mit Pony.«

Hubert atmete geräuschvoll aus und ließ sich auf den

Sessel fallen, wobei er beinahe etwas von seinem Kaffee verschüttete. »Verstehe. Dann war sie dir von Anfang an auf den Fersen und hat dich und Katja beobachtet – vermutlich, um euch später besser auseinanderhalten zu können.« Sein Blick wanderte zu Johanna, die zusammenzuckte.

»Ich war nicht dabei«, sagte diese ängstlich. »Und ich wusste auch nicht, dass meine Schwester Sie beobachtet hat. Wirklich nicht, das müssen Sie mir glauben.«

»Ganz ruhig, ich glaube dir«, erwiderte Katharina, die nicht wusste, was sie denken, geschweige denn tun sollte. Wenn sie Anja nicht in der gemieteten Ferienwohnung antreffen würden … Doch sie schob den Gedanken beiseite. Darüber konnte sie sich noch den Kopf zerbrechen, wenn es soweit war. »Was müssen wir noch über Anja wissen?«

Unsicher sah Johanna sie an. »Ich weiß nicht, was sie von mir hören wollen.«

»Extreme Vorlieben oder Abneigungen, Krankheiten, eingefahrene Gewohnheiten …«

Johanna dachte einen Moment darüber nach. »Anja nimmt seit knapp zwei Jahren Medikamente. Mit mir hat sie nie darüber gesprochen, aber ich glaube, sie hat Depressionen.«

Katharina nickte; das überraschte sie nicht wirklich. Im nächsten Moment wurde die Haustür aufgeschlossen, und Katharina glaubte, Emily wäre endlich zurück, doch es waren Daniel und Katja, die hereinkamen.

Johanna betrachtete Daniel verwirrt. »Aber …«

»Ich bin Emilys Vater«, erklärte er in kühlerem Tonfall als sonst. Katharina sah ihm an, dass er mit sich rang, ob er Johanna eine Standpauke halten sollte, doch schließlich entschied er sich dagegen. Stattdessen setzte er sich neben Katharina und legte einen Arm um sie. »Also, dann erzähl mal, was ihr herausgefunden habt.«

Katharina und Hubert erzählten abwechselnd, während Katja frischen Kaffee kochte und Johanna auf ihrem Platz immer kleiner zu werden schien. Zwischendrin versuchte Katharina, Emily noch einmal anzurufen, doch das Mädchen hörte den viel zu leise eingestellten Klingelton wahrscheinlich mal wieder nicht, sodass Katharina eine weitere Nachricht schrieb.

»Mensch, Johanna, da hast du dir aber ganz schön was eingebrockt«, sagte Katja, nachdem sie und Daniel im Bilde waren.

»Es tut mir leid«, flüsterte das Mädchen.

Daniel beachtete sie nicht. »Und wie geht es jetzt weiter?«

»Das werden wir gleich wissen«, antwortete Hubert, dessen Handy klingelte. »Häberle, reden Sie … Kruzifix, das habe ich fast schon befürchtet … Das wird nichts bringen. Verschaffen Sie sich Zugang, vielleicht finden Sie ja was Interessantes. Anschließend kommen Sie und Neuer her, zum Haus der Kollegin Danninger. Ich schicke Ihnen gleich das Foto der Gesuchten, und dann laufen Sie hier bitte die Gegend ab und halten Ausschau nach ihr … Nein, Sie kommen nicht rein.« Hubert verdrehte die Augen und legte auf.

»Fehlanzeige, hm?«, fragte Katharina, deren Stimme ruhiger klang, als sie sich fühlte.

Hubert nickte grimmig. »Aber wir kriegen das Mist…« Er unterbrach sich selbst, als er Johannas verzweifelten Blick auffing. »… das Mädchen schon noch.«

Katharina stand auf. »Ich muss raus. Wenn ich mich hier drin verstecke, hört das Ganze nie auf.«

»Kommt gar nicht infrage«, sagten Hubert und Daniel fast gleichzeitig. Daniel zog sie zurück auf das Sofa.

»Aber die Streife steht sicher längst vor der Tür, und bald kommen auch die Kollegen. Ich bin ja nicht auf mich allein gestellt.«

»Trotzdem.« Hubert schüttelte den Kopf. »Das ist viel zu riskant, du wirst nicht den Lockvogel spielen, und dieses Mal lasse ich mich nicht umstimmen.«

Johanna räusperte sich. »Vielleicht bringt es etwas, wenn ich mit meiner Schwester rede. Wenn sie erst mal sieht, dass sie längst aufgeflogen ist und eh keine Chance mehr hat, gibt sie sicher auf.«

Katharina und Hubert tauschten einen Blick. »Ich weiß nicht«, meinte Katharina. »Wir würden unseren einzigen Trumpf aus der Hand geben, und deine Schwester scheint mir geradezu besessen zu sein von dem Gedanken der Rache. Ehrlich gesagt, bezweifle ich, dass sie sich so einfach geschlagen gibt.« Im Gegenteil, sie würde sich in die Ecke gedrängt fühlen und sich erst recht unberechenbar wie ein wildes Tier verhalten. *Sie hat nicht mehr viel zu verlieren,* dachte Katharina, sprach es jedoch nicht laut aus.

Katja reichte Johanna die Hand. »Na komm, wir zwei gehen hoch, während die anderen überlegen. Du solltest das alles nicht mit anhören müssen.«

Katharina nickte ihrer Schwester dankbar zu. Sie selbst fand es ebenso wenig angebracht, die ganze Angelegenheit im Beisein von Johanna zu besprechen, doch sie hatte bisher keine andere Möglichkeit gesehen, da sie das Mädchen nicht unbeaufsichtigt lassen wollte. Unter Umständen konnte Katja sogar noch etwas in Erfahrung bringen, was ihnen weiterhelfen würde.

»Wie könnt ihr so ruhig bleiben?«, fragte Daniel, nachdem im oberen Geschoss die Tür ins Schloss gefallen war. »Dieses Mädchen wollte dir etwas antun, Kathi!«

Katharina seufzte. »Glaub mir, mir fällt das auch nicht leicht, aber wenn ich ausflippe, macht Johanna dicht. Sie steht ohnehin schon kurz vor einem Nervenzusammenbruch.«

»Geschieht ihr ganz recht«, murmelte Daniel. »Wo steckt Emily eigentlich?«

»Sie ist mit Rudi rausgegangen.«

»Was? Wie konntest du sie allein lassen? Hast du nicht gesagt, Johannas Schwester würde dich beobachten?«

»Ja, aber das wusste ich zu dem Zeitpunkt noch nicht«, verteidigte sich Katharina, die sich selbst Vorwürfe machte. Sie hatte Emily nicht in Gefahr gesehen, immerhin war Johanna nicht bei ihr gewesen, und die Schwestern hatten es einzig und allein auf Katharina abgesehen. Jetzt kam sie sich naiv vor.

»Ich sage Häberle und Neuer Bescheid, dass sie bei ihrem Rundgang auch nach Emily Ausschau halten«, schlug Hubert vor, als Katharinas Handy klingelte.

Erleichtert atmete sie aus. »Das wird nicht nötig sein, das ist sie.« Katharina nahm den Anruf entgegen. »Endlich, Schatz, ich habe mir solche Sorgen gemacht. Wo bist du? Papa holt dich ab.«

»Ich fürchte, das wird nicht möglich sein«, sagte eine weibliche Stimme am anderen Ende der Leitung, die nicht Emilys war.

283

Kapitel 17

Katharina gefror das Blut in den Adern. Sie hatte diese Stimme viel zu selten gehört, um sie sofort zu erkennen, und doch wusste sie ganz genau, wer am anderen Ende der Leitung war. Sie umklammerte das Handy fester. »Wo ist meine Tochter, du Miststück?«

Sie spürte, wie sich Daniel neben ihr versteifte, und auch Hubert blickte sie entsetzt an.

»Vorerst in Sicherheit, sofern du tust, was ich von dir verlange.«

Katharina schloss für einen Moment die Augen und schickte ein Stoßgebet gen Himmel. »Was willst du?«

»Du weißt genau, was ich will: dich. Komm zum Tettnanger Wald, allein. Und glaub mir, ich werde es merken, wenn du dich nicht an die Regeln hältst. Wir treffen uns in der Nähe vom Dachsbau, dem Wandergebiet in Langenargen. Du fährst an dem Parkplatz an der B vierhundertsiebenundsechzig vorbei, die nächste Gelegenheit rechts rein und dann noch zwei Mal rechts. Der Weg endet am Wald.«

»Woher weiß ich, dass es Emily gut geht? Ich will sie sprechen.«

»Auch das wird nicht möglich sein«, erwiderte Anja mit zuckersüßer Stimme. »Deine Tochter war ziemlich müde. Ich habe ihr wohl ein bisschen zu viel von dem Liquid Ecstasy verabreicht.«

»Was hast du ihr angetan, du Schlampe?«

»Na na, wie redest du denn mit mir? Ich an deiner Stelle würde ein bisschen freundlicher sein und vor allem das tun, was ich von dir verlange.« Anjas Ton wurde hart. »Emily wird nichts passieren, sofern du dich an meine Anweisungen hältst. Du hast eine halbe Stunde Zeit. Wenn du dann nicht da bist oder Verstärkung dabei hast ... Na ja, du bist schlau. Du kannst dir sicher denken, was dann passiert.« Anja legte auf, bevor Katharina noch etwas sagen konnte.

Langsam ließ Katharina das Telefon sinken, das Herz schlug ihr bis zum Hals. Sie fühlte sich wie erstarrt, unfähig, etwas zu denken, zu sagen oder zu tun. Gedanken prasselten auf sie ein wie Hagelkörner, raubten ihr den Atem. Doch endlich kristallisierte sich einer heraus: *Emily braucht meine Hilfe.*

Katharina sprang vom Sofa und lief Richtung Tür, doch schon im nächsten Moment war Daniel bei ihr und packte sie am Handgelenk. »Moment mal, nicht so schnell. Sehe ich das richtig, Johannas Schwester hat unsere Tochter entführt?«

Nickend legte Katharina ihre Hände auf Daniels Brust. »Ja, das hat sie, aber ich werde Emily zurückholen. Das verspreche ich dir.« Sie gab ihm einen Kuss und wollte sich abwenden, doch erneut ließ Daniel sie nicht gehen.

»Kathi, du kannst nicht allein gehen. Ich komme mit.«

»Das geht nicht, Daniel, dann wird sie Emily was antun. Sie kennt dich und alle anderen Menschen in meinem Leben, immerhin beobachtet sie mich seit Tagen. Ich soll allein kommen, das hat sie mehrfach betont.«

»Natürlich hat sie das.« Hubert trat zu ihnen, er schüttelte heftig den Kopf. »Aber du wirst auf keinen Fall allein gehen, das ist viel zu gefährlich. Dann sollen dich Häberle und Neuer begleiten beziehungsweise sich in der Nähe positionieren. Die beiden kann Anja nicht kennen, immerhin hocken die zwei die ganze Zeit im Büro, wo du schon seit Tagen nicht warst.«

Katharina stieß die Luft aus. »Das geht nicht, ich muss in einer knappen halben Stunde im Tettnanger Wald sein. Bis dahin schaffen es die beiden nicht rechtzeitig von Markdorf, immerhin müssen sie sich ja auch noch irgendwo verstecken.«

»Dann Nina«, schlug Hubert vor. »Oder du nimmst einen der Beamten mit, die vor der Tür stehen.«

Frustriert strich sich Katharina die Haare aus der Stirn. »Nina? Ist das dein Ernst? Ich schätze sie, das weißt du, aber ich glaube kaum, dass sie mir eine große Hilfe sein kann. Und der Beamte vor der Tür ist keine Option. Es würde mich nicht wundern, wenn Anja die beiden Männer im blauen Kombi längst entdeckt hätte. Auf jeden Fall ist das Risiko zu hoch, und ich muss jetzt auch wirklich los, denn ich werde auf keinen Fall zu spät kommen.«

»Was ist mit dem Staatsanwalt?«, fragte Daniel, als Katharina bereits die Türklinke in der Hand hatte.

Sie zögerte und zog ihre Hand zurück. Linus war tatsächlich eine Option. Zwar hatte sie ihm vor Kurzem zusammen mit Hubert einen Besuch abgestattet, doch selbst falls Anja ihnen an dem Tag gefolgt sein sollte, konnte sie Linus höchstens von Weitem gesehen haben. Wenn er sich eine Mütze aufsetzte, erkannte sie ihn garantiert nicht wieder, zumal demnächst die Dämmerung einsetzen würde. Außerdem hatte Linus Erfahrung im Kampfsport, und als Teenager hatte er seinen Großvater des Öfteren zur Jagd begleitet, wie er Katharina mal erzählt hatte. Er könnte ihr also wirklich eine Hilfe sein, sollte es brenzlig werden – und das würde es, daran bestand kein Zweifel. Anja wollte Rache. Was auch immer sie mit Katharina vorhatte, sie würde erst aufhören, wenn sie Katharina Leid zugefügt hatte.

»Also gut, machen wir es so. Hubert, weih du Linus bitte ein. Er soll sich als Jogger tarnen und eine Mütze aufsetzen. Und er soll sich erst einmischen, wenn es wirklich nicht mehr anders geht. Das muss er dir versprechen.«

Sie ging hinüber zu Daniel, nahm sein Gesicht zwischen ihre Hände und gab ihm einen Kuss. Dann war sie endgültig durch die Tür verschwunden.

Der Fiat holperte so sehr über den unbefestigten Weg, dass Katharina schlecht wurde. Allerdings wusste sie, dass die Übelkeit in erster Linie von der Aufregung kam und nicht von dem Geholper. Das Herz raste in ihrer Brust, ihr Mund fühlte sich trocken an, und ihre Hände wurden so feucht, dass sie beinahe die Kontrolle über das Lenkrad verlor. Im Schritttempo näherte sie sich der Stelle, wo Anja sie hinbestellt hatte. Sie blickte sich nach allen Seiten um, doch bis auf Bäume konnte sie nicht viel erkennen. Weit und breit war keine Menschenseele zu sehen. Keine Spaziergänger, kein Förster und auch Anja und Emily nicht. Nicht einmal Linus konnte sie in der einsetzenden Dämmerung ausmachen, wobei das tatsächlich besser so war. Anja hielt sich garantiert in der Nähe auf, und sie durfte keinesfalls Verdacht schöpfen.

Schließlich folgte Katharina einer Biegung und erblickte einen blauen Renault, den sie nicht zum ersten Mal sah. Erinnerungen ploppten auf wie Déjà-vus: ein blauer Renault, der sie anhupt, als Hubert Marmelade kaufen will; ein blauer Renault, der hinter ihr über eine Kreuzung fährt, obwohl es eigentlich schon rot sein müsste; ein blauer Renault, der ihr erst heute Nachmittag in der Nähe der Modelvilla entgegenkommt. Und der Unfall bei Schwetzingen, der Simona das Leben gekostet hatte, war auch durch einen blauen Renault verursacht worden. Wäre Katharina nicht so angespannt gewesen, hätte sie sich geärgert. Ihr hätte schon viel früher auffallen müssen, dass Anja sie verfolgte.

Katharina trat auf die Bremse und zögerte. Einen Moment

war sie versucht, das Licht ihres Fiats brennen zu lassen, um besser sehen zu können, allerdings verabschiedete sie sich schnell von dieser Idee. Das würde nur die Batterie belasten, und selbst falls sie keine schnelle Flucht hinzulegen brauchte, musste sie ja irgendwie wieder nach Hause kommen.

Sie zog den Schlüssel aus dem Zündschloss und ließ ihren Blick erneut umherschweifen, doch Anja und Emily waren nach wie vor nicht zu sehen. Sie saßen weder in dem Auto noch standen sie daneben. Vorsichtig öffnete Katharina die Autotür und stieg aus, als sich plötzlich ein Schatten aus der Dunkelheit löste und um den Renault herumkam. Es war Anja, die Emily vor sich her schubste. Emily stolperte mehr, als dass sie ging, sie schien nicht ganz bei sich zu sein. Katharina presste die Kiefer aufeinander, um nichts Falsches zu tun. Am liebsten hätte sie sich sofort auf Anja gestürzt, da holte diese plötzlich eine Pistole nach vorn, die sie bisher gegen Emilys Rücken gepresst haben musste und nun gegen ihre Schläfe hielt.

Katharina zuckte zusammen, ihr Adrenalinpegel schnellte in die Höhe. Sie hätte damit rechnen müssen, dass Anja eine Schusswaffe bei sich trug, dennoch war es ein Schock. Natürlich hatte Katharina selbst ihre Dienstwaffe bei sich, außerdem einen Taser und Handschellen; der Schlagstock lag im Wagen, doch hier und jetzt nützte ihr das alles wenig. Sie würde Emily nur noch mehr in Gefahr bringen, wenn sie ihre eigene Pistole zog.

Aufs Anjas Lippen schlich sich ein diabolisches Grinsen. »Katharina Danninger, endlich stehen wir uns gegenüber. Sie erinnern sich an mich?«

»Ich erinnere mich an alles, Anja«, sagte Katharina mit sanfter Stimme, was sie Unmengen an Selbstbeherrschung kostete, da sie Anja viel lieber angeschrien hätte. »Und ich verstehe auch, dass du wütend bist.«

»Sie verstehen überhaupt nichts. Wie könnten Sie auch? Haben *Sie* etwa alles verloren, was Ihnen je wichtig war?«

Katharina zögerte einige Sekunden, bevor sie nickte. Sie gab nur ungern Dinge aus ihrem Privatleben preis, doch in diesem Fall ging es um das Leben ihrer Tochter, um das Leben ihres ungeborenen Sohnes, um ihr eigenes Leben. Sie würde tun, was immer nötig war, um heil aus dieser Sache herauszukommen.

»Das habe ich in der Tat, vor vielen Jahren. Mein Vater starb bei einem Einsatz, er war ebenfalls Polizist. Fast gleichzeitig habe ich herausgefunden, dass mein Mann mich betrügt – ausgerechnet in der Zeit, in der ich ihn am meisten gebraucht hätte. Ich habe meine Tochter genommen und bin weggezogen, hatte nicht einmal mehr meine Heimat, Familie, Freunde. Aber ich habe es geschafft, Anja. Die Zeit heilt alle Wunden.«

Anja wirkte durchaus nachdenklich, doch so leicht ließ sie sich nicht überzeugen. Sie schnaubte. »Kommen Sie mir nicht mit diesen dämlichen Kalendersprüchen.«

»Es klingt abgedroschen, ich weiß, aber es steckt auch ein Körnchen Wahrheit in all diesen bekannten Sprüchen. Es wird alles wieder gut, du musst es nur zulassen. Lass die Wut gehen, und du wirst sehen, eines Tages tut es nicht mehr so weh.«

Anjas Blick war abwesend, in die Ferne gerichtet, doch dann schüttelte sie den Kopf. »Ich bin schon zu weit gegangen, jetzt kann ich es auch zu Ende bringen. Die Wut ist alles, was mir noch bleibt.«

»Das ist nicht wahr«, versuchte Katharina es weiter, nach wie vor in sanftem Tonfall. »Du hast einen Ehemann, und du hast trotz allem Familie. Denk an deine Schwester. Was soll aus Johanna werden, wenn du auch noch ins Gefängnis musst?«

Anja senkte den Blick. Von ihrer Entschlossenheit und Wut war nicht mehr viel übrig; jetzt machte sie eher einen melancholischen Eindruck. »Johanna. Sagen Sie ihr, dass es mir leidtut. Ich hätte sie nicht in die ganze Sache mit hineinziehen dürfen, das weiß ich jetzt.«

Dann hast du nicht vor, mich umzubringen? Die Worte lagen Katharina auf der Zunge, doch sie schluckte sie hinunter. Nur keine schlafenden Hunde wecken. »Sag es ihr selbst. Du kannst das Ganze beenden, hier und jetzt. Es ist noch nicht zu spät, Anja.«

Langsam schüttelte Anja den Kopf. »Wissen Sie, ich bin nicht dumm, auch wenn ich meinen Abschluss in Pharmazie nicht geschafft habe. Es ist längst zu spät. Der Autounfall, die Anschläge ...«

»Du sagst es selbst, es war ein Unfall. Und was die Anschläge angeht: Bisher ist niemand zu Schaden gekommen, richtig? Vertrau mir, es ist noch nicht zu spät.«

Hinter Katharina knackte es im dichten Gebüsch. Ihr Herzschlag beschleunigte sich, und sie fuhr herum. Nichts und niemand war zu sehen.

»Was war das?«, fragte Anja. Sie selbst hatte sich auch wieder angespannt, ihr Blick wanderte panisch umher. »Geben Sie es zu, Sie haben Verstärkung mitgebracht. Das werden Sie mir büßen.«

»Anja, bitte.« Katharina hob beschwichtigend die Hände. »Ich schwöre dir, dass ich keine Verstärkung dabeihabe.« Eventuell war das nicht einmal gelogen, denn sie hatte keine Ahnung, ob Linus inzwischen wirklich in der Nähe war.

»Sie lügen!«

»Ganz bestimmt nicht, ich verabscheue Lügen. Wir sind im Wald, hier wimmelt es nur so von kleinen und großen Tieren. Das war sicher nur ein Eichhörnchen oder ein Reh.«

Doch Anja ließ sich nicht mehr beruhigen. Sie deutete mit ihrer Waffe zu einem Stapel Baumstämme. »Los, da rüber.« Katharina zögerte, woraufhin Anja sie anschrie: »Na los, machen Sie schon.«

Katharina bemerkte, wie Emily zusammenzuckte. »Erst lässt du meine Tochter frei. Sie hat dir nichts getan.«

»Und Sie sind nicht in der Position, um Forderungen zu stellen. Noch mal wiederhole ich mich nicht.«

Erneut zeigte Anja mit der Pistole auf die Baumstämme, und dieses Mal gab Katharina nach. In dem Zustand, in dem Anja sich gerade befand, würde sie tatsächlich ernst machen. Katharina konnte nur hoffen, dass Linus der Verursacher des Knackens war oder dass er sich zumindest in der Nähe befand. Sie wusste nicht, wie sie die Situation jetzt noch retten sollte. Wenn sie nur längst versucht hätte, Anja die Waffe abzunehmen!

Sie ließ sich auf einem der Baumstämme nieder und begann augenblicklich zu frösteln. Einen Moment überlegte sie, ob sie Anja möglicherweise von ihrer Schwangerschaft erzählen sollte. Bei Johanna hatte dieses Wissen schließlich auch Einiges bewirkt, doch sie fürchtete, dass es bei Anja inzwischen zu spät dafür war. Die junge Frau hatte einen Tunnelblick, war wieder ganz und gar auf ihre Rache fixiert. Was auch immer Katharina jetzt sagen würde, Anja würde es ihr nicht abkaufen und alles als Lüge abtun, weil sie glaubte, man wolle sie nur manipulieren.

Doch Katharina hatte nicht vor, sich so einfach in ihr Schicksal zu ergeben. »Und wie geht es jetzt weiter?«

Auf Anjas Lippen stahl sich erneut dieses diabolische Grinsen. »Willst du das wirklich wissen?«, fragte sie zurück und ging nun auch zum Du über.

»Eigentlich nicht«, gab Katharina zu, um Zeit zu schinden. »Aber ich bin kein großer Fan von Überraschungen, zumindest nicht in dieser Hinsicht.«

»Nun denn, wenn du es unbedingt wissen willst. Ich habe nicht zwingend vor, dich umzubringen, aber du sollst leiden, so wie ich leiden musste.«

Ein Kauz schrie hinter ihnen im Wald. Katharina zuckte zusammen, und auch Anja blickte sich panisch um.

»Siehst du?«, versuchte es Katharina ein weiteres Mal. Ihre Stimme klang ruhig, obwohl ihr Adrenalinpegel am Anschlag war und sie kurz davor war, zu zittern. »Du kannst mir vertrauen, das gerade eben war nur ein Tier.«

»Klappe!«, fauchte Anja sie an.

Doch Katharina konnte einfach nicht aufhören. »Anja, bitte. Wie stellst du dir das vor? Meine Kollegen wissen, dass ich hier bin, auch wenn niemand von ihnen mitgekommen ist. Aber sie werden dich ganz sicher nicht davonkommen lassen, wenn du mich quälst.«

»Lass das mal meine Sorge sein.«

»Aber …«

»Ich hab gesagt, du sollst die Klappe halten!«, schrie Anja.

In der nächsten Sekunde feuerte sie einen Schuss in den Wald ab. Der Schuss hallte einige Sekunden in der Stille nach und klingelte in Katharinas Ohren, bevor eine Schar Fledermäuse zwischen den Bäumen hindurchflog und über die angrenzende Lichtung verschwand. Katharinas Herz schlug dermaßen schnell, dass sie fürchtete, es würde sich nie wieder beruhigen.

»Verdammt, Anja, ich bin schwanger!«, platzte es aus ihr heraus.

»Und das ist mir scheiß…«

Noch während Anja antwortete, kam plötzlich Bewegung in Emily. Mit voller Wucht trat sie auf Anjas Fuß und ließ ihren Ellbogen in den Magen der Entführerin krachen, die mit einem Ächzen die Waffe fallen ließ. Gleichzeitig sah Katharina, wie sich ein Schatten zwischen den Bäumen löste und jemand in schwarzen Laufsachen und mit schwarzer Mütze auf Anja zu rannte. Das musste Linus sein. Sie erhob sich selbst von dem Baumstamm und zog ihre Waffe, doch bevor sie diese auf Anja richten konnte, geschah plötzlich alles ganz schnell. Emily bückte sich nach der Waffe und bekam von Anja einen dermaßen heftigen Tritt verpasst, dass sie nach hinten fiel. Daraufhin bückte sich Anja nach der Waffe und wurde in derselben Sekunde von Linus umgestoßen. Ein Schuss löste sich und verfehlte Katharina nur knapp. Anja und Linus stürzten gemeinsam zu Boden, und Linus versuchte, Anja die Waffe abzunehmen. Währenddessen bemühte sich Katharina, ihre Tochter aus der Schusslinie zu bringen. Ein dritter Schuss löste sich, als Linus es endlich schaffte, Anja die Pistole zu entreißen. Er sprang auf seine Füße und richtete die Waffe auf die Angreiferin.

»Linus.« Katharinas Stimme war nur ein Flüstern.

Er blickte zu ihr – und erstarrte. Katharina erwiderte seinen Blick mit großen Augen. Sie presste die Hände auf ihren Bauch, sah das Blut an ihren Fingern und das Zittern ihrer Muskeln. Dann gaben die Beine unter ihr nach, und sie sank auf die Erde.

»Katharina!«

»O mein Gott, Mama!«, rief Emily gleichzeitig. Sie stolperte über den unebenen Weg zu ihrer Mutter und ließ sich neben sie sinken.

Katharinas Augenlider flackerten. Ihr wurde schrecklich kalt, und das Zittern breitete sich in ihrem ganzen Körper aus. Gedanken wirbelten durch ihren Kopf, doch sie fühlte sich zu schwach und zu müde, um auch nur einen davon zu Ende zu denken.

Emily tastete ihre Taschen ab, bis ihr einzufallen schien, dass Anja ihr das Handy abgenommen hatte. Dann beugte sie sich über ihre Mutter. »Es wird alles wieder gut«, flüsterte sie mit Tränen in den Augen. Gleichzeitig begann sie, vorsichtig die Taschen ihrer Mutter abzusuchen.

Sie fand das Handy und die Handschellen und rappelte sich auf, um die Handschellen Linus zu geben, während sie gleichzeitig die Nummer des Notrufs wählte. Der Staatsanwalt hatte inzwischen Anja auf die Füße gezerrt und hielt ihre Arme hinter ihrem Rücken verschränkt, sodass sie sich nicht länger zur Wehr setzen konnte. Dankbar nahm er die Handschellen entgegen und legte sie Anja an.

In der Ferne hörte Katharina Sirenen, die immer lauter wurden. Nur kurz darauf kam Huberts Citroën auf dem Waldweg zum Stehen. Die Türen wurden aufgerissen. Katharina sah noch, wie Hubert und Daniel ausstiegen und auf sie zuliefen, bevor sie das Bewusstsein verlor.

Kapitel 18

Sonntag, 29. April

Katharina lag in dem Krankenhausbett und starrte an die Decke. Die Sonne spielte Verstecken. Beinahe im Minutentakt verschwand sie hinter einer Wolke, nur um sich gleich darauf wieder zu zeigen und Muster an die Decke zu malen.

Katharina war müde, doch immer wenn sie die Augen schloss, sah sie Anja vor sich und alles, was passiert war. Deshalb konzentrierte sie sich auf andere Dinge: die Matratze, die für ihren Geschmack viel zu weich war, die Geräusche vor der Tür und das Abendessen, das in spätestens einer halben Stunde serviert werden würde. Nicht, dass das trockene Brot und die vereinzelten Scheiben Käse und Wurst wirklich lecker wären, aber immerhin lenkte es Katharina von ihren Gedanken ab, die sie nicht zulassen wollte.

Sie wollte gerade nach ihrem Handy greifen, um zu schauen, ob Emily schon Neuigkeiten hatte, als die Tür zu ihrem Zimmer geöffnet wurde und Emily wie eine frische Brise hereinwehte. Katharina fühlte sich augenblicklich besser.

»Hallo, mein Schatz.« Ihre Stimme klang eingerostet, als hätte sie seit Tagen nichts gesagt. Sie wollte sich aufsetzen, was ihr ziemliche Schmerzen verursachte, weshalb sie es aufgab, noch bevor Emily abwinkte.

»Bleib doch liegen, Mama. Wie geht es dir?« Emily stellte ihre Tasche auf den Boden und eilte auf ihre Mutter zu.

»Mir geht's gut, aber jetzt erzähl schon. Welchen Platz hast du ergattert?«

»Larissa hat gewonnen, und Aysun ist Zweitplatzierte. Johanna wurde aufgrund der Umstände disqualifiziert, aber das hast du dir vermutlich schon gedacht.«

Katharina nickte. »Schade für das arme Mädchen, sie hätte wirklich gewinnen können. Aber ich wollte nicht wissen, was mit den anderen ist, sondern wie es bei dir gelaufen ist.«

Emilys Augen begannen zu strahlen. »Ich bin Dritte geworden.«

»Oh, mein Schatz, das ist ja prima. Herzlichen Glückwunsch! Ich bin so stolz auf dich.«

»Danke, Mama.« Emily beugte sich über sie, um sie in den Arm nehmen zu können.

Katharina genoss einen Moment das Gefühl, ihre Tochter in den Armen zu halten, und Emily schien es ähnlich zu gehen, denn sie wollte ihre Mutter gar nicht mehr loslassen. Der vergangene Tag war einer der schlimmsten in Katharinas Leben gewesen, und sie hatte eine Zeitlang wirklich befürchtet, er würde anders ausgehen.

Sie schluckte die aufsteigenden Tränen hinunter und musste das Lächeln nicht einmal aufsetzen, als sie ihre Tochter schließlich ein Stück von sich schob, um sie ansehen zu können. »Und was machst du dann hier? Habt ihr nicht noch eine Abschiedsfeier?«

Emily machte ein vorwurfsvolles Gesicht. »Also, Mama! Ich feiere doch nicht mit den anderen, während du im Krankenhaus liegst. Außerdem macht es überhaupt keinen Spaß, wenn du nicht dabei sein kannst. Deshalb dachten wir uns, wenn du nicht zur Party kommen kannst, muss die Party eben zu dir kommen.«

Mit leuchtenden Augen ging Emily hinüber zur Tür und öffnete diese. Davor standen Daniel und Katja, Hubert und ihre Mutter Maria. »Überraschung!«, sagten alle gleichzeitig, bevor sie einer nach dem anderen das Zimmer betraten. Sie hatten Getränke und etwas zu essen dabei und bauten auf dem kleinen Tisch an der Wand ein ganzes Buffet auf: belegte Brote, Käsespieße, halbierte Eier mit Remoulade. Außerdem hatte Maria extra Emilys Lieblingskuchen gebacken – Schoko-Mandarinen-Torte.

Nun lief Katharina vor lauter Rührung doch eine Träne über die Wange, die sie nicht wie sonst immer hastig wegwischte. Zum einen lag es an den Hormonen, das wussten inzwischen alle Anwesenden; zum anderen war nichts dabei, seine Gefühle zu zeigen. Sie hatte es immer als Schwäche angesehen, aber es hatte fast etwas Befreiendes, vor der Familie und Freunden nicht ständig die Starke spielen zu müssen.

»Schön, dass ihr hier seid«, sagte sie und ließ sich von allen in den Arm nehmen.

»Wird es dir auch nicht zu viel?«, fragte Daniel sie leise und gab ihr einen Kuss auf die Wange.

Sie schüttelte den Kopf. »Überhaupt nicht, ich freue mich wirklich. Außerdem sieht das Essen viel besser aus als das Krankenhausfutter, mit dem ich sonst hätte Vorlieb nehmen müssen.«

»Das Brot ist furchtbar, oder?«, meinte Katja. »Egal, welche Sorte, die sind alle so labberig und ohne Geschmack.«

»Das kannst du laut sagen. Oder besser nicht, die servieren bestimmt demnächst das Abendessen.« Katharina spähte durch die noch offen stehende Tür, doch es war niemand auf dem Flur zu sehen. »Weiß Doktor Wegener eigentlich Bescheid? Es wundert mich, dass euch niemand aufgehalten hat.«

Emily grinste. »Der Arzt hat es tatsächlich versucht, aber als Tante Katja ihm schöne Augen gemacht und ihm ein Stück Kuchen versprochen hat, war er einverstanden.«

»Hey.« Katja stieß ihre Nichte mit dem Ellbogen in die Seite, musste aber selbst schmunzeln.

»Was möchtest du essen, Kathi?«, fragte Maria, einen Pappteller in der Hand, den sie aus einem Korb geholt hatte, mit dem sie immer zum Markt ging.

Katharina versuchte, sich ihre Überraschung über den Spitznamen, den ihre Mutter sonst so gut wie nie in den Mund nahm, nicht anmerken zu lassen. »Von allem ein bisschen. Das sieht köstlich aus.«

»Wir sollen dich übrigens vom Staatsanwalt grüßen«, sagte Hubert mit vollem Mund und schluckte schnell runter. »Ich habe ihn gefragt, ob er mitkommen will – dachte mir, du hast sicher nichts dagegen –, aber er wollte nicht stören.«

Katharina verzog den Mund. Das war typisch für Linus, dabei war sie ihm was schuldig. Wenn er am Vorabend nicht da gewesen wäre … Sie griff nach ihrem Handy, um ihn persönlich einzuladen, sah aber vorher kurz zu Daniel, der sich gerade am Buffet bediente. »Du hast doch nichts dagegen, oder?«

Er schüttelte den Kopf. »Warum sollte ich?«

Katharina schrieb die Nachricht und nahm anschließend den voll beladenen Teller von ihrer Mutter entgegen, und dann aßen sie, erzählten und lachten. Irgendwann steckte eine Schwester den Kopf zur Tür herein, das Tablett mit dem Abendessen in der Hand, das sie nach einem kurzen Flirt mit Hubert wieder mitnahm. Noch eine Weile später kam Doktor Wegener dazu und gönnte sich das versprochene Stück Torte. Katharina beobachtete ihn und Katja, die auffallend häufig zusammen lachten, und fing Emilys wissenden Blick auf. So wie es aussah, hatte ihre Tochter recht, und zwischen den beiden bahnte sich tatsächlich etwas an.

Doktor Wegener blieb ziemlich lange – wie sich herausstellte, hatte er längst Feierabend –, doch irgendwann machte er der Party ein Ende. »So schön es auch ist«, sagte er, »aber wir sollten der Patientin ein wenig Ruhe gönnen.«

Katharina wollte zuerst protestieren, allerdings war sie wirklich müde und würde jetzt auch hoffentlich schlafen können. Auf jeden Fall fühlte sie sich deutlich besser als vor dem Besuch.

Einer nach dem anderen verabschiedete sich, bis am Ende nur Katja zurückblieb. »Hast du noch eine Minute?«, fragte sie.

Katharina nickte. »Für meine Lieblingsschwester immer. Was gibt es denn?«

Katja setzte sich zu Katharina auf die Matratze. »Ich habe mich noch nicht bei dir bedankt, dabei hast du das alles für mich auf dich genommen.« Katharina wollte etwas einwenden, doch Katja ließ sie nicht zu Wort kommen. »Ja, ich weiß, am Ende ging es gar nicht um mich. Das wusstest du aber nicht, als du dich für mich ausgegeben hast. Also, vielen Dank. Ich bin froh, dass du so hartnäckig geblieben bist.«

»Ich auch«, erwiderte Katharina. »Nicht auszudenken, wenn dir etwas passiert wäre.«

»Oder euch.« Katja strich über Katharinas Bauch, der sich allmählich nach außen zu wölben begann. »Und dem Kleinen geht es wirklich gut?«

Katharina lächelte. »Es ist alles in bester Ordnung, wir haben großes Glück gehabt. Für einen Moment habe ich tatsächlich befürchtet ...« Sie sprach nicht weiter, weil ihre Stimme brach.

»Ich hätte es mir nie verziehen, wenn dir oder dem Baby etwas passiert wäre.«

»Du kannst nichts dafür, Katja, und ich würde jederzeit wieder in deine Rolle schlüpfen, um deinen süßen Hintern zu retten.«

»Danke, Schwesterherz.« Katja nahm sie in den Arm.

Einen Moment sahen die Schwestern einander an, beide mit Tränen in den Augen, dann fragte Katharina: »Also, du und McDreamy, ja?«

Katja verdrehte die Augen, doch das Lächeln verriet sie. »Er ist nett, und ich glaube, er findet mich auch nett.«

»Mehr als das. Mal sehen, vielleicht können unsere Kinder ja sogar zusammen spielen.«

Katja lachte. »Lass mich erst mal mit ihm ausgehen, bevor du das Aufgebot …« Ihr Handy klingelte, und sie kramte es aus ihrer Tasche. Ein leises Stöhnen entfuhr ihr. »Reiner. Entschuldige, ich rufe ihn gleich zurück.«

»Geh ruhig dran«, sagte Katharina schnell, bevor Katja den Anruf wegdrücken konnte.

»Bist du sicher?«

»Natürlich. Ich bin neugierig, was er zu sagen hat.«

»Also gut.« Katja nahm den Anruf entgegen und stellte auf Laut. »Hi, Reiner. Ich bin bei Kathi, sie hört zu.«

»An gut'n Obend, die Domen. Des trifft sich prima, ich wollt nämlich mit der Kathi red'n. Wie geht's denn, Kathi?«

»Mir geht's gut, ich werd wieder. Danke, Reiner.«

»Des hör ich doch gern. Ich sog's eich, ihr habt's koine Ohnung, wie die Presse drauf is. Die Soch mit dene Schwestorn is a Skandal.«

»Das tut mir leid«, begann Katja, doch Reiner ließ sie nicht weiterreden.

»Aber net doch, warum denn? Der Senda is völlig aus'm Häuschen. A bessre Publicity hätten mir net kriegen könna. Die Einschaltquot'n werd'n bombastisch werda, des sag ich eich. Ich hob sogar schon an Vertrag fürs nächste Johr bekomm'n.« Er räusperte sich. »Ähm, Kathi, was meinst? Möchtest dem Modeln net doch noch ahmol a Chancen geb'n? Ihr zwei als Schwestorn, ah, des wär grandios.«

Katharina und Katja wechselten einen perplexen Blick. »Nee, Reiner, lass mal. Das ist nichts für mich.«

»Aber die Arbeit mit den Mädels hat dir doch Spaß gemacht, oder?«, fiel ihr ausgerechnet Katja in den Rücken.

Katharina gestikulierte wild mit den Händen, um ihrer Schwester zu verstehen zu geben, dass sie wirklich kein Interesse an Reiners Angebot hatte. »Im Prinzip schon, aber ich habe doch kaum Erfahrung.«

»Des is koi Problem«, meinte Reiner. »Du host des prima g'mocht.«

»Eben«, fand auch Katja. »Und es wäre so schön, mit dir zusammenzuarbeiten.«

»Katja!«, zischte Katharina, doch ihre Schwester winkte ab.

»Lass das mal meine Sorge sein, Reiner. Ich rede noch mal mit Kathi. Schönen Abend wünsche ich dir und Gina.«

»Kiss die Hand, die Domen, und Servus«, verabschiedete sich Reiner und legte auf.

Katja steckte das Handy weg und drückte Katharina einen Kuss auf die Wange. »Ich sollte jetzt gehen, damit du endlich schlafen kannst.«

»Hey, so kommst du mir nicht davon. Du weißt doch, dass ich nie wieder modeln will. Das ist einfach nichts für mich, und ich habe einen Job.«

»Den brauchst du ja auch nicht an den Nagel zu hängen, und du sollst auch nicht selbst posieren oder auf den Laufsteg. Außerdem – sag niemals nie.« Katja zwinkerte ihr zu und ging hinüber zur Tür. »Gute Nacht, Kathi. Hab dich lieb.«

»Ich dich auch, Schwesterchen.«

Kopfschüttelnd sah Katharina ihrer Schwester hinterher, konnte sich ein Lächeln jedoch nicht verkneifen. Dann löschte sie das Licht, kuschelte sich ins Kissen und war tatsächlich nur wenige Minuten später eingeschlafen.

Dank

Kaum zu glauben, dass das nun schon mein dritter Bodenseekrimi ist. Oft werde ich gefragt, wie ich von Liebes- und Jugendromanen zum Krimi gekommen bin. Im Grunde war das Zufall, wobei man es auch Schicksal nennen könnte.

Irgendwann fing ich an, vermehrt Krimiserien zu schauen, und eines Abends habe ich beschlossen, dass ich auch mal gern einen Krimi schreiben würde. Kurz darauf stand die Idee für *Blut im Schuh* zusammen mit einer kurzen Leseprobe, und es dauerte nicht lange, bis die Zusage von Weltbild kam. Zu dem Zeitpunkt hatte ich gerade zwangsweise die Agentur gewechselt, was sich als echter Glücksfall erwiesen hat.

Vielen Dank an Diana Itterheim von der litmedia.agency. Inzwischen bist du viel mehr für mich geworden als eine bloße Agentin. Ich hoffe sehr, dass wir diesen Weg noch viele Jahre gemeinsam gehen.

Vielen Dank an Weltbild, allen voran an Stephanie Braun, dass Katharina Danninger nach ihrem ersten Fall weiterermitteln durfte. Und natürlich auch ein großes Dankeschön an meine Lektorin Ulrike Strerath-Bolz für die wundervolle und unkomplizierte Zusammenarbeit.

Mein wichtigstes Dankeschön geht an meinen Mann und meine Kinder. Danke, Betty und Niklas, für eure Geduld und eure Liebe zu Büchern. Ich bin so froh, dass ihre diese Leidenschaft teilt. Christian – ich sage es dir nicht oft genug, aber ohne dich wäre ich echt aufgeschmissen. Du hältst mir immer den Rücken frei, bist da, wenn alles aus dem Zeitplan gerät – und irgendwie ist in den letzten Jahren immer alles aus dem Zeitplan geraten. Ich sage immer, ohne dich könnte ich keine Bücher schreiben, was du jedes Mal vehement bestreitest. Vermutlich hast du recht, wahrscheinlich könnte ich es schon. Aber es wäre um einiges anstrengender und würde um einiges weniger Spaß machen, also vielen Dank!

Und ein nicht weniger herzliches Dankeschön geht an euch Leserinnen und Leser. Danke, dass ihr zu einem meiner Bücher gegriffen habt. Ich hoffe, ich konnte euch ein paar angenehme Lesestunden bescheren. Passt auf euch auf!